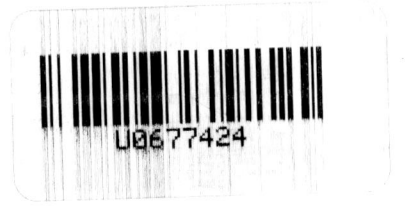

| 博士生导师学术文库 |

A Library of Academics by
Ph.D.Supervisors

僭离商事海事文化之冲突规范研究（上）

屈广清 著

光明日报出版社

图书在版编目（CIP）数据

僭离商事海事文化之冲突规范研究：上、下 / 屈广清著. -- 北京：光明日报出版社，2021.5

ISBN 978 - 7 - 5194 - 5955 - 0

Ⅰ.①僭… Ⅱ.①屈… Ⅲ.①国际商事仲裁—立法—研究②海事法规—立法—研究 Ⅳ.①D997.4②D993.5

中国版本图书馆 CIP 数据核字（2021）第 068171 号

僭离商事海事文化之冲突规范研究：上、下

JIANLI SHANGSHI HAISHI WENHUA ZHI CHONGTU GUIFAN YANJIU：SHANG、XIA

著　　者：屈广清	
责任编辑：曹美娜	责任校对：张　幽
封面设计：一站出版网	责任印制：曹　净

出版发行：光明日报出版社

地　　址：北京市西城区永安路 106 号，100050

电　　话：010 - 63169890（咨询），010 - 63131930（邮购）

传　　真：010 - 63131930

网　　址：http：//book. gmw. cn

E - mail：caomeina@ gmw. cn

法律顾问：北京德恒律师事务所龚柳方律师

印　　刷：三河市华东印刷有限公司

装　　订：三河市华东印刷有限公司

本书如有破损、缺页、装订错误，请与本社联系调换，电话：010 - 63131930

开　　本：170mm × 240mm	
字　　数：915 千字	印　　张：51
版　　次：2021 年 5 月第 1 版	印　　次：2021 年 5 月第 1 次印刷
书　　号：ISBN 978 - 7 - 5194 - 5955 - 0	
定　　价：185.00 元（全二册）	

前　言

《偕离商事海事文化之冲突规范研究》一书主要研究了以下内容。

绪论部分对本书的选题、研究范围、当代价值、研究起因、研究思路、研究重点、难点等进行了要概。

第一章研究了商事冲突规范立法研究文献之基础问题，对本课题的研究基础进行了缉综，谨确了商事冲突规范立法研究上存在的问题，提出了本书研究的具体目标。

第二章研究了商事法律冲突与商事冲突规范立法模式问题，探讨商事文化及商事法律文化冲突、商事法律冲突的哲学考量、"一带一路"国家商事实体法立法内容上的差异等问题，提出了相应的立法建议。

第三章研究了"一带一路"国家公司法律规定的冲突，对公司合伙法律冲突的解决进行了实例分析，提出了关于公司、合伙冲突规范的立法建议。

第四章研究了民用航空冲突规范的法律规定问题，包括民用航空器国籍法律适用、民用航空物权法律适用、民用航空合同法律适用、航空侵权法律适用、航空搜寻援救法律适用等内容，提出了相关的立法建议。

第五章研究了票据的法律冲突与法律适用问题，提出了完善票据冲突规范的立法建议。

第六章研究了航空保险合同、海上保险合同等的冲突法立法及司法问题，提出了完善我国保险法律适用规定的立法建议。

第七章研究了银行、证券及证券投资基金冲突规范问题，该领域直接适用的法律规定较多，冲突法规定较少。本章重点围绕银行、证券及证券投资基金的法律适用进行了研究，提出了相关的立法建议。

第八章研究了破产的法律冲突与法律适用问题，特别是针对中国的相关规定进行了研究，提出了关于本章的立法建议。

第九章研究的是海事法律关系的冲突法问题，包括海事统一实体法、海事冲突法的统一、海事合同及电子合同的法律适用、海洋文化与海事立法的发展与共融、海洋命运共同体构建的法治进路、闽南海洋文化与海上丝绸之路沿线国家法治合作、《海商法（修订征求意见稿）》的完善等内容。

第十章是对制定与完善我国商事冲突规范的具体建议，分析了商事冲突规范的立法现状与问题，研究了商事冲突规范的立法模式选择、提出了制定单行法《中华人民共和国涉外商事关系法律适用法》的立法建议及建议稿，关注商事冲突规范实现实质公平价值取向的科学方式与立法表达。

全面研究商事海事冲突规范与文化冲突，探寻不合适冲突规范规定中的文化因素及文化背离问题，是一次有益的尝试，对冲突规范的完善开辟了新的思路与新的思维。限于篇幅，一些冲突规范完善的最佳路径与条文草拟，如何与更深层次的文化暗合，则可搁为下一个擒题的标鹄。

屈广清

目 录
CONTENTS

绪　论

"政府律师文化中的一个悖论让我很震惊。法律条文越不确定，他们的观点反而变得越确定。"

——杰克·斯特劳（Jack Straw，英国前司法大臣）①

一、承题诹定

僭离商事海事文化之冲突规范，实乃具有立法缺陷或立法缺位的冲突规范，脱离了相关文化的冲突规范，不符合科学发展、科学立法要求的冲突规范。研究这些冲突规范的目的是为了完善立法，补齐文化对立法提出的需求短板，从根本上更好地满足经济社会发展的需求。本书研究僭离商事海事文化之冲突规范牖进路径，是国内首次将商事、海事文化与商事冲突规范立法进行关联研究的成果。商事、海事文化与商事冲突规范立法关系密切，但理论上却是属于研究的"洼地"，尚无探赜。商事、海事文化研究，对我国商事立法及其现代化具有重要作用。研究商事立法发展，不能僭离商事、海事文化这一基源。

完善的立法是每个国家潜心追求的目标，但并不是人人的认识都一致，例如成文法国家与判例法国家的观点与做法便不统一，但认识正在逐渐一致。法律渊源不断扩大，法制越来越完善已经成为世界发展不可逆转的事实及重要标志之一。

完善的法制是一个国家建设法治社会的首要任务及重要判断标准，我国在依法治国、建设社会主义法治国家的过程中，十分重视立法及法制完善工作。随着社会主义法治国家建设进程的加快推进，我国对立法工作的要求也越来越高、越来越明确、越来越具体。2017 年 10 月 18 日，习近平总书记代表第十八

---

① 斯特劳给英国前总检察长戈德史密斯（Lord Goldsmith）的信，转引自［英］约翰·D. 巴罗. 宇宙之书——从托勒密、爱因斯坦到多重宇宙［M］. 李剑龙，译. 北京：人民邮电出版社，2013：54.

届中央委员会，向中国共产党第十九次全国代表大会做了题为《决胜全面建成小康社会　夺取新时代中国特色社会主义伟大胜利》的报告，对立法做了全面、精准的论述。报告指出要"推进科学立法、民主立法、依法立法，以良法促进发展、保障善治"。

2019 年 2 月 25 日，习近平主持召开中央全面依法治国委员会第二次会议强调：要完善法治建设规划，提高立法工作质量和效率。不仅强调了立法质量问题，也突出了立法效率问题。

就立法的形式而言，法典编纂是立法中的重中之重，以习近平同志为核心的党中央十分重视法典的制定。就民法典的编纂来看，"编纂民法典是党的十八届四中全会提出的重大立法任务，是以习近平同志为核心的党中央做出的重大法治建设部署。编纂民法典是通过对现行民事法律规范进行系统整合、修改完善，编纂一部适应中国特色社会主义发展要求，符合我国国情，体例科学、结构严谨、规范合理、内容协调一致的法典，是一项系统工程"①。党中央高度重视民法典各分编编纂工作。"2018 年 8 月 16 日，习近平总书记主持召开中央政治局常委会会议，听取了全国人大常委会党组关于《民法典各分编（草案）》几个主要问题的汇报，原则同意请示，并就做好民法典各分编编纂工作做了重要指示。"②

事实上立法工作受政治、经济、文化、社会发展等许多因素的制约，立法工作也是一个循序渐进、永不止步的工作，是一项没有最好，只有更好的工作。因此，虽然目前我国立法工作取得了空前的成绩，但还存在立法薄弱环节或空白领域。如本课题商事重点领域的冲突规范立法问题，就是属于需要推进科学立法、民主立法、依法立法的领域，属于立法薄弱环节或空白领域，亟待完善以推进我国涉外商事实践、特别是推进"一带一路"倡议的涉外商事实践的深化发展。

研究商事冲突规范立法问题，并不是一项简单的任务。因为关于该问题，许多认识尚难于统一，如关于冲突规范的名称、立法体系与定位问题，各国认识并不一致。比较而言，国际私法是相对科学的一个名称，该学科传统的名称是冲突法，不过这一名称并不合适，因为准据法并不是冲突的。相应地另一名称即国际私法对私法来说是非常恰当的。"The traditional name for this subject——'Conflict of Laws—is inapt because even where there is a question of which law might

---

① 关于《民法典各分编（草案）的说明》［EB/OL］. 中国人大网，2018 - 09 - 11.
② 关于《民法典各分编（草案）的说明》［EB/OL］. 中国人大网，2018 - 09 - 11.

apply,' the laws are not in conflict with one another as this would suggest. The alternative name— 'Private International Law'—is more suitable in that the subject is concerned with private law." ①

无论冲突规范的名称、编纂模式如何，其内容的完整性才是应该考虑的第一位因素。从名称看，本书使用的名称"国际私法"，是相对多数国家采用的一种名称，另外一常用名称是"冲突法"。通常冲突法涉及三方面的问题，即管辖权、外国判决的效力、法律适用。"We will first examine the rules which determine whether an England court has jurisdiction to hear a claim where one or more of the parties, or some other aspect of the story, may be foreign to England or to English law：the conflict of jurisdictions. Second, we will examine the effect of a foreign judgment in the English legal order：the conflict of judgment. And third and finally, we will consider the rules and priciples which tell an English court hearing a case with a foreign element whether to apply English law or a foreign law or a combination of laws to resolve the dispute：the conflict of laws." ② （如以英国为例，首先对涉外案件而言要考虑根据诉讼情形英国法院是否享有管辖权，即管辖权冲突；其次要考虑英国法下的外国判决的效力问题，即判决冲突；最后，要考虑解决涉外案件纠纷是适用英国法还是外国法，即法律冲突。）

以上问题，涉外商事仲裁中也是同样存在的，除冲突法规则外，仲裁还有各自的仲裁规则。如何适用这些规则也是需要规则的。"The creation of institutional arbitration centers, each of which is endowed with its own set of arbitration rules, has procured the necessary floor for thousands of arbitration proceedings. The adoption of special arbitration rules linked to the close supervision by an administering arbitration institution has helped contracting parties in their evaluation of the benefits of arbitration." ③ （每一个仲裁机构都有自己的仲裁规则，在浩如烟海的仲裁规则中适用与仲裁机构联系密切的仲裁规则可以使当事人对仲裁结果具有正当的预期。）不过碍于篇幅及课题主题所限，笔者没有涉及仲裁的法律适用专门规则的研究。

在立法体系与定位方面，我国在编纂民法典时，许多专家特别是冲突规范

---

① Janet Walker. Conflict of Laws ［M］. LexisNexis Canada Inc, 2016：307.

② 阿德里安·布里格斯. 冲突法 ［M］. 北京：中国人民大学出版社，2016：1.

③ Horacia A. Grigera Naon, Paul E. Mason. international commercial Arbitration Practice：21st Century Perspectives ［M］. LexisNexis New York, 2017：1.

专家，都提出希望在民法典中设立涉外民事法律适用法编。但立法部门反复考量后，未予采纳这些建议。"关于是否设立涉外民事关系法律适用编。经研究认为，涉外民事关系法律适用规则的概念体系、规范内容与民法典虽有一定联系，但二者性质不同，在法律的调整范围、立法目标、具体规则等方面存在较大差异，民法典不宜设立涉外民事关系法律适用编。涉外民事关系法律适用的问题，由现行涉外民事关系法律适用法调整。"①

值得说明的是，在范围方面，冲突规范或冲突法包括的内容不应该仅仅限定在民事领域，而应该包括所有民商事领域，在仲裁领域，更是侧重于或者仅限于商事领域。但由于传统的影响，我国目前的冲突规范理论研究及立法均几乎完全侧重民事领域，经济社会生活的快速发展带来的大量的商事司法实践亟待理论及相关立法的支撑。与民事冲突规范不同，所谓商事冲突规范是指调整涉外商事法律关系的法律部门。由于商事法律关系复杂、商事领域众多，本书《商事重点领域的冲突规范立法问题研究》涉及的是商事重点领域，这些重点领域也是我国在制定《中华人民共和国涉外民事关系法律适用法》时，立法部门专门提到的需要专门进行立法的领域。

在以上背景下，本书选择对商事重点领域的冲突规范立法进行研究的起因及必要性具有以下几个方面。

从意义上看，本书研究商事冲突规范的制定，对贯彻落实党的十八届四中全会立法先行精神，贯彻落实党的十九大"推进科学立法、民主立法、依法立法，以良法促进发展、保障善治"的精神，完善涉外法律体系具有重要意义。

从构成上看，涉外民事关系的法律适用、涉外商事关系的法律适用都是冲突规范的重要组成部分，如果只有涉外民事关系法律适用法，缺乏完善的涉外商事关系的法律适用法，我国的冲突规范就是"跛脚的"冲突规范。在《中华人民共和国涉外民事关系法律适用法》诞生以后，涉外商事关系的法律适用法的制定应及时提上议事日程。因此，研究商事冲突规范立法问题正恰逢其时。

从价值上看，与《中华人民共和国涉外民事关系法律适用法》相比，中华人民共和国涉外商事关系法律适用法的立法意义与价值毫不逊色，甚至更为重要，因为涉外商事关系法律适用法是特别法。在法律适用的原则上，特别法优于一般法的适用。因此，具有优先适用效力的特别法，在制定上也应该被优先考虑才对。

从现状上看，关于商事冲突规范的研究成果及立法条文均较少，而且条文

---

① 关于《民法典各分编（草案）的说明》［EB/OL］. 中国人大网，2018－09－11.

长期没有得到修改补充。由于法律规定的不完整、不明确，我国司法机关在涉外商事审判实践中存在适用法律上的困惑，一些民事判决书在阐释法律适用的理由方面总是含含糊糊、闪烁其词，找不到依据与理由。与此同时，我国商事实体经济的发展特别是"一带一路"推动的国际经济贸易的发展与合作，及商事实体法理论的发展非常迅速，实践中经常出现新情况新问题，商事冲突法的立法现状无法及时解决这些新问题。

在理论研究中，针对商事重点领域的冲突规范立法问题的研究项目很少。例如，从国家层面的研究看，国家社会科学基金项目历年关于冲突规范方面的选题就很少，且不一定每年都有，更没有专门针对商事冲突规范的选题了。再如，从国家社会科学基金近5年的项目来看，2018年立项的一般项目《我国涉外民商事审判中选法规则的实证研究》同商事冲突规范有一定关联度，2014、2015、2017年均无直接与商事立法相关的立项；2016年仅有一项立项，且只研究重点领域，没有全面研究商事各领域。由此可见，关于商事冲突规范立法的选题，非常迫切需要而又乏人研究，这正是笔者诹定本研究选题的重要考量因素。

二、题意研凿

（一）"一带一路"建设中商事冲突规范立法的作用

1. "一带一路"建设与商事冲突规范立法

随着中国政治经济地位的提高，中国作为倡导者或发起人的机会越来越多，就当前而言，"一带一路"建设就是一项最重要的倡导与发起项目。"共建'一带一路'已成为当今世界规模最大的国际合作平台。目前，全球140多个国家和地区、80多个国际组织积极支持和参与'一带一路'建设。与之关联的亚洲基础设施投资银行也已先后5次扩容，成员总数增至86个"①。

无论国家间协同合作国际平台包含的项目有多少，商事项目及商事问题都是其中值得特别关注的方面，是项目履行成功必须关注并解决的问题，因此商事冲突规范立法对"一带一路"，对国家间协同合作创新机制而言，意义重大。

（1）"丝绸之路"的商事活动是商事法律法规的重要调整对象

从历史发展看，一般都认为，"丝绸之路"的概念是指起始于古代中国，连接亚洲、非洲和欧洲的古代陆上丝绸等的商业贸易路线。狭义的丝绸之路指陆

---

① 戴南. 从"和平发展是当代世界的两大问题"到"人类命运共同体"［N］. 中国纪检监察报，2018 - 12 - 18（4）.

上丝绸之路；广义上的丝绸之路指"陆上丝绸之路"和"海上丝绸之路。"

"陆上丝绸之路"是指连接中国与欧洲等地区的陆上商业贸易通道，形成于公元前 2 世纪到公元 1 世纪之间，是东方与西方政治、经济、文化等交流的主要通道。该通道最初的目的是运输中国古代出产的丝绸，故德国地理学家 Ferdinand Freiherr von Richthofen 最早在 19 世纪 70 年代就将之命名为"丝绸之路"，该概念随即被广泛接受。值得说明的是，"陆上丝绸之路"分为"北方丝路""南方丝路""草原森林丝路""高山峡谷丝路"和"沙漠绿洲丝路"等不同支线。

"海上丝绸之路"指古代中国与外国经济贸易和文化交流的海上通道。从历史角度看，一般认为海上丝绸之路形成也较早，其形成于秦汉，发展于三国至隋朝，繁荣于唐宋，转变于明清，是最为古老的海上航线。宋代以后，从广州、泉州、杭州等地起始的海上航路逐渐发达，从南洋到阿拉伯海，甚至远达非洲东海岸等地区。我国历代海上丝路的路线，可以分为三大航线：东洋航线（由中国沿海港至朝鲜、日本）；南洋航线（由中国沿海港至东南亚诸国）；西洋航线（由中国沿海港至南亚、西亚和东非沿海诸国）。此外，还有其他小的航线。

商事法律、商事冲突法以商事关系、商事法律关系为调整对象，古代"丝绸之路"的商事活动自古就是商事法律法规的重要调整对象。

（2）解决当代新丝绸之路（New Silk Road）商事法律冲突问题，降低投资、运输与贸易等领域的法律风险，为新丝绸之路建设保驾护航

新丝绸之路的概念，包括了一带一路。"一带"指丝绸之路经济带，是习近平总书记 2013 年 9 月 7 日在哈萨克斯坦纳扎尔巴耶夫大学做重要演讲时提出的概念。新丝绸之路经济带，东牵亚太经济圈，西系发达的欧洲经济圈，是世界上最长、最具有发展潜力的经济大走廊。

"一路"指 21 世纪海上丝绸之路，是 2013 年习近平总书记访问东盟国家时，于 2013 年 10 月 3 日在印度尼西亚国会发表题为《携手建设中国—东盟命运共同体》的重要演讲中提出的概念。在演讲中，习近平总书记还提出了携手建设中国—东盟命运共同体的战略构想，为共同建设 21 世纪海上丝绸之路指明了方向。

人类历史发展，一般都经历了从绿洲经济到江河经济，从江河经济到陆桥经济，最后走向海洋经济的发展阶段。新丝绸之路经济带牵涉 60 多个国家和地区，将东盟、欧盟、阿盟、非盟联系一起。新海上丝绸之路把全世界的 97 个城市和港口串起来，构成重要的一环，对这些城市和港口产生重要影响。从结构上来看，新海上丝绸之路在战略上从海上连通欧亚非三个大洲，和丝绸之路经

济带相辅相成，形成一个海上、陆地的全面的闭环。

学界一般认为，新丝绸之路所涉国家众多，丰富了原来的含义。如北线 A 为北美洲（美国、加拿大）—北太平洋—日本、韩国—日本海—扎鲁比诺港（符拉迪沃斯托克，斯拉夫扬卡等）—珲春—延吉—吉林—长春（即长吉图开发开放先导区）—蒙古国—俄罗斯—欧洲（北欧，中欧，东欧，西欧，南欧）；北线 B 为北京—俄罗斯—德国—北欧；中线为北京—郑州—西安—乌鲁木齐—阿富汗—哈萨克斯坦—匈牙利—巴黎；南线为泉州—福州—广州—海口—北海—河内—吉隆坡—雅加达—科伦坡—加尔各答—内罗毕—雅典—威尼斯；中心线为连云港—郑州—西安—兰州—新疆—中亚—欧洲。在这些国家中，法律体系分属不同法系（geneology of law），各国法律规定各不相同。就商事法律法规体系而言，涉及面广，"陆上丝绸之路""海上丝绸之路"等所涉国家之间均会遇到相关法律冲突问题。因此，及时研究、了解运用"一带一路"各国商事法律，妥善解决商事纠纷与冲突，对丝绸之路的正常运转与发展非常重要。所以，解决当代新丝绸之路（new silk road）商事法律冲突问题，降低投资、运输与贸易等领域的法律风险，为新丝绸之路建设保驾护航，是商事冲突规范义不容辞的责任。

（3）商事冲突规范立法是"一带一路"商事司法的前提与保障

"一带一路"对商事冲突规范立法提出了更高的要求。《国务院关于加快培育外贸竞争新优势的若干意见》（国发〔2015〕9 号）提出全面提升与"一带一路"沿线国家经贸合作水平。要求一是深化贸易合作，稳定劳动密集型产品等优势产品对沿线国家的出口，抓住沿线国家基础设施建设机遇，带动大型成套设备及技术、标准、服务出口；扩大与沿线国家农产品贸易；扩大自沿线国家进口需求，促进贸易平衡。二是大力拓展产业投资，推动我国优势产业产能走出国门，促进中外产能合作，拓展发展空间；加强海洋经济合作；支持境外产业园区、科技园区等建设，促进产业集聚发展。三是优化周边经贸发展格局，加强顶层设计，积极同"一带一路"沿线国家和地区商建自贸区，加快形成立足周边、辐射"一带一路"、面向全球的高标准自贸区网络；提升国际经贸规则话语权；推进全球经济治理体系改革，推动引领多边、区域、双边国际经贸规则制定；继续深入参与多边贸易体制运作，广泛参与出口管制国际规则和管制清单制定；积极参与全球价值链合作，加强贸易增加值核算体系建设，建立健全全球价值链规则制订与利益分享机制。

在《国务院关于加快培育外贸竞争新优势的若干意见》中，对"一带一路"国家的国际经济贸易及相关立法提出了具体要求，在以上深化贸易合作、拓展产业投资、优化周边经贸发展格局等内容方面，商事冲突规范均应提前布局，做好相应的规定。在提升国际经贸规则话语权方面，需要推动引领多边、区域、双边国际经贸规则制定，这里的国际经贸规则就包含了商事冲突规范规则，涉及商事统一冲突法规则、直接适用的法律规则如出口管制国际规则和管制清单制订等。在"一带一路"国家商事交往中，应该多达成商事统一冲突法规则，在直接适用的法律规则方面，也应该有适当的改变与软化，以达到相互让渡，共同促进的目的。

"一带一路"的司法也对商事冲突规范立法提出了更高的要求。在司法方面，随着"一带一路"建设及国际经济贸易的快速发展，涉外商事案件的大量出现，国际上还出现了专门处理国际商事纠纷的国际商事法院，如2015年1月5日，新加坡SICC（国际商事法院）正式开始运行，专门受理国际商事纠纷。商事包括货物或者服务贸易、投资、金融、银行、保险、合资企业或者其他工商业合作、海上货物或旅客运输等。新加坡高等法院还可以自行决定将某一案件交给国际商事法院审理。

中国在2018年1月23日，中共中央总书记、国家主席、中央军委主席习近平主持召开会议，审议通过了《关于建立"一带一路"国际商事争端解决机制和机构的意见》，根据要求，最高人民法院应设立国际商事法庭，牵头组建国际商事专家委员会，支持"一带一路"国际商事纠纷通过调解等多元化纠纷解决机制解决，为"一带一路"参与国当事人提供优质高效的法律服务。随后，最高人民法院分别在深圳市、西安市成立了最高人民法院第一国际商事法庭和第二国际商事法庭。最高人民法院《关于设立国际商事法庭若干问题的规定》对国际商事法庭的受案范围等问题做出了规定。

国际商事法院（庭）的出现，对商事冲突规范提出了更高的要求。我国最高人民法院设立的两个国际商事法庭，分别为海上丝绸之路、陆上丝绸之路参与国提供了优质高效的法律服务，提供了可靠的保障。在目前还没有专门制定《中华人民共和国涉外商事关系法律适用法》的情况下，《关于设立国际商事法庭若干问题的规定》规定国际商事法庭审理案件，依照《中华人民共和国涉外民事关系法律适用法》确定应当适用的实体法律。下一步，要根据国际商事法庭审理国际商事案件的需要，及时补充完善针对国际商事法庭需要适用的一些法律法规，特别是商事冲突规范（涉外商事关系法律适用法）在我国推动"一带一路"建设中具有不可替代的作用，要及时补充完善。要逐渐形成"一带一路"共同法律框架等，包括商事冲突规范共同法律框架，这些内容对实质性推动"一带一路"建设、全面满足国际商事法庭的法律适用需要，是十分必要的，也是十分紧迫的。

2. "一带一路"建设迫切需要商事冲突规范立法发挥作用

习近平总书记的"一带一路"倡议，得到了国际社会的广泛支持，100 多个国家和国际组织积极参与。随着"一带一路"建设特别是基础设施建设"硬联通"的快速推进，法规政策、规则标准的"软联通"的需求也日渐迫切，特别是"一带一路"规则的协调问题十分重要。"一带一路"共商、共建、共享的原则，同样适用于"软联通"。"一带一路"纠纷解决规则显得十分重要，商事冲突规范就是其中重要组成部分，其对商事纠纷的解决为"一带一路"可以提供有力的保障与支撑。

2018 年 7 月 3 日，"一带一路"法治合作国际论坛在北京发布了《共同主席声明》，许多问题涉及商事冲突规范领域。这些问题充分说明商事冲突规范的科学立法可以为"一带一路"提供有力的保障与支撑，同时这些问题也是"一带一路"建设迫切需要商事冲突规范立法研究的问题，而作为冲突规范理论工作者，对这些问题的探索研究，是当仁不让、义不容辞的。

第一，商事冲突规范的科学立法可以也应该为"一带一路"创造良好的国际商事法治环境。《共同主席声明》第 4 条强调："…A sound legal environment is an essential prerequisite to the smooth progress of the BRI process."（良好的国际法治环境是"一带一路"建设顺利推进的必要前提。）如何为"一带一路"创造良好的国际商事法治环境，是商事冲突规范面临的一个重要研究问题。

第二，商事冲突规范的科学立法可以更加有效地解决商事法律问题。《共同主席声明》第 7 条强调 "It is recommended that all parties participating in the BRI develop multi – level, multi – channel and comprehensive legal cooperation by exploring the establishment of cooperation mechanisms, identifying priorities through consultation, making action plans progressively, solving legal issues effectively and building consensus constasntly, in order to lay a solid legal foundation for the BRI." （建议"一带一路"参与方开展多层次、多渠道、全方位的法治合作，共同探索建立合作机制、协商确定合作重点、逐步制订行动计划、有效解决法律问题，不断凝聚共识，为"一带一路"建设夯实法治之基。）

第三，商事冲突规范的科学立法可以不断完善发展冲突规范规则，推动规则体系的完善，为"一带一路"国家广泛认同与接受。《共同主席声明》第 10 条强调 "…As the BRI continues to develop, it is necessary to develop new rules and improve the rules – based systems in accordance with the circumstances and needs of all parties." （随着'一带一路'建设的深入发展，也有必要根据实际情况和各方

共同需要，不断发展相关规则，逐步推动规则体系的完善。）根据《共同主席声明》的要求，积极落实《共同主席声明》的内容，必须认真研究商事冲突规范的立法，商事冲突规范的立法不断完善发展，也能自然而然地促使冲突规范规则的完善与发展。

第四，商事冲突规范的科学立法可以逐渐形成与采用共同法律适用公式与框架，这也是我国推进"一带一路"之所急需。如同《共同主席声明》第 11 条强调"We support the parties participating in the BRI in their efforts to enhance the connectivity and compatibility between technical standards systems in the construction of infrastructure and other field. They should take account of their particular circumstances and their developmental needs, draw upon applicable international standards, and explore jointly and on equal footing the proper standards for cooperation, in order to deepen international cooperation under the BRI."（在借鉴、吸纳国际标准的基础上，加强包括基础设施建设在内的技术标准体系对接和兼容，并在平等基础上共同研究合作标准，进一步推进'一带一路'国际合作走向深入。）

第五，商事冲突规范的科学立法可以科学、公正、有效地解决法律冲突，减少法律冲突。这也是《共同主席声明》特别关注的问题。《共同主席声明》第 15 条"The parties participating in the BRI are encouraged to cooperate in areas of civil and commercial laws and regulations on the basis of international general practice in civil, commercial matters, in order to reduce conflict of laws."（鼓励'一带一路'参与方在国际民商事通行规则的基础上，加强民商事法律法规领域的合作，减少相互之间的法律冲突。）

《共同主席声明》中还有很多方面涉及商事冲突规范领域，如第 13 条"We support the parties participating in the BRI in their efforts to promote cooperation on laws related to financing, taxation, transportation, intellcctual property rights, environmental protection, labor, anti – terrorism, the fight against transnational crimes and so on, so as to build a framework of rules and systems for the BRI that would feature stability, fairness, transparency and non – discrimination."（支持'一带一路'参与方推进金融、税收、交通运输、知识产权、环境保护、劳工、反恐和打击跨国犯罪等领域的法律合作，为'一带一路'构建稳定、公正、透明、非歧视的规则和制度框架。）第 19 条"We recommend that the parties participating in the BRI work together to prevent legal risks and avoid disputes effectively."（建议'一带一路'参与方积极开展法律风险防范合作，有效预防争端。）第 23 条"Parties participating in the BRI, international and regional organizations, civil society and the academia are encouraged to conduct diversified legal exchange, share good and latest practices and facilitate cooperation in areas relating to the lagal system, legal culture and legal education."（鼓励'一带一路'参与方、国际和地区组织、社会团体、学术界等开展多元化的法治交流，分享良好做法和最新实践，推进法律制度、法律文化和法律教育领域的合作。）

从上可见，科学、完善的商事冲突以及规范的参与对推进"一带一路"建设是必不可少、十分重要的。

我国十分重视"一带一路"法治建设，2018年7月2日至3日，在北京举行的"一带一路"法治合作国际论坛，就属中国的重大法治合作活动之一。"一带一路"法治合作国际论坛由外交部和中国法学会共同主办，包括主论坛和有关边会活动，是"一带一路"建设框架内法治合作领域的高层次国际会议。来自40多个国家和10多个国际组织的300多名官员及法律和实务界代表出席论坛。笔者受福建省委政法委、福建省法学会的推荐，参加了在北京举行的"一带一路"法治合作国际论坛，不仅全程参加了论坛的研讨活动，还与牙买加司法部部长德尔罗伊·卓等国际国内的国际法专家就"一带一路"特别是"海上丝绸之路"相关法治合作及亟待研究的法律问题交换了意见。

围绕如何推进"一带一路"法治建设，完善商事法律适用规定，积极参与"一带一路"法治建设，笔者向省领导提出了以下具体建议。

一是建议省法学会召开会长办公会，认真学习贯彻王毅部长、王乐泉会长的重要讲话精神，结合福建实际，开展具有针对性的相关工作；

二是认真学习、宣传《"一带一路"法治合作国际论坛共同主席声明》；

三是通过走出去与请进来的方式大力开展深化"一带一路"法治交流与国际合作的活动；

四是积极推进与"一带一路"沿线国家法学界、法律界的交流与合作，积极开展"一带一路"沿线国家法律研究；

五是可以通过项目委托的方式，积极支持福建省开展"一带一路"法治问题理论及实务研究，争取形成一些高质量的研究成果；

六是积极支持开展"一带一路"法治合作方面的决策建议研究及智库、研究机构、科研项目方面的工作；

七是结合福建特色，重点开展海上丝绸之路相关法律研究及法治合作。

以上建议内容的提出与实施，离不开对商事国际私法作用的研究与发挥。因此，本研究成果积极侧重"一带一路"沿线国家的法律规定与冲突，从构建商事法律共同体的角度，有针对性地进行了法律适用立法的研究。

在国际层面上，合作与共同框架的形成越来越多，如2019年于海牙签订的《承认与执行外国民商事公约》，就提出希望通过司法合作，有效提升全面的司法救济，促进以规则为基础的多边贸易和投资，而制定核心规则，加强此种合作。《承认与执行外国民商事公约》将为各国商事法律共同框架的形成带来积极的影响，对商事冲突法的趋同化发展也有积极的作用。

（二）应对中美贸易摩擦中商事冲突规范立法的作用

在国际经济贸易中，贸易摩擦是不可避免的。《国务院关于加快培育外贸竞争新优势的若干意见》（国发〔2015〕9号）提出要积极应对贸易摩擦，建立应对贸易摩擦部门协调机制，加强贸易摩擦和贸易壁垒预警机制建设，强化贸易摩擦预警信息公共服务，积极提供法律技术咨询和服务，指导相关行业和企业应对贸易摩擦；积极参加多双边规则谈判，充分利用世界贸易组织规则，有效化解贸易摩擦和争端；分析评估国外贸易投资法律、政策及措施，调查涉及我国的歧视性贸易壁垒措施并开展应对；依法发起贸易救济调查，维护国内产业安全和企业合法权益。以上内容均涉及商事冲突规范立法的作用，包括商事冲突规范法律技术咨询和服务，分析评估国外商事冲突规范等贸易投资法律、政策及措施，依法发起贸易救济调查等。

中美贸易摩擦是一起新的、影响较大的由美国单方面引起的贸易摩擦。2018年3月22日，美国单方面宣布对中国500亿美元的输美产品加征关税，制造了中美贸易新摩擦，7月6日美国正式对中国价值340亿美元的商品征收关税，8月23日，美国对中国160亿元的商品征收关税，中国也对美国同等规模的商品加征关税。

2018年8月，美国通过了《2019年财政年度国防授权法案》《2018年出口管制法案》等法律，强调了对中国出口再出口等的监管。"2018年9月7日，美国对中国价值2000亿美元商品征税的征询公众意见结束……市场担忧一旦贸易摩擦扩大，对整体经济增长势头将有较大的冲击。"[1]

2018年9月24日，美国宣布对中国2000亿美元的输美产品加征关税，加上第一轮500亿的加征关税，"这将覆盖中国出口美国产品的一半贸易额。美国甚至扬言，如果中国政府反击，特朗普政府会考虑对所有中国进口产品加征关税"[2]。中国积极应对，宣布对原产于美国的大约600亿美元的商品加征收10%或5%的关税。"美国单边主义、贸易保护主义、反全球化等倒行逆施的做法不

---

①　段利. 中美贸易摩擦分析及对策研究［J］. 中国商论, 2018（28）: 73.
②　范思立. 妥善应对中美贸易摩擦加剧［N］. 中国经济时报, 2018 - 09 - 20（001）.

仅难于缩减其贸易逆差，更会削弱自身经济增长和拖累全球经济，乃至摧毁创造价值的全球供应链和整个贸易体系。"① 对此，中国要积极寻求对策，我们"有理由相信，在中央有力得当的应对下，中美贸易摩擦不仅不会遏制中国经济增长步伐，反而会迎来经济崛起的战略机遇"②。在商事冲突规范立法领域，一方面要坚持商事冲突规范强制性的"直接适用的法"的积极应对，在银行、外汇、关税等领域坚持适用自己"直接适用的法"。也可以"人民币适度贬值，对冲关税压力"③。另一方面，在商事冲突规范立法中要坚决对单边主义、贸易保护主义、反全球化等倒行逆施的做法予以反对，吸引外商积极选择适用我国商事实体法。在商事实体法方面积极鼓励支持出口企业面向多国多渠道拓展业务，鼓励多元化出口，增加出口国家和地区。要制定政策"适度增加进口，减少对科技企业的高调扶持，更多采取低调补贴和支持的方式助力发展。……宏观政策不宜继续紧缩，需要对企业和市场有一定的流动性支持"④。在知识经济方面，要加强立法加大对知识产品、技术成果的保护、转化、应用与推广。与此同时，要在国际上广结同盟，在一致的领域多签订商事统一实体法和统一冲突法，以达到更加公平、公正、透明的商事法治环境。对国内而言，要做大做强外贸经济与海洋经济，刺激经济制度与法律制度相结合，建立外贸经济与海洋经济保护的政策法规体系，构建完善的商事冲突解决法律体系，最终为解决贸易摩擦起到积极的作用。

（三）自由贸易区建设中商事冲突规范立法的作用

1973 年国际海关理事会签订的《京都公约》将自由贸易区定义为："一国的部分领土，在这部分领土内运入的任何货物就进口关税及其他各税而言，被认为在关境以外，并免于实施惯常的海关监管制度。"当代世界经济有两大显著特点：一是经济全球化，二是区域经济一体化。与多边贸易谈判相比，区域内国家更容易就自由贸易区达成协议，并产生实效。同时，现有的自由贸易区大多富有成效，也激发了更多国家参加自由贸易区。从各国的情况看，自由贸易区基本上都是从自由港发展而来，而且通常自由贸易区都设在港口港区或邻近港口港区。

关于中国的自由贸易区建设，从发展过程来看，2008 年 3 月国务院批复的

---

① 范思立. 妥善应对中美贸易摩擦加剧 [N]. 中国经济时报，2018 – 09 – 20（001）.
② 范思立. 妥善应对中美贸易摩擦加剧 [N]. 中国经济时报，2018 – 09 – 20（001）.
③ 段利. 中美贸易摩擦分析及对策研究 [J]. 中国商论，2018（28）：74.
④ 段利. 中美贸易摩擦分析及对策研究 [J]. 中国商论，2018（28）：74.

《天津滨海新区综合配套改革试验总体方案》。2011 年批复的《天津北方国际航运中心核心功能区建设方案》。2013 年 8 月 22 日，党中央、国务院决定设立中国（上海）自由贸易试验区。涵盖外高桥保税区、外高桥保税物流园区、洋山保税港区和上海浦东机场综合保税区。

2014 年 12 月 12 日，党中央、国务院决定设立中国（广东）自由贸易试验区、中国（天津）自由贸易试验区、中国（福建）自由贸易试验区 3 个自贸区。2014 年 12 月 28 日，国务院决定扩展中国（上海）自由贸易试验区范围，涵盖外高桥保税区、外高桥保税物流园区、洋山保税港区、上海浦东机场综合保税区、金桥出口加工区、张江高科技园区、陆家嘴金融贸易区。

2016 年 8 月 31 日，党中央、国务院决定设立中国（辽宁）自由贸易试验区、中国（浙江）自由贸易试验区、中国（河南）自由贸易试验区、中国（湖北）自由贸易试验区、中国（重庆）自由贸易试验区、中国（四川）自由贸易试验区、中国（陕西）自由贸易试验区 7 个自贸区。

在《国务院关于加快培育外贸竞争新优势的若干意见》（国发〔2015〕9 号）中，也提出要加快实施自贸区战略。继续维护多边贸易体制在全球贸易发展中的主导地位，以开放的态度加快实施自贸区战略，发挥自贸区对贸易投资的促进作用。尽早签署并实施中国—韩国、中国—澳大利亚自贸协定，积极推动中国—东盟自贸区升级谈判，推进中日韩、区域全面经济伙伴关系（RCEP）、中国—海湾国家合作委员会、中国—以色列、中国—斯里兰卡等自贸协定谈判和建设进程，稳步推进亚太自贸区建设，适时启动与其他经贸伙伴的自贸协定谈判。大力推动内地和港澳的经济一体化，继续推进两岸经贸合作制度化。加强顶层设计，积极同"一带一路"沿线国家和地区商建自贸区。

自由贸易区的建设与发展过程，离不开商事冲突规范的作用发挥。自贸易区内涉及各贸易、投资主体的待遇问题，准入领域问题，纠纷的解决问题等内容。在主体的待遇方面，自由贸易区有许多优惠措施，如外国投资者可以从外商投资企业取得利润，免征所得税等。在准入领域方面，也有一些放宽的规定。2018 年 6 月 21 日，上海自贸试验区管委会提出了《中国（上海）自由贸易试验区关于扩大金融服务业对外开放进一步形成开发开放新优势的意见》，意见分六大部分、二十五条举措，涵盖了吸引外资金融机构集聚、便利外资金融机构落户、全面深化金融改革创新、金融服务科创中心建设、集聚发展高层次金融人才、构建与国际规则接轨的金融法治环境等六个方面。这里提到的构建与国际规则接轨的金融法治环境，就包含了商事冲突规范立法与国际规则接轨的问题。在纠纷的解决方面，商事冲突规范更是能够发挥直接的作用。当然，在自由贸易区，商事冲突规范的规定应该有针对性，如在扩大法律适用的选择性方面，在限制直接适用的法的应用方面，在引入国外仲裁机构等方面可以有适当的特别规定。

（四）构建人类命运共同体中商事冲突规范立法的作用

人类只有一个地球，各国共处一个世界，地球承载着我们共同的人类命运，人类共同体应该是各国共同思考的问题，即各国在追求本国利益时应该兼顾他国利益，在谋求本国发展时应该兼顾他国共同发展。2011 年 9 月 6 日，《中国和平发展》白皮书就首次提出了命运共同体的概念。① 2013 年 3 月，习近平总书记在莫斯科国际关系学院发表演讲时，首次向全世界提出了"命运共同体"这一概念。② 这一概念多次被载入联合国相关决议。

2017 年 10 月 18 日，习近平同志在十九大报告中提出："各国人民同心协力，构建人类命运共同体，建设持久和平、普遍安全、共同繁荣、开放包容、清洁美丽的世界。"③ 2018 年 3 月 11 日，第十三届全国人民代表大会第一次会议表决通过《中华人民共和国宪法修正案》，将宪法序言中"发展同各国的外交关系和经济、文化的交流"修改为"发展同各国的外交关系和经济、文化交流，推动构建人类命运共同体"。修改的《中国共产党章程》也在总纲中提出"推动构建人类命运共同体"。

"人类命运共同体"理论思想十分丰富，围绕人类命运共同体，已有的研究成果"多集中在哲学、政治学等领域，法学领域相对较少"④。但当前国际形势呈现世界多极化、经济全球化、文化多样化和社会信息化等特点，贸易摩擦、食品安全、资源短缺、气候变化、网络攻击、人口爆炸、环境污染、疾病流行、跨国犯罪等都是全球面临的共同问题，不论我们身处何国都已经处在一个命运共同体中，必须共同面对才能取得成效，一荣俱荣、一损俱损的情形比任何时候都突出。"协调和共同目的是人类命运共同体的法理基础"⑤，上述问题的解决离不开法治合作与治理，例如商事领域的贸易摩擦等问题，就需要商事实体法、商事冲突规范等法律的直面解决。人类命运共同体也包括人类商事活动共

① 新华社. 中国发表白皮书重申将坚定不移走和平发展道路 ［EB/OL］. 中国政府网，2011 - 09 - 06.
② 习近平. 顺应时代前进潮流　促进世界和平发展——在莫斯科国际关系学院的演讲 ［N］. 人民日报，2013 - 03 - 24 （2）.
③ 习近平. 决胜全面建成小康社会　夺取新时代中国特色社会主义伟大胜利——在中国共产党第十九次全国代表大会上的报告 ［N］. 人民日报，2017 - 10 - 18 （1）.
④ 廖凡. 全球治理背景下人类命运共同体的阐释与构建 ［J］. 中国法学，2018 （5）：42.
⑤ 黄卫东. 人类命运共同体的国际法基础 ［J］. 辽宁经济，2018 （9）：57.

同体，需要以人类命运共同体的理念去要求商事冲突规范立法问题。人类命运共同体"作为价值共同体，从而避免了实体共同体的利维坦倾向；着眼于全人类的全球主义，从而削弱了国家主权的绝对性和排他性；因强调'同理'和'同利'，从而化解了冲突与纷争；因以普世价值为基础，从而容易为各国人民所接受"①。人类命运共同体对商事共同体具有很好的促进作用，对商事法律冲突的化解具有很好的促进作用，与此同时，商事冲突规范对人类命运共同体也具有积极的促进作用。

1. 构建人类命运共同体需要法治包括商事冲突规范法治的保障

趋同化是冲突规范的发展趋势，世界各地均有积极的回应。冲突规范向着统一化的方向发展，许多欧洲国家一直参与渴望达到统一化的水平："The movement towards the unification of private international law, to which many European countries have participated from the outset, aspired to be conducted at a universal level."② 实现法律全球化，包括商事法律规则的全球化，形成世界各国统一遵循的法律规则，是构建人类命运共同体法治的最好方案。法律共同体依赖于世界文化共同体，因此，商事文化的趋同化也是商事冲突规范趋同化的重要基础，无论商事冲突规范规则还是商事文化，均应在相互间进行"比较、竞争，择其优者予以保留、推广，进而为越来越多国家学习吸收，各法律制度逐渐接近、趋同，这也是构建人类命运共同体的一条重要路径"③。

2. 商事冲突规范立法在考虑冲突规范设定时，既要追求本国利益与法律的适用，又要考虑他国利益与法律的适用

人类命运共同体要求各国在追求本国利益时应该兼顾他国利益，在谋求本国发展时应该兼顾他国共同发展。追求本国利益是各国都会做的事情，兼顾他国利益有时则要特别关注才能做到。例如，"随着'一带一路'建设的推进，我国海外利益势必不断拓展，海外投资安全和人员安全等问题的重要性也将日益凸显。为此，既要与时俱进地有效保护中国企业和公民的利益，又要合理顾及东道国的利益和关切，通过慎重设计双边投资协定等方式在二者之间实现恰当的平衡"④。在商事冲突规范立法方面也是如此，有时兼顾他国利益，实质上也是保护本国的利益。例如，有时适用外国法可能比本国法更有利于保护本国的

---

① 周安平. 人类命运共同体概念探讨［J］. 国际法学，2018（11）：3.

② Pietro Franzina. The External Dimension of Eu Private International Law After Opinion 1/13［M］. Intersentia，2017：17.

③ 刘风景. 法律互鉴是构建人类命运共同体之良方［J］. 法学论坛，2018（4）：30.

④ 廖凡. 全球治理背景下人类命运共同体的阐释与构建［J］. 中国法学，2018（5）：51.

当事人，应妥善进行冲突规范的科学、合理的设计。

3. 商事冲突规范立法在考虑冲突规范设定时，要关注解决国际商事冲突之科学与便利

解决国际商事冲突之科学与便利的规则，"一是要秉持'以对话解决争端，以协商化解分歧'的基本思路，发挥中华'和'文化的独特优势，尽量寻找各方利益的'最大公约数'，从而化解分歧、消弭争端；二是要充分利用诉讼、仲裁等传统争端解决方式"①。中华"和"文化也是商事冲突规范立法应该把握的原则之一。只有立法的"和"的理念得到贯彻，才会有解决商事冲突的"和"的结果。因此，构建更多的被认同的统一的商事文化、商事法律文化，是解决商事法律冲突的根源问题。

4. 商事冲突规范立法在考虑冲突规范设定时，要满足构建统一商事实体法、统一冲突法的需求，以更好地解决商事法律冲突

倡导构建人类命运共同体，中国要发挥负责任的大国作用，"当仁不让地支持和捍卫经济全球化，改善和完善经济全球化，进而推动和引领新型全球化"②。国际经济与贸易是经济全球化的重要方面，因此，中国商事冲突规范立法应积极发挥影响力与话语权，"人类命运共同体思想及其'一带一路'重要实践，在新时代为中国提供了贡献中国智慧和中国方案、参与国际规则制定、推动形成'共同方案'的难得机遇"③。因此，中国商事冲突规范立法应积极研究与制定科学规则，积极参与与引领商事国际统一实体法、统一冲突法的制定，推动全球经济与贸易向更加开放、包容、普惠、平衡、共赢的统一方向发展。

5. 在网络空间等商事冲突规范规则还未建立发展的新领域，积极贡献中国智慧

网络科技的发展，使一个国家的国内法越来越具有涉外性，"在处理涉外问题和跨国问题的过程中，必须逐步与国际社会通行的法律和惯例接轨"④。但国际商事及各国商事网络空间、网络经济与法律发展不平衡、规则不健全、秩序不合理，"难于反映大多数国家意愿和利益的现实"⑤。因此，在此领域更要讲好中国故事。"任何新的国际法概念、范畴、理念、表述和理论，只有具备原创性，才有可能在世界上抢占国际法发展的先机和话语权；只有符合时代需要和

---

① 廖凡. 全球治理背景下人类命运共同体的阐释与构建［J］. 中国法学，2018（5）：51.

② 廖凡. 全球治理背景下人类命运共同体的阐释与构建［J］. 中国法学，2018（5）：57.

③ 廖凡. 全球治理背景下人类命运共同体的阐释与构建［J］. 中国法学，2018（5）：57.

④ 刘风景. 法律互鉴是构建人类命运共同体之良方［J］. 法学论坛，2018（4）：33.

⑤ 廖凡. 全球治理背景下人类命运共同体的阐释与构建［J］. 中国法学，2018（5）：58.

发展趋势，才有可能被世界国际法学界所接受并最终成为实在的国际法原则、规则和制度。"① 商事冲突规范立法应积极主动，率先而为，抢占发展的先机和话语权，提高质量，力争能够推出被世界商事冲突规范学界所接受，并最终成为实实在在的商事冲突规范原则、规则和制度。"法律是共同体的载体和表现形式。所以，人类命运共同体虽然是一个政治倡议，但其核心却在于构建'人类共同体法'。"② 人类共同体法"是为适应全球治理的发展需要而构建的法律体系，须对全球公共领域具有更普遍的、更高等级的法律效力"③。因此，商事冲突规范应积极融入人类共同体法的构建之中，由共存法发展为合作法，再由合作法发展为统一法，从而为人类命运共同体的构建奠定坚实的基础。

（五）商事冲突规范立法与商事文化的发展

本书在研究商事冲突规范立法之时，兼论僭离商事海事文化的冲突规范之牖进，对商事海事文化与商事冲突规范立法同步进行研究，有利于商事冲突规范的深入研究与采用。"However, looking at the relationship between private law and culture through the lenses of more concrete issues, both extreme positions clearly appear untenable. Rather, it is an object for research to find out what parts of private law are culturally determined and therefore difficult to harmonize and what parts are less connected with culture."④ 通过具体的问题来研究文化与私法的关系，可以进一步了解哪些私法问题是被文化决定的且难以统一，哪些问题与文化的联系不是那么紧密。这对商事冲突规范立法与商事文化的发展都是很有必要的。

但是，"'Culture' is a vague concept that can be understood in many ways."⑤ 文化可以有多种理解，包括一般社会文化，也包括法律文化。"Culture and legal culture are difficult notions, contested categories. Because of the variety of meanings suggested, proposed or implied, some researchers have proposed outright abandoning

---

① 曾令良. 构建中国特色社会主义国际法学 [N]. 光明日报, 2016 - 06 - 29 (16).
② 戴轶. 论人类命运共同体的构建：以联合国改革为视角 [J]. 国际法学, 2018 (11)：23.
③ 戴轶. 论人类命运共同体的构建：以联合国改革为视角 [J]. 国际法学, 2018 (11)：23.
④ Thomas wilhelmsson, Elina Paunio, Annika Pohjolainen. Private law and the Many Cultures of Europe [M]. Kluwer Law International, 2007：5.
⑤ Thomas wilhelmsson, Elina Paunio, Annika Pohjolainen. Private law and the Many Cultures of Europe [M]. Kluwer Law International, 2007：5.

of the very concept of legal culture." ① 由于文化和法律文化是非常复杂的概念、类别，有不同的理解与应用，有的研究人员甚至建议废弃法律文化的概念。但是，法律文化影响巨大，如在欧洲的影响就是形成了不同的法系。"The deep legal – cultural divide within Europe is the one between common law and civil（continental）law." ②

文化对私法的影响是深远的，对商事行为而言，"Even though it is well known that cultural diversity affects business behaviour, one may assume that businesses would generally be more socialized into a business culture with strong international features." 众所周知，文化的多样化对商事行为产生了影响，商业受社会商事文化的影响具有国际的特性。

不过不同的商事行为受到的影响是不同的，"When analysing the relevance of the 'culture of ordinary people' with regard to the harmonization of private law, consumer law is an obvious area of interest. Consumer culture is a part of the culture of ordinary people, indeed reflecting their diversity. As consumer law issues are closely connected with the ordinary life of ordinary people, they are more sensitive to cultural variations." ③ 当分析大众文化与私法和谐问题时，消费者法无疑是一个焦点领域，消费者文化是大众文化的一部分，反映出不同的多样性。消费者法与普通民众日常生活联系非常紧密，受文化多样性的影响比较大。

再如，"Credit is an area in which divers national traditions may greatly influence the behaviour of the parties, both in business – to – business relationships and in consumer relationships. Cultural values related to credit, traditional behavioural patterns on the credit market as well as the variety of institutions of national markets result in quite divergent pictures of various Member State markets." ④ 信用领域当事人的行为，包括商人之间、商人与消费者之间的关系，受传统、文化价值影响较大，信用市场的传统行为模式及不同的国家市场构成，造成了不同国家市场的多样性。

---

① Thomas wilhelmsson, Elina Paunio, Annika Pohjolainen. *Private law and the Many Cultures of Europe*［M］. Kluwer Law International, 2007: 23.

② Thomas wilhelmsson, Elina Paunio, Annika Pohjolainen. *Private law and the Many Cultures of Europe*［M］. Kluwer Law International, 2007: 9.

③ Thomas wilhelmsson, Elina Paunio, Annika Pohjolainen. *Private law and the Many Cultures of Europe*［M］. Kluwer Law International, 2007: 15.

④ Thomas wilhelmsson, Elina Paunio, Annika Pohjolainen. *Private law and the Many Cultures of Europe*［M］. Kluwer Law International, 2007: 17.

"Legal change always receives its primal impetus from outside the law, and legal culture is connected to the moral and ethical spheres of society, in particular through the channels of legal principles."①

修改法律的动因往往来自法律外部，如法律文化与社会的道德、伦理有关联，特别会对法律原则产生影响。

大众文化的特点突出表明法律规定的公民权利必须与他们的文化及社会状况相适应。一个特定的规则在一些文化背景下适用良好，在另外一些文化背景下就无法适用。法律规则的效力是由其存在的社会背景决定的。"The 'culture of ordinary people' perspective brings into the spotlight the right of people to be governed by rules that suit their cultural and societal conditions. As the effciency and effects of rules are always partially determined by the societal context in which they are put to work, a certain rule may function well in a certain cultural context and less well in another."②

This brings to the fore questions like the following:

Thomas wilhelmsson, Elina Paunio, Annika Pohjolainen 等作者在 *Private law and the Many Cultures of Europe* 一书中，针对私法与不同文化问题，指出特别需要研究下列问题：

"——How does private law function and how should it be structured to perform as well as possible in an environment with many cultures and languages, like the European Union?"（私法如何构成，才能在像欧盟那样的多样性文化与语言环境下发挥良好的作用？）

"——To what extent does the existence of many cultures in the European Union hamper the development of common private law rules and require rules that are specific for the state, region, or culture in question?"（在多大程度上，欧盟的多样性文化会对普通私法及适合地区或者文化需求的法律的发展产生阻碍？）

"——To what extent are different legislative solutions needed and to what extent can the localism required be met with variations in the application of common legislative provisions?"在多大程度上需要不同的立法方案，及在多大程度上满足地方主义

① Thomas wilhelmsson, Elina Paunio, Annika Pohjolainen. Private law and the Many Cultures of Europe [M]. Kluwer Law International, 2007: 7.

② Thomas wilhelmsson, Elina Paunio, Annika Pohjolainen. Private law and the Many Cultures of Europe [M]. Kluwer Law International, 2007: 7.

与一般立法的不同需求？

Straightforward and easy answers to these questions do not exist. It is the task of research to produce the knowledge needed in this respect. ①

针对以上难题，需要认真研究寻找答案。研究商事冲突规范立法与商事文化的发展，对解决以上问题有所助翊。

三、研榷基构

（一）商事冲突规范立法选题的研究基础

关于商事冲突规范立法选题的研究基础，本课题第一章《商事冲突规范立法研究文献之基源》有详细论述，此处仅做简单说明。

冲突规范在我国立法中被称为涉外民商事关系法律适用法，调整民事部分的冲突规范被称为《中华人民共和国涉外民事关系法律适用法》，相应地，本课题研究的属于调整商事部分的冲突规范，应被称为《中华人民共和国涉外商事关系法律适用法》，或者与前者合并规定称为《中华人民共和国涉外民商事关系法律适用法》。但在我国 2010 年通过的《中华人民共和国涉外民事关系法律适用法》中，没有涉及商事的法律适用问题。② 立法部门认为海商法、民用航空法、票据法、公司法、合伙企业法、保险法、证券法、证券投资基金法等商事领域法律众多，情况十分复杂，还是专门在单行法中规定为宜。③ 这里的海商法、民用航空法、票据法、公司法、合伙企业法、保险法、证券法、证券投资基金法等均属于商事重点领域，其所涉及的冲突规范立法问题，是本书研究的重点。在研究制定《中华人民共和国涉外商事关系法律适用法》单行法的立法建议时，因为商事领域众多，哪些可以适用民事关系法律适用法的规定，哪些必须纳入商事关系法律适用法调整的范畴，需要仔细甄别，认真研究。

目前我国关于商事关系法律适用方面的规定立法散乱，分散在海商法、票据法、民用航空法等商事实体法中，条文太少甚至有的商事实体法根本缺乏冲突法的规定。以上我国相关商事实体法如海商法、票据法、民用航空法等，规

---

① Thomas wilhelmsson, Elina Paunio, Annika Pohjolainen. Private law and the Many Cultures of Europe ［M］. Kluwer Law International, 2007: 7.

② 2010 年我国通过了《中华人民共和国涉外民事关系法律适用法》，2012 年最高人民法院通过了《关于适用〈中华人民共和国涉外民事关系法律适用法〉若干问题的解释》等，这些规定完善了中国冲突规范的立法。但是，《中华人民共和国涉外民事关系法律适用法》及其司法解释没有包括涉外商事关系的法律适用问题，只能称之为民事冲突规范。

③ 屈广清. 屈广清新论文集 ［C］. 长春：吉林大学出版社，2011: 14.

定有少量冲突法内容，但在破产、公司、合伙、证券及证券投资基金等商事重点领域，冲突规范空缺。在国内提出的冲突规范立法草案方面，《中华人民共和国冲突规范（示范法）》及《中华人民共和国民法（草案）》等，有少量商事规定，但多数内容尚付阙如。

综上，我国商事冲突规范立法上存在相应的不足：一是实体法与冲突法不分；二是规定比较随意，有的实体法有冲突法条款规定，有的没有；三是出台较早，立法指导思想不够开放；四是立法分散，立法模式不够先进；五是条文较少，立法内容不够完整；六是相互之间缺乏衔接，立法技术不够娴熟；七是规定重复，各实体法之间的冲突法规定有许多重复的内容。

事实上相对民事冲突规范而言，商事冲突规范的理论研究及立法在国际上也是相对滞后的。我国在商事冲突规范有关的国际条约及各国立法方面，缺乏相对独立的立法，条款较少，涉及领域有限，存在许多空白的领域。例如，《解决支票法律冲突公约》只规定了支票；《瑞士联邦冲突规范》只规定了破产、公司；2014 年生效的《捷克共和国冲突规范》，只是补充规定了票据内容。《布斯塔曼特法典》设有国际商法卷，但至今没有生效。

立法的不足通常与理论研究的不足是成正比的。关于商事冲突规范理论研究的综述（本课题第一章将重点阐述之）完全可以证明这一命题。在理论研究上存在的不足主要表现为以下两点。一是研究不均。在民事与商事冲突上，研究民事较多，商事较少。如 C. M. V Clarkson，Jonathan Hill 的 The Conflict of Laws（Oxford University Press，2011）全书 538 页，没有一页涉及商事。Cheshire，North，Fawcett 的 Private International Law 自 1999 年修订第 13 版时，认为公司与破产内容复杂而予以删除。在商事冲突上，研究海事、票据相对较多，证券、基金较少。二是研究不精。没有深入挖掘商事冲突规范的特殊价值，如我国研究商事冲突规范的成果均没有对商事冲突规范的特点与民事冲突规范做严格区分，没有专门研究商事冲突规范的基础理论问题，也没有专门研究商事冲突规范的联结因素、准据法等具体问题。

（二）商事冲突规范立法选题的研究方法与建构

本专著采用的是以点带面、特色推进、选定要义、取其内核，整体系统完整、个别规则突出的研究思路，这就意味着本课题将运用归纳演绎、历史考察、哲学思辨、语义分析、比较分析、价值分析、理论分析与实证分析相结合等多种研究方法。例如，本课题运用了归纳演绎方法，在苏格拉底时就首创辩证法，与归纳法一同使用，亚里士多德的三段论也是大同小异，所以人类研究方法观念上就是先归纳再演绎，立法研究也要以归纳演绎的方法发展之。"如果吾人承认此项观念，则在法律、社会、政治问题上愈为确者之研究，则真者之范围亦必愈广。所谓确者，在此等问题上系成一历史事迹之形式，其事件成为数字的系统，于是能供给历史及数学的演绎法以资料。"①

　　历史考察把握商事冲突规范产生、发展的历史条件，分析不同理论与制度产生的背景及作用，从而透过抽象的理论或者复杂的法律条文的背后，了解其特定功能。在历史考察中，也利用历史的归纳法。"历史的归纳法多基于社会现象之观察，而鲜基于试验，盖社会现象远较自然现象为复杂，殊不易以人意使之重演或使之变换也。然其试验法盖有四项，即同一法、相异法、相伴的变换法与残留法是也。"② 同一法即排除各项情形后保留一个作为前提，如选择作为立法条款模板等；相异法与同一法截然相反；相伴的变换法是认定因果关系的方法；残留法"即从任一现象中，减去由以前归纳而已知为某某前提之结果之部分，则其残留之现象即为残留的前提之结果是也"③。在法律学研究中，统计的归纳与历史的归纳是可以结合使用的，"统计的归纳，由数字以表现社会现象之常态，增加其确实性，以完成历史的归纳之工作"④。在历史考察中，也融合利用历史的比较法。法律"为生物的亦为历史的……其范围应不限于已有之物之描述，而更须对应有之物为之推测……变化起源于不变的范型，而历史起于永在的观念"⑤。通过历史的比较，才能够观察立法进化的各个阶段各民族立法观念的演进。

　　通过语义分析可以探讨商事冲突规范各具体制度及利弊得失。"盖言语表现人之思想，而法律表现人之行为，而思想及行为之密切的关联固可知也。"⑥ 言语进步是法律进步的前提，言语不断进步，民族的创造力在法律及言语上就能够得到同等反映，言语有国别、国语、地方话之分，所以也会有不同国家的法律、国家法律、地方法律等区分。一般认为好的语言有三阶段：单音发展阶段、

　① ［意］密拉格利亚. 比较法律哲学［M］. 朱敏章，徐百齐，吴泽炎，吴鹏非，译. 北京：中国政法大学出版社，2005：68 – 69.
　② ［意］密拉格利亚. 比较法律哲学［M］. 朱敏章，徐百齐，吴泽炎，吴鹏非，译. 北京：中国政法大学出版社，2005：69.
　③ ［意］密拉格利亚. 比较法律哲学［M］. 朱敏章，徐百齐，吴泽炎，吴鹏非，译. 北京：中国政法大学出版社，2005：69.
　④ ［意］密拉格利亚. 比较法律哲学［M］. 朱敏章，徐百齐，吴泽炎，吴鹏非，译. 北京：中国政法大学出版社，2005：74.
　⑤ ［意］密拉格利亚. 比较法律哲学［M］. 朱敏章，徐百齐，吴泽炎，吴鹏非，译. 北京：中国政法大学出版社，2005：76.
　⑥ ［意］密拉格利亚. 比较法律哲学［M］. 朱敏章，徐百齐，吴泽炎，吴鹏非，译. 北京：中国政法大学出版社，2005：72.

复合发展阶段、化合一体阶段。与此对应，法律也是如此，就商事冲突规范立法而言，第一阶段为各冲突规范单纯的存在；第二阶段为相互之间机械的结合；第三阶段是相互融合成为逻辑的整体，这是本课题研究追求的目标。因此通过比较分析各国立法规定，寻求较优的冲突规范等也是必不可少的方法。此外，本课题还注重传统方法与现代方法的融合，如比较分析中融合了价值分析，理论分析中融合了实证分析，哲学思辨中融合了人文主义、实质正义，并关注大数据时代网络分析方法及法律趋同化对本课题研究产生的影响。

关于商事冲突规范立法的建构，我国在通过《中华人民共和国涉外民事关系法律适用法》时就提出，另行通过单行法的形式制定涉外商事关系法律适用法，因此应对涉外商事关系法律适用法提前做好理论研究工作，最好能够形成成型的涉外商事关系法律适用法立法建议案，以尽快实现出台中华人民共和国涉外商事关系法律适用法的目标。笔者正是希望能够为制定中华人民共和国涉外商事关系法律适用法添砖加瓦，所以选择商事冲突规范的重点领域立法进行相关研究，并在反复征求各方面意见建议、反复修改的基础上，提出了相关立法建议案。"我们知道，在重建住宅之前，光把旧房拆掉，备上新料，请好建筑师，或者亲自设计，并且仔细绘出图纸，毕竟还是不够的，还应该另外准备一所房子，好在施工期间舒舒服服地住着。"① 事实上，在准备拆掉旧房时，就应该考虑好相关的一切。对商事冲突规范立法而言，涉外商事关系法律适用法立法建议案就是"应该另外准备的一所房子"。

从准备来看，本课题考虑比较充分、具体。针对研究我国商事冲突规范立法之难度与困难，笔者反复研究，拟定了项目研究的主要内容。在本项目课题申请书中，拟定的预期研究的主要内容包括：①商事冲突规范立法研究之基础；②商事冲突规范立法模式与体系研究；③民用航空冲突规范研究；④票据冲突规范研究；⑤公司、合伙冲突规范研究；⑥保险冲突规范研究；⑦证券及证券投资基金冲突规范研究；⑧破产冲突规范研究；⑨其他商事冲突规范研究；⑩制定中国涉外商事关系法律适用单行法的考量。由于内容设计比较科学合理，实际研究中基本上是按照以上框架和内容进行的，只是补充了银行法领域的法律冲突研究，以更好地为"一带一路"这一国家重大战略服务。

从可行性上看，目前进行充分的商事冲突规范立法的研究与完善是完全可行的，这一观点有以下理由可以支撑。

从时机上看可行：在中国涉外民事关系法律适用法诞生以后，涉外商事关

---

① ［法］笛卡尔. 谈谈方法［M］. 王太庆，译. 北京：商务印书馆，2000：19.

系法律适用法的制定应及时提上议事日程，研究其立法正恰逢其时。

从步骤上看可行：本课题研究步骤包括：第一步：研究商事重点领域特别是新型领域的法律冲突与法律适用问题；第二步：研究审判实践中存在的突出问题；第三步：制定单行法建议稿。课题研究从理论、实践到立法，层层递进，直趋目标，尽量做到具体安排合理，实际操作可行。

从条件上看可行：一是中国涉外民事关系法律适用法采用单行法模式，给制定涉外商事关系法律适用单行法提供了必要性与可能性条件；二是我国立法机构一直在为完善中国冲突规范而努力，这是支持的条件；三是购买、收集了国内外大量相关著作、论文、案例、立法及草案。如在国外判例方面，收集有法律报告（如英国劳氏法律报告）、www.catalaw.com 等刊载的判例，还翻译出版英国判例；对国内判例，通过多渠道收集，如在中国涉外商事海事审判网中将裁判文书栏的近 8000 个案例悉数收集，这是实施的条件。当然，我国涉外商事海事审判的案件数量巨大，根据 2018 年 11 月 7 日在青岛召开的第五次全国涉外商事海事审判工作会议提供的数据：2014 年 1 月至 2018 年 9 月，各级法院审结的涉外涉港澳台民商事案件 236134 件，一审海事案件 72279 件，二审海事案件 7674 件。2018 年全国法院受理的涉外商事海事案件涉及近 70 个国家和地区。因此，项目研究必须精挑细选具有代表性的突出案例，如首次明确《1989 年国际救助公约》条款适用的"加百利"轮海难救助案件等。

在国外最新研究成果的收集、购买方面，收集、购买了大量国外学者最近几年的冲突规范、商事实务方面的代表性著作，对这些成果进行了认真研究、合理吸收借鉴，如对 Janet Walker（Canadian Conflict of laws. LexisNexis Canada Inc. 2018.）有关破产的观点参考吸收等。

对一些成果存在的问题也进行了分析说明，如在银行证券方面的成果《金融学基础（第 10 版）》（［美］赫伯特·B. 梅奥著，李铁峰，钱炜青，译. 清华大学出版社，2013 年版），笔者在研究过程中就对该国外名著中存在的疏漏进行了说明（如对在《金融学基础（第 10 版）》的第 15 页的表格数字统计中出现差错的修正说明等）。该表格数字统计的是 2010 年 1 月美国商业银行的资产和负债情况（计价单位 10 亿美元），在负债方面，表中的数字分别是：活期存款、储蓄账户、定期存单为 5799.5；大额定期存款 1888.9；其他借款和负债 2794.8；股权 1270.3. 以上总额应为 11753.5，而原著中却是 11735.5. 为了反映准确性，笔者对该书及其他成果资料涉及数字的地方都重新进行了计算、统计。

在研究内容的重点上，项目侧重研究了商事冲突法立法的法哲学基础；国际条约、各国法律在商事冲突法立法上的不足及改进；中国商事法律适用实践中的问题及成因；中国商事冲突法立法条款的完善等问题。在研究内容的难点上，项目解决的难点问题包括商事冲突法立法模式与体系问题，如商事冲突规范模式与体系的关系；在冲突规范典的框架下，民事、商事冲突规范的协调问题；商事冲突法特殊原则的确定问题；如何确定商事冲突法中法律选择的影响因素；如何甄别最优或较优的商事冲突规则等。

商事冲突法的价值准则、制度规则、法律适用规则，均非凭空创造，而是来源于具体的商事文化，研究商事冲突法立法，不能僭离商事文化这一基源的启发。但商事冲突法在理论上却是研究的洼地，尚无探赜。对涉外商事关系法律适用法的立法完善研究不是对传统冲突规范的离经叛道，它反映了冲突规范价值追求目标多元化、多层次性的新发展，以及公平合理的国际商事新秩序构建的新需求、商事冲突蕴含的深层次文化因素的新探索。对这一课题的研究，有利于助成现有立法的修订完善，翼成冲突规范的迅步发展，懋成商事冲突法价值的整体目标，遂成共同规则的引领构建。对发展商事文化、完善商事立法、保障商事权益、推进丝路建设具有重要意义。

研究内容的前沿性方面，本选题具有的优势表现在以下方面。

一是选题具有国际前沿性。研究商事立法文化与冲突法立法，尚无其他研究成果。

二是吸收国外立法的先进经验。成果补充完善的立法条文吸收了国外立法的先进经验、先进方法及先进成果，是将国外的先进立法成果与中国的本土实际相结合的产物。

三是吸收了他人的理论研究的最新成果。在立法建议中，在补充完善的条文中，吸收了国内外学者研究的最新成果。如成果中的《中华人民共和国涉外商事关系法律适用法（建议稿）》海事部分规定的"海事赔偿责任限制，适用侵权行为地法、船旗国法或法院地法中与案件有最密切联系的国家的法律"的规定，就借鉴了加拿大学者威廉·泰特雷教授的最新研究成果。

四是吸收了自己的最新研究成果。如关于证券投资基金等规定，弥补了现有立法在法律适用范围上规定不全面的不足。

五是对现有立法一些规定进行了前沿性的修正。如建议"除合同另有约定外，船员劳动合同，适用船旗国法、当事人住所地法中对船员保护有利的法律"。此建议是为了保护弱者，没有采用合同的最密切联系原则。

六是通过系统地实证分析方法，论证了近年来我国法律适用上存在的适用中国法比例过高、无法律适用理由说明情况过高等问题。成果提出的法律适用法建议条文，针对这些问题的解决，具有有的放矢的致效。

成果极大丰富拓展了商事冲突法学科理论，推动了商事冲突规范学科领域的突破性发展，对构建中国商事冲突规范国际话语体系有重大贡献：一是促进立法质量；二是拓展研究理念；三是研榷制度创新；四是丰富学科内涵；五是辅助文法共融；六是形成共同规则；七是牖进服务丝路；八是辅助指导实践。

与其他相关研究比较，本成果独特的价值表现在以下方面。

选题上：本选题围绕中国特色社会主义涉外法律体系的构建，开拓性地研究了商事立法及立法文化问题，具有特别重要的意义。

编纂上：从构建商事冲突规范单行法独立模式入手，兼顾该独立模式在未来中国冲突规范典中与民事冲突规范的和谐，具有编纂上的双重价值。

领域上：其他成果侧重民事部分，本成果侧重商事部分。目前的冲突规范理论与立法均以民事关系为主，与我国商事经济与对外贸易快速发展的形势不相适应。研究冲突规范的商事部分，是增强我国在涉外法律事务中的话语权和影响力的亟需。

内容上：其他成果侧重传统商事领域，本成果侧重现代商事领域。如商事弱者保护问题等。

方向上：其他成果侧重理论，本成果侧重立法。即：第一，厘清立法关键，实现价值目标，如厘清商事冲突法的指导思想、立法模式、原则制度、系属公式等关键问题，兼及公平与效率，寻索法律适用的确定性、可预见性和一致性；第二，集中规范商事冲突规定，具有全面方便实用的价值；第三，草拟《中华人民共和国涉外商事关系法律适用法（建议稿）》，供立法部门、实务部门及法学研究部门等参考，具有针对性的理论指导价值。

路径上：其他成果侧重固定规则或方法研究，本成果侧重探寻在自然法与实证法之外具有第三途径意义的立法范式，兼顾自然特定与细节变数。本成果研究的立法理论及立法建议稿条款，无不渗透了综合的平衡，慎重的取舍。

影响上：

（1）政治效益是助翊科学立法与司法；

（2）思想效益是助翊学科构建与创新；

（3）文化效益是助翊文化研究与融合；

（4）教学效益是助翊人才教育与培养；

（5）应用效益是助翊成果吸收与采纳。

（三）主要结论

专著对我国商事冲突规范立法具体问题及支撑理由进行了较为全面的研究，得出了一些主要结论。

1. 我国宜单独制定商事冲突规范（涉外商事关系法律适用法）单行法。我国冲突规范学界一直希望中国冲突规范立法与国际上的发展趋势相一致，向着法典化的方向发展。但由于商事冲突规范的特殊性及我国研究商事冲突规范的现状所限，制定包括民事、商事内容在内的冲突规范典的目标还无法实现，但我国涉外商事关系法律适用法可以单独制定单行法，以最大限度地满足涉外商事关系法律适用之亟需。例如，笔者草拟了《中华人民共和国涉外商事关系法律适用法》（单行法），包含的内容有：目录；一般规定；第一章公司、合伙关系的法律适用；第二章民用航空关系的法律适用；第三章票据关系的法律适用；第四章保险关系的法律适用；第五章银行、证券及证券投资基金关系的法律适用；第六章破产关系的法律适用；第七章海事关系的法律适用；第八章附则。

2. 在涉外商事法律冲突的具体类型上，可以分为三种不同形式的冲突。根据各国商事法律冲突的不同情形，可以将商事法律冲突的类型分为三种形式：显冲突、微冲突及一般冲突。显冲突指实体法规定的内容差异较大的领域的冲突，如关于航班延误，有的采用严格责任原则，有的采用推定过失原则，不属于承运人的原因造成的延误，承运人不承担相关费用；微冲突指实体法规定的内容差异较小的领域的冲突；一般冲突指实体法规定的内容的差异处于显冲突与微冲突之间的冲突。

区分以上三种不同的冲突形式，可以为制定统一实体规定提供参考，也可以为制定冲突规范提供参考。如对于显冲突领域，冲突规范的制定必须格外慎重，必须依据充足，不然常常会引起判决结果的迥异，导致实体法适用争夺的加剧。而对于微冲突领域，通常有利于制定统一实体法或双边的统一实体规定，消除相关领域的商事法律冲突，立法者应及时把握该领域的统一立法时机。

3. 商事冲突规范（涉外商事关系法律适用法）在我国依法治国中具有不可替代的作用。在长期的立法及司法实践中，在我国国内对依法治国的理论研究和实际贯彻中，往往把依法治国中的"法"理解为"国内法"，从而忽略了国际法特别是商事冲突规范（涉外商事关系法律适用法）在依法治国中的作用，这是不正确的。国内法和国际法（包括涉外商事关系法律适用法）如同飞机的两翼，缺一飞机就无法正常运转，因此，此二者缺一我们就不可能建成法治国家。

4. 我国现有商事冲突规范（涉外商事关系法律适用法）立法存在诸多无法可依的领域，立法机构不能视而不见，应及时进行立法补充，在立法补充的具体表现形式上，可以根据轻重缓急，采取"四步走"的策略，解决具体存在的问题，及时满足司法实践之所需。具体建议内容为：为解决涉外商事关系领域特别是商事重点领域存在的无法可依问题，根据当下实践的需要，可以根据难易程度，采取分步完善的策略，逐渐达到最佳。第一，在我国涉外商事关系法律适用法的完善路径中，按照难易程度排列，"通过出台司法解释，补充完善涉外商事关系法律适用法的相关内容"是最容易做到的一种方式；第二，是修订充实《中华人民共和国民用航空法》等商事实体法完善其中涉外关系的法律适用部分的内容（因为修订内容可多可少，不一定要达到条文数量上的要求，因此，也比较容易做到）；第三，修订充实《中华人民共和国涉外民事关系法律适用法》，因为已经有成文的民事关系法律适用法，补充商事关系法律适用的规定，也是可以实现的。第四，制定单行法《中华人民共和国涉外商事关系法律适用法》，在该法中单独规定涉外商事关系法律适用法的内容，由于该法是专门的商事冲突规范单行法，立法从体系、结构、内容到条文数量上都提出了更高的要求。

5. 商事合同的法律适用问题不能照搬《中华人民共和国涉外民事关系法律适用法》第 41 条的规定。《中华人民共和国涉外民事关系法律适用法》第 41 条规定："当事人可以协议选择合同适用的法律。当事人没有选择的，适用履行义务最能体现该合同特征的一方当事人经常居所地法律或者其他与该合同有最密切联系的法律。"该规定中的"适用履行义务最能体现该合同特征的一方当事人经常居所地法律"，属于合同的特征性履行方法，即根据合同的特殊性质确定合同法律适用的方法，适用的是与特征性之债务履行人联系密切的法律。自 20 世纪 60 年代开始，许多国家尤其是大陆法系国家采用了最密切联系原则具体化的方法，即以特征性履行方法来体现最密切联系原则，以特征性履行作为确定最密切联系的客观依据。值得注意的是，确定特征性履行的标准非常重要，但又特别困难，在合同中当事人双方的权利义务就像镜子一样，通常卖方及提供方代表着特征性履行。The identification of a performance as characteristic will, in these cases, be relatively difficult, and this rule may have little real scope: under a contract of barter, the obligations of each party mirror each other. The reason is that the usual examples which exemplify the idea of characteristic performance are those of sale (it is the seller, not the buyer) and supply (it is the supply, not the receipt).①

从《中华人民共和国涉外民事关系法律适用法》第 41 条的规定来看，既然"适用履行义务最能体现该合同特征的一方当事人经常居所地法律"的规定已经

---

① 阿德里安·布里格斯. 冲突法 [M]. 3 版. 北京：中国人民大学出版社，2016：241.

体现了最密切联系原则，是最密切联系原则的具体化，为何该条还要规定"适用履行义务最能体现该合同特征的一方当事人经常居所地法律或者其他与该合同有最密切联系的法律"？难道在特征性履行上体现的最密切联系之外，还有其他与该合同有最密切联系的法律？而且法律规定可以在这"两个"最密切联系原则之间进行选择，这样的话，"两个"最密切联系原则的适用都相互减损。而且在两个最密切联系原则之间进行选择适用，与情理不符。如果说，"适用履行义务最能体现该合同特征的一方当事人经常居所地法律"的规定不是最密切联系原则，那么将之与"其他与该合同有最密切联系的法律"并列选择适用则更加不妥。

因此，在我国商事冲突规范立法规定商事合同的法律适用时，不能采用《中华人民共和国涉外民事关系法律适用法》第 41 条规定的方式，我国商事冲突规范立法可以这样规定："当事人可以协议选择商事合同适用的法律。当事人没有选择的，适用与该商事合同有最密切联系的法律，一般情况下，与该商事合同有最密切联系的法律是履行义务最能体现该商事合同特征的一方当事人经常居所地法律。"

此外，对商事合同最密切联系原则中的"最密切联系的"，也应继续做细化的补充规定，否则会造成法律适用的随意性。"而且法官有时候以最密切联系原则为屏障，简单地认为与我国有一定关联便构成最密切联系，以此来逃避查明外国法以及避免适用外国法。"[1] 根据学者对 2016 年中国冲突规范判例的法律适用情况的抽样调查表明，我国法院适用中国内地法的案件比例高达 76%，"不排除我国法官在尚未受理具体涉外案件之前，主观上就强烈倾向法院地与案件有最密切联系了，因此在判断'最密切联系地'时会以我国内地为首要选择"[2]。在实践中也有许多这样的案例，[3] 如在宝亚公司与嘉凯公司股权转让纠纷案件（最高人民法院（2015）民四终字第 51 号）中，一审法院在判断最密切联系原则时认为本案合同履行地与合同所涉土地均在海口市，内地为合同履行地和当事人经常居所地，内地可视为与合同有最密切联系，因此本案应适用内地法律。最高法院认为一审法院适用最密切联系原则欠妥，但也没有指出具体

---

① 黄进，杨灵一，杜焕芳. 2016 年中国国际私法实践述评［M］//中国国际私法与比较法年刊 2017. 北京：法律出版社，2018：61.

② 黄进，杨灵一，杜焕芳. 2016 年中国国际私法实践述评［M］//中国国际私法与比较法年刊 2017. 北京：法律出版社，2018：61.

③ 如福建省三明市中级人民法院（2016）闽 04 民终 138 号；福建省漳州市中级人民法院（2016 闽）06 民初 1 号；最高人民法院（2015）民四终字第 51 号等。

的理由。"由于'最密切联系原则'只是一个非常抽象的概念，它本身并没有指明可供援用的法律，因此它的适用就必须依赖法官的主观分析和判断。此种做法的潜在弊端是难于排除法官的主观臆断和偏见，容易导致法官适用其最熟悉的法院地法。"①

6. 提出了商事冲突法的完整范畴，补充了破产、公司、合伙、保险、证券及证券投资基金等商事重点领域的国内冲突法条款存在空白领域的相关内容。如在破产方面，对破产程序、破产财团、债权人对破产财团的物权、债务人的抵消权和否认权、破产管理问题、破产中的和解等破产法律适用问题，提出了法律适用的理论依据。

7. 针对商事冲突规范领域的最新立法修订草案，提出了进一步完善立法的具体建议。例如，针对交通运输部 2018 年 11 月提出的《中华人民共和国海商法（修订征求意见稿）》提出了进一步完善建议，一是针对《修订征求意见稿》第 16.3 条存在的问题提出了解决建议：该条的规定，只包括了设立、转让、变更与消灭这些变动中的物权，对静态的物权如所有权标的范围、属具的范围等则有疏漏。因此，不用细列所有权的范围，采用"船舶所有权，适用船旗国法"的规定，范围就周延了。二是针对船舶碰撞，《中华人民共和国海商法》及《修订征求意见稿》都只规定了船舶碰撞的法律适用，不涉及其他海事侵权。因此，笔者建议规定海事侵权，自然也包括了船舶碰撞。补充的内容还有：侵权行为的影响仅限于船舶内部的，如船员在船上因船舶所有人、管理人、光船承租人的侵权行为遭受人身伤亡的损害赔偿，也可以适用船旗国法。三是针对其他立法空白领域，补充了其他船舶物权、船员劳动合同、海难救助、海上人身伤亡等的法律适用问题。

8. 分析了商事冲突规范冲突的文化背景与原因，得出了发展商事文化是提高商事冲突规范立法质量的关键的结论。研究了商事法律冲突、商事文化冲突、商事法律文化产生冲突的根源，商事法律文化的同质与异质，商事法律文化冲突的解决等问题。提出商事文化冲突是商事法律文化冲突及商事法律冲突的根源，要彻底解决商事法律冲突，必须解决商事文化冲突。提出发展商事文化，是提高商事冲突规范立法质量的关键。发展商事文化，需要一国文化的现代化。认为我国在推进"一带一路"建设、打造人类命运共同体过程中，坚持中国商事文化的发展方向与文化自信的引领作用十分重要。

---

① 黄进，杨灵一，杜焕芳. 2016 年中国国际私法实践述评［M］//中国国际私法与比较法年刊 2017. 北京：法律出版社，2018：60.

9. 研究了具有海洋代表性的闽南海洋文化对海事立法现代化的促进作用。概括了闽南海洋文化的十大特性，得出了闽南海洋文化对海事立法现代化具有极大的促进作用的结论。促进作用表现为以下几点。一是促进海事立法理念的贯彻实施。海事立法存在的问题，不能仅仅从自身去解决问题，文化引领非常重要，没有文化的基础与引领，海事立法理念无法得到真正的实施。如闽南海洋文化中通过长期的海外贸易形成的惯例意识、规则意识，有利于海事立法"重视惯例原则"的认同与实施。二是促进国际海事立法质量的提升。三是促进海上丝绸之路建设。闽南人把闽南文化带到了全世界，也把全世界的闽南人及共同文化信念的人联系起来，"尚和合、求大同"，共同参与促进海上丝绸之路建设。四是促进海事实体法的统一。五是促进海事冲突法的统一。六是促进区域海事规则的统一。如亚洲一些国家或地区现在的文化及海洋文化，基本上来源于闽南文化及闽南海洋文化，在区域文化共同体、海洋文化共同体形成的基础上，将为海事立法的共同性条款及海事冲突法一致性条款的形成打下基础。

10. 提出了商事法律冲突的哲学考量研究视角。得出了研究商事法律冲突的哲学问题有助于分清主次、提高商事冲突法立法质量的结论。

从商事法律的地位来看，各国商事法律是完全平等的，解决各国商事法律冲突的手段也非通过斗争，而是通过商事冲突法的形成进行，通过优胜劣汰的方式进行，不存在谁取代谁的问题。故在该统一体中，不存在主要矛盾及次要矛盾。但在各国国内商事法律系统中，是存在主要矛盾、次要矛盾的，体现在一国商事法律内部的新旧更替、质量互变。因为其内部是"运动、变化、发展"的。在国内商事冲突立法中，要抓住主要矛盾、次要矛盾及其变化，完善立法。

综上，商事冲突规范在我国推动"一带一路"建设、全面满足国际商事法庭、仲裁需要、应对商事交易及贸易摩擦、建设自由贸易区、构建人类命运共同体等的法律应用中具有不可替代的作用，商事冲突规范立法如果不契合"一带一路"等国家战略进行研究与实施，就失去了现实的最大意义。但目前研究商事冲突规范立法服务、推动"一带一路"建设等方面的成果少之又少。如何以商事冲突规范为切入点，以"一带一路"国家为侧重，以国家重大发展战略为服务目标，争取取得新的理论与立法突破，是新时代提出的新任务与新要求，也是法学理论工作者最重要的历史使命。

因此，本研究及相关成果，不仅具有理论创新与理论意义，而且具有实际应用价值。理论创新与理论意义主要表现在以下几点。

（1）另辟蹊径，从单行法模式的构想延入，考量商事冲突法的系统立法完善，是成果的理念创新。

（2）以往鉴来，从商事立法文化的功能参入，诠释其在商事文化共同框架、商事冲突规范共同条款及丝绸之路中的引领作用，是成果的观点创新。

（3）融会贯通，从商事立法的关键导入，归纳不同的研究方法对商事冲突法立法质量的影响，是课题的方法创新。

（4）析缕分条，从司法实践的需求嵌入，实证证券投资基金等空白领域的应然规定，是课题的内容创新。

（5）海纳百川，从国际发展的经验引入，铺设商事文化与商事冲突法现代化的实践路径，是成果的手段创新。

（6）对号入座，从涉外商事关系的特性切入，提出完整的《中华人民共和国涉外海事关系法律适用法（建议稿）》（第五稿），是成果的立法创新。

应用上价值表现在：一是为推进依法治国、"一带一路"法治合作与法制建设起积极的推动作用；二是为应对中美贸易摩擦、推进自由贸易区建设、构建人类命运共同体等起积极作用；三是可以为学界提供一部较为全面的商事冲突规范研究成果，提供相应的理论支撑，为进一步拓展研究商事冲突规范，开设商事冲突规范课程、编写商事冲突规范教材、开展商事冲突规范实践与实务提供帮助；四是结合商事冲突规范的研究，对传统的冲突规则如何实现实质正义、人文关怀的价值取向进行了探索，具有提供新思路的价值；五是系统梳理了东西方商事冲突规范立法与司法经验，总结了成果资料、典型案例、实证数据，对同类争议的解决提供了分析示例，具有参考实用的价值；六是草拟《中华人民共和国涉外商事关系法律适用法（建议稿）》，供立法部门、实务部门及法学研究部门等参考，推进涉外立法，具有针对性的应用价值。

在实践应用方面，研究成果也发挥了积极的作用。在笔者作为专家参与的一些立法及国际立法论证中，为司法实务提供的专家意见中，都涉及了研究的新成果的内容。例如，2017 年 12 月笔者为省政法委员会录制《在法律文化冲突中坚持文化自信》的微视频，并代表法律界参加全省微视频比赛等。在为国家、地方立法及服务方面，与本课题相关的研究成果被中国法学会要报、福建省法学会法学信息特刊多次刊载，提供给省领导及相关部门参阅，对经济、社会发展、法治建设等都产生了一定的促进作用。2018 年 7 月 2 日至 3 日本课题负责人受省政法委员会推荐参加在北京召开的"一带一路"国际法治论坛，泰国前总理素拉杰·沙田泰、联合国副秘书长刘振民等许多专家、学者与会，笔者与参会的"一带一路"专家学者官员如牙买加司法部部长德尔罗伊·卓，美国国际法学会前会长露西，联合国贸法会秘书长安娜等交流了"一带一路"商事法律问题，在本课题的观点与研究计划中，吸收了专家的相关意见。会后还以呈阅卷形式提供了《关于"一带一路"法治合作国际论坛基本情况和主要精神的报告》。笔者的报告结合了课题的内容，提出了包括完善涉外商事立法、法治研究在内的 7 点具体建议，得到现中央政法委副秘书长、省政法委员会书记、副书记的充分肯定，并要求法学会认真研究提出对策。

2018 年 11 月 22 日，将部分研究成果即针对《中华人民共和国海商法（修订征求意见稿)》涉外关系的法律适用部分，向中华人民共和国交通运输部法制司提交并给出了具体的修订建议及修订理由依据，也即对《海商法（修订征求意见稿)》涉外章的八点修改建议，本研究成果发挥了积极的作用。

第一章

研究文献之基源

商事冲突规范是冲突规范的重要组成部分，在冲突规范的理论体系中，商事冲突规范理论是在冲突规范理论基础上产生与发展的，事实上，在商事冲突规范领域单独形成的理论较少，很多时候，冲突规范理论对商事冲突规范是适用的或者部分适用的。从历史发展来看，商事冲突规范产生较晚、发展较缓，与民事冲突规范相比，理论研究成果及立法条文内容都显得单薄，因此，对这些内容进行综述就显得更加必要。本章旨在通过对国内外商事冲突规范理论研究成果及立法条文内容进行综述，为本课题的研究奠定相应的文献基础。

第一节　国外研究缉综

一、分野与整缀

（一）民商事关系与民商事法律关系

国际私法的名称并不统一，有冲突法等不同的名称。"International private law is also know as the conflict of laws and its rules are know as conflict rules."① 有人认为，冲突法案件是那些包含有涉外因素的案件，并不是所有的涉外案件都必须是冲突的，有些时候这些涉外案件与国内案件没有什么实质性的区别，也不必要去适用外国法，"In such an event, the court may proceed on the basis that the content of the foreign law is the same as its own."② 但这并不十分准确，因为不

---

① Elizabeth B, Crawford, Janeen M, Carruthers. International Private Law：A Scots Perspective ［M］. 4th ed. Thomson Reuters，2015：1.

② Elizabeth B, Crawford, Janeen M, Carruthers. International Private Law：A Scots Perspective ［M］. 4th ed. Thomson Reuters，2015：1.

同法律规定的冲突是实实在在存在的，无论适用外国法与否，都不能否认冲突的现状。

众所周知，国际私法是调整涉外民商事法律关系的一个法律部门，其出现的前提之一即没有哪两个国家在法律方面完全相同。英国法学家边沁认为，世界上各种各样的国家之间，没有哪两个国家在法律方面完全相同。其法律总体肯定如此，甚或任何单项的法令条款也是如此。况且即使眼下一样，以后也会有所不同。这一点就法律的实质而言是足够明显的。而且，如果它们就形式而言并无二致，亦即用同样的字句来构设，便更离奇了。① 但何为冲突规范，具体定义又是非常困难的。冲突规范的定义可以说是学者对冲突规范的一种概括认识，它要用概括而简洁的语言告诉人们冲突规范是什么。但是在理论上，真正做到这一点并不容易，在许多人（甚至包括法律专业人士）的眼里，"冲突规范"是一个非常奇怪或不易理解的学科。它奇怪是因为它和别的法学学科从体系到内容均不一样；它不易理解是因为它太过灵活而不易掌握。特别是冲突规范中的冲突规则是很难理解的，可以说是所有法律科学中最难的问题。当理论研究人员、司法实务人员遇到冲突法问题的时候，往往都会感到茫然而不知所措。涉及具体规则的领域，也是如此，如合同领域的冲突规范问题。对国际商事合同进行定义非常困难，更困难的是如何确定国际商事合同的法律适用问题。"It may seem intuitive to some observers as to what an international commercial contract is, yet it is difficult to find an accepted definition for the term. What is even more difficult is identifying the legal rules to which international commercial contracts are subject."②

各国学者关于冲突规范定义的理解并不一致，在冲突规范学界，各国学者对冲突规范也下过许多不同的定义，归纳起来有这样几种类型。

第一，根据冲突规范所调整法律关系的性质来下定义，如把国际私法定义为调整涉外民事关系的法律部门。③ 本书根据通常的做法，采用了根据冲突规范所调整法律关系的性质来下定义的方法，认为冲突规范是调整涉外民商事法律关系的法律部门。日本冲突规范学者山田三良也认为："国际私法者，可一言以蔽之曰：规定可以适用于涉外的法律关系之法律之法则也。"④ 有学者认为：

---

① ［英］边沁. 道德与立法原理导论［M］. 时殷弘，译. 北京：商务印书馆，2000，363.
② Giudtta Cordero – Moss. International Commercial Contracts［M］. Cambridge University Press，2014：1.
③ 姚壮，任继圣. 国际私法基础［M］. 北京：中国社会科学出版社，1982：8.
④ ［日］山田三良. 国际私法［M］. 李倬，译. 北京：中国政法大学出版社，2003：3.

"在冲突规范中，说的是国际交往、国际生活的条件下发生的特殊的民事法律关系。"① 也有学者不明确被调整的是民事问题还是民事法律问题，只是认为是法律问题。苏联学者 M. M. 波古斯拉夫斯基认为："在国际生活中，组织或者公民之间关系的法律问题属于冲突规范领域，而有关跨国关系和国家与国家之间关系的法律问题则属于国际公法。"②

第二，从解决国际民商事法律关系中民商事法律冲突的角度来给国际私法下定义，认为冲突规范是调整不同国家私法冲突的规范的总和。或者认为冲突规范是在世界各国民法和商法互相歧义的情况下，对含有涉外因素的民法关系，解决应当适用哪国法律的法律。③ 也有学者认为冲突规范是决定涉外案件适用法律的所有制度性规定。"International private law is that branch of the law of any system which is applied to determine questions which involve foreign elements."④

第三，从法律适用的角度给国际私法下定义。如美国冲突规范学家比尔主持编纂的 1934 年《美国冲突法重述》，就将冲突规范定义为每一个国家在处理某一法律问题时，决定是否应该承认某一外国法律的效力的一个法律部门。⑤ 日本学者北胁敏一认为，冲突规范是在涉外的法律关系中，指定应适用何国民法或者商法的法律，可说是间接地调整涉外法律关系的。⑥ 我国也有学者认为，国际私法是为解决涉外民事关系的法律适用问题而产生和发展起来的一个独立的法律部门。⑦

第四，通过列举冲突规范的内容、范围或规范来给冲突规范下定义。一些国外的冲突规范学者认为，冲突规范即处理涉外民事案件时解决管辖权、法律适用和外国判决的承认与执行的规范的总和。⑧

第五，从适用的对象来给国际私法下定义。有学者认为冲突规范是直接针

① ［苏联］隆茨，等. 国际私法［M］. 吴云琪，刘楠来，陈绥，译. 北京：法律出版社，1986，2.

② ［苏联］M. M. 波古斯拉夫斯基. 国际私法［M］. 王明毅，孙国智，文英麟，林文肯，译. 北京：法律出版社，1987：3.

③ 中国大百科全书·法学卷［M］. 北京：中国大百科全书出版社，1984：228.

④ Elizabeth B, Crawford, Janeen M, Carruthers. International Private Law：A Scots Perspective［M］. 4th ed. Thomson Reuters，2015：1.

⑤ 李双元. 国际私法［M］. 北京：北京大学出版社，2011：13.

⑥ ［日］北胁敏一. 国际私法——国际关系法Ⅱ［M］. 姚梅镇，译. 北京：法律出版社，1989：3.

⑦ 冯大同，等. 国际私法讲义［M］. 北京：人民法院出版社，1988：前言.

⑧ James Fawcett，Janeen Carruthers，Peter North. Cheshire，North & Fawcett：Private International Law［M］. 14th ed. Oxford University Press，2008：7.

对私人（自然人和法人）的国际秩序规则的总称。①

第六，综合性定义。如有学者认为，国际私法是以涉外民事关系为调整对象，以解决法律冲突为中心任务，以冲突规范为最基本的规范，同时包括规定外国人民事法律地位的规范、避免或者消除冲突的统一实体规范以及国际民事诉讼与仲裁程序规范在内的一个独立的法律部门。②

通说认为③，国际私法的调整对象就是含有涉外因素的民商事法律关系，或称涉外民商事法律关系，或称国际民商事法律关系，或称跨国民商事法律关系，或称冲突规范关系，也有人称之为含有国际因素的民商事法律关系。④

从以上不同的理论观点可以看出，在中国冲突规范领域，学者们在冲突规范的调整对象问题上形成了两种不同的观点：第一种观点认为冲突规范的调整对象是国际民商事关系（Transnational Civil and Commercial Relationships）；另一种观点认为冲突规范的调整对象是国际民商事法律关系⑤。

第一种观点认为冲突规范的调整对象是国际民商事关系，持这种观点的学者认为，通常法律的调整对象都是"关系"而不是"法律关系"，如民法的调整对象是民事关系，经济法的调整对象是经济关系等。只有经过法律调整之后才能够形成相应的"法律关系"，法律就是为形成"法律关系"才有存在必要的。在法律调整时的对象，或者说所调整的范围只能是"关系"，调整之后才能形成"法律关系"。冲突规范也不例外。

第二种观点认为冲突规范的调整对象是国际民商事法律关系⑥，即冲突规范调整的对象是已经经过民商事法律调整形成了具体权利义务的社会关系。因为在法律部门中，冲突规范的冲突法是调整"法律"的法，它以法律选择为根本任务，调整的是各国法律已经调整完了的"关系"，所以其调整对象是"法律关系"。

该观点是有一定道理的，这也是冲突规范的特殊性所决定的。但在国内学者的著作中，有的没有这种严格区分，如有学者认为"商事法律关系，是指人们在从事商品经营活动中所形成的一种以经济利益为主的，由商事法来调整的

---

① ［法］亨利·巴迪福尔，保罗·拉加德. 国际私法总论［M］. 陈洪武，陈林洪，张凝，王安，译. 北京：中国对外翻译出版公司，1989：3.
② 李双元. 国际私法［M］. 北京：北京大学出版社，2011：14.
③ 中华人民共和国司法部制定的《国家司法考试大纲》也规定冲突规范的调整对象是国际民商事法律关系。
④ 韩德培. 国际私法［M］. 北京：高等教育出版社，北京大学出版社，2002：3.
⑤ 李双元，等. 中国冲突规范通论［M］. 北京：法律出版社，2003：3.
⑥ 韩德培. 国际私法［M］. 北京：高等教育出版社，2000：3.

社会关系。商事法律关系是商法的调整对象"①。该学者一方面认为商事法"调整社会关系",另一方面又认为"商事法律关系"是商法的调整对象,将社会关系与法律关系等同,产生了自相矛盾。关于这一问题,《中华人民共和国民法通则》有很科学的表述,其第 1 条规定:"为了保障公民、法人的合法权益,正确调整民事关系……制定本法。"该条的规定很明确:民法调整的就是民事关系,而不是民事法律关系。在上述的表述中,对涉外与国际都是不加区分地加以适用的。

(二)涉外与国际

为什么一个国家的国内法能够被另一个国家承认与适用,有许多理论,如萨维尼的法律关系本座说等,"Savigny's theory of the natural seat of an obligation","The statutory or neo – statutory theory", "The international theory(comity)","Mancini's theory of nationality","The territorial theory""The local law theory","The theory of Justice","American policy evaluation theories","The theory of the vested or acquired right","Economic analysis of the conflict of laws"等。但无论什么样的理论,其法律适用的前提基础都必须是:案件是涉外或者国际案件。国际法的前提基础与国界密切关联,"International law holds a paradoxical position when it comes to territory. On the one hand, international law is predicated on the i-dea that the world is made up of territorially bounded, sovereign entities…On the other hand, international law is predicated on the idea that social interactions transcend terri-torial States."②。国际法比较复杂,一方面强调国家的领土构成,另一方面社会活动又超越了领土构成。

关于商事冲突规范中的国际,有两种理解:"there are two possible interpreta-tions: (i) the law is international because it stems from international sources; or (ii) it is not the law that is international, but the object that the law regulates which is international."③。第一种理解认为法律具有国际性是因为其源于国际渊源,第二种理解认为不是法律具有国际性,而是法律调整的对象具有国际性。显然第一种理解是不全面的,商事冲突规范不是因为其是国际法(目前很大程度上是国内法),而是因为它涉及的是国际因素的案件。

①　王瑞. 商法总论 [M]. 北京:法律出版社,2010:4.

②　Martin Kuijer, Wouter Werner. Netherlands Yearbook of International Law 2016 [M]. Asser press, 2017, (47): 4 – 5.

③　Giudtta Cordero – Moss. International Commercial Contracts [M]. Cambridge University Press, 2014: 3.

但对于国际的定义，理论上也无定论。例如，对美国"9·11事件"，有人认为只是国内案件，因为飞机在美国注册、业务航线在美国、事故发生在美国，这些因素不会牵扯适用外国法的问题。"The nature of the 11 september 2001 disaster was purely domestic and did not involve any 'international element' that would necessitate international regulation. The aircraft involved were registered in the United States, were operated by airlines with principal place of business in the US and were on domestic flights; the damage occurred on US territory. An event of this nature and the claims for compensation resulting from it would not attract the application of foreign law or need for an international instrument for the unification of private law. ①"但事实上，美国"9·11事件"中的19名恐怖分子，持有效签证进入美国，并非全是美国人，而且乘客中也涉及外国人，所以并非是一个纯粹的国内案件。

不同的国家、不同的法律、不同的国际公约对"国际"有不同的规定，"Different state laws and different international conventions have different definitions of what international is. "②。例如CISG公约（The Vienna Coventions on the International Sale of Goods of 1980）的定义是"This Covention applies to contracts of sale of goods between parties whose place of business are in different States. "此公约只是说明了公约适用于营业地在不同国家的货物销售合同，但没有解释国际的含义。当然从一般意义上理解，既然适用公约，当然属于国际合同了。但国际的含义与国际合同还不同，该规定没有整体涵盖国际的范畴。

1955年海牙公约（The Hague Convention on the Law Applicable to the International Sale of Goods of 1955）也没有给国际下定义，"That the mere determination by the parties is not sufficient to give a sale international character（indirectly acceping that a sale may be international if there are some foreign element to the transaction, but that this is not necessarily the place of business of the parties. "③（只是认为仅仅靠当事人不足以决定买卖的国际性特征，如果交易具有国际因素，不一定是指当事人的商业地，同样可以证明国际性。）

海牙公约的规定与CISG规定存在不同，认为营业地不是必要的认定国际的

---

① Michael Milde. International Air Law And ICAO ［M］. 3th ed. eleven international publishing, 2016：313.

② Giudtta Cordero – Moss. International Commercial Contracts ［M］. Cambridge University Press, 2014：3.

③ Giudtta Cordero – Moss. International Commercial Contracts ［M］. Cambridge University Press, 2014：3.

因素。在 CISG 规定下，如果两个法国公司签订的是买卖合同，即使存在一方从国外进口商品出售给另一方的情形，也不具有国际因素。而在海牙公约项下，则具有国际因素。

The EU Rome I Regulation on the Law Applicable to Contractual Obligations（Regulation EC 593/2008 Of 17 June 2008）3.3 规定"where all other element relevent to the situation at the time of the choice are located in a county other than the country whose law has been chosen, the choice of the parties shall not prejudice the application of provisions of the law of that other country which cannot be derogated from by agreement."（在除了选择的法律，所有因素都只是与一个国家有关的情况下，当事人的选择不应被忽视也不应被视为偏离合同。）该规定比较宽泛，只要选择了外国法律，就具有了国际因素。

1958 年中国加入的《华沙公约》规定："（国际运输）是运输合同所约定的起点和终点分别在两个缔约国内，或者虽然在一个缔约国内，但是约定中途在另一缔约国或者非缔约国的主权、宗主权、委任统治权或权力管辖下的领土内有经停地点。"

"国际"或者"涉外"一词用于区分那些纯内国或国内的民商事案件与那些跨越内国国境的民商事案件。对诉讼与仲裁而言，现代诉讼、仲裁法的显著特征之一，是对国际与国内做出区分，事实上过去也有这种区分，这种区分具有重要的实践意义。国际诉讼、仲裁是一种含有涉外因素的诉讼、仲裁制度，但无论理论上还是实践中，也没有一个公认的"国际"的概念。不过，根据各种法律规定情况的不同，判断国际的标准大致有三种。

一是联结因素标准。如《英国 1996 年仲裁法》第 85 条第 2 款规定："国内仲裁协议是指仲裁协议的当事人均不具有下列情形：（1）当事人是个人的，具有非英国国籍或者惯常居所位于英国以外的国家；或者（2）当事人是法人的，在英国以外的国家注册登记或者其管理和控制中心所在地不在英国，并且如果已经指定或确定了仲裁地，则该仲裁地应位于英国境内。"由此可见，具有上述情形的仲裁即属于国际仲裁。

二是性质标准。如《法国民事诉讼法典》第 1492 条规定，"如果包含国际商事利益，仲裁是国际性的"。1998 年《国际商会仲裁规则》对于什么是国际性的商事争议未加以定义，但是在国际商会第 301 号出版物（国际商会颁布的说明手册）中对此做了解释："仲裁的国际性质并不意味着当事人必须具有不同的国籍。由于合同客体的缘故，合同可以超越国界。例如，同一个国家的两个公民订立了在另一个国家履行的合同，或者一个国家与在其境内经营业务的外国公司的子公司订立了合同。"

三是混合的判断标准。如 1985 年联合国国际贸易法委员会《国际商事仲裁示范法》就规定了混合标准："仲裁如有下列情况即为国际仲裁：

Ⅰ. 仲裁协议的当事各方在缔结协议时，他们的营业地点位于不同的国家；或

Ⅱ. 下列地点之一位于当事各方营业地点所在国以外：

ⅰ. 仲裁协议中确定的或根据仲裁协议而确定的仲裁地点；

ⅱ. 履行商事关系的大部分义务的任何地点或与争议标的关系最密切的地点；或

Ⅲ. 当事各方明确地同意，仲裁协议的标的与一个以上的国家有关。"①

《国际商事仲裁示范法》的这一规定丰富了"国际"的内涵，显示出以当事人合意来确定什么是国际仲裁的倾向。从采用《国际商事仲裁示范法》的国家和地区的实践看，原来认为是国内范围的许多仲裁，接受示范法后则变成了国际仲裁。例如，即使无国际性因素的纠纷，也可以因当事人选择在国外仲裁，从而被纳入国际商事仲裁的范畴。

1994 年《中华人民共和国仲裁法》并没有规定"涉外"或"国际"的含义。但我国冲突规范通说认为，民商事法律关系的涉外或国际性应做广义理解，是指包含有外国因素的民商事法律关系，即在民商事关系的主体、客体（object）和权利义务据以发生的法律事实（content）中至少有一个涉及外国。中国的司法实践亦采用这一学说。

何为涉外或者国际民商事法律关系，一般认为，涉外民商事法律关系就是指其主体、客体和内容这三要素中至少有一个或一个以上的因素与国外有联系的民商事法律关系。许多案件人物、地点都在一国范围内，但人员移动、贸易、交往等使得跨国纠纷增多。"In most cases, legal questions are local, only involving people and circumstances within the one state or country. However, through migration, trade and communications, legal relationships increasingly cross state and national borders, giving rise to cross – border – or 'multi – state' – cases when a dispute occurs."②

我国最高人民法院 1988 年发布的《关于贯彻执行〈民法通则〉若干问题的

---

① 参见《国际商事仲裁示范法》第 1 条第 3 款。

② Reid Mortensen, Richard Garnett, Mary Keyes. Private International law in Australia ［M］. 3rd ed. LexisNexis Butterworths, Australia, 2015：3.

意见（试行）》第 178 条规定："民事关系的一方或双方当事人是外国人、无国籍人、外国法人；民事关系的标的物在外国领域内的；产生、变更或消灭民事权利义务关系的法律事实发生在外国，为涉外民事关系。"根据该标准，我国的涉外商事关系也应该适用。这些情形国外也经常出现，在一个国家的法院起诉，住所、事件发生地在另外一个国家，就会遇到相关国家的法律冲突问题，甚至出现不同的管辖。例如，"A case before a court in New south Wales might involve a person who lives in Victoria, or it might relate to an event that occurred in singapore. The action in New South Wales might be paralleled by an action in Singapore, or even be Pre – empted by a judgment made there."①

在区际冲突中，也同样存在类似"国际"的不同法律的冲突法问题，"Conflict of laws issues can also arise in respect of element from the various legal systems within a federation, such as Canada, where the superior courts are independently administered by the provinces and the provincial legislatures have primary responsibility for matters of private law."②（如加拿大这样的联邦制国家具有不同法律制度区域，区域具有立法司法等司法权限。各省之间就会存在类似"国际"的不同法律的冲突法问题。）

值得注意的是，在司法实践中，涉外的情形各有不同，存在"最明显的情形"（the most evident example）、"不明显的情形"（less evident example）等不同情况。"最明显的情形（the most evident example）"如两个不同国家的商人间签订的合同，例如意大利的服装生产商与德国代理商签订在德国的生产、销售协议等。"不明显的情形（less evident example）"需要认真判断才能鉴定是否具有涉外因素。对同样一种情形，不同的国家可能会有不同的认定。"Where a contract is entered into between a company located in a certain state and the local, wholly owned subsidiary of a foreign company, for example, some state will permit disputes connetcted there with to be defined as international, whereas other focus on the formal aspect of the commom nationality of the parties and consider the disputes as domestic."③（例如当地公司与当地的外国公司的子公司之间的合同争议，另一些州将这样的争议定义为国际性争议，另一些州将这样的争议定义为国内性争议。）

---

① Reid Mortensen, Richard Garnett, Mary Keyes. Private International law in Australia ［M］. 3rd ed. LexisNexis Butterworths, Australia, 2015：3.

② Janet Walker. Conflict of Laws ［M］. LexisNexis Canada Inc, 2016：307.

③ Giudtta Cordero – Moss. International Commercial Contracts ［M］. Cambridge University Press, 2014：5.

在国际商事海事实践中，涉外的情形更加多样，如船舶金融问题具有国际性，一方面因为其周游世界，另一方面其会涉及大型船舶运输公司的金融要求，世界各地银行的保证等。"Ship finance is international, not only because most ship move all over the world, but also because the financing of large oceangoing ship is required by large cargo – carrier companies and undertaken by most important banks around the globe."① 一个平常的案件，可能牵扯到日本的银行，借贷提供由纽约办事处完成，公司由英国人控股、抵押争议处理是新加坡仲裁条款、在利比亚开放登记、通过伦敦 P&I Club 保险等复杂的因素。

我国 2010 年通过的《中华人民共和国涉外民事关系法律适用法》没有对"涉外"进行规定。② 2012 年 12 月 10 日最高人民法院审判委员会第 1563 次会议通过的、最高人民法院《关于适用〈中华人民共和国涉外民事关系法律适用法〉若干问题的解释（一）》对这一问题有了明确的规定："民事关系具有下列情形之一的，人民法院可以认定为涉外民事关系：（一）当事人一方或双方是外国公民、外国法人或者其他组织、无国籍人；（二）当事人一方或双方的经常居所地在中华人民共和国领域外；（三）标的物在中华人民共和国领域外；（四）产生、变更或者消灭民事关系的法律事实发生在中华人民共和国领域外；（五）可以认定为涉外民事关系的其他情形。"

2019 年 3 月 15 日十三届全国人大二次会议通过、2020 年 1 月 1 日起施行的《中华人民共和国外商投资法》第 2 条第 2 款规定："本法所称外商投资，是指外国的自然人、企业或者其他组织（以下称外国投资者）直接或者间接在中国境内进行的投资活动，包括下列情形：（一）外国投资者单独或者与其他投资者

---

① Juan Pablo Rodriguez – Delgado. Security Interests Over Ship: From the Current Conventions to a Possible Shipping Protocol to the Unidroit – Lege Data and Lege Ferenda［J］. Journal of Maritime law and commerce, 2018, 49（2）: 276.

② 参与该法起草全过程的全国人大法制工作委员会副主任王胜明同志认为"我们不是要抽象地谈哪些是涉外民事关系，而是要把涉外民事关系和法律适用联系在一起"，"从法律适用的角度研究涉外民事关系，一是有无必要区分国内民事关系和涉外民事关系，区分的意义有多大。二是仅从形式上、表面上、偶然地具有涉外因素就属于涉外民事关系呢，还是实质上、内在地、必然地具有涉外因素才属于涉外民事关系？对涉外因素的认定不能拘泥，形式上、表面上、偶然地具有涉外因素在确定法律适用上一般不发生作用，至少不发生重要作用。三是民事关系的主体、客体、权利义务等因素因民事关系的种类、发生民事纠纷的原因不同而不同，在确定法律适用中的地位是不同的。把司法解释和学者建议稿对涉外的定义搬到法律上，我担心不能理直气壮地回答常委员的各种提问，更怕由此引起轩然大波，影响该法出台。"参见王胜明. 涉外民事关系法律适用法若干争议问题［J］. 法学研究，2012（2）: 188.

共同在中国境内设立外商投资企业；（二）外国投资者取得中国境内企业的股份、股权、财产份额或者其他类似权益；（三）外国投资者单独或者与其他投资者共同在中国境内投资新建项目；（四）法律、行政法规或者国务院规定的其他方式的投资。本法所称外商投资企业，是指全部或者部分由外国投资者投资，依照中国法律在中国境内经登记注册设立的企业。"该法规定的外商投资主体指外国的自然人等，没有规定《中华人民共和国涉外民事关系法律适用法》若干问题的解释（一）中的"当事人一方或双方的经常居所地在中华人民共和国领域外"这样的住所地因素。

国际民商事法律关系与涉外民商事法律关系，在很大程度上是同一意思的不同表述，但也有不同的角度、不同的侧重的表述。如从不同的角度、不同的侧重的表述看，内国以外的某一国家的涉外民商事案件，就是国际民商事案件。但从该内国来看，就是涉外民商事案件。对民事案件如此，对商事案件也是如此。

笔者认为，具有独立的调整对象，就可以成为独立的法律部门。商事冲突规范（涉外商事关系法律适用法）之所以可以成为一个独立的法律部门，就是因为它具有独立的调整对象。商事冲突规范独立的调整对象（涉外或者国际商事法律关系），是其成为独立的法律部门的依据。

每一个法律部门都有特定的调整对象，法律的调整对象是法律所要规定的某种社会关系。因此，涉外商事关系法律适用法的调整对象就是涉外商事法律关系。涉外商事法律关系即由涉外商事关系法律适用法规范调整而形成的涉外商事权利义务关系。

将涉外商事关系法律适用法的调整对象表述为涉外商事法律关系，而不表述为国际商事法律关系，即使用"涉外""商事"，而不使用"国际""商事"，也是有一定道理的，也是一般被采用的一种表达方式。理论上讲，某一涉外商事法律关系的要素涉及某一特定内国时，站在该内国的角度看，则该商事法律关系是"涉外商事法律关系"，站在第三国的立场上，则是一个"国际的商事法律关系"，而非"涉外的商事法律关系"。但本书主要研究的是国内立法，特别是我国立法问题，因此笔者选择的表述是"涉外商事法律关系"，而不是"国际商事法律关系"。不过，不论涉外还是国际，都是商事冲突规范的范畴。

综上，凡是一个民商事案件中含有涉外（国际）因素（foreign elements），不管是实体法律关系中的涉外因素、程序法律关系中的涉外因素，还是证据法律关系中的涉外因素，均可以构成一个冲突规范案件。但是何谓"涉外（国际）因素"，国际上没有统一的定义，总体来说，普通法系国家和西欧国家的理解比较宽泛，而苏联学者的解释比较狭窄。

（三）商事与民事

冲突规范调整的是国际或者涉外民商事法律关系，何为民事、商事关系？一般著作没有区分。国外也是一个整体进行的理论研究。"Private international law is the body of priciples, rules and, at times, policies and approaches that indicate how a foreign element in a legal problem or dispute should be dealt with."[1] 这里作者强调冲突规范是一个指示涉外法律问题解决的原则、规则、政治、价值的"body"，没有定义。

"商"一词的英文是 Commerce，拉丁文为 Commerium，德语为 Handels。在当今社会，商品经济飞速发展的今天，界定民事与商事的不同内涵及法律适用具有重要意义。"To explain the term 'commercial', it will be sufficient here to specify that it refers to transactions entered into between parties in the course of their business activities."[2] 这里定义的商事是一种商人之间的交易行为，消费合同及一些家庭、继承等民事合同被排除在外。

与此同时，界定"商事"对司法及仲裁都是非常重要的，对司法而言，商事法律属于特别法，而且一些国家还建立了专门的商事法院、商事法庭。对仲裁而言，也是如此，因为在许多国家只有因商事合同引起的争议才允许提交仲裁解决。例如，在法国只有关于商事问题的仲裁协议才是有效的；在美国，只有海事或商事合同中的仲裁协议才是有效的。然而在其他一些国家却没有这种限制，如英国仲裁法中一直没有提交仲裁的争议事项必须是商事争议的规定。值得注意的是，国际社会对于"商事"一词的重要意义很早就取得了认同，1923 年日内瓦《仲裁条款议定书》规定，有关"商事问题或者其他可以通过仲裁方式解决的问题"的合同引起的争议达成的仲裁协议，各缔约国有义务承认其效力。该议定书还进一步规定，各缔约国可以将其义务仅仅局限于根据本国法律属于商事的合同。这就是商事保留条款，1958 年《纽约公约》也有"商事"保留条款。《纽约公约》第一条规定，缔约国可以声明公约仅适用于对商事争议所做出的裁决，无论其为契约性质与否。然而，在国际社会中"商事"一词一直没有公认的定义。一般来说，多数国家认为"商事"的含义应尽可能做

---

① Reid Mortensen, Richard Garnett, Mary Keyes. Private International law in Australia［M］. 3rd ed. LexisNexis Butterworths, Australia, 2015：3.

② Giudtta Cordero – Moss. International Commercial Contracts［M］. Cambridge University Press，2014：2.

广义解释。

国际组织也一直试图统一商事的定义，"The difficulty in precisely defining the term 'commercial' appears clearly in the explanation of the term provided by the Model Law on International Commercial arbitration made by the United Nations Commission on International Trade law（UNCITRAL）."① 联合国国际贸易法委员会在起草《国际商事仲裁示范法》过程中，曾经就"商事"的含义展开讨论，但是却难以形成一致意见，最后因无法形成正式条文，只好对"商事"一词做了注释说明。《国际商事仲裁示范法》对"商事"所做的广义解释是：它包括不论是契约性或非契约性的一切商事关系所引起的种种事情。商事性质的关系包括但不限于下列交易：供应或交换货物或服务的任何贸易交易；销售协议；商事代表或代理；代理；租赁；建造工厂；咨询；工程；许可证；投资；融资；银行；保险；开发协议或特许；合资和其他形式的工业或商业合作；货物或旅客的航空、海上、铁路或公路的运输。

"国际商事仲裁"这一术语已经为我国法学界广泛采用，然而，中国的《民事诉讼法》和《仲裁法》等却没有采用"商事"一词，取而代之的是"涉外经济贸易、运输和海事"的用语。中国 1986 年加入《纽约公约》时做了商事保留，即中国仅对按照中国法律属于契约性或非契约性商事法律关系所引起的争议适用该公约。所谓"契约性或非契约性商事法律关系"，具体指由于合同、侵权或者根据有关法律规定而产生的经济上的权利义务关系，如货物买卖、财产租赁、工程承包、加工承揽、技术转让、合资经营、合作经营、勘探开发自然资源、保险、信贷、劳务、代理、咨询服务和海上、民航、铁路、公路的客货运输以及产品责任、环境污染、海上事故和所有权争议等，但不包括外国投资者与东道国政府间的争端②。

事实上，法律意义上的"商"或者"商事"是指"一切营利性营业活动和事业的总称"③。商事范围比较广泛，一般认为包括四种商事，一是传统意义上的基本商事活动的商事，如证券交易、票据交易、海事活动、货物买卖等；二是辅助基本商事活动的商事，如货物运输、代理、行记等；三是提供商业条件的商事，如银行、信托、加工、出版等；四是与第二、第三种商事有关联的商

---

① Giudtta Cordero – Moss. International Commercial Contracts［M］. Cambridge University Press，2014：2.

② 参见最高人民法院关于执行我国加入《承认和执行外国仲裁裁决公约》的通知。

③ 王瑞. 商法总论［M］. 北京：法律出版社，2010：3.

事，如保险、旅游服务、信息咨询等。各国商事立法"趋向于首先以法律列举的方式概括商事活动或商业活动的基本范围，然后再以营利性营业标准或商业登记制度确定具体主体的商事营业性质"①。各国规定范围广泛但又不一致。《德国商法典》规定："凡以商业之方法与范围为营业，办理商业登记者，即视为商业。"《日本商法典》第 501 条规定："以下行为是绝对商行为：1. 以转让而获得利益为目的，有偿取得动产、不动产或有价证券的行为，或以转让其已取得的物品为目的的行为；2. 取得他人的动产或有价证券而订立的给付合同及为履行其合同以有偿取得为目的的行为；3. 在交易所进行的交易；4. 关于取得票据和其他商业证券的行为。"第 502 条规定："下列行为作为营业而进行时，为商行为……1. 为进行出租而有偿取得动产或不动产，或者以出租其取得或承租的动产或不动产为目的的行为；2. 有关为他人制造或加工的行为；3. 有关电力或煤气供应的行为；4. 有关运送的行为；5. 作业或劳务的承包；6. 有关出版、印刷或摄影的行为；7. 以招徕顾客为目的的设置场所的交易；8. 兑换及其他银行的交易；9. 保险；10. 承担寄存；11. 有关居间或代办的行为；12. 承担代理商行为。"

民事一词，我国"古已有之，但与民法之'民事'概念有所不同。民法之'民事'是民法学的基本范畴，在民法学中，是一个常与'政治'相对使用的概念，指作为发生权利义务的非政治性关系的根据的事物；在传统民法学中，指有关私人之间的财产关系和人身关系的事项，其实就是私人之间的财产关系中的财产和人身关系中的人身"②。

由上可见，商事与民事、商事关系与民事关系存在明显的差别。在范围方面，民事关系是平等主体之间民事活动形成的社会关系，包括财产与财产关系、人身与人身关系，既包括经济关系又包括社会关系。商事关系则是因为商业活动而形成的社会关系，"其主体为抽象的经营性单位，不含有民法上的自然人的身份特征，其内容为生产经营性关系，主要为财产关系，体现着社会经济活动的等价有偿的基本要求"③。在性质方面，商事与民事虽然都具有"私法"的性质，但商事的公法性质依然存在，因为商事"不可避免地与税收管理关系、结算管理关系、工商管理关系、金融管理关系、财政管理关系以及其他体现国家社会经济职能的管理性关系牵连在一起，不可避免地要引起国家不同形式和不

---

① 董安生，等. 中国商法总论［M］. 长春：吉林人民出版社，1994：6－7.
② 李锡鹤. 民法原理论稿［M］. 北京：法律出版社，2012：79.
③ 王瑞. 商法总论［M］. 北京：法律出版社，2010：5.

同程度的干预和控制，因而现代各国普遍对其采取某些公法性调整手段"①。国外学者也认为在商事领域中是离不开国际公法的，"There are aspects of public international law that may well be relevant to commercial activity."。②

以上商事与民事的不同特性，在冲突法的制定与调控方面也要有所差别，有所侧重。例如，要针对商事、商法公法性规定较多的特性，针对商事、商法技术性、国际性较多的特性，科学地制定冲突规范，根据情况考虑法院地法的适用，并尽量考虑吸收国际统一法的内容及国际惯例的适用。

二、主要成果

（一）国外商事冲突规范研究著作方面的成果

商事冲突规范研究属于冲突规范领域的洼地，探究较晚、成果较少。通过美国国会图书馆、大英图书馆等查询，未能发现商事冲突规范、商事冲突法同名专著。

英文著作方面，国外的冲突规范著作，早期及现在的成果均只研究了部分商事问题，或者根本不研究商事问题，如 O. Kahn – Freund 的著作 *General Problems of Private International Law*③ 研究的是冲突规范的一般问题，不涉及商事冲突规范问题，其内容包括：Sources（渊源）；Contexts（背景）；Methods（方法）。

John O'Brien 的著作 *Coflict of Laws*④ 主要研究法律冲突且字数多，共三卷，但没有涉及商事冲突规范的冲突法内容。该书第一卷的内容有：Introduction（介绍）；The possibilities for Choice of Law（法律选择的可能性）；Domicile（住所）；Classification（识别）；The incidental question（先决问题）；Substance and Procedure（实体问题与程序问题）；Renvoi（反致）；The proof of foreign law（外国法的证明）；Exclusion of foreign law（外国法的排除）等。

C. M. V Clarkson &Jonathan Hill 的 *The Conflict of Laws*⑤ 全书共 538 页，但没有一页是留给商事冲突法的。该书包括的内容有 Nature of the subject（主体的特

---

① 王瑞. 商法总论［M］. 北京：法律出版社，2010：6.

② Giudtta Cordero – Moss. International Commercial Contracts.［M］Cambridge University Press，2014：3.

③ Leyden. General Problems of Private International Law［M］. A. W. Sijthoff International Publishing Company B. V.，1976.

④ John O'Brien. Coflict of Laws［M］. Cavendish Publishing Limited，1999.

⑤ C. M. V Clarkson，Jonathan Hill. The Conflict of Laws［M］. Oxford University Press，2011.

性）；The conflicts process（冲突过程）；Civil jurisdition（民事管辖）；Foreign judgments（外国判决）；Contractual obligations（合同义务）；Non - contractual obligations（非合同义务）；Domicile（住所），nationality and habitual residence（国籍和惯常居所）；Marriage（婚姻）；habitual residence（惯常居所）；Matrimonial causes（婚姻关系）；property（财产）。上述内容研究了冲突规范中的合同、婚姻、财产等领域法律适用的基本问题。

Adrian Briggs 所著 *The Conflict of Laws*① 的内容有：Jurisdiction；Choice of law：the lex fori；Property（包括 immovable property；movable property；title by seizure and confiscation；trusts；personal status and property rights）等，没有涉及商事冲突规范的内容。

Won L. Kidaen 的著作 *The Culture of International Arbitration*② 只是涉及法律文化问题，没有涉及商事冲突规范的内容。

不过，也有一些成果研究了商事冲突规范的部分问题，这些研究部分商事问题的英文著作有：

1. Dicey 的 *A Digest of the Law of England with Reference to the Conflict of Laws*③ 及此后的 Dicey，Morris，Collins 的 *The Conflict of Laws* 的不同修订版，涉及破产、公司。

2. Paul Omar 的著作 *International Insolvency Law*④ 研究了破产的相关问题。

3. Oppong，Richard Frimpong 的著作 *Private International Law in Commonwealth Africa*⑤ 涉及汇票。

4. Martin Davies，Andrew Bell，Paul Le Gay Byereton 的 *Nygh's Conflict of Laws in Australia*⑥ 涉及了破产问题。

5. Maebh Harding 的 *conflict of Laws*⑦ 涉及合同的法律适用（非专门商事合

① 阿德里安·布里格斯. 冲突法［M］. 北京：中国人民大学出版社，2016.
② Won L. Kidaen. The Culture of International Arbitration［M］. Oxford University Press，2017.
③ Dicey. A Digest of the Law of England with Reference to the Conflict of Laws［M］. Stevens and Sons，1896.
④ Paul Omar. International Insolvency Law［M］. Dorset Press，2013.
⑤ Oppong，Richard Frimpong. Private International Law in Commonwealth Africa［M］. Cambridge University Press，2013.
⑥ Martin Davies，Andrew Bell，Paul Le Gay Byereton. Nygh's Conflict of Laws in Australia［M］. LexisNexis Butterworths Australia，2014.
⑦ Maebh Harding. conflict of Laws［M］. 5th ed. Routledge，London and Newyork，2014.

同）。

6. Giuditta Cordero – Moss 的 *International Commercial Contracts*① 对国际、商事等概念进行了解释，对国际合同的法律适用进行了研究。

7. Atul M. Setalvad 的 *Setalvad's Conflict of Laws*② 对法人、破产问题进行了研究。

8. Elizabeth B, Crawford, Janeen M, Carruthers 的 *International Private Law*：*A Scots Perspective*③ 对国际合同的法律适用进行了研究。

9. Reid Mortensen, Richard Garnett, Mary Keyes 的 *Private International law in Australia*④ 对公司、破产进行了研究。

10. Cameron S. G. Jefferies 的 *Marine Mammal Conservation and the Law of the Sea*⑤ 和 Carlos Esposito etc 的 *Ocean Law and Policy*⑥，这两本书只是涉及海事问题。

11. Janet Walker 的 *Conflict of Laws*⑦ 涉及了破产问题。

12. Cheshire, North & Fawcett 的 *Private International Law*⑧，包括的内容有：Definition, nature and scope of private international law（涉及的内容是冲突规范定义、性质、范围）；Historical development and current theories（涉及的内容是冲突规范历史发展、现行理论）；Classification（涉及的内容是冲突规范的识别问题）；The incidental question（涉及的内容是冲突规范的先决问题）；Renvoi（反致问题）；Substance and procedure（涉及的内容是冲突规范的实体与程序问题）；The proof of foreign law（涉及的内容是外国法的查明）；Exclusion of foreign law（涉及的内容是外国法的排除适用）；Domicil, nationality and residence（涉及的内容是住所、国籍、居所）；Jurisdiction of the English courts – an introduction（涉

---

① Giuditta Cordero – Moss. International Commercial Contracts［M］. Cambridge University Press, 2014.

② Atul M. Setalvad. Setalvad's Conflict of Laws［M］. 3th ed. LexisNexis, 2014.

③ Elizabeth B, Crawford, Janeen M, Carruthers. International Private Law：A Scots Perspective［M］. 4th ed. Thomson Reuters, 2015.

④ Reid Mortensen, Richard Garnett, Mary Keyes. Private International law in Australia［M］. 3th ed. LexisNexisButterworths, Australia, 2015.

⑤ Cameron S. G. Jefferies. Marine Mammal Conservation and the Law of the Sea［M］. Oxford University Press, 2016.

⑥ Carlos Esposito etc. Ocean Law and Policy［M］. Brill Nijhoff, 2016.

⑦ Janet Walker. Conflict of Laws［M］. LexisNexis Canada Inc, 2016.

⑧ Cheshire, North, Fawcett. Private International Law［M］. 5th ed. New York：Oxford University Press Inc, 2018.

及的内容是英国法院的管辖权）；Jurisdiction under the Brussels and Lugano Conventions（涉及的内容是国际公约规定的管辖权）；其他的内容还有英国法院传统的管辖权、英国程序规定及外国程序规定的限制及具体领域的法律冲突与法律适用问题（合同及非合同领域的法律适用、财产领域的法律适用等）。该书仅仅涉及部分商事冲突规范的内容（合同部分）。

13. Janet Walker 的 *Canadian Conflict of laws*① 只是研究了破产的法律适用问题等。

专题研究著作方面，有 Malcolm A. Clarke 的 *Contracts of Carriage by Air*（Infroma Law，2010）；Donal Patrick Hanley 的 *Aircraft Operating Leasing – A Legal and Practical analysis in the Context of Public and Private International Air Law*（Wolters Kluwer，2017）；Michael Miled 的 *International Air Law And ICAO*（Eleven International publishing，2016）等，以上著作涉及航空等领域。

日文著作方面，在笔者研究、查阅的冲突规范著作中，一般也都没有商事冲突规范的内容，如折茂丰、樱田嘉章、江川英文的相关著作等。折茂丰著《国际私法研究》的内容包括：外国法的适用；冲突规范规范；公序问题等内容。樱田嘉章著《国际私法》（第 6 版）包括的内容有：冲突规范的必要性；冲突规范的基础观念；准冲突规范；冲突规范的沿革；法源；反致；外国法的适用；公序；先决问题；法律行为；物权法；债权法；婚姻；亲族关系；遗言；国际民事诉讼法；国际商事仲裁等。

日文著作涉及商事冲突规范内容的有：日本学者石黑一宪的《冲突规范の危机》（信山社，2004），涉及船舶、航空器；木棚照一的《国际关系法（私法系）》（法学书院，2010），涉及航空、海上条约。

外文译著方面，在查阅的冲突规范著作中，外文译著有：J. H. C. 莫里斯的《戴西和莫里斯论冲突法》②；萨维尼的《法律冲突与法律规则的地域和时间范围》③；亨利·巴蒂福尔、保罗·拉加德的《国际私法总论》④ 等。

在这些译著方面，都没有涉及商事冲突规范问题，如萨维尼著《法律冲突

---

① Janet Walker. Canadian Conflict of laws. LexisNexis Canada Inc，2018.

② J. H. C. 莫里斯. 戴西和莫里斯论冲突法［M］. 李双元，胡振杰，杨国华，等译. 北京：中国大百科全书出版社，1998.

③ 萨维尼. 法律冲突与法律规则的地域和时间范围［M］. 李双元，张茂，吕国民，等译. 第八卷. 北京：法律出版社，1999.

④ 亨利·巴蒂福尔，保罗·拉加德. 国际私法总论［M］. 陈洪武，陈林洪、张凝，等译. 北京：中国对外翻译出版公司，1989.

与法律规则的地域和时间范围》包括的内容有：法律规则对法律关系的效力；法律规则支配法律关系的地域范围；法律规则支配法律关系的时间范围等内容。亨利·巴蒂福尔，保罗·拉加德著《国际私法总论》包括的内容有：冲突规范的对象、历史和渊源；国籍问题；解决法律冲突的一般方法；各种体系之间的关系；冲突规则的应用等内容。

（二）国外商事冲突规范研究论文方面的成果

论文方面，通过不列颠图书馆、中国国家图书馆 PQDT 国外学位论文全文库等查询，没有发现商事冲突规范、商事冲突法同题论文，但有论文研究了商事冲突规范分支内容，有的涉及一些法律适用问题，如 Tetley 的"Uniformity of International Private Maritime Law—The Pros, Cons, And Alternatives to International Conventions—How to Adopt an International Convention"①；Symeon C. Symeonides. "Choice of law in the American Courts in 2016：Thirtiethannual Survey"②；Kenneth Mould, Steve Cornelius. "The case for specific performance as remedy for breach of athletes' contracts"③；Meena Hanna. "Imposing Fiduciary Duties on Credit Rating Agencies Towards Investors"④；Sylvie Cecile Cavaleri. "The Validity of Knock – for Knock Clauses in Comparative Perspective"⑤。此外，还有其他一些研究成果如下。

1. Francesco Berlingieri. The Salvage Convention 1989. LLOYD'S Maritime and Commercial Law Quarterly. The bound volume series 1974—2017［M］. Informa UK Ltd, 2017。文章对海事法中的救助公约中的问题进行了论述。

2. Abdullah Nawafleh. Electronic contracts and torts in the UK and the UAE private international law［J］. International Journal of Private laws, 2017, 8（3/4）。该文章对电子合同及相关法律适用进行了论述。

---

① Tetley. Uniformity of International Private Maritime Law—The Pros, Cons, And Alternatives to International Conventions—How to Adopt an International Convention［J］. Tulane maritime law journal, 2000, 24（2）.

② Symeon C. Symeonides. Choice of law in the American Courts in 2016：Thirtiethannual Survey［J］. The American Journal of Comparative Law, 2017, 65（1）.

③ Kenneth Mould, Steve Cornelius. The case for specific performance as remedy for breach of athletes' contracts［J］. International Journal of Private laws, 2017, 8（3/4）.

④ Meena Hanna. Imposing Fiduciary Duties on Credit Rating Agencies Towards Investors［J］. Company and Securities Law Journal, 2018, 36（1）.

⑤ Sylvie Cecile Cavaleri. The Validity of Knock – for Knock Clauses in Comparative Perspective［J］. European Review of Private Law, 2018, 26（1）.

3. John F. Coyle. Choice – of – law clauses in US bond indentures. Capital Markets Law Journal, 2018, 13（2）。该文章对合同的法律选择进行了论述，指出在起草合同时，人们对法律适用条款的选择关注不够 "When the US lawyers draft bond indentures, they typically pay little attention to the choice – of – law clause. They select New York law and move on."①。

4. Sang Man Kim, Jingho Kim. Flags of Convenience in the Context of the OECD BEPS Package［j］. Journal of Maritime Law and Commerce, 2018, 49（2）。文章对海事法中的方便旗问题进行了论述。

5. David Gray Carlson. Check clearing and Voidable Preference Law Under the Bankruptcy Code［J］. The Business Lawyer, 2018, 73（3）。该文章对破产的实体问题的相关法律规定进行了论述，如认为没有得到优先权的债权人是一样的，刚好破产之前得到的债权也要回归破产财产的范畴，"If an unsecured creditor receives a payment or other transfer of debtor property just before bankruptcy, voidable preference law requires the creditor to return the transfer to the bankruptcy estate."②。

6. David Foxton Qc. Accessory Liability and Section 213 Insolvency Act 1986［J］. Journal of Business Law, 2018（4）。该文章对破产问题进行了相关研究。

7. Symeon C. Symeonides. Choice of law in the American Courts in 2017［J］. The American Journal of Comparative Law, 2018, 66（1）等。Symeon C. Symeonides 的文章涉及冲突规范理论与实践问题，但涉及商事冲突规范的问题较少（只有 Maritime Cases, Construction Contracts 等），作者结合案例分析了冲突规范理论问题，方法值得借鉴。对当事人的意思自治问题的分析，阐述了没有实质联系的法律选择是无效的，不同案件有不同的情况。在 Bank of America, N. A. v. Lahave 中，"Cases holding a choice – of – law clause unenforceable because the chosen state has 'no substantial relationship' to the parties or transaction are relatively rare. Bank of America, N. A. v. Lahave is one of them, but the court also provided alternative substantive reasons for its holding."③（案件选择法律条款无效，因为选择与当事人、交易没有实质的联系。Bank of America, N. A. v. Lahave 只

---

① John F. Coyle. Choice – of – law clauses in US bond indentures［J］. Capital Markets Law Journal, 2018, 13（2）: 152.

② David Gray Carlson. Check clearing and Voidable Preference Law Under the Bankruptcy Code［J］. The Business Lawyer, 2018, 73（3）: 631.

③ Symeon C. Symeonides. Choice of law in the American Courtshipin 2016: Thirtiethannual Survey［J］. The American Journal of Comparative Law, 2017, 65（1）: 49.

是其中之一，法院需要实质性的理由。）

在 Dancor Const. Inc. v. FXR Const. Inc 案中，选择法律无效的理由有两个，"（1）New York had a more significant relationship and a greater interest in applying its law；and（2）enforcement of the I llinois forum selection clause would violate New York fundamental public policy embodied in the statute."①。（一是纽约对法律适用具有更多的联系及更大的利益；二是选择适用伊利诺伊法律条款与纽约的基本公共政策相冲突。）

三、观点综述

国外也有许多国家没有规定商事领域的法律适用问题，规定的国家也是条文不多，领域有限，国外的相关研究成果也不多。《戴西和莫里斯论冲突法》中涉及破产和复合破产、海事、流通票据、保险合同的法律适用问题，内容不多，没有涉及其他商事领域。其他冲突规范学者的著作许多都没有涉及商事领域的法律适用问题，即使有一些学者涉及该问题，也只是一笔带过，涉及的领域也是个别的。例如，日本学者北胁敏一的《冲突规范——国际关系法Ⅱ》只是涉及破产、票据、海商问题，全部内容不到一章。德国学者马丁·沃尔夫的《冲突规范》（第二版）只研究了破产的法律适用问题，苏联学者隆茨等的《冲突规范》（法律出版社）只研究了汇票和支票问题。对涉及相关商事冲突规范的成果的观点，做如下总结。

（一）英国学者戴西和莫里斯的观点

英国 J. H. C. 莫里斯主编的《戴西和莫里斯论冲突法》的第 5 编研究了破产或公司问题，主要观点反映在下列几个地方：

1. 关于破产财产的管理适用英格兰法律的问题。作者认为"本规则是所有程序事项都适用'法院地法'这一原则的运用。在英格兰破产中，债权人不论是外国人还是不列颠的国民，都可以根据英格兰破产法的普通规则向破产人请求偿还所欠债务，不论债务受英格兰法支配还是受外国法支配"②。作者提出的破产财产的管理事项包括债权人之间的财产分配、债权人之间的优先权、合伙情况下的举证规则、诉讼时效等一切有关破产财产管理的事项，均适用英格兰

---

① Symeon C. Symeonides. Choice of law in the American Courtshipin 2016：Thirtiethannual Survey [J]. The American Journal of Comparative Law，2017，65（1）：49.

② ［英］J. H. C. 莫里斯. 戴西和莫里斯论冲突法 [M]. 李双元，胡振杰，杨国华，等译. 北京：中国大百科全书出版社，1998：1049 – 1050.

破产法的普通规则。"即使对于来自外国不动产（如苏格兰的土地）的收入也如此，只要根据英格兰《破产法令》该不动产已转移给受托人。"①

根据以上论述，破产财产的管理适用法院地法有一定道理，因为作者认为破产管理属于程序问题。在笔者拟定的《中华人民共和国涉外商事关系法律适用法（建议稿）》讨论稿（一）第65条【破产管理程序问题】也规定"破产管理程序问题依管理地法"。该条我国立法没有规定，应予补充；该条借鉴了《戴西和莫里斯论冲突法》一书的观点。

但是，《戴西和莫里斯论冲突法》一书的观点也有一定不足，该书作者认为破产管理属于程序问题，前提并不令人信服。因为破产管理也涉及实体问题，如"债权人之间的财产分配、债权人之间的优先权"就应该涉及管理的实体问题了，实体问题不能总是适用法院地法，所以笔者拟定的《中华人民共和国涉外商事关系法律适用法（建议稿）》讨论稿（一）第66条【破产管理实体问题】建议："破产管理实体问题依管理地法或原法律关系的准据法。"

2. 关于债务或者责任的清偿问题。《戴西和莫里斯论冲突法》提出（规则128）：一项根据英格兰破产所为的债务或责任的清偿，应是一项来自英格兰的清偿，而不管合同或债务的自体法如何规定。该规则提出了根据英格兰破产所为破产债务或责任的清偿适用法院地法的规则。

同样，规则135规定："根据苏格兰或北爱尔兰破产的债务或责任的清偿，在英格兰为清偿，而不论合同或债务的自体法如何规定。"②

苏格兰或北爱尔兰破产的破产法令是"帝国议会"法律，因此"根据苏格兰或北爱尔兰破产所做的清偿，不仅在英格兰属于清偿，而且就英格兰法而言，在英联邦的其他国家也属清偿"③。

规则134规定："根据联合王国以外的外国破产法所做的任何债务或责任的清偿，如果，并且只要其属于合同自体法所指的清偿，在英格兰也属清偿。"④

该规则的意思是对于域外破产，如果该外国的清偿要在英格兰发生法律效力，清偿必须符合合同自体法的规定，如果符合，则在英格兰有效。对于非合

---

① ［英］J. H. C. 莫里斯. 戴西和莫里斯论冲突法［M］. 李双元，胡振杰，杨国华，等译. 北京：中国大百科全书出版社，1998：1050.

② ［英］J. H. C. 莫里斯. 戴西和莫里斯论冲突法［M］. 李双元，胡振杰，杨国华，等译. 北京：中国大百科全书出版社，1998：1064.

③ ［英］J. H. C. 莫里斯. 戴西和莫里斯论冲突法［M］. 李双元，胡振杰，杨国华，等译. 北京：中国大百科全书出版社，1998：1064.

④ ［英］J. H. C. 莫里斯. 戴西和莫里斯论冲突法［M］. 李双元，胡振杰，杨国华，等译. 北京：中国大百科全书出版社，1998：1061.

同产生的责任如侵权责任的清偿问题，如果适用侵权行为地法的清偿规定，则在英格兰亦是有效。在这里，作者提出了合同自体法、侵权行为地法等系属公式，以解决域外清偿的法律适用及效力问题。

以上规则提出了清偿的法律适用问题，具有参考价值。

但是，规则134涉及了域外的法律适用问题，作者提出的观点与域外法院地国的冲突规则可能并不一致，这是本书存在矛盾的一个地方。作者不能够规定外国法院适用的冲突法规则，而且外国的判决不一定需要英格兰的承认与执行。所以，作者这里的建议规则扩大了冲突法的权限。

3. 关于复合破产问题。《戴西和莫里斯论冲突法》规则125规定："英格兰法院根据债权人或债务人的请求判决债务人破产的管辖权，不因该债务人已在外国法院被判决破产而消灭。"

根据该规则的规定，英格兰法院的管辖权不受外国法院裁判的影响，因为英格兰法不承认"单一破产"原则，"单一破产"原则要求所有债权人应向债务人的住所地或者主要营业地法院提出管辖请求，其他法院不能行使管辖权。因此，这里涉及复合破产问题。从管辖权来看，《戴西和莫里斯论冲突法》规则125的规定，增加了管辖权的冲突，会产生平行诉讼问题。但该规定对于保护英格兰的利益是有好处的，又有一定的参考价值。

管辖权是英国冲突法的重要组成部分，并在很大程度上影响其法律适用问题，因此，确定管辖权比确定法律适用有时还显得更加重要。当然，在复合破产问题上，如果在英格兰没有任何财产，英格兰行使管辖权也没有任何意义，不过，事实情况并非总是如此的。例如，作者认为对于在联合王国以外的国家管辖和宣告破产的情况，"即使该外国有管辖权，它的命令对位于英格兰的不动产也没有直接的效力"①。对于在联合王国其他地方的管辖和宣告破产的，情况会有所不同，如英格兰不能对苏格兰、北爱尔兰法院的管辖权提出质疑，"债务人在英格兰的动产和不动产都应转至苏格兰或北爱尔兰的受托人"②。不过，"即使在这种情况下，根据英格兰的溯及效力理论和债务人某些旧债无效的理论，在英格兰也可能有财产不受北爱尔兰破产的影响"③。

---

① ［英］J. H. C. 莫里斯. 戴西和莫里斯论冲突法［M］. 李双元，胡振杰，杨国华，等译. 北京：中国大百科全书出版社，1998：1042.

② ［英］J. H. C. 莫里斯. 戴西和莫里斯论冲突法［M］. 李双元，胡振杰，杨国华，等译. 北京：中国大百科全书出版社，1998：1042.

③ ［英］J. H. C. 莫里斯. 戴西和莫里斯论冲突法［M］. 李双元，胡振杰，杨国华，等译. 北京：中国大百科全书出版社，1998：1042.

4. 关于公司的效力方面。《戴西和莫里斯论冲突法》规则 136 规定："按照外国法适当成立或解散的公司，其成立及解散在英格兰有效。"

规则 136 确立的法律适用原则是：公司成立或解散适用其应该适用的适当的法律。该法律往往是成立地的法律。解散也是如此，可以创设权利的地方，也可以有权消灭之。如果按照成立地的法律公司已经被解散，则该公司（包括其在英格兰的公司分支机构）在英格兰不能再以公司的名义起诉。如果公司成立地的法律承认解散公司在外国分支机构的效力，即不涉及分支机构的解散问题，作者认为即使如此，该分支机构能否在英格兰起诉，也是存在疑问的。

该规则还确定公司是否与另一公司合并，也由其成立地法确定。如果该法"规定了'概况法定继承'，那么英格兰将承认合并后的公司继承合并前公司的财产和责任；但公司成立地法不能免除新公司由于合并而产生的责任，除非成立地法就是这些责任的自体法"①。

5. 公司住所的确定。《戴西和莫里斯论冲突法》规则 137 规定："公司的住所在其成立地国。"作者认为，住所部分决定于居住的意思，因此，公司的住所就是其成立地。如根据法国法成立的公司在法国就有住所，而不管法国法律认为其住所在何处。由于成立地的不可改变性，公司的住所伴随终身。作者还认为，应该区分公司的住所与公司成员的住所，这是非常正确的，因为"公司的住所是独立于其成员的住所（或数个住所）的。因此，D 公司在英格兰注册，其在英格兰就有住所。但根据居所的规则和适用于自然人的意思的规则，其股东可以在不同的国家有住所"②。

6. 关于公司的居所。《戴西和莫里斯论冲突法》规则 138 规定："公司的居所在其实施中央管理和控制的国家。如果中央管理和控制的实施分布于两个以上的国家，那么它在每一个国家都有居所。"作者认为，"最高权力是可分的，或者至少从理论上说，是可以变动的。可以认为，在这种例外的情况下，可以出现两个居所，公司在每个'有部分控制权的'国家都有居所。"③

7. 公司能力方面的法律适用。《戴西和莫里斯论冲突法》规则 139 规定："（1）公司进行法律行为的能力受公司章程及有关行为地国的法律支配。（2）

---

① ［英］J. H. C. 莫里斯. 戴西和莫里斯论冲突法［M］. 李双元，胡振杰，杨国华，等译. 北京：中国大百科全书出版社，1998：1082.

② ［英］J. H. C. 莫里斯. 戴西和莫里斯论冲突法［M］. 李双元，胡振杰，杨国华，等译. 北京：中国大百科全书出版社，1998：1083.

③ ［英］J. H. C. 莫里斯. 戴西和莫里斯论冲突法［M］. 李双元，胡振杰，杨国华，等译. 北京：中国大百科全书出版社，1998：1084.

有关公司章程的所有事项受公司成立地法律支配。"

作者认为公司权力受章程制约，违反章程的行为不是公司的行为，而是越权行为。当然，公司章程允许的行为，能否实行还要依赖于支配交易行为的相关国家的法律规定。有关公司章程规定的事项，受公司成立地法律支配。"公司成立地法决定了谁是有权以其名义行为的公司成员，对于公司债务或负担的个人责任的范围和与另一公司合并时，通过普遍继承而产生的财产与责任的转移的效力。其成员签订的成员资格合同也受同一法律的支配，尽管这更像是由于合同自体法的默示选择，而不是自动适用的结果。"①

8. 关于解散公司的管辖权。《戴西和莫里斯论冲突法》规则141规定："英格兰法院无权解散（1）在苏格兰注册的任何公司；或者（2）任何在北爱尔兰注册的公司，除非其曾在大不列颠从事营业并已停止营业；或者（3）在苏格兰或北爱尔兰有主营业地，但在英格兰无主营业地的任何公司。"

规则140规定："根据规则141，英格兰法院有权解散（1）在英格兰注册的任何公司；或者（2）任何未注册的公司，只要它有财产在英格兰，并且有人会从解散令中受益。"

以上两个规则是从不同侧面进行的，是相辅相成的。根据规则140，对于在英格兰注册的公司，无论公司、公司成员的情况有如何差异，英格兰法院应该具有管辖权。对于未注册的公司，英格兰法院管辖是有条件的，例如在英格兰有财产，这里的财产是广义的，甚至包括胜诉的权利。有人（包括任何人）会从解散令中受益也可以成为英格兰法院管辖的条件。但是，对于在苏格兰注册的公司，管辖权在苏格兰法院。对于在北爱尔兰注册的公司，情况稍微有所不同，"如果一家北爱尔兰公司曾在大不列颠从事营业，并且现在已经停止营业，那么法院就有权解散该公司"②。

此外，作者比较强调主营业地，认为如果注册公司在英格兰无主营业地，则英格兰法院无权管辖，如果在英格兰、苏格兰均有主营业地，则两地法院均可管辖并解散公司。

9. 关于外国解散令的效力问题。《戴西和莫里斯论冲突法》规则143规定："根据成立地法指定的清算人的权力，在英格兰予以承认。"该规则涉及外国解

---

① ［英］J. H. C. 莫里斯. 戴西和莫里斯论冲突法［M］. 李双元，胡振杰，杨国华，等译. 北京：中国大百科全书出版社，1998：1086.

② ［英］J. H. C. 莫里斯. 戴西和莫里斯论冲突法［M］. 李双元，胡振杰，杨国华，等译. 北京：中国大百科全书出版社，1998：1090.

散令在英格兰的效力问题。公司成立地决定了谁有权以公司的名义实施行为，相应地该法指定的清算人的权力，在英格兰应该予以承认。当然，清算人的权力如果超出成立地法规定的范围，就不能够得到承认。

10. 关于财产接管人方面的规定。《戴西和莫里斯论冲突法》规则 144 规定："（1）根据联合王国任何其他部分的法律指定的接管人可以针对公司的财产以及公司已设定的浮动担保，在英格兰行使权力。（2）针对公司的财产及公司已设定的浮动担保，根据联合王国以外的法律指定的接管人，如果（其能在国外）行使的权力是由成立地国法赋予的，亦可在英格兰行使权力。"

作者指出："规则 144 的两款指的是法院指定以外的接管人，法院承认外国法院指定的接管人权力的条件是不同的，外国法院对财产被接管的被告人有管辖权时，这些条件似乎才能实现。"①

以上规定主要是从英国法律的角度进行的探讨，并非国际冲突法的角度，所以从商事冲突规范的角度而言，在视野的普遍性问题上存在不足，观点上也存在一定的不足，如规则 141 规定的主营业地问题，作者认为主营业地可以在多国存在，事实上在实践中是不可能的，营业地可以出现在多国，但只有一个是主要的营业地。尽管如此，该书的观点仍构成笔者研究相关领域问题的起点，有很好的参考作用。

（二）加拿大学者威廉·泰特雷的观点

加拿大海商法及海事冲突规范学教授威廉·泰特雷的著作《国际冲突法——普通法、大陆法及海事法》，该书有两个中文翻译本，分别是刘兴莉翻译的《国际冲突法——普通法、大陆法及海事法》② 和张永坚等翻译的《国际海商法》③ 比较而言，刘兴莉翻译的版本相对妥当一些，主要观点有如下。

1.《国际冲突法——普通法、大陆法及海事法》对海事冲突规范的合同、侵权、责任限制、船舶物权研究较详细。如在合同领域，研究了确定合同法律适用的方法体系，重点介绍了法律适用的默示和推定选择、最密切联系的冲突推定、除外条款等内容。这些研究结论为笔者提供了良好的基础。

2. 威廉·泰特雷在书中指出了中国立法中存在的一些问题。如在研究除外条款内容时，他一针见血地指出："遗憾的是，荷兰和中国新的特别海事冲突法

---

① ［英］J. H. C. 莫里斯. 戴西和莫里斯论冲突法 ［M］. 李双元，胡振杰，杨国华，等译. 北京：中国大百科全书出版社，1998：1096.

② ［加］威廉·泰特雷著. 国际冲突法：普通法、大陆法及海事法 ［M］. 刘兴莉，译. 北京：法律出版社，2003.

③ ［加］威廉·泰特雷. 国际海商法 ［M］. 张永坚，等译. 北京：法律出版社 2005.

立法中没有规定除外条款。"① 在评析《中华人民共和国海商法》的规定时指出了该法缺乏有关公共政策的明确规定；缺乏船舶侵权的一般规定等问题。威廉·泰特雷对中国相关立法的批评的观点与笔者的观点一致，特别是他认为中国海商法多处对法院地法适用的规定，实有不妥，会导致择地诉讼。

《国际冲突法——普通法、大陆法及海事法》一书也存在遗憾，具体有：一是威廉·泰特雷指出了中国立法存在的问题，但没有提供解决的具体建议，而且限于各种原因，他并没有指出中国立法中存在的所有问题；二是领域方面，作者只涉及了海事冲突规范的部分领域，没有包括海事冲突规范的所有领域（如没有包括拖航合同、旅客运输合同、船员劳动合同、海难救助、共同海损等问题）；三是内容方面，主要是判例研究，没有研究立法中的问题及完善。这些缺陷恰恰是笔者研究的重点问题。

（三）德国冲突规范学者马丁·沃尔夫的观点

1. 关于货币冲突的法律适用。马丁·沃尔夫提出，关于限制货币的法律规则在外国的适用问题由"适用契约债务的准据法来确定"②。作者进一步阐述了限制货币的法律是契约准据法、限制货币的法律是债务履行地法、限制货币的法律既不是契约准据法也不是债务履行地法等不同的情形下的法律适用情况。例如，限制货币的法律既不是契约准据法也不是债务履行地法，则"外国的限制货币的法律是不予适用的。虽然这一点是不言而喻的，但是债务人有时候仍然以他们的住所地或者居所地或者营业地的法律中所包含的限制货币的规则，作为他们提出主张的根据"③。不过马丁·沃尔夫反对根据属人法的规定或者强制性规定不履行其债务，因为这种理由听起来犹如债务人因为财产被拦路强盗抢劫了而不能履行债务的理由是一样的。

2. 关于票据方面的法律适用。作者认为"场所支配行为"的原则对流通票据来说完全是强制性的，"如果出票人遵守了签名地和交付票据地的法律，出票人的债务在方式上就是有效的，而承兑人或者任何背书人的债务的有效，则需要分别遵守他们订立契约地所规定的方式"④。

---

① ［加］威廉·泰特雷. 国际冲突法：普通法、大陆法及海事法［M］. 刘兴莉，译. 北京：法律出版社，2003：156.

② ［德］马丁·沃尔夫. 国际私法［M］. 李浩培，汤宗舜，译. 北京：北京大学出版社，2009：514.

③ ［德］马丁·沃尔夫. 国际私法［M］. 李浩培，汤宗舜，译. 北京：北京大学出版社，2009：518.

④ ［德］马丁·沃尔夫. 国际私法［M］. 李浩培，汤宗舜，译. 北京：北京大学出版社，2009：522.

但是作者也认为，方式适用行为地法存在两个例外：一是在联合王国以外的地方发出的汇票，违反外国印花税的规定并不必然无效；二是在联合王国以外的地方发出的汇票，如果行为地法认为方式无效，而英格兰法认为有效，当只是为了强制履行支付的目的，或者在联合王国境内持有汇票当事人之间的转让时，则应该认为有效。

3. 关于破产的法律适用方面。马丁·沃尔夫提出：（1）没有统一破产这样的制度，一个国家宣告的破产，不能成为其他国家自动承认的破产。（2）外国法院的破产宣告，适用法院地法的规定。（3）同一个人在两个国家的破产宣告，宣告在后的破产不能消灭宣告在前的破产的效力。（4）关于破产的管理，适用管理地法律。但是"由于破产人的免责而程序终结的时候（例如在英格兰法的情形下），只有在根据债权的准据法，债权的消灭是有效的条件下，这种免责才能消灭债务"①。

（四）Maebh Harding 的观点

Maebh Harding 的著作关于商事冲突规范研究的内容不多，但也有些值得借鉴的观点。如作者提到的 "The legal philosophy behind conflict of laws rule"（冲突法规则背后的法律哲学等）就比较突出。作者认为冲突法是解决涉外案件的理论，法院如何用不同的方法处理具有涉外因素的案件与不具有涉外因素的案件是长期困扰的一个问题。许多理论将重点放在案件的法律适用的合理性上，而不是放在案件的管辖权的基础上。事实上，各国都有不同的冲突规范，管辖权才是决定因素。"In reality, because each state retains different conflict of law rules, jurisdiction may actually be determinative of how the dispute is resolved."②

但作者的观点也存在值得商榷的地方：一是缺乏对冲突法规则背后的法律哲学问题进行探讨，而恰恰这部分内容对解决冲突规范的法律适用问题非常重要。二是强调管辖权高于法律适用的观点过分夸大，这充其量只是在个别国家出现的事情，不能以偏概全。因为即使作者也认为 "If one system of choice of rules is universally accepted, jurisdiction will become irrelevant. It would not matter where a dispute was brough; the same law would be applied by all jurisdictions."③

---

① ［德］马丁·沃尔夫. 国际私法［M］. 李浩培，汤宗舜，译. 北京：北京大学出版社，2009：620.

② Maebh Harding. conflict of Laws［M］. 5th ed. London and Newyork：Routledge，2014：10.

③ Maebh Harding. conflict of Laws［M］. 5th ed. London and Newyork：Routledge，2014：10.

（如果一种冲突规则被广泛接受以后，则不论在哪里提起诉讼，都会适用同一个法律，管辖权问题就变得微不足道了。）

（五）Giuditta Cordero – Moss 的观点

1. 对标准合同的研究

作者认为对标准合同而言，起草合同就如同照葫芦画瓢，且排除了任何其他法律的适用。"The drafting of these clases is often considered to be a mere 'copy and paste' exercise…these clauses attempt to exclude any rules that the applicable law may have on these aspects."① 典型的标准合同条款如 "Entire agreement clause" "No waiver clause" "No oral amendments clause" 等。

2. 关于公法的适用

作者认为在商事冲突规范领域，公法也是经常会被涉及或者用到，如投资行为涉及公法的管理问题，通常适用东道国当地的法律。"The investor's activity will, in addition, have a series of implications in terms of administrative or public law, and these will be regulated by the law of the host country."② 比如企业的收入问题会适用税法；企业产品生产会涉及当地的环境法；企业员工会涉及当地劳动法的适用；出口涉及许可法等。作者把这里的法律适用与公共利益联系起来，认为 "All these regulations to which the investor is subject are part of the legal system of the host country, and the host country, in its sovereignty, legislates and administrates within these fields as it deems fit and in accordance with its evaluation of what is in the public interest."③ 所有对投资者的管理适用东道国的法律是东道国公共利益的要求。

3. 作者认为在国际商事合同签订时，当事人往往没有选择适用法律条款的任何意思，或者认为将来用不上，尽管如此，仍然有法律会适用于该合同，这个法律不一定是主权国家的法律。"To avoid such abuses, the Washington Convention of 1965 be stablishing the ICSID arbitration, provides, in Article 42, that the tribunal is to apply (in the absence of a choice of law made by the parties) 'the law of

---

① Giuditta Cordero – Moss. International Commercial Contracts［M］. Cambridge University Press, 2014：18.

② Giuditta Cordero – Moss. International Commercial Contracts［M］. Cambridge University Press, 2014：6.

③ Giuditta Cordero – Moss. International Commercial Contracts［M］. Cambridge University Press, 2014：6.

the host countries…and such rules of international law may be applicable'."① （为了避免法律的滥用，建立 ICSID 仲裁的 1965 年华盛顿公约，第 42 条规定仲裁庭在当事人没有选择法律的时候，国际法的规则应该得到适用。）

（六）Atul M. Setalvad 的 *Setalvad's Conflict of Laws* 一书的观点

该书在第 22 章 Corporations 部分重点研究了不同国家对公司法人的管辖问题，例如"It had been held that an Australian court would only have jurisdiction over a foreign company if it is 'present' in Australia."② 即澳大利亚法律规定仅仅对出现在澳大利亚的外国公司才能行使管辖权。这里的"出现"包括在澳大利亚有商业业务、有规定的商业营业点、在澳大利亚存在一定的期间（meaning that it carried on business in Australia, had a fixed place of business, and had it for a sufficient period of time.）。加拿大的法律规定"Foreign companies are required under provincial legislation to register or obtain a licence before they carry on business in Canada."③ 即外国公司在加拿大从事商业，需要各省的注册或许可。这样就可以在加拿大进行诉讼。

该书在第 23 章 Insolvency 部分重点研究了国际公约的内容如 Uncitral Model Law on Cross‐Border Insolvency 1999 的原则等，研究了不同国家的立场。例如，作者认为对澳大利亚而言，根据其 1966 年的破产法（The Bankruptcy Act, 1966），只有联邦法院才能行使这种管辖权。外国法院对涉及澳大利亚不动产的破产财产的决定没有效力，"A foreign bankruptcy adjudication has no effect on immovable property of the bankrupt in Australia."④

该书还提到了破产的法律适用问题。关于法律适用方面，加拿大法院在破产程序方面只适用法院地法，"In all insolvency proceedings in Canadian courts, the courts apply Canadian law as the lex fori."⑤ 印度也有同样的规定"There seem to be no Indian decisions on the point but it is submitted that our courts would apply the relevant Indian Act as the lex fori."⑥ 但遗憾的是，该书关于公司法人、破产的实体问题的法律适用等法律适用的核心部分，却没有涉及。

---

① Giuditta Cordero‐Moss. International Commercial Contracts [M]. Cambridge University Press, 2014: 74-75.
② Atul M. Setalvad. Setalvad's Conflict of Laws [M]. 3rd ed. LexisNexis, 2014: 475.
③ Atul M. Setalvad. Setalvad's Conflict of Laws [M]. 3rd ed. LexisNexis, 2014: 477.
④ Atul M. Setalvad. Setalvad's Conflict of Laws [M]. 3rd ed. LexisNexis, 2014: 492.
⑤ Atul M. Setalvad. Setalvad's Conflict of Laws [M]. 3rd ed. LexisNexis, 2014: 493.
⑥ Atul M. Setalvad. Setalvad's Conflict of Laws [M]. 3rd ed. LexisNexis, 2014: 496.

（七）Janet Walker 在 *Conflict of laws* 一书中的观点

该书在Ⅷ部分提到了破产问题：（1）"Canadian law governs the administration and distribution of the estate of a debtor declared bankrupt in Canada."（2）"Foreign creditors are in the same position as Canadian creditors."（3）"The authority to sell movables abroad is governed by the Bankruptcy and Insolvency Act but the formalities of the sale may be governed by the law of the place where the sale is made."①。（①加拿大法律支配在加拿大宣告破产的债务人的财产的管理与分配；②外国债权人与加拿大债权人地位平等；③出卖位于国外动产的权利适用破产法，但手续适用交易地法律。）

（八）Martin Davies 等作者的观点

Martin Davies 等作者的观点通过 Martin Davies，Andrew Bell，Paul Le Gay Byereton 的 *Nygh's Conflict of Laws in Australia* 一书得到反映。该书第36章研究了破产问题，涉及 Foreign main proceeding，Concurrent bankruptcy and insolvency proceedings，Winding Up of Companies in Australia 等内容。提出了一些法律适用问题，但不全面。

1. "The administration of the property of a bankrupt against whom a sequestration order or vadjudication has been made is govered by the law of the forum."②（法院地法支配破产财产的管理）

2. "Since any creditor，foreign or domestic，can prove any debt，whether governed by Australian or foreign law，in an Australian bankruptcy，the effect of this provision is to discharge，so far as Australian proceedings are concerned，all debts of the bankrupt，irrespective of their governing law."③（因为国内外的债权人可以根据外国法或者澳大利亚法律证明债权，根据澳大利亚破产法，只要澳大利亚程序法得到适用，所有破产债务不论根据的法律是什么，都要排除外国法律的适用。）

（九）Reid Mortensen，Richard Garnett，Mary Keyes 著的 *Private International law in Australia* 一书的观点

该著作关于商事冲突规范的观点体现在第22章 International Company law；第27章 Corporate Insolvency. 第22章 International Company law。涉及的内容有：

① Janet Walker. Conflict of Laws［M］. LexisNexis Canada Inc，2016：960.

② Martin Davies，Andrew Bell，Paul Le Gay Byereton. Nygh's Conflict of Laws in Australia［M］. LexisNexis Butterworths Australia，2014：831.

③ Martin Davies，Andrew Bell，Paul Le Gay Byereton. Nygh's Conflict of Laws in Australia［M］. LexisNexis Butterworths Australia，2014：832.

1. "In recognising that an Australian court is to apply the law of the place of incorporation to a question concerning the internal management of a foreign corporation, the Foreign Corporations (Application of Laws) Act 1989 (Cth) implicitly assumes that an Australian court need not decline jurisdiction to deal with the question."① （澳大利亚法院的主张是适用外国公司的管理中心地法律，但根据 1989 年外国公司法澳大利亚法院可能不会管辖这类问题。）

2. "The choice of law rules for questions of company law rely on both the Foreign Corporations (Application of laws) Act 1989, and the general law."② （解决公司问题的法律适用规则依 1989 年外国公司法及一般法律规定。）

3. "The Application of laws Act provides that a question relating to the legal capacity and powers of a company is to be determined in accordance with the law of the place where it was incorporated."③ （法律适用法规定公司的法律能力、权利能力依成立地法。）

第 27 章 Corporate Insolvency 涉及的内容有以下几点。

1. "A winding – up proceeding is governed by the law of the Australian forum, even where it is ancillary to foreign proceedings."④ （解散程序依澳大利亚法院地法支配，即便其是外国辅助程序时也不例外。）

2. "The dominant theory in cross – border insolvency law is 'modified universalism', which aims to identify a single, primary place for the administration and distribution of property of a debtor company which is recognised by other countries' courts, while still allowing the forum a limited discretion to intervene to protect local creditors."⑤ （占主导地位的破产法理论是修正的普遍主义，目标是建立一个单一的重要的联结点去解决被外国法院宣告破产的债务人财产的管理与分配，同时允许法院地法有一定的空间来保护本地的债权人。）

---

① Reid Mortensen, Richard Garnett, Mary Keyes. Private International law in Australia ［M］. 3rd ed. LexisNexis Butterworths, Australia, 2015：525.
② Reid Mortensen, Richard Garnett, Mary Keyes. Private International law in Australia ［M］. 3rd ed. LexisNexisButterworths, Australia, 2015：525.
③ Foreign Corporations (Application of laws) Act 1989 (Cth) s7 (3) (a).
④ Reid Mortensen, Richard Garnett, Mary Keyes. Private International law in Australia ［M］. 3rd ed. LexisNexis Butterworths, Australia, 2015：534.
⑤ Reid Mortensen, Richard Garnett, Mary Keyes. Private International law in Australia ［M］. 3rd ed. LexisNexis Butterworths, Australia, 2015：533.

（十）Janet Walker 在 *Canadian Conflict of laws* 一书的观点

Janet Walker 是约克大学法学教授（Professor of Osgoode Hall Law school of York University），他在 *Canadian Conflict of laws*（LexisNexis Canada Inc. 2018）一书中，研究了破产的冲突法问题，第 29 章为 Bankruptcy and Insolvency，涉及的内容有管辖权、法律适用、加拿大判决的效力、外国判决的效力、国际合作。在法律适用方面内容不多，主要观点如下。

1. "Canadian law governs the administration and distribution of the estate of a debtor declared bankrupt in Canada. This is an application of the rule that matters of procedure are governed by the lex fori. Thus, the appointment of trustees, and their duties and powers, are governed by Canada babkruptcy law."① （加拿大法律支配加拿大宣告破产的破产债务人财产的管理与分配。法律适用的原则是程序问题适用法院地法。所以指定的受托人的责任、权利适用加拿大的破产法。）

2. "When a Canadian trustee sells movables abroad belonging to the debtor, he or she must be authorized to do so according to Canada bankruptcy law. On the other hand, the formalities of the sale may be governed by the lex situs by virtue of the conflict of laws rules of the lex fori."② （当加拿大受托人出售属于债务人的国外动产，他或她必须根据加拿大法律有权这样做才行。另外，买卖的形式要件根据法院地的冲突规范指引适用行为地法。）

3. "The validity of a conveyance to a bona fide purchaser or mortgagee for value is governed by the lex situs of the immovable and it is not affected by any receiving order or assignment under the Act unless the order has been registered against the property."③ （不动产所在地法支配购买者、受抵押人的善意转移的效力。除非财产已经登记注册否则不受任何命令指令的影响。）

4. "The ordinary conflict of laws rules in force in the forum are applicable. The avoidance of settlements and preferences is also governed by the Canadian Bankruptcy and Insolvency Act. It is part of the administration of the estate."④ （法院地有效的法律应该得到适用。加拿大破产法同样适用于方案及倾向的无效问题，这属于财产管理的一部分。）

---

① Janet Walker. Canadian Conflict of laws [M]. LexisNexis Canada Inc, 2018: 29 - 7.
② Janet Walker. Canadian Conflict of laws [M]. LexisNexis Canada Inc, 2018: 29 - 7.
③ Janet Walker. Canadian Conflict of laws [M]. LexisNexis Canada Inc, 2018: 29 - 8.
④ Janet Walker. Canadian Conflict of laws [M]. LexisNexis Canada Inc, 2018: 29 - 7.

此外，对破产的法律适用问题没有更多的论述。

尽管如此，以上国外的关于商事冲突规范的研究成果，对本研究的意义非常重要，一是国外的研究成果构成本研究的支撑；二是国外的研究成果构成本研究的起点。尽管国外研究商事冲突规范的著作存在这样或者那样的缺憾，但笔者的研究必须要在上述国外著名学者研究的基础上进行。与此同时，本课题将进一步扩大研究的范围，将国外各国具体的冲突法制度都尽可能地结合起来进行研究，而不是仅仅局限于对少数国家的资料的研究。在理论方面，要对国外著名学者的观点进行全面分析，在此基础上，吸收较为合理的观点与建议，并结合中国的具体情况等因素，形成课题组自己的取舍。在这样的形势下，完全可以找到更为合理的立法建议，采用更为合理的商事冲突法规则。

第二节　国内研究缉综

一、主要成果

中国的冲突规范及商事冲突规范理论研究虽因历史原因而起步较晚，但改革开放以后，发展较快，取得了一定的研究成果。

（一）著作方面

根据有关史料记载，至清末光绪年间我国才出现一些冲突规范方面的书籍。如 1903 年李叔同、范吉迪翻译的《国际私法》；1905 年出版的一套法律丛书——《法政粹编》其中第 11 种系《国际私法》；1905 问世的《法政丛书》第 12 种亦为《冲突规范》，敦斌编；至 1907 年出版的《法政讲义》中有一部为《国际公私法》，付疆编；1911 年《京师法学堂笔记》有一本为《国际私法》，熊元楷等人编写。"这些书籍主要是介绍一些西方国家的冲突规范学说，没有自己独立的见解和体系。"①

民国时期出版的冲突规范书籍主要有 1930 年唐纪翔著的《中国冲突规范论》、1931 年周敦礼著的《国际私法新论》、于能模著的《国际私法大纲》、程树博著的《比较国际私法》、1933 年阮毅成著的《国际私法》、1934 年陈顾远著的《国际私法总论》、1935 年翟楚编著的《国际私法纲要》、1937 年卢峻著的《国际私法之理论与实际》、1948 年郭宏观撰的《中国国际私法沿革概况》、李

---

① 高树异. 国际私法 [M]. 长春：吉林大学出版社，1995：49.

浩培著的《国际私法总论》、王敏英纪的《国际私法》等。

我国最早研究商事冲突规范的著作为陈顾远的《国际私法商事篇》（民智书局，1934），该书涉及公司、票据、海空、保险，因出版时间较早，体系、内容不尽完善，但这是迄今仅有的一部系统著述。该书第一编为国际商事法泛论；第二编为公司法适用论；第三编为票据法适用论；第四编为海空法适用论；第五编为保险法适用论。

但该书出版较早，许多问题只是点到为止，研究并不深入。如关于航空保险，该书认为"因航空事业之为新兴，关于航空保险之法律，自尚未能有何成绩，更未可寻求其冲突点，而为其准据法之决定。即就德国国内而言，航空业者与保险人间，亦未能有一致之见解，他可知矣"。①

1937 年卢峻著的《国际私法之理论与实际》包括的内容有：冲突规范概念等基本问题、冲突规范之性质、冲突规范之根据、冲突规范之演成、外国法之适用、国籍之冲突、住所之冲突、外国人之地位、国家管辖权之冲突、能力、婚姻、破产、外国判决等问题。② 该书涉及破产的商事冲突规范问题。

中华人民共和国成立以后，我国与西方国家关系发展缓慢，冲突规范的国内立法是一片空白，冲突规范研究更无从谈起。改革开放以后，我国关于冲突规范的研究成果较多，但在冲突规范著作论文中研究商事冲突规范的不多，不过也出现了一些比较深入的专题研究，只是侧重部分商事领域。这些专题研究的著作有一些关于海事冲突法、票据冲突法、破产方面的专门成果，但数量少，且仅所涉商事部分领域，其他领域仍属空白。如解正山著《跨国破产立法及适用研究——美国及欧洲的视角》（法律出版社 2011 年版）主要从实体及破产承认方面进行研究，对破产的冲突法问题提及很少。王巨新、王欣著《明清澳门涉外法律研究》（社会科学文献出版社 2010 年版）涉及明清澳门涉外合同方面的研究，无涉及冲突法的内容。

在教材方面，多数教材仅涉及民事关系法律适用问题，也有教材专门研究了商事冲突法问题，如韩德培主编《国际私法》（高等教育出版社、北京大学出版社 2002 年版）涉及了海事、票据、破产三个商事领域的冲突法问题，没有涉及其他商事问题。对海事、票据、破产三个商事领域的冲突法问题也主要是围绕现行立法进行的阐释。

---

① 陈顾远. 国际私法商事篇［M］. 上海：民智书局，1934：593.

② 卢峻. 国际私法之理论与实际［M］. 北京：中国政法大学出版社，1998：目录.

（二）论文方面

论文方面，我国学者有一些专门研究，如陈柳裕的《我国票据冲突规范研究》（浙江学刊），2001 年第 1 期；张玲的《论我国破产法律适用立法的完善》（法律适用），2006 年第 8 期；林燕平《民用航空侵权的法律适用及〈蒙特利尔公约〉对中国的影响》（华东政法学院学报），2006 年第 6 期，等等。这些论文针对相关领域的商事问题进行了具体研究，提出了一些观点（如陈柳裕认为我国票据法关于票据法律适用问题的规定并未穷尽所有问题，有关原因债权取得的冲突规范、关于部分承兑和部分付款的冲突规范、关于票据所有权转移的冲突规范等，尚付阙如，待修改票据法时完善）。但这些论文关注细节问题及个别条款的修订问题，没有对整体的立法提出意见和建议。此外，中国冲突规范学会历年的年会论文集中，有些收录有商事冲突规范方面的论文。

上述研究成果多以法律冲突为主线，有参考价值。如陈柳裕的论文指出了我国票据所有权转移上冲突规范的缺位等问题。但没有专门研究立法，特别是中国现有立法整体完善的成果尚未有见。

二、观点综述

（一）陈顾远《国际私法商事篇》的主要观点

1. 关于商事适用法的性质。作者认为，虽然民商合一是现代立法的新趋势，但不能因而否定对商事适用法的特殊研究："民商合一与民商分立之争，如由著述界眼光观之，不过一国内之法典编制问题，法律形式问题，并非于法律规定之实质上，亦无民事与商事之界限，而不得相对研究者也。"①

2. 关于票据能力问题的准据法。作者认为，"依何国法律而决定其人有无票据能力，是为冲突规范上之主要问题。各国对此问题所采之主义颇不一致，约而言之，不出三种"②。作者所说的三种即属人法、属地法、折中主义。

3. 关于海空法适用的三大程序。首先适用其准据法。海商法"为特别法，故其效力优于民法；则为其准据之海商法，自应先适用之"③。其次适用公认的习惯法。最后适用民法的规定。

4. 关于保险的法律适用。"保险地法为保险契约实用的准据法。"④ 但何为

---

① 陈顾远. 国际私法商事篇 [M]. 上海：民智书局，1934：2.
② 陈顾远. 国际私法商事篇 [M]. 上海：民智书局，1934：368.
③ 陈顾远. 国际私法商事篇 [M]. 上海：民智书局，1934：427.
④ 陈顾远. 国际私法商事篇 [M]. 上海：民智书局，1934：583.

保险地，理论上有各种不同的认识。

5. 关于保险公法的强制规定。"此之规定，大都为权利能力之问题；依权利能力服从权利享有国之法律之原则，不特内外国人同须受其支配，且如特别对于外国人有限制者，外国人更须单独服从之也。"①

（二）刘甲一的《国际私法》的主要观点

该书第六编即"涉外商事关系准据法上之几个问题"，内容包括公司涉外法律关系准据法及其他有关问题；涉外票据关系准据法；涉外海商侵权行为准据法；涉外不正竞业准据法。② 作者观点如下。

1. 关于公司。认为特定的人和组织必须根据公司的属人法（Personal law of a corporation）具有公司营利社团的法人资格，才能有权利主体地位及国籍。关于公司的属人法，作者认为应比较各国学说，根据法理判断。提出的观点为公司的本国法不是公司的属人法，公司的属人法即"公司之设立准据法，其适用范围相当广泛而及于公司之成立及存在，组织机关之服务、公司责任既且解散及清算等事项"③。

2. 关于公司住所移转问题。认为在采住所地法主义之国家，公司属人法易因公司住所移转而受影响。但有的采用的是准据法主义即公司依照组织、设立登记的法律（设立准据法）而适用，所以不受公司住所移转问题的影响。

3. 关于多国籍公司问题。作者认为多国籍公司在现代公司国籍制度上"以其设立准据法之国籍为其国籍，或以其本公司住所所在国之国籍为其国籍"。④

4. 关于涉外票据行为能力的准据法。票据行为能力指行为人依票据上要式行为负担票据债务的能力。关于其准据法有本国法主义、住所地法主义、行为地法主义等不同观点与做法。作者认为，本国法主义比较合乎票据行为能力的本质。

5. 关于票据行为的效力方面。关于票据行为具备成立要件而生效，所发生效力的内容依照何国法律认定的问题，作者认为应适用行为人意思所定的法律，如果意思不明，根据不同的情况可以适用本国法、行为地法等准据法。

6. 关于行为期间的准据法。作者认为应该采用付款地法主义。

7. 关于止付通知及公示催告方面的法律适用问题。作者认为关于止付通知

---

① 陈顾远. 国际私法商事篇［M］. 上海：民智书局，1934：565.
② 刘甲一. 国际私法［M］. 台北：三明书局，2001：目录.
③ 刘甲一. 国际私法［M］. 台北：三明书局，2001：340.
④ 刘甲一. 国际私法［M］. 台北：三明书局，2001：366.

及公示催告申请等票据法上的手续方面,适用付款地法。

8. 关于海商侵权行为的准据法。关于领水内侵权行为,原则上适用船旗国法,例外适用属地法。公海上的船舶内部侵权行为,适用船旗国法;船舶碰撞,如双方国籍相同,适用船旗国法,如双方国籍不同,则比较难于确定其准据法。

9. 关于涉外不正竞业的准据法问题。关于涉外不正竞业的性质,作者认为具有公私法混合的色彩。关于其法律适用,作者认为"不正竞业行为应以何国法律为应适用之法律,作为确明该行为之性质、类型及效力之准据,愈成重要之涉外法律适用问题之一"①。但各国对涉外不正竞业的法律适用问题均没有规定,所以只有从法理上予以确定,由于涉外不正竞业具有经济政策公法的成分,属地原则应该坚持,即专行适用国内法,排除他国法律的适用,也不适用行为地法及当事人意思自治。在一些国家还有扩张,如西德"甚至依'属地原则'之'技术性扩张'(Technical extension),该行为系'被诱发'(veranlasst ist)于他国,但其行为本身却发生在德国境内,仍亦依'属地原则'对其适用德国之该法律"②。一方面强调本国不正竞业法的适用,另一方面又排除他国不正竞业法的适用。

值得说明的是,不正竞业行为是法律行为,该行为是否具备法定的方式,则是私法问题,应该适用行为地法或者债权行为准据法。但是,"不正竞业有不法性,行为人因该行为而致他人之权利受损害者,其对于被害人所应负担赔偿责任,依侵权行为地法"③。

(三)国内其他学者的著作观点

1. 综合方面的代表著作情况。综合方面的情况主要反映在冲突规范的一些教材中,如韩德培教授主编的一些冲突规范教材,均涉及一些商事冲突规范的领域,相对而言,较其他作者涉及的商事领域会多一些。如韩德培主编的面向21世纪课程教材《国际私法》涉及的商事冲突规范领域包括票据、破产和海事。

第一,关于票据领域。关于票据行为的能力的法律适用,认为我国票据法在涉外票据法律适用上采用本国法为主,同时选择行为地法的折中观点。但是"我国票据法在解决涉外票据当事人能力问题上并没有明确表示接受反致,从而

---

① 刘甲一. 国际私法 [M]. 台北:三明书局,2001:387.
② 刘甲一. 国际私法 [M]. 台北:三明书局,2001:388.
③ 刘甲一. 国际私法 [M]. 台北:三明书局,2001:389.

缺少了法律选择的必要弹性"①。

关于票据行为方式的法律适用，认为我国关于票据行为方式法律适用的规定，采用了国际上的通行做法，但是没有对票据行为中的先行行为的形式有效性与后行行为的形式有效性之间的关系做出规定。

关于票据债务人义务的法律适用，认为我国票据法没有区分票据债务人的主从，只是笼统规定债务履行的一些方面适用付款地法，但这些方面不属于决定票据债务人义务的准据法范围之内的事情，因此，我国票据法对票据债务人义务的法律适用问题缺乏规定。

关于票据追索权行使期限的问题，关于票据权利保全与行使方面，没有对我国票据法第100条的相关规定提出异议。

第二，关于破产领域。关于破产要件的法律适用，认同法院地法。关于破产财团的法律适用、破产债权，提出一般认为依照破产宣告国法适用。

关于破产管理的法律适用，介绍了破产宣告地法或者法院地法的适用的国际上的观点，没有提出自己的主张。

第三，关于海事领域。关于海事法律适用领域，提出的观点与《中华人民共和国海商法》的法律规定完全一致，故不再赘述。

2. 专门领域的代表著作情况

国内学者关于商事专门领域的法律适用问题也有一些论述，比较有借鉴意义的观点体现在以下几个方面。

第一，合同领域。关于合同领域的法律适用问题，研究成果一般都认同当事人意思自治原则、最密切联系原则的绝对地位。有的学者从历史的角度对合同的判决依据进行了研究。如王巨新、王欣著《明清澳门涉外法律研究》认为：清前期，"地方政府在审理涉外民事案件时要适用中国法律"②。此外，习惯、情理也都是裁判的依据。例如，关于习惯，1793年香山县审理葡萄牙人若瑟山多迫迁铺户案，指出"澳门民人租赁夷人房屋居住，遇有损坏，俱系租户自行修整。如有迁移，后住之人，另偿修费，名为顶手，其数较租额二三倍不等。而夷人悉照旧额收租，从无加增之例"③。根据该习惯告诫若瑟山多不得借口修整迫迁或者加租。习惯、情理都是老百姓心中的法律，在立法中如何反映习惯、

---

① 韩德培. 国际私法［M］. 北京：高等教育出版社，北京大学出版社，2000：255.

② 王巨新，王欣. 明清澳门涉外法律研究［M］. 北京：社会科学文献出版社，2010：135.

③ 香山知县许敦元为蕃人若瑟山多藉词修整逼迁三层楼租户事下理事官谕［M］//葡萄牙东坡塔档案馆藏清代澳门中文档案汇编（上）：258.

情理的价值，也是值得研究的问题。

第二，航空领域。吉林大学法学院博士张望平著的学位论文《国际航空旅客运输争议解决的冲突规范问题研究》，虽然没有对国际航空法的所有法律适用问题进行研究，但针对国际航空旅客运输领域的法律适用问题，提出了一些观点与建议，有一定参考价值。

观点一：作者认为《蒙特利尔公约》规定的第五管辖权规则值得肯定。《华沙公约》规定了承运人住所地法院、承运人主营业地法院、订立合同的营业人营业机构所在地法院、目的地法院等四种管辖规则。《蒙特利尔公约》增加了旅客主要及永久住所地法院管辖的规则，即第五管辖权规则。《蒙特利尔公约》第33条第1、2款规定："一、损害赔偿诉讼必须在一个当事国的领土内，由原告选择，向承运人住所地、主要营业地或者订立合同的营业地的法院，或者向目的地点的法院提起。二、对于因旅客死亡或者伤害而产生的损失，诉讼可以向本条第一款所述的法院之一提起，或者在这样一个当事国领土内提起，即在发生事故时旅客的主要且永久居所在该国领土内，并且承运人使用自己的航空器或者根据商务协议使用另一承运人的航空器经营到达该国领土或者从该国领土始发的旅客航空运输业务，并且在该国领土内该承运人通过其本人或者与其有商务协议的另一承运人租赁或者所有的处所从事其旅客航空运输经营。"第五管辖权是美国积极主张的，第五管辖权是"一个任何新的有关旅客责任的国际协议应具备的实质要素"①。美国公民及永久居住者可以在美国开展诉讼，该条款被称为"游走的美国人"②。但是，"第五管辖权一经出台就引起了广泛的争议，其中反对的声音尤为强烈③"。作者还是支持第五管辖权的相关规定，认为"第五管辖权规则是值得肯定的"④。

就中国而言，国航、东航、南航及厦门航空公司加入了国际有关协定，"由于我国三大航空公司以及厦门航空公司已分别加入了1995年《国际航协关于旅客的承运人间协议》和1996年的《关于实施 IATA 承运人间协议的措施的协

---

① Allan I. Mendelsohn：The Warsaw Convention and Where We Are Today？［J］. Journal of Air Law and Commerce，2003，68：1074.

② Devendra Pradhan. The Fifth Jurisdiction Under the Montreal Liability Convention：Wandering American or Wandering Everybody？［J］. Journal of Air Law and Commerce，2003，68：721.

③ 张望平. 国际航空旅客运输争议解决的冲突规范问题研究［D］. 长春：吉林大学，2015：45.

④ 张望平. 国际航空旅客运输争议解决的冲突规范问题研究［D］. 长春：吉林大学，2015：48.

议》，根据这两个协议，对于旅客遭受的伤亡和其他身体伤害，航空公司放弃了责任限制，并可以援引旅客住所地法或永久居所地法来确定"①。在实践中也产生了一些案例，如在北航大连空难中，有死者家属在死者住所地韩国提起了诉讼，北航提出抗辩被驳回，韩国法院根据协定的规定受理了案件。

观点二：认为第五管辖权要受不方便法院原则的制约。"当法院履行了公约施加的必须受理诉讼的义务之后，再行使不方便法院原则也无可厚非，因为法院是在履行了公约要求的管辖义务之后才行使不方便原则的，并没有违反公约的要求，也顺应其国内法的规定。"②

观点三：认为航空旅客运输法公约的很多关键术语亟待识别。这"关系到国际航空旅客运输责任制度能否有效统一的问题"③。对协议、合同、侵权的区分问题，对诉因的识别，对国际运输、事故、上下机的过程的判断等均是公约的重要问题，特别是国际运输、事故、上下机的过程"是华沙体系和《蒙特利尔公约》能否调整某一国际航空旅客运输争议的关键之处，而对这三个术语的识别也就显得极为重要了。识别的问题无论是在理论上还是在实践中都存在争议，很难确定绝对的对与错，只有根据具体的情况来科学地应对才是最佳的解决路径"④。

观点四：存在公约与国内法之间的冲突问题，特别是各国法院利用国内法突破公约规则的问题，在各国对待华沙体系的责任限额的态度上表现突出。

观点五：因为飞机的设计地、制造地及总装地遍布世界各地，所以侵权行为地是否可以被广泛适用，值得推敲。"若索赔方当事人在不同的国家或地区起诉，我们完全可以预见到被诉方将被五花八门的判决淹没。这样就会致使原告方仅仅因为起诉地点的不同获得不同的赔偿结果，显而易见是不合理的。"⑤

观点六：认为"在国际航空产品责任诉讼中着重保护受害人的正当权益是没有悬念的，但是保护的方式则要兼顾法官的职能以及产品制造商的利益，因

① 张望平. 国际航空旅客运输争议解决的冲突规范问题研究 [D]. 长春：吉林大学，2015：104.
② 张望平. 国际航空旅客运输争议解决的冲突规范问题研究 [D]. 长春：吉林大学，2015：53.
③ 张望平. 国际航空旅客运输争议解决的冲突规范问题研究 [D]. 长春：吉林大学，2015：55.
④ 张望平. 国际航空旅客运输争议解决的冲突规范问题研究 [D]. 长春：吉林大学，2015：78.
⑤ 张望平. 国际航空旅客运输争议解决的冲突规范问题研究 [D]. 长春：吉林大学，2015：96.

此，不能由原告方来选择准据法"①。

观点七：我国民用航空法在修订的时候，应该将第五管辖权原则转化为国内法，以维护消费者合法权益。

当然，论文的一些观点也存在值得商榷的地方，如作者认为法院地法"这一概念在冲突规范中既可以是系属也可以是准据法，那么在两大公约条文中所指的究竟是系属还是准据法呢？换句话说，公约提及的法院地法是法院地的冲突规则还是实体法？这一问题存在很大的争议"②。从上述观点中，可以看出作者混淆了系属、准据法的关系。在冲突规范教科书中，该问题是认识一致的，"冲突规范由'范围'（category）、'准据法（lex causa 或 applicable）或系属（attribution）'两部分组成"③。可见，准据法（lex causa 或 applicable）或系属（attribution）是完全等同的概念，不存在"两大公约条文中所指的究竟是系属还是准据法"这样的问题。

第三，弱者保护领域。在国际商事领域，关于弱者保护问题，也有学者进行了研究，如张超汉《试论国际航空私法领域弱者利益的保护》一文。④ 提出的观点如下。

观点一：弱者保护的方法包括对公共秩序规则和强制性规则的直接适用、对当事人意思自治进行限制、运用最密切联系原则、增加连接点的数量等。如华沙公约、蒙特利尔公约等制定了大量强制性规则来排除当事人的选择权，有利于保护弱者的利益。

观点二：不断提高责任限额，并制定了限额复审机制，保护弱者利益。

观点三：减少免责事由，扩大承运人的责任范围，增加承运人的责任。

观点四：蒙特利尔公约规定的先行付款制度，有利于保护弱者。

综上，以上著作、论文研究的成果具有借鉴意义，但是这些成果研究的商事领域均不全面：研究上没有对商事审判判例情况进行系统的实证分析；没有研究商事冲突规范的原则与具体制度；范围上没有涉及所有的商事领域；没有具体研究我国商事冲突规范立法及完善问题；没有提出系统的立法建议稿等。

---

① 张望平. 国际航空旅客运输争议解决的冲突规范问题研究［D］. 长春：吉林大学，2015：101.

② 张望平. 国际航空旅客运输争议解决的冲突规范问题研究［D］. 长春：吉林大学，2015：88.

③ 李双元，欧福永. 冲突规范［M］. 北京：北京大学出版社，2015：76.

④ 张超汉. 试论国际航空私法领域弱者利益的保护［J］. 湖南财经高等专科学校学报，2009（3）：13 - 14.

第三节　国外商事冲突立法纂述

一、国内立法

18 世纪下半叶，国际社会进入"立法的冲突规范"阶段。即通过国内立法来制定成文的冲突规则，如 1756 年的《巴伐利亚法典》和 1794 年的《普鲁士法典》。产生重大影响的是 1804 年的《法国民法典》。该法典关于冲突法的规定，一是在属人法方面，把住所地法改为国籍国法；二是《法国民法典》是通过单边冲突规范来规定冲突法的;① 三是《法国民法典》是在民法典中规定的冲突规则。

此后有 1811 年的《奥地利民法典》、1829 年的《荷兰王国立法总则》、1851 年的《智利民法典》、1856 年的《希腊民法典》、② 1865 年的《意大利民法典》、③ 1868 年的《葡萄牙民法典》、④ 1889 年的《西班牙民法典》、1871 年的《阿根廷民法典》、1894 年的《埃及民法典》、1892 年的《英国外国婚姻法》（Foreign Marriage Act），《1882 年的票据法》（Bills of Exchange Act），《1894 年的商船法》（Merchant Shipping Act）等。

19 世纪末，出现了冲突法单行法的形式，如 1896 年的德国《民法施行法》、1898 年的日本《法例》、1918 年中国《法律适用条例》、1939 年泰国《冲突规范》、1964 年阿尔巴尼亚的《关于外国人民事权利及适用外国法的法律》、1965 年波兰的《冲突规范典》、1979 年奥地利的《冲突规范法规》、1995 年意大利的

---

① 如法典的第 3 条关于警察与治安的法律必须直接适用于在法国境内的一切人、关于不动产的法律必须适用于法国境内为任何人的不动产、关于法国人身份与能力的法律必须适用于境内境外一切法国人的规定；第 14、15 条关于从诉讼管辖权上保护法国债权债务人利益的规定；第 999 条关于法国人在外国以私证书为遗嘱处分时，其遗嘱如其全部内容、日期与签名非由立嘱人亲笔书写者，不发生效力的规定；第 1000 条关于在外国订立的遗嘱必须在法国住所地登记机关登记后始对位于法国的财产发生执行力的规定；第 2123 条关于外国法院的判决只有在法国法院宣告其有执行力时始发生抵押权的规定；第 2128 条关于在外国缔结的契约，不得以在法国的不动产设定抵押权的规定。
② 希腊民法典在 1956 年修订后，其第 4—33 条，全为冲突规则。
③ 意大利民法典在 1942 年修订后，其前加篇中冲突规则已增加到 16 条，即从第 16—31 条，1995 年则颁布了全新的冲突规范典。
④ 葡萄牙在 1966 年 11 月 25 日颁布了新民法典，把冲突规则由原来的 6 条增加到 52 条，即第 14—65 条。

《冲突规范制度改革法》、1999 年德国的《关于非合同债权关系和物权的冲突规范立法》、2014 年 1 月 1 日起开始施行的捷克共和国《关于冲突规范的法律》、2014 年 10 月 15 日第 544—14 号法律公布的《多米尼加共和国冲突规范》等，均采用了单行法的形式。

从这些最新的冲突法典或草案来看，冲突规范的国内立法明显地出现了向集中、系统、全面、详明方向发展的趋势。主要特点如下。

首先，扩大了冲突规范的调整范围。之前仅涉及人的能力、禁治产的宣告、死亡宣告、法律行为的方式、侵权责任、婚姻缔结、夫妻关系、离婚、父子关系、继承等十来种民事关系。现在增加了公司、企业的权利能力、土地和建筑物的所有权、动产所有权、船舶与航空器的权利、产品责任与环境污染的求偿权、合同转让动产的权利、债的抵销、代理权、有价证券、汇票、支票等与商事有关联方面的具体规定。如 2014 年 1 月 1 日起开始施行的捷克共和国《关于冲突规范的法律》针对法人有专门的规定：该法第 30 条规定："（1）法人的法律人格以及不同于自然人的权利能力，依照其据以设立的国家的法制。依照该法制确定的事项还包括：法人的商号、名称以及内部的股份关系，法人与其股东或理事的关系，股东之间或者理事之间的相互关系，股东或理事对法人债务的责任，谁代表法人机构行事，以及法人的消灭。（2）就法人开展日常业务的限制而言，只要该法人在开展该业务时依照该行为实施地的现行法制具有此种能力即可。（3）注册登记地在捷克共和国的法人，只能依照捷克法制设立。依照外国法设立、所在地可直接适用的法律条款或者其他法律规定允许，则不受影响。"

其次，突出了法律选择的灵活性。一些新的法典把意思自治、最密切联系原则作为指导思想或原则。如 2014 年 1 月 1 日起开始施行的捷克共和国《关于冲突规范的法律》第 87 条第 1 款规定："合同当事人未协议选择准据法的，合同依照与其有最密切联系的国家的法律确定。法律选择必须是明示的或者能显而易见地从合同条款或者案件情势中推断出来。"

最后，在商事领域也存在从严掌握效力方面的规定，说明商事领域实体法律冲突仍然比较突出。如 2014 年 10 月 15 日第 544—14 号法律公布的《多米尼加共和国冲突规范》第 37 条规定："商业公司和有限责任公司依照其成立地和总部所在地国法律。"该法典即要求有关商业公司和有限责任公司的法律冲突适用公司成立地和总部所在地国法律，由于要求重叠适用这两个地方的法律，法律效力上的要求是比较严格的，非同时符合，不产生有效的结果。

如果立法者能够发现外国法如何在运作，"就能从对外国政府如何努力实施法律来克服与他们本国相似问题的调查中学到很多：这些国家的经验预示着本国未来问题行为的趋势"①。因此，学习各国先进的立法，是制定法律的必走之路。

二、国际立法

商事冲突规范的国际立法实质上是指商事冲突规范的统一化活动，即国际组织、区域性的组织统一商事冲突规范规范的活动。19 世纪末，开始出现一些从事统一商事冲突规范工作的有影响的国际组织。其中，最有影响的有以下几个。

（一）海牙国际私法会议（Hague Conference on Private international Law）

从历史看，19 世纪中叶，意大利政治家兼法学家孟西尼积极倡导通过国际会议统一冲突法，后经荷兰法学家阿瑟（Asser）的工作，由荷兰政府 1892 年发出召开统一冲突规范的国际会议的邀请。1893 年在海牙召开了第一次海牙国际私法会议，参加者计有荷兰、奥地利、匈牙利、德国、俄国、瑞士、意大利、比利时、西班牙、葡萄牙、丹麦、卢森堡、罗马尼亚 13 国。参会人员讨论了婚姻的成立、民事诉讼、继承与遗嘱、以及法律行为的方式四项议案。

之后，海牙国际私法会议分别召开了多次会议，并于 1951 年召开第七次会议时，决定今后将海牙国际私法会议改为常设机构，固定每四年举行一次会议。在海牙国际私法会议制定、通过的冲突规范公约中，也涉及商事冲突规范的内容，如《国际货物买卖法律适用公约》等。

（二）美洲国家组织国际私法会议

秘鲁政府于 1878 年在首都利马召开有阿根廷、玻利维亚、智利、哥斯达黎加、厄瓜多尔、委内瑞拉参加的利马会议，通过了由 8 章 60 条构成的《国际私法条约》，内容不仅涉及冲突规范，而且涉及国际刑法。该条约受《法国民法典》的影响，以本国法作属人法。1888 年经乌拉圭学者那米勒斯（Gonzolo Ramines）倡议，由乌拉圭与阿根廷两国邀请，在乌拉圭首都召开了有玻利维亚、巴西、智利、巴拉圭等国参加的蒙得维的亚会议。会议通过了国际刑法、著作权法、国际民法、商法、诉讼法等条约草案。

（三）泛美会议（Pan – American Conference）

1928 年在哈瓦那召开的有 21 国参加的第六届泛美会议，通过了以古巴法学

---

① ［美］安·塞德曼，等. 立法学：理论与实践［M］. 刘国福，等译. 北京：中国经济出版社，2008：233.

家布斯达曼特的名字命名的法典（Bustamante Code/Codigo Bustamante）。法典共457条，包含国际民法、国际商法、国际刑法、国际诉讼法四卷。

（四）国际联盟和联合国

在国际联盟主持下通过的商事冲突规范公约有1930年的《关于本票、汇票的日内瓦公约》；1931年的《关于支票的日内瓦公约》等。

在联合国主持下通过的涉及冲突规范的国际公约计有：1958年《关于承认与执行外国仲裁裁决的公约》（纽约公约）；① 1965年《关于解决各国和其他国家国民之间的投资争议的公约》等。

（五）斯堪的纳维亚国家

在1931—1935年之间，斯堪的纳维亚三国与芬兰、冰岛缔结了五个冲突规范及商事冲突规范条约：1931年缔结《关于婚姻、收养和监护的条约》；1933年缔结了《关于相互承认和执行判决的条约》；1934年缔结了《关于扶养金的条约》《关于破产的条约》；以及1935年缔结的《关于继承与遗产清理的条约》。

（六）比利时、荷兰、卢森堡联盟

例如三国于1951年在海牙缔结了《比、荷、卢冲突规范条约》等。

（七）欧洲经济共同体

欧洲经济共同体也有统一商事冲突规范方面的一些重要的公约。如1980年《关于合同义务法律适用公约》等。

通过国际条约来制定统一的商事冲突规范，在内容上来看，已经越来越明显地表现出工作的重点，已经从亲属法、继承法等领域，逐渐扩大到国际经济、贸易关系与侵权行为责任这些新的商事领域。

第四节　我国商事冲突立法纂述

一、渊源

中国古代很难存在真正的冲突规范及商事冲突规范规范和思想。由于交通条件的限制，中国与外国产生民商事交往的机会很少，更多的冲突规范只能产

---

① 它取代了1923年议定书和1927年公约。

生和应用于中国国内的不同地区或种族。① 在先秦的典籍中可以见到有关境外人遵从境内法律或习惯的事例的记载。如《孟子》中的"臣始至于境，问国之大禁，然后敢入"，②《吕氏春秋》中的"禹之裸国，裸入衣出"③ 等内容。

当公元651年中国唐朝制定《永徽律》以国内法的成文方式对冲突规范做出了规定的时候，其他国家还处在"学说冲突规范"的阶段。《永徽律》规定："诸化外人，同类自相犯者，各依本俗法；异类相犯着，依法律论。"唐律疏仪解释说："化外人，指外国人也指少数民族。同类相犯者，各依其本俗法。"由于古代民刑商不分，商事部分的侵权或许也可以包括在内。

明、清基本上延续前制。北洋军阀统治时期，在1918年颁布了第一个中国冲突规范的系统立法——《法律适用条例》总共七章27条。《法律适用条例》七章的内容是：总则、关于人之法律、关于亲族之法律、关于继承之法律、关于财产之法律、关于法律行为方式之法律、附则。该条例涉及商事冲突法的一些规定，如该法第22条规定："关于物权依物之所在地法，但关于船舶之物权依其船籍国之法律。物权之得丧除关于船舶外依其原因事实完成时物之所在地法。"从规定的内容看，该规定至今仍然不落后，而且其文字规定简洁明了，值得借鉴。

1927年3月12日南京国民政府令暂准援用《法律适用条例》，该条例一直适用到1949年。条例是在日本人主持下参照德国《民法施行法》和日本《法例》而制定的。④ 1949年中华人民共和国成立，逐步开始在一些法律中规定商事冲突规范的条款。例如：1985年的《中华人民共和国涉外经济合同法》（第5条）、《中华人民共和国中外合资企业实施条例》（第15条）、1992年的《中华人民共和国海商法》（第268—276条）、1995年的《中华人民共和国票据法》（第95—102条）等都规定有商事冲突规范的内容。

除以上立法外，中国还颁布了大量的司法解释来规范商事冲突规范问题。例如，2011年《最高人民法院关于审理船舶油污损害赔偿纠纷案件若干问题的规定》等。

在我国香港、澳门地区，也都有商事冲突规范的相关规定。如1999年《澳门民法典》第23条规定："在船舶或航空器上之行为，一、属地法为准据法时，

① 王长征. 中国冲突规范（冲突法）思想史研究［D］. 上海：上海社会科学院，2010：2.
② 孟子·梁惠王下.
③ 吕氏春秋·慎大览·贵因.
④ 石蕾. 冲突规范立法研究［D］. 北京：中国政法大学，2002：44.

于港口或机场以外之船舶或航空器上所作之行为，适用注册地法。二、军用船舶及航空器，视为所属国之领土或所属地区领域之一部分。"

从渊源上看，我国商事冲突规范的渊源主要有以下几个方面。

（一）宪法类

如 2018 年修订的《中华人民共和国宪法》序言中第七自然段中的指导思想（在中国共产党领导下、在马克思列宁主义、毛泽东思想、邓小平理论、"三个代表"重要思想、科学发展观、习近平新时代中国特色社会主义思想）、健全社会主义法治等内容；第 12 段中的内容（中国坚持独立自主的对外政策，坚持相互尊重主权和领土完整、互不侵犯、互不干涉内政、平等互利、和平共处五项原则，坚持和平发展道路，坚持互利共赢开放战略，发展同各国的外交关系和经济、文化交流，推动构建人类命运共同体……为维护世界和平和促进人类进步事业而努力）；第 18 条（中华人民共和国允许外国的企业和其他经济组织或者个人依照中华人民共和国法律的规定在中国投资，同中国的企业或者其他经济组织进行各种形式的经济合作。在中国境内的外国企业和其他外国经济组织以及中外合资经营的企业，都必须遵守中华人民共和国的法律。它们的合法的权利和利益受中华人民共和国法律的保护）、第 32 条（中华人民共和国保护在中国境内的外国人的合法权利和利益，在中国境内的外国人必须遵守中华人民共和国的法律）等所表述的内容以及社会经济和民事生活的基本原则的规定，有关我国国际经济合作发展和对外交流的基本方针的规定，是商事冲突规范立法必须遵守的原则与需要具体细化的内容。

（二）法律类

如《中华人民共和国民法通则》《中华人民共和国涉外民事关系法律适用法》《中华人民共和国海商法》《中华人民共和国合同法》《中华人民共和国海事诉讼特别程序法》等的相关规定。这些法律中，《中华人民共和国民法通则》《中华人民共和国海商法》属于国内冲突法与实体法；《中华人民共和国涉外民事关系法律适用法》属于冲突法；《中华人民共和国合同法》属于实体法；《中华人民共和国海事诉讼特别程序法》属于程序法。

（三）国务院颁布的条例或行政法规类

如 2002 年《中华人民共和国外商投资国际货运代理业管理规定》、2002 年《中华人民共和国货物进出口管理条例》等，这些规定属于国内实体法（大多数内容是属于公法、行政法、经济法的范畴的强制性规定）。

（四）司法解释类

如 2012 年最高人民法院《关于适用〈中华人民共和国涉外民事关系法律适

用法〉若干问题的解释》等。前者属于冲突法；后者属于实体法。

（五）国内判例

中国香港主要适用判例法，判例是其商事冲突规范的主要渊源。但中国大陆不承认判例的法律约束力，不认为国内司法判例是法律的渊源。我国也有不少学者主张确立判例在我国司法实践中的地位和作用。

我国尽管不承认判例的法律约束力，但在司法实践中，会遇到采用判例的情况，"当中国法院根据我国成文的冲突规范指定适用英美法系国家的法律时，只要其判例法适合于解决案件的具体争议，中国法院就应该适用该英美法系国家的判例法"①。

（六）国际条约（International treaty）

条约的依据"倒不在于其称呼（如条约、协定、议定书等）或者其调整对象，而在于缔约方是否有赋予其法律约束力的意愿"②。简单地说，国际条约是"两个或两个以上国际法主体缔结的调整其权利义务的协定"③。商事国际条约是指两个或两个以上国际法主体缔结的调整其商事权利义务的协定。

一些国家在立法中也有直接规定国际条约如何适用的条款，如 2001 年《加拿大海事责任法》第 26 条即有相关规定："Subject to the other provisions of this Part, Articles 1 to 15 of the Convention have the force of law in Canada."。第 24 条规定："'Convention' means the Convention on Limitation of Liability for Maritime Claims, 1976, concluded at London on November 19, 1976, as amended by the Protocol, Articles 1 to 15 of which Convention are set out in Part 1 of Schedule 1 and Article 18 of which is set out in Part 2 of that Schedule."《海事责任法》上述规定的意思是：除另有规定外，1976 年《海事赔偿责任限制公约》的第 1 条至第 15 条在加拿大具有法律效力。

（七）国际惯例（International usage）

国际商事惯例是指在国际商事交往中，经过长期反复的实践、逐步形成的具有确定内容、为世人所共知的行为规则，包括强制性商事惯例和任意性商事惯例两种。强制性商事惯例无须当事人选择，就产生法律上的拘束力，如国家财产豁免等即是强制性惯例；任意性商事惯例只有经当事人的选择，才对其具有法律效力。国际组织制定的示范规则、标准合同、在实践中被广泛采用的由

---

① 肖永平. 论英美法系国家判例法的查明和适用 [J]. 中国法学, 2006 (5)：116.

② W. G. 魏智通. 国际法 [M]. 吴越, 毛晓飞, 译. 北京：法律出版社, 2012：43.

③ 韩德培. 国际私法 [M]. 北京：高等教育出版社, 北京大学出版社, 2002：26.

行业协会或民间团体指定的跨国规则或格式合同条款、以及一些虽尚未具有成文形式但被广泛遵从的实践做法等，都可被识别为商事国际惯例。

在国际商事交往中，国际商事惯例是非常有说服力的，"The importance of usage, especially trade usage, is uncontested."①。惯例通常就是合同的一部分，虽然没有植入合同的具体内容之中。"In contract, a normative understanding treats usage as a legal norm that is binding on the parties independent of being included in the parties' agreement. The trend in international contract law harmonization is towards the normative understanding."②（在合同中，通常将惯例作为约束当事人的独立的协议内容，按标准的理解是国际合同法统一的趋势。）

关于惯例的被遵守问题（binding on），The UNIDROIT Principles of International Commercial Contracts（PICC）的 Article 1.9（2）规定了惯例被遵守的三个条件："it has to be widely known to international trade; it has to be regularly observed in international trade, and its application must not be unreasonable."（在国际贸易中广泛周知，能够得到理解及观察，适用结果合理）。

在国际商事交往中，惯例的作用有：反映标准合同条款、被贸易组织会收集编撰、被立法者作为参考依据、也可以成为习惯法。关于贸易惯例是新商人法的一部分，尚存在争议。但惯例可以解释合同，或者成为合同内容的补充。"Usages may be reflected in standard contract terms, chambers of trade may collect and codify them, legialators may take them as a source of inspiration, and they may turn into customary law. Whether trade usages are part of what is called the moden lex mercatoria is controversially discussed. Finally, usages may be referred to when interpreting a contract, when determining its content, or when supplementing the parties' agreement."③ 不论各种惯例是否是现代新商人法的组成部分，都有各自的作用。

在司法实践中，采用惯例的表述也各有不同，在美国法院的 "In BP Oil" 案中，法院认为 CISG 公约通过第 9 条第 2 款合并了 Incoterms。在 "In China North Chemical" 案中，法院也是如此认为的："Because Incoterms is the dominant

---

① Phillip Hellwege. Understanding Usage in International Contract Law Harmonization [J]. The American Journal of Comparative Law, 2018, 66（1）：127.

② Phillip Hellwege. Understanding Usage in International Contract Law Harmonization [J]. The American Journal of Comparative Law, 2018, 66（1）：127.

③ Phillip Hellwege. Understanding Usage in International Contract Law Harmonization [J]. The American Journal of Comparative Law, 2018, 66（1）：128.

source of definitions for the commercial delivery terms used by parties to international sales contracts, it is incorporated into the CISG through article 9 (2). " 在 "Geneva Pharmaceuticals Technology" 案中，法院认为当事人的惯例、当事人及企业的实践做法自动并入协议的内容，除非当事人排除之。这里的惯例不是直接并入了公约本身，而是并入了协议 "Usages are not incorporated into the Convention itself, but into the agreement. "。

在惯例的适用方面，通常多数惯例作为 "软法"，存在被选择适用的问题，或者说是 "Soft private international law rules selecting soft law" 即软法选择软法的问题。例如，PICC 只是软法，其规定的一般规则包括软法惯例可以调整合同项下当事人的权利义务，如果当事人选择的话。"The PICC envisage themselves applying to an international commercial contract as the governing rules of law, when chosen by the perties. "①

对海牙冲突规范规则而言，外国法律、软法是一样被选择适用于诉讼或者仲裁的，"The Hague Principles on choice of law in international commercial contracts are 'soft' private international law rules. They empower parties to choose either state law or soft "rules of law" to govern their contract, regardless of whether they litigate or arbitrate. "②

（八）其他渊源

《国际法院规约》第 38 条规定的法院可以适用的依据有：条约、国际习惯、一般法律原则为文明各国所承认者、司法判例及各国国际法权威最高之学说作为确定法律原则的补助材料。以上规定不妨碍法院在当事国同意时采用 "公允及善良" 原则裁判案件。这里的其他渊源就包括一般法律原则、各国国际法权威最高之学说等。

二、立法草案与建议案

我国商事冲突规范立法开展较晚，立法条文不多，许多商事领域的法律适用问题没有得到规定，且长期没有得到修改，与司法实践的快速发展不相适应。因此，国内研究机构、研究团体及研究人员就我国商事冲突规范的立法问题，

---

① Brooke Marshall. The Hague Choice of law Priciples, CISG, and PICC: A Hard Look at a Choice of Soft Law, 2018, 66 (1): 190.

② Brooke Marshall. The Hague Choice of law Priciples, CISG, and PICC: A Hard Look at a Choice of Soft Law, 2018, 66 (1): 175.

提出了一些立法草案及建议案。

冲突规范草案除2002年《中华人民共和国民法（草案）》第九编（94条）是官方（全国人大常委会法制工作委员会）提出之外，其他立法草案及建议案都是学者提出的。我国学者对冲突规范法典化是抱有空前热情的，因此提出的立法草案及建议案均是主张采用法典化的立法形式。关于学者建议案，冲突规范专家章尚锦教授经过认真收集整理后认为我国相关的立法建议案有："（1）《我国立法、司法解释中冲突规范条文摘编》，编辑人章尚锦、张秀珍，见2004年中国国际私法学会年会论文集；（2）2000年《中华人民共和国际私法范示范法》，中国冲突规范学会制定，法律出版社2000年版；（3）《中华人民共和国民法（草案）》第九编和对该编提出修改建议的400篇左右的文章；（4）《国际民商事法律关系法律适用法建议稿》，中国政法大学冲突规范研究所，2004年；（5）《中国冲突法（草案）》，原大连海事大学屈广清教授起草，见《中国国际私法学会2005年年会发言代表论文集》；（6）《中华人民共和国法律适用法》（草案），建议人朱勇（执笔人）、石巍、李云、郭晓梅，1994年中国国际私法学会年会上发表；（7）《涉外民事关系的法律适用法》专家建议稿，费宗祎、刘慧珊、章尚锦起草，2002年4月。"①

2006年以后重要的立法建议案还有2010年中国国际私法学会草拟的《中华人民共和国涉外民事关系法律适用建议稿》，78条。此外，"李双元、屈广清等学者以个人名义向全国人大法工委提交了个人起草的《法律适用法草案》"。②关于制定中国冲突规范法典问题，章尚锦教授还提出："建议尽快成立中华人民共和国冲突规范9人起草小组或委员会，在全国法工委领导下起草。人员组成：原《涉外民事关系的法律适用法》专家组3人（费宗祎、刘慧珊、章尚锦）；外交部1人，原《中华人民共和国法律适用法》（草案）起草人之一；武汉大学2人，代表中国国际私法学会和武汉大学；《中国冲突法（草案）》起草人，原大连海事大学法学院屈广清教授；中南财经政法大学1人，张仲伯教授等。"③

在以上立法草案及建议案中，2000年中国国际私法学会起草的《中华人民共和国冲突规范示范法》影响较大，其他草案的规定与《中华人民共和国国际

① 章尚锦. 简论国际私法立法中的六个问题［C］//中国冲突规范学会年会论文集. 沈阳，2006：37-38.

② 齐湘泉. 论《涉外民事关系法律适用法》的立法特点［J］. 西北大学学报，2011（2）：142.

③ 章尚锦. 简论国际私法立法中的六个问题［C］//中国冲突规范学会年会论文集. 沈阳，2006，38.

私法示范法》大体一致。

但是，以上关于冲突规范立法草案及建议案虽然条文较多，但都是将商事冲突规范与其他民商事冲突规范的规定混同在一起的，没有专门的商事冲突法的编、章、节；商事冲突规范内容与其他民事冲突规范内容混同规定，无法确定适用顺序，无法形成专门的商事冲突法；商事冲突规范内容由于太少，几乎成为点缀。

综上，我国商事冲突规范的立法研究具有一定的立法基础，但从体系到内容上都还存在这样或那样的问题，如体系上不系统、内容上不完整、条文上数量少、规则上不先进等。本书在对上述立法进行了反复、仔细的比较，吸收其中一些成熟、有影响的建议与观点的同时，进一步补充完善了他们还没有涉及的一些问题及领域，以单行法的形式构架，形成了有价值的希望被立法部门采纳的新的立法建议案文。如通过比较分析各国立法规定，寻求较优的冲突规范，需要全面了解国内外法律规定。国外的规定比较多，如何分析其价值，语义分析、比较分析、价值分析、理论分析与实证分析等多种方法必须得到采用，以弄清真实含义，比较规定的价值。此外，理论上的依据、实践中的应用情况等是寻求较优的冲突规范的必经步骤。例如，关于海事赔偿责任限制的法律适用问题，各国规定不一，有的国家采用"单一制"规定，有的国家采用"分割制"规定。《中华人民共和国海商法》第275条规定是采用"单一制"的典型代表，但我国学界也有不少学者主张对海事赔偿责任限制的法律适用采用"分割制"。因此，通过比较分析各国立法规定，我们可以吸收其各自的长处，寻求较优的冲突规范规定。在比较吸收的基础上，笔者主张吸收"单一制"与"分割制"各自的长处，吸收最密切联系原则等系属公式的长处，妥善解决我国海事赔偿责任限制的法律适用问题。最后笔者提出的立法建议为："海事赔偿责任限制，适用侵权行为地法、船旗国法或法院地法中与案件有最密切联系的国家的法律。"在司法实践中，各国关于海事赔偿责任限制的准据法，侵权行为地法、船旗国法或者受理案件的法院所在地法都有采用，但多是单一适用。本建议案根据最密切联系原则，在这三个最基本的系属公式中进行选择，可以避免单一适用带来的缺憾。

小结

以上对商事冲突规范理论研究、立法等的综述，目的是要以此为契机确定本课题的研究起点，从中寻求对本课题相关观点的支撑，发现进一步研究的路径，在研究比较中实现对最优的商事冲突法规则或者较优的商事冲突法规则的完全吸纳，体现立法的先进性。

对以上商事冲突规范理论研究、立法等的综述，其直接的作用还反映在以下两个方面。

一、明确问题

如前所述，目前国内外在商事冲突规范的法律适用规则与方法的研究及立法上，取得了一定的成果，但也存在一些亟待研究的问题。一是法律适用的方法有一定发展但还没有寻找到较好或者最好的规则，无法说服各国予以采纳，故理论争论与实践运用中的不统一现象大量存在，商事冲突规范的法律适用目标仍然难于达到；二是研究的领域不全面；三是在研究方法上，全面的实证方法采用少，我国没有学者专门实证研究商事审判实践中的问题；四是侧重理论多，侧重立法少，且理论研究没有考虑去为立法完善服务；五是研究的学者少。总体上仍然是介绍性的研究方式居多。

以上研究中的问题及局限对相关的立法完善产生了影响，商事冲突规范立法与其他法律部门相比，在条款数量、涉及领域、适用方法、立法模式、立法先进性、可操作性、重视程度等方面都是相对落后、需要完善的。

二、明确目标

理论研究的重要目的应是为立法服务，为制定出更好的、更科学的法律服务，为更好地理解与执行法律服务。因此，本书将每一研究成果的落脚点均放在立法建议上，相关章节均有立法建议，最后汇总为单行法形式的《中华人民共和国商事冲突规范（建议稿）》。①该建议稿在条文上数量较多、涵盖内容广泛，涉及几乎所有的商事领域。②在适用方法上，吸收了先进的法律适用方法。建议稿在适用方法上既采用了稳定的连结点，又兼顾了特征性履行、意思自治等先进的方式方法，对国际上通行的、经过实践检验行之有效的法律适用的方式方法均进行了吸纳。③在立法模式上，采用单行法的立法模式。单行法的立法模式具有国际的先进性，适应了国际商事冲突法趋同化发展的要求。④在参考作用上，采用建议稿的形式，有利于直接借鉴与吸收，为我国制定该法提供了支撑与参考。同时，该建议稿也为涉外商事法律适用法理论的进一步研究打下基础。建议稿补充了相关法律理论研究上的一些空白（如对证券投资基金冲突法等领域的研究等），在教学、教材完善方面提供了一些有益的参考，为涉外商事司法实践的实际操作提供了方向与思路。

第二章

商事冲突规范的根索与立法模式

第一节　识别

一、识别诠释

关于"识别"，英文有不同的概念表述，通常认为 characterization 一词比较妥当。"The terms, qualification, classification and characterization are all used by different authors to designate the same subject. Robertson goes on to explain why the term characterisation is preferred, just as it will be sought to explain why the use of the word taxonomy is preferred."[1] 识别首先要判定商事冲突规范与民事冲突规范问题的性质属性，其次是事实情况或有关问题的归类。是否为商事冲突规范问题，相对容易判断，即使判断不清，由于冲突规范有具体规定，一般也不会影响适用。但事实情况或有关问题的归类则比较重要且容易引起不同看法。如在"Knight v AXA Assurances"案中，有学者认为"The preliminary questions raised in Knight were, first, whether the assessment of damages was to be governed by English law and, second, to what extent should the award of pre – judgment interest be governed by English or French law."[2]（在该案中最初的问题一是是否可以依英国法确定损失，二是依英国法还是法国法确定赔偿的数额。）

识别问题是商事冲突规范的基本问题，直接影响案件的法律适用。"Charac-

---

[1] Frank Bates. Conflict of Laws as Taxonomy A New Approach ［M］. LexisNexis butterworths Australia, 2015: 1.

[2] Frank Bates. Conflict of Laws as Taxonomy A New Approach ［M］. LexisNexis butterworths Australia, 2015: 3.

terisation is a fundamental problem in all traditional systems of the conflict of laws…It results from the fact that the rules which have evolved to deal with choice – of – law problems are expressed in terms of jurical concept or categories and localising elements or connecting factors. "① （识别问题是冲突法传统制度的基本问题，其产生于这样的情形：解决选择法律的分析作为司法概念或范畴及地方因素或连结因素的问题。）关于识别的定义，我国学者看法不同，没有统一的认识主要有以下几种观点。

第一种观点："所谓法律关系的定性，就是指依据何国法律或者什么标准来解释冲突规范所调整的法律关系。简单地说，定性，就是依据什么标准来确定法律关系的性质。法院地国通常通过定性这个程序，排除对己不利的法律。"② 该观点认为识别的本质属性是一个程序，是排除外国法适用的一个制度。

第二种观点："识别是指法院在适用冲突规范时，依照一定的法律观念，对该冲突规范的范围指向的有关法律事实进行分析或者定性并赋予特定的法律含义。它是在涉外民事关系的过程中适用冲突规范时出现的法律思维活动，旨在合理地确定涉外民事关系属于何种性质或者范畴，进而准确援引所应适用的法律作为准据法，而不是排除适用外国法的制度。"③ 该观点认为，识别是确定准据法的法律思维活动，并不是排除适用外国法的制度。

第三种观点："识别是在法院适用冲突规范的过程中，依一个特定的概念，对有关的人、物和行为进行法律上的分类和解释，赋予它以法律上的名称和给予它以法律上的地位，以便具体确定应适用的冲突规范及其所援引的某国实体法，这是冲突规范适用过程中出现的一个问题。"④ 该观点并没有指明识别的根本属性，只是认为它是冲突规范上的一个问题或者是法院在处理案件时的一些必须进行的工作。

第四种观点："识别问题就是解决同一物品或者同一事实构成因各国赋予其不同的法律概念而引起的冲突。在法院处理涉外民事案件的过程中，识别是必须进行的一项工作。"⑤ 该观点强调的是客观的过程，但没有提到其法律适用问题。

―――――――――――――

① Frank Bates. Conflict of Laws as Taxonomy A New Approach ［M］. LexisNexis butterworths Australia, 2015：37.

② 董立坤. 国际私法学 ［M］. 北京：中央广播电视大学出版社，1990：57.

③ 张仲伯. 国际私法 ［M］. 北京：中国政法大学出版社，1995：74.

④ 章尚锦. 国际私法 ［M］. 北京：中国人民大学出版社，1992：59 – 60.

⑤ 钱骅. 国际私法讲义（内部教材）. 北京：中国政法大学，1985：50.

第五种观点："The problem of characterisation consists in determining which ju-ridical concept or category is appropriate in every given case."① 该观点认为识别问题就是确定适用于案件的司法概念。

第六种观点："In deciding whether to apply foreign law and which foreign law to apply, a court must ascertain the legal nature of the questions or issues to be deter-mined and which conflict of laws rule are invoked by them."②。该观点认为识别问题就是确定问题或主题的性质的法律适用。"Once the court has characterized the issue, it will consider the connecting factor—a fact or element that connets the legal question or issue with a particular legal system. Finally, the court will apply the law i-dentified as the governing law. In doing so it must separate the rules of substance from the rules of procedure of the legal systems involved, because questions of procedure are governed by the lex fori."③ 识别问题要考虑法律问题同特定法律的关联度，要区分程序问题与实体问题，因为程序问题适用法院地法。

笔者认为，一般意义上的识别，又称定性或归类，是指在适用冲突规范时，将待解决的事实情况或有关问题归入一定的法律范畴的过程。以此类推，商事识别即在适用冲突规范时，将待解决的商事事实情况或有关商事问题归入一定的法律范畴的过程。

二、识别准据法的粗定

在识别的准据法确定方面，各国有不同的规定与主张，主要有以下几种类型。

（一）依法院地法进行识别

国外有学者认为要依法院地法进行识别："Characterisation or classification is governed by the lex fori. But characterisation or classification of what? It follows from what I have said that the proper approach is to look beyond the formulation of the claim and identify according to the lex fori the true issue or issues thrown up the claim and defence."④（识别依法院地法进行。但是识别什么？正确的方法是根据法院地

---

① Frank Bates. Conflict of Laws as Taxonomy A New Approach ［M］. LexisNexis butterworths Australia，2015：37.

② Janet Walker. Canadian Conflict of laws. LexisNexis Canada Inc，2018：3 – 1.

③ Janet Walker. Canadian Conflict of laws. LexisNexis Canada Inc，2018：3 – 1.

④ Frank Bates. Conflict of Laws as Taxonomy A New Approach ［M］. LexisNexis butterworths Australia，2015：3.

法审查诉讼的材料确定诉讼的主题。)

构成该种主张的理由如下。

(1) 各国法院都是依据自己本国的冲突规范的规定来决定法律适用的，冲突规范主要是以国内法形式存在的，所以，构成冲突规范规定的法律概念、法律术语以及对法律事实的定性、归类等，与国内法中其他领域内的法律规定是相互一致的。① 这种观点强调冲突规范的国内性。

(2) 一个国家的法官最熟悉本国的法律，依法院地法进行识别有利于法官进行此项工作。这种观点与法官知法要求有些差距。

(3) 法院审理案件以本国的法律作为识别标准，体现出国家主权的要求。② 当然，该点理由在全球化的今天并不合时宜。体现国家主权并不能要求一味地适用法院地法。

(二) 依准据法进行识别

构成该种主张的理由主要有：依作为准据法的某一特定国家的法律进行识别，可以避免因对冲突规范识别的不同而变更准据法的情况发生，保证准据法能够合理地得以适用。同时，法院地国家的冲突规范如果指向适用外国法，就意味着已经承诺对该案件放弃本国法的适用而承认外国法的效力，这也就表明，法院不能再以本国法的规定作为识别标准，否则，就将背离本国冲突规范的要求，因此，识别只能依据作为准据法的外国法进行。③ 这种观点在国内教产书中一直存在，强调冲突规范的涉外性。

(三) 依比较法和分析法进行识别

该观点认为，涉外法律关系与相关各国均形成一定的联系，这种联系促使相关国家甚至整个国际社会，对有关问题在分析法和比较法基础上，形成一些共同认识和普遍性的概念。因此，各国法院在适用冲突规范时，就需要依据这些建立在分析法和比较法基础上所形成的、共同的认识和普遍性的概念进行识别。④ 该观点在构建人类命运共同体的今天，具有十分重要的意义，但在操作上可能会产生一些不一致的做法。以上各种识别主张的理由在国内各教科书中均有说明，体现了影响性。

① 李双元，等. 国际私法 [M]. 长春：吉林大学出版社，2002：321.
② 李双元，等. 国际私法 [M]. 长春：吉林大学出版社，2002：322.
③ 李双元，等. 国际私法 [M]. 长春：吉林大学出版社，2002：322 - 323.
④ 李双元，等. 国际私法 [M]. 长春：吉林大学出版社，2002：323.

（四）根据个案具体情况进行识别

该观点认为，不应该根据统一的识别标准，而应该根据个案具体情况进行识别，使识别具有一定的针对性。

还有其他建议如"Yet again, the MacDonald case is a good example of the point made by Siegel and Borchers：not only was the dissent relevant to an application of the most significant relationship test to the facts of the case, but, within the test itself, there was a conceptual issue raised relating to the centre of the relationship."① 该观点认为最密切联系地因素也应值得考虑。

在具体立法上，国外冲突规范立法关于识别问题的规定是不尽一致的，目前尚无法取得一致的规定。如1999年《白俄罗斯共和国民法典》第1094条规定："（法律概念的识别）1. 在确定准据法时，如果立法文件未做其他规定，法院应对法律概念做出与法院地国家法律相一致的解释。2. 如果被识别的法律概念不为法院地国家法律所了解，或者在法院地国法律中有另外的表达方式或不同的内容，并且无法依照法院地法律确定，则可以适用外国的法律进行识别。"

1992年《罗马尼亚关于调整国际私法法律关系的第一百零五号法》第3条规定："如果对于所适用法律的确定取决于如何对某一司法制度或某一法律关系进行识别，则依罗马尼亚法律所做的识别为起决定作用的法律识别。"

1974年《阿根廷国际私法（草案）》第2条规定："（识别）本条例的用语依准据法解释。准据法是指依有关规则其法律被指定适用的国家的私法。如依指定适用的私法不能获得合理的解决，则依阿根廷私法解释。连结点须依后者解释。"

以上各国法律对识别问题的法律适用规定是不一致的。《白俄罗斯共和国民法典》规定了依法院地国法及适用外国的法律进行识别的不同情况；《罗马尼亚关于调整冲突规范法律关系的第一百零五号法》只是规定了依罗马尼亚法律所做的识别的情况；《阿根廷国际私法（草案）》强调准据法的适用，特殊情况下采用阿根廷私法解释。各国的规定虽然不一致，但都有可取之处，如一定情况下适用外国法进行解释、连结点须依法院所在地的法律进行解释等规定，就有一定的借鉴作用。

三、我国相关立法及立法建议草案对先决问题的相关规定

1999年《中华人民共和国国际私法示范法》第9条规定：对国际民商事关

---

① Frank Bates. Conflict of Laws as Taxonomy A New Approach ［M］. LexisNexis butterworths Australia，2015：350.

系的定性，适用法院地法。但如果法院地法不能适当解决的，可以参照可能被选择适用的法律来解决。

2002 年《中华人民共和国民法（草案）》第九编第 5 条、第 6 条、第 7 条规定：涉外民事关系的分类和定性，以法院所在地法律为依据，也可以以该涉外民事关系应当适用的法律为依据。对于连结点的认定，除自然人和法人的国籍外，适用法院地法。适用法律的解释，依照该法律所属国的解释规则解释。

2010 年《中华人民共和国涉外民事关系法律适用法》第 8 条规定："涉外民事关系的定性，适用法院地法律。"

以上立法建议草案及《中华人民共和国涉外民事关系法律适用法》都采用了依法院地法进行识别的观点，如 1999 年《中华人民共和国国际私法示范法》的规定、2002 年中国《中华人民共和国民法（草案）》第九编还规定了依准据法进行识别。比较而言，2002 年中国《中华人民共和国民法（草案）》第九编的规定更加全面一些。

根据以上各种观点及研究情况，笔者认为，识别问题适用法院地法是一个比较认同的观点。但如果依法院地法不能解决的，可以适用当事人选择的法律或其他与案件有联系的相关法律。

具体建议如下：没有当事人选择的法律，识别问题适用法院地法。如果依法院地法不能解决的，当事人没有选择法律，可以适用与案件有联系的相关国家的法律；如果相关国家的法律之间规定有矛盾，则采用比较的方法，选择一种较好的规定进行适用。除当事人的国籍外，对于连结点的认定，适用法院所在地的法律。外国法的解释，应该根据该外国法本身的解释和运用标准来决定。

笔者的建议吸收了我国相关立法及立法建议草案对先决问题规定的有益成分。

第二节　商事文化及商事法律文化冲突

商事文化及商事法律文化冲突是影响商事冲突规范立法模式与体系的决定性因素，因此，要制定科学合理的商事冲突规范立法模式与体系，就要对商事文化及商事法律文化冲突进行深入的研究。法律与文化关系紧密，"Present-day society is in need of a somewhat different conception of law: law is tied to society, but this society consists primarily of cultural segment that cut across nation – states. "①在当代，社会与法律是不同的概念。法律与社会联系密切，但该社会主要包括不同国家的文化部分。

没有文化的统一就没有法律的统一，"That unification of law only takes place where uniform culture exists. "②

文化与文明是一对相似的概念，文化在一定程度上可以与文明等同，"一个文明是一个最广泛的文化实体"③。文明与文化都包含了价值观、原则准则、体制等思维模式，"文明和文化都涉及一个民族全面的生活方式，文明是放大了的文化"④。

一、文化及商事文化冲突

（一）文化的概念与冲突

关于文化的概念，学界至今没有定论。美国文化人类学家克鲁伯和克拉克总结的关于文化的定义有 160 多种。"'什么是文化?'这个定义真是不容易下。"⑤ 文化一词来源于拉丁文"cultura"，意指耕作及植物培育，后延伸至精神领域，指"化育人类心灵、智慧、情操、风尚的意思"⑥。"Hofstede's definition of culture. He emphasizes that culture is mental software learned by individuals. This view of culture opens the possibility that culture is unlearned：mental programming can change. "⑦ Hofstede 强调文化是一种个体掌握的精神的载体。其观点容易导致人们产生文化是无法学到的倾向，但精神因素可以改变。

各国关于文化的理解与定义是不一致的。美国科教文化组织（UNESCO）的文化定义比较广，包括决定社会、社会群体复杂的、精神的、物质的、智力的、情感的特征因素。其不仅包括艺术、文字，而且包括生活方式、人类基本

---

① Thomas wilhelmsson, Elina Paunio, Annika Pohjolainen. Private law and the Many Cultures of Europe ［M］. Kluwer Law International, 2007：151.

② Thomas wilhelmsson, Elina Paunio, Annika Pohjolainen. Private law and the Many Cultures of Europe ［M］. Kluwer Law International, 2007：150.

③ ［美］塞缪尔·享廷顿. 文明的冲突与世界秩序的重建 ［M］. 周琪，刘绯，张立平，王圆，译. 北京：新华出版社，2018：21.

④ ［美］塞缪尔·享廷顿. 文明的冲突与世界秩序的重建 ［M］. 周琪，刘绯，张立平，王圆，译. 北京：新华出版社，2018：20.

⑤ 梁启超. 梁启超论中国文化史 ［M］. 北京：商务印书馆，2012：1.

⑥ 周和平. 文化强国战略 ［M］. 北京：学习出版社，2013：8.

⑦ Thomas wilhelmsson, Elina Paunio, Annika Pohjolainen. Private law and the Many Cultures of Europe ［M］. Kluwer Law International, 2007：147.

权利、价值体系、传统和利益等。"The whole complex of distinctive spiritual，material，intellectual and emotional features that characterize a society or social group．It includes not only the arts and letters，but also modes of life，the fundamental rights of the human being，value system，traditions and beliefs．"（定义社会或者社会群体的精神的、物质的、智慧的、情感的特征是非常复杂的。这不仅包括艺术与文字，而且包括人类的基本权利、价值制度、传统及信仰。）

马克思主义者将文化的实质与人的发展紧密联系起来，认为"文化的实质即人化，是人类在改造自然、社会和人本身的历史过程中，赋予物质和精神产品全部总和以及人的行为方式以人化的形式的特殊活动。文化当然包括物质和精神产品本身，但是无论哪一时代哪一民族的文化，它更主要展现的是人的智慧力与能力以及趣味、爱好和需要"①。

就我国目前而言，关于文化也有大、中、小三种不同的理解。大文化指"人类社会历史实践所创造的物质和精神财富总和"②。中文化指"人类社会历史实践所创造的精神财富总和，是社会意识形态及与之相适应的制度和组织形式"③。小文化指"人类社会历史实践所创造的文学艺术财富总和，是文学艺术及与之相适应的制度和组织形式"④。

故有学者认为商事文化或者商文化指："人类在商事交易过程中所铸就的一种特殊现象，它是人们在商行为进行过程中的思想、情感、价值观、行为方式、道德规范的总和。"⑤ 笔者认为，在人类社会历史实践中所创造的物质和精神财富的总和均为人类的文化。同理，商事文化、商事法律文化即有关商事（法律）的物质文明、意识形态、价值规范的总和。

关于人类文化的起源，有"文化临界点理论"、文化与生物进化伴随说等不同的理论。"尽管人类文化的起源很难确定在某个时期或某个时间节点，但有一点是肯定的，那就是，在人类进化的漫长过程中，人类文化与生物进化两者并不是彼此分离的，也没有谁先谁后的问题，而是紧密联系、同步进行、相互作用的。"⑥

----

① 肖前. 马克思主义哲学原理［M］. 北京：中国人民大学出版社，2014：685.
② 周和平. 文化强国战略［M］. 北京：学习出版社，2013：8.
③ 周和平. 文化强国战略［M］. 北京：学习出版社，2013：8.
④ 周和平. 文化强国战略［M］. 北京：学习出版社，2013：8.
⑤ 崔旺来，常倩. 商事制度创新：兼论西部地区商文化的经济效应［J］. 商场现代化，2005（2）：21.
⑥ 张岳，熊花，常棣. 文化学概论［M］. 北京：知识产权出版社，2018：118.

　　上述认识不一致与文化冲突有关联，但并不这么简单。文化冲突指的是"不同文化之间在接触和互动过程中，或同一文化体系的不同文化群体之间，在文化构成的各个方面所存在的紧张、敌视、对抗等现象"①。文化冲突的原因首先是存在文化差异，无论是不同国家的文化之间，还是同一文化体系的不同文化群体之间，只要有文化差异，就可能有文化冲突。所谓文化差异就是指"人们在不同的环境下形成的语言、知识、人生观、价值观、道德观、思维方式、风俗习惯等方面的不同"②。由于政治、经济、历史、地理、宗教等对不同民族、不同国家影响不同，各民族国家形成了不尽相同的文化特点。其次，存在文化交流与接触。有了文化差异、文化交流与接触，不一定就会产生文化实际冲突，产生文化实际冲突的原因包括政治原因、经济原因、历史原因。文化冲突的形式多种多样，包括"民族文化冲突、宗教文化冲突、区域文化冲突、阶层文化冲突、城乡文化冲突、代际文化冲突、移民文化冲突，等等"③。

　　（二）商事文化与冲突

　　如上所述，冲突既可以表现在国家民族之间，也可以表现在一个国家内部，既可以表现在一般文化之间，也可以表现在商事文化之间。就区域商事文化冲突来说，"区域文化冲突之区域是可大可小的，大则可以超越国家界限，如东方文化和西方文化冲突，小则可以是一国之内的省市乡镇，例如巴渝文化和齐鲁文化等"④。如在中国传统重农抑商的文化背景下，闭塞边远的渝东南土家族人民反而鼓励商业，因此，当地商事贸易发展兴盛，"中国传统的抑商贱商政策和儒家文化对这里影响时间短……留下了自由发展的空间"⑤。这是因为，政策往往管不住实际的需求，在不同地区往往呈现出不同的适用程度与方式。因为"市者，可以知乱治，可以知多寡"⑥。"市者，天地之财具也，而为人之所和而利也"⑦。

　　另外，在国家法内部的碰撞也包括传统与现代的冲突协调，"The problem with this scenario is the super – imposition of a premodern private law culture onto a

---

　　① 张岳，熊花，常棣. 文化学概论［M］. 北京：知识产权出版社，2018：138.
　　② 王钢. 论文化差异在国际商事调解中的表现及影响［J］. 西北大学学报（哲学社会科学版），2009（4）：77.
　　③ 张岳，熊花，常棣. 文化学概论［M］. 北京：知识产权出版社，2018：142.
　　④ 张岳，熊花，常棣. 文化学概论［M］. 北京：知识产权出版社，2018：143.
　　⑤ 刘云. 渝东南土家族商事习惯法文化考察［D］. 重庆：西南政法大学，2004，14.
　　⑥ 管子·乘马.
　　⑦ 管子·问.

postmodern world trade reality."① （问题是现代前与后现代私法文化真实的不平等的碰撞。）

文化对法律的影响巨大，就日本而言，文化对法律的影响表现在法院的程序问题、环境方面的捕鲸问题等方面。日本对法院程序决定的公正性非常敏感，对书面辩论比口头辩论更确信。捕鲸问题方面，日本对新西兰的调解不满意，"Even though New Zealand intervened as a non‐party under Article 63 of the Statute for the purpose of giving its own interpretation to the Whaling Covention reinforced Japan's impression that the case was culturally biased."② 日本认为这是文化的偏见所致。但在此案上日本放弃进一步提出异议的机会，是因为亚洲文化使然。避免法庭冲突的文化与英国的不同，英国是不能打败它就加入它，亚洲文化是不能打败它，就躲开它。"The Whaling case, nevertheless, presents a good example demonstrating a clash of cultural differences in the judicial settlement of international disputes. Missing its cultural element, one would not be able to understand why third‐party settlement is not a purely technical process."③ 不懂得文化因素的影响，就不会明白为什么第三方解决机制不单纯是一个技术层面的程序。

值得注意的是，文化冲突也可以分为积极冲突、消极冲突，"消极的文化冲突就是造成文化同化、种族屠杀、种族灭绝等结果的文化冲突，积极的文化冲突则会促进文化的反思、借用和更新"④。因此，在文化冲突中，要尽量避免消极冲突，避免"单赢局面"，争取"双赢多赢局面"，即避免在文化接触交往过程中，只有一方获得有益影响的局面，尽量实现参与文化接触交流的各方均获得有益的影响。在现实社会，许多国家、民族都认为自己的文化是最好的、最优越的，希望在文化接触交流中成为主导地位的文化，甚至是世界上唯一的文化体系。如果每个文化都有这样的文化中心主义情结，文化将是非常危险的。因此，一方面要鼓励文化多元主义（Cultural pluralism），要求"在同一地区内或同一国家内或全球范围内，不同文化及其拥有者在接触与互动中可以保持自己独特性和独立性，相互尊重，平等相处"⑤。当然，文化接触交流过程中，要

---

① Daniela Caruso. Non‐Parties: The Negative Externalities of Regional Trade Agreements in a Private Law Perspective [J]. Harvard International law Journal, 2018, 59 (2): 429.

② Won L. Kidane. The Culture of International Arbitration [M]. Oxford university press, 2017: 271.

③ Won L. Kidane. The Culture of International Arbitration [M]. Oxford university press, 2017: 271.

④ 张岳，熊花，常棣. 文化学概论 [M]. 北京：知识产权出版社，2018：145.

⑤ 张岳，熊花，常棣. 文化学概论 [M]. 北京：知识产权出版社，2018：148.

通过文化借用、文化更新、文化变迁、文化创新等方式促进文化的发展。

对商事文化而言，由于商事文化就是有关商事的意识形态、价值规范的总和，商事文化在不同地区、不同民族呈现出不同的特点。例如，一个中国商务代表团赴美国就采购化工设备及技术进行谈判，非常顺利，美方高兴于是送代表团礼物，礼物用红盒子包装，喜气洋洋。中方代表打开盒子一看，是一顶绿颜色的高尔夫球帽，美国人"并不知道'绿帽子'是中国男人最大的忌讳。谈判最终无果而终，虽然不能武断地将谈判失败的责任全部归咎于美国人的粗心，但这顶'绿帽子'一定在其中也起到了非常消极的作用"①。以上就是中西方文化差异文化冲突所致，"只要文化之间存在差异，文化之间存在接触与交流，不同文化之间存在冲突是必然的"②。从冲突的范围上看，商事文化冲突具有两种形态：外部冲突与内部冲突。外部冲突指本国商事文化与外来商事文化之间的冲突；内部冲突指本国内部商事文化的核心文化与非核心文化之间的冲突。

就外部冲突而言，如"有一批出口到中东地区的中国布鞋，因鞋底图案与清真图案颇为相似而被拒销的案例"③。

就内部冲突而言，如区际或地区商事文化的冲突，关于商事信仰习俗，不仅中国人与西方人不同，不同地区的中国人也存在不同。例如，在商业保护神方面，各地都有不同的英雄成为保护神，甚至同一地区存在不同的保护神，如"武汉行业神崇拜情形较复杂。有的同一行业由于行帮不同有不同的信奉对象"④。产生的原因有多种因素，仅就同一时期横向比较，就会发现差异的原因是"东部地区已经进入现代化的高速技术生产阶段，而西部仍在恋恋不舍地使用着战国时期就已经发明的锄头、犁耙；平原地区已是产、销联营，而山区却是一家一户的单干自给；汉族已把市场经济搞得锦上添花，而少数民族中仍然存在着简单的游牧方式"⑤。由于内部发展的不平衡，商事文化的内部冲突仍然会存在。

同一个人在不同的商事文化中，也会经历自身的冲突，"If one goes to a dif-

---

① 王钢. 论文化差异在国际商事调解中的表现及影响 [J]. 西北大学学报（哲学社会科学版），2009（4）：76.

② 王光利. 中西文化博弈论 [M]. 杭州：浙江大学出版社，2015：103.

③ 王钢. 论文化差异在国际商事调解中的表现及影响 [J]. 西北大学学报（哲学社会科学版），2009（4）：77.

④ 严昌洪. 商业武汉与民俗武汉的联姻——近代武汉商事习惯与民俗传统 [J]. 武汉文史资料，1997（4）：3.

⑤ 崔旺来，常倩. 商事制度创新：兼论西部地区商文化的经济效应 [J]. 商场现代化，2005（2）：22.

ferent country and makes decisions based on how one operates at home, that person is bound to make 'very bad decisions'."① 如果一个人以母国的文化来给在国外的商事做决定，其结果往往都是糟糕的。商事失败源于对文化的误读，国外公司在中国有三个成功的案例，都是融入当地文化的结果，这三个公司是 KFC、McDonald's 和 Volkswagen。为了适应中国文化，KFC、McDonald's 通过建设中文网站、雇用中国经纪人等加强适应性，Volkswagen 也是如此，设计、创新、成品等均结合当地。当然，失败的例子也很多，如 Peugeot of France，直接向中国移植法国企业文化，没有理解中国的消费文化，最终走向了失败，"It relied almost exclusively on expatriate staff and failed to establish good relations with local talent and officials, and its designs did not take the needs and tastes of the Chinese consumer into consideration. As a consequence, it had to sell its production facilities to Honda and exit."②

在国际商事领域 "It is seemingly well established that a significant proportion of transnational joint ventures fail precisely because of a lack of optimal appreciation of the culture of the business counterpart."③ 由于对合适的文化没有很好地参照利用，合资企业失败的例子也是比比皆是。

对商事司法而言，特别是在国际仲裁中，当事人、律师、仲裁员来自不同的国家，不同的文化背景，不同文化的影响带来商事行为处理的不同表现特征，但不可否认，国际商事仲裁的一般文化正在形成，或者汇聚。国际商事诉讼、国际商事仲裁都混合着不同的文化，现有的司法、仲裁文化是考量、决定的重要因素，影响比较大的是西方两大法律文化传统即大陆法与英美法。虽然现代的商事诉讼、仲裁法律文化呈现混合的趋势，但是文化的差异并没有消失，虽然非洲、亚洲的一些前殖民地国家接受了殖民者欧美法律文化传统，但影响程度各异，而且现代商事文化体系构建过程中，这些国家参与变革的机会不多。不管现代欧美商事法律文化体系如何变化，都不能完全满足亚非国家的客观情况需求。多样性是客观的存在，但共同性能够形成吗？现代社会人们的衣食住行及语言等的共同特征越来越明显。"A shared legal culture exists because 'law-

---

① Won L. Kidane. The Culture of International Arbitration [M]. Oxford university press, 2017: 16.

② Won L. Kidane. The Culture of International Arbitration [M]. Oxford university press, 2017: 17.

③ Won L. Kidane. The Culture of International Arbitration [M]. Oxford university press, 2017: 16.

yers and business people travel on the same jets, have the same habits, use the same laptops and cell phones, dress the same and speak a common language'."① （因为律师及商人同乘坐一架飞机、有共同的习惯、使用一样的手提电脑及手机、穿同样的服装、操同样的语言等，一种共同文化存在是完全可能的。）

　　为此，要深入挖掘商事文化冲突的根源，一般认为，商事文化冲突的根源在于：一是商事文化的差异性。二是商事利益冲突，"文化冲突是利益冲突的一种表象。文化不像经济、政治与军事力量那样是一种显性的理论，而是一种隐形的力量，虽然是隐形的，但不妨碍其成为利益争夺的强有力武器"②。三是宗教观念的差异性，如中国没有形成西方意义的宗教而走向了世俗化。四是民族差异与民族主义的影响，如狭隘民族主义认为自己的文化及商事文化是最好的，不需要吸收外来文化。五是社会制度的差异。六是世界观的差异。七是对待科学伦理方面的差异，如中国古代对自然科学不太重视，与西方形成反差。八是功利思想与态度方面，如中国古代功利思想严重，做事情要计算一下获得的利益，比较而言西方的宗教文化教导人们要注重灵魂的升华，物质利益退居其次。现代来看，差异有所减弱，但仍有存在。

　　针对商事文化冲突的对策，第一，对正常的商事文化冲突，要准确认识这一客观现象："不同文化之间应当求同存异，不能把自己的文化和价值观强加于人……让不同商事文化在竞争中共同发展。"③ 第二，对人为的商事文化冲突，如有的国家为实现非文化的目标，以商事文化的手段激化不同商事文化利益集团的矛盾。对此，一方面要抵制，另一方面不要轻易妥协。第三，对暂时性商事文化冲突，对非根本的商事文化冲突，各冲突方应采取协商妥协的策略，用长远的眼光来解决。第四，对根本性的商事文化冲突，这些冲突如制度差异、承担责任等往往是长久的，需要"在其他方面寻求合作，否则，长久的对立会导致双输的结局"④。"In…north – south conflict, the lawyer unleashed on behalf of one side quite often found colleagues from similar law firms and legal practices on the other side. This tactic of a legal escalation, however, initially placed the young governments of the third world at a handicap, since they were uniformly underequipped in

---

① Won L. Kidane. The Culture of International Arbitration [M]. Oxford university press, 2017：19.

② 王光利. 中西文化博弈论 [M]. 杭州：浙江大学出版社，2015：105.

③ 王光利. 中西文化博弈论 [M]. 杭州：浙江大学出版社，2015：108.

④ 王光利. 中西文化博弈论 [M]. 杭州：浙江大学出版社，2015：109.

matters of legal competence."① 在解决冲突过程中，代理一方当事人的律师经常发现对方的律师与共来自相同的法律文化传统，这对第三世界国家是有些不利的，因为他们还没有做好法律文化竞争的准备。"The manifestations of cultural diffences are principally procedural, that is, the eqistemology of determining facts and applying law."② 不同文化冲突的表现是程序性的，但它决定了事实及法律适用，所以是非常重要的。

值得注意的是，关于文化、商事文化、法律文化关系问题，人们的认识不一，"当今，人们已经很习惯在各种意义上大量地使用文化概念，并给文化概念加诸许多前置附加词或后缀附加词'意群'。前置附加词如法律文化、政治文化、伦理文化、宗教文化、哲学文化、科技文化等，后缀附加词如文化事业、文化产业、文化工业、文化法规、文化宪章、文化活动等"③。有学者反对这样做，"文化不应该和任何专业化概念混为一谈，不管它被称为医学文化、文学文化、哲学文化，还是科学文化或其他什么文化。所谓文化概念，就是按其本来面目对文化进行思考，而不加任何限定词"④。事实上文化是一个复合的整体，包括知识、艺术、信仰、法律、道德、习惯、宗教等，"所谓文化就是这样一个层层叠架而又互相包容的复杂和庞大的系统，其真实意义只能在不断地从整体到部分，再从部分到整体的循环往复中得到说明"⑤。所以，法律文化作为新的文化概念，"这一概念基本得到中国学术界的认可，获得了作为一新文化概念的'合法性'地位"⑥。

二、商事法律文化冲突

（一）商事法律文化产生冲突的根源

如前所述，通常文化的范围比较广泛，可以指"人类社会历史实践所创造

---

① Won L. Kidane. The Culture of International Arbitration [M]. Oxford university press, 2017：30.
② Won L. Kidane. The Culture of International Arbitration [M]. Oxford university press, 2017：265.
③ 刘作翔. 从文化概念到法律文化概念 [M] //马治选. 法律文化法律价值与当代中国法治. 北京：法律出版社，2017：24.
④ ［法］维克多·埃尔. 文化概念 [M]. 康新文，等译. 上海：上海人民出版社，1998：15.
⑤ ［美］Susan Finder. 美国的法律文化特点 [J]. 中外法学，1989（1）：63.
⑥ 刘作翔. 从文化概念到法律文化概念 [M] //马治选. 法律文化法律价值与当代中国法治. 北京：法律出版社，2017：27.

的物质和精神财富总和"①。只要是财富即有价值的东西，都可以纳入文化的范畴。文化的含义涵盖了法律，商事文化也涵盖了商事法律的范畴。

法律文化的概念是美国学者拉伦理茨·弗里德于 20 世纪 60 年代提出的，并认为法律文化即"共同制约法律制度并且决定法律制度在整个社会文化中地位的价值与观念"②。但是，理论上对法律文化的认识并不一致。如有学者认为法律文化是指"在人类的法律生活和历史积累中，在与自然、社会、经济、其他文化形式的广泛联系中，所形成的以法律意识、价值观念、行为方式、法律规范与制度、法律设施等为内容的文化现象和文化过程"③。该定义包括的范围比较广泛，将与法有关的现象和过程均列入其中。

有学者认为法律文化是法律现象的精神部分，即"由社会的经济基础和政治结构决定的，在历史进程中积累下来并不断创新的有关法和法律生活的群体性认知、评价、心态和行为模式的总汇"④。该定义侧重于精神层面。也有学者认为法律文化有广狭义之分，"广义上法律文化囊括所有法律现象：法律观念、法律意识、法律行为、法律的机构和实施、法律制度和作为符号体系的法典、判例以及不成文的惯例和习惯等。狭义的法律文化主要指法（包括法律、法律机构设施等）的观念形态和价值体系（包括知识、信念、判断、态度等），与此有密切关系的人类行为模式也包括在内"⑤。

对法律文化的定义不同，对商事法律文化的定义就更不可能统一了。因为商事法律文化是法律文化在商事领域的具体体现，是法律文化的组成部分之一。

在国际关系的历史上，"国家都倾向于追随文化相似的国家，抵制与它们没有文化共性的国家。就核心国家而言，尤其是如此。它们的力量吸引了文化上相似的国家，并排斥文化上与它们不同的国家"⑥。这是文化冲突的根源。如"美国和亚洲的冲突源于文化差异，冲突的结果则反映了美国和亚洲实力关系的

---

① 周和平. 文化强国战略［M］. 北京：学习出版社，海口：海南出版社，2013：8.

② 埃尔曼. 比较法律文化［M］. 上海：新知三联书店，1999：221 – 22. 转引自欧宁. 中国法律文化建设探微［J］. 法制与社会，2008（1 中）：1.

③ 赵占臣. 当代中国法律文化内在冲突初探［J］. 学术交流，2010（10）：82.

④ 李祎丹. 全球化趋势下中国法律文化的走向［J］. 法制与社会，2006（10）：34.

⑤ 梁治平. 法辩：中国法的过去、现在与未来［M］. 贵阳：贵州人民出版社，1992：12 – 13.

⑥ ［美］塞缪尔·享廷顿. 文明的冲突与世界秩序的重建［M］. 周琪，刘绯，张立平，王圆，译. 北京：新华出版社，2018：135.
　［美］塞缪尔·享廷顿. 文明的冲突与世界秩序的重建［M］. 周琪，刘绯，张立平，王圆，译. 北京：新华出版社，2018：161.

变化"①。

关于法律与文化的关系，学界有不同的观点。第一种观点是简单否定法律与一国文化之间的密切关系："The first strategy is to simply deny the close relationship existing between law and national culture. This is to say that law and society are not closely related and that creating new law by way of – for example – a binding European civil code is not prevented by diverging legal cultures within the European Union."② 否定说等于否定了法律与社会的紧密联系，立法如编撰欧洲民法典没有受偏离欧洲文化的影响。第二种观点完全不同，认为 "The second strategy is the other extreme. It claims that law and national culture are so closely linked that any attempt at unification will fail: national culture will always stand in the way of legal convergence."③ 法律与一国文化联系如此紧密，任何将两者混为一谈的做法终将失败，因为文化永远站在法律的中央。第三种观点认为 "This strategy should acknowledge that people are not confined to their national culture in everything they do. National culture may determine their behaviour when they support their national football team, but does not bind them when they conclude a commercial contract."④ 老百姓做事情时并不一定局限于本国文化。当其支持本国足球队时，本国文化会决定其行为，但当其缔结商事合同时，就不一定受其文化的影响。

笔者认为，从本质上看，法律是一种文化，或者说法律是文化的一种特殊表现形式，任何将其人为分开的做法都是没有科学道理的。"This intermingling of national legal systems and local or international legal cultures is an important feature of present – day society."⑤ 一国法律制度与当地或者国际法律文化相互融合是当今社会的一个非常重要的特征。"These 'local cultures' can be relevant for private law in various ways. Most of the time, they find their way into the law through open –

① ［美］塞缪尔·亨廷顿. 文明的冲突与世界秩序的重建 ［M］. 周琪，刘绯，张立平，王圆，译. 北京：新华出版社，2018：203.

② Thomas wilhelmsson, Elina Paunio, Annika Pohjolainen. Private law and the Many Cultures of Europe ［M］. Kluwer Law International, 2007：145.

③ Thomas wilhelmsson, Elina Paunio, Annika Pohjolainen. Private law and the Many Cultures of Europe ［M］. Kluwer Law International, 2007：146.

④ Thomas wilhelmsson, Elina Paunio, Annika Pohjolainen. Private law and the Many Cultures of Europe ［M］. Kluwer Law International, 2007：147.

⑤ Thomas wilhelmsson, Elina Paunio, Annika Pohjolainen. Private law and the Many Cultures of Europe ［M］. Kluwer Law International, 2007：145.

ended norms like good faith or duty of care."① 当地文化与私法发生联系的方式多种多样，许多情况下，众多的概念如善意、注意的责任等直接被法律所吸收。在某种程度上说，"任何一种法律或法律现象，都是特定社会的文化在法律这种现象上的反映"②。因此，法律冲突的根源在于文化冲突。"法律文化的冲突，是法律文化发展变化过程中的一种客观存在的现象。"③ 有学者进一步认为："法律文化冲突是指不同法律文化体系在相互交流中由于传统的差异和文化模式的排他性而必然引起的矛盾与抵触。"④

因为法律是文化的一种特殊表现形式，所以法律的冲突也就是文化之间的冲突。商事法律冲突根源于商事法律文化冲突。

商事法律文化冲突是指不同的商事法律文化体系在相互交流中由于传统的差异和文化模式的排他性而必然引起的矛盾与抵触。从原因上看，主要有以下几点。

一是决定商事法律文化的社会客观物质生产方式发生了变化，导致商事法律文化产生相应的变化及商事法律的相应调整。由于各国社会客观物质生产方式发生变化的时间与程度均不一致，商事法律文化也无法一致。

二是各国社会的政治、经济、文化发生变革情况不一，导致不同的商事法律文化与相应社会的冲突。"只要社会处于不断变化前进的状态，法律文化同社会的冲突是不可避免的，这种冲突促使新的立法，新的法律调整手段的出现。"⑤

三是各种外来商事法律文化的冲击。"当各种不同文化类型的法律文化传到某一具体的社会或国家之后，由于它们同该社会原有的法律文化存在着质的或非质的差异性，这种差异性便成为导致法律文化发生冲突的一个重要原因。"⑥

四是商事法律文化具有排他性。因为不同的商事法律文化产生于不同的区域，具有不同的区域性的特征。"当一种外来文化传入时，区域文化的封闭体系就会产生一种排他性，因而发生文化冲突。"⑦

五是商事法律文化的适应性。如商事法律制度文化与商事法律观念文化存

---

① Thomas wilhelmsson, Elina Paunio, Annika Pohjolainen. Private law and the Many Cultures of Europe [M]. Kluwer Law International, 2007：144.

② 刘作翔. 法律文化理论 [M]. 北京：商务印书馆，1999：90.

③ 刘作翔. 法律文化理论 [M]. 北京：商务印书馆，1999：210.

④ 刘学灵. 法律文化的概念、结构和研究观念 [J]. 河北法学，1997 (3)：39.

⑤ 刘作翔. 法律文化理论 [M]. 北京：商务印书馆，1999：221.

⑥ 刘作翔. 法律文化理论 [M]. 北京：商务印书馆，1999：217.

⑦ 司马云杰. 文化社会学 [M]. 济南：山东人民出版社，1987：372.

在的不适应性，就会引起商事法律文化的冲突。"法律文化在缺乏适应性状态下，它同社会便格格不入，便同社会抵触；便会产生冲突。"①

值得注意的是，商事法律冲突根源于商事法律文化冲突，是从本质上而言的，不能绝对化、唯一化。"如果把法律现象干脆变为文化现象，看上去问题简单了，观念是文化，制度是文化，设施还是文化，一切法律现象都是文化，似乎来场文化革命，中国的问题，包括法律问题就会迎刃而解。实际上并非如此。"② 因此，在研究商事法律冲突根源于商事法律文化冲突时，还要结合影响商事法律文化的其他社会因素。

（二）商事法律文化的同质与异质

1. 商事法律文化的同质

文化的特征之一就是文化的复合性，即文化是由多种因素构成的，这些因素包括"物质设施，精神方面之知识、价值体系、社会组织的方式，语言，社会组织等。文化的各部分还可以进一步划分。比如，观念部分包括价值、知识、态度、偏好等；制度部分可分为法律、政治、经济、家庭等制度；规则可分为习惯、道德、宗教、法律、乡规民约、社团规章等"③。

各国文化的差异性导致法律文化的差异性，但文化或法律文化，是人类文明的宝贵财富，具有一定的同质。"尽管不同类型的文化存在着差异，但是它们作为文化的共性决定了有其基本相同的一般结构。"④

"从基因上看，人类就是统一的。这个事实不仅是对种族主义的有力反击，也告诉我们，拥有文化的人属——现代人类在进化意义上极为成功。正是文化的力量促成了我们的成就。"⑤ 人类基因的统一成为人类文化共同性的基础。就法律文化而言，许多共同性的共识已经形成，特别是同一法系的国家，同质性会更加明显。随着世界经济全球化、法律趋同化的快速发展，知识、价值、法律、道德等文化的构成因素也会渐渐趋同。有学者采用与过去文化问题研究不同的方法，研究发现了中国人与美国人大脑反映模式极度相似。"Unlike past research based on questionnaires showing cultural differences, this study found that the

---

① 刘作翔. 法律文化冲突的原因和形式［M］//马治选. 法律文化法律价值与当代中国法治. 北京：法律出版社，2017：28.

② 葛洪义. 法理学导论［M］. 北京：法律出版社，1996：352－353.

③ 张文显. 法理学［M］. 北京：高等教育出版社，北京大学出版社，2007：378.

④ 肖前. 马克思主义哲学原理（下册）［M］. 北京：中国人民大学出版社，2014：700.

⑤ ［美］罗伯特·L. 凯利. 第五次开始——600万年的人类历史如何预示我们的未来［M］. 徐坚，译. 北京：中信出版集团，2018：76.

patterns of brain responsible were extremely similar for Chinese and Americans. For people intensely in love in both cultures, viewing images of the beloved elicited brain activations in the midbrain dopamine – rich reward/motivation system (a system closely related to drug addiction) including the Ventral Tegmental Area (VTA) and caudate. "① 事实上文化是有不同，但中国人与美国人的大脑意识可能是极其相似的，如两国人民深度喜爱双方文化等。

文化也是存在趋同化问题的，特别是科学技术、精神物质文化产品更是没有国界的，可以传播交流与吸收。就中国的海事领域而言，中华民族的海上丝绸之路就是一个很好的例证，它将中华民族的丝绸文化传播到海外，产生了极为重要的影响。海上丝绸之路开始于公元前 111 年（汉元鼎六年），以合浦郡为起点，经印度南部的黄支国至已程不国（今斯里兰卡）。关于交易等情况，《汉书·地理志》记载："有译长，属黄门，与应募者俱入海市明珠……厚遗黄支王，令遣使献生犀牛。自黄支船行可八月，到皮；船行可二月，到日南象林界云。黄支之南，有已程不国，汉之译使自此还矣。"

唐人贾眈的著作《黄华四达记》对海上丝绸之路的亚非航线进行了详细记载。亚非航线从广东出发，经过南洋、斯里兰卡、印度西岸到达忽鲁谟斯的乌刺，由乌刺向西再航行 48 天，就到达了坦桑尼亚的达累斯萨拉姆。此外，还有日本航线等。丝绸之路对中国对外贸易的开展起到了极大的促进作用。元《南海志》记载元朝与海外发生贸易关系的国家达 140 多个，为了统一管理，元朝强制性地实施了科学技术、农业等领域的国际标准，"以点带面，推动了全球化的人类大融合"②。中外商事法律文化的同质性也是如此，同质性是商事法律冲突规范趋同化及产生统一冲突法的重要基础。但同质的基础是文化，"由于现代化的激励，全球政治正沿着文化的界限重构。文化相似的民族和国家走到一起，文化不同的民族和国家则分道扬镳。以意识形态和超级大国关系确定的结盟让位于以文化和文明确定的结盟，重新划分的政治界限越来越与种族、文明等文化的界限趋于一致"③。事实上，从人类发展而言，不仅文化相似的民族和国家走到一起，整个世界都正在走到一起，"文化上超越本土、跨国的新一代正在崛

① Won L. Kidane. The Culture of International Arbitration [M]. Oxford university press, 2017：219.

② 崔京生. 海洋志 [M]. 北京：中国青年出版社，2012：190.

③ ［美］塞缪尔·享廷顿. 文明的冲突与世界秩序的重建 [M]. 周琪，刘绯，张立平，王圆，译. 北京：新华出版社，2018：105.

起……世界相互关联，我们无法自我隔绝于他人的生活"①。

值得注意的是，文化同质与共存，需要寻求文化的共同点，"而不是促进假设中的某个文明的普遍特征。在多文明的世界里，建设性的道路是弃绝普世主义，接受多样性和寻求共同性"②。寻求共同性包括寻求共同价值观，"除了'避免原则'和'共同调解原则'外，在多文明的世界里维护和平还需要第三个原则，即'共同性原则'：各文明的人民应寻求和扩大与其他文明共有的价值观、制度和实践"③。这样的努力"不仅有助于减少各文明的冲突，而且有助于加强单一的全球文明。这样的文明可能是更高层次的道德、宗教、知识、艺术、哲学、技术、物质福祉等的混合体④"。

2. 商事法律文化的异质

在目前世界上的国家中，基本上都具有异质性，"因为它们包括了两个或更多的民族、种族和宗教集团。许多国家处于分裂状态，在这些国家中，这些集团的差异或冲突在这个国家的政治中起了重要的作用"⑤。中西文化"由于经济发展水平、地理环境差异、人种的不同、社会历史遗传发展等因素的影响，造成了中西文化的分殊和差异"⑥。

中外法律文化的异质，某种程度上反映了人们对文化的认识与认同方面存在的差异。20 世纪以来，各种文化哲学纷至沓来，如尼采的强力意志文化哲学、文德尔班等的价值文化哲学、柏格森的生命冲动文化哲学、胡塞尔的本质文化哲学、杜威的社会文化哲学、卡西尔的符号文化哲学、马林诺夫斯基的功能文化哲学、弗洛伊德等的精神分析文化哲学等。这些理论对进一步研究文化的发展具有积极的意义。但这些理论过分地夸大了人的主观精神的作用，历史偶然性的作用，文化相对主义的运用范围，否定了文化进步的内在标准。因此，在对文化的客观认识上，必须坚持马克思主义的历史唯物论，马克思主义的历史

---

① ［美］罗伯特·L. 凯利. 第五次开始——600 万年的人类历史如何预示我们的未来［M］. 徐坚，译. 北京：中信出版集团，2018：250.

② ［美］塞缪尔·亨廷顿. 文明的冲突与世界秩序的重建［M］. 周琪，刘绯，张立平，王圆，译. 北京：新华出版社，2018：294.

③ ［美］塞缪尔·亨廷顿. 文明的冲突与世界秩序的重建［M］. 周琪，刘绯，张立平，王圆，译. 北京：新华出版社，2018：295.

④ ［美］塞缪尔·亨廷顿. 文明的冲突与世界秩序的重建［M］. 周琪，刘绯，张立平，王圆，译. 北京：新华出版社，2018：295.

⑤ ［美］塞缪尔·亨廷顿. 文明的冲突与世界秩序的重建［M］. 周琪，刘绯，张立平，王圆，译. 北京：新华出版社，2018：116.

⑥ 张凤江. 文化哲学概论［M］. 天津：天津人民出版社，2016：156.

唯物论从历史唯物主义的角度"揭示了文化的起源、实质、结构、功能及其发展的一般规律"①。马克思主义的历史唯物论是认识文化的指针。各国由于对文化的认识的理论不同，会产生对文化认识上的异质与冲突。

文化除具有复合性的特征外，还具有一个重要的特征即文化的民族性。事实上文化是民族划分的最主要的根据。正因为如此，"文化能标志或象征一个民族。一个民族与另一个民族不相同，其根本不在于人种（种族）不同，而是文化整体上的差异"②。故中西方民族差异的根本原因不在于人种（种族）不同（虽然人种、种族的差异消除的可能性更小，但人种、种族的差异本身并不构成内在的差异，而只是外在的差异），而在于文化的差异。"根据文化特征把人们划分为不同的文明与根据身体特征把人们划分为不同的种族，其结果有相当大的重合。然而文明与种族并不相同。同种族的人可能因文明而产生深刻的分裂；不同种族的人可能因文明而趋向统一。"③ 文化与文明是决定性因素，"在处理认同危机时，对人们来说，重要的是血缘、信仰、忠诚和家庭。人们与那些拥有相似的祖先、宗教、语言、价值观、体制的人们聚集一起，而疏远在这些方面的不同者"④。目前的国际关系、国际政治甚至国际军事冲突等都证明了这一点，即使有一时的变化，也终究逃不出文化的模子，如冷战时期，奥地利、瑞典、芬兰等也曾离开文化同质的欧洲成为中立国家，但"现在它们则能够加入在文化上有亲缘关系的欧洲联盟。前华沙条约组织的天主教和新教国家波兰、匈牙利、捷克共和国和斯洛伐克将逐渐成为欧洲联盟和北约的成员国，波罗的海各共和国排在它们后面。欧洲大国明确表示，它们不想让作为一个穆斯林国家的土耳其加入欧洲联盟"⑤。

中外商事法律文化的异质性也是如此，异质性是商事法律冲突规范无法趋同及无法产生统一冲突法的根源。只有彻底消除中外商事法律文化的异质性，商事法律冲突才有可能避免。

但是，迄今，中西方商事法律文化的差异还是非常明显的，难于消除。中西方商事法律文化的差异来源于文化的差异。由于文化或文明发展的多样化，

---

① 肖前. 马克思主义哲学原理（下册）［M］. 北京：中国人民大学出版社，2014：694.

② 王钟翰. 中国民族史［M］. 北京：中国社会科学出版社，1994：20.

③ ［美］塞缪尔·享廷顿. 文明的冲突与世界秩序的重建［M］. 周琪，刘绯，张立平，王圆，译. 北京：新华出版社，2018：21.

④ ［美］塞缪尔·享廷顿. 文明的冲突与世界秩序的重建［M］. 周琪，刘绯，张立平，王圆，译. 北京：新华出版社，2018：106.

⑤ ［美］塞缪尔·享廷顿. 文明的冲突与世界秩序的重建［M］. 周琪，刘绯，张立平，王圆，译. 北京：新华出版社，2018：106.

目前，学界关于历史上存在的不同文明的总数认识不一致，"奎格利认为，历史上有 16 个明显的文明，很可能还有另外 8 个。汤因比先列出了 20 个文明，然后是 23 个；施本格勒详举了 8 个主要文化。麦克尼而分析了全部历史上的 9 个文明"①。不过多数人至少在下列方面达成了一致看法："至少 12 个主要文明，其中 7 个文明已不复存在（美索不达米亚文明、埃及文明、克里特文明、古典文明、拜占庭文明、中美洲文明、安的斯文明），5 个仍然存在（中国文明、日本文明、印度文明、伊斯兰文明和西方文明）。鉴于我们认识当代世界的目的，除这 5 个文明之外，或许还应加上东正教文明、拉丁美洲文明，可能还有非洲文明。"② 除文明种类众多、异质众多外，同一种文明也会产生异质，如"西方文化受到了来自西方社会内部集团的挑战，其中一种挑战来自其他文明的移民，他们拒绝融入西方社会，继续坚持和宣扬他们原有社会的价值观、习俗和文化"③。

不同文化给法律应用带来影响，在司法程序中文化误读的影响主要是裁判者根深蒂固的本土文化所致，"There is enormous social science literature, which makes the plausible argument that judges – are unable to adequately conceptualize the thought and practice (and associated materials) of the members of different cultures. Such agents do not and cannot possess an adequate concept of culturally different phenomena."④ 法官无法对具有不同文化背景的人的想法、行为、证据做出恰如其分的判断，代理人对不同的文化现象也没有统一的文化概念。面对文化不同的群体，代理人也会一筹莫展。但对国际裁判者、仲裁员而言，他们拥有相应的专业知识及职业要求，即使面对不同的文化概念，也必须使自己融入其中。但"The arbitrator owe them no duty to understand their cultures. How frequently do arbitrators decline appointments for fear of cultural incommensurability? The know – it – all protagonists are quick to deny their privilege, demand to be understood, but do not have the modesty to seek to understand the 'cultural others' that they insult as defeat-

① ［美］塞缪尔·享廷顿. 文明的冲突与世界秩序的重建［M］. 周琪，刘绯，张立平，王圆，译. 北京：新华出版社，2018：23.
② ［美］塞缪尔·享廷顿. 文明的冲突与世界秩序的重建［M］. 周琪，刘绯，张立平，王圆，译. 北京：新华出版社，2018：23 – 24.
③ ［美］塞缪尔·享廷顿. 文明的冲突与世界秩序的重建［M］. 周琪，刘绯，张立平，王圆，译. 北京：新华出版社，2018：280.
④ Won L. Kidane. The Culture of International Arbitration［M］. Oxford university press，2017：255.

ist, primitive, amateur, and lacking confidence."① 在一个事件中, 争议者只是要求被理解, 但又不会站在对方文化的角度换位思考。国际裁判者、仲裁员没有义务了解不同的文化, 也不关注这些文化的不可比性, 裁判者应坚持自己的原则。例如, 在印度公司与中国公司之间的一个有关船舶的合同中, 裁判者包括来自瑞典、美国、法国的仲裁员。裁判者应该坚持裁判本土化, 向对待本土司法实践一样来对待该案件而不论其文化传统如何, 也不管其涉及多少种文化, 因为船舶合同的证人会遍布全世界。文化通过制度改变了人类的生活、思想、行为、习惯。"In terms of culture, the key here is comparing their story with the allegation."② (文化的名词, 核心是比较其主张。)

比较而言, 西方国家的文化文明、商事法律文化先进因素较多, 但 "当代文化的多元性决定了我们不能简单地以西方法治模式为我们的翻版。从表层来看, 中国的法治建设在外观制度上学习西方获得了较大成功, 如在立法上我们吸取了西方刑事、民商、行政等方面法律的先进成分并取得了实效, 但在法治的内在条件上我们与西方存在着较大差距, '有法不依' 是最明显的例证"③。因此, 中外法律文化的异质, 导致中外商事法律文化的异质, 各种异质是各自民族性的体现, 是本土性的特质, 具有相应的情感上、实用上的价值。例如, 儒家的中庸之道影响了中国几千年, 并对日本、韩国、朝鲜、新加坡、越南等国家产生了巨大的影响, 形成了儒家文化圈。"中庸是达到人际关系、社会关系和谐与稳定的一种认识论与方法论。"④ 另外, 在涉外商事关系法律适用法立法中, 平等对待外国商事法律及其商事法律适用规则, 合理限制法院地法的绝对适用, 也均体现了中庸之道的影响。但亚洲又是多种文明的 "大杂烩", 文化的异质长期存在, "仅东亚就包含属于六种文明的不同社会——日本文明、中华文明、东正教文明、佛教文明、穆斯林文明和西方文明——南亚还增加了印度教文明"⑤。当然, 也有国家在文化上缺乏与其他社会、国家的共同性, 称为 "孤独的国家" 或 "无所适从的国家"。例如, "埃塞俄比亚在文化上是孤立的……在拉丁美洲, 海地不被看作是一个拉丁美洲国家, 海地人讲一种不同的语言,

---

① Won L. Kidane. The Culture of International Arbitration [M]. Oxford university press, 2017: 256.

② Won L. Kidane. The Culture of International Arbitration [M]. Oxford university press, 2017: 257.

③ 李祎丹. 全球化趋势下中国法律文化的走向 [J]. 法制与社会, 2006 (10): 35.

④ 冯辉. 文化概论 [M]. 北京: 中国言实出版社, 2014: 31.

⑤ [美] 塞缪尔·亨廷顿. 文明的冲突与世界秩序的重建 [M]. 周琪, 刘绯, 张立平, 王圆, 译. 北京: 新华出版社, 2018: 195.

他们有不同的道德基础和不同的文化"①。文化差异的后果有时是严重的，如在海地发生危机时，拉丁美洲国家宁愿接受古巴难民也不接受海地的难民。而当文化的差异与地理位置的差异重合时，可能就会出现"一种威胁和自治或分离运动。如果文化的差异与地理位置的差异不一致，人们可能会通过种族灭绝或强制移民来使之一致"②。"无所适从的国家"要成功获得重新确立的文明的认同，也是痛苦的选择，例如，"墨西哥是一个无所适从的国家，而土耳其几十年来就是这样一个国家。相比之下，俄罗斯几个世纪以来就是一个无所适从的国家，而且与墨西哥和土耳其共和国不同，它还是一种主要文明的核心国家"③。

发扬文化文明同质而抛弃异质，是减少、避免冲突的必然要求。但这一过程是渐进的过程，是选择先进文化的志愿过程，也是共同认可的先进文化逐渐增多的过程。文化的同质促进人类合作，而异质加剧冲突，"物质利益的分歧可以谈判，并常常可以通过妥协来解决，而这种方式却无法解决文化问题"④。但文化的冲突问题可以通过经济合作来解决，如欧盟就是欧洲共同文化的产物，在涉及经济全球化、经济一体化时，各种不同的经济合作包括自由贸易区、关税同盟、共同市场、经济联盟、WTO等。"在欧洲和拉丁美洲，文明的共性促进了合作和区域组织的发展……东盟常常被援用为有效的多文化组织的例子。"⑤

在发扬文化文明同质抛弃异质的过程中，"搭车"是一种表现，"搭车"即对自己认可的文化的吸收或向其转变，可以在拥有共性的同一文化文明中展开，也可以在缺乏文化文明共性的国家展开。"不同文明法国家之间更为频繁的相互作用，会进一步促进同一文明内部的搭车现象。"⑥

在发扬文化文明同质抛弃异质的过程中，也要注意先进文化与病毒文化问题，不能丢弃本土文化的核心优秀元素，引进外来的非优秀元素，否则"西方

① ［美］塞缪尔·亨廷顿. 文明的冲突与世界秩序的重建［M］. 周琪，刘绯，张立平，王圆，译. 北京：新华出版社，2018：116.
② ［美］塞缪尔·亨廷顿. 文明的冲突与世界秩序的重建［M］. 周琪，刘绯，张立平，王圆，译. 北京：新华出版社，2018：117.
③ ［美］塞缪尔·亨廷顿. 文明的冲突与世界秩序的重建［M］. 周琪，刘绯，张立平，王圆，译. 北京：新华出版社，2018：119.
④ ［美］塞缪尔·亨廷顿. 文明的冲突与世界秩序的重建［M］. 周琪，刘绯，张立平，王圆，译. 北京：新华出版社，2018：109.
⑤ ［美］塞缪尔·亨廷顿. 文明的冲突与世界秩序的重建［M］. 周琪，刘绯，张立平，王圆，译. 北京：新华出版社，2018：111.
⑥ ［美］塞缪尔·亨廷顿. 文明的冲突与世界秩序的重建［M］. 周琪，刘绯，张立平，王圆，译. 北京：新华出版社，2018：209.

的病毒一旦植入另一个社会，便很难根除"①。"一些国家的领导人有时企图摒弃本国的文化遗产，使自己国家的认同从一种文明转向另一种文明。然而迄今为止，他们非但没有成功，反而使自己的国家成为精神分裂的无所适从的国家。"② 还有被动、被迫的文化被消除的情况，消除包括身体上的、生物上的、经济上的、政治上的、文化上的等领域，"The prevalent view of genocide is that there are different types of genocide – physical, biological, economic, political, cultural – with varying degree of severity differentiating between them…we can find cultural genocide that manifests itself, for instance, in forced assimilation policies towards a group. "③

在文化文明冲突的时代，各国应该相互学习、研究彼此的文化文明，"和平与文明的未来都取决于世界各大文明的政治、精神和知识领袖之间的理解与合作……在正在来临的时代，文明的冲突是对世界和平的最大威胁"④。

从发展的角度看，人类文化经历了狩猎文化、畜牧文化、农耕文化、工业文化、信息文化阶段，信息文化为文化的全球化奠定了基础。"以往有着巨大文化差异的个人微文化、行业群文化、地域族文化、正被互联网一步步模糊其界限，使人类文化开始走向一个共生、共有、共享的类文化时代。"⑤

因此，全球化成为当今时代的主旋律，全球化包括经济全球化、环境全球化、文化全球化等，党的十九大报告首次提出"人类命运共同体"的思想，这是以习近平同志为核心的党中央为未来世界发展提供的中国方案。"人类命运共同体"思想指出了和平与发展是当今世界的时代主题及全球化不可逆转的发展趋势。"人类命运共同体"思想要求"在追求本国发展中促进各国共同发展"。对文化及商事法律文化的发展而言，也是要求"在追求本国发展中促进各国共同发展"。全球共同法律框架依赖于全球共同文化框架的形成，"全球共同法是国际化时代的人类共同法在全球化时代的延续与发展……全球共同法也并不会

---

① ［美］塞缪尔·享廷顿. 文明的冲突与世界秩序的重建［M］. 周琪，刘绯，张立平，王圆，译. 北京：新华出版社，2018：134.

② ［美］塞缪尔·享廷顿. 文明的冲突与世界秩序的重建［M］. 周琪，刘绯，张立平，王圆，译. 北京：新华出版社，2018：281.

③ Leora Bilsky, Rachel Klagsbrun. The Return of Cultural Genocide ［J］. European Journal of International Law2018，（29（2）：379.

④ ［美］塞缪尔·享廷顿. 文明的冲突与世界秩序的重建［M］. 周琪，刘绯，张立平，王圆，译. 北京：新华出版社，2018：297.

⑤ 李中元. 文化是什么［M］. 北京：商务印书馆，2017：227.

完全抛弃人类共同法的一切要素"①。这是由全球共同文化框架决定的,全球共同文化框架在形成过程中要承认世界文化的多样性,平等对待各国文化,以平等主体间公平协商方式形成共同文化框架,进而以同样的方式促进共同法律框架的形成。

三、商事法律文化冲突与商事文化自信

（一）商事法律文化冲突的解决问题

商事法律文化的现代化发展会使各种商事法律文化冲突问题得到协调解决,虽然解决的方式有别于解决商事法律冲突的冲突规范形式,但可以借鉴商事冲突规范的有益因素:如要求平等对待各国商事法律文化、彼此尊重各国商事法律文化,在解决各国商事法律冲突、在适用各国商事冲突规范时,考虑相关商事法律文化的影响因素,等等。商事法律文化冲突问题的协调解决的重要前提是沟通发展,求同存异。通过沟通协商,一起达到现代化的目标。东西方文化互补现象的提出者哈伯马斯认为文化体系形成以后会走向封闭,与非我的或者对立的文化沟通交流,相互取长补短,可以达到体系的重构。在涉外商事关系法律适用法领域,立法体系的重构也是非常必要的。

当然,商事法律文化领域里文化势差现象也是存在的。文化势差现象指不同的文化接触后,先进的文化必然对落后的文化产生影响。商事法律文化也是如此,这也说明了不同商事法律文化交流的必要性。

商事法律文化冲突的解决依赖于法律冲突的解决,依赖于法律内容的趋同化、一体化,统一化,形成越来越多的共同法律框架。这就要求我们要提炼各国先进文化,使世界文化的先进性越来越突出,越来越得到广泛的采纳与接受,增强文化的同质性。例如,美国文化在历史上曾经有相当长的一段时间与欧洲对立,但是"一旦美国走上世界舞台,它同欧洲的更广泛的认同感就得到了加强。尽管19世纪美国把自己看作不同于和对立于欧洲,但20世纪美国已经把自己看作一个更广泛的实体——包括欧洲在内的西方的一部分"②。这充分说明,文明的同质性是完全可以进一步增强的。"人类的历史是文明的历史。不可能用其他任何思路来思考人类的发展。这一历史穿越了历代文明,从古代苏美

---

① 李桂林. 论全球共同法 [M] //马治选. 法律文化法律价值与当代中国法治. 北京: 法律出版社, 2017: 28.

② [美] 塞缪尔·亨廷顿. 文明的冲突与世界秩序的重建 [M]. 周琪, 刘绯, 张立平, 王圆, 译. 北京: 新华出版社, 2018: 25.

尔文明和埃及文明到古典文明和中美洲文明再到基督教文明和伊斯兰文明，还穿越了中国文明和印度文明的连续表现形式。在整个历史上，文明为人们提供了最广泛的认同。"① 文化、文明可以为人们提供最广泛的认同，所以世界上不同文化的交融与发展、取长补短中，最先进的文化肯定是最后占领世界的文化，肯定是能越来越为各国所吸收的文化，因此，文化的趋同化是一个不可逆转的趋势。商事法律冲突的表现形式是逐渐弱化，最终趋同并走向统一。"总的来说，人类在文化上正在趋同，全世界各民族正日益接受共同的价值观、信仰、方向、实践和体制。"②

（二）坚持中国商事文化自信的厚重底蕴

中国有几千年的文化、商事文化传统，代代流传，为中国经济快速发展、引领世界打下了坚实的基础。坚持中国商事文化自信，也要在世界舞台上发挥中国文化、商事文化更大的作用。事实上中国传统文化对世界影响巨大，特别是儒家文化，对世界的贡献不可小觑。"The greatest influence on Chinese culture and managerial practice can be traced to Confucius and his value system."③

有人认为，以孔子为代表的儒家文化，对中国的文化及商事交易的价值体系都有很大的影响，其商事文化价值体系包括忠诚、仁爱、诚信、智慧、和谐、共享、合作。这些成了社会学、心理学、人类学的重要的价值体系，也是商事行为的核心价值体系。孔子的道德伦理对现代商业领航高度影响较大，可以有效解决公司实践中的管理问题。"Confucian ethics is highly relevant to the line of business navigation and its intrinsic values are useful to resolve corporate governance problems from a practical perspective."④ 例如，在公司治理方面，不能完全照搬英美的模式，必须遵循与本土化文化适应的原则，英美公司的模式是以股东宽泛为基础的，亚洲国家往往控制股东的范围，欧美的公司文化不一定能够指导亚洲的实践。所以解决商事问题，不一定需要完全从西方社会寻找答案，而可以问道中国的优秀文化。儒家文化传颂千年，比西方的制度、规定更能奏效。儒家文化通过影响人们的行为方式而对亚洲及世界产生积极作用，解决商事问

---

① [美] 塞缪尔·亨廷顿. 文明的冲突与世界秩序的重建 [M]. 周琪，刘绯，张立平，王圆，译. 北京：新华出版社，2018：19.

② [美] 塞缪尔·亨廷顿. 文明的冲突与世界秩序的重建 [M]. 周琪，刘绯，张立平，王圆，译. 北京：新华出版社，2018：35.

③ Charles KN Law, SH Goo. Confucian Teaching as an Ethical Compass in Business [J]. Company and Securities Law Journal, 2018, 36 (1)：80.

④ Charles KN Law, SH Goo. Confucian Teaching as an Ethical Compass in Business [J]. Company and Securities Law Journal, 2018, 36 (1)：80.

题的关键还得从中国传统文化、商事道德中去寻找。借助孔子的道德伦理思想可以更好地完善普通法，提供比普通法更好的语言指导亚洲领导人的行为，以建立社会需要的伦理标准或合法的伦理。"Confucianism will complement commen law and provide a better language than common law to inspire Asian directors how to behave…to establish ethical standards or legitimize ethics as a governance concern."① Max Weber 认为完善的法律制度是国家经济发展的根本。当然，这得有优秀的文化基础，而且文明需要 Max Weber 的理论，商事活动中借助可以预见的法律制度可以降低交易成本，但商事成功还需要良好的关系与诚信。"On the road to further advancement of China's economic system, one must rely on a more general framework of ethics and a more effective and formal legal system."② （中国经济继续发展的道路，必须依赖更多的伦理的基本框架及更有效的法律制度。）所以中国一方面可以吸收欧美法律制度的有益部分；另一方面要建立以传统文化为基础的本土的自我设计管理的制度。儒家文化的道德在现代社会中体现为：努力工作、忠诚、节俭、奉献、接受教育、关心公共财产。仁、义、礼、智、信是传统的美德，强调正确处事、正确判断、诚实守信，并可对商事领域的各种人际关系产生积极的影响。"It can equally apply in the domain of business which concerns leader – follower relationship, companyclient relationship, company – creditor relationship, etc."③ （在商业领域这同样适用于有关领导同事关系、公司同事关系、公司客户关系等。）儒家文化的目标即世俗的道德提升，主动的、自我控制的责任意识，对人民实行教化以建成和谐社会。倡导人们儒家文化，可以鼓励社会形成积极进取、积极创业的良好风气。所以，如果不明白经济后面的文化，就不会明白经济、法律。

当然，光有传统还不足于引领世界，在继承发扬传统优秀文化的基础上，积极发展当代先进文化，对国家或世界经济发展、法律发展都有重要的意义。"人类文化在 21 世纪也将逐步走向全球化。"④ "一些体现人类共性、反映人类文明进步的方向和潮流的理念、信念、价值观、文化精神、伦理道德规范等，

---

① Charles KN Law, SH Goo. Confucian Teaching as an Ethical Compass in Business ［J］. Company and Securities Law Journal, 2018, 36 (1)：81.
② Charles KN Law, SH Goo. Confucian Teaching as an Ethical Compass in , 2018Company and Securities Law Journal, 2018, 36 (1)：82.
③ Charles KN Law, SH Goo. Confucian Teaching as an Ethical Compass in Business ［J］. Company and Securities Law Journal, 2018, 36 (1)：83.
④ 张凤江. 文化哲学概论 ［M］. 天津：天津人民出版社，2016：280.

将会超越政治意识形态和民族文化的分野，越来越广泛地被世界各国人民所认同和接受，成为各个民族、国家文化共有的基本内涵，形成体现全人类优秀思想成果和人文价值的世界文化。"① 在这一过程中，中国特色社会主义文化将成为世界文化体系中璀璨的一环。在 21 世纪文化全球化的进程中，"中华文化将会因其广泛吸纳、融汇世界文化优秀成果……得到世人普遍尊重和认同，从而从容自如地与各国、各民族文化平等交流，使中华文化成为世界文化百花园中的一朵奇葩，在世界文化的发展中产生更大的影响和作用"②。

（三）在商事法律文化冲突中坚持中国商事文化的发展方向

商事法律文化是人类文化及文明的重要组成部分，"它由两部分构成，一是法律实体，即国家设计和实现法律规范的立法司法活动，包括法律制度、法律体系、法典文献、法律设施等；二是法律意识，即作为法律文化之源的人类认识与评价法律的思维活动，包括法律思想、法律理论、法律观点、法律技术与经验等"③。本书研究商事冲突规范立法问题，既涉及设计法律规范的立法活动，也涉及法律意识，研究的本身就是商事法律文化，所以，研究商事法律文化对本课题是非常必要的。

商事法律文化当前具有统一化、一体化的发展趋势，这是全球经济一体化的重要表现，也是国际组织大量增加与活动成效的呈现，更是法律的价值观念、社会功能等共同性的客观要求。统一化、一体化表现为超越一个国家的法律法规大量增加（如欧共体法等）；还表现为国家间法律制度互相渗透、相互借鉴、移植继承的特征。此外，商事法律文化的发展方向还呈现出社会化倾向、实用化倾向、科学化倾向等。例如，在科学化倾向方面商事法律文化"正同我们时代所取得的自然科学、社会科学成就紧密联系，进入进化论、信息论、系统论、计算机科学时代"④。如果承认经济全球化、技术全球化，而否认商事法律全球化，就等于否认投资的全球化、贸易的全球化、金融的全球化。"新时代的共同法就不能是国际化时代'共同法'或'普遍法'的简单复制，为了区别国际化时代的共同法观念，我们以'全球共同法'来表示这一新的共同法观念。"⑤ 全

---

① 张凤江. 文化哲学概论［M］. 天津：天津人民出版社，2016：280.

② 张凤江. 文化哲学概论［M］. 天津：天津人民出版社，2016：281.

③ 汤维. 当代法律文化发展趋向［M］//马治选. 法律文化法律价值与当代中国法治. 北京：法律出版社，2017：1.

④ 汤维. 当代法律文化发展趋向［M］//马治选. 法律文化法律价值与当代中国法治. 北京：法律出版社，2017：10.

⑤ 李力，严海良. 全球化与法制现代化［M］. 北京：法律出版社，2016：181 - 182.

球共同法"应该作为全球范围内的规范和原则体系，约束全球治理主体的公共行为。不管是国家、国际间组织、超国家组织、非政府组织，都需要依'法'办事"①。

全球共同法形成的基础是全球共同的法律框架，共同法律框架形成的基础是共同文化、法律文化。商事全球共同法是全球经济贸易一体化的必然要求，也是我国推进一带一路建设、打造人类命运共同体的必然要求。

关于"一带一路"建设，习近平总书记指出，要将"一带一路"建成开放之路，建设"开放、包容、普惠、平衡、共赢的经济全球化"②。

关于人类命运共同体，习近平总书记指出："我们要继承和弘扬联合国宪章的宗旨和原则，构建以合作共赢为核心的新型国际关系，打造人类命运共同体。"③ 为此，"要提高国际法在全球治理中的地位和作用，确保国际规则有效遵守和实施，坚持民主、平等、正义，建设国际法治"④。

我国推进一带一路建设、打造人类命运共同体，坚持中国商事文化的发展方向十分重要。"我们说要坚持中国特色社会主义道路自信、理论自信、制度自信，说到底是要坚定文化自信。文化自信是更基本、更深沉、更持久的理论。"⑤

因此，推进一带一路建设、打造人类命运共同体，必然要求先进文化共同体的基础，形成商事法律文化共同体与共同法律框架，理论与实践将继续为此而努力。

第三节　商事法律冲突研究

一、商事法律冲突的基本内容

在各国的现实法律体系中，法律是一个庞大的系统，由系统、子系统，甚至子子系统组成。这些系统内部以及系统之间，经常是存在冲突的，包括国内冲突与国际冲突。商事冲突规范理论认为，所谓"商事法律冲突"，就是对同一

---

① 李力，严海良. 全球化与法制现代化［M］. 北京：法律出版社，2016：185.
② 习近平. 谈治国理政：第二卷［M］. 北京：外文出版社，2017：513.
③ 习近平. 谈治国理政：第二卷［M］. 北京：外文出版社，2017：522.
④ 习近平. 谈治国理政：第二卷［M］. 北京：外文出版社，2017：529.
⑤ 习近平. 谈治国理政：第二卷［M］. 北京：外文出版社，2017：339.

商事法律关系或同一商事问题因所涉各国商事法律规定不同而发生的法律适用上的矛盾现象。

美国著名法理学家博登海默认为"法律是一个民族文化的重要组成部分"①。因此，法律冲突本质上也是一种文化冲突，法律甚至直接随着文化变化而变化，法律的发展离不开文化的发展。法律的冲突离不开文化的冲突。

（一）商事法律冲突产生的原因

一般认为，商事法律冲突的产生必须具有下列条件。

（1）世界各国随着经济的发展，商事交往交易越来越多。

（2）世界各国法律关于商事制度的规定方面存在不同或者差异。各国由于其法律关于商事制度的规定方面存在不同，在解决商事法律纠纷的时候，产生适用上的冲突。

（3）世界各国均承认或给予外商平等的商事法律地位。

（4）世界各国或均承认外国商事法律在内国具有域外效力。

（5）各国商事文化、商事法律文化的冲突。各国文化文明的冲突是商事法律冲突产生的最根本、最直接的原因。这种原因的存在及其发展趋势将决定商事法律冲突的存在与发展趋势。"在未来的岁月里，世界上将不会出现一个单一的普世文化，而是将有许多不同的文化和文明相互并存。那些最大的文明也拥有世界上的主要权力，它们的领导国家或是核心国家——美国、欧盟、中国、俄罗斯、日本和印度，将来可能还有巴西和南非，或许再加上某个伊斯兰国家，将是世界舞台的主要活动者。"② 在商事法律冲突中，具有文化冲突、文明冲突的主要国家，也是商事法律冲突的主要国家。

文化的冲突是世界范围内的国家的冲突，文化间的冲突有不同的形式。"在地区或微观层面上，断层线冲突发生在属于不同文明的邻近国家之间……在全球或宏观层面上，核心国家的冲突发生在不同文明的主要国家之间。这些冲突中的问题是国际政治的典型问题。"③ 这里提到的典型问题，就包括一个国家推行自己的价值观或将其强加给另一国家时形成的冲突。

---

① ［美］E. 博登海默. 法理学——法哲学及其方法［M］. 邓正来，译. 北京：华夏出版社，1987：1.

② ［美］塞缪尔·亨廷顿. 文明的冲突与世界秩序的重建［M］. 周琪，刘绯，张立平，王圆，译. 北京：新华出版社，2018：1.

③ ［美］塞缪尔·亨廷顿. 文明的冲突与世界秩序的重建［M］. 周琪，刘绯，张立平，王圆，译. 北京：新华出版社，2018：184－185.

（二）商事法律冲突的类型

1. 商事公法冲突和商事私法冲突

所谓公法冲突，是指发生在宪法、行政法、刑法、诉讼法、税法、财政法等公法领域的法律冲突；私法冲突则是指发生在民法、商法等私法领域的法律冲突。

根据传统观点，各国由于相互之间并不承认对方公法的域外效力，因而一般认为公法领域不会发生法律冲突，充其量只是一种法律内容上的歧义。而对于私法，由于其域外效力在各国已得到普遍承认，因此私法领域的法律冲突不仅是大量存在的，而且是真正需要我们去加以研究和解决的。

但也有观点认为，随着国际交往与合作的不断发展，以及各国新的法律理念的确立，公法的域外效力在一定范围内已经开始得到承认，公法严格的属地性也逐渐被突破。由此，那种认为公法领域不存在或不会发生法律冲突的传统观点显然太过偏狭而且已经过时。

2. 商事法律空间冲突、时际冲突和人际冲突

空间冲突（interspatial conflict of laws），就是指不同地区之间的法律冲突，包括国际法律冲突和区际法律冲突；时际法律冲突（intertemporal conflict of laws），是指可能影响同一社会关系的新法与旧法、先法与后法之间的冲突；人际冲突（interpersonal conflict of laws），是指适用于不同种族、宗教团体、部落以及不同阶级的人的法律之间的冲突。①

3. 商事平面冲突和商事垂直冲突

平面冲突，是指发生冲突的法律属于同一效力级别，位于同一层面层级或处于同等效力地位；垂直冲突，是指发生冲突的法律位于不同层面层级，在地位效力上是一种高低或上下的关系。此外，根据其他标准，还可对法律冲突做出更多不同的分类。

4. 商事微冲突、显冲突和一般冲突。

世界各国之间的商事法律冲突在不同的领域和不同的方面，冲突的程度是不同的，可以分为三种情况。

（1）微冲突。微冲突指各国商事法律规定差异不大的领域或者方面。在这方面适用不同国家的法律导致的结果差异不明显。

（2）显冲突。显冲突指各国商事法律规定差异较大的领域或者方面。在这方面法律适用差别较大，甚至是有与无、是与非之间的区别，当事人及各国对

---

① 韩德培. 国际私法［M］. 北京：高等教育出版社，北京大学出版社，2002：86 – 87.

法律适用争夺较激烈。

（3）一般冲突。一般冲突是介于微冲突与显冲突之间的一种法律冲突的表现形式。

在制定冲突规则或者统一实体法的时候，以上冲突的不同表现形式是应当作为参考因素或者参考指标的。例如，对于显冲突，因为涉及双方商事法律的规定差异大，不能一味规定适用某一国家的法律，而应考虑所涉国家及双方当事人的不同情况，平衡、合理地加以规定。同时对司法实践而言，要更加重视在显冲突情况下的法律适用问题，将之作为处理涉外商事案件的重中之重。对于微冲突，则容易制定统一实体法或者达成双边一致的协议。对于一般冲突，目前各国规定的法律适用规则及方法仍然可以适用。

值得注意的是，对微冲突、显冲突及一般冲突要进行细致的划分，确定其质与量的分界线，尽管做这样细致的工作需要大量的付出，但却是非常有意义的。本书在论述具体商事领域的法律冲突的时候，会尝试进行这种划分。由于世界上国家众多，本书无法一一列举出所有国家的法律冲突的规定，故划分具有抽样的特点。但针对我国国内商事法律冲突的领域，是完全可以进行微冲突、显冲突及一般冲突的细致划分的，以采用更加科学的方法，有效解决区际商事法律冲突问题。

（三）商事法律冲突的不同来源

各国商事法律冲突具有不同的法律渊源，如巴西冲突规范的法律渊源包括：The Bustamante Code；Other International Treaties and Conventions；Bills for a New Private International Law Statute；Conflict of Sources. ①

俄罗斯冲突规范的法律渊源包括：National Law；Multilateral and Bilateral Treaties；Customary Law；Judicial and Arbitration Practice；Doctrine. ②

阿根廷冲突规范的法律渊源包括：Multilateral and Bilateral Treaties；Case Law；Customary Law；Public International Law；Doctrine；The Interpretation. ③

日本冲突规范的法律渊源包括：Public International Law；Supranational Law；National Law；Case Law；Doctrine；Customary Law. ④

---

① Jacob Dolinger，Carmen Tiburcio. Private International Law in Brazil ［M］. Wolters Kluwer，2017：9.

② Olga Vorobieva. Private International Law in Russia ［M］. Wolters Kluwer，2015：5.

③ Adriana Dreyzin de Klor. Private International Law in Argentina ［M］. Wolters Kluwer，2016：5 - 6.

④ Jun Yokoyama. Private International Law in Japan ［M］. Wolters Kluwer，2017：5.

瑞典冲突规范的法律渊源包括：National statutory Law；Multilateral and Bilateral Treaties；Case Law；Customary Law；Public International Law；European Union Law；Doctrine（Legal writing）.①

南非冲突规范的法律渊源包括：National Law；Case Law；Customary Law.②

可以发现，不同国家的商事冲突规范的渊源是不尽相同的，因此不同国家存在不同的商事冲突规范就在所难免了。

二、两大法系商事实体法立法形式上的睽异

（一）两大法系概述

两大法系指大陆法系（continental law system）和英美法系（civil law system）。

大陆法系形成于 13 世纪的西欧，该法系的特点是强调成文法的作用，从结构上看，强调法律结构的法典化、系统化、条理化和逻辑性。当然，判例有时也可以成为大陆法系一些国家的某些法律渊源。

英美法系又称普通法系，是英国在中世纪时期逐渐形成的，包括美国和曾受英国殖民统治的一些国家和地区采用的类似的法律体系。该法系的特点是强调判例法。判例法是英美法系国家的主要法律渊源。但成文法也是一些国家重要的法律渊源。从结构上看，英美法系不像大陆法系那样把所有的法律分为公法和私法，而是分为普通法（common law）和衡平法（equity law）。

从商事立法结构及立法体例上来看，不仅不同法系间存在差异，而且同一法系内部也存在差异。

（二）大陆法系中的商法体系差异

大陆法系国家之间总的法律结构和体制是比较相像的，但各国又都具有本国的特点，存在差异。如法国与德国商法典规定内容与体例方面存在差异。关于法国的商事立法，法国 1801 年成立了商法起草委员会，并在 1807 年正式颁行了《法国商法典》，其中破产篇于 1838 年获得通过。由于《法国商法典》制定的时间较早，此后法国根据实践的需要开始频繁地对商法典加以修订并增加单行法作为补充，如 1919 年的《企业登记法》、1925 年的《有限责任公司法》、1942 年的《证券交易法》等。第二次世界大战后，法国又组织了商法修正委员

---

① Michael Bogndan. Private international Law in Sweden［M］. Wolters Kluwer, 2015：5.
② Elsabe Schoeman, Christa Roodt, Marlene Wethmar－Lemmer. Private International Law in South Africa［M］. Wolters Kluwer, 2014：5.

会，对商法进一步进行了系统修正，修订后的《法国商法典》共有四编，共648条。其中，第一编为通则，设九章，包括商人、商业账簿、公司、商业交易所、票据经纪人、行纪、买卖、汇票、本票及时效等内容；第二编为海商，设四章，包括船舶、船舶抵押、船舶所有人、船长、海员、佣船契约、载货证券、租船契约、以船舶为抵押而设定的借贷、海上保险、海损、货物投弃、时效、拒诉等内容；第三编为破产，设三章，包括财产转移、破产程序、复权等内容；第四编为商事裁判，包括商事法院、商事诉讼及仲裁程序等内容。

德国商法的立法深受法国的影响，特别是《法国商法典》立法的影响。在借鉴法国相关立法的基础上，德国学者草拟了一些商法草案，如1839年的《怀特门伯格商法草案》、1849年的《法兰克福商法草案》等。1871年德国统一后，为了进行商法立法，德国在1874年专门设立了法典起草委员会，该委员会吸收了德国学者草拟的商法草案的一些内容，制定了《德国商法典》并于1900年生效。《德国商法典》共有四编，四章，共905条。第一编为商人，包括的内容有商人、商业登记、商号、商业账簿、经理权、代理权、商业使用人、代理商及商业居间人等；第二编为商事公司与隐名合伙，包括的内容有无限公司、两合公司、股份公司、股份两合公司和隐名合伙等；第三编为商行为，包括的内容有总则、商业买卖、行纪营业、承揽运输、仓储营运、运送营业、铁路运送等；第四编为海商，包括的内容有总则、船舶所有人、船舶共有、船长、货物运送、旅客运送、风险借贷、共同海损、海难救助、船舶债权人、海上保险和时效等。

值得注意的是，《德国商法典》并不代表德国商法的全部，德国商法还以单行法的形式出现，如德国的票据法、破产法、有限责任公司法等，这些都是商法的重要内容。《德国商法典》虽然深受法国商法立法的影响，但在立法例等方面形成了自己的特色，与《法国商法典》的立法例等存在一定的差异。

在具体的商事法律领域中，大陆法系各国立法体例与内容也存在差异。下面以大陆法系国家在海事领域的立法为例。

从立法体例上来看：

（1）采用海事单行法或者法典立法形式的有：1994年《瑞典海商法》、1958年《希腊海事私法典》、1994年《挪威海商法》、1999年《俄罗斯联邦商船航运法典》《意大利航海法典》等。

（2）采用在商法典中专章（编）规定的有：日本（《日本商法》第四编为海商）、韩国（《韩国商法典》第五编为海商）、荷兰（《荷兰商法典》第二卷等为海商）等国家。

（3）一些国家（地区）还针对不同的海事关系，制定了单行法形式的法律，如1957年《日本海上货物运输法》、1899年《日本船舶法》、1899年《日本船员法》等。

从立法内容上来看，大陆法系国家海事实体法在内容构成上也不尽一致。

（1）《意大利航海法典》规定的内容有：船舶所有权及装备、船舶建造、共有权、航运企业、船舶代理、船长、船员劳动合同、租船与运输、内水运输合同、船舶碰撞、保险、打捞、优先权、抵押权等。

（2）《俄罗斯联邦商船法典》包括的内容有船舶优先权、抵押权、船舶扣押、海事声明、索赔与诉讼、法律适用等内容。

（3）1994年《瑞典海商法》规定的内容有：船舶、船舶登记、船舶属具、船舶所有权注册、登记和注册的程序、船舶抵押权与船舶优先权、外国抵押权、扣船、船舶经营、船长、船舶碰撞、责任限制、油污、运输合同、提单和其他运输单证、旅客和行李运输、海上事故海上事故的调查等。

（4）1958年《希腊海事私法典》规定的内容有：船舶及所有权、船长、船员、船舶共有、船舶所有人的责任、运输合同、船舶抵押、海上留置权、船舶扣押、共同海损、船舶碰撞、海难救助、海上保险等。

（5）1994年《挪威海商法》规定的内容有：船舶、船舶登记、船舶抵押权、船舶优先权、船舶扣押、船舶管理、船长、碰撞、责任限制、油污、运输合同、旅客及行李运输、海难救助、共同海损、海事调查等。

（6）《荷兰商法典》第二卷海商部分规定的内容有：海船及其货物、船舶经营人、船长、船员、船舶出租与承租、货物运输、旅客运输、碰撞、救助、保险、海损、责任限制、海上义务的终止等。

以上国家海事领域内的立法，不仅在内容的形式规定上不一致，如有的国家规定了法律适用条款，有的没有规定等；而且在内容的实质规定上也不一致，如有些国家就同一个问题船舶的定义方面规定不同。例如，《荷兰商法典》第二卷海商部分规定："船舶"包括任何船舶，不论其名称和种类如何；而1994年《挪威海商法》规定进行船舶登记时有最大长度方面的要求。"Every Norwegian ship of a maximum length of 15 meters or more shall be entered in the Register of Ships or in the Norwegian International Ship Register if the conditions for registration there have been met."（每艘最大长度在15米或者以上的挪威船舶应当在船舶登记册或国际船舶登记册上登记，如果登记的条件能够满足的话。）

综上，大陆法系国家在海事实体法的内容构成上虽然有一些共同的地方，但差异仍然存在。

（三）英美法系中的商法体系差异

英美法系的国家以英国和美国为代表，尽管两国在法律渊源等方面有许多近似之处，但在自身的发展过程中也形成了各自独特的体系，商法体系也不例外。

英国是传统的判例法国家，没有像大陆法那种形式意义上的商法，但大陆法系现代商法中的各项基本制度在英国法中均有类同的法律概括，这不仅表现在有关公司法、票据法、保险法、破产法等特别法中，而且表现在对商人资格、商业组织、商事合伙、商事代理等一系列的基本规定和定义概括之中。英国公司法规定的公司形式有：有限公司、无限公司及保证有限公司。英国现行适用的公司法包括本国有效的公司法、《1972 年欧洲共同体法》第九节等。

美国商法与英国不同，不仅联邦有商法规定，各州也都有商事立法。此外，美国法学会、美国统一州法律委员会还制定了《统一商法典》。美国有关社会团体在 1928 年、1950 年又分别起草了《统一商事公司法》《标准商事合同法》。

同大陆法系国家一样，在具体的商事法律领域中，英美法系各国在立法体例与内容上也存在差异，如在海事领域，即使是立法的现代化发展水平较高的法治国家，这种立法形式上的差异也是非常明显的。

英美法系国家虽然是判例法国家，但其海事实体成文法的立法也是比较发达的。以美国为例，在立法形式上，采用的是法典中的专章（卷）的立法形式，1990 年《美国法典》、2001 年《美国统一商法典》的相关章的内容可以适用于海事关系。在立法内容上：《美国法典》第 49 卷第 801 章第 80101 条—80116 条规定的是提单法的内容，即 1998 年修订的 1916 年《波莫兰提单法》；《美国法典》第 46 卷第 1301 条—1315 条规定的是海上货物运输法的内容，即 1936 年生效的《海上货物运输法》；《美国法典》第 46 卷第 2710 条—2720 条规定的是海上油污法的内容，即 1990 年《美国油污法》。加拿大与美国类似，《加拿大成文法典》第六卷是对海事责任法的规定，即 2001 年《加拿大海事责任法》。

从立法形式上看，英美法系国家中，英国采用的是单行法的立法形式：如 1971 年《英国海上运输法》、1992 年《英国海上运输法》、1906 年《英国保险法》、1995 年《英国商船航运法》、1998 年《英国商船航运（海事索赔责任限制公约）（修改）法令》等。其他英美法国家多是采用这种立法形式：如 1998 年《澳大利亚海上货物运输法》、1986 年《南非海上货物运输法》、1997 年《南非海上保险法建议（草）案》等。

从立法内容上看，英美法系国家在海事实体法的内容构成上也不尽一致。

（1）在海上运输合同法方面，1992 年《英国海上运输法》规定的是提单及某些航运单证，包括提单、海运单、船舶交货单，规定了航运单证所赋予的权利、航运单证下的责任、提单的记载事项等内容。

（2）1936 年生效的《美国海上货物运输法》规定了承运人、运输合同、货物、船舶、货物运输等定义；承运人的权利；承运人和船舶的责任与义务；承运人和船舶的权利与豁免；权利的放弃、责任与义务的增加；装前卸后责任的协议等内容。

（3）1998 年《澳大利亚海上货物运输法》规定了承运人、船舶、提单等相关内容。

（4）1986 年《南非海上货物运输法》规定了海牙规则的适用、计算单位和换算等相关内容。

在海上保险方面，1906 年《英国保险法》规定的内容有：海上保险的定义；海陆混合风险；航海及海上危险的定义；保险利益；再保险；抵押贷款；船长、船员工资；保险费；预付运费；保险价值；被保险人的告知；投保代理人的告知；合同的成立；保险单；指定标的物；双重保险；各种保证；航程、绕航；保险单的转让；保险费；损失及委付；部分损失；赔偿限度；保险人在赔偿后的权利；相互保险；补充条款及术语解释；等等。

1997 年《南非海上保险法建议（草）案》规定的内容有：船舶、可保航程、保险财产、相关风险定义；保险合同；保险利益；再保险；抵押贷款；船长、船员工资；预付运费；保险费；保险利益；被保险人的告知；投保代理人的告知；保险利益额度；保险利益的转让；保险价值的确定；定值合同；不定值合同；预约合同；重复保险；委付等。

综上，英美法系国家在海上运输合同领域规定的内容差异较多，在海上保险领域，内容构成上有一定差异。

三、两大法系商事实体法立法内容上的睽异

（一）大陆法系商事实体法立法实体规定上的差异

大陆法系商事实体法立法实体规定上的差异比较明显，并且在许多商事领域都存在。下面以部分商事领域来说明。

1. 支票领域

在支票领域，大陆法系国家在实体法立法实体规定上有一致或者基本一致的地方，但也存在明显的差异。

一致或者基本一致的地方如《法国支票法》第 1 条规定："支票应具有以下内容：1. 有以支票本文所使用的文字表明支票的字样；2. 无条件支付一定金额

的命令；3. 付款人姓名；4. 付款地；5. 出票日和出票地；6. 出票人签名。"

《德国支票法》第 1 条（内容）规定："支票包括下列内容：一、票据文句中应标明支票的字样，并使用与开立支票同样的文字。二、无条件支付一定金额的规定。三、付款人的姓名。四、付款地。五、出票日及地点。六、出票人签名。"

以上两国的规定完全一致。

再如《法国支票法》第 2 条规定："支票欠缺上项规定应载事项之一者，除属下述情况外，不能视为支票。如无特殊的说明，付款人姓名旁的地点，视为付款地。如付款人姓名旁有几个地点，第一个地点视为付款地。如无上述规定或无任何其他规定，支票应在付款人总行的所在地付款。支票上未载明出票地者，出票人姓名旁的地点视为出票地。"

《德国支票法》第 2 条（内容欠缺）规定："一、欠缺前条中规定的任何一项内容的票据，均不被视为支票，但下述各款列举的情况除外。二、（1）未载明特定付款地，写在付款人姓名旁的地点被视为是付款地；（2）付款人姓名旁指明数处地点，则支票应在被指明的第一个地点付款。三、如无此类记载和任何其他记载，则支票应在付款人的总公司所在地付款。四、未载明开票地的支票，被视为在写于出票人姓名旁的地点开立。"

以上规定基本一致。

法律规定不一致的地方：如关于时效，《法国支票法》第 52 条规定："持票人对背书人、出票人及其他债务人就追索权而提出的申诉，从支票提示期限到期日起算的 6 个月后丧失时效。债务人在支付支票后彼此就追索权而提出的申诉，在其偿付支票日起算的 6 个月后，或债务人本人被诉日起算的 6 个月后丧失时效。(1938 年 5 月 24 日法令) 持票人对付款人提出的申诉应在支票提示期限到期后起算的一年后丧失时效。但是，在丧失权利或在时效消灭时，对无存款的出票人，或对不法牟利的其他债务人仍可提出控诉。对 1985 年 7 月 11 日第 85—695 号法律生效以前开立的支票，持票人对付款人提出起诉的时效应在该法生效日起算的一年到期后消灭，条件是该项时效以前未发生过。"

第 53 条规定："如发生诉讼时，时效从最后的起诉日起算。遇到讼案已予判决或债务已由另一份证件承认时，时效即不再适用。时效的中断只能在对人做出中断证书后才能生效。所谓的债务人如被依法要求，必须宣誓表明本人已偿清债务，并真诚地认为其遗孀、遗产继承人或权利继承人也一无所欠。"

《德国支票法》第 52 条（时效）规定："一、持票人对背书人、出票人和其他支票债务人的请求权，从提示期限届满日起 6 个月内有效。二、支票债务人对另一支票债务人的请求权，从该支票债务人支付支票票款日起，或从为向该支票债务人索赔而将支票送交法院之日起，6 个月内有效。"

第 53 条规定："（中断）时效的中断只对与导致时效中断的情事有关的该支票债务人有效。"

以上两国的规定存在差异，《法国支票法》规定了更多的内容，《德国支票法》规定的内容相对较少。在两国支票法均规定的事项中，内容亦不一致。例如，关于时效的中断《法国支票法》规定：时效的中断只能在对人做出中断证书后才能生效；《德国支票法》规定：时效的中断只对与导致时效中断的情事有关的该支票债务人有效。此外，《法国支票法》要求做出中断证书后才能生效，而德国没有这样规定；《德国支票法》要求时效的中断只对与导致时效中断的情事有关的该支票债务人有效，而法国没有这样的限定。

2. 海事领域

大陆法系国家在海事实体法的具体规定上内容更多，因此，存在的差异也更多。限于篇幅，下面只就有关船舶的两个问题进行分析。

关于船舶的定义方面，各国的定义不同。

（1）1994 年《瑞典海商法》第 2 条规定："全长至少 12 米，最大型宽至少 4 米的船舶（vessel）被称为船舶（ship）。"① （A vessel having a length over all of at least twelve metres and a maximum breadth of at least four metres shall be designated as a ship. Other vessels shall be designated as boats. ）

（2）1958 年《希腊海事私法典》规定的船舶指利用本身的推进方式并以航海为目的、净吨位 10 吨以上的运输工具为船舶。

（3）1994 年《挪威海商法》规定了进行船舶登记长度等方面的要求：第 2 章第 11 条第 4 款规定 "A Norwegian ship with a maximum length of less than 15 meters can, at the owner's request, be entered in the Register of Ships if its greatest length is at least 10 meters or if the ship is required to be registered under Act 5 December, 1917, No. 1. "。（最大长度小于 15 米的挪威船舶，如果其最大长度至少为 10 米或者被要求根据 1971 年第 1 号法令进行登记，则船舶所有人可以申请登记。②）

---

① 韩立新，王秀芬. 各国（地区）海商法汇编［M］. 大连：大连海事大学出版社，2003：752.

② 韩立新，王秀芬. 各国（地区）海商法汇编［M］. 大连：大连海事大学出版社，2003：1167.

(4)《荷兰商法典》第二卷海商部分第 309 条规定："一、船舶包括任何船舶，不论其名称和种类如何。二、除非另有规定或约定，船舶应视为包括船舶属具。三、船舶属具是指并包括旨在船上永久使用但不组成船舶一部分的所有用具。四、推进机器属于船舶的组成部分。"①

以上各国海商法中关于船舶的概念是存在明显分歧的。例如，有的国家（如荷兰）对船舶没有任何限定，有的国家（如瑞典、希腊）对船舶有限定，且限定的条件也不一致：瑞典规定以达到一定长、宽的标准为船舶的限定条件；希腊规定以达到一定载重量为船舶的限定条件，且强调以航海为目的。

关于船舶的登记方面，各国也有不同的规定。

（1）根据 1994 年《瑞典海商法》第二章第 1 条、第 2 条的规定，凡是瑞典船舶必须在船舶登记册上登记。在瑞典建造中的船舶应进行建造中船舶登记。国有及政府专有的船舶，以及非商业性船舶可不进行登记。同时，任何人取得应登记但尚未登记的船舶所有权时，应在取得所有权后的 1 个月内申请船舶登记。正在建造的瑞典船舶的所有人应在船舶下水后的 6 个月内申请船舶登记，并可适当延长。

（2）1958 年《希腊海事私法典》第 4 条第 1 款规定："建造中船舶也可办理登记。"② 第 6 条第 2 款规定："不按上述规定进行登记，船舶所有权不能转让。"③

（3）《荷兰商法典》第二卷海商部分第 314 条第 1 款规定："20 立方米以上的荷兰船舶应进行登记并持有登记册。"④

（4）1994 年《挪威海商法》第 11 条第 2 款规定："如果登记的条件已经被满足，每艘最大长度在 15 米或以上的挪威船舶应当在船舶登记册上或在挪威国际船舶登记册上登记。"（Every Norwegian ship of a maximum length of 15 meters or more shall be entered in the Register of Ships or in the Norwegian International Ship Register if the conditions of registration there have been met.）第 11 条第 3 款规定："最大长度小于 15 米的挪威籍船舶，如果其最大长度至少为 10 米或被要求根据

---

① 韩立新，王秀芬. 各国（地区）海商法汇编［M］. 大连：大连海事大学出版社，2003：1087.

② 韩立新，王秀芬. 各国（地区）海商法汇编［M］. 大连：大连海事大学出版社，2003：940.

③ 韩立新，王秀芬. 各国（地区）海商法汇编［M］. 大连：大连海事大学出版社，2003：941.

④ 韩立新，王秀芬. 各国（地区）海商法汇编［M］. 大连：大连海事大学出版社，2003：1088.

1917 年 12 月 5 日第 1 号令《关于渔业登记和标志法》进行登记或主要或完全从事商业活动,那么船舶所有人可以申请进行船舶注册登记。"关于建造中的船舶,该法第 31 条第 3 款规定:"Entry in the Register of Ships under Construction can not be effected unless the probability has been shown that the ship will have a greatest length of 10 meters or more."(除非船舶的长度被证明在完成时至少是 10 米,否则建造中的船舶在登记册上的注册无效。①)"

以上各国关于船舶及建造中船舶登记的规定存在不同。例如,在登记的船舶要求上,有的国家要求所有船舶均应登记,有的国家要求符合一定条件的船舶才可进行登记;关于登记对所有权转让效力的影响各国规定也不一致。

限于篇幅,本书无法将各国(地区)的所有商事法律冲突在此处展现,而且在各具体商事领域的论述中,这些具体商事领域的法律冲突还会得到挖掘,故此处不再赘述。

值得说明的是,实体法之间的法律冲突不是一成不变的,萨维尼认为:"实在法为人公认的特征之一就是每隔一定时期的变化。"② 这增加了法律冲突的复杂性。

商事实体法立法实质上的差异,是产生商事法律冲突的直接原因,也是产生涉外商事关系法律适用法的重要原因。涉外商事关系法律适用法就是为解决商事实体法律冲突而存在的,商事实体法律冲突越多、越激烈,涉外商事关系法律适用法的重要性越能够得到体现,涉外商事关系法律适用规则就越能受到重视、得到发展。

(二)英美法系商事实体法立法实体规定上的差异

同大法系的情况基本类似,英美法系商事实体法立法实体规定上的差异比较明显,并且在许多商事领域都存在。下面以部分商事领域来说明。

1. 支票领域

1982 年《英国票据法》规定了"法律上的冲突",如第 72 条法律冲突规则规定:"如汇票在一国开立,而在另一国流通、承兑、付款,则汇票各当事人之权利、责任、义务按如下规定决定:(1)汇票要项之格式之有效性,由出票地法决定;诸如承兑或背书或对已做成拒绝证书的汇票的承兑等伴随合约要项之

---

① 韩立新,王秀芬. 各国(地区)海商法汇编 [M]. 大连:大连海事大学出版社,2003:1174.

② 弗里德里希·卡尔·冯·萨维尼. 法律冲突与法律规则的地域和时间范围 [M]. 李双元,张茂,吕国民,等译. 北京:法律出版社,1999:2.

格式之有效性，由合约缔结地法决定。但：（a）如汇票非在英国开立，则并不仅因汇票未根据出票地法贴印花税而使汇票无效；（b）如汇票非在英国开立，但汇票要项之格式符合英国法律，则该汇票在英国之流通转让人、持有人，或汇票当事人之间视为有效，并能达到执行支付之目的。（2）根据本法规定，对汇票之开立、承兑或对已做成拒绝证书的汇票之承兑的解释，由各该合约缔结地法决定。但如一张英国国内汇票在国外背书，则对付款人而言，背书之解释应遵循英国法律。（3）持票人对提示承兑或提示付款之责任和拒绝证书或退票通知之是否必要或充分，或其他事项，由行为地或退票地法决定。（4）如汇票非在英国开立，但在英国付款，而付款金额又未以英国货币表示，则如无明确规定，付款金额应按照付款地在付款日之即期汇票外汇汇率计算。（5）如汇票在一国开立而在另一国付款，汇票的到期日由付款地法决定。"而其他国家鲜有这样的规定。

在其他方面，规定也存在不一致的地方，如关于成套汇票，1912年3月1日颁布的《美国统一商法典》第3—801条"成套汇票"规定："1. 如果汇票系由多部分组成一套，且每一部分均有编号并说明只有其他部分未兑付时该部分才构成一项指令，则所有各部分构成一项汇票，但汇票任何单独部分的执票人均可成为汇票的正当执票人。

2. 任何人如果流通、背书或承兑全套汇票中的任何单独部分，即对该部分汇票的正当执票人承担全套汇票义务；但在通过流通取得汇票不同部分的正当执票人之间，首先取得所有权的执票人对汇票及其收益享有全部权利。

3. 在对抗受票人时，全套汇票中首先提示的部分有权得到付款；如果是定期汇票，则有权得到承兑和付款。受票人如果承兑其后提示的其他部分，应承担本条第2款规定的责任。对执票人和出票人来说，对见票即付汇票随后提示之部分作出的付款，具有同于收到中止支付之有效指示后仍对支票付款的效果（第4—407）条。

4. 除本条另有规定外，如果全套汇票中的任何部分因付款或其他原因而得到清偿，全套汇票即被清偿。"

《英国票据法》第71条规定："成套汇票之规则。（1）如汇票以成套形式开立，则全套中的每张汇票须编列号码，且应载有涉及其他各张之内容。各张汇票之全体构成汇票。（2）如成套汇票之持有人将两张或两张以上之汇票背书于不同的人，则各张汇票成为单独之汇票，背书人对每张汇票均应负责，其后各后手背书人对各自所作背书也应负责。（3）如两张或两张以上的汇票流通转让给不同的正当持票人，在此类持票人间，最先得到所有权者被认为是汇票的真正所有人。但此项规定不影响承兑人或付款人的权利，如第一张汇票经提示时，在正当情况下，承兑人或付款人对汇票得做出承兑或付款。(4) 可对任何一张汇票承兑，但承兑必须仅在一张汇票上作成。如受票人对超过一张的汇票承兑，且该已被承兑的汇票为不同的正当持票人所持有，则各该汇票成为单独之汇票，承兑人应对各张汇票负责。(5) 当承兑人对成套汇票之一张做出付款，但未要求将记载该承兑的汇票交付，而在到期日该未收回之汇票为正当持票人所持有，承兑人应对持票人负责。(6) 根据上述规则，如开立的成套汇票中的任何一张因付款或其他原因而解除责任，则所有各张汇票均被解除责任。"

以上两国的规定并不完全一致。例如，对汇票单独部分的责任问题，美国规定任何人如果流通、背书或承兑全套汇票中的任何单独部分，即对该部分汇票的正当执票人承担全套汇票义务；英国规定如成套汇票之持有人将两张或两张以上之汇票背书于不同的人，则各张汇票成为单独之汇票，背书人对每张汇票均应负责。

2. 海事领域

英美法系国家在海事实体法的具体规定上，存在许多差异。

第一，关于船舶的定义。1936 年《美国海上货物运输法》第 1 条第 4 款规定："The term 'ship' meansany vessel used for the carriage goods by sea." (船舶系指用于海上运输的任何船舶。①) 1995 年《英国商船航运法》第 1 条对船舶进行了适当的限制 "'small ship' means a ship less than 24 metres in length ('length' having the same meaning as in the tonnage regulations)②."。1997 年《南非海上保险法建议（草）案》第 2 条第 1 款第 1 项规定："'Craft' means – (a) any vessel or craft of any nature used or capable of use in or on water or in the air or in space, whether or not self – propelled, including any such vessel or craft in the course of construction." ("船艇"是指—— (a) 用于或能够用于水中、水面、空中、空间的任何性质的船舶、船艇，无论其是否具有自航能力，包括任何建造中的此类船舶、船艇。③)

第二，关于提单的内容。1992 年《英国海上货物法》第 4 条规定："A bill

---

① 韩立新，王秀芬. 各国（地区）海商法汇编：上卷 [M]. 大连：大连海事大学出版社，2003：374.

② 韩立新，王秀芬. 各国（地区）海商法汇编：上卷 [M]. 大连：大连海事大学出版社，2003：56.

③ 韩立新，王秀芬. 各国（地区）海商法汇编：上卷 [M]. 大连：大连海事大学出版社，2003：546 – 547.

of lading which (a) represents goods to have been shipped on board a vessel or to have been received for shipment on board a vessel; and (b) has been signed by the master of the vessel or by a person who was not the master but had the express, implied or apparent authority of the carrier to sign bills of lading, shall, in favour of a person who has become the lawful holder of the bill, be conclusive evidence against the carrier of the shipment of the goods or, as the case may be, of their receipt for shipment." (一份提单，当 (a) 记载了已装船或已收妥待运的货物；并且 (b) 业经船长签署，或虽经非船长但已由承运人明示、默示或明显方式授权的人签署，则该提单为保护合法提单持有人的利益，对承运人构成货已装船，或视具体情况货已收妥待运的最终证据。①)

1936 年《美国海上货物运输法》第 3 条第 3 款规定："After receiving the goods into his charge the carrier, or the master or agent of the carrier, shall, on demand of the shipper, issue to the shipper a bill of ladin showing among other things." (收到货物以后，承运人、船长或承运人的代理人，应当依照托运人的请求，给托运人签发提单。②) 该第 3 条第 4 款规定："Such a bill of lading shall be prima facie evidence of the receipt by the carrier of the goods as therein described in accordance with paragraphs (3) (a), (b), and (c)." (此种提单应作为承运人根据本条第 3 款第 1、第 2 及第 3 项所述，收到该提单中所载货物的初步证据。③)

以上英美两国关于提单内容的规定存在不同。一是关于提单签发主体，1992 年《英国海上货物法》规定由船长或承运人明示、默示或明显方式授权的人签署；1936 年《美国海上货物运输法》规定由船长或承运人的代理人签署，没有说明默示或明显方式授权或者代理的有效性问题。二是关于提单的证据效力，1992 年《英国海上货物法》规定提单是构成货已装船，或视具体情况货已收妥待运的最终证据 (conclusive evidence)；1936 年《美国海上货物运输法》规定提单是收到该提单中所载货物的初步证据 (prima facie evidence)。这里，最终证据与初步证据的表述含义上存在差异，效力上最终证据 (conclusive evidence) 更高。另外，《英国海上货物法》规定提单证明的是货已装船，或视具

---

① 韩立新，王秀芬. 各国（地区）海商法汇编：上卷 [M]. 大连：大连海事大学出版社，2003：11.

② 韩立新，王秀芬. 各国（地区）海商法汇编：上卷 [M]. 大连：大连海事大学出版社，2003：374.

③ 韩立新，王秀芬. 各国（地区）海商法汇编：上卷 [M]. 大连：大连海事大学出版社，2003：375.

体情况货已收妥待运；《美国海上货物运输法》提单证明的是收到该提单中所载货物。两者文字表述也存在不同，前者是货已装船或收妥，后者是提单所载货物与装船货物一致，要求更高一些，而前者没有这种含义。

第三，在保险法领域。在保险法领域，1906 年《英国保险法》与 1997 年《南非海上保险法建议（草）案》在架构上有相同或相似之处，但在具体条文规定的内容上存在差异。

例如，关于保险合同定义要求方面，1906 年《英国保险法》关于保险合同定义要求方面的规定有下列内容。第 1 条规定："A contract of marine insurance is a contract whereby the insurer undertakes to indemnify the assured, in manner and to the extent thereby agreed, against marine losses, that is to say, the losses incident to marine adventure."（海上保险合同是一种合同，根据这种合同，保险人按照约定的方式和范围，对被保险人遭受的与航海有关的海上损失承担赔偿责任。)"

第 2 条第 1 款规定："A contract of marine insurance may, by its express terms, or by usage of trade, be extended so as to protect the assured against losses on inland waters or on any land risk which may be incidental to any sea voyage."（海上保险合同，得用明文条款或根据贸易惯例，将责任范围扩展到保障被保险人在与海上航程有关的内河或内陆运输风险中所遭受的损失。)

第 3 条第 1 款规定："Subject to the provisions of this Act, every lawful marine adventure may be the subject of a contract of marine insurance.（根据本法的规定，任一合法的航海可以成为海上保险合同的标的。)"

根据 1997 年《南非海上保险法建议（草）案》的规定，关于保险合同定义要求方面的规定适用的范围更宽。其第 1 条第 1 款规定："(1) This Act shall apply to (a) any insurance with regard to an insurable adventure；(b) any other insurance, if, in terms of the contract or otherwise, the parties have agreed that this Act shall apply."（(1) 本法适用于 (a) 与可保航程有关的任何保险；(b) 当事人以合同或其他方式约定本法适用的任何其他保险。)

从上可知，英国海上保险法适用的标的与航海有关，而南非海上保险法草案可适用于任何保险。

关于赌博合同的规定方面，1906 年《英国保险法》第 4 条第 2 款规定的赌博合同指两种情况：一是被保险人对保险标的无本法规定的保险利益，而且在缔约后仍无获得此种保险利益的可能；二是保险单是按"无论有无保险利益"，或"除保险单本身外，不再具有保险利益的证明"，或"保险人无救助利益"等条件，或按其他类似条件签订的。1997 年《南非海上保险法建议（草）案》

关于赌博合同的规定只指上述《英国保险法》规定的第一种情况（1）Every contract of insurance by way of gaming or wagering is void. （2）A contract of insurance is deemed to be a contract by way of gaming or wagering where the assured does not have an insurable interest and contract is entered into with no expectation that the assured will acquire such an interest." 即（1）任何用作赌博的保险合同无效。（2）如果被保险人对保险标的无保险利益，而且在缔结后仍无可能获得此种保险利益，此种保险合同被认为是赌博合同。①

关于其他方面，如关于明示保证的规定方面，1997 年《南非海上保险法建议（草）案》比 1906 年《英国保险法》多规定了一项内容："An express warranty applies from the commencement of the risk, unless the contrary appears, either expressly or impliedly, from the contract of insurance."（明示保证自风险开始时开始适用，除非保险合同中存在明示的或者默示的相反规定。）

关于除外责任，1997 年《南非海上保险法建议（草）案》比 1906 年《英国保险法》多规定了一项内容：保险人对被保险人恶意的错误行为造成的损失不负责任；但是，除非保险单另有规定，对由承保危险造成的损失，即使没有船长和船员的错误行为或者过失这些损失就不会发生，保险人也必须负责。

关于保险单的转让，1997 年《南非海上保险法建议（草）案》比 1906 年《英国保险法》少规定了一项内容：海上保险单转让后，其利益随保险单一起转移；保险单的受让人以自己的名义进行诉讼，而被告也有权同样援用该合同引起的抗辩，犹如诉讼是由订立保险单的人或其代表提起的一样。

关于共同海损损失方面，1997 年《南非海上保险法建议（草）案》比 1906 年《英国保险法》少规定了两项内容：一是在无明文规定的情况下，保险人对不是为避免承保危险或者与此有关的共同海损损失和共同海损分摊不负责任；二是如果船舶、运费和货物，或其中任何两种利益属于同一被保险人，保险人对共同海损损失或分摊所负的责任，犹如标的物不属同一被保险人一样。

此外，1906 年《英国保险法》还规定了赔偿额度、相互保险、退还保险费等更多的内容。例如，关于赔偿额度，其 67 条规定："（1）The sum which the assured can recover in respect of a loss on a policy by which he is insured, in the case of an unvalued policy to the full extent of the insurable value, or, in the case of a valued policy to the full extent of the value fixed by the policy is called the measure of in-

① 韩立新，王秀芬. 各国（地区）海商法汇编：上卷［M］. 大连：大连海事大学出版社，2003：547.

demnity. （2）where there is a loss recoverable under the policy, the insurer, or each insurer if there be more than one, is liable for such proportion of the measure of indemnity as the amount of his subscription bears to the value fixed by the policy in the case of a valued policy, or to the insurable value in the case of an unvalued policy. ''即（1）被保险人在其保险单项下能得到的损失赔偿叫赔偿限度。对不定值保险单，赔偿限度是保险标的的全部保险价值；对定值保险单，赔偿限度是保险单中约定保险价值。（2）如果损失根据保险单可以得到赔偿，保险人或两个以上的保险人中的任何一个保险人，按其保单所认占的数额同保单约定的价值（对定值保单而言）或同可保价值（对不定值保单而言）的比例赔付赔偿限度。①

从以上诸多规定可以看出，不同国家针对范围内容的相关规定，并不完全一致，甚至存在比较突出的矛盾与冲突。

在未来的世界里，文化、文明的冲突是对世界和平最大的威胁，"而建立在多文明基础上的国际秩序是防止世界大战的最可靠的保障"②。这里的国际秩序就包括国际商事法律秩序。

四、"一带一路"国家商事实体法立法内容上的睽异

推进"一带一路"建设、打造人类命运共同体，是中国对世界的重要贡献，在推进"一带一路"建设、打造人类命运共同体的过程中，"要坚持经济合作和人文交流共同推进，注重在人文领域深耕细作，尊重各国人民文化历史、风俗习惯"③。

在"一带一路"国家中，法律文化及商事法律规定差异较多。"由于各国在政治背景、法律环境、企业管理制度乃至语言、宗教、文化、习俗等方面的巨大差异，我国企业在实施'走出去'战略时通常会面临水土不服的尴尬。"④

（一）"一带一路"国家在建筑工程承包领域的商事法律冲突

"一带一路"国家在建筑工程承包领域的商事法律规定各有不同⑤，主要规

---

① 韩立新，王秀芬. 各国（地区）海商法汇编：上卷 [M]. 大连：大连海事大学出版社，2003：27.

② [美] 塞缪尔·亨廷顿. 文明的冲突与世界秩序的重建 [M]. 周琪，刘绯，张立平，王圆，译. 北京：新华出版社，2018：297.

③ 习近平. 谈治国理政：第二卷 [M]. 北京：外文出版社，2017：502.

④ 江苏省南通市司法局，上海对外经贸大学. "一带一路"国家法律服务和法律风险指引手册 [M]. 北京：知识产权出版社，2016：435.

⑤ 江苏省南通市司法局，上海对外经贸大学. "一带一路"国家法律服务和法律风险指引手册 [M]. 北京：知识产权出版社，2016.

定情况如下。

（1）马其顿共和国没有相关建筑工程承包市场的限制、准入方面的法律规定。项目多要求带资承包，或与当地公司联合投标，当地公司联合投标有加权分。

（2）保加利亚共和国有《政府采购法》《公私合伙法案》等，保加利亚常常要求投标企业产品要在欧盟生产。"在建筑工程方面，国内涉及的工程活动总价要求下限为26.4万列弗，对国外进修的工程活动总额要高于165万列弗。"①在服务提供、货物交付、内容设计等方面也是如此。保加利亚房地产产权可以公有也可以私有，国有公共财产的租赁期不得超过10年。市属公共财产的租赁期不得超过5年。

（3）罗马尼亚共和国规定外国企业在罗马尼亚承包建筑工程，原则上应在罗马尼亚注册设立企业。

阿尔巴尼亚共和国规定租赁期最长达99年。

塞尔维亚共和国规定"设计和施工单位必须是在塞尔维亚境内依法注册登记的公司，且设计和施工单位设计人员、工程和技术人员的学历和资质必须是经塞尔维亚政府部门认可与承认的"②。

克罗地亚共和国规定房地产开发要征收土地增值税。

黑山共和国规定在建工程必须投保，每年的投保金额不得少于5000欧元。

波斯尼亚和黑塞哥维那（波黑）规定波黑建筑工程主要采用BOT方式。

斯洛文尼亚共和国规定："承包商负责人必须是工程师并在斯洛文尼亚工程师协会进行注册。此外，在斯洛文尼亚开展承包业务必须使用斯洛文尼亚语言。"③

匈牙利规定外国承包工程须在欧盟国家注册公司，匈牙利规定有限责任公司注册资本不能少于300万福林。

斯诺伐克共和国《公共采购法》规定欧盟成员国与第三国承包商享有同等的优惠待遇。

捷克共和国规定外国企业和居民均可获得捷克土地所有权。

---

① 江苏省南通市司法局，上海对外经贸大学. "一带一路"国家法律服务和法律风险指引手册［M］. 北京：知识产权出版社，2016：427.

② 江苏省南通市司法局，上海对外经贸大学. "一带一路"国家法律服务和法律风险指引手册［M］. 北京：知识产权出版社，2016：403.

③ 江苏省南通市司法局，上海对外经贸大学. "一带一路"国家法律服务和法律风险指引手册［M］. 北京：知识产权出版社，2016：383.

拉脱维亚共和国规定如果建筑工程违反法律规定或者收到许可后 1 年内没有开工，则许可将被撤销。

爱沙尼亚共和国规定外国公司不受行业限制均可参与工程承包。

立陶宛共和国规定外国企业、个人均可通过租赁方式获得国有土地使用权。

波兰共和国规定开发商可以购买不动产。农业用地、森林不得用于建筑工程建设。

新加坡共和国规定外国承包工程没有禁止领域，工程项目承包没有 BOT 方式。印度尼西亚共和国规定外国企业承包工程需要获得许可，且只能投资政府采购项目。

缅甸联邦共和国规定涉及国防安全、贵重矿产资源开发、少数民族地区的政府项目，原则上外企不能进入。

泰王国规定限制外资投资建筑业。

老挝人民共和国规定外国公司可以在国内承揽工程，无须在当地另成立公司。

柬埔寨王国规定 BOT 合同只能是国家、公共法人作为许可方，私人作为被许可方的公共基础实施项目。

越南社会主义共和国规定外国企业租赁土地使用期限一般为 50 年。

文莱达鲁萨兰国规定一般对外国公司承包工程没有限制，合同额较小的项目除外。

蒙古国规定不允许外国自然人承包工程项目。伊朗伊斯兰共和国规定外国企业可以根据投资项目的需要拥有适当的土地。所有工程土建须由当地劳务承担。

伊拉克共和国没有限制工程承包的领域，对私人业主承包工程主要通过议标方式进行。"如果企业签订政府承包合同，需向伊拉克政府缴纳约合同额 1% 的费用。另外，在合同签字后半年内必须动工。"[1]

土耳其共和国没有限制承包工程的领域。

阿拉伯叙利亚共和国规定需在当地注册商务代理才能与国营公司签订工程承包合同。

约旦哈希姆王国规定外国公司承包工程业务的条件为：加入承包商协会（JCA）进行注册登记；缴纳会费及管理费；具有其所属国的注册登记证明。

---

[1]　江苏省南通市司法局，上海对外经贸大学. "一带一路"国家法律服务和法律风险指引手册［M］. 北京：知识产权出版社，2016：98.

"只有符合上述 3 条才能在约旦开展承包劳务业务。"①

黎巴嫩共和国规定除涉及国家安全领域外，没有特别限制。

以色列国规定外国企业须获得许可才能投资工程领域。政府投资在 500 万特别提款权及以上项目，只对 WTO《政府采购协议》成员国开放。

沙特阿拉伯王国将承包商分为不同的等级，以对应承包项目不同规模的要求。

也门共和国 2009 年 8 月颁布的《外国人拥有不动产法》规定外国人可以拥有当地土地等不动产。

阿曼苏丹国规定承包国防军事项目要遵循国防部的特别规定。其他一般公共类项目没有限制。

卡塔尔国规定 100 万卡塔尔里亚尔以下的项目只能由本地公司承担。

科威特国规定外国企业只能与本国人建立合伙或由本国人代理，才能参与工程项目。

巴林王国规定不允许外国自然人承包工程项目，中标后的外国企业须在本国注册公司。

希腊共和国限制外国企业在边境地区承包工程。

塞浦路斯共和国没有限制外国公司承包工程的领域，但欧盟项目只对欧洲公司或来自 GPA 国家的公司开放。

阿拉伯埃及共和国规定外国企业可以购买土地、房产，但战略地区除外。除军事工程项目外，一般没有限制的领域，但"同等技术条件下埃及公司价格高于外国公司 15% 的也可以中标，外国公司承包项目必须由埃及公司作为代理，项目公司雇佣埃及工人的比例必须达到 90%"②。

印度共和国规定在印度注册的外国公司可以购买不动产，但对于来自中国等八个国家的公司，要先获得印度储备银行的预先许可。

巴基斯坦伊斯兰共和国原则上允许外国自然人在当地承包工程，但"外国承包商在巴基斯坦不可承揽涉及武器、高强炸药、放射性物质、证券印刷和造币、酒类生产（工业酒精除外）等领域的工程项目③"。

阿富汗斯坦伊斯兰共和国规定承包工程一般只要得到发包单位和业主的同

---

① 常万学. 约旦的建筑承包商法［J］. 国际经济合作, 1988（5）: 2.

② 江苏省南通市司法局, 上海对外经贸大学. "一带一路"国家法律服务和法律风险指引手册［M］. 北京: 知识产权出版社, 2016: 201.

③ 江苏省南通市司法局, 上海对外经贸大学. "一带一路"国家法律服务和法律风险指引手册［M］. 北京: 知识产权出版社, 2016: 217.

意即可。

斯里兰卡民主社会主义共和国禁止外国公司及自然人购买土地。原则上不开放工程项目，除非当地企业没有能力承建。

马尔代夫共和国规定除涉及国防、宗教等领域外，外国承包商的领域没有限制。

尼泊尔联邦民主共和国规定没有公开招标的项目外国企业不能进入。

哈萨克斯坦共和国规定外国人只能租赁土地，短期租赁不超过十年。

土库曼斯坦没有限制外国企业参与工程项目，但中标后须经总统批准。

吉尔吉斯共和国没有关于 BOT 项目的规定。

俄罗斯联邦没有限制外国企业的特别规定。

乌克兰共和国没有限制外国企业的特别规定。

白俄罗斯共和国规定严格，对外国公司承包工程实行许可制度。

格鲁吉亚共和国规定除军工、敏感项目外，一般不需要特别许可即可进行工程承包。

阿塞拜疆共和国规定除国防安全、国家机密项目外，无特别禁止领域。

亚美尼亚共和国、摩尔多瓦共和国规定除军工、国家机密外，无特别禁止领域。

（二）"一带一路"国家在涉外贸易领域的商事法律冲突

在涉外贸易领域，"一带一路"国家规定的法律政策不一，如限制与否、限制的领域等规定不一。[①]

1. 规定完全或者基本不限制的国家

如新加坡共和国规定实行开放的进口政策，并对从中国进口的货物给予优惠的安排。

2. 有限制的国家及不同限制领域方面

（1）马其顿共和国实行自由贸易政策，一般贸易限制进口商品的数量、价格。

（2）保加利亚共和国执行欧盟共同贸易政策。

（3）罗马尼亚共和国对于军民两用物质采取非关税的管制措施。

阿尔巴尼亚共和国在进出口方面有一些限制，如限制武器、放射性物质等的进口。

---

① 江苏省南通市司法局，上海对外经贸大学. "一带一路"国家法律服务和法律风险指引手册［M］. 北京：知识产权出版社，2016.

塞尔维亚共和国规定除个别商品如农产品外，无进出口特别限制。

克罗地亚共和国规定对部分商品如贵金属、文物等实行许可证管理制度。

黑山共和国规定除个别商品如不对人类、动物、植物的健康安全或生命造成损伤等的商品外，无进出口特别限制。

波斯尼亚和黑塞哥维那（波黑）除了禁止进口废弃轮胎、使用 7～10 年以上的车辆等商品外，对出口无限制。

斯洛文尼亚共和国规定对进口医药产品等有特殊规定。

匈牙利规定对涉及公共安全等产品方面，政府可不受欧盟进出口规定的限制。

斯洛伐克共和国将贸易政策分为鼓励性与限制性。

捷克共和国对少数产品如短缺物资、敏感技术等实施出口限制。

拉脱维亚共和国规定对白糖实行进口配额，金属废钢铁类出口须有许可证。

波兰共和国禁止进出口的物品包括侵犯知识产权的商品、伊拉克文物等。

马来西亚联邦仅对一些资源型商品征税。

印度尼西亚共和国采用进口配额和许可两种形式，如通过许可证方式限制新鲜蔬菜水果进口。

泰王国规定进口货物须取得政府部门同意。

老挝人民民主共和国规定禁止进出口武器、毒品等。

柬埔寨王国规定禁止或限制出口的货物包括文物、原木等。

越南社会主义共和国规定禁止进口麻醉剂、烟草制品等。

文莱达鲁萨兰国限制石油天然气出口，禁止毒品、淫秽品等进口。

蒙古国规定出口需要许可证。

伊朗伊斯兰共和国规定了允许类、限制类、禁止类的进出口商品分类，如禁止进口有损国家形象等的制品。

伊拉克共和国制定了专门的自由贸易区政策，但限制一些物品进入，如违反工商业、文学、艺术产权保护规定的货物等。

约旦哈希姆王国对部分商品如外国香烟等实施许可证管理制度。

黎巴嫩共和国规定禁止进口的商品包括不含碘的食盐、气体打火机、黑色水泥等。

巴勒斯坦国规定农业产品、化工产品等要获得出口许可证。

沙特阿拉伯王国规定禁止进口猪、狗、青蛙肉、含酒精的饮料、麻醉品等。

也门共和国规定对小麦、面粉、药品等实施许可证制度。

卡塔尔国规定禁止进口酒类、猪肉产品，禁止出口古董等；禁止向以色列出口货物。

科威特国规定禁止进口含酒精的饮料以及淫秽物品等；禁止从以色列、伊拉克进口商品。

巴林王国规定禁止进口"所有麻醉药品（海洛因、可卡因、大麻以及具有类似效果的药品），印度槟榔及制品，二手及翻新轮胎，人工养殖珍珠，香烟广告，无线电及遥控飞机模型，能够发射子弹的儿童玩具枪支，原产以色列或者印有以色列商标或者标识的货物，违背伊斯兰教义、礼仪或者道德规范的印刷出版物、照片、图片、书籍、杂志、雕塑和展示用模特，煽动蛊惑类宣传材料，石棉及含石棉制品，象牙，象牙制品，犀牛角，活猪"①。禁止出口柴油、标有"Delmon"商标的肉鸡等。

希腊共和国规定对大米、牛羊肉等实行进口许可证管理；对军火等实施出口管制措施。

塞浦路斯共和国规定自由出口政策。禁止进口有损国家安全、人类健康及环境的商品。

印度共和国规定对被列入限制性进出口的商品等实行许可证制度。政府可以"随时修改现行的外贸政策，将原来可以自由进出口的商品变更为限制出口或禁止进出口的商品"②。

孟加拉人民共和国规定禁止大豆油、棕榈油等出口；限制娱乐节目、音乐等在一定条件下的出口。

阿富汗斯坦伊斯兰共和国规定禁止古董、毒品等出口；禁止进口玩具枪等物品。

马尔代夫共和国规定禁止进口神像、色情书刊等；限制进口武器、酒类、危险动物等；禁止出口龟背产品、15 厘米以下的大眼鲹等

尼泊尔联邦民主共和国规定禁止进口毒品、60 度以上的酒精饮料等；对大米等农产品等须按照出口许可证管理。

不丹王国规定禁止进口精神类药剂和制品等；限制进口活物、药品等。

哈萨克斯坦共和国规定限制进口药品、武器弹药等，出口武器弹药等需要许可证。

---

① 江苏省南通市司法局，上海对外经贸大学.《"一带一路"国家法律服务和法律风险指引手册［M］. 北京：知识产权出版社，2016：179.
② 江苏省南通市司法局，上海对外经贸大学.《"一带一路"国家法律服务和法律风险指引手册［M］. 北京：知识产权出版社，2016：179.

塔吉克斯坦共和国规定对棉花、烟草等实行出口许可证或配额限制。

俄罗斯联邦规定对原糖、伏特加酒等实行进口配额管理；对化学杀虫剂、贵金属等实行进口许可证制度。

乌克兰共和国禁止出口民族或文化遗产等；禁止进口含有宣传战争等思想的产品、设备等。

白俄罗斯共和国对特定货物如基因组织的碎片、军民两用的设备与材料等实行许可证管理。

格鲁吉亚共和国规定禁止进口毒品、核材料等；对武器、工业垃圾等实行许可证管理制度。

阿塞拜疆共和国规定对特殊商品如烟酒产品等进行许可证管理。

亚美尼亚共和国规定限制武器、毒品等进口。

摩尔多瓦共和国对活畜、植物油等实行进出口配额制度。

以上不同的商事法律规定，具有不同的文化根源。

商事立法体现商事文化，商事司法与仲裁同样体现商事文化。法律是决定人、制度语言及文化的永久创造的一个元素，"Law is an element in the perpetual remaking of the language and the culture that detemines the identity of people and institutions."① 法官、仲裁员、当事人、律师均有不同的文化背景，法律可被视为一个文化机构的行动者，其是替立法者、法官、民事雇佣、居民发布指令。"If law is culture, then all interpretations of law are cultural interpretations…This interpretation employs 'thick description' to give complex account of the slippage between the production and reception of law and legal meanings, of the ways in which specific cultural pratices or identities coincide or collide with specific legal rules or conventions, thereby altering the meaning of both."② （如果法律是文化，法律的解释就是文化解释。解释者厚重的描述可以精细法律含义的产生、接受程度，及与特殊文化实践或者特殊法律规则的一致性，由此进行调整。）

法律是一种深刻的文化现象，就像 W. H. Auden's 的诗③说道："法律似爱人"：

---

① Won L. Kidane. The Culture of International Arbitration ［M］. Oxford university press, 2017: 21.

② Won L. Kidane. The Culture of International Arbitration ［M］. Oxford university press, 2017: 220.

③ Won L. Kidane. The Culture of International Arbitration ［M］. Oxford university press, 2017: 221 - 222.

园丁说法律是太阳，
所有园丁心悦诚服，
明天、昨天和今天。

法律是古老的智慧，
就像老迈祖父的责罚，
孙儿却放声大哭，
法律就是这种年轻人的感觉。
法律是牧师向芸芸众生的布道，
法律是圣书里的精华，
法律就是圣坛和尖塔。

法官眼光低垂庄重宣告，
法律如我之前所言，
法律如我猜测你知，
如果还让我再说一遍，
那法律就是法律。

严谨的法律专家写道，
法律没有对或错，
法律是对犯罪的时空惩罚，
法律是人们日常所穿的外衣，
法律就是早安和晚安。

法律就是前途，
法律就是国家，
或者说或者说
法律什么也不是，
法律已经悄然离去。

民众常常斗志昂扬，
大声呼唤，
我们就是法律，

虽然我们很丑但很温柔。

事实上，法律的重要是当我们离开了法律后才知道的，法律的重要是与文化密不可分的。当法律要调整权利、争讼及其他文化时，文化对法律而言是可视的。"Cultural becomes visible to law only when law must adjudicate the right and claims of cultural others."① 在司法或者仲裁中，不同文化常常产生碰撞，文化在保持和谐关系、调解矛盾、解决冲突方面是非常重要的因素。"The profound rise in recent decades of legally ordered North – South and South – South economic interactions has increased the importance of appreciating the role of culture in maintaining successful relations, managing conflicts, and resolving disputes whenever and wherever they arise."② （最近几十年里北南、南南经济交往提升了维持成功关系、解决出现的冲突及争议的合适的文化规则的重要性。）

五、文化因素考量

（一）文化与商事制度

文化对商事制度与行为影响直接，"商事制度的演化受到文化的直接的非正式约束和间接的强制性约束。受知识和能力的限制，文化约束下的商事制度变迁可能是进步的，也可能是退步的。近代商事制度的形成与人的理性商事观、商事精神、契约文化和信用观念密切相关"③。因此，运用先进的商事文化约束商事制度的发展是有重要意义的。（1）商事文化从商事中产生。如"契约在商事活动中是久已有之的"④。在自然经济条件下，契约关系有身份差别，在市场经济条件下，没有了差别契约精神成为一种普遍的认同的文化精神。（2）商事文化制约商事制度。商事文化通过思想、道德、价值观等文化内涵制约着商事行为与制度。"市场在一定意义上是一种规范的道德秩序的具体化。"⑤ "近代商事制度的发展必须迈过中世纪手工业生产、社会舆论控制和行业控制3大障碍，

---

① Won L. Kidane. The Culture of International Arbitration [M]. Oxford university press, 2017：222.
② Won L. Kidane. The Culture of International Arbitration [M]. Oxford university press, 2017：1.
③ 崔旺来，常倩. 商事制度创新：兼论商事制度变迁中的文化约束 [J]. 山东工商学院学报，2005（2）：1.
④ 崔旺来，常倩. 商事制度创新：兼论商事制度变迁中的文化约束 [J]. 山东工商学院学报，2005（2）：3.
⑤ 崔旺来，常倩. 商事制度创新：兼论商事制度变迁中的文化约束 [J]. 山东工商学院学报，2005（2）：2.

这样，新的商事体制就必然与传统的习俗和惯例等发生剧烈的冲突。当理性商事观战胜旧的商事观念时，原有的建立在基督教教义基础上的伦理性价格被人们否定了，取而代之的是灵活的商事价格机制。"① （3） 商事文化与商事制度关系密切相互促进。"所谓与文化无关的、超脱于人之外的'纯商事'是不存在的。"②"那些与市场经济相关的价值观念、伦理道德规范、风俗习惯和意识形态等是商事制度的构成部分。"③ 商事文化会促进创新如改进交易方式降低交易成本的商事规则等，促进新的商事制度的产生。"在人类文化的指引下，商主体受到商文化（或者是其他文化中有利于商事制度发展的部分）和利益机制的激励，会主动进行制度创新活动。"④ 当然，先进的商事文化会促进商事制度的进步，反之亦然。总体来看，商事制度是发展的，但在不同区域、不同时期，商事制度的发展是不同步的。

（二） 文化与法律的相互作用

1. 文化决定了法律

法律不能凭空产生，法律的产生必须具有一定的文化基础。"权利决不能超出社会的经济结构以及由经济结构制约的社会的文化发展。"⑤ 就社会的经济结构而言，有了船舶，才会有与船舶有关的规则与法律的产生；有了航海，才有了航行、运输与安全方面的法律规则的产生；等等。就文化发展状况而言，法律中包含的价值准则、法律规则，均不是凭空创造的，而是来源于具体的文化。"立法者要使一项制度被普遍认为是正当的，被普遍接受，就必须从社会的主文化中吸取价值标准。如果一项法律与主文化的价值冲突，它就会被人们普遍认为是不正当的，不具合法性的，是一项应被废止的恶法。"⑥ 商事法律文化与宗教的关系也比较密切，如 "回族社会的法律生活独具民族特色，它的丰富也得益于回族商事法律文化具有浓厚的宗教背景"⑦。

---

① 崔旺来，常倩. 商事制度创新：兼论商事制度变迁中的文化约束 ［J］. 山东工商学院学报，2005 （2）：3.

② 崔旺来，常倩. 商事制度创新：兼论商事制度变迁中的文化约束 ［J］. 山东工商学院学报，2005 （2）：2.

③ 崔旺来. 商事制度创新：兼论西北地区商文化的经济效应 ［J］. 商场现代化，2005 （1）：21 – 22.

④ 崔旺来，常倩. 商事制度创新：兼论商事制度变迁中的文化约束 ［J］. 山东工商学院学报，2005 （2）：2.

⑤ 马克思，恩格斯. 马克思恩格斯选集：第三卷 ［M］. 北京：人民出版社，1995：305.

⑥ 张文显. 法理学 ［M］. 北京：高等教育出版社，北京大学出版社，2007：380.

⑦ 郝甜. 回族商事法律文化研究——以伊斯兰教法对其的影响为视角 ［D］. 兰州：甘肃政法学院，2014：15.

从文化发展的视角看，人类文化将迈向更高层次的发展阶段，类文化、族文化、群文化等由于互联网的发展而高度融合，全球文化由于通信、交通、贸易等加速了民族国家的接触交流，"各民族国家的文化在未来将出现全球认同（宽容）或趋同化倾向……在某些文化领域，如尊重人权、保护生态环境、恪守全球伦理方面达到完全可能的共识"①。文化功能范围得到拓展，"不仅仅局限于一个地区、一个民族，也就是说，它不再是封闭地针对某一族群，而是向全人类敞开，对全人类起作用"②。文化与政治、经济、科技等紧密融合，形成文化经济化、经济文化化等新格局。"展望未来，人为的文化和为人的文化将进入新的更高的发展阶段，以往那些约束人类的、毁灭人类的文化，那些专制的、由资本逻辑统治的文化，将随着未来文化的到来烟消云散。文化变得越来越为人服务，人类也将越来越自由，越来越健康，一个可持续发展的新的人类文化必将出现。"③

当然，在文化的发展过程中，对文化的研究也非常重要，"文化研究的前进方向与世界前进的道路问题是不可分离的"④。对于文化的研究对于形成文化的共性，是必不可少的。这些文化发展的特征，会对法律产生相应的影响。

2. 法律对文化具有积极的意义

法律可以通过规范的形式对文化的价值准则予以肯定、保护，并通过权利义务的形式规范化地促进文化的发展。就商事法律规范而言，其对于保护、发展商事法律文化也是具有巨大的作用的。以文化中的宗教为例，"法律使得宗教具有了世俗的社会属性"⑤。

在伊斯兰法中，义务是排在权利之前的，"这就决定了回族商事法律文化中权利让位于义务的特点，人们在商事活动中并不会特别地强调权利，尤其是个人权利的实现，必定是以履行义务为前置条件的"⑥。

法律对思想的影响方面，"法律对思想的非调整性影响是一种价值取向方面的影响，主要体现为对价值认知、价值评价、价值选择等方面的影响，旨在塑

① 张凤江. 文化哲学概论［M］. 天津：天津人民出版社，2016：231.
② 张凤江. 文化哲学概论［M］. 天津：天津人民出版社，2016：232.
③ 张凤江. 文化哲学概论［M］. 天津：天津人民出版社，2016：233 – 234.
④ ［美］劳伦斯·格罗斯伯格. 文化研究的未来［M］. 庄鹏涛，王林生，刘林德，译. 北京：中国人民大学出版社，2017：298.
⑤ ［美］伯尔曼. 法律与宗教［M］. 梁治平，译. 北京：中国人民大学出版社，2003：12.
⑥ 郝甜. 回族商事法律文化研究——以伊斯兰教法对其的影响为视角［D］. 甘肃政法学院硕士学位论文，2014：16.

造社会主体的法律价值意识系统，进而决定社会主体的法律行为意识和法律实践路径"①。

（三）商事冲突法立法与文化的关系

商事冲突法立法的发展与完善，受许多因素的制约，但其中文化因素是不能不考虑的。从某种意义上讲，商事法律文化对商事冲突法立法的发展与完善的影响是决定性的。"在这个新的世界里，最普遍的、重要的和危险的冲突不是社会阶级之间、富人和穷人之间，或其他以经济来划分的集团之间的冲突，而是属于不同文化实体的人民之间的冲突。部落战争和种族冲突将发生在文明之内。"②

1. 法律文化思潮对商事冲突法立法发展会产生积极的影响

法律文化的思潮对立法的影响巨大，如法律实证主义思想流派，对成文法立法及立法的确定性、规范性问题影响重大。分析法学学者一般认为法律与道德、正义没有关系，主张将法律与其道德性、正义性问题分开。他们还进一步提出法律无所谓善恶之分，只存在有用或者无用之别。这些观点对执法有一定作用，但也会使立法陷入一定的不利局面。

2. 法律文化的全球化会带来立法的趋同化

经济全球化的发展自然会带来法律文化的全球化、立法的趋同化。经济全球化要求设立统一的交易规则，统一的裁判标准。"一般来说包括贸易、投资、旅游、媒体和电子通信的增长正在产生一个共同的世界文化。"③

但是，如果法律文化的全球化落后于经济全球化，则立法的趋同化也会滞后。"冷战后时代的世界是一个包含了七或八个主要文明的世界。文化的共性和差异影响了国家的利益、对抗和联合。世界上最重要的国家绝大多数来自不同的文明，最可能逐步升级为更大规模的战争的地区冲突，是那些来自不同文明集团和国家的冲突。政治和经济发展的主导模式因文明的不同而不同。国际议题中的关键争论问题包含文明之间的差异。"④ 所以，推动文化全球化仍然困难重重、举步维艰。

---

① 季金华，张昌辉. 论法律对思想的影响 [M] //马治选. 法律文化价值与当代中国法治. 北京：法律出版社，2017：420.

② ［美］塞缪尔·亨廷顿. 文明的冲突与世界秩序的重建 [M]. 周琪，刘绯，张立平，王圆，译. 北京：新华出版社，2018：6.

③ ［美］塞缪尔·亨廷顿. 文明的冲突与世界秩序的重建 [M]. 周琪，刘绯，张立平，王圆，译. 北京：新华出版社，2018：46.

④ ［美］塞缪尔·亨廷顿. 文明的冲突与世界秩序的重建 [M]. 周琪，刘绯，张立平，王圆，译. 北京：新华出版社，2018：7.

3. 人权问题的国际化，推动立法平等性等问题的展开

人权问题的国际化发展，导致了"以文明为基础的世界秩序正在出现：文化类同的社会彼此合作"，从而推动了立法的平等性等问题的展开。① 但是，困难仍然存在："从一个文明转变为另一个文明的能力没有获得成功。"② "冷战所造成的人类分裂已经结束，但种族、宗教和文明所造成的人类更根本的分裂依然存在，而且产生着大量新的冲突。"③

4. 商事法律文化的冲突是商事冲突法立法冲突的根源

法律文化冲突的根本原因在于社会物质生产方式的变化。因此所谓法律文化冲突是指"某一具体的国家或民族由其特定的物质生产方式基础上所形成的法律文化，在其发展变迁过程中，由于其内在的矛盾性，已经不适应不断发展变化的社会生活，加之各类不同法律文化之间存在的差异性等因素，所产生的一种社会文化冲突方式"④。

商事法律文化冲突的原因包括：商事领域的社会物质生产方式发生变化，上层建筑与经济基础产生冲突；社会结构等发生变革使得新旧文化产生冲突；各种异域文化的冲击带来中外商事法律文化的冲突；法律的制度文化与法律的观念文化不适应产生的冲突。只有了解了商事法律文化冲突的具体原因，才能消除冲突，为商事法律冲突的最终解决奠定基础。

5. 商事法律文化的现代化与商事冲突法的现代化。

现代化指"一种社会发展进程。从这一意义上认识，现代化是人类社会历史永无止境的过程"⑤。法律文化的现代化包括法律原则制度的现代化、法律规则规范的现代化、法律组织机构的现代化、法律意识观念的现代化、法律思想体系的现代化、法律执行监督的现代化等。就商事立法文化而言，就是要制定出能够体现社会发展最新成就与成果，能够反映现代化特征的具体要求的法律规范。这些规范周密、严谨、明确、科学，"使法律规范呈现一个门类齐全、结构严密、层次分明、前后照应、互相连贯、和谐一致的严密体系；此外，法律规范也应力求适应现代化大生产的需求，使现代化建设进程中的重大政治、经

---

① ［美］塞缪尔·享廷顿. 文明的冲突与世界秩序的重建［M］. 周琪，刘绯，张立平，王圆，译. 北京：新华出版社，2018：4.
② ［美］塞缪尔·享廷顿. 文明的冲突与世界秩序的重建［M］. 周琪，刘绯，张立平，王圆，译. 北京：新华出版社，2018：4.
③ ［美］塞缪尔·享廷顿. 文明的冲突与世界秩序的重建［M］. 周琪，刘绯，张立平，王圆，译. 北京：新华出版社，2018：46.
④ 刘作翔. 法律文化理论［M］. 北京：商务印书馆，1999：212.
⑤ 刘作翔. 法律文化理论［M］. 北京：商务印书馆，1999：280.

济、文化生活领域能够得到法律的调整和指导，使其规范化、制度化、有序化，使其有法可依，有章可循，避免主观随意性和盲目性"①。

六、商事法律冲突的相关哲学考量

法律冲突特别是商事法律冲突，理论上对其正确认识比较困难。按照正确的认识论的观点，认识的过程是"'实践、认识、再实践、再认识'作为认识辩证运动的全过程，既是由实践到认识和由认识到实践两次飞跃的辩证综合，也表现了认识辩证运动过程的反复循环和无限发展"②。由于认识的反复循环和无限发展性，在对法律冲突这一问题的认识上，学者之间认识的深浅是不一的，存在着不同的观点。（1）有学者认为"在各国应然法律不同一的条件下，法律冲突的存在是客观的必然，且无法用法律解决。冲突规范尽管是与法律冲突相伴而生，但它的任务却并不是要解决法律冲突，而且事实上也解决不了法律冲突。法律冲突的解决只能依赖于各国'应然法律'的趋同，而冲突规范的任务则是通过确定涉外关系当事人的权利义务，去建立并维护一个合理的、正当的国际民商交往秩序"③。该观点认为冲突规范不能解决法律冲突问题。（2）有学者认为"就解决区际法律冲突的途径来讲，正像解决国际法律冲突那样，不外两种途径：一种是通过统一实体法来解决，另一种是通过冲突法来解决"④。（3）有学者认为"法律冲突的解决方法一是冲突法解决方法，二是实体法解决方法"⑤。该观点认为冲突规范可以解决法律冲突问题，冲突规范方法是解决法律冲突问题的两种方法之一。（4）有学者认为"冲突规范中的法律冲突，同各国法律规定内容上的冲突在性质上是一致的，根本上反映的是相关国家之间国家利益和当事人利益的冲突。冲突规范或冲突法是解决法律适用冲突问题的，而不是解决法律冲突内容问题的"⑥。该观点认为冲突规范可以解决法律冲突问题，但只能解决法律适用冲突问题，不能解决法律冲突内容问题。（5）有学者认为"无论对法律冲突的定义有多么不同，其核心含义是显而易见的：同一法

---

① 刘作翔. 法律文化理论［M］. 北京：商务印书馆，1999：282 - 283.
② 肖前. 马克思主义哲学原理：下册［M］. 北京：中国人民大学出版社，2014：580.
③ 金明. 法理学视野下的法律冲突与冲突规范［J］. 政法论丛，2007（4）：22，27.
④ 韩德培. 论我国的区际法律冲突问题——我国冲突规范研究中的一个新课题［J］. 中国法学，1988（6）：7 - 8.
⑤ 李婕妤. 透析冲突规范上的法律冲突［J］. 湖北警官学院学报，2013（2）：117 - 118.
⑥ 李冠群，唐春莉. 论冲突规范中法律冲突的性质［J］. 辽宁师范大学学报（社会科学版），2006（4）：31.

律关系经由不同的规则调整而在这些规则之间形成的矛盾现象"①。比较而言，该观点才指出了法律冲突本质含义。

各国（地区）商事实体法规定上存在诸多差异，涉外商事关系法律适用法就是为解决这些差异才应运而生的。法律冲突是指两个或者两个以上的不同法律同时去调整一个相同的法律关系而在这些法律之间产生矛盾的社会现象。当商事领域各法律对同一问题存在不同的规定，某一事实又将这些不同的法律规定联系在一起时，就会产生商事法律冲突。在当今世界，各国法律存在较多差异，商事领域的立法也不例外，这是产生法律冲突的重要原因，也是涉外商事关系法律适用法产生的重要原因。

各国商事法律冲突源于商事法律文化冲突，关于文化的理解问题，理论上没有统一的认识，实践中的文化内涵与外延也是不统一的，"不同类型的文化在基本结构上的共性，并不意味着文化的唯一性，并不排斥文化的民族性和时代性。人类本身及其活动的多样性，决定了人类文化也是丰富多彩的。不同时代、不同民族的文化都存在着差异，也没有完全统一的发展模式"②。关于商事法律文化，理论上还缺乏研究。笔者认为，商事法律文化是有关商事法律的意识形态、价值规范的总和。各国文化的差异性决定了各国商事法律文化的差异性，这是客观存在的事实情况。

因此，"无视文化的多样性和特殊性，幻想在当今世界上构造全人类统一的文化，或者用某种文化的标准或眼光衡量其他文化，或者用一种文化排斥其他文化，都是不足取的"③。文化的差异根本原因在于文化观念的差异，"只有掌握了一种文化的文化观念，才真正把握了这种文化，也才真正理解文化系统本身"④。所以，理解各国商事法律冲突，要结合其各自的商事法律文化，不要认为规则是很容易统一的，没有商事法律文化观念的统一，商事法律规则是无法真正统一的，即使能够得到统一，也是无法完全执行的。但这并不表明理论工作者可以消极等待，根据世界联系和发展的基本规律，一切事物包括商事法律发展的过程为"在各种外部条件的影响下，事物内部矛盾着的双方既互相依赖又互相排斥，既同一又斗争，使双方力量处在此消彼长的不断变化中；一旦矛盾双方的力量对比发生了根本性变化，便引起双方地位的相互转化，于是新矛

---

① 刘红. 法律冲突的概念辨析［J］. 湖北社会科学，2009（1）：152.
② 肖前. 马克思主义哲学原理：下册［M］. 北京：中国人民大学出版社，2014：702.
③ 肖前. 马克思主义哲学原理：下册［M］. 北京：中国人民大学出版社，2014：702.
④ 肖前. 马克思主义哲学原理：下册［M］. 北京：中国人民大学出版社，2014：701.

盾取代旧矛盾，新事物取代旧事物"①。

矛盾的同一性与斗争性是矛盾统一体的两种基本属性，矛盾的同一性是相对的，斗争性是绝对的。矛盾的斗争性不仅贯穿每一矛盾运动的全过程，而且是促使旧矛盾让位于新矛盾的基本力量。

从矛盾的性质来看，存在着根本矛盾和非根本矛盾。根本矛盾贯穿事物发展的全过程并规定事物及其过程的基本性质；非根本矛盾则不贯穿事物发展的全过程，不规定事物及其过程的基本性质。

在各国商事法律这一事物的矛盾统一体中，各具体的商事法律既互相依赖又互相冲突，但随着相互彼此的发展，冲突的内容会逐渐减少，趋同的内容会逐渐增多。先进的商事法律文化是具有重大影响力的，商事法律会向着先进商事文化的发展要求靠近，所以，最终商事法律的统一化是有可能实现的。这便会引起双方地位的相互转化，于是新矛盾取代旧矛盾，新事物取代旧事物。

但在商事法律冲突中，内外国之间的商事法律冲突，是不存在主要矛盾、次要矛盾的，是完全平等的关系。主要矛盾指处于支配地位，规定或者影响着其他矛盾的存在与发展，对事物的发展过程起着决定作用的矛盾；处于从属地位、对事物的发展过程不起决定性作用的矛盾是次要矛盾。在商事法律冲突中，各国地位平等，各国之间的冲突也无主要、次要之分，但各国商事法律之间的冲突贯穿商事法律发展的全过程并规定商事法律及其冲突过程的基本性质，所以属于商事法律统一体中的根本矛盾。

但从商事法律的地位来看，各国商事法律是完全平等的，解决各国商事法律冲突的手段也非通过斗争，而是通过商事冲突法的形成进行的，不存在谁取代谁的问题。故在该统一体中，不存在主要矛盾与次要矛盾。但在各国国内商事法律系统中，是存在主要矛盾与次要矛盾的，体现在一国商事法律内部的新旧更替、质量互变。因为其内部是"运动、变化、发展"的。

"运动、变化"是抽象的范畴，"单纯的数量增加或减少，位置的变更和持续，状态的重复和循环，进化与退化，上升与下降，都是运动和变化"②。发展则是在运动和变化的基础上进一步揭示各国商事法律的整体趋势及方向的范畴。世界上从总体来看存在三种方向的运动："（1）单一水平的转化，即同一等级运动形式间的变化；（2）下降的运动，即从高级形式向低级形式、从有序向无序、

---

① 肖前. 马克思主义哲学原理：下册 [M]. 北京：中国人民大学出版社，2014：242.

② 肖前. 马克思主义哲学原理：下册 [M]. 北京：中国人民大学出版社，2014：150 - 151.

从较复杂向较简单的变化；（3）上升运动，即同下降相反的变化。"① 在商事法律领域，无论是商事实体法、还是商事冲突法，也均存在这三种运动形式，虽然总体来看是向着上升运动的形式在发展的，但也不排除下降或者原地踏步，这涉及立法的质量问题。

从商事法律文化的角度看，发展商事法律文化，是提高商事立法质量的关键。发展商事法律文化，需要一国文化的现代化。一国的传统文化与文化现代化，既是相互对立的一面，也是相互统一的一面。以中国为例，以封建文化、农业文化为核心的中国传统文化，具有落后的一面，但是，如果只看到这一面，就会夸大传统文化与文化现代化的冲突，就会全盘西化、全盘抛弃中国的传统文化，这就导致文化上的虚无主义，走向形而上学。一国的传统文化与文化现代化并不只有对立，也存在统一。因此，"实现传统文化的现代化，并不是对传统文化的'改头换面'，也不是中西文化的简单拼凑或西方文化的单纯移植，而是在马克思主义的指导下，充分吸收和继承古今中外一切优秀文化遗产的基础上，在社会主义现代化建设的实践中创造新的文化"②。

值得说明的是，文化的发展进步不是直线前进的，而是表现为螺旋式上升。这种发展方式与人类社会发展的过程是一致的。因此，在人类社会发展的最高阶段——共产主义阶段，文化的发展也会达到最高阶段。在共产主义阶段，"文化才成为人的完整的全面发展的直接表现，成为所有社会成员自由个性发展的手段和结果，保证着人的社会化和个性化的全面发展"③。在这一阶段，商事实体法律和商事冲突法律才真正完成其伟大的历史使命。但要真正达到这一阶段，还有漫长的螺旋式上升发展的道路要走。

第四节　商事冲突规范立法模式拣选

一、立法模式

商事关系领域的法律冲突及法律适用问题通常比较复杂，不仅相关实体法

---

① 肖前. 马克思主义哲学原理：下册［M］. 北京：中国人民大学出版社，2014：150 - 154.

② 肖前. 马克思主义哲学原理：下册［M］. 北京：中国人民大学出版社，2014：716.

③ 肖前. 马克思主义哲学原理：下册［M］. 北京：中国人民大学出版社，2014：721.

的规定冲突明显，而且各国规定了不同的冲突法来解决实体法律冲突，同时还有大量的规定内容不一的国际公约存在。

立法模式即商事冲突规范的立法表现形式。就商事冲突规范立法模式来看，各国做法不一。从各国立法来看，有关商事冲突规范的立法形式主要有四种。

（一）散见式

即商事冲突规范的规定分散在民法、商法或其他法典的有关章节中，这些章节一方面规定相关实体问题，另一方面规定商事冲突规范问题，分别对商事冲突规范进行了规定。例如，1994 年通过、1995 年生效的《蒙古国民法典》中，就规定了一些商事冲突规范的条款。该法第 434 条第 1 款规定："外贸法律行为之当事人的权利和义务，依此等法律行为或当事人尔后达成的协议中指定的国家的法律确定。"第 5 款规定："作为证券交易法律行为和拍卖之结果缔结的合同，应适用此等证券法律行为作成地或拍卖实施地国的法律。"

德国冲突规范条款主要规定在其《民法施行法》中，商事法律冲突解决即适用该法。该法第六节物权篇第 45 条运输工具条款中规定了涉及水上运输工具的权利以及法定担保权及其等级顺位之准据法。《德国重新调整国际破产法的法律》中第十一编之国际破产法对于在船舶登记处、在建船舶登记处或航空器留置权登记处注册的财产权利处置之法律适用做出了规定。日本在《法例》《票据法》《支票法》中有一些商事冲突规范的规定。我国一些商事单行法中采用了此种散见式的立法形式。例如，《中华人民共和国合同法》第 126 条规定："在中华人民共和国境内履行的中外合资企业合同、中外合作经营企业合同、中外合作勘探开发自然资源合同，适用中华人民共和国法律。"

（二）专篇专章式

即在民法典、商事法或者其他有关法律中设专篇或专章，对商事冲突规范的规范进行专门的规定。俄罗斯 1999 年《俄罗斯联邦商船航运法》（The Merchant Shipping Code of the Russian Federation）中第 26 章以专章的形式对有涉外因素的商业运输行为之法律适用做出了特别的规定。我国的民法通则、票据法、民用航空法、海商法等商事冲突规范的规定，均在商事单行法中完成，如《中华人民共和国海商法》第 14 章就是以专章的形式规定了涉外海事关系的法律适用规则。

（三）在冲突规范典中专章（卷）规定式

即在冲突规范典中设专章（卷），对商事冲突规范的规范进行专门的规定。例如，1962 年的《韩国冲突规范》第三章即是"有关商法事件的若干规定"；1928 年的《布斯塔曼特法典》第二卷规定了商事冲突规范的有关内容。

（四）单行商事冲突规范立法式或者法典式立法

即以单行法规或者法典的立法形式，专门规定商事冲突规范的规范。例如，1993 年《荷兰海事冲突法》（Conflict of Maritin Laws Act of 1993）的规定、1931 年的《解决支票法律冲突公约》、1975 年《美洲国家间关于支票法律冲突的公约》、1975 年的《美洲国家间关于汇票、期票和发票法律冲突的公约》等。

二、立法内容

由于各国关于冲突规范有大国际私法、中国际私法、小国际私法等不同的认识，其对于商事冲突规范的范围存在不同理解与规定也是自然而然的事情了。各国对商事冲突规范的立法内容的规定是不一样的，具体有如下内容。

（一）国内商事冲突规范方面

商事冲突规范是商事冲突规范的核心内容，各国一般对此均有规定。如《德国重新调整国际破产法的法律》中第十一编之国际破产法中第 336 条规定："破产程序对于涉及不动产物权或不动产使用权的合同的效力，由财产所在地国法支配。"

我国的冲突规范立法，将涉外民事关系的冲突法（即《中华人民共和国涉外民事关系法律适用法》）作为单行法进行了立法并得到通过和实施。《中华人民共和国涉外民事关系法律适用法》没有涉及商事的法律适用问题。立法者认为海商法、民用航空法、票据法、公司法、合伙企业法、保险法、证券法、证券投资基金法等商事领域法律众多，情况十分复杂，还是专门在单行法中规定为宜。① 在目前的情况下，如果这些商事实体法中有相关法律适用问题规定的，则首先适用；如果没有规定的部分，可以适用《中华人民共和国涉外民事关系法律适用法》的规定。

关于商事冲突规范，我国 2010 年《中华人民共和国涉外民事关系法律适用法》没有对航空关系等的法律适用做出规定。关于公司，该部法律第 15 条规定了法人等事项适用登记地法律。在司法实践中，也有适用该部法律第 3 条规定来处理公司问题的。例如，在程欣与南京金尊餐饮管理有限公司等公司解散纠纷案中，② 法院认为，因当事人当庭同意选择适用中国法律，所以应该根据《中华人民共和国涉外民事关系法律适用法》第 4 条的规定，适用中国法律。事

① 屈广清. 屈广清新论文集［M］. 长春：吉林大学出版社，2011，14.
② （2012）苏商外终字第 0003 号民事判决书。

实上第 4 条是关于强制性条款的规定，不因当事人选择与否均应适用的，所以法院的理由不正确。

2002 年的《中华人民共和国民法（草案）》第九编是按照民法典、冲突规范典的条例编写的，不仅涉及民事冲突法，而且涉及一些商事冲突法，如对票据、有价证券、破产进行了规定。《中华人民共和国冲突规范（示范法）》规定较多。例如，第 26 条规定：对因破产提起的诉讼，如破产人主要办事机构所在地或者可供破产清算的财产所在地位于中华人民共和国境内，中华人民共和国法院享有管辖权。第 29 条规定：对因票据纠纷提起的诉讼，如票据签发地或者支付地位于中华人民共和国境内，中华人民共和国法院享有管辖权。第 83 条规定：商业证券，适用证券上指定应适用的法律。没有指定的，适用证券签发机构营业所所在地法。第 103 条规定：汇票、本票和支票出票时的出票方式，适用出票地法。但支票出票时的记载事项，经当事人协议，也可以适用付款地法。第 104 条规定：票据的背书、承兑、付款和保证行为，适用行为地法。第 105 条规定：票据追索权的行使期限，适用出票地法。第 106 条规定：票据的提示期限，有关拒绝证明的方式，出具拒绝证明的期限，适用付款地法。第 107 条规定：票据丧失时，失票人请求保全票据权利的程序，适用付款地法。第 148 条规定：破产，适用破产人主要办事机构所在地法或者破产人财产所在地法。第 149 条规定：破产人财产价值的评估，适用财产所在地法。第 150 条规定：破产清算，适用法院地法。2010 年中国冲突规范学会《中华人民共和国涉外民事关系法律适用法（建议稿）》对有价证券、保险等进行了规定，条款并不多。

（二）国际统一商事冲突规范方面

国际统一商事冲突法公约，可以统一各国或相关国家有关商事冲突法的冲突，如 1953 年 9 月 17 日生效的《国际承认航空器权利公约》等。该公约第 4 条规定："一、根据援救或者保管航空器的活动终结地的缔约国的法律，由于下列事项对航空器产生的求偿权，缔约国应当予以承认，并且此项权利优先于对该航空器的所有其他权利：（一）援救航空器的报酬，或（二）保管航空器必需的额外费用。"

（三）商事实体法方面

本处所指的商事实体法方面系指构成商事冲突规范范围的实体规范，也包括强制性的规范。前者如 2016 年 4 月 27 日欧盟议会和理事会通过的《关于在个人数据处理方面对自然人保护和此类数据自由流动的第 2016/679 号条例》，在 2018 年实施。欧盟在 2014 年通过的欧盟电子司法网络的行动计划，也是具有商事实体法性质的规定，"将在 2014—2018 年内完成"①，在网站上可以查阅到各国登记的信息。2018 年 10 月，欧洲议会通过《非个人数据自由流动框架条例》（Regulation on a framework for the free flow of non – personal data in the European Union），该条例目的是消除个人数据（包括机器生产、商业销售产生的数据等）在存储、处理方面的地域限制。后者如 1958 年《希腊海事私法典》第 202 条规定："未得到受押人同意而做出的转让抵押船舶和引起船舶丧失希腊国籍的法律行为无效。"该规定不需要通过冲突规范的指引，直接就能够得到适用。事实上，统一国际商事法律冲突的商事国际条约，往往就是商事统一实体法。此外，解决商事关系的法律冲突，还有一些统一实体法如《联合国国际汇票和国际本票公约》等发挥了巨大作用。

一些规定商事统一冲突法的公约，也规定有统一实体法的内容，如《国际承认航空器权利公约》第 16 条规定本公约所称的"航空器"，包括航空器机体、发动机、螺旋桨、无线电装置以及所有用于航空器的，不论与航空器组装在一起或暂时拆卸下来的部件。

（四）涉外商事程序法方面

各国对商事程序法方面的内容多有规定。如海事方面，1958 年《希腊海事私法典》第 211 条规定："赔偿令送达 24 小时以后，才可对船舶执行扣押。如果船舶由第三方占有，扣押令应对债务人执行。除非已将赔偿令送达占有船舶的第三方，或其不在时送达船舶，否则扣押令无效。如果债务与船舶经营有关或债务由留置权或抵押权担保，则可向船长送达赔偿令。"仲裁方面，《美国仲裁法》第 2 条规定："海事交易或合同中的书面仲裁条款是有效的、不可撤销和可以执行的。"2016 年 8 月 1 日新修订的正式生效的《新加坡仲裁规则》规定了多份合同仲裁等内容。《新加坡仲裁规则》第 6 条规定："6. Multiple Contract 6. 1 where there are disputes arising out of or in connection with more than one contract, the Claimant may：a. file a Notice of Arbitration in respect of each arbitration agreement invoked and concurrently submit an application to consolidate the arbitrations pursuant to Rule 8. 1；b. file a single Notice of arbitration in respect of all the arbitra-

---

① ABI. EU2014，C182/2.

tion agreements invoked which shall include a statement identifying each contract and arbitration agreement invoked and a description of how the applicable criteria under Rule 8. 1 are satisfied. The Claimant shall be deemed to have commenced multiple arbitrations, one in respect of each arbitration agreement invoked, and the Notice of Arbitration under this Rule 6. 1（b）shall be deemed to be an application to consolidate all such arbitrations pursuant to Rule 8. 1. "。（《新加坡仲裁规则》第 6 条规定："6. 多份合同 6.1 如果争议与一份以上的合同有关联，争讼可以：a. 关注每个仲裁协议，根据规则 8.1 引起承认法律适用，巩固仲裁；b. 在仲裁协议中关注单个协议，根据规则 8.1 寻找恰当的法律适用。根据规则 6.1（b），对争讼多份仲裁协议会有评议，根据规则 8.1 引起承认法律适用，巩固仲裁。"）

其他方面，如关于豁免权方面，1976 年《美国外国主权豁免法》第 1607 条规定："如某外国在联邦法院或州法院提起诉讼或参加诉讼，则该外国对下述任何一项反诉不得享受豁免：1. 如果此项反诉已在控诉该外国的另一诉讼中提出，而按照本章第 1605 条的规定该外国对于此项反诉是无权享受豁免的；2. 反诉系由该外国所提出的作为权利要求主体部分的事件或事务所引起的；3. 反诉索赔的范围在数额上不超过该外国索赔额，或在种类上和该外国索赔也无不同。"

以上各国在涉外商事程序法方面的规定，虽然不是属于冲突规范的范畴，但其是解决涉外商事法律冲突的重要法律组成部分，因此，也可以属于商事冲突规范的范围。因为有的国家认为，商事冲突规范法包括商事程序法方面的内容，这些内容可以构成其商事冲突规范的范围。① 值得注意的是，并不是所有的国家观点都是一致的。对其他国家而言，尽管他们也有这些商事程序法方面的规定，但这些内容可能属于其他法律体系或范畴，不一定认为其属于商事冲突规范。

从国际条约的规定来看，也存在大量调整国际民事诉讼及国际商事仲裁法律内容的法律规定，起着国际统一程序法的作用。这里的统一程序法，既包括统一程序的具体内容规定（统一程序本身法），也包括统一程序问题的法律适用（统一程序冲突法）。统一程序本身法的公约如 1979 年《美洲国家间关于外国法

---

① 如普通法系国家认为关于涉外民商事案件管辖权的规范属于冲突规范的范畴。还有的国家如法国规定的冲突规范范围更宽，包括"适用于国际关系中私法主体间的所有规范"。参见屈广清. 国际私法学［M］. 北京：科学出版社，2008：7.

的证明与资料的公约》，就对冲突规范中的外国法证明问题做了统一的规定，针对请求书的内容，该公约没有规定适用何国法律作为准据法，而是规定了具体的要求。该公约第5条规定："本公约所指的请求书应包括：1. 提出请求机关的名称及请求事项的性质；2. 请求证明的部分的精确说明；3. 请求所指的各点的详细说明，并指明各点的意义和范围，以及为正确理解所需的相关事实的陈述。"统一程序冲突法的公约如1954年《海牙民事诉讼程序公约》第2条规定："文件送达应由主管机关根据被请求国的法律认真进行。"该规定即统一了文件送达的法律适用问题——适用被请求国的法律。《海牙法院选择协议公约》也是一个重要的涉外商事程序法方面条约，该条约于2015年10月1日起正式生效，一些国家及欧盟已经批准了该公约，但欧盟将保险合同排除在公约的适用范围之外。

2015年10月26—30日，海牙冲突规范会议判决项目工作组召开第五次会议，有17个成员方的31名代表参加，形成了公约建议稿草案（Proposed Draft of the Worhing Group on the Judgments project Resulting from its fifth Meeting)），统一了民商事判决的承认与执行问题，下面介绍其中的部分内容。Chapter Ⅰ：Scope and Definitions：Article 1 Scope；Article 2 Exclusions from scope；Article 3 Definitions.

Chapter Ⅱ：Recognition and Enforcement：

Article 4 General provisions；Article 5 Bases for recognition and enforcement；Article 6Exclusive bases for recognition and enforcement；Article 7 Refusal of recognition or enforcement；Article 8 Preliminary questions；Article 9 Damages；Article 10 Judicial settlements （transactions judiciaries）；Article 11 Documents to be produced；Article 12 Procedure；Article 13 Equivalent effects；Article 14 Severability；Article 15 Recognition or enforcement under national law.

该草案总的内容如下。第一章适用范围与定义：第一条适用范围；第2条排除适用的事项；第三条定义。第二章承认与执行：第4条一般规定；第5条承认与执行的条件；第6条承认与执行的独立条件；第7条拒绝承认与执行；第8条先决问题；第9条赔偿金；第10条司法和解；第11条应提交的文件；第12条程序；第13条同等效力；第14条可分性；第15条根据本国法承认与执行。

三、法律适用甄论

（一）商事实体法的立法模式

前面已经提到，无论是大陆法系还是英美法系，法系内部国家之间的法律结构和体制是相像的，但各国又都有本国的特点。在对待商法的态度上，大陆法系国家有两种做法。有些大陆法系国家把民法和商法分别编成两部独立的法典，即民法典和商法典；另外也有一些大陆法系国家把商法并入民法，使商法成为民法典的一个组成部分，因为"商法的主要主体是公司或企业，是民法中典型的法人形式，商主体的营业行为仅是经济生活中的一部分，而民法，特别是债权制度正是关于流通领域商品交换活动的一般规定。如商法票据制度中，票据权利的设定、转移、担保及付款等都是债权制度的具体化"①。

但是在采取民商分立的国家中，其认为民法与商法具有许多不同，应该分别立法。其认为民法与商法的区别表现在：商事关系有着与民事关系不同的主体、客体和内容；商法中所确立的一些制度，只适用于商事关系，而不适用于民事关系；商法受习惯法和国际商业惯例影响较大。②

关于民商实体法立法模式问题，历史上就存在争论。1905 年在陈武、刘泽熙所著的《商法》中就提出了民商法的区别，该著作是目前所能看到的最早专门讨论民商立法模式的论述，其基本观点是赞同民商分立。③ 但也有学者主张民商合一。④ 民商合一论在我国民国初年流行，但未改变当时民商分立的立法模式。在南京国民政府时期，民商合一立法模式被立法者采纳，民法债编将在性质上能够与民法合一规定的经理人、代办商、交互计算、行纪、仓库、运送

---

① 屈广清. 国际商法 ［M］. 大连：东北财经大学出版社，2012：11 – 12.

② 屈广清. 国际商法 ［M］. 大连：东北财经大学出版社，2012：12.

③ 季立刚. 我国近代关于民商立法模式的三次争论 ［J］. 法学，2006（6）：155.

④ 如清政府翰林院侍讲学士朱福诜。他于 1907 年奏请慎重私法编纂，明确提到编纂民商合一法典的主张。参见《修订法律大臣沈家本等奏议复〈朱福诜奏慎重私法编别选聘起草客员〉析 ［J］. 政治官报》，光绪三十四年十月十五日，第 373 号。但民商合一的法典编纂体例遭到沈家本等的反对，他们认为自法国于民法外特编商法法典，各国从而效之，均别商法于民法各自为编。民法关于私法的原则一切人民均可适用；商法关于商事之特例，只对商人适用。民法所不列者如公司、保险、汇票、远送、海商等类，则特于商法中规定。即民法所有而对于商人有必须特别施行者，如商事保证契约利息等，亦于商法中另行规定。凡所以保护商人之信用而补助商业之发达，皆非民法所能从同，合编之说似未可行。参见：季立刚. 我国近代关于民商立法模式的三次争论 ［J］. 法学，2006（6）：156.

营业、承揽运送等均一一编入，而性质特异不能与民法合一规定者如公司、票据、海商、保险等则另订单行法。商事单行法一方面与民法典保持体例的统一性，另一方面又充分规定了各自调整的内容，并随时加以修改补充，保持了灵活性。"这种新型的立法模式既有别于民商合一国家，也有别于民商分立国家，为一大创造，是对世界民商立法模式的贡献。"①

当前，我国学者关于民商实体法的关系仍然认识不一，有不同的看法，见下所述。

1. 民商合一论（将民事、商事统一立法，不设民商之区别，关于民商的立法规定，进入民法典之中的体系）

有学者认为中国民商事立法应当采取什么样的模式和体系，一直是争论的焦点，从历史和现实的角度出发，民商合一的立法体制更容易为中国所接受。如《中华人民共和国合同法》就既规定了传统的民事合同，也规定了传统的商事合同（货物运输合同）等。②

该观点仅仅以合同法为例来说明"民商合一的立法体制更容易为中国所接受"，其实是挂一漏万。

有学者认为，以前经商是商人的特权，而现在人人可以经商，商主体已经被极大地广泛化，商人不再是一个独立的阶层，所以不需要单独制定一套商法来保护商人。现代民商互相融合，彼此牵连，难于区分，故民商合一可以解决重复立法问题，减少在法律应用上的困惑。③

---

① 季立刚. 我国近代关于民商立法模式的三次争论 [J]. 法学, 2006（6）: 160.
② 丁昊杰, 杨娜, 程鹏. 论中国民商立法模式的选择 [J]. 哈尔滨职业技术学院学报, 2005（3）: 79. 但该文的作者也认为，民法是一般法、商法是特别法。在立法体例上，除制定独立的民法典外，无须再制定商法典，而只制定商事单行法规。民法典对整个民商事法律关系起指导和统帅作用，商事关系作为一种特殊的民事关系，以商事单行法规来调整。从我国情况看，如果把所有商事法规都纳入一部民法典中，会加大加重正在拟定的民法典的任务，而且会使民法典的内容过于庞杂。特别是由于商事法规技术规范多、实践性强、变化较快、修改频繁，如果纳入民法典，则与民法所要求的相对稳定性相互矛盾。因此，要在民法典之外另行制定商事单行法规。在适用上，按照特别法优于一般法的适用原则，凡是有关商事的问题，首先适用商事单行法规，在商事法规没有明确规定的情况下，才适用民法的基本原则和有关规定; 但在效力层面上，商事法规不得与民法的基本原则相抵触，如果两者发生矛盾，民法的效力优先。参见丁昊杰, 杨娜, 程鹏. 论中国民商立法模式的选择 [J]. 哈尔滨职业技术学院学报, 2005（3）: 80.
③ 许永梅. 对我国民商分立与民商合一的理性思考 [J]. 经营者管理, 2012（1）: 50.

该学者的观点将商法与保护商人等同，认为人人均可商人，所以"不需要单独制定一套商法来保护商人"。事实上商法是调整商事关系的法律部门。重要的是保护商事交易秩序，而非特殊保护某一类型的特殊人物。

有学者认为民商分立是不合理的：一是商法设特别法典，害民事法之统一；二是使民法规定足以适应商法之要求，则商法为特别法而存在者，归于无用；三是独于商人之阶级，与以特别法，害他之阶级而利商人阶级，非公平也；四是民法商法并存之时，审判官关于审判诉讼之方式、举证之方法会产生适用上的困难，并容易导致实体规定冲突；五是害法学之进步，商法独立存在，民法学者不顾商法理论，商法学者对于民法也不加深入研究，导致私法原理，不能保持步调一致。①

以上几位学者总结的观点从不同侧面对民商合一论进行了正论，代表了民商合一论支持者的理由和观点。但有的理由也值得商榷，如有人认为民商分立有害法学进步，有害其他阶级而利商人阶级，从而导致不公平等。但事实上，立法及学科独立是有其规律性的，分立是有条件的，恰恰是法学进步了，立法及学科独立才会出现。况且，商法是特别法，无论立法形式是分立还是统一，故有害其他阶级而利商人阶级不公平之说并非民商分立所带来的。当然，持该种学说的人提出的理由也存在一些道理，如统一立法可以避免一些重复立法规定等。

2. 民商分立论（将民事与商事分别立法，于民法典之外，另制定商法法典，两者各自独立）

有学者认为民法与商法有本质区别，在调整对象、调整方法、价值取向、基本原则、立法技术、具体法律制定方面都有差异，属于各自独立的法律部门；私法一元化以民法代商法，阻碍了商事制度的供给；民商分立的二元结构，才符合时代的要求；现代商法已经进入了一个新阶段，商事法律不仅可以在传统的商法典中体现，还可以在商法典以外以单形法的形式表现；体现了现代商法规范形式的多样性。② 该观点有一定道理，目前各国各类单独立法越来越多、越来越细，无论形式上如何"统一"，实质上的分立都是无法避免的。

有学者认为根据民商合一、民商分立两种模式的历史、根源及现状，我国商事立法在当前应确立民商分立的模式，即民法典和商法典自成体系，分别立

①　季立刚. 我国近代关于民商立法模式的三次争论 [J]. 法学，2006 (6)：157.

②　徐浩. 对我国民商分立与民商合一的理性思考 [J]. 法制博览，2013 (6)：277.

法，各自调整社会经济关系中的民事关系和商事关系。①

　　有学者认为总体上看，世界民商事立法模式的主流是民商分立，目前大约有 110 多个国家采用民商分立模式，采用民商合一模式的仅有意大利、丹麦、挪威、瑞士等少数几个国家和地区，在美洲、非洲基本不存在采用民商合一模式的国家。因此，加强商事立法，对于我国改革顺利进行和市场经济的发展至关重要，因此，商法应作为一门独立的法律部门，民商分立模式是适应我国国情的。②

　　以上是赞成民商分立模式的学者提出的一些支持观点，目前大多数国家采用民商分立的立法模式，说明了民商分立代表性的发展趋势。

　　笔者认为，无论是民商合一还是民商分立的观点，都应坚持商法的特别法地位，这是非常重要的。在这一前提下，模式问题便不是最重要的问题了。因为不论在那种模式下，商法都是优先适用的。当然，并非所有商法都是特别法，这是应当注意的，并且民商分立应该是未来发展的方向。

　　总体看，中华人民共和国成立以后，我国立法采用民商合一的体制，以民法通则作为基本法，随着改革开放的深入，我国商事交易的规模和数量不断扩大，商事关系也日趋复杂，迫切要求一些专门的商事规范的出台。我国从 20 世纪 90 年代起加大了商事立法的力度，如 1992 年 11 月通过了《海商法》，1993年 12 月颁布了《公司法》，1995 年 6 月通过了《保险法》，1997 年 2 月通过了《合伙企业法》，1999 年 8 月通过了《个人独资企业法》等一系列商事法律规范。目前，我国的这些商事法律规范以单行法规的形式作为民法的补充法出现，仍然是特别法。③

　　我国目前民事立法已经编纂统一的民法典，④ 已经审议通过生效的民法总则，且改变了民法通则的做法，民事领域的法律规定均通过单行法的形式颁布，如中华人民共和国物权法、侵权法、合同法、婚姻法等。这样的情况同商事立法大同小异，呈现分立立法的态势。当然，这并不妨碍各民法单行法共同组成民法典。

---

①　黄榕森. 民商合一与民商分立——对我国商事立法模式的再思考［J］. 广西师范大学
　　学报（哲学社会科学版），1999（2）：21.

②　郑晶，徐娇. 民商合一与民商分立模式的探讨［J］. 商品与质量，2012（2）：177.

③　屈广清. 国际商法［M］. 大连：东北财经大学出版社，2012：12.

④　草案在全国人大网站上征求意见 2018 年 9 月 5 号—11 月 3 号为征求意见日. 中国人大
　　网，2018 年 10 月 8 日访问.《中华人民共和国民法典》2020 年已获通过。2021 年 1 月
　　1 日起正式实施。

2018 年 8 月 27 日，十三届全国人大常委会第五次会议首次审议了民法典各分编草案。民法典各分编草案包括六编，即物权编、合同编、人格权编、婚姻家庭编、继承编、侵权责任编，共 1034 条。有些意见建议在民法典各分编草案中增加知识产权编，但全国人大常委会法工委经研究认为增加知识产权编条件还不成熟。全国人大常委会法工委主任沈春耀表示，此次全国人大常委会初次审议时，将民法典分编草案作为一个整体提出；之后，根据实际情况将草案各分编分拆几个单元分别进行若干次审议和修改完善；在拟提请全国人民代表大会审议时，将之前已经出台的民法总则同经过常委会审议和修改完善的民法典各分编合并为一部完整的民法典草案，由全国人大常委会提请 2020 年 3 月十三届全国人大三次会议审议。① 编纂民法典是党的十八届四中全会提出的重大立法任务，是以习近平同志为核心的党中央做出的重大法治建设部署，具有十分重要的意义。党中央高度重视民法典各分编编纂工作。2016 年 6 月，十二届全国人大常委会党组向党中央汇报了关于民法典编纂工作的指导思想、基本原则、工作安排等重大问题，习近平总书记主持会议，听取并原则同意该汇报，并就民法典编纂工作做了重要指示，为编纂民法典提供了重要指导和基本遵循。2018 年 8 月 16 日，习近平总书记主持召开中央政治局常委会会议，听取了全国人大常委会党组关于《民法典各分编（草案）》几个主要问题的汇报，原则同意请示，并就做好民法典各分编编纂工作做了重要指示。会后，根据党中央的重要指示精神，对草案又做了进一步修改完善。经委员长会议讨论，决定将《民法典各分编（草案）》提请十三届全国人大常委会第五次会议审议。②

《民法典》的编撰及其通过实施，给我国商事立法提供了很好的启示，我国商事立法也可如此，所有民事商事单行法可以共同构成民商法典，商法单行法可以共同组成商法典。无论立法形式如何，我国目前的立法体制下，民法的所有规定对商法都有拾遗补阙的作用，在商事立法没有规定时，可以适用民法的规定。从形式上看，实际上民法典与商法典是各自独立的，将来的发展会使得彼此越来越独立。这种发展态势会影响商事冲突法的立法模式。

（二）商事冲突法的立法模式

事实上，在冲突法领域，也存在民商冲突法合一与民商冲突法分立的不同认识。笔者认为，分别制定民事、商事法律适用法有一定科学道理。许多商事领域的法律作为民法的特别法，也是优先适用的，如果放在一切规定，则体现

---

① 中国人大网，2018 年 10 月 8 日访问.
② 中国人大网，2018 年 10 月 8 日访问.

不出优先适用的问题。尽管是分别规定（甚至有的商事领域的法律如海商等，还可以单独制定法律适用法），但不妨碍其可以共同组成中国冲突规范法典。但对于不具有特别法作用的一般商法部分的冲突法，则可以适用《中华人民共和国涉外民事关系法律适用法》的一般规定。具有特别法作用的商事关系包括票据、破产等一般商事关系，还包括海事关系及民用航空关系，主要涉及的内容是票据、破产关系、海事关系、民用航空关系等的法律适用，《中华人民共和国票据法》《中华人民共和国破产法》《中华人民共和国海商法》《中华人民共和国民用航空法》等分别对这些商事关系的法律适用做出了明确规定。

海商法、民用航空法、票据法、公司法、合伙企业法、保险法、证券法、证券投资基金法、破产法等商事领域的冲突法，也是优先适用的冲突法，但对其没有规定的部分，也应适用《中华人民共和国涉外民事关系法律适用法》的规定。

值得说明的是，由于《中华人民共和国涉外民事关系法律适用法》没有包括商事领域的法律适用问题，学者对商事领域法律适用问题的研究也较少[1]，这不利于商事领域法律冲突的解决。

商事关系领域的法律冲突及法律适用问题通常比较复杂，有大量的国际公约、国际惯例存在，各国国内法如何调整这类关系，需要进行深入的研究。

四、法律适用方法

（一）商事冲突规范法律适用方法发展的脉络

商事冲突规范法律适用理论与方法的发展，经历了一个长期的阶段，主要发展的脉络如下。

1. 罗马法时期的方法

在冲突规范、商事冲突规范的发展过程中，早在自远古时期，或者有人类国家之后，就开始有了对外交往与商事交往。"不过古代外国的侨民仅仅具有奴隶的身份。而不得成为法律关系的主体。"[2]

2. 种族法时期的方法

该时期强调各民族种族法。

3. 属地法时代的方法

这一阶段法律的适用原则根据领土界限来确定，即"领土法时代"或"属

---

① 根据 CNKI 统计，检索商事冲突法立法研究，结果相关论文基本没有。

② 屈广清. 国际私法导论［M］. 北京：法律出版社，2003：108.

地法时代"。冲突规范就是在与属地法的斗争中产生的，产生了冲突规范的著名学说，其中以巴托鲁斯、杜摩兰、胡伯等为最重要的代表人物。

4. 冲突规范一些代表性学者的方法

冲突规范一些代表性学者的方法具体如下表所示①。

代表学说	法则区别说	"意思自治"原则	国际礼让说	本座说	既得权说	利益分析说
代表人物	巴托鲁斯（Bartolus，1314—1357）	杜摩兰（Charles Dumoulin，1500—1566）	胡伯（Ulrik Huber，1636—1694）	萨维尼（Saviny，1779—1861）	戴西（Dicey，1835—1922）	柯里（Brainerd Currie，1912—1963）
国籍	意大利	法国	荷兰	德国	英国	美国
适用外国法的原因	他第一个把解决法律冲突的问题分为两个主要的相互联系的侧面来进行探讨，这就是：第一，城邦国家的法则能否适用于在域内的一切人包括非城邦居民；第二，城邦国家的法则能否适用于域外。对于这样两个问题的探讨，在此后一直是冲突规范学研究的中心		主张在解决法律冲突时主要应依属地原则，不过出于一种礼让也可以承认外国法的域外效力。提出了三项原则，即：（1）任何主权者的法律必须在其境内行使并且约束其臣民，但在境外则无效；（2）凡居住在其境内的人，包括常住的与临时的，都可视为主权者的臣民；（3）每一国家的法律已在其本国的领域内实施，根据礼让，行使主权权力者也应让他在自己境内保持其效力，只要这样做不至损害自己的主权权力及臣民的利益		他在坚持法律的严格属地性前提下，认为为了保障合法法律关系的稳定性，对于依本国法有效设定的权利，应该坚决加以保护，这就是由他奠定的冲突规范有名的"既得权说"（Doctrine of Vested Rights）的核心观点	

---

① 屈广清. 国际私法——涉外民事关系法律适用法后的立法完善［M］. 长春：吉林大学出版社，2014：58-59.

代表学说	法则区别说	"意思自治"原则	国际礼让说	本座说	既得权说	利益分析说
如何适用外国法	把法则分为物法和人法两大类，而后提出了许多重要的冲突原则，如： （1）关于人的权利能力和行为能力，适用属人法，即人的住所地法； （2）法律行为的方式，适用行为地法； （3）侵权行为适用场所支配行为的原则，即依侵权行为地法； （4）关于合同的成立，也应根据"场所支配行为"原则适用合同缔结地法； （5）关于遗嘱的成立要件及内容适用立遗嘱地法，但立嘱人的能力适用其属人法； （6）关于不动产物权应适用物之所在地法； （7）诉讼程序适用法院地法； 等等	主张在契约关系中，应当适用当事人自主选择的那一习惯法。后来人们便把这种思想加以理论化概括为"意思自治"原则（au-tonnmie de le volonte，autonomy of will）。杜摩兰甚至认为，即使当事人在契约中没有明确地表示选择适用什么法律，法院也应该根据整个案件的多种迹象来推定当事人意欲适用哪一习惯法以支配契约的实质要件和效力		认为涉外民事关系应该适用的法律，只应该是各该涉外民事关系依其本身性质固有的本座（Seat）所在地方的法律。他把法律关系做了如下的分类：身份法（权利能力和行为能力）；物法；债法；继承法；家庭法（家庭关系法、婚姻、父权、监护），并指出：对于以上每一问题的解决，人们已经提出了一个比较普遍的原则，即认为应该适用每种法律关系的"本座所在地法来解决存在冲突的案件。每一种特定的法律关系的'本座'的选择通常是比较固定的，这可以归纳为：法律关系所涉及的人的住所；法律关系的标的物所在地；法律行为实施地；法院所在地"等九种	戴西的"既得权说"的主要内容可概括如下。 第一，解决涉外民事争议时，首先应该解决英国法院是否有管辖权。只有在有管辖权的前提下，才能进一步谈到上法律适用问题；并且，英国法院也只有对能做出有效判决的事和自愿服从其管辖的人才行使管辖权。 第二，凡是依据他国法律有效取得的任何权利，一般都应该为英国法院所承认和执行；而非有效取得的权利，英国法院则不应承认和执行。 第三，如果承认与执行这种依据外国法律合法取得的权利，同英国成文法的规定和英国的公共政策、道德原则以及国家主权相抵触，则可例外地不予承认和执行。 第四，为了确定某种既得权利的性质，只应该依据产生此种权利的该外国的法律为准。 第五，依照意思自治原则，当事人协议选择的法律具有决定他们之间法律关系的效力	柯里认为，每一个国家的实体法都表现着一定的目的或政策，国家在实现自己法律的目的或政策过程中自然会得到一种利益。在解决法律冲突时，法院首先要查明各有关法律所体现的政策，察看各有关国家运用这些政策维护某种利益是否合理的各种情况。他认为法律冲突有"真实冲突"和"虚假冲突"两种情况。柯里在分析这两种冲突时指出：如果只有一个州对适用其法律有利益，而其他州并无利益时，他认为这就是一种"虚假冲突"，应该适用与案件唯一有利益关系的政府的法律。假如认定有关各国均对案件适用其法律存在"政府利益"，这就存在着"真实冲突"，便应适用法院地法或那个有更大"政府利益"的国家的法律

除上面的冲突规范学者之外，还有一些学者提出了法律适用及相关方法问题，需要格外指出的学者有：德国冲突规范学家齐特尔曼（Ernst Zitelmann）、克格尔（Kegel）、拉贝尔（Ernst Rabel）、沃尔夫（Martin Wolff）、汪格尔（Wengler）；法国冲突规范学家毕耶（Antoine Pillet）、弗朗西斯（Francescakis）；美国冲突规范学家凯弗斯（Cavers）、库克（Cook）、里斯（Reese）；匈牙利冲突规范学家萨瑟（Szaszy）；等等。

值得说明的是，以上学者提出的理论与方法，至今还在发展过程中。以柯里（Brainerd Currie，1912—1963）的"政府利益分析说"（Governmental Interests Analysis）来看，其理论与方法得到了不断发展。

1963 年柯里（Brainerd Currie，1912—1963）教授将自己的论文汇编成《冲突法论文集》一书出版，在该书中，他提出了"政府利益分析说"（Governmental Interests Analysis）的理论。柯里的基本观点："认为每一个国家的实体法都表现着一定的目的或政策，国家在实现自己法律的目的或政策过程中自然会得到一种利益。在解决法律冲突时，法院首先要查明各有关法律所体现的政策，察看各有关国家运用这些政策维护某种利益是否合理的各种情况。"① 柯里认为客观现实中，法律冲突存在"真实冲突"和"虚假冲突"两种情况。柯里以美国各州为例，认为"虚假冲突"即在各需要适用法律的州中，只有一个州对适用其法律有利益，其他州无利益。在这种情况下，"应适用与案件唯一有利益关系的政府的法律。假如认定有关各国均对案件适用其法律存在'政府利益'，这就存在着'真实冲突'，便应适用法院地法或那个有更大'政府利益'的国家的法律"② 柯里的"政府利益分析方法十分主观复杂③"。因此，柯里之后，许多学者继续探讨着利益分析理论。如桑德勒对利益分析进行了具体设计，提出了"司法方法说"，提出了九条法律选择规则。

该"司法方法说"提高了利益分析理论的可操作性。

Von Mehren 等提出的"功能分析说"对政府利益分析理论也有进一步的发展。

Kramer 提出了"解释准则说"（Canons of Construction），即主张解决真实冲突要通过具体的分析利益的解释准则来进行。

Baxter 在《法律选择与联邦制度》一文中，提出了"比较损害"的法律适

---

① 屈广清. 国际私法导论 [M]. 北京：法律出版社，2003：146.
② 屈广清. 国际私法导论 [M]. 北京：法律出版社，2003：146.
③ 李双元. 国际私法（冲突法篇）[M]. 武汉：武汉大学出版社，1987：153 – 156.

用方法，即法院在适用法律时，应该比较各州的损害，然后适用那个因为法律得不到适用，自己政策就会受到更大损害的州的法律。该原则对解决真实冲突提供了一种思路。

以上新的理论发展了柯里的理论，在实践中有较大的影响，在考量商事冲突法立法方法时，也可以进行借鉴。

5. 后现代商事冲突规范理论方法

后现代商事冲突规范理论方法与后现代主义法学的产生有关。后现代主义法学是在20世纪下半叶受后现代主义思潮的影响而形成的，当其进入商事冲突规范领域后，后现代商事冲突规范理论方法开始有所显现并开始发展。在冲突规范领域，后现代"既包括法学家应用后现代理论进行的冲突规范专题性研究，也涵盖后现代思想家在其哲学性作品中有关冲突规范问题的一般论述"[1]。后现代商事冲突规范理论对当代冲突规范及商事冲突规范的发展及适用方法的选择、选择因素的考量等方面产生了重要影响。后现代商事冲突规范理论主要包括以下内容。

（1）强调冲突规范的和谐理念。虽然后现代冲突规范理论没有针对商事冲突规范而为，但冲突规范的和谐理念对商事冲突规范立法方法及法律适用均有重要影响，因为商事和谐才能达到商事发展。消除法律冲突达到法律和谐是商事冲突规范和谐的重要内容之一。不过就当前现状而言，后现代冲突规范理论认为，现代商事冲突规范理论，以保护个人商事利益为主线，"重视对个人利益的保护，导致了自我利益的极度膨胀，危害了现代社会本身，因此，后现代冲突规范理论立足于人类整体利益，强调冲突规范应促进人类社会的和谐发展"[2]。现代商事冲突规范理论和谐发展的理念，对整个人类社会的发展是有益的。首先，后现代商事冲突规范理论立足于全球视角，一方面充分尊重各国商事法律的差异，另一方面主张人类共同法律、共同法律框架的构建。"该主张强调在尊重各国法律差异基础上的冲突规范的统一，有利于各国达成共识，为统一冲突规范从应然走向实然奠定了理论基础。"[3] 因此，在后现代商事冲突规范理论方法的影响下，当代统一商事冲突规范立法工作颇有成效。即便向来分歧明显的英美法系国家与大陆法系国家，在冲突规范特别是商事冲突规范理论与实践方面亦逐渐形成了越来越多的共同的一致。"随着全球化进程的加快和后现

---

① 屈广清，陈小云. 后现代国际私法探微 [J]. 大连海事大学学报，2003（2）：16.

② 屈广清，陈小云. 后现代国际私法探微 [J]. 大连海事大学学报，2003（2）：16.

③ 屈广清，陈小云. 后现代国际私法探微 [J]. 大连海事大学学报，2003（2）：16.

代冲突规范理论影响的日益扩大，未来冲突规范统一立法涉及的内容和地域范围必将进一步扩大，其趋势将渐次增强。"① 其次，后现代商事冲突规范理论认为，现代人类社会，商事利益互相制约又息息相关，共同发展才是主旋律。商事成员之间一方面是竞争关系，另一方面是共赢关系。所以"还需要扶助，所以应对弱者进行保护。保护弱者原是内国民商法的一项基本原则，现已涉及冲突规范的各个方面，成为冲突规范平等互利原则的重要补充原则"②。可以预料，随着后现代商事冲突规范理论的发展，保护弱者原则在冲突规范、商事冲突规范立法中将更多地得到体现。最后，后现代商事冲突规范理论方法还注重对女性的尊重与保护，这也是商事冲突规范的和谐理念所提出的要求。由上可知，后现代商事冲突规范理论在和谐社会、弱者及妇女保护等方面提供了积极的理念，与商事冲突规范的价值取向相趋一致。

（2）强调冲突规范的社会综合性。法律是调整社会关系的，因此，强调冲突规范的社会综合性是十分有必要的。但现在冲突规范、商事冲突规范还有需要进一步加强的地方。后现代冲突规范理论认为，现代商事冲突规范理论强调"理性的个人作为冲突规范的主体，是自然、自由和自治的，在冲突规范的制定和适用过程中，发挥重要的作用"③。与之相反，后现代商事冲突规范理论则强调非理性，认为"与其他法律一样，冲突规范不是也不可能是一个独立自主的实体，它纯粹是一个社会、文化、历史和语言的创造物。随着国际民商事交往的复杂化和多样化，说明、解释和解决现实的冲突规范问题已经不能仅仅依靠冲突规范自身及其完善来实现了，必须超越冲突规范甚至超越法律的范围来发展新的明确的理论"④。在后现代商事冲突规范理论方法影响下，冲突规范包括商事冲突规范的立法，与政治、经济、社会、文化、语言、哲学、伦理等关系十分密切，"从各种可能的技术、方法和途径中进行选择，以便解决冲突规范问题，因而利益比较理论、博弈论、公共选择理论等都在以越来越强的力量影响着冲突规范"⑤。强调冲突规范的社会综合性，是提高商事冲突规范立法质量的重要方式之一。

（3）强调冲突规范的多元化。后现代冲突规范理论强调冲突规范的多元化，其中也有许多合理因素，如提倡通过多元的冲突规范规则和模式的发展来达到

---

① 屈广清，陈小云. 后现代国际私法探微［J］. 大连海事大学学报，2003（2）：16.
② 屈广清，陈小云. 后现代国际私法探微［J］. 大连海事大学学报，2003（2）：16.
③ 屈广清，陈小云. 后现代国际私法探微［J］. 大连海事大学学报，2003（2）：16.
④ 屈广清，陈小云. 后现代国际私法探微［J］. 大连海事大学学报，2003（2）：16.
⑤ 屈广清，陈小云. 后现代国际私法探微［J］. 大连海事大学学报，2003（2）：16.

实质实现正义的等的理论，具有很强的法律适用立法的指导意义。后现代冲突规范理论"提出冲突规范具有不确定性这一命题，反对将具体的社会需要和冲突规范价值抽象化和一般化，倡导冲突规范多元化"①。首先，在冲突规范的价值方面，认为"单一的正义观念不再存在，取而代之的是多元的、局部的、以多种方式存在的正义"②。该主张与社会客观现实的多元化具有一致性，"因而当代冲突规范的价值取向已由强调结果内在公正的实质正义逐渐取代强调规则统一适用的形式正义，成为评判一切冲突规范现象个别化、具体化和语境化的工具和理念"③。其次，认为"现代冲突规范模式通过单一的硬性的冲突规范规则来裁判每一个个体的行为，无视当代社会主体的丰富差异性，较为空泛和远离现实，因而主张多元的冲突规范规则和模式"④。该观点对商事冲突规范实质正义价值的实现及多元的冲突规范规则和模式的发展具有推动的作用。实质正义价值不仅是实体法追求的目标，也是冲突法追求的目标。多元的冲突规范规则和模式下的规则与方法的结合、对客观冲突规范的软化处理等冲突规范的理论发展，与后现代商事冲突规范理论方法的推进是分不开的。

综上，后现代商事冲突规范理论方法，对商事冲突规范理论与立法，具有积极的指导意义。

（二）商事冲突规范法律适用方法的概况

确定准据法的法律适用理论与立法发展过程中，一直是以"解决问题的对象"是实体问题为前提的，如果是程序问题，则"一概适用法院地法"。在国际民事诉讼的理论和实践中，不少国家都将"程序法适用法院地法"作为一项重要的原则。例如，美国第一部《冲突法重述》第 583 条规定"所有程序问题，应由法院地法支配"；匈牙利 1947 年《关于冲突规范的匈牙利草案》第 38 条规定"匈牙利法院在处理诉讼和非诉讼案件时都应适用匈牙利诉讼法规范"；《巴西民法施行法》第 15 条规定"诉讼权限、诉讼形式和答辩方式，都应依提起诉讼的法律来裁决"；《布斯塔曼特法典》第 314 条规定"在诉讼程序方面应适用法院地法"；等等。

在各教科书阐述的基础上，可以拟定关于商事冲突规范领域实体问题的法律适用方法有以下几种。

---

① 屈广清，陈小云. 后现代国际私法探微［J］. 大连海事大学学报，2003（2）：16.
② 屈广清，陈小云. 后现代国际私法探微［J］. 大连海事大学学报，2003（2）：16.
③ 屈广清，陈小云. 后现代国际私法探微［J］. 大连海事大学学报，2003（2）：16.
④ 屈广清，陈小云. 后现代国际私法探微［J］. 大连海事大学学报，2003（2）：16-17.

第一，以国内法中强制性规定作为准据法。这种方法实质上就是用单边冲突规范的形式，将某种涉外民事关系的准据法限定为内国法或某一特定的外国法，对于以该种方法确定的准据法，当事人是不能也无法予以改变的，任何以改变该种准据法适用为目的的行为都将是无效的。①

第二，以冲突规范中规定的可以推定的系属结合具体实际情况确定准据法。

第三，以当事人合意选择的法律为准据法。

第四，以"最密切联系"原则确定准据法。

第五，由法院依特定的制度或目的确定准据法。

第六，依"利益分析"的方法确定准据法。

第七，依案件应取得的结果决定准据法。

第八，依有利于判决在外国得到承认与执行决定准据法。

第九，其他方法。关于冲突规范法律适用的方法，适用的理论依据有 The Theory of vested Rights（既得权理论）；the Local Law Theory（当地法理论）；Non‐conflict Theory（无冲突理论），无冲突的情况有些类似 Currie 的利益分析理论中的"false problem（disinterested）（虚假冲突）"；According to Currie：interest analysis（柯里的利益分析理论）；According to Cavers：principles of preference（凯弗斯的优先选择原则）；According to Ehreneweig：policy analysis（艾伦茨威格的政策分析）；According to Leflar /Fuenger：the "teleological approach" and the "better law"（莱弗拉尔、福格的目的导向理论及较好的法律理论）；The Objectives of Choice‐of‐law Rules（法律选择客观论）；The reasonable expectations of the parties（当事人的合理期望）；Uniformity of result（结果一致性）；Organic interpretation（有机的解释理论）；Localising laws（类同于 the Local Law Theory）；The Theory of proper law（注：关于 proper law 国内有不同的译法，笔者将之译为"当用法"，理由后叙）；等等。法律适用方法是解决法律冲突的，但也有"Non‐Conflicts"（无法律冲突）的情况存在，如"Such a non‐conflict exists，in the words of Ehrenzweig，in 'cases where there is no difference' existing or alleged between any of the potentially applicable laws. In such a case there is little sence in deliberating which should prevail and the court，if the conflict reaches it at all，could suffice by applying the lex fori."②。（如艾伦茨威格所言，这种无法律冲突即适用

① 李双元，等. 国际私法 ［M］. 长春：吉林大学出版社，2002：304.
② Martin Davies，Andrew Bell，Paul Le Gay Byereton ［M］. Nygh's Conflict of Laws in Australia ［M］. LexisNexis Butterworths Australia，2014：295.

可能的任何准据法没有任何差异，很难判断哪一个法律具有相对优势，可以适用法院地法解决存在的冲突。)

以上这些法律适用方法对冲突规范立法及法律适用都是可以参照的，但也都存在一些问题或缺陷，需要甄别、吸收。

如就 Curri 的政府利益分析理论而言，如果没有州有利益，这样的情形柯里没有能够提供满意的解答。"If neither state is interested? To those questions Curri never gave a satisfactory answer."① 对此方法的批评意见为适用法院地法是不可预知的，不合适的。因为根据一般法律适用原则，选择法律是为了确定当事人的权利，而不是为了州的利益。"More recent comment in the United States has consequently been critical on the grounds that the application of the theory by the courts has tended to be unpredictable, unduly favouring the forum and, as a matter of general principle, that choice of law is a matter of ascertaining party rights and not state interests."②

在不同的领域不同的法律适用方法可以侧重考虑，如 Curri 的利益分析理论在侵权领域，Proper law 理论在合同领域等。"In other kinds of contracts, including insurance, consumer sales and credit transactions, legislation has significantly modified the operation of the proper law…It is only in contracts for the international carriage of goods by sea that the proper law might never be applied as the law of the cause."③ (在其他不同的合同领域，包括保险、消费、信用交易，适用合同当用法 proper law 是非常重要的，只有在国际海上货物运输合同中是唯一的例外，合同当用法不能成为准据法。)

"The concept of the proper law is relevant where the subject matter of the case is a contractual right or obligation allegedly made between the parties by agreement."④ Proper law "must be attributed to a contract as at the time it is made. It is also assumed that the contract is to be governed and interpreted by the proper law as a living

---

① Martin Davies, Andrew Bell, Paul Le Gay Byereton. Nygh's Conflict of Laws in Australia [M]. LexisNexis Butterworths Australia, 2014: 296.

② Martin Davies, Andrew Bell, Paul Le Gay Byereton. Nygh's Conflict of Laws in Australia. LexisNexis Butterworths Australia, 2014: 297.

③ Reid Mortensen, Richard Garnett, Mary Keyes. Private International law in Australia [M]. 3rd ed. LexisNexisButterworths, Australia, 2015: 416.

④ Reid Mortensen, Richard Garnett, Mary Keyes. Private International law in Australia [M]. 3rd ed. LexisNexisButterworths, Australia, 2015: 416.

system of law". ①（合同当用法的概念与当事人合同中的权利义务有关，应该认为合同当用法是法律，是活制度。）

（三）ProperLaw 评价

从上可知，proper law 是一种非常重要的合同法律适用的方法，为更好地适用该方法，现做一些具体分析如下②。

1. 涉外合同当用法（ProperLaw）的由来与诠释

涉外合同当用法（ProPer Law）理论最早产生于涉外合同领域。

对 Proper Law of Contract，过去我国的学者多将其译为"合同准据法"。但严格地说，合同准据法在英语中被称为 Applicable Law Of Contract，可见 Applicable Law 和 Proper Law 是两个不同概念，把后者也译为"准据法"，不但没有掌握住英国现代冲突规范上这一术语的精髓，而且也不可能用它来构成一个冲突规范。有鉴于此，学者们又纷纷提出了新的译法，如"合同自体法""合同特有法""合同宜用法""适合于合同的法律""合同关系法"等。笔者认为，Proper Law 应该译为"当用法"为好。在英文中，有些词汇是很精妙的，它在特定语言环境中或在特定句子中所表达的意思，简直是只可意会不可言传的，如果将它们译成中文，就很可能失掉原有的许多成分，"Proper Law"即属此列。proper 代表的汉文意思是很广泛的，如：适合的、适当的、恰当的、正当的、规矩的、正经的、高尚的、特有的、专门的、固有的、本来的、正确的、自己的、本身的、本色的、完全的、出色的、极好的等，归纳一下，proper 包含着 fitful、one's own、sown、right 等英文意思的组合。而"合同自体法"等的译法虽然很具代表性，但毕竟都只强调了 proper 的某一个方面。英国私法学者们之所以用 Proper Law 这个概念，而不是用 fitfulLaw、one's own Law、right Law 等概念，就是想取义于 Proper Law 的丰盛内涵。如果从单一的意思上理解，就仍有可能将 Proper Law 与 Applicable Law 等同，因为 applicable 的中文意思也是适当的、合适的、可适用的、能应用的。由此可见，翻译 Proper Law，关键在于把握它的整体含义。笔者坚持 Proper Law 应译为"当用法"，就是从这一角度出发的。在汉语中，"当"字的意思也是十分广泛的，最基本的含义就有"适当"和"应当"两种，"适当"代表着"fitful"，"应当"代表着"one'sown""right"，可见用"当用"二字来翻译 proper，语义是比较对等的。

---

① Reid Mortensen, Richard Garnett, Mary Keyes. Private International law in Australia ［M］. 3rd ed. LexisNexisButterworths, Australia, 2015：417.

② 屈广清. "涉外合同当用法"之探讨［J］. 法商研究，1994（6）：60 – 63.

2. 涉外合同当用法（ProperLaw）的构成与作用

关于涉外合同当用法（Proper Law）的构成，形成的观点有三种：主观论、客观论、主客观结合论。主观论者认为，涉外合同当用法（Proper Law）的实质内容即当事人自主选择法律。主观论派的代表人物即涉外合同当用法（Proper Law）的发明者戴西认为，所谓合同当用法，就是合同双方当事人打算，或能合理地认为他们打算使合同受其支配的那一个或那几个法律。客观论者认为，合同的成立与效力总是与一定的场所相联系的。其衡量"场所化"的标准，就是看反映在合同构成及效力条款中的一系列客观因素最集中地与哪一国发生联系。这种集中的联系，学者们或用"Natural Seat（自然本座）"，或用"Centre Of Gravity（重心）"，或用"the Closest Con—nection（最密切联系）"等概念来表述。其代表人物韦斯特勒克指出，合同当用法即支配合同内在有效性和效力的法律，就是与合同有最真实联系的法律。主客观结合论者试图调和主观论和客观论二派间的尖锐对立，故而将 Proper Law 解释为各种合理因素的综合体。如其代表人物莫里斯即将 Proper Law of Contract 理解为"当事人意欲使合同受其支配的法律，而在当事人无此明示选择且不能依情况推定当事人选择的意向时，应是那个与合同有最密切、最真实联系的法律"。

Proper law 是当事人意图适用的，如果不能判断意图，最真实的联系地的法律就是 Proper law（包括了主观、客观的 proper law）还有"Change of proper law, Multiple proper laws"等情形，这些方式与当事人意思自治原则、最密切联系原则基本一致。当事人意图适用的法律也是在不同国家有不同限制的，如 Bad faith（信用危机），Unconnected law（没有联系的法），Overriding legislation（否决立法），Public policy（公共政策），Implied choice（默示选择）等方面的限制。例如，"The court will refuse to apply the law expressly chosen by the parties where the effect of applying it would produce a result contrary to public policy of the forum."[①]。（法院将会拒绝适用当事人选择的法律，如果该法律适用的结果与法院地的公共政策相抵触。）

我们认为，Proper Law 意为合同当用法，它是一种十分灵活的开放型的系属公式，不是以前各种系属公式的简单重合，而是在新的形势下出现的新的系属公式。它的目的是要使涉外合同的法律选择过程和法律选择的结果更趋合理化和科学化。要达到这一目的，就要汲取原有系属公式的各种科学的因素，但又

---

① Reid Mortensen, Richard Garnett, Mary Keyes. Private International law in Australia [M]. 3rd ed. LexisNexisButterworths, Australia, 2015：423.

不能完全照搬。

如何汲取原有系属公式的有益成分，使合同准据法的选择过程和选择结果科学化和合理化呢？美国学者在第二部《冲突法重述》中提出了有益的见解。该书认为选择合同的准据法，应综合考虑下列因素：维持州际与国际体制的需要；法院地的相关政策；利益有关州的相关政策；对公正期望的保护；制定特定领域法律的基本政策；结果的可预见性和一致性；将适用法律的易于认定和适用；其他因素（如缔约地、谈判地、履行地、合同标的所在地、住所、居所、国籍、法人所在地和当事人业务所在地）。

可以预见，由于 Proper Law 选择准据法的科学性和合理性，它必将越来越发挥更为重要的作用。

3. 涉外合同当用法（Proper Law）的发展与评价

戴西虽然在世界上首次提出了 Proper Law 这一概念，但却未能对 Proper Law 的内容做出科学的、合理的说明，以后的主观论者、客观论者、主客观结合论者各成己见，但理论和观点都尚有缺憾，故而使得 Proper Law 在很长时间内无法在世界范围内流行，而仅仅局限在英国适用。

不过，现在 Proper Law 的影响开始越来越广，关于 proper law 的发展，在欧盟罗马公约，根据 2009 年罗马公约 I，普通法对当事人选择法律是支持的，但也有一些例外。"Within the European Union…by the Rome Convention, and since 2009 by the Rome I Regulation. These instruments are similar to the commen law, in that the parties' express and implied choices of law are generally required to be enforced, with some exceptions."[1] 澳大利亚法律改革委员会也建议法律修改以适应罗马公约，在缺乏当事人的法律选择时，准据法是体现特征性履行的一方当事人的惯常居所地。"recommended that the Australian law be similarly modified, so that there should be a presumption that in the absence of an effective choice of law by the parties, the governing law should be the law of the place of the habitual residence of the party whose performance of the contract was characteristic of the contract."[2] 还建议 "A contract not be enforced by an Australian court if it would not be enforced by

---

[1]　Reid Mortensen, Richard Garnett, Mary Keyes. Private International law in Australia [M]. 3rd ed. LexisNexisButterworths, Australia, 2015：441.

[2]　Reid Mortensen, Richard Garnett, Mary Keyes. Private International law in Australia [M]. 3rd ed. LexisNexisButterworths, Australia, 2015：441.

a court in the place where it was to be performed."①。（如果行为地法院没有赋予合同的效力，澳大利亚法院也不能赋予该合同效力。）

值得说明的是，Proper Law 已经在司法实践中产生了强大的生命力，它的成功经验不仅被完全接受和保留下来，而且还逐渐被引用到其他领域之中。一个重要的表现就是侵权行为中 Proper Law 理论的形成。将 Proper Law 的概念引入侵权行为领域并且形成一种理论，始于 1951 年英国著名冲突规范学家莫里斯教授在美国《哈佛法律评论》上发表的"论侵权行为当用法"一文。

从内容上讲，侵权行为当用法并不排除对侵权行为地这一因素的考虑，侵权行为当用法理论改变了对侵权行为地这一连结因素的考虑角度，即从地理环境的角度转变到社会环境的角度。根据客观情况，侵权行为地只是社会环境的一个组成部分，它可能在大多数情况下仍然是一个主要因素，但在有些时候，起关键作用的是当事人的住所或惯常居所等因素，此时，侵权行为地这一因素就应被取代。

随着涉外合同当用法（Proper Law）理论上的不断完善和发展，它的适用范围也在不断扩大。除了在合同和侵权领域外，在财产、继承、婚姻的某些领域，Proper Law 也已开始适用。

proper law 还在许多商事领域有反映，如关于反致问题，澳大利亚高等法院愿意在用客观标准认定合同当用法的合同案件中，适用反致。"The High Court's willingness to apply renvoi in new fields suggests the possibility that it could be invoked in a contract case, especially where the proper law is identified by objective criteria."② 关于规避法律方面，特别是在当事人逃避准据法的情形下，法院倾向于采用客观标准而不是主观标准判断合同当用法。"especially where there is a concern that the parties may have attempted to evade the otherwise applicable law, the courts may be inclined to apply the objective proper law rather than the subjective proper law."③

那么，我们该如何正确地看待这一现象呢？

作为一种新的冲突规范理论，Proper Law 反映了一种进步的发展趋势。

---

① Reid Mortensen, Richard Garnett, Mary Keyes. Private International law in Australia［M］. 3rd ed. LexisNexisButterworths, Australia, 2015：442.

② Reid Mortensen, Richard Garnett, Mary Keyes. Private International law in Australia［M］. 3rd ed. LexisNexisButterworths, Australia, 2015：418.

③ Reid Mortensen, Richard Garnett, Mary Keyes. Private International law in Australia［M］. 3rd ed. LexisNexisButterworths, Australia, 2015：431.

Proper Law 理论反映了新时代冲突规范的一种理想主义。例如，当侵权行为发生在公海或无主土地上，侵权行为当用法更能提供理想的解决途径，因为这时侵权行为地不属于任何国家，无法适用侵权行为地法。

当然，涉外合同当用法（Proper Law）理论也有其不足之处，最大的不足之处也在于它的太多的灵活性。即各国法院都想尽量扩大本国法的适用机会和范围。我们在研究涉外合同当用法（Proper Law）理论时，也应充分注意这一不良倾向。至于如何解决这一难题，还有待于对国标私法理论做深一步的研究。

第五节　关于本章内容的立法考覆

本章是关于商事冲突规范立法模式与体系研究的内容，涉及商事冲突规范总则或者一般规定的相关问题，关于本章内容的立法建议，主要围绕这些一般规定展开。

一、现有立法

（一）国际条约的相关规定（统一实体法公约）

如 1971 年《危地马拉议定书》关于赔偿限额规定：在旅客运输中，承运人对每名旅客由于死亡或者人身伤害赔偿责任的总数以 150 万法郎为限。运输旅客造成延误的，承运人对每名旅客的责任以 62500 法郎为限，在行李运输中造成毁损、遗失、损坏或延误的，承运人对每名旅客的责任以 15000 法郎为限。

（二）国际条约的相关规定（统一冲突法公约）

如 1928 年 2 月 13 日第六届美洲国家会议通过的《布斯塔曼特法典》第 5 条规定："除有明示的相反规定外，宪法和行政法所设定关于个人或集体保护的一切规则也属于国际公共秩序法。"

（三）国内法的相关规定

1. 2014 年 1 月 1 日起开始施行的捷克共和国《关于国际私法的法律》第一编总则规定了调整对象、强制适用的规定、公共秩序保留、法律规避等内容。如第 3 条规定："本法的规定，不得排除适用捷克法制中那些载明在其适用范围内，无论法律关系依照哪一法制确定，均必须强行适用的法律规定。"

2. 2013 年 8 月 12 日正式生效的《阿曼苏丹国民法典》第 10 条规定："在不同法律发生冲突时，为确定所应适用的法律，法律关系的识别以阿曼法律为准。"

3. 2015 年 8 月 1 日起生效的阿根廷共和国《国际民商法典》第六卷第四编第一章"一般规定"中规定了法律规避、反致、公共秩序等内容。如第 2596 条规定："当某一法律关系应适用外国法律时，该外国的冲突规范也应适用。如果应适用的外国法律反致适用阿根廷法律，则应适用阿根廷的国内法律制度。"

4. 2014 年 10 月 15 日第 544 - 14 号法律公布的《多米尼加共和国国际私法》第一编"一般规定"中规定了目的、例外、特别法、国际条约、定义等内容。如第 1 条第 1 款规定："本法调整多米尼加共和国的国际民商事法律关系。"

5. 2010 年通过的《中华人民共和国涉外民事关系法律适用法》第一章"一般规定"中规定了目的、强制性规定、反致等内容。如第 4 条规定："中华人民共和国法律对涉外民事关系有强制性规定的，直接适用该强制性规定。"

（四）法律草案与法律建议案的相关规定

1. 1974 年《阿根廷国际私法（草案）》的相关规定。该草案在总则规定了时间和空间效力、识别、先决、法律规避、公共政策等内容。如第 2 条第 1 款规定："本条例的用语依准据法解释。"

2. 2000 年《中华人民共和国国际私法示范法》（中国国际私法学会制定）的相关规定。该示范法第一章总则规定了宗旨、基本原则、定性、法律规避等内容。如第 13 条规定："当事人故意规避中华人民共和国强制性或者禁止性法律规定的，不得适用当事人企图适用的法律。"

3. 《涉外民事关系的法律适用法》专家建议稿（费宗祎、刘慧珊、章尚锦起草，2002 年 4 月）的相关规定。该专家建议稿第一章"一般规定"中涉及的内容有宗旨、适用范围、调整对象、法律规避、定性等内容。如第 4 条规定："当事人故意规避中华人民共和国的强制性或者禁止性规定的，不得适用当事人企图适用的法律。"该规定与《中华人民共和国国际私法示范法》的规定完全一致。

4. 2002 年全国人大常委会法制工作委员会提出的《中华人民共和国民法（草案）》第九编的相关规定。该草案第一章"一般规定"中涉及的内容有法律解释、定性、公共秩序等内容。如第 11 条规定："依照本法规定适用外国法律或者国际惯例，不得违反中华人民共和国的社会公共利益。"

5. 2002 年 9 月《中华人民共和国民法（室内稿）涉外民事法律关系的法律适用编》的相关规定。该稿第一章"一般规定"中涉及的内容有先决、社会公共利益等内容。第 15 条规定："依照本编适用外国法律或者国际惯例，不得违反中华人民共和国的社会公共利益。"

6. 2010 年中国国际私法学会《中华人民共和国涉外民事关系法律适用法（建议稿）》的相关规定。该稿第一章总则规定的内容包括定性、法律规避、公共秩序等内容。如第 14 条规定："当事人故意规避中华人民共和国的强制性规定的，不得适用当事人企图适用的法律，应当适用中华人民共和国法律。"

7. 笔者所拟的《中国冲突法与海事冲突法（草案）》（见笔者主编《海事冲突规范新编》一书附录部分，法律出版社 2005 年版）的相关规定。该草案第一章总则规定的内容有宗旨、公共秩序、法律规避等内容。如第 17 条规定："当事人故意规避中华人民共和国的强制性或者禁止性法律规定的，不得适用当事人企图适用的法律。当事人故意规避外国强制性或者禁止性法律规定的，该外国强制性或者禁止性法律规定符合国际惯例的，不得适用当事人企图适用的法律。"

以上规定虽然不太全面，但已经就法律适用总则的一些原则问题形成了初步统一的规定与看法，值得借鉴。

二、立法考量

根据各种法律适用方法的运用，结合各国立法具体情况，考虑趋同化的发展趋势、本土化的需求，笔者关于商事海事冲突方面的立法建议如下。（由于每章内容不同，建议的条款只是针对本章内容展开）

第 1 条【立法目的】为了明确涉外商事关系的法律适用，妥善解决涉外商事争议，制定本法。

立法依据与参考：2010 年中国国际私法学会《中华人民共和国涉外民事关系法律适用法（建议稿）》第 1 条规定，"为了平等保护涉外民事关系当事人的合法权益，公平合理地解决涉外民事争议，促进涉外民事关系的正常发展，制定本法"。

笔者的建议与上述规定基本一致，致力于解决调整对象、立法目的问题。不同的是，本建议的调整对象是"涉外商事关系"，而且直接点明"涉外商事关系的法律适用"，这是商事冲突规范的根本任务。

第 2 条【适用范围】涉外商事关系适用的法律，依照本法的规定确定。

立法依据与参考：《多米尼加共和国国际私法》第 1 条第 1 款规定，"本法调整多米尼加共和国的国际民商事法律关系"。

第 3 条【公共秩序保留】依照本法的规定适用外国法律（包括外国强制性

规定）、国际惯例，或者未对中华人民共和国生效的国际条约，不得违背中华人民共和国的公共利益或中华人民共和国法律、行政法规强制性规定。

立法依据与参考：2002年9月《中华人民共和国民法（室内稿）涉外民事法律关系的法律适用编》第15条规定，"依照本编适用外国法律或者国际惯例，不得违反中华人民共和国的社会公共利益"。

《中华人民共和国民法（室内稿）涉外民事法律关系的法律适用编》规定的适用"范围"不全面，没有包括未对中华人民共和国生效的国际条约等。

2015年生效的阿根廷共和国《国际民商法典》第2600条规定，"应适用的外国法规定如果与阿根廷法律制度所赖以存在的公共秩序基本原则相违背，则排出其适用"。

2014年施行的捷克共和国《关于国际私法的法律》第4条规定，"依照本法规定本应适用的外国法制中的规定，如其适用的结果显然违背公共秩序的基本原则，则不予适用。基于同样理由，外国判决、外国法院和解、外国公证书及其他文书、外国仲裁裁决、司法协助方面的诉讼行为以及对在外国或依照外国法制产生的法律事实的认可，均不得予以承认"。

第4条【先决问题】先决问题适用法院地法。但如果依法院地法不能解决的，可以适用当事人选择的法律。如果当事人没有选择法律的，由法官根据先决问题与争讼问题准据法所属国、法院地国、对其有管辖权国家的关系来判断，适用与之有最密切联系的国家的冲突规则。

立法依据与参考：2010年中国国际私法学会《中华人民共和国涉外民事关系法律适用法（建议稿）》第12条规定，"对于涉外民事争议的先决问题，应当根据该先决问题自身性质确定其应当适用的法律"。

关于先决问题的法律适用，法院地法及依主要问题的准据法所属国家的冲突规范来确定先决问题的准据法是两种不同的做法，各有优劣。由于主要问题的准据法多是当事人选择的法律。用之解决先决问题带有随意性。当然法院地法也有随意性，当事人也可以选择管辖权。但法院地法适用起来相对简单。

第5条【识别问题】识别问题适用法院地法。但如果依法院地法不能解决的，可以适用当事人选择的法律；如果当事人没有选择法律的，可以适用与案件有联系的相关国家的法律。如果相关国家的法律之间规定有矛盾，则采用比较的方法，选择一种较好的规定进行适用。除当事人的国籍外，对于连结点的认定，适用法院所在地的法律。外国法的解释，应该根据该外国法本身的解释和运用标准来决定。

立法依据与参考：2010 年中国国际私法学会《中华人民共和国涉外民事关系法律适用法（建议稿）》第 9 条规定，"涉外民事关系的定性，适用法院地法律。依照法院地法律不能适当解决的，可以参照可能被选择适用的法律"。

《中华人民共和国涉外民事关系法律适用法（建议稿）》规定的"可以参照可能被选择适用的法律"实践中不好理解，所以笔者提出可以适用当事人选择的法律。

第 6 条【法律规避】当事人故意规避中华人民共和国强制性或者禁止性法律规定的，不得适用当事人企图适用的法律。当事人故意规避外国强制性或者禁止性法律规定的，该外国强制性或者禁止性法律规定符合国际惯例的，不得适用当事人企图适用的法律。

立法依据与参考：2014 年施行的捷克共和国《关于国际私法的法律》第 5 条规定，"为了能不适用本法的强行规定，或者为了使故意制造或伪造的事实未发生时本应适用的法律以外的其他法律得以适用而故意制造或伪造的事实，不予考虑"。

《涉外民事关系的法律适用法》专家建议稿（费宗祎、刘慧珊、章尚锦起草，2002 年 4 月）第 4 条规定，"当事人故意规避中华人民共和国的强制性或者禁止性规定的，不得适用当事人企图适用的法律"。

笔者的建议补充了外国强制性规定问题，比较全面。

第 7 条【外国法的查明】中华人民共和国法院和仲裁机构审理商事案件时，或者中华人民共和国行政机关处理商事事项时，对中国加入的国际条约，或中国冲突规范指定的法律、国际惯例由法官负责查明。其他由当事人负责提供。不能查明或者经查明不存在有关法律规定的，由法官负责查明的，适用与该外国法律类似的法律或者中华人民共和国相应的法律。由当事人负责提供的，驳回起诉。

立法依据与参考：《中华人民共和国涉外民事关系法律适用法》第 10 条规定，"涉外民事关系适用的外国法律，由人民法院、仲裁机构或者行政机关查明。当事人选择适用外国法律的，应当提供该国法律。不能查明外国法律或者该国法律没有规定的，适用中华人民共和国法律"。

笔者的建议补充了《中华人民共和国涉外民事关系法律适用法》的相关规定。

第 8 条【意思自治原则】当事人可以依照法律规定选择适用的法律。

立法依据与参考：《中华人民共和国涉外民事关系法律适用法》第 3 条规定，当事人依照法律规定可以明示选择涉外民事关系适用的法律。

笔者建议中放弃了明示选择的要求，只要是能够认定的选择即可，此是法律选择的真谛。

第 9 条【国际条约】中华人民共和国缔结或者参加的国际条约同本法有不同规定的，适用国际条约的规定；但是，中华人民共和国声明保留的条款除外。中华人民共和国法律和中华人民共和国缔结或者参加的国际条约没有规定的，可以适用国际惯例。

立法依据与参考：2015 年生效的阿根廷共和国《国际民商法典》第 2594 条规定，"当案情涉及多个国家法律时，依据现行有效的国际条约和公约确定准据法。无国际法规则时，适用阿根廷本国冲突规范的规定"。

《中华人民共和国海商法》第 268 条规定，"中华人民共和国缔结或者参加的国际条约同本法有不同规定的，适用国际条约的规定；但是，中华人民共和国声明保留的条款除外。

"中华人民共和国法律和中华人民共和国缔结或者参加的国际条约没有规定的，可以适用国际惯例"。

该条建议与《中华人民共和国海商法》的规定一致。

第 10 条【未生效的国际条约】当事人可以选择适用国际惯例或者未生效或未对中华人民共和国生效的国际条约。

立法依据与参考：《中华人民共和国海商法》第 268 条第 2 款规定，"中华人民共和国法律和中华人民共和国缔结或者参加的国际条约没有规定的，可以适用国际惯例"。既然我国法律规定国际惯例可以适用，那么"未生效或未对中华人民共和国生效的国际条约"可以比照国际惯例适用，应当允许当事人选择。

但我国立法对我国参加的生效的国际条约的采用有明确规定，对我国未参加的生效的国际条约的适用没有规定。不过，既然当事人可以选择外国法，我国当然不可能加入外国法，但仍然承认选择外国法的效力，那么，当事人当然也可以选择我国未参加的生效的国际条约。至于未生效的国际条约，可以比照国际惯例来适用。未生效的国际条约本身没有任何效力，但也有相当软法的作用，特别是一些示范法，被适用得较多。"This 'soft' law category encompasses normative standards that are 'characteristically expressed in written form' and presented as 'declarations, resolutions, recommendations, charters, and codes of practice that are generated by the processes of international intercourse. ”① 软法有许多优点，一是可以对政策起支持作用，也可能成为新的习惯法或者过渡为新的条约；二是可以在国家不愿意立法的区域起作用；三是条约不容易达成，即使达成也是折中的结果，而且也不能保证得到遵守执行，软法可以在过渡到条约的过程中起积极作用。 “This perceived advantages make soft law particularly attractive as a mechanism for legal evolution in areas of international concern that are dynamic or expanding quickly. ”② 由于软法的诸多优势，我国应该允许并积极鼓励对软法的选择适用。

根据《中华人民共和国海商法》第268条的规定："中华人民共和国缔结或者参加的国际条约同本法有不同规定的，适用国际条约的规定；但是，中华人民共和国声明保留的条款除外。中华人民共和国法律和中华人民共和国缔结或者参加的国际条约没有规定的，可以适用国际惯例。"该规定也提到允许国际惯例的适用，但是在中华人民共和国缔结或者参加的国际条约没有规定的前提下适用的。笔者的补充规定，可以在我国法律、参加的国际条约有规定的前提下，也可以选择适用国际惯例。因为你不允许当事人选择惯例，当事人可以将惯例的内容直接嵌入合同之中，既然可以允许当事人嵌入惯例，为何不允许当事人选择适用惯例呢？

对于国际惯例，《中华人民共和国海商法》规定我国缔结或者参加的国际条约没有规定的，可以适用国际惯例。即使我国缔结或者参加的国际条约有规定，如果规定不属于强制性规定，也可以允许当事人选择适用国际惯例。至于内容的把控方面，由于有"不得违背中华人民共和国的社会公共利益"的规定，足以保证适用的正确性。

第11条【最密切联系原则】本法或者其他法律对涉外商事关系的法律适用没有规定的，应当适用与该涉外商事关系有最密切联系的法律。对商事合同而言，如无法确定最密切联系的法律，则与合同有最密切联系的法律是履行义务最能体现该合同特征的一方当事人主营业所所在地法。(1) 买卖合同，适用合同订立时卖方营业所所在地法；如果合同是在买方营业所所在地谈判并订立的，或者合同明确规定卖方必须在买方营业所所在地履行交货义务的，适用买方营

---

① Cameron S. G. Jefferies. Marine Mammal Conservation and the Law of the Sea. Oxford university press，2016：164 – 165.

② Cameron S. G. Jefferies. Marine Mammal Conservation and the Law of the Sea. Oxford university press，2016：165.

业所所在地法。（2）加工承揽合同，适用加工承揽人营业所所在地法。（3）成套设备供应合同，适用设备安装地法。（4）不动产买卖、租赁或抵押合同，适用不动产所在地法。（5）动产租赁合同，适用出租人营业所所在地法。（6）动产质押合同，适用质权人营业所所在地法。（7）借款合同，适用贷款人营业所所在地法。（8）货款支付与结算合同，适用支付地或结算地法。（9）保险合同，适用保险人营业所所在地法。（10）融资租赁合同，适用承租人营业所所在地法。（11）建设工程合同，适用建设工程所在地法。（12）仓储、保管合同，适用仓储、保管人营业所所在地法。（13）保证合同，适用保证人营业所所在地法。（14）委托合同，适用委托人营业所所在地法。（15）债券的发行、销售或转让合同，分别适用债券发行地法、销售地法或债券转让地法。（16）拍卖合同，适用拍卖举行地法。（17）行纪合同，适用行纪人营业所所在地法。（18）居间合同，适用局间人营业所所在地法。（19）运输合同，适用承运人营业所所在地法。（20）技术开发、咨询或服务合同，适用委托人营业所所在地法、住所地法或惯常居所地法。（21）技术转让合同，适用受让人营业所所在地法。（22）工程承包合同，适用工程所在地法。（23）雇佣合同，适用劳务实施地法。（24）消费者合同，适用消费者住所地法或惯常居所地法。（25）委托合同，适用受托人住所地法、惯常居所地法或营业所所在地法。（26）交易所业务合同，适用交易所所在地法。（27）电信服务适用服务提供者主营业所所在地法。（28）银行业务适用从事银行业务的企业主营业所所在地法。（29）海上拖航合同，适用承拖人的主营业所所在地法。（30）劳动合同、消费合同首先适用当事人双方住所地法中有利于保护弱者的法律。（31）船舶设计合同，适用受托人的主营业所所在地法。（32）船舶建造或修理合同，适用船舶建造地或修理地的法律。（33）船舶租用合同，适用出租方的主营业所所在地法；在光船租船合同下，适用光船承租人的主营业所所在地法。（34）船舶抵押贷款合同，适用贷款方的主营业所所在地法。

立法依据与参考：2014 年施行的捷克共和国《关于国际私法的法律》第 87 条第 1 款规定："合同当事人未协议选择准据法的，合同依照与其有最密切联系的国家的法律确定。法律选择必须是明示的或者能显而易见地从合同条款或者案件情势中推断出来。"

2010 年中国国际私法学会《中华人民共和国涉外民事关系法律适用法（建议稿）》第 54 条规定："合同当事人没有选择法律的，适用与合同有最密切联系的法律。依前款规定确定应当适用的法律时，应当根据合同的特殊性质，以及某一方当事人履行的义务最能体现合同的本质特征等因素，确定与合同有最密切联系的法律。（一）买卖合同，适用合同订立时卖方营业所所在地法律；如果合同是在买方营业所所在地谈判并订立的，或者合同明确规定卖方必须在买方营业所所在地履行交货义务的，适用买方营业所所在地法律……"

关于合同领域最密切联系原则的适用，特征性履行是一较实用的方法，本建议采用推定的方式适用特征履行地法律，因为是推定的最密切联系地，就可能存在更密切联系地（即实际上的最密切联系地），所以，本建议的表述不存在逻辑上的矛盾。例如，2002 年 9 月《中华人民共和国民法（室内稿）涉外民事法律关系的法律适用编》第 54 条规定："涉外合同的当事人没有选择的，适用与合同有最密切联系的国家的法律。在通常情况下，下列合同的最密切联系的法律是：（一）国际货物买卖合同，适用合同订立时卖方营业所所在地法律……如果上述合同明显与另一国家或者地区有更密切联系的，适用该另一国家或者地区的法律。"该建议中已经规定了最密切联系的法律，又规定了可以适用更密切联系地法律，是不周全的，因为没有比最密切联系更密切的联系了。2000 年《中华人民共和国冲突规范示范法》以及 2002 年 4 月《涉外民事关系的法律适用法》专家建议稿等也存在这样的问题。

2018 年的《中华人民共和国海商法（修订征求意见稿）》第 16.2 条的规定完善海事海商合同法律适用的规定，引入《涉外民事关系法律适用法》的特征性履行原则的做法很好，但其将特征性履行与最密切联系原则当作选择关系，并不妥当。应该规定首先适用最密切联系原则，特征性履行只是最密切联系原则的具体化，是方便最密切联系原则的适用采用的方法，而不能取代最密切联系原则。

海事合同是涉外海事关系法律适用领域的重要方面，海事合同种类多，关于合同的纠纷多，海事合同的法律适用规定上冲突也较多。《中华人民共和国海商法》只规定了合同的法律适用问题，没有特指海事合同。第 16.2 条规定："合同当事人可以选择合同适用的法律，法律另有规定的除外。当事人没有选择的，适用履行义务最能体现该合同特征的一方当事人经常居所地法律或者其他与该合同有最密切联系的法律。"该规定中的"适用履行义务最能体现该合同特征的一方当事人经常居所地法律"，属于合同的特征性履行方法，即根据合同的特殊性质确定合同法律适用的方法，适用的是与特征性之债务履行人联系密切的法律。自 20 世纪 60 年代开始，许多国家尤其是大陆法系国家采用了最密切联系原则具体化的方法，即以特征性履行方法来体现最密切联系原则，以特征性履行作为确定最密切联系的客观依据。值得注意的是，既然"适用履行义务最能体现该合同特征的一方当事人经常居所地法律"的规定已经体现了最密切联系原则，是最密切联系原则的具体化，为何该条还要规定"适用履行义务最能体现该合同特征的一方当事人经常居所地法律或者其他与该合同有最密切联系的法律"？难道在特征性履行体现的最密切联系之外，还有其他与该合同有最密切联系的法律？而且法律规定可以在这"两个"最密切联系原则之间进行选择？这样做将会使这"两个"最密切联系原则的适用都受到相互减损，而且在两个最密切联系原则之间进行选择适用，与情理不符。如果说"适用履行义务最能体现该合同特征的一方当事人经常居所地法律"的规定不是最密切联系原则，那么将之与"其他与该合同有最密切联系的法律"并列选择适用则更加不妥。

事实上，我国早在《关于适用〈涉外经济合同法〉若干问题的解答》中就规定了 13 种合同法律适用的特征性履行方法。此后又规定，合同明显地与另一国家或者地区的法律有更密切的关系时，人民法院应以另一国家或者地区的法律作为处理合同争议的依据。2007 年最高人民法院《关于审理涉外民事或商事合同纠纷案件法律适用若干问题的规定》采用了类似的规定方法（规定了 17 种合同法律适用的特征性履行方法）。这些规定承认"合同法律适用的特征性履行方法"是最密切联系原则的方法，但规定如存在"有更密切的联系时"，则采用"有更密切的关系国家或地区的法律"。与第 16.2 条规定不同的地方是，《关于适用〈涉外经济合同法〉若干问题的解答》《关于审理涉外民事或商事合同纠纷案件法律适用若干问题的规定》对特征性履行与最密切联系原则是有先后适用顺序和适用条件的，两者不是选择适用的关系。但存在的问题是：《关于适用〈涉外经济合同法〉若干问题的解答》《关于审理涉外民事或商事合同纠纷案件法律适用若干问题的规定》规定在最密切联系之外还有更密切联系，这样的表述与情理不符。

比较而言，1980 年的《罗马国际合同义务法律适用公约》的规定相对科学一些，该公约规定特征性履行确定的法律为"推定"最密切联系的法律，如果存在"较为密切的另一国家的关系时"，则"推定"最密切联系的法律不再适用。我国修改立法可以借鉴该条公约。（但该规定也非尽善尽美，即"较为密切"可以超过"推定"最密切联系的法律的适用，不尽合理）当然，我国立法也可以这样规定："当事人可以协议选择合同适用的法律。当事人没有选择的，适用与该合同有最密切联系的法律，一般情况下，与该合同有最密切联系的法律是履行义务最能体现该合同特征的一方当事人经常居所地法律。"这样就解决了相关的矛盾与困惑。

第 12 条【反致问题】涉外商事关系适用的外国法律，不包括该国的法律适用法。

立法依据与参考：2015 年生效的阿根廷共和国《国际民商法典》第 2596 条规定，"当某一法律关系应适用外国法律时，该外国的冲突规范也应适用。如果应适用的外国法律反致适用阿根廷法律，则应当适用阿根廷的内国法律制度"。而《中华人民共和国涉外民事关系法律适用法》第 9 条规定，"涉外民事关系适用的外国法律，不包括该国的法律适用法"。两者规定一致。

第 13 条【国内强制性规定】中华人民共和国法律对涉外商事关系有强制性规定的，如案件与中华人民共和国具有密切联系，应直接适用该强制性规定。

立法依据与参考：2015 年生效的阿根廷共和国《国际民商法典》第 2596 条规定，"阿根廷法律中的国际强制性规范或直接适用的规范优先于意思自治的行使，同时，排除冲突规范指定的或当事人选择的外国法的适用"。

《中华人民共和国涉外民事关系法律适用法》第 4 条规定，"中华人民共和国法律对涉外民事关系有强制性规定的，直接适用该强制性规定"。

笔者的建议加入了一个限定条件"如案件与中华人民共和国具有密切联系"，事实上如果案件与中华人民共和国没有密切联系，我国法院也不会管辖，也不会非要适用自己的规定，所以加上该条，可以显示大国的气度。

第 14 条【外国强制性规定】外国强制性规定与案件有最密切联系的，可以得到适用。

立法依据与参考：各国缺乏规定，但根据最密切联系原则的要求，外国强制性规定是准据法中的准据法，应该给予适用。

第 15 条【赔偿责任限制】赔偿责任限制，适用侵权行为地法、国旗国法或法院地法中与案件有最密切联系的国家的法律。

立法依据与参考：2014 年 10 月 15 日第 544－14 号法律公布的《多米尼加共和国冲突规范》第 78 条规定，"汽车、铁路、飞机或轮船等交通工具的物权，适用其登记的国旗国法律"。

此外，《中华人民共和国海商法》第 275 条规定：海事赔偿责任限制，适用受理案件的法院所在地法律。

赔偿责任限制事关案件之核心问题，所以应该适用客观上最该适用的准据法——最密切联系的国家的法律。《中华人民共和国海商法》规定的海事赔偿责任限制，适用受理案件的法院所在地法律，容易导致择地诉讼。因此，本建议案规定根据最密切联系原则，适用侵权行为地法、船旗国法或者受理案件的法院所在地法律。在司法实践中，各国关于海事赔偿责任限制的准据法，侵权行为地法、船旗国法或者受理案件的法院所在地法都有采用，但多是单一适用。本建议案根据最密切联系原则，在这三个最基本的系属公式中进行选择，可以避免单一适用带来的遗憾。

第 16 条【诉讼时效】诉讼时效，适用相关涉外商事关系准据法的规定。

立法依据与参考：《中华人民共和国涉外民事关系法律适用法》第 7 条规定，"诉讼时效，适用相关涉外民事关系应当适用的法律"。

笔者的建议与《中华人民共和国涉外民事关系法律适用法》第 7 条规定一致。只是将民事改为商事。

值得说明的是，以上总则部分的一般规定，在《中华人民共和国涉外民事关系法律适用法》中也有一些规定，一般情况下，商事冲突规范可以不规定这些内容，而一同适用即可。但如果需要专门制定商事冲突规范单行法，则需要从体系上充实这些内容，并根据需要做修订补充完善现有的法律规定。

第三章

商主体

商事主体即商主体，商主体在传统的商法中一般被称为商人，是指"基于法律的规定，能够以自己的名义从事商行为，独立享有商事权利和承担商事义务的主体"①。实践中，一般将商事主体分为商个人、商法人、商合伙。但"各国关于商法之规定，主体既不皆同，认识亦各有异，于是其人是否具有商人之资格，则须视其依何国法律决定，始可知其结果。法律上的冲突既显然存在，自不能不求其所应适用之准据法焉"②。如关于商人资格方面，确定商人资格是适用商法的前提，"各国对之皆有其相当确定之观念；无奈彼此之命意不尽为同。遂即在涉外之法律关系方面，首先发生适用何国法律，以定其人是否商人之问题矣"③。由于各国采用的编撰体例不同，关于商人资格问题的规定也多有不同。"德国法强调只有商人实施的行为才是商行为，法国法认为只要其行为符合商行为，行为人就是商人，而日本法和韩国法则以商人与商行为两者相结合作为商法的基础。"④ 英国否认商人的特殊身份，"故多不对'人'，设其商事资格上之定义"⑤。瑞士则以营业的方法作为确定商人资格的要件。不同国家存在商行为本位主义和商业本位主义之分。"各国对于商人资格之规定，尚不仅定义字面上有所冲突，而在其内容之解释上为异尤多。"⑥

在商人资格的消极规定方面，"各国对此，皆基于公安之理由，以权力之作用，对任何商业，或限于以法律禁止之，或更得以命令禁止之，故其范围与种类，绝不相同"⑦。

---

① 邢龙，江茜. 我国商事主体分类之评价 [J]. 企业导报，2010 (6)：46.
② 陈顾远. 国际私法商事篇 [M]. 上海：民智书局，1934：17.
③ 陈顾远. 国际私法商事篇 [M]. 上海：民智书局，1934：19.
④ 葛伟军. 民法典编撰视野下民事主体与商事主体的衔接 [J]. 上海财经大学学报，2017 (4)：118.
⑤ 陈顾远. 国际私法商事篇 [M]. 上海：民智书局，1934：20.
⑥ 陈顾远. 国际私法商事篇 [M]. 上海：民智书局，1934：21.
⑦ 陈顾远. 国际私法商事篇 [M]. 上海：民智书局，1934：21.

关于法人的商人资格方面"如何之法人得为商人，或者不得为商人，各国认定之标准不一"①。

以上可知，关于商事主体的法律冲突比较明显。

第一节 公司的法律冲突

公司是最重要的一种商事组织形式，公司是以营利为目的的社团法人。现代公司的一个重要特征就是，公司是一个法人团体，是一个完全区别于组成该团体的成员的法律实体。"A corporation is an artificial creation, a legal person. The question whether, and with what power, a body corporate has been created is determined by the law under which its creation took place, which the common law considers to be the lex incorporations. Likewise, the questin who is empowered to act on itsbehalf is a matter for the lex incorporationis, even though the consequences in law of an act which an officer or organ was not entitled to perform may also be referred to another law."②（公司是一个虚拟的创造，是法律拟制的人。问题是根据什么权力公司法人能够成立，成立地法律即普通法上的公司所在地具有权威性，因为权利来源于此。尽管公司机构、办公行为地要适用另外法律。）中世纪的时候，有法人地位的实体已经出现了，主要是一些经皇室特许而组成的牧师会、寺院或自治城市一类的宗教团体或公共组织。到了 17 世纪初，在英国和荷兰正式出现了有法人地位的商业公司，它们经皇室特许，经营外贸业务，典型的如 1600 年成立的东印度公司和 1602 年成立的荷兰东印度公司。一般认为，公司的历史是由合伙向无限公司、两合公司，然后到股份有限公司及有限公司进行发展。

公司法是规定公司设立、组织、经营、解散、清算以及调整公司内外部关系规则的总称。19 世纪中叶我国就开始出现了公司的形态，外国公司也纷至沓来，但直到清末光绪二十九年（1904 年），才出现了《公司律》。《公司律》共131 条，内容包括股份、股东权利、董事会议、众股东会议、更改公司章程等内容。如《公司律》第 1 条规定："凡凑集资本、共营贸易者为公司。"第 46 条规定："公司董事局每年应召集众股东举行寻常会议，至少以一次为度。"第 58 条规定："凡公司有股之人股票用己名者，无论股本多少，遇有事情准其赴公司查

---

① 陈顾远. 国际私法商事篇 ［M］. 上海：民智书局，1934：22.

② Janred v ENIT ［1989］2ALL ER 444（CA）.

核账目。"光绪三十四年（1908 年）起草了《大清商律草案》，包括总则、公司法、票据法、海船法五编，1008 条。

民国初年的公司立法有：1914 年 7 月 19 日由总统教令公布的《商业注册规则》《公司条例实施细则》；1914 年 8 月 17 日农商部颁布的《商业注册规则实施细则》《公司注册规则实施细则》；1914 年 9 月 1 日正式施行的《公司条例》。《公司条例》共 251 条，包括的内容有总则、无限公司、两合公司、股份有限公司、股份两合公司、罚则等。《公司条例》的规定有许多可取之处，如其第 3 条规定："凡公司均认为法人。"这些规定具有积极的作用。

国民政府于 1929 年 12 月 30 日公布了《公司法》，该法共 233 条，于 1931 年 7 月 1 日起施行。该法突出了公司营利这一性质等内容，如其第 1 条就规定："本法所称公司，谓以营利为目的而设立之团体。"1940 年国民政府公布了《特种股份有限公司条例》，该条例共 11 条。1945 年 9 月 29 日，通过了新修订的《公司法》，1946 年 4 月 12 日施行。该法首次对外国公司进行了规范。如其第 292 条规定"外国公司非在其本国设立登记营业者，不得声请认许；非经认许给予认许证者，不得在中国境内营业或设立分公司"。其第 293 条规定了对外国公司不予认许的情形：（1）外国公司设立的目的或业务违反中国法律、公共秩序或善良风俗；（2）其设分公司的地区限制外国人居住或其业务限制外国人经营的；（3）专为逃避其本国法律或者利用第三国法律取得法人地位向中国请求认许的，企图享受第三国人民权利的；（4）外国公司在声请认许时，报明的事项存在虚假的。

上述规定涉及了外国公司的认许、法律规避等内容，规定的内容与现代的一些规定已较接近。

但是，从世界各国关于公司法的立法体例与内容来看，都存在较大的差异，法律冲突比较明显。

一、公司的法律冲突概见

（一）关于公司的定义方面

关于公司的定义方面，各国规定不一。1933 年《美国证券法》第 77 条之二第 2 款规定："法人"是指个人、社团、全体合伙人、协会、股份公司、托拉斯、非公司组织或政府或政府部门。本项中所称"托拉斯"应只包括这样一种托拉斯：其受益人或各受益人的权益或各种权益是由一保证人证明的。

1986 年《新加坡证券业法》第 2 条第 1 款规定："公司"即指依照公司法建立的公司。

1957 年颁布的《文莱达鲁萨兰国公司法》规定，公司指依照公司法组成和登记的公司。

以上关于公司的定义表述方面存在差异，有的国家对公司法人有具体限定，有的国家只是笼统规定依法组建即可。有的国家规定非公司组织或政府或政府部门均可成为法人，范围比较宽泛，有的国家则没有这样的规定。

（二）关于公司的形式方面

1. 1965 年颁布的《马来西亚共和国公司法》规定的公司形式包括股份有限公司、担保有限公司、无限责任公司、私人公司（股东人数为 50 人以下）。

2. 1980 年颁布的《菲律宾共和国公司法》第 10 条规定，公司发起人应是 5～15 个达到法定年龄的自然人。其中半数以上应该是菲律宾人。

3. 1994 年颁布的《新加坡共和国公司法》第 17 条规定，拥有 20 名以上成员的经营组织必须设立为公司。该规定不适用于按照新加坡法律设立的，由从事特定职业的个人组成的合伙组织。任何人都可以在新加坡通过登记设立公司。

4. 2001 年颁布的《泰国大众有限公司法》规定，公司发起人必须为年龄 20 岁以上的自然人而不是法人，私人有限公司至少需要 3 位发起人，大众有限公司至少需要 15 位发起人。

5. 1994 年颁布的《老挝人民民主共和国企业法》规定，有限公司有 2 个以上公司创始人，股东不超过 20 人。

6. 2005 年颁布的《柬埔寨王国商业企业法》规定有限责任公司的股东为 2～30 人。

7. 《文莱达鲁萨兰国公司法》规定，私人公司的认股数为 2～50 人。非私人公司的认股人为 7 人及以上。

8. 1966 年《法国商事公司法》第 1 条第 2 款规定：合股公司、简单两合公司、有限公司和股份公司，无论其宗旨如何，均因其形式为商事公司。

从以上的规定看，各国的规定如关于发起人人数方面的规定等，存在明显差异。在不同的国家，对发起人的含义有不同的认识。一般来说，在大陆法系国家，发起人是指制定公司章程，出资并认购公司股份，筹办公司成立事务，并对公司成立前的行为负责的人，发起人也即公司成立后的股东。而在英美法系国家，如美国，并不要求发起人向公司出资或认购股份，而仅仅是筹办公司设立事务的人。有限责任公司的发起人应对公司的前景做出可行性的判断，防止盲目设立公司。各国对发起人的人数一般限制在 2～50 人，如法国、比利时等国家。我国 2005 年修订的《公司法》也做出了限制性规定，规定有限责任公司应由 2 个以上 50 个以下股东出资设立。2014 年 3 月 1 日起施行的《公司法》

第 24 条规定"有限责任公司由 50 个以下股东出资设立",并规定可以设立 1 人有限责任公司,突破了 2005 年《公司法》有限责任公司必须 2 人以上的规定。新《公司法》还对国有独资公司做了规定。

各国法律对发起人一般有最低人数的要求,但关于最低人数的要求方面存在差异。关于发起人最低人数的要求方面,最少的规定为 1 人,多数国家规定为 1 人以上。我国《公司法》对发起人的人数也做出了规定:设立股份有限公司,应当有 2 人以上 200 人以下发起人,其中须有半数以上的发起人在中国境内有住所。

从我国《公司法》的规定看,既规定了最低人数的要求,又规定了国籍或住所方面的要求。但西方国家一般没有这方面的特别要求。

(三)关于公司的股份认购要求方面

1.《菲律宾共和国公司法》第 11 条规定,公司自成立之日起不得超过 50 年,除非在期限到来之前延期。第 13 条规定,公司成立时,章程中规定的最少 25% 的股本应被认购,并且认购总额中至少 25% 的份额应在认购日期或认购合同中约定的日期前被认购,已交付资本不能少于 5000 比索。

2.《泰国大众有限公司法》规定申请成立私人有限公司,需要至少 3 位发起人,实收资本至少应达到认购股份金额的 25%。大众有限公司至少需要 15 位发起人。

3.《老挝人民民主共和国企业法》规定,设立有限公司必须在公司设立之日至少认缴股值的 50%,剩余的自公司登记之日起 2 年内交足。有限公司的最低注册资金不得少于 500 万基普。

4.《中华人民共和国公司法》第 84 条规定:"以募集设立方式设立股份有限公司的,发起人认购的股份不得少于公司股份总数的百分之三十五;但是,法律、行政法规另有规定的,从其规定。"

从以上的规定看,各国关于公司股份认购方面的立法存在明显差异。例如,是否必须在公司成立前缴清所有的出资额,各国的规定就不完全相同:有的国家规定在公司成立前,股东必须缴清出资;有的国家没有规定在公司成立前股东必须缴清出资额。在没有规定在公司成立前股东必须缴清出资额的国家中,规定也不相同,有的要求在公司成立前股东必须缴纳部分出资额,有的没有这样的规定。德国公司法就是采用部分缴纳出资额的规定,即要求股东在公司成立前所认缴的出资不应少于其所认缴的出资总额的 1/4。我国采用的是足额缴纳出资额的规定,2014 年 3 月 1 日起施行的我国新《公司法》规定:股东应当按期足额缴纳公司章程中规定的各自所认缴的出资额。

（四）关于董事方面的规定

1.《马来西亚共和国公司法》规定，公司必须有 2 名以上的董事，董事年龄须在 70 岁以下，是取得或者认购了必要资格的股份的成年人，未取得必要资格股份的董事，应该在 2 个月内取得资格股份，且董事的主要或唯一的居住地在马来西亚。

2.《菲律宾共和国公司法》规定，公司董事中过半数成员应是菲律宾公民。

3.《老挝人民民主共和国企业法》第 64 条规定，董事会由 5 ~ 11 人组成。其中，必须有 1 ~ 2 名劳工代表。

4.《泰国大众有限公司法》规定大众有限公司董事会至少由 5 人组成，并且至少一半成员是泰国人。

从以上的规定看，各国关于董事、董事会的构成人数等方面的规定存在明显差异。各国法律对公司的董事会人数的规定各不相同是一个比较普遍的问题。有的国家规定，资本额较小的公司可以只设一名董事，不设董事会；资本额较大的公司可以设 3 名以上的董事组成董事会，并设立董事长一人主持董事会的工作。我国 2014 年新《公司法》规定："有限责任公司设立董事会，其成员为 3 人至 13 人，董事会设董事长 1 人，可以设副董事长。股东人数较少或者规模较小的有限责任公司，可以设 1 名执行董事，不设董事会。"

（五）关于公司股东会议方面的规定

1.《马来西亚共和国公司法》规定，股份有限公司应在其有权开业日期起不少于 1 个月并不超过 3 个月的期间内召开一次公司股东大会。公司每年应召开一次年会，两次会议之间的间隔不得超过 15 个月。持有公司 10% 以上大会投票权的股东有权向公司董事会提议召开特别大会。

2.《菲律宾共和国公司法》规定，股东或者成员的常规或者特别会议每年举行一次，如果章程没有规定，则会议由董事会或者理事会决定在 4 月的某日召开。

3. 2005 年颁布的《柬埔寨王国商业企业法》规定，股东大会分为三类：创设股东大会、普通股东大会或特别股东大会。

4.《中华人民共和国公司法》第 39 条规定："股东会会议分为定期会议和临时会议。定期会议应当依照公司章程的规定按时召开。代表十分之一以上表决权的股东，三分之一以上的董事，监事会或者不设监事会的公司的监事提议召开临时会议的，应当召开临时会议。"

关于临时股东会，又称为股东临时会议，指为处理公司特别紧急的事务，在两次年会之间不定期召开的股东会议。一些国家的公司法规定了临时股东会议的召开条件，如法国《商事公司法》规定的特别股东大会就属于临时股东会。我国《公司法》也规定有下列情形时，应当在 2 个月内召开临时股东大会：①董事人数不足规定的人数或公司章程所定的人数的 2/3 时；②公司未弥补的亏损达实收股本总额的 1/3 时；③单独或合计持有公司股份 10% 以上的股东请求时；④董事会认为必要时；⑤监事会提议召开时；⑥公司章程规定的其他情形。从以上的规定看，各国的规定存在明显差异。

（六）关于董事会的组成方面

各国一般允许公司在自己的章程中对董事会的人数做出规定，但有的国家要求董事会组成应至少有 2 个以上的董事。有的国家没有这种规定。

（七）关于监事会的组成方面

监事会是对公司的业务进行监督和管理的机构，关于监事会的组成方面，各国规定不一。有的国家规定在一定条件下需要设立监事会，如法国。

我国 2005 年《公司法》规定，经营规模较大的有限责任公司要设立监事会，成员不得少于 3 人。但 2014 年新《公司法》规定，有限责任公司设监事会，其成员不得少于 3 人，股东人数较少或规模较小的公司，可以设 1~2 名监事，不设监事会。新《公司法》与 2005 年《公司法》规定不同，不论公司规模大小，均需要设立监事会或监事。

（八）关于公司章程方面的规定

各国规定不同。

（九）关于清盘方面的规定

1. 《马来西亚共和国公司法》规定，当出现公司股东人数降至 2 人以下；公司无偿还债务能力；公司从事伊斯兰教有关业务；公司被用作非法目的等情形，法院可以责令清盘。公司也可主动清盘。

2. 《菲律宾共和国公司法》规定，根据法律、法规的规定，证券交易委员会可以强制解散公司。公司解散的理由有：公司章程规定的营业期届满或者章程规定的其他事由出现；公司合并或者分立；股东会议解散公司。

3. 《中华人民共和国公司法》第 180 条规定："公司因下列原因解散：（一）公司章程规定的营业期限届满或者公司章程规定的其他解散事由出现；（二）股东会或者股东大会决议解散；（三）因公司合并或者分立需要解散；（四）依法被吊销营业执照、责令关闭或者被撤销；（五）人民法院依照本法第一百八十二条的规定予以解散。"

从以上的规定看，各国的规定存在明显差异。

（十）关于外国公司方面的规定

1. 《马来西亚共和国公司法》规定，外国公司在马来西亚营业必须向注册官进行登记。并提交登记地或发源地的登记证书、公司章程等材料。《马来西亚共和国公司法》规定，在马来西亚从事下列活动的公司不被视为外国公司：（1）参加诉讼或者仲裁；（2）召开董事会或股东会等会议；（3）开设银行户口；（4）通过独立承包商进行销售；（5）在马来西亚招投标；（6）创设债务证据即财产抵押；行使有关债务的权利；（7）从事 31 日内完成的零星交易；（8）投资基金或其他产业；（9）参加展示或者展览。

2. 《泰国大众有限公司法》规定，外国公司在泰国设立分支办事处，注册资本不能低于 500 万铢。1972 年颁布的《泰王国外商经营企业法》规定外商经营企业指在泰国成立但 51% 的股份由外国人或者外国公司持有的公司。

3. 《中华人民共和国公司法》第 191 条规定："本法所称外国公司是指依照外国法律在中国境外设立的公司。"第 192 条规定："外国公司在中国境内设立分支机构，必须向中国主管机关提出申请，并提交其公司章程、所属国的公司登记证书等有关文件，经批准后，向公司登记机关依法办理登记，领取营业执照。"

从以上的规定看，各国的规定存在明显差异。

（十一）关于外国公司禁止领域的规定方面

1967 年《印度尼西亚外资法》规定港口、航运、电力、铁路、航空电信、国防工业等禁止外国公司进入。1972 年的《泰国外商经营企业法》规定，广播电台、报业、电视台、农业、土地交易、泰药材方面、林业、牧业、种稻、旱地种植等禁止外国公司进入。

从以上的规定看，各国的规定存在明显差异。

（十二）关于公司的管理方面

《马来西亚共和国公司法》规定，公司在注册或开业之日起 14 天内，应当设立一个公司的注册办事处，且每天向公众开放不少于 3 小时。《文莱达鲁萨兰国公司法》规定，公司从开展业务日起或者自组成之日起 28 天内，应在文莱境内设立经过登记的办公室，否则公司及相关人员将受到处罚。

从以上的规定看，各国的规定存在明显差异。

（十三）关于公司其他方面的规定

关于公司其他方面的规定，如《马来西亚共和国公司法》规定，当公司的发行的债券、公司土地、公司产业、公司船只、公司飞机、公司的知识产权等资产发生抵押时，应当在 30 日内向登记官员登记。《中华人民共和国公司法》第 19 条规定："在公司中，根据中国共产党章程的规定，设立中国共产党的组织，开展党的活动。公司应当为党组织的活动提供必要条件。"

从以上的规定看，关于公司的一些内容，有的国家有特别规定，有的国家没有相关规定。各国的规定存在明显差异。

（十四）法人权利能力和行为能力的法律规定方面

尽管法人和自然人一样具有商事权利能力、行为能力，但是法人的商事权利能力、行为能力不同于自然人的商事权利能力、行为能力。

一是某些专属于自然人的权利，法人是不能享有的，如继承的权利等；而某些专属于法人的权利自然人也不能享有，如银行法人开展信贷业务的权利。

二是不同自然人的商事权利能力基本相同；不同法人的商事权利能力基本不同。

三是自然人的商事权利能力和行为能力具有不一致性，而法人的商事权利能力和行为能力具有一致性。

四是自然人的商事行为能力以个人的意思表示为标志；法人的商事行为能力是以法人机关的意思表示为标志。

关于法人权利能力和行为能力的理论认识，并不一致。（1）我国有学者认为，法人的民事权利能力、民事行为能力被合称为法人的民事能力，由此形成法人民事能力二元论。[1]（2）也有学者将民事责任能力纳入法人的民事能力范围之内，由此形成法人民事能力三元论。[2]（3）也有学者坚持一元论，认为法人的民事行为能力制度无存在的必要，法人是民事责任能力属于民事权利能力的一个方面，不具有独立性，因此，严格说来法人的民事能力只包括法人的民事权利能力。法人的民事权利能力不是一个空间，而是一个点，它具有一元性、平等性、不可分性、不受限制性，不具有多元性、可分性、可受限制性。[3]（4）也有学者对民事权利能力提出了质疑，认为民事权利能力起源于罗马法中的人格制度，在人权保护日益完善之当今，民事权利能力制度的社会基础已经丧失。现代均自民事主体诞生或者成立起便赋予其民事权利能力，不具有者已不复存在。从法律实效性出发，应该废除民事权利能力制度。[4]（5）有学者认为，长期以来，无论国内到国外，还是从权威的院校教材到经典的理论著作，普遍所持的观点就是法人的权利能力与行为能力是一致的，同时产生，同时消灭，即

① 李云波. 法人民事能力一元论［J］. 扬州大学学报（社会科学版），2010（5）：40.

② 梁慧星. 民法总论［M］. 北京：法律出版社，2001：133 – 141.

③ 李云波. 法人民事能力一元论［J］. 扬州大学学报（社会科学版），2010（5）：40.

④ 秦伟，杨琳. 民事权利能力质疑论［J］. 山东大学学报（哲学社会科学版），95.

法人的权利能力与行为能力无论在时间、内容和范围上都具有一致性。但这种一致性随着法人经营活动的开始而被打破，表现为行为能力相对限制或者收缩的现象，即与权利能力非重合的特征。① （6）有学者认为，一切自然人都具有平等的权利能力，而法人的民事权利能力则受到法人的性质、法律和法人的目的等限制，与自然人的权利能力并不平等。② （7）有学者认为，不同民事主体之间权利能力不平等的观点，不仅有违民法秉持的平等原则，不符合时代发展的方向，在逻辑和实践上也都存在不周全之处。③ （8）有学者认为，当法人行使了法律未授予的权利而导致越权、违法、犯罪等行为时，这种超出法人权利范围的行为为"超行为"，"超行为"包括两种，一是法律未规定权利的情况下法人所实施的行为；二是法人所实施的法律明确禁止的行为。关于"超行为"是否属于行为能力，观点不一。④

对于法人的权利能力和行为能力，各国民商事立法的规定是不尽相同的。因此，在冲突规范实践中，法人的权利能力与行为能力方面也常常发生法律冲突。

二、实例分析

在国际经济贸易中，特别是在"一带一路"的快速推进与发展过程中，有关公司国际法律冲突问题是经常会遇到的。

下面分析中华人民共和国最高人民法院做出的《万威实业股份有限公司与全通集团有限公司及福建全通资源再生工业园有限公司出资纠纷一案》判决情况。⑤ 该案即属国际经济贸易中公司国际法律冲突的具体表现。该件上诉人万威实业股份有限公司（以下简称万威公司）与上诉人全通集团有限公司（以下简称香港全通公司）及被上诉人福建全通资源再生工业园有限公司（以下简称福建全通公司）出资纠纷案，福建省高级人民法院已于2014年10月21日对其做出（2012）闽民初字第40号民事判决。万威公司与香港全通公司均不服该判决，向最高人民法院提起上诉。最高人民法院依法组成合议庭于2015年6月11日公开开庭审理了本案。

---

① 黄辉. 论法人行为能力与权利能力的非重合性 [J]. 云南法学，1997（3）：69，72.
② 梁慧星. 民法总论 [M]. 北京：法律出版社，2001：134.
③ 李昊. 对《民法通则》中民事能力制度的反思 [J]. 南京大学法律评论，2010（1）：95.
④ 黄辉. 论法人行为能力与权利能力的非重合性 [J]. 云南法学，1997（3）：72.
⑤ （2015）民四终字第16号。

关于当事人陈述的基本情况：被告福建全通公司是 1999 年 10 月 29 日注册设立的公司，该公司的中方股东为招商局中银漳州经济开发区有限公司（占公司股权比例为 10%），外方股东为香港全通公司（注册地在香港的公司，占公司股权比例为 90%）。本案的二被告以可取得被告福建全通公司部分股权为条件，要求本案原告对被告福建全通公司投入资金，以取得被告香港全通公司所转让的被告福建全通公司股权。原告基于二被告的承诺，于 2000 年 1 月 15 日将 200 万元人民币交付给被告福建全通公司的法定代表人陈正智先生；于 2001 年 9 月 16 日前，将 400 万美元通过被告香港全通公司转汇给了被告福建全通公司。被告福建全通公司收到以上两笔款项后，二被告出面与原告万威公司签订了《创始股东投资合同书》，并由被告福建全通公司签发《到资证明》，确认收到 400 万美元投资款、由被告福建全通公司法定代表人于 2000 年 1 月 15 日出具《收据》确认收到 200 万元人民币投资款。

笔者说明：该处说到外方股东香港全通公司是占公司股权比例为 90% 的控股股东，但对于其公司的法人认定诸问题的法律适用，没有说明。此处二被告出面与原告万威公司签订了《创始股东投资合同书》，可以作为万威公司创始股东的证明。

2002 年 1 月 4 日，二被告通过召开股东会暨董事会的形式确认原告万威公司对被告福建全通公司的持股比例为 26.10%，被告并在该次股东会上承诺办理营业执照、合同、章程等变更手续，以便将原告登记为福建全通公司的股东。2002 年 1 月 25 日，被告香港全通公司又与原告万威公司签订《股权转让书》，将所持有的被告福建全通公司 3.9% 股权，以 597675 美元的价格转让给万威公司，并约定被告香港全通公司所收的股权转让款，借给被告福建全通公司使用。为此，原告万威公司陆续向被告福建全通公司给付了人民币 500 万元（该款是597675 美元换算为人民币的款项）。二被告接受以上款项后却未召开股东会，也未征求公司中方投资人是否行使优先受让权的意见，未办理股权变更登记的手续，致使原告欲取得被告福建全通公司股权的意愿无法实现。原告为受让股权而给付被告福建全通公司的款项成了名为投资款，实为对被告福建全通公司的出借款。原告通过各种方式与二被告交涉，但二被告却没有解决争议的诚意，既不办理股权变更登记的手续，也不把所占用的资金返还原告。所以请求法院判令：一、被告福建全通公司向原告万威公司返还投资款人民币 4010.64 万元（汇率按 1 美元兑换 8.2766 元人民币计算），并向原告支付占用该资金期间所涉的利息计人民币 2609.7393 万元（按中国人民银行人民币同期 5 年以上贷款利率计算，暂从 2001 年 1 月 25 日起算至 2011 年 12 月 31 日）；二、被告香港全通公司对被告福建全通公司的给付义务承担连带给付责任。案件受理费由被告负担。

笔者说明：从以上当事人陈述的基本情况看，判决在此处应该说明这是一起可以比照涉外案件处理的一国区际法律冲突案，关于管辖权问题，法律适用问题均应明确，但遗憾的是均没有明确。故当事人提出要"按中国人民银行人民币同期 5 年以上贷款利率计算"，依据如何，缺乏说明。

一审法院经审理查明的情况为：1999 年 10 月 29 日，福建全通公司经福建省漳州市工商行政管理局注册登记成立，注册资本为 1200 万美元，中方招商局漳州经济开发区有限公司出资 120 万美元，占注册资本的 10%；外方全通集团有限公司（即本案被告全通公司）出资 1080 万美元，占注册资本的 90%。2000年 12 月 8 日，合资双方重新签订合资合同，将注册资本增加为 6600 万美元，并于 2001 年 1 月 29 日得到原外经贸部的批准，相应办理了工商变更登记手续，但合资双方的股权比例不变。2006 年 8 月 8 日，合资双方又签订合资合同，将注册资本减为 1200 万美元，并办理了相关批准和变更登记的手续，但股权比例仍维持不变至今。

笔者说明：此处应该说明直接适用的法的问题，即中外合资公司必须适用中国法。

2000 年 1 月 15 日，福建全通公司陈正智出具收据，确认收到万海水先生投资福建全通公司投资款人民币 200 万元整。2012 年 5 月 10 日，万海水出具《声明》，称该款用于万威公司购买香港全通公司出让其所持的福建全通公司部分股权的转让金。二被告在质证过程中，确认福建全通公司收到该款项，但性质是万威公司挂在香港全通公司名下的投资款。

笔者说明：此处的关于款项的性质分歧，投资款还是购买股份款，应该说明双方的区别。

2001 年 3 月 2 日，福建全通公司的第一次股东会议备忘录记载：创始股东截至 2001 年 1 月底（春节前）已动用资金 2000 万美元，其中银行注资部分为535 万美元，非正式管道注资部分为 1465 万美元。创始股东于 2001 年 3 月 2 日在漳州开会决议，创始股东的持股比例为"香港全通集团"49%，"广州万钧集团"25%，汕头樊会长 6%，合计创始股东占注册资本的 80%。为扩大参与，加快开发决定让出 20% 股份给其他投资者，这一部分定位为一期股东。一期股东占 6600 万美元的 20%，对外公开招募，有意投资者在该年 3 月底前确认，并汇入认购金额的 50%，剩余 50% 在 2001 年 9 月底前汇入。陈正智、樊秦安、万贤能在该备忘录上签字。

2001 年 9 月 7 日，福建全通公司的股东会议备忘录记载：参加股东有陈丰荣、陈正智、樊秦安、万海水、万贤能、万贤豪。会议纪要的事项有："到资证明"第一次签章发放已到资美元投资金额，日后将随资产的形成，逐次完成签章发放手续；财务账支出采用"支出核销单"特支费用，经陈正智、万贤豪共同签字方为有效，并每月报董事会核定。2001 年 9 月 16 日，福建全通公司出具到资证明给万威公司："兹由万威实业股份有限公司汇到香港全通集团有限公司，并转汇到福建全通资源再生工业园有限公司的投资款共计美金肆佰万元整，已到账无误，特此证明"。陈丰荣、陈正智、樊秦安、万海水、万贤能在该证明上签字。

笔者说明：根据福建全通公司的第一次股东会议备忘录记载，其目的不是需要投资款，而是决定让出 20% 股份给其他投资者，将这一部分定位为一期股东。万威实业股份有限公司的汇款到账，可以佐证这一情况。

2001 年 9 月 16 日，香港全通公司与万威公司签订《创始股东投资合同书》。该合同书第二部分投资专案第（4）项约定，万威公司以 1650 万美元的投资取得福建全通公司发行股票 6600 万股中的 1650 万股，占注册资本的 25%。

笔者说明：此处的投资款再次说明就是购买股份款。单关于股份转让、管理的法律适用问题，没有说明，是不足的地方。

2001 年 11 月 4 日，福建全通公司特别股东会决议记载：与会股东有香港全通公司股东代表陈正智（另一股东代表陈丰荣因事请假未出席本次会议，采用追加签字的方式予以确认），万威公司股东代表万贤能、万贤豪，美国向艺实业有限公司股东代表樊秦安。与会股东对涉及股东投资权益之事进行充分讨论后通过如下决议：由于以香港全通公司名义认缴的福建全通公司注册资金中有 400 万美金是万威公司实际出资，还有 100 万美金是美国向艺实业有限公司实际出资的。为此，以上三方出资人是福建全通公司注册资金的实际共同认缴人即创始股东，享有创始股东的一切权利。创始股东的权利为：香港全通公司持有福建全通公司的股权比例为 49%（含福建全通公司中方转让给傅洁敏的全部中方股权），万威公司的持股比例为 25%，美国向艺实业有限公司的持股比例为 6%。以上各股东对福建全通公司的持股比例是确定的，亦是各股东分配投资利润的依据（董事会决议事项仍由应出席董事表决通过为依据，董事会决议事项的方式及程序按创始股东批准修改后的新章程执行，新章程未通过前按协议第二条第二款执行）。创始股东特别会议所做的决议视作福建全通公司董事会决议，福建全通公司董事会决议与创始股东特别会议决议有不一致时，以创始股东会决议为准。创始股东代表为五名：香港全通公司股东代表陈正智、陈丰荣，万威公司股东代表万贤能、万贤豪，美国向艺实业有限公司股东代表樊秦安。当福建全通公司按本决议第三条议定的方案变更后，以上创始股东代表即成为变更后的福建全通公司第一届董事会的当然董事。福建全通公司应当在 2002 年 1 月 31 日前完成公司资产总额达到 3300 万美元的指标。当达到此指标时，福建全通公司总经理陈正智负责办理将福建全通公司投资人变更为香港全通公司、万威公司、美国向艺实业有限公司的工商变更登记手续。变更后投资人在注册资金中所占的比例按本决议第 2 条确定。办理以上变更手续前，创始股东应再次召开特别会议以完成对福建全通公司章程的修改工作。创始股东在下次特别股东会上约定福建全通公司除创始股东所持股权之外尚余 20% 股权的占有和转让方法。

笔者说明：以上情况说明，原告已经成为福建全通公司的股东。如其是福建全通公司注册资金的实际共同认缴人即创始股东，享有创始股东的一切权利。创始股东的权利为：香港全通公司持有福建全通公司的股权比例为 49%，万威公司的持股比例为 25%。

2002 年 1 月 4 日，福建全通公司第六次股东会议（暨董事会）记录记载：会议主题为公司股权确认，章程变更，董事长、总经理工作报告。会议内容第六项为："各股东对公司的持股比例做以下调整，香港全通公司 47.37%（含中方傅洁敏 10% 股权，含日南公司投资 198 万美元所持股份比例，由香港全通公司按其与日南公司协议履行），万威公司 26.1%，美国向艺实业有限公司 6.53%，以上各股东合计持股比例为 80%，公司仍保留 20% 股份对外募集资金。"第八项为："2002 年 1 月 31 日前，由福建全通公司负责办理涉及营业执照、合同、章程工商变更登记等手续（1 月 20 日前各股东送交有关证件）。"第十项为："经董事会协商一致，决定聘请万贤豪任福建全通总经理职务。授权总经理在最高贷款额度（人民币五千万元整）以下范围内行使借贷款权。"第十一项为："一百九十八万美元入全通公司的股东往来账目。"第十二项为："以上决议得到福建全通公司的确认并经董事股东签字确认生效。"该记录的记录人为万贤豪，核对人为陈正智，福建全通公司在该记录上盖上公章，各创始股东代表在该记录上签字。

笔者说明：以上情况会议内容第六项为，"各股东对公司的持股比例做以下调整，香港全通公司 47.37%（含中方傅洁敏 10% 股权，含日南公司投资 198 万美元所持股份比例，由香港全通公司按其与日南公司协议履行），万威公司 26.1%"等再次说明原告已经成为福建全通公司的股东。

2011 年 9 月 5 日，漳州市台商投资企业协会出具一份证明函，该函记载：

该会曾于 2002 年接受全通公司代表陈正智，万威公司代表万贤能、万贤豪、万海水，美国向艺实业有限公司代表樊秦安提出的调解三方之间因投资福建全通公司而产生的股权转让及调整各方持股比例纠纷的请求。后调解无果，该会于 2008 年初向相关当事人表示不再主持调解工作。

笔者说明：此处说明纠纷性质是股权转让及调整各方持股比例纠纷。

2011 年 12 月 27 日，万威公司向福建全通公司寄出"关于及时处理投入资金所涉股权争议的通知"，要求福建全通公司及其注册的股东在接到通知后的 10 个工作日内拟出书面的解决方案。

2013 年 9 月 23 日，一审法院向二被告释明，案涉"投资"款自被二被告收到之日起至今所对应的投资权益是否少于原告主张返还的"投资"款及其利息，应由二被告提供证据予以证明，并限期于 2013 年 10 月 10 日前举证，但二被告逾期未举证。另外，一审法院审理期间还向原告释明，原告应明确请求返还的是"投资款"或是"股权转让款"。原告于 2014 年 3 月 5 日出具《情况说明》表述：原告诉称的投资款应理解为股权转让款。二被告认为，《情况说明》不属于证据，对此不发表质证意见。

以上法院关于案情的叙述十分清晰，但尚未涉及公司股份等相关规定的法律冲突问题。

一审法院认为，原告起诉要求返还投资款，但原告支付款项以及诉求都是基于股权转让合同，因此本案纠纷应为股权转让合同纠纷。原告所支付款项的性质应界定为股权转让款，而非泛泛而言的投资款。一审法院此处的表述是对案件的定性，定性是解决法律冲突与法律适用问题的前提。但定性适用法律的依据缺乏。

被告香港全通公司在开庭前向一审法院提出其已就管辖权异议提出上诉的主张，但未能提供证据证明其这一主张；况且其作为福建全通公司的控股股东，其执行董事陈正智又系福建全通公司法定代表人，在最高人民法院审理管辖权异议期间也未提出这一主张，明显与其有提出上诉的主张矛盾；再者香港全通公司对于管辖权异议的意见与福建全通公司相同，最高人民法院审理的福建全通公司管辖权异议上诉，已对本案的管辖权情况进行了认定，该认定实质也已对香港全通公司的管辖权异议意见进行了处理。因此其以管辖权异议上诉未获处理为由，要求中止本案审理没有依据。

笔者认为：一审法院在此处才阐述"管辖权"问题，属于本末倒置了，应该在最开始的部分就要解决管辖权问题，否则不会有后续的工作了。

关于法律适用问题：一审法院认为，双方一致选择适用"中国大陆"法律处理本案纠纷，系双方对其诉讼权利的合法处分，应予准许，因此本案适用"中国大陆"法律进行处理。

笔者认为，此处关于法律适用问题的表述非常简单，如"双方一致选择适用中国大陆法律"是如何一致选择的，一致书面选择还是一致口头选择？选择的时间如何？是主动选择还是被动选择？应客观具体描述一下"双方一致选择适用中国大陆法律"的情况，才能使法律适用更为准确。况且，案件有无存在其他需要适用的更适当的法律？有无存在必须强制性适用的法律？有无存在限制意思自治原则适用的一些因素，都应该一并表述清楚为妥。另外，该案对本案是否是涉外案件，未做必要的说明，就直接说明法律适用问题，也是不妥的。

一审法院根据中国法律的相关规定，认为本案纠纷涉及两次的股权转让，双方为完成交易，签订了相应的合同，这些有关中外合资企业股权转让的合同均未经过审批，依法成立但不生效，也不影响双方依据合同的约定来主张各自的权利。

笔者说明：此处涉及中外合资企业股权转让合同的特别审批程序问题，应适用直接适用的法中国法律确定。但判决没有说清这一问题。

一审法院认为，被告香港全通公司未能履行双方股权转让合同的约定，将其所持有的福建全通公司的部分股权转让给原告，致使合同目的无法实现，应承担相应的违约责任，将原告所支付的款项及被告占用期间的款项按中国人民银行同期一年期贷款利率计算的利息返还给原告。此外，即使按被告所抗辩的，原告支付的款项为投资款系挂名在香港全通公司名下，也应按投资款的损益情况来计算应返还的款项。因为二被告在一审法院释明并给予一定的举证期限后，期满至今也未提供证据证明根据福建全通公司的损益情况，被告应返还的金额少于原告要求返还的本金和利息的数额，所以即使被告根据损益情况返还的抗辩有理，也因其有条件提供福建全通公司的损益情况的证据材料而拒不提供，而应承担举证不能的后果。因此原告要求返还所"投入的本金"（即支付的股权转让款）以及利息的主张应予以支持。

笔者说明：此处一会儿说"挂名在香港全通公司名下，应按投资款的损益情况来计算应返还的款项"，一会儿又说"期满至今也未提供证据证明根据福建全通公司的损益情况"，完全不是一个概念，存在矛盾的叙述。

一审法院认为，原告与被告香港全通公司之间存在已成立但未生效的股权转让合同。本案诉讼时效是否超过，涉及诉讼时效的起算点如何确定的问题。案涉股权转让合同订立后，在履行过程中，双方产生矛盾，虽然经过协商，但双方对于办理股权变更登记以及返还"投资"款的事宜均未达成一致，以致成诉。关于"股权转让"款返还的诉讼时效起算点，应从案涉股权转让合同纠纷确定被告应予以返还之日起计算，而在本案起诉前，双方并未明确股权转让款应予以返还，因此在本案原告起诉前，诉讼时效的起算点尚未产生，也就不存在超过二年诉讼时效的问题。

综上所述，被告香港全通公司应返还原告所支付的股权转让款（200 万元人民币及 400 万美元兑换为人民币后的款项）及该款自福建全通公司收到之日起至款项还清之日止的利息。其中福建全通公司收到人民币 200 万元股权转让款的时间为 2000 年 1 月 15 日，但原告在诉状中明确利息的起算时间为 2001 年 1 月 25 日，一审法院对此予以确认。原告的其他诉讼请求没有事实与法律依据，依法不能予以支持。依照《中华人民共和国合同法》第九十四条第（四）项、《最高人民法院关于审理外商投资企业纠纷案件若干问题的规定（一）》第五条、《中华人民共和国民事诉讼法》第六十四条第一款的规定，判决如下：一、被告香港全通公司应于本判决生效之日起十日内，返还原告万威公司股权转让款 200 万元人民币及该款自 2001 年 1 月 25 日起至款项还清之日止按中国人民银行人民币同期一年期贷款利率计算的利息；二、被告香港全通公司应于本判决生效之日起十日内，返还原告万威公司股权转让款 400 万美元按 2001 年 9 月 16 日中国银行美元兑人民币中间价折算为人民币的款项及该款自 2001 年 9 月 16 日起至款项还清之日止按中国人民银行人民币同期一年期贷款利率计算的利息；三、驳回原告万威公司的其他诉讼请求。案件受理费人民币 372818.97 元，由被告香港全通公司负担人民币 326332.97 元，原告万威公司负担人民币 46486 元。

上诉人万威公司不服一审判决，向最高人民法院提起上诉，请求判令被上诉人福建全通公司承担连带给付责任，且吴秀英汇给福建全通公司的 300 万元人民币应作为投资款一并予以返还。上诉人香港全通公司亦不服一审判决，向最高人民法院提起上诉。

最高人民法院认为：关于本案纠纷的性质，根据一审判决和二审查明的事实，福建全通公司在 1999 年设立之后，其注册资本存在增资后又减资的过程，即 2000 年 12 月 8 日，注册资本由原来的 1200 万美元增加到 6600 万美元；2006 年 8 月 8 日，合资双方又将注册资本由 6600 万美元减少到原来的 1200 万美元。本案中，并无证据证明合资各方增资后如数出资，亦无证据证明减资后合资公司向股东进行了退资。本案所涉一系列事实均发生于福建全通公司增资并决定引进外来投资者之后。万威公司作为福建全通公司的股东其身份、地位、占股比例、股东权利及万威公司成为股东后需要办理公司营业执照、合资合同及章程等工商变更登记手续等事宜，在福建全通公司 2001 年 3 月 2 日《第一次股东会议备忘录》、9 月 7 日《股东会议备忘录》、11 月 4 日《特别股东会议决议》及 2002 年 1 月 4 日第六次《股东会（暨董事会）会议记录》中均有明确的记载。福建全通公司还在 2001 年 9 月 16 日出具《到资证明》明确承认万威公司的投资款 400 万美元已到账无误。上述文件还证明，福建全通公司决定通过香港全通公司对外联系外来投资者认购福建全通公司相应的股份。2001 年 9 月 16 日，香港全通公司与万威公司三方签订《创始股东投资合同书》。其中第二条投资专案第（4）项明确约定，万威公司以 1650 万美元的投资取得福建全通公司发行股票 6600 万股中 1650 万股，占注册资本的 25%。第四条约定，福建全通公司的投资法人以香港全通公司为代表，福建全通公司委由香港全通公司在香港代收投资款，并即转入福建全通公司账户。香港全通公司在本专案的投资权益与义务属于股东全体。事实上，万威公司投资款的支付完全符合上述约定。因此，虽然万威公司要成为福建全通公司的股东必须通过受让香港全通公司在福建全通公司持有的股权才能得以实现，但是从福建全通公司增资后决定通过香港全通公司引进外来投资者的实际需求及在相关备忘录、决议及合同中的安排，万威公司作为福建全通公司创始股东及其所投款项实际用于福建全通公司，得到了各方当事人的一致认可。香港全通公司、福建全通公司有关万威公司系挂名在香港全通公司名下的实际投资者的主张与福建全通公司的相关文件规定及香港全通公司与万威公司之间合同约定明显不符，本院不予采信。鉴于香港全通公司在本案中受福建全通公司委托行事，且香港全通公司未举证证明其对增资部分有实际出资，故香港全通公司的股权转让在本案中仅具有形式特征而并不具有实质意义。香港全通公司向万威公司转让股权的行为，要更多地依附于、服务于福建全通公司的对外筹资及吸引外来投资者的行为，或者为后者所吸收。因此，本案当事人之间的法律关系在本质上体现的是福建全通公司与万威公司之间的投资法律关系，而非香港全通公司与万威公司之间的股权转让法律关系。

笔者说明：法院一方面认为万威公司作为福建全通公司创始股东及其所投款项实际用于福建全通公司，得到了各方当事人的一致认可；另一方面，又认为本案当事人之间的法律关系在本质上体现的是福建全通公司与万威公司之间的投资法律关系，而非香港全通公司与万威公司之间的股权转让法律关系。两处存在不一致的说明。

最高人民法院认为：一审判决认定本案法律关系基于股权转让虽有事实依据，但不够客观、全面、准确，也不符合各方当事人的真实意思表示。本案所涉法律关系应定性为投资法律关系，相应地，本案案由应确定为出资纠纷。一审判决将本案确定为股权转让纠纷欠妥，本院予以纠正。

笔者说明：法院一方面认为万威公司的创始股东"得到了各方当事人的一致认可"，又认为"基于股权转让虽有事实依据，不符合各方当事人的真实意思表示"，存在矛盾的认定。

在此，关于原告应明确请求返还的是"投资款"或是"股权转让款"的问题，一审法院与二审法院存在不一致的认定，牵扯识别问题，但依据什么法律进行识别，没有说明，这是不足的地方。不过，由于原告请求的是返还款项，至于请求返还的是"投资款"或是"股权转让款"，似乎关系不大，只要实际损失得到补偿即可。（从两级法院的判决看，赔偿结果基本一致，就可以佐证这一情况）但事实上，一审法院将之定性为"股权转让款"，原告可以要求继续完成"股权转让"，并根据股权取得系列分红，如果这比返还"投资款"利益更大的话。

最高人民法院认为一审判决认定事实基本清楚，但对于本案法律关系的定性、吴秀英所汇300万元的认定及责任主体的认定有失当之处，本院依法应予纠正。上诉人万威公司的上诉有理，其请求本院予以支持。上诉人香港全通公司的上诉请求没有事实与法律依据，本院予以驳回。

笔者说明：最高人民法院认为一审判决认定事实基本清楚，但对于本案法律关系的定性有失当之处，其实一审判决对于本案法律关系的定性是没有问题的，只是没有说明法律关系定性的依据。

最高人民法院进行了判决。

依照《中华人民共和国民事诉讼法》第一百七十条第一款第二项之规定，本院判决如下：

一、变更福建省高级人民法院（2012）闽民初字第40号民事判决主文第一项为：香港全通集团有限公司、福建全通资源再生工业园有限公司应于本判决生效之日起十日内，连带返还万威实业股份有限公司投资款500万元人民币及该款之利息（其中，200万元款项利息，自2001年1月25日起至款项还清之日止；300万元款项利息，自2002年2月7日起至款项还清之日止；利率均按中国人民银行人民币同期一年期贷款利率计算）；

二、变更福建省高级人民法院（2012）闽民初字第40号民事判决主文第二项为：香港全通集团有限公司、福建全通资源再生工业园有限公司应于本判决生效之日起十日内，连带返还万威实业股份有限公司投资款400万美元按2001年9月16日中国银行美元兑人民币中间价折算为人民币的款项及该款自2001年

9 月 16 日起至款项还清之日止按中国人民银行人民币同期一年期贷款利率计算的利息；

如果香港全通集团有限公司、福建全通资源再生工业园有限公司未按生效判决指定的期间履行给付金钱义务，应当按照《中华人民共和国民事诉讼法》第二百五十三条之规定，加倍支付迟延履行期间的债务利息。

一审案件受理费人民币 372818.97 元，由香港全通集团有限公司、福建全通资源再生工业园有限公司各半负担人民币 335537.07 元，由万威实业股份有限公司负担人民币 37281.90 元。二审案件受理费人民币 745637.94 元，由香港全通集团有限公司、福建全通资源再生工业园有限公司各半负担。本判决为终审判决。

从以上最高人民法院判决书的表述来看，的确可圈可点，详细具体，说理充分，不像通常法院判决书那样具有字数少的问题。但二审判决书同样也要对涉外案件、管辖权、法律适用的依据理由做出说明，提出依据。而且通篇看不到审判法官个人的观点，得到的都是本院的观点，个人的观点不能与本院观点划等号。在这些方面，还有进一步完善的必要。另外，在案件性质的识别问题上，一审法院依据充足一些，但一审法院没有关于连带责任的认定，有些不妥。

从以上案例的详细内容看，该案例适用了中国大陆法律，所以没有对涉外案件所涉及的其他相关法律内容进行说明，直接的法律冲突没有表现出来。但有关商事主体资格、商事行为能力等也应该有所说明，这些问题可能牵扯不同的法律适用问题，宜具体说明一下为妥。还有本案存在直接适用的法的强制性规定与强制性适用的问题，判决书没有点明之。

三、"一带一路"国家公司法律规定的冲突

（一）关于准入与限制方面的不同规定

"一带一路"国家关于公司准入、限制方面的规定不尽相同，存在明显法律冲突，下面是这些相关国家的规定，因涉及国家较多，只能做如下简要概述①。

1. 马其顿共和国：规定的公司有有限责任公司、股份公司、控股公司、无限责任公司等。除军事工业等领域外，均对外资开放。但规定外国人投资广播公司的投资比例不能超过 25%。

2. 保加利亚共和国规定了五种公司：一般合伙、有限公司、有限责任公司、

---

① 江苏省南通市司法局，上海对外经贸大学."一带一路"国家法律服务和法律风险指引手册［M］. 北京：知识产权出版社，2016.

股份公司、有限责任公司。

3. 罗马尼亚共和国规定外资准入的条件是：不违背环境保护规定；不违反国家安全利益；不违背各公共秩序、健康与道德。

阿尔巴尼亚共和国规定矿产类准入准入门槛得到提高如缴纳环境、投资保证金等。

塞尔维亚共和国规定外国人限制军工、禁止博彩业的准入。

黑山共和国规定在武器生产等领域，外资不能单独或合伙设立公司。

波斯尼亚和黑塞哥维那（波黑）规定外资公司可自由进入国内市场。

斯洛文尼亚共和国规定：禁止外资在铁路等设立独资公司，并规定了不同的外资比例，如在证券经纪领域"外资比例不得高于24%"①。

斯诺伐克共和国规定进入博彩等行业要得到政府部门的许可。

捷克共和国规定有有限责任公司、股份有限公司、普通商业合伙公司、合伙公司、合作社、外国企业的分公司等。

拉脱维亚共和国规定外资公司有：有限责任公司、股份有限公司、分公司、办事处。

爱沙尼亚共和国规定外国公司进入保险等领域有特殊要求。

立陶宛共和国规定禁止外资进入国家国防安全领域。

波兰共和国规定禁止外资进入电信服务等领域。

新加坡共和国规定银行等领域外资进入要特别许可。公司在注册时"需要至少发行一股"②。

印度尼西亚共和国规定设立工程公司，本地合作方须持股33%。

缅甸联邦共和国禁止外资公司进入宝石等开采行业。

柬埔寨王国规定股东国籍、持股比例不受限制，但涉及政治问题等项目外资进入要得到内阁办公厅的批准。

越南社会主义共和国规定外国企业包括外商独资公司、外商独资商贸公司、联营公司。

文莱达鲁萨兰国规定外资禁止进入林业等领域。

蒙古国对金融等外资进入领域进行限制，如外资占股比例超过33%或者以

---

① 江苏省南通市司法局，上海对外经贸大学."一带一路"国家法律服务和法律风险指引手册［M］.北京：知识产权出版社，2016：379.

② 江苏省南通市司法局，上海对外经贸大学."一带一路"国家法律服务和法律风险指引手册［M］.北京：知识产权出版社，2016：7.

上，须得到批准。

伊朗伊斯兰共和国对外商投资贸易有金额限制。

阿拉伯叙利亚共和国不允许外资进入国家安全项目。

黎巴嫩共和国限制外资进入房地产等领域。

巴勒斯坦国禁止对境内投资国有化。

沙特阿拉伯王国禁止外资进入代理等领域。

阿曼苏丹国规定公司的形式有合伙公司、有限合伙公司、合资企业、股份公司、有限责任公司、控股公司。

阿拉伯联合酋长国规定企业分为七类：普通合伙公司、有限合伙公司、合资公司、公开合股公司、非公开合股公司、有限责任公司、合股经营公司。

卡塔尔国禁止外资进入保险等领域。

科威特国禁止外资进入天然气、劳动力雇佣等领域。

巴林王国规定公司类型有公共股份公司、私人股份公司、有限责任公司、合伙公司、简单两合公司、股份两合公司、个人公司、外国公司分支机构。

希腊共和国规定非欧盟成员国投资者持股希腊银行比例不得超过40%。

塞浦路斯共和国规定邮政、电力等领域限制外资进入。公司的形式有有限责任公司、股份有限公司、合资企业、普通合伙、有限合伙、欧洲公司及分支机构。

阿拉伯埃及共和国规定外国企业不能进入棉花种植业。

巴基斯坦伊斯兰共和国一般情况下没有限制合资企业中外资的比例。公司的形式有有限责任公司、股份有限公司、无限责任公司。

阿富汗斯坦伊斯兰共和国规定禁止进入核能、酒类等领域。

斯里兰卡民主社会主义共和国规定禁止外国公司进入借贷、典当等领域。

马尔代夫共和国没有规定外资进入的限制领域。

尼泊尔联邦民主共和国规定外资可以设立的公司为私人有限公司、公立有限公司。

不丹王国允许外资在合资企业中的控股比例为74%。

乌兹别克斯坦共和国规定合资企业外资比例不能少于30%且不得少于15万美元。

土库曼斯坦实行许可证领域的是：公路运输等。

塔吉克斯坦共和国禁止外资进入法律服务等领域。

俄罗斯联邦禁止外资银行设立分行。

白俄罗斯共和国规定设立的公司形式包括开放式股份公司、封闭式股份公司、私营外国单一制企业、有限责任公司、附加责任公司等。

阿塞拜疆共和国规定外资在保险公司中的股份不得超过49%。

摩尔多瓦共和国规定除军事领域外,无特别禁止领域。

(二)关于优惠方面的不同规定

罗马尼亚规定自由贸易区制定了不限制准入等规定,允许向50年以上的公司、自然人转让建筑物或土地。保加利亚共和国对制造业、教育等行业优惠支持,取消对船舶、钢铁、化纤制造业的优惠政策。阿尔巴尼亚共和国规定投资利润再投资,可获40%利润税减免。生产出口商品免交增值税。塞尔维亚共和国对农业等外资实行固定资产投资额的最高80%的免税抵扣额。

(三)我国的相关规定

1. 鼓励项目

如国家发改委、商务部发布的,2012年1月30日开始实施的《外商投资产业指导目录(2011年修订)》鼓励外商投资产业目录包括木本食用油料、调料和工业原料的种植及开发、生产;绿色、有机蔬菜(含食用菌、西甜瓜)、干鲜果品、茶叶栽培技术开发及产品生产;糖料、果树、牧草等农作物栽培新技术开发及产品生产;花卉生产与苗圃基地的建设、经营;橡胶、油棕、剑麻、咖啡种植;煤层气勘探、开发和矿井瓦斯利用(限于合资、合作);石油、天然气的风险勘探、开发(限于合资、合作);等等。

2. 限制项目

我国一方面对外资有优惠待遇方面的规定,另一方面也有限制准入方面的规定。在对外资特别规定方面,如国家发改委、商务部发布的《自由贸易试验区外商投资准入特别管理措施(负面清单)(2018年版)》,自2018年7月30日开始实施。① 该规定通过负面清单的形式发布,具体规定如下。

第一,《自由贸易试验区外商投资准入特别管理措施(负面清单)(2018年版)》

一、农、林、牧、渔业方面

(一)种业方面

1. 小麦、玉米新品种选育和种子生产的中方股比不低于34%。

2. 禁止投资中国稀有和特有的珍贵优良品种的研发、养殖、种植以及相关繁殖材料的生产(包括种植业、畜牧业、水产业的优良基因)。

3. 禁止投资农作物、种畜禽、水产苗种转基因品种选育及其转基因种子

---

① 中华人民共和国商务部官网,2018年10月3日访问.

（苗）生产。

（二）渔业方面

4. 禁止投资中国管辖海域及内陆水域水产品捕捞。

二、采矿业方面

（三）有色金属矿和非金属矿采选及开采辅助活动方面

5. 禁止投资钨、钼、锡、锑、萤石勘查、开采。

6. 禁止投资稀土勘查、开采及选矿。（未经允许，禁止进入稀土矿区或取得矿山地质资料、矿石样品及生产工艺技术）

7. 禁止投资放射性矿产勘查、开采及选矿。

三、制造业方面

（四）印刷业方面

8. 出版物印刷须由中方控股。

（五）中药饮片加工及中成药生产方面

9. 禁止投资中药饮片的蒸、炒、炙、煅等炮制技术的应用及中成药保密处方产品的生产。

（六）汽车制造业方面

10. 除专用车、新能源汽车外，汽车整车制造的中方股比不低于50%，同一家外商可在国内建立两家及两家以下生产同类整车产品的合资企业。（2020年取消商用车制造外资股比限制。2022年取消乘用车制造外资股比限制以及同一家外商可在国内建立两家及两家以下生产同类整车产品的合资企业的限制）

（七）通信设备制造方面

11. 卫星电视广播地面接收设施及关键件生产。

（八）其他制造业方面

12. 禁止投资宣纸、墨锭生产。

四、电力、热力、燃气及水生产和供应业方面

（九）核力发电方面

13. 核电站的建设、经营须由中方控股。

（十）管网设施方面

14. 城市人口50万以上的城市燃气、热力和供排水管网的建设、经营须由中方控股。

五、批发和零售业方面

（十一）烟草制品方面

15. 禁止投资烟叶、卷烟、复烤烟叶及其他烟草制品的批发、零售。

六、交通运输、仓储和邮政业方面

（十二）水上运输业方面

16. 国内水上运输公司须由中方控股。（且不得经营或租用中国籍船舶或者舱位等方式变相经营国内水路运输业务及其辅助业务；水路运输经营者不得使用外国籍船舶经营国内水路运输业务，但经中国政府批准，在国内没有能够满足所申请运输要求的中国籍船舶，并且船舶停靠的港口或者水域为对外开放的港口或者水域的情况下，水路运输经营者可以在中国政府规定的期限或者航次内，临时使用外国籍船舶经营中国港口之间的海上运输和拖航。）

17. 国内船舶代理公司须由中方控股。

（十三）航空客货运输方面

18. 公共航空运输公司须由中方控股，且一家外商及其关联企业投资比例不得超过25%，法定代表人须由中国籍公民担任。（只有中国公共航空运输企业才能经营国内航空服务，并作为中国指定承运人提供定期和不定期国际航空服务。）

（十四）通用航空服务方面

19. 通用航空公司的法定代表人须由中国籍公民担任，其中农、林、渔业通用航空公司限于合资，其他通用航空公司限于中方控股。

（十五）机场和空中交通管理方面

20. 民用机场的建设、经营须由中方相对控股。

21. 禁止投资空中交通管制。

（十六）邮政业方面

22. 禁止投资邮政公司（和经营邮政服务）、信件的国内快递业务。

七、信息传输、软件和信息技术服务业

（十七）电信方面

23. 电信公司：限于中国入世承诺开放的电信业务，增值电信业务的外资股比不超过50%（电子商务除外），基础电信业务须由中方控股（且经营者须为依法设立的专门从事基础电信业务的公司）。上海自贸试验区原有区域（28.8平方公里）试点政策推广至所有自贸试验区执行。

（十八）互联网和相关服务方面

24. 禁止投资互联网新闻信息服务、网络出版服务、网络视听节目服务、互联网文化 经营（音乐除外）、互联网公众发布信息服务（上述服务中，中国入世承诺中已 开放的内容除外）。

八、金融业方面

（十九）资本市场服务方面

25. 证券公司的外资股比不超过51%，证券投资基金管理公司的外资股比不超过51%。（2021年取消外资股比限制）

26. 期货公司的外资股比不超过51%。（2021年取消外资股比限制）

（二十）保险业方面

27. 寿险公司的外资股比不超过51%。（2021年取消外资股比限制）

九、租赁和商务服务业方面

（二十一）法律服务方面

28. 禁止投资中国法律事务（提供有关中国法律环境影响的信息除外），不得成为国内律师事务所合伙人。（外国律师事务所只能以代表机构的方式进入中国，且不得聘用中国执业律师，聘用的辅助人员不得为当事人提供法律服务；如在华设立代表机构、派驻代表，须经中国司法行政部门许可。）

（二十二）咨询与调查方面

29. 市场调查限于合资、合作，其中广播电视收听、收视调查须由中方控股。

30. 禁止投资社会调查。

十、科学研究和技术服务业方面

（二十三）研究和试验发展方面

31. 禁止投资人体干细胞、基因诊断与治疗技术开发和应用。

32. 禁止投资人文社会科学研究机构。

（二十四）专业技术服务业方面

33. 禁止投资大地测量、海洋测绘、测绘航空摄影、地面移动测量、行政区域界线测绘，地形图、世界政区地图、全国政区地图、省级及以下政区地图、全国性教学地图、地方性教学地图、真三维地图和导航电子地图编制，区域性的地质填图、矿产地质、地球物理、地球化学、水文地质、环境地质、地质灾害、遥感地质等调查。

十一、水利、环境和公共设施管理业方面

（二十五）野生动植物保护方面

34. 禁止投资国家保护的原产于中国的野生动植物资源开发。

十二、教育方面

（二十六）教育 方面

35. 学前、普通高中和高等教育机构限于中外合作办学，须由中方主导，校长或者主要行政负责人应当具有中国国籍（且在中国境内定居），理事会、董事会或者联合管理委员会的中方组成人员不得少于1/2）。外国教育机构、其他组织或者个人不得单独设立以中国公民为主要招生对象的学校及其他教育机构（不包括非学制类职业技能培训），但是外国教育机构可以同中国教育机构合作举办以中国公民为主要招生对象的教育机构。

36. 禁止投资义务教育机构、宗教教育机构。

十三、卫生和社会工作方面

（二十七）卫生方面

37. 医疗机构限于合资、合作。

十四、文化、体育和娱乐业方面

（二十八）新闻出版方面

38. 禁止投资新闻机构（包括但不限于通讯社）。（外国新闻机构在中国境内设立常驻新闻机构、向中国派遣常驻记者，须经中国政府批准。外国通讯社在中国境内提供新闻的服务业务须由中国政府审批。中外新闻机构业务合作，须中方主导，且须经中国政府批准。）

39. 禁止投资图书、报纸、期刊、音像制品和电子出版物的编辑、出版、制作业务。（但经中国政府批准，在确保合作中方的经营主导权和内容终审权并遵守中国政府批复的其他条件下，中外出版单位可进行新闻出版中外合作出版项目。未经中国政府批准，禁止在中国境内提供金融信息服务。）

（二十九）广播电视播出、传输、制作、经营方面

40. 禁止投资各级广播电台（站）、电视台（站）、广播电视频道（率）、广播电视传输覆盖网（发射台、转播台、广播电视卫星、卫星上行站、卫星收转站、微波站、监测台及有线广播电视传输覆盖网等），禁止从事广播电视视频点播业务和卫星电视广播地面接收设施安装服务。（对境外卫星频道落地实行审批制度。）

41. 禁止投资广播电视节目制作经营（含引进业务）公司。引进境外影视剧和以卫星传送方式引进其他境外电视节目由国家新闻出版广电总局指定的单位申报。对中外合作制作电视剧（含电视动画片）实行许可制度。

（三十）电影制作、发行、放映方面

42. 电影院建设、经营须由中方控股。（放映电影片，应当符合中国政府规定的国产电影片与进口电影片放映的时间比例。放映单位年放映国产电影片的时间不得低于年放映电影片时间总和的2/3。）

43. 禁止投资电影制作公司、发行公司、院线公司以及电影引进业务。（但

经批准，允许中外企业合作摄制电影。）

（三十一）文物保护方面

44. 禁止投资文物拍卖的拍卖公司、文物商店和国有文物博物馆。（禁止不可移动文物及国家禁止出境的文物转让、抵押、出租给外国人。禁止设立与经营非物质文化遗产调查机构；境外组织或个人在中国境内进行非物质文化遗产调查和考古调查、勘探、发掘，应采取与中国合作的形式并经专门审批许可。）

（三十二）文化娱乐方面

45. 文艺表演团体须由中方控股。

第二，中国《外商投资准入特别管理措施（负面清单）》（2018 年版）

中国《外商投资准入特别管理措施（负面清单）》（2018 年版）2018 年 7 月 28 日起施行。① 对 2017 年修订的《外商投资产业指导目录》进行了修订，大幅度放宽了市场准入，如取消石墨勘查、开采的外资准入限制、取消钨冶炼的外资准入限制、取消稻谷、小麦、玉米收购、批发的外资准入限制等。

特别管理措施如小麦、玉米新品种选育和种子生产须由中方控股。禁止投资中国稀有和特有的珍贵优良品种的研发、养殖、种植以及相关繁殖材料的生产（包括种植业、畜牧业、水产业的优良基因）。禁止投资农作物、种畜禽、水产苗种转基因品种选育及其转基因种子（苗）生产。禁止投资中国管辖海域及内陆水域水产品捕捞等。

具体内容包括：

一、农、林、牧、渔业方面

（一）种业方面

1. 小麦、玉米新品种选育和种子生产须由中方控股。

2. 禁止投资中国稀有和特有的珍贵优良品种的研发、养殖、种植以及相关繁殖材料的生产（包括种植业、畜牧业、水产业的优良基因）。

3. 禁止投资农作物、种畜禽、水产苗种转基因品种选育及其转基因种子（苗）生产。

（二）渔业方面

4. 禁止投资中国管辖海域及内陆水域水产品捕捞。

二、采矿业方面

（三）石油和天然气开采业方面

5. 石油、天然气（含煤层气，油页岩、油砂、页岩气等除外）的勘探、开

---

① 中华人民共和国商务部官网，2018 年 10 月 4 日访问.

发限于合资、合作。

（四）有色金属矿和非金属矿采选及开采辅助活动方面

6. 禁止投资钨、钼、锡、锑、萤石勘查、开采。

7. 禁止投资稀土勘查、开采及选矿。

8. 禁止投资放射性矿产勘查、开采及选矿。

三、制造业方面

（五）印刷业方面

9. 出版物印刷须由中方控股。

（六）核燃料及核辐射加工业方面

10. 禁止投资放射性矿产冶炼、加工，核燃料生产。

（七）中药饮片加工及中成药生产方面

11. 禁止投资中药饮片的蒸、炒、炙、煅等炮制技术的应用及中成药保密处方产品的生产。

（八）汽车制造业方面

12. 除专用车、新能源汽车外，汽车整车制造的中方股比不低于50%，同一家外商可在国内建立两家及两家以下生产同类整车产品的合资企业。（2020年取消商用车制造外资股比限制。2022年取消乘用车制造外资股比限制以及同一家外商可在国内建立两家及两家以下生产同类整车产品的合资企业的限制）

（九）通信设备制造方面

13. 卫星电视广播地面接收设施及关键件生产。

（十）其他制造业方面

14. 禁止投资宣纸、墨锭生产。

四、电力、热力、燃气及水生产和供应业方面

（十一）核力发电方面

15. 核电站的建设、经营须由中方控股。

（十二）管网设施方面

16. 城市人口50万以上的城市燃气、热力和供排水管网的建设、经营须由中方控股。

五、批发和零售业方面

（十三）烟草制品方面

17. 禁止投资烟叶、卷烟、复烤烟叶及其他烟草制品的批发、零售。

六、交通运输、仓储和邮政业方面

（十四）水上运输业方面

18. 国内水上运输公司须由中方控股。

19. 国内船舶代理公司须由中方控股。

（十五）航空客货运输方面

20. 公共航空运输公司须由中方控股，且一家外商及其关联企业投资比例不得超过25%，法定代表人须由中国籍公民担任。

（十六）通用航空服务方面

21. 通用航空公司的法定代表人须由中国籍公民担任，其中农、林、渔业通用航空公司限于合资，其他通用航空公司限于中方控股。

（十七）机场和空中交通管理方面

22. 民用机场的建设、经营须由中方相对控股。

23. 禁止投资空中交通管制。

（十八）邮政业方面

24. 禁止投资邮政公司、信件的国内快递业务。

七、信息传输、软件和信息技术服务业方面

（十九）电信方面

25. 电信公司：限于中国入世承诺开放的电信业务，增值电信业务的外资股比不超过50%（电子商务除外），基础电信业务须由中方控股。

（二十）互联网和相关服务方面

26. 禁止投资互联网新闻信息服务、网络出版服务、网络视听节目服务、互联网文化经营（音乐除外）、互联网公众发布信息服务（上述服务中，中国入世承诺中已开放的内容除外）。

八、金融业方面

（二十一）资本市场服务方面

27. 证券公司的外资股比不超过51%，证券投资基金管理公司的外资股比不超过51%。（2021年取消外资股比限制）

28. 期货公司的外资股比不超过51%。（2021年取消外资股比限制）

（二十二）保险业方面

29. 寿险公司的外资股比不超过51%。（2021年取消外资股比限制）

九、租赁和商务服务业方面

（二十三）法律服务方面

30. 禁止投资中国法律事务（提供有关中国法律环境影响的信息除外），不得成为国内律师事务所合伙人。

（二十四）咨询与调查方面

31. 市场调查限于合资、合作，其中广播电视收听、收视调查须由中方控股。

32. 禁止投资社会调查。十、科学研究和技术方面

（二十五）研究和试验发展方面

33. 禁止投资人体干细胞、基因诊断与治疗技术开发和应用。

34. 禁止投资人文社会科学研究机构。

（二十六）专业技术服务业方面

35. 禁止投资大地测量、海洋测绘、测绘航空摄影、地面移动测量、行政区域界线测绘，地形图、世界政区地图、全国政区地图、省级及以下政区地图、全国性教学地图、地方性教学地图、真三维地图和导航电子地图编制，区域性的地质填图、矿产地质、地球物理、地球化学、水文地质、环境地质、地质灾害、遥感地质等调查。

十一、水利、环境和公共设施管理业方面

（二十七）野生动植物保护方面

36. 禁止投资国家保护的原产于中国的野生动植物资源开发。

十二、教育方面

（二十八）教育方面

37. 学前、普通高中和高等教育机构限于中外合作办学，须由中方主导（校长或者主要行政负责人应当具有中国国籍，理事会、董事会或者联合管理委员会的中方组成人员不得少于1/2）。

38. 禁止投资义务教育机构、宗教教育机构。

十三、卫生和社会工作方面

（二十九）卫生方面

39. 医疗机构限于合资、合作。

十四、文化、体育和娱乐业方面

（三十）新闻出版方面

40. 禁止投资新闻机构（包括但不限于通讯社）。

41. 禁止投资图书、报纸、期刊、音像制品和电子出版物的编辑、出版、制作业务。

（三十一）广播电视播出、传输、制作、经营方面

42. 禁止投资各级广播电台（站）、电视台（站）、广播电视频道（率）、广播电视传输覆盖网（发射台、转播台、广播电视卫星、卫星上行站、卫星收转站、微波站、监测台及有线广播电视传输覆盖网等），禁止从事广播电视视频点

播业务和卫星电视广播地面接收设施安装服务。

43. 禁止投资广播电视节目制作经营（含引进业务）公司。

（三十二）电影制作、发行、放映方面

44. 电影院建设、经营须由中方控股。

45. 禁止投资电影制作公司、发行公司、院线公司以及电影引进业务。

（三十三）文物保护方面

46. 禁止投资文物拍卖的拍卖公司、文物商店和国有文物博物馆。

（三十四）文化娱乐方面

47. 演出经纪机构须由中方控股。

48. 禁止投资文艺表演团体。

以上可见，"一带一路"国家关于公司的法律规定方面不尽一致，存在明显的法律冲突。

第二节　合伙的法律冲突

一、合伙的定义

合伙是指两个或两个以上的合伙人为了经营共同的事业，共同出资、共享利益、共担风险而组成的商事组织。"民事合伙，求达民事生活的目的；商事合伙，从事商行为而求利益。商事合伙，是特殊的而非完全的合伙……分为三种：第一种是无限合伙，各合伙人负完全无限的责任，以担保合伙债务的清偿；第二种是两合合伙，由无限合伙人的完全无限责任，及有限合伙人的出资，担保合伙债务的清偿；第三种是有限合伙或股份组合，各合伙人只以出资为限而负责。"[①] 此外，还有意大利的隐名合伙、承认相互保险的合伙等。合伙虽然有共同意志，但"终究不能构成公司那样确实并自立的统一体……合伙不像公司那样，是一个法人或无形人"[②]。合伙人即"合在一起，成为一伙"[③]。具体表现

---

① ［意］密拉格利亚. 比较法律哲学［M］. 朱敏章，徐百齐，吴泽炎，吴鹏非，译. 北京：中国政法大学出版社，2005：453.

② ［意］密拉格利亚. 比较法律哲学［M］. 朱敏章，徐百齐，吴泽炎，吴鹏非，译. 北京：中国政法大学出版社，2005：454.

③ 郑指良，吕永丰. 合伙人制度——有效激励而不失控制权是怎样实现的［M］. 北京：清华大学出版社，2017：4.

为"获得股份或分红权，通过贡献价值来发展事业的人"①。在实践中，企业的合伙人可以分为"股东合伙人、事业合伙人和生态链合伙人"②。股东合伙人是通过股权连接合伙人；事业合伙人是通过项目跟投连接合伙人；生态链合伙人是通过投资供应货等连接合伙人。

合伙是商事组织形式的一种，由于合伙组织成立的手续比较简便，经营方式也比较灵活，合伙成为很多中小投资者愿意采取的一种经营方式。英美法系国家关于合伙的立法一般是以单行法的形式出现的，英国现行的合伙法是由《1890 年合伙法》和《1907 年合伙法》组成的。美国的合伙法属于州法，为了统一各州的合伙法，美国的统一州法全国委员会在 1914 年起草了《统一合伙法》和《统一有限合伙法》两部标准法，已经得到大多数州的采用。大陆法系国家一般将合伙法放在民法典或商法典中加以规定，如德国、日本、法国等国家，我国在 1997 年就通过了单行的《合伙企业法》，2006 年 8 月 27 日第十届全国人民代表大会常务委员会第 23 次会议修订通过了新《合伙企业法》，并于2007 年 6 月 1 日起施行，表明我国也非常注重对合伙组织的立法。

各国大都规定了合伙制度，但由于规定不同，存在明显的国际法律冲突。

二、合伙的法律冲突概见

（一）关于合伙的定义方面

1989 年颁布的《缅甸联邦共和国合伙企业法》规定的合伙企业指两个或两个以上合伙人订立共同出资、共同经营、共享收益、共担风险协议的经济组织。合伙人一般不超过 20 人，所有合伙人同意的情况下，未成年人也可以成为合伙人。法律允许股份有限公司与另一公司或者个人成为合伙人。

2005 年颁布的《柬埔寨王国商业企业法》第二章规定了合伙相关的法律制度，规定合伙包括普通合伙企业与有限合伙企业。

无论在名称上，还是在人数上，各国一般都对合伙的成立有一定的限制。例如，英国《合伙法》规定，合伙组织的商号应以普通合伙人的姓氏命名，在姓氏之后，加上"商号"或"公司"字样，但不得带有"有限"字样，否则将予以罚款。我国 1997 年的《合伙企业法》也规定，在合伙组织名称中不得使用

---

① 郑指良，吕永丰. 合伙人制度——有效激励而不失控制权是怎样实现的 [M]. 北京：清华大学出版社，2017：4.
② 郑指良，吕永丰. 合伙人制度——有效激励而不失控制权是怎样实现的 [M]. 北京：清华大学出版社，2017：21.

"有限"或"有限责任"字样。但新《合伙企业法》（2006 年）规定可以成立有限合伙企业。各国合伙法一般也规定，合伙的人数应在两人以上，美国的合伙法规定合伙应是两人或多人以上的联合的营利性组织。我国《合伙企业法》规定合伙企业应具备的条件之一就是有两个以上的合伙人。英国合伙法还对合伙人数的上限做了规定，如规定除律师、会计师、证券批发商、专利代理人、检验师、精算师、咨询工程师或建筑工程师组成的合伙外，其他合伙组织的成员不得超过 20 人。

（二）关于合伙企业分配的顺序方面

1989 年颁布的《缅甸联邦共和国合伙企业法》规定的合伙企业分配的顺序为：（1）偿还契约债务；（2）按规定比例分配合伙人；（3）投资资金按比例分配给合伙人；（4）如有余额，按合伙人分配利润时的比例分给合伙人。

2005 年颁布的《柬埔寨王国商业企业法》规定合伙企业清算完毕后，清偿顺序为：职工工资、税款、其他有限债权、合伙人的出资。

以上关于合伙企业分配的顺序问题，各国规定不一。

（三）关于合伙协议方面的规定

关于合伙协议方面的规定，因各国关于是否赋予合伙以法人资格认识不一，故其做法不同。

合伙协议是合伙组织成立的必要条件，由于多数国家并不赋予合伙以法人资格，合伙协议就成为合伙成立、合伙人享有权利和承担义务的重要依据。如《日本民法典》规定"合伙契约，因各当事人约定出资以经营共同事业，而发生效力"，即合伙依合伙契约中合伙人的一致意思表示而成立。我国的《合伙企业法》规定：合伙协议应当依法由全体合伙人协商一致，以书面的形式订立；合伙协议经全体合伙人签名、盖章后生效；合伙人依照合伙协议享有权利，承担责任。

1989 年颁布的《缅甸联邦共和国合伙企业法》规定新入伙人的条件是：接受原合伙契约；全体合伙人一致同意；新合伙人不对其加入前合伙企业的行为负责。

也有国家把合伙视为法人。在把合伙视为法人的国家一般规定，在合伙协议订立后，可以再制定章程，章程可以是协议本身，也可以是协议的具体化或补充条款，如《法国民法典》规定，"合伙章程应以书面形式订立。章程除规定每个合伙人应交纳的份额外，还应规定合伙的形式、目的、名称、合伙所在地、合伙资金、合伙期限及其进行的方式"。

（四）关于合伙的登记方面

对于合伙的登记，各国的规定不一致。我国《合伙企业法》规定：合伙企业应向国家登记机关申请设立登记，登记机关做出是否登记的决定，对于符合条件的予以登记，发给营业执照。合伙企业的营业执照签发日期为合伙企业的成立日期。

大陆法系国家一般也要求进行合伙登记。《法国民法典》规定：除隐名合伙以外的合伙，自登记之日起享有法人资格。《德国商法典》规定，如果合伙没有登记而进行了某项商事活动，它即可从此时存在。但对于第三人来说，在登记以前，合伙不能以合伙的事实存在来对抗第三人，合伙只有在登记后才视为存在。

英美国家一般不要求进行合伙登记。

（五）关于合伙人的无限连带责任方面的规定

对合伙人是否承担无限连带责任，各国的规定有所不同。《德国民法典》规定，合伙人对合伙债务承担无限连带责任，合伙财产不足以清偿共同债务时，各合伙人应按照对亏损负担的比例分担债务，如果一合伙人无力交纳应负担的债务，其余合伙人应按比例承担这部分债务。这种规定考虑到了合伙人内部财产的共有关系和共同经营关系，每一个合伙人均负有清偿全部合伙债务的义务。而《日本民法典》则只要求合伙人承担无限责任，不要求承担连带责任，合伙债权人在债权发生时不知合伙人的损失分担比例的，可以对各合伙人就同等部分行使权利。

第三节　公司、合伙的法律适用

关于商事领域公司、合伙的法律冲突的解决，由于《中华人民共和国涉外民事关系法律适用法》没有规定涉外商事领域的法律适用问题，"随着跨国经营潮流的迅速蔓延，涉外公司纠纷数量急剧上升，我国涉外公司纠纷冲突规范的立法现状难于应对实践中层出不穷的问题"[1]。因此，应认真研究涉外公司纠纷冲突规范的立法问题。

一、公司、合伙的法律适用概见

（一）关于商人资格的法律适用

关于商人资格的法律适用，各国规定不同，有本国法主义、行为地法主义、

---

[1]　黄进，杨灵一，杜焕芳. 2016年中国国际私法实践述评［M］//中国国际私法与比较法年刊2017. 北京：法律出版社，2018：55.

营业地法主义、法院地法主义、法律关系准据法主义等不同的主张。

1. 本国法主义采用的理由是商人与非商人的区分，实质上是人身份上的区分，身份问题适用本国法解决是比较合适的。意大利、葡萄牙等国是这样规定的。

2. 行为地法主义采用的理由是商人的商行为是其最重要的特征，"商行为既为商人必备之要件，则其是否具有商人之资格，惟有依支配商行为自体之法律决之。支配商行为自体之法律云者，通常即行为地法耳"①。

3. 营业地法主义采用的理由是商人资格与营业有密切关系，如果不是以商为业者，不能成为商人，故采用营业地法是比较科学的。

4. 法院地法主义采用的理由是"盖商人资格云者，质言之，不外一特别权利享有之能力，在内国既不能享有从事某项商业之权利，自不得视其有商人资格，此所以须依法庭地法定之"②。

5. 法律关系准据法主义采用的理由是确定商人资格须以作为其前提的法律关系为准据法。例如，关于营业问题须确定商人资格时，就依营业地法律；关于行为问题须确定商人资格时，就依行为地法；等等。此主张的支持者认为"商人之资格云者，不过一经营商事资格之称；固不必人人于任何地皆有此资格，亦不必人人于任何地皆无此资格，只须其商事所准据法之法律上，承认有此资格，自得而主张之也"③。

（二）法人国籍的确定

关于法人国籍的确定国际上有几种不同的主张，主要有：法人成员国籍说，即依控制法人的自然人的国籍来确定法人的国籍；设立地说，即依法人的登记地国来确定法人的国籍；住所地说，即以法人的住所来确定法人的国籍；准据法说，即依法人设立时所依据的法律来确定；复合标准说，即法人设立地和住所地并用。

比较而言，法人设立地是有一定道理的，但行为地也同样扮演着重要的作用。"A corporation is an artificial creation, a legal person. The question whether, and with what power, a body corporate has been created is determined by the law under which its creation took place, which the common law considers to be the lex incorporationis. Likewise, the question who is empowered to act on its behalf is a matter for

---

① 陈顾远. 国际私法商事篇 [M]. 上海：民智书局，1934：25.
② 陈顾远. 国际私法商事篇 [M]. 上海：民智书局，1934：26.
③ 陈顾远. 国际私法商事篇 [M]. 上海：民智书局，1934：27.

the lex incorporationis, even though the consequence in law of an act which an officer or organ was not entitled to perform may also be referred to another law. "①

公司里个人的责任问题也适用设立地法，原则上所有与公司内部管理有关的问题均适用该法。不可否认的是，对公司适用法律方面，多权力、多责任或者无大的责任等的希望，是不同情况、不同要求。一些法律对公司关心更加细致。"The question whether an individual is personally liable for the acts of a corporation is also governed by the lex incorportionis; and, in principle, all issues having to do with the internal government and management of a corporation are reserved to that law. It is hard to deny that this offers an incentive to incorporate under a law which offers advantages to those who may wish to create a corporation with wide powers but restricted liabilities, or to incorporate with no significant risk of allowing liability to affect individual officers or corporators: there are times when one wonders whether onshore or offshore havens of this kind actually have any other purpose. This is, however little more than a consequence of the doctrine of separate corporate personality and the fact that some laws offer more than others to the caraful corporator. "②

当然关于这些问题的认识也不是完全一致的，公司日常管理地、管理中心地等也是法律适用必须考虑的内容。有学者认为，虽然有时公司所在地不一定要考虑，日常和管理中心地应该更为重要；或者不同的公司需要对公司日常资产、有效控制、多国公司进行经济分析与计算，因为管理公司而不是公司的权威决定法人权利及责任。"Although it is sometimes suggested that the place of incorporation should not be decisive, and that the law of the place of daily or central management and control should assume a more prominent role; or that the doctrine of separate corporate personality really needs to be countered by an analysis based on the economic realities of life and the need to assert effective control over multi – national enterprises, these argument have tended to be directed at jurisdiction over companies rather than at the hegemony of the lex incorporationis as the determinant of legal personality, power, and responsibility. "③

我国主张依法人的登记地来确定法人的国籍。1988 最高人民法院《关于贯彻执行〈中华人民共和国民法通则〉若干问题的意见（试行）》第 184 条规定

---

① 阿德里安·布里格斯. 冲突法 [M]. 北京：中国人民大学出版社，2016：367.
② 阿德里安·布里格斯. 冲突法 [M]. 北京：中国人民大学出版社，2016：367.
③ 阿德里安·布里格斯. 冲突法：3 版. [M]. 北京：中国人民大学出版社，2016：367.

外国法人以其注册登记地国家的法律为其本国法。

《中华人民共和国民法通则》第11条第2款规定："在中华人民共和国领域内设立的中外合资经营企业、中外合作经营企业和外资企业，具备法人条件的依法经工商行政管理机关核准登记，取得中国法人资格。"我国《中外合资经营企业实施条例》第2条就规定，依照中外合资经营法批准并在中国境内设立的合资企业是中国法人。

（三）法人住所的确定

欧洲大陆的一些国家，强调住所，一般主张依法人的住所地来决定法人的国籍。因此，对法人住所的确定，有重要意义。不过，对于何为法人的住所，又有不同主张。主要事务所所在地说，即以法人主要事务所所在地或法人的管理中心所在地为法人的住所，或者以法人日常管理地或者管理中心地为准据法的适用依据，"Although it is sometimes suggested that the place of incorporatiob should not be decisive, and that the law of the place of daily or central management and control shoud assume a more prominent role."① 营业中心所在地说，即以法人实际从事营业活动或主要营业活动的所在地为法人的住所。章程指定住所说，即以法人章程上的住所或规定的住所为法人的住所。主要办事机构所在地说，即以法人的办事机构或主要办事机构所在地为法人的住所。我国立法采用办事机构或主要办事机构所在地说。《中华人民共和国民法通则》第39条规定，法人以它的主要办事机构所在地为住所。《中华人民共和国公司法》第10条规定，公司以其主要办事机构所在地为住所。

（四）法人营业所的确定

法人所从事经营活动的场所是法人的营业所。法人和自然人都可以有营业所。

我国最高人民法院《关于贯彻执行〈中华人民共和国民法通则〉若干问题的意见（试行）》第185条规定，当事人有两个以上营业所的，应以与产生纠纷的民事关系有最密切联系的营业所为准；当事人没有营业所的，以其住所或者经常居住地为准。

（五）外国法人的认可

关于外国法人的认可，国际上有几种不同的方式。

1. 国际立法认可方式

如1956年6月1日订于海牙的《承认外国公司、社团和财团法律人格的公

---

① Drury［1998］CLJ165.

约》第1条明确规定："凡公司、社团和财团按照缔约国法律在其国内履行登记或公告手续并设有法定所在地而取得法律人格的，其他缔约国当然应予承认"。

2、国内立法认许方式

1983年《中华人民共和国国务院关于管理外国企业常驻代表机构的暂行规定》第2条规定：外国企业确有需要在中国设立常驻代表机构的，必须提出申请，经过批准，办理登记手续。未经批准登记的，不得开展常驻业务活动。《中华人民共和国公司法》第193条规定，外国公司在中国境内设立分支机构，必须向中国主管机关提出申请，并提交其公司章程、所属国的公司登记证书等有关文件，经批准以后，向公司登记机关依法办理登记，领取营业执照。

2018年1月8日的《外国航空运输企业常驻代表机构审批管理办法（修订送审稿)》第6条规定："外国航空运输企业未经登记和批准不得在中华人民共和国境内设立代表机构。"第8条规定："对代表机构的批准实行互惠对等的原则，外国政府民用航空主管部门对中华人民共和国航空运输企业根据政府间航空运输协定或者有关协议申请设立常驻代表机构进行不合理限制的，民航局可以采取对等措施。"

（六）法人权利能力与行为能力的法律适用

从各国规定看，法人的权利能力与行为能力大多规定适用属人法。属人法（Lex personalis）在《中华人民共和国涉外民事关系法律适用法》中，对国籍、住所均有涉及，如第26条规定："协议离婚，当事人可以协议选择适用一方当事人经常居所地法律或者国籍国法律。当事人没有选择的，适用共同经常居所地法律；没有共同经常居所地的，适用共同国籍国法律；没有共同国籍的，适用办理离婚手续机构所在地法律。"在理论上，我国学者关于属人法的认识也不一致，观点如下。

1. 关于我国属人法中的经常居所地规定的不同看法

《中华人民共和国涉外民事关系法律适用法》规定了经常居所地法律的适用，如第11条规定："自然人的民事权利能力，适用经常居所地法律。"有学者认为：属人法的历史发展表明了国籍原则的逐渐退出与住所地主义优先倾向的趋势，惯常居所的出现则弥合了两大法系之间的冲突。在汲取属人法的新发展的基础上，我国涉外民事关系法律适用法将经常居所地作为一项基础适用原则，具有内在合理性，但也产生了新的冲突，如各国关于获得经常居所地的条件存在不同规定。因此，协调并弥合经常居所地的法律冲突，是立法者要解决的另一问题。①

这里提到经常居所地的认识不一问题，关于如何弥合经常居所地的法律冲突，有学者认为：我国涉外民事关系法律适用法规定的经常居所是一个相当模糊的概念，在界定上，我国现有的规则和司法实践仅仅关注当事人1年的居住期限而不关注当事人的居住意图，这是不合理的。我国法院应该结合具体案情，综合考虑居住期限、居住的连续性、以及自然人及其居所有关的人身和职业联系，灵活界定经常居所，进而确定属人法领域的法律适用。②

有学者认为：我国立法中的"定居""经常居住地"含义不明、前后不一，经常居住地与惯常居所地字面上含义仍有差别，建议将经常居住地替换为惯常居所地。③

关于经常居所地的上述问题是司法解释需要关注的问题，尽管与国际上的概念不尽一致，但可与国际上的惯常居所的内涵一致起来进行理解与适用。

2. 关于完善我国属人法现有规定的不同建议

有学者认为：属人法在中国的适用应本着惯常居所地为主的原则，同时辅之以共同属人法、行为地法和最密切联系原则，最密切联系原则应作为一个改变观念的突破性方法引入到属人法当中，一方面，该原则可以作为惯常居所地的判断标准，同时作为惯常居所冲突的解决方法，另一方面，该原则可以作为一个独立的补充性的法律适用原则扩及人的身份事项上来。④

该观点提出了具体细化属人法的问题，特别是在属人法中引入最密切联系原则，超出了传统的习惯思维，可能会冲淡属人法的本质属性。也有学者认为：针对我国在属人法连结点上采用的定居国、经常居住地等不规范、不精确的概念，应当进行清理，建议采用国际上通用的法律术语如住所、惯常居所来代替定居国、经常居住地。应当在法律上明确惯常居所的定义。⑤

该观点提出的国际化的思路值得考量，因为概念不规范则不利于国际商事关系的统一认定。

---

① 杜新丽. 从住所、国籍到经常居所地——我国属人法变革研究 [J]. 政法论坛，2011
（3）：28，34.

② 何其生. 我国属人法重构视阈下的经常居所问题研究 [J]. 法商研究，2013（3）：84.

③ 董海洲. 从"身份"到"场所"——属人法连结点的历史与发展 [J]. 法学家，2010
（1）：164.

④ 刘力. 当代自然人属人法的发展成果在中国的适用 [J]. 河南政法管理干部学院学报，
2004（3）：111.

⑤ 黄栋梁. 我国2010年《涉外民事关系法律适用法》中的属人法问题 [J]. 时代法学，
2011（4）：107.

3. 关于双重国籍问题的不同建议

关于承认双重国籍问题，有学者认为：中华人民共和国成立以后，我国与印度尼西亚、蒙古等国签署了解决双重国籍的相关条约，确立了国籍唯一的原则。但国籍观念的更新及国籍政策价值目标的重塑必然要求国籍冲突解决原则的软化。当整个社会不再以实现政治目标为唯一追求时，多样化的国籍观念必然取代陈旧的国籍观念。英国、葡萄牙都承认双重国籍制度。中英、中葡关于国籍问题的备忘录，都间接承认了原香港居民和原澳门居民的双重国籍。这种变通做法不仅损害了法制的威严，更不利于我国法制的统一，不如直接承认双重或多重国籍，这样有可能会更好地促进我国统一大业的早日完成。① 因此，也有学者提出要按照国际通行用法，将经常居住地和定居地等换为惯常居所地。逐步承认双重国籍。以住所或者惯常居所作为我国区际属人法的连结点，并以最密切联系原则作为解决连结点积极冲突的原则，而以"身处之地"作为解决消极冲突的最后补救手段。②

事实上就解决属人法的冲突而言，双重国籍只会导致冲突的更加复杂化，特别是在区际冲突中强调国籍，与国际通行做法相矛盾。"居所地"倒是比较可行的，但关键是内涵的理解需要一致，而不仅仅是字面一致的"文字游戏"。

4. 关于引入最密切联系原则、意思自治原则的不同建议

有学者认为中华人民共和国民法草案规定了共同本国法、共同国籍国法、共同住所地法、经常居住地法等连结点，而没有将惯常居所作为一个主要的属人法标准予以规定，而是将住所作为一个重要标准，再以本国法为辅，以最密切联系原则为补充来确定当事人属人法。而这种方式，正是源于惯常居所的难操作性，以及它只具有的对住所标准的补充性。事实上，它仅仅是按最密切联系原则所选择的对其中某一个法律适用的补充规范而已。中国民法典草案将住所地的适用提高到一个重要的高度，而将多元化的标准发挥得淋漓尽致。以后的立法趋势仍然是朝着这个方向发展，而不是提出一个所谓的惯常居所概念来代替这种多元化标准。两大法系的长期分歧，只有也唯有最密切联系原则能满足法律选择的需要。③

---

① 张庆元，陈思. 从冲突规范连结点看国籍冲突解决原则的"软化"[J]. 理论月刊，2009（6）：153.

② 贺连博. 两大法系属人法分歧及我国属人法立法完善 [J]. 烟台大学学报（哲学社会科学版），2008（2）：24，25.

③ 周斌，曹文. 属人法制度发展趋势研究——兼评民法典草案第九编的属人法制度 [J]. 长沙铁道学院学报（社会科学版），2005（3）：65.

有学者认为应将最密切联系原则作为解决自然人国籍冲突的主要原则，将意思自治原则作为第二原则，将当事人父母的国籍或者住所作为解决自然人国籍冲突的辅助连结点。①

最密切联系原则、意思自治原则是冲突规范的基本原则，在属人法的规定无法适用时，冲突规范的基本原则当然是可以适用的，而且还要以属人法的因素作为考量。

5. 关于区际属人法的建议方面

有学者认为当今冲突规范上属人法的发展在于惯常居所地法取代住所地法和国籍法，从而形成以惯常居所原则为主，辅之以国籍、住所原则综合确定属人法的局面。在区际属人法问题上，住所地法是唯一可采用的准据法。② 有学者认为区际属人法不能以国籍连结点来确定，而应以住所及惯常住所连结点来确定。解决区际属人法的冲突也就是解决住所及惯常住所连结点的积极冲突和消极冲突。③

区际属人法由于不存在国籍的因素，比较特殊，值得研究。

6. 关于属人法的发展趋势建议方面

有学者认为当今冲突规范趋同化趋势已经初现成效，在属人法领域也是如此——至少呈现这样两种趋势，即（1）惯常（经常）居所地成为属人法的主要连结点，而住所和国籍成为辅助性质的连结点；（2）属人法的适用范围逐步从自然人的身份、地位、婚姻家庭及财产继承问题向其他更广泛的领域不断渗透和扩展。④ 以上趋势的形成，对我国的商事冲突立法具有一定的参考借鉴作用。

有学者认为我国立法应采取成立地主义。不过成立地主义会造成设立人的规避问题。⑤

该建议已经超出了一般意义上的属人法的范畴，也没有解决好"设立人的规避问题"。

值得说明的是，法人的权利能力与行为能力适用其属人法，但是外国法人

① 刘少华. 论自然人国籍冲突及其解决方法［D］. 武汉：华中师范大学，2011：30.
② 宋航. 属人法的发展趋向及其在中国的适用［J］. 安徽大学学报（哲学社会科学版），1997（1）.
③ 杜焕芳，王吉文，崔小艳. 中国区际属人法问题刍议［J］. 广西政法管理干部学院学报，2002（2）：81.
④ 宣增益，李大朋. 属人法考［J］. 河南社会科学，2013（2）：4.
⑤ 姜茹娇. 从国际属人法的发展谈我国有关冲突规范完善［J］. 铜陵学院学报，2005（2）：43.

要取得在内国活动的权利，无论是大陆法还是普通法，都要求必须经过内国的许可。对外国法人是否许可其在内国活动，应分别从两个方面加以考虑：一是该组织是否已依外国法成立为法人；二是依外国法已有效成立的外国法人，内国法律是否也承认它作为法人而可以在内国存在与活动。前者涉及外国法人是否存在的事实，这当然只能依有关外国法人的国籍国法判定；后者涉及内国的法律和利益问题，即内国是否也在法律上承认其法人资格并允许其活动的问题。

在我国，最高人民法院 1988 年《关于贯彻执行〈中华人民共和国民法通则〉若干问题的意见（试行）》规定："外国法人以其注册登记地国家的法律为其本国法，法人的民事行为能力依其本国法确定。外国法人在我国领域内进行的民事活动，必须符合我国的法律规定。"这里规定了外国法人本国法、活动地法的同时适用。

2010 年《中华人民共和国涉外民事关系法律适用法》第 14 条规定："法人及其分支机构的民事权利能力、民事行为能力、组织机构、股东权利义务等事项，适用登记地法律。法人的主营业地与登记地不一致的，可以适用主营业地法律。法人的经常居所地，为其主营业地。"

关于当事人的权利义务的法律适用也是比较复杂的。例如，在王某与广东省佛山市黄岐公司纠纷案中（广东省佛山市中级人民法院 2014 佛中法民二初字第 218 号），当事人双方同意选择香港法律来确定王某的主体资格问题。法院认为关于当事人的主体资格，应该适用登记地法来确定，而不能适用当事人选择的法律。但是"在涉外公司纠纷中，登记地法律并没有得到充分适用，特别是在股东知情权纠纷、股东侵权纠纷以及公司解散纠纷中，有相当一部分案件都被当作普通合同纠纷或者侵权纠纷适用了多少人选择的法律"①。在郭某与玮思公司等知情权纠纷案中（广东省广州市中级人民法院 2016 粤 01 民终 62 号），玮思公司系玮思（香港）玩具企业有限公司投资所设，郭某等为公司董事。2014 年 7 月 22 日，玮思公司做出了调整股东持股比例的董事会决议，郭某认为公司与其他公司来往账目记载不实，可能损害公司及股东利益，与公司发生了知情权纠纷。一审法院认为双方当事人均选择了我国内地法律，故本案准据法时我国内地法律。二审法院虽然认定本案属于知情权纠纷，但对当事人选择内地法律作为准据法予以认同。但是《中华人民共和国涉外民事关系法律适用法》第 14 条明确规定："法人及其分支机构的民事权利能力、民事行为能力、组织

---

① 黄进，杨灵一，杜焕芳. 2016 年中国国际私法实践述评［M］//中国国际私法与比较法年刊2017. 北京：法律出版社，2018：56.

机构、股东权利义务等事项，适用登记地法律。"

因此，本案适用准据法的依据只能是该条的规定，而不能允许当事人选择适用准据法。

出现相同错误的判决还不止于此，如在凌某等损害公司利益纠纷案中（广东省珠海市中级人民法院 2016 粤 04 民终 1109 号），一审法院的判决即存在适用法律的错误。一审法院认为当事人没有选择适用的法律，由于双方当事人的住所均在珠海市，故应适用我国内地的法律。二审法院认为，该案涉及的是股东权利义务问题，应根据《中华人民共和国涉外民事关系法律适用法》第 14 条规定适用登记地法律。

（七）公司、合伙的其他具体问题的法律适用

关于公司、合伙的其他具体问题的法律适用，可以在登记地主义、本国法主义、行为地法主义、营业地法主义、法院地法主义等中进行比较选择。由于我国法律缺乏明确规定，实践中容易出现法律适用上的问题。如镇江三井机械公司与戴某股东出资案（江苏省镇江市中级人民法院 2016 苏 11 民初 23 号），在选择准据法时，法院将公司法第 217 条、公司章程等均作为冲突规范进行适用，是法律适用方面的错误表现。

二、实例分析

这里分析的案例是广州海事法院处理的，原告爱克斯宝斯有限公司（R. S. Exports Limited）与被告深圳市玛格里物流有限公司、商船三井（中国）有限公司、商船三井株式会社（Mitsui O. S. K. Lines, Ltd）海上货物运输合同纠纷案。①

原告爱克斯宝斯有限公司（R. S. Exports Limited），住所地中华人民共和国香港特别行政区九龙尖沙咀金巴利道 74—76 号齐盛中心 8 楼 C 室（Room C, 8/F, Kee Shing Centre, 74—76 Kimberley Road, Tsim Sha Tsui, Kowloon, Hong Kong）。被告深圳市玛格里物流有限公司，住所地为中华人民共和国广东省深圳市罗湖区黄贝街道深南东路 1027 号文华大厦西座二楼 2002 室。被告商船三井（中国）有限公司，住所地为中华人民共和国上海市九江路 288 号宏伊国际广场 1602、1603、1604、1701、1702、1705 室。被告商船三井株式会社（Mitsui O. S. K. Lines, Ltd），住所地日本国东京都港区虎之门 2 丁目 1－1（1－1, Toranomon, 2－Chome, Minato－Ku, Tokyo, Japan）。

---

① （2015）广海法初字第 778 号。

笔者说明：从以上情况应该可以看出，本案是一个涉外案件，但判决书在这里尚未指出这一问题，其实是应该点明此问题的，因为涉外案件与国内案件相比，有不同的处理方式与要求。

原告爱克斯宝斯有限公司与被告深圳市玛格里物流有限公司（以下简称玛格里公司）、商船三井（中国）有限公司（以下简称三井中国公司）及商船三井株式会社（以下简称三井株式会社）海上货物运输合同纠纷一案，法院于2015年6月10日立案后，依法适用普通程序审理。被告三井中国公司在答辩期内向本院提出管辖权异议，法院于8月20日裁定驳回其异议，被告三井株式会社不服，向广东省高级人民法院提起上诉，广东省高级人民法院于2016年3月15日做出（2015）粤高法立民终字第791号民事裁定，认为三井株式会社在一审答辩期内未提出管辖权异议，视为已接受本院管辖，无权对本院管辖权裁定提出上诉，驳回其上诉，维持本院裁定。法院于2016年6月22日公开开庭进行了审理，现已审理终结。

笔者说明：管辖权在涉外商事审判中非常重要，管辖权的确定也是确定何国冲突规范规则得以适用的依据，在适用法院地法的情况下，确定了管辖权就等于确定了案件的法律适用。在本案中，广州海事法院在判决书的开始部分表述管辖权问题是十分正确的，管辖权是以后工作的基础，必须首先明确。但本判决并未说明本院管辖的具体法律依据，只是提到了对本案管辖权异议的处理，这是本案不足的地方。

本案原告向法院提出的诉讼请求为：1. 三被告共同赔偿货款损失25760美元、码头费6487.2港元及上述款项从2014年3月27日起按照中国人民银行同期人民币流动资金贷款利率计算至判决确定之日止的利息；2. 三被告共同赔偿原告律师费人民币5500元、公证费6000港元以及今后可能发生的费用；3. 三被告共同承担本案诉讼费用。事实与理由：2013年7月11日，原告与摩洛哥Re Negoce Sarl公司（以下简称Sarl公司）订立销售协议，约定原告向摩洛哥Sarl公司出口460部洗衣机，货款共计25760美元。摩洛哥Sarl公司指示原告委托玛格里公司安排货物运输。2014年2月18日，玛格里公司向原告发送舱单数据，向原告告知船名、航次、装船日期、开航日期、提单编号等重要信息。2月20日，货物在中国宁波装船。2月22日，三井中国公司签发了抬头为三井株式会社的MOLU11024479481号一式三份正本指示提单，但原告作为提单记载的托运人自始至终未取得正本提单。2月25日，原告向玛格里公司支付码头费6487.2港元。3月27日，货物被运抵摩洛哥卡萨布兰卡，并最终被Sarl公司提取。玛格里公司作为涉案运输的无船承运人，未将正本提单交付原告，且违背了凭原告指示放货的承诺，三井中国公司作为提单签发人、三井株式会社作为实际承运人，在原告未对提单做出背书的情况下将货物交付他人，三被告应共同对原告损失承担赔偿责任。

被告玛格里公司辩称，原告未提交证据证明其为涉案提单项下货物的所有权人，也未提交证据证明其为涉案运输的契约托运人或实际托运人，原告主体不适格；玛格里公司与原告不存在任何合同关系，即使无单放货事实存在，原告只能按照货物价值向承运人索赔损失。

被告三井中国公司、三井株式会社共同辩称，原告未持有涉案正本提单，且提单复印件上记载的托运人为欣盛环球贸易公司（Divine Grace Universal Company，以下简称欣盛公司）而非原告，原告的主体不适格；三井中国公司只是三井株式会社的签单代理，不是本案适格被告；涉案提单已按订舱流程和惯例交付给订舱人，原告未取得正本提单是其货运代理人的过错，与承运人三井株式会社无关；原告诉求的金额过高，按照贷款利率计算利息和要求律师费公证费均无法律依据。

笔者说明：关于该案件，涉案主体均为法人，关于涉及法人的相关法律适用问题，应该首先明确，不然，被告三井中国公司、三井株式会社共同辩称的"按照贷款利率计算利息和要求律师费公证费均无法律依据"，到底是哪个"法律依据呢"？

当事人围绕诉讼请求和答辩理由依法提交了证据，法院组织当事人进行了证据交换和质证。对于当事人无争议的证据，法院予以确认并在卷佐证。原告提交的欣盛公司书面证明、美乐公司书面证明及其订单、发票、装箱单、公证费账单及支付凭证，三井中国公司和三井株式会社共同提交的提单申领单、签收记录、订舱单，可与当事人无异议的证据和事实相互印证，能够反映涉案货物采购、运输过程，应予采信。原告提交的报关单上未记载申报时间也无海关编号，不符合海关报关单的形式要件，原告提交的电子邮件打印件不能在相关邮箱服务器上予以核对，原告法人董事 Panjabi Manoj Dharamdas 与本案纠纷有利害关系，在没有其他证据和事实对该三份证据予以佐证的情况下，该三份证据均不能作为认定案件事实的依据。原告提交的舱单数据、账单和汇款单均无原件，也无法合理说明来源，且这三份单据上反映的信息均不能证明原告所主张其委托玛格里公司办理运输的事实，故依法不予采信。

笔者说明：判决书接着述明有关证据的提交与采信问题，也没有说明依据什么法律确定，特别是"原告法人董事 Panjabi Manoj Dharamdas 与本案纠纷有利害关系，在没有其他证据和事实对该三份证据予以佐证的情况下，该三份证据均不能作为认定案件事实的依据";"原告提交的舱单数据、账单和汇款单均无原件,也无法合理说明来源,且这三份单据上反映的信息均不能证明原告所主张其委托玛格里公司办理运输的事实,故依法不予采信"等结论,均无依据何法而判断之。所以应该说明证据问题的法律适用理由。

法院认为:根据被采信的证据并综合庭审情况认定事实如下:2013 年 12 月 5 日,原告向美乐公司发送一份编号为 DG80009/13 的订单,订购的货物为 460 台 7.2 公斤双缸洗衣机,型号为 XPB72,单价为 FOB 宁波 49.5 美元,总价为 FOB 宁波 22770 美元。美乐公司接收订单后,于 2014 年 2 月 1 日向原告开具了货物商业发票,并安排货物装箱。美乐公司开具的商业发票上记载的货物品名、数量、单价、总价均与订单一致,运输详情记载货物从中国宁波经由海路运输至摩洛哥卡萨布兰卡。2 月 14 日,宁波市宝琴电器有限公司 (Ningbo Boqin Electric Appliance Co. Ltd,以下简称宝琴公司) 向在香港注册成立的利荣中国有限公司 (Transglory China Limited,以下简称利荣公司) 发送订舱单,委托利荣公司办理上述货物从中国宁波至摩洛哥卡萨布兰卡海路运输的订舱事宜。利荣公司接收了委托,并表示跟国外确认后船期后邮件答复。利荣公司随后又委托宁波中远货运分公司办理货物订舱事宜,宁波中远货运分公司接受委托后向三井株式会社订舱托运。

上述货物于 2014 年 2 月 22 日在宁波被装船托运。三井株式会社于同日授权其代理人三井中国公司签发的抬头为三井株式会社、编号为 MOLU1102447941 的一式三份正本提单记载:托运人为欣盛公司,收货人凭指示,通知方为 Sarl 公司,承运人船舶为 OOCL Brussels,航次为 005W08,货物据称为 460 箱洗衣机,被装载于编号分别为 GATU8594490 和 MOTU0517636 的两个 40 英尺超高集装箱内,收货地和装货港为宁波,交货地和卸货港为卡萨布兰卡。2 月 25 日,宁波中远货运分公司从三井中国公司处领取了上述一式三份正本提单。三井株式会社网站查询显示,上述货物于 3 月 27 在目的港后被卸离船舶,4 月 14 日被交付收货人。三井株式会社认可网站信息的准确性,但关于是否是凭单交付以及提单背书是否完整的问题,三井中国公司和三井株式会社在庭审中称没有去核实。

2014 年 9 月 18 日,三井中国公司和三井株式会社向广东震鹏律师事务所发送一份复函,该复函记载:已收到该所就 MOLU1102447941 号提单向其发送的律师函,该提单项下货物是宁波中远货运分公司订舱托运的,正本提单已被该公司取走。原告或所谓的 Epsylogistics Co. LTD 在货物的订舱出运过程中与三井中国公司没有任何牵涉,无权向其索取正本提单。该票提单签发操作流程没有任何失误或问题,三井中国公司和三井株式会社对原告损失没有任何责任。10月30日,广东震鹏律师事务所向原告开具金额为人民币5500元的律师费发票。2015年2月11日,翁余阮律师行向原告出具收费清单,告知办理身份证明公证文件需收取的费用为6400港元。2月28日,原告汇付公证费6000港元。

笔者说明:以上是关于法院认定的事实情况,不用说明法律适用问题。

2017年1月18日,中国司法部委托公证人、香港执业律师柯国枢出具一份法律意见书,就欣盛公司在商业登记署的登记资料给出以下法律意见:1. 原告是于2006年9月9日在香港依据香港《公司条例》注册的有限公司,原告已依据香港《商业登记条例》办理商业登记,登记证号码为37142560。2. 根据商业登记查册记录,欣盛公司为原告登记的分行。3. 根据香港法例第310章《商业登记条例》第5(3)条,某一业务的分行经营业务者,须按照订明的方式申请将该分行登记。第5(4)条规定分行登记申请须自分行开始经营业务起1个月内提出。4. 根据上述商业登记条例所登记的分行,在法律上不是独立法人或团体,该分行公司只为无限责任公司,并由该公司作为独资东主持有。其责任亦应全部由该公司负责,该分行本身在法律上没有任何享有或承担任何责任或债务。5. 根据《公司条例》第622章第8(1)条,如某公司的章程细则将其成员的法律责任限于该成员所持有的股份的未缴款额,该公司即属股份有限公司。《公司条例》第84(1)条规定股份有限公司的章程细则须阐明,该公司成员的法律责任是以该等成员所持有的股份的未缴款额为限的。6. 概括而言,该分行本身不是法人,在法律上不能提出起诉或被起诉,须由其东主即原告作为一个享有法人地位的有限责任公司在法律上代表该分行起诉或被起诉,然后该公司就须根据上述《公司条例》第84(1)条的规定,该公司的责任亦即为该成员的法律责任以该等成员所持有的股份的未缴款额为限的。该法律意见书提到的法律文本内容与香港特别行政区律政司在互联网上公布的相应文本内容一致。

笔者说明:以上提到的"法律意见书"涉及对"分行公司"的认定问题,但只是一个对法律规定的陈述,仍然没有指明公司的相关法律适用问题,如适用注册地法抑或管理中心地法?

原告为证明其货款损失,提交了Sarl公司签字确认的DG – 80009/13号成交确认书及相关发票和装箱单的复印件;为证明其是涉案货物买卖合同和运输合同的当事人,提交了欣盛公司2016年7月8日出具的书面证明一份。Sarl公司签字确认的DG – 80009/13号成交确认书记载:2013年11月7日,Sarl公司向欣盛公司订购460台7.2公斤双缸洗衣机,型号为XPB72,单价为FOB宁波56美元,总价为FOB宁波25760美元,运输方式为海运,装货港为中国宁波,目的港为摩洛哥卡萨布兰卡，备注栏注明货物装载于两个 40 英尺超高集装箱内，Sarl 公司派其货运代理人订舱。欣盛公司证明记载：欣盛公司按照原告的指示于 2013 年 11 月 7 日订立了 DG – 80009/13 号合同，并办理了货物运输；货物所有费用都是原告负责的，25760 美元的货款应当向原告支付。

各方当事人在庭审中一致选择适用中华人民共和国内地法律解决本案实体争议。

笔者说明：此处的法律适用依据说明问题存在一些共同的问题，一是"各方当事人在庭审中一致选择"的表述的具体选择情况所述不细；二是之前的相关问题法律适用如何，没有明确。

本院认为，本案是一宗具有涉外和涉港因素的海上货物运输合同纠纷。由于各方当事人在庭审中均表示选择适用中华人民共和国法律，根据《中华人民共和国海商法》第二百六十九条的规定，应适用中华人民共和国内地法律处理本案实体纠纷。本案争议焦点主要为爱克斯宝斯有限公司是否为本案适格原告、三被告的法律地位和责任承担、损失范围的认定。

1. 爱克斯宝斯有限公司是否为本案适格原告的问题

原告是否适格的问题是程序法上的问题，应适用法院地法律即中华人民共和国内地法律解决。《中华人民共和国民事诉讼法》第一百一十九条规定："原告是与本案有直接利害关系的公民、法人和其他组织。"爱克斯宝斯有限公司是否为与本案有直接利害关系的法人属于本案的先决问题。根据最高人民法院《关于适用〈中华人民共和国涉外民事关系法律适用法〉若干问题的解释（一）》第十二条"涉外民事争议的解决须以另一涉外民事关系的确认为前提时，人民法院应当根据该先决问题自身的性质确定其应当适用的法律"的规定，本案中爱克斯宝斯有限公司以提单记载托运人欣盛公司系其设立的分支机构、须由其代行诉讼权利为由提起诉讼，这关系法人及其分支机构的民事权利能力和行为能力，根据《中华人民共和国涉外民事关系法律适用法》第十四条关于"法人及其分支机构的民事权利能力、民事行为能力、组织机构、股东权利义务等事项，适用登记地法律。法人的主营业地与登记地不一致的，可以适用主营业地法律。法人的经常居住地，为其主营业地"的规定和最高人民法院《关于适用〈中华人民共和国涉外民事关系法律适用法〉若干问题的解释（一）》第十九条关于"涉及香港特别行政区、澳门特别行政区的民事关系的法律适用问题，参照适用本规定"的规定，应适用香港特别行政区法律判定。爱克斯宝斯有限公司提供了中国司法部委托公证人、香港执业律师柯国枢出具的法律意见书，在三被告没有提交任何实质性质疑意见的情况下，对其中理解和适用香港特别行政区相关法律的意见予以采信。按照该法律意见书中关于"欣盛公司本身不是法人，在法律上不能提出起诉或被起诉，须由其东主即爱克斯宝斯公司作为一个享有法人地位的有限责任公司在法律上代表欣盛公司起诉或被起诉"的意见，认定爱克斯宝斯公司有权代表欣盛公司提起诉讼。欣盛公司是涉案提单上记载的托运人，其确认按照爱克斯宝斯公司指示办理提单项下货物运输，该货物是爱克斯宝斯公司合法采购得来，爱克斯宝斯提起本案诉讼，显然符合《中华人民共和国民事诉讼法》第一百一十九条关于"原告"的规定，是本案适格的原告。

笔者说明：此处关于法人及其分支机构的民事权利能力和行为能力的法律适用问题的表述比较清晰。关于"欣盛公司本身不是法人，在法律上不能提出起诉或被起诉，须由其东主即爱克斯宝斯公司作为一个享有法人地位的有限责任公司在法律上代表欣盛公司起诉或被起诉"的观点是接受的法律意见书中的观点，如果发现与相关法律规定或者有效的判例不一致的，则以相关法律规定或者有效的判例为准。

2. 三被告的法律地位和责任承担问题

欣盛公司为 MOLU1102447941 号提单记载的托运人，三井株式会社是提单记载的承运人并授权其代理人三井中国公司签发了提单，根据《中华人民共和国海商法》第七十一条关于"提单，是指用以证明海上货物运输合同和货物已经由承运人接收或者装船，以及承运人据以交付货物的单证"的规定，欣盛公司和三井株式会社之间成立提单所证明的海上货物运输合同关系，双方当事人应按照合同和法律的规定行使权利、履行义务。涉案提单为指示提单，承运人三井株式会社应当按照托运人欣盛公司的指示或提单背书记载交付货物。承运人三井株式会社在完全具备举证能力的情况下，未向本院披露其交付货物的对象，也未提交任何证据证明其是按照涉案运输合同的约定及相关法律的规定，应当承担举证不利的后果。本院认定三井株式会社在目的港交付货物的行为违反了其与托运人之间的合同约定，应当承担相应的违约责任。三井中国公司作为三井株式会社的代理人签发了提单，并在提单上表明了其代理人身份，其不是涉案货物运输合同的承运人或实际承运人，原告要求三井中国公司连带承担承运人责任的诉讼请求，没有事实和法律依据，不予支持。原告提供的证据不能证明其与玛格里公司存在任何合同关系，其要求玛格里公司连带承担承运人责任的诉讼请求，亦不予支持。

笔者说明：关于"三井中国公司作为三井株式会社的代理人签发了提单，并在提单上表明了其代理人身份，其不是涉案货物运输合同的承运人或实际承运人"的表述，没有说明代理人代理问题的法律适用依据，及代理人的不承担责任理由。

3. 原告可索赔的损失范围问题

原告根据其与美乐公司订立的买卖合同，合法购买了涉案提单项下货物，并指示其分行欣盛公司作为托运人办理涉案海上运输。在没有证据或事实表明涉案货物所有权已经转移或存在其他原告丧失货物所有权情形的情况下，原告对涉案货物应享有所有权和控制权。承运人三井株式会社违约交付货物，致使原告丧失对涉案货物的控制，既无法收回货款，也无法要求承运人继续履行运输合同，故涉案货物可以视为已灭失。《中华人民共和国海商法》第五十五条规定：货物灭失的赔偿额，按照货物的实际价值计算，货物的实际价值，按照货物装船时的价值加保险费加运费计算。原告主张其与摩洛哥买方 Sarl 公司约定的货物装船价为 25760 美元，虽然原告未提交其与 Sarl 公司签订的成交确认书的原件，但上述价格与原告的购置价之间的差额符合国际贸易的普遍规律，在三被告未能提交任何反驳证据的情况下，根据原告主张认定涉案货物装船时的价值为 25760 美元，被告三井株式会社应予赔偿。原告在货款损失之外还索赔相关利息，符合法律规定，利息应从货物被交付的次日即 2014 年 4 月 15 日开始起算。为了公平合理地确定本案利息，应当将本金按利息起算日美元兑人民币中间价换算成人民币后计算利息，利率按中国人民银行公布的人民币流动资金同期贷款基准利率计算。原告还主张码头费损失 6487.2 港元，但其提交的证据并不能证明其支付了上述费用并因三井株式会社的行为遭受了损失，原告要求三井株式会社赔偿码头费 6487.2 港元的诉讼请求，不予支持。

笔者说明：关于"原告在货款损失之外还索赔相关利息，符合法律规定"的表述，所指的"法律规定"具体不明。

根据《最高人民法院关于适用〈中华人民共和国民事诉讼法〉的解释》第五百二十三条第二款关于"外国企业或者组织参加诉讼，向人民法院提交的身份证明文件，应当经所在国公证机关公证"和第五百五十一条的规定，原告向相关律师支付的办理身份证明公证费 6000 港元，属于提起本案诉讼的必要费用，属于被告三井株式会社违约行为给其造成的损失，三井株式会社应予赔偿。原告要求三井株式会社赔偿律师费人民币 5500 元的诉讼请求，因律师费不是原告处理纠纷和提起诉讼必须支出的费用，不予支持。

综上，依照《中华人民共和国海商法》第五十五条和第七十一条的规定，判决如下：一、被告商船三井株式会社赔偿原告爱克斯宝斯有限公司货物损失 25760 美元及其利息（上述美元按中国人民银行公布的 2014 年 4 月 15 日美元兑人民币汇率中间价换算成人民币后计算利息，自 2014 年 4 月 15 日起按中国人民银行公布实施的人民币流动资金同期贷款基准利率计算至判决确定支付之日止）；二、被告商船三井株式会社赔偿原告爱克斯宝斯有限公司公证费损失 6000港元；三、驳回原告爱克斯宝斯有限公司的其他诉讼请求。

以上给付金钱义务，应于本判决生效之日起十日内履行完毕。

如果未按本判决指定的期间履行给付金钱义务，应当依照《中华人民共和国民事诉讼法》第二百五十三条的规定，加倍支付迟延履行期间的债务利息。

案件受理费人民币 3834.92 元，由原告爱克斯宝斯有限公司负担人民币231.92 元，被告商船三井株式会社负担人民币 3603 元。

如不服本判决，被告深圳市玛格里物流有限公司、商船三井（中国）有限公司可以在判决书送达之日起十五日内，原告爱克斯宝斯有限公司、被告商船三井株式会社可以在判决书送达之日起三十日内，向本院递交上诉状，并按照对方当事人或者代表人的人数提出副本，上诉于中华人民共和国广东省高级人民法院。

笔者说明：总体而言，上述判决书在相关法律适用法律说明理由较充分，存在的个别问题在案中已有具体说明，不再赘述。

三、立法建议胪析

（一）国际条约的相关规定（统一实体法公约）

1. 1956 年 6 月 1 日订于海牙的《海牙承认外国公司、社团和财团法律人格公约》

该公约统一了商事主体的承认问题，如第 1 条规定："凡公司、社团和财团按照缔约国法律在其国内履行登记或公告手续并设有法定所在地而取得法律人格的，其他缔约国当然应予承认，只要其法律人格不仅包含进行诉讼的能力，而且至少还包含拥有财产、订立合同以及进行其他法律行为的能力。

公司、社团或财团的法律人格，如果按照其据于成立的法律规定无须经过登记或公告手续而已取得的，则当然应在与前款相同的条件下予以承认。"

第 4 条规定："在同一缔约国取得法律人格的公司、社团或财团之间，在该国内达成的合并，其他缔约国应予承认。

"在每一个缔约国取得法律人格的公司、社团和财团，与在另一缔约国内取得法人资格的公司、社团或财团的合并，如经有关系的国家承认，所有其他缔约国都应予承认。"

该条约还规定承认法人资格即包括承认与资格相关的能力、公共秩序等内容。

2. 1968 年 2 月 29 日订于布鲁塞尔的《关于相互承认公司和法人团体的公约》

该条约规定了承认公司和法人团体的范围和条件，承认的效力等内容。如第 1 条规定："属于民法或商法的公司，包括合作社，依缔约国之一的法律而成立，由该国法律给予其享有的权利和承担义务，并在本公约适用的领土之内设有其法定注册事务所的能力者，当然均应被承认。"

（二）国际条约的相关规定（统一冲突法公约）

1. 1979 年 5 月 8 日订于蒙得维的亚的《美洲国家间关于商业公司的冲突法公约》

该公约统一了关于公司的冲突法的规定，如第 2 条规定："商业公司的成立、能力、活动与解散，均适用其组成地的法律。'组成地的法律'应理解为创立一个商业公司必须满足其形式要件与实质要件的国家的法律。"该条的规定即统一适用一个法律——组成地的法律，从而避免了冲突法适用上的不同规定与冲突。

2. 1928 年 2 月 13 日第六届美洲国家会议通过的《布斯塔曼特法典》

该法典第二篇《特别商业契约》之第一章商业公司中统一规定了商业公司、合伙的冲突法问题。如第 248 条规定："公司的商业性质依其组织章程所规定的法律，如无此项规定时，依股东大会举行地的法律，如无股东大会举行地的法律，则依董事会通常所在地的法律。"

第 247 条规定："关于集体合伙或隐名合伙的商业性质，依合伙契约所应服从的法律，如无此合伙契约所应服从的法律，则依其商业住所地法予以确定。"

《布斯塔曼特法典》就公司、合伙的商业性质的法律适用进行了统一的规定。法典还就商业经营的限制问题进行了规定，如第 235 条规定："关于公职人员、商业代理人和经纪人不得经营商业，应适用当地法。"第 237 条规定："涉及外交及领事官员能否经营商业问题时，应依其派遣国的法律。驻在国亦有权禁止其经营商业。"第 238 条规定："对一般合伙人或隐名合伙人为自己或为他人经营商业或经营某种类的商业交易的禁止，应依合伙契约的规定，或在适合的情况下，依此项契约所应服从的法律。"

3. 1951 年 5 月 11 日订于海牙的《荷兰、比利时、卢森堡关于冲突规范统一法的公约》

该统一冲突法也有一条规定了法人问题。第 3 条规定："法人及其代表机构的存在按法人所在地的国家法律决定。所在地在国外的法人不得在荷兰、比利时、卢森堡享有超过所在地在这些国家内相同类型法人的权利。适用本条文规定时，应以法人设有管理中心地视为法人的所在地。"

（二）不同国家现有的一些有代表性的法律规定

在新近通过或公布的一些国家的冲突规范典中，规定有公司或合伙的法律适用条款的并不多，有的甚至只有一条规定，或者根本没有，如 2015 年 8 月 1 日起生效的阿根廷共和国《国际民商法典》，该法典第六卷第 2594—2671 条规定的是冲突规范的规范，但没有涉及公司、合伙的相关规定。这在一定程度上说明对该领域的研究还不够，该规定情况说明还没有清晰一致的认识。但在以公司、跨国公司为主体的国际经济贸易飞速发展的今天，法律规定的滞后，肯定会对国际经济贸易的发展产生不便的。下面是一些有规定的国家的规定情况。

1. 2014 年 1 月 1 日起开始施行的捷克共和国《关于国际私法的法律》只是针对法人有专门的一条规定。该法第 30 条规定："（1）法人的法律人格以及不同于自然人的权利能力，依照其据以设立的国家的法制。依照该法制确定的事项还包括：法人的商号、名称以及内部的股份关系，法人与其股东或理事的关系，股东之间或者理事之间的相互关系，股东或理事对法人债务的责任，谁代表法人机构行事，以及法人的消灭。（2）就法人开展日常业务的限制而言，只要该法人在开展该业务时依照该行为实施地的现行法制具有此种能力即可。（3）注册登记地在捷克共和国的法人，只能依照捷克法制设立。依照外国法设立、所在地可直接适用的法律条款或者其他法律规定允许，则不受影响。"捷克共和国《关于冲突规范的法律》关于法人虽然只有该一条的规定，但涵盖的内容还是比较广泛的，包括了法人内部关系、直接适用的法的效力等内容。

2. 2014 年 10 月 15 日第 544 – 14 号法律公布的《多米尼加共和国国际私法》第 37 条规定："商业公司和有限责任公司依照其成立地和总部所在地国法律。"该规定也比较广泛，虽然只有一条规定，但可以理解为公司的所有相关问题都在这一条中得到了解决，即均适用成立地和总部所在地国法律。但由于法人的情况多种多样，如果只有一个系属公式，针对性及对规定国的利益保护不一定有利。而且该条的规定采用了重叠适用方法，即同时适用公司"成立地和总部所在地国法律"，适用的条件比较严格，会影响商业效力的发挥。

3. 2013 年 8 月 12 日正式生效的《阿曼苏丹国民法典》第 11 条第 2 款规定："外国法人的法律身份，适用法人实际总部所在国的法律。但法人在阿曼苏丹国从事营业活动的，适用阿曼法律。"

4. 2010 年通过的《中华人民共和国涉外民事关系法律适用法》虽然是民事冲突规范方面的规定，但也涉及一些个别商事问题。如该法第 14 条规定："法人及其分支机构的民事权利能力、民事行为能力、组织机构、股东权利义务等事项，适用登记地法律。法人的主营业地与登记地不一致的，可以适用主营业地法律。法人的经常居所地，为其主营业地。"该条虽然主要规定了法人的民事权利能力、民事行为能力问题，但一涉及法人，其商事行为的内容肯定是无法逃避的。所以该条同时也规定了股东权利义务等事项。在准据法方面，其规定与《多米尼加共和国国际私法》第 37 条规定"商业公司和有限责任公司依照其成立地和总部所在地国法律"不同，而是规定的选择性冲突规范，即法人的主营业地与登记地不一致的，可以适用主营业地法律。选择性冲突规范有利于提高法律适用事项的有效性。

（三）现有的一些有代表性的法律草案、建议案

1. 1974 年《阿根廷国际私法（草案）》的相关规定

该草案在分则第一章有关民商事件的冲突规范中，规定了商事主体的内容。第 9 条规定："国际型法人适用国际公法。国际公法也适用外国公法法人。私法法人适用其真实的主要管理机构所在地国的法律。如果管理机构所在地之外国法律认定自己不予适用，则应适用法人资格原始取得地国法律，尽管该法人的管理机构不在该国领域。准据法适用于下列问题……"

第 11 条规定："自然人和法人商事性质的认定依其商事住所地国法。商事住所是商人和商事企业主要的实际营业地。注册及其效力依要求注册的国家的法律。如果阿根廷法律对外国企业的组建类型未作规定，则注册法官应根据阿根廷关于公司的商事法律规定的最大限制原则，视具体情况办理正式手续。"

《阿根廷国际私法（草案）》不仅规定了冲突法的适用，而且规定了准据法适用的具体问题。

2. 2000 年《中华人民共和国国际私法示范法》（中国国际私法学会制定）

该示范法第 68 条（法人的权利能力）规定："法人及非法人组织的权利能力，适用其成立地法或者主要办事机构所在地法。"第 69 条（法人的行为能力）规定："法人及非法人组织的行为能力，除适用其成立地法或者主要办事机构所在地法外，还须适用行为地法。"这里的"还须适用行为地法"的规定存在的问题同下面《涉外民事关系的法律适用法》专家建议稿一样。

3.《涉外民事关系的法律适用法》专家建议稿（费宗祎、刘慧珊、章尚锦起草，2002 年 4 月）

该专家建议稿第 25 条规定："（法人及其他非法人组织的权利能力和行为能力）法人与其他非法人组织的权利能力，适用其成立地法或者主要办事机构所在地法、法人与其他非法人组织的行为能力，除适用其成立地法或者主要办事

机构所在地法外，还须适用行为地法律。"这里的表述"还须适用行为地法律"就是重叠适用了。

4. 2002 年《中华人民共和国民法（草案）》（全国人大常委会法制工作委员会）第九编（共 94 条）

该草案第 23 条规定："法人的民事权利能力，适用其成立地法律或者主要办事机构所在地法律。法人的民事行为能力，除适用其成立地法律或者主要办事机构所在地法律外，还适用行为地法律。"这里的规定"还适用行为地法律"与"还须适用行为地法"的规定用语不同，应该理解为选择性的条款，而不是重叠适用。正确的表述应该是"还可以适用行为地法律"。

5. 2002 年 9 月《中华人民共和国民法（室内稿）涉外民事法律关系的法律适用编》

该稿第 22 条规定："法人的民事权利能力，适用成立地法律或者住所地法律。法人的民事行为能力，适用成立地法律、住所地法律或者行为地法律。"这里的规定"或者行为地法律"就比全国人大常委会法制工作委员会提出的《中华人民共和国民法（草案）》第九编（共 94 条）中第 23 条要明确，是明显的选择性冲突规范。因为从保护商业行为效力来看，适用行为地法的规定是补充效力的，而不应该是限制效力的条款。

6. 2010 年中国冲突规范学会《中华人民共和国涉外民事关系法律适用法（建议稿）》

该建议稿第 24 条规定："（法人及其他组织的权利能力和行为能力）法人和其他组织的民事权利能力和民事行为能力，适用其登记注册地国家的法律。法人和其他组织的内部事项，适用其登记注册地国家的法律。外国法人和其他组织在中华人民共和国领域内从事民事活动，应当遵守中华人民共和国法律。依照中华人民共和国法律设立的外国法人分支机构，其内部事项适用中华人民共和国法律。"

7. 笔者所拟的《中国冲突法与海事冲突法（草案）》（见笔者主编《海事国际私法新编》一书附录部分，法律出版社 2005 年）

该草案第 59 条规定："法人及非法人组织的权利能力，适用其住所地法。"第 60 条规定："法人及非法人组织的行为能力，除适用其住所地法外，还须适用行为地法。"这里规定的法人的住所地其实就是法人的主要办事机构所在地。

第 195 条规定："合伙人相互之间的权利义务，依与合伙人及交易有最密切联系地的法律。"

第 196 条规定："合伙是否受其代理人以其名义与第三人交易中所为的约

束，依与当事人及交易有最密切联系地的法律。"

以上各草案、建议案规定虽然不太全面，但已经就一些问题形成了初步统一的规定与看法，值得借鉴。

（四）笔者的立法建议

关于商事主体的法律适用问题，根据前面的论述与比较说明，具体立法建议如下。

1. 第1条【设立与形式】公司、合伙的设立与形式，适用设立地法律。

立法依据与参考：2014年生效的捷克共和国《关于国际私法的法律》第30条规定第1款规定，"法人的法律人格以及不同于自然人的权利能力，依照其据以设立的国家的法制。依照该法制确定的事项还包括：法人的商号、名称以及内部的股份关系，法人与其股东或理事的关系，股东之间或者理事之间的相互关系，股东或理事对法人债务的责任，谁代表法人机构行事，以及法人的消灭"。

此规定涉及商人资格的法律适用问题，关于商人资格的法律适用问题，各国规定是各不相同的，有的国家采用本国法主义，有的国家采用行为地法主义，有的国家采用营业地法主义，等等。本国法主义采用的理由是商人与非商人的区分，实质上是人身份上的区分，身份问题适用本国法解决是比较合适的。意大利、葡萄牙等国是这样规定的。行为地法主义采用的理由是商人的商行为是其最重要的特征，"商行为既为商人必备之要件，则其是否具有商人之资格，唯有依支配商行为自体之法律决之。支配商行为自体之法律云者，通常即行为地法耳"①。营业地法主义采用的理由是商人资格与营业有密切关系，如果不是以商为业者，不能成为商人，故有人认为采用营业地法是比较科学的。但是，如果公司、合伙的设立与形式，不能满足设立地法律的要求，则源头上就是不合法的，因此，适用设立地法律是比较合理的。

2. 第2条【合伙事项】合伙事项、性质依合伙契约应适用的法律。

立法依据与参考：《布斯塔曼特法典》第247条规定，"关于集体合伙或隐名合伙的商业性质，依合伙契约所应服从的法律，如无此合伙契约所应服从的法律，则依其商业住所地法予以确定"。笔者的建议参考了《布斯塔曼特法典》的规定，但扩大了冲突规范的"范围"，即范围由"集体合伙或隐名合伙的商业性质"，扩大为"合伙事项、性质"，因为这些内容合伙契约均会涉及。通常不存在"如无此合伙契约所应服从的法律"的情形（即使当事人没有选择合伙契

① 陈顾远. 国际私法商事篇 [M]. 上海：民智书局，1934：25.

约的准据法，合伙契约也是存在准据法的），所有建议中就没有像《布斯塔曼特法典》那样规定这一情形。

3. 第 3 条【公司的性质】公司的性质依章程所规定的法律；如无，则依董事会所在地的法律。

立法依据与参考：《布斯塔曼特法典》第 248 条规定，"公司的商业性质依其组织章程所规定的法律，如无此项规定时，依股东大会举行地的法律，如无股东大会举行地的法律，则依董事会通常所在地的法律"。由于通常不存在"如无股东大会举行地的法律"这一情形，建议中就没有采用《布斯塔曼特法典》中的假设规定，而是认为董事会所在地更容易确定。因为股东大会举行地可以变化，可以在不同的地方举行，容易形成适用的法律的不确定性。而"董事会通常所在地"是固定的。

4. 第 4 条【公司的权利能力行为能力】公司、合伙的商事权利能力、商事行为能力、组织机构、股东权利义务等事项，适用设立地法律。

立法依据与参考：能力问题与设立地关系密切。2014 年生效的捷克共和国《关于国际私法的法律》第 30 条规定第 1 款规定，法人的法律人格以及不同于自然人的权利能力，依照其据以设立的国家的法制。

5. 第 5 条【公司股份的管理】由公司成立地管理被继承人所有的非股权凭证所代表的公司股份以及红利。

股权凭证所在地的国家对该股权凭证所代表的公司股份进行管理。

立法依据与参考：各国关于商业公司的规定内容太少，2014 年 1 月 1 日起开始施行的捷克共和国《关于国际私法的法律》只是针对法人有专门的一条规定。该法第 30 条规定，"（1）法人的法律人格以及不同于自然人的权利能力，依照其据以设立的国家的法制"。《多米尼加共和国国际私法》第 37 条规定，"商业公司和有限责任公司依照其成立地和总部所在地国法律"。

我国最高人民法院 1988 年《关于贯彻执行〈中华人民共和国民法通则〉若干问题的意见（试行）》有如下意见："外国法人以其注册登记地国家的法律为其本国法，法人的民事行为能力依其本国法确定。外国法人在我国领域内进行的民事活动，必须符合我国的法律规定。"比较而言，设立地比注册登记地的表述更妥当一些，因为各国规定的设立形式与要求不一，注册登记不一定是囊括了设立的全部形式要求。

适用设立地法律的规定，取得了较多的认同，捷克共和国《关于国际私法的法律》《多米尼加共和国国际私法》均规定了设立地、成立地。比较而言，设立地比成立地表述更准确，有时在某地举行一个成立仪式也可以形成成立地，但设立指符合规定要求的行为。

2000 年《中华人民共和国国际私法示范法》（中国国际私法学会制定）也是承认设立地的。该示范法第 68 条（法人的权利能力）规定："法人及非法人组织的权利能力，适用其成立地法或者主要办事机构所在地法。"第 69 条（法人的行为能力）规定："法人及非法人组织的行为能力，除适用其成立地法或者主要办事机构所在地法外，还须适用行为地法。"但在设立地之外，还规定了主要办事机构所在地法、行为地法等的适用，比较复杂，不利于提高商事交往及适用法律的效力。例如，规定了适用主要办事机构所在地法时，主要办事机构在甲地，行为地在乙地，为什么要用甲地的法律判断乙地的能力问题呢？况且，重叠适用行为地法是绝无仅有的规定，通常在民事行为中规定行为地法的适用是选择性的适用，是在其他法律规定行为无效时，但如果行为地法规定有效，则适用行为地法，以增加行为的效力性。但《中华人民共和国国际私法示范法》的规定则有恰恰相反的效果。

第四章

民用航空

第一节　民用航空法律冲突研究

一、民用航空法律概要

航空法律是随着飞机的出现与发展逐步形成的。目前关于航空法（air law）等方面的认识与法律规定还不统一，例如如何给航空法下定义还是一个困难的问题，而且存在不少的争议，存在许多冲突。"The very term'air law'（droit aerien, derecho aereo, luftrecht, vozdushnoye pravo）is controversial and imprecise but it has been used in practice for over a century."① （"air law"是存在争议的、不明确的概念，但在实践中已经使用了一个世纪。）

关于航空法的相关立法，事实上早在 1900 年法国法学家 Fauchille 就建议国际法研究院制定国际航空法典。但是直到 1919 年才诞生航空法领域的第一部生效的法律文件《关于管理空中航行的巴黎公约》（the Convention relating to the Regulation of Aerial Navigation of 1919）。根据罗马法谚 "Cujus est solum, ejus est usque ad coelum et ad inferos"（即土地所有权上至天空，下至地底），巴黎公约确定了国家对领土上空的完全排他的主权。此后其他相关公约陆续出台。

1926 年 12 月 1 日《伊比利亚—美洲国家空中航行公约》（Ibero - American Convention on Air Navigation）在马德里缔结。1928 年 2 月 20 日美洲国家在哈瓦那缔结了《泛美（或美洲国家间）商业航空国际公约》（Pan - American（or Inter - American）International Convention on commercialaviation）。1944 年 12 月 7

---

① Michael Milde. International Air Law And ICAO ［M］. eleven international publishing, 2016: 1.

日,《国际民用航空公约》(Convention on international civil aviation),亦称《芝加哥公约》,该公约及其附属协定得到 52 个国家的签署,附属协定包括《国际航空服务中转协议》(the International Air Services Transit Agreement)、《国际航空运输协议》(the International Air Transport Agreement)。1946 年英国与美国制定百慕大协议,1977 年又制定百慕大 II 号协议。2001 年美国、文莱等六个国家缔结了《国际航空运输贸易自由化多边协议》。2012 年《航空运输自由化大马士革协议》得到约旦等国家的批准。此外,比较重要的航空法方面的国际公约还有 1999 年《统一国际航空运输某些规则的公约》(1999 年蒙特利尔公约)等。

二、国际法律冲突

一般而言,民用航空法律即是调整民用航空关系的法律。民用航空关系指在领空中形成的民商事法律关系。

各国在民用航空相关法律规定方面内容不一,存在的主要法律冲突如下。

(一)航空法的内涵与外延的定义方面

在各国的立法中,关于航空法的名称不一,在美国、英国等国家称之为航空法,在其他一些国家如中国称之为民用航空法。在外文的表述中,首先对航空法表述的法国学者安德烈·亨利用的是 LE DROIT AERIEN,在英文中有 Air Law、Air—aeronautical Law、Navigation Law、Aviation Law 等不同的表述。

关于航空法的定义方面,各种表述也不统一。荷兰学者迪德里克斯·弗斯霍尔认为航空法即"管理空气空间的使用,并使航空公众和世界各国从中受益的一套规则"①。该定义比较宽泛。此外,"法国学者库兹认为,航空法是调整因利用空气而产生的各种法律关系的规则的综合。意大利学者安伯罗西尼认为,航空法是研究空中航行所产生的各种关系和确定其实施法律调整的法律分支。法国学者勒果夫认为,航空法是一套关于飞机、空中航行、航空商业运输,以及由国际国内空中航行所引起的,公法或私法的全部法律关系的国内国际规则"②。有学者认为国际航空法"微观地提出了整个国际法的所有基本问题:主权、管辖权、领土、国家和其他国际法主体的关系、国籍、私法的统一以及冲突法的许多问题等"③。有学者认为"国际航空法是国际公法和冲突规范的结合

---

① 迪德里克斯·弗斯霍尔. 航空法简介 [M]. 赵维田,译. 北京:中国对外翻译出版公司,1987:1.

② 贺富永. 航空法学 [M]. 北京:国防工业出版社,2008,1-2.

③ [英] 彼得·马丁. 肖克罗斯和博蒙特航空法 [M]. 徐克继,摘,译. 北京:法律出版社,1987:10.

体。其目的是提供一个国际民用航空的国际管理体系，并且消除各国国内航空法的冲突和矛盾。可是，从实践中可以看出，国际航空法没有消除各国国内航空法之间的所有冲突"①。Michael Miler 认为航空法是与空间管理密切相关的法律，"From the beginning of the legal thinking reating to 'air law' it was obvious that the term was to be used exclusively for the regulation of such social relations in the air space that are related to or generated by the aeronautical uses of that space."②。（从关于 air law 法律概念的初期，它就产生于或与社会关系的空间绝对管理权有关。）

国内学者关于航空法的认识也不一致，有的认为"航空法是一套调整人类航空活动中各种法律关系的规则体系"③；有的认为"航空法是规定领空主权，管理空中航行和民用航空活动的法律规范的总称"④。也有学者区分国际航空法与国内航空法，分别下定义："国际航空法是指以跨国的航空运输为规范对象的国家与国家之间所形成的有拘束力的原则、规则和制度的总称。国内航空法是指国家制定的规定领空主权，管理空中航行和民用航空活动的法律规范的总称。"⑤

以上各种观点的不同，反映的是各国在对待航空法的立法态度与内容上的不同，各国在航空法的内涵与外延方面的不同，是产生法律冲突的一个重要方面。

（二）关于航空器的范围方面

关于航空器的范围方面，一些国家通过列举的方式界定了航空器的范围。如英国列举的航空器的分类包括：气球、风筝、汽船、滑翔机、陆上航空器、海上航空器、水陆两用航空器、自身发射起飞的电动滑翔机、动力操纵的升力装置、直升机和自转旋翼机。一些国家规定的范围较宽，无法通过列举的方式对航空器进行界定。例如，《美国联邦航空法》规定航空器是一种现有的或者今后发明、使用或者专供于航行、飞行的任何机器；德国认为航空器指被设计在大气中运动的工具；法国认为航空器指能够在大气中上升或者环绕的所有器械。

一些国家或国际公约没有对航空器进行具体的界定，只是规定相关法律不

---

① 贺富永. 航空法学［M］. 北京：国防工业出版社，2008：3.

② Michael Milde. International Air Law And ICAO［M］. eleven international publishing, 2016：1.

③ 赵维田. 国际航空法［M］. 北京：社会科学出版社，2000：2.

④ 刘伟民. 航空法教程［M］. 北京：中国法制出版社，2001：5.

⑤ 贺富永. 航空法学［M］. 北京：国防工业出版社，2008，2.

适用于国家航空器。例如，1944 年 12 月 7 日订于芝加哥的《国际民用航空公约》第 3 条规定："民用航空器和国家航空器：一、本公约仅适用于民用航空器，不适用于国家航空器。二、用于军事、海关和警察部门的航空器，应认为是国家航空器。"该条公约将民用航空器（civil aircraft）与国家航空器（state aircraft）进行了区分，但是关于该规定的理解也是不同的。有学者提出疑问，是否用于军事、海关和警察部门的航空器服务的航空器就是国家航空器？也有学者认为"各国国家的国内法律制度使用的是'公共航空器'（public aircraft）这一概念，而非'国家航空器'。公共航空器是用作'非商业目的'的航空器"①。

事实上情况比较复杂，在一国非民用航空器系统登记的航空器、属于国家所有或使用的航空器都可能被认为是国家航空器。这些航空器可能用于军事、海关和警察部门之外。"一个国家可能包租了一架经过民用登记的航空器，并将该航空器服务于上述目的，这就将会产生一个关于航空器在国际航空法中的法律地位问题。当被在途羁押的人员和'普通大众'乘客乘坐在同一航班飞机上的时候，也就可能会导致不确定性和令人困惑的状况。"② 因此，应该区分国家的统治权行为（acta iure imperii）及管理权行为（acta iure gestionis），统治权行使是国家行使主权的行为，管理权行为时国家行使类似私人主体的行为。因此国家航空器可以被定义为"国家基于公共功能而运营的航空器，或者是基于国家主权权力而运营的航空器；而《芝加哥公约》及其相关《标准和建议措施》则将适用于那些由国家作为经济活动参加者而运营的航空器"③。

我国法律的规定与国际民用航空公约的规定基本一致。例如，2015 年修正的《中华人民共和国民用航空法》第 5 条规定："本法所称民用航空器，是指除用于执行军事、海关、警察飞行任务外的航空器。"因为一些国家的法律及公约没有具体列举出航空器的范围，所以只有从较大的范围上来理解这些相关法律的规定。

2016 年 8 月民航局关于《中华人民共和国民用航空法》修订征求意见稿第 5 条规定："【民用航空器定义】本法所称民用航空器，是指国家航空器之外的

---

① ［荷］I. H. Ph. 迪德里克斯 - 范思赫，帕波罗·汶迪斯·德·莱昂. 国际航空法［M］. 黄韬，等译. 上海：上海交通大学出版社，2014：18.

② ［荷］I. H. Ph. 迪德里克斯 - 范思赫，帕波罗·汶迪斯·德·莱昂. 国际航空法［M］. 黄韬，等译. 上海：上海交通大学出版社，2014：19.

③ ［荷］I. H. Ph. 迪德里克斯 - 范思赫，帕波罗·汶迪斯·德·莱昂. 国际航空法［M］. 黄韬，等译. 上海：上海交通大学出版社，2014：19.

航空器。用于执行军事、海关、警察飞行任务的航空器，属于国家航空器。其他类型的国家航空器及其管理，由国务院规定。"2018 年 12 月 29 日，第十三届全国人民代表大会常务委员会第七次会议通过的新修订的《中华人民共和国民用航空法》第 214 条规定："国务院、中央军事委员会对无人驾驶航空器的管理另有规定的，从其规定。"该条是新增加的一条规定，对民用航空器的管理进行了补充规定。①

（三）关于防空识别区（Air Defense Identiffication Zone）方面的规定

防空识别区指"一国基于空防需要从本国陆地或水域表面向上延伸所划定的空域"②。美国在 1950 年最先设立防空识别区，且范围超过了其 200 海里的专属经济区。中国于 2013 年 11 月 23 日宣布，划设中华人民共和国东海防空识别区。

（四）关于空域划分方面

美国联邦航空局对空域的划分包括绝对管制空域、管制空域、非管制空域，这些具体划分与国际民航组织（ICAO）的相关标准存在较大的不同。我国关于空域划分方面，根据《中华人民共和国飞行基本规则》《民用航空使用空域办法》等的规定，我国空域划分为高空管制区、中低空管制区、终端管制区和机场塔台管制区。例如，《中华人民共和国飞行基本规则》第 30 条第 1 款、第 2 款规定："在中华人民共和国境内，按照飞行管制责任划分为：飞行管制区、飞行管制分区、机场飞行管制区。航路、航线地带和民用机场区域设置高空管制区、中低空管制区、终端（进近）管制区、机场塔台管制区。"这些规定是按领域划分的，与美国的相关规定存在差异。

（五）关于航空人员的规定方面

国际上关于航空人员的规定方面存在不同，《美国联邦航空法》规定航空人员指从事与启动状态下的航空器航行的任何人员，包括：机长、驾驶员、机械员、机组成员；航空器、航空发动机、螺旋桨或者航空器上设备检查、维护、翻修或者维修的任何人员；担任航空器调度或者空中交通管制和塔台工作人员。《国际民用航空公约》附件《人员执照的颁发》中只是规定了飞行组人员，包括各类飞机驾驶员、飞机领航员、飞机工程师、飞行无线电报员及其他人员（航空器维护技术员、工程师或者机械员、空中交通管制员、航务管理员、航空电台报务员）。

---

① 中国人大网，2019 年 1 月 2 日访问.
② 杨慧，郝秀辉. 航空法学原理与实例［M］. 北京：法律出版社，2011：24.

依据我国 2004 年施行的《民用航空人员医学标准和体检合格证管理规定》，航空人员包括空勤人员（驾驶员、领航员、飞行机械员、飞行通信员、乘务员、航空安全员）；空中交通管制员；飞行签派员。

（六）关于机长的资格方面

关于机长的资格方面，《国际民用航空公约》附件 1、2、6、9、12 及其他相关公约有具体的规定，如机长只能由驾驶员担任，且年龄必须在 60 岁以下；必须在 90 天以内在某个型号飞机上至少做过三次起降；担任航路和航站飞行的机长必须熟悉所飞航路和所用机场的地形和最低安全高度等。

我国法律规定相对简单，《中华人民共和国民用航空法》第 43 条规定："民用航空器机组由机长和其他空勤人员组成。机长应当由具有独立驾驶该型号民用航空器的技术和经验的驾驶员担任。"

（七）关于驾驶员执照方面

根据《国际民用航空法》附件 1《人员执照的颁发》，颁发驾驶员执照的人员包括：私人飞机驾驶员（或者私人飞艇、直升机或动力升空器驾驶员）；商用飞机驾驶员（或者私人飞艇、直升机或动力升空器驾驶员）；多机组飞机驾驶员；航线运输飞机驾驶员（或者直升机或动力升空器驾驶员）；滑翔机驾驶员；自由气球驾驶员。

依据中国《民用航空器驾驶员、飞行教员和地面教员合格审定规则》的规定，驾驶员执照包括：学生执照驾驶员、私用执照驾驶员、商用执照驾驶员、航线运输执照驾驶员。

以上规定并不一致，如我国没有滑翔机驾驶员等的规定。

（八）关于驾驶员体检有效期方面

根据《国际民用航空法》附件 1《人员执照的颁发》的规定，私用飞机（包括飞艇、直升机和动力升空器）驾驶员、滑翔机驾驶员执照的体检合格证有效期为 60 个月；商用飞机包括飞艇、直升机和动力升空器驾驶员、多机组驾驶员、航线运输驾驶员、飞机领航员、飞机机械员执照的体检合格证有效期为 12 个月；空中交通管制员执照的体检合格证有效期为 48 个月。

我国《民用航空人员医学标准和体检合格证管理规定》是区分一级、二级体检合格证，然后根据执照类型确定有效期。但一般规定的有效期为 12 个月，极少数为 6 个月或者 24 个月。例如，我国规定一级体检合格证有效期为，如航线运输驾驶员、飞机和旋翼机商用驾驶员为 12 个月，年满 40 岁以上者为 6 个月；二级体检合格证有效期为，私用驾驶员和初级飞机、滑翔机、轻于空气的航空器的商用驾驶员及学生驾驶员为 24 个月，年满 40 岁以上者为 12 个月。

以上规定的有效期不一致。

（九）航空乘务员方面

国际民用航空公约及一些发达国家没有对航空乘务员提出体检合格证方面的要求。我国《民用航空人员医学标准和体检合格证管理规定》要求乘务员必须持有体检合格证，且体检合格证有效期为 12 个月。

（十）关于劫机风险的保险方面

美国规定"在战争和恐怖主义风险引起损害的情况下，将第三人责任保证金限制到 5000 万美元"①。

根据 1993 年《英国再保险（恐怖主义）法》的规定，再保险基金有限公司可以作为因为恐怖主义原因造成财产损失的再保险人。2003 年《英国再保险（恐怖主义）法》的修订规定，对恐怖主义所有风险提供再保险。

法国规定"如果恐怖主义行为造成的损失年总额超过 17.5 亿欧元的，政府则为最后保障的再保险人，并且提供无限额保护"②。

德国在 2002 年 9 月制定了"EXTREMUS"计划，政府对 30 亿欧元至 100 亿欧元的保险承担责任。

以上各国规定的具体内容与数额不尽一致。

（十一）承运人对第三人责任保险方面

承运人对第三人的责任保险即公众责任保险，指"以被保险人对由于其行为、财产或其代理人给作为公众成员的第三人造成的人身伤亡或财产损失应负的赔偿责任为保险标的的一种责任保险"③。美国规定，对航空承运人而言，每人的最小限额为 300000 美元。每一航空器对每一事件的总赔偿额为 20000000 美元。不超过 60 座位或者最大负荷量为 18000 磅的航空器对每一事件的保证金为 2000000 美元。对出租飞机的经营人而言，每人的最小限额为 75000 美元。

《奥地利航空法》也规定有强制保险的要求。要求航空器经营人承担的第三人责任保险至少要达到严格责任制度所规定的限额。但是，特定的国家航空器经营人除外。

---

① Dennis Jankelow&Associates, Terrorist Attacks in the USA, The Implications for the Aviation Insurance Market – Restricted Insurance Coverage Threatens to Ground airlines/Aviation world-wide. 转引自杨惠，郝秀辉. 航空法学原理与实例 ［M］. 北京：法律出版社，2011：268.

② 解兴权，胡心婷. 欧美国家反恐保险计划 ［J］. 民航管理，2006（4）.

③ 杨惠，郝秀辉. 航空法学原理与实例 ［M］. 北京：法律出版社，2011：250.

瑞士要求航空器经营人必须提供一定数额的第三人责任保险保证金或者其他担保。保险保证金的标准为：起飞重量达到 2000 千克的航空器和直升机，为 3000000F；起飞重量达到 2001～5700 千克的航空器和直升机，为 5000000F；起飞重量达到 5701～20000 千克的航空器和直升机，为，12500000F；起飞重量达到 20001～200000 千克的航空器和起飞重量超过 200000 千克的直升机，为 50000000F；起飞重量超过 200000 千克的航空器，为 75000000F；滑翔机为 3000000F；手动的气球为 3000000F。

1959 年《澳大利亚民用航空（承运人责任）条例》规定运载付费乘客的承运人必须为每位乘客至少提供 500000 澳元的强制性不可撤销的保险保证金。

英国虽然没有规定关于航空器经营人或者所有人国内强制责任保险的具体要求，但根据 1982 年《英国民用航空条例》第 65 条的规定，如果政府没有收到申请人应承担义务的足够经济安排，申请人不会得到航空服务执照的批准。

我国对第三人的责任保险也有规定，但与其他国家的规定不尽一致。

（十二）航空器致第三人损害的侵权责任方面

关于航空器致第三人损害的侵权责任方面，"国际立法一直以来都是规定严格责任，而国内立法表现不一"①。例如在美国就出现了对过失责任的全面接纳，"证明过失责任在当代仍然具有潜力"②；法国规定以严格责任为主、过失责任为辅的原则。法国航空法规定航空器活动或者从航空器上拖落物体造成第三人损害的，经营人承担严格责任；航空器或者航空器部件之间相互接触造成第三人损害的，适用"《法国民法典》第 1382 条过错责任的一般规则"。③

1999 年《澳大利亚航空器损害条例》规定航空器、航空器构件或者航空器上的物碰撞造成损害的情况下，采用严格责任；其他飞越上空造成的损害采用过失责任。

从以上规定看，在责任制度方面，各国规定不一。

（十三）关于通用航空的规定方面

各国关于通用航空的相关规定存在差异。法国的通用航空包括轻便航空、自用商务航空和航空作业三类；而苏联的通用航空指航空作业；美国的通用航

---

① 杨惠，郝秀辉. 航空法学原理与实例 [M]. 北京：法律出版社，2011：225.

② Schwartz, The Vitality of negligence and Ethics of Strict Liability, 16Ga. L. Rev, 1981：963.

③ A. J. Mauritz, Liability of Operations and Owners of Aircraft for Damage Inflicted to Persons and Property on the Surface, Leiden, Shaker Publishing, 2003：130.

空包括自用商务航空、个人消遣飞行、航空训练、航空体育、农业航空作业；我国《一般运行和飞行规则》将民用航空分为公共运输航空、通用航空、航空作业三类。

（十四）关于航班延误赔偿的规定方面

各国航空公司关于航班延误的赔偿规定不一，"有的采取机票签转时升仓、提供高档酒店住宿的方式；有的直接赔付现金；有的延误 4 小时以上安排餐食和住宿、5 小时以上赔偿票价的 50%、10 小时以上按照票款全额赔偿"①。我国没有航班延误赔偿的统一规定，由各航空公司自己确定。

关于航班延误赔偿的规定方面，国际公约的规定也不统一，如 1999 年《蒙特利尔公约》规定延误造成损失的赔偿限额为 4150 特别提款权。关于国际航空运输承运人延误的赔偿问题，相关公约规定的赔偿限额也不尽一致，内容如下。

公约	项目			
	旅客	货物	托运行李	非托运行李
1929 年华沙公约	125000 法郎	250 法郎	250 法郎	5000 法郎
1955 年海牙议定书	25 万法郎	同上	同上	同上
1971 年危地马拉议定书	62500 法郎	同上	15000 法郎	15000 法郎
1975 年蒙特利尔第一号议定书	8300 特别提款权	17 特别提款权	17 特别提款权	332 特别提款权
1975 年蒙特利尔第二号议定书	16600 特别提款权	同上	同上	同上
1975 年蒙特利尔第三号议定书	4150 特别提款权	同上	1000 特别提款权	1000 特别提款权
1999 年蒙特利尔公约	同上	同上	同上	同上

（十五）关于航空器国籍登记方面

航空器的国籍一般通过登记而取得，但各国关于登记的程序及条件不一。

（十六）航空器抵押标的方面

根据《日本航空器抵押法》，能够成为抵押标的物的航空器为飞机和回转翼航空机。《中华人民共和国民用航空法》第 10 条规定："本章规定的对民用航空器的权利，包括对民用航空器构架、发动机、螺旋桨、无线电设备和其他一切为了在民用航空器上使用的，无论安装于其上或者暂时拆离的物品的权利。"

2016 年《中华人民共和国民用航空法》修订征求意见稿第 10 条规定：

---

① 杨惠，郝秀辉. 航空法学原理与实例［M］. 北京：法律出版社，2011：160.

"【民用航空器权利】本章规定的对民用航空器的权利，包括对民用航空器构架、发动机、螺旋桨、无线电设备和其他一切为了在民用航空器上使用的，无论安装于其上或者暂时拆离的物品的整体的权利。"

以上两国规定内容不一。

（十七）关于航空器权利变动公示方法方面

关于航空器权利变动公示方法方面，各国的做法不同，具体有：登记、明认打刻（在抵押物上打刻或者贴标签）、备案等。我国采用了综合的方法：一是在航空器登记证上注明抵押及抵押受让人；二是在航空器上安置固定的名牌，注明航空器已被抵押及证明受让人的权益。

第二节　物权法律适用研究

一、主体

（一）国际民航组织 ICAO

《国际民用航空公约》即 1944 年 12 月 7 日订于芝加哥的《国际民用航空公约》（芝加哥公约），其第二部分规定的就是国际民航组织。① 主要内容如下。

1. 组织的目的。《公约》第 44 条规定："国际民用航空组织的宗旨和目的在于发展国际航行的原则和技术，并促进国际航空运输的规划和发展，以：一、保证全世界国际民用航空安全地和有秩序地发展；二、鼓励为和平用途的航空器的设计和操作艺术；三、鼓励发展国际民用航空应用的航路、机场和航行设施；四、满足世界人民对安全、正常、有效和经济的航空运输的需要；五、防止因不合理的竞争而造成经济上的浪费；六、保证缔约各国的权利充分受到尊重，每一缔约国均有经营国际空运企业的公平的机会；七、避免缔约各国之间的差别待遇；八、促进国际航行的飞行安全；九、普遍促进国际民用航空在各方面的发展。"

在该条规定中，第一点、第九点均提到了航空安全，飞行安全问题，航空安全的确是国际民用航空组织的首要任务。事实上国际民用航空组织的重要作用还在于统一制定规则，避免和解决法律冲突，包括航空安全，飞行安全方面

---

① 参见北大法宝网，该北大法宝中外条约涉及国际民用航空公约的共 20 篇，点开第 1 篇，即可发现第二部分规定的国际民航组织的具体内容。

的法律冲突。关于这一点，《公约》第44条规定没有明确规定，似应该补充进去。第七点提到了避免缔约各国之间的差别待遇问题，各国关于差别待遇问题规定的不同，也会形成法律冲突问题，解决此中的法律冲突，也应该是国际民用航空组织的重要任务。第六点保证缔约各国的权利充分受到尊重，就包括航空物权权利的保护问题。解决航空冲突就包括解决航空物权冲突问题。

2. 组织的构成方面。《公约》第43条规定：根据本公约成立一个定名为"国际民用航空组织"的组织。该组织由大会、理事会和其他必要的各种机构组成。名称决定了航空组织的商事工作性质。

3. 关于成员大会（The General Assembly）。

《公约》第48条规定："一、大会由理事会在适当的时间和地点每年召开一次。经理事会召集或经任何10个缔约国向秘书长提出要求，可以随时举行大会特别会议。二、所有缔约国在大会会议上都有同等的代表权，每一缔约国应有一票的表决权。缔约各国代表可以由技术顾问协助，顾问可以参加会议，但无表决权。三、大会会议必须有过半数的缔约国构成法定人数。除本公约另有规定外，大会决议应由所投票数的过半数票通过。"

成员大会是国际民航组织的最重要的机构，"大会至少每三年召开一次。每一个缔约国都有发言权"。

此处规定的缔约国都有同等的代表权，都有一票的表决权，这是非常重要的，有利于保障解决冲突的方案、条约不至于受到强力的制约。技术顾问可以协助、可以参加会议的规定有利于保障方案、条约的质量。

4. 关于大会的功能职权

大会是最具权力的机构，《公约》第49条规定："大会的权力和职责为：一、在每次会议上选举大会主席和其他职员；二、按照第九章的规定，选择参加理事会的缔约国；三、审查理事会各项报告，对报告采取适当行动，并就理事会向大会提出的任何事项做出决定；四、决定大会本身的议事规则，并设置其认为必要的或适宜的各种附属委员会；五、按照第十二章的规定，表决本组织的年度预算，并决定本组织的财务安排；六、审查本组织的支出费用，并批准本组织的账目；七、根据自己的决定，将其职权范围内的任何事项交给理事会、附属委员会或任何其他机构处理；八、赋予理事会为行使本组织职责所必需的或适宜的权力和职权，并随时撤销或变更所赋予的职权；九、执行第十三章的各项有关规定；十、审议有关变更或修正本公约条款的提案。如大会通过此项提案，则按照第二十一章的规定，将此项提案向各缔约国建议；十一、处理在本组织职权范围内未经明确指定归理事会处理的任何事项。"

联合国成员国均可以取得国际民航组织成员的身份，参加成员大会。大会的决定一般通过多数表决通过，但第九十四条规定："对本公约所建议的任何修正案，必须经大会 2/3 票数通过。"

大会的决议一般包括：一般性的政策事项和法规、航空运输、费用标准、事故调查、组织人事等内容。一般性的政策事项和法规对解决航空冲突具有重要的意义。

第十一点处理在本组织职权范围内未经明确指定归理事会处理的任何事项，包括法律冲突的解决等事项。

5. 关于理事会（the Council）方面

理事会是一个常设机构，实际上是国际民航组织的执行委员会，总部位于加拿大的蒙特利尔。理事会的重要职能是通过标准和建议措施。这些"《标准和建议措施》包含在《芝加哥公约》的 18 个技术性附件以及《空中航行服务程序》（Procedures for Air Navigation Services，PNDS）中。理事会还有一个司法性功能，这是《芝加哥公约》赋予其的一个任务，就是通过发布决议的方式来解决两个或者两个以上缔约国之间的争端"[1]。

6. 关于航行委员会（the Air Navigation Commission）方面的规定

关于航行委员会的构成，《公约》第 56 条规定："航行委员会由理事会在缔约国提名的人员中任命委员 12 人组成。此等人员对航空的科学知识和实践应具有合适的资格和经验。理事会应要求所有缔约国提名。航行委员会的主席由理事会任命。"

关于航行委员会的职责，《公约》第 57 条规定："航行委员会应：一、对本公约附件的修改进行审议并建议理事会予以通过；二、成立技术小组委员会，任何缔约国如愿意参加，都可指派代表；三、在向各缔约国收集和传递其认为对改进空中航行有必要和有用的一切资料方面，向理事会提供意见。"

航行委员会是航空技术领域公约制定的重要力量，对解决争议问题有重要作用。

7. 关于秘书处（Secretariat）方面的规定

《公约》没有提到秘书处，只是规定了秘书长等内容。事实上秘书处就是由秘书长领导的一个机构，《公约》第 58 条规定："在符合大会制订的一切规则和本公约条款的情况下，理事会确定秘书长及本组织其他人员的任命及任用终止

---

① ［荷］I. H. Ph. 迪德里克斯 - 范思赫，帕波罗·汶迪斯·德·莱昂. 国际航空法［M］. 黄韬，等译. 上海：上海交通大学出版社，2014：30.

的办法、训练、薪金、津贴及服务条件，并可雇用任一缔约国国民或使用其服务。"在实践中，秘书处为理事会提供法律、技术等方面的支持，下设航空技术局、航空运输局、技术合作局、性质和服务局、法律局等。

8. 关于人员的豁免和特权。

《公约》第60条规定："缔约各国承允在其宪法程序允许的范围内，对本组织理事会主席、秘书长和其他人员，给以其他国际公共组织相当人员所享受的豁免和特权。如对国际公务人员的豁免和特权达成普遍性国际协定时，则给予本组织理事会主席、秘书长及其他人员的豁免和特权，应为该项普遍性国际协定所给予的豁免和特权。"

此项规定是根据国际法的惯例而做的规定，有利于理事会的相关人员开展工作。

9. 关于制定国际协议方面的问题

值得注意的是，《公约》的18个附件规定了技术性的规则，构成《标准和建议措施》，以具体实施公约的内容，涉及的内容广泛，包括：人员执照的颁发、空中规则、国际空中航行气象服务、航图、航空通信、救援、环境保护等。根据公约的规定，与上述内容的标准的任何偏离，都应当通报理事会。"在正常情况下，遵守'标准'也是航空公司根据双边或者多边航空服务协议行使交通权利的先决条件，而且成员国保留进行检查的权力，以确保航空公司真正达到了'标准'要求。这一原则已被铭记在美国国际航空安全评估（International Aviation Safety Assessment，IASA）计划中。"[1] 航空国际协议就是航空国际统一实体法，对解决航空法律冲突具有重要的作用。

（二）国际航空运输协会（International Air Transportation Association，IATA）

该协会与国际民航组织不同，国际航空运输协会只是一个民间的航空运输组织，该组织在1919年8月28日由六家航空公司建立。国际航空运输协会关注的重点在技术、监管及商业领域。制定的协议如《运输条件、合同条件以及标准地面操作协议》（Conditions of Carriage and of Contract and Standard Ground Handling Agreement，SHGA）、《全球调度准则》（Worldwide Scheduling Guidelines）等都得到了广泛的采用或者成为重要的参考。

此外，其他的国际航空组织还包括：国际机场理事会（The Airport Council International，ACI）、航空运输协会（The Air Carrier Association，NACA）、国际

---

① ［荷］I. H. Ph. 迪德里克斯－范思赫，帕波罗·汶迪斯·德·莱昂. 国际航空法［M］. 黄韬，等译. 上海：上海交通大学出版社，2014：33.

包机人协会（The International Air Charter Association，IACA）等。

（三）区域性国际组织

1. 欧洲航空安全组织（Eurocontrol）。该组织在 1960 年由英国、法国、比利时、葡萄牙、荷兰、爱尔兰、联邦德国、卢森堡等八国创立。八国共同制定了《航空安全合作国际公约》（International Convention relating to Co – operation for the Safety of Air Navigation）等。

2. 欧洲民航会议（The European Civil Aviation Conference，ECAC）。该组织成立于 1955 年，由 42 个国家组成。

3. 其他。如中美洲空中航行服务公司（The Corporacion Centroamericana de Servicios de Naviagation Aerea，COCESNA）、非洲民航委员会、阿拉伯国家民航理事会、拉丁美洲民航委员会、东南亚国家联盟等。

以上不同的航空组织，在解决航空法律冲突中发挥了不同的积极作用。

二、民用航空器国籍的法律适用

（一）我国实体法律的相关规定

1. 《中华人民共和国民用航空法》的相关规定

关于应当进行中华人民共和国国籍登记的航空器，《中华人民共和国民用航空法》第 7 条规定："下列民用航空器应当进行中华人民共和国国籍登记：（一）中华人民共和国国家机构的民用航空器；（二）依照中华人民共和国法律设立的企业法人的民用航空器；企业法人的注册资本中有外商出资的，其机构设置、人员组成和中方投资人的出资比例，应当符合行政法规的规定；（三）国务院民用航空主管部门准予登记的其他民用航空器。

自境外租赁的民用航空器，承租人符合前款规定，该民用航空器的机组人员由承租人配备的，可以申请登记中华人民共和国国籍，但是必须先予注销该民用航空器原国籍登记。"

这里涉及"光器"租赁问题，可以取得临时国籍登记，但如何确定其国籍国，有不同的看法与做法。

关于民用航空器国籍的确定方法，《中华人民共和国民用航空法》第 6 条规定："经中华人民共和国国务院民用航空主管部门依法进行国籍登记的民用航空器，具有中华人民共和国国籍，由国务院民用航空主管部门发给国籍登记证书。

国务院民用航空主管部门设立中华人民共和国民用航空器国籍登记簿，统一记载民用航空器的国籍登记事项。"

关于双重国籍问题，中国不承认航空器的双重国籍。《中华人民共和国民用

航空法》第 9 条规定："民用航空器不得具有双重国籍。未注销外国国籍的民用
航空器不得在中华人民共和国申请国籍登记。"

2.《中华人民共和国民用航空器国籍登记条例》的相关规定

1997 年 10 月 21 日国务院颁布的《中华人民共和国民用航空器国籍登记条
例》对航空器国籍问题有下列规定。

关于可以在我国进行登记的航空器的规定：条例第 2 条规定："下列民用航
空器应当依照本条例进行国籍登记：（一）中华人民共和国国家机构的民用航空
器；（二）依照中华人民共和国法律设立的企业法人的民用航空器；企业法人的
注册资本中有外商出资的，外商在该企业法人的注册资本或者实收资本中所占
比例不超过百分之三十五，其代表在董事会、股东大会（股东会）的表决权不
超过百分之三十五，该企业法人的董事长由中国公民担任；（三）国务院民用航
空主管部门准予登记的其他民用航空器。自境外租赁的民用航空器，承租人符
合前款规定，该民用航空器的机组人员由承租人配备的，可以申请登记中华人
民共和国国籍；但是，必须先予注销该民用航空器原国籍登记。"

上述条例规定了外商出资比例问题，《中华人民共和国民用航空法》没有细
化规定具体比例如何。2001 年 3 月 15 日修订的《中外合资经营企业法》第 4 条
规定："合营企业的形式为有限责任公司。在合营企业的注册资本中，外国合营
者的投资比例一般不低于百分之二十五。"该法规定的是最低资本比例，但《中
华人民共和国民用航空器国籍登记条例》规定的是最高资本比例。另外，关于
登记问题，《中华人民共和国中外合资经营企业法实施条例》（2014 修订）第 2
条规定："依照《中外合资经营企业法》批准在中国境内设立的中外合资经营企
业（以下简称合营企业）是中国的法人，受中国法律的管辖和保护。"既然是中
国法人，当然应当在中国登记。

关于航空器国籍的规定，条例第 3 条规定："民用航空器经依法登记，取得
中华人民共和国国籍。"第 4 条规定："民用航空器不得具有双重国籍。未注销
外国国籍的民用航空器，不得在中华人民共和国办理国籍登记；未注销中华人
民共和国国籍的民用航空器，不得在外国办理国籍登记。"

条例关于航空器国籍的规定与我国的国籍政策是一脉相承的。在实践操作
中，如果未注销外国国籍的民用航空器来我国登记，我国不予登记即可。但对
于未注销中华人民共和国国籍的民用航空器，在外国办理登记的，有承认双重
国籍的国家可能会给予该航空器登记，那么我国规定这类航空器"不得在外国
办理国籍登记"的意义何在呢？笔者认为规定还是有意义的，一是表明了我国
的态度，即不允许未注销中华人民共和国国籍的民用航空器，在外国办理国籍

登记；二是即使办理了外国登记，我国也不承认。

《中华人民共和国国籍法》第3条规定："中华人民共和国不承认中国公民具有双重国籍。"该条针对的是同时拥有中国国籍和外国国籍的中国公民，中国不承认其具有双重国籍，那么是承认其有中国国籍呢还是承认其外国国籍？从该条规定来看，是承认中国国籍的。因为规定的是不承认"中国公民"具有双重国籍。即"中国公民"拥有的外国国籍无效。《中华人民共和国民用航空器国籍登记条例》只是规定"民用航空器不得具有双重国籍"，而不是"中国民用航空器不得具有双重国籍"，对于双重国籍，其中一个国籍是中国的航空器而言，中国只能承认航空器的中国国籍。因为"未注销中华人民共和国国籍的民用航空器，不得在外国办理国籍登记"。即办理了也是无效的，对中国而言，办理外国国籍登记本身就是无效的。当然，如果外国有不同的规定，会与中国的法律规定产生冲突。

关于国籍登记与所有权的关系问题，条例第6条规定："民用航空器国籍登记，不得作为民用航空器所有权的证据。"因为《中华人民共和国民用航空法》及《中华人民共和国民用航空器国籍登记条例》规定，自境外租赁的民用航空器，也可以进行中国国籍登记。因此，航空器国籍与航空器所有权的国籍是可以分开的。

关于航空器国籍登记的内容，条例第9条规定："国务院民用航空主管部门应当在民用航空器国籍登记簿中载明下列事项：（一）民用航空器国籍标志和登记标志；（二）民用航空器制造人名称；（三）民用航空器型号；（四）民用航空器出厂序号；（五）民用航空器所有人名称及其地址；（六）民用航空器占有人名称及其地址；（七）民用航空器登记日期；（八）民用航空器国籍登记证书签发人姓名。"

条例第9条的规定与第6条的规定有些不一致，第6条规定"民用航空器国籍登记，不得作为民用航空器所有权的证据"，而第9条又规定，航空器国籍登记簿中要载明民用航空器所有人名称及其地址，难道这里的民用航空器所有人名称及其地址是"假"的吗？当然，如果登记机构不具有审查民用航空器所有人真伪的职权，尚可理解，否则，无法理解。

关于航空器国籍登记的变更，条例第11条规定："取得中华人民共和国国籍的民用航空器，遇有下列情形之一时，应当申请办理变更登记：（一）民用航空器所有人或其地址变更；（二）民用航空器占有人或其地址变更；（三）国务院民用航空主管部门规定需要办理变更登记的其他情形。"

这里提到民用航空器所有人变更，需要申请办理航空器国籍变更登记，这等于肯定了登记的民用航空器所有人的真实性，因此，"民用航空器国籍登记，不得作为民用航空器所有权的证据"的规定太过绝对，应该规定，民用航空器国籍登记，可以作为民用航空器所有权的初步证据，因租赁取得的民用航空器国籍登记除外。

关于航空器国籍登记的注销，条例第 12 条规定："取得中华人民共和国国籍的民用航空器，遇有下列情形之一时，应当申请办理注销登记：（一）民用航空器所有权依法转移境外并已办理出口适航证的；（二）民用航空器退出使用或者报废的；（三）民用航空器失事或者失踪并停止搜寻的；（四）符合本条例第二条第二款规定的民用航空器租赁合同终止的；（五）国务院民用航空主管部门规定需要办理注销登记的其他情形。"

这里规定航空器租赁合同终止时应当申请办理注销登记。但是，如果登记人不申请办理注销登记，登记机构是否可以主动注销登记？规定没有涉及这一情形，应该进行补充。

关于临时登记，条例第 20 条规定："对未取得民用航空器国籍登记证书的民用航空器，申请人应当在进行下列飞行前 30 日内，按照国务院民用航空主管部门规定的格式如实填写申请书，并向国务院民用航空主管部门提交有关证明文件，办理临时登记：（一）验证试验飞行、生产试验飞行；（二）表演飞行；（三）为交付或者出口的调机飞行；（四）其他必要的飞行。前款申请人是指民用航空器制造人、销售人或者国务院民用航空主管部门认可的其他申请人。国务院民用航空主管部门准予临时登记的，应当确定临时登记标志，颁发临时登记证书。"

第 21 条规定："取得临时登记标志的民用航空器出口时，可以使用易于去除的材料将临时登记标志附着在民用航空器上，并应当完全覆盖外方要求预先喷涂的外国国籍标志和登记标志。"

此两条的规定应该加上限定条件，即应是关于在中华人民共和国境内的，未取得民用航空器国籍登记证书的民用航空器的临时登记。

3.《民用航空器登记规定》的相关规定

1998 年 6 月 10 日中国民航局发布《民用航空器登记规定》，该规定是对《中华人民共和国民用航空器国籍登记条例》的细化。规定的内容如下。

（1）关于航空器的范围，第 2 条规定："本规定所称航空器是指任何能够凭借空气的反作用力获得在大气中的支承力并由所载人员驾驶的飞行器械，包括固定翼航空器、旋翼航空器、载人气球、飞艇以及中国民用航空总局（以下简称民航总局）认定的其他飞行器械。"

（2）关于民用航空器的范围，第3条规定："本规定所称民用航空器，是指除用于执行军事、海关、警察飞行任务外的航空器。"

（3）关于应当在中国进行登记的航空器，第5条规定，"下列民用航空器应当依照本规定进行国籍登记：（一）中华人民共和国国家机构的民用航空器；（二）依照中华人民共和国法律设立的企业法人的民用航空器；企业法人的注册资本中有外商出资的，外商在该企业法人的注册资本或者实收资本中所占比例不超过35%，其代表在董事会、股东大会（股东会）的表决权不超过35%，该企业法人的董事长由中国公民担任；（三）在中华人民共和国境内有住所或者主要营业所的中国公民的民用航空器；（四）依照中华人民共和国法律设立的事业法人的民用航空器；（五）民航总局准予登记的其他民用航空器。自境外租赁的民用航空器，承租人符合前款规定，该民用航空器的机组人员由承租人配备的，可以申请登记中华人民共和国国籍；但是，必须先予注销该民用航空器原国籍登记"。

该条规定与《中华人民共和国民用航空器国籍登记条例》的规定相比，细化了两点规定，即增加了"在中华人民共和国境内有住所或者主要营业所的中国公民的民用航空器"；"依照中华人民共和国法律设立的事业法人的民用航空器"的国籍登记的规定。

（4）关于航空器国籍登记簿记载事项，第12条规定，"民航总局在民用航空器国籍登记簿中载明下列事项：（一）民用航空器国籍标志和登记标志；（二）民用航空器制造人名称；（三）民用航空器型号；（四）民用航空器出厂序号；（五）民用航空器所有人名称及其地址；（六）民用航空器占有人名称及其地址；（七）民用航空器登记日期；（八）民用航空器国籍登记证书签发人姓名；（九）变更登记日期；（十）注销登记日期"。该条规定与《中华人民共和国民用航空器国籍登记条例》的规定相比，增加了变更登记日期、注销登记日期两项内容。《中华人民共和国民用航空器国籍登记条例》第2条第3款规定，"下列民用航空器应当依照本条例进行国籍登记：……（三）国务院民用航空主管部门准予登记的其他民用航空器"。该规定等于授权给民用航空主管部门自行决定"准予登记的其他民用航空器"范围的权力。因此，民航总局的《民用航空器登记规定》可以对《中华人民共和国民用航空器国籍登记条例》的规定进行补充细化。

（5）关于航空器国籍的变更，《民用航空器登记规定》第14条规定，"取得中华人民共和国国籍的民用航空器，遇有下列情形之一时，应当向民航总局申请办理变更登记：（一）民用航空器所有人或其地址变更；（二）民用航空器占有人或其地址变更；（三）民航总局规定需要办理变更登记的其他情形。申请人应当按照民航总局规定的格式填写民用航空器变更登记申请书，并提交有关证明文件，交回原民用航空器国籍登记证书。民航总局自收到民用航空器国籍登记变更申请之日起 7 个工作日内，对申请书及有关证明文件进行审查；经审查，符合本规定的，即在中华人民共和国民用航空器国籍登记簿上进行变更登记，并颁发变更后的民用航空器国籍登记证书"。

（6）关于航空器国籍的登记注销，《民用航空器登记规定》第 15 条规定，"取得中华人民共和国国籍的民用航空器，遇有下列情形之一的，应当向民航总局申请办理注销登记：（一）民用航空器所有权依法转移境外并已办理出口适航证的；（二）民用航空器退出使用或者报废的；（三）民用航空器失事或者失踪并停止搜寻的；（四）符合本规定第五条第二款规定的民用航空器租赁合同终止的；（五）民航总局规定需要办理注销登记的其他情形。申请人应当按照民航总局规定的格式填写民用航空器注销登记申请书，并提交有关证明文件，交回原民用航空器国籍登记证书，但本条前款第（三）项的情况除外。民航总局自收到申请书之日起 7 个工作日内，对申请书及有关证明文件进行审查；经审查，符合本规定的，即注销该民用航空器的国籍登记。民用航空器注销国籍登记的，该航空器上的国籍标志和登记标志应当予以覆盖"。

以上两条关于航空器国籍的变更、航空器国籍的登记注销，均未涉及登记机构主动注销的问题，似有不妥。如果当事人不主动申请，难道就不能够注销吗？事实上像民用航空器租赁合同终止等情形，登记机构是知道合同期限的，对于租赁合同到期的航空器，登记机构可以在要求租赁人提供是否存在延期或者新的补充合同等情形，如果没能提供又不主动申请注销的，登记机构完全可以主动注销。

（7）关于航空器的国籍标志和登记标志的位置标识，《民用航空器登记规定》第 24 条规定，民用航空器上国籍标志和登记标志的位置应当符合下列规定：（一）固定翼航空器——位于机翼和尾翼之间的机身两侧或垂直尾翼两侧（如系多垂直尾翼，则应在两外侧）和右机翼的上表面、左机翼的下表面；（二）旋翼航空器——位于尾梁两侧或垂直尾翼两侧；（三）飞艇——位于右水平安定面上表面、左水平安定面下表面和垂直安定面下半部两侧；（四）载人气球——位于球体表面水平最大圆周直径两端对称部位上。

航空器构形特别，其国籍标志和登记标志的位置不符合本条前款规定的，应当位于易于识别该航空器的部位。

《民用航空器登记规定》第 25 条规定，"民用航空器上国籍标志和登记标志的字体和尺寸应当符合下列规定：（一）字母、数字、短横线（以下简称字）均由不加装饰的实线构成；（二）除短横线外，机翼上每个字的字高不小于50厘米，机身、垂直尾翼、尾梁及飞艇、气球上每个字的字高不小于30厘米；（三）除数字1和字母I外，每个字的字宽和短横线的长度为字高的三分之二；（四）每个字的笔画的宽度为字高的六分之一；（五）每两个字的间隔不小于字宽的四分之一，不大于字宽的四分之三。民用航空器上国籍标志和登记标志的字体或尺寸不符合前款规定的，应当经过民航总局核准"。

这里仅仅规定不符合国籍标志和登记标志的字体和尺寸要求的，应当经过民航总局核准，而没有规定民航总局核准的理由，会导致民航总局核准的随意性。所以，一般情况下，均要遵守以上规定，除非要什么特殊情况的，再向民航总局申请核准，没有特殊情况的，不能申请核准。

（8）关于航空器所有人或占有人的标志，《民用航空器登记规定》第28条规定，"民用航空器所有人或占有人的法定名称和标志，应当按下列规定在其每一航空器上标明：（一）名称喷涂在航空器两侧，固定翼航空器还应当喷涂在右机翼下表面、左机翼上表面。民用航空器上喷涂民用航空器所有人或占有人法定名称简称的，其简称应当经过民航总局核准。（二）标志喷涂在航空器的垂尾上；航空器没有垂尾的，喷涂在民航总局同意的适当位置"。

如果违反以上规定，会有相应的处罚措施。

（9）关于航空器的临时登记，《民用航空器登记规定》第31条规定，"对未取得民用航空器国籍登记证书的民用航空器，申请人应当在进行下列飞行前30日内，按照民航总局规定的格式如实填写申请书，并向民航总局提交有关证明文件，办理临时登记：（一）验证试验飞行、生产试验飞行；（二）表演飞行；（三）为交付或者出口的调机飞行；（四）其他必要的飞行。前款申请人是指民用航空器制造人、销售人或者民航总局认可的其他申请人。民航总局准予临时登记的，应当确定临时登记标志，颁发临时登记证书。临时登记证书在其载明的期限内有效"。

（10）关于处罚规定，《民用航空器登记规定》第34条规定，"有下列情形之一的，民航总局或者其授权的地区管理局可以禁止该民用航空器起飞，并可处以警告；利用该民用航空器从事经营活动，有违法所得的，可以处以违法所得3倍以下的罚款（最高不超过30000元），没有违法所得的，可以处以10000元以下的罚款；利用该民用航空器从事非经营活动的，可以处以1000元以下罚款：（一）违反本规定第四条，民用航空器没有或者未携带民用航空器国籍登记证书或临时登记证书；（二）违反本规定第十九条，伪造、涂改或者转让民用航空器国籍登记证书的；（三）违反本规定第三十三条，载有临时登记标志的民用航空器从事本规定第三十一条第一款以外的飞行活动的"。

第35条规定，"有下列情形之一的，民航总局或者其授权的地区管理局可以处以警告；利用该民用航空器从事经营活动，有违法所得的，可以处以违法所得3倍以下的罚款（最高不超过30000元），没有违法所得的，可以处以10000元以下的罚款；利用该民用航空器从事非经营活动的，可以处以1000元以下罚款：（一）违反本规定第十四条、第十五条，不申请办理变更登记或者注销登记的；（二）违反本规定第二十四条、第二十五条、第二十六条，不按规定的位置、字体、尺寸在航空器上标明国籍标志和登记标志的；（三）违反本规定第二十七条，在民用航空器上喷涂、粘贴不符合规定或者未经民航总局批准的图案、标记或者符号的；（四）违反本规定第二十八条，不按规定在每一航空器上标明民用航空器所有人或者占有人的名称和标志的；（五）违反本规定第三十条，不按规定制作或固定识别牌的"。

上述规定在1997年10月21日国务院颁布的《中华人民共和国民用航空器国籍登记条例》中没有相关规定。

不过，《民用航空器登记规定》与《中华人民共和国民用航空器国籍登记条例》的规定中相一致的内容也有很多。例如，《民用航空器登记规定》第13条规定："民用航空器国籍登记证书应当放置于民用航空器内显著位置，以备查验。"第20条规定："中华人民共和国民用航空器的国籍标志为罗马体大写字母B。"这两条规定与《中华人民共和国民用航空器国籍登记条例》中的相关内容基本重复，可以不加规定。因此，《民用航空器登记规定》只应是补充《中华人民共和国民用航空器国籍登记条例》的规定，《中华人民共和国民用航空器国籍登记条例》中已有规定的，其可以不须再规定。

（二）国际统一实体法的规定

1. 1944年12月7日订于芝加哥的《国际民用航空公约》（芝加哥公约）专章规定了航空器的国籍问题。该公约第三章（航空器的国籍）包括下列条款。

第17条规定，"航空器的国籍：航空器具有其登记的国家的国籍。"第18条规定，"双重登记：航空器在一个以上国家登记不得认为有效，但其登记可由一国转移至另一国"。第19条规定，"管理登记的国家法律：航空器在任何缔约国登记或转移登记，应按该国的法律和规章办理"。第21条规定，"登记的报告：缔约各国承允，如经要求，应将关于在该国登记的某一个航空器的登记及所有权情况提供给任何另一缔约国或国际民用航空组织。此外，缔约各国应按照国际民用航空组织制定的规章，向该组织报告有关在该国登记的经常从事国际航行的航空器所有权和控制权的可提供的有关资料。如经要求，国际民用航空组织应将所得到的资料供给其他缔约国"。

《国际民用航空公约》（芝加哥公约）在统一实体法中规定了统一冲突法的内容，即航空器在任何缔约国登记或转移登记，应按该国的法律和规章办理。该规定统一了"登记国法律"作为准据法的统一性。值得注意的是，公约仅仅规定了航空器在一个以上国家登记不得认为有效，而没有解决在一个以上国家登记时的法律效力问题，所以留下了法律冲突。

2. 1919 年 10 月 13 日 26 个国家在巴黎签署的《关于管理空中航行的公约》（巴黎公约），是第一个关于航空的国际公约，该公约对航空器的国籍等一系列问题予以了规定，该公约第 6 条规定了航空器国籍问题。1928 年订于哈瓦那的《泛美商业航空公约》（哈瓦那公约）第 17 条规定了航空器国籍问题。这两个公约现为《国际民用航空公约》所替代。

3. 1953 年 9 月 17 日生效的《国际承认航空器权利公约》（日内瓦公约）的相关规定。如该公约第 3 条规定："一、每一航空器的国籍登记证上应当载明登记簿保管机关的地址。二、任何人均有权从上述机关取得登记簿所载内容的经正式认证的副本或摘录。该副本或摘录应当构成登记簿内容的初步证据。三、缔约国的法律规定提交登记文件与登记有同等效力的，对本公约而言，该项文件的提交与登记具有同等效力。在此情况下，应当有适当措施以保证此文件能对公众开放。四、保管登记簿的机关可以对其提供的各项服务收取合理费用。"

4. 2001 年《移动设备国际利益公约关于航空器设备特定问题的议定书》的相关规定。该议定书第 1 条第 2 款（p）项"登记国"规定：就航空器而言，是指航空器在其国家登记簿上登记的国家，或保存航空器登记簿的共同标志登记机关所在地国。

关于《移动设备国际利益公约关于航空器设备特定问题的议定书》的适用范围，第 4 条规定了适用范围包括如下。（1）在不妨碍公约第三条第 1 款的情况下，公约亦适用于在作为登记国的缔约国的航空器登记簿上登记的直升机或航空器机身。登记是根据航空器的登记协议办理的，应被视为在订立协议时生效。（2）为适用公约第一条"国内交易"定义之目的，设立或规定有关利益的协议订立时：（a）作为航空器一部分的机身位于该航空器的登记国；（b）安装在航空器上的航空器发动机位于该航空器的登记国，或者如果没有安装在航空器上，则位于其实际所在地；和（c）直升机位于其登记国。（3）当事各方可以通过书面协议排除第十一条的适用，减损或者变更除第九条第 2 款至第 4 款外的本议定书其他条款在他们之间的效力。

值得说明的是，采用登记确定航空器国籍的方法有利有弊，有科学方便的地方，也有"造成航空器国籍和所有人、经营人国籍分离的可能性，从而给管理带来了很大的不便，也会产生'方便旗'问题。从《芝加哥公约》的规定来看，并没有为堵塞类似海商法中的船舶'方便旗'这类漏洞提供有效的保障"①。

另外，"航空联盟的出现，代码的共享，使得航空公司轻而易举地绕过了双边政府协定，快速进入别国市场，经营它本来无权经营的国际航线"②。这些情况对传统的航空器国籍产生了很大的冲击。也有学者认为："航空器国籍原则在实践中阻碍了航空运输业的发展，因此，如何加强对民用航空器国籍制度的研究，来替代传统的航空器国籍原则，成了现在迫切需要解决的问题之一。"③

（三）冲突法方面的规定

关于航空器的国籍依什么原则确定，存在不同的做法：一是依所有权人或者使用权人的国籍确定航空器的国籍的属人主义，二是依航空器的生产或使用地域来确定航空器国籍的属地主义。一些国际法典或者条约对这些问题也缺乏规定。例如，1928 年生效的《布斯塔曼特法典》只是规定了航空器国籍的证明与标示问题，并没有规定如何确定或者依何种方式取得航空器的国籍。

三、民用航空物权的法律适用

（一）民用航空器所有权

1. 我国实体法的相关规定

理论上通常认为，民用航空器所有权指："民用航空器的所有权人在法律规定的范围内自由支配民用航空器并排除他人干涉的权利。所有权人依法对其民用航空器享有占有、使用、收益和处分的权利。"④ 在现有的规定方面，2015 年修订的《中华人民共和国民用航空法》第 14 条规定："民用航空器所有权的取得、转让和消灭，应当向国务院民用航空主管部门登记；未经登记的，不得对抗第三人。民用航空器所有权的转让，应当签订书面合同。"

《中华人民共和国民用航空法》中规定的所有权的外延并不周延，民用航空器所有权不只包括取得、转让和消灭三种形式，如设立、取得、转让、变更和

---

① 贺富永. 航空法学［M］. 北京：国防工业出版社，2008：58.
② 贺富永. 航空法学［M］. 北京：国防工业出版社，2008：60.
③ 贺富永. 航空法学［M］. 北京：国防工业出版社，2008：60.
④ 贺富永. 航空法学［M］. 北京：国防工业出版社，2008：64.

消灭是变动中的物权，还有静态的物权如所有权标的范围、属具的范围等，因此，该规定的所有权范围不完整。

2. 国外关于民用航空器所有权法律冲突解决的规定

关于民用航空器所有权法律冲突的法律适用，各国存在不同的规定，主要有以下几种做法。

（1）适用物之所在地法。如 1967 年生效的《葡萄牙民法典》第 46 条规定："占有权、所有权和其他物权适用物之所在地法。"

（2）适用民用航空器国籍登记国法律。如《中华人民共和国民用航空法》第 185 条规定："民用航空器所有权的取得、转让和消灭，适用民用航空器国籍登记国法律。"

值得注意的是，各国在航空器登记的条件上规定并不一致。如《法国航空法》第 L121—3（3）规定："只有属于法国自然人或法人的航空器才能在法国注册。"美国规定的稍松一点。

3. 统一冲突法的法律适用规定

关于航空器权利转让及担保权利的设立，"当事人往往并没有选择适用法律的权利。因此，适用哪一国的财产法就显得非常重要，例如，如果权利的转让不符合准据法的有关规定会导致这样的转让无效"①。

关于航空器权利的法律适用各国规定不一。美国关于航空器权利转让适用行为所在地法；荷兰则规定适用注册地法；日内瓦公约也规定适用注册地法。

2001 年 11 月国际统一私法协会与国际民航组织在开普敦共同举办外交会议，签署了《移动设备国际利益公约》（the Convention on Interests in Mobile Equipment）；《开普敦公约》，亦称《移动设备国际利益公约关于航空器设备特定问题的议定书》（the related Protocol on Matters specific to Aircraft Equipment Protocol）。上述《开普敦公约》（《移动设备国际利益公约关于航空器设备特定问题的议定书》）第 8 条规定：协议、销售合同、有关的担保合同或附属协议的当事方可以约定用以规范其在公约项下全部或部分合同权利与义务的法律。除非另有协议，前款所指当事方选择的法律是指所选定国家的国内法律规则；如果该国由若干领土单位组成，则是指所选定领土单位的法律。

航空器可能适用的法律一般包括："物之所在地法，即适用航空器在相应时间的物理所在地的法律；住所地法，即适用航空器所有人所在地的法律；行为

---

① ［荷］I. H. Ph. 迪德里克斯－范思赫，帕波罗·汶迪斯·德·莱昂. 国际航空法［M］. 黄韬，等译. 上海：上海交通大学出版社，2014：285.

地法，即适用转让行为发生地的法律；注册地法，即适用航空器登记国的法律；转让自体法（proper law of transfer），即适用当事人所选择适用的法律。"①

《国际承认航空器权利公约》（日内瓦公约）是实体权利公约，但也规定了冲突法的内容，如规定了航空器国籍登记地缔约国法律适用。但是也规定了一些例外。例如，该公约第 4 条第 1 款规定："根据援救或者保管航空器的活动终结地的缔约国的法律，由于下列事项对航空器产生的求偿权，缔约国应当予以承认，并且此项权利优先于对该航空器的所有其他权利。"第 4 条第 4 款第 2 项规定："权利金额已经经协议确定或就此项权利已提起了司法诉讼。在司法诉讼的情况下，该期限的中断或中止由受理案件的法院地法律确定。"第 7 条第 1 款规定："强制拍卖航空器的程序，依照拍卖地的缔约国的法律规定。"

4. 相关统一实体法的规定

《国际承认航空器权利公约》（日内瓦公约）的规定如下。

该公约第 1 条规定，"一、缔约各国承允，承认：（一）航空器所有权；（二）通过购买并占有行为取得航空器的权利；（三）根据租赁期限为六个月以上的租赁占有航空器的权利；（四）为担保偿付债务而协议设定的航空器抵押权、质权以及类似权利"。

以上规定从实体法上统一了公约航空器权利的有关规定与内容。

（二）民用航空器抵押权

通常认为，民用航空器抵押权指："债权人对债务人或第三人不转移占有而提供担保的民用航空器，在债务人不履行债务时，债权人享有就抵押的民用航空器变价并优先受偿的权利。"②

各国关于民用航空器抵押权规定不一，我国在担保法上与民用航空法上就抵押权的规定也不相同。《中华人民共和国担保法》规定：以航空器抵押的，应当办理抵押物登记，抵押合同自登记之日起生效。

《中华人民共和国民用航空法》第 11 条规定，民用航空器权利人应当就下列权利分别向国务院民用航空主管部门办理权利登记：（一）民用航空器所有权；（二）通过购买行为取得并占有民用航空器的权利；（三）根据租赁期限为六个月以上的租赁合同占有民用航空器的权利；（四）民用航空器抵押权。

第 16 条规定："设定民用航空器抵押权，由抵押权人和抵押人共同向国务

① ［荷］I. H. Ph. 迪德里克斯-范思赫，帕波罗·汶迪斯·德·莱昂. 国际航空法［M］.黄韬，等译. 上海：上海交通大学出版社，2014：285.
② 贺富永. 航空法学［M］. 北京：国防工业出版社，2008：67.

院民用航空主管部门办理抵押权登记；未经登记的，不得对抗第三人。"该条只是规定未经登记的航空器，不得对抗第三人；抵押合同可以生效。而《中华人民共和国担保法》规定航空器抵押合同自登记之日起才生效。两法的规定存在冲突的地方。

解决民用航空器抵押权上的法律冲突，各国国内法有不同的相关规定。（1）适用物之所在地法。如1967年生效的《葡萄牙民法典》第46条规定："占有权、所有权和其他物权适用物之所在地法。"（2）适用登记国法律。如《中华人民共和国民用航空法》第186条规定："民用航空器抵押权适用民用航空器国籍登记国法律。"

（三）民用航空器优先权

通常认为，民用航空器优先权指："债权人依照有关法律规定，向民用航空器所有人、承租人提出赔偿请求，对产生该赔偿请求的民用航空器享有优先受偿的权利。"[①]

1. 我国实体法上的相关规定

关于民用航空器优先权的具体债权，《中华人民共和国民用航空法》第19条规定，"下列各项债权具有民用航空器优先权：（一）援救该民用航空器的报酬；（二）保管维护该民用航空器的必需费用。前款规定的各项债权，后发生的先受偿"。

此外，第21条规定："为了债权人的共同利益，在执行人民法院判决以及拍卖过程中产生的费用，应当从民用航空器拍卖所得价款中先行拨付。"

关于民用航空器优先权的登记期间，《中华人民共和国民用航空法》第20条规定："本法第十九条规定的民用航空器优先权，其债权人应当自援救或者保管维护工作终了之日起三个月内，就其债权向国务院民用航空主管部门登记。"

第25条规定，"民用航空器优先权自援救或者保管维护工作终了之日起满三个月时终止；但是，债权人就其债权已经依照本法第二十条规定登记，并具有下列情形之一的除外：（一）债权人、债务人已经就此项债权的金额达成协议；（二）有关此项债权的诉讼已经开始。民用航空器优先权不因民用航空器所有权的转让而消灭；但是，民用航空器经依法强制拍卖的除外"。

关于民用航空器优先权与抵押权的关系，第22条规定："民用航空器优先权先于民用航空器抵押权受偿。"

关于民用航空器优先权的转移，第23条规定："本法第十九条规定的债权

---

① 贺富永. 航空法学［M］. 北京：国防工业出版社，2008：68.

274

转移的，其民用航空器优先权随之转移。"

关于民用航空器优先权的标的，第24条规定："民用航空器优先权应当通过人民法院扣押产生优先权的民用航空器行使。"

以上是我国实体法中关于民用航空器优先权的具体规定。但也存在值得商榷的地方，如规定民用航空器优先权应当通过人民法院扣押产生优先权的民用航空器行使，没有规定不同主体的优先权之间的关系，也没有规定没有扣押航空器时，如何行使优先权的问题。

2. 解决民用航空器优先权法律冲突的方法

关于民用航空器的法律适用问题，各国规定不一致。

(1) 适用物之所在地法。如1967年生效的《葡萄牙民法典》第46条规定："占有权、所有权和其他物权适用物之所在地法。"

(2) 适用法院地法。如《中华人民共和国民用航空法》第187条规定："民用航空器优先权适用受理案件的法院所在地法律。"

3. 相关统一实体法的规定

《国际承认航空器权利公约》（日内瓦公约）第4条规定，"一、根据援救或者保管航空器的活动终结地的缔约国的法律，由于下列事项对航空器产生的求偿权，缔约国应当予以承认，并且此项权利优先于对该航空器的所有其他权利：（一）援救航空器的报酬，或（二）保管航空器必需的额外费用。二、本条第一款所列权利的受偿顺序，按照产生该权利的事件发生日期逆向排列。三、上述权利应当在援救或保管工作终了之日起三个月内进行登记。四、前款规定的三个月期限届满后，缔约各国即不再承认上述权利，除非在此期限内，（一）此项权利已按第三款规定进行登记；并且（二）权利金额已经经协议确定或就此项权利已提起了司法诉讼。在司法诉讼的情况下，该期限的中断或中止由受理案件的法院地法律确定。五、本条的适用不受第一条第二款规定的影响"。

这里规定了优先权的法律适用问题，即适用援救或者保管航空器的活动终结地的缔约国的法律，而没有规定只能"通过法院扣押产生优先权的民用航空器行使"，因此，该公约比《中华人民共和国民用航空法》的规定更全面一些。

(四) 民用航空器留置权

留置包括合意留置（consensual liens）及法定留置（non-consensul liens）。合意留置指"为保证债务偿还或相关义务履行，以财产作为担保的权利形式"①。与作为担保的财产相关的财产所有人通常指："留置权权利人、让与人或者担保人；受益人通常指留置权人、受让人或者担保权人。合意留置可以作为物权的一种，通常规定让与人保留所有权，但是受让人有权在发生违约的情况下出售航空器。"②

各国关于留置权的客体诸问题规定不一。在多数大陆法系国家，航空器是具有特殊地位的不动产类的抵押物，在其他一些地区，航空器是作为动产类的抵押物。

一些国家规定，航空器留置要登记后才能有效并对抗第三人。在登记方面，存在所有权登记及留置登记，一些国家的国籍登记机构同时也是航空器留置的登记机构；有的国家要求合意留置必须与公司一同登记。在形式要件方面规定也不一致，有的规定只需一份书面文件即可以满足形式要件，有的国家规定必须经过公证书公证。关于税制也不一致，有的国家规定设立抵押或者其他担保要缴纳印花税等；有的地区的税率为抵押担保金额的1%，有的国家规定更低一些。

关于法定留置，法定留置包括两种情况：一是扣押航空器产生的留置；"另一种则是为了占有可被留置或扣留的，由营运活动而产生的，与特定债务相关的航空器"③。前者具有司法的性质，后者是特定债权人如航空器维修商在没有得到维修费情况下的留置行为等。

扣押航空器包括预防性扣押及执行中扣押。关于预防性扣押，有的国家规定只要申请人理由合理，法院就出具令状允许预防性扣押，有的国家还规定要在债务人存在转移航空器以逃避债务的可能性时才可以采用这一措施。

1933年5月29日签订于罗马的《关于预防性扣押航空器有关条款统一规范公约》对预防性扣押航空器进行了一些限定。例如，第3条规定了几类航空器的豁免问题：专门用于国家行为的航空器，包括邮政服务，但是排除商业上的用途；在正规航线上实际从事公共运输的航空器，包括必要的储备性的航空器等。公约第4条还规定只要债务人提供了充分的担保，就不应对航空器进行预防性扣押。

---

① ［荷］I. H. Ph. 迪德里克斯－范思赫，帕波罗·汶迪斯·德·莱昂. 国际航空法［M］.黄韬，等译. 上海：上海交通大学出版社，2014：308－309.

② ［荷］I. H. Ph. 迪德里克斯－范思赫，帕波罗·汶迪斯·德·莱昂. 国际航空法［M］.黄韬，等译. 上海：上海交通大学出版社，2014：309.

③ ［荷］I. H. Ph. 迪德里克斯－范思赫，帕波罗·汶迪斯·德·莱昂. 国际航空法［M］.黄韬，等译. 上海：上海交通大学出版社，2014：309.

《2001 年民用航空（付费航空服务）（欧洲空中航行安全组织扣押与出售航空器）的规定》［Civil Aviation（Chargeable Air Services）（Detention and Sale of Aircraft for Eurocontrol）Regulations 2001］规定欧洲空中航行安全组织在英国享有特别扣押权。

执行中的扣押指根据有效裁判所进行的扣押。在法律适用方面，扣押适用航空器所在地国家的程序法的规定。

关于民用航空器留置权的法律适用，《中华人民共和国民用航空法》没有相关规定。1928 年 2 月 13 日第六届美洲国家会议通过的《布斯塔曼特法典》中有关于扣押的法律适用的规定，其第 276 条规定："关于法院扣押和出卖船舶的权力，不论船舶有无货载，均依船舶所在地的法律。"且其第 282 条又规定了上述规定同样适用于飞机。

（五）民用航空器的拍卖

1. 统一实体法与统一冲突法的规定

关于强制执行中的公开拍卖，《日内瓦公约》第 7 条规定，"一、强制拍卖航空器的程序，依照拍卖地的缔约国的法律规定。二、但必须遵守下列条件：（一）拍卖的时间和地点应至少提前六个星期确定。（二）执行债权人应向法院或其他主管机关提交有关该航空器的登记事项的经过认证的摘录，并应在该航空器进行国籍登记的地点，按照当地的法律，至迟在确定的拍卖日期一个月以前，将拍卖事宜予以公告；同时应按照登记簿上所列地址，以挂号信，如可能，以航空信，通知已登记的航空器所有人、已登记航空器权利的持有人以及已按照第四条第三款规定登记的权利的持有人。三、由于不遵守本条第二款的要求而产生的后果，依照拍卖地的缔约国的法律确定。但任何违反该款要求进行的拍卖，在自拍卖之日起六个月内，经此项违反要求行为的任何受害人提出请求，可予以宣告无效。四、除非经主管当局确认的并按照本公约规定优先于执行债权人的权利的各项权利能由拍卖的价金抵偿消灭或者转由买受人承担，任何强制拍卖均不得进行。五、如果在执行拍卖的缔约国领土上，为担保债权而负担有第一条规定的任何一项权利的航空器，对地（水）面上的人员或财产造成伤害或者损害的，除非该航空器的经营人或以其名义向某一国或任何一国的保险企业充分和有效地投保了上述伤害或者损害险，该缔约国国内法可以规定，在将该航空器或者将属于同一所有人并负担有由同一债权人享有的类似权利的其他航空器进行扣押的情况下：（一）受害人或其代表如系执行债权人，上述第四款的规定对其不发生效力；（二）为担保债权而持有的并由被扣押航空器负担的第一条所述权利，在对抗受害人或其代表时，不得超过该航空器价金的 80%。

拍卖执行地的缔约国的法律未规定任何其他限额的，若投保的金额与被扣押的航空器的重置价值相当时，保险即被认为是充分的。六、根据拍卖所在地缔约国的法律，为了各债权人的共同利益并在执行过程中产生的合法费用，优先于任何其他权利受偿，包括第四条规定的优先权，并应从拍卖所得的价金中支付"。

以上规定的形式是实体法、冲突法一同规定，非常详细。关于"除非经主管当局确认的并按照本公约规定优先于执行债权人的权利的各项权利能由拍卖的价金抵偿消灭或者转由买受人承担，任何强制拍卖均不得进行"等规定，属于实体法内容的规定；关于强制拍卖航空器的程序，依照拍卖地的缔约国的法律规定，属于冲突法内容的规定。

2. 国内实体法的规定

第一，2015 年修订的《中华人民共和国拍卖法》的规定。

（1）《中华人民共和国拍卖法》的适用范围。

第 2 条规定："本法适用于中华人民共和国境内拍卖企业进行的拍卖活动。"

第 67 条规定："外国人、外国企业和组织在中华人民共和国境内委托拍卖或者参加竞买的，适用本法。"

（2）《中华人民共和国拍卖法》规定的法律责任。

该法规定了拍卖的相关法律责任，如第 58 条规定："委托人违反本法第六条的规定，委托拍卖其没有所有权或者依法不得处分的物品或者财产权利的，应当依法承担责任。拍卖人明知委托人对拍卖的物品或者财产权利没有所有权或者依法不得处分的，应当承担连带责任。"

第 59 条规定："国家机关违反本法第九条的规定，将应当委托财产所在地的省、自治区、直辖市的人民政府或者设区的市的人民政府指定的拍卖人拍卖的物品擅自处理的，对负有直接责任的主管人员和其他直接责任人员依法给予行政处分，给国家造成损失的，还应当承担赔偿责任。"该法规定了行政处分与赔偿责任等双重责任问题。关于拍卖法能否规定行政处分责任问题，从效果上看，应该也是不错的。

第二，《最高人民法院关于人民法院民事执行中拍卖、变卖财产的规定》（2004 年 10 月 26 日最高人民法院审判委员会第 1330 次会议通过法释〔2004〕16 号）规定了以下内容。

（1）关于拍卖的范围，第 1 条规定："在执行程序中，被执行人的财产被查封、扣押、冻结后，人民法院应当及时进行拍卖、变卖或者采取其他执行措施。"第 2 条规定："人民法院对查封、扣押、冻结的财产进行变价处理时，应当首先采取拍卖的方式，但法律、司法解释另有规定的除外。"以上没有限定范围，只要是被执行人的财产即可。但确定了拍卖是首选方式。

（2）关于拍卖的机构要求，第3条规定："人民法院拍卖被执行人财产，应当委托具有相应资质的拍卖机构进行，并对拍卖机构的拍卖进行监督，但法律、司法解释另有规定的除外。"

（3）关于拍卖的评估，第4条规定："对拟拍卖的财产，人民法院应当委托具有相应资质的评估机构进行价格评估。对于财产价值较低或者价格依照通常方法容易确定的，可以不进行评估。

"当事人双方及其他执行债权人申请不进行评估的，人民法院应当准许。对被执行人的股权进行评估时，人民法院可以责令有关企业提供会计报表等资料；有关企业拒不提供的，可以强制提取。"

此外，《最高人民法院关于人民法院民事执行中拍卖、变卖财产的规定》中还规定了关于拍卖的保留价、关于拍卖的公告、关于不动产、其他财产权或者价值较高的动产的拍卖、关于重新拍卖以及拍卖成交后拍卖机构收取的佣金等内容。《最高人民法院关于人民法院民事执行中拍卖、变卖财产的规定》的规定在执行程序中拍卖上市公司国有股和社会法人股的，适用最高人民法院《关于冻结、拍卖上市公司国有股和社会法人股若干问题的规定》。

第三，2012年施行的《最高人民法院关于人民法院委托评估、拍卖工作的若干规定》的相关规定。

（1）关于拍卖机构的确定，第2条规定："取得政府管理部门行政许可并达到一定资质等级的评估、拍卖机构，可以自愿报名参加人民法院委托的评估、拍卖活动。人民法院不再编制委托评估、拍卖机构名册。"

第3条规定："人民法院采用随机方式确定评估、拍卖机构。高级人民法院或者中级人民法院可以根据本地实际情况统一实施对外委托。"这里关于统一实施对外委托如何进行，缺乏细化的规定。

（2）关于拍卖信息平台的问题，第4条规定："人民法院委托的拍卖活动应在有关管理部门确定的统一交易场所或网络平台上进行，另有规定的除外。"

此外，《最高人民法院关于人民法院委托评估、拍卖工作的若干规定》还规定了关于通过证券交易所实施的拍卖、关于违法的处理等内容。

第四，《最高人民法院关于人民法院网络司法拍卖若干问题的规定》。

《最高人民法院关于人民法院网络司法拍卖若干问题的规定》于2016年5月30日由最高人民法院审判委员会第1685次会议通过，自2017年1月1日起施行。该规定的主要内容如下。

（1）关于网络司法拍卖的定义，第 1 条规定："本规定所称的网络司法拍卖，是指人民法院依法通过互联网拍卖平台，以网络电子竞价方式公开处置财产的行为。"

（2）关于对网络司法拍卖方式采用的要求，第 2 条规定："人民法院以拍卖方式处置财产的，应当采取网络司法拍卖方式，但法律、行政法规和司法解释规定必须通过其他途径处置，或者不宜采用网络拍卖方式处置的除外。"

（3）关于对网络司法拍卖平台的要求，第 4 条规定：最高人民法院建立全国性网络服务提供者名单库。网络服务提供者申请纳入名单库的，其提供的网络司法拍卖平台应当符合下列条件：

（一）具备全面展示司法拍卖信息的界面；

（二）具备本规定要求的信息公示、网上报名、竞价、结算等功能；

（三）具有信息共享、功能齐全、技术拓展等功能的独立系统；

（四）程序运作规范、系统安全高效、服务优质价廉；

（五）在全国具有较高的知名度和广泛的社会参与度。

最高人民法院组成专门的评审委员会，负责网络服务提供者的选定、评审和除名。最高人民法院每年引入第三方评估机构对已纳入和新申请纳入名单库的网络服务提供者予以评审并公布结果。

这里规定的每年引入第三方评估机构，其实不必每年引入。通过一定方式确定第三方后，应有一定期限，如规定第三方评估机构在期限内每年进行评估。故此规定可以改为："引入第三方评估机构每年对已纳入和新申请纳入名单库的网络服务提供者予以评审并公布结果。"

此外，《最高人民法院关于人民法院网络司法拍卖若干问题的规定》还规定了网络拍卖中法院的职责、关于网络服务提供者承担的责任、关于电子数据的保存、关于网络司法拍卖保留价的规定、关于优先购买权人的规定、关于拍卖财产所有权转移的规定、关于被执行人对拍卖财产品质的说明等内容。

关于民用航空器留置权的拍卖，《中华人民共和国民用航空法》没有相关规定。

第五，我国香港特别行政区《假拍卖条例》（CAP 255 MOCK AUCTIONS ORDINANCE）①。

该条例于 1997 年 6 月 30 日实施，条例的目的在于对形式上以拍卖方式做出的售卖中的某些行为予以禁止。主要内容如下。

---

①　来源于北大法宝网，2018 年 12 月 1 日访问.

第2条释义（1）中规定，"竞投"（competitive bidding）包括准买家可借以竞争购买物品的任何售卖形式，不论是以提高出价的方式，或是以提供物品供人逐步减低出价的方式，或是以其他方式进行。（2）就本条例而言——

（a）在以竞投方式售卖货品中述明的出价，须不可推翻地推定为该出价已做出，并且是以该述明款额出价；

（b）在本条例中，凡提述某批货售予已为该批货出价的任何人，即包括提述该批货看来是售予述明已为该批货出价的任何人，不论该人是否存在；及

（c）在举办以竞投方式售卖货品的地方或其附近所做出的任何事，如是与该项售卖有关而做出，须视为在售卖过程中做出，不论该事是在任何物品正以竞投方式售卖或要约售卖之时做出，或是在该时间之前或之后做出。

《假拍卖条例》第3条规定："Cap 255 s 3 offence to promote or conduct a mock auction.

（1）Any person who promotes or conducts, or assists in the promotion or conduct of, a mock auction at which one or more lots are sold or offered for sale shall be guilty of an offence and shall be liable on conviction on indictment to a fine of $ 20000 and to imprisonment for 5 years." 该条规定是说违反规定举行的拍卖将是违法犯罪的，会被罚款和刑事处罚。

（2）规定了假拍卖的一些情形。Subject to subsection （3）, for the purposes of this Ordinance a sale of goods by way of competitive bidding shall be taken to be a mock auction if, during the course of the sale, — （a）any lot is sold to a person bidding for it, and— （i）the lot is sold to him at a price lower than the amount of his highest bid for it; （ii）the whole or any part of the price at which the lot was sold is subsequently refunded or credited to him or his nominee; or （iii）the money, or any part of the money, used to pay for the lot has been provided by the person promoting or conducting the sale or by any person assisting him; （b）the right to bid for any lot is restricted, or is stated to be restricted, to persons who have bought or agreed to buy one or more articles; （c）any articles are given away or are offered as gifts; or （d）any lot placed or wrapped in an opaque container or wrapper is sold or offered for sale without the contents of the container or wrapper being disclosed.

具体规定的情形如用以支付该批货物的全部或任何部分货款，是由发起或主持该项售卖的人或任何协助他的人提供的，包括为某批货出价的权利，只限于或述明只限于已购买或已同意购一件或多于一件物品的人享有；有任何物品作为礼物送出或提供；或将放在或包在不透明的容器或包裹物内的某批货售卖

或要约售卖，而该容器或包裹物内的物品没有予以披露；等等。

（3）A sale of goods shall not be taken to be a mock auction by virtue of subsection （2）（a），if it is proved that the reduction in price，or the refund or the credit，as the case may be，— （a）was on account of a defect discovered after the highest price in question had been made，being a defect of which the person conducting the sale was unaware when that bid was made；or （b）was on account of damage sustained after the bid was made. 该条规定了如证明减低售价、退还或拨归货款（视属何情况而定）是由于以下原因，则不得凭借第（2）（a）款而将任何货品售卖视为假拍卖。

（4）A sale of goods shall not be taken to be a mock auction by virtue of subsection （2）if the sale is held by or for the purposes of any trust or organization which is a charity within the meaning of section 2 of the Registered Trustees Incorporation Ordinance （Cap 306）. 该款规定了货品售卖如是由信托或组织举办的，或为信托或组织举办的，而该信托或组织属于《注册受托人法团条例》（第306章）第2条所指的慈善组织，则不得依据上述第（2）款的规定而将该项货品售卖视为假拍卖。

（5）In any proceedings for an offence of assisting in the promotion or conduct of a mock auction，the accused shall have a good defence if he satisfies the court that，although he did the act in question，he did not know，and had no reason to believe，that the sale of goods by way of competitive bidding to which the charge relates was a mock auction.

该条规定了假拍卖的行为及相关处罚。如以低于货物做出的最高出价的售价售予某人；支付货物的全部或部分货款，是由发起或主持该项售卖的人或任何协助他的人所提供；等等。假拍卖经公诉程序定罪后，可处罚款 $ 20000 及监禁 5 年。

总的来看，香港《假拍卖条例》第三条的规定是对假拍卖的具体情形的判断及处罚。

香港《假拍卖条例》第 4 条规定了支付补偿的法律责任："Cap 255 s 4 Liability to pay compensation （1）A person who promotes or conducts a mock auction in contravention of section 3 shall，in addition to any liability he may incur under that section，be liable to pay compensation by way of damages to any person who has sustained pecuniary loss as a result of having purchased any prescribed article at the mock auction. （2）An action may be brought under subsection （1）in respect of a contravention referred to in that subsection notwithstanding that no person has been charged or convicted under section 3 in respect of the contravention. (3) Where a person is convicted of an offence under section 3, an order for the payment of compensation may be made under section 73 of the Criminal Procedure Ordinance (Cap 221) or section 98 of the Magistrates Ordinance (Cap 227), as the case may be, and those sections shall apply accordingly. (4) If an action is brought under subsection (1) after an order has been made under section 73 of the Criminal Procedure Ordinance (Cap 221) or section 98 of the Magistrates Ordinance (Cap 227), the court shall, if it decides to award damages, take into consideration the amount of compensation awarded under the order. (5) Nothing in this section limits or diminishes any liability which any person may incur under the common law." 该条规定假拍卖发起或主持者对拍卖中标者的损失的赔偿问题。

我国香港特别行政区《假拍卖条例》从禁止的角度对拍卖进行了规定，对其进行分析，有利于我们全面了解拍卖行为及其法律适用问题。

（六）民用航空器的租赁权

航空器租赁包括经营性租赁及融资性租赁两种形式。

从经营性租赁的经营形式上看，在期限上有中、短、长等不同的期限。期限不同，租赁形式也有所不同。

航空器融资性租赁指航空器所有权属于出租人，但是一切风险由承租人承担的一种租赁形式。"在约定的租赁期限届满之后，只要承租人付清了最后一笔租金或者行使了购买选择权，他就自动取得了航空器的所有权。"①

值得注意的是，"由于航空器列入承租人的资产负债表，承租人需负担航空器所有经济风险。因此，融资租赁的承租人可以在损益表中计提折旧，从而会减少应税的企业收入"②。

另外，"经营性租赁航空器计入出租人的资产负债表从而出租人可以计提折旧；融资性租赁航空器计入承租人的资产负债表从而使得承租人因计提折旧获益。不同的税务处理方式带来跨境税收套利交易"③。

---

① ［荷］I. H. Ph. 迪德里克斯－范思赫，帕波罗·汉迪斯·德·莱昂. 国际航空法 ［M］. 黄韬，等译. 上海：上海交通大学出版社，2014：307.
② ［荷］I. H. Ph. 迪德里克斯－范思赫，帕波罗·汉迪斯·德·莱昂. 国际航空法 ［M］. 黄韬，等译. 上海：上海交通大学出版社，2014：307.
③ ［荷］I. H. Ph. 迪德里克斯－范思赫，帕波罗·汉迪斯·德·莱昂. 国际航空法 ［M］. 黄韬，等译. 上海：上海交通大学出版社，2014：307.

关于民用航空器租赁权的法律适用,《中华人民共和国民用航空法》没有相关规定。

第三节　合同法律适用研究

一、航空租赁合同

（一）我国实体法的相关规定

通常认为民用航空租赁指:"民用航空器的出租人与承租人通过签订租赁合同,将民用航空器租给承租人,由承租人支付租金。"[①] 关于民用航空租赁合同,《中华人民共和国民用航空法》第 26 条只是规定:"民用航空器租赁合同,包括融资租赁合同和其他租赁合同,应当以书面形式订立。"

关于民用航空器的融资租赁的概念,《中华人民共和国民用航空法》第 27 条规定:"民用航空器的融资租赁,是指出租人按照承租人对供货方和民用航空器的选择,购得民用航空器,出租给承租人使用,由承租人定期交纳租金。"

关于融资租赁期间的权利,《中华人民共和国民用航空法》第 28 条规定:"融资租赁期间,出租人依法享有民用航空器所有权,承租人依法享有民用航空器的占有、使用、收益权。"这里的"依法享有民用航空器所有权"的表述并不准确,事实上只是占有、使用、收益权,而不是全部的所有权。

关于民用航空器融资租赁的保管,第 29 条规定:"融资租赁期间,出租人不得干扰承租人依法占有、使用民用航空器;承租人应当适当地保管民用航空器,使之处于原交付时的状态,但是合理损耗和经出租人同意的对民用航空器的改变除外。"

关于民用航空器融资租赁的归还及例外,第 30 条规定:"融资租赁期满,承租人应当将符合本法第二十九条规定状态的民用航空器退还出租人;但是,承租人依照合同行使购买民用航空器的权利或者为继续租赁而占有民用航空器的除外。"

关于民用航空器融资租赁中的责任,第 31 条规定:"民用航空器融资租赁中的供货方,不就同一损害同时对出租人和承租人承担责任。"

关于民用航空器融资租赁的转让,第 32 条规定:"融资租赁期间,经出租

---

① 贺富永. 航空法学 [M]. 北京:国防工业出版社,2008:71.

人同意，在不损害第三人利益的情况下，承租人可以转让其对民用航空器的占有权或者租赁合同约定的其他权利。"

关于民用航空器融资租赁的登记，第 33 条规定："民用航空器的融资租赁和租赁期限为六个月以上的其他租赁，承租人应当就其对民用航空器的占有权向国务院民用航空主管部门办理登记；未经登记的，不得对抗第三人。"

以上是我国实体法对航空租赁合同的相关规定，比较具体。但"未经登记的，不得对抗第三人"的规定未免有些绝对，如存在租赁合同时，特别是经过公证或者有证明人的租赁合同时，就应该规定允许例外。

（二）解决民用航空租赁上的法律冲突的国内法规定

（1）适用属地法。如 1928 年生效的《布斯塔曼特法典》第 196 条规定："关于物的租赁，对旨在保护第三人利益的措施以及对出租不动产买受人的权利义务，均应适用属地法。"

（2）《中华人民共和国民用航空法》没有专门规定民用航空租赁合同的法律适用问题。

（三）国际统一实体法公约的规定

对民用航空器租赁进行规定的国际公约有：1948 年的《日内瓦公约》、1988 年的《国际统一私法协会国际融资租赁公约》、2001 年《移动设备国际利益公约关于航空器设备特定问题的议定书》等。这些统一实体法对解决民用航空器租赁法律冲突起到了积极的作用。

这些统一实体法规定的内容比较详细，以《国际统一私法协会国际融资租赁公约》（Unidroit Convention on International financial leasing）为例①，该公约共25 条，主要内容如下。

CHAPTER I—SPHERE OF APPLICATION AND GENERAL PROVISIONS（第一章适用范围和总则）

Article 1

1. This conventiongoverns a financial leasing transaction as described in paragraph 2 in whichone party（the lessor），

a. on the specific ations of another party（the lessee），enters into an agreement（the supply agreement）with a third party（the supplier）under which the less or acquires plants，capital goods or other equipment（the equipment）on terms approved by the lessee so far as they concern its interests，and

---

① 法邦网，2018 年 11 月 1 日访问．

b. enters into anagreement (the leasing agreement) with the lessee, granting to the lessee theright to use the equipment in return for payment of rentals.

2. The financial leasing transaction referred to the previous paragraph is a transaction which includes the following characteristics:

a. the lessee specifies the equipment and selects the supplier without relying primarily on the skill and the judgment of the lessors;

b. the equipment is acquired by the lessor in connection with a leasing agreement which, to the knowledge of the supplier, either has been made or is to be made between the lessorand the lessee; and

c. the rentalspayable under the leasing agreement are calculated so as to take into accountin particular the amortization of whole or a substantial part of the cost of the equipment.

3. This Convention applies whether or not the lessee has or subsequently acquires the option to buy the equipment or to hold it on lease for a further period, and whether or not for a nominal price or rental.

4. This Convention applies to financial leasing transactions in relation to all equipment save that which is to be used primarily for the lessee personal, family or household purpose.

以上内容为第一章适用范围和总则，其中第 1 条规定了相关的定义问题。例如，关于融资租赁交易的定义，第 1 条第 1 款规定："本公约管辖第 2 款所指的融资租赁交易，是指出租人 a. 按照承租人的品质规格要求同第三方（供货人）订立 协议的行为。根据该协议，出租人同意承租人在认可的条件下取得成套设备、资本货物或其他设备。b. 同承租人订立一项以承租人支付租金并享有设备使用权的租赁协议。"

Article 2

In the case of one or more sub – leasing transactions involving the same equipment, this Convention applies to each transaction which is a financial leasing transaction and is otherwise subject to this Convention as if the person from whom the first lessor (as defined in paragraph 1 of the previous article) acquired the equipment were the supplier and as if the agreement under which the equipment was so acquired were the supply agreement.

第 2 条规定了设备转租赁交易情况下关于交易的适用问题。

Article 3

1. This Convention applies when the lessor and the lessee have their places of business indifferent States and:

a. Those States and the State in which the supplier has its place of business are Contracting States;

b. Both the supply agreement and the leasing agreement are governed by the law of a Contracting State.

2. A reference in this Convention to a party's place of business shall, if it has more than one place of business, mean the place of business which has the closest relationship to the relevant agreement and its performance having regard to the circumstance known to or contemplated by the parties at any time before or at the conclusion of that agreement.

第 3 条规定了公约的法律适用条件。例如，合同主体的营业地所在的国家是缔约国等；如果有一个以上的营业地时，该营业地指同相关协议及其履行关系最密切的那个营业地。

Article 4

1. The provisions of this Convention shall not cease to apply merely because the equipment has become a fixture to or incorporated to land.

2. Any question whether or not the equipment has become a fixture to or incorporated to land, and if so the effect on the rights interse of the lessor and a person having real rights in the land, shall be determined by the law of the State where the land is situated.

第 4 条规定的内容包括以下。

1. 本公约的条款规定不能仅仅因为设备已成为土地的附着物或已嵌入土地内而终止适用。

2. 对设备是否已成为土地的附着物或已嵌入土地内问题的判定，及如果设备已成为土地的附着物或已嵌入土地内时，对出租人及享有该土地物权的人权利的影响问题，适用土地所在国的法律。

Article 5

1. The application of this Convention may be exclude only if each of the parties of the supply agreement and each of the parties of the leasing agreement agree to exclude it.

2. Where the application of this Convention has not been excluded in accordance with the previous paragraph, the parties may in their relations with each other,

derogete from or vary the effect of any of its provisions except as stated in Article 8 （3） and 13 （3）（b） and （4）.

第 5 条规定排除公约适用的情形，即当供货协议的每一方和租赁协议的每一方都同意排除本公约的适用时，公约才可排除适用。

Article 6

1. In the interpretation of this Convention, regard is to be had to its subject and purpose as set forth in the preamble, to its international character and to the need to promote uniformity to its application and the observance to the goodfaith in international trade.

2. Questions concerning matters governed by this Convention which are not expressly settled in it are to be settled in conformity with the general principle on which it is based or, in the absence of such principles, in conformity with the law applicable by virtue of the rules of private international law.

第 6 条规定了公约的解释等问题。

CHAPTERII—RIGHTS AND DUTIES OF THE PARTIES

第二章各方的权利和义务

Article 7

1. a. The lessor's real right in the equipment shall be valid against the lessee's trustee in bankruptcy and creditors, including creditors who have obtained an attachment or execution.

b. For the purpose of this paragraph "trustee in bankruptcy" includes a liquidator, administrator or other person appointed to administer the lessee's estate for the benefit of the general body or creditors.

2. Where by the applicable law the lessor's real rights in the equipment are valid against a person referred to in the previous paragraph only on compliance with the rules as to public notice, those rights shall be valid against that person only if there has been compliance with such rules.

3. For the purpose of previous paragraph the applicable law is the law of the State which, at the time when a person referred to in paragraph 1 becomes entitled to invoke the rules referred to in the previous paragraph, is：

a. in the case of a registered ship, the State in which it is registered in the name of the owner （for the purpose of this sub – paragraph a bareboat charterer is deemed not to be the owner）;

b. in the case of an aircraft which is registered pursuant to the Convention on International Civil Aviation done at Chicago on December 7, 1944, the State in which it is so registered;

c. in the case of other equipment of a kind normally moved from one State to another, including an aircraft engine, the State in which the lessee has its principal place of business;

d. in the case of other equipment, the State in which the equipment is situated.

4. Paragraph 2 shall not affect the provisions of any other treaty under which the lessor's real rights in the equipment are required to be recognized.

5. This article shall not affect the priority of any creditor having:

a. a consensual or non – consensual lien or security interest in the equipment arising otherwise than by virtue of an attachment or execution, or

b. any right of arrest, detention or deposition conferred specifically in relation to ship or aircraft under the law applicable by virtue of the rules of private international law.

第 7 条规定了出租人对设备的物权等内容。并规定了法律的适用问题。规定适用的法律是当第 1 款所指的人有权援引前款所指规则时下述国家的法律。

a. 对注册的船舶，适用船主名义注册的国家（光船租赁人不能视为船主）的法律；

b. 对依照 1944 年 12 月 7 日订立的国际民航公约注册的航空器，适用注册国法律；

c. 对于从一国向另一国移动的那些设备，包括飞机引擎等，适用承租人主营业地的国家的法律；

d. 如系其他设备，适用设备所在国的法律。

但是，本条规定不得影响享有以下权利的任何债权人的优先权：

a. 非由扣押令状或执行令状引起的对设备的留置权或担保利益，或

b. 根据冲突规范准据法对尤其是船舶、飞机拥有的扣留、扣押或处置的权利。

Article 8

a. Except as otherwise provided by this Convention or stated in the leasing agreement, the lessor shall not incur any liability to the lessee in the respect of the equipment save to the extent that the lessee has suffered the loss as the result of its reliance on the lessor's skill and judgment and of the lessor's intervention in the selection of the supplier or the specifications of the equipment.

b. The lessor shall not, in its capacity of lessor, be liable to third parties for death, personal injury or damage to property caused by the equipment.

c. The above provision of this paragraph shall not govern any liability of the lessor in anyother capacity, for example as owner.

2. The lessor warrants that the lessee's quiet possessions will not be disturbed by a person who has a superior title or right, or who claim a superior title or right and act under the authority of acourt where such title, right or claim is not derived from an act or omission of the lessee.

3. The parties may not derogate from or vary the effect of the provisions of the previous paragraph in so far as the superior title, right or claim is from an intentional or grossly negligent act or omission of the lessor.

4. The provisions of paragraph 2 and 3 shall not affect any broader warranty of quiet possession by the lessor which is mandatory under the law applicable by virtue of the rules of private international law.

第 8 条规定了出租人不应以其出租人身份而承担第三方因设备所造成的死亡、人身伤害和财产损失方面的责任等内容。

Article 9

1. The lessee shall take proper care of the equipment, uses it in a reasonable manner and keep it in the condition in which it was delivered, subject to fair wearand tear and to any modification of the equipment agreed by the lessor.

2. When the leasing agreement comes to an end the lessee, unless exercising a right to buy the equipment or to hold the equipment for lease for a further period, shall return the equipment to the lessor in the condition specified in the previous paragraph.

第 9 条规定的是承租人妥善照看设备并原样返还的义务。

Article 10

1. The duties of the supplier under the supply agreement shall also be owed to the lessee as if it were a party of the agreement and the equipment were to be supplied directly to the lessee. However, the supplier shall not liable to both the lessor and the lessee in respect of the same damage.

2. Nothing in this article shall entitle the lessee to terminate or rescind the supply agreement without the consent of the lessor.

第 10 条规定的是供货人在供货协议项下对出租人、承租人的义务问题，并规定供货人不应就同一损害同时对出租人和承租人负责。

Article 12

1. Where the equipment is not delivered or is delivered late or fails to conform to the supply agreement:

a. the lessee has the right as against the lessor to reject the equipment or to terminate the leasing agreement; and

b. the lessor has the right to remedy its failure to tender equipment in conformity with the supply agreement, as if the lessee had agreed to buy the equipment from the lessor under the same terms as those as the supply agreement.

2. A right conferred by the previous paragraph shall be exercisable in the same manner and shall be lost in the same circumstances as if the lessee had agreed to buy the equipment from the lessor under the same terms as those of the supply agreement.

3. The lessee shall be entitled to withhold rental pay able under the leasing agreement until the lessor has remedied its failure to tender equipment in conformity with the supply agreement or the lessee has lost the right to reject the equipment.

4. Where the lessee has exercised a right to terminatethe leasing agreement, he lessee shall be entitled to recover the rentals and other sums paid in advance, less a reasonable sum for any benefits the lessee has derived from the equipment.

5. The lessee shall have no other claim against the lessor for non – delivery, delay in delivery or delivery of non – conforming equipment except to the extent to which this results from the act or omission of the lessor.

6. Nothing in this article shall affect the lessee's right against the supplier under Article 10.

第 12 条规定的内容包括：承租人的相关权利，如出承租人设备未交付、迟交付或交付与供货协议不符时，承租人有权利拒收设备、终止租赁协议。

Article 13

1. In the event of the default by the lessee, the lessor may recover accrued unpaid rentals, together with interest and damage.

2. Where the lessee's default is substantial, then subject to paragraph 5 the lessor may also require accelerated payment of the value of the future rentals, where the leasing agreement so provides, or may terminate the leasing agreement and after such termination:

a. recover possession of the equipment; and

b. recover such damages as will place the lessor in the position in which it would have been had the lessee performed the leasing agreement in accordance with its terms.

3. a. The leasing agreement may provide for the manner in which the damages recoverable under paragraph 2 （b） are to be computed.

b. Such provision shall be enforceable between the parties unless it would result in damages substantially in excess of those provide for under paragraph 2 （b）. The parties may not derogate from or vary the effect of the provision of the present sub – paragraph.

4. Where the lessor has terminated the leasing agreement, it shall not be entitled to enforce a term of that agreement providing for acceleration of payment of future rentals, but the value of such rentals may be taking into account in computing damage under paragraph 2 （b） and 3. The parties may not derogate from or vary the effect of the provision of the present paragraph.

5. The lessor shall not be entitled to exercise its right of acceleration or its right of termination under paragraph 2 unless it has by notice given the lessee a reasonable opportunity of remedying the defaults so far as the same may be remedied.

6. The lessorshall not be entitled to recover damage to the extent that it has failed to take all reasonable steps to mitigate its loss.

第 13 条规定了合同违约等的具体处理问题。例如，当承租人违约时，出租人可以收取到期未付租金、利息及损失赔偿。但是，对于出租人未采取一切合理的步骤以减轻其损失的部分，出租人不能得到损失赔偿。如果承租人根本违约，出租人还可以在第 5 款的条件下要求加速支付未到期租金的金额，并可以终止协议。

以上规定应是强制性的，除非它会使损失赔偿大大超过第 2 （b） 款所规定的损失赔偿。否则，各方不得减损或变更本款的规定的效力。

Article 14

1. The lessor may transfer or otherwise deal with all or any of its rights in the equipment or under the leasing agreement. Such a transfer shall not be relieve the lessor of any of its duties under the leasing agreement or alter either the nature of the leasing agreement or its legal treatment as provided in this Convention.

2. The lessee may transfer the right to the use of the equipment or any other rights under the leasing agreement only with the consent of the lessor and subject to the rights to the third parties.

第 14 条规定的是出租人转让或以其他方式处理其对设备的或凭租赁协议所享有的全部或任何权利的问题，承租人对设备的使用权等的转让只有在出租人同意和不损害第三方权利时才可以进行。

CHAPTER Ⅲ—FINAL PROVISIONS

第三章最后条款

第 19 条的规定涉及法律适用的条款。

Article 19

1. Two or more Contracting States which have the same or closely related legal rules on matters governed by this Convention may at any time declare that the Convention is not to apply where the supplier, the lessor and the lessee have their place of business in those States. Such declarations may be made jointly or by reciprocal unilateral declarations.

2. A Contracting State which has the same or closely related legal rules on matters governed by this Convention as one or more non – Contracting States may at any time declare that the Convention is not to apply where the supplier, the lessor and the lessee have their place of business in those States.

3. If a State which is the subject of a declaration under the previous paragraph subsequently becomes a Contracting State, the declaration made will, as from the date on which the Convention enters into force in respect of the new Contracting State, have the effect of a declaration made under paragraph, provided that the new Contracting State joins in such declaration or makes a reciprocal unilateral declaration.

第 20 条规定的是关于不适用公约的声明方式等问题。

第 20 条规定的是缔约国声明以国内法取代第 8 条第 3 款的问题。

Article 20

A Contracting State may declare at the time of signature, ratification, acceptance, approval or accession that it will substitute its domestic law for Article 8 (3) if its domestic law does not permit the lessor to exclude its liability for its default or negligence.

第 21 条规定的是声明的生效等问题。

Article 21

1. Declaration made under this Convention at the time of signature are subject to confirmation upon ratification, acceptance or approval.

2. Declarations and confirmations of declarations are to be in writing and to be for-

mally notified to the depositary.

3. A declaration takes effect simultaneously with the entry into force of this Convention in respect of the State concerned. However, a declaration of which the depositary receives formal notification after such entry into force takes effect on the first day of the month following the expiration of six months after the date of its receipt by the depositary. Reciprocal unilateral declarations under Article 19 take effect on the first day of the month following the expiration of six months after the receipt of the latest declaration by the depositary.

4. Any State which makes a declaration under this Convention may withdraw it at any time by a formal notification in writing addressed to the depositary. Such withdrawal is to effect on the first day of the month following the expiration of six months after the receipt of the notification by the depositary.

5. A withdrawal of a declaration made under Article 19 renders in operative in relation to the withdrawing State, as from the date on which the withdrawal takes effect, any joint or reciprocal unilateral declaration made by another State under that Article.

第 23 条是有关适用公约的融资租赁交易的问题，规定对缔约国生效之日或其后订立的融资租赁合同才适用。

Article 23

This Convention applies to a financial leasing transaction when the leasing agreement and the supply agreement are both concluded on or after the date on which the Convention into force in respect of the Contracting States referred to in Article 3 (1) (a), or of the Contracting State or States referred to in paragraph 1 (b) of that article.

第 24 条是有关退出本公约的规定。

Article 24

1. This Convention may be denounced by any Contracting State at any time after the date on which it enters into force for that State.

2. Denunciation is effected by the deposit of an instrument to that effect with the depositary.

3. A denunciation takes effect on the first day of the month following the expiration of six months after the deposit of the instrument of denunciation with the depositary. Where a longer period for the denunciation to take effect is specified in the instrument of denunciation it takes effect upon expiration of such longer period after its deposit with

the depositary.

第 25 条是关于公约存管的有关规定。

Article 25

1. This Convention shall be deposited with the Government of Canada.

2. The Government of Canada shall：

a. inform all States which has signed or acceded to this Convention and the President of the Institute for the Unification of Private Law（UNIDROIT）of：

（i）each new signature or deposit of an instrument of ratification, acceptance, approval or accession, together with the date thereof；

（ii）each declaration made under Article 18, 19 and 20.

（iii）the withdrawal of any declaration made under Article 21 （4）；

（iv）the date of entry into force of this Convention；

（v）the deposit of an instrument of denunciation of this Convention together with the date of its deposit and the date on which it takes effect；

b. transmit certified true copies of this Convention to all signatory States, to all States acceding to the Convention and to the President of UNIDROIT.

《国际统一私法协会国际融资租赁公约》既有统一实体法的规定，又有统一冲突法的规定，特别是关于冲突法法律适用方面，有许多可圈可点的规定。例如，规定如果有一个以上的营业地时，该营业地指同相关协议及其履行关系最密切的那个营业地；对于从一国向另一国移动的那些设备，包括飞机引擎等，适用承租人主营业地的国家的法律等。

公约还规定：Two or more Contracting States which have the same or closely related legal rules on matters governed by this Convention may at any time declare that the Convention is not to apply where the supplier, the lessor and the lessee have their place of business in those States. Such declarations may be made jointly or by reciprocal unilateral declarations. 如果两个或者两个以上的公约缔约国对公约调整的事项具有类似的法律规定，则可以通过共同或非互惠的单边声明来排除公约规定的营业地国家法律的适用。这些规定具有一定的借鉴价值。

二、航空劳动合同

在航空劳动合同方面，各国（地区）存在较多冲突。

关于航空劳动合同法律适用，在国际上缺乏专门规定航空劳动合同法律适用问题的内容。

三、航空运输合同

通常认为航空运输合同指："航空运输企业与消费者（即旅客、货物托运人以及收货人、邮政机构）之间，依法就提供并完成以民用航空器运送服务达成的协议。"① 航空运输包括民用航空运输与非民用航空运输，民用航空运输包括公共航空运输及通用航空运输。公共航空运输服务广泛，从不同的方面可以进行不同的分类，从运输对象来看包括航空旅客运输、航空行李运输、航空货物运输；从涉外与否来看，包括国内航空运输与涉外航空运输；从时间上看，包括定期航空运输与非定期航空运输；等等。航空旅客运输与航空货物运输是最基本的两类运输的分类形式。

（一）航空运输合同的相关内容

1. 运输凭证

运输凭证指："与从事民用航空运输活动相关的凭据，包括客票及行李票、电子客票、航空货运单、逾重行李票、航空邮运结算单以及退票、误机、变更收费单和旅费证等用于航空运输的凭证。在航空法中，一般将运输凭证分为航空客票、航空行李票以及航空货运单。"②

第一，客票。

客票指"承运人或其代理人填开的被称为'客票及行李票'的凭证，包括运输合同条件、声明、通知以及乘机联和旅客联等内容"③。1929 年的《华沙公约》、1955 年《海牙议定书》都规定了客票的内容。1997 年的《危地马拉议定书》、1999 年的《蒙特利尔公约》规定的是个人或集体的运输凭证。

关于客票的交验，《中华人民共和国民用航空法》第 109 条规定："承运人运送旅客，应当出具客票。旅客乘坐民用航空器，应当交验有效客票。"

关于客票与航空旅客运输合同的关系，《中华人民共和国民用航空法》第111 条规定："客票是航空旅客运输合同订立和运输合同条件的初步证据。旅客未能出示客票、客票不符合规定或者客票遗失，不影响运输合同的存在或者有效。在国内航空运输中，承运人同意旅客不经其出票而乘坐民用航空器的，承运人无权援用本法第一百二十八条有关赔偿责任限制的规定。在国际航空运输中，承运人同意旅客不经其出票而乘坐民用航空器的，或者客票上未依照本法

① 贺富永. 航空法学 [M]. 北京：国防工业出版社，2008：150.
② 贺富永. 航空法学 [M]. 北京：国防工业出版社，2008：156.
③ 贺富永. 航空法学 [M]. 北京：国防工业出版社，2008：156.

第一百一十条第（三）项的规定声明的，承运人无权援用本法第一百二十九条有关赔偿责任限制的规定。"

关于客票记载事项，《中华人民共和国民用航空法》第110条规定，"客票应当包括的内容由国务院民用航空主管部门规定，至少应当包括以下内容：（一）出发地点和目的地点；（二）出发地点和目的地点均在中华人民共和国境内，而在境外有一个或者数个约定的经停地点的，至少注明一个经停地点；（三）旅客航程的最终目的地点、出发地点或者约定的经停地点之一不在中华人民共和国境内，依照所适用的国际航空运输公约的规定，应当在客票上声明此项运输适用该公约的，客票上应当载有该项声明"。

《华沙公约》第三条第1款规定了五项内容。"一、承运人运送旅客时必须出具客票，客票上应该包括以下各项：（一）出票地点和日期；（二）出发地和目的地；（三）约定的经停地点，但承运人保留在必要时变更经停地点的权利，承运人行使这种权利时，不应使运输由于这种变更而丧失其国际性质；（四）承运人的名称和地址；（五）声明运输应受本公约所规定责任制度的约束。"

《海牙议定书》规定，"票上应载有：（1）出发和目的地点的注明；（2）如出发和目的地点均在同一缔约国领土内，而在另一个国家领土内一个或数个约定的经停地点时，注明至少一个此种经停地点；（3）声明如旅客航程最终目的地点或经停地点不在出发地点所在国家内，华沙公约可以适用于该项运输，且该公约规定并在一般情况下限制承运人对旅客伤亡以及行李遗失或损坏所负的责任"。

《蒙特利尔公约》第3条规定，"旅客和行李：一、就旅客运输而言，应当出具个人的或者集体的运输凭证，该项凭证应当载明：（一）对出发地点和目的地点的标示；（二）出发地点和目的地点是在一个当事国的领土内，而在另一国的领土内有一个或者几个约定的经停地点的，至少对其中一个此种经停地点的标示。二、任何保存第一款内容的其他方法都可以用来代替出具该款中所指的运输凭证。采用此种其他方法的，承运人应当提出向旅客出具一份以此种方法保存的内容的书面陈述"。

以上关于客票记载事项的各种规定，内容要求基本相似，我国还要求：对涉外客票，应当在客票上声明此项运输适用公约的规定。

第二，行李票。

《华沙公约》《海牙议定书》将行李分为托运行李及旅客自行保管的行李，《蒙特利尔公约》将行李分为托运行李及非托运行李，并规定了不同的责任制度。

《中华人民共和国民用航空法》第 112 条规定，"承运人载运托运行李时，行李票可以包含在客票之内或者与客票相结合。除本法第一百一十条的规定外，行李票还应当包括下列内容：（一）托运行李的件数和重量；（二）需要声明托运行李在目的地点交付时的利益的，注明声明金额。行李票是行李托运和运输合同条件的初步证据。旅客未能出示行李票、行李票不符合规定或者行李票遗失，不影响运输合同的存在或者有效。在国内航空运输中，承运人载运托运行李而不出具行李票的，承运人无权援用本法第一百二十八条有关赔偿责任限制的规定。在国际航空运输中，承运人载运托运行李而不出具行李票的，或者行李票上未依照本法第一百一十条第（三）项的规定声明的，承运人无权援用本法第一百二十九条有关赔偿责任限制的规定"。

此处规定的在国际航空运输中，"承运人载运托运行李而不出具行李票的"，则无权援用有关赔偿责任限制的规定；但对托运人而言，没有行李票，则要设法证明行李托运的事实的存在，如付款凭证等。

第三，航空货运单。

航空货运单指："托运人或者托运人委托承运人填制的，是托运人和承运人之间为在承运人的航线上承运货物所订立合同的证据。"①

关于航空货运单的性质，航空货运单不是航空货物运输合同，"只能是一种初步证据。如果当事人之间另有约定，则航空货运单会丧失其对航空运输合同的证明作用"②。在实践中，也会存在只有航空货运单，没有专门签订航空运输合同的情形，航空货运单也能起到相关的证明作用。

值得说明的是，一般认为，航空货运单和提单的法律性质是不尽相同的，"提单是一种物权凭证，可以转让、买卖；航空货运单不是物权凭证，虽然 1955 年《海牙议定书》规定签发可转让的航空货运单，但在实践中从来没有实行过，航空运输速度快的特点使其丧失了作为物权凭证的意义"③。

关于航空货运单记载事项，《华沙公约》第 8 条规定了 17 项的内容。航空货运单上应该包括以下各项："一、货运单的填写地点和日期；二、起运地和目的地；三、约定的经停地点，但承运人保留在必要时变更经停地点的权利，承运人行使这种权利时，不应使运输由于这种变更而丧失其国际性质；四、托运人的名称和地址；五、第一承运人的名称和地址；六、必要时应写明收货人的

---

① 贺富永. 航空法学 [M]. 北京：国防工业出版社，2008：163.
② 贺富永. 航空法学 [M]. 北京：国防工业出版社，2008：165.
③ 贺富永. 航空法学 [M]. 北京：国防工业出版社，2008：166.

名称和地址；七、货物的性质；八、包装件数、包装方式、特殊标志或号数；九、货物的重量、数量、体积或尺寸；十、货物和包装的外表情况；十一、如果运费已经议定，应写明运费金额、付费日期和地点以及付费人；十二、如果是货到付款，应写明货物的价格，必要时还应写明应付的费用；十三、根据第二十二条第二款声明的价值；十四、航空货运单的份数；十五、随同航空货运单交给承运人的凭证；十六、如果经过约定，应写明运输期限，并概要说明经过的路线；十七、声明运输应受本公约所规定责任制度的约束。"

《海牙议定书》第 6 条规定，"航空货运单上应载有（一）起运和目的地点的注明；（二）如起运和目的地点均在同一缔约国领土内，而在另一个国家有一个或数个约定的经停地点时，注明至少一个此种经停地点；（三）对托运人声明：如运输的最终目的地点或经停地点不在起运地所在国家内时，华沙公约可以适用于该项运输，且该公约规定并在一般情况下限制承运人对货物遗失或损坏所负的责任"。

1999 年《蒙特利尔公约》第 5 条规定，"航空货运单或者货物收据的内容：航空货运单或者货物收据应当包括：（一）对出发地点和目的地点的标示；（二）出发地点和目的地点是在一个当事国的领土内，而在另一国的领土内有一个或者几个约定的经停地点的，至少对其中一个此种经停地点的标示；以及（三）对货物重量的标示"。

根据以上规定，可见《海牙议定书》与《蒙特利尔公约》规定不全相同，《蒙特利尔公约》规定的是航空货运单或者货物收据，《海牙议定书》规定的只是航空货运单。《华沙公约》规定的应载事项，较《海牙议定书》《蒙特利尔公约》的规定更为详细。

《中华人民共和国民用航空法》的相关规定如下。

关于航空货运单与航空运输合同的关系，《中华人民共和国民用航空法》第113 条规定："承运人有权要求托运人填写航空货运单，托运人有权要求承运人接受该航空货运单。托运人未能出示航空货运单、航空货运单不符合规定或者航空货运单遗失，不影响运输合同的存在或者有效。"

此处明确了航空货运单与运输合同的关系，运输合同是独立存在的，不因航空货运单的存在与否而受到影响。

关于航空货运单的填写，第 114 条规定：托运人应当填写航空货运单正本一式三份，连同货物交给承运人。

航空货运单第一份注明"交承运人"，由托运人签字、盖章；第二份注明"交收货人"，由托运人和承运人签字、盖章；第三份由承运人在接受货物后签字、盖章，交给托运人。

承运人根据托运人的请求填写航空货运单的，在没有相反证据的情况下，应当视为代托运人填写。

关于航空货运单的内容，第115条规定，"航空货运单应当包括的内容由国务院民用航空主管部门规定，至少应当包括以下内容：（一）出发地点和目的地点；（二）出发地点和目的地点均在中华人民共和国境内，而在境外有一个或者数个约定的经停地点的，至少注明一个经停地点；（三）货物运输的最终目的地点、出发地点或者约定的经停地点之一不在中华人民共和国境内，依照所适用的国际航空运输公约的规定，应当在货运单上声明此项运输适用该公约的，货运单上应当载有该项声明"。

关于承运人无权援用赔偿责任限制的规定，第116条规定："在国内航空运输中，承运人同意未经填具航空货运单而载运货物的，承运人无权援用本法第一百二十八条有关赔偿责任限制的规定。"在国际航空运输中，承运人同意未经填具航空货运单而载运货物的，或者航空货运单上未依照本法第一百一十五条第（三）项的规定声明的，承运人无权援用本法第一百二十九条有关赔偿责任限制的规定。"

关于航空货运单所填内容正确性问题，第117条规定："托运人应当对航空货运单上所填关于货物的说明和声明的正确性负责。因航空货运单上所填的说明和声明不符合规定、不正确或者不完全，给承运人或者承运人对之负责的其他人造成损失的，托运人应当承担赔偿责任。"

关于航空货运单作为航空货物运输合同初步证据的问题，第118条规定："航空货运单是航空货物运输合同订立和运输条件以及承运人接收货物的初步证据。航空货运单上关于货物的重量、尺寸、包装和包装件数的说明具有初步证据的效力。除经过承运人和托运人当面查对并在航空货运单上注明经过查对或者书写关于货物的外表情况的说明外，航空货运单上关于货物的数量、体积和情况的说明不能构成不利于承运人的证据。"

从以上内容看，各种规定不尽一致，如在航空货运单的内容要求上，我国的规定与《海牙议定书》《蒙特利尔公约》比较类似，但《蒙特利尔公约》特别要求的内容有对货物重量的标示，我国法律及《海牙议定书》没有规定。

2. 航空旅客运输

通常认为，航空旅客运输合同指航空运输中，"承运人与旅客关于承运人将旅客及其行李安全运输到目的地，旅客为此支付运费的协议"①。涉及的相关权利义务如下。

（1）承运人的义务。

第一，具有法律要求的资质。

第二，航空器合乎要求，保证飞行安全和航班正常。如《中华人民共和国民用航空法》第95条规定："公共航空运输企业应当以保证飞行安全和航班正常，提供良好服务为准则，采取有效措施，提高运输服务质量。公共航空运输企业应当教育和要求本企业职工严格履行职责，以文明礼貌、热情周到的服务态度，认真做好旅客和货物运输的各项服务工作。旅客运输航班延误的，应当在机场内及时通告有关情况。"

如果违背以上规定，应该承担相应的责任。

第三，保险的要求。如《中华人民共和国民用航空法》第105条规定："公共航空运输企业应当投保地面第三人责任险。"

第四，出具行李票。如《中华人民共和国民用航空法》第112条规定："在国际航空运输中，承运人载运托运行李而不出具行李票的，或者行李票上未依照本法第一百一十条第（三）项的规定声明的，承运人无权援用本法第一百二十九条有关赔偿责任限制的规定。"事实上，如果承运人不出具行李票，不仅不能援用赔偿责任限制的规定，而且还要有相应的批评与处罚。

第五，安全运送及有关救助的义务。

（2）旅客的义务。

第一，购买机票。第二，行李符合规定。如《中华人民共和国民用航空法》第101条第3款规定："禁止旅客随身携带危险品乘坐民用航空器。除因执行公务并按照国家规定经过批准外，禁止旅客携带枪支、管制刀具乘坐民用航空器。禁止违反国务院民用航空主管部门的规定将危险品作为行李托运。"第三，其他义务，如服从航班管理规定等。

3. 航空货物运输

通常认为航空货物运输合同指：航空运输中，"承运人与托运人交付运输的货物送到约定的地点，托运人支付运费的合同"②。当事人的权利义务如下。

（1）承运人的义务。

第一，安全运输的义务。

---

① 贺富永. 航空法学［M］. 北京：国防工业出版社，2008：152.
② 贺富永. 航空法学［M］. 北京：国防工业出版社，2008：153.

第二，填具航空货运单。如《中华人民共和国民用航空法》第116条规定："在国内航空运输中，承运人同意未经填具航空货运单而载运货物的，承运人无权援用本法第一百二十八条有关赔偿责任限制的规定。"

第三，通知的义务。货物到达后，及时通知收货人。

第四，其他义务。

（2）托运人的义务。

第一，如实申报。托运人申报不实或遗漏重要情况的，造成承运人损失的应当赔偿。如《中华人民共和国民用航空法》第123条规定："托运人应当提供必需的资料和文件，以便在货物交付收货人前完成法律、行政法规规定的有关手续；因没有此种资料、文件，或者此种资料、文件不充足或者不符合规定造成的损失，除由于承运人或者其受雇人、代理人的过错造成的外，托运人应当对承运人承担责任。"

第二，遵守托运危险品的规定。如《中华人民共和国民用航空法》第117条规定："托运人应当对航空货运单上所填关于货物的说明和声明的正确性负责。因航空货运单上所填的说明和声明不符合规定、不正确或者不完全，给承运人或者承运人对之负责的其他人造成损失的，托运人应当承担赔偿责任。"

第三，支付运费的义务。

第四，其他义务。

（3）托运人的权利。

关于托运人的权利，根据《中华人民共和国民用航空法》第119条的规定，主要有货物的交递选择权等。如托运人有权在出发地机场或者目的地机场将货物提回，或者在途中经停时中止运输，或者在目的地点或者途中要求将货物交给非航空货运单上指定的收货人，或者要求将货物运回出发地机场。

（4）收货人的权利。

根据《中华人民共和国民用航空法》第120条规定："除本法第一百一十九条所列情形外，收货人于货物到达目的地点，并在缴付应付款项和履行航空货运单上所列运输条件后，有权要求承运人移交航空货运单并交付货物。除另有约定外，承运人应当在货物到达后立即通知收货人。承运人承认货物已经遗失，或者货物在应当到达之日起七日后仍未到达的，收货人有权向承运人行使航空货物运输合同所赋予的权利。"以上可见，收货人的权利主要有收货权、要求承运人履行合同义务的权利等。

关于托运人和收货人之间的关系，《中华人民共和国民用航空法》第121条规定："托运人和收货人在履行航空货物运输合同规定的义务的条件下，无论为本人或者他人的利益，可以以本人的名义分别行使本法第一百一十九条和第一百二十条所赋予的权利。"

关于托运人或者收货人与获得权利的第三人之间的关系，第122条规定："本法第一百一十九条、第一百二十条和第一百二十一条的规定，不影响托运人同收货人之间的相互关系，也不影响从托运人或者收货人获得权利的第三人之间的关系。任何与本法第一百一十九条、第一百二十条和第一百二十一条规定不同的合同条款，应当在航空货运单上载明。"

以上规定为《中华人民共和国民用航空法》规定的航空货物运输的主要内容。具体合同内容当事人可以约定，但不能违反或改变《中华人民共和国民用航空法》的强制性规定，如关于托运人不能援用赔偿责任限制规定的情形等。

（二）航空运输合同的法律适用

1. 冲突法的规定

解决航空运输合同的法律冲突，国内法有相关的规定。适用当事人选择的法是多数国家的规定。例如，1982年的《土耳其冲突规范和国际诉讼程序法》第24条规定："合同之债适用合同当事人共同明示选择的法律。当事人没有做出明示选择的，适用合同履行地法律。如果同时存在几个履行地的，适用具有特征的履行地法律。合同履行地无法确定的，适用与合同有最密切联系的国家的法律。"

2. 航空运输相关的统一实体法公约

（1）1944年12月7日生效的《国际航班过境协定》对航空运输相关的实体问题进行了统一的规定。

第一，关于空中自由权利的享有问题。协定第1条第1节规定，"每一缔约国给予其他缔约国以下列关于定期国际航班的空中自由：（一）不降停而飞越其领土的权利；（二）非运输业务性降停的权利"。

但是协定也强调，上述权利是对缔约国适用的，非缔约国之间的法律规定的冲突可以通过双边协议等方式解决。对是否属于缔约国定期国际航班的认定问题，权力属于东道国。

协定第1条第4节规定："每一缔约国如对另一缔约国的空运企业的主要所有权和有效管理权属于该缔约国国民存有疑义，或对该空运企业不遵守其飞经国家的法律，或不履行本协定所规定的义务时，保留扣发或撤销其证书或许可证的权利。"另外，协定不适用于对定期国际航班禁止使用的军用机场。在战争或军事占领地区及战时通往此项地区的补给路线上，此项权利的行使须经军事主管当局的核准。

以上对国际航班的权利及处罚进行了规定。

第二，关于差别待遇问题。协定第1条第3节规定："一缔约国给予另一缔约国的航空公司以非运输业务性经停权利时，得规定该航空公司在此经停地点提供合理的商业性服务。这一规定在经营同一航线的航空公司之间不得形成差别待遇，应当考虑到航空器的载运能力，而且在执行这一规定时，应不损害有关国际航班的正常经营或一缔约国的权利和义务。"当然，缔约国在享有空中自由的同时，也有一些限制，即应当遵守东道主国家关于航线及机场的安排，并缴纳使用机场、设备等相关的费用。为保证费用规定的合理性，协定规定："如经一有关缔约国申诉，则对使用机场及其他设备所征收的费用应由根据上述公约设立的国际民用航空组织的理事会予以审核。该理事会应就此事提出报告和建议，以供有关国家考虑。"

第三，理事会的调查权。协定第2条第1节规定："一缔约国如认为另一缔约国根据本协定所采取的行动对其造成不公允或困难时，得请求理事会审查此项情况。理事会对此事应做调查，并召集有关国家进行磋商。此项磋商如不能解决困难时，理事会可向有关缔约各国提出适当的决定和建议。在此以后，如理事会认为一有关缔约国无理地不采取适当的纠正措施，则可向上述组织的大会建议在该缔约国采取此项措施以前，暂停其在本协定中的权利和特权。大会经三分之二多数表决可在其认为适宜的期限内，或在理事会认为该缔约国已采取纠正措施以前，暂停该缔约国的权利和特权。"

第四，关于公约的退出。协定第4条规定："参加本协定的任一缔约国可于一年前通知美利坚合众国政府退出本协定，后者应立即将此项通知和退出通告所有其他缔约国。"

第五，关于协定的生效。协定第6条规定："出席一九四四年十一月一日在芝加哥召开的国际民用航空会议的下列签字代表，根据下列理解在本协定上签字，即他们在本协定签字所代表的政府，将尽早通知美利坚合众国政府其代表所做的签字是否构成该政府对协定的接受并构成对该政府具有约束力的义务。国际民用航空组织的任一成员国，都可通知美国政府接受本协定作为一种义务而对其具有约束力。此项接受自美国政府收到通知之日起生效。

"本协定在缔约国相互间，于各该国接受协定时起即行生效。以后本协定对向美国政府表示接受本协定的每一个其他国家，在美国政府收到该国接受本协定的通知之日起具有约束力。美国政府应将所有接受协定的日期以及本协定对每一接受国开始生效的日期通知所有签字国及接受国。"

（2）1944年12月7日生效的《国际航空运输协定》对航空运输相关的问

题进行了统一的规定。

第一，关于空中自由的具体规定。运输协定第 1 条第 1 节规定"每一缔约国给予其他缔约国以下述关于定期国际航班的空中自由：（一）不降停而飞越其领土的权利；（二）非运输业务性降停的权利；（三）卸下来自航空器所属国领土的客、货、邮的权利；（四）装载前往航空器所属国领土的客、货、邮的权利；（五）装卸前往或来自任何其他缔约国领土客、货、邮的权利。关于本节（三）、（四）、（五）各项所规定的权利，每一缔约国所承允的，仅限于构成来自或前往该航空器所属国本土的合理的直接航线上的直达航班"。

与《国际航班国境协定》的规定相比，《国际航空运输协定》对空中自由权利的规定更具体，特别是增加了（三）、（四）、（五）各项权利的规定。但是，享有（三）、（四）、（五）各项权利是有前提条件的，即仅限于来自或前往航空器所属国本土的合理的直接航线上的直达航班，才可以享有该权利。显示出该公约仍然具有保守性。

另外，《国际航空运输协定》也与《国际航班国境协定》一样规定，不适用于对定期国际航班禁止使用的军用机场。在战争或军事占领地区及战时通往此项地区的补给路线上，此项权利的行使须经军事主管当局的核准。

第二，关于无差别待遇方面的规定。协定第 1 条第 3 节规定："一缔约国给予另一缔约国的航空公司以非运输业务性经停权利时，得规定该航空公司在此经停地点提供合理的商业性服务。这一规定在经营同一航线的航空公司之间不得形成差别待遇，应当考虑到航空器的载运能力，并且在执行此项规定时，应不损害有关国际航班的正常经营或任何缔约国的权利和义务。"该规定与《国际航班国境协定》的内容基本一致。

第 4 节规定："每一缔约国有权拒绝其他缔约国的航空器在其领土内为取酬或出租装载运往其领土内另一地点的客、货、邮。缔约各国约定不订立任何协议以特许任何另一国或任何另一国的航空公司以独享为基础的任何此项特权，也不向任何另一国取得任何此项独享的特权。"

以上在待遇的规定方面，要求不得另定高于协定的独享的优惠待遇。

第三，关于费用的规定。第 1 条第 5 节规定："每一缔约国在遵守本协定的规定下，可以（一）指定任何国际航班在其领土内应该遵循的航线及其可以使用的机场。（二）对任何此项航班在使用机场及其他设备时征收或准予征收公平合理的费用，此项费用应不高于其本国航空器在从事同样国际航班时使用此项机场及设备所缴纳的费用。如经一有关缔约国申诉，则此项对使用机场及其设备所征收的费用，应由根据上述公约设立的国际民用航空组织的理事会予以审核。该理事会应就此事提出报告和建议，以供有关国家考虑。"此条规定了国民待遇问题。

第四，关于缔约国国民的判断。第1条第6节规定："每一缔约国如对另一缔约国的空运企业的主要所有权和有效管理权属于该缔约国国民存有疑义，或该空运企业不遵守其飞经国家的法律，或不履行本协定所规定的义务时，保留扣发或撤销其证书或许可证的权利。"

该条规定的是缔约国对违反规定的处置处罚权，主要是扣发或撤销其证书或许可证，但如果不遵守其飞经国家的法律，违反国内法的相关规定时，也会导致其他的具体法律处罚。

第五，对于与本协定条款相抵触规定的效力问题。协定第2条第1节规定："缔约各国接受本协定，彼此间即废止所有与本协定条款相抵触的义务和谅解，并承允不缔结任何此类义务和谅解。如一缔约国已经承担了与本协定相抵触的任何其他义务时，应立即采取步骤去解除该项义务。任何缔约国的航空公司如已经承担了任何此类与本协定相抵触的义务时，该航空公司所属国应以最大努力使该项义务立即终止，无论如何，在本协定生效后可以采取合法行动时，应使该项义务立即终止。"

第2条第2节规定："任何缔约国在遵守上一节规定的情况下，可以制订与本协定不相抵触的各种关于国际航空运输的措施。任何此项措施应立即向理事会登记，理事会应即尽速将其公布。"这里规定的条件是不相抵触，不相抵触的判断是理事会，故要求向理事会报告。

第六，关于保留条款的问题。第4条第1节规定："任何缔约国得于签订或接受本协定时，在协定上附保留条款，决定不授受第一条第一节第五项的权利和义务；也可在接受后随时在事前六个月通知理事会，解除自己的此项权利和义务。该缔约国可在六个月前通知理事会，按照不同情况承担或恢复此项权利和义务。缔约国对不受该项约束的任何缔约国无授予该项所规定的任何权利的义务。"这里规定了对缔约国的选择权的充分考虑。

第七，理事会的调查权。第4条第2节规定："一缔约国如认为另一缔约国根据本协定所采取的行动对其造成不公允或困难时，得请求理事会审查此一情况。理事会对此事应做调查，并召集有关国家进行磋商。此项磋商如不能解决困难时，理事会可向有关缔约各国提出适当的决定和建议。在此以后如理事会认为一有关缔约国无理地不采取适当的纠正措施，则可向上述组织大会建议在该缔约国采取此项措施以前，暂停其在本协定中的权利和特权。大会经三分之二多数表决可在其认为适宜的期限以内，或在理事会认为该缔约国已采取纠正措施以前，暂停该缔约国的权利和特权。"关于生效等方面的规定与《国际航班国境协定》的规定一致。

（三）我国关于航空运输合同法律适用的规定

1. 立法的规定

我国关于航空运输合同法律适用规定内容，仅在 2015 年修正的《中华人民共和国民用航空法》中有体现。在《中华人民共和国民用航空法》没有规定时，其他法律关于合同的规定也可以适用。我国关于涉外合同的法律适用的规定如下：

（1）意思自治原则。

意思自治原则是合同法律适用的首选原则，我国多部法律对此均有规定，但内容有一些细微差别。《中华人民共和国民用航空法》第 188 条规定："民用航空运输合同当事人可以选择合同适用的法律，但是法律另有规定的除外；合同当事人没有选择的，适用与合同有最密切联系的国家的法律。"

《中华人民共和国民法通则》第 145 条第 1 款规定："涉外合同的当事人可以选择处理合同争议所适用的法律，法律另有规定的除外。"

《最高人民法院关于审理涉外民事或商事合同纠纷案件法律适用若干问题的规定》第 3 条规定："当事人选择或者变更选择合同争议应适用的法律，应当以明示的方式进行。"第 4 条规定："当事人在一审法庭辩论终结前通过协商一致，选择或者变更选择合同争议应适用的法律的，人民法院应予准许。当事人未选择合同争议应适用的法律，但均援引同一国家或者地区的法律且未提出法律适用异议的，应当视为当事人已经就合同争议应适用的法律做出选择。"

在中国的立法中，历来非常重视当事人的意思自治问题，除上述法律规定外，《中华人民共和国合同法》《中华人民共和国继承法》等都规定了当事人的意思自治。2002 年的《中华人民共和国民法（草案）》、2005 年最高人民法院《关于审理涉外民商事合同纠纷案件有关法律适用若干问题的解释（第四稿）》及我国涉外民事关系法律适用法等都对当事人的意思自治进行了详细的规定，现就主要法律规定做一阐述如下。

第一，《中华人民共和国民法（草案）》（以下简称《草案》）的相关规定。

一是拓宽了当事人意思自治原则的适用范围。

《草案》大大扩展了当事人意思自治原则的适用范围，即在民事行为的方式（第 25 条）、委托代理（第 26 条）、动产所有权的转移（第 35 条）、共有物权（第 41 条）、信托（第 52 条）、合同（第 50 条）、票据（第 52 条）、共同海损（第 54 条）、离婚（第 62 条）、夫妻财产关系（第 64 条）、继承（第 74 条）、侵权（第81条、第91条）领域等都规定了意思自治原则。

二是规定了唯一选择规则。

《草案》第52条、第81条规定当事人可以协议选择法律，但只能做唯一的选择。例如，第52条规定支票出票时的记载事项，当事人协议可以选择适用付款地法律；第81条规定侵权行为的加害人和受害人可以协商选择适用法院所在地法律。

三是规定了单方的意思自治。

《草案》第91条规定，利用印刷品、广播、电视、互联网或者其它大众传播媒介进行诽谤的损害赔偿，受害人可以选择适用：（1）受害人的住所地或者经常居住地法律；（2）加害人的住所地或者经常居住地法律；（3）传播行为发生地法律；（4）侵权结果发生地法律。此条规定赋予了诽谤侵权的受害人单方选择法律的权力。

笔者认为，《草案》的规定有许多值得肯定的地方，但在下列问题上也仍然存在一些缺陷，应予完善。

第一，关于法律选择的时间，《草案》没有做出明确规定。

第二，关于当事人选择法律的范围，《草案》除第52条（支票出票时的记载事项，适用出票地法律；经当事人协议，也可以适用付款地法律）、第81条（侵权行为的加害人和受害人可以协商选择适用法院所在地法律，但不得选择法院所在地以外的法律）、第74条（遗嘱内容和效力，适用立遗嘱人明示选择其立遗嘱时或者死亡时的本国法律、住所地法律或者经常居住地法律）做出规定外，其他条款均没有做出规定。

第三，关于法律选择的优先适用性，《草案》没有明确表明当事人选择的法律优先适用。

第四，关于唯一选择规则的问题，如《草案》第52条规定，支票出票时的记载事项，当事人可以选择法律，但只能选择付款地法律；第81条规定，侵权行为的加害人和受害人可以协商选择适用法院所在地法律，但不得选择法院所在地法律以外的法律。笔者认为，唯一选择规则虽然也是规定的选择，但并非真正的意思自治，既然只能选择一种法律，只有一种选择，那么当事人根本没有意思自治的空间。不是真正的意思自治。

第五，关于未选择时的法律适用，《草案》的许多条文中都没有做出明确规定。

第二，《关于审理涉外民商事纠纷案件有关法律适用若干问题的解释（第四稿）》的相关规定。

2005 年最高人民法院《关于审理涉外民商事合同纠纷案件有关法律适用若干问题的解释（第四稿）》（以下简称《解释（第四稿）》）在国内征求意见。《解释（第四稿）》共 12 条，笔者对该《解释（第四稿）》提出以下的修改意见。

（1）"《关于审理涉外民商事合同纠纷案件有关法律适用若干问题的解释（第四稿）》"应该改为《关于审理涉外民商事合同案件法律适用若干问题的解释（第四稿）》，比较简捷。

（2）《解释（第四稿）》没有界定什么是涉外民商事合同。

（3）《解释（第四稿）》第 3 条规定："当事人故意规避中华人民共和国法律、法规的强制性规定的，不得适用当事人企图适用的法律，而应适用中华人民共和国法律"。该条应该修改为：当事人故意规避中华人民共和国法律、法规及中华人民共和国加入的国际条约的强制性规定的，不得适用当事人企图适用的法律，而应适用中华人民共和国法律。

（4）《解释（第四稿）》第 4 条规定："依照本解释，应当适用的法律为某外国法律时，由当事人提供或者证明该外国法律的相关内容"。当事人不能提供或者无法证明该外国法的内容的，人民法院应通过司法协助、外交途径、专家意见以及其他可以获得该外国法律内容的途径查明该外国法的内容。该条应该修改为：依照本解释，应当适用的法律为某外国法律，或者为中国加入的国际公约时，由法官提供或者证明该外国法律、国际公约的相关内容。人民法院应通过司法协助、外交途径、专家意见、当事人提供以及其他可以获得该外国法律内容的途径查明该外国法的内容。当事人选择的法律由当事人提供。

（5）《解释（第四稿）》第 5 条规定："依照本解释，适用某外国法律违反中华人民共和国法律的基本原则和社会公共利益的，该外国法律不予适用，而应适用中华人民共和国法律"。该条应该修改为：依照本解释，适用某外国法律的结果违反中华人民共和国法律的基本原则和社会公共利益的，该违反部分不予适用，而应适用中华人民共和国法律，其他不违反部分仍然适用该外国法律。

（6）《解释（第四稿）》第 6 条规定："涉外民商事合同的诉讼时效，依照该涉外民商事合同应适用的法律确定"。该条应该修改为：涉外民商事合同的诉讼时效，依照该涉外民商事合同应适用的国家的法律确定。

（7）《解释（第四稿）》第 9 条规定："涉外合同的当事人可以选择任何国家或地区的法律作为合同所适用的法律"。该条应该修改为：涉外合同的当事人可以选择任何国际条约、国际惯例、任何国家或地区的法律作为合同所适用的法律。

说明：既然规定可以选择任何法律，没有必要不允许当事人选择任何国际条约、国际惯例，以及任何国家或地区的法律。

（8）《解释（第四稿）》第 10 条规定："涉外合同的当事人可以在订立合同之后至第一次庭审辩论终结之前通过协商一致改变订立合同时选择的法律。但不得损害第三人的利益"。该条应该修改为：涉外合同的当事人可以在订立合同之后至第一审判决前通过协商一致改变订立合同时选择的法律。但不得损害合同的效力及第三人的利益。

说明：这样规定更全面一些。

（9）《解释（第四稿）》第 11 条规定了 19 类合同最密切联系地的确定，但事实上，该规定是不全面的，遗漏的合同有：承包合同、BOT 合同、旅游合同、消费合同、电信服务合同、劳务合同、雇佣合同、赡养合同、无形财产交易合同、海上保险合同、光船租赁合同、海上拖航合同、船舶旅客运输合同、航次租船合同等。

（10）《解释（第四稿）》没有专门对网络合同的法律适用问题做出规定，建议增加。网络合同指通过计算机订立的合同。合同主体是网页经营者和网络终端用户，具有通过互联网完成要约与承诺、以电磁记录方式存在，采用电子密码签名等特点。美国经济研究中心总裁 Prestowitz 先生认为：不学会在网上游泳，就会被淹死。网络合同在法律适用上有一些特殊的地方，如网上合同的签订地、履行地、住所地等的确定等不同于一般合同，需要立法予以明确。

第三，《关于适用〈中华人民共和国涉外民事关系法律适用法〉若干问题的解释（一）》的规定。

关于当事人意思自治的相关规定，2012 年通过的最高人民法院《关于适用〈中华人民共和国涉外民事关系法律适用法〉若干问题的解释（一）》中还有一些规定，如第 6 条规定："中华人民共和国法律没有明确规定当事人可以选择涉外民事关系适用的法律，当事人选择适用法律的，人民法院应认定该选择无效。"第 7 条规定："一方当事人以双方协议选择的法律与系争的涉外民事关系没有实际联系为由主张选择无效的，人民法院不予支持。"第 8 条规定："当事人在一审法庭辩论终结前协议选择或者变更选择适用的法律的，人民法院应予准许。各方当事人援引相同国家的法律且未提出法律适用异议的，人民法院可以认定当事人已经就涉外民事关系适用的法律做出了选择。"第 9 条规定："当事人在合同中援引尚未对中华人民共和国生效的国际条约的，人民法院可以根据该国际条约的内容确定当事人之间的权利义务，但违反中华人民共和国社会公共利益或中华人民共和国法律、行政法规强制性规定的除外。"

《关于适用〈中华人民共和国涉外民事关系法律适用法〉若干问题的解释（一）》的规定有几个创新的地方：如明确了只有法律规定可以选择的法律关系，才能够进行选择，否则选择无效；可以选择与系争的涉外民事关系没有实际联系的法律；对法律选择的形式及变更要求进行了放宽；规定可以选择尚未对中华人民共和国生效的国际条约，这一点是非常先进的。笔者认为应该补充的地方是：规定法律选择可以以明示、默示的方式做出。

以上是关于意思自治原则的一些法律规定，此外，还有下列原则。

（2）条约优先原则。

关于条约优先原则，《中华人民共和国民法通则》第 142 条第 2 款规定："中华人民共和国缔结或者参加的国际条约同中华人民共和国的法律有不同规定的，适用该国际条约的规定。但是中华人民共和国声明保留的条款除外。"

（3）最密切联系原则。

关于最密切联系原则，我国许多相关法律均有此规定。如《中华人民共和国民法通则》第 145 条规定："涉外合同的当事人可以选择处理合同争议所适用的法律，法律另有规定的除外。涉外合同的当事人没有选择法律的，适用与合同有最密切联系的国家的法律。"

《最高人民法院关于审理涉外民事或商事合同纠纷案件法律适用若干问题的规定》第 5 条规定："当事人未选择合同争议应适用的法律的，适用与合同有最密切联系的国家或者地区的法律。人民法院根据最密切联系原则确定合同争议应适用的法律时，应根据合同的特殊性质，以及某一方当事人履行的义务最能体现合同的本质特性等因素，确定与合同有最密切联系的国家或者地区的法律作为合同的准据法。（一）买卖合同——卖方住所地法；或买方住所地法（合同是在买方住所地订立或者在买方住所地履行交货义务）。（二）加工承揽合同——加工承揽人住所地法。（三）成套设备供应合同——设备安装地法。（四）不动产买卖、租赁或者抵押合同——不动产所在地法。（五）动产租赁合同——出租人住所地法。（六）动产质押合同——质权人住所地法。（七）借款合同——贷款人住所地法。（八）保险合同——保险人住所地法。（九）融资租赁合同——承租人住所地法。（十）建设工程合同——建设工程所在地法。（十一）仓储、保管合同——仓储、保管人住所地法。（十二）保证合同——保证人住所地法。（十三）委托合同——受托人住所地法。（十四）债券的发行、销售和转让合同——债券发行地法、债券销售地法和债券转让地法。（十五）拍卖合同——拍卖举行地法。（十六）行纪合同——行纪人住所地法。（十七）居间合同——居间人住所地法。"

2010 年通过的《中华人民共和国涉外民事关系法律适用法》第 2 条第 2 款规定："本法和其他法律对涉外民事关系法律适用没有规定的，适用与该涉外民事关系有最密切联系的法律。"

在法律上规定最密切联系原则是比较普遍的了，但我国学界关于最密切联系原则是原则、原理、方法，还是规则，认识是不一致的。《中华人民共和国涉外民事关系法律适用法》第 2 条的规定似乎将最密切联系原则作为原则在使用，是关于涉外民事关系法律适用的一般规定。但我国冲突规范教材规定的冲突规范的基本原则通常都没有包括最密切联系原则，在立法中只提到"适用与涉外民事关系有最密切联系的法律"，而没有提到它是原则，即便学术上通常称之为"最密切联系原则"。因此，实践中最密切联系原则作为原理、方法或者规则的时候可能更多一些。《中华人民共和国涉外民事关系法律适用法》第 41 条规定："当事人可以协议选择合同适用的法律。当事人没有选择的，适用履行义务最能体现该合同特征的一方当事人经常居所地法律或者其他与该合同有最密切联系的法律。"该规定中的"适用履行义务最能体现该合同特征的一方当事人经常居所地法律"，与《最高人民法院关于审理涉外民事或商事合同纠纷案件法律适用若干问题的规定》中第 5 条的规定一样，属于合同的特征性履行方法，即根据合同的特殊性质确定合同法律适用的方法，适用的是与特征性之债务履行人联系密切的法律。自 20 世纪 60 年代开始，许多国家尤其是大陆法系国家采用了最密切联系原则具体化的方法，即以特征性履行方法来体现最密切联系原则，以特征性履行作为确定最密切联系的客观依据。"For contracts which may be identified by a particular kind of performance, it makes specific provision for the governing law. In general terms, it appears that the person whose performance under the contract will 'identify' the contract is the person whose place of habitual reidence identifies the governing law."① 即根据特定当事人的居所地来确定需要适用的法律。一般而言，能够体现合同履行特征的一方当事人的惯常住所地，决定准据法的确定。"To descend to the particulars, contracts for the sale of goods, contract for the provision of services, franchise contracts, and distribution contracts will be governed by the law of the country in which the seller, supplier, franchisee, and distributor has his habitual residence. For contracts concerning land, the lex situs is predictably dominant. So a contract relating to a right in rem in land, or a tenancy of land, is gov-

---

① 阿德里安·布里格斯. 冲突法 [M]. 北京：中国人民大学出版社，2016：240.

erned by the law of the country in which the land is situated. "① 就今天合同而言，特定的合同如买卖合同、供应合同、特许合同等，卖方、供应方、特许经营人、经销商的居所地就是主要的标准。对待与土地有关的权利的合同，准据法即土地所在地法。

因为能够体现特征性履行的行为是卖而不是买，是提供而不是接受。"The reason is that the usual examples which exemplify the idea of characteristic performance are those of sale (it is the seller, not the buyer) and supply (it is the supply, not the receipt). "②

值得注意的是，既然"适用履行义务最能体现该合同特征的一方当事人经常居所地法律"的规定已经体现了最密切联系原则，是最密切联系原则的具体化，为何该条还要规定"适用履行义务最能体现该合同特征的一方当事人经常居所地法律或者其他与该合同有最密切联系的法律"？难道在特征性履行体现的最密切联系之外，还有其他与该合同有最密切联系的法律？而且法律规定可以在这"两个"最密切联系原则之间进行选择，这"两个"最密切联系原则的适用都受到相互减损。而且在两个最密切联系原则之间进行选择适用，与情理不符。如果说，"适用履行义务最能体现该合同特征的一方当事人经常居所地法律"的规定不是最密切联系原则，那么将之与"其他与该合同有最密切联系的法律"并列选择适用则更加不妥。

事实上，我国早在《关于适用〈涉外经济合同法〉若干问题的解答》中就规定了13种合同法律适用的特征性履行方法。此外还规定：合同明显地与另一国家或者地区的法律有更密切的关系时，人民法院应以另一国家或者地区的法律作为处理合同争议的依据。2007年最高人民法院《关于审理涉外民事或商事合同纠纷案件法律适用若干问题的规定》中采用了类似的规定方法。（规定了17种合同法律适用的特征性履行方法）这些规定承认"合同法律适用的特征性履行方法"是最密切联系原则的方法，但规定如存在"有更密切的联系时"，则采用"有更密切的关系国家或地区的法律"。与涉外民事关系法律适用法不同的是，《关于适用〈涉外经济合同法〉若干问题的解答》和《关于审理涉外民事或商事合同纠纷案件法律适用若干问题的规定》是有先后适用顺序和适用条件的，两者不是选择适用的关系。因此，关于"最密切联系原则"我国相关法律存在的问题是：在最密切联系之外，还有更密切联系。这样的表述与情理不符。

---

① 阿德里安·布里格斯. 冲突法 [M]. 北京：中国人民大学出版社，2016：240.
② 阿德里安·布里格斯. 冲突法 [M]. 北京：中国人民大学出版社，2016：241.

比较而言，1980 年的《罗马国际合同义务法律适用公约》的规定相对科学一些。该公约规定特征性履行确定的法律为"推定"最密切联系的法律，如果存在"较为密切的另一国家的关系时"，则"推定"最密切联系的法律不再适用。该公约可为我国的相关立法工作提供一些参考。

笔者认为，我国立法也可以这样规定："当事人可以协议选择合同适用的法律。当事人没有选择的，适用与该合同有最密切联系的法律，一般情况下，与该合同有最密切联系的法律是履行义务最能体现该合同特征的一方当事人经常居所地法律。"这样就解决了相关的矛盾与困惑。

（4）国际惯例补缺原则。

关于国际惯例的适用，我国法律持肯定态度。《中华人民共和国民法通则》第 142 条第 3 款规定："中华人民共和国缔结或者参加的国际条约没有规定的，可以适用国际惯例，但适用国际惯例不得违反我国法律的基本原则和社会公共利益。"《中华人民共和国海商法》第 268 条第 2 款、《中华人民共和国民用航空法》第 184 条第 2 款也都有这样的规定。

（5）适用中国法原则。

有些法律关系必须适用特定国家的法律，我国也有许多这样的规定。例如，《中华人民共和国中外合资经营企业法实施条例》第 12 条规定："合营企业合同的订立、效力、解释、执行及其争议的解决，均应当适用中国的法律。"

《中华人民共和国合同法》第 126 条第 2 款规定："在中华人民共和国境内履行的中外合资经营企业合同、中外合作经营企业合同、中外合作勘探开发自然资源合同，适用中国的法律。"

《中国银行对外商投资企业贷款办法》第 25 条及其《实施细则》第 34 条规定："除中国银行同意者外，外商投资企业与中国银行签订的借款合同适用中国的法律。"

《最高人民法院关于审理涉外民事或商事合同纠纷案件法律适用若干问题的规定》第 8 条规定，在中华人民共和国领域内履行的下列合同，适用中华人民共和国法律："（一）中外合资经营企业合同；（二）中外合作经营企业合同；（三）中外合作勘探、开发自然资源合同；（四）中外合资经营企业、中外合作经营企业、外商独资企业股份转让合同；（五）外国自然人、法人或者其他组织承包经营在中华人民共和国领域内设立的中外合资经营企业、中外合作经营企业的合同；（六）外国自然人、法人或者其他组织购买中华人民共和国领域内的非外商投资企业股东的股权的合同；（七）外国自然人、法人或者其他组织认购中华人民共和国领域内的非外商投资有限责任公司或者股份有限公司增资的合同；（八）外国自然人、法人或者其他组织购买中华人民共和国领域内的非外商投资企业资产的合同；（九）中华人民共和国法律、行政法规规定应适用中华人民共和国法律的其他合同。"以上规定属于冲突规范中的直接适用的法律，是冲突规范适用的一种特殊的方法。

2. 理论上的建议

在理论研究方面，我国学者对合同的法律适用问题进行了比较充分的研究，但并未取得认识上的完全一致，具体观点如下。

（1）关于合同的法律适用的原则规定过于简单。

有学者针对 2007 年 8 月 8 日起实施的最高人民法院《关于审理涉外民事或商事合同纠纷案件法律适用问题》的规定，提出了完善意见，认为该规定关于合同的法律适用的原则过于简单，如"在支配当事人选择法律的效力、选择法律的方式（未采纳默示选择方式）、范围、禁止法律规避之规定、保护弱方当事人利益等方面存在不足，需要加以完善"[1]。最高人民法院《关于审理涉外民事或商事合同纠纷案件法律适用问题》的规定，主要是归纳了现行合同法律适用方面的一些基本规定，《关于审理涉外民事或商事合同纠纷案件法律适用问题》中也弥补了其他相关立法中的问题，值得借鉴。例如，有些学者认为："我国立法采用了国际上通行的做法，以意思自治为主，以最密切联系原则为辅的原则，但该原则在民法通则、合同法中规定过于简单，缺乏操作性。"[2] 但是，《关于审理涉外民事或商事合同纠纷案件法律适用问题》就解决了民法通则、合同法中规定过于简单的问题。例如，《民法通则》第 145 条规定"涉外合同的当事人没有选择的，适用与合同有最密切联系的国家的法律"；但《关于审理涉外民事或商事合同纠纷案件法律适用问题》则细化了该规定，规定人民法院根据最密切联系原则确定合同争议应适用的法律时，应根据合同的特殊性质，以及某一方当事人履行的义务最能体现合同的本质特性等因素，确定与合同有最密切联系的国家或者地区的法律作为合同的准据法。该规定操作性就非常强。

（2）需要补充一些规定不太明确的合同的法律适用问题。

对一些规定不太明确的合同的法律适用问题，需要进行补充规定。例如，《关于审理涉外民事或商事合同纠纷案件法律适用问题》没有规定旅游合同，有

---

① 马志强.《最高人民法院关于审理涉外民事或商事合同纠纷案件法律适用问题的规定》之评析［J］. 河北法学, 2009（4）：42.

② 马志强.《最高人民法院关于审理涉外民事或商事合同纠纷案件法律适用问题的规定》之评析［J］. 河北法学, 2009（4）：42.

学者就对涉外旅游合同的法律适用问题提出了建议，认为："涉外旅游合同双方当事人可合意选择处理合同争议的法律，当事人未做出明示法律选择时，适用旅游者经常居所地法律；若涉外旅游合同明显地与另一国家或地区的法律具有更密切的联系且最有利于旅游者时，以另一国家或地区的法律作为处理争议的依据。"① 该建议与《关于审理涉外民事或商事合同纠纷案件法律适用问题》第5条规定的原则一致，因此在立法修改时在第5条的各种合同中加入旅游合同即可。

此外，有人认为应在冲突规范立法中对电子合同的法律适用问题做出规定："电子合同的不断发展对意思自治提出了更为彻底的要求，应放弃对当事人选择法律方式的限制，有条件地肯定默示的意思自治，允许当事人在选择法律时采用分割的方法。电子合同的最密切联系原则应该细化。"② 该建议与《关于审理涉外民事或商事合同纠纷案件法律适用问题》第5条规定的原则一致，因此在立法修改时在第5条的各种合同中加入电子合同即可。

有学者还认为：我国在涉外合同法律适用问题上应该有条件适度承认默示选择；当事人进行法律选择不得存在法律规避的情形；当事人选择合同准据法以后，当事人选择的准据法内容发生变化，或者准据法的冲突规范或连结点发生变化，涉外合同的准据法如何确定，法律、法规或者司法解释应该做出规定；我国应对涉外电子商务合同的法律适用问题等做出规定。③

最高人民法院《关于适用〈中华人民共和国涉外民事关系法律适用法〉若干问题的解释（一）》中对法律规避等做出了规定。关于适度承认默示选择问题，有人认为，"我国应有限度地承认合同当事人默示选择法律的方式，应对当事人事后进行法律选择的权利进行适当的限制"。④ 但《关于审理涉外民事或商事合同纠纷案件法律适用问题》第3条规定："当事人选择或者变更选择合同争议应适用的法律，应当以明示的方式进行。"并没有承认默示的法律选择。

不过，《中华人民共和国涉外民事关系法律适用法》第41条规定："当事人可以协议选择合同适用的法律。当事人没有选择的，适用履行义务最能体现该合同特征的一方当事人经常居所地法律或者其他与该合同有最密切联系的法律。"《中华人民共和国涉外民事关系法律适用法》没有规定"应当以明示的方

---

① 夏雨. 涉外旅游合同法律适用规则探析 [J]. 旅游学刊，2013（5）：127.
② 胡炜. 电子合同法律适用问题浅析——冲突法的视角 [D]. 武汉：武汉大学，2004：45.
③ 王玲. 涉外合同法律适用问题研究 [D]. 武汉：华中师范大学，2008：内容摘要.
④ 朱莉. 中国涉外合同法律适用问题研究 [D]. 上海：华东政法大学，2012：28-29.

式进行"，等于并没有排斥默示选择问题。

关于对当事人事后进行法律选择的权利进行适当的限制的问题，最高人民法院《关于适用〈中华人民共和国涉外民事关系法律适用法〉若干问题的解释（一）》中第8条规定："当事人在一审法庭辩论终结前协议选择或者变更选择适用的法律的，人民法院应予准许。"

有人认为，学界和实务界本希望《中华人民共和国涉外民事关系法律适用法》对合同的法律适用问题能做出全面的规定，"但新法只是在第41条做出了原则性的规定，在第42条和第43条补充了消费合同和劳动合同的法律适用规则，显非全面立法之举"①。

比较而言，在合同的法律适用规定上，《关于审理涉外民事或商事合同纠纷案件法律适用问题》的规定，比《中华人民共和国涉外民事关系法律适用法》的规定要科学，《中华人民共和国涉外民事关系法律适用法》修正的时候，可以补充细化相关内容。

（3）国际劳务关系的法律适用问题应具体问题具体分析。

有学者对国际劳务关系的法律适用问题进行了建议，认为在国际劳务关系的法律适用中，当事人意思自治原则、最密切联系原则同样是非常重要的原则，但存在的国内强制性规范，不应被当事人排除。这些国内强制性规范不仅限于惯常工作地点强制性规范，还应包括劳动者本国法、法院地法、雇主营业中心地法等有充分联系国的法律中的强制性规范。

该学者还认为：国际劳务关系具有不同的种类，应根据不同种类的国际劳务关系采取符合其特点的不同法律适用规则。例如，外派合作劳务关系三方当事人关系复杂，三者之间存在三份不同性质的合同，其各自的法律适用应结合起来考虑。国际工程承包劳动关系的三方当事人以劳务人员和承包商的劳动关系为核心，其准据法的确定应以劳动关系为基础关系。②

在国际劳务关系合同中，对劳动者当事人的保护问题值得考虑，可以专门进行规定，以体现对弱者的保护精神。类似的情况在消费者等领域也会存在，需要做出一些特别的规定。

（4）其他观点与建议。

有学者认为："关于国际商事合同因违约而产生的损害赔偿，作为不履行合同的法律后果，应当由合同准据法来调整，对损害赔偿的金额计算、违约的救

---

① 焦燕. 涉外合同法律适用争点问题探析［J］. 江苏行政学院学报，2011（4）：131.
② 詹朋朋. 国际劳务关系法律适用问题研究［D］. 上海：复旦大学，2008：150-152.

济方法、违约金、定金、罚金等则被识别为程序问题，由法院地法来调整。"①

对于国际商事合同因违约而产生的损害赔偿，应当由合同准据法来调整的建议，从《中华人民共和国合同法》规定的当事人可以选择提起合同违约之诉、侵权之诉的规定来看，如果只是由合同准据法来调整，对侵权行为是不适当的。至于违约金、定金、罚金等能否被识别为程序问题，要根据识别的准据法来确定。所以该建议具有一定的局限性。

有学者认为，我国内地以及香港、澳门关于合同的法律适用问题规定基本一致，但又有所不同，建议在我国内地以及香港、澳门关于合同的法律适用问题按如下原则处理："（1）将意思自治原则作为首要原则。应允许明示默示两种选择方式；选择法律的时间应予宽松的规定，可以从合同订立时到判决前当事人均可做出选择或变更先前的选择。在特殊情况下，当事人在订立合同前所做出的选择也应当承认其有效；在法律适用范围方面，适用于合同的所有问题包括合同形式问题及当事人的缔约能力问题。（2）最密切联系原则作为意思自治原则的补充。具体运用最密切联系原则时，可以用特征性履行理论来确定最密切联系地；如果某一合同明显地与另一连结因素有最密切联系，而与条文中载明的连结点关系不大，则作为例外，适用该另一连结点国家或者地区的法律。（3）由于合同种类繁多，有些涉外合同本身具有特殊性，应作例外处理。在立法中应明确指出这几类特殊合同应予适用的法律。"②

该建议如"在立法中应明确指出这几类特殊合同应予适用的法律"具有一定的积极意义。事实上，我国早在《关于适用〈涉外经济合同法〉若干问题的解答》中就规定了 13 种合同法律适用的特征性履行方法。此后又规定，合同明显地与另一国家或者地区的法律有更密切的关系时，人民法院应以另一国家或者地区的法律作为处理合同争议的依据。2007 年最高人民法院《关于审理涉外民事或商事合同纠纷案件法律适用若干问题的规定》中也采用了类似的规定方法（规定了 17 种合同法律适用的特征性履行方法）。这些规定承认"合同法律适用的特征性履行方法"是最密切联系原则的方法，但规定如存在"有更密切的联系时"，则采用"有更密切的关系国家或地区的法律"。与《中华人民共和国涉外民事关系法律适用法》规定不同的地方是，《关于适用〈涉外经济合同

① 马佳昌. 国际商事合同违约损害赔偿之法律适用［D］. 北京：中国政法大学，2008：134.

② 于志宏. 试论我国内地、港、澳三地合同的法律冲突及其解决［J］. 政法学刊，2003（4）：45.

法〉若干问题的解答》与《关于审理涉外民事或商事合同纠纷案件法律适用若干问题的规定》对特征性履行与最密切联系原则是有先后适用顺序和适用条件的，两者不是选择适用的关系。但存在的问题是：《关于适用〈涉外经济合同法〉若干问题的解答》与《关于审理涉外民事或商事合同纠纷案件法律适用若干问题的规定》规定在最密切联系之外，还有更密切联系；这样的表述与情理不符。

以上规定不妥之处前已有所述，故不再细述。

从以上合同法律适用的不同观点来看，总体上是一致的，不论什么合同，不论国际、区际与否，意思自治原则、最密切联系原则、特征性履行理论都是共同的适用考量因素与适用的原则。当然，对一些特殊的因素如保护弱者等观点，也值得考虑。

第四节　侵权法律适用研究

一、航空侵权法律适用的实例分析

侵权指故意或者过失侵害他人权利的一种不法行为。航空侵权指与航空器有关的故意或者过失侵害他人权利的一种不法行为。在实践中，航空侵权纠纷与诉讼是比较常见的。如下是航空侵权纠纷的一个案例。

巴克尼克，住美国首都哥伦比亚特区，在北京—华盛顿公司工作，该公司从事向中国出口机械业务；福克斯，住美国新罕布什尔州，在美国一家工程公司工作。应巴克尼克之邀，到中国一些城市讲授有关工程技术方面的知识。1985 年 1 月 9 日，巴克尼克和福克斯通过华盛顿特区一家泛美航空公司的代理商，购买了中国航空公司的从南京飞北京的机票。这样购买的机票需到时由在中国的中国民航确认座位。巴克尼克和福克斯没有按原来购票的时间，乘坐即 1985 年 1 月 18 日上午 10 点 25 分的第 1508 航班飞往美国，而改坐同天 5 点零 5 分的第 5109 航班。

不幸的是，第 5109 航班在济南上空因气候恶劣迫降时堕机。巴克尼克、福克斯和其他人丧生。巴克尼克的母亲（住马里兰州）和福克斯的妻子（住新罕布什尔州）（以下称空难家属）在纽约东区美国联邦地区法院提起意外致死诉讼，要求中国民航总局支付赔偿金 300 万美元。

中国民航属中国政府机构，从事国际国内航空业务。1980 年，美国民用航空局签发许可，允许中国民航从事美中之间定期载客航班飞行。中国的航行点为北京、上海；美国的航行点为檀香山、洛杉矶、旧金山和纽约；在阿拉斯加州的安克雷奇可以做技术停留；中途站为日本东京。

不过，在美国民用航空局签发的许可中，有一个附带条件，这个附带条件是要求中国民航在相关的诉讼中放弃主权豁免。但是，美国联邦地区法院在判决中认为该空难的飞行在中国境内，不受附带条件的约束。

美国空难死者家属不服美国联邦地区法院判决，向美国第二巡回区法院上诉。1987年6月29日，上诉法院修正了地区法院的认定，指出中国民航在美国的商业行为与发生在中国的空难事件之间有重要的联系。在美国接受从南京到北京的运输付款，向乘客开票，中国民航与空难者已订了载运合同。支付票费是由在中国的商业代理从事的商业服务。事实上，中国民航承认与泛美代理人之间的合同，接受在美国开出的票，是否要肯定座位问题，对实质问题没有多大影响。

上诉法院要求地区法院重审。

中国民航就上诉法院关于中国民航不享受豁免的判决不服向美国最高法院上诉。

1987年11月30日，美国最高法院驳回上诉。

与此同时，在发还重审时，中国民航要求法院进行部分即决裁判，将其责任限制在2万美元之内。因为根据中国法律，航空公司对意外致死的外籍乘客赔偿限额为2万美元。

美国地区法院同意中国民航动议，认为1976年《外国主权豁免法》要求法院适用"作为或不作为"发生地的选择法律规则。根据本案事实，中国选择法律规则要求适用中国法。

美国空难家属不服，提出上诉。指出，根据《外国主权豁免法》的用词和立法背景，该法要求联邦地区法院适用法院所在地的选择法律规则，在本案中，应该是纽约州的选择法律规则。那么根据本案事实，应适用空难者住所地法来决定赔偿金问题，而不是中国法。

美国第二巡回区上诉法院受理了上诉，并对案件的法律适用问题做了分析，具体内容如下。

（1）中国民航声称，根据美国《外国主权豁免法》应得出结论，即该案件适用中国法。中国民航是比较《外国主权豁免法》和《联邦侵权索赔法》（1988年）得出结论的。由于《联邦侵权索赔法》的案子是由作为或不作为发生地的选择法律规则进行的，而《外国主权豁免法》用词与《联邦侵权索赔法》一样，因而《外国主权豁免法》的案子也应由作为或不作为发生地的选择法律规则进行。美国地区法院接受了这一推理。中国民航关于侵权的法律适用依据的是侵权行为地的理论，但要求适用的是侵权行为地的冲突规范。

但是法庭认为，这种类比是不正确的。表面上看，《联邦侵权索赔法》第2674节和《外国主权豁免法》第1606节的规定几乎是一致的，但是这些条款只是涉及惩罚性赔偿问题的，而本案中不涉及惩罚性赔偿问题。因而该条款不是关于法律选择的一般规定，在《联邦侵权索赔法》中，有专门关于法律选择的条款，第1364（b）规定，美国应"根据作为或不作为发生地法律承担责任"。《外国主权豁免法》不具有这一条款，因而不能对这两部法律做简单的类同规定的认定。法庭这里认定的依据也是侵权行为地的理论，但要求适用的是侵权行为地的实体法。

法庭认为，由于《外国主权豁免法》没有关于选择法律的明确规定，因而就需要从法规的词句中分析能符合国会立法意图的法律选择规则。不管如何，重要的原则是第1606节规定的"外国应像处于同样情况下的个人一样，以同样方式和同样程度来承担责任"。基于这一条款，最高法院在1983年的Banco案中做出这样的判决：总体上讲，一州的实体法对《外国主权豁免法》案子有管辖权。州法规定了管辖私人个体的责任规则，《外国主权豁免法》要求将该规则适用于相同情形下的外国国家。

根据以上情况，要想将实体法适用于外国国家和私人个体，联邦法院就应该在《外国主权豁免法》案子中采用相同于双方当事人完全是私人的选择法律规则。

中国民航则认为，不能适用法院地的冲突法。

法庭认为，中美双边协定只是规定美国航空器在中国领土上运行时必须尊重中国法律，并没有确立在中国国土上发生意外致死案子时的管辖法律。适用法院地的选择法律规则并不表明不尊重中国主权，即使这些规则有时要求适用非中国法。由于法庭的结论是《外国主权豁免法》要求法院采用法院地的选择法律规则，因此我们接下来就要由纽约州的选择法律方法确定。

（2）美国是判例法国家，上诉人列举Kilberg案等案例来证明，死难者住所地法应适用于意外致死诉讼的案子。在Kilberg案中，一位住在纽约的乘客在一次发生在马萨诸塞州的空难中丧生。空难家属在纽约州法院提起意外致死诉讼。空难发生地对意外致死案子的赔偿金有严格的上限，而纽约即空难家属住所地和法院所在地，基于公共政策反对这种上限。法院把马萨诸塞州法当作需调查的"程序性问题"以及考虑到纠纷州反对赔偿金上限的政策，法院拒绝适用马萨诸塞州法。

上诉法院认为，上诉人引证的案例已过时了。1972 年 Neumieier 案是对 Kilberg 案规则继续有效性质的里程碑案子。这个案子主要涉及适用安大略"搭车人法规"（guest Statute）。该案中，乘客是安大略人，司机是纽约人。这个案子中立下了三项有关选择法律的规则。第一，当乘客和司机住所在同一州内，并且汽车也在那儿登记，该州的法律应适用并决定司机应对乘客照顾的标准。第二，当司机行为发生在他住所州而该州不认为他的行为要承担责任，则不能因为受害人住所州侵权法规定要承担责任而判他有责。相反，乘客在他住所州受伤并且该州允许赔偿，则进入该州的司机不能以本州法作为辩护。第三，在其他情况下，当乘客和司机住于不同州，规则就不那么容易分类。一般适用规则是事故发生地法律，但如果能表明不采用这种通常规则更有利相关的实体法时，也可不采用常规。

如果将该案扩展到意外致死赔偿限额问题时，这些规则要求适用所在地法，而按 Kilberg 案应适用死者住所地法。

现在的问题是，Neumieier 案的规则是否适用于意外致死赔偿限额？如果适用，根据规则二，中国有关赔偿限额适用，因为中国民航的行为发生在其住所之内，该住所法限定了中国民航的责任。基于 Neumieier 案的规则，美国第二巡回区上诉法院支持了地区法院的主张。于 1991 年 1 月 14 日做出判决：维持地区法院判决。①

在涉外航空领域的法律冲突与法律适用问题上，管辖权问题常常成为焦点问题，但隐藏在管辖权的背后，仍然是当事人所追求的法律的适用问题。

二、空中侵权行为的种类

发生在空中的侵权行为，不外乎以下三种情形：一是发生在航空器内部的侵权行为，诸如旅客与乘务人员或旅客间发生的殴打、侮辱、诽谤等；② 二是因航空器碰撞航空器，或者与他物件碰撞所发生的侵权行为；③ 其三是因航空器事故致旅客死伤或物品毁损的侵权行为，主要是指旅客或托运人对航空运送人的损害赔偿请求权的问题④。有时，也会涉及航空器生产商的责任特别是机

---

① 屈广清，费艳颖. 冲突规范案例汇编 [M]. 长春：吉林大学出版社，2003：63。
② 李双元，等. 国际私法 [M]. 北京：北京大学出版社，2006：328.
③ 李双元，等. 国际私法 [M]. 北京：北京大学出版社，2006：328.
④ 李双元，等. 国际私法 [M]. 北京：北京大学出版社，2006：328.

身、发动机制造商要保证购买者的保证期限。通常生产商的责任有指定的保证形式"Which will involve notifying the manufacturer of the assignment and obtaining the manufacturer's consent."①

（一）调整空中侵权行为的国际立法

调整空中侵权行为的国际立法主要有以下公约。

1. 《统一国际航空运输若干规则的公约》。该公约即《华沙公约》（因为该公约系 1924 年在华沙签订，故称为《华沙公约》）。《华沙公约》于 1933 年正式生效。

2. 《修改 1929 年 10 月 12 日在华沙签订的统一国际航空运输若干规则公约的议定书》。该议定书即《1955 年海牙议定书》（因为该公约系 1955 年在海牙签订，故称为《1955 年海牙议定书》）。《1955 年海牙议定书》于 1963 年正式生效。

3. 《统一非缔约承运人所办国际航空运输若干规则以补充华沙公约的公约》该议定书即《瓜达拉哈拉公约》（因为该公约系 1960 年在瓜达拉哈拉签订，故称为《瓜达拉哈拉公约》）。《瓜达拉哈拉公约》于 1964 年正式生效。

此外，还有 1999 年的《蒙特利尔公约》，于 2003 年正式生效，等等。

（二）调整空中侵权行为的国际立法的基本内容

1. 《华沙公约》

1929 年《华沙公约》是最基本的公约，是调整航空运输的主要国际公约。主要内容如下。

第一，《华沙公约》的适用条件和范围。

《华沙公约》第 1 条和第 2 条对《公约》的适用条件和范围做了如下规定。

（1）规定了"国际运输"的判断标准。对"国际运输"，《公约》明确规定，当事人签订的运送合同所约定的起点和终点应分别在两个缔约国内，或起点和终点虽在同一缔约国内，但约定中途必须在另一缔约国或非缔约国的主权、宗主权、委任统治权或权力管辖下的领土内有经停地点。几个连续的航空承运人所办理的运输，如合同各方均认为是一个单一业务活动的，则不得因其中的一个或几个合同是在同一国的领土内而丧失其国际性质。

该公约规定的"国际运输"范围比较广，如将经停地点、约定经停地点的

---

① Donal Patrick Hanley. Aircraft Operating Leasing—A Legal and Practical Analysis in the Context of Public and Private International Air Law ［M］. 2nd ed. Wolters Kluwer, 2017：62.

因素也考虑进去了。

（2）规定了不适用公约的情形。《公约》也明确规定以下各种空运不适用《华沙公约》：根据《国际邮政公约》所办理的信件和包裹运输（第 2 条第 2 款）；航空运输企业为了开设正式航线进行试航的国际航空运输；以及超出正常航空运输业务以外在特殊情况下进行的运输（第 34 条），诸如为科学探险或紧急救助而进行的运输。

第二，运送人的责任。

《华沙公约》是世界上第一个也是最重要的一个明确规定航空运送人权利与义务的《公约》，它对运送人的责任制度，确立了下列三个基本原则，即过失责任原则、有限责任原则、禁止免责原则。

（1）过失责任原则。《华沙公约》规定，对于旅客因死亡、受伤或身体上的任何其他损害而产生的损失，如果造成这种损失的事故是发生在航空器上或上下航空器过程中，运送人应负责任（第 17 条）；对于任何已登记的行李或货物因毁灭、遗失或损坏而产生的损失，如果造成这种损害是发生在航空运输期间，运送人也应负责任（第 18 条）；运送人对旅客、行李或货物在航空运输过程中因延误而造成的损失应负责任（第 19 条）。

《华沙公约》也规定了可以免除或减轻运送人责任的三种情况：运送人如果能证明自己或他的代理人为了避免损失的发生，已经采取了一切必要的措施，或不可能采取这种措施时，可以不负责任（第 20 条第 1 款）；在运输货物和行李时，如果运送人证明损失的发生是由于驾驶上、航空器的操作上或领航上的过失，而在其他一切方面运送人和他的代理人已经采取一切必要的措施以避免损失时，不负责任（第 20 条第 2 款）；如果运送人证明损失的发生是由于受害人的过失所引起或自己所造成，法院可以按照它的法律规定，免除或减轻运送人的责任（第 21 条）。

（2）有限责任原则。《华沙条约》采取举证责任倒置原则加重了运送人的责任，但为了当事人双方权利义务平等，以及出于保护国际航空运输正常发展的需要，《公约》规定，运送人对于旅客及行李物品的损害赔偿仅负有限责任。①《公约》第 22 条规定：运输旅客时，运送人对每一位旅客的责任以 12.5 法郎为限（《海牙议定书》改为 25 万法郎）。但旅客也可以根据他和运送人之间的特别协议，规定一个较高责任限额；在运送已登记的行李和货物时，运送人对行李或货物的责任以每公斤 250 法郎为限，除非托运人在交运时，曾特别声

---

① 李双元，等. 国际私法 [M]. 北京：北京大学出版社，2006：330.

明行李或货物运到后的价值，并缴付必要的附加费。对旅客自己保管的物件，运送人对每位旅客所负的责任，以 5000 法郎为限。

《华沙公约》规定运送人在原则上尽管负有限责任，但有下列情形之一的，则运送人仍须负无限责任，而不是引用《公约》关于免除或减轻运送人责任的规定：一是运送人未发给客票而载运旅客（第 3 条第 2 款但书）；二是如果损失的发生是由于运送人或其代理人的有意的不良行为，或由于运送人或其代理人的过失，而根据受理法院的法律，这种过失被认为等于有意的不良行为（第 25 条）。

（3）禁止免责原则。国际航空运输企业多为实力雄厚的独占性企业，运送人易利用其优越地位迫使旅客订立免责条款，致使《公约》保护旅客利益的规定形同虚设，破坏规定的责任体制，而使当事人双方的权利义务处于不平等状态。① 为此，《华沙公约》明确规定：企图免除运送人的责任，或定出一个代替本公约所规定责任限额的任何条款，都不发生法律效力（第 23 条）；运输契约的任何条款或在损害发生以前的任何特别协议，如果运输契约各方借以违背本《公约》的规则，无论是选择所适用的法律或者变更管辖权的规定，均不发生效力（第 32 条）。

第三，损害赔偿。

《华沙公约》基于国际航空运输的特点就运送人对旅客损害赔偿责任的诉讼，规定了选择管辖原则。《公约》第 28 条规定：有关赔偿的诉讼，应该按原告的意愿，在一个缔约国领土内，向运送人住所地，或者总管理处所在地，或者签订契约的机构所在地法院提出，或向目的地法院提出；诉讼程序适用受审理案件的法院地法；诉讼应从航空器到达目的之日起，或应该到达之日起，或从运输停止之日起，两年内提起，否则丧失追诉权；诉讼期限的计算方式则根据受理案件的法院地法决定（第 29 条）。《公约》还规定，也可以到有管辖权的法院所在地国家的仲裁机构仲裁（第 32 条但书）。

从以上规定的内容看，《华沙公约》也是统一实体法与统一冲突法的双重公约。

2. 各国《华沙公约》的实际应用

在实践中发生了航空侵权事件，经常会涉及《华沙公约》的适用，如 1974 年巴黎空难案件：一架土耳其航空公司的 Dc－10 飞机在巴黎附近坠毁，飞机上 346 人遇难。死亡者亲属 1123 人向美国法院提起了 211 件诉讼，案件审理了 5

---

① 李双元，等. 国际私法 [M]. 北京：北京大学出版社，2006：330.

年多。

为什么航空事故常常在美国提起诉讼？主要原因是美国能够给受害人经济赔偿以外的赔偿。美国大部分州采用产品责任"严格责任原则"，如果飞机在设计制造上存在缺陷，制造商即使没有过失，也要承担责任。这种情形加大了制造商的责任，起诉人容易赢得诉讼。

值得注意的是，2001 年美国"9·11"恐怖袭击事件以后，恐怖袭击风险及赔偿责任问题成为国际社会关注的焦点和要解决的问题，国际民航组织提出了"全球时间计划"（Globaltime），该计划可以为参加该计划国家的航空企业提供第三方战争险责任保险。

3. 中国对《华沙公约》的适用及航空受权纠纷的相关立法

中国是《华沙公约》的缔约国，在缔约国间的国际航空运输中，应该适用该《公约》。此外中国的国内立法也对各种物质及精神赔偿做出了不同的规定。1993 年 11 月 29 日中华人民共和国国务院发布了修订后的《国内航空运输旅客身体损害赔偿暂行规定》：国内运输发生的旅客身体损害赔偿，每个旅客最高赔偿额为人民币 7 万元。在 2001 年北方航空公司北京飞大连的"5·7"空难赔偿案中，实际的赔偿情况是：参照北京、上海、深圳等物价最高地区基准，在 7 万的基础上，赔偿额上浮 89.3%，实际按照 90% 计算，再赔偿 6.3 万；自带行李（20 公斤）、托运行李（40 公斤）最高的赔偿为 1000 元和 2000 元，实际上翻了一番，达 2000 ~ 4000 元，北方航空公司另外自愿承担抚恤金 2 万，丧葬费 5000 元，家属交通等补助 2 万，下落不明者或者无法提供尸体的赔偿 1 万。最后，每个旅客实际得到赔偿 18.2 万 ~ 19.4 万的赔偿。此外，中外旅客一致。

赔偿还可能涉及精神损害问题。例如，2001 年 2 月 26 日最高人民法院通过的《关于确定民事侵权精神损害赔偿若干问题的解释》（以下简称《解释》）规定："自然人因下列人格权遭受侵害，向法院提出精神损害赔偿的，法院应该受理：（1）生命权、健康权、身体权；（2）姓名权、肖像权、名誉权、荣誉权；（3）人格尊严权、人身自由权。"《解释》第 8 条规定："因侵权导致精神损害，但未造成严重后果，受害人请求精神赔偿的，一般不予支持。"因此，各地关于什么是"造成严重后果"，确定了一些具体标准。例如，大连市根据伤残鉴定指数确定赔偿标准为：10 级伤残，除伤残赔偿外，可以判精神损害赔偿 1 万元；9 级伤残除伤残赔偿外，可以判精神损害赔偿 2 万元；8 级伤残除伤残赔偿外，可以判精神损害赔偿 3 万元；与此类推，1 级伤残除伤残赔偿外，可以判精神损害赔偿 10 万元，不得超过 15 万元。

2003 年 12 月 29 日最高人民法院公布了《关于审理人身损害赔偿案件适用

法律若干问题的解释》，2004 年 5 月 1 日施行。其中将死亡赔偿的标准调整为"人均可支配收入"，赔偿年限由过去的 10 年提高到 20 年。

中华人民共和国最高人民法院《关于审理涉外人身伤亡案件损害赔偿的具体规定（试行）》中有如下规定：收入损失等于年收入减去年个人生活费（一般为年收入的 25%～30%），乘以死亡时至退休的年数加退休收入乘以 10；但是不超过 80 万。

总体来看，各国关于航空侵权纠纷的赔偿的标准不一，存在较大差距。

如前所述，航空侵权行为，有三种情形：一是发生在航空器内部的侵权行为，诸如旅客与乘务人员或旅客间发生的殴打、侮辱、诽谤等；二是因航空器碰撞航空器与其他物件碰撞所发生的侵权行为；三是因航空器事故致旅客死伤或物品毁损的侵权行为。

《中华人民共和国民用航空法》对上述侵权的三种情况，有部分的规定，如其第 189 条规定："民用航空器对地面第三人的损害赔偿，适用侵权行为地法律。民用航空器在公海上空对水面第三人的损害赔偿，适用受理案件的法院所在地法律。"第 190 条规定："依照本章规定适用外国法律或者国际惯例，不得违背中华人民共和国的社会公共利益。"

对《中华人民共和国民用航空法》没有规定的航空侵权法律适用问题，可以适用国内其他相关法律的一般规定，如《中华人民共和国涉外民事关系法律适用法》的规定。但在司法实践中，由于没有明确规定航空侵权法律适用问题，法院的法律适用也经常会出现一些问题。例如，在河南康辉国际旅行社与泰国亚洲航空公司运输损害纠纷案件（河南省新郑市人民法院 2014 新民初字第 3892 号）中①，法院认为本案是航空运输侵权纠纷，由于本案当事人没有选择准据法，而本案的被请求保护地为中国大陆地区，所以应适用我国内地法律。但是，依据《中华人民共和国涉外民事关系法律适用法》第 44 条的规定，侵权责任，适用侵权行为地法律。因此本案适用被请求保护地法律是没有法律依据的。

针对《中华人民共和国民用航空法》规定的不足，笔者的立法建议如下。

【航空侵权】发生在飞行器内部的侵权行为，适用飞行器登记地国法。

飞行事故致使旅客伤亡、财物毁损的损害赔偿，适用飞行器登记地法或者

---

① 该案的基本案情为：2012 年 5 月 30 日，双方当事人签订旅客运输包机合同，河南康辉国际旅行社包用泰国亚洲航空公司飞机运输旅客，在 2012 年 7 月 27 日，旅行社旅客乘坐航空公司的 FD9428 次航班由曼谷飞回郑州，在即将抵达目的地时，乘务员在机舱内喷洒喷雾剂，导致部分旅客身体不适，9 位旅客被送往医院救治，随后导致相关法律诉讼。

侵权行为地法。

飞行事故对地面造成的人员伤亡、财物毁损的损害赔偿，适用事故发生地法。

飞行器碰撞的损害赔偿，适用无过失一方的飞行器登记地法。双方均有过失的，则适用受理案件的法院地法。

说明：以上条款我国民用航空法中也有一些规定，但不全面，如只是规定了对地面、水面第三人的侵权赔偿。本建议补充了飞行器内部的侵权行为、飞行器碰撞的损害赔偿等法律适用的内容。

第五节 搜寻援救法律适用研究

搜寻援救是针对航空器遭遇危险后进行的帮助、搜寻及援救，搜寻指"对遇险航空器的航空器失踪或下落不明，帮助寻找其确切的位置；帮助是对遇险的航空器尚能继续飞行时，帮助其解决若干困难；援救则指由别的航空器或工具对遇险或遇难的航空器及航空器内的乘客或货物，实施解救行动"[1]。在司法实践中，航空器遇险搜救问题经常出现，如马来西亚 MH370 号航班客机的搜救即比较典型。MH370 失踪以后，马来西亚、中国和澳大利亚政府等投入了大量人力、物力和财力，在数千平方公里的海域进行了较长时间的搜寻工作。而关于如何处理航空器遇险搜救问题，我国国内及国际上都有相关的法律规定。

一、我国相关法律的规定

关于搜寻援救的有关内容，我国法律有如下相关规定。

（一）《中华人民共和国民用航空法》的相关规定

关于援救请求，《中华人民共和国民用航空法》第 151 条规定："民用航空器遇到紧急情况时，应当发送信号，并向空中交通管制单位报告，提出援救请求；空中交通管制单位应当立即通知搜寻援救协调中心。民用航空器在海上遇到紧急情况时，还应当向船舶和国家海上搜寻援救组织发送信号。"

关于援救请求的通知，第 152 条规定："发现民用航空器遇到紧急情况或者收听到民用航空器遇到紧急情况的信号的单位或者个人，应当立即通知有关的搜寻援救协调中心、海上搜寻援救组织或者当地人民政府。"

---

① 贺富永. 航空法学［M］. 北京：国防工业出版社，2008：89.

关于搜寻援救的组织，第 153 条规定："收到通知的搜寻援救协调中心、地方人民政府和海上搜寻援救组织，应当立即组织搜寻援救。收到通知的搜寻援救协调中心，应当设法将已经采取的搜寻援救措施通知遇到紧急情况的民用航空器。搜寻援救民用航空器的具体办法，由国务院规定。"

关于搜寻援救的现场保护与证据保存，第 154 条规定："执行搜寻援救任务的单位或者个人，应当尽力抢救民用航空器所载人员，按照规定对民用航空器采取抢救措施并保护现场，保存证据。"

关于民用航空器事故的调查，第 155 条规定："民用航空器事故的当事人以及有关人员在接受调查时，应当如实提供现场情况和与事故有关的情节。"

（二）《中华人民共和国搜寻援救民用航空器规定》的相关规定

1992 年 12 月 28 日中国民航局发布了《中华人民共和国搜寻援救民用航空器规定》，主要内容如下。

第一，关于适用范围，第 2 条规定："本规定适用于中华人民共和国领域内以及中华人民共和国缔结或者参加的国际条约规定由中国承担搜寻援救工作的公海区域内搜寻援救民用航空器的活动。"

关于条约规定的搜寻援救工作，第 6 条规定："中华人民共和国领域内以及中华人民共和国缔结或者参加的国际条约规定由中国承担搜寻援救工作的公海区域内为中华人民共和国民用航空搜寻援救区，该区域内划分若干地区民用航空搜寻援救区，具体地区划分范围由民航局公布。"

第二，关于与海上搜救的关系，第 3 条规定："海上搜寻援救民用航空品，除适用本规定外，并应当遵守国务院有关海上搜寻援救的规定。"

第三，关于搜救的分工，第 4 条规定，"搜寻援救民用航空器按照下列规定分工负责：（一）中国民用航空局（以下简称民航局）负责统一指导全国范围的搜寻援救民用航空器的工作；（二）省、自治区、直辖市人民政府负责本行政区域内陆地搜寻援救民用航空器的工作，民用航空地区管理局（以下简称地区管理局）予以协助；（三）国家海上搜寻援救组织负责海上搜寻援救民用航空器工作，有关部门予以配合"。

第四，关于搜救方案的内容，第 11 条规定，"搜寻援救民用航空器方案应当包括下列内容：（一）使用航空器、船舶执行搜寻援救任务的单位，航空器、船舶的类型，以及日常准备工作的规定；（二）航空器使用的机场和船舶使用的港口，担任搜寻援救的区域和有关保障工作方面的规定；（三）执行海上搜寻援救任务的船舶、航空器协同配合方面的规定；（四）民用航空搜寻援救力量不足的，商请当地驻军派出航空器、舰艇支援的规定"。

第五，关于搜救通信方面，第 13 条规定，"搜寻援救民用航空器的通信联络，应当符合下列规定：（一）民用航空空中交通管制单位和担任搜寻援救任务的航空器，应当配备 121.5 兆赫航空紧急频率的通信设备，并逐步配备 243 兆赫航空紧急频率的通信设备；（二）担任海上搜寻援救任务的航空器，应当配备 2182 千赫海上遇险频率的通信设备；（三）担任搜寻援救任务的部分航空器，应当配备能够向遇险民用航空器所发出的航空器紧急示位信标归航设备，以及在 156.8 兆赫（调频）频率上同搜寻援救船舶联络的通信设备"。

第六，关于空投救生物品，第 15 条规定，"向遇险待救人员空投救生物品，由执行搜寻援救任务的单位按照下列规定负责准备：（一）药物和急救物品为红色；（二）食品和水为蓝色；（三）防护服装和毯子为黄色；（四）其他物品为黑色；（五）一个容器或者包装内，装有上述多种物品时为混合色。每一容器或者包装内，应当装有用汉语、英语和另选一种语言的救生物品使用说明"。

以上是关于搜寻援救民用航空器实体法方面的规定，可操作性比较强。

（三）《国家处置民用航空器飞行事故应急预案》的相关规定

《国家处置民用航空器飞行事故应急预案》的主要内容如下。

第一，关于有关定义的规定。《国家处置民用航空器飞行事故应急预案》规定，关于航空器的定义是："凡能从空气的反作用而不是从空气对地面的反作用，在大气中获得支承的机器。"

关于机场及其邻近区域的定义："指机场围界以内及距机场基准位置点 8 公里范围内的区域。"值得注意的是，我国对航空器与其他飞行工具分别有定义，如 2016 年 4 月 28 日实施的交通运输部《民用航空驾驶员合格审定规则》第 61.1 条规定："第 61.7 条——定义——本规则使用的术语定义如下：……（i）航空器，是指由空气的反作用而不是由空气对地面发生的反作用在大气中取得支承的任何机器。（j）飞机，是指动力驱动的重于空气的一种航空器，其飞行升力主要由给定飞行条件下保持不变的翼面上的空气动力反作用取得。在本规则中，飞机类别不包括本条（q）定义的初级飞机。（k）直升机，是指一种重于空气的航空器，其飞行升力主要由在垂直轴上一个或几个动力驱动的旋翼上的空气反作用取得。（l）自转旋翼机，是指一种旋翼机，其旋翼仅在起动时有动力驱动，在该旋翼机运动时旋翼不是靠发动机驱动的，而是靠空气的作用力推动旋转。这种旋翼机的推进方式通常是使用独立于旋翼系统的常规螺旋桨。（m）滑翔机，是指一种重于空气的航空器，其飞行升力主要由在给定飞行条件下保持不变的翼面上的空气动力反作用取得，通常无自身动力驱动，或者虽然有动力，但在自由飞行阶段不使用自身动力。（n）自由气球，是指无发动机驱动的轻于空气航空器，靠气体浮力或由机载加热器产生的热空气浮力维持飞行。（o）飞艇，是指一种最大充气体积超过 4600 立方米、动力驱动能够操纵的轻于空气航空器。（p）小型飞艇，是指一种最大充气体积不超过 4600 立方米、动力驱动能够操纵的轻于空气航空器。（q）初级飞机，是指除下述飞机以外经审定合格的小型固定翼航空器：（1）按照 CCAR‐23 部审定为正常类、实用类、特技类或通勤类飞机；（2）按照 CCAR‐25 部审定为运输类飞机。（r）倾转旋翼机，是指重于空气的航空器，能够垂直起飞、垂直着陆和低速飞行，主要依靠以发动机为动力的升空装置或发动机推力在这些飞行状态期间升空，并且依靠非旋转翼型在水平飞行时升空。"

从以上定义看，《民用航空驾驶员合格审定规则》与《国家处置民用航空器飞行事故应急预案》中关于航空器的定义完全一致。

第二，关于适用范围的规定。《国家处置民用航空器飞行事故应急预案》第 1.3 条规定："适用范围——民用航空器特别重大飞行事故。——民用航空器执行专机任务发生飞行事故。——民用航空器飞行事故死亡人员中有国际、国内重要旅客。——军用航空器与民用航空器发生空中相撞。——外国民用航空器在中华人民共和国境内发生飞行事故，并造成人员死亡。——由中国运营人使用的民用航空器在中华人民共和国境外发生飞行事故，并造成人员死亡。——民用航空器发生爆炸、空中解体、坠机等，造成重要地面设施巨大损失，并对设施使用、环境保护、公众安全、社会稳定等造成巨大影响。"

第三，关于工作原则。《国家处置民用航空器飞行事故应急预案》第 1.4 条规定，"民用航空器飞行事故应急处置工作要遵循以下原则：——以人为本，避免和最大限度地减少人员伤亡。——统一指挥、分级管理、分级响应。——职责明确、分工协作、反应及时、措施果断、运转高效。——预防为主、常备不懈、信息互通、资源共享，依靠科学、依法处置"。

第四，应急等级方面的规定。《国家处置民用航空器飞行事故应急预案》第 3.1 条规定，按民用航空器飞行事故的可控性、严重程度和影响范围，应急响应分为四个等级。Ⅰ级是发生了预案 1.3 适用范围内的民用航空器飞行事故。Ⅱ级包括的情形有：民用航空器发生重大飞行事故；民用航空器在运行过程中发生严重的不正常紧急事件，可能导致重大以上飞行事故发生，或可能对重要地面设施、环境保护、公众安全、社会稳定等造成重大影响或损失。Ⅲ级包括的情形有：民用航空器发生较大飞行事故；民用航空器在运行过程中发生严重的不正常紧急事件，可能导致较大以上飞行事故发生，或可能对地面设施、环境保护、公众安全、社会稳定等造成较大影响或损失。Ⅳ级包括的情形有：民用航空器发生一般飞行事故；民用航空器在运行过程中发生严重的不正常紧急事件，可能导致一般以上飞行事故发生，或可能对地面设施、环境保护、公众安全、社会稳定等造成一定影响或损失。此外，《国家处置民用航空器飞行事故应急预案》中还规定要根据不同的等级分类，采取不同的措施与预案。如规定："发生Ⅰ级应急响应事件时，启动本预案和国务院相关部门、省级人民政府应急预案。发生Ⅱ级应急响应事件时，启动国务院民用航空主管部门应急预案和相关省级人民政府应急预案。发生Ⅲ级应急响应事件时，启动民用航空地区管理机构应急预案和相关市（地）级人民政府应急预案。发生Ⅳ级应急响应事件时，启动民用运输机场应急预案、民用航空相关企事业单位应急预案、民用航空地方安全监察办公室应急预案和相关市（地）级人民政府应急预案。"

以上规定非常清晰，可操作性强。

第五，关于信息报告的时限要求。《国家处置民用航空器飞行事故应急预案》规定："国务院民用航空主管部门在接到重大以上飞行事故信息后应立即报告国务院及安全生产监督主管部门，并在2小时内以书面形式上报有关事故情况。事故发生所在地人民政府在接到事故报告后应立即报告上一级人民政府和当地民用航空管理机构，并在2小时内以书面形式上报有关事故情况。"

第六，关于航空器搜救方面的规定。《国家处置民用航空器飞行事故应急预案》规定了搜救包括陆上搜救和海上搜救，具体规定为："（1）陆上搜救。省、市（地）、县人民政府负责本行政区域内民用航空器的搜救工作。（2）海上搜救。国家海上搜救部门负责海上搜救民用航空器的工作。沿海省（区、市）海上搜救机构负责拟订在海上使用船舶、航空器搜救民用航空器的方案，参加海上搜救民用航空器的工作。"

第七，关于现场紧急处置方面的规定。《国家处置民用航空器飞行事故应急预案》规定："现场应急救援时，应优先将旅客、机组人员及其他机上人员撤离、疏散到安全区域，及时救助机上及地面受伤人员和幸存人员。及时掌握机上运载的货物及危险品、航空器危险品及周边地面设施危险品的情况，根据现场情况迅速探明危险品状态，并立即采取保护、防护措施，必要时调集专业救援队伍进行处理。"

第八，关于应急终止方面的规定。《国家处置民用航空器飞行事故应急预案》规定应急终止的条件为："——事故航空器的搜救工作已经完成。——机上幸存人员已撤离、疏散。——伤亡人员已得到妥善救治和处理，重要财产已进行必要保护。——对事故现场、应急人员和群众已采取有效防护措施。——事故所造成的各种危害已被消除，并无继发可能。——事故现场的各种应急处置行动已无继续的必要。——受影响的民用运输机场已恢复正常运行。——事故现场及其周边得到了有效控制，对重要地面设施、环境保护、公众安全、社会稳定等的影响已降至最小程度。"

第九，关于事故调查方面的规定。《国家处置民用航空器飞行事故应急预案》要求："民用航空器飞行事故调查工作按照《民用航空器飞行事故调查规定》和《国际民用航空公约》附件13的要求进行。事故调查工作包括：调查组的组成，事故现场调查，技术实验验证，事故原因分析，编写事故调查报告，提出安全预防建议。"此外，规定还提出了装备保障、通信保障、人力资源保障、技术保障、宣传、培训和演练等方面的具体要求。

（四）《中国民用航空应急管理规定》的相关规定

2016年4月17日施行的交通运输部《中国民用航空应急管理规定》的主要内容如下。

《中国民用航空应急管理规定》共51条，规定的内容包括应急管理的管理体制与组织机构、预防与应急准备、预测与预警、应急处置善后处理、法律责任等内容。该规定也涉及搜寻搜救问题。例如，关于应急处置措施，第36条规定，民航管理部门在组织、指挥或协调应急处置时，可以组织相关企事业单位采取下列部分或全部应急处置措施：（一）组织、协调有关单位、部门、应急救援队伍和专业技术人员实施民航应急处置；（二）搜寻、援救受到突发事件危害的航空器与人员，开展必要的医疗救护和卫生防疫，妥善安置受到突发事件威胁或影响的人员；（三）控制危险源，划定并有效控制民航应急处置区域；（四）启用备份设备、设施或工作方案；（五）抢修被损坏的民航关键设备与重要设施；（六）禁止或者限制使用民航有关设备、设施，关闭或者限制使用民航有关工作、服务场所，中止或者限制民用航空活动；（七）制定并采取必要的次生、衍生灾害应对措施；（八）调集应急处置所需的民航专业人员、物资、设备、工具及其他资源；（九）组织优先运送应急处置所需的人员、物资、设备、工具和受到突发事件危害的人员；（十）其他有利于控制、减轻和消除突发事件危害的必要措施。

关于应急处置，第37条规定：国家、地方人民政府及相关部门要求民航管理部门协助和配合应急处置时，民航管理部门应当依据相关规定、应急处置所需的行动规模、民航运行情况与相关应急预案，启动相关等级应急响应，组织、协调相关企事业单位给予协助和配合。

企事业单位应当依据民航管理部门的部署和本单位相关应急预案，迅速制定落实方案并组织实施。

企事业单位有义务协助和配合国家、地方人民政府及相关部门的应急处置工作。

关于法律责任，第46条规定："民航管理部门工作人员未按本规定履行职责的，由民航管理部门依法给予行政处分。"

此外，第47条规定，"企事业单位违反本规定，有下列行为之一的，由民航管理部门责令改正，并给予警告；拒不改正的，处以1000元以上10000元以下罚款。

（一）违反本规定第九条，未设立或指定民航应急工作相关机构。

（二）违反本规定第十五、十八、十九条，未制定应急预案、未及时修订应急预案或未按规定组织预案演练。

（三）违反本规定第二十一条，未及时消除突发事件发生隐患。

第48条规定：企事业单位违反本规定，有下列行为之一的，由民航管理部门给予警告；情节严重的，处以5000元以上，30000元以下罚款。

（一）违反本规定第三十一条，收到突发事件预警信息后未按民航管理部门要求及时采取措施。

（二）违反本规定第三十三条，迟报、谎报、瞒报、漏报突发事件信息，或未及时采取应急处置措施。

（三）违反本规定第三十六条，未按照民航管理部门要求及时采取应急处置措施。

（四）违反本规定第三十七条，无正当理由拒绝执行民航管理部门关于协助和配合突发事件应急处置的工作部署。

（五）违反本规定第三十九条，编造、传播有关突发事件或者民航应急处置工作的虚假信息，或发布的信息干扰或者妨碍民航应急处置工作。

在以上法律责任的规定方面，相关内容对民航管理部门工作人员，规定了行政处分的处罚；对企事业单位违反本规定的处罚有罚款、警告等。笔者认为，事实上对违反上述规定造成严重后果的，还应该再规定一些更重的处罚。

二、国际条约

（一）《国际民航组织安全管理手册》的相关规定

《国际民航组织安全管理手册》（The ICAO Safety Management Manual）规定了相关事故报告等问题。1994年11月21日欧盟理事会第94/56号指令《确立关于民用航空事故和事故征候调查基本原则》（establishing the fundamental principles governing the investigation of civil aviation accidents and incidents）、2013年的

2003/42/EC 指令《关于民用航空事故报告》（occurrence reporting in civil avia-tion）对上述指令进行了补充。《关于民用航空事故报告》后被欧盟第 996/2010 号条例废止。996/2010 号条例授权给成员国以国内法的形式适用"恰当文化"（just culture）原则。"建立恰当文化的目的是希望在提高航空活动的安全性和保障司法系统进行调查和制裁刑事犯罪的法定权力之间寻求一个平衡。当媒体支持的受害者要求公开事故原因或者他们要求制裁犯罪分子行为时，恰当文化的这一目的就显得更为关键了。"① 目前，事故调查相关问题越来越重要，"各种不同类型的组织把它们的注意力集中在如何解决提升航空活动安全性的首要目标与强调透明度要求和制裁犯罪行为的国内政策与宪法条款这两者之间的矛盾。例如，国际民航组织的一些文件以及欧洲航空安全组织（Eurocontrol）所制定的《欧洲航空安全组织安全监管要求》（Eurocontrol Safety Regulatory Requirements, ESARPs）。目前，这样的两难境地有待通过提出'恰当文化'这一概念来解决"②。

关于事故调查机构设置，各国规定不一，一些国家设立了统一的国家机构进行事故调查，如美国的国家运输安全委员会（the National Transportation Safety Board）。

（二）《芝加哥公约》

1944 年的《国际民用航空公约》（芝加哥公约）的相关规定如下。

关于航空器遇险，第 25 条规定："缔约各国承允对在其领土内遇险的航空器，在其认为可行的情况下，采取援助措施，并在本国当局管制下准许该航空器所有人或该航空器登记国的当局采取情况所需的援助措施。缔约各国搜寻失踪的航空器时，应在按照本公约随时建议的各种协同措施方面进行合作。"关于失事调查，第 26 条规定："一缔约国的航空器如在另一缔约国的领土内失事，致有死亡或严重伤害或表明航空器或航行设施有重大技术缺陷时，失事所在地国家应在该国法律许可的范围内，依照国际民用航空组织建议的程序，着手调查失事情形。航空器登记国应有机会指派观察员在调查时到场，而主持调查的国家，应将关于此事的报告及调查结果，通知航空器登记国。"

关于搜寻的定义，根据《国际民用航空公约》附件 12 的《搜寻与救援工作

---

① ［荷］I. H. Ph. 迪德里克斯 - 范思赫，帕波罗·汶迪斯·德·莱昂. 国际航空法 ［M］. 黄韬，等译. 上海：上海交通大学出版社，2014：224.

② ［荷］I. H. Ph. 迪德里克斯 - 范思赫，帕波罗·汶迪斯·德·莱昂. 国际航空法 ［M］. 黄韬，等译. 上海：上海交通大学出版社，2014：227.

国际标准和建议措施》这一节当中，将搜寻定义为确定遇险人员的位置的工作。根据《国际民用航空公约》附件13《航空器事故和事故征候调查》第一章对于事故的定义当中的解释，在官方的搜索工作已经结束，仍不能找到残骸时，即认为航空器失踪。

关于搜寻与援救问题，《国际民用航空公约》附件12《搜寻与援救》中有具体规定。例如，规定缔约国必须在其领土范围内筹设并提供昼夜二十四小时的搜寻与援救服务。在公海上空或者主权尚未确定的区域，必须建立搜寻与援救服务；等等。

关于搜寻与援救的国家义务问题，"考虑到航空的特殊情况，《芝加哥公约》第25条以及1938年《布鲁塞尔救助公约》都没有把这种义务表述成绝对的"①。1938年《布鲁塞尔救助公约》规定了四种限制性情况：航空器不在航程中或准备起航时；它要提供的帮助缺乏合理的可能性时；机长知道，已有其他救援工具比它的飞机处于更好的救援条件时；提供救助会严重危及航空器或者航空器上人员的生命财产时。

关于采取的措施方面，《国际民用航空公约》附件12《搜寻与援助》中规定："当机长看到航空器或水面船只遇险时，除非他没有能力或根据当时情况考虑认为不合理或没有必要时，必须采取以下措施（1）维持遇险航空器或船只在视野之内，直至不需要他在场时为止；（2）测定其具体位置；（3）向救援协调中心或者空中交通管制单位报告。"

关于国际合作方面，《国际民用航空公约》附件12《搜寻与援救》中还对缔约国的国际合作等问题进行了规定。

（三）《统一对水上飞机的海难援助和救助及由水上飞机施救的某些规定的国际公约》

1938年《统一对水上飞机的海难援助和救助及由水上飞机施救的某些规定的国际公约》的主要内容如下。

第一，救助义务的规定方面。公约第2条规定："1. 每一个在飞机上行使指挥职能的人，在不严重危及飞机、乘务员、旅客或其他人员安全的情况下，有义务援助在海上遭遇生命危险的每一个人。2. 在第1款所述条件下，并在不影响实施中的法律和公约所增加的任何义务的情况下，每一个船长有义务对在飞机上，或由于飞机遭遇意外事故，遭遇海上生命危险的每一个人进行援助。"该条规定的是飞机、船舶的相互救助问题。

---

① 贺富永. 航空法学 [M]. 北京：国防工业出版社，2008：89.

第二，援助的定义方面。公约规定："在本公约中，援助是指，在考虑制约海上航行和空中飞行的各种条件后，对遭遇海上生命危险的人可能提供的任何帮助，甚至仅仅为其提供信息。"

该条对救助的范围做了较宽泛的规定，包括但不限于直接的救援行为，对救援有帮助的选择，如提供信息，也是援助。

第三，援助的限定方面。公约规定："只有当飞机各船舶在航行，或准备离港时，并且具有为其提供有效帮助的合理可能时，援助义务才能存在。"

第四，援助的终止方面。公约规定："只有当负有援助义务的人得知他人正以与其具有相似的条件，或优于其所具有的条件实施援助时，援助义务才能终止。"

第五，所有人或者经营人责任的规定。公约规定："船舶的所有人或经理人，或飞机的所有人或经营人，不因上述规定的违反而承担责任，除非他明确地拒绝遵守前述规定。"

第六，公约救助费用的规定。公约第3条规定："1. 依照前条规定的义务提供援助的人，就其所在的、被事实证明为正当的费用及在援助过程中遭受的损失，有权得到补偿。2. 若提供援助的人在无此种义务的情况下提供援助，无权获得补偿，除非他通过救人或在救人中所起的作用而取得了效果。3. 补偿应由获救飞机的经营人，或者获救船舶的所有人或经理人支付，并且，在后者情况下，应根据国内法律或与该船舶有关的任何合同支付。4. 补偿额对每一个获救的人不超过50000法郎。"

第七，法律适用问题的规定。公约第6条规定："在任何情况下，请求人对扣押船舶所引起的损害、或为船舶的释放或防止扣押而提供的保证金或其他担保的费用是否负责的问题，应根据在其管辖区域内执行或申请扣押的缔约国法律予以确定。有关船舶扣押和为申请取得第4条所指的权利，以及扣押可能引起的各种程序问题的程序规则，应受在其境内执行或申请扣押的缔约国法律的制约。"

第八，公约船舶扣押方面。公约第7条规定的内容有赋予扣押国法院管辖权的规定。"（1）实施扣押的国家的法院具有依据案件事实审理的管辖权，如果扣押船舶的国家的法律赋予其法院管辖权，或属于下列情况之一时：（a）请求人在船舶被扣押的国家内设有经常性住所或主营业所；（b）请求在船舶被扣押的国家发生；（c）请求涉及船舶被扣押的航次；（d）请求由于碰撞所引起，或在1910年9月23日于布鲁塞尔签订的《统一船舶碰撞某些法律规定的国标公约》第13条所述情况与发生；（e）请求是为了救助报酬；（f）请求因被扣押的

337

船舶的抵押权或质权而提出。（2）该条第 2 款规定，如果在某管辖区扣押船舶的法院不具有依据案件事实审理该案的管辖权，则根据第 5 条规定，为使船舶获释而提供的保证金或其他担保，应明确规定是为了满足任何有管辖权审理案件的法院最终可能做出的判决而提供的，扣押船舶的国家的法院或其他有关的司法当局，应规定请求人须向具有此种管辖权的法院提起诉讼的期限。（3）该条第 3 款规定，不具有管辖权时，如果当事各方协议将争议提交在船舶被扣押的某管辖区域内法院以外的法院审理，或提交仲裁，则在航船被扣押的管辖区域内的法院或其他有关的司法当局应规定请求人应提起诉讼或仲裁程序的期限。（4）该条第 4 款规定，如在上述两款中所述的任何一种情况下，在规定期限内未提起诉讼或仲裁程序，则被告可申请释放船舶，或发还保证金或其他担保。（5）该条第 5 款规定了除外情形，本条不适用于经过修订的 1868 年 10 月 17 日《莱茵河航行公约》中所规定的情况。"

第九，关于公约的适用问题。公约第 8 条第 1 款规定："（1）本公约的各项规定，应适用于在任何缔约国管辖区域内悬挂某一缔约国旗帜的任何船舶。（2）该条第 2 款规定，悬挂非缔约国旗帜的船舶，可因第 1 条所列的任何海事请求，或因缔约国法律准许的任何其他请求而在该缔约国管辖区域内被扣押。（3）但是，任何缔约国都有权全部或部分地扣除任何非缔约国的政府，或在船舶被扣押时在某一缔约国内无经常性住所或主营业所的任何人，享受本公约的利益。（4）本公约的任何规定，都不得修改或影响各缔约国伟德国际在船旗国管辖区域内，船舶被在该国有经常性住所或主营业所有人扣押的现行法律规定。（5）该条第 5 款规定，如海事请求由原请求人以外的第三方以代位求偿、请求权转让或其他方式提出，该第三方应在本公约范围内，被视为具有原与请求人相同的经常性住所或主营业所。"

第十，关于争议的解决方式方面。公约第 11 条规定："各缔约国之间应保证将因本公约的解释或适用产生的争议提交仲裁，但不得影响那些同意把其争议提交国际法院解决的缔约国所负的义务。"

此外，1968 年的《营救宇宙航行员、送回宇宙航行员和归还发射到外层空间的物体的协定》（简称《营救协定》），规定了缔约国对宇宙航行员的营救物体，缔约国在获悉或者发现宇宙飞船人员在其管辖的区域、公海、在不属任何国家管辖的其他任何地方，处于意外或者灾难状态等，具有通知发射当局的义务。并要采取一切措施营救飞船人并给予必要的帮助等。

值得注意的是，关于搜寻援救的法律适用问题，《中华人民共和国民用航空法》没有相关规定，应予补充完善，笔者的建议如下。

【搜寻援救】除当事人另有约定外，在一国领土、领海、内水内发生的航空救助，适用救助地法；在公海上发生的航空救助，适用救助人的住所地法。

第六节 航空赔偿责任与责任限制

一、航空承运人

（一）航空承运人的概念

关于航空承运人的概念，我国法律上有缔约承运人与实际承运人之分。所谓缔约承运人，《中华人民共和国民用航空法》第 137 条第 1 款规定："本节所称缔约承运人，是指以本人名义与旅客或者托运人，或者与旅客或者托运人的代理人，订立本章调整的航空运输合同的人。"这里的以本人名义，也应该包括代理行为。

关于实际承运人，第 137 条第 2 款规定："本节所称实际承运人，是指根据缔约承运人的授权，履行前款全部或者部分运输的人，不是指本章规定的连续承运人；在没有相反证明时，此种授权被认为是存在的。"

根据本条规定的含义，承运人均受《中华人民共和国民用航空法》调整。《中华人民共和国民用航空法》第 138 条规定："除本节另有规定外，缔约承运人和实际承运人都应当受本章规定的约束。缔约承运人应当对合同约定的全部运输负责。实际承运人应当对其履行的运输负责。"

（二）承运人的责任

1. 我国法律的相关规定

关于旅客人身伤亡方面的责任，《中华人民共和国民用航空法》第 124 条规定："因发生在民用航空器上或者在旅客上、下民用航空器过程中的事件，造成旅客人身伤亡的，承运人应当承担责任；但是，旅客的人身伤亡完全是由于旅客本人的健康状况造成的，承运人不承担责任。"

关于旅客的托运行李毁灭、遗失或者损坏方面的责任，《中华人民共和国民用航空法》第 125 条规定："因发生在民用航空器上或者在旅客上、下民用航空器过程中的事件，造成旅客随身携带物品毁灭、遗失或者损坏的，承运人应当承担责任。因发生在航空运输期间的事件，造成旅客的托运行李毁灭、遗失或者损坏的，承运人应当承担责任。旅客随身携带物品或者托运行李的毁灭、遗失或者损坏完全是由于行李本身的自然属性、质量或者缺陷造成的，承运人不承担责任。"

旅客的行李，包括旅客托运行李和旅客随身携带的行李。根据《中华人民共和国民用航空法》的规定，因为发生在航空运输期间的事件，造成货物毁灭、遗失或者损坏的，承运人应当承担责任。但是，承运人如果能够证明货物的毁灭、遗失或者损坏完全是由于下列原因之一造成的，不承担责任：货物本身的自然属性、质量或者缺陷；承运人或者其受雇人、代理人以外的人包装货物的，货物包装不良；战争或者武装冲突；政府有关部门实施的与货物入境、出境或者过境有关的行为。

关于航空运输延误造成损失的责任方面，《中华人民共和国民用航空法》第126条规定："旅客、行李或者货物在航空运输中因延误造成的损失，承运人应当承担责任；但是，承运人证明本人或者其受雇人、代理人为了避免损失的发生，已经采取一切必要措施或者不可能采取此种措施的，不承担责任。"

关于航空运输责任的免除方面，《中华人民共和国民用航空法》第127条规定，"如果承运人能够证明，损失是由索赔人或者代行权利人的过错造成或者促成的，可以相应免除或者减轻承运人的责任。对于旅客以外的其他人就旅客死亡或者受伤提出赔偿请求，如果承运人能够证明，死亡或者受伤是旅客本人的过错造成或者促成的，可以相应免除或者减轻承运人的责任。"

关于免责事由方面，《中华人民共和国民用航空法》第157条规定："因飞行中的民用航空器或者从飞行中的民用航空器上落下的人或者物，造成地面（包括水面，下同）上的人身伤亡或者财产损害的，受害人有权获得赔偿；但是，所受损害并非造成损害的事故的直接后果，或者所受损害仅是民用航空器依照国家有关的空中交通规则在空中通过造成的，受害人无权要求赔偿。"此是从因果关系方面进行的规定。

第160条规定："损害是武装冲突或者骚乱的直接后果，依照本章规定应当承担责任的人不承担责任。依照本章规定应当承担责任的人对民用航空器的使用权业经国家机关依法剥夺的，不承担责任。"此是从外因方面进行的规定。

第161条规定："依照本章规定应当承担责任的人证明损害是完全由于受害人或者其受雇人、代理人的过错造成的，免除其赔偿责任；应当承担责任的人证明损害是部分由于受害人或者其受雇人、代理人的过错造成的，相应减轻其赔偿责任。但是，损害是由于受害人的受雇人、代理人的过错造成时，受害人证明其受雇人、代理人的行为超出其所授权的范围的，不免除或者不减轻应当承担责任的人的赔偿责任。一人对另一人的死亡或者伤害提起诉讼，请求赔偿时，损害是该另一人或者其受雇人、代理人的过错造成的，适用前款规定。"此是从他人原因方面进行的规定。

第 164 条规定："除本章有明确规定外，经营人、所有人和本法第一百五十九条规定的应当承担责任的人，以及他们的受雇人、代理人，对于飞行中的民用航空器或者从飞行中的民用航空器上落下的人或者物造成的地面上的损害不承担责任，但是故意造成此种损害的人除外。"此是从意外方面进行的规定。

2. 国际公约的相关规定

（1）关于责任原则与免责方面，关于承运人对旅客的责任归责原则，主要内容如下。

一是推定过失原则，《华沙公约》采用了推定过失原则。

二是严格责任原则。即"不论违约方主观上有无过错，只要其不履行合同债务给对方当事人造成了损害，就应当承担合同责任"[1]。1966 年《蒙特利尔协议》、1971 年《危地马拉议定书》规定了严格责任原则。

三是双梯度归责原则。1999 年《蒙特利尔公约》规定了此原则。

四是对非托运行李赔偿的归责原则。对非托运行李赔偿的归责原则的规定方面，《华沙公约》、1999 年《蒙特利尔公约》规定承运人只承担过错责任。1971 年《危地马拉议定书》、1975 年的《蒙特利尔第四号议定书》规定了严格责任原则。

（2）关于旅客人身伤亡方面的责任，《华沙公约》第 17 条规定："对于旅客因死亡、受伤或身体上的任何其他损害而产生的损失，如果造成这种损失的事故是发生在航空器上或上下航空器过程中，承运人应负责任。"

根据国际公约的规定，承运人对旅客损害赔偿范围包括旅客伤亡损害赔偿、非托运行李造成的损失、航班延误造成的损失。

事实上国际公约的相关规定也容易引起争论，如《华沙公约》第 17 条的规定，关于是否涵盖了精神赔偿问题，国际上就缺乏一致的认识。不过，不同的阶段争论的重点有所不同。"第一阶段：从 1929 年《华沙公约》的签订到 1971 年《危地马拉议定书》签订，其争论焦点是《华沙公约》第 17 条的旅客的损害是否包括精神损害。第二阶段：从 1971 年《危地马拉议定书》签订到 1999 年《蒙特利尔公约》签订，争论焦点是什么样的精神损害应当是《华沙公约》第 17 条的旅客的损害并应当获得赔偿。第三阶段：从 1999 年《蒙特利尔公约》签订到现在，争论的焦点是单纯的精神损害是否应当获得赔偿。"[2]

---

[1] 贺富永. 航空法学 [M]. 北京：国防工业出版社，2008：213.

[2] 贺富永. 航空法学 [M]. 北京：国防工业出版社，2008：205.

（3）关于航空承运人对托运人及收货人的责任方面，《华沙公约》第 18 条规定："一、对于任何已登记的行李或货物因毁灭、遗失或损坏而产生的损失，如果造成这种损失的事故是发生在航空运输期间，承运人应负责任。二、上款所指航空运输的意义，包括行李或货物在承运人保管下的期间，不论是在航空站内、在航空器上或在航空站外降落的任何地点。三、航空运输的期间不包括在航空站以外的任何陆运、海运或河运。但是如果这种运输是为了履行空运合同，是为了装货、交货或转运，任何损失应该被认为是在航空运输期间发生事故的结果，除非有相反证据。"

1999 年《蒙特利尔公约》第 18 条第 1 款规定："对于因货物毁灭、遗失或者损坏而产生的损失，只要造成损失的事件是在航空运输期间发生的，承运人就应当承担责任。"但是如果存在货物的固有缺陷、质量或者瑕疵；承运人或者其受雇人、代理人以外的人包装货物的，货物包装不良；战争行为或者武装冲突；公共当局实施的与货物入境、出境或者过境有关的行为等原因造成的货物损失，情形，承运人不承担相应的责任。

（4）关于承运人责任的免除方面，国际公约有如下规定。

第一，《华沙公约》的规定。承运人对旅客的免责问题的规定的主要事由包括三点。一是承运人采取了一切必要的措施或者不可能采取此种措施。第 20 条规定："一、承运人如果证明自己和他的代理人为了避免损失的发生，已经采取一切必要的措施，或不可能采取这种措施时，就不负责任。二、在运输货物和行李时，如果承运人证明损失的发生是由于驾驶上、航空器的操作上或领航上的过失，而在其他一切方面承运人和他的代理人已经采取一切必要的措施以避免损失时，就不负责任。"

二是受害人方面的过失。第 21 条规定："如果承运人证明损失的发生是由于受害人的过失所引起或助成，法院可以按照它的法律规定，免除或减轻承运人的责任。"

三是诉讼期间终止。第 29 条规定："一、诉讼应该在航空器到达目的地之日起，或应该到达之日起，或从运输停止之日起两年内提出，否则就丧失追诉权。二、诉讼期限的计算方法根据受理法院地法律决定。"

第二，《蒙特利尔公约》的规定。《蒙特利尔公约》规定，如果经承运人能够证明，损失是由索赔人或者索赔人从其取得权利的人的过失或者其他不当作为、不作为造成或者促成的，可以全部或者部分免除承运人对索赔人的责任。

如果经承运人能够证明，对旅客以外的其他人就旅客死亡或者伤害提出赔偿请求，损失是旅客本人的过失或者其他不当作为、不作为造成或者促成的，可以相应全部或者部分免除承运人的责任。对超过诉讼时效的情形，自航空器到达目的地点之日、应当到达目的地点之日或者运输终止之日起两年期间内未提起诉讼的，丧失对损害赔偿的权利。

（5）关于对地面第三人的赔偿责任方面的规定，《华沙公约》没有解决航空器对地面或水面第三人的损害责任问题，1933 年 5 月，在罗马召开的第三届国际航空私法会议通过了《统一航空器对地（水）面上第三人造成损害的某些规则公约》（简称 1933 年《罗马公约》），1952 年 10 月 7 日又通过了《公约外国航空器对地（水）面上第三人造成损害的公约》（简称 1952 年《罗马公约》），于 1958 年 2 月 4 日起生效。

《公约外国航空器对地（水）面上第三人造成损害的公约》公约第 1 条规定："一、凡在地（水）面上遭受损害的人，只要证明该项损害是飞行中的航空器或从飞行中的航空器坠落下的人或物所造成的，即有权获得本公约规定的赔偿。但是，如所受的损害并非造成损害的事件的直接后果，或所受的损害只是航空器遵照现行的空中交通规则在空中通过的结果，则受害人无权要求赔偿。"关于"飞行中"的解释，公约认为航空器自起飞使用动力时起，至降落终结时止，都被认为在飞行中。如为轻于空气的航空器，"在飞行中"一词系指该航空器离开地面时起至重新系留地面时止的期间。

关于责任人的确定，公约规定以上责任由航空器的经营人承担。"经营人"指损害发生时使用航空器的人，在航空器登记簿上登记的所有人在没有反证的情况下应被推定为航空器的经营人。但是，将航空器的使用权已直接或间接地授与他人却仍保留对该航空器的航行控制权的人，被视为是经营人。如果是某人自己使用航空器，或者通过其受雇人在执行职务过程中使用航空器，不论其受雇人是否在他们的职权范围内行事，应被视为该人本人在使用航空器。

关于对地面第三人的赔偿责任免责，公约第 5 条规定："如果损害是武装冲突或民事骚乱的直接后果，或者被公共权力机关的行为剥夺了使用航空器的权利，则按照本公约规定应负责任的人将对该项损害不承担赔偿义务。"另外，如果责任人如能证明损害完全是由于受害人或其受雇人的过失造成的，则不承担责任。如责任人能证明损害部分是由于受害人或其受雇人的过失造成的，则其负担的赔偿应按该项过失造成的损害程度予以减少。

2003 年国际民航组织秘书处及秘书处《罗马公约》现代化研究小组，起草了《外国航空器对地（水）面上第三方造成损害的公约（草案）》（Draft Convention on Damage by Foreign Aircraft to Third Parties on the Surface），草案包括了恐怖主义风险的相关规定。在 2009 年 5 月蒙特利尔国际民航组织国际航空法会议上，草案被一分为二，即分成《关于航空器对第三方造成损害的赔偿的公约》和《关于因涉及航空器的非法干扰行为而导致对第三方造成损害的赔偿的公约》两个公约。

（6）关于航班延误责任方面，《华沙公约》第 19 条规定："承运人对旅客、行李或货物在航空运输过程中因延误而造成的损失应负责任。"

1999 年《蒙特利尔公约》第 19 条规定："旅客、行李或者货物在航空运输中因延误引起的损失，承运人应当承担责任。但是，承运人证明本人及其受雇人和代理人为了避免损失的发生，已经采取一切可合理要求的措施或者不可能采取此种措施的，承运人不对因延误引起的损失承担责任。"

二、航空器生产者

关于航空器产品责任方面，也是值得关注的问题。所谓产品责任是指，由于产品有缺陷而造成消费者、使用者或第三人的人身伤害或财产损失时，该产品的生产者或销售者依法应承担的法律责任。相应地，航空器产品责任指由于航空器产品有缺陷而造成购买者、使用者或第三人的人身伤害或财产损失时，航空器的生产者或销售者依法应承担的法律责任。产品责任法则是调整产品因缺陷造成损害赔偿关系的法律规范。它是以产品与产品缺陷为基础建立起来的新型的特殊侵权法。值得注意的是，在航空法领域，产品责任"涉及的普遍性问题以及在航空领域中涉及的特殊性问题是大量存在的"[1]。

国外关于产品责任的定义并不一致，一般认为，产品责任是因为产品的缺陷而导致损害结果的出现所带来的责任问题。也有人认为产品责任是"制造商、加工者或者并非生产产品的销售者因为一件售出的产品导致的购买者或者第三者的人身或者财产损失而需要承担的责任"[2]。该定义没有强调产品责任与产品缺陷的关系，所以范围比较宽泛。但通常的理解产品责任是与产品缺陷挂钩的。

产品缺陷一般包括产品设计上的缺陷、制造上的缺陷及使用说明上的缺陷。在航空法领域，航空器制造商承担着航空器产品安全及可靠性的法律责任，该责任类同于普通产品的制造商承担的法律责任。在过失责任的体制下，航空产品责任通常要求具有的条件是："（1）损害的结果是由于和产品相关的缺陷所导

---

[1]　[荷] I. H. Ph. 迪德里克斯 – 范思赫，帕波罗·汶迪斯·德·莱昂. 国际航空法 [M]. 黄韬，等译. 上海：上海交通大学出版社，2014：228.

[2]　R. D. Hursh, H. J. Bailey, American Law of Products Liability2, 3 (1974). 转引自 [荷] I. H. Ph. 迪德里克斯 – 范思赫，帕波罗·汶迪斯·德·莱昂. 国际航空法 [M]. 黄韬，等译. 上海：上海交通大学出版社，2014：228.

致的；（2）产品离开制造商时，该缺陷业已存在；以及（3）缺陷的产生是因制造商的过失而起。"①

当然，制造商也具有可以免责的情况，即针对过失的指控"其他可能的抗辩就是制造商已经提供了充分的警示或者足够的指导。根据判例法，如果存在以下几种情形，制造商就可以免责：（1）产品的使用者具备先前的知识（prior knowledge）；（2）可以合理假定，产品的使用者应当具备先前的知识。"②

在一些判例中，如果制造商提供了适当的指导，使用者没有重视而导致受到损失，制造商可以不承担责任。在"kay 诉 Cessna Aircraft"案中，Cessna Skymaster Model 337 飞机驾驶员没有根据说明书指导操作而引发了事故。"若飞行员根据说明书的要求去操作，那么事故就是可以避免的。在法庭看来，塞斯纳公司无法合理地预见到飞行员没有遵照说明书的指示去操作，因此它就可以免责。"③

另外，根据判例法，如果"产品使用者经过对产品的充分检查（adequate inspection）之后就能够使产品缺陷显现/暴露的话，那么制造商就不应承担责任"④。该种情况等于对使用者提出了额外的要求。

美国通过 1963 年的"Greenman 诉 Yuba Power Products"一案确定了严格责任制度，法庭认为："当制造商明知其在市场上销售的产品未经缺陷检验而被使用，若可证明该缺陷导致了他人损失，则制造商需要承担侵权法上的严格责任。"⑤

不过，在实践中，严格责任是对消费者的格外保护，不能拓展适用于经济实力相对平等的商家与商家之间的交易。在"Tokio Marine 诉 McDonnell Douglas"一案中，Tokio Marine 向麦道公司提出了基于严格责任下的航空器损毁赔偿请求，而法庭认为"侵权法中的严格责任原则并不适用于两家具有相对同等经

---

① ［荷］I. H. Ph. 迪德里克斯－范思赫，帕波罗·汶迪斯·德·莱昂. 国际航空法 ［M］. 黄韬，等译. 上海：上海交通大学出版社，2014：230.
② ［荷］I. H. Ph. 迪德里克斯－范思赫，帕波罗·汶迪斯·德·莱昂. 国际航空法 ［M］. 黄韬，等译. 上海：上海交通大学出版社，2014：231.
③ ［荷］I. H. Ph. 迪德里克斯－范思赫，帕波罗·汶迪斯·德·莱昂. 国际航空法 ［M］. 黄韬，等译. 上海：上海交通大学出版社，2014：231－232.
④ ［荷］I. H. Ph. 迪德里克斯－范思赫，帕波罗·汶迪斯·德·莱昂. 国际航空法 ［M］. 黄韬，等译. 上海：上海交通大学出版社，2014：230.
⑤ ［荷］I. H. Ph. 迪德里克斯－范思赫，帕波罗·汶迪斯·德·莱昂. 国际航空法 ［M］. 黄韬，等译. 上海：上海交通大学出版社，2014：232.

济实力的大型公司之间谈判而达成的销售合同"①。

在关于航空器产品责任的法律规定方面，1985 年欧共体产品责任指令（the EC Products Liability Directive）有相关规定。欧共体产品责任指令是欧盟理事会 1985 年发布的第 374 号指令 85/374/EEC，指令由 22 个条款组成。该指令在归责原则上采用的是严格责任制，如指令第 1 条规定："生产者应对其产品缺陷造成的损害负责"。在适用范围上，指令认定的损失范围包括人身伤害、死亡，500 欧洲货币单位以上的财产损失。在诉讼时效上，规定为 3 年，等等。

在实体法的规定方面，我国关于航空器制定有各种要求与标准，如 2016 年 4 月 17 日施行的中华人民共和国交通运输部《运输类飞机适航标准》及《航空发动机适航规定》。这些规定内容都比较详细，如《运输类飞机适航标准》规定了设计与构造、动力装置、设备、电气线路互联系统（EWIS）等内容。

关于我国的相关规定方面，目前我国尚无调整涉外产品责任法律适用的专门制度。在司法实践中，对于涉外产品责任的法律适用依据是《中华人民共和国民法通则》第 146 条。该条规定："侵权行为的损害赔偿，适用侵权行为地法律。当事人双方国籍相同或者在同一国家有住所的，也可以适用当事人本国法或者住所地法律。中华人民共和国法律不认为在中华人民共和国领域外发生的行为是侵权行为的，不做侵权行为处理。"在我国没有规定涉外产品责任法律适用的情况下，《中华人民共和国民法通则》第 146 条的规定也是实践中采用的一种方式，但没有体现涉外产品责任及其法律适用的特殊性。

关于国外的相关规定方面，在涉外产品责任法律适用的规定方面，突出的表现有以下几个方面。一是在侵权法律适用的基础上，加入了最密切联系原则的考量因素。二是在侵权法律适用的基础上，加入了意思自治原则的考量因素。例如，1988 年公布的《瑞士联邦冲突规范》规定了当事人可以通过协议方式选择适用法院地法；海牙《产品责任法律适用公约》第 6 条亦规定，如果按第 4、5 条指定适用的法律均不适用，原告可以主张适用侵害地国家的法律。三是在侵权法律适用的基础上，加入了保护弱者的考量因素。四是一定程度上考虑了被告的实际情况，即采用了"排除被告不可预见的法律的适用"原则。例如，《瑞士联邦冲突规范》第 133 条规定了适用损害发生地法律须以加害人可以预见到损害将在该国发生为条件；海牙《产品责任法律适用公约》第 7 条规定了如果

① Tokio Marine and Fire Insurance Co. Ltd. et al. v. McDonnell Douglas Corp. v. Japan Air Lines Co. Ltd. (Third – Party Defendant – Cross – Appellee), US Court of Appeals (2nd Circuit), 6March 1980; United States Aviation Reports89 (1980); 15Aviation Cases18, 050.

被请求承担责任人证明其不能合理预见该产品或同类产品经商业渠道在损害地国或直接受害人惯常居所地国出售时，则该两地法律均不得适用。以上国外的一些规定，针对了涉外产品责任的法律适用的特殊性，对我国相关立法而言，有一定的参考价值。

三、赔偿责任限制

关于航空责任限制及具体标准，国际上的规定并不一致，但有国际公约进行了统一。

（一）我国的有关规定

根据《中华人民共和国民用航空法》第142条的规定，航空责任限制指在航空运输中，实际承运人、缔约承运人以及他们的在受雇、代理范围内行事的受雇人、代理人的赔偿总额不得超过法律规定的最高数额。

关于具体的航空责任限制标准，根据《中华人民共和国民用航空法》第129条的规定，国际航空运输承运人的赔偿责任限额标准为："1. 对每名旅客的赔偿责任限额为16600计算单位；但是，旅客可以同承运人书面约定高于本项规定的赔偿责任限额。2. 对托运行李或者货物的赔偿责任限额，每公斤为17计算单位。旅客或者托运人在交运托运行李或者货物时，特别声明在目的地点交付时的利益，并在必要时支付附加费的，除承运人证明旅客或者托运人声明的金额高于托运行李或者货物在目的地点交付时的实际利益外，承运人应当在声明金额范围内承担责任。托运行李或者货物的一部分或者托运行李、货物中的任何物件毁灭、遗失、损坏或者延误的，用以确定承运人赔偿责任限额的重量，仅为该一包件或者数包件的总重量；但是，因托运行李或者货物的一部分或者托运行李、货物中的任何物件的毁灭、遗失、损坏或者延误，影响同一份行李票或者同一份航空货运单所列其他包件的价值的，确定承运人的赔偿责任限额时，此种包件的总重量也应当考虑在内。3. 对每名旅客随身携带的物品的赔偿责任限额为332计算单位。对以上航空责任及责任限制的标准，不允许当事人约定免除或降低。如果有证据证明，航空运输中的损失是由于承运人或者其受雇人、代理人的故意或者明知可能造成损失而轻率地作为或者不作为造成的，承运人无权援用有关赔偿责任限制的规定；证明承运人的受雇人、代理人有此种作为或者不作为的，还应当证明该受雇人、代理人是在受雇、代理范围内行事。"

（二）国际统一实体法的规定

1. 《华沙公约》的规定

《华沙公约》建立了一套比较完整的体系，"《华沙公约》使命在于建立一个国际航空私法的完整体系，不论责任在何地造成，也不论索赔请求在何地提起，都能确保适用统一的法律。基于这个目标，华沙体系一直致力于统一关于航空承运人的国际法"①。

关于航空责任限制，《华沙公约》第22条规定："一、运送旅客时，承运人以每一旅客的责任以十二万五千法郎为限。如果根据受理法院地法律，可以分期付款方式赔偿损失时，付款的总值不得超过这个限额。但是旅客可以根据他同承运人的特别协议，规定一个较高的责任限额。二、在运输已登记的行李和货物时，承运人对行李或货物的责任以每公斤二百五十法郎为限，除非托运人在交运时，曾特别声明行李或货物运到后的价值，并缴付必要的附加费。在这种情况下，承运人所负责在不超过声明的金额，除非承运人证明托运人声明的金额高于行李或货物运到后的实际价值。三、关于旅客自己保管的物件，承运人对每个旅客所负的责任，以五千法郎为限。四、上述法郎是指含有千分之九百成色的65.5毫克黄金的法国法郎。这项金额可以折合成任何国家的货币取其整数。"

对以上航空责任及责任限制的标准，不允许当事人约定免除或降低。

2.《蒙特利尔公约》的规定

1999年《蒙特利尔公约》第21条规定，"旅客死亡或者伤害的赔偿一、对于根据第十七条第一款所产生的每名旅客不超过100000特别提款权的损害赔偿，承运人不得免除或者限制其责任。二、对于根据第十七条第一款所产生的损害赔偿每名旅客超过100000特别提款权的部分，承运人证明有下列情形的，不应当承担责任：（一）损失不是由于承运人或者其受雇人、代理人的过失或者其他不当作为、不作为造成的；或者（二）损失完全是由第三人的过失或者其他不当作为、不作为造成的"。

关于延误、行李和货物的责任限额，《蒙特利尔公约》规定："承运人对每名旅客的责任以4150特别提款权为限。在行李运输中造成毁灭、遗失、损坏或者延误的，承运人的责任以每名旅客1000特别提款权为限，除非旅客在向承运人交运托运行李时，特别声明在目的地点交付时的利益，并在必要时支付附加费。在此种情况下，除承运人证明旅客声明的金额高于在目的地点交付时旅客的实际利益外，承运人在声明金额范围内承担责任。在货物运输中造成毁灭、遗失、损坏或者延误的，承运人的责任以每公斤17特别提款权为限，除非托运人在向承运人交运包件时，特别声明在目的地点交付时的利益，并在必要时支

---

① 贺富永. 航空法学［M］. 北京：国防工业出版社，2008：179.

付附加费。在此种情况下，除承运人证明托运人声明的金额高于在目的地点交付时托运人的实际利益外，承运人在声明金额范围内承担责任。"

3.《海牙议定书》的规定

1955 年《海牙议定书》与《华沙公约》相比，将责任限额提高到两倍，并将责任限制的保护机制延伸适用于承运人的雇员及代理人。此外，将《华沙公约》中规定的"有意的不良行为"修改为"故意地或者知道很可能造成损害而不计后果地做"，意思更加确定一些。

4.《瓜达拉哈拉公约》的规定

1961 年《瓜达拉哈拉公约》第 6 条规定："实际承运人和缔约承运人及其受雇人和代理人在雇佣代理范围内行事时，对实际承运人所办运输的赔偿总额不应超过根据本公约可能判定缔约承运人或实际承运人赔偿的最高数额，但上述任何人不应承担超过对他适用的限额。"

5.《蒙特利尔协议》的规定

《蒙特利尔协议》订于 1966 年 5 月 4 日，中国于 1979 年 2 月 10 日参加。协议关于责任限制规定的主要内容有："对每一旅客死亡、受伤或其他身体损害所确定的责任限额，包括法律费用，应是 75000 美元。但是，在一国提出赔偿要求而该国规定要分开判给法律费用时，则责任限额应是 58000 美元，不包括法律费用。"

《蒙特利尔协议》第 2 条规定如下。对于受公约或海牙议定书修正的公约和第一款所指的特别合同约束的旅客运输，每一承运人在出具客票时应向每一旅客提交下列通知，该通知应以不小于十号现代字体，用与纸对照鲜明的油墨，印制在：（1）每一客票上；（2）在单页纸上，并放入客票夹内或附在客票上；或者（3）印制在客票夹的封面上。对国际旅客关于责任限额的通知具体内容如下。

"兹通知旅客，凡旅程的最终目的地点或一个经停地点在始发地国以外的另一国时，一个称为华沙公约的条约可以适用于整个旅程，包括安全在始发地国或在目的地国的任何部分。对于旅程的目的地点、始发地点或一个约定的经停地点在美利坚合众国的旅客，该公约和列入适用运价中的特别运输合同规定：（承运人名称）和参加这些特别合同的某些其他承运人的责任，当旅客死亡或身体损害时，在大多数情况下，对证明确实的损害，限制在对每一旅客不超过 75000 美元，且此种被限制的责任不取决于承运人有否过失。对于由未参加这些特别合同的承运人所承运的旅客，或者旅程的目的地点、始发地点或一个约定的经停地点不在美利坚合众国的旅客，承运人对旅客死亡或身体损害的责任，在大多数情况下，限制在对每一旅客约 8290 美元或 16580 美元。（注：美国民用航空委员会 1974 年 1 月 3 日通过第 74—1—16 号令，将 125000 金法郎和 250000 金法郎与美元的折合，分别改定为 10000 美元和 20000 美元。）

参加这些特别合同的承运人的名单存放在这些承运人的各售票处，可应要求提供查阅。

旅客通常可以在私营公司购买保险获得附加保护。上述保险不受华沙公约或这些特别运输合同对承运人责任限制的影响。详细情况请与你的航空公司或保险公司代表洽商。"

上述规定详细具体并可供查阅，操作性强。

6.《危地马拉议定书》的规定

关于赔偿限额，1971 年《危地马拉议定书》规定："在旅客运输中，承运人对每名旅客由于死亡或者人身伤害赔偿责任的总数以 150 万法郎为限。运输旅客造成延误的，承运人对每名旅客的责任以 62500 法郎为限，在行李运输中造成毁损、遗失、损坏或延误的，承运人对每名旅客的责任以 15000 法郎为限。"

7. 1975 年《蒙特利尔第一号附加议定书》的规定

该议定书即修改 1929 年 10 月 12 日在华沙签订的《统一国际航空运输某些规则的公约》（亦称《华沙公约》）的第一号附加议定书，议定书共有 3 章、13 条。其中第 2 条规定："在旅客运输中，承运人对每名旅客的责任以 8300 特别提款权为限，但是旅客可以通过其同承运人的特别协议，约定一个较高的责任限额。在托运行李和货物运输中，承运人的责任以每公斤 17 特别提款权为限，除非旅客或者托运人在向承运人交运特别声明在目的地交付时的意义，并在必要时支付附加费。公约旅客自行照管的物件，承运人对每名旅客的责任以 332 特别提款权为限。"

8. 1975 年《蒙特利尔第二号附加议定书》的规定

该议定书即修改经 1955 年 9 月 28 日在海牙签订的议定书修正的 1929 年 10 月 12 日在华沙签订的《统一国际航空运输某些规则的公约》（亦称《华沙公约》）的第二号附加议定书，其第 2 条规定："在旅客运输中，承运人对每名旅客的责任以 16600 特别提款权为限，但是旅客可以通过其同承运人的特别协议，约定一个较高的责任限额。在托运行李和货物运输中，承运人的责任以每公斤 17 特别提款权为限，除非旅客或者托运人在向承运人交运特别声明在目的地交付时的意义，并在必要时支付附加费。公约旅客自行照管的物件，承运人对每名旅客的责任以 332 特别提款权为限。"

9. 1975 年《蒙特利尔第三号附加议定书》的规定

该议定书即修改经 1955 年 9 月 28 日在海牙签订的议定书和 1971 年 3 月 8 日在危地马拉城签订的议定书修正的 1929 年 10 月 12 日在华沙签订的《统一国际航空运输某些规则的公约》的第三号附加议定书。其中第 2 条规定："在旅客运输中，承运人对每名旅客的责任以 10 万特别提款权为限。运输旅客造成延误的，承运人对每名旅客的责任以 4150 特别提款权为限，在行李运输中造成毁灭、遗失、损坏或延误的，承运人对每名旅客的责任以 1000 特别提款权为限，在货物运输中，承运人的责任以每公斤 17 特别提款权为限，除非旅客或者托运人在向承运人交运特别声明在目的地交付时的意义，并在必要时支付附加费。"

10. 1975 年《蒙特利尔第四号附加议定书》的规定

该议定书即修改 1955 年 9 月 28 日在海牙签订的议定书修正的 1929 年 10 月 12 日在华沙签订的，《统一国际航空运输某些规则的公约》（亦称《华沙公约》）的《蒙特利尔第四号附加议定书》。该议定书规定："原告可以提出超过第 22 条规定的赔偿限额，前提是票据的缺陷或者能够证明知道很可能造成损害而不计后果地做。在没有特别声明价值的情况下，责任限额为每公斤 12 特别提款权或者 250 货币单位。"

11. 1999 年的《蒙特利尔公约》的规定

根据 1999 年的《蒙特利尔公约》的规定，关于旅客死亡或者伤害的赔偿，每名旅客不超过 100000 特别提款权。所产生的损害赔偿每名旅客超过 100000 特别提款权的部分，承运人证明有下列情形的，不应当承担责任：损失不是由于承运人或者其受雇人、代理人的过失或者其他不当作为、不作为造成的；或者损失完全是由第三人的过失或者其他不当作为、不作为造成的。

关于延误、行李和货物的责任限额，公约规定如下。承运人对每名旅客的责任以 4150 特别提款权为限。在行李运输中造成毁灭、遗失、损坏或者延误的，承运人的责任以每名旅客 1000 特别提款权为限，除非旅客在向承运人交运托运行李时，特别声明在目的地点交付时的利益，并在必要时支付附加费。在此种情况下，除承运人证明旅客声明的金额高于在目的地点交付时旅客的实际利益外，承运人在声明金额范围内承担责任。

在货物运输中造成毁灭、遗失、损坏或者延误的，承运人的责任以每公斤 17 特别提款权为限，除非托运人在向承运人交运包件时，特别声明在目的地点交付时的利益，并在必要时支付附加费。在此种情况下，除承运人证明托运人声明的金额高于在目的地点交付时托运人的实际利益外，承运人在声明金额范围内承担责任。

货物的一部分或者货物中任何物件毁灭、遗失、损坏或者延误的，用以确定承运人赔偿责任限额的重量，仅为该包件或者该数包件的总重量。但是，因货物一部分或者货物中某一物件的毁灭、遗失、损坏或者延误，影响同一份航空货运单、货物收据或者在未出具此两种凭证时按第四条第二款所指其他方法保存的记录所列的其他包件的价值的，确定承运人的赔偿责任限额时，该包件或者数包件的总重量也应当考虑在内。

12. 1952 年《罗马公约》的规定

公约规定除另有规定外，根据本公约规定承担责任的全体人员应予以赔偿损害所给付的赔偿金额，以每一航空器和每一事件计，不得超过：航空器重量为 1000 千克或以下时 500000 法郎；航空器重量超过 1000 千克但不超过 6000 千克时，除 500000 法郎外，其超过 1000 千克的每一千克另加 400 法郎；航空器重量超过 6000 千克但不超过 20000 千克时，除 2500000 法郎外，其超过 6000 千克的每一千克另加 250 法郎；航空器重量超过 20000 千克但不超过 50000 千克时，除 6000000 法郎外，其超过 20000 千克的每一千克另加 150 法郎；航空器重量超过 50000 千克时，除 10500000 法郎外，其超过 50000 千克的每一千克另加 100 法郎。

关于人身死亡或伤害的责任，对每一死者或伤者不得超过 500000 法郎。这里所述金额的法郎，系指含有千分之九百成色的六十五点五毫克黄金的货币单位。此法郎数额可以折合为各国货币，取其整数。在以此项法郎数额折合为非金本位国家的货币时，如进行法律诉讼，应按判决之日的黄金价格折合，或者在第十四条所列的情况下，应按赔偿金分配之日黄金价格折合。

以上诸规定内容详细但各有不同，法律冲突明显，同样需要解决。

关于承运人的责任及责任限制问题的法律适用，《中华人民共和国民用航空法》没有相关规定，应予补充完善。笔者的立法建议：

【航空赔偿责任】航空赔偿责任在没有合同约定的情况下，适用侵权行为地法。

【航空责任限制】航空责任限制，适用侵权行为地法、航空器国籍国法或法院地法中与案件有最密切联系的国家的法律。

第七节　立法建议

关于民用航空关系的法律适用，国内冲突规范理论极少有专门的论述。但是这些内容应该属于航空冲突规范的范畴。在民用航空领域，各国的相关法律规定是各不相同的，如在国际航空运输方面，各国对合同的形式、托运人与承运人的权利义务、赔偿数额与诉讼等规定不一。各国为了解决这些冲突，形成了一些重要的国际公约和国际惯例，如1929年的《统一国际航空运输某些规则的公约》（即《华沙公约》），1999年《统一国际航空运输某些规则的公约》（即《蒙特利尔公约》）等。因此，我国应根据航空关系法律适用的需要，及时完善航空关系法律适用法的相关立法。

一、条约的借鉴

（一）双边协议的方法

中国与许多国家签订有民用航空方面的双边协议，如《中华人民共和国政府和智利共和国政府航班协定》（签订日期为2009年11月13日），该双边协议规定的内容比较具体详细，解决问题的主要有以下内容。

1. 关于相关概念的定义方面的统一规定

协定第1条规定，除非本协定另有规定，本协定中：一、"航空当局"，智利方面指民用航空委员会或其接替机构；中华人民共和国方面指中国民用航空局，或授权执行上述委员会或当局所行使的各项职能的任何个人或者机构。二、"协定"，指本协定，其附件及对本协定及其附件的任何修改。三、"航空运输"，指为了获取报酬或者租金，使用航空器分别或者混合载运旅客、行李、货物和邮件。四、"公约"，指1944年12月7日在芝加哥开放签字的《国际民用航空公约》，并且包括：（一）根据该公约第九十四条第一款已经生效的，缔约双方已经批准的任何修改；以及（二）该公约的任何附件以及根据该公约第九十条通过的对附件的任何修改，但上述附件或者修改应在任何特定时间对缔约双方均已生效。五、"指定空运企业"，指根据本协定第三条经指定或者许可的空运企业。六、"国际航空运输"，指飞经一个以上国家领土上空的航空运输。七、"非运输业务性经停"，指在航空运输中目的不在于上下旅客、行李、货物或者邮件的任何经停。八、"领土"，指一国主权管辖下的陆地和与其邻接的领水及其以上空域。九、"用户费"，指为提供机场、航行服务或者航空保安货物、设施和服务向空运企业收取的费用。十、"代号共享"，指缔约双方指定空运企业和/或第三国空运企业之间的商业协议。根据该协议，上述空运企业可作为承运方或者作为市场方在规定航线上联合经营，但其中每家空运企业均需拥有业务权。代号共享使两家空运企业可使用一架航空器运输旅客、货物和邮件，每架航空器使用其自有代号。十一、"更换机型"，指指定空运企业在运营任何航班时，根据缔约双方航空当局商定的条件，在航线上任何一个或者多个航段，使用不同于另一航段上所用机型的机型。双边协议在以上方面进行了统一规定，可以避免相关法律规定上的冲突。

2. 具体授权方面的规定

协定第 2 条规定，"一、缔约一方给予缔约另一方以下权利，以便缔约另一方指定空运企业从事国际航空运输：（一）沿缔约另一方空中交通管制当局规定的航路不经停飞越其领土；（二）在其领土内的规定航线上做非运输业务性经停；（三）在经营来自或前往缔约另一方的国际航空运输业务时，在上述领土内经停，以便分别或者混合上下旅客、货物和邮件；以及（四）在经营来自或前往第三国的国际航线时，在其领土内经停，以便分别或者混合上下旅客、货物和邮件，以及如附件所规定的，在第三国境内分别或混合上下经其领土来自或前往缔约另一方领土的旅客、货物和邮件。二、在规定航线的各点上，缔约一方指定空运企业有权在非歧视的基础上使用缔约另一方领土内的航路，机场，起降时刻以及其他设施。三、本条中的任何规定不应被视为授予缔约一方指定空运企业在缔约另一方领土内的业务权"。

3. 关于指定和许可方面的规定

第 3 条规定，"一、缔约一方有权根据本协定指定它所希望的多家空运企业从事国际航空运输，并有权撤销或者更改上述指定。上述指定应通过外交途径以书面形式提交缔约另一方。二、在不违反下列规定的情况下，缔约一方在收到上述指定和指定空运企业按照颁发经营许可和技术许可所规定的形式和方式递交的申请后，应立即给予适当的许可不应无故迟延：（一）该空运企业的主要所有权和有效管理权属于指定该空运企业的缔约方、其国民或者两者兼有；（二）该空运企业有资格履行审理其申请的缔约一方通常适用于国际航空运输的法律，规章和规则所规定的条件；并且（三）指定该空运企业的缔约一方保持和执行第六条（证件和执照的承认）和第七条（航空保安）规定的标准"。

4. 关于许可的撤销、暂停或者限制方面的规定

第 4 条规定，"一、有下列情形之一时，缔约一方可撤销、暂停或者限制对缔约另一方指定空运企业的经营许可或者技术许可：（一）该空运企业的主要所有权和有效管理权不属于指定该空运企业的缔约方、其国民，或者两者兼有；（二）该空运企业未能遵守本协定第五条（法律的适用）所指的法律、规章和规定；或者（三）缔约另一方未能保持和执行第六条（证件和执照的承认）规定的标准。二、除非必须立即采取行动以防止进一步违反本条第一（二）和一（三）款，本条规定的权利只能在与缔约另一方磋商后方可行使。三、本条并不

限制缔约一方根据第七条（航空保安）的规定对缔约另一方的一家或者多家空运企业的经营许可或者技术许可采取暂停、撤销、限制或者附加条件的权利"。

5. 关于证件和执照的承认方面

第6条规定："一、对于经营本协定规定的航空运输，缔约一方应承认缔约另一方颁发或者核准的在有效期内的适航证、合格证和执照，但对上述合格证或者执照的要求应至少相当于公约制定的最低标准。但是，缔约一方可拒绝承认缔约另一方向其本国国民颁发的、或者核准有效的、以在其本国领土上空飞行为目的的合格证和执照。二、缔约一方可要求就缔约另一方在航行设施、机组、航空器以及指定空运企业经营方面所保持的安全标准进行磋商。如果在磋商后缔约一方发现缔约另一方未能有效地保持和执行至少相当于根据公约所制定的最低标准的安全标准和要求，缔约一方应将调查结果以及为符合这些最低标准所应采取的必要步骤告知缔约另一方，缔约另一方应采取适当的改正行动。如果缔约另一方没有在合理的时间内采取适当的改正行动，缔约一方有权暂停、撤销或者限制缔约另一方指定的一家或者多家空运企业的经营许可或者技术许可。"

6. 关于缔约国双方的权利义务方面的规定

第7条规定："一、根据国际法规定的权利和义务，缔约双方重申，为保护民用航空安全免遭非法干扰行为而相互承担的义务构成本协定不可分割的组成部分。二、缔约双方应根据缔约任一方的请求提供一切必要的协助，以防止非法劫持航空器的行为和其他危及航空器及其旅客、机组、航空器的机场和航行设施安全的非法行为，以及处理危及民用航空安全的任何其他威胁。三、在不限制其根据国际法所享有的权利和义务的普遍性的情况下，缔约双方应遵守1963年9月14日在东京签订的《关于在航空器内的犯罪和其他某些行为的公约》、1970年12月16日在海牙签订的《关于制止非法劫持航空器的公约》、1971年9月23日在蒙特利尔签订的《关于制止危害民用航空安全的非法行为的公约》，以及1988年2月24日在蒙特利尔签订的《制止在用于国际民用航空机场发生的非法暴力行为的议定书》的规定，但缔约双方均应是上述公约的当事国。四、缔约双方在其相互关系中，应遵守国际民用航空组织制定的、作为公约附件并且对缔约双方均适用的航空保安规定。缔约双方应要求在其领土内注册的航空器经营人、主要营业地或者永久居住地在其领土内的航空器经营人以及在其领土内的机场经营人遵守上述航空保安规定。五、缔约双方强调应要求上述航空器经营人遵守缔约另一方对进出其领土或者在其领土内停留时所需遵守的保安规定。缔约一方应保证在其领土内采取足够有效的措施，在登机或者装机前和在登机或者装机时保护航空器的安全，并且在登机或者装机前，对旅客、机组、行李、货物和机上供应品进行检查。缔约一方对缔约另一方提出的为对付特定威胁而采取合理的特殊保安措施的要求，应给予积极考虑。六、当发生非法劫持航空器事件或者以劫持航空器相威胁，或者发生其他危及旅客、机组、航空器、机场或者航行设施安全的非法行为时，缔约双方应相互协助，提供联系的方便并采取其他适当的措施，以便迅速、安全地结束上述事件或者威胁。七、当缔约一方有合理理由相信，缔约另一方已经违反本条的航空保安规定时，该缔约方航空当局可要求与缔约另一方航空当局立即进行磋商。如果上述要求发出之日起 15 天内未能就所涉及的问题达成令人满意的协议，缔约一方可据此对缔约另一方或者多家空运企业的经营许可和技术许可予以暂停、撤销、限制或者附加条件。如果情况紧急，缔约一方可在 15 天期限结束之前采取临时行动。"

此外，协议还有设立办事处方面的规定，关税方面的规定，争端的解决方面的规定，航线表、更换机型、包机航空运输、湿租协议、班次额度方面的规定，法律适用方面的规定等内容。例如，关于法律适用方面，第 5 条规定："一、缔约一方指定空运企业应遵守缔约另一方关于从事国际航行的航空器进出该国或者在其境内停留的法律和规章以及关于移民、海关和检疫事宜的法律和规章，但上述指定空运企业不应受到歧视性待遇。二、缔约一方关于提供统计信息的法律和规章应在对等的基础上，得到缔约另一方空运企业的遵守。"

（二）国际统一冲突法的方法

1. 《布斯塔曼特法典》

国际统一冲突法的方法，比较典型的是 1928 年 2 月 13 日第六届美洲国家会议通过的《布斯塔曼特法典》，法典第二卷第三篇规定了航海和航空商业，该法第 282 条规定："本章上述各规定，亦适用于飞机。"由此，法典规定的航空法律适用规则有："1. 航空器的国籍由飞行执照和登记证书予以证明，并以国籍为显著的区别标志。2. 航空器的所有权转移及公告方式，受国籍登记国法支配。3. 法院扣押和出售航空器的权力，不论航空器有无货载，适用航空器所在地的法律。4. 关于航空器出售后各债权人的权利及此项权利的消灭，受国籍登记国法支配。5. 根据国籍登记国法成立的航空器抵押权、优先权和物上担保权，即使在不承认或者规定此项抵押权的国家内，亦有域外的效力。6. 关于机长的权利义务、航空器所有人和航空器管理人对其行为的责任，受国籍登记国法支配。7. 关于航空器的检查、引航员的雇佣等适用属地法。8. 航空器机组人员义务及航空器内部秩序，受国籍登记国法支配。9. 在领空内发生的意外碰撞事件，如碰撞各方属于同一国籍，适用该国的法律。10. 在领空内发生的意外碰撞事件，如碰撞各方不属于同一国籍，适用当地的法律。11. 在领空内发生的有过失碰撞事件，适用当地的法律。12. 在公海上空发生的意外或者有过失的碰撞事件，如碰撞各方属于同一国籍，适用该国的法律。如碰撞各方不属于同一国籍，而碰撞是出于过失，则该碰撞事件适用被撞航空器的国籍国的法律。13. 不同国籍的航空器如在公海上空发生意外碰撞事件，应各负担依一国法律所定损失总额的半数，其余半数则依另一方法律分担。"

2. 1919 年的《巴黎空中航行管理公约》

该公约第 23 条规定："对海上遇难飞机的救助，在无相反协议的条件下，适用海商法的原则。"

3. 1952 年《罗马公约》

关于法律适用问题，1952 年《罗马公约》第 23 条规定："一、本公约适用于第一条所指在一缔约国领土内登记的航空器在另一缔约国领土内造成的损害。二、就本公约而言，在公海上的船舶或者航空器应被视为该船舶或者航空器登记国的领土的一部分。"根据公约的规定来推论，"如损害发生地即为造成损害的航空器登记国，则应当适用该国的国内法"①。

4.《关于航空器对第三方造成损害的赔偿的公约》

该公约第 2 条规定，该公约适用于正在进行国际飞行的航空器对一缔约国领土内第三方造成的损害。该条没有强调造成损害一方的航空器要在某一缔约国登记。另外，如果缔约国一方要求，公约的适用范围可以拓展至非国际航班。

此外，还有其他一些规定，如 1938 年在布鲁塞尔缔结了《统一有关海上救助飞机或以飞机救助的若干规则公约》等，其中也有一些冲突法方面的规定。

（三）国际统一实体法的方法

在解决民用航空法律冲突问题上，除双边协议统一实体法外，还形成了许多多边统一实体法，这些法律对解决相关领域的法律冲突问题有很好的作用。

1.《国际承认航空器权利公约》

《国际承认航空器权利公约》是关于航空器物权等权利方面规定的一个重要公约，兼具国际统一实体法、国际统一冲突法的特征。公约于 1953 年 9 月 17 日生效。中华人民共和国于 2000 年 4 月 28 日交存加入书，同时声明如下：一、中华人民共和国政府不承认旧中国政府对《国际承认航空器权利公约》的签署；

---

① ［荷］I. H. Ph. 迪德里克斯 - 范思赫，帕波罗·汶迪斯·德·莱昂. 国际航空法［M］. 黄韬，等译. 上海：上海交通大学出版社，2014：243.

二、在中华人民共和国政府另行通知前,《国际承认航空器权利公约》暂不适用于中华人民共和国香港特别行政区。本公约于 2000 年 7 月 27 日对我国生效,同时适用于澳门。1953 年生效的《国际承认航空器权利公约》的主要内容如下。

一是关于航空器物权范围方面的规定。公约第 1 条规定:"一、缔约各国承允,承认:(一)航空器所有权;(二)通过购买并占有行为取得航空器的权利;(三)根据租赁期限为六个月以上的租赁占有航空器的权利;(四)为担保偿付债务而协议设定的航空器抵押权、质权以及类似权利,但这些权利必须符合下列条件。1. 权利的设定符合该航空器进行国籍登记的缔约国在设定该权利时的法律,并且 2. 经合法地登记在该航空器进行国籍登记的缔约国的公共登记簿内。在不同缔约国中进行的连续登记的合法性,按照每次登记时该航空器进行国籍登记的缔约国的法律予以确定。二、本公约的规定不妨碍承认缔约国法律规定的航空器权利;但是,缔约国不得接受或者承认优先于本条第一款所列各项权利的权利。"

以上规定的是冲突法的内容,即要求航空器相关物权符合航空器进行国籍登记的条件要求,但同时又规定本公约的规定不妨碍承认缔约国法律规定的航空器权利。

二是关于登记效力的法律适用方面。第 2 条规定:"一、同一航空器的登记事项应当记载于同一登记簿内。二、除本公约另有规定外,登记本公约第一条第一款所列的权利对第三人的效力,根据该项权利登记地的缔约国的法律确定。三、缔约国可以禁止登记根据其国内法不能有效成立的权利。"

该条规定适用登记地的缔约国的法律确定航空器权利对第三人的效力。关于这一问题,不能适用航空器进行国法律。

三是优先权方面的规定。第 4 条规定:"一、根据援救或者保管航空器的活动终结地的缔约国的法律,由于下列事项对航空器产生的求偿权,缔约国应当予以承认,并且此项权利优先于对该航空器的所有其他权利。(一)援救航空器的报酬,或(二)保管航空器必需的额外费用。二、本条第一款所列权利的受偿顺序,按照产生该权利的事件发生日期逆向排列。三、上述权利应当在援救或保管工作终了之日起三个月内进行登记。四、前款规定的三个月期限届满后,缔约各国即不再承认上述权利,除非在此期限内,(一)此项权利已按第三款规定进行登记;并且(二)权利金额已经经协议确定或就此项权利已提起了司法诉讼。在司法诉讼的情况下,该期限的中断或中止由受理案件的法院地法律确定。五、本条的适用不受第一条第二款规定的影响。"

该条规定了航空器优先权适用援救或者保管航空器的活动终结地的缔约国

的法律。该地如果是航空器其他物权诉讼涉及航空器优先权问题，则援救或者保管航空器的活动终结地不一定就是法院地。

四是关于拍卖的法律适用方面。第 7 条规定："一、强制拍卖航空器的程序，依照拍卖地的缔约国的法律规定。二、但必须遵守下列条件。（一）拍卖的时间和地点应至少提前六个星期确定。（二）执行债权人应向法院或其他主管机关提交有关该航空器的登记事项的经过认证的摘录，并应在该航空器进行国籍登记的地点，按照当地的法律，至迟在确定的拍卖日期一个月以前，将拍卖事宜予以公告；同时应按照登记簿上所列地址，以挂号信，如可能，以航空信，通知已登记的航空器所有人、已登记航空器权利的持有人以及已按照第四条第三款规定登记的权利的持有人。三、由于不遵守本条第二款的要求而产生的后果，依照拍卖地的缔约国的法律确定。但任何违反该款要求进行的拍卖，在自拍卖之日起六个月内，经此项违反要求行为的任何受害人提出请求，可予以宣告无效。四、除非经主管当局确认的并按照本公约规定优先于执行债权人的权利的各项权利能由拍卖的价金抵偿消灭或者转由买受人承担，任何强制拍卖均不得进行。五、如果在执行拍卖的缔约国领土上，为担保债权而负担有第一条规定的任何一项权利的航空器，对地（水）面上的人员或财产造成伤害或者损害的，除非该航空器的经营人或以其名义向某一国或任何一国的保险企业充分和有效地投保了上述伤害或者损害险，该缔约国国内法可以规定，在将该航空器或者将属于同一所有人并负担有由同一债权人享有的类似权利的其他航空器进行扣押的情况下：（一）受害人或其代表如系执行债权人，上述第四款的规定对其不发生效力；（二）为担保债权而持有的并由被扣押航空器负担的第一条所述权利，在对抗受害人或其代表时，不得超过该航空器价金的 80%。拍卖执行地的缔约国的法律未规定任何其他限额的，若投保的金额与被扣押的航空器的重置价值相当时，保险即被认为是充分的。六、根据拍卖所在地缔约国的法律，为了各债权人的共同利益并在执行过程中产生的合法费用，优先于任何其他权利受偿，包括第四条规定的优先权，并应从拍卖所得的价金中支付。"

该条既规定了冲突法的内容，又规定了实体法的内容，如规定强制拍卖航空器的程序，适用拍卖地的缔约国的法律，就属于冲突法的内容。规定拍卖的时间和地点应至少提前六个星期确定等内容，属于实体法的内容规定。

五是关于航空器权利转移方面。第 9 条规定："除根据第七条规定进行强制拍卖以外，除非已登记权利的持有人全部得到清偿或者这些权利的持有人同意，不得将航空器的权利登记或国籍登记，从一缔约国转移至另一缔约国。"

六是零备件方面的规定。第 10 条规定：一、如根据登记航空器的缔约国的法律，为担保债权而持有并已登记的具有第一条所述性质的航空器权利，引申至贮存在特定地点的零备件，所有缔约国均应承认此项权利，只要这些零备件继续在上述特定地点贮存，并且为了将该零备件已有权利负担的事实适当地通知第三人，已在贮存地点张贴适当公告，载明对该项权利的说明、其持有人的名称和地址以及登记该权利的登记簿。二、在登记的文件中应当附入一份有关上述零备件的品名和概数的清单。这些零备件可以用同类的零备件替代而不影响债权人的权利。三、第七条第一款和第四款以及第八条的规定均适用于被强制拍卖的零备件。但是，如果执行债权人是无担保债权人的，当拍卖叫价不低于经负责此项拍卖的机关指定的专家对此项零备件所确定的价格的三分之二时，第七条第四款的规定应被视为允许进行此项拍卖。此外，在分配拍卖收益时，为了满足执行债权人的权利请求，有关主管机关可以将向优先权持有人支付的金额限制在支付第七条第六款所指费用后的拍卖收益的三分之二。四、本条所称的"零备件"，系指航空器部件、发动机、螺旋桨、无线电装置、仪表、设备、装饰件，以及构成上述物件的部件，更广泛地说，包括所有为替换安装于航空器上的部件而贮备的各种品名的其他物件。"该条规定的是与航空器物权有关的零备件的法律适用问题，适用航空器登记地国法律。

七是关于航空器的范围方面。第16条规定：本公约所称的"航空器"，包括航空器机体、发动机、螺旋桨、无线电装置以及所有用于航空器的，不论与航空器组装在一起或暂时拆卸下来的部件。

八是准据法的范畴。第17条规定："由缔约国负责其对外关系的某一领土设立单独的航空器国籍登记簿的，本公约对缔约国法律的指引应解释为对该领土法律的指引。"该条涉及区际冲突法问题。

2.《国际民用航空公约》

1947年4月4日生效的《国际民用航空公约》，统一的主要内容包括以下几点。

一是关于相关定义的规定方面，公约第96条规定，就本公约而言：一、"航班"指以航空器从事乘客、邮件或货物的公共运输的任何定期航班；二、"国际航班"指经过一个以上国家领土之上的空气空间的航班；三、"空运企业"指提供或经营国际航班的任何航空运输企业；四、"非商业性降停"指任何目的不在于上下乘客、货物或邮件的降停。

二是关于航空器的范畴方面。公约规定仅适用于民用航空器，不适用于国家航空器；用于军事、海关和警察部门的航空器，应认为是国家航空器。

三是关于飞行许可方面的规定。公约规定缔约国的国家航空器，未经特别协定或其他方式的许可并遵照其中的规定，不得在另一缔约国领土上空飞行或在此领土上降落。

四是关于在缔约国领土上空不定期飞行权利方面。公约规定了不定期飞行的权利，即缔约国的一切不从事定期国际航班飞行的航空器，在遵守本公约规定的条件下，不需要事先获准，有权飞入或飞经其领土而不降落，或作非商业性降停，但飞经国有权令其降落。

五是关于缔约国待遇平等方面的规定。公约规定一缔约国对其本国航空器开放的公用机场，在遵守公约规定的情况下，应按统一条件对所有其他缔约国的航空器开放。为航行安全和便利而提供公用的一切航行设施，包括无线电和气象服务，由缔约各国的航空器使用时，应适用同样的统一条件。

一缔约国对任何其他缔约国的航空器使用此种机场及航行设施可以征收或准许征收的任何费用：对不从事定期国际航班飞行的航空器，应不高于从事同样飞行的本国同级航空器所缴纳的费用；对从事定期国际航班飞行的航空器，应不高于从事同样国际航班飞行的本国航空器所缴纳的费用。

所有此类费用应予公布，并通知国际民用航空组织，但如一有关缔约国提出意见，此项使用机场及其他设施的收费率应由理事会审查。理事会应就此提出报告和建议，供有关的一国或几国考虑。任何缔约国对另一缔约国的任何航空器或航空器上所载人员或财物不得仅因给予通过或进入或离去其领土的权利而征收任何规费、捐税或其他费用。

六是关于禁区的规定方面。公约规定缔约国可以根据军事需要或公共安全的理由，一律限制或禁止其他国家的航空器在其领土内的某些地区上空飞行，但对该领土所属国从事定期国际航班飞行的航空器和其他缔约国从事同样飞行的航空器，在这一点上不得有所区别。此种禁区的范围和位置应当合理，以免空中航行受到不必要的障碍。

七是关于东道国法律适用的规定。公约规定在遵守本公约各规定的条件下，一缔约国关于从事国际航行的航空器进入或离开其领土或关于此种航空器在其领土内操作或航行的法律和规章，应不分国籍，适用于所有缔约国的航空器，此种航空器在进入或离开该国领土或在其领土内时，都应该遵守此项法律和规章。

八是关于航空器国籍及法律适用的规定。公约规定航空器具有其登记的国家的国籍。公约不承认双重登记，航空器在一个以上国家登记不得认为有效，但其登记可由一国转移至另一国。

九是公约航空器登记的法律适用。公约规定航空器在任何缔约国登记或转移登记，应按该国的法律和规章办理。这是该公约关于冲突法内容方面的规定。虽然公约主要是统一实体法，但也有一些地方规定了统一冲突法的内容。

九是关于关税的规定方面。公约规定航空器飞抵、飞离或飞越另一缔约国领土时，在遵守该国海关规章的条件下，应准予暂时免纳关税。一缔约国的航空器在到达另一缔约国领土时所载的燃料、润滑油、零配件、正常设备及机上供应品，在该航空器离开该国领土时，如仍留置航空器上，应免纳关税、检验费或类似的国家或地方税款和费用。此种豁免不适用于卸下的任何数量或物品，但按照该国海关规章允许的不在此例，此种规章可以要求上述物品应受海关监督。运入一缔约国领土的零备件和设备，供装配另一缔约国的从事国际航行的航空器或在该航空器上使用，应准予免纳关税。

十是关于航空器的援救与事故调查方面。公约规定了对缔约国航空器的援救与事故调查的内容。

十一是关于扣押航空器方面的规定。如第 27 条规定："一、一缔约国从事国际航行的航空器，被准许进入或通过另一缔约国领土时，不论降停与否，另一缔约国不得以该国名义或以该国任何人的名义，基于航空器的构造、机构、零件、附件或操作有侵犯航空器进入国依法发给或登记的任何专利权、设计或模型的情形，而扣押或扣留该航空器，或对该航空器的所有人或经营人提出任何权利主张，或进行任何其他干涉、缔约各国并同意在任何情况下，航空器所进入的国家对航空器免予扣押或扣留时，均不要求缴付保证金。二、本条第一款的规定，也适用于一缔约国在另一缔约国领土内航空器备用零件和备用设备的存储，以及使用并装置此项零件和设备以修理航空器的权利，但此项存储的任何专利零件或设备，不得在航空器进入国国内出售或转让，也不得作为商品输出该国。三、本条的利益只适用于本公约的参加国并且是：（一）国际保护工业产权公约及其任何修正案的参加国；或（二）已经颁发专利法，对本公约其他参加国国民的发明予以承认并给予适当保护的国家。"

十二是航空器的条件要求方面。如关于航空器登记证等证照、单据方面，第 29 条规定："缔约国的每一航空器在从事国际航行时，应按照本公约规定的条件携带下列文件。一、航空器登记证；二、航空器适航证；三、每一机组成员的适当的执照；四、航空器航行记录簿；五、航空器无线电台许可证，如该航空器装有无线电设备；六、列有乘客姓名及其登机地与目的地的清单，如该航空器载有乘客；七、货物舱单和详细的申报单，如该航空器载有货物。"

关于航空器无线电设备方面，公约第 30 条规定："一、各缔约国航空器在其他缔约国领土内或在其领土上空时，只有在具备该航空器登记国主管当局发给的设置及使用无线电发射设备的许可证时，才可以携带此项设备。在该航空器飞经的缔约国领土内使用无线电发射设备，应遵守该国制定的规章。二、无线电发射设备只准飞行组成员中持有航空器登记国主管当局为此发给的专门执照的人员使用。"

关于适航证方面，公约第 31 条规定："凡从事国际航行的每一航空器，应备有该航空器登记国发给或核准的适航证。"公约还规定从事国际航行的相关人员，应备有登记国所发的合格证书和执照，这些执照不一定其他缔约国也承认。公约第 32 条第 2 款规定缔约各国对其任何国民持有的由另一缔约国发给的合格证书和执照，保留拒绝承认的权利。第 33 条规定："登记航空器的缔约国发给或核准的适航证和合格证书及执照，其他缔约国应承认其有效。但发给或核准此项证书或执照的要求，须等于或高于根据本公约随时制定的最低标准。"

第 32 条第 2 款规定了保留拒绝承认的权利，第 33 条规定了缔约国应承认其有效，这两条规定不相一致，可以结合理解为：缔约国应承认其有效，但可以保留拒绝承认的权利。

关于货物限制方面，公约第 35 条规定的内容如下。一是关于特别许可问题，从事国际航行的航空器，非经一国许可，在该国领土内或在该国领土上空时不得载运军火或作战物资。至于本条所指军火或作战物资的含意，各国应以规章自行确定，但为求得统一起见，应适当考虑国际民用航空组织随时所做的建议。二是关于公共秩序和安全问题，公约规定缔约各国为了公共秩序和安全，除第一款所列物品外，保留管制或禁止在其领土内或领土上空载运其他物品的权利。但在这方面，对从事国际航行的本国航空器和从事同样航行的其他国家的航空器，不得有所区别，也不得对在航空器上为航空器操作或航行所必要的或为机组成员或乘客的安全而必须携带和使用的器械加任何限制。

此外，公约还有其他方面的规定：如关于联营组织和合营航班方面的规定；关于争端解决方面的规定；关于仲裁程序的规定；关于对空运企业不遵守规定的处罚；关于对缔约国不遵守规定的处罚等内容。

3.《国际民用航空公约》附件规定的具体内容[1]

一是关于附件一规定的具体内容，即修改《国际民用航空公约》第九十三条的议定书（1947 年 5 月 27 日订于蒙特利尔）。第九十三条规定的内容是："准许其他国家参加第九十一条和第九十二条第一款规定以外的国家，在世界各国为保持和平所设立的任何普遍性国际组织的许可之下，经大会 4/5 的票数通过

---

[1] 参见北大法宝网，2017 年 11 月 2 日访问.

并在大会可能规定的各种条件下，准许参加本公约；但在每一情况下，应以取得在此次战争中受该请求加入的国家入侵或攻击过的国家的同意为必要条件。"

修改该公约第九十三条的议定书认为：考虑到对 1944 年 12 月 7 日在芝加哥签订的国际民用航空公约需要进行修改，于 1947 年 5 月 13 日，根据 1944 年 12 月 7 日在芝加哥签订的《国际民用航空公约》第九十四次第一款的规定，批准了对上述公约的下列修改案，修改案的条款称为"第九十三条分条"。"第九十三条分条"："一、尽管有以上第九十一条、第九十二条和第九十三条的规定，（一）一国政府，经联合国大会建议拒绝其参加由联合国建立或与联合国发生了关系的国际机构，其国际民用航空组织成员的资格应即自动丧失；（二）一国被联合国除名时，其国际民用航空组织成员的资格也自动丧失，除非联合国大会对其除名行动附有相反的建议。二、由于上述第一款的规定丧失国际民用航空组织成员资格的国家，在经联合国大会批准后，向理事会提出申请并经理事会多数通过，可以重新加入国际民用航空组织。三、国际民用航空组织的成员，如被暂停行使其联合国成员的权利和特权，根据联合国的要求，应暂停其国际民用航空组织成员的权利和特权。"

以上是实体法统一方面的内容。

二是关于附件二规定的具体内容，修改《国际民用航空公约》第四十五条的议定书（1954 年 6 月 14 日订于蒙特利尔）。

第四十五条规定的内容是：永久地址是指，"本组织的永久地点应由 1944 年 12 月 7 日在芝加哥签订的国际民用航空临时协定所设立的临时国际民用航空组织临时大会最后一次会议确定。本组织的地址经理事会决议可以暂迁他处"。

修改该公约第四十五条的议定书认为：考虑到对 1944 年 12 月 7 日在芝加哥签订的《国际民用航空公约》须做修改，于 1954 年 6 月 14 日，根据上述公约第九十四条第一款的规定，批准了对于该公约的下列修改案。将该公约第四十五条末尾的句号改为逗号，并增加以下字句："如非暂迁，则应经大会决议，通过这一决议所需票数由大会规定。此项规定的票数不得少于缔约国总数的 3/5。"

三是关于附件三规定的具体内容。修改《国际民用航空公约》第四十八条第一款、第四十九条第五款、第六十一条的议定书（1954 年 6 月 14 日订于蒙特利尔）。

修改该公约第四十八条第一款、第四十九条第五款、第六十一条的议定书认为：考虑到对 1944 年 12 月 7 日在芝加哥签订的《国际民用航空公约》须做修改，于 1954 年 6 月 14 日，根据上述公约第九十四条第一款的规定，批准了对于该公约的下列修改案。在第四十八条第一款中，以"至少在三年内……一次"

字样代替"每年"字样；在第四十九条第五款中，以"各年度预算"字样代替"年度预算"字样，以及在第六十一条中，以"各年度预算"和"对各预算……表示表决"字样代替"年度预算"和"对预算……进行表决"字样。

四是关于附件四修改《国际民用航空公约》第五十条第一款的议定书（1961年6月21日订于蒙特利尔）。

修改该公约第五十条第一款的议定书认为：注意到增加理事会成员的名额是缔约各国的普遍愿望，考虑到在理事会中增加六个席位是适当的，从而将成员数从21个增加到27个，并考虑到为了上述目的有必要对1944年12月7日在芝加哥签订的《国际民用航空公约》进行修改，于1961年6月21日，根据上述公约第九十四条第一款的规定，批准了对于该公约的下列修改案。在公约第五十条第一款中，删去"21"字样并代之以"27"字样。

五是关于附件五：修改《国际民用航空公约》第四十八条第一款的议定书（1962年9月15日订于罗马）。修改该公约第四十八条第一款的议定书认为：注意到要求召开大会非常会议所需的缔约国最少数目应从现在的十个予以增加是缔约各国的普遍愿望，考虑到将上述数目增加为缔约国总数的五分之一是适当的，并考虑到为了上述目的有必要对1944年12月7日在芝加哥签订的《国际民用航空公约》进行修改，于1962年9月14日，根据上述公约第九十四条第一款的规定，批准了对于该公约的下列修改案。在公约第四十八条第一款中，删去第二句并代之以"如经理事会召集或经不少于缔约国总数1/5向秘书长提出要求，可以随时举行大会非常会议"。根据该公约上述第九十四条第一款，兹规定以上修改案一经66个缔约国批准后即行生效。

六是关于附件六《国际民用航空公约》三种文字正式文本的议定书（1968年9月24日订于布宜诺斯艾利斯）。该公约三种文字正式文本的议定书第一条规定："附在本议定书之后的公约法文和西班牙文文本，连同公约英文文本，构成公约最后一段特别指出的具有同等效力的三种文字的文本"。第二条规定"如本议定书的参加国已经批准或在将来批准根据公约第九十四条第一款所做的任何修正案，则此项修正案的英文、法文和西班牙文文本应被认为所涉及的是由本议定书所产生的三种文字具有同等效力的文本。"

七是关于附件七修改《国际民用航空公约》第五十条第一款的议定书（1971年3月12日订于纽约）。修改该公约第五十条第一款的议定书认为：注意到增加理事会成员数额是缔约各国的普遍愿望，考虑到在1961年6月21日通过的对（1944年芝加哥）国际民用航空公约的修改案中规定的六个席位之外，适宜再在理事会中增加三个席位，使理事会的成员数因此增加到30个，并考虑到为了上述目的有必要修改 1944 年 12 月 7 日在芝加哥签订的《国际民用航空公约》，于 1971 年 3 月 12 日，根据上述公约第九十四条第一款的规定，批准了对于该公约的下列修改案。删去公约第五十条第一款第二句，并以下列文字代替："由大会选出的 30 个缔约国组成。"

八是关于附件八修改《国际民用航空公约》第五十六条的议定书（1971 年 7 月 7 日订于维也纳）。修改该空公约第五十六条的议定书认为：注意到增加航空技术委员会成员数额是缔约各国的普遍愿望，考虑到将该机构的成员数额从 12 名增加到 15 名是适当的，并考虑到为了上述目的有必要对 1944 年 12 月 7 日在芝加哥签订的《国际民用航空公约》进行修改，根据上述公约第九十四条第一款的规定，批准了对该公约的下列修改案。在公约第五十六条中，用"委员 15 人"字样代替"委员 12 人"。

九是关于附件九修改《国际民用航空公约》第五十条第一款的议定书（1974 年 10 月 16 日订于蒙特利尔）。修改该公约第五十条第一款的议定书认为：于 1974 年 10 月 14 日在蒙特利尔举行第 21 届大会，注意到增加理事会成员的名额是缔约国的普遍愿望，考虑到为使第二部分以及特别是第三部分选举中选出的各国代表能够增多，在理事会中增加三个席位从而相应地将成员数从 30 个增至 33 个是适当的，并考虑到为上述目的有必要对 1944 年 12 月 7 日在芝加哥签订的《国际民用航空公约》进行修改，根据上述公约第九十四条第一款的规定，批准了对该公约的下列修改建议。在公约第五十条第一款中修改第二句，用"33"代替"30"。

十是关于附件十《国际民用航空公约》四种文字正式文本的议定书（1977 年 9 月 30 日订于蒙特利尔）。经协议如下：附在本议定书后的公约及其修正案的俄文文本，连同公约及其修正案的英文、法文和西班牙文文本，构成具有同等效力的四种文字的文本。

十一是关于附件十一《国际民用航空公约》修正案的议定书（1977 年 9 月 30 日订于蒙特利尔）。根据该公约第九十四条第一款的规定，通过对该公约提出的下列修正案，用下列文字代替该公约最后一段的现有文字："本公约以英文于 1944 年 12 月 7 日订于芝加哥。本公约以英文、法文、西班牙文和俄文四种文字写成，各种文本具有同等效力。这些文本应存放在美利坚合众国政府档案处，由该政府将经过认证的副本分送在本公约上签字的或加入本公约的各国政府。本公约应在华盛顿（哥伦比亚特区）开放签字。"

以上十一个国际民用航空公约修正案的议定书，主要对涉及程序方面的一些内容进行了修订，未涉及统一冲突法方面的内容。

4.《国际统一私法协会租赁示范法》

关于综合性公约还有《国际统一私法协会租赁示范法》（国际统一私法协会租赁示范法由国际统一私法协会全体代表大会及政府专家委员会联席会议于2008年11月13日在罗马审议通过）。《国际统一私法协会租赁示范法》统一的相关内容如下。

（1）关于条约适用范围方面，示范法第1条规定："本法适用于租赁物位于本国境内，承租人的主要权益中心位于本国境内或租赁约定该交易适用本国法律的租赁活动。"

从该条规定的内容来看，以上规定将集中在本国的因素作为公约适用的条件，并没有特别强调案件的涉外性。

（2）关于相关定义的规定方面，根据公约的规定，租赁物的范围包括不动产、资本资产、设备、未来资产，特制资产、植物和活的以及未出生的动物。这里的规定将未来资产、未出生的动物等含有未来元素的资产包括在内，但不包含货币或有价证券。关于大型航空器设备，公约规定是指2001年11月16日在开普敦签署的《移动设备国际利益公约关于航空器设备特定问题的议定书》所定义的所有航空器。

关于融资租赁的定义，公约规定是指具有以下特征的租赁，不论合同条款是否包含全部或部分租赁物的购买选择权：一是承租人指定租赁物并选择供货人；二是出租人取得与租赁相关联的租赁物，且供货人知道该事实；三是关于租赁项下租金或其他应付费用的构成，不论是否考虑了出租人全部或大部分的投资的摊销。

（3）关于合同自由方面的规定，根据公约的规定，除法律另有规定外，出租人和承租人可以减损或变更本公约的效力，可以自由地约定租赁的内容。该规定赋予了当事人合同自由方面的充分权利。

（4）关于租赁的效力方面，公约规定，租赁依当事人之间的约定具有法律效力并且可执行；当事人之间的权利和救济措施可以对抗租赁物的买受人，也可以对抗当事人的债权人，包括破产管理人。该规定的内容是侧重保护租赁的，而且强调当事人之间关于租赁的约定即可执行，没有特别要求约定的形式。

（5）关于供货人的责任方面，根据公约的规定，在融资租赁中，供货人依供货合同的义务亦可向承租人履行，就如同承租人是该供货合同的当事人，该租赁物是直接提供给承租人一样。供货人就同一损害不应同时向出租人和承租人承担责任。依据承租人的要求，出租人应将强制履行供货合同的权利转让给承租人。否则出租人应承担供货人义务。在承租人同意的供货合同中，任何条款的修改不影响承租人依本条所享有的权利，除非承租人同意该修改。如果承租人不同意该修改，出租人应在修改的范围内向承租人承担供货人义务。

（6）关于出租人的免责方面，公约规定，在融资租赁中，出租人依供货合同和租赁合同规定在交易范围内作为出租人和所有人，对因租赁物或租赁物的使用所造成的死亡、人身伤害或财产损害，不向承租人或第三人承担责任。

（7）关于履行义务方面，公约规定，在融资租赁中，一旦租赁物已经交付承租人并被其接受，承租人和出租人的义务即不可撤销，并且具有独立性。在融资租赁之外的其他租赁中，当事人可以通过约定，特别指明承租人和出租人的哪些义务为不可撤销的和独立的。

（8）关于风险方面，公约规定在融资租赁中，从租赁开始，租赁物的灭失风险由承租人承担；如果租赁物尚未交付、部分交付、迟延交付或交付不符合租赁约定，当承租人依本公约的规定主张其救济的情况下，承租人可依公约的规定，视租赁物灭失风险仍由供货人承担。在非融资租赁的其他租赁中，灭失风险仍由出租人承担，并不转移于承租人。

（9）关于租赁物的损害方面，公约规定，在融资租赁中，租赁物交付给承租人之前非因出租人或承租人的过错而遭受损害，承租人可以要求检验，并接受租赁物且要求供货人就损害的价值给予适当补偿，或者，依法律规定采取其他救济措施。

在非融资租赁的其他租赁中，租赁物交付给承租人之前非因出租人或承租人的过错而遭受损害的，如果全损，租赁终止；如果部分损失，承租人可以要求检验，并有权视租赁已终止，或者依损失价值适当扣减未到期租金后接受租赁物，但放弃对出租人采取其他救济措施。

（10）关于赔偿与救济方面，公约规定，在承租人接受租赁物之后，如果租赁物不符合供货合同的约定，承租人有权就其损害向供货人主张赔偿；在非融资租赁的其他租赁中，如果租赁物不符合租赁的约定，承租人有权就其损害向出租人主张赔偿。关于救济措施方面，如果当事人违反约定，公约规定了相应的救济措施，如要求交付租赁物等。

（11）关于转让方面，公约规定，出租人在租赁中的权利可以不经承租人同意而转让。出租人和承租人可以约定，除承租人因丧失行为能力外，承租人不应依对抗出租人的抗辩权或抵销权对抗受让人。

出租人在租赁中的义务只有经过承租人同意才能转让，但转让不应被不合理地拒绝。

承租人在租赁中的权利和义务只有经过出租人的同意才能转让，且受第三人权利的约束，但转让不应被不合理地拒绝。

（12）关于担保与保证方面的规定，公约规定，融资租赁中，出租人担保承租人对租赁物的平静占有不受享有优先地位或权利，或主张优先地位或权利且依法院授权行动的人的侵扰，无论这种地位、权利或主张是出自出租人的疏忽、故意行为还是遗漏；向出租人或供货人提供租赁物规格要求的承租人，应该保证出租人和供货人不致因遵循该要求引起的侵权主张而遭受损害。在非融资租赁的其他租赁中，出租人保证承租人对租赁物的平静占有不致受到享有优先地位或权利的人，或主张优先地位或权利且依法院授权行动的人，或主张侵权损害赔偿请求权的人的侵扰。

承租人应当妥善维护租赁物，依该类租赁物的通常使用方式合理使用租赁物，并且将租赁物维持在其被交付时的状态，合理的损耗除外。租赁到期或终止时，承租人应当按上述规定的状态将租赁物返还给出租人，但承租人行使其购买权或因租期续展而继续占有租赁物的除外。

（13）关于违约与终止方面，公约规定，当事人可以对构成违约以及其他导致本章所规定的权利和救济措施的事件做出约定。如没有约定，本公约中的违约是指当事人一方未履行租赁或本法所规定的义务。

受损方应向违约方发出违约通知、履行通知、终止通知，并给予违约方合理的补救机会。

关于终止方面，公约规定租赁可依法律规定、本条约条款的规定、当事人的约定、承租人或出租人根本违约后受害人的请求而终止。

（14）关于处分租赁物方面，公约规定，租赁到期或终止后，出租人有权取回租赁物，并且有权处分租赁物。

5. 《统一航空器对地（水）面上第三人造成损害的某些规则公约》

该公约统一的相关内容如下。

（1）关于赔偿方面，公约规定，凡在地（水）面上遭受损害的人，只要证明该项损害是飞行中的航空器或从飞行中的航空器坠落下的人或物所造成的，即有权获得本公约规定的赔偿。

（2）关于责任限制方面的规定，公约规定根据本公约规定承担责任的全体人员对按照公约规定应予以赔偿的损害所给付的赔偿金额，以每一航空器和每一事件计，具体条款可见前文1952年《罗马公约》的规定。

关于人身死亡或伤害的责任，对每一死者或伤者不得超过500000法郎。

（3）关于不能够主张责任限制的行为，公约规定下列情况不能够主张责任限制。一是如果受害人证明损害是由于经营人或其受雇人故意造成损害的作为或不作为所造成，则经营人的责任将无限制；如果是受雇人有上述作为或不作为，还须证明是在执行职务的过程中并在其职权范围内的行为。二是未经有使用权的人的同意而非法取得并使用航空器的人，应负的责任将无限制。

（4）关于经营人责任的担保，公约规定任何缔约国可以要求在另一缔约国登记的航空器的经营人，对于他可能在该缔约国领土内造成按照公约规定应予赔偿的损害责任，根据该公约规定的适用限额进行保险。

（5）关于程序规则和诉讼期限，公约规定，如果受害人未对经营人提起索赔诉讼，或者未在造成损害的事件发生之日起六个月内将索赔通知书送交经营人，则索赔人只能在上述期限内提出的全部索赔要求得到充分清偿之后，从经营人留存待分摊的赔偿金余额中获得赔偿。

根据本公约的规定进行诉讼，只能向损害发生地的缔约国的法院提起。但是，如经一个或几个原告与一个或几个被告彼此同意，原告可以向任何其他缔约国的法院提起诉讼，但此种诉讼程序对于原告向损害发生地国的法院提起诉讼的权利无任何妨碍。各当事人可以协商将其争议在任何缔约国提交仲裁。

（6）关于责任限额中的诉讼费用问题，公约规定，被申请执行的法院可以根据判定债务人的请求，限制此项诉讼费用不超过所执行的判决的赔偿金额的10%。本公约规定的责任限额不包括此项诉讼费用。

（7）关于年利计息，公约规定，根据判决支付的赔偿金可以按照不超过4%的年利计息，从已签发执行令的判决之日起算。

（8）关于诉讼时效，公约规定，公约规定的诉讼时效为两年，从造成损害的事件发生之日起算。

本条第一款规定的时效的中止或中断的理由，由受理案件的法院的法律确定；但在任何情况下，在造成损害的事件发生之日起算的三年届满时，提起诉讼的权利即行丧失。

（9）关于公约的适用，公约规定，适用于在一缔约国领土内登记的航空器在另一缔约国领土内造成的损害。在公海上的船舶或者航空器应被视为该船舶或者航空器登记国的领土的一部分。

本公约不适用于对飞行中的航空器或者对该航空器上的人或物造成的损害。

（10）关于公约不适用的一般规定，公约规定，如果地（水）面上的损害责任由受害人与经营人或与发生损害时有权使用航空器的人之间的合同调整，或者由适用于上述人员之间签订的劳动合同关于职工赔偿的法律所调整，则本公约不适用。本公约不适用于供军事、海关或警察用的航空器所造成的损害。

6. 1999 年《统一国际航空运输某些规则的公约》（蒙特利尔公约）

该公约统一的相关内容如下。

（1）关于公约的适用范围，该公约规定，本公约适用于所有以航空器运送人员、行李或者货物而收取报酬的国际运输。本公约同样适用于航空运输企业以航空器履行的免费运输。

（2）关于国际运输的范围，公约规定，"国际运输"系指根据当事人的约定，不论在运输中有无间断或者转运，其出发地点和目的地点是在两个当事国的领土内，或者在一个当事国的领土内，而在另一国的领土内有一个约定的经停地点的任何运输，即使该国为非当事国。就本公约而言，在一个当事国的领土内两个地点之间的运输，而在另一国的领土内没有约定的经停地点的，不是国际运输。

运输合同各方认为几个连续的承运人履行的运输是一项单一的业务活动的，无论其形式是以一个合同订立或者一系列合同订立，就本公约而言，应当视为一项不可分割的运输，并不仅因其中一个合同或者一系列合同完全在同一国领土内履行而丧失其国际性质。本公约的规定不适用于邮件运输。

以上规定界定了国际运输、国家运输等适用于公约的情形，由于各国规定不一，公约的规定有一定积极的作用。

（3）关于旅客和行李方面，公约规定，就旅客运输而言，应当出具个人的或者集体的运输凭证，该项凭证应当载明：对出发地点和目的地点的标示；出发地点和目的地点是在一个当事国的领土内，而在另一国的领土内有一个或者几个约定的经停地点的，至少对其中一个此种经停地点的标示等。

（4）关于货物方面的规定，公约规定，就货物运输而言，应当出具航空货运单。

此外，任何保存将要履行的运输的记录的其他方法都可以用来代替出具航空货运单。采用此种其他方法的，承运人应当应托运人的要求，向托运人出具货物收据，以便识别货物并能获得此种其他方法所保存记录中的内容。航空货运单或者货物收据的内容包括：对出发地点和目的地点的标示；出发地点和目的地点是在一个当事国的领土内，而在另一国的领土内有一个或者几个约定的经停地点的，至少对其中一个此种经停地点的标示；以及对货物重量的标示。

（5）关于对凭证的规定，公约规定，对因托运人或者以其名义所提供的各项说明和陈述不符合规定、不正确或者不完全，给承运人或者承运人对之负责的任何其他人造成的一切损失，托运人应当对承运人承担赔偿责任。对因承运人或者以其名义在货物收据或者在公约所指其他方法所保存的记录上载入的各项说明和陈述不符合规定、不正确或者不完全，给托运人或者托运人对之负责的任何其他人造成的一切损失，承运人应当对托运人承担赔偿责任。

（6）关于凭证的证据价值，公约规定航空货运单或者货物收据是订立合同、接受货物和所列运输条件的初步证据。

（7）关于托运人、承运人的权利，公约规定，托运人在负责履行运输合同规定的全部义务的条件下，有权对货物进行处置，即可以在出发地机场或者目的地机场将货物提回，或者在途中经停时中止运输，或者要求在目的地点或者途中将货物交给非原指定的收货人，或者要求将货物运回出发地机场。

此外还规定：如承运人承认托运行李已经遗失，或者托运行李在应当到达之日起二十一日后仍未到达的，旅客有权向承运人行使运输合同所赋予的权利；如承运人承认货物已经遗失，或者货物在应当到达之日起七日后仍未到达的，收货人有权向承运人行使运输合同所赋予的权利等。

（8）关于承运人责任与赔偿方面，公约规定，对于因旅客死亡或者身体伤害而产生的损失，只要造成死亡或者伤害的事故是在航空器上或者在上、下航空器的任何操作过程中发生的，承运人就应当承担责任；对于因货物毁灭、遗失或者损坏而产生的损失，只要造成损失的事件是在航空运输期间发生的，承运人就应当承担责任。但是，承运人证明货物的毁灭、遗失或者损坏是由于下列一个或者几个原因造成的，在此范围内承运人不承担责任：货物的固有缺陷、质量或者瑕疵；承运人或者其受雇人、代理人以外的人包装货物的，货物包装不良；战争行为或者武装冲突；公共当局实施的与货物入境、出境呀者过境有关的行为。

（9）关于延误责任，公约规定，旅客、行李或者货物在航空运输中因延误引起的损失，承运人应当承担责任。但是，承运人证明本人及其受雇人和代理人为了避免损失的发生，已经采取一切可合理要求的措施或者不可能采取此种措施的，承运人不对因延误引起的损失承担责任。

（10）关于免责，公约规定，经承运人证明，损失是由索赔人或者索赔人从其取得权利的人的过失或者其他不当作为、不作为造成或者促成的，应当根据造成或者促成此种损失的过失或者其他不当作为、不作为的程度，相应全部或者部分免除承运人对索赔人的责任。旅客以外的其他人就旅客死亡或者伤害提出赔偿请求的，经承运人证明，损失是旅客本人的过失或者其他不当作为、不作为造成或者促成的，同样应当根据造成或者促成此种损失的过失或者其他不当作为、不作为的程度，相应全部或者部分免除承运人的责任。

（11）关于旅客死亡或者伤害的赔偿方面，公约规定，对于根据第十七条款所产生的每名旅客不超过100000特别提款权的损害赔偿，承运人不得免除或者限制其责任。对于根据第十七条第一款所产生的损害赔偿每名旅客超过100000特别提款权的部分，承运人证明有下列情形的，不应当承担责任：损失不是由于承运人或者其受雇人、代理人的过失或者其他不当作为、不作为造成的；或者损失完全是由第三人的过失或者其他不当作为、不作为造成的。

（12）关于延误、行李和货物的责任限额，公约规定，在人员运输中因第十九条所指延误造成损失的，承运人对每名旅客的责任以4150特别提款权为限。在行李运输中造成毁灭、遗失、损坏或者延误的，承运人的责任以每名旅客1000特别提款权为限，除非旅客在向承运人交运托运行李时，特别声明在目的地点交付时的利益，并在必要时支付附加费。在此种情况下，除承运人证明旅客声明的金额高于在目的地点交付时旅客的实际利益外，承运人在声明金额范围内承担责任。在货物运输中造成毁灭、遗失、损坏或者延误的，承运人的责任以每公斤17特别提款权为限，除非托运人在向承运人交运包件时，特别声明在目的地点交付时的利益，并在必要时支付附加费。

（13）关于限额的复审，公约规定，规定的责任限额每隔五年进行一次复审，第一次复审应当在本公约生效之日起第五年的年终进行，本公约在其开放签署之日起五年内未生效的，第一次复审应当在本公约生效的第一年内进行，复审时应当参考与上一次修订以来或者就第一次而言本公约生效之日以来累积的通货膨胀率相应的通货膨胀因素。如果复审结果表明通货膨胀因素已经超过百分之十的，保存人应当将责任限额的修订通知当事国。该项修订应当在通知当事国六个月后生效。在将该项修订通知当事国后的三个月内，多数当事国登记其反对意见的，修订不得生效，保存人应当将此事提交当事国会议。保存人应当将修订的生效立即通知所有当事国。

（14）关于限额的制定，公约规定，承运人可以订定，运输合同适用高于本公约规定的责任限额，或者无责任限额。

（15）关于惩罚性赔偿问题，公约规定，不得判给惩罚性、惩戒性或者任何其他非补偿性的损害赔偿。

（16）关于管辖权，公约规定，损害赔偿诉讼必须在一个当事国的领土内，由原告选择，向承运人住所地、主要营业地或者订立合同的营业地的法院，或者向目的地点的法院提起。诉讼程序适用案件受理法院的法律。

（17）关于诉讼时效，公约规定，自航空器到达目的地点之日、应当到达目的地点之日或者运输终止之日起两年期间内未提起诉讼的，丧失对损害赔偿的权利。

（18）关于其他方面的规定，一是公约规则的效力问题。《公约》第49条规定："运输合同的任何条款和在损失发生以前达成的所有特别协议，其当事人借以违反本公约规则的，无论是选择所适用的法律还是变更有关管辖权的规则，均属无效。"该规定强调了合同协议的特别效力，如果合同协议违反公约，则合同协议仍然有效。该规定对维持合同协议的效力具有积极的意义。二是关于责任保险提出了具体要求。公约第50条规定："当事国应当要求其承运人就其在本公约中的责任进行充分保险。当事国可以要求经营航空运输至该国内的承运人提供其已就本公约中的责任进行充分保险的证据。"该条规定要求当事国对其承运人的责任保险完成情况进行负责，也作为一项义务，对当事国而言，具有要求承运人完成责任保险的义务，对承运人而言，是一项必须完成的义务。三是对特殊情况下履行的运输进行了特殊的规定，如第51条的规定。四是对日期进行了明确规定，如第52条规定：本公约所称"日"，系指日历日，而非工作日。该规定意在提高效力，值得注意。

（四）不同国家现有的一些有代表性的法律规定

1. 国际上的相关规定

2014年10月15日签订的第544-14号法律公布的《多米尼加共和国国际私法》第78条规定了交通工具的物权："汽车、铁路、飞机或轮船等交通工具的物权，适用其登记的国旗国法律。"

2. 我国的相关规定

一是实体法方面的规定。实体方面的一些规定如2018年2月11日通过并于2018年3月16日起施行的《民用航空安全管理规定》；2017年5月1日起施行的《外商投资民用航空业规定》的补充规定（六）等。关于修订草案，有《外国航空运输企业常驻代表机构审批管理办法（修订送审稿）》等。二是冲突法方面的规定，如《中华人民共和国民用航空法》的相关规定。

我国关于民用航空关系的法律适用的规定主要体现在《中华人民共和国民用航空法》中，具体内容如下。

（1）关于国际条约的适用。《中华人民共和国民用航空法》第184条第1款：中华人民共和国缔结或者参加的国际条约同本法有不同规定的，适用国际条约的规定；但是，中华人民共和国声明保留的条款除外。（2）国际惯例《中华人民共和国民用航空法》第184条第2款：中华人民共和国法律和中华人民共和国缔结或者参加的国际条约没有规定的，可以适用国际惯例。（3）航空器国籍登记国法《中华人民共和国民用航空法》第185条：民用航空器所有权的取得、转让和消灭，适用民用航空器国籍登记国法律。《中华人民共和国民用航空法》第 186 条：民用航空器抵押权适用民用航空器国籍登记国法律。（4）法院地法《中华人民共和国民用航空法》第 187 条：民用航空器优先权适用受理案件的法院地法律。《中华人民共和国民用航空法》第 189 条第 2 款：民用航空器在公海上空对水面第三人的损害赔偿，适用受理案件的法院地法律。（5）侵权行为地法《中华人民共和国民用航空法》第 189 条第 1 款：民用航空器对地面第三人的损害赔偿，适用侵权行为地法律。（6）意思自治与最密切联系原则《中华人民共和国民用航空法》第 188 条：民用航空运输合同当事人可以选择合同适用的法律，但是法律另有规定的除外；合同当事人没有选择的，适用与合同有最密切联系的国家的法律。

在法国航空公司与苏某、张某等航空运输人身损害责任纠纷案件（山西省高级人民法院 2015 晋民终字第 340 号）中①，法院认为我国与法国均为蒙特利尔公约的缔约国，就本案而言，张某在中非共和国准备乘坐航空公司航班前往法国然后回国，符合蒙特利尔公约规定的适用范围，本案应优先适用蒙特利尔公约的规定。

在实践中，我国一方面积极参加国际条约，另一方面积极主导国际条约的制定，如 2018 年 7 月，第一部以中国首都命名的航空公约《制止与国际民用航空有关非法行为的公约》（简称《北京公约》）正式生效，表明中国在国际舞台发挥了大国的重要作用。

（五）现有的一些有代表性的法律建议案

1. 1974 年《阿根廷国际私法（草案）》的相关规定

第 19 条规定："有关航空运输或航空贸易的法律诉讼之审理和判决，和可能影响它们的刑事案件的审理和判决得由阿根廷最高法院及国内下级法院进行。"

第 20 条第 3 款规定："在阿根廷领陆或领水上空飞行的外国公用飞机发生的事实、行为或罪行适用其船旗国法。"

2. 2000 年《中华人民共和国国际私法示范法》（中国国际私法学会制定）

该示范法第 120 条（航空侵权）规定："发生在飞行器内部的侵权行为，适用飞行器登记地国法。飞行事故致使旅客伤亡、财物毁损的损害赔偿，适用飞行器登记地法或者侵权行为地法。飞行事故对面造成人员伤亡、财物毁损的损

---

① 本案发生于 2009 年 4 月 23 日，张某在乘坐飞机回国，在中非班吉机场登上法国航空公司 AF883 航班后死亡。张某之妻苏某等原告与被告法国航空公司就是否赔偿、赔偿金额等产生纠纷诉讼。

害赔偿，适用事故发生地法。飞行器碰撞的损害赔偿，适用无过失一方的飞行器登记地法。双方均有过失的，则适用受理案件的法院地法。"

3.《涉外民事关系的法律适用法》专家建议稿（费宗祎、刘慧珊、章尚锦起草，2002 年 4 月）

该专家建议稿第 71 条（航空侵权）规定："发生在飞行器内部的侵权行为，适用飞行器登记地法。飞行事故造成旅客伤亡、财物毁损的损害赔偿，适用飞行器登记地法或者事故发生地法。飞行事故对地面造成人员伤亡、财物毁损的损害赔偿，适用事故发生地法。飞行器碰撞的损害赔偿，适用无过失一方的飞行器登记地法。双方均有过失的，则适用受理案件的法院地法。"

4. 2002 年《中华人民共和国民法（草案）》第九编

该草案第 85 条规定："民用航空器对地面第三人的损害赔偿，适用侵权行为地法律。民用航空器在公海上空对水面第三人的损害赔偿，适用受理案件的法院所在地法律。"

5. 2010 年中国国际私法学会《中华人民共和国涉外民事关系法律适用法（建议稿）》

该建议稿第 47 条规定："民用航空器所有权的取得、变更、转让和消灭，适用民用航空器国籍登记地法律。民用航空器抵押权，适用民用航空器国籍登记地法律。在融资租赁以前或者融资租赁期间设立的民用航空器抵押权，适用原民用航空器国籍登记地法律。民用航空器留置权，适用民用航空器留置地法律。民用航空器优先权，适用法院地法律。"第 65 条规定："民用航空器对第三人的侵权，适用侵权行为实施地法律。民用航空器在公海上对第三人的侵权，适用法院地法律。"

6. 2016 年 8 月民航局关于《中华人民共和国民用航空法》修订征求意见稿

修订征求意见稿关于涉外关系的法律适用的修订建议如下。

一是 2015 年修订的现行《中华人民共和国民用航空法》第十四章涉外关系的法律，2016 年 8 月民航局关于《中华人民共和国民用航空法》修订征求意见稿将之改为第十五章涉外关系的法律适用。二是 2016 年 8 月民航局关于《中华人民共和国民用航空法》修订征求意见稿将原第一百八十九条改为"航空器地面第三人损害赔偿法律责任适用原则"，规定：民用航空器对地面第三人的损害赔偿，适用侵权行为地法律；民用航空器在公海上空对水面第三人的损害赔偿，适用受理案件的法院所在地法律；同一国籍的民用航空器发生碰撞的，无论碰撞发生在何地，碰撞航空器之间的损害赔偿适用其国籍登记国法律；民用航空器在公海上空对水面第三人的损害赔偿，适用受理案件的法院所在地法律。

7. 笔者的建议

在笔者所拟的《中国冲突法与海事冲突法（草案）》中涉及航空关系法律适用的条款不多，规定也简单，如第 112 条规定："飞行器和其他运输工具物权，适用登记地法。"因此，对此问题需要进一步研究。

事实上，《中华人民共和国民用航空法》关于涉外关系的法律适用部分还存在其他一些值得修订的地方。

（1）关于国际航空产品责任的法律适用问题缺乏规定。国际航空产品责任与一般意义上的产品责任存在明显不同，不能完全适用相同的冲突规则。"鉴于这一类诉讼原被告双方的身份属性较为固定，而诉讼地位又相差悬殊，在确定准据法时应突破侵权行为地法这一机械的原则，用灵活的选法方式在保护弱方当事人权益理念的指导下来实现判决结果的一致性以及双方当事人实体性权利义务分配的公平性。"①

（2）侵权责任方面，《中华人民共和国民用航空法》第 157 条规定：因飞行中的民用航空器或者从飞行中的民用航空器上落下的人或者物，造成地面（包括水面，下同）上的人身伤亡或者财产损害的，受害人有权获得赔偿。第 158 条规定：本法第一百五十七条规定的赔偿责任，由民用航空器的经营人承担。第 189 条规定：民用航空器对地面第三人的损害赔偿，适用侵权行为地法律。

以上规定存在的问题包括如下：①没有规定航空器中的旅客索赔问题；②没有规定航空器制造商的责任问题；③适用侵权行为地法律的规定比较单一。

（3）法律行为方面，《中华人民共和国民用航空法》没有规定在航空器上发生的法律事实与法律行为的法律适用问题，如航空器上的缔结合同行为、旅客之间或者旅客与航空器工作人员之间的侵权行为等的法律适用问题。

（4）一些规定模糊。如《中华人民共和国民用航空法》第一百八十八条规定："民用航空运输合同当事人可以选择合同适用的法律，但是法律另有规定的除外；合同当事人没有选择的，适用与合同有最密切联系的国家的法律。""这一规定基本没有可操作性，因为其本身的规定也是模糊不清的，更多的只是表明对意思自治原则加以限制的态度而已。当事人能否通过默示的方式选择准据法，能否在任何时间选择准据法，能否选择与运输合同毫无关联的准据法，能

---

① 张望平. 国际航空旅客运输争议解决的冲突规范问题研究［D］. 长春：吉林大学，2015：121.

否选择与强制性禁止性规则相冲突的准据法，该条均未做出回答。"①

此外该条没有规定最密切联系的判断操作标准，带有随意性。

(5) 关于国际运输的问题。《中华人民共和国民用航空法》第一百零七条第2款规定：本法所称国际航空运输，是指根据当事人订立的航空运输合同，无论运输有无间断或者有无转运，运输的出发地点、目的地点或者约定的经停地点之一不在中华人民共和国境内的运输。

这些规定与相关公约不一致。由中国飞往非缔约国的单程运输，如中国广州飞往非缔约国泰国等国的单程运输，不属于华沙公约、蒙特利尔公约、海牙议定书等规定的国际运输，但属于《中华人民共和国民用航空法》规定的国际运输。

如果是一非缔约国飞往我国的单程运输，如从俄罗斯等国飞往中国广州，则不属于蒙特利尔公约规定的国际运输，但属于《中华人民共和国民用航空法》、华沙公约、海牙议定书等规定的国际运输，因为俄罗斯等国加入了华沙公约、海牙议定书，没有加入蒙特利尔公约。对没有加入华沙公约，但加入了蒙特利尔公约、海牙议定书的韩国等国而言，从韩国等国飞往中国广州的运输，不属于华沙公约的国际运输，但属于《中华人民共和国民用航空法》、蒙特利尔公约、海牙议定书等规定的国际运输。

这些复杂的情况不仅中国会遇到，国外也会遇到。在各国具体的规定与处理中，认定也会产生困难，在"Grein v. Imperial airwaysLtd"一案中，Grein 购买了伦敦飞往比利时安特卫普的分开出具的往返机票，航班在伦敦到安特卫普的航程中发生事故，造成 Grein 死亡。原告主张由于比利时没有加入华沙公约，所以该运输不是公约认可的国际运输，英国高等法院支持了这一主张。在 2007 年的"Baah v. Virgin Atlantic Airways"案中，原告购买的是伦敦至纽约的往返机票，在从伦敦飞往纽约的途中受伤后便以纽约为目的地起诉承运人，但法院认为伦敦才是目的地。②

理论上有学者认为："从纽约到洛杉矶的运输不受公约的调整，但是如果整个运输活动最终的目的地在北京，则从纽约到洛杉矶的运输就属于公约所定义的国际运输了。"③

---

① 张望平. 国际航空旅客运输争议解决的冲突规范问题研究 [D]. 长春：吉林大学，2015：117.
② Baah v. Virgin Atlantic Airways, 473F. Supp. 2d 591 (S. D. N. Y. 2007).
③ Paul Stephen Dempsey. Aviation Liability Law [M]. 2nd ed. LexisNexis Canada, 2013：370.

中国如何完善与协调相关规定，需要周到的考虑。

（六）理论上的研究观点

1. 我国学者关于民用航空关系的法律适用的观点

学者一认为关于航空关系的法律适用，应首先明确国际条约的优先适用，其次对航空运输中发生的三方面的法律关系包括航空器物权关系、国际航空运输合同关系、航空侵权关系做出规定。航空器物权关系可以沿用现行民用航空法的规定；关于国际航空运输合同关系的法律适用，国际条约优先、意思自治原则和最密切联系原则是适用的三个顺序；关于航空侵权关系，规定航空器内部的侵权行为，适用航空器登记地国的法律，航空器事故致旅客伤亡、财物毁损的损害赔偿适用航空器登记地国的法律或侵权行为地法；航空器碰撞的损害赔偿，适用无过失一方的航空器登记地国法律，双方均有过失的，适用受理案件的法院地法律。航空器对地面当事人的损害赔偿，适用侵权行为地法律。民用航空器在公海上空对水面当事人的损害赔偿，适用受理案件的法院地法律。①

针对学者一的观点，其关于航空器物权、国际航空运输合同的立法建议与《中华人民共和国民用航空法》的现行规定完全一致。其关于航空侵权的立法建议与《中华人民共和国国际私法（示范法）》第 120 条的规定基本一致。但其补充了"民用航空器在公海上空对水面当事人的损害赔偿，适用受理案件的法院地法律"这一内容。（但这是《中华人民共和国民用航空法》第 189 条第 2 款的规定，不是学者的建议。）另外，"用侵权行为地"代替了《中华人民共和国国际私法（示范法）》第 120 条的"事故发生地法"（飞行事故对地面造成的人员伤亡、财物毁损的损害赔偿，适用事故发生地法）的表述。另外，《中华人民共和国国际私法（示范法）》第 120 条的"飞行事故"的范围表述比学者一的"航空器事故"更准确一些。

学者二认为我国民用航空法及民法典草案的规定简单笼统，不能全面解决航空侵权损害赔偿的法律适用问题。但该学者认为对民用航空侵权可采用一般侵权的立法模式，不必归入特殊侵权。因为该领域的侵权具有不确定性及偶然性，很难预先设定几种情况分别规定不同的法律适用规则，无法穷尽各种法律适用规则；另外该领域的国际公约具有绝对权威性，适用国际公约的机会大大多于国内法，国内冲突规则适用的机会少。因此修改法律重点应放在国内实体

---

① 朱子勤. 国际航空运输关系法律适用问题研究 ［D］. 北京：中国政法大学，2006：122.

法的完善上，冲突法上以一般侵权为框架，再增加若干连结点的选择即可。①

学者二建议不用专门制定航空法上的侵权行为的法律适用，只是以侵权行为的一般适用规则适用航空侵权即可。但事实上，一般意义上的侵权行为适用侵权行为地法，无法完全套用航空侵权，因为航空器登记地国的法律、法院地法均是航空侵权法律适用的重要考量因素。另外，如果不规定明确，对侵权行为地的判断会产生模糊的认识，如如何判断航空器内部的侵权行为的侵权行为地。所以，航空侵权的法律适用有自己的特点，必须专门规定。

学者三认为对航空人身侵权的损害赔偿的法律适用应根据不同的侵权类型，采用不同的冲突规范。（1）发生在航空器内部的侵权行为，如果双方当事人具有同一国籍，或者在同一国家或地区有住所或惯常居所的，应首先适用其共同本国法、共同住所地法或共同惯常居所地法。否则，应根据最密切联系原则，适用航空器登记地国的法律。（2）航空器事故致旅客伤亡的损害赔偿，应允许当事人双方选择适用的法律。当事人没有选择或者达不成一致协议的，适用航空器登记地国的法律或者侵权行为地法。（3）航空器对地面第三人的损害赔偿，适用侵权行为地法律，民用航空器在公海上空对水面第三人的损害赔偿，适用受理案件的法院所在地法律。②

学者三的建议也是针对《中华人民共和国国际私法（示范法）》第120条的规定展开的，但与《中华人民共和国国际私法（示范法）》的规定不同，该学者建议发生在航空器内部的侵权行为，如果双方当事人具有同一国籍，或者在同一国家或地区有住所或惯常居所的，应首先适用其共同本国法、共同住所地法或共同惯常居所地法；否则，应根据最密切联系原则，适用航空器登记地国的法律。该建议也有一定道理，但最密切联系原则通常要首先适用，而不是最后适用。另外，航空器登记地国的法律不一定是与案件或者与案件当事人联系密切的法律。而且，发生在航空器内部的侵权行为种类多样，除当事人之间的侵权外，还包括其他侵权，如人对航空器的财物毁损，所以无法一概适用共同本国法。如果分人与物分别适用，则太复杂，而且，共同本国法在判断上比航空器登记地国的法律要复杂，但不一定比航空器登记地国的法律对案件而言更重要。还有当同一案件处于多个当事人的情况时，适用航空器登记地国的法律具有统一性、可预见性。

① 林燕平. 民用航空侵权的法律适用及《蒙特利尔公约》对中国的影响 [J]. 华东政法学院学报，2006（6）：90.
② 许琦. 航空运输人身损害赔偿的冲突规范问题研究 [D]. 济南：山东大学，2008：37.

2. 关于不方便法院原则的规定问题

有学者认为："'深口袋被告'有利于完善我国社会主义法制建设，有利于实现我国综合国力提高，有利于我国人民生活条件的改善，它充分保障了被害人及其家属的关于赔偿方面的权利的实现。"①

飞机制造商一般规模大、财力雄厚，赔偿能力较强，往往成为原告侵权赔偿诉讼的首选被告，也被称为"deep pocket defendant"（深口袋被告或者大口袋被告），深口袋被告或者大口袋被告的理论基础是深口袋理论（The deep pocket theory），指具有雄厚财力背景的赔偿能力。根据深口袋理论，原告往往"在索赔诉讼中把飞机制造商（含零件制造商和政府）列为共同被告。原因很简单：制造人责任与国家责任是不受限制的，尤其政府（或国家）'钱口袋最深'"。②

但是，不方便法院原则可能会对此行为进行一定的限制。在司法实践中也有许多适用不方便法院原则的判例。例如，2004 年 11 月 21 日 8 点 20 分，从包头飞往上海的 MU5210 号飞机起飞后坠入包头南海公园的湖中并发生爆炸，造成 55 人死亡。空难发生后，部分遇难者家属以产品责任为由起诉美国通用电气公司、加拿大庞巴迪公司、中国东方航空公司，由于东方航空公司提出了不方便法院的理由，案件没有继续进行。

2005 年美国 Newvac 公司承担的航空运输在委内瑞拉发生航空事故，造成全部机上人员死亡。旅客家属在美国佛罗里达州地方法院提出了诉讼。Newvac 公司提出了不方便法院的抗辩。主审法官 Ungaro 认为："不方便法院规则构成《蒙特利尔公约》第 33 条（4）所指的程序性问题，否决了原告要求在美国法院审理的请求。"③

3. 国外学者的相关观点

国外有学者认为"There is no Canadian judicial authority on the law applicable to claims arising out of wrongs occurring on board an aircraft but, as with maritime torts, the general rule would suggest that the law of the place of the tort would be the law of the place of registration of the aircraft."④。（与海事侵权一样，加拿大没有专门航空侵权准据法的规定，一般规则是侵权行为地法即飞机注册地法。）

① 张辉，张超汉. 从"包头空难"看国际航空私法中的"深口袋被告"[J]. 郑州航空工业管理学院学报（社会科学版），2010（3）：135.

② 张辉，张超汉. 从"包头空难"看国际航空私法中的"深口袋被告"[J]. 郑州航空工业管理学院学报（社会科学版），2010（3）：134.

③ In Re West. Caribbean airways, 619F. Supp. 2d1299 (S. D. Fla. 2007).

④ Janet Walker. Canadian Conflict of laws [M]. LexisNexis Canada Inc, 2018：35 – 22.

国外也有学者认为通常航空合同的准据法是英国法或者纽约法。"Most commonly, aircraft operating leases are expressed to be governed by English or New York law."① 也有学者认为应经常适用英国法或者纽约法，因为其具有良好的商事法律传统，其他地方的法律如魁北克、安大略、加利福尼亚等法律也会时不时得到适用。"Some may be governed by other law, for instance, Quebec, Ontario or California law are occasionally encountered in practice also. The preference for Enfland and New York is due to the existence of 'well - developed commercial legal procedents' in those jurisdictions."②

有学者认为，在欧盟，适用 Regulation（EC）No. 593/2008；Regulation（EC）No. 864/2007。"Even outside the European Union, in cases not covered by Rome I or Rome II, public policy exceptions typically apply to the choice of governing law."③ 该学者强调了即使在欧盟，Rome I or Rome II 外的案子，公共秩序法律选择中也是存在例外的。中国也规定有公共秩序，加拿大规定的是违背公共政策、逃避强制性的义务等。

二、笔者的立法建议

关于民用航空关系的法律适用，笔者的建议如下。

第 1 条【航空器国籍】航空器国籍由航行执照和登记证书证明。

立法依据与参考：《中华人民共和国民用航空法》没有相关规定，应予补充。本建议补充了航空器国籍由航行执照和登记证书证明等内容。《布斯塔曼特法典》第 274 条规定：船舶的国籍由航行执照和登记证书予以证明，并以旗帜为显著的区别标志。该条对船舶的规定，可以适用于飞机，正如该法第 282 条规定的"本章上述各规定，亦适用于飞机"。

第 2 条【航空器的处置】扣押、拍卖航空器，依航空器所在地的法律。

立法依据与参考：《中华人民共和国民用航空法》没有规定，应予补充。

第 3 条【航空器所有权】民用航空器所有权，适用民用航空器国籍登记国法律。

---

① Bunker D. H. International Aircraft Financinf, Volume 2: Specific Document, 2nd Edition, IATA, 2015: 173 - 174.

② Donal Patrick Hanley. Aircraft Operating Leasing—A Legal and Practical Analysis in the Context of Public and Private International Air Law [M]. 2nd ed. Wolters Kluwer, 2017: 158.

③ Donal Patrick Hanley. Aircraft Operating Leasing—A Legal and Practical Analysis in the Context of Public and Private International Air Law [M]. 2nd ed. Wolters Kluwer, 2017: 160.

立法依据与参考：《中华人民共和国民用航空法》第 185 条规定，民用航空器所有权的取得、转让和消灭，适用民用航空器国籍登记国法律。

与《中华人民共和国民用航空法》第 185 条规定相比，本建议以"航空器所有权"的表述代替了"航空器所有权的取得、转让和消灭"的表述，因为所有权的内容不宜具体表述，宜主体规定比较科学，不会遗漏。

第 4 条【航空器抵押权】民用航空器抵押权适用民用航空器国籍登记国法律。

立法依据与参考：《中华人民共和国民用航空法》第 186 条规定，民用航空器抵押权适用民用航空器国籍登记国法律。

2014 年 10 月 15 日第 544 - 14 号法律公布的《多米尼加共和国国际私法》第 78 条规定："汽车、铁路、飞机或轮船等交通工具的物权，适用其登记的国旗国法律。"该条规定的是所有物权适用登记的国旗国法律。但由于物权的种类多，有的物权不宜适用登记的国旗国法律，如航空器优先权等，故笔者的建议有所变化。

第 5 条【航空器优先权】民用航空器优先权适用受理案件的法院所在地法律。

立法依据与参考：《中华人民共和国民用航空法》第 187 条规定，民用航空器优先权适用受理案件的法院地法律。

第 6 条【航空合同】航空合同当事人可以选择合同适用的法律，但是法律另有规定的除外；合同当事人没有选择的，适用与合同有最密切联系的国家的法律。

立法依据与参考：《中华人民共和国民用航空法》第 188 条规定，民用航空运输合同当事人可以选择合同适用的法律，但是法律另有规定的除外；合同当事人没有选择的，适用与合同有最密切联系的国家的法律。

笔者建议所有航空合同均如上规定，而不是仅仅限于《中华人民共和国民用航空法》规定的"民用航空运输合同"，因为航空合同无论种类如何，性质都是一样的。如果仅规定了航空运输合同的法律适用，则航空租赁合同等仍然处于立法空白状态。

第 7 条【航空侵权】发生在飞行器内部的侵权行为，适用飞行器登记地国法。

飞行事故致使旅客伤亡、财物毁损的损害赔偿，适用飞行器登记地法或者侵权行为地法。

飞行事故对地面造成的人员伤亡、财物毁损的损害赔偿，适用侵权行为地法。

飞行器碰撞的损害赔偿，适用无过失一方的飞行器登记地法。双方均有过失的，则适用受理案件的法院地法。

飞行事故在公海上空对水面当事人的损害赔偿，适用受理案件的法院地法律。

立法依据与参考：《中华人民共和国民用航空法》第 189 条第 1 款规定"民用航空器对地面第三人的损害赔偿，适用侵权行为地法律"。第 2 款规定"民用航空器在公海上空对水面第三人的损害赔偿，适用受理案件的法院地法律"。(《中华人民共和国民用航空法》"对地面第三人的损害赔偿"的规定不太准确，因为地面第三人没有包括所有的对象。)

《中华人民共和国国际私法（示范法）》第 120 条对航空侵权进行了规定。该条规定：发生在飞行器内部的侵权行为，适用飞行器登记地国法。

飞行事故致使旅客伤亡、财物毁损的损害赔偿，适用飞行器登记地法或者侵权行为地法。

飞行事故对地面造成的人员伤亡、财物毁损的损害赔偿，适用事故发生地法。

飞行器碰撞的损害赔偿，适用无过失一方的飞行器登记地法。双方均有过失的，则适用受理案件的法院地法。

与《中华人民共和国国际私法（示范法）》第 120 条的规定相比，本建议修正了《中华人民共和国国际私法（示范法）》的一些规定，如补充了在公海上空对水面当事人的损害赔偿的问题，用"侵权行为地"代替了《中华人民共和国国际私法（示范法）》第 120 条的"事故发生地法"。因为"事故发生地法"不太清晰明了，在同一条文中，《中华人民共和国国际私法（示范法）》既有"侵权行为地"的表述，也有"事故发生地法"，可见两者是有严格区分的。但如何区分呢？在实践中无法操作。

《中华人民共和国国际私法（示范法）》第 112 条已经规定："侵权行为，适用侵权行为地法。侵权行为地包括侵权行为实施地法和侵权行为结果发生地法。侵权行为实施地法和侵权行为结果发生地法规定不同的，适用对受害人更为有利的法律。"从该条规定看，没有涉及"事故发生地法"这一概念，"事故发生地法"既不是侵权行为实施地，也不是侵权行为结果发生地（如果是其中的一个，则没有必要进行不同的表述）。由于侵权行为地包括侵权行为实施地和侵权行为结果发生地，所以"事故发生地法"不是侵权行为地中的一个组成要素，用不是侵权行为地中的一个组成要素去作为准据法，违背侵权行为法律适用的原则。从概念看，"事故发生地法"这一概念，与"侵权行为实施地""侵权行为结果发生地"相比，含义更接近"侵权行为结果发生地法"，但这样也与我国一贯承认的侵权行为地包括实施地、结果地相矛盾。无论如何，"事故发生地法"都不及"侵权行为地"的表述科学。而且，"事故发生地法"往往只能理解为一个准据法，弱者无法从中进行有利于自己的法律选择。

第8条【航空责任限制】航空责任限制，适用侵权行为地法、航空器国籍国法或法院地法中与案件有最密切联系的国家的法律。

立法依据与参考：《中华人民共和国国际私法（示范法）》第128条规定，"赔偿责任的免除和限制，除适用支配侵权行为地的法律外，同时适用受理案件的法院地法"。《中华人民共和国国际私法（示范法）》规定的"同时适用"比较严格，不利于航空责任限制制度的适用。航空责任限制对当事人影响非常大，故如果适用"与案件有最密切联系的国家的法律"是能够让当事人心服口服的。而且是在相关的"侵权行为地法、航空器国籍国法或法院地法"中进行选择，不会偏离方向。

第9条【搜寻援救】除当事人另有约定外，在一国领土、领海、内水内发生的航空救助，适用救助地法；在公海上发生的航空救助，适用救助人的住所地法。

立法依据与参考：《中华人民共和国民用航空法》没有规定，应予补充。

第10条【程序问题】关于诉讼程序的法律适用，依法院地法。但扣押、拍卖航空器，依航空器所在地的法律。

立法依据与参考：程序问题适用法院地法是基本原则。本课题没有涉及程序问题，但出于完整性考虑，可以在"总则"（"一般规定"）部分加上该条的内容。《中华人民共和国民用航空法》没有关于程序法律适用总体的规定，但关于诉讼程序问题，有明确规定。

如关于诉讼当事人的时效规定方面，第135条规定："航空运输的诉讼时效期间为二年，自民用航空器到达目的地点、应当到达目的地点或者运输终止之日起计算。"

关于诉讼当事人的责任规定方面，第136条规定：由几个航空承运人办理的连续运输，接受旅客、行李或者货物的每一个承运人应当受本法规定的约束，并就其根据合同办理的运输区段作为运输合同的订约一方。

对前款规定的连续运输，除合同明文约定第一承运人应当对全程运输承担责任外，旅客或者其继承人只能对发生事故或者延误的运输区段的承运人提起诉讼。

　　托运行李或者货物的毁灭、遗失、损坏或者延误，旅客或者托运人有权对第一承运人提起诉讼，旅客或者收货人有权对最后承运人提起诉讼，旅客、托运人和收货人均可以对发生毁灭、遗失、损坏或者延误的运输区段的承运人提起诉讼。上述承运人应当对旅客、托运人或者收货人承担连带责任。

　　关于诉讼程序的法律适用，《布斯塔曼特法典》第 295 条规定："由于商业契约和商业行为所发生的诉讼权时效，应依本法典对民事诉讼权所设定的规则。"

| 博士生导师学术文库 |

A Library of Academics by
Ph.D.Supervisors

僭离商事海事文化之冲突规范研究（下）

屈广清 著

光明日报出版社

第五章

票 据

第一节　法律冲突

一、法律冲突概见

一般认为，票据，是发票人依票据法发行的、无条件支付一定金额或委托他人无条件支付一定金额给收款人或持票人的一种有价证券。票据通常是专指汇票、本票、支票这三种有价证券，而非泛指商业实务中的任何凭证，如提单、保险单等。所谓涉外票据，指构成票据法律关系要素中的主体、客体和产生该票据法律关系的法律行为或事实具有涉外性或国际性。

票据在我国出现得也较早，一般认为，汇票始于唐之飞钱；本票源于宋之交子。在纠纷处置方面，"由于票据流通得频繁，票据纠葛也因此增加，但法律上票据制度向无明文规定，故至民初大理院审理相关案件时，均是参考条理，斟酌习惯，以为判断"①。但前清宪政编查馆编有票据法草案，共 3 编 15 章，94 条。该草案包括汇票之发行及款式、票背签名、承诺、代人承诺、保证、付款汇票之伪造、变造等内容。1922 年开始，北京政府修订法律馆成立编纂会，共同草拟票据法，共形成五次草案。1928 年 8 月，国民政府工商部工商法讨论委员会在修订法律馆编纂会五次票据法草案的基础上，草拟出了《票据法草案》第一案，包括总则、汇票、本票、支票等内容，共 124 条。之后的《票据法草案》第二案计 143 条，1929 年 5 月行政院将《票据法草案》第二案提交到立法院审议。但立法院商法委员会自行拟定了《票据法原则草案》，共 19 条。《票据法原则草案》包括汇票、本票、支票等内容，规定了票据抗辩、票据转让、票

---

① 季立刚. 民国商事立法研究［M］. 上海：复旦大学出版社，2006：107.

据承兑、票据保证、追索权等事项。依据《票据法原则草案》，立法院商法委员会拟定了《票据法草案》，共138条。该草案经立法院第50次、51次会议讨论后，全案通过。1929年10月30日，《票据法》正式公布实施。1930年7月1日，立法院又审议通过了《票据法施行法》，并公布施行。从规定的内容来看，1929年的票据法的规定充分体现了票据的特性。例如，第2条规定："在票据上签名者依票上所载文义负责。"第5条规定："票据上虽有无行为能力人之签名不影响其他签名之权利义务。"第12条规定："票据之伪造或票上签名之伪造不影响于真正签名之效力。"之所以票据法能够顺利立法，"立法机关与民间团体良好互动。民间金融机构，特别是公会直接参与了票据立法。这种民间团体与政府立法机关的互动，提高了票据立法的水平，也为《票据法》的日后适用奠定了基础"①。

（一）票据的国际法律冲突

一般来说，主要在以下几个方面会出现票据法律冲突。

1. 关于票据的种类。在法律上，各国各地区票据法关于票据种类的规定很不一致。例如，美国《统一商法典》将之分为汇票、支票、存款单和本票四种；德国、法国等大陆法系国家将票据分为汇票和本票，将支票视为一种有价证券。

2. 关于票据的形式。如对于票据形式中的一些要求，各国各地区的规定并不一致。我国规定不允许签发无记名汇票；英美法系国家则允许签发无记名汇票。

3. 关于票据立法的体例。关于票据立法的体例，各国各地区立法规定不一。例如，有的国家将票据纳入商法典；有的国家将票据纳入民法典；有的国家采用单行法的形式制定票据法。

4. 关于票据当事人行为能力。关于票据当事人行为能力，各国各地区规定不一。根本原因是各国对自然人行为能力的规定不同所致。

5. 关于票据行为方式上的冲突。从法律属性上看，票据是要式证券，具有要式性，行为的方式对票据的效力有重大的意义。而各国在行为的方式上规定的内容又不同，造成不同结果出现的可能性极大，法律冲突也难于避免。②

6. 关于票据当事人行为效力上的冲突。不同国家的法律对于某些票据行为产生的法律后果的规定是不一致的，自然会导致在判断某一票据行为是否应当

---

① 季立刚. 民国商事立法研究［M］. 上海：复旦大学出版社，2006：177.

② 屈广清，等. 国际私法［M］. 厦门：厦门大学出版社，2012：313.

产生某种特定法律效果问题上出现不同的结果。①

7. 关于票据权利行使和保全上的冲突。不同国家对于票据权利行使和保全的方式、期限、要件、程序等规定存在不同，自然导致在判断票据权利人就票据权利的行使或保全所进行的一定的行为，是否会发生票据行使或保全的法律效果的问题上，出现不同的结果。②

8. 关于期后背书问题。期后背书一般是指在票据被拒绝承兑、被拒绝付款或超过付款提示期限后所做的背书。各国票据法对期后背书的界定不一。例如，依据《英国票据法》第35条的规定，期后背书是指票据到期日后所为的背书；依据《德国票据法》第20条与《法国票据法》第123条的规定，在汇票到期日后、尚未做成拒绝付款证书前所为的背书，或者在汇票到期日后、做成拒绝付款证书期限以内所为的背书，都与到期前的背书具有统一效力。

根据《中华人民共和国票据法》第36条的规定，期后背书是指在票据被拒绝承兑、拒绝付款或者超过付款提示期后所为的背书。

以上各国的规定并不一致。

关于期后背书的效力，多数国家的票据法的立法是一致的，均规定期后背书仅具有"通常债权转让之效力"。但在此问题上，《中华人民共和国票据法》则规定不得转让，其第36条规定："汇票被拒绝承兑、被拒绝付款或者超过付款提示期限的，不得背书转让；背书转让的，背书人应当承担汇票责任。"

9. 关于银行本票与商业本票方面。理论上，银行本票是指以银行为出票人签发的本票。商业本票则是由银行以外的企业或个人签发的本票。法律上，多数国家并不区分这两种形式的本票，两者适用完全相同的法律规定。但我国《票据法》只承认银行本票，这是我国本票制度的一个重要特点。

10. 关于保付支票（confirmed check）方面。作为支票特有的制度，各国的保付制度既不同于汇票的承兑，也不同于支票的保证。美国《统一商法典》第3-411条对此做了明确规定。根据该条的规定，保付是指支票的付款人在支票上记载"保付"字样并签章，对支票承担绝对付款责任的行为。经"保付"记载的支票为保付支票。保付一经做成，出票人的责任随之解除。大陆法系国家的支票法对保付制度未做规定，《日本支票法》虽规定支票可以由付款人进行担保，但却不能因此而免除出票人及背书人的责任。

11. 关于票据诉讼时效。关于诉讼时效，各种法律规定不一。日内瓦统一法

---

① 屈广清，等. 国际私法［M］. 厦门：厦门大学出版社，2012：314.

② 屈广清，等. 国际私法［M］. 厦门：厦门大学出版社，2012：313.

规定，持票人自汇票到期之日起 3 年内行使追索权；英国票据法规定的行使追索权期限，为自汇票之日起 6 年。

如前所述，由于票据具有支付、汇兑和结算的效用，伴随着国际贸易的发展，票据的使用并不局限于一国境内，票据在国际间流通辗转的机会越来越多。涉外票据的出现也就随之增多，而因为两大票据法体系的存在所造成的不同法系票据法内容的差异规定又客观存在，进一步说，即使在同一票据法体系中，也由于各国各自的法律传统、法律文化的不同，导致有关票据的具体内容的规定不完全一致。在日内瓦公约的签字国中，有的国家没有完全按照公约的规定修订本国的票据法，有的国家对公约还做了若干保留。也正因此，日内瓦公约在制定关于票据的统一实体法公约的同时，还制订了有关票据的统一冲突法公约，即 1930 年日内瓦《解决本票、汇票若干法律冲突公约》和 1931 年日内瓦《解决支票若干法律冲突公约》。①

二、我国的票据冲突

就我国而言，与其他国家票据方面的法律冲突也是比较明显的，以中国、法国关于支票的规定为例，法律冲突主要内容如下。

第一，关于条款方面的规定。

2004 年修订的《中华人民共和国票据法》第四章规定了支票问题，共 12 条。而法国 1935 年的《统一支票和支付卡的法令——法律（支票法）》共 75 条。规定的内容多寡不一，存在许多差异。

第二，关于支票必须记载的事项。

中国、法国均规定了支票必须记载的事项，中国规定，如果支票上未记载这些事项之一的，支票无效。法国《统一支票和支付卡的法令——法律（支票法）》第 1 条规定了支票应当包括的内容。第 2 条第 1 款规定："票据缺少前条规定的应记载事项之一的，除以下各款规定的情形外，不发生支票的效力。"法国的规定事实上承认了一些例外。而中国缺乏这样的规定。

第三，未记载内容的推定方面。

《中华人民共和国票据法》第 86 条规定："支票上未记载收款人名称的，经出票人授权，可以补记。支票上未记载付款地的，付款人的营业场所为付款地。支票上未记载出票地的，出票人的营业场所、住所或者经常居住地为出票地。出票人可以在支票上记载自己为收款人。"

---

① 屈广清，等. 国际私法 [M]. 厦门：厦门大学出版社，1997：320.

　　法国《统一支票和支付卡的法令——法律（支票法）》第2条第2款规定：
"没有特别记载的，记载于付款人姓名旁边的地点，视为付款地。付款人姓名旁
边记有数处地点的，支票应于记载的第一处地点支付。"

　　第2款规定："无上述记载或任何其他记载的，以付款人的主要营业机构所
在地为支票的付款地。"

　　第3款规定："未载明发票地的支票，视为记载于发票人姓名旁边的地点签
发。"以上规定内容并不一致，存在冲突。如我国规定支票上未记载付款地的，
付款人的营业场所为付款地。法国规定无上述记载或任何其他记载的，以付款
人的主要营业机构所在地为支票的付款地。法国规定的主要营业机构所在地更
加明确一些。法国还规定，没有特别记载的，记载于付款人姓名旁边的地点，
视为付款地，这点我国没有规定。我国规定出票人可以在支票上记载自己为收
款人，法国没有相关规定等。

　　第四，其他方面。

　　其他方面还有许多法律冲突。例如关于时效，法国《统一支票和支付卡的
法令——法律（支票法）》第52条规定："持票人对背书人、发票人和其他债务
人提起的诉讼，其时效期间为6个月，自提示期限届满之日起计算。负有支付
支票义务的各债务人相互间的诉讼时效期间为6个月，自债务人清偿票款之日
或该债务人自己被起诉之日起计算。但是，如发生失权或超过时效期间，对未
提供资金的发票人或不正当获得利益的其他债务人，仍可提起诉讼。"

　　《中华人民共和国票据法》第107条规定："本法规定的各项期限的计算，
适用民法通则关于计算期间的规定。按月计算期限的，按到期月的对日计算；
无对日的，月末日为到期日。"

　　《中华人民共和国民法通则》第135条规定："向人民法院请求保护民事权
利的诉讼时效期间为二年。"第137条规定："诉讼时效期间从知道或者应当知
道权利被侵害时起计算。但是，从权利被侵害之日起超过二十年的，人民法院
不予保护。"以上两国关于时效的规定，差异很多，如法国规定诉讼的时效期间
为6个月，我国规定为2年。关于超过时效，法国规定对未提供资金的发票人
或不正当获得利益的其他债务人，仍可提起诉讼。我国规定从权利被侵害之日
起超过二十年的，人民法院不予保护等。

第二节　法律适用

一、国外规定

为了解决票据的法律冲突，各国国内法有一些有关涉外票据的法律适用规范。比如，英国 1882 年《汇票和本票法》，对涉外票据法律关系的法律适用问题做出了规定。其他国家如中国、美国等国也都有相关的规定。

在国际公约方面，国际票据法统一会议通过了《解决汇票及本票若干法律冲突公约》《统一汇票及本票法公约》和《汇票及本票印花税法公约》。1931 年通过了《解决支票若干法律冲突公约》《统一支票法公约》和《支票印花税法公约》。此外，区域性的国际组织也制定了一些公约，如 1975 年的《美洲国家间关于汇票、本票和发票法律冲突的公约》和《美洲国家间关于支票法律冲突的公约》，1979 年的《美洲国家间关于支票法律冲突的公约》等。

综观各种法律的规定，票据的法律适用主要方法有统一实体法的方法和冲突法的方法两种。

（一）票据统一实体法的方法

票据统一实体法主要是 1982 年颁布的《联合国国际支票公约草案》，该草案对权利和责任、时效等问题进行了统一的规定，主要内容如下。

1. 关于国际支票的格式方面。草案第 1 条规定如下。（1）本公约适用于国际支票。（2）国际支票是一种书面票据：（a）在票据文句中载有"国际支票（……公约）"等字样；（b）载有出票人指示受票人向受款人或其指定人或来人支村一定金额的无条件支付命令；（c）向银行开出；（d）载有出票日期；（e）在下列地点中至少列明有两处位于不同国家，（i）出票地，（ii）出票人签名旁所示地点，（iii）受票人姓名旁所示地点，（iv）受款人姓名旁所示地点，（v）付款地，（f）由出票人签名。（3）本条第（2）款（e）项所述各项记载经证明有误，不影响本公约的适用。

由于各国关于涉外票据的界定因素各有不同，《联合国国际支票公约草案》首先统一了涉外票据的界定。但从该规定看，其关于涉外票据的界定并不科学，因为其仅仅是基于地点的因素来考虑涉外的，根本没有考虑人的因素。

2. 关于公约的适用范围方面。草案第 2 条规定："按照第一条第（2）款（e）项在国际支票上列明的各个地点，不论是否位于缔约国内，本公约均予适用。"

第3条规定："对备付资金不足所开出的支票，其本身仍为有效。"

第4条规定："所载日期非出票日期的支票仍为有效。"

从以上规定看，草案采用的方式是尽量使支票有效，尽量使草案得到适用。

3. 关于容易引起争议的概念方面的统一规定。《草案》第6条规定如下。在本公约内，（1）"支票"指本公约规定的国际支票。（2）"受票人"指已对其开出支票的银行。（3）"银行"包括与银行性质相同的人或机构。（4）"受款人"指出票人指示向其付款的人。（5）"持票人"指根据第十六条的规定拥有票据的人。（6）"受保护的持票人"指支票持有人，在其成为持票人时，该支票的表面是完整的和正常的，而且：（a）不知晓对该支票有第二十七条所述及的权利主张或抗辩，也不知晓对该票据曾有拒绝付款而遭退票的事实；（b）该支票未超过第四十三条规定的提示付款期限。（7）"当事人"指任何作为出票人、背书人或保证人在票据上签名的人。（8）"签名"包括盖章、标记、复制、针孔刺字或其他机械方法做出。"伪造签名"包括非法或未经授权而在票据上使用上述方法的签名。（9）"货币"或"通货"包括政府间机构制定的货币记账单位，即使该货币记账单位意在为该机构记录上转账之用，或为该机构与指定人间转让之用。

从以上规定看，草案对有关概念的界定是从宽解释的，如将与银行性质相同的人或机构均界定为银行，范围是比较宽泛的，也是会引起争议的。关于"签名"，草案规定"包括盖章、标记、复制、针孔刺字或其他机械方法做出"，范围也是比较宽泛的，认定方面可能比较复杂。

4. 关于事实的推定方面。《草案》第7条规定："就本公约而言，实际上知悉一项事实或不可能不知晓该事实存在的人，应认为此人知悉该项事实。"

该规定符合国际惯例的通常要求。

5. 关于利息等不当表述的规定方面。《草案》第9条规定："支票上任何附有利息的规定视为无记载。"

第10条规定："（1）支票以文字和数字表明的数额之间有差时，应以文字数额为准。（2）表示支票金额的货币如与支票上所载付款地所在国以外的一个以上国家的货币同名，且该特定货币未表明为任何特定国货币时，该货币应认为是付款地所在国的货币。"

以上规定非常重要，对解决相关争议具有重要意义。

6. 关于凭票即付问题。《草案》第11条规定，（1）"支票"总是凭票即付。下列情况即为凭票付款：（a）载明见票即付或凭票即付或提示即付或载有其他类似含义的字样；或（b）未表明付款日期。（2）支票上规定为定日付款者，视为无记载。

7. 关于不完整支票补齐方面的规定。《草案》第 13 条规定，"（1）不完整的支票如任符合第一条第（2）款（a）和（f）项的规定，但缺少属于同条第（2）款规定的一项或多项其他要件时，得予补齐。该补齐后的票据即为有效的支票。（2）如支票未按照既定的协议补齐，则：（a）于补齐前在支票上签名的当事人得以不遵守协议为理由，对持票人进行抗辩，只要该持票人在成为持票人时已知晓不遵守协议之事实；（b）于补齐后在支票上签名的当事人应按照经补齐的票据上各项条件承担责任"。

该条规定目的是尽量使支票有效，缺少的因素补齐后仍然为有效。

8. 关于票据转让方面的规定。《草案》第 14 条规定，"支票得以下述方式转让：（a）由背书人对被背书人作成背书并交付该支票；或（b）如开立的是来人支票或前手的背书是空白背书时，则仅交付该支票"。

9. 关于背书人方面的规定。关于背书的形式要求及种类，《草案》第 15 条规定，（1）背书须写在支票上或其附单（"粘单"）上，并须有签名。（2）背书得为：（a）空白背书，即仅有签名或签名并加上凭票得向任何拥有者付款的说明；（b）特别背书，签名并加上凭票向何人付款的说明。

关于背书人的条件要求，《草案》第 16 条规定，"（1）符合下列条件者，为持票人：（a）持有来人支票的人，或（b）拥有支票的受款人；或（c）拥有已经背书转让给他或最后一个背书为空白背书的支票，并在该支票上有连续不间断背书，尽管其中任一背书是伪造的或由未经授权的代理人签名。（2）在一项空白背书之后随有另一项背书时，该最后背书的签名人应视为该空白背书的被背书人。（3）支票系在缺乏行为能力或欺诈、胁迫或任何种类的错误等情形下取得，并可能由此导致对该支票的权利要求或抗辩的事实，不妨碍任何人成为持票人"。

关于最后背书是空白背书的支票持票人的条件要求，第 17 条规定，"最后背书是空白背书的支票持票人得：（a）在支票上再做空白背书或向指定的人背书；或（b）将空白背书转换成特别背书，并在特别背书内表明该支票向持票人本人付款或向其他某一指定的人付款；或（c）按照第十四条（b）项的规定转让该支票"。

规定仍然贯彻尽量有效的思想，如支票不当取得，不妨碍任何人成为持票人。

10. 关于背书条件方面的规定。关于背书的无条件限定方面的规定，《草案》第 19 条规定:"(1)背书须是无条件的。(2)附有条件背书转让支票时,不问所附条件是否履行。"

关于背书的无效性方面的规定,《草案》第 20 条规定:"对支票的部分金额所做的背书,视作无效背书。"

关于背书顺序的推定,《草案》第 21 条规定:"有两项或两项以上背书时,除有相反规定外,以支票上所载背书的顺序推定为每项背书的次序。"

第 22 条规定如下。(1)背书含有诸如"托收用""存款用""价值在托收中""委托代理""向任何银行付款"等字样或类似含义的字样,以授权被背书人收取票款(即托收背书)时,则被背书人:(a)仅得为托收目的而在支票上背书;(b)得行使支票上的一切权利;(c)应受对背书人所提出的一切权利主张和抗辩的制约。(2)托收背书人对支票的任何后手持票人不承担责任。

以上规定对背书条件有一定限定,但背书本身是无条件的。

11. 关于背书的伪造。《草案》第 25 条规定:"(1)如果背书系伪造,任何当事人对由于此项伪造而遭受的任何损失,有权向伪造背书的人和经伪造背书的人将支票直接转让的受让人索取赔偿。(2)除第七十条和第七十二条规定的范围外,本公约对于向载有伪造背书的支票付款的当事人或受票人的责任,或托收此项载有伪造背书支票的被背书人的责任不做规定。(3)就本条而言,以代理人身份而未经授权或超越权限的人在支票上所做的背书,其效果与伪造背书同。"

该条越权代理视同伪造的规定有一定的道理。

12. 关于票据权利方面的规定。《草案》第 26 条规定:"(1)支票的持票人享有本公约授予的对抗支票上各当事人的一切权利。(2)持票人有权按照第十四条的规定转让支票。"

13. 关于票据责任方面的规定。关于以非其本名在支票上签名的问题,《草案》第 31 条规定:"(1)除第三十二和第三十四条的规定外,除非某人在支票上签名,否则对支票不承担责任。(2)某人以非其本名在支票上签名,与以其本名签名一样承担责任。"

关于本人明示或默示接受该伪造签名的问题,第 32 条规定:"支票上伪造的签名不应使签名被伪造的人承担任何责任。但在其明示或默示接受该伪造签名的约束或声称该签名是其本人的签名时,则如同其本人在支票上签名一样承担责任。"

关于支票的重大更改问题,第 33 条规定,"(1)支票如经重大更改时:(a)于重大更改后在支票上签名的各当事人,按更改后的条件承担责任;(b)

于重大更改前在支票上签名的各当事人，按原有条件承担责任。但如当事人本人作出、授权或同意此项重大更改，该当事人应按更改后的条件对该支票承担责任。（2）如无相反证明，支票上的签名视为在重大更改后所作。（3）凡在任何方面修改支票上任何当事人的书面保证，即为重大更改"。

以上规定针对涉外实践中经常出现的问题进行了合理解决，尽管不一定科学，但统一了规则，在统一的规则下进行认定，是公平的。

14. 关于保证人方面的规定。《草案》第40条规定如下。（1）任何人，不论其是否可能已成为当事人，均得对支票金额的全部或部分，为当事人提供付款保证。（2）保证须书写在支票上或其附单（粘单）上。（3）保证的字样用"已保证""担保""与担保同"等字样或类似含义的字样表示，并有保证人的签名。（4）保证得仅凭签名而生效，除其内容另有要求外：（a）除出票人的签名外，单独在支票正面的签名即为保证；（b）单独在支票背面签名即是背书。向来人付款的支票经特别背书后，并不将该支票转为可付指定人的票据。（5）保证人得指明其所保证的人。如无该项指明，该被保证的人即是出票人。该规定允许任何人对支票金额的全部或部分提供保证，要求比较简单，即只要单独在支票正面的签名即为保证。

关于保证人的连带责任问题，《草案》第41条规定："除保证人在支票上另有规定外，保证人对该支票承担与其所保证的当事人同等程度的责任。"

关于保证的效果，《草案》第42条规定："保证人付款后，对其所保证的当事人以及在该支票上向该当事人负责的各当事人，拥有该支票上的各项权利。"

15. 关于提示付款方面的规定。《草案》第43条规定如下。支票如按下列规则提示，即为正式提示付款。（a）持票人须在营业日合理时间内向受票人提示支票。（b）支票须在其载明的日期后120日内提示付款。（c）支票提示付款的地点须是：（i）支票上提定的付款地点；或（ii）如未指定付款地点，则为支票上的受票人的地址；或（iii）如未指定付款地点，亦未标明受票人的地址，则为受票人的主要营业处所；（d）支票得在票据交换所提示付款。"

以上关于付款地点的规定，避免了付款地点认定上的困难。

16. 关于付款提示的免除。《草案》第44条规定："（1）如付款提示的延迟是由于持票人不能控制且既无法避免又难以克服的情况所造成，持票人可免除延迟责任。延迟的原因消失时，即须以适当努力做出提示。（2）如有下述情况，付款提示可予免除。（a）如出票人、背书人或保证人已明示或默示取消提示，此项取消之表示：（i）如由出票人在支票上做出者，则对任何后手当事人均有约束力，且使任何持票人受益；（ii）如由出票人以外的当事人在支票上做出者，则仅对该当事人有约束，但使任何持票人受益；（iii）如在支票以外表示者，则仅对做此表示的当事人有约束力，且仅使接受此项表示的持票人受益。（b）在提示付款期限届满的30日后，延迟的原因继续存在。"此条规定了不可抗力等相关的内容。

17. 关于追索权方面的规定。《草案》第48条规定："支票如因拒绝付款而退票时，持票人只在该支票按照第四十九条至第五十条的规定对支票因退票而正式作成拒绝证书后，才得行使追索权。"

18. 关于拒绝证书方面的规定。关于拒绝证书的定义及记载事项，《草案》第49条规定，"（1）拒绝证书是支票在退票地做成的退票陈述书，由依当地法律获得授权处理该事务的人在陈述书上签名并注明日期。陈述书须记载下列事项：（a）要求对该支票作成拒绝证书的人的姓名；（b）作成拒绝证书的地点；及（c）提出的要求和得到的答复（如有的话），或无法找到受票人的事实。（2）拒绝证书得作在：（a）支票上或附单（粘单）上；或（b）作为一份独立文件，在此情况下，须清楚地指明该退票的支票情况。（3）除支票上有必须作成拒绝证书的规定外，书写在支票上的声明得取代拒绝证书，但应由受票人签名并注明日期。该项声明须含有付款被拒绝的事实。（4）按第（3）款规定做出的声明，就本公约而言，应视为拒绝证书"。

关于拒绝证书的作成期限，《草案》第50条规定："支票因拒绝付款而退票所作的拒绝证书，须于该支票的退票日或该日后的两个营业日之一做成。"

关于拒绝证书做成的延迟责任的免除，《草案》第51条规定如下。"（1）如对支票的退票作成拒绝证书的延迟，是由于持票人不能控制且既无法避免又难以克服的情况所造成，持票人可免除延迟责任。延迟的原因消失时，即须以适当努力作成拒绝证书。（2）如有下列情况，因拒绝付款而退票，拒绝证书可予免除。（a）如出票人、背书人或保证人已明示或默示取消作成拒绝证书，此项取消的表示：（i）如由出票人在支票上做出者，对任何后手当事人均有约束力，且使任何持票人受益；（ii）如由出票人以外的当事人在支票上做出者，仅对该当事人有约束力，但使任何持票人受益；（iii）如在支票以外表示者，仅对作此表示的当事人有约束力，且仅使接受此项表示的持票人受益。（b）如在退票日30日后，第（1）款所述延迟作成拒绝证书的原因继续存在。（c）就支票的出票人而言，如出票人和受票人是同一人。（d）如按照第四十四条第（2）款的规定，提示付款可予免除者。"

《草案》第52条规定："（1）支票如因拒绝付款须作拒绝证书，但未正式作成此项证书时，出票人、背书人及其保证人对支票可不再承担责任。（2）出票人或其保证人不因支票拒绝付款延迟作成拒绝证书而解除责任，因延迟造成的损失除外。"

以上关于拒绝证书方面的统一规定，比较详细，有利于避免产生争议与矛盾。

19. 关于退票方面的规定。关于退票通知书的举证责任，《草案》第54条规定："（1）退票通知书得以任何方式和任何措辞为之，但须指明该支票并注明已退票的事实。退回被退票的支票即为充分的通知，但须附有该支票已退票的陈述书。（2）退票通知书如以当时环境下的适当手段传递或送交被通知的当事人，不论该当事人是否收到，均为正式通知。（3）退票通知书正式发出的举证责任，由有责任发出此项通知的人承担。"

关于退票通知书发出的期限，《草案》第55条规定，"退票通知书须在下列日期后的两个营业日内发出：（a）作成拒绝证书之日，如拒绝证书可予免除者，则为退票日；或（b）收到另一当事人所发通知之日"。

以上关于退票方面的规定，比较实用。如关于适当手段传递的规定、关于举证责任的规定、关于退票通知书作成日期的规定等，明确具体，有利操作。

20. 关于应付金额方面的规定。《草案》第58条规定："持票人得对应向支票负责的任何一名或数名或所有当事人行使其对该支票的各项权利，且无义务遵守各当事人承担责任的先后顺序。"

以上规定对持票人比较有利，不用考虑责任人的责任顺序。因为对持票人而言，往往也不易弄清责任人的责任顺序。

此外，《草案》还规定了应付金额利率方面的规定、关于付款解除责任方面的规定、关于前手当事人责任的解除方面的规定、关于转账付款支票方面的规定、关于丧失支票方面的规定等内容，对支票的同一规定比较全面，对解决及避免涉外法律冲突有积极的作用。

（二）票据冲突法的规定

1. 票据当事人能力。各国一般规定适用当事人的属人法。不过理解不同。德国1848年票据法规定：外国人的票据能力，依其所属国法；但如依其所属国法为无能力而依德国法有能力时，就其在德国所为的票据而言，仍认为其有能力。但根据英国《汇票法》第22条的规定，汇票当事人的能力适用当事人住所地法或缔约地法。

日内瓦《解决汇票本票法律冲突公约》第2条第1款规定：凡因汇票或者期票（本票）而受拘束之人，其资格应依本国法律而定。该条第2款规定：如有人依前项所述之法律，并无资格，但其签字系在外国，按该外国通行法律，即认其有，应照样受约束。《中华人民共和国票据法》第 91 条规定了兼采本国法与行为地法的做法，与日内瓦票据冲突法公约的规定类似。

2. 票据行为方式。确定票据行为方式的准据法，通常适用行为地法。不过日内瓦统一法公约，行为地指的是"契约的签名地"，1882 年英国《汇票法》指的是"支付地"。

3. 关于票据的形式。各国一般适用出票地或支付地法律。日内瓦《解决汇票本票法律冲突公约》第 3 条规定：凡因汇票或本票上所订之契约，其形式依所在国之法律规定之；倘依据前节之规定，因汇票或本票而成立之义务不能认为有效，但其续订之契约与当地之法律相符合时，则不能因前契约之不合形式而使续订之契约无效；每一缔约国得订明，其国民在外国因汇票或本票所订之契约，如系依照本国法律所定形式订立者，对于其国境内之国民同样有效。日内瓦《解决支票法律冲突公约》第 4 条也有类似规定。

4. 票据的法律效力和解释。各国一般主张适用行为地法。

5. 票据债务人义务。通常依付款地法律。也有区分主债务人的义务和从债务人的义务两个方面来分别适用法律。关于票据主债务的准据法的选择，有付款地法原则和缔约地法原则两种，采用付款地法原则的有美国、日本和德国等，而采用缔约地法原则的有英国①。关于票据从债务的准据法，规定不同。有的国家采用签字地法，有的国家采用交付地法，有的国家采用付款地国法。为避免准据法的模糊不清，日内瓦《解决汇票本票法律冲突公约》第 4 条规定，汇票承兑人、本票出票人所负债务的效力，应依付款地法律。而鉴于票据是一种文义证券，在票据上签名者均依票据上所记载的文义负责，成为从债务人的，均是在票据上有签名的当事人，为避免签名人担负不可预见责任的危险，日内瓦《解决汇票本票法律冲突公约》还规定，汇票或本票上有其他签字人所负债务的效力，应依签字地法律。

6. 票据转让。各国和地区一般主张适用行为地法，即转让地法。关于该问题，争议不大。

7. 票据追索权行使期限。追索权是指票据不获承兑或不获付款时，持票人对其前手请求偿还的权利。② 日内瓦统一法公约对这一冲突的解决适用票据成立地法即出票地法；德国和日本的票据法也有同样的规定；英国则规定适用行

---

① 吕国民，戴霞，郑远民. 国际私法（冲突法与实体法）[M]. 北京：中信出版社，2002：318.

② 韩德培，等. 国际私法 [M]. 北京：高等教育出版社，北京大学出版社，2000：256.

为地法或拒绝付款地法。①

8. 票据权利保全与行使。各国和地区关于票据权利保全与行使一般规定适用付款地法律。日内瓦《解决汇票本票法律冲突公约》和日内瓦《解决汇票本票法律冲突公约》的规定基本相同。

9. 持票人的责任。各国和地区一般规定适用票据成立地法，即出票地法。

二、我国规定

（一）我国现有规定

票据的法律适用是解决涉外票据的法律冲突问题的，关于涉外票据问题，根据《中华人民共和国票据法》第 94 条的规定，涉外票据是指出票、背书、承兑、保证、付款等行为中，既有发生在中华人民共和国境内又有发生在中华人民共和国境外的票据。我国《票据法》上的规定，实际上只以法律行为是否具有涉外性这一个标准来进行认定，没有体现其他标准，这与我国《关于贯彻执行〈中华人民共和国民法通则〉若干问题的意见（试行）》第 178 条对涉外民事法律关系的通常解释并不一致。② 该条指出："凡民事关系的一方或者双方当事人是外国人、无国籍人、外国法人的；民事关系的标的物在外国领域内的；产生、变更或者消灭民事权利义务关系的法律事实发生在外国的，均为涉外民事关系。"

2013 年施行的最高人民法院关于适用《中华人民共和国涉外民事关系法律适用法》若干问题的解释（一）中也有类似的规定，其第 1 条规定，"民事关系具有下列情形之一的，人民法院可以认定为涉外民事关系：（一）当事人一方或双方是外国公民、外国法人或者其他组织、无国籍人；（二）当事人一方或双方的经常居所地在中华人民共和国领域外；（三）标的物在中华人民共和国领域外；（四）产生、变更或者消灭民事关系的法律事实发生在中华人民共和国领域外；（五）可以认定为涉外民事关系的其他情形"。

关于涉外票据的法律适用，1996 年施行的《中华人民共和国票据法》第五章专门规定了涉外票据的法律适用问题，共 8 条，规定了涉外票据的范围，规定了国际条约和国际惯例的适用问题以及具体票据行为的法律适用等问题。③

---

① 屈广清，等. 国际私法［M］. 厦门：厦门大学出版社，2012：319.
② 屈广清，等. 国际私法［M］. 厦门：厦门大学出版社，2012：312.
③ 不过，有学者认为，该票据法是一部令人失望的法律。参见谢怀栻. 评新公布的我国票据法［J］. 法学研究，1995（6）：36.

《中华人民共和国票据法》第五章的内容如下。

1. 关于原则。《票据法》第 95 条规定："中华人民共和国缔结或者参加的国际条约同本法有不同规定的，适用国际条约的规定。但是，中华人民共和国声明保留的条款除外。本法和中华人民共和国缔结或者参加的国际条约没有规定的，可以适用国际惯例。"

2. 关于票据当事人能力。《票据法》第 96 条规定：票据债务人的民事行为能力，适用其本国法律；票据债务人的民事行为能力，依照其本国法律为无民事行为能力或者为限制民事行为能力而依照行为地法律为完全民事行为能力的，适用行为地法律。

3. 关于票据行为方式。《票据法》第 98 条规定：票据的背书、承兑、付款和保证行为，适用行为地法律。

4. 关于票据形式。《票据法》第 97 条规定：汇票、本票出票时的记载事项，适用出票地法律。支票出票时的记载事项，适用出票地法律。经当事人协议，也可以适用付款地法律。

5. 关于持票人的责任。《票据法》在第 100 条中规定：票据的提示期限、有关拒绝证明的方式、出具拒绝证明的期限，适用付款地法律。与通行规定一致。

6. 关于票据追索权行使期限。我国《票据法》第 99 条规定：票据追索权的行使期限，适用出票地法律。

7. 关于票据丧失补救程序。《票据法》第 101 条规定：票据丧失时，失票人请求保全票据权利的程序，适用付款地法律。

8. 关于票据诉讼时效。《票据法》第 17 条规定：持票人对票据的出票人和承兑人的权利，自票据到期日起 2 年；见票即付的汇票、本票，自出票日起 2 年，对支票出票人的权利，自出票日起 6 个月。持票人对前手的追索权，自被拒绝承兑或被拒绝付款之日起 6 个月，对前手的再追索权，自清偿日或者被提起诉讼之日起 3 个月。

（二）学者的观点与建议

我国学者关于票据法律适用的观点如下：

1. 学者一认为我国涉外票据法律适用立法在票据当事人的能力问题上，应采用惯常居所地法灵活的连结点。还可以接受反致、转致、间接反致。关于票据提示的必要性、涉及主债务人义务的适用付款地法，涉及从债务人义务的适用票据签字地法；持票人制作拒绝证明和出具拒绝证明的必要性适用签字地法，持票人为前款行为的方式和期限，分别适用拒付证书制作地和通知发生地法。①

2. 学者二认为我国票据法关于票据法律适用问题的规定并未穷尽所有问题，有关原因债权取得的冲突规范、关于部分承兑和部分付款的冲突规范、关于票据所有权转移的冲突规范等，尚阙付如，待修改票据法时完善。②

3. 学者三认为我国票据法第 99 条规定票据的背书、承兑、付款和保证行为，适用行为地法。缺点是没有规定出票人义务的准据法，将背书人、承兑人、付款人和保证人的义务均适用行为地法。第 101 条规定票据的提示期限、有关拒绝证明的方式、出具拒绝证明的期限适用付款地法律。事实上这些问题和行为地关系更为密切，应该采用行为地法。③

4. 学者四认为我国票据法采用总则章的形式将概括性的、三种票据通用的规则集中在此规定，这在各国是罕见的。总则第 10 条规定票据的签发、取得和转让应遵循诚实信用原则，具有真实的交易关系和债权债务关系，实际上否定了票据的无因性，不符合国际惯例。④

以上关于票据法律适用的观点，各不相同，各有侧重，理论上的认识没有取得一致。

三、立法建议探赜

（一）国际条约的相关规定（统一实体法公约）

统一实体法方面的公约有：如 1930 年《统一汇票、本票法公约》、1931 年《统一支票法公约》、1988 年《联合国国际汇票和国际本票公约》等。这些统一实体法具有一定的立法借鉴意义。

（二）国际条约的相关规定（统一冲突法公约）

统一冲突法方面的公约有：如 1930 年《解决汇票期票法律冲突公约（附议定书）》、1931 年《解决支票法律冲突公约（附议定书）》、1975 年《美洲国家间关于支票法律冲突公约》、1975 年《美洲国家间关于汇票、期票和发票法律冲突的公约》、1979 年《美洲国家间关于支票的冲突法公约》等。这些公约统一了冲突法的相关规定，如 1979 年《美洲国家间关于支票的冲突法公约》第 3 条规定："所有因支票而发生的债务，适用各该债务缔结地法。"该规定统一了

---

① 李健男. 涉外票据法律适用的一般问题及我国的涉外票据法律制度 [J]. 法学，2000（4）：56.

② 陈柳裕. 我国票据冲突规范研究 [J]. 浙江学刊，2001（1）：150.

③ 徐葛飞. 涉外票据的法律适用问题 [J]. 研究生法学，1996（4）：45.

④ 宋航，肖永平. 论涉外票据的法律适用 [J]. 现代法学，1996（6）：84.

支票债务相关领域的冲突规范。

（三）不同国家现有的一些有代表性的法律规定

1. 在新近通过或公布的一些国家的冲突规范典中，规定有票据的法律适用条款的并不多，有的甚至只有一条规定，如 2015 年 8 月 1 日起生效的阿根廷共和国《国际民商法典》，该法典第六卷第 2594—2671 条规定的是冲突规范的规范，但只有一条涉及票据的相关规定。其第 2662 条（支票）规定："相关银行的住所地法律决定：（1）支票的性质；（2）支票的形式和效力；（3）发行期限；（4）发行对象；（5）支票是否可以以提前支付的形式发出、抵消、认证或确认，以及上述操作所产生的效力；（6）持票人有关准备金的权利及其性质；（7）持票人是否可以要求进行部分支付，或有义务接受部分支付；（8）出票人撤回票据或拒付票款的权利；（9）为保障权利，向背书人、出票人或其他义务人做出拒付或其他类似行为的要件；（10）支票被劫、被盗、伪造、丢失、毁损或失效时，应当采取的措施；（11）其他所有与兑付支票相关的情形。"这些细化的规定具有一定的立法参考价值。

2. 2014 年 10 月 15 日第 544 - 14 号法律公布的《多米尼加共和国国际私法》第十一题第 8 节规定了票据问题，共 8 条。第 93 条规定："（1）汇票承兑人和本票出票人的承兑意思表示的效力，依照支付地法律确定。（2）票据的其他意思表示的效力，依照该意思表示做出地所在国的法律确定。"第 94 条规定："对所有票据债务人行使追索权的期限，由出票地法律确定。"第 95 条规定："汇票的持有人是否取得基于出票行为而产生的债权，由出票地法律确定。"第 96 条规定："汇票的承兑能否限于部分数额以及持有人是否有义务接受部分支付，由支付地法律确定。该原则同样适用于本票的支付。"第 97 条规定："支付地法律确定票据遗失或被盗窃时应采取的措施。"第 98 条规定："支票批注的效力，依照该批注做出地所在国的法律确定。"第 99 条规定："对所有支票债务人行使追索权的期限，由支票出具地法律确定。"第 100 条规定："支票支付地所在国的法律，确定（a）支票是否有必要见票即付或者能否在见票后一定期限内兑付，以及支票上批注的日期晚于实际出具日期时将产生哪些效力；（b）出示期限；（c）支票能否被承兑、证明、确认或者签注以及这些批注的效力有哪些；（d）持有人能否要求部分支付以及他是否必须接受部分支付；（e）支票能否'打叉'或者加上'仅用于结算'或同等意义的批注，该'打叉'或结算批注或同等意义的批注有哪些效力；（f）持票人是否享有特别清偿权以及该权利包括哪些内容；（g）出票人能否撤回支票或者对支票的兑现提出异议；（h）支票被遗失或被盗窃时应采取的措施；（i）对背书人、出票人和其他支票债务人行使追索权是否以做出拒付或类似表示为必要条件。"

该法典规定比较广泛，对支票的法律适用规定了较多条款，支付地法律、出票地法律、批注做出地所在国的法律等是其主要的准据法。

3. 2010 年通过的《中华人民共和国涉外民事关系法律适用法》没有规定票据的法律适用问题，其主要考虑的因素是《中华人民共和国票据法》已经做出了相关规定。

（四）现有的一些有代表性的法律建议案

1. 1974 年《阿根廷国际私法（草案）》的相关规定

该草案在分则第一章规定了票据的内容。其第 43 条规定："汇票的形式、背书、承兑、担保、拒付和行使或保有汇票权利之必要行为，适用行为地国法。"

第 44 条规定："前条规定适当时也适用于本票、银行票据和其他向指定人付款的票据。该项规定也适用于支票。但是，以下事项适用支票付款地法。（1）提示的时间；（2）支票可否承兑、划线、保付或保兑，以及此种行为的效力；（3）持票人对资金条款的权利和此种权利的性质；（4）出票人撤回支票或停止付款的权利；（5）为保有向背书人、出票人和其他债务人抗辩的权利，而作成拒绝证书或类似行为之必要；（6）其他有关支票格式特征的情况。"

第 45 条规定："流通票据和其他向持票人付款的票据，其形式和法律效力适用票据作成地国法。债券和向持票人付款的票据，其转让，适用转让地国法。"

第 46 条规定："从汇票、支票和其他向指定人或持票人付款的票据中产生的权利和义务的有效性，不适用有关印花税的规定。"

《阿根廷国际私法（草案）》不仅规定了冲突法的适用，而且规定了不适用有关印花税的规定这样的实体法内容。

2. 2000 年《中华人民共和国国际私法示范法》（中国国际私法学会制定）

该示范法第 103 条（票据的出票方式）规定："汇票、本票和支票的出票方式，适用出票地法。但支票出票时的记载事项，经当事人协议，也可以适用付款地法。"第 104 条（票据的背书、承兑、付款和保证行为）规定："票据的背书、承兑、付款和保证行为，适用行为地法。"

第 105 条（票据追索权）规定："票据追索权的行使期限，适用出票地法。"

第 106 条（票据的提示期限）规定："票据的提示期限，有关拒绝证明的方式，出具拒绝证明的期限，适用付款地法。"

第 107 条（票据权利的保全）规定："票据丧失时，失票人请求保全票据权利的程序，适用付款地法。"

由上可见，《中华人民共和国国际私法示范法》规定的准据法选择是适用行为地法、付款地法、出票地法。

3.《涉外民事关系的法律适用法》专家建议稿（费宗祎、刘慧珊、章尚锦起草，2002 年 4 月）

该专家建议稿第 61 条将票据的一些内容糅合在一起进行规定：（票据）"汇票、本票、支票"出票时的出票方式，适用出票地法；但支票出票时的记载事项，经当事人协议，也可以适用付款地法。票据的背书、承兑、付款和保证，适用行为地法。票据追索权的行使期限，适用出票地法。票据的提示期限，有关拒绝证明的方式和出具拒绝证明的期限，适用付款地法。票据丧失时，失票人请求保全票据权利的程序，适用付款地法。该规定与《中华人民共和国国际私法示范法》的规定完全一致。

4. 2002 年全国人大常委会法制工作委员会提出的《中华人民共和国民法（草案）》第九编（共 94 条）

该草案第 52 条规定："汇票、本票出票时的记载事项，适用出票地法律。支票出票时的记载事项，适用出票地法律；经当事人协议，也可以适用付款地法。票据的背书、承兑、付款和保证，适用行为地法律。票据追索权的行使期限，适用出票地法律。票据的提示期限，有关拒绝证明的方式和出具拒绝证明的期限，适用付款地法律。票据丧失时，失票人请求保全票据权利的程序，适用付款地法律。"

《中华人民共和国民法（草案）》第九编与《中华人民共和国国际私法示范法》的规定略微有些不同。《中华人民共和国民法（草案）》专门将支票出票时的记载事项与汇票、本票出票时的记载事项的法律适用分别做出了规定，而《中华人民共和国国际私法示范法》是将三者统一规定的。《中华人民共和国民法（草案）》第九编规定汇票、本票出票时的记载事项，适用出票地法律，没有规定经当事人协议，也可以适用付款地法的内容，这与《中华人民共和国国际私法示范法》的规定是不同的。

5. 2002 年 9 月《中华人民共和国民法（室内稿）涉外民事法律关系的法律适用编》

该稿第 56 条关于票据的规定与《中华人民共和国民法（草案）》第九编的规定完全一致。

6. 2010 年中国国际私法学会《中华人民共和国涉外民事关系法律适用法（建议稿）》

该稿第 71 条关于票据的规定与《中华人民共和国民法（草案）》第九编的规定完全一致。

7. 郑孟状等著《中国票据法专家建议稿及说明》（法律出版社 2014 年版），提出了建议稿，该书第五章规定了涉外票据的法律适用。针对 1995 年《票据法》涉外票据部分，建议稿修改的内容如下。（1）建议稿第 115 条，比 1995 年《票据法》第 94 条增加了"票据当事人或关系人一方是外国人的，也是涉外票据"。（2）建议稿第 116 条，比 1995 年《票据法》第 95 条增加了"本法没有规定的，可以参照适用《中华人民共和国涉外民事关系法律适用法》的规定等内容"。（3）建议稿第 117 条将 1995 年《票据法》第 96 条规定的本国法，修改为经常居住地法。（4）关于票据形式。《票据法》第 97 条规定：汇票、本票出票时的记载事项，适用出票地法律。支票出票时的记载事项，适用出票地法律。经当事人协议，也可以适用付款地法律。建议稿规定：出票，适用出票地法律。票据的签发地与交付地不一致的，适用交付地法律。（5）关于票据行为方式。《票据法》第 98 条规定：票据的背书、承兑、付款和保证行为，适用行为地法律。建议稿没有修改。（6）建议稿补充了一条规定，即票据债务的准据法。规定汇票承兑人和本票出票人所负票据债务的效力，适用付款地法。汇票、本票上其他签章人和支票签章人所负票据债务的效力，适用签章地法律。（7）关于票据追索权行使期限。我国《票据法》第 99 条规定：票据追索权的行使期限，适用出票地法律。建议稿没有修改。（8）关于持票人的责任。《票据法》在第 100 条中规定：票据的提示期限、有关拒绝证明的方式、出具拒绝证明的期限，适用付款地法律。与通行规定一致。建议稿没有修改。（9）关于票据丧失补救程序。《票据法》第 101 条规定：票据丧失时，失票人请求保全票据权利的程序，适用付款地法律。建议稿没有修改。（10）关于票据诉讼时效。《票据法》第 17 条规定，持票人对票据的出票人和承兑人的权利，自票据到期日起 2 年；见票即付的汇票、本票，自出票日起 2 年，对支票出票人的权利，自出票日起 6 个月。持票人对前手的追索权，自被拒绝承兑或被拒绝付款之日起 6 个月，对前手的再追索权，自清偿日或者被提起诉讼之日起 3 个月。建议稿第 23 条规定为：持票人对承兑人的权利，自票据到期日起 2 年；持票人对汇票、本票出票人的权利，自票据到期日起 1 年，对支票出票人的权利，自出票日起 6 个月。持票人对出票人以外前手的追索权，自被拒绝承兑或被拒绝付款之日起 6 个月，持票人行使期前追索的，其时效起算日自付款提示期间的最后一日起算。持票人对出票人以外前手的再追索权，自清偿日或者被提起诉讼之日起 3 个月。票据权利时效发生中断的，只对发生时效中断事由的当事人有效。

8. 笔者所拟的《中国冲突法与海事冲突法（草案）》（见笔者主编《海事冲突规范新编》一书附录部分，法律出版社 2005 年）

该草案第 205 条（汇票或期票合同）规定："凡因汇票或期票订立的合同，其形式依签订地法律。"

第 206 条（票据的出票方式）、第 207 条（票据的背书、承兑、付款和保证行为）、第 210 条（票据的提示期限）、第 211 条（票据权利的保全）等规定 的内容与《中华人民共和国民法（草案）》第九编的规定完全一致。

第 208 条（票据追索权）规定："票据追索权的行使期限，若向出票人追索，适用出票地法。若向背书人追索，适用背书地法。"该规定与其他规定均不一致。因对象不同而有所区别是值得考虑的。

以上规定虽然不太全面，但已经就票据法律适用的一些问题形成了初步统一的规定与看法，值得借鉴。

（五）对我国票据关系法律适用法的立法完善的建议

笔者对我国票据关系法律适用法的立法完善的建议如下。

第 1 条【本票、支票记载事项】汇票、本票、支票出票时的记载事项，适用当事人协商一致选择的法律。当事人没有选择的，适用出票地法律。

立法依据与参考：《中华人民共和国国际私法示范法》（中国国际私法学会制定）第 103 条（票据的出票方式）规定，"汇票、本票和支票的出票方式，适用出票地法。但支票出票时的记载事项，经当事人协议，也可以适用付款地法"。

《中华人民共和国票据法》第 97 条规定，汇票、本票出票时的记载事项，适用出票地法律。支票出票时的记载事项，适用出票地法律。经当事人协议，也可以适用付款地法律。

笔者的建议是将意思自治原则扩大到汇票、本票领域（因为仅仅涉及记载事项问题，扩大一些意思自治，也没有必要大惊小怪），该领域产生意思自治比较困难，但这不是限制适用的理由。

第 2 条【汇票或期票合同】凡因票据订立的合同，其形式依签订地法律。

立法依据与参考：该规定其他法律、草案均未涉及。1974 年阿根廷《冲突规范（草案）》第 45 条规定，流通票据和其他向持票人付款的票据，其形式和法律效力适用票据作成地国法。

第 3 条【票据的出票方式】汇票、本票和支票出票时的出票方式，适用出票地法。但支票出票时的记载事项，经当事人协议，也可以适用付款地法。

立法依据与参考：该规定其他法律、草案均未涉及。2015 年生效的阿根廷共和国《国际民法典》第 2662 条对支票的规定（该条第 2 款）支票的形式和效力，适用相关银行的住所地法律。

第 4 条【票据的背书、承兑、付款和保证行为】票据的背书、承兑、付款和保证行为，适用行为地法。

立法依据与参考：该规定与《中华人民共和国票据法》等的规定一致。2015 年生效的阿根廷共和国《国际民法典》第 2662 条对支票的相关规定（该条第 9 款）为，为保障权利，向背书人、出票人或其他义务人做出拒付或其他类似行为的要件，适用相关银行的所在地法律。

第 5 条【票据追索权】票据追索权的行使期限，若向出票人追索，适用出票地法。若向背书人追索，适用背书地法。

立法依据与参考：我国《票据法》第 99 条规定，票据追索权的行使期限，适用出票地法律。2014 年施行的捷克共和国《关于国际私法的法律》第 94 条规定，对所有票据债务人行使追索权，由出票地法律确定。

笔者的建议区分了向不同主体追索的不同准据法适用问题，理论基础还是重视行为地法的作用。

第 6 条【流通票据权的转让】流通票据中权益的转让在该转让当事人以外的人之间的有效性及效力，依转让时该票据所在地法。

某人是否是票据的正当持有人，依转让给该人时该票据所在地法。

立法依据与参考：该规定其他法律、草案均未涉及。2015 年生效的阿根廷共和国《国际民法典》第 2662 条对支票的相关规定（该条第 11 款）为，其他所有与兑付支票相关的情形，适用相关银行的住所地法律。

第 7 条【票据的提示期限】票据的提示期限，适用付款地法。

立法依据与参考：该规定与《中华人民共和国票据法》等的规定一致。2014 年施行的捷克共和国《关于冲突规范的法律》第 100 条第 2 款规定，出示期限，适用票据支付地法律。

第 8 条【票据权利的保全】票据丧失时，失票人请求保全票据权利的程序，适用付款地法。

立法依据与参考：该规定与《中华人民共和国票据法》等的规定一致。2014 年施行的捷克共和国《关于国际私法的法律》第 97 条规定，支付地法律确定票据遗失或被盗时应采取的措施。

第六章

保　险

第一节　问题概见

一般认为保险（Insurance，Assurance，Versicherung）的含义是指可靠、安全、无危险等。"保险（Insurance 英国；Versicherung 德；L' assurance 法）云者，防有危险而预保之谓；详言之，众多之人恐有同种危险受其损害，因以利害攸同，结为团体，或加入焉；苟其中偶有受损害者，即共同分担之是也。"①保险作为一个专有名词，指通过商业行为建立的风险损失分散制度。法律意义上的保险通常是指根据保险合同的规定，投保人支付保险费，保险人支付保险金的一种商业行为。

从历史发展来看，保险原是 14 世纪意大利的商业用语，后为各国采用，清末传入中国。在鸦片战争前后，外国资本特别是美、英、德、日的资本开始在各通商口岸经营保险业务，如：1805 年设立的英商的谏当保险行；1866 年的德商美最时洋行；1850 年的美商洋行；1900 年的日商东京海上保险公司等。国内资本也渐有涉足保险业务，1865 年 5 月设立的义和保险行是第一家华商保险公司。"自 1865 年到 1912 年，设立的华商保险公司大约有 35 家。"② 保险业务的发展，需要法律的调整，1910 年，《保险业章程草案》出台，虽然没有颁行，但形成"有关保险业法的雏形"③。《保险业章程草案》包括总则、股份公司、相互公会、物产保险、生命保险、罚则、附则等七章，共 105 条。

民初，1917 年农商部拟定了《保险业法案》，规定了保险业设立的核准制

---

① 陈顾远. 国际私法商事篇 [M]. 上海：民智书局，1934：559.

② 吴申元. 中国近代经济史 [M]. 上海：上海人民出版社，2003：268.

③ 中国保险学会. 中国保险史 [M]. 北京：中国金融出版社，1998：99.

等内容。1927 年 4 月，拟定了《保险契约法草案》，共 109 条，规定了保险契约、保险人与被保险人之义务，火灾保险、责任保险、人身保险等内容。

1929 年 12 月 30 日，国民政府立法院通过并公布了《保险法》，但没有规定施行的时间。1937 年 1 月 11 日公布了修正后的《保险法》，修正后的《保险法》增加了保险利益、特约条款、再保险等内容。1937 年 1 月 1 日公布了修正后的《保险业法》，但《保险法》《保险业法》均未规定实施日期。

值得说明的是，国民政府公布施行的保险法规还有：1935 年 5 月 10 日公布的《简易人寿保险法》，共 38 条；1935 年 8 月 20 日公布的《简易人寿保险章程》共 71 条。《简易人寿保险法》与《简易人寿保险章程》于 1935 年 12 月 1 日起施行。

中华人民共和国成立以后，我国保险立法有了很大的发展。虽然自 1980 年开始才恢复保险业务，但立法发展迅速，国务院制定了《中华人民共和国财产保险合同条例》《保险企业管理暂行条例》等行政法规。1995 年我国制定了《中华人民共和国保险法》并经历多次修订（2002 年、2009 年、2015 年等修订），最高人民法院还有相关的司法解释，如 2018 年 5 月 14 日通过的，2018 年 9 月 1 日起施行的《中华人民共和国保险法》若干问题的解释（四）等。2014 年国务院制定了《关于加快发展现代保险服务业的若干意见》国发〔2014〕29 号，这些法律、法规、意见等为我国保险业的发展奠定了坚实的基础。

但是，各国保险业及相关立法是不尽一致的，在涉外保险业务及纠纷解决中，必须认真研究这些问题。

一、法律冲突

（一）关于保险的概念方面

各国关于保险的概念认识并不一致，主要有损失说、非损失说、二元说等三种不同的理解。

关于损失说，又存在损失赔偿说、损失分担说和风险转嫁说三种不同的理解。损失赔偿说认为保险是一种目的在于赔偿人们遭受的损失的赔偿合同。代表人物有英国学者 S. Marshall、德国学者 E. A. Masius 等。损失分担说认为保险是众多人对损失的一种合作分担，其代表人物有德国学者 A. Wagner 等。风险转嫁说认为："保险的实质就是风险转移，即被保险人把个人危险转嫁给保险人，保险人把这种共同性质的危险大量汇集起来，并由团体成员均摊。"[①] 该观点的

---

① 温世杨. 保险法 [M]. 北京：法律出版社，2003：3 - 4.

代表人物是美国学者 A. H. Willet 等。

非损失说也有不同的流派，包括技术说、经济生活确保说、相互金融机关说和欲望满足说等流派。如技术说认为保险"是把可能遭受同样事故的多数人组织起来，结成团体，测定事故发生的比例，即概率，按照此比例进行分摊，根据概率论的科学方法算定分摊金额要有特殊技术，这种特殊技术就是人身保险和财产保险的共同特征"①。

二元说包括人身保险否定说和择一说两种不同的观点。人身保险否定说认为人身保险不具有损失赔偿这一保险的根本属性，只是一种带有投资或者储蓄性质的合同，不能体现保险的性质。择一说认为人身保险是一种真正的保险，但应与财产保险分别界定。

（二）保险的形式方面

在保险的形式方面规定也不同，如"保险契约之为要式契约，抑为诺成契约，各国法律上首即发生冲突"②。

（三）保险立法方面

从保险法立法来看，法国是现代保险法立法的发源地，在路易十四于 1681 年颁布的《海法敕令》中，就包括了海上保险的内容。法国的路上保险早先适用民法的规定，后制定了多部保险专门立法，1976 年将保险专门立法汇编成《保险法典》。

德国的陆上保险法《保险契约法》于 1910 年开始施行，但德国的保险立法编制上与法国存在不同，"法国在其民法和商法典中都有关于保险的规定，但在德国的民法典和商法典中均未对保险契约做出规定"③。

日本将陆上保险、海上保险均规定在其商法典中。英国虽然是普通法系国家，以不成文法为主，但也制定了不少成文的保险法，如 1958 年的《保险公司法》等。美国并没有全国统一的保险法，有关保险的法律由各州自定。

此外，其他国家均制定有保险法。马来西亚 1996 年颁布了《马来西亚共和国保险法》，还在 2005 年颁布了《马来西亚存款保险法》。缅甸 1993 年颁布了《缅甸联邦共和国保险法》；1996 年颁布了《缅甸联邦共和国保险业经营权法》；1997 年颁布了《缅甸联邦共和国保险业经营权实施细则》；1990 年老挝颁布了《老挝人民民主共和国保险法》；2000 年越南颁布了《越南社会主义共和国保险

---

① 温世杨. 保险法［M］. 北京：法律出版社，2003：4.
② 陈顾远. 国际私法商事篇［M］. 上海：民智书局，1934：572.
③ 温世杨. 保险法［M］. 北京：法律出版社，2003：29.

经营法》。

以上各国相关立法从体例到内容均存在一定差异。

（四）保险的分类方面

保险的分类很多，包括：原保险与再保险；强制保险与意外保险；财产保险与人身保险；商业保险与社会保险；定值保险合同与不定值保险合同；特定危险保险合同与一切危险保险合同；损失填补保险合同与定额给付保险合同；个别保险合同与集体保险合同；足额保险合同、不足额保险合同与超额保险合同；单保险合同与复保险合同；为自己利益的保险合同与为他人利益的保险合同；陆上保险、航空保险与海上保险等。

由于保险合同的分类众多，各国根据不同的标准会进行不同的分类。各国关于保险合同的分类标准不同，内容规定也不尽一致。如关于再保险合同的规定方面，一些国家或地区规定：再保险为保险人以其承保之危险，转向他保险人为保险之契约行为。根据该规定，保险人可以将其所承保责任的一部分或者全部转移给其他保险人。而我国的保险法规定保险人只能将其承保的责任的一部分而不是全部转移给其他保险人。如《中华人民共和国保险法》第 28 条第 1 款规定："保险人将其承担的保险业务，以分保形式部分转移给其他保险人的，为再保险。"美国有些州也有如此的规定，禁止保险人通过再保险承保原保险人承担的全部风险责任，原保险人应当"保留不能通过再保险获得填补的部分风险"①。

（五）保险业务方面

根据《马来西亚共和国保险法》第 4 条的规定，其保险业务包括普通保险、人寿保险和再保险。

根据《缅甸联邦共和国保险法》第 11 条的规定，其保险业务包括人寿保险、船舶保险、航空保险、名誉保险、损失赔偿保险等，种类较多。

根据《老挝人民民主共和国保险法》，该法适用于民事责任保险、集资保险、财产损失保险、人身保险等。

根据《越南社会主义共和国保险经营法》的规定，该法排除了社会保险、医疗保险、存款保险等的适用。

从以上规定看，各国保险种类规定不尽相同。

（六）保险事故方面

关于保险事故，"此事故之存在与发生，须为可能的，须为合法的，须为偶

---

① ［美］约翰·F. 道宾. 保险法［M］. 梁鹏，译. 北京：法律出版社，2001：333.

然的，须为将来的，且须为不确定的。但各国立法例上之所谓不确定，实有客观的不确定主义与主观不确定主义之分"①。

（七）保险公司的设立方面

在保险公司的设立方面，各国规定也不一致。

在马来西亚设立有内资、外资保险公司，注册资本最低为实收资本 1 亿马币。一般情况下，外资保险公司只能与内资保险公司进行合资，外商投资保险公司的股份不得超过 30%，特殊情况下经过财政部批准，可以提高到 51%。但"再保险公司可以是外国保险公司的分公司。未经中央银行批准，外国保险公司不得在马来西亚设立办事处"②。

根据《缅甸联邦共和国保险业经营权实施细则》第 6 条的规定，经营人寿保险业务需投入 3000 万缅元资金；经营综合保险业务需投入 2 亿缅元资金。

根据《老挝人民民主共和国保险法》，有权批准开展保险业务的机关是经济计划财政部的部长。开展业务的股份制保险公司及外国保险公司，必须按照部长会议政令中规定的数额，在老挝境内的银行设置担保金。

（八）保险价额的估算方面

关于保险价额的估算，各国规定不一，"保险价额者，被保险利益之价额之谓，乃损害保险契约特有之内容也。其以契约预定之者曰定价保险，未以契约预定之者曰不定价保险。不定价保险之保险价额，究应如何评价，各国法例规定各异"③。

（九）关于保险金额超过保险价值方面

关于保险金额超过保险价值的问题，"保险金额倘超过于保险价额者，谓之超过保险；其超过部分是否有效，各国法律亦非一致"④。

（十）保险金额分担方面

关于保险金额的分担，大陆法系采用按份填补主义，英美法系采用金额赔偿主义。

（十一）关于声明的义务规定方面

关于声明的义务规定方面，各国规定不一，"至于声明义务之范围，有唱客观主义者，谓不问要保人自己确知与否，须与客观的存在之真事实相符而声明

---

① 陈顾远. 国际私法商事篇［M］. 上海：民智书局，1934：572.

② 杨玉梅. 东南亚国家商务法律制度概论［M］. 北京：法律出版社，2012：94.

③ 陈顾远. 国际私法商事篇［M］. 上海：民智书局，1934：574.

④ 陈顾远. 国际私法商事篇［M］. 上海：民智书局，1934：575.

之，法比等国采之。有唱主观主义者，谓就自己所知悉者，直接声明之已足，其不知而声明者，并不反于声明义务"①。

（十二）保费义务问题。

关于保费义务，"要保人不给付之时，是否得对于收益人或被保险人之利益，为扣除之举乎？"② 各国法律规定不一。

（十三）保险赔偿方面。保险赔偿问题，各国也规定不一。"保险人之赔偿问题，填补损害之责任，为保险人主要之义务。但因要保人或被保险人行为所致者，保险人是否仍负责任，各国法例各异。"③

（十四）保险契约的转让方面。保险契约的转让涉及的问题即"被保险人死亡，或保险标的物转移时，保险契约是否仍为继承人或受让人之利益而存在？"④ 各国规定不一。

（十五）保险契约的变动方面。关于保险契约的变动，"如保险费之减少等事，皆属于保险契约内容之变动者，兹以受益人之变更为例言之。人寿保险中所指定之受益人，要保人是否得变更之？欧洲各国法例有固定与不固定之异"⑤。

（十六）保险代位问题。近代立法仅重视权利代位。即"被保险人因保险人应负保险责任之损害发生，而对于第三人有损害赔偿请求权，保险人得于给付保险金额后，代位行使被保险人对于第三人请求权是也。此种代位行使，各国法例之解释，仍不尽同"⑥。

（十七）保险的监管方面

在保险的监管机构等规定方面，各国规定不一。在马来西亚，保险的监管由中央银行负责。其职权包括："（1）接受设立保险企业的申请并进行审查，签发保险经纪人和公估人的执照，保险公司的执照由财政部签发；（2）有权批准和签发从事保险经纪业务、保险理赔业务和财务咨询业务的许可证；（3）批准设置分支机构、股东的变更、批准董事及高管人员的委任。"⑦

根据《缅甸联邦共和国保险业经营权法》第4条的规定，保险的监管应专

① 陈顾远. 国际私法商事篇 [M]. 上海：民智书局，1934：586-577.
② 陈顾远. 国际私法商事篇 [M]. 上海：民智书局，1934：577.
③ 陈顾远. 国际私法商事篇 [M]. 上海：民智书局，1934：577-578.
④ 陈顾远. 国际私法商事篇 [M]. 上海：民智书局，1934：579.
⑤ 陈顾远. 国际私法商事篇 [M]. 上海：民智书局，1934：579-580.
⑥ 陈顾远. 国际私法商事篇 [M]. 上海：民智书局，1934：580.
⑦ 杨玉梅. 东南亚国家商务法律制度概论 [M]. 北京：法律出版社，2012：93.

门成立保险业监管委员会，保险业监管委员会主席由财政税收部部长任命，委员为保险中央银行1名代表、总检察院1名代表，总审计署1名代表，投资与公司管理局1名代表及保险专家。秘书长由缅甸保险公司的1名官员担任。缅甸保险公司负责监管委员会的费用。监管委员会的职权包括：审批保险相关的业务执照；根据保险种类决定保险经营者所需投资的数额；规定保险基金的限额；审批国内保险经营者将其不经营的业务转移到国外进行的投资；等等。

（十八）法律责任方面

在保险的法律责任方面，各国规定不一。缅甸规定了行政及刑事的相关法律责任。例如，《缅甸联邦共和国保险业经营权法》第22条规定，监管委员会可以采取的行政处罚措施有：罚款、取消营业执照、暂停营业等。《缅甸联邦共和国保险业经营权法》规定的刑事处罚如：（1）无照从事保险业或保险业代理，处5年以下监禁或50万缅元以内的罚款，或者并处监禁和罚款；（2）无照从事保险经纪人业务，处1年以下监禁或30万缅元以内的罚款，或者并处监禁和罚款等等。

根据《老挝人民民主共和国保险法》，对未经批准开展保险业务、违反保险企业从业人员限制规定、提供和传播虚假文件、不提交文件、违反公司章程和会计制度、违反保险中介人规定、违反机动车保险规定等，规定了相应的处罚措施。例如，规定在未得到批准前就动员公众参加保险项目或者签订保险项目合同的，处300000基普至500000基普的罚款。

二、法律适用

（一）关于保险法律适用的不同规定

关于保险的法律适用，"一般保险关系之准据法，说者或误以各国保险法之无何重要冲突，舍而不论，或偶论之，亦不过谓与普通法律行为，同其准据法：实则绝不如是之简单也"①。保险的法律适用内容实际上也是比较多的，如保险契约成立与效力的准据法，一般采用契约准据法。"学者与判例之对于此种采用之理由，固皆相同，然因各国对一般契约准据法之采用有异，则其结果自亦不能尽同。"② 在采用契约准据法的程序方面，虽然"同采一般契约准据法主义，但于各种准据法之适用程序上，彼此仍不免有所差异也"③。在采用契约准据法

① 陈顾远. 国际私法商事篇 [M]. 上海：民智书局，1934：581.
② 陈顾远. 国际私法商事篇 [M]. 上海：民智书局，1934：582.
③ 陈顾远. 国际私法商事篇 [M]. 上海：民智书局，1934：582.

的限度方面，一般采用契约准据法也是有限度的，"故一般学者虽在法理上，不为自由选择法之否认，惟依事实上之见地，直称保险契约之准据法，为依于保险地之法律，或保险公司主事务所所在地之法律者，仍甚多也"①。关于保险地的理解方面，如关于保险公司在他国的"支店"，有学者认为"既承认其为支店，则由支店而结之契约，契约地即在支店所在地，非即公司主事务所所在地故耳"②。而根据英国的判例，是依契约效力在何地完成而定。"依于公司之总经理签名而始完成者，其保险地法当然系指公司主事务所所在地法无疑；依代理店之签名而即完成，或非其签名不为完成者，其保险地法则为代理店所在地法矣。"③

关于保险地法的问题，保险地法一般指保险公司主事务所所在地法，"不过一国保险公司，发展其事业于国外，必须在他国有保险介绍人之存在，或更认为有所谓支店之存在，当事人之订立契约多经其手，在此情形中，依保险地是否即公司主事务所在地，有时即不免发生动摇也"④。

关于一些特殊的保险问题，如劳动保险、保险权利转让、质押、火灾保险等，也都存在不同看法。"毕氏冲突规范法典上曾主张之，其第二六一条谓'火灾保险契约，依契约缔结时被保险物所在地法支配之'是也。然保险契约乃债权契约，非物权契约，实无适用物之所在地法之必要。"⑤

关于合同的法律适用问题，国外的"proper law"也是类似的规定。国外关于涉外（区际）合同法律适用的理由一般是主张合同的 proper law（宜用法），proper law 是对适用的法律或冲突规范准据法的老的称谓。"The law of the cause for most issues involving a multi – state contract is the proper law of the contract'. The term 'proper law' is an older descriptor for the governing law or the law of the cause throughout private international law."⑥

准据法是当事人意图适用的法律，如果意图不能确定，则适用与合同有最密切真实联系地的法律。"The proper law is the law which the parties intended to apply, or if their intention can not be determined, it is the law of the place that has the

---

① 陈顾远. 国际私法商事篇［M］. 上海：民智书局，1934：583.

② 陈顾远. 国际私法商事篇［M］. 上海：民智书局，1934：584.

③ 陈顾远. 国际私法商事篇［M］. 上海：民智书局，1934：585.

④ 陈顾远. 国际私法商事篇［M］. 上海：民智书局，1934：583－584.

⑤ 陈顾远. 国际私法商事篇［M］. 上海：民智书局，1934：586.

⑥ Reid Mortensen, Richard Garnett, Mary Keyes. Private International law in Australia［M］. 3rd ed. LexisNexisButterworths, Australia, 2015：415.

closest and most real connection to the contract. "① The law which the parties intended to apply，关于当事人意图适用问题，这样的情况属于主观 proper law，即"subjective proper law."。如果当事人没有这种意图，或者意图无法判断，法院则采用最密切联系的法律制度，这被称为合同的客观 proper law。"If the parties have not expressed their mutual intention，and their intention can not be inferred，then the court must identify the legal system with which the contract is most closely conneted，which is referred to as the 'objective proper law' of the contract."②

（二）我国关于保险法律适用的规定

1.《中华人民共和国保险法》的规定。关于保险合同的法律适用问题，《中华人民共和国保险法》第 3 条规定："在中华人民共和国境内从事保险活动，适用本法。"该条并没有明确说明保险活动是否具有涉外因素，因此，在中华人民共和国境内从事保险活动，尽管具有涉外因素，也适用本法。

但是，就保险合同而言，保险合同也是一种合同，我国法律关于涉外合同法律适用的有关规定中，在保险合同的法律适用没有明确规定时，同样可以适用于保险合同。

2.《中华人民共和国民法通则》的规定。关于合同的法律适用，《中华人民共和国民法通则》第 145 条第 1 款规定：涉外合同的当事人可以选择处理合同争议所适用的法律，法律另有规定的除外。《最高人民法院关于审理涉外民事或商事合同纠纷案件法律适用若干问题的规定》第 3 条规定：当事人选择或者变更选择合同争议应适用的法律，应当以明示的方式进行。第 4 条规定：当事人在一审法庭辩论终结前通过协商一致，选择或者变更选择合同争议应适用的法律的，人民法院应予准许。当事人未选择合同争议应适用的法律，但均援引同一国家或者地区的法律且未提出法律适用异议的，应当视为当事人已经就合同争议应适用的法律做出选择。

此外，《中华人民共和国民法通则》第 145 条还规定：涉外合同的当事人可以选择处理合同争议所适用的法律，法律另有规定的除外。涉外合同的当事人没有选择法律的，适用与合同有最密切联系的国家的法律。

3. 司法解释的规定。《最高人民法院关于审理涉外民事或商事合同纠纷案

---

① Reid Mortensen，Richard Garnett，Mary Keyes. Private International law in Australia［M］. 3rd ed. LexisNexisButterworths，Australia，2015：419.

② Reid Mortensen，Richard Garnett，Mary Keyes. Private International law in Australia［M］. 3rd ed. LexisNexisButterworths，Australia，2015：419.

件法律适用若干问题的规定》第 5 条规定：当事人未选择合同争议应适用的法律的，适用与合同有最密切联系的国家或者地区的法律。

人民法院根据最密切联系原则确定合同争议应适用的法律时，应根据合同的特殊性质，以及某一方当事人履行的义务最能体现合同的本质特性等因素，确定与合同有最密切联系的国家或者地区的法律作为合同的准据法，具体内容如下。

（1）买卖合同适用卖方住所地法；或买方住所地法（合同是在买方住所地订立或者在买方住所地履行交货义务）。（2）加工承揽合同——加工承揽人住所地法。（3）成套设备供应合同——设备安装地法。（4）不动产买卖、租赁或者抵押合同——不动产所在地法。（5）动产租赁合同——出租人住所地法。（6）动产质押合同——质权人住所地法。（7）借款合同——贷款人住所地法。（8）保险合同——保险人住所地法。（9）融资租赁合同——承租人住所地法。（10）建设工程合同——建设工程所在地法。（11）仓储、保管合同——仓储、保管人住所地法。（12）保证合同——保证人住所地法。（13）委托合同——受托人住所地法。（14）债券的发行、销售和转让合同——债券发行地法、债券销售地法和债券转让地法。（15）拍卖合同——拍卖举行地法。（16）行纪合同——行纪人住所地法。（17）居间合同——居间人住所地法。

4.《中华人民共和国涉外民事关系法律适用法》的规定。《中华人民共和国涉外民事关系法律适用法》第 41 条规定："当事人可以协议选择合同适用的法律。当事人没有选择的，适用履行义务最能体现该合同特征的一方当事人经常居所地法律或者其他与该合同有最密切联系的法律。"

根据以上各种规定，在比较分析借鉴的基础上，笔者建议：保险合同适用被保险人惯常居所地法律。这一种建议体现了对弱者的保护。如果规定保险合同适用保险人和被保险人所在地中对被保险人有利的法律，则可以体现对弱者的实体意义上的保护。

第二节　航空保险合同

一、国际法律冲突

航空保险合同的法律冲突在各国也是比较普遍的存在，主要体现在如下一些方面。

（一）航空保险的定义方面

航空保险何时开始，学界认识不一，但在第一次世界大战之前"这种保险还是罕见的"①。但自 1903 年飞机首次成功飞离地面以后，飞机制造业发展较快，1910—1911 年间，"英国白十字保险协会创办了最早的飞机保险，其中 1910 年劳合社承保了飞机在降落时践踏庄稼损失的飞机保险，1911 年还承保了参见航空表演的航空器保险"②。

航空业的风险高于其他一般行业，因此航空保险必不可少。由于客观需要，航空保险也得到了快速的发展。但是，关于航空保险的定义，有不同的理解。

以我国为例，有人认为："航空保险也就是对因各种飞行风险造成的对飞机、旅客人身、财产损失的一种补偿。"③ 有人认为："航空保险是指与航空有关的物质财富及其有关利益为保险标的的各种保险的总称。"④ 有人认为："航空保险原称飞机保险，主要承担飞行器在航行过程中或滑行、停航期间遭遇自然灾害或意外事故所受到的损失以及由此引起的相关责任赔偿，具体包括飞机机身损毁、乘客伤亡，以及因飞机坠落造成的第三者人身伤亡或财产损害的赔偿责任等。"⑤ 有人认为："航空保险泛指承保与航空有关的各种空中与地面损失的保险的总称。"⑥ 有人认为： "航空保险是有关飞机各种危险和保险的总称。"⑦

不仅认识不一，实践中做法也不一。如关于航空保险联营，美国、英国等国都有一些联营经营的保险市场，但"也有许多不是联营的保险公司"⑧。另外，航空公司除了再保险这种分保形式外，有的还采用了联合承保的方式，即两个或者以上的保险公司使用同一保险合同，通过成立共保集团或者签订共保协议的方式，对同一保险标的等进行保险的"共同保险"⑨。

---

① ［荷］Ｉ·Ｈ·Ｐh·迪德里克斯－范思赫. An Introduction to Air Law ［M］. Kluwer Law International，2006：244.

② 杨惠，郝秀辉. 航空法学原理与实例 ［M］. 北京：法律出版社，2011：232.

③ 杨惠，郝秀辉. 航空法学原理与实例 ［M］. 北京：法律出版社，2011：232.

④ 刘伟民. 航空法教程 ［M］. 北京：中国法制出版社，2001：419.

⑤ 陆爱琴. 国际保险 ［M］. 上海：华东理工大学出版社，1998：97.

⑥ 吴建端. 航空法学 ［M］. 北京：中国民航出版社，2005：261.

⑦ 贺富永. 航空法学 ［M］. 北京：国防工业出版社，2008：264.

⑧ R. D. Margo，Aviation Insurance：the Law and practice of Aviation Insuranc inluding Hovercraft and Spacecraft Insurance ［M］. London：Butterworth，2000：29.

⑨ ［荷］Ｉ·Ｈ·Ｐh·迪德里克斯－范思赫. An Introduction to Air Law ［M］. 8th ed. Kluwer Law International，2006：245.

（二）航空保险的类型方面

航空保险一般包括三类：航空财产保险、航空责任保险和航空人身保险。但"在不同的国家和不同时期，航空保险的类型有所不同，这取决于保险公司开设哪些航空保险险种"①。1982 年《英国保险公司法（Insurance Companies Act 1982）》规定的航空保险包括事故保险、航空器保险、货物运输保险和航空器责任保险。1974 年中国人民保险公司办理的航空保险包括飞机机身一切险、战争险和法定责任险。其中的责任险只包括"航空公司的旅客责任、第三者责任、行李、货物、邮件的运输责任及综合责任"②。

（三）关于保险责任承担方面

有关保险的各种责任承担问题，各国规定不一。如"在一些国家，被保险人自己的过错造成的损害不在保险人赔偿责任之列，而在其他国家，保险人可能是负责的"③。

（四）航空责任险方面

航空责任险一般包括承运人对旅客伤亡、行李货物损害的赔偿责任及航空器承运人或者经营人对地（水）面第三人造成损害的赔偿责任。国际公约及国内法均有关于航空责任保险的规定，但关于责任保险的限额规定差异较多。

（五）关于航意险方面

航意险即人身意外伤害保险，"是保险公司为航空旅客专门设计的一种针对性很强的商业险种，是指被保险乘客在登机、飞机滑落、飞行、着陆过程中，即在保险期限内因飞机意外事故遭到人身伤害导致身故或残疾时，由保险公司按照保险条款所载明的保险金额给付身故保险金，或按身体残疾所对应的给付比例给付残疾保险金或医疗保险金"④。关于航意险的赔付标准，不同国家、不同的航空公司规定不一。就我国而言，目前"航意险保费和保险额的新条款很多，如根据中华联合财险的'世纪出行'意外伤害保险，若客户在保险期间发生航空意外事故，每人可获得人民币 50 万元的赔付；根据人保寿险的'畅想人生年金保险产品'，保险金额为 24 万元，如客户发生航空意外，将可以获得 40 倍保险金额的赔付，即得到 960 万元的保险赔付"⑤。

---

① 杨惠，郝秀辉. 航空法学原理与实例 [M]. 北京：法律出版社，2011：238.
② 傅金筑. 中国民航的飞机保险 [J]. 民航经济与技术，1996（7）.
③ 杨惠，郝秀辉. 航空法学原理与实例 [M]. 北京：法律出版社，2011：246.
④ 杨惠，郝秀辉. 航空法学原理与实例 [M]. 北京：法律出版社，2011：259.
⑤ 杨惠，郝秀辉. 航空法学原理与实例 [M]. 北京：法律出版社，2011：263.

（六）关于货物保险的标的方面

关于货物保险的标的，各国规定不一，根据我国《国内航空货物运输保险条款》的规定，原则上凡在国内经航空运输的货物都可以成为货物保险的标的，但蔬菜水果、活牲畜、禽鱼类和其他动物，不能作为货物保险的标的。金银、珠宝、古玩、古书、古画、艺术品、稀有金属等珍贵财物，经投保人与保险人特别约定后，可以成为货物保险的标的。

在实践中，保险的类型包括有关航空公司的风险、制造商责任险、战争和劫机保险、机场运营责任险等。每一类型又包括许多方面，如航空公司险的承保范围包括："各种财产和责任风险，涉及乘客和货物运输，设备（其清单不断在扩充）的使用和对其造成的损害、提供这些服务的场所，甚至还包括设备制造商和各种相关的服务和维修与修理机构等方面。"[1] 在规定方面，使用伦敦市场标准用语的保单（AVN1C）就是一份全面风险型的保单。保单第 1 章是航空器的损失或损害方面的内容，第 2 章是对个人意外伤害补偿性赔偿金的总额等。在实践中，一以贯之，租约要求航空公司提供租约期间或者特定期间充分的航空器责任保险 "Invariably, the lease will require the airline to take out hull and liability insurances in respect of the aircraft for the duration of the lease term, and sometimes for a certain period thereafter."[2]

二、法律适用

（一）国内法的规定

1. 旅客责任险

1959 年《澳大利亚民用航空承运人责任条例》规定承运人应为每名乘客提供至少 500000 澳元的强制性的不可取消的保险保证金。1991、1995 年对《澳大利亚民用航空承运人责任条例》进行了修订，规定保险人的责任是满足乘客的索赔，最高数额不受保单的任何担保或者除外规定的影响。

1998 年《加拿大航空运输条例》规定，航空承运人对乘客的责任保险最高限额是机上座位数乘以 30 万加元。美国规定，航空承运人对每名乘客的责任保险限额为 30 万美元，总保险限额为 30 万美元乘以机上座位数的 75%。[3]

① ［荷］I. H. Ph. 迪德里克斯 - 范思赫，帕波罗·汶迪斯·德·莱昂. 国际航空法［M］. 黄韬，等译. 上海：上海交通大学出版社，2014：268.

② Donal Patrick Hanley. Aircraft Operating Leasing—A Legal and Practical Analysis in the Context of Public and Private International Air Law［M］. 2nd ed. Wolters Kluwer, 2017：124.

③ See 14 Code of federal Regulations（CFR）（1999）. S. 205.5（b）（2）.

2. 第三人责任险

德国规定，对航空器重量从 25 公斤到 14000 公斤以上的航空器，限额为 1500 万欧元至 6 亿欧元。对每一伤亡或伤者的最大赔偿限额为 6 万欧元。

奥地利规定，对航空器重量从 20 公斤到 14000 公斤以上的航空器，限额为 87 万欧元至 654 万欧元。

但也有国家不规定限额，如法国、英国都没有责任限额。① 但在伦敦航空标准保险单（AVN1C）中，包含有保险范围、责任限额等内容。

3. 航空产品责任险

美国飞机制造商协会（Aircrsft Builders Cxouncil）1955 年创立了关于产品责任的 ABC 格式保单（Aircrsft Builders Cxouncil Form），目前 ABC 格式保单规定的最大保险金额为 15 亿美元。

英国宇航公司协会（The Society of British Aerospace Companies）在 1961 年创立了关于产品责任的 SBAC 格式保单（Society of British Aerospace Companies Form），承保范围包括航空产品和停飞责任保险、航空器第三人、旅客、机组人员、包租及非所有权责任保险；航空建筑物及机库管理人责任保险等。

我国国内的航空保险，发布产品责任保险条款的保险公司较少，中国人民财产保险股份有限公司是"承保航空产品责任和停飞责任保险的重要保险公司。但人保财险是采取综合保险条款的形式规定这两个险种的，具体见《中国人民财产保险股份有限公司航空产品、停飞及其他航空责任险条款》。从航空产品和停飞这两个责任险的内容和格式上看，基本上是参考伦敦市场的航空产品责任保险单的内容和格式"②。

4. 机场（航空港）责任险

不同国家的保险机构规定的内容不尽一致。英国劳埃德保险社（Lloyd's，劳合社）机场（航空港）责任保险单上规定的保险条款包括：被保险人的姓名（名称）和住址；被保险人商业或经营的性质；保险单予以补偿的地点；补偿金额；保险费；保险期间；接收通知的个人或者企业的名称及地址。

中国人民财产保险股份有限公司机场（航空港）责任保险单上规定的保险条款包括：保单号码、被保险人的名称、业务范围、保险单予以补偿的地点、补偿金额、免赔额、保险费、保险期间、服务公司、送达。

---

① A. J. Mauritz. Liability of Operations and Owners of Aircraft for Damage Inflicted to Persons and Property on the Surface [M]. Leiden：Shaker Publishing, 2003：137, 139.

② 郝秀辉，刘海安，杨万柳. 航空保险法 [M]. 北京：法律出版社, 2012：235.

5. 航空战争险

1969 年 11 月 12 日，伦敦保险市场推出了《战争、劫持和其他风险除外条款（航空）》（AVN48），这些风险保险公司不负责赔偿。但是"被保险人如果支付较高的保险费率或支付附加保险费，被保险人被排除的战争劫持等相关风险可以获得一定的（但不是全部）承保。这样，被排除的风险通过航空机身险和航空责任险的扩展承保批单可以被写进机身和责任等一切险（all risk）保单之中"①。通用的航空机身险和航空责任险的扩展承保批单分别是劳合社的AVN51 条款和 AVN52 条款，此后的条款发展还有 AVN52C、AVN52D、AVN52E等条款。

"9·11"恐怖袭击事件给航空战争险带来不利的影响，由政府进行救助和担保的措施开始出现。如美国政府向本国航空公司提供第三者战争险责任保障。一些保险公司也推出了超赔保障方案，如美国国际集团（AIG）的可撤销保单及不可撤销保单，德国安联集团（Allianz）的超赔方案等。根据超赔保障方案，航空公司可以获得的最高责任限额通常超过 10 亿美元。

我国法律也明确规定了航空责任险问题。关于强制保险方面，《中华人民共和国民用航空法》第 150 条规定："从事通用航空活动的，应当投保地面第三人责任险。"第 166 条规定："民用航空器的经营人应当投保地面第三人责任险或者取得相应的责任担保。"关于外国航空器的保险方面，第 175 条规定："外国民用航空器飞入中华人民共和国领空，其经营人应当提供有关证明书，证明其已经投保地面第三人责任险或者已经取得相应的责任担保；其经营人未提供有关证明书的，中华人民共和国国务院民用航空主管部门有权拒绝其飞入中华人民共和国领空。"

我国没有专门规定航空保险合同的法律适用问题，《中华人民共和国民用航空法》第 188 条规定："民用航空运输合同当事人可以选择合同适用的法律，但是法律另有规定的除外；合同当事人没有选择的，适用与合同有最密切联系的国家的法律。"此外，第 184 条规定："中华人民共和国缔结或者参加的国际条约同本法有不同规定的，适用国际条约的规定；但是，中华人民共和国声明保留的条款除外。中华人民共和国法律和中华人民共和国缔结或者参加的国际条约没有规定的，可以适用国际惯例。"以上对民用航空运输合同规定，是否适用于航空保险合同，没有明确的规定。

---

① 郝秀辉，刘海安，杨万柳. 航空保险法 [M]. 北京：法律出版社，2012：308.

（二）国际公约的规定

1. 关于航空旅客及行李责任保险方面，《危地马拉议定书》第 XIV 条规定：公约不限制成员国在其领土范围内建立和运营补充赔偿制度，以根据公约支付给旅客人身伤亡的索赔。对于《华沙公约》的赔偿问题，承运人通常"为乘客安排自动的和集体人员事故保险，在这种保单的基础上，乘客因事故遭受的损害会在保单宣示的最大数额内自动获得赔偿"[①]。1999 年的《蒙特利尔公约》比《华沙公约》提供了更好的乘客利益保护。

在欧盟方面，1997 年欧共体通过了《关于航空事故中承运人责任的第 2027/97 号条例》，规定对于不超过 10 万特别提款权的索赔部分，欧共体承运人放弃《华沙公约》规定的责任限额。

2002 年 9 月欧洲议会和委员会发起了《关于调整航空承运人和航空器经营人保险要求的建议》，要求实行不同类型的责任保险保证金：1. 最大起飞重量不超过 25000 千克的航空器，责任保险保证金为 8 亿特别提款权；2. 最大起飞重量不超过 50000 千克的航空器，责任保险保证金为 27 亿特别提款权；3. 最大起飞重量不超过 200000 千克的航空器，责任保险保证金为 40 亿特别提款权；4. 最大起飞重量超过 200000 千克的航空器，责任保险保证金为 60 亿特别提款权。

2. 关于第三人责任险，1952 年《罗马公约》是 1933 年《罗马公约》的修订，"这两个公约是规制航空器致第三人损害责任的唯一国际公约，仅包括航空器或从航空器上坠落的人或物造成地（水）面人员和财产的损害责任，并不包括空中相撞造成的第三人损害责任，但空中相撞造成了地面人员和财产损害的，可以适用《罗马公约》的规定"[②]。

2009 年 4 月召开的国际航空法会议通过了《关于航空器对第三人造成损害的赔偿的公约》《关于因涉及航空器的非法干扰行为而导致对第三方造成损害的赔偿的公约》。

1991 年 10 月，欧共体发布了 EC Council Regulation2407/92 条例，要求航空承运人对航空事故赔偿责任进行保险。2002 年欧洲议会委员会发起了《关于调整航空承运人和航空器经营人保险要求的建议》，规定了建议的保险保证金标准。2004 年 4 月欧洲议会和欧洲理事会通过了欧盟 EC Regulation785/2004 条例，规定了对乘客、行李、货物及第三人应投保的法定最低责任保险金额，具体如下。

---

① 郝秀辉，刘海安，杨万柳. 航空保险法 ［M］. 北京：法律出版社，2012：141 - 142.
② 郝秀辉，刘海安，杨万柳. 航空保险法 ［M］. 北京：法律出版社，2012：164.

飞机最大起飞重量（千克）	最低金额（欧元）	最低金额（特别提款权）
<500	915000	750000
<1000	1830000	1500000
<2700	3660000	3000000
<6000	8540000	7000000
<12000	21960000	18000000
<25000	97600000	80000000
<50000	183000000	150000000
<200000	366000000	300000000
<500000	610000000	500000000
>500000	854000000	700000000

第三节　海上保险合同

随着国际贸易越来越依赖于海洋运输，海洋安全与保障问题就越来越紧迫。"With most of the world's trade depending on maritime transportation, ensuring maritime security is a difficult transnational undertaking."[1] 海上保险在海商法中受到的重视不够，"海上保险在当代一些案例汇编和专题论文集中，一向处于次要地位或者根本无一席之地"[2]。但是，海上保险与海商海事关系是非常密切的，因为一般情况下，对海上可能发生的重大损失或者责任都可以投保，在海事诉讼及仲裁案件中，许多案件都与保险有关，所以"在思考海商法的原则和概念时，如果不重视四处渗透的'保险触角'，那确实是荒谬可笑的"[3]。

海上保险即水险，是以与海上运输有关的财产、利益、责任为保险标的，以海上风险（海难）为承保对象的一种保险。海上保险出现较早，与其他保险

---

[1] Vasco Becker - Weinberg. Flag States's Liability for Wrongful Acts by Private Military and Security Companies on Board Ships [M] //Carlos Esposito, James Kraska, Harry N. Scheiber, et al. Ocean Law and Policy. Brill Nijhoff, 2016：220.

[2] G. 吉尔摩，C. L. 布莱克. 海商法 [M]. 杨召南，毛俊纯，王君粹，译. 北京：中国大百科全书出版社，2000：68.

[3] G. 吉尔摩，C. L. 布莱克. 海商法 [M]. 杨召南，毛俊纯，王君粹，译. 北京：中国大百科全书出版社，2000：68.

相比，海上保险承保标的具有流动性，承保对象具有多变性，保险种类具有多样性（包括船舶保险、货物保险、运费保险、集装箱保险、海上油气开发、开采保险、租金保险、责任保险、基本险、附加险等），承保的风险具有复杂性（包括海上风险、陆上风险、客观风险、主观风险、静止风险、流动风险等）。正是由于这些原因，海上保险产生的法律问题更加复杂。

航运国家大都在海商法或其他法律中对海上保险进行了明确的规定。但各国规定之间仍有差异。海上保险具有国际性，往往需要适用外国法，因此就会产生海上保险的法律冲突，"这种差异主要体现在两大法系之间"①。海上保险合同（the marine insurance contracts）的国际法律冲突比较突出。

一、国际法律冲突

（一）关于海上保险的定义方面

关于海上保险的定义方面，各国规定不一。如关于海上保险合同的概念，《中华人民共和国海商法》第216条第1款规定："海上保险合同，是指保险人按照约定，对被保险人遭受保险事故造成保险标的的损失和产生的责任负责赔偿，而由被保险人支付保险费的合同。"该条是对海上保险合同基本的定义。

《日本商法》第四编海商第六章保险部分第815条规定："海上保险合同，以与航海有关的事故引起的损害的填补为其标的。"我国与日本的规定存在差异。日本规定为损害，我国规定包括损失和产生的责任。如何赔偿，值得思考。

（二）关于海上保险的类型方面

由于海上保险发展迅速，在实践中，海上保险的类型也比较繁多，各国规定不一。在实践中，保险的类型一般有如下几种。

1. 按标的分，保险可以分为海上财产保险（船舶保险、海上货物运输保险、运费保险、租金保险）、集装箱保险合同、海上油气开发开采保险、海上责任保险（碰撞责任险、油污责任险、承运人责任险）。

2. 按保险价值分，保险可以分为定值保险、不定值保险。

3. 按保险期间分，保险可以分为航程（次）保险、定期保险、混合保险、船舶停泊保险、船舶建造保险。

4. 按承保保险的方式分，保险可以分为总括保险、逐笔保险、流动保险、预约保险等。

各国对不同的保险类型规定要求不相一致，就会产生相关法律冲突问题。

---

① 张湘兰. 海上保险法［M］. 北京：中国政法大学出版社，1997：15.

如关于货物运输保险，我国货物运输险的基本险别有平安险、水渍险、一切险及若干附加险。而英国的规定则有不同，"英国的保险市场则不采用这样的专门术语，在英国的协会保险条款（Institute Cargo Clause，ICC）中，以 A 条款、B 条款和 C 条款取代了传统的术语"①。

（二）关于保险的制度方面

各国的保险制度是不同的。如在船舶保险方面，有的国家如英国实行"列明风险"制度，而有的国家如法国、德国实行"一切风险减除外责任"制度。不同的保险制度的规定会产生法律规定上的冲突。

（三）关于保险解释方面

在保险条款的解释方面各国存在差异。如有的国家规定，保险金额是保险人对每次意外事故应负责任的最高限额，在保单有效期内次数不限。每次事故损失都按保险金额赔偿。但有的国家规定，保险金额在每次事故发生后按索赔的金额递减。

（四）关于被保险人的范围方面

船舶保险中的被保险人通常指船舶所有人，这一点各国规定是一致的。但各国规定的其他被保险人范围不一。如有的国家（英国）还包括船舶经理人；有的国家（法国）还包括陆上代理人、代管人、受雇人。由于对被保险人的范围规定不一，在实践中就会产生相关的矛盾与冲突。

（五）关于承保的范围方面

各国对承保的范围有不同规定。如对船舶碰撞码头、港口等固定设施所引起的损失赔偿责任有的国家不予承保（英国）；而有的国家予以承保（法国）。由于不同国家规定的承保范围不同，容易产生法律冲突问题。

（六）关于再保险方面

1906 年《英国海上保险法》、1997 年《南非海上保险法建议（草）案》均规定了再保险问题。1906 年《英国海上保险法》第 9 条规定："一、海上保险合同中的保险人对其承保的风险有保险利益，并可将有关风险再保险。二、除非保险单另有规定，原被保险人对此再保险没有权利或利益。"有的国家没有规定海上保险中的再保险问题。

（六）关于重复保险赔偿的分摊方面

关于重复保险，1997 年《南非海上保险法建议（草）案》第 32 条第 1 款规定："被保险人或其代理人就同一航程和保险利益的全部或部分订立两个或两

---

① 傅廷中. 海商法论［M］. 北京：法律出版社，2012：474.

个以上的保险合同，致使保险金额总和超过本法允许的赔偿额度的，视为被保险人因重复保险而超额保险。"

在各国的国际海上保险实务中，关于重复保险赔偿的分摊问题，"存在不同的分摊方法"。①

关于重复保险的法律规定方面，1997 年《南非海上保险法建议（草）案》第 32 条第 2 款规定，"如果被保险人因重复保险而超额保险：1. 只要所得金额总和不超过本法允许的赔偿额度，被保险人可以以自己认为合适的顺序向各保险人索赔，除合同另有规定外；2. 如果被保险人凭以索赔的合同是一份定值合同，被保险人必须将其他合同项下他已收取的任何数额从约定合同中扣除，无须考虑保险标的的实际价值；3. 如果被保险人凭以索赔的合同是一份不定值合同，被保险人必须将其他合同项下他已收取的数额从全部保险价值中扣除；4. 如果被保险人得到的金额超过本法所允许的赔偿额，则此种超出金额即被视为由被保险人代各保险人托管，由保险人按他们之间的分摊权利摊回。"而一些国家没有规定，如《日本商法》第四编海商第六章保险部分对重复保险问题没有做出规定。

（七）关于保险支付时间方面

关于保险支付时间方面，各国（地区）的规定有所差别。《荷兰商法典》第 680 条规定："一、如保险合同未规定支付时间，保险人应在委付通知书送达 6 个星期内支付保险金额及委付费用。二、过期支付应包括法定利息。三、委付财产应作为支付担保。"

《日本商法》第 846 条规定："被保险人欲提出委付时，须在 3 个月内向保险人发出通知。"

以上关于支付期限方面规定不一。

（八）关于保险委付方面

关于保险委付的原因，《日本商法》第四编海商第六章保险部分第 833 条规定，"下列情形，被保险人可请求取得委付于保险人的保险标的的全部保险金额：（1）船舶沉没时；（2）船舶下落不明时；（3）船舶不能修理时；（4）船舶或所载货物被捕获时；（5）船舶或所载货物依官方的处分被扣押，6 个月未解除时"。

《日本商法》规定船舶不能修理时可以委付，一些国家或地区规定船舶不能为修缮或修缮费用超过保险价额时均可委付。

---

①　张贤伟. 海上货物运输保险赔偿制度研究 ［D］. 大连：大连海事大学，2008，245 - 246.

以上各国（地区）的规定在内容上存在不一致的地方，容易产生法律适用上的冲突。

事实上，无论适用什么地方的法律，保险公司在处理保险理赔时，都要格外小心付出的保险赔偿能否从代位求偿权中得到求偿，这里涉及更多的是事实与证据问题，而不是不同准据法的不同规定问题。所以有时候适用什么法律并不重要，重要的是保险公司是否抓住了问题的重点。如原告中国人民保险（香港）有限公司与被告东莞市金龙航运有限公司海上货物运输合同纠纷案,① 该案具体情况如下。

在原告中国人民保险（香港）有限公司与被告东莞市金龙航运有限公司海上货物运输合同纠纷一案中，原告于 2015 年 3 月 20 日向广州海事法院起诉，请求法院判令的内容为：一是要求被告赔偿原告支付兼松合利有限公司的货损保险赔款 21644.42 美元（按 2014 年 10 月 3 日中国银行外管局美元对人民币中间价 1：6.1525 折人民币 133167.29 元）及其自 2014 年 10 月 3 日起至实际支付之日止按中国人民银行同期贷款利率计算的利息；二是要求被告承担公证费 6800 港元（按 2015 年 5 月 7 日中国人民银行港元对人民币汇率 1：0.78836 折人民币 5360.85 元）和本案诉讼费。

根据法院判决书的表述，关于案件的理由，原告中国人民保险（香港）有限公司诉称：2014 年 5 月 18 日，原告的被保险人兼松合利有限公司委托联通物流香港有限公司（以下简称联通公司）将 16 件卷钢从香港运至深圳妈湾。联通公司签发了 CSS1405019 号清洁提单，提单记载承运船舶为"金龙 323"轮。经查，该轮为被告所有。5 月 20 日，货物到达目的地。卸货过程中发现其中 6 件卷钢被水浸湿锈蚀、破损变形。上述货物损失完全是由于被告没有提供合适的载货处所，没有妥善积载货物，也没有对货物采取足够的防护和管理措施，以致货物在运输途中遭受水湿、挤压和碰撞受损。经检验，事故造成货物损失 21644.42 美元。原告依据保险合同向被保险人赔付了 21644.42 美元，依法取得了代位求偿权。被告作为本案货物运输的实际承运人，根据《中华人民共和国海商法》的有关规定应对上述货物损失承担赔偿责任。

注：法院判决书在前面一段之前，应该说明管辖权的确定及依据，否则为什么法院可以取得管辖权，听取原告中国人民保险（香港）有限公司的诉称呢？

原告在举证期限内提供了以下证据材料：保险单；授权委托书；汇款底单、权益转让书、对账单；2014 年 10 月 3 日中国银行外汇牌价；提单；关于同意

---

① （2015）广海法初字第 413 号。

"金龙323"船航行港澳航线的批复；货物残损单；检验报告；商业发票；公证费账单、对账单、2015年5月7日汇率公告。

被告东莞市金龙航运有限公司辩称："一、本案提单由联通公司作为承运人签发，与托运人成立海上货物运输合同关系的相对方是联通公司，"金龙323"轮只是受联通公司委托运输的船舶。从原告提供的证据来看，亦无法确立联通公司与合作船东关于赔偿责任的约定，而原告却仅起诉本案被告，不符合法律规定。二、本案的实际承运人实为吴润平。被告应"金龙323"轮船东吴润平的请求将该轮挂靠由被告进行管理，被告与吴润平约定由吴润平无条件承担该轮所有债务、海商海事事故所产生的经济赔偿纠纷以及经营船舶中的法律责任等。因被告未与联通公司签订任何形式的合作协议，联通公司必定知晓"金龙323"轮实为吴润平所有的事实。由于本案提单上没有被告的签章，联通公司将本案货物交给吴润平所有的"金龙323"轮实际运输，吴润平和联通公司均没有知会过被告。因此，联通公司未通过被告而私下委托吴润平用"金龙323"轮承运本案货物存在主观过错，其应当对吴润平承运货物过程中所造成的后果承担相应的连带责任。三、收货人未在法定期限内向承运人提出货物损坏的书面通知，应当视为所收货物无瑕疵。（注：从此处被告对多方面说明来看，被告是心中无底的表现，认为'抓住一个是一个'。）根据原告提供的检验报告记载，本案货物于2014年5月26日到达收货人工厂并已开始用于生产加工，后因被保险人发现卷钢上有黑点才提起公估检验申请，检验日期为7月31日和8月15日，而托运人、收货人、原告均未将货物受损事实通知联通公司和被告。根据《中华人民共和国海商法》第八十一条的规定，收货人一直未向联通公司和被告提出承运过程中所致货损的书面通知，应视为其已确认本案货物状况良好无瑕疵。至于原告的赔付行为，应当视为其依据与被保险人签订的保险合同条款单方对合同当事人进行的赔偿，与被告无关。四、检验报告中所检验的瑕疵卷钢无法进行排他证明，从而认为就是该批承运卷钢。根据原告提供的检验报告，本案货物运到收货人工厂后有大部分已经拆除外包装并用于生产。但是，已投保的卷钢与公估公司实际检验的瑕疵卷钢的编号是不一致的，且该批货物运到收货人工厂后已被放置两个多月，大部分已被用于生产，根本无法确认检验卷钢与投保卷钢的一一对应关系，更无法确认这批卷钢是吴润平所承运的卷钢。即使有深圳市蛇口外轮理货有限公司出具的货物残损单记载有6件货物存在瑕疵，但亦没有列明具体的卷钢编号，无法直接证明检验的瑕疵卷钢就是记录中的6件瑕疵卷钢，且这种记录与检验报告中表述的卷钢有黑点的结论相差甚远。而且，该货物残损单上的"金龙323"轮船用章并非被告授权印制的，被告不确认该货物残损单的真实性、合法性和关联性。原告保险理赔涉及对承运人和被告的代位求偿，原告在公估检验时应保留被告提出异议的权利。五、原、被告之间没有合同关系，原告单方赔付后行使代位求偿，其中所有发生的费用应由原告自行承担。"（笔者注：被告此处的说明，有一定道理，原告赔付行为是否得当，须自我把握。）

被告在举证期限内提供了以下证据材料：船舶代管协议、"金龙323"轮船用章。

（笔者注：根据以上被告的陈述答辩，被告认为与托运人成立海上货物运输合同关系的相对方是联通公司，《中华人民共和国海商法》第41条规定："海上货物运输合同，是指承运人收取运费，负责将托运人托运的货物经海路由一港运至另一港的合同。"被告认为本案的实际承运人实为吴润平，被告不是海上货物运输合同的当事人。此点理由也是案件的关键之处。）

广州海事法院查明的案件事实如下：2014年5月9日，兼松合利有限公司向原告投保海上货物运输保险，原告向兼松合利有限公司签发海上货物运输保险单。该保险单约定：被保险人为兼松合利有限公司，保险类别为海上货物运输保险，船名为Freya，离港日为2014年5月10日，自韩国浦项经香港转运至兼松合利厂，货物为参考号为B083的镀铝铁卷板16卷，其中0.4毫米乘以1219毫米的镀铝铁卷板4卷，0.7毫米乘以1219毫米的镀铝铁卷板8卷，1.0毫米乘以1219毫米的镀铝铁卷板4卷，共107.50公吨，总保险金额为104754.57美元。

（笔者注：此段证明的事实是原告与兼松合利有限公司成立的是海上货物运输保险合同。）

联通公司为本案货物自香港至深圳妈湾运输区段的契约承运人，该公司于2014年5月18日在香港签发编号为CSS1405019的清洁提单。该提单载明托运人为兼松合利有限公司，收货人为深圳市沙井马安山兼松合利五金厂，通知方与收货人相同，承运船舶为"金龙323"轮，起运港为香港，卸货港为妈湾，货物为16卷镀铝铁卷板，净重107.50公吨。

经查，"金龙323"轮登记的船舶所有人为被告。被告为证明"金龙323"轮的实际所有人为吴润平提供了《船舶代管协议》。该代管协议载明：被告与吴润平同意将"金龙323"轮纳入被告船队进行管理，吴润平同意接受被告的管理并交纳管理费；为了方便被告办理船舶的相关证件，双方同意船舶的所有人及经营人均以被告名称作登记，船舶的财产所有权、经营权属于吴润平，吴润平无条件承担该船舶的所有债务，海商海事事故所产生的经济赔偿责任、经济纠纷以及经营船舶中的法律责任包括刑事责任等，被告均不承担任何法律责任。原告不确认《船舶代管协议》的真实性，且认为《船舶代管协议》是被告与吴润平之间的法律关系，不产生对抗第三人的效力。

（笔者注：以上对不同法律关系的事实认定，对判断海上运输合同关系有重要作用。）

2014 年 5 月 20 日，"金龙 323" 轮到达深圳妈湾。深圳市蛇口外轮理货有限公司对 "金龙 323" 轮所载货物进行理货并出具货物残损单。货物残损单载明：CSS1405019 号提单项下的 16 卷镀铝铁卷板外包装有轻微干水渍，其中 3 件皮破，3 件外包装有轻微凹痕和擦伤。该货物残损单盖有一枚 "金龙 323" 字样的船章。被告辩称该船章并非 "金龙 323" 轮的船章，并提供了 "金龙 323" 轮的船章。原告不确认被告提供的船章的真实性并认为船章没有实行备案管理制度，不排除存在多个船章。

2014 年 7 月 31 日，广州衡准保险公估有限公司接受原告委托对本案货损进行公估检验，广州衡准保险公估有限公司于 2014 年 8 月 19 日出具最终检验报告。该检验报告内容如下。本案货物由 "Freya" 轮从韩国浦项运至香港，并从香港转运到 "金龙 323" 轮上，于 2014 年 5 月 20 日抵达深圳妈湾港，5 月 26 日货物被陆运到被保险人位于深圳沙井的工厂；因生产加工过程中，产品编号为 AK44A2868、AK44A2869、AK44A2870（被保险卷钢号码为 B08302－6、B08302－7、B08302－8）的卷钢被发现有不同程度的黑点，故广州衡准保险公估有限公司接受委托，分别于 7 月 31 日和 8 月 15 日到被保险人的工厂进行公估检验。本案 16 件卷钢有 9 件已被用于生产，并未发现有任何不妥，另外 7 件尺寸为 0.7 毫米乘以 1219 毫米的卷钢则被单独放置于一处等待检验。7 月 31 日的检验情况为：（1）包装号为 B08302－1 的卷钢已用于生产，未发生损坏；（2）包装号为 B08302－2、B08302－3、B08302－4 的卷钢还未打开，卷钢是否受损的情况未知；（3）包装号为 B08302－5 的卷钢净重 7180 千克，从仓库的货物堆里挑选出来，打开卷钢并在切割机上将卷钢的钢线拆松，发现在卷钢头部每隔 335 厘米均匀分布着 10 至 15 厘米长的黑点，在卷钢的尾部每隔 200 厘米均匀分布着 10 至 15 厘米长的黑点，这些区域显示镀锌部分有变色污染和分裂脱层，损失程度为 100%；（4）包装号为 B08302－6 的卷钢净重 7170 千克，在公估人到达前已被打开过又重新封上，打开后发现在卷钢头部每隔 330 厘米均匀分布着 10 至 15 厘米长的黑点，在卷钢的尾部每隔 200 厘米均匀分布着 10 至 15 厘米长的黑点，这些区域显示镀锌部分有变色污染和分裂脱层，损失程度为 100%；（5）包装号为 B08302－7 的卷钢净重 7160 千克，有 3 件从 B08302－7 号卷钢上切割下来的纵剪带卷，其中两件被作为有缺陷的材料单独放置，这两件纵剪带卷存在与上述卷钢相似的黑点，另外一件重 2200 千克的纵剪带卷正准备投入生产，是否受损情况尚不清楚，剩余卷钢重 2935 千克，已经被投入使用，未发现任何损失，估计损失率为 60%；（6）包装号为 B08302 - 8 的卷钢净重 6940 千克，有两件从 B08302 - 8 号卷钢切割下来的纵剪带卷含有与上述卷钢相似的黑点，损失率为 100%。8 月 15 日的检验情况为：（1）包装号为 B08302 - 2 的卷钢处于良好状态，损失率为 0；（2）包装号为 B08302 - 3 的卷钢净重 6960 千克，打开后发现在卷钢头部每隔 330 厘米均匀分布着 10 至 15 厘米长的黑点，在卷钢的尾部每隔 200 厘米均匀分布着 10 至 15 厘米长的黑点，这些区域显示镀锌部分有变色污染和分裂脱层，卷钢内卷面 210 米左右都处于良好状态，损失率为 80%；（3）包装号为 B08302 - 4 的卷钢净重 7390 千克，是从仓库的货物堆里挑选出来，打开后发现在卷钢头部每隔 335 厘米均匀分布着 10 至 15 厘米长的黑点，在卷钢的尾部每隔 200 厘米均匀分布着 10 至 15 厘米长的黑点，这些区域显示镀锌部分有变色污染和分裂脱层，卷钢内卷面 170 米左右都处于良好状态，损失率为 85%。货损性质为卷钢遭受撞击受损，可能的原因是由于与卷钢底部的木质衬垫物挤压和碰撞，据推测这些卷钢被装载于船舱底部，货损归因于承运船舶不恰当的装载方式和/或不充分的货物防护措施。在检验过程中，公估人认为卷钢有损坏区域的部分仍然可以用于生产，因此建议被保险人最大限度地使用卷钢未受损坏的部分以减轻受损程度，然而被保险人认为尽管部分卷钢仍完整可用，但也不能完全符合客户对于宽度和重量的要求，被保险人称上述卷钢可能还会在仓库里放置 2 至 3 个月以等待客户的指令，这一期间很难说这些卷钢是否会受到损坏，因此，上述卷钢可能都要做废弃处理。经公估人与被保险人协商，被保险人同意上述 6 件卷钢按 75% 受损率来处理，据此，上述 6 件卷钢的净损失共 32.10 公吨，按照商业发票上记载的该尺寸的卷钢的单价每吨 885.71 美元计算，估损金额为 28431.29 美元，索赔金额为发票金额加成 110% 即为 31274.42 美元，残值按每吨 300 美元计算为 9630 美元，理算金额为 21644.42 美元。根据检验报告所附的装箱单记载，"金龙 323" 轮承运的规格为 0.7 毫米乘以 1219 毫米的 8 卷卷钢的产品编号分别为 AK44A2863、AK44A2864、AK44A2865、AK44A2866、AK44A2867、AK44A2868、AK44A2869、AK44A2870。经查，公估人杨洪斌持有的公估人资格证书的有效期至 2000 年届满。杨洪斌庭审时陈述：杨洪斌没有看过船舶积载图，也没有在船上看过摇动过程，但根据规律出现黑点以及各种表象推断货损与运输过程中撞击受损有关的可能性更大，不是绝对性把握；关于货物残值，出具检验报告时上述受损卷钢尚未处理，因原告和被保险人在签订年度保单时已确定计算标准，所以直接以该计算标准计算残值，且按每吨300美元计算残值已高于同期市场价。被告认为杨洪斌不具有保险公估从业人员的资质，其做出的检验报告不具有法律效力。

（笔者注：公估检验方面存在的问题与瑕疵，被被告抓住可以作为减轻责任的依据。）

2014年8月18日，深圳市沙井马安山兼松合利五金厂向原告出具授权委托书称该厂授权兼松合利有限公司代表该厂处理本案保险单的理赔手续，对兼松合利有限公司的授权包括收取保险赔款。10月3日，原告向兼松合利有限公司支付保险赔款21644.42美元。兼松合利有限公司和深圳市沙井马安山兼松合利五金厂共同向原告出具权益转让书称已收到本案保险赔款，兼松合利有限公司和深圳市沙井马安山兼松合利五金厂同意将已取得赔款部分的一切权益转让给原告，并授权原告以其名义或以原告的名义向责任方追偿或诉讼。

原告还称，因原告为香港公司，为提起本案诉讼，需对原告的主体信息进行公证认证，为此原告于2015年5月7日支出公证费6800港元。据公证费对账单记载，本案认证文件的档案号为WK/29371/15 P3（2）。据原告提供的主体公证认证资料记载，本案公证认证材料的档案编号为WK/29371/15 P3（1）。

另查，2014年10月8日的中国人民银行美元兑人民币的汇率中间价为1美元兑换人民币6.1493元，2015年5月7日的中国人民银行港元兑人民币的汇率中间价为1港元兑换人民币0.78836元。

在诉讼中，原、被告一致同意适用中华人民共和国内地法律处理本案纠纷。

（笔者注：原、被告一致同意适用中华人民共和国内地法律处理本案纠纷似乎是一个统一的模板表述，但事实上"一致同意"应该有不同的表现形式，不同的案件中表现形式是不同的，应更进一步叙述细节，加强"一致同意"的说服力。关于法律适用理由的表述，国外判例一般要用许多文字来阐述清楚，而国内往往只用一句话，显然是不够的。）

广州海事法院认为，本案是一宗因保险代位求偿而引起的海上货物运输合同纠纷，本案应以海上货物运输合同来确定本案的法律适用。本案海上货物运输自香港至深圳妈湾，具有涉港因素，依据《中华人民共和国海商法》第二百六十九条关于"合同当事人可以选择合同适用的法律，法律另有规定的除外。合同当事人没有选择的，适用与合同有最密切联系的国家的法律"的规定，原、被告在诉讼中均选择适用中华人民共和国内地法律处理本案纠纷，因此本案依法应适用中华人民共和国内地法律处理。

原告作为本案货物的保险人，依据其与被保险人兼松合利有限公司之间的保险合同向深圳市沙井马安山兼松合利五金厂赔偿了本案货物的损失。依据《中华人民共和国海商法》第二百五十二条第一款关于"保险标的发生保险责任范围内的损失是由第三人造成的，被保险人向第三人要求赔偿的权利，自保险人支付赔偿之日起，相应转移给保险人"的规定，原告已取得本案货物损失的代位求偿权，有权依据深圳市沙井马安山兼松合利五金厂与被告之间的法律关系对被告提出赔偿请求。

深圳市沙井马安山兼松合利五金厂是本案货物的收货人，联通公司是本案货物自香港至深圳妈湾运输区段的契约承运人，根据《中华人民共和国海商法》第七十八条第一款的规定，深圳市沙井马安山兼松合利五金厂与联通公司成立以提单为证明的海上货物运输合同关系。因本案货物由"金龙323"轮实际承运，被告是该轮登记的船舶所有权人，依据《中华人民共和国海商法》第六十一条的规定，被告作为实际承运人与收货人深圳市沙井马安山兼松合利五金厂之间依据法律规定成立海上货物运输合同关系。被告辩称"金龙323"轮为吴润平实际所有，因被告与吴润平签订的《船舶代管协议》是被告与吴润平之间的约定，不能约束第三方，在被告未能提供充分证据证明"金龙323"轮由吴润平实际控制的情况下，本院对被告的该项抗辩不予采纳。

（笔者注：此处说明的是船舶登记与船舶所有人之间的关系，虽然船舶登记的船舶所有人不一定是实际上的船舶所有人，但在没有反证的情况下可以推定为船舶所有人。）

检验报告所附的本案货物的装箱单记载的产品编号与检验报告记载的受损货物的产品编号一致，本案受损货物为"金龙323"轮所承运的货物。本案货物经公估人杨洪斌在被保险人工厂现场勘查，发现有6卷卷钢发生货损。杨洪斌作为保险公估公司的公估人，对本案货损情况的描述与货物残损单基本相互印证。虽然杨洪斌不具有保险公估从业人员的资格证书，但其对货物损坏情况的描述属于事实陈述，与其是否具有保险公估从业人员的资格无关。因此，本院对检验报告所描述的货损事实予以采信。关于被告提出的收货人一直未向被告提出承运过程中所致货损的书面通知，应视为收货人已确认本案货物状况良好无瑕疵的抗辩。根据《中华人民共和国海商法》第八十一条第一款和第二款的规定，收货人未在规定的时间内提出通知的，此项交付仅视为承运人已经按照运输单证的记载交货以及货物状况良好的初步证据。但收货人现已提供检验报告证明本案货物存在货损，因此，被告的该项抗辩缺乏法律依据，本院不予支持。

本案货物在香港装上"金龙323"轮时联通公司签发了清洁提单，本案货物到达深圳妈湾港卸货时，深圳市蛇口外轮理货有限公司出具的货物残损单记载本案提单项下的 16 卷卷钢有 6 卷卷钢发生货损。因此，本院认定本案货物损坏发生在被告的责任期间。根据《中华人民共和国海商法》第四十六条关于"承运人对集装箱装运的货物的责任期间，是指从装货港接收货物时起至卸货港交付货物时止，货物处于承运人掌管之下的全部期间。承运人对非集装箱装运的货物的责任期间，是指从货物装上船时起至卸下船时止，货物处于承运人掌管之下的全部期间。在承运人的责任期间，货物发生灭失或者损坏，除本节另有规定外，承运人应当负赔偿责任。前款规定，不影响承运人就非集装箱装运的货物，在装船前和卸船后所承担的责任，达成任何协议"的规定，在被告未能提供证据证明其存在《中华人民共和国海商法》第五十一条的免责事由的情况下，被告应向收货人承担本案货损的赔偿责任。

关于货物损坏的金额。根据检验报告记载，编号为 B08302 - 7 的卷钢仅为部分损坏，损失率为公估人估计的数目，编号为 B08302 - 3、B08302 - 4 的卷钢亦为部分损坏，损失率亦为公估人估计的数目，上述损失率的确定依赖于公估人的资质，而杨洪斌在做出本案公估检验报告时不具有保险公估从业人员的资质，对检验报告认定的上述卷钢的损失率，本院不予采信。而且，本案受损的 6 卷卷钢均按 75% 的损失率来处理是公估人和被保险人协商的结果，不能约束非保险合同的第三方，因此，对检验报告认定的卷钢净损失重量，本院不予采信。关于检验报告认定的残值。因保险人与被保险人在保险合同中关于以每吨 300 美元的单价计算残值的约定仅能约束保险合同的相对方，而检验报告也提到部分完整可用的卷钢不能完全符合客户对于宽度和重量的要求而且可能还需要放置几个月等待客户的指令，因此，原告应举证证明本案受损的 6 卷卷钢的处理结果以证明本案受损货物的残值。因原告未能举证证明本案受损货物的残值，本院无法确定本案货损的赔偿金额。对原告主张被告赔偿货损保险赔款 21644.42 美元的诉讼请求，本院不予支持。

关于原告请求因提起本案诉讼而支付的公证费 6800 港元。因原告未能提供证据证明该 6800 港元是为提起本案诉讼对原告的主体资格进行公证认证而支出的费用，因此，对原告的该项诉讼请求，本院亦不予支持。

综上，依照《中华人民共和国民事诉讼法》第六十四条第一款的规定，判决如下。

驳回原告中国人民保险（香港）有限公司的诉讼请求。

案件受理费 3069 元，由原告中国人民保险（香港）有限公司负担。

（笔者注：本案中保险公司赔偿后取得代位权，但最终取得了败诉的结局，原因在于保险公司自己不能举证证明本案受损货物的残值，法院无法确定本案货损的赔偿金额。在实践中，保险公司在给被保险人理赔时，就应该考虑受损货物的残值问题，其一方面没有考虑清楚受损货物的残值就发出了保险赔偿金，另一方面又得不到法院的支持，这一问题值得保险公司深思考。至于保险公司能否要求被保险人返回保险赔偿金，要依具体的保险合同而定。）

二、法律适用

（一）适用保险领域的国际条约

在国际条约方面，1855 年国际法协会就制定了《关于统一海上保险合同的公约（草案）》，1901 年又制定了《格拉斯哥海运保险规则》。1981 年 10 月联合国贸发会议航运立法工作组召开了第八届会议，拟订了船舶险和货物险标准条款的"一切险"和"列明险"条款综合案文各一套，货物"一切险"条款综合案文一套。欧共体在 1973 年、1988 年和 1992 年先后通过了三次指令，即 1973 年欧洲经济共同体（EEC）通过了《理事会第一次指令》（The First Council Directive of l973），1988 年 6 月 22 日欧共体理事会（Council of the European Community）通过了《理事会第二次指令》（Seaond Council Directive on Direct lnsurance），1992 年 6 月 18 日欧共体理事会对直接保险而非人寿保险签署了《理事会第三次指令》，建立了统一的欧洲保险市场。

值得注意的是，"在海上保险领域，一直以来作为海洋强国的英国的法理，对海上保险的法理的形成具有决定性的作用。如在韩国海上保险实务中，合同条款全盘采用英国海上保险相关协会制定的条款，即使双方当事人均是韩国企业，通常亦使用英文条款，经常适用英国海上保险法理"[①]。在保险领域，适用有影响的国家的相关规定也可以很好地解决矛盾与冲突。

（二）适用意思自治原则

在海上保险合同中，当事人"意思自治原则"是一个非常重要的原则。罗马公约、英国普通法等都以此作为海上保险法律适用的首要原则。当然，意思自治原则在海上保险合同中也是有限制的。如《中华人民共和国海商法》第 269 条规定："合同当事人可以选择合同适用的法律，法律另有规定的除外。"此处的"合同"当然包括海上保险合同在内。此处的"法律另有规定的除外"，说明海上保险合同中的"意思自治原则"也是受到一定限制的。

《理事会第二次指令》第 7 条第 1 款 f 项规定，（海上）保险合同的当事人可以自由地选择"任何法律"调整其合同。这样选择的绝对自由受下列条件的

---

① 崔吉子，黄平. 韩国保险法［M］. 北京：北京大学出版社，2013：163.

制约。第一,《理事会第二次指令》第 7 条第 1 款 g 项规定:对于本款 a 或 f 项,在当事人选择法律时,一切与当时情况有关的因素仅在一个成员国内,则当事人选择的法律不能违反该成员国法律的强制性规定的适用。第二,《理事会第二次指令》第 7 条第 2 款第 1 项规定:本条规定并不限制法院地法的强制性规定的适用,而不管原应适用于合同的法律是什么。第三,《理事会第二次指令》第 7 条第 2 款第 2 项规定,成员国可以规定适用风险所在成员国或强制进行保险义务的成员国的强制性规定。

1991 年《魁北克民法典》第 3111 条第 1 款规定:"海上保险合同,和其他保险合同不同,应受当事人明示或默示指定的法律的制约"。没有指定的法律时,适用最密切联系的法律(第 3112 条)。根据该法的规定,这一选择法律的自由只受公共秩序(第 3081 条)、魁北克强制性规定(第 3076 条)、唯一联系的国家的强制性规定(第 3111 条第 2 款)和可能存在的另一个更加密切联系的国家(第 3097 条)几个方面的限制。这里的"可能存在的另一个更加密切联系的国家"规定似有不妥,因为意思自治原则优于最密切联系原则。选择法律的自由不能被限制。

(三)适用最密切联系原则

在当事人没有选择适用的法律时,最密切联系原则通常作为海上保险合同的辅助原则得以适用。如 1991 年《魁北克民法典》第 3111 条第 1 款的规定。

(四)适用客观标志标准的方法

客观标志标准指法院通过考察与海上保险合同有关的客观标志,以此来确定合同应适用的法律的一种方法。实践中,这些客观标志有:合同缔结地、保单持有人的住所地或其管理中心地等。如《关于国际商法的公约》第 9 条规定:"海上保险及人身保险,受保险公司或其分支机构和代理机构在第 6 条规定的情况下设有住所地的国家的法律支配。"①

(五)关于承保风险的分割问题

1. 关于承保的风险分割问题,欧盟海上保险合同法律适用的规则是以风险所在地为分类标准,分别对其领域内和领域外的海上保险合同实施不同的法律适用规则②。但当海上保险合同承保了其领域内和领域外的两个及以上风险时,如何确定准据法是个困难,有学者建议在此种情况下应"将承保的风险进行分

---

① 该法第 6 条规定:别国公司在其国内开设的分支机构或代理机构应视作在这些机构所在地设有住所的机构。

② 尚清,高广飞. 论欧盟海上保险合同的法律适用 [J]. 河北学刊,2008 (5):230.

割，然后根据不同的位置分别进行适用"①。这也不失为一种解决问题的办法，但遇到承保的风险不具有不可分割性时，如何适用法律仍然值得研究。

2. 有关公共政策方面的不同法律风险。"此为自由选择法或者保险地法之一大例外；盖关于船舶国旗法之适用是也。如在德国，禁止属于德国船舶之船长，以其薪金保险，盖恐其怠于职务，而影响公共安全之故耳。则其船长虽依保险地法，得有效地缔结此项保险契约，但由德国当解决争议之任时，则仍属无效也。"②

3. 关于位于不同州的风险问题。在"Visteon Corp. v. National Union Fire Ins. Co. of Pittsburgh，Pa"案③中，一份保单涵盖了位于不同州的风险，美国第七巡回法院的法庭采用了统一合同解释方法，尽量适用一个州的法律，即使合同涵盖了不同州的风险，"这通常会导致适用合同订立地州法律或者其他与合同或当事人具有密切联系的州的法律，而不管风险位于何处"④。另一种方法是"位置定向方法"该方法关注风险州的利益，准据法一般采用该州的法律。

三、立法规定及其捍补

（一）我国现有的规定

调整我国海上保险合同法律适用的法律主要是《中华人民共和国海商法》。《中华人民共和国海商法》第 269 条规定："合同当事人可以选择合同适用的法律，法律另有规定的除外。合同当事人没有选择的，适用与合同有最密切联系的国家的法律。"该条规定包含了意思自治原则及最密切联系原则的具体适用问题。

《中华人民共和国海商法》作为调整海上运输关系和船舶关系的特别法律，也应当适用于海上保险合同纠纷案件的审理。《中华人民共和国海商法》规定了海上保险合同的订立、转让、解除、被保险人的义务、保险人的责任、保险赔偿的支付等内容。但海商法毕竟是特别法，加之立法背景的原因，对于保险的许多规定尚无触及，因此保险法作为规范保险活动的法律，在《中华人民共和国海商法》没有规定的情况下应当适用于海上保险合同纠纷案件的审理，如保险法关于保险合同的总体要求、保险合同的一般原则以及财产保险合同的规定等。在海商法和保险法均没有规定的情况下，《中华人民共和国合同法》以及

---

① Peter Stone. The Conflict of Law［M］. Londen，1995：275.
② 陈顾远. 国际私法商事篇［M］. 上海：民智书局，1934：592.
③ 777F. 3d415（7th Cir. 2015）（decided under Indiana conflicts law）.
④ ［美］西蒙·C. 西蒙尼德斯. 冲突法在美国法院年度综述（2011—2015 年）［M］. 杜涛，译. 北京：法律出版社，2018：388.

《中华人民共和国民法通则》亦应适用于海上保险合同。

另外，《中华人民共和国海商法》还规定了国际条约优先和国际惯例补缺的原则。海事国际条约较多，在国际海事惯例方面，"目前海事领域唯一公认的国际惯例是约克—安特卫普规则，它是关于共同海损理算的，在保险理赔时往往涉及共同海损的分摊，不少保单都有按约克—安特卫普规则的条款，当保单未作规定时，我国也可适用这一惯例"①。

但是，我国立法中关于再保险的法律适用规定却付阙如，可以借鉴国外的一些规定进行完善。

（二）再保险问题

再保险指原保险人将其承保的风险或者风险的一部分向另一保险人（再保险人）投保的保险。再保险合同，又称为分保合同，是指原保险人与再保险人之间就再保险业务的分出与分入问题所达成的彼此之间的权利义务关系。在再保险合同下，原保险人应当将其所承保的风险的一部分或者全部分出给再保险，并按照双方约定的再保险费率支付再保险费，诚实地履行告知和通知义务。再保险人应当接受原保险人分出的全部再保险业务，并对再保险合同项下原保险人所发生的保险赔付承担赔偿责任。

各国对再保险合同的法律规定有许多地方不相一致。（1）有的国家规定有再保险合同法律制度，如《韩国商法》保险编第661条规定："保险人可就应承担的保险责任与其他保险人签订再保险合同。再保险合同不影响原保险合同的效力。"有些国家则属立法空白。（2）对于再保险合同的性质，世界各国的理论和实践存在不同的观点。如关于再保险合同是属于保险合同、合伙关系、代理合同的问题，认识是不一致的。（3）各国在再保险合同条款的规定方面存在差异。在国际再保险市场，没有标准的再保险合同。再保险合同由分保公司与再保险人双方协商，共同拟订再保险合同的主要条款。由于再保险合同种类繁多，加之再保险方式和业务类别的不同，再保险合同条款有重大的差异。（4）法律规定的内容方面存在差异。如对于原保险人可能因没有及时处理或者没有按照诚实信用原则处理损害赔偿，而对保单持有人造成损害的，根据英国的法律，再保险人通常不承担责任。因为再保险人承担责任的前提条件是必须有对价，否则，不承担任何责任。但在美国，再保险人则根据共命运条款（Follow – the – Fortunes）的规定，应承担责任。（5）在直接诉讼的规定方面存在差异。有些国家允许第三人对保险人提起诉讼，无论被保险人是否破产。而英国不允许第

---

① 丁伟. 论国际海商海事法律适用的特点［J］. 法学，1997（2）：45 – 46.

三人对保赔协会提起直接诉讼。美国各州规定不一。

解决再保险合同的法律适用问题的方法通常有如下两种。

一是适用国际惯例。根据国际惯例，再保险合同有一些通用的基本条款，这些条款的内容无须原保险人和再保险人约定，只需在再保险合同中载明这些条款，即共命运条款（Follow - the - Fortunes），共命运条款在国际再保险市场上被广泛使用并得到了普遍的承认。在再保险合同中，共命运条款的一般表述为："兹双方当事人特别约定，凡属本合同约定的任何事项，再保险人在其利害关系范围内，与原保险人同一命运。"这些条款的具体内容如下。（1）当事人基本情况，如再保险合同双方当事人的名称。原保险人和再保险人的名称、地址、联系方式等。（2）期限。按照惯例，非比例再保险合同通常以一年为限，比例再保险合同通常是不定期的。（3）共同命运原则。对一些保险内容授权由原保险人为维护共同利益做出决定，或者出面签订协议。（4）错误与遗漏原则。原保险人因过失造成错误、遗漏或者延迟，应立即通知再保险人。（5）除外责任。即关于再保险人不接受的危险和责任。（6）其他内容。如保险方式、种类、范围、保险费、保险手续费、赔付条款、终止条款、仲裁条款等。

二是根据冲突法的规定确定适用的法律。海上再保险单是一种赔偿合同。一般认为再保险合同与原保险合同是相互独立的两个合同，因此，再保险合同适用的法律可以不同于原保险合同的准据法。如在"Forsik. Vesta 诉 Butcher"案中，法院判决原保险单受挪威法制约，再保险合同受英国法制约。① 在具体的法律适用上，也有学者认为，通常情况下："再保险合同受合同的准据法支配，该准据法不需要附属主保险合同的准据法。再保险合同的准据法通常依'法律关系重心所在地'原则确定。"② 当然，关于这一问题各国规定是不一致的，我国法律缺乏对海上再保险合同法律适用的规定。

（三）实践中的问题

在下面的判例中，有关被告中国再保险（集团）股份有限公司的合同法律适用问题并没有得到说明与阐述，见原告东莞市建华疏浚打捞航务工程有限公司与被告香港恒荣船务有限公司（Hong Kong Everglory Shipping Limited）赔偿纠纷案，（2015）广海法初字第 56 号。

广州海事法院判决书的主要内容如下。原告东莞市建华疏浚打捞航务工程

---

① 韩立新. 海事国际私法 [M]. 大连：大连海事大学出版社，2001：280 - 281.
② 威廉·泰特雷. 国际冲突法——普通法、大陆法和海商法 [M]. 刘兴莉，译. 北京：法律出版社，2003：234.

有限公司为与被告香港恒荣船务有限公司（以下简称恒荣公司）、台山市和兴船务有限公司（以下简称和兴公司）、谭鼎钊、谭鼎城、中国再保险（集团）股份有限公司（以下简称中国再保险公司）海上打捞合同纠纷一案，于2014年10月9日向本院起诉，12月30日补正诉讼材料，本院于2015年1月4日受理，依法组成合议庭，于5月13日召集各方当事人庭前交换证据，并于5月14日公开开庭进行了审理。原告委托代理人陈建明，被告恒荣公司委托代理人黄晖，被告和兴公司法定代表人甄荣悦及委托代理人谭励君，被告谭鼎城委托代理人吴亚玲到庭参加诉讼。被告谭鼎钊、中国再保险公司经传票传唤，无正当理由拒不到庭。本案现已审理终结。（笔者注：在该段中首先应该阐述管辖权的依据，否则无法进行其他内容。这一问题是判决书比较欠缺的地方。）

原告东莞市建华疏浚打捞航务工程有限公司诉称：2012年5月8日，被告恒荣公司所属的"恒荣"（EVERGLORY）轮与被告和兴公司所属的"和兴888"轮在广州港伶仃航道5#灯浮附近水域发生碰撞，事故导致"和兴888"轮沉没。2013年5月9日，"和兴888"轮船东代表夏炜钟出具委托书，委托原告负责打捞沉船工作。5月10日，"和兴888"轮代表、"恒荣"轮代表和原告共同就沉船打捞进行协商，船舶碰撞双方一致同意由原告打捞"和兴888"轮，打捞费为230万元，并以会议纪要形式签订了打捞合同。合同订立后，原告按照合同约定，于5月27日完成全部打捞工作，并将船舶残骸放置在安全地点，"和兴888"轮代表谭春秀、夏炜钟共同进行了验收。为了及时解决打捞费和船舶被扣押问题，中国再保险公司于6月8日出具了一份担保函，同意为恒荣公司提供不超过230万元的担保，担保应由恒荣公司支付的对"和兴888"轮残骸进行打捞的费用。原告与恒荣公司、和兴公司、谭鼎钊、谭鼎城通过会议纪要的形式订立海上打捞合同，原告全面履行了合同，五被告均不履行海上打捞合同确定的付款义务或担保函确定的担保义务。请求判令：（一）被告恒荣公司、和兴公司、谭鼎钊、谭鼎城向原告连带支付打捞费230万元及其自2013年6月28日起至实际支付之日止按中国人民银行同期贷款利率计算的利息；（二）在被告恒荣公司不能履行支付打捞费义务时，被告中国再保险公司在230万元限额内承担一般保证责任，向原告支付230万元的打捞费；（三）由被告恒荣公司、和兴公司、谭鼎钊、谭鼎城共同负担本案受理费。

原告在举证期限内提交了以下证据材料：委托书，以证明"和兴888"轮船东代表夏炜钟委托原告打捞沉船；关于"和兴888"轮沉船打捞事宜的会议纪要和关于"和兴888"轮沉没和打捞工作的说明，以证明被告谭鼎钊、谭鼎城、恒荣公司一致同意由原告打捞"和兴888"轮，打捞费为230万元；打捞和兴888沉船完工签收，以证明原告已按会议纪要的约定全面履行了打捞义务；担保函，以证明就"和兴888"轮的打捞费，被告中国再保险公司为被告恒荣公司提供不超过230万元的担保；授权委托书2份，以证明谭鼎钊、谭鼎城委托谭春秀处理"和兴888"轮船舶碰撞的善后事宜；"恒荣"轮船舶国籍证书和基本信息，以证明"恒荣"轮的船舶所有人和经营人；"和兴888"轮船舶国籍证书和船舶所有权登记证书，以证明"和兴888"轮的船舶所有人和经营人；"和兴888"租船合同和协议书，以证明事故发生时，"和兴888"轮被光船出租给珠海维港土石方工程有限公司（以下简称维港公司）。

各被告分别提出了反驳理由及相关依据。

广州海事法院查明的案件情况为："和兴888"轮登记所有人为原告谭鼎钊、谭鼎城，经营人为和兴公司，总吨1288，净吨721，船长59.80米，船宽13.20米，型深4.50米，船体材料为钢质，船舶种类为一般干货船，船籍港为广东江门，核定航区为内河A、B级，可航行于港澳航线，实际由谭春秀负责经营。受被告谭鼎钊、谭鼎城委托，信和公司于2011年10月10日以船东名义与维港公司签订《"和兴888"租船合同》约定：信和公司将"和兴888"轮出租给维港公司，租期36个月，自船舶交付之日的2011年10月6日起算，每月不含税的租金为18万元。该光船租赁未在海事主管机关办理登记。2013年1月1日，被告和兴公司与"和兴888"轮的代表谭春秀签订船舶登记和委托管理协议书约定：和兴公司确认"和兴888"轮的船舶所有权人为谭鼎钊、谭鼎城，和兴公司接受被告谭鼎钊、谭鼎城的委托代为办理船舶登记手续，办理证件和年审费用由"和兴888"轮船舶所有权人负担；船舶经营人为被告和兴公司，船舶所有人为被告谭鼎钊、谭鼎城，除协议书另有规定外，被告谭鼎钊、谭鼎城对船舶享有占有、使用、收益和处分的权利，在合同期内，船舶转让、退出自由，但必须提前2个月书面通知被告和兴公司；被告谭鼎钊、谭鼎城必须遵纪守法，依法经营船舶，照章纳税，由于违法经营或者其他方面原因（如偷税漏税、安全生产事故、非法走私、货损货差等），被有关部门扣船、扣人、罚款、没收货物等，如因以上等原因所产生的一切经济、法律责任，均由被告谭鼎钊、谭鼎城自行负担；委托管理期限为2013年1月1日至2013年12月31日。"恒荣"轮的船舶所有人为恒荣公司，经营人为福建恒丰船务有限公司，总吨36 987，净吨22 691，船长227米，船宽32.2米，型深18.3米，船体材料为钢质，船舶种类为散货船，船舶国籍为巴拿马。

2013年5月8日，"和兴888"轮与"恒荣"轮在广州港伶仃航道发生碰撞事故，事故导致"和兴888"轮沉没。5月9日，维港公司的法定代表人夏炜钟以船东代表的身份向原告出具委托书，委托原告对"和兴888"轮进行打捞。5月10日，广州沙角海事处通知碰撞事故双方的代表及船舶相关方派员到现场处理事故善后事宜。经协商，碰撞事故双方代表和原告签订了《"和兴888"轮沉船打捞事宜的会议纪要》，该会议纪要载明：事故方一致同意由原告对"和兴888"轮进行打捞，打捞费（包含打捞过程中的防油污费用）230万元，支付方式另议。"和兴888"轮代表谭春秀，"恒荣"轮代表孙浩，原告的法定代表人陈润培在该会议纪要上签字确认。被告谭鼎城确认委托谭春秀处理涉案碰撞事故，但主张未授权谭春秀确定打捞费，被告恒荣公司确认就涉案碰撞事故委托广东恒运律师事务所处理，广东恒运律师事务所指派其员工孙浩参加会议，但被告恒荣公司主张孙浩未获得广东恒运律师事务所授权，孙浩以自己名义签订该会议纪要。

2013年5月27日，打捞工作完成后，"和兴888"轮代表夏炜钟、谭春秀进行了完工签收，确认5月10日原告经沉船方委托，使用相关的打捞作业船，派出潜水员对沉船进行一系列打捞作业，完成了打捞作业，并于5月18日将"和兴888"轮吊移到东莞威远炮台下游浅滩；各方确认打捞费为230万元，不会再产生其他额外开支。

2013年6月8日，被告中国再保险公司作为"恒荣"轮船舶所有人和/或光船租船人的担保人向"和兴888"轮船舶所有人和/或光船租船人、船舶保险人出具担保函，担保的事项为就"和兴888"轮与"恒荣"轮于2013年5月8日在珠江伶仃水道发生碰撞事故所引起的索赔，被告中国再保险公司为"恒荣"轮船舶所有人保证向"和兴888"轮船舶所有人和/或光船租船人、船舶保险人支付因碰撞纠纷而产生的，经书面协议或由有管辖权法院或其上诉法院做出的生效判决书所确定的应由"恒荣"轮船舶所有人向"和兴888"轮船舶所有人和/或光船租船人、船舶保险人支付的对已经被书面确认为推定全损的"和兴888"轮的残骸进行打捞的费用，但在本担保项下的全部责任包括利息和费用不超过人民币230万元。该担保函还载明担保函自签发之日起生效，有效期至本案解决时为止，由该担保函引起的任何纠纷适用中华人民共和国法律，受中华人民共和国法院管辖。

2015年5月12日，广州沙角海事处向本院出具《关于"和兴888"轮沉没和打捞工作的说明》称：本案涉及碰撞事故发生后，"恒荣"轮代表、"和兴888"轮代表与原告三方自愿就打捞"和兴888"轮沉船一事进行协商，经协商后，三方达成一致意见并于2013年5月10日签署了《关于"和兴888"轮沉船打捞事宜的会议纪要》。之后，原告启动打捞"和兴888"轮沉船程序，并于

2013 年 5 月 27 日结束打捞工作。

另查明，就"恒荣"轮和"和兴 888"轮发生的碰撞事故，中国人民财产保险股份有限公司广东省分公司和被告恒荣公司于 2013 年 12 月 13 日对被告谭鼎钊、谭鼎城及维港公司向本院提起诉讼，本院于 2015 年 4 月 13 日做出(2014) 广海法初字第 340 号民事判决书，判决被告谭鼎钊、谭鼎城对碰撞事故承担 60% 的赔偿责任，被告恒荣公司对碰撞事故承担 40% 的赔偿责任。该民事判决书已发生法律效力。

法院认为：

本案是一宗涉港海上打捞合同纠纷。打捞义务最能体现本案海上打捞合同特征，该打捞合同项下的打捞义务由原告履行，原告住所地位于中华人民共和国内地，参照《中华人民共和国涉外民事关系法律适用法》第四十一条关于"当事人可以协议选择合同适用的法律。当事人没有选择的，适用履行义务最能体现该合同特征的一方当事人经常居所地法律或者其他与该合同有最密切联系的法律"的规定，本案纠纷应适用中华人民共和国内地法律解决。（笔者注：该段关于法律适用的理由比较简单，而且存在缺陷。因为原告与不同的被告存在不同的法律关系，或者不存在任何法律关系，如何适用法律，没有一个统一的模式。如在保险公司保险关系、打捞关系等性质方面是不同的，应分别考虑。）

本案争议焦点为：原告是否与被告恒荣公司、和兴公司、谭鼎钊、谭鼎城成立海上打捞合同关系及打捞费是否合理。

原告主张以《关于"和兴 888"轮沉船打捞事宜的会议纪要》的形式与被告恒荣公司、和兴公司、谭鼎钊、谭鼎城订立海上打捞合同。本院认为，该会议纪要的签字方分别为"和兴 888"轮代表谭春秀、"恒荣"轮代表孙浩和原告代表陈润培，内容为签字各方同意由原告对"和兴 888"轮进行打捞，打捞费为 230 万元，对支付方式和支付方均没有做出约定，单从会议纪要不能得出被告恒荣公司、和兴公司、谭鼎钊、谭鼎城有共同委托原告打捞"和兴 888"轮的意思表示。根据《中华人民共和国海上交通安全法》第四十条关于"对影响安全航行、航道整治以及有潜在爆炸危险的沉没物、漂浮物，其所有人、经营人应当在主管机关限定的时间内打捞清除。否则，主管机关有权采取措施强制打捞清除，其全部费用由沉没物、漂浮物的所有人、经营人承担。本条规定不影响沉没物、漂浮物的所有人、经营人向第三方索赔的权利"的规定，被告谭鼎钊、谭鼎城作为"和兴 888"轮的所有人，是该轮的打捞义务主体。结合委托原告打捞的委托书是未进行光租登记的光租人维港公司法定代表人夏炜钟以船东代表名义出具，打捞完工签收是由被告谭鼎钊、谭鼎城的代表谭春秀和夏炜钟签收，完工签收单上也再次明确委托方为沉船方，且被告恒荣公司向"和兴888"轮船舶所有人等出具担保函，保证对"和兴888"轮支付的，应由恒荣公司承担的打捞费向"和兴888"轮船舶所有人等承担保证义务，而并不是向原告承担保证义务，可以认定被告谭鼎钊、谭鼎城与原告成立海上打捞合同关系。虽然上述会议纪要有恒荣公司委托的广东恒运律师事务所员工孙浩签名，但是该会议纪要没有明确恒荣公司的合同地位，也没有明确恒荣公司的合同权利义务，从措辞来看主要是确认由原告负责打捞沉船和打捞费金额，也没有其他证据佐证恒荣公司与原告订立了打捞合同，不能仅凭会议纪要就确定被告恒荣公司与原告订立本案海上打捞合同。和兴公司虽然为法定的打捞义务主体之一，但其没有签订会议纪要，也没有参与打捞事务处理，不能因为其是登记的经营人就必然成为本案海上打捞合同的当事方。根据最高人民法院《关于适用〈中华人民共和国民事诉讼法〉的解释》第九十一条关于"人民法院应当按照下列原则确定举证证明责任的承担，但法律另有规定的除外：（一）主张法律关系存在的当事人，应当对产生该法律关系的基本事实承担举证证明责任；（二）主张法律关系变更、消灭或者权利受到妨害的当事人，应当对该法律关系变更、消灭或者权利受到妨害的基本事实承担举证证明责任"的规定，原告对其主张的与被告恒荣公司、和兴公司也存在本案海上打捞合同关系负有举证证明责任，原告未能提供充分的证据证明其与被告恒荣公司、和兴公司之间存在打捞合同关系，应承担举证不能的不利后果，因此对原告主张与被告恒荣公司、和兴公司成立海上打捞合同关系不予支持。

原告与被告谭鼎钊、谭鼎城之间成立海上打捞合同关系，该海上打捞合同为各方当事人真实意思表示，没有违反中华人民共和国法律和行政法规的强制性规定，合法有效，原告和被告谭鼎钊、谭鼎城应按照法律规定和合同约定享有权利并履行义务。原告已经履行合同义务，按照约定将"和兴888"轮打捞出水并放置到指定地点，被告谭鼎钊、谭鼎城未按照合同约定向原告支付打捞费，根据《中华人民共和国合同法》第一百零七条关于"当事人一方不履行合同义务或者履行合同义务不符合约定的，应当承担继续履行、采取补救措施或者赔偿损失等违约责任"的规定，被告谭鼎钊、谭鼎城应向原告承担违约责任，向原告支付打捞费并赔偿因此而产生的损失。被告谭鼎钊、谭鼎城可以根据有关法律规定向有关责任方追偿。

关于本案打捞费金额，原告主张为230万元，被告谭鼎城认为打捞费过高，要求原告提交其在打捞工作中使用的船舶、设备、人工等费用清单，以合理确定打捞费。本院认为，《关于"和兴888"轮沉船打捞事宜的会议纪要》和《打捞"和兴888"轮沉船完工签收》均载明本案打捞费为230万元，谭春秀代表被告谭鼎钊、谭鼎城两次予以签字确认，被告谭鼎城主张打捞费不合理，但未提交证据证明事故发生时打捞"和兴888"轮的合理市场价格，因此对被告谭鼎城关于打捞费过高的抗辩不予支持。本案打捞费经各方协商一致确定为230万元，本院予以认定，被告谭鼎钊、谭鼎城应向原告支付打捞费230万元。关于被告谭鼎城提出的其委托授权谭春秀确定打捞费的问题，既然"和兴888"轮由谭春秀实际负责经营，而且谭鼎城也确认委托谭春秀处理涉案碰撞事故，那么谭春秀就可以与原告协商打捞事宜并签订会议纪要和完工签收，被告谭鼎城辩称谭春秀未获谭鼎城的授权确定打捞费金额与事实不符，本院不予支持。

由于原告与被告谭鼎钊、谭鼎城并未就打捞费支付期限做出明确约定，也没有证据显示原告曾经向被告谭鼎钊、谭鼎城主张过打捞费，原告主张从完工签收后的1个月内即2013年6月28日前应予支付缺乏依据。本院认为应以原告向本院提起诉讼之日即2014年10月9日作为原告主张支付打捞费的时间，被告谭鼎钊、谭鼎城拖欠原告打捞费，应赔偿因此造成原告的利息损失，利息损失从2014年10月10日起算，至本判决确定支付之日止，按中国人民银行公布同期贷款利率计算。

由于被告恒荣公司、和兴公司与原告不存在本案海上打捞合同关系，没有向原告支付打捞费的合同义务，也没有向原告支付打捞费的其他法律义务，因此原告要求被告恒荣公司、和兴公司支付打捞费并赔偿利息损失没有事实和法律依据，本院不予支持。

由于被告恒荣公司没有向原告支付打捞费的义务，而且被告中国再保险公司仅就被告恒荣公司应当承担的打捞费向"和兴888"轮船舶所有人和/或光船租船人、船舶保险人提供担保，并未向本案原告提供担保，因此原告要求被告中国再保险公司作为被告恒荣公司的担保人对打捞费承担担保责任没有事实和法律依据，本院不予支持。

综上，依照《中华人民共和国合同法》第一百零七条和《中华人民共和国民事诉讼法》第六十四条第一款、第一百四十四条的规定，判决如下：一、被告谭鼎钊、谭鼎城向原告东莞市建华疏浚打捞航务工程有限公司支付打捞费230万元及其从2014年10月10日起至本判决确定支付之日止按中国人民银行同期贷款利率计算的利息；二、驳回原告东莞市建华疏浚打捞航务工程有限公司对被告香港恒荣船务有限公司、台山市和兴船务有限公司、中国再保险（集团）股份公司的诉讼请求；三、驳回原告东莞市建华疏浚打捞航务工程有限公司的其他诉讼请求。

（笔者注：值得说明的是，在该案中，由于被告恒荣公司没有向原告支付打捞费的义务，而且被告中国再保险公司仅就被告恒荣公司应当承担的打捞费向"和兴888"轮船舶所有人和/或光船租船人、船舶保险人提供担保，并未向本案原告提供担保，因此原告要求被告中国再保险公司作为被告恒荣公司的担保人对打捞费承担担保责任没有事实和法律依据，法院不予支持。由于不涉及恒荣公司的法律责任问题，故其与中国再保险公司法律关系的法律适用问题没有得到说明。该问题如涉及纠纷，可以适用《中华人民共和国涉外民事关系法律适用法》第四十一条的规定解决，该条规定："当事人可以协议选择合同适用的法律。当事人没有选择的，适用履行义务最能体现该合同特征的一方当事人经常居所地法律或者其他与该合同有最密切联系的法律。"）

第四节　保险的法律适用综论

一、存在的问题

笔者通过"北大法宝"——"司法案例"——"案例与裁判文书"——"海上保险合同"，查得193宗判例，并按照网上公布的顺序进行选择，特取十宗案例分析如下。

1. 尤迪特包装私人有限公司（UDITPACKAGINGPVT. LTD）等诉大众保险股份有限公司海上保险合同纠纷案。(2011) 沪海法商初字第101号。在该案审判中，法院认为，本案系海上保险合同纠纷，本案原告尤迪特公司为境外公司，具有涉外因素。根据我国相关法律规定，涉外案件当事人可以选择适用处理本案的准据法。庭审中，原、被告均选择适用中国法律处理本案，故本案应适用中国法律作为处理本案的准据法。笔者认为，该案中法院法律适用的理由是"根据我国相关法律规定"，理由不具体。原因是我国对海上保险合同法律适用问题没有专门规定，只有合同法律适用的规定，法院在引用时便含含糊糊地说"根据我国相关法律规定"，这样的法律适用其实很不规范。

2. 中国太平洋财产保险股份有限公司浙江分公司与龙腾贸易有限公司（LONGTENG TRADING）海上保险合同纠纷上诉案。（2009）沪高民四（海）终字第214号。一审法院认为，涉案运输目的港在中国境外，龙腾公司系在中国境外注册的企业，本案具有涉外因素。根据中国法律规定，当事人可以选择处理合同争议应适用的法律。本案当事人均选择适用中国法律，处理本案争议的准据法为中华人民共和国法律。二审法院认为，本案系海上保险合同纠纷，具有涉外因素，因本案当事人均选择适用中华人民共和国法律处理涉案争议，故可以中华人民共和国法律作为处理本案争议的准据法。笔者认为，该案中一审法院法律适用的理由是"中国法律规定"，理由不具体。二审法院干脆不说明依据。

3. 艾米可资源有限公司（Immecc ResourcesInc.）与太阳联合保险（中国）有限公司海上货物运输保险合同纠纷上诉案。（2008）沪高民四（海）终字第178号。

原审认为，艾米可公司是外国公司，涉案货物自中国至加拿大的海上运输，具有涉外因素。预约保险单载明司法管辖权为中国，双方均同意适用中国法律，据此适用中国法律界定双方的权利义务。二审法院认为，本案系涉外海上货物运输保险合同纠纷，双方当事人均同意适用中国法律，故应适用中华人民共和国法律为处理本案纠纷的准据法。笔者认为，本案中当事人的争议焦点主要是：艾米可公司是否具有可保利益和涉案货物是否发生保险事故。该案中，一审法院、二审法院都没有说明法律适用的理由及依据。

4. 龙腾贸易有限公司（LONGTENG TRADING）诉中国太平洋财产保险股份有限公司浙江分公司海上保险合同纠纷案。（2009）沪海法商初字第325号。法院认为，涉案运输目的港在中国境外，原告系在中国境外注册的企业，本案具有涉外因素。根据中国法律规定，当事人可以选择处理合同争议应适用的法律。本案当事人均选择适用中国法律，处理本案争议的准据法为中华人民共和国法律。笔者认为，该案法院没有说明法律适用的依据。

5. 百事昌化学公司（Beston Chemical Corporation）与中国人民财产保险股份有限公司北京市分公司海上保险合同纠纷上诉案。（2005）津高民四终字第160号。一审适用中国法没有说明理由。二审法院认为，本案属海上货物运输保险合同纠纷。由于百事昌公司是在美国注册的法人，所以本案具有涉外因素。由于人保北京公司与中国新时代公司在保险合同中，没有选择处理纠纷所适用的法律，百事昌公司在取得中国新时代公司背书转让的保险单后，也未与人保北京公司就处理合同争议所适用的法律达成一致意见，根据《中华人民共和国海商法》第269条"合同当事人可以选择合同适用的法律，法律另有规定的除外。合同当事人没有选择的，适用与合同有最密切联系的国家的法律"的规定，本案应依最密切联系原则确定处理合同争议所适用的法律。因本案纠纷是基于中国新时代公司与人保北京公司签订的海上货物运输保险合同引起的，保险合同的双方当事人均为中国法人，保险单的签发地亦在中国，故中国是与本案保险合同有最密切联系的国家，本案纠纷的处理应适用中华人民共和国法律。《中华人民共和国保险法》第 153 条规定："海上保险适用海商法的有关规定；海商法未做规定的，适用本法的有关规定。"据此，本案应首先适用《中华人民共和国海商法》，在《中华人民共和国海商法》未做规定的情况下，再适用《中华人民共和国保险法》及其他有关法律。原审法院适用法律正确，应予维持。笔者认为，该案件二审法院没有什么问题，但该案一审适法院用中国法没有说明理由。

6. 日本兴亚损害保险株式会社（NIPPONKOAINSURANCECO. LTD.）诉上海浦新国际集装箱储运有限公司等货物运输合同货损赔偿纠纷案。（2003）沪海法商初字第 473 号。法院认为，本案作为一起涉外案件，在法律适用上，原、被告双方均表示愿意适用中国法律，本院对此予以认可。唯独在保险合同转让与否的认定上，原告则明确要求适用日本法，理由是涉案的保险人即原告是一家日本保险公司，而依据日本法律的规定，转让是不需要被保险人背书的。本院认为，关于涉案保险合同的法律适用应首先遵循原告（保险人）、日本高荣公司（被保险人）和上海高荣公司（保单持有人）的合意选择。但由于日本高荣公司和上海高荣公司并非本案当事人，原告也未能提供有关原告与日本高荣公司、上海高荣公司就涉案保险合同法律适用，协议选择日本法的证明。因此本院认为，在没有证据证明保险合同的当事人已对涉案保险合同的法律适用达成一致的情况下，本院只能依据合同的最密切联系原则来加以确定。涉案保险合同权利义务的准据法为中国法律。笔者认为，该案的法律适用理由与依据不充分，没有说明中国法为什么能够得到适用。

7. 汽船相互保险协会（百慕大）有限公司诉蓝贝壳航运有限公司船舶保赔保险合同保险费纠纷案。（2001）武海法宁商字第 132 号。法院认为，本案系船舶保赔保险合同纠纷案件。本案的双方当事人均系外国人，属涉外民事纠纷。《中华人民共和国海商法》第十四章"涉外关系的法律适用"第 269 条规定："合同当事人可以选择合同适用的法律，法律另有规定的除外。合同当事人没有选择的，适用与合同有最密切联系的国家的法律。"根据该条规定，确定涉外民事关系的准据法时应首先适用当事人合同选择适用的法律。本案原告的协会规则中明确约定了"本规则和协会与会员之间的保险合同受英国法律调整，并根据英国法律解释"，本案所涉合同系协会与会员之间的保险合同，被告未举证证明其对该约定提出过异议或该约定违反法律，视为其对该约定的认可，因此，本案应适用英国法律。笔者认为，在该案中法院说明了法律适用的理由，但对"被告未举证证明其对该约定提出过异议或该约定违反法律，视为其对该约定的认可"是否属于我国规定的意思自治的范围，没有分析说明。法院在适用法律的过程中，根据英国 1906 Marine Insurance Act 第 1 条的规定："A Contract Of

Marine Insurance Is a Contract Whereby The Insurer Undertakes To Indemnify The Assured, In Manner And To The Extent Thereby Agreed, Against Marine Losses, That Is To Say, The Losses Incident To Marine Adventure. "（海上保险合同是一种合同，根据这种合同，保险人按照约定的方式和范围，对被保险人遭受的与航海有关的海上损失承担赔偿责任。）① 笔者认为本案所涉合同符合该法对海上保险合同的界定，故英国 1906 年《海上保险法》应作为本案的准据法。

关于保险合同的成立，英国 1906 年《海上保险法》第 21 条规定："A Contract Of Marine Insurance Is Deemed To Be Concluded When The Proposal Of The Assured Is Accepted By The Insurer, Whether The Policy Be Then Issued Or Not And, For The Purpose Of Showing When The Proposal Was Accepted, Reference May Be Made To The Slip Or Covering Note Or Other Customary Memorandum Of The Contract. "（保险人受被保险人的投保单后，无论当时是否出具保险单，海上保险合同即被认为已经成立；为表明保险人何时接受保险申请，得参考承保条或暂保单或其他签订合同时的惯有备忘录。②） 该条是对海上保险合同成立的规定。本案中原被告双方并未签订正式的船舶保险合同，但根据英国的实践，承保条已被认可为海上保险单，保险人一旦签署保险经纪人准备的承保条，该保险合同便视为成立。

英国 1906 年《海上保险法》第 85 条规定："（1）Where Two Or More Persons Mutually Agree To Insure Each Other Against Marine Losses There Is Said To Be a Mutual Insurance. (2) The Provisions Of This Act Relating To The Premium Do Not Apply To Mutual Insurance, But a Guarantee, Or Such Other Arrangement As May Be Agreed Upon, May Be Substituted For The Premium. （3）The Provisions Of This Act, In So Far As They May Be Modified By The Agreement Of The Parties, May In The Case Of Mutual Insurance Be Modified By The Terms Of The Polices Issued By The Association, Or By The Rules And Regulations Of The Association. （4）Subject To The Exceptions Mentioned In This Section, The Provision Of This Act Apply To a Mutual Insurance. "（一、两人或两人以上彼此同意互相承保海上损失，称为相互保险。二、本法有关保险费的各项规定不适用于相互保险，而各方达成的担保或

---

① 韩立新，王秀芬. 各国（地区）海商法汇编 [M]. 大连：大连海事大学出版社，2003：17.

② 韩立新，王秀芬. 各国（地区）海商法汇编 [M]. 大连：大连海事大学出版社，2003：20.

其他类似安排可以替代保险费。三、本法的各项规定，在可由各方协议修改的范围内，在适用于相互保险时，可根据相互保险协会签发保险单的条件或协会的规则和章程加以修改。①）根据本条规定，原告保险单条件中的"共同会员条款"和"管理条款"为有效担保条款，可以替代保险费。被告不仅应对未能按时支付保险费承担违约责任，还应对其管理人希文卓公司所管理的其他船舶所拖欠的保险费承担连带责任。法院的实体法适用还是比较科学的。但对冲突法的说明存在一定缺憾。

8.（日本）西谷商事株式会社诉中国人民保险公司青岛市分公司海上货物运输保险合同纠纷案。（2002）鲁民四终字第 45 号。法院认为，根据最密切联系原则，本案纠纷的解决应适用中华人民共和国法律。笔者认为，在该案中法院没有说明法律适用的理由与依据。

9. 中国人民保险公司福建省分公司诉 EMERALD REEFER LINES LLC. 海上保险合同代位求偿案。（2001）厦海商榕初字第 022 号。法院认为，本案适用运输目的地国家的法律即中国法。笔者认为，本案中没有说明为什么要适用运输目的地国家的法律。

10. 莫斯科考兰特有限公司诉某公司海上保险合同案。（1999）甬海商初字第 209 号。法院认为，保单没有选择法律，但选择的承保条件是英国货物保险的条款，该条款表明英国法律及惯例应该适用。笔者认为，该案没有说明法律依据，特别是没有说明"选择的承保条件是英国货物保险的条款，该条款表明英国法律及惯例应该适用"这一观点的依据。

以上对法院判例的分析表明，法院在法律适用方面都存在一些问题，产生问题的原因主要是因为法律规定的依据不明确或者缺乏规定，值得立法时注意。

根据上述理论研究与实践应用的具体情况，笔者认为，我国应明确规定海上保险合同的法律适用的问题，以便吸收各国的有益规定，完善我国相关立法，给司法实践法律适用提供有力的依据，以改变目前我国司法实践中普遍存在的法律适用上的问题。

二、立法建议擘析

（一）国际条约的相关规定（统一实体法公约）

如 1999 年《蒙特利尔公约》（Convention For The Unification of Certain Rules

---

① 韩立新，王秀芬. 各国（地区）海商法汇编 [M]. 大连：大连海事大学出版社，2003：31.

For International Carriage by Air)。该公约第 50 条（保险）规定："当事国应当要求其承运人就其在本公约中的责任进行充分保险。当事国可以要求经营航空运输至该国内的承运人提供其已就本公约中的责任进行充分保险的证据。"

（二）国际条约的相关规定（统一冲突法公约）

如 1928 年 2 月 13 日第六届美洲国家会议通过的《布斯塔曼特法典》。该法典第二篇《特别商业契约》第五章保险契约中统一规定了保险的冲突法问题。如第 261 条规定："火灾保险契约受该契约成立时保险标的物所在地法律的支配。"

第 262 条规定："一切其他保险契约均依各缔约人共同属人法的一般规则，如无共同属人法，则依保险契约成立地的法律调整。但因行使诉讼权或保全权利而需要证明事实或不行为时，证明时所采外形要求，应依上述诉讼权或权利所由产生的行为或不行为发生地的法律。"

（三）不同国家现有的一些有代表性的法律规定

在新近通过或公布的一些国家的冲突规范典中，规定有保险的法律适用条款的并不多，有的甚至根本没有规定，如 2015 年 8 月 1 日起生效的阿根廷共和国《国际民商法典》，该法典第六卷第 2594—2671 条规定的是冲突规范的规范，但没有涉及保险的相关规定。这在一定程度上说明该国对该领域的研究还不够，对该规定什么还没有清晰一致的认识。也有一些国家有或多或少的规定，具体如下。

1. 2014 年 1 月 1 日起开始施行的捷克共和国《关于国际私法的法律》规定了保险破产的法律适用问题。如该法第 116 条第 1 款规定："在不影响债权人和第三人对债务人资产的物权的前提下，保险破产情况下的重组安排或破产程序对监管市场上的人员的权利和义务的影响，依照适用于该市场的法律确定。"

2. 2014 年 10 月 15 日第 544 - 14 号法律公布的《多米尼加共和国国际私法》第 64 条规定："第 62 条和第 63 条之规定也适用于保险合同。"

其第 62 条规定的是劳动合同的准据法："劳动合同适用劳动者惯常工作地国法律，如果不能确定该法律，则适用联系最密切之法律。当事人所做的法律选择不得降低前款规定之准据法所提供的劳动保护标准。"第 63 条规定的是消费者合同的准据法："消费合同适用消费地法律，在当事人没有选择的情况下，通常是消费者经常居所地法律。本条规定的消费者合同中，当事人所做的法律选择不得剥夺消费者依照其经常居所地法律所获得的消费者保护，只要另一方当事人在该国拥有商业机构或者某一商业行为发生在该国。"

按照《多米尼加共和国国际私法》第 64 条规定，保险合同也可以适用"劳动者惯常工作地国法律""消费者（被保险者）经常居所地法律"，且当事人可以选择法律，但不能降低劳动者惯常工作地国法律、经常居所地法律提供的保护标准，这对保护弱者是有利的。

（四）现有的一些有代表性的法律建议案

1. 1974 年《阿根廷国际私法（草案）》的相关规定。该草案在分则第一章有关民商事件的冲突规范中，规定了保险的内容。第 49 条规定："保险合同适用保险人住所地国法。如果保险合同是通过附属机构或分支机构签订的，适用其营业地法。该营业地即其住所。"

2. 2000 年《中华人民共和国国际私法示范法》（中国国际私法学会制定）。该示范法第 101 条（最密切联系）第三款规定："保险合同，适用保险人营业所所在地法。"

3. 《涉外民事关系的法律适用法》专家建议稿（费宗袆、刘慧珊、章尚锦起草，2002 年 4 月）。该专家建议稿第 59 条（最密切联系）第 14 款规定："保险合同，适用保险人营业所所在地法。"原稿中将保险合同误为保险公司，特此说明。

4. 2002 年全国人大常委会法制工作委员会提出的《中华人民共和国民法（草案）》第九编（共 94 条）。该草案没有专门规定保险的法律适用问题。

5. 2002 年 9 月《中华人民共和国民法（室内稿）涉外民事法律关系的法律适用编》。该稿第 54 条第 14 款规定："保险合同，适用保险人营业所所在地法。"原稿中将保险合同误为保险公司，特此说明。

6. 2010 年中国冲突规范学会《中华人民共和国涉外民事关系法律适用法（建议稿）》。该建议稿第 54 条（最密切联系与特征性履行）第 8 款规定："保险合同，适用保险人营业所所在地法律。"

7. 笔者所拟的《中国冲突法与海事冲突法（草案）》（见笔者主编《海事冲突规范新编》一书附录部分，法律出版社 2005 年）。该草案第 156 条规定："保险合同，适用投保人、被保险人惯常居所地法。如果存在更密切联系地法，则适用该法。"该草案的规定存在一定的问题，如"保险合同，适用投保人、被保险人惯常居所地法"的规定，到底先适用哪一个惯常居所地法，规定不清。

以上各种规定虽然不太全面，但已经就一些问题形成了初步统一的规定与看法，值得借鉴。

（五）笔者的立法建议

根据以上的一些有益规定及一致观点认识，结合理论研究与实践现状，笔者提出的立法建议如下。

第 1 条【保险合同】适用被保险人惯常居所地法。如果存在更密切联系地法或当事人选择的法律，则适用该法，但不得降低前款准据法所提供的保护标准。

立法依据与参考：格式合同或者一般规定，规定的是保险合同适用保险人的惯常居所地法。但这在形式上不利于保护弱者，故提出上述建议。在格式合同中，如果已经确定了法律适用条款，无法适用被保险人惯常居所地法，但不得降低该法所提供的保护标准，可以起到保护的实际效果。

第 2 条【再保险合同】再保险合同，当事人没有约定的，适用再保险人主营业所所在地法。

立法依据与参考：2014 年 10 月 15 日第 544 - 14 号法律公布的《多米尼加共和国国际私法》第 64 条规定，"第 62 条和第 63 条之规定也适用于保险合同"。如第 62 条规定的是劳动合同的准据法："劳动合同适用劳动者惯常工作地国法律，如果不能确定该法律，则适用联系最密切之法律。当事人所做的法律选择不得降低前款规定之准据法所提供的劳动保护标准。"

关于保险的法律适用，有学者认为，国际保险合同主要分为跨境销售、跨境经营、跨境保险消费服务合同三种类型。对于准据法的适用一般遵循意思自治原则、保护弱势当事人原则及最密切联系原则。[①] 笔者建议的保险合同适用被保险人居所地法律，体现了对弱者保护。如果规定保险合同适用保险人和被保险人所在地中对被保险人有利的法律，则可以体现对弱者的实体意义上的保护。

第 3 条【保险的权利】火灾保险、担保保险、意外保险合同的有效性及由该合同产生的权利，如果没有当事人选择的法律，则适用被保险事实主要发生地法。如果存在更密切联系地法，则适用该法。

立法依据与参考：《布斯塔曼特法典》第 261 条规定，"火灾保险契约受该契约成立时保险标的物所在地法律的支配"。

值得说明的是，总体上看，保险合同的法律适用原则与合同的原则大体一致，意思自治原则、最密切联系原则是基本原则。火灾保险、担保保险、意外保险合同也是合同，所以关于合同法律适用的规定，这几类保险合同也是适用的。

---

① 屈广清，张新颖. 国际保险合同的法律冲突与法律适用［J］. 山东警察学院学报，2006（4）：36.

第七章

银行、证券及证券投资基金

本章内容属于金融领域。事实上金融是近代才出现的概念，清光绪年间由日本传入中国。金融学原理表明："金融是货币流通和信用活动以及与之相联系的经济活动的总称。金融可分为广义的金融和狭义的金融。广义的金融泛指一切与信用货币的发行、保管、兑换、结算、融通有关的经济活动，甚至包括金银的买卖；狭义的金融专指信用货币的融通。"①

根据法律的不同调整对象，可以认为金融法是指以金融关系为调整对象的法律规范的总称。也有人认为金融法是"调整金融关系的法律规范的总称。具体而言，金融法就是调整货币流通和信用活动中所发生的社会关系的法律规范的总称"②。在理论界定上，关于金融法的概念，也存在广义和狭义之分。一般认为，广义的金融法包括银行法、货币法、票据法、证券法、信托法等；狭义的金融法指银行法。

第一节　银行法律冲突

一、立法概述

银行是指"通过存款、放款、汇兑、储蓄、信托等业务，承担信用中介的信用机构。这种信用机构是以货币为媒介的"③。从银行的发展史来看，世界上最早的银行是出现在中世纪末期的意大利 1580 年成立的威尼斯银行。近代第一家银行是公元 1656 年在瑞典设立的银行，此后英、法国、德国、美国分别有银

---

① 王红曼. 中国近代金融法制史研究 [M]. 上海：上海人民出版社，2013：20.
② 王红曼. 中国近代金融法制史研究 [M]. 上海：上海人民出版社，2013：20.
③ 刘玫. 金融法概论 [M]. 北京：高等教育出版社，2008：1.

行开设。世界上最早的股份制银行是 1694 年英国成立的英格兰银行。

中国银行的发展史与外资银行的发展是分不开的，1845 年英商丽如银行在香港设立分行，在广州设立分理处。此后，多家外国银行在中国设立，如 1854 年在上海设立代理处的有利银行等。"19 世纪 70 年代初以前除一家法兰西银行外，都是英商银行，以后则有德、日、俄、法、比、荷等国银行，清代设立的主要外商银行共 28 家。"① 值得说明的是，一些外资银行是以中外合办的名义出现的，如中法实业银行等。

我国第一个成立的银行是 1897 年成立的中国通商银行。由于银行的诞生，相关立法相继出现。如 1844 年英国国会通过了《英格兰银行条例》，该条例是世界上第一部银行法。此后，美国、德国、日本等国相应制定了银行法。我国 1908 年颁布了《银行通行则例》，1934 年颁布了《储蓄银行法》，1935 年颁布了《中央银行法》。"银行法是调整银行组织机构、业务经营和监督管理过程中发生的各种社会关系的法律规范的总称。"② 各国关于银行的立法各不相同，法律冲突非常明显。

中华人民共和国成立以后，涉外银行立法较多，如《中华人民共和国中国人民银行法》《中华人民共和国商业银行法》《中华人民共和国银行业监督管理法》《中华人民共和国金银管理条例》《借款合同条例》《储蓄管理条例》《金融机构管理规定》《境外外汇账户的管理规定》《贷款通则》等，涉及面较广。

目前，各国银行立法发展较快，制定的法律较多，如《瑞典国家银行法》《美国联邦储备法》等，由于各国法律规定不一，法律冲突也比较明显。一些国际条约对法律冲突问题进行了统一的规定，如世界银行的《贷款协议和担保协议通则》、巴塞尔银行监管委员会的《巴塞尔协议》等。

二、国际法律冲突概见

银行国际法律冲突主要表现在以下方面。

（一）银行立法方面

各国关于银行立法的模式不同，存在混合式与分立式两种不同的立法形式。混合式的立法形式指"中央银行和普通银行同立一法，统称银行法；另一种是分立法，即单独制定中央银行法和普通银行法"③。

---

① 王红曼. 中国近代金融法制史研究［M］. 上海：上海人民出版社，2013：53.
② 强力. 金融法［M］. 北京：法律出版社，2012：59.
③ 强力. 金融法［M］. 北京：法律出版社，2012：37.

（二）金融体制方面

各国金融体制存在差异，有以中央银行为核心的金融体制、高度集中的金融体制及不设中央银行而以专门机构为监管中心的金融体制等不同的模式。以中央银行为核心的金融体制，采用的国家有美国、英国、德国、日本等国。高度集中的金融体制，采用的国家有前苏联、东欧各国。"根据韦尔·罗杰斯（Will Rogers）的说法，人类有史以来三种最伟大的发明：火、车轮和中央银行。"① 以专门机构为监管中心的金融体制，采用的国家有新加坡等国。

（三）中央银行的资本构成方面

关于中央银行的资本构成，各国规定不一，有的国家中央银行的全部资本属于国家所有，如德国、加拿大、印度尼西亚等国。有的国家由国有资本与私人资本混合持股中央银行。如日本规定其银行资本的 55% 由政府持有，45% 由私人持有；墨西哥规定其银行资本的 51% 由政府持有，49% 由私人持有；比利时规定其银行资本的 50% 由政府持有，另外 50% 由私人持有。有的国家规定全部资本由参加中央银行体系的一些商业银行出资认缴，如美国。有的中央银行如跨国中央银行，由多国出资认缴。有的国家规定全部资本由私营企业法人出资认缴。如"意大利银行的全部资本是由储蓄银行、全国性银行、公营信贷机构等企业法人全部持股，经政府授权，执行中央银行的职能"②。有的国家规定，中央银行可以无资本，如韩国。

（四）中央银行的法律地位方面

中央银行的法律地位方面，存在不同的模式。

美国中央银行的职责是由联邦储备系统（The Federal Reserve System）负责履行的，该系统的权力集中在理事会手中。理事会由总统提名议会批准，共有成员 7 名。联邦储备系统具体结构包括理事会、区域储备银行、成员银行、联邦公开市场委员会。理事会可以任命区域储备银行 9 名董事中的 3 名，并且组成联邦公开市场委员会的多数，即该委员会由理事会 7 名成员及 5 名区域银行的主席构成，如下图所示。

---

① ［美］赫伯特·B. 梅奥. 金融学基础 ［M］. 李铁峰，钱炜青，译. 北京：清华大学出版社，2013：47.
② 强力. 金融法 ［M］. 北京：法律出版社，2012：221.

```
┌─────────────┐
│  总统任命    │
│  的理事会    │
└─────────────┘
```

组成联邦市场委员会的多数（在12个成员中占7名）	任命3名区域银行董事	有权规范商业银行的行为

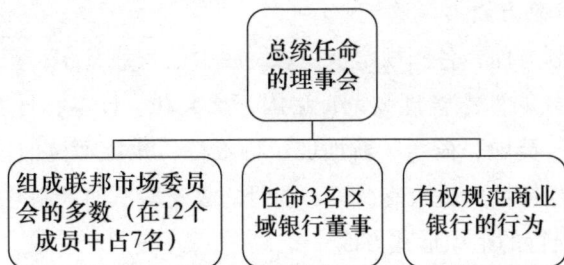

英格兰采用中央银行独立性较强的模式，银行虽然隶属于财政部，但对于政府又具有一定的独立性。意大利、比利时、巴西、澳大利亚、韩国等国采用中央银行独立性很小的模式，中央银行"无论在组织的隶属关系上，还是在货币的制定和执行上，均受政府控制。货币政策的制定和执行需经政府批准"[①]。

（五）中央银行权利执行机构人员构成方面

关于中央银行权力机构人员构成方面，各国规定不一。英格兰银行的董事会由行长、副行长及 4 位执行董事和 12 位非执行董事构成。行长、副行长任期一般为 5 年，董事的任期为 4 年。德国的执行理事会由行长、副行长及其他最多 6 位成员组成。任期通常是 8 年，但不少于 2 年。

（六）中央银行的性质方面

各国规定不一。《瑞典国家银行法》第 1 条规定瑞典国家银行是隶属于国会的官方组织。《奥地利国家银行法》第 2 条第 1 项规定，奥地利国家银行是股份有限公司。

（七）存款准备金方面

在存款准备金方面，各国规定不一。"凡采用存款准备金制度的国家，都授权中央银行根据抽紧或松动银根的需要，决定、变更或终止存款准备金率。"[②]具体做法上各国要求不一，"存款准备金率的高低，往往因金融机构的性质和规模以及存款的种类、币别、期限和数量而有所不同"[③]。另外，一些国家如美国还规定有紧急存款资本金制度，

（八）银行存款方面

在银行存款方面，各国规定不一。如关于活期存款，有的国家计息，有的国家不计利息，有的国家甚至还对之收取一定的手续费。

---

① 强力. 金融法 ［M］. 北京：法律出版社，2012：231.
② 朱崇实. 金融法教程 ［M］. 北京：法律出版社，2011：29.
③ 朱崇实. 金融法教程 ［M］. 北京：法律出版社，2011：29.

（九）外汇管制方面

关于外汇管制方面，各国规定不一。发展中国家通常实行严格的外汇管理。一些国家采取部分的外汇管理政策，法国、意大利、日本、丹麦、挪威等国采用该方式。美国、英国、荷兰、新加坡、科威特、沙特阿拉伯等国采用金融自由化的政策，对经常性项目收支及资本项目的收支均不加限制。

（十）商业银行的组织形式方面

关于商业银行的组织形式方面，各国规定不一。英国等国规定允许商业银行设立分支机构。美国法律规定银行业务由各自独立的商业银行经营，不设立分支机构。

第二节　证券法律冲突

一、立法概述

关于证券，我国证券从发展历史来看，1873 年由官办的轮船招商局改为商办，并开始向社会公开"招股集资、发行股票，标志着股份公司制度与证券市场在中国的萌芽"①。此后，中国产生了一批股份制的公司，如 1878 年的上海机器织布局；1882 年的中国电报局等。除发行股票外，还出现了政府公债、公司债等的发行，并导致证券交易市场的产生。② 1914 年 12 月 29 日公布施行了《证券交易所法》。该法包括 8 章，共 35 条。规定了总则、组织及人员、交易及监督、处罚等内容。此外，1915 年 5 月 10 日，公布施行了《证券交易所法附属规则》；1915 年 5 月 25 日，公布施行了《证券交易所法施行细则》等。

中华人民共和国成立以后，主要是 1978 年以来，中国证券市场获得了快速的发展，立法也逐渐得到完善。如 1998 年通过了《中华人民共和国证券法》，并经 2004、2005、2013、2014 年等多次修订，逐渐得到完善。相关立法还有：行政法规类的包括 1994 年的《国务院关于股份有限公司境外募集股份及上市的特别规定》；1997 年的《证券、期货投资咨询管理暂行办法》；2008 年的《证券公司监管条例》《证券公司风险处置条例》等。司法解释类的包括：2002 年的

---

① 王志华. 中国近代证券法［M］. 北京：北京大学出版社，2005：1.

② 1918 年，北京证券交易所成立；1920 年，上海证券物品交易所成立；1921 年天津证券物品交易所成立等。

《最高人民法院关于审理证券市场因虚假陈述引发的民事赔偿案件的若干规定》；《最高人民法院关于审理与企业改制相关的民事纠纷案件若干问题的规定》等。部门规章类的包括：《证券经营机构证券自营业务管理办法》（1996 年 10 月 23 日证监〔1996〕6 号）；《证券公司管理办法》（2001 年 12 月 28 日证监会令第 5 号）；《证券业从业人员资格管理办法》（2002 年 12 月 16 日证监会令第 14 号）；《证券市场禁入规定》（2006 年 6 月 7 日证监会令第 33 号）；《首次公开发行股票并上市管理办法》（2006 年 5 月 17 日证监会令第 32 号）；《上市公司证券发行管理办法》（2006 年 5 月 6 日证监会令第 30 号）；《外资参股证券公司设立规则》（2007 年 12 月 28 日证监会令第 52 号，2008 年修订）等。证券交易所规则类的包括：2006 年修订的《上海、深圳证券交易所交易规则》；2006 年修订的《上海、深圳证券交易所股票上市规则》；2008 年的《中小企业板上市公司保荐工作评价办法》；等等。

从各国的规定看，关于证券的法律制度规定并不一致，存在明显的法律冲突。

二、国际法律冲突概见

通常认为证券是指"以特定的专用纸单或电子记录，借助文字、图形或电子技术，记载并代表特定权利的书面凭证"[1]。证券的种类很多，包括：金券（邮票等）；资格证券（车船票、飞机票、存单等）；有价证券（商品证券、价值证券、记名证券、不记名证券、政府证券、公司证券、金融证券、要式证券、不要式证券、上市证券、非上市证券等）。但证券法意义上的证券通常具有下列特征：（1）证券票面价与市场价不完全一致。如至 2021 年春节收盘，贵州茅台股票每股价格已达 2601 元，远超票面价。（2）具有一定的收益性。（3）具有一定的风险性。（4）具有灵活的变现性。"证券法是调整证券发行、交易及证券监管过程中发生的各种社会关系的法律规范的总称。"[2] 各国关于证券法立法规定上，存在法律冲突。

（一）关于证券法的立法方面

在证券法的立法方面，"现代社会已有越来越多的国家制定了形式意义上的证券法，但在该立法例中又存在立法名称及立法模式的差异"[3]。尽管越来越多

---

① 范健，王建文. 证券法［M］. 北京：法律出版社，2007：1.
② 范健，王建文. 证券法［M］. 北京：法律出版社，2007：34.
③ 范健，王建文. 证券法［M］. 北京：法律出版社，2007：34.

的国家制定了形式意义上的证券法，但也有不少国家没有颁布形式意义上的证券法，而只有实质意义上的证券法。

在法律的规定方面，一些国家"将各种证券服务行为抽象出来，使之成为与证券发行、证券交易并列的证券法律行为"①。如《德国有价证券交易法》将有价证券服务及附加服务与证券交易等并列。多数国家或地区"未将证券服务抽象为一种独立的证券法律行为"②。

（二）证券市场方面

证券市场指"股票、债券、投资基金份额以及证券衍生品种等各种有价证券发行和交易的场所，它是金融市场的重要组成部分"③。证券交易在 16 世纪的欧洲就开始萌芽，1611 年荷兰的阿姆斯特丹形成了世界上第一个股票交易所。但各国市场并非完全一致，如德国银行既可以经营存贷款业务，也可以经营证券业务。但有的国家规定银行不能经营证券股票业务，如在分业经营方面，《中华人民共和国证券法》第 6 条规定：证券业和银行业、信托业、保险业实行分业经营、分业管理，证券公司与银行、信托、保险业务机构分别设立。国家另有规定的除外。

（三）证券的范围方面

关于证券法调整的证券的范围方面，"各国（地区）证券法所调整的证券的范围不尽相同，因各国（地区）证券市场成熟程度、金融创新程度、立法者认知程度、金融监管体制以及运用法律手段的灵活程度等因素的不同，有的规定得比较宽泛，有的规定得比较狭窄"④。

（四）证券主体方面

关于证券主体方面，各国规定不一。1933 年《美国证券法》第 77 条第 2 款规定："法人"是指个人、社团、全体合伙人、协会、股份公司、托拉斯、非公司组织或政府或政府部门。本项中所称"托拉斯"应只包括这样一种托拉斯：其受益人或各受益人的权益或各种权益是由一保证人证明的。

1986 年《新加坡证券业法》第 2 条第 1 款规定："公司"即依照公司法建立的公司。

---

① 范健，王建文. 证券法 ［M］. 北京：法律出版社，2007：46.
② 范健，王建文. 证券法 ［M］. 北京：法律出版社，2007：46.
③ 范健，王建文. 证券法 ［M］. 北京：法律出版社，2007：7.
④ 范健，王建文. 证券法 ［M］. 北京：法律出版社，2007：47.

（五）法律效力方面

2014 年 8 月 31 日修订的《中华人民共和国证券法》第 2 条规定："在中华人民共和国境内，股票、公司债券和国务院依法认定的其他证券的发行和交易，适用本法；本法未规定的，适用《中华人民共和国公司法》和其他法律、行政法规的规定。政府债券、证券投资基金份额的上市交易，适用本法；其他法律、行政法规另有规定的，适用其规定。"这里规定了两种不同的情形，一是先适用本法，二是适用其他规定。其他国家没有这样的规定。

（六）证券发行的类型方面

证券发行有许多类型，如按证券种类的不同可以分为股票发行、债券发行与基金发行；按发行人的不同，可以分为公司发行、金融机构发行与政府发行；按发行的目的不同，可以分为设立发行与增资发行；按发行价格与证券票面金额或者贴现金额的关系，可以分为平价发行、溢价发行与折价发行。按照发行方式的不同可以分为议价发行与招标发行等。在证券发行的类型方面，各国规定不同。例如，在设立发行与增资发行上，"由于各国公司法资本制度不同，有的实行法定资本制，有的实行授权资本制，还有的实行折中资本制，因而在设立发行和增资发行方式上有较大差异"①。在折价发行方面，"目前西方国家的股份公司很少有折价发行股票的。我国旧《公司法》禁止采取折价发行股票的方式，但债权与基金券均可采取折价发行方式。新《证券法》则取消了股票折价发行的禁止性规定"②。

（七）新股发行条件方面

关于新股发行条件方面，各国规定不一。我国法律有明确规定。《中华人民共和国证券法》第 13 条规定："公司公开发行新股，应当符合下列条件：（一）具备健全且运行良好的组织机构；（二）具有持续盈利能力，财务状况良好；（三）最近三年财务会计文件无虚假记载，无其他重大违法行为；（四）经国务院批准的国务院证券监督管理机构规定的其他条件。上市公司非公开发行新股，应当符合经国务院批准的国务院证券监督管理机构规定的条件，并报国务院证券监督管理机构核准。"

2015 年 12 月 30 日颁布的《关于修改〈首次公开发行股票并在创业板上市管理办法〉的决定》第 11 条规定："发行人申请首次公开发行股票应当符合下列条件。（一）发行人是依法设立且持续经营三年以上的股份有限公司。有限责

---

① 范健，王建文. 证券法 ［M］. 北京：法律出版社，2007：80.
② 范健，王建文. 证券法 ［M］. 北京：法律出版社，2007：81.

任公司按原账面净资产值折股整体变更为股份有限公司的，持续经营时间可以从有限责任公司成立之日起计算；（二）最近两年连续盈利，最近两年净利润累计不少于一千万元；或者最近一年盈利，最近一年营业收入不少于五千万元。净利润以扣除非经常性损益前后孰低者为计算依据；（三）最近一期末净资产不少于二千万元，且不存在未弥补亏损；（四）发行后股本总额不少于三千万元。"

关于发行公司债券，《中华人民共和国证券法》第 16 条规定："公开发行公司债券，应当符合下列条件：（一）股份有限公司的净资产不低于人民币三千万元，有限责任公司的净资产不低于人民币六千万元；（二）累计债券余额不超过公司净资产的百分之四十；（三）最近三年平均可分配利润足以支付公司债券一年的利息；（四）筹集的资金投向符合国家产业政策；（五）债券的利率不超过国务院限定的利率水平；（六）国务院规定的其他条件。公开发行公司债券筹集的资金，必须用于核准的用途，不得用于弥补亏损和非生产性支出。上市公司发行可转换为股票的公司债券，除应当符合第一款规定的条件外，还应当符合本法关于公开发行股票的条件，并报国务院证券监督管理机构核准。"

关于非上市公众公司公开发行新股但不上市的情况，在我国"则仍未获得证监会确认，估计在相当长时间内都不会获得立法政策上的认可"①。但西方许多国家是法律上承认这种股票发行方式的。

（八）关于证券发行审核制度的规定方面

关于证券发行审核制度的规定，各国存在不同的做法，主要有注册制与核准制。目前多数国家采用注册制，我国则与之不同。《中华人民共和国证券法》第 10 条规定：公开发行证券，必须符合法律、行政法规规定的条件，并依法报经国务院证券监督管理机构或者国务院授权的部门核准；未经依法核准，任何单位和个人不得公开发行证券。

（九）关于证券交易的收费方面

关于证券交易的收费方面，各国规定不一。一些发达国家取消了印花税，英国、瑞士、比利时、澳大利亚等国征收的印花税税率较低。"发展中国家和新兴工业国家大部分仍征收印花税。"② 这些国家印花税税率水平一般在千分之一左右。单边征收。

各国关于证券交易佣金制度的规定也不一致，做法不同，具体有：单一固定佣金制；差别佣金制；按交易额的大小递减收费；浮动佣金制；完全自由佣

---

① 范健，王建文. 证券法 ［M］. 北京：法律出版社，2007：84.
② 范健，王建文. 证券法 ［M］. 北京：法律出版社，2007：172.

金制等。巴基斯坦采用单一固定佣金制，规定证券交易经纪人佣金为千分之五；美国采用协议佣金制，由客户与证券公司协议决定。"在实行佣金自由化的国家，大宗交易的佣金标准一般都相对较低。在少数实行固定佣金制的国家和地区，也往往采取按照交易额的大小递减收费的方式。在差别佣金中，大宗交易的佣金比率也较低，如台北证券交易所、吉隆坡证券交易所都采取该办法。"①

根据中国证券监督管理委员会、国家计委、国家税务总局 2004 年 4 月 4 日发布的《关于调整证券交易佣金收取标准的通知》，我国股票、证券投资基金的交易佣金实行最高上限向下浮动的制度。

（十）关于短线交易方面

关于短线交易方面的规定，《中华人民共和国证券法》第 47 条规定："上市公司董事、监事、高级管理人员、持有上市公司股份百分之五以上的股东，将其持有的该公司的股票在买入后六个月内卖出，或者在卖出后六个月内又买入，由此所得收益归该公司所有，公司董事会应当收回其所得收益。但是，证券公司因包销购入售后剩余股票而持有百分之五以上股份的，卖出该股票不受六个月时间限制。"我国证券法规定的短线交易中主体界定为持有上市公司股份 5%以上的股东，世界上多数国家规定为 10%。另外，我国《证券法》将短线交易的客体限定为上市公司股票，从而排除了债券、基金等其他证券。对此，各国、各地区规定并不统一。②

（十一）关于操纵证券市场方面

关于操纵证券市场，各国规定不一。《中华人民共和国证券法》第 77 条规定："禁止任何人以下列手段操纵证券市场：（一）单独或者通过合谋，集中资金优势、持股优势或者利用信息优势联合或者连续买卖，操纵证券交易价格或者证券交易量；（二）与他人串通，以事先约定的时间、价格和方式相互进行证券交易，影响证券交易价格或者证券交易量；（三）在自己实际控制的账户之间进行证券交易，影响证券交易价格或者证券交易量；（四）以其他手段操纵证券市场。操纵证券市场行为给投资者造成损失的，行为人应当依法承担赔偿责任。"

《新加坡证券业法》97 条规定："（1）任何人不得在新加坡的证券交易所内制造、引起或故意制造有关证券交易的虚假的或易使人误解的现象，以及证券市场或证券价格的虚假的或易使人误解的现象。（2）任何人不得以不转移证券

① 范健，王建文. 证券法［M］. 北京：法律出版社，2007：173.
② 范健，王建文. 证券法［M］. 北京：法律出版社，2007：177.

所有权的买卖方式或买空卖空方式维持、抬高、压低证券价格或造成证券价格波动。（3）除第（1）款规定的一般原则以外，下述人应被认为已经在证券交易所制造了有关证券交易的虚假的或易使人误解的现象：A. 直接或间接地影响、参加、进行不转移证券所有权的证券买卖交易，或与这些交易有联系；B. 在他已经发盘或准备发盘，或者明知与他有关系的某人已经发盘或准备发盘，并在特定价格购买特定证券以后，该人再以相同价格发盘卖出相同证券；C. 在他已经发盘或准备发盘，或者明知与他有关系的某人已经发盘或准备发盘，并以特定价格卖出特定证券以后，该人再以相同价格发盘买进相同证券。（4）在控诉某人因为第（3）项所指行为的诉讼中，若被告证明其行为的目的不是为了在证券交易所造成虚假或易使人误解的交易现象，则抗辩成立。（5）在证券买进或卖出交易发生以前的证券所有人或其携同人员，若在交易发生后人对其卖出的证券享有权益，则交易未引起本条所指的证券所有权的变动。（6）在控诉某人因为第（2）项所指行为的诉讼中，若被告证明他购买或出卖那些证券的目的不是为了造成证券市场或证券价格的虚假或易使人误解的现象，则抗辩成立。（7）第（3）项 A 款中的证券买卖交易包括：A. 发盘买进或卖出证券；B. 明示或暗示地邀请某人发盘买进或卖出证券。"

第 98 条规定："（1）任何人不得在新加坡的证券交易所内直接或间接地影响、参加或从事两笔或两笔以上的，导致或有可能导致该证券价格上升的同一公司证券的买卖交易，也不得故意引诱他人认购或订购上述公司或与其有关的公司的证券。（2）任何人不得在新加坡的证券交易所内直接或间接地影响、参加或从事两笔或多笔的、导致或有可能导致该证券价格下跌的同一公司证券的买卖交易，也不得故意引诱他人抛出上述公司或与其有关公司的证券。（3）任何人不得在新加坡的证券交易所内直接或间接地影响、参加或从事两笔或多笔的导致或有可能导致证券价格维持原水平的同一公司证券的买卖交易，也不得故意引诱他人买进、卖出或订购上述公司或与其有关的公司证券。（4）本条中与某公司证券有关的交易包括：A. 发盘买进或卖出该公司证券；B. 明示或暗示地邀请某人发盘买进或卖出该公司证券。"

（十二）关于持股预警披露方面

根据持股预警披露的"爬坡规则"，各国规定不一。日本规定为1%，加拿大规定为2%，《德国有价证券交易法》将披露点规定为不同的表决权比例，分别固定为5%、10%、25%、75%。《中华人民共和国证券法》第 86 条规定："通过证券交易所的证券交易，投资者持有或者通过协议、其他安排与他人共同持有一个上市公司已发行的股份达到百分之五时，应当在该事实发生之日起三日内,向国务院证券监督管理机构、证券交易所做出书面报告,通知该上市公司,并予公告;在上述期限内,不得再行买卖该上市公司的股票。投资者持有或者通过协议、其他安排与他人共同持有一个上市公司已发行的股份达到百分之五后,其所持该上市公司已发行的股份比例每增加或者减少百分之五,应当依照前款规定进行报告和公告。在报告期限内和作出报告、公告后二日内,不得再行买卖该上市公司的股票。"

（十三）关于收购要约的有效期方面

关于收购要约的有效期方面,各国规定不一。美国证券交易法规定,一项要约自其发布、发出或者送达股东之日起,至少应保持 10 天的有效期。日本规定的收购要约的有效期为公告日起 20～60 日。《中华人民共和国证券法》第 90 条规定的收购要约约定的收购期限不得少于三十日,并不得超过六十日。

关于收购要约的撤销方面,日本证券交易法第 27 条规定,公开收购者在公开收购开始公告之后,不得撤回公开收购的申请及解除合同。《英国城市法典》规定,在撤销收购要约的情况下,除非得到证券委员会下属的收购与合并小组的认可,否则,要约人及一致行动人在撤回要约后 12 个月内,不得再向目标公司发出收购要约。《中华人民共和国证券法》第 91 条规定:"在收购要约确定的承诺期限内,收购人不得撤销其收购要约。收购人需要变更收购要约的,必须及时公告,载明具体变更事项。"

关于收购要约承诺方面,日本证券交易法规定,应诺股东在公开收购期间,任何时候都可以解除与该公开收购有关的契约。我国证券法对收购要约的承诺撤销权没有规定。

关于要约收购及义务方面,美国规定,一旦收购人对目标公司股东发起收购要约,除该要约收购行动外,收购人不得通过其他形式,购买同一目标公司的股份或其他可转化为该股份的有价证券。"英国立法与美国等国立法不同,允许收购人在要约收购期间,通过集中交易市场或协议方式收购股份,使收购人可以灵活运用各种收购方式取得控制权。"[①]

《中华人民共和国证券法》第 93 条规定:"采取要约收购方式的,收购人在收购期限内,不得卖出被收购公司的股票,也不得采取要约规定以外的形式和超出要约的条件买入被收购公司的股票。"

关于收购失败问题,即收购人收购的股票数没有能够达到对目标公司的控股权的比例,无论当初发出的是部分收购还是全部收购,都属于收购失败。"对

---

① 范健,王建文. 证券法［M］. 北京:法律出版社,2007:275.

于收购失败后能否再次发出新的要约，或者需要间隔多长时间才能发出新的收购要约，各国法律规定不一。"①

（十四）关于强制要约收购方面

1948 年《英国公司法》规定新的控制人在取得了 90% 的售股承诺时，必须将剩余的未受承诺股票全部买下来。强制要约收购制度在许多英美法国家采用，但德国、荷兰、日本、韩国等国家没有规定该制度。

（十五）关于证券公司类型方面

各国关于证券公司的类型差异较大。美国的证券商包括综合经纪商（integrated securities houses）、投资证券商（risk arbitrageur）、佣金经纪商（commission broker）、注册交易商（registered broker）、债券经纪商（bond broker）、折扣经纪商（discount broker）、专业会员（specialist）、媒介经纪商（inter‑dealerbroker）等。英国有两种券商：证券经纪商（broker）、证券买卖商（jobbers）。英国公债市场也有媒介经纪商（inter‑dealerbroker）。德国没有专门的证券商，证券业务由银行进行。日本、韩国及东南亚国家，一般没有对证券商进行分类。《中华人民共和国证券法》第 123 条规定："本法所称证券公司是指依照《中华人民共和国公司法》和本法规定设立的经营证券业务的有限责任公司或者股份有限公司。"

（十六）投资者保护基金方面

在投资者保护基金的规定方面，有两种不同的模式。一是成立独立的投资者赔偿公司，负责赔偿基金的运作。采用该模式的国家有德国、英国、美国等国。二是由交易所等自律组织成立赔偿基金，负责赔偿基金的运作。采用该模式的国家有加拿大、新加坡等国。我国成立有证券投资者保护基金，但是为解决券商挪用保证金问题而设立的，并不能够赔偿证券市场投资者的亏损。

（十七）关于证券监管体制方面

关于证券监管体制，不同的国家做法不同。国际上存在不同的类型：政府主导型监管模式；自律型监管模式；中间型监管模式。美国、日本属于政府主导型监管模式，英国属于自律型监管模式；德国、法国属于中间型监管模式。我国是政府监督管理机构监管模式，《中华人民共和国证券法》第 178 条规定："国务院证券监督管理机构依法对证券市场实行监督管理，维护证券市场秩序，保障其合法运行。"第 179 条规定："国务院证券监督管理机构在对证券市场实施监督管理中履行下列职责：（一）依法制定有关证券市场监督管理的规章、规

---

① 范健，王建文. 证券法［M］. 北京：法律出版社，2007：277.

则，并依法行使审批或者核准权；（二）依法对证券的发行、上市、交易、登记、存管、结算，进行监督管理；（三）依法对证券发行人、上市公司、证券公司、证券投资基金管理公司、证券服务机构、证券交易所、证券登记结算机构的证券业务活动，进行监督管理；（四）依法制定从事证券业务人员的资格标准和行为准则，并监督实施；（五）依法监督检查证券发行、上市和交易的信息公开情况；（六）依法对证券业协会的活动进行指导和监督；（七）依法对违反证券市场监督管理法律、行政法规的行为进行查处；（八）法律、行政法规规定的其他职责。国务院证券监督管理机构可以和其他国家或者地区的证券监督管理机构建立监督管理合作机制，实施跨境监督管理。"

（十八）关于发行人、上市公司虚假陈述的归责原则方面

关于发行人、上市公司虚假陈述的归责原则方面，美国、日本等国规定的归责原则是严格责任。英国、德国规定的是过错推定原则。

《中华人民共和国证券法》第 69 条规定："发行人、上市公司公告的招股说明书、公司债券募集办法、财务会计报告、上市报告文件、年度报告、中期报告、临时报告以及其他信息披露资料，有虚假记载、误导性陈述或者重大遗漏，致使投资者在证券交易中遭受损失的，发行人、上市公司应当承担赔偿责任；发行人、上市公司的董事、监事、高级管理人员和其他直接责任人员以及保荐人、承销的证券公司，应当与发行人、上市公司承担连带赔偿责任，但是能够证明自己没有过错的除外；发行人、上市公司的控股股东、实际控制人有过错的，应当与发行人、上市公司承担连带赔偿责任。"

（十九）关于内幕交易方面

目前世界各国相关法律对内幕交易均有规定，但各国规定的内容不一。"有些国家严格管制内幕交易，不但扩大其含义与适用范围，更对内幕交易人施加严厉的法律责任；有些国家则采取相对宽松的态度，对内幕交易的含义及范围加以适当限定，从而使各国内幕交易制度表现出不同特点。"①

关于内幕交易中的内幕信息界定方面，各国规定也不一致。设有的标准为非公开性和重大性。欧盟的标准是：非公开性；精确性。

关于重大性，各国有不同的认定模式：概括式、列举式及例示式。

《中华人民共和国证券法》第 75 条规定："证券交易活动中，涉及公司的经营、财务或者对该公司证券的市场价格有重大影响的尚未公开的信息，为内幕信息。下列信息皆属内幕信息：（一）本法第六十七条第二款所列重大事件；

---

① 范健，王建文. 证券法 [M]. 北京：法律出版社，2007：464.

（二）公司分配股利或者增资的计划；（三）公司股权结构的重大变化；（四）公司债务担保的重大变更；（五）公司营业用主要资产的抵押、出售或者报废一次超过该资产的百分之三十；（六）公司的董事、监事、高级管理人员的行为可能依法承担重大损害赔偿责任；（七）上市公司收购的有关方案；（八）国务院证券监督管理机构认定的对证券交易价格有显著影响的其他重要信息。"

（二十）关于内幕交易损害赔偿方面

各国对内幕交易损害赔偿规定不一。关于内幕交易损害赔偿的确定，美国通常考虑两点：一是被告内幕交易的非法所得的最高限额；二是原告的实际损失。如果原告的损失过大，被告无力承担，则采用被告内幕交易的非法所得的最高限额的方法确定损害赔偿的数额。

关于内幕交易损害赔偿，《中华人民共和国证券法》第76条第3款规定："内幕交易行为给投资者造成损失的，行为人应当依法承担赔偿责任。"

（二十一）关于连续交易操纵市场方面

连续交易操纵市场指行为人单独或通过合谋，集中资金等优势联合或连续买卖，操纵证券交易价格及交易量的行为。各国关于连续交易次数的限定规定不一，如美国证交会规定有三次交易记录即可构成连续交易，一些国家或地区一般认为两次交易记录即可构成连续交易。"连续交易并不限于同一日进行，也不论是否有第三人之交易介入，只要在社会通常观念上认为其具有连续性即可。"①

《中华人民共和国证券法》第77条规定："禁止任何人以下列手段操纵证券市场：（一）单独或者通过合谋，集中资金优势、持股优势或者利用信息优势联合或者连续买卖，操纵证券交易价格或者证券交易量；（二）与他人串通，以事先约定的时间、价格和方式相互进行证券交易，影响证券交易价格或者证券交易量；（三）在自己实际控制的账户之间进行证券交易，影响证券交易价格或者证券交易量；（四）以其他手段操纵证券市场。操纵证券市场行为给投资者造成损失的，行为人应当依法承担赔偿责任。"

（二十二）关于刑法责任方面

关于刑法责任方面，各国规定不一。《中华人民共和国证券法》第186条规定："国务院证券监督管理机构依法履行职责，发现证券违法行为涉嫌犯罪的，应当将案件移送司法机关处理。"

第197条规定："未经批准，擅自设立证券公司或者非法经营证券业务的，

---

① 陈洁. 证券欺诈侵权损害赔偿研究 [M]. 北京：北京大学出版社，2002：191.

由证券监督管理机构予以取缔，没收违法所得，并处以违法所得一倍以上五倍以下的罚款；没有违法所得或者违法所得不足三十万元的，处以三十万元以上六十万元以下的罚款。对直接负责的主管人员和其他直接责任人员给予警告，并处以三万元以上三十万元以下的罚款。"

《美国证券法》第77条规定了处罚："任何故意违反本节任何条款，或委员会按本节授权颁布的规则和规章的人，或在根据本节提交的注册声明书中，故意不真实地陈述某个重要事实或疏忽陈述任何被要求或为使声明不被误解而需要陈述的重要事实的任何人，在证明有罪后，应被处以不超过1万美元的罚金或不超过5年的监禁，或者二者并罚。"

《新加坡证券法》第116条规定："违背或不遵从本法任何规定即构成犯罪，若未明确规定处罚措施，则应处以不超过10000新元的罚款。"规定严格，涉及刑事处罚措施。

第117条规定："（1）（a）关于触犯第四部分的任何规定的诉讼，必须得到总检察长的许可；（b）关于触犯本法其他任何规定的诉讼，可以由金融管理局或经总检察长许可的其他任何人提起。（2）若尚未就某人违反本法和依据本法制定的规则而又只应处以罚款的行为提起诉讼，金融管理局可以要求该人支付相当于罚款数额或他认为合适的低于罚款数额的金额：A. 若该人在金融管理局提出要求后14日以内向金融管理局交纳了要求罚款的数额，则不应当再就他的违法行为提起诉讼；B. 若该人不按要求交纳罚款，则金融管理局可以对其违法行为提起诉讼。（3）第（2）项赋予金融管理局的权力，只有在某人承认其违法，并书面承认确实从事了违法行为的情况下才能行使。（4）除超出地区法院授权范围的更严厉的处罚以外，本法规定的任何处罚皆由地区法院实施。"

以上可见，证券领域内法律的冲突明显，需要加以明确并解决。

第三节　证券投资基金法律冲突

一、立法概述

关于证券投资基金，从发展历史来看，"最原始形态的投资基金要追溯到1822年，荷兰国王威廉一世将私人财富托给律师和会计师等专业投资人士进行投资,并且向这些专业投资人士支付一定的报酬,自己坐享投资收益"①。但该原始形态的投资基金,还不具有共同投资、共享收益、共担风险等现代证券投资基金的基本特点,"所以还不能称为真正意义上的投资基金"②。具有真正意义的证券投资基金发源于英国。

我国证券投资基金发源于 20 世纪 90 年代初,如 1991 年中国新技术创业公司与汇丰集团、渣打集团在香港联合成立了置业基金,并在香港联交所挂牌交易。1992 年武汉证券投资基金与南山风险基金经批准成立,成为我国第一批基金。1992 年 6 月,深圳发布了《深圳市投资信托基金管理暂行规定》,此后还发布了《深圳证券交易所基金上市规则》《深圳证券交易所基金凭证交易清算管理办法》等规定。1997 年 11 月,我国颁布了《证券投资基金管理暂行办法》,2000 年 10 月 18 日,中国证监会发布了《开放式证券投资基金试点办法》,2003 年 10 月 28 日,《中华人民共和国证券投资基金法》获得通过,这些法律法规的制定与公布,有力地推动了我国证券投资基金的发展。

值得说明的是,《中华人民共和国证券投资基金法》经多次修正,目前适用的是 2015 年 4 月 24 日第十二届全国人民代表大会常务委员会第十四次会议的修正稿,共十四章,126 条。2015 年的《中华人民共和国证券投资基金法》规定的内容还是比较全面的,如关于基金财产债务问题,《中华人民共和国证券投资基金法》第 5 条规定:"基金财产的债务由基金财产本身承担,基金份额持有人以其出资为限对基金财产的债务承担责任。但基金合同依照本法另有约定的,从其约定。基金财产独立于基金管理人、基金托管人的固有财产。基金管理人、基金托管人不得将基金财产归入其固有财产。基金管理人、基金托管人因基金财产的管理、运用或者其他情形而取得的财产和收益,归入基金财产。基金管理人、基金托管人因依法解散、被依法撤销或者被依法宣告破产等原因进行清算的,基金财产不属于其清算财产。"

关于基金财产的债权债务抵销问题,第 6 条规定:"基金财产的债权,不得与基金管理人、基金托管人固有财产的债务相抵销;不同基金财产的债权债务,不得相互抵销。"

关于公开募集基金的基金管理人违法违规的问题,第 24 条规定:"公开募集基金的基金管理人违法违规,或者其内部治理结构、稽核监控和风险控制管理不符合规定的,国务院证券监督管理机构应当责令其限期改正;逾期未改正,

---

① 郭锋,等. 证券投资基金法导论 [M]. 北京:法律出版社,2008:28.

② 何孝星. 中国证券投资基金发展论 [M]. 北京:清华大学出版社,2003:46.

或者其行为严重危及该基金管理人的稳健运行、损害基金份额持有人合法权益的，国务院证券监督管理机构可以区别情形，对其采取下列措施。（一）限制业务活动，责令暂停部分或者全部业务；（二）限制分配红利，限制向董事、监事、高级管理人员支付报酬、提供福利；（三）限制转让固有财产或者在固有财产上设定其他权利；（四）责令更换董事、监事、高级管理人员或者限制其权利；（五）责令有关股东转让股权或者限制有关股东行使股东权利。公开募集基金的基金管理人整改后，应当向国务院证券监督管理机构提交报告。国务院证券监督管理机构经验收，符合有关要求的，应当自验收完毕之日起三日内解除对其采取的有关措施。"

关于法律责任问题，第 119 条规定："违反本法规定，未经批准擅自设立基金管理公司或者未经核准从事公开募集基金管理业务的，由证券监督管理机构予以取缔或者责令改正，没收违法所得，并处违法所得一倍以上五倍以下罚款；没有违法所得或者违法所得不足一百万元的，并处十万元以上一百万元以下罚款。对直接负责的主管人员和其他直接责任人员给予警告，并处三万元以上三十万元以下罚款。基金管理公司违反本法规定，擅自变更持有百分之五以上股权的股东、实际控制人或者其他重大事项的，责令改正，没收违法所得，并处违法所得一倍以上五倍以下罚款；没有违法所得或者违法所得不足五十万元的，并处五万元以上五十万元以下罚款。对直接负责的主管人员给予警告，并处三万元以上十万元以下罚款。"

但是，各国的关于证券投资基金的法律规定内容是不统一的，存在许多差异。

二、国际法律冲突概见

（一）证券投资基金概念方面

证券投资基金在 19 世纪起源于英国，后在各国得到快速的发展。但是"由于历史和文化的差异，各个国家和地区对'证券投资基金'这一概念的表述有很大的不同"[1]。1940 年《美国投资公司法》第三节（a）规定的投资公司的业务，包含了证券投资基金，所以，有人认为："'证券投资基金'在美国称为'投资'公司"[2]。日本、韩国等国将证券投资基金称为"证券投资信托"。英国将证券投资基金称为"集合投资计划"。虽然各国关于证券投资基金名称规定不

---

[1]　郭锋，等. 证券投资基金法导论［M］. 北京：法律出版社，2008：1.

[2]　郭锋，等. 证券投资基金法导论［M］. 北京：法律出版社，2008：1.

一，但以上国家均有相关定义。例如，韩国《证券投资信托业法》第 2 条规定："证券投资基金信托是指受托者按照委托者的指示，将投资信托的信托财产向特定有价证券进行投资和使用，并分割其受益权，以使不特定的大多数人获取之为目的。"1986 年《英国金融服务法》第 75 条规定的集合投资计划是指："有关某些资产的任何安排，通过这种安排使参与者能够得到由于获取、占有、管理或处置这些资产所带来的利润或收益，而且参与者并不对资产进行日常控制。"我国 2015 年修正的《中华人民共和国证券投资基金法》没有对证券投资基金进行明确的界定，因此，理论上出现了不同的理解：如关于投资工具论的理解、关于投资方式论的理解、关于资本集合体论的理解、关于投资组织论的理解等。如投资工具论的理解认为："投资基金，是集中不确定的众多投资者的零散资金，交由专门的投资机构进行投资（主要投资于各种有价证券），投资收益由原有的投资者按出资比例分享的一种投资工具。"① 投资方式论的理解认为："投资基金是汇集不特定多数且有共同目的的投资者的资金，委托专业的金融投资机构进行科学性、组合性、流动性投资，借以分散与降低风险，共同受益的一种投资方式。"② 资本集合体论的理解认为投资基金是指："由多数投资者缴纳的出资所组成的、由投资者委托他人投资于约定的项目、投资收益按投资者的出资份额共享、投资风险由投资者共担的资本集合体。"③ 投资组织论的理解认为："证券投资基金是根据特定投资目的，通过发售基金份额向社会公众或特定对象募集资金形成独立的基金财产，由基金管理人按照资产组合方式管理，由基金托管人托管，基金份额持有人按其所持份额享受收益和承担风险的'投资组织'。"④

以上不同国家规定不同，甚至同一国家理解也不相同。

（二）证券投资基金类型方面

根据不同的证券投资基金分类标准，可以将之分为不同的类型：公司型基金（corporation - type fund）与契约型基金（contractual - type fund）；开放式基金（open - end fund）与封闭式基金（closed - end fund）；公募基金（public offering fund）与私募基金（private placement fund）；等等。

以上各基金各有区别，且各国规定的具体要求也不尽一致。

① 孔敏，孙佩兰，胡海峰. 投资基金实用知识 [M]. 北京：北京气象出版社，1994：1.
② 许占涛. 投资基金论 [M]. 北京：经济科学出版社，1998：14.
③ 刘俊海. 投资基金立法中的若干争议问题研究 [J]. 杭州师范学院学报，2002（2）.
④ 郭锋，等. 证券投资基金法导论 [M]. 北京：法律出版社，2008：6.

就公募基金与私募基金而言，公募基金指"按照当地基金市场准入立法，经有关政府机关批准、核准或向政府机关申请注册登记，向不特定的社会公众公开募集成立并且在运作过程中遵守一系列强制性投资限制的投资基金"①。私募基金则是以投资意向书等形式面向少数人（机构）不公开发行的基金。

在分类上，各国做法不一。如在证券投资基金的组织形式上，就存在公司型基金（corporation - type fund）与契约型基金（contractual - type fund）的差异。

（三）证券投资基金立法方面

各国立法不尽相同，具体有：美国立法模式（证券投资基金法与基金管理人法分别立法）；德国模式（证券投资基金法统一于基金管理人法）；英国模式（基金管理人法统一于证券投资基金法）；加拿大模式（没有证券投资基金法和基金管理人法）。

（四）投资基金范围方面

在投资基金的范围方面，各国法律规定不一，但"各个国家和地区的立法都同时对公募基金和私募基金进行调整。募集方式的区别决定了基金资产运用方式的区别，决定了作为基金市场基本法的《投资基金法》的规制力度和规制原则的不同"②。

在我国，私募基金指通过非公开方式向特定少数人或者机构投资者募集资金设立的一种投资基金。

《中华人民共和国证券投资基金法》第 2 条规定："在中华人民共和国境内，公开或者非公开募集资金设立证券投资基金（以下简称基金），由基金管理人管理，基金托管人托管，为基金份额持有人的利益，进行证券投资活动，适用本法；本法未规定的，适用《中华人民共和国信托法》《中华人民共和国证券法》和其他有关法律、行政法规的规定。"

（五）契约型基金法律关系的模式

在契约型基金法律关系的模式方面，存在德国二元论的模式和日本、韩国一元论模式的区别。德国二元论的模式的特点是"投资人、基金管理人和基金保管人未能结合在一个法律关系上，而是由信托契约、保管契约规范三方法律关系"③。日本、韩国一元论模式的特点是基金份额持有人、基金管理人、基金

---

① 郭锋，等. 证券投资基金法导论［M］. 北京：法律出版社，2008：20.

② 郭锋，等. 证券投资基金法导论［M］. 北京：法律出版社，2008：51.

③ 郭锋，等. 证券投资基金法导论［M］. 北京：法律出版社，2008：87.

托管人之间的关系由一个信托契约来统一规范。

（六）证券投资基金的设立方面

关于证券投资基金的设立方法，各国规定不一。美国规定，投资基金设立采用注册制，达到条件就可以申请。如关于共同基金，只要公司资本净值超过10万美元，有明确的目标，有100位以上的投资者，就可以申请注册。

英国规定设立证券投资基金先要通过各种考察，成为相关特定协会的会员。"一个机构获得了会员资格，即可享有协会所规定的全部权利。例如，如果是投资信托协会的会员，它就可以在它认为是合适的时间，发行任何数量的投资基金，而无须得到任何形式的批准。"①

（七）基金管理人组织形式方面

各国规定不一。1940年《美国投资顾问法》第202节、第203节规定的投资顾问的组织形式包括个人、公司、合伙。日本《证券投资信托法》规定的管理公司主体只能是股份有限公司，不能是个人或者合伙。我国香港特别行政区《单位信托及互惠基金守则》规定管理人只能是公司法人，不能是个人、合伙。《中华人民共和国证券投资基金法》第12条规定："基金管理人由依法设立的公司或者合伙企业担任。公开募集基金的基金管理人，由基金管理公司或者经国务院证券监督管理机构按照规定核准的其他机构担任。"

（八）基金管理人资格条件方面

美国1940年《美国投资顾问法》没有规定注册资本数额的要求。日本《证券投资信托法》第3条规定："任何个人（或非证券投资信托的实体），不能成为管理公司。"第4条规定："任何公司，除非是资产额为5000万日元或以上的股份有限公司，不能成为管理公司。"中国香港特别行政区《单位信托及互惠基金守则》第5.2（b）条规定，管理公司的发行及实收资本及资本储备最少须达港币100万元或等值外币。

《中华人民共和国证券投资基金法》第13条规定："设立管理公开募集基金的基金管理公司，应当具备下列条件，并经国务院证券监督管理机构批准：（一）有符合本法和《中华人民共和国公司法》规定的章程；（二）注册资本不低于一亿元人民币，且必须为实缴货币资本；（三）主要股东应当具有经营金融业务或者管理金融机构的良好业绩、良好的财务状况和社会信誉，资产规模达到国务院规定的标准，最近三年没有违法记录；（四）取得基金从业资格的人员达到法定人数；（五）董事、监事、高级管理人员具备相应的任职条件；（六）

---

① 郭锋，等. 证券投资基金法导论［M］. 北京：法律出版社，2008：120.

有符合要求的营业场所、安全防范设施和与基金管理业务有关的其他设施；（七）有良好的内部治理结构、完善的内部稽核监控制度、风险控制制度；（八）法律、行政法规规定的和经国务院批准的国务院证券监督管理机构规定的其他条件。"

（九）基金管理人的公开义务

1940 年《美国投资顾问法》第 206 条规定了反欺诈的义务，并要求投资顾问遵守公开所有重要事实，避免误导客户的义务。其中的公开义务包括：小册子规则（the brochure rule），并对小册子的内容有明确规定，增进客户对投资的了解；公开披露；书册及记录保存义务；提供合适意见的义务；最佳执行交易的义务；禁止本人交易义务等。

《中华人民共和国证券投资基金法》第 9 条规定："基金管理人、基金托管人管理、运用基金财产，基金服务机构从事基金服务活动，应当恪尽职守，履行诚实信用、谨慎勤勉的义务。基金管理人运用基金财产进行证券投资，应当遵守审慎经营规则，制定科学合理的投资策略和风险管理制度，有效防范和控制风险。基金从业人员应当具备基金从业资格，遵守法律、行政法规，恪守职业道德和行为规范。"

（十）自我交易问题

对基金管理人与基金互为交易对方的自我交易问题的管理，美国法趋于严格，日本法趋于宽松，英国法较为实际；就管制方式而言，有的以禁止或限制行为为主，有的以主管机关或受托人同意为主，有的以公开制度为主。[1]《中华人民共和国证券投资基金法》第 20 条规定，"公开募集基金的基金管理人及其董事、监事、高级管理人员和其他从业人员不得有下列行为：（一）将其固有财产或者他人财产混同于基金财产从事证券投资；（二）不公平地对待其管理的不同基金财产；（三）利用基金财产或者职务之便为基金份额持有人以外的人牟取利益；（四）向基金份额持有人违规承诺收益或者承担损失；（五）侵占、挪用基金财产；（六）泄露因职务便利获取的未公开信息、利用该信息从事或者明示、暗示他人从事相关的交易活动；（七）玩忽职守，不按照规定履行职责；（八）法律、行政法规和国务院证券监督管理机构规定禁止的其他行为"。

（十一）关联交易问题

对基金管理人的关联人士与基金互为交易对方的关联交易问题的管理，存在不同的规定。"各国对关联交易的禁止范围、生效条件、批准程序等方面各有

---

[1]　郭锋，等. 证券投资基金法导论 [M]. 北京：法律出版社，2008：167.

不同。"① 如在界定关联人士的范围方面，英美立法比较全面，英国法的关联人士范围包括一致行动人，美国法以列举方式界定了关联人的范围。1940 年《美国投资公司法》第 2 节（a）（3）条规定，关联人士包括：直接或者间接拥有基金管理人 5% 或以上表决权证券的人；被基金管理人拥有 5% 或以上表决权证券的人；直接或者间接地控制基金管理人的人、被基金管理人控制的人，或与基金管理人共同被第三人控制的人；基金管理人的管理人员、董事、合伙人或雇员。

与英美不同，在东南亚国家"法律对关联人士界定并不完整，这种差别一方面与基金在该国或该地区的发达程度有关；另一方面也反映了企业结构与企业文化的差别。东南亚家族企业在经济中占有举足轻重的地位，其利益冲突交易具有浓厚的东方式人情色彩，与英美法相比，东亚各国或地区法律对利益冲突交易一般采取较为宽松放任的态度，不仅仅是基金法如此，在公司法与会计准则领域亦是如此"②。

中国香港特别行政区《单位信托及互惠基金守则》第 3 条第 5 款规定，基金管理人的关联人士包括任何直接或者间接持有该公司 20% 以上股权，或者拥有 20% 以上实际控制权的人或公司；能够对第 1 项中的人实施有效控制权的人；该公司的集团成员之一；该公司的董事或者职员。

《中华人民共和国证券投资基金法》第 73 条规定，"基金财产不得用于下列投资或者活动：（一）承销证券；（二）违反规定向他人贷款或者提供担保；（三）从事承担无限责任的投资；（四）买卖其他基金份额，但是国务院证券监督管理机构另有规定的除外；（五）向基金管理人、基金托管人出资；（六）从事内幕交易、操纵证券交易价格及其他不正当的证券交易活动；（七）法律、行政法规和国务院证券监督管理机构规定禁止的其他活动。运用基金财产买卖基金管理人、基金托管人及其控股股东、实际控制人或者与其有其他重大利害关系的公司发行的证券或承销期内承销的证券，或者从事其他重大关联交易的，应当遵循基金份额持有人利益优先的原则，防范利益冲突，符合国务院证券监督管理机构的规定，并履行信息披露义务"。

（十二）图利禁止方面

图利禁止规则"要求基金管理人对基于其地位获得的收益或基于其地位获得的机会及信息所产生的利益应报账交款，不得利用其地位为自己或第三人谋

---

① 郭锋，等．证券投资基金法导论［M］．北京：法律出版社，2008：169.
② 郭锋，等．证券投资基金法导论［M］．北京：法律出版社，2008：169 - 170.

取利益"①。

在法律规制基金管理人的关联人士的图利行为方面，"各国立法均禁止雇佣基金管理人的内部人员担任基金的经纪人，但其他方面的限制则各有侧重点。例如，美国法限制佣金收取比例；日本法重点关注交易频繁；香港法则侧重交易的数量限制"②。

在美国，经纪商为了吸引机构投资者，往往给予投资顾问一定的优惠，"软美元（soft dollar）"就是其中比较隐蔽的形式，即投资顾问以基金经纪业务为交换条件，从经纪商那里得到的除交易执行以外的产品或者服务。《美国投资公司法》原则上禁止"软美元（soft dollar）"安排。1934年《美国证券法》第28节（e）条规定，下列关于"软美元（soft dollar）"的安排是不禁止的：投资顾问取得的产品或者服务只能是"经纪或研究服务"；该服务必须由经纪商提供；该交易必须是代理交易；该交易必须与证券有关。

《美国投资公司法》第17节（e）（2）条规定：允许基金管理人及其关联人士充任基金经纪商并收取报酬（经纪佣金），但对于在集中式交易所进行的交易，佣金不得超过通常的或惯例的水平；对于次级分配有关的交易，佣金不得超过卖价的2%，对于其他交易，如柜台交易，佣金不得超过卖价的1%。

我国对经纪人交易"主要通过对分配经纪数量限制和信息公开制度来规范"③。在我国基金中期、年度报告中要披露支付佣金等情况。

（十三）基金经理个人交易限制方面

基金经理个人交易指基金经理为个人证券账户进行的交易。"基金个人交易管制模式可分为法律管制和自律管制两种。除美国采用法律管制方式外，其他国家一般采用自律管制方式，对基金经理个人交易没有予以足够的重视。美国基金个人交易制度主要由两部分组成：基金个人交易行为准则和基金个人交易信息披露制度。"④我国则禁止基金经理的个人交易。《中华人民共和国证券法》第43条规定："证券交易所、证券公司和证券登记结算机构的从业人员、证券监督管理机构的工作人员以及法律、行政法规禁止参与股票交易的其他人员，在任期或者法定限期内，不得直接或者以化名、借他人名义持有、买卖股票，也不得收受他人赠送的股票。任何人在成为前款所列人员时，其原已持有的股

---

① 郭锋，等. 证券投资基金法导论［M］. 北京：法律出版社，2008：173.
② 郭锋，等. 证券投资基金法导论［M］. 北京：法律出版社，2008：174.
③ 郭锋，等. 证券投资基金法导论［M］. 北京：法律出版社，2008：175.
④ 郭锋，等. 证券投资基金法导论［M］. 北京：法律出版社，2008：177.

票，必须依法转让。"

（十四）基金管理人管理多个基金之间的交易问题

关于基金管理人管理多个基金之间的交易问题，"有的国家、地区全面禁止基金间的交易，但有的国家如日本则采取限制性的规定。这种限制性的规定基于以下考虑：有时信托基金间的交易应属必要"①。《中华人民共和国证券投资基金法》第 20 条第 2 款规定："公开募集基金的基金管理人及其董事、监事、高级管理人员和其他从业人员不得有下列行为：不公平地对待其管理的不同基金财产。"但没有规定基金间的相互交易问题。

（十五）基金管理人分散投资要求的规定方面

《美国投资公司法》将基金分为分散型和非分散型两类。该法第 5 节（b）（1）规定分散型公司总资产的 75% 以上必须为现金及现金项目、政府证券、其他投资公司的证券，每种证券的投资不得超过投资公司资产的 5%，对每一公司投资不得超过被投资公司已发行有表决权股份总数的 10%。

日本《关于证券投资信托之委托公司行为准则的大藏省令》规定，一家委托公司的投资基金认购同一企业发行的股票时，其取得的数量不得超过该企业已经发行股票总数的 10%。

《中华人民共和国证券投资基金法》第 71 条规定："基金管理人运用基金财产进行证券投资，除国务院证券监督管理机构另有规定外，应当采用资产组合的方式。资产组合的具体方式和投资比例，依照本法和国务院证券监督管理机构的规定在基金合同中约定。"

以上内容各国规定不一。

（十六）投资证券的流动性要求方面

《美国投资公司法》第 22 节（e）条规定，开放型共同基金必须准备好每日赎回股份，并且必须在收到赎回要求的 7 日内支付赎回价款。

《英国金融服务法》规定，对可转让但非于公开市场交易的证券，投资不得超过资产的 10%。

我国没有相关规定。

（十七）基金管理人信用交易风险方面

在控制基金管理人信用交易风险方面，各国规定不一，"日本法对基金风险的控制最严格。日本法规定基金一般不得融资，只有在下述特定情况下才允许办理：股东名义转换中的股票、转换公司债转换手续中的股票、分割手续中的

---

① 郭锋，等. 证券投资基金法导论 [M]. 北京：法律出版社，2008：177.

股票等。英国法规定基金可以融资融券，但融资的额度不得超过资产的10%"①。我国香港特别行政区规定基金可以向银行借款，但资本市场基金的借款不得超过资产的10%，其他基金的借款不得超过资产的25%。

《中华人民共和国证券投资基金法》第72条规定，基金财产不得违反规定向他人贷款或者提供担保、从事承担无限责任的投资。

（十八）"基金的基金"风险规定方面

关于"基金的基金"风险方面，各国规定不一，有的国家规定按比例进行，但比例不一。有的国家没有规定比例。

"基金的基金"（fund of fund）指基金之间的相互投资。《美国投资公司法》第12节（d）（1）条规定，一家已注册的投资公司持有另一家投资公司发行的有表决权证券，不得超过该证券的3%，并且不得超过该投资公司资产总值的5%。《英国金融服务法》规定，证券基金对其他集合性计划的投资不得超过基金资产的5%。《中华人民共和国证券投资基金法》第73条第4款规定，基金不得买卖其他基金份额，但是国务院证券监督管理机构另有规定的除外。

（十九）基金托管人的资格方面

《美国投资公司法》规定，基金托管人为资产不少于50万美元的银行、登记为证券交易所会员的公司或者投资公司本身。"目前，美国对于基金托管业务实行注册制，基金托管人的资格条件主要由市场竞争机制决定，法律对基金托管人的资金规模几乎没有要求。"②

我国香港特别行政区规定的基金托管人的条件包括：根据《香港银行业条例》而获得牌照的银行；上述银行的信托公司；根据《香港委托人条例》而注册的信托公司；在香港以外的地方注册成立而获得监察委员会接纳为从事银行业务的机构或信托公司；公司账目独立核算，其实收资本及非分派资本的储蓄最少为1000万港币或等值外币。

《中华人民共和国证券投资基金法》第32条规定："基金托管人由依法设立的商业银行或者其他金融机构担任。商业银行担任基金托管人的，由国务院证券监督管理机构会同国务院银行业监督管理机构核准；其他金融机构担任基金托管人的，由国务院证券监督管理机构核准。"

第33条规定："担任基金托管人，应当具备下列条件，（一）净资产和风险控制指标符合有关规定；（二）设有专门的基金托管部门；（三）取得基金从业

① 郭锋，等. 证券投资基金法导论［M］. 北京：法律出版社，2008：189.
② 郭锋，等. 证券投资基金法导论［M］. 北京：法律出版社，2008：206.

资格的专职人员达到法定人数；（四）有安全保管基金财产的条件；（五）有安全高效的清算、交割系统；（六）有符合要求的营业场所、安全防范设施和与基金托管业务有关的其他设施；（七）有完善的内部稽核监控制度和风险控制制度；（八）法律、行政法规规定的和经国务院批准的国务院证券监督管理机构、国务院银行业监督管理机构规定的其他条件。"

（二十）基金托管人的地位方面

关于基金托管人的地位方面，各国规定不相一致。"契约型基金的具体信托结构安排大致有瑞士模式、日本模式和德国模式三类，基金托管人在这三种不同的模式中处于不同的地位。"①

（二十一）有关持有出席会议的基金份额要求方面

有关出席会议的基金份额要求方面，"境外各国立法对持有多少比例份额的基金份额持有人出席持有人会议方为合法，均做出了规定，其比例从10%到50%不等"②。值得注意的是，有些国家规定在出席人无法满足份额要求时应推迟会议，重新公告和召集，新召集会议的出席人份额应当降低。我国缺乏相关规定。

（二十二）私募基金方面

《日本证券投资信托法》第3条规定：除证券投资基金外，任何人均不能签订以信托财产主要投资于有价证券运用为目的的信托契约，但是不以分割收益权，并使不特定的多数人取得为目的的行为，不在此限。

中国香港特别行政区规定，私募基金人数不能超过50人，一般以互惠基金公司或者单位信托公司的形式出现。"在中国香港地区还存在一种特殊的公私募基金的竞争和转换的机制。如果私募基金想转成公募基金，则需要向香港监管当局申请，批准后，私募基金就完全转变为公募。"③

以上内容各国（地区）规定不一。

（二十三）证券投资基金的监管体制方面

关于这一方面，各国做法不一，存在三种不同的做法。（1）自律型监管体制。采用该模式的国家有英国、新加坡、马来西亚等国。（2）政府型监管体制。采用该模式的国家有日本、韩国、菲律宾等国。（3）综合型监管体制。采用的国家包括美国、德国、法国等国。

① 郭锋，等. 证券投资基金法导论 [M]. 北京：法律出版社，2008：202.
② 郭锋，等. 证券投资基金法导论 [M]. 北京：法律出版社，2008：326.
③ 郭锋，等. 证券投资基金法导论 [M]. 北京：法律出版社，2008：361.

我国证券投资基金的监管体制基本上是由政府推动，"经过几十年的发展，基本形成以政府监管为主、自律监管为补充的监管体制。随着市场的发展变化，我国投资基金监管体制也经历了一个从地方监管到中央监管，由分散监管到集中监管的过程"①。

以上诸领域的冲突，在国际商事诉讼中需要加以解决。

第四节　法律适用

一、银行

从我国银行法的性质上看，"银行法调整的银行组织关系、银行经营业务关系或银行管理关系中，既有平等性的银行经营业务关系，又带有管理性的银行组织关系和银行管理关系；既涉及储户、商业银行等社会个体的利益，又涉及社会整体和国家的利益。从银行法律规范的任意性和强制性相结合的特点看，银行法既有私法的色彩，有公法的表现，具有公法、私法相融合的属性；从调整方法上看，银行法运用民事、行政、刑事等多种手段进行综合调整"②。

因此，根据银行法的性质，银行法既带有公法色彩的法，也带有私法色彩的法，对于前者，一般是属于直接适用的法的范畴，对于后者，则是私法范畴，通过冲突规范加以解决。

（一）直接适用的法

"直接适用的法"（loi d' application immédiate）的理论，即一国为了维护其在政治、经济、社会、文化等领域的重大公共利益，在涉外民商事法律关系中，无须援引适用多边冲突规范，而直接适用该国国际民商事法律中的实体强制性规范。这种强制性规范在涉外商事关系法律适用法领域更是大量存在，构成涉外商事关系法律适用法的特殊调整方法。事实上，"强制性法律"的概念早在德国法学家萨维尼的冲突规范学说中就被提出来了。希腊裔法国冲突规范学家福勒·弗朗西斯卡基斯于1958年在《反致理论和冲突规范的体系冲突》一文中，首次提出了直接适用的法律这一概念，并对其作用进行了具体说明。

关于直接适用的法，我国冲突规范著作、教材都有提及，但缺乏引注。例

---

① 郭锋，等. 证券投资基金法导论［M］. 北京：法律出版社，2008：400.
② 李玫. 金融法概论［M］. 北京：高等教育出版社，2008：2.

如，韩德培的《国际私法》（北京：高等教育出版社、北京大学出版社，2002）、李双元的《国际私法》（北京：北京大学出版社，2011）等均只提出了观点，没有出处的佐证、没有任何注释，更没有福勒·弗朗西斯卡基斯（Francescakis）的原文注释。韩德培主编《国际私法》表述的内容为："弗朗西斯卡基斯（Francescakis）是出生于希腊的著名的冲突规范学家，他于1958年用法文发表了《反致理论与冲突规范的体系冲突》一文，首次提出了直接适用的法的概念。"① 但对于福勒·弗朗西斯卡基斯（Francescakis）观点的出处，没有说明，没有佐证，更没有福勒·弗朗西斯卡基斯（Francescakis）原文出处的佐证。笔者进一步查找，在遍查国内各大图书馆图书及相关论文后，发现徐冬根教授的论文《论"直接适用的法"与冲突规范的关系》对福勒·弗兰西斯卡基斯的观点的注释来源于法文，他提出：在国外，最早提出"直接适用的法"这一概念的是希腊裔法国籍的冲突规范学者福勒·弗朗西斯卡基斯（Phocion Frances-cakis）。1958年，弗朗西斯卡基斯在巴黎发表了《反致理论与冲突规范的体系冲突》一文，正式提出"直接适用的法"这一术语，并对此阐述了其独特的见解。（其注释参见 Ph. Francescakis. La thèorie du renvoi et les conflits de systèmes en droit international privé，Paris，1958：11 et s.）② 这是目前较为可靠的一种注释了。

直接适用的法在实践中经常遇到，如加拿大法院不会执行外国的税收、征收，法律或者裁判，与婚姻诉讼性质不同，这些内容是一国领土主权所赋予，针对外国主权政策的管辖，外国法院缺乏司法的标准。"Canadian courts will not enforce foreign taxation or other revenue laws or judgments…claims for taxes are an extension of the sovereign power that imposes them and an assertion of sovereign authority by one state within the territory of another，as distinct from a patrimonial claim by a foreign sovereign. Furthermore，ordinary courts lack manageable judicial standards to pass judgment on issues of the policies of foreign sovereigns."③

《中华人民共和国涉外民事关系法律适用法》第4条规定："中华人民共和国法律对涉外民事关系有强制性规定的，直接适用该强制性规定。"

从该条规定来看，没有规定直接适用的法的范围，只要是中华人民共和国法律对涉外民事关系的强制性规定均可。这些规范在涉外民事关系中的直接适

---

① 韩德培. 国际私法［M］. 北京：高等教育出版社，北京大学出版社，2002：52.
② 徐冬根. 论"直接适用的法"与冲突规范的关系［J］. 中国法学，2006（4）：85.
③ Janet Walker. Conflict of Laws 2016 Reissue［M］. LexisNexis Canada Inc，2016：627.

用是以其具备"强制性"为前提的，因此，强制性规范的识别和认定就成为问题的关键所在。

最高人民法院于 2012 年 12 月 10 日通过《关于适用〈中华人民共和国涉外民事关系法律适用法〉若干问题的解释（一）》，其中第 10 条对此问题做出了相应的细化。"有下列情形之一，涉及中华人民共和国社会公共利益、当事人不能通过约定排除适用、无须通过冲突规范指引而直接适用于涉外民事关系的法律、行政法规的规定，人民法院应当认定为涉外民事关系法律适用法第四条规定的强制性规定：（一）涉及劳动者权益保护的；（二）涉及食品或公共卫生安全的；（三）涉及环境安全的；（四）涉及外汇管制等金融安全的；（五）涉及反垄断、反倾销的；（六）应当认定为强制性规定的其他情形。"

由上可见，在《关于适用〈中华人民共和国涉外民事关系法律适用法〉若干问题的解释（一）》的规定中，与金融有关的强制性规定指"涉及外汇管制等金融安全的"，因此，金融领域的法律规定并非均是直接适用的法，只有金融领域的法律规定"涉及外汇管制等金融安全的"，即涉及外汇管制的法律规定；涉及金融安全的法律规定，才是可以不需执行商事冲突规范有关冲突法的规定，而应适用直接适用的强制性的规定。当然，应当认定为强制性规定的金融领域的其他情形，如涉及金融信息、机密、对外担保等领域的规定，也可能构成直接适用的强制性的规定，这些要结合法律的规定与案件情况具体判断。

值得说明的是，金融服务是服务贸易的一个组成部分，WTO《服务贸易总协定》第 20 条规定每一成员方都应制定其承担特定义务的计划表，详细说明市场准入和国民待遇的范围、条件、限制及适用时间等。根据《服务贸易总协定》的规定，其适用的服务范围包括"除'政府当局为实施职能所提供的服务'以外的所有部门的一切服务。而'政府当局为实施职能所提供的服务'，如中央银行业务、社会保险等，必须符合两个条件，一是不具有商业性质，二是不与任何一种或多种服务相竞争"①。这里的政府当局为实施职能所提供的服务，会涉及强制性规定的内容。

在《服务贸易总协定》规定的服务中，金融服务只是其中的一种，"指由一成员方的金融服务提供者所提供的具有金融性质的任何服务，包括所有保险及与保险相关的服务、所有银行和其他金融服务（不包括保险）"②。这里的银行和其他金融服务（不包括保险）包括许多内容，如吸收公众存款和其他应偿还

---

① 朱崇实. 金融法教程［M］. 北京：法律出版社，2011：486.
② 朱崇实. 金融法教程［M］. 北京：法律出版社，2011：486.

资金；发放各类贷款；融资租赁；各种支付及货币划转服务；担保与承诺；在交易所、场外市场或以其他方式，自营或代客交易（货币市场工具；外汇；衍生产品；资产管理等）。因此，适用各国强制性规定，一定不要违反 WTO 的相关规定。

（二）"一带一路"国家的直接适用的法之间规定冲突

1. 金融领域

在"一带一路"国家中，直接适用的法之间规定冲突明显，特别是一些金融、货币领域的规定，差异较多，如涉及这些国家，应考虑这些强制性适用问题。新加坡共和国没有外汇管制，但对本国货币实行非国际化政策。柬埔寨王国规定单笔转账一万美元以上的，应报告国民银行。尼泊尔联邦民主共和国规定外国人经批准可以将收入的 75% 兑换成该国货币汇至国内。哈萨克斯坦共和国实行有条件的货币自由兑换，"如果一个账户在 7 个工作日内汇出外汇超过约 5 万美元的，必须向金融监管委员会报告。"①

格鲁吉亚共和国规定外汇进出无限制，阿塞拜疆共和国规定现金出境不能超过 1 万美元。亚美尼亚共和国规定企业税后利润可自由汇出。摩尔多瓦共和国规定外国人可以携带不超过 1 万欧元现金入境。罗马尼亚规定"用于利润汇款、债务清偿、资本所得、知识产权收益等资金的流入和流出无任何限制"②。

2. 劳工领域

这里的劳工领域包括金融劳工领域。黎巴嫩共和国规定劳动合同必须以阿拉伯语言签订。工作时间限定 48 小时。也门共和国劳动者报酬不得低于行政人员的最低报酬。阿曼苏丹国规定禁止雇佣 15 岁以下的工人，每天工作时间不超过 9 小时，斋月期伊斯兰教徒、18 岁以下的工人每周工作时间不超过 36 小时。阿拉伯联合酋长国规定劳动时间每周不超过 48 小时，经劳工部批准可以延长或缩短。卡塔尔国规定加班时间每天不得超过 2 小时，雇员工作满 3 个月后可享有全薪病休。土库曼斯坦规定工作时间每周不超过 40 小时，艰苦行业不超过 36 小时。塔吉克斯坦共和国规定每天最多工作时间不得超过 12 小时，15～16 岁的每天连续工作时间不得超过 5 小时。俄罗斯联邦实行每周 5 天，每天 8 小时工作制。白俄罗斯实行每周 5～6 天工作制，波兰共和国规定每周工作时间及加班不

---

① 江苏省南通市司法局，上海对外经贸大学. "一带一路"国家法律服务和法律风险指引手册［M］. 北京：知识产权出版社，2016：253.

② 江苏省南通市司法局，上海对外经贸大学. "一带一路"国家法律服务和法律风险指引手册［M］. 北京：知识产权出版社，2016：413.

得超过 48 小时，1 年加班不得超过 150 小时。

在司法实践中，解决银行冲突的冲突法有许多是直接适用的法，如在大新银行有限公司与香港园璐有限公司等融资租赁纠纷案（浙江省金华市婺城区人民法院 2016 浙 0702 民初 7688 号）中，法院认为根据《中华人民共和国涉外民事关系法律适用法》第 3 条的规定，当事人依照法律规定可以明示选择涉外民事关系适用的法律。

本案当事人明确约定适用香港法律，应该予以适用。但由于本案所涉的当事人均为在香港注册的企业，故本案涉及对外担保，根据我国内地的规定，对外担保应到外汇管理部门办理批准登记手续，本案的对外担保没有办理批准登记手续，根据《中华人民共和国涉外民事关系法律适用法》第 4 条的规定，中华人民共和国法律对涉外民事关系有强制性规定的，直接适用该强制性规定。根据该条的规定，本案担保合同关系应适用我国内地的法律。值得说明的是："本案法院不仅能适用《担保法解释》第 6 条的强制性规定，还结合《司法解释（一）》第 10 条的规定认定'涉及外汇管制等金融安全的'应当属于强制性规定。《法律适用法》第 4 条首次规定了在涉外民事关系中，中国法律中的强制性规定予以直接适用，但是没有对中国法律中哪些规定属于强制性规定做出描述。"[1]

（二）非直接适用的法的选择适用

当事人可以选择相关法律的适用，如关于国际惯例的选择适用。在招商银行与安徽省技术进出口股份有限公司等信用证欺诈纠纷案（安徽省高级人民法院〔2015〕皖民终字第 00739 号）中，法院认为，本案信用证明确约定受《跟单信用证统一惯例》最新版本的约束，所以本案有关信用证问题适用 UCP600。

（三）根据冲突规范的规定适用法律

在解决金融法律冲突中，许多案件仍然是根据冲突规范的规定适用法律的。如中华人民共和国最高人民法院受理的法国兴业银行（中国）有限公司天津分行与烟台鹏晖铜业有限公司、烟台有色金属股份有限公司管辖异议案[2]，即属此种情况。

在该案中，上诉人烟台鹏晖铜业有限公司（以下简称鹏晖铜业公司）因与被上诉人法国兴业银行（中国）有限公司天津分行（以下简称法国兴业银行天

① 黄进，杨灵一，杜焕芳. 2016 年中国国际私法实践述评［M］//中国国际私法与比较法年刊 2017. 北京：法律出版社，2018：47.

② 民二〔2015〕终字第 187 号。

津分行)、一审被告烟台有色金属股份有限公司(以下简称有色金属公司)金融借款合同纠纷管辖权异议一案,不服天津市高级人民法院(2015)津高民二初字第0039号民事裁定,向最高人民法院提出上诉。最高人民法院依法组成合议庭进行了审理。

法国兴业银行天津分行在一审法院起诉称,2010年9月7日,该行与鹏晖铜业公司签订一份《非承诺性授信额度》。2014年10月23日,双方签订补充授信函。根据上述授信文件(以下简称授信函),该行向鹏晖铜业公司提供13500000美元的信用证开征授信额度,用于开立为进口铜精矿且以GlencoreInternationalAG为受益人的一次性远期信用证。2012年10月10日,有色金属公司向该行签发《最高额公司保函》。对授信函下除衍生品交易外的任何授信提供保证。该行于2014年10月23日按照鹏晖铜业公司的申请开立了信用证。2014年12月24日、12月31日,该行分别向信用证的议付行DeustcheBankAGAmsterdam支付了共计14850000美元,履行了开证行的付款义务。鹏晖铜业公司未向该行偿还相应款项,有色金属公司未按照约定履行义务。为此,请求法院判决:(1)鹏晖铜业公司向法国兴业银行天津分行偿还本金12437347.84美元(汇率以1美元=6.25人民币计,约合人民币77733424元)以及鹏晖铜业公司自2014年12月24日起至实际偿还欠付本金之日止的罚息(截止至2015年1月30日,暂计132805.67美元,汇率以1美元=6.25人民币计,约合人民币830035.42元);(2)鹏晖铜业公司承担律师费60万元;(3)有色金属公司对(1)、(2)项诉讼请求承担连带清偿责任;(4)两被告承担全部诉讼费用。

鹏晖铜业公司在提交答辩状期间对管辖权提出异议,认为双方签订的合同的履行地及鹏晖公司住所地均为烟台市芝罘区,该案的管辖地应为烟台市中级人民法院。

天津市高级人民法院认为,法国兴业银行天津分行与鹏晖铜业公司签订的借款合同中第22.2条明确约定争议交由银行所在地有管辖权的中国法院管辖,故该院对该案具有管辖权。依照《中华人民共和国民事诉讼法》第三十四条、第一百二十七条第一款之规定,裁定驳回烟台鹏晖铜业有限公司对该案管辖权提出的异议。

鹏晖铜业公司不服一审裁定,向最高人民法院提出上诉称:双方合同履行地在鹏晖铜业公司所在地,且鹏晖铜业公司是该案被告,该案的合同履行地及被告住所地均为鹏晖铜业公司所在地,即山东省烟台市芝罘区。依据《中华人民共和国民事诉讼法》第二十三条的规定,因合同纠纷提起的诉讼,由被告住所地或合同履行地人民法院管辖,故该案应当由烟台市中级人民法院管辖。

法国兴业银行天津分行公司未向最高人民法院提交答辩意见。

最高人民法院认为：法国兴业银行天津分行与鹏晖铜业公司于 2010 年 8 月 26 日签订的授信函第 22.2 条明确约定："借款人和银行同意就本函项下发生的或与本函有关的争议交由银行所在地有管辖权的中国法院管辖。"该管辖约定是当事人真实意思表示，符合《中华人民共和国民事诉讼法》第三十四条关于"合同或者其他财产权益纠纷的当事人可以书面协议选择被告住所地、合同履行地、合同签订地、原告住所地、标的物所在地等与争议有实际联系的地点的人民法院管辖，但不得违反本法对级别管辖和专属管辖的规定"的规定，该约定条款有效。法国兴业银行天津分行住所地在天津市，鹏晖铜业公司住所地在山东省。本案诉讼标的额人民币约 7900 万元。根据本院 2008 年《关于调整高级人民法院和中级人民法院管辖第一审民商事案件标准的通知》（法发〔2008〕10 号）关于天津市高级人民法院可管辖"诉讼标的额在 5000 万元以上且当事人一方住所地不在本辖区或者涉外、涉港澳台的第一审民商事案件"的规定，天津市高级人民法院有权作为一审法院受理本案。

综上，一审裁定适用法律正确，应予维持。上诉人鹏晖铜业公司认为该案应当移送烟台市中级人民法院审理的上诉理由不成立。依照《中华人民共和国民事诉讼法》第一百七十条第一款第（一）项、第一百七十一条之规定，裁定如下："驳回上诉，维持天津市高级人民法院（2015）津高民二初字第 0039 号民事裁定。本裁定为终审裁定。"

值得说明的是，在根据冲突规范的规定适用法律时，如果存在当事人的意思自治，则通常是应该首先考虑适用的，其次是最密切联系原则的适用，再次是适用其他一般冲突规范的原则及规定。在本案中，法律规定的管辖权一般适用原则及规定是鹏晖铜业公司所认为的"双方合同履行地在鹏晖铜业公司所在地，且鹏晖铜业公司是该案被告，该案的合同履行地及被告住所地均为鹏晖铜业公司所在地，即山东省烟台市芝罘区。依据《中华人民共和国民事诉讼法》第二十三条的规定，因合同纠纷提起的诉讼，由被告住所地或合同履行地人民法院管辖，故该案应当由烟台市中级人民法院管辖"。但是，法国兴业银行天津分行与鹏晖铜业公司于 2010 年 8 月 26 日签订的授信函第 22.2 条明确约定："借款人和银行同意就本函项下发生的或与本函有关的争议交由银行所在地有管辖权的中国法院管辖。"该管辖约定是当事人真实意思表示，符合《中华人民共和国民事诉讼法》第三十四条的规定，因此应该优先得到适用。上诉人鹏晖铜业公司就是对法律适用的原则规则理解不清，所以提出的上诉理由得不到最高人民法院的支持。如果鹏晖铜业公司了解了冲突规则的适用原则及法律的规定，就不会浪费这一次的上诉机会，而可以以案中实体问题或其他提出上诉，也许更可以达到实体利益方面维护的目的。一味追求烟台市中级人民法院管辖，不愿意天津市高级人民法院管辖，其实是追求的本末倒置。

（四）当代互联网金融领域的法律适用

21 世纪是互联网的世纪，也是互联网金融的世纪。不过，互联网金融在全球虽然铺天盖地般发展迅猛，但对于何为互联网金融，理论上还没有一个统一的概念。一般认为，互联网金融就是指互联网金融主体通过采用现代网络技术为社会提供各种金融产品或者服务的一种新的业务形式。互联网金融的模式多样，就我国而言，其基本模式包括：大数据金融、第三方支付、P2P 网络借贷、众筹模式等，这些模式在对外经济、贸易等方面也产生了巨大的影响，但也存在较大的风险。

1. 我国互联网金融领域存在的风险

我国互联网金融领域存在的风险如下。

（1）机构业务出界的风险。我国互联网金融机构主体多样，许多机构没有按照金融机构的准入程序进行登记注册，业务范围容易出界。如有的演变为吸收存款、发放贷款的非法金融机构，有的变成非法集资或传销组织，有的甚至利用互联网进行金融诈骗等。

（2）机构审查责任的风险。与银行相比，互联网金融机构对客户身份审查不严格，程序简单。一旦客户涉及非法行为，机构难辞其咎。

（3）投资者信息不对称的风险。投资者无法识别互联网金融机构的真实身份及资质信用，信息诈骗的风险较大。

（4）隐私保护方面的风险。机构采集了许多投资者的各种个人情况与信息，但往往会忽视对这些信息的妥善保护，更有甚者还会出于各种目的故意泄露或倒卖信息，给个人隐私保护带来极大的风险。

（5）资金安全方面的风险。由于机构拥有资金的调配权，投资者存在资金被挪用的风险。

（6）借贷兑现方面的风险。法律规定民间借贷利率不得超过银行同类贷款利率的四倍（约为 24% 年利率），但不少网贷平台的年化收益率都超过 24%，超过部分存在不受法律保护、无法兑现的风险。

（7）交易过程的风险。电脑病毒、钓鱼网站及网络攻击无孔不入，使得交易安全存在重大隐患。

（8）规则滞后方面的风险。立法、行业规则、惯例滞后等给互联网金融的具体运作带来一定的不可预知的风险。

（9）刑事责任方面的风险。互联网金融风险不仅会产生民事责任、行政责任，也会产生刑事责任。如关于众筹模式，机构主体如果是采用平台向不特定公众募资，公开发行各种证券及债权凭证，则具有构成非法集资罪和擅自发行股票以及公司、企业债券罪的风险。

（10）国际合作与交易方面的风险。目前我国在互联网金融国际合作方面工作开展不够，无法完全消除交易过程中的国际风险。如我们对国外互联网金融相关法律规定了解不多，在涉外金融互联网业务及纠纷中比较被动。而且由于各国法律规定不一，适用不同国家的法律会带来不同的法律后果，存在法律适用方面的风险。

值得注意的是，以上互联网金融风险不仅会在民事领域发生，也会在商事领域发生，不仅会在陆上领域发生，也会在海事领域发生。例如，在海事领域，交易正逐渐从航运业务延伸到航运金融产品，运用现代互联网电商系统，在海事物权、股权、债券等领域，开展离岸交易等各种交易，实现了交易的精确化、快捷化。可以预料，海事领域的互联网金融各种形式，也会同陆上互联网金融形式一样，发展前景广阔。无论互联网金融风险是在陆上领域发生，还是在海事领域发生，其互联网金融交易都是交易对象在平台上进行的，具有跨国、跨区域的特点，且常常具有涉外因素。因此，不仅需要以国内法来应对，而且需要依靠国际法应对。

2. 互联网金融领域文化及法律的差异性

各国法律文化的差异性，必然导致互联网金融法律文化的差异性及法律规定的差异性。互联网金融文化冲突是指不同的互联网金融文化的相互抵触现象。文化冲突是解决互联网金融法律冲突中的难点问题，文化冲突的妥善解决是互联网金融法律冲突解决的基本前提。因为不同的互联网金融文化，会导致不同的监管尺度把握及不同的风险防控模式选择。互联网金融的文化冲突表现形式主要有以下几点。

一是互联网金融法律文化与社会发展变化的冲突。社会发展变化无时无刻不在进行着，特别是大的发展变革，使得法律文化很难与之同步。"法律是一种不可以朝令夕改的规则体系……但是当业已确定的法律同一些容易变的、迫切的社会发展力量相冲突时，法律就必须为这种稳定政策付出代价。"① 社会的发展变化使得互联网金融法律文化具有一定的滞后性，形成与现实脱节的冲突现象。

---

① 刘作翔. 法律文化理论［M］. 北京：商务印书馆，1999：219.

二是发展理念上的冲突。互联网金融强调快捷与创新，金融监管强调稳重与安全，这是一对发展理念上的冲突。"互联网金融发展所遇到的问题，究其根源在于文化理念的冲突。'父爱主义'监管文化与互联网去中心化、创新、个人负责的理念相冲突。"①

三是交易流程上的冲突。传统的金融具有非常固定的流程化的特点，每一步都需要依照规则行事。而互联网金融没有固定的流程化程序。

四是信任文化上的冲突。传统的金融由于具有政府的背景从而拥有较高的信任度，而互联网金融的信任度则完全取决于个人的判断。这一特点"导致互联网金融在获得信任资源方面，仍存在着很多缺陷，这也是我国互联网金融发展过程中，出现了大量欺诈、虚夸、诈骗等现象的文化根源"②。

五是文化本质上的冲突。互联网金融在文化本质上存在互利与逐利的冲突。互联网金融平台本应发挥互利的功能，但遗憾的是其经常变成一个放债逐利的平台。

六是范围限制上的冲突。传统的金融机构开展业务受到地域行业的限制，互联网金融则往往不存在这样的限制。"中国传统社会信任模式是一种建立在血缘和地缘之上的人格信任。"③ 而"起源于西方的互联网，正是建立在基于信息、契约、法治、体验的信任文化基础上，这种信任文化尚没有在中国文化土壤中完全根植"④。

以上互联网金融中的文化冲突，是我们解决法律冲突必须考虑的客观因素，我们不能简单地采取应对传统金融冲突的方法措施来解决互联网金融冲突问题，而应针对互联网金融冲突中的文化冲突的具体表现，认真研究互联网金融的文化特点，深挖根源，有的放矢地提出解决互联网金融冲突的有效对策。

3. 积极应对互联网金融风险的措施

事实上在互联网金融领域，虽然法律冲突客观存在，但由于其强大的技术性特点，在该领域是极容易形成统一规定的，以达到彻底消除互联网金融领域的法律冲突的目的。

首先，要正确对待互联网金融冲突中的文化冲突，在互联网金融法律规定风险防控方面形成科学一致的措施与规定。

---

① 李勇坚，孙盼盼. 互联网金融困境源于文化理念冲突 [J]. 银行家，2014 (7)：99.
② 李勇坚，孙盼盼. 互联网金融困境源于文化理念冲突 [J]. 银行家，2014 (7)：99.
③ 李勇坚，孙盼盼. 互联网金融困境源于文化理念冲突 [J]. 银行家，2014 (7)：99.
④ 李勇坚，孙盼盼. 互联网金融困境源于文化理念冲突 [J]. 银行家，2014 (7)：99.

（1）一方面要完善金融法等法律法规，将互联网金融纳入法治的轨道；另一方面，又要给之留足发展的空间，不要限制过死，影响互联网金融的正常发展。

（2）一方面要考虑建立互联网金融的完整监管体系；另一方面，又要控制监管成本，提倡专项监督，提高监管效力。

（3）一方面要强调政府监管的主体责任；另一方面，又要提高投资者自我的风险意识及责任意识。

（4）一方面要强调准入审批的入口监管；另一方面，又要重视日常过程监管。

（5）一方面要强调法制原则；另一方面，又要强调利益保护的平衡。对于一些灰色领域，既要坚持依法办事，"法无明文规定"时不为罪，又要及时调整利益保护策略，防止国家集体及个人利益受到损害。

其次，法律规定要妥善解决互联网金融的技术风险。

互联网金融的载体是互联网技术，不少国家由于缺乏有自主知识产权的互联网金融技术设备，容易受制于人。加之互联网运行中的各种风险防不胜防，这些国家具有较大的信息安全、交易安全的风险。因此，一方面要加大技术开发与信息监管，另一方面要采取有效管理措施，及时处置互联网运行中的各种风险。

再次，要正确对待互联网金融的经营风险与法律风险。

互联网金融经营风险包括：系统操作失误带来的风险；利用灰色地带高风险经营带来的风险；从事非法活动带来的风险；信息保护不当带来的风险等。针对互联网金融的经营风险，要区分不同的风险性质，分别对待。对系统操作失误带来的风险，应尽量予以补救。对于游离在合法与非法边缘的风险行为，要厘清法律责任，根据不同的性质采取不同的处置方法。

互联网金融的法律风险指违法或利用法律的漏洞带来的风险。对于违法行为，依法予以追究。利用法律漏洞带来的风险，有多种形式。例如，"互联网企业尤其P2P网络借贷平台的业务活动，还没有专门的法律或规章对业务进行有效的规范，其产品设计和运作模式略有改变，就可能'越界'进入法律上的灰色地带，甚至触碰'底线'"[1]。再如，"互联网金融的某些业态、具体服务形式游离在合法行为与非法吸收公众存款、非法集资等犯罪行为之间，或者直接触

---

[1] 最高人民法院课题组. 我国互联网金融发展情况、立法规制与司法应对 [J]. 金融服务法评论，2015（7）：15.

犯了刑法"①。针对以上行为，一方面要把握好合法与非法的标准，妥善处置；另一方面，要重点做好监管工作，使之不敢越雷池一步。

最后，要完善互联网金融冲突的国内法应对措施，完善法律法规规定，尽可能与国际接轨，形成相对一致的科学的规定。

（1）进一步提高对互联网金融法治建设重要性的认识。互联网金融法律制度涉及的领域较多，技术性较强，各执法部门、业务部门及普通民众要充分认识到互联网金融法治的重要性，以形成良好的互联网金融法律秩序。

（2）通过立法进一步明确监管的主体及范围。以我国为例，目前国内监管主体及其协调机制尚未明确，建议由中国人民银行牵头，形成分工合作的分管机制。例如，针对互联网理财产品，如系银行类产品，由银监会监管；如系证券类产品，由证监会监管；如系保险类产品，由保监会监管；如系众筹产品，由证监会监管。待条件成熟时，可以建立统一的中国互联网金融监管委员会，提高监管效率。

（3）要进一步明确互联网金融模糊区域的性质与界限。如在打击一些与电信诈骗相关灰色产业方面存在无法可依现象，互联网金融领域的市场准入制度等方面也亟待明确。建议采用互联网金融领域负面清单的模式，将不能准入的领域如非法集资等列入负面清单划出监管红线，对存在不良信用记录的企业等也可列入负面清单。

（4）完善国内互联网金融监管的法律规定。如制定《电子合同法》《电子货币服务法》《个人信息保护法》及相关监管法规，解决监管主体、监管原则及具体措施等问题。完善我国《征信业管理条例》及其相关的法律规定，逐步实现个人信息收集、使用和共享机制。

（5）制定技术规章和国家标准，为身份验证技术、支付技术等提供统一规范指引。

（6）借鉴域外的有效规定完善我国法律制度。如美国、欧盟法律关于平台沉淀资金的存放与监管的规定，值得借鉴。

（7）积极参与互联网金融监管的国际立法活动。由于互联网金融具有跨国性的特点，国际立法及其他国际合作就显得非常重要。我国应积极参与互联网金融国际法制的创制。互联网金融监管的国际立法重点应放在解决各国法律冲突比较明显的领域，以避免或减少互联网金融的各种风险，为互联网金融的快

---

① 最高人民法院课题组. 我国互联网金融发展情况、立法规制与司法应对 [J]. 金融服务法评论，2015（7）：15.

速健康发展提供有力的支持和保障。

4. 具体建议

如前所述，互联网金融风险产生的纠纷常常具有涉外因素，因此，应对互联网金融冲突，不仅需要国内法，而且需要国际法。国内目前对国际法应对互联网金融冲突的研究不多，因此，应格外引起重视。就国际法应对我国互联网金融冲突而言，笔者建议如下。

（1）深入研究国际及国外互联网金融的有关法律规定。研究国际及国外互联网金融的有关法律规定，可以有效避免法律适用方面面临的风险。如果我们对国际及国外互联网金融相关法律规定了解不多，在涉外金融互联网纠纷中就会处于比较被动的地位，无法降低法律冲突、法律适用方面的相关风险。

（2）完善我国互联网金融领域的商事冲突规范规则。《中华人民共和国涉外民事关系法律适用法》没有对互联网金融的法律适用问题进行专门规定，应予完善。首先，立法要重视互联网金融直接适用的法的适用。处理互联网金融领域涉外案件，对于我国的强制性规定，应将之作为直接适用的法直接适用，而不予考虑冲突规范是如何规定的。对外国的强制性规定，如其规定与案件有最密切联系的，可以得到适用。但违反我国社会公共利益或我国法律、行政法规强制性规定的除外。其次，立法要补充制定互联网金融冲突规范规则。如应规定互联网金融机构主体资格的法律适用问题，解决机构的国籍、住所、权利能力、行为能力等的法律冲突。在互联网金融合同及电子合同方面，应规定适用当事人的意思自治原则、最密切联系原则解决其法律适用问题。在互联网金融侵权方面，可以规定侵权行为地原则的适用。但由于互联网侵权行为地比较特殊，难于认定，我们应结合互联网的技术特性加以规定。在无法识别互联网金融的侵权行为地时，可以允许适用当事人的意思自治原则、最密切联系原则。

（五）关于金融法律适用的具体建议条款

第1条【银行的设立】银行及商业银行的设立与权利义务，适用设立地法律。

第2条【贷款与担保】银行的贷款与担保，适用贷款银行、担保银行所在地法。

以上问题与国家的金融管制、金融安全有密切联系，所以适用设立地法律比较妥当。

关于金融合同及互联网金融电子合同方面，适用当事人的意思自治原则、最密切联系原则。关于金融及互联网金融侵权方面，适用侵权行为地原则。在无法识别互联网金融的侵权行为地时，可以当事人的意思自治原则、最密切联系原则来确定法律的适用。

以上问题多属私法领域，与国家的金融管制、金融安全关联不大，可以适用冲突规范的一般原则或规则来解决。

二、证券

（一）证券法律适用的国内法问题

关于证券的法律适用，在司法实践中也是经常会遇到的问题。如在山东华立投资有限公司与新加坡 LAURITZKNUDSENELECTRICCO. PTE. LTD. 股权转让合同纠纷上诉案中①，牵扯到股权的法律适用问题。

新加坡 LAURITZKNUDSENELECTRICCO. PTE. LTD. （以下简称 LKE 公司）是埃尔凯公司的合资方之一，埃尔凯公司原来是一家外商独资企业，2010年9月14日变更为中外合资经营企业。2010年10月，LKE 公司与山东华立投资有限公司签订《增资扩股协议》，约定山东华立投资有限公司对埃尔凯公司投资人民币2000万元，规定如果 LKE 公司违反协议，华立公司有权终止协议并收回增资扩股投资款项。2010年12月6日，双方又签订一份《股权转让协议》，约定：鉴于埃尔凯公司将申请改制成立股份有限公司即目标公司，改制后华立公司占有目标公司股份800万股。在2013年10月10日后，华立公司有权向 LKE 公司提出以原始出资额为限转让目标公司股权份额，LKE 公司承诺无条件以自身名义或指定第三方收购华立公司提出的拟转让股份。

2011年1月27日，埃尔凯公司的各方股东签订《增资扩股协议》，华立公司溢价认购埃尔凯公司增资，并占10%股权。华立公司有权在出现合同约定情形时通知 LKE 公司后终止本协议，并收回此次增资扩股的投资。该协议经主管部门批准后各方办理股权变更登记，华立公司持有埃尔凯公司10.001%股权，LKE 公司拥有76.499%股权。华立公司以 LKE 公司拒不依约履行增资义务，又不及时履行回购股份担保责任为由，向广东省珠海市中级人民法院提起诉讼，请求判令 LKE 公司收购华立公司所持有的埃尔凯公司股权并支付款项人民币2000万元及利息。广东省珠海市中级人民法院一审认为，华立公司请求 LKE 公司收购华立公司持有的埃尔凯公司的股权缺乏事实和法律依据。据此判决驳回华立公司的全部诉讼请求。华立公司不服一审判决，以双方协议性质实为股权投资估值调整协议，故其有权在融股公司不能按期上市时请求回购股权为由提出上诉。

---

① 中国法院网，2018 - 09 - 07 访问。

广东省高级人民法院二审认为，《股权转让协议》的内容是附事实条件的股权转让，即只有在埃尔凯公司改制成为股份有限公司后，华立公司才能将其所持有的埃尔凯公司的股权转让给 LKE 公司。该协议对将来发生事实的约定未违反中国法律、行政法规的强制性规定，依法应认定有效。

笔者说明：在上述的案情中，没有涉外因素的描述定性，没有管辖权、法律适用依据的说明，在法律适用上仅仅提到强制性规则的适用，即"协议对将来发生事实的约定未违反中国法律、行政法规的强制性规定，依法应认定有效"。从此也可以看出法院的法律适用顺序：强制性规定——意思自治原则等。广东省高级人民法院认为股权投资估值调整协议是投资公司在向目标公司投资时为合理控制风险而拟定的估值调整条款。订约双方一般会约定在一个固定期限内要达成的经营目标，在该期限内如果企业不能完成经营目标，则一方应当向另一方进行支付或者补偿。但《股权转让协议》并没有将埃尔凯公司改制成为股份有限公司作为双方预先设定的经营目标，且协议中也没有约定作为股东的 LKE 公司在目标公司埃尔凯公司无法完成股份制改造情况下应承担股权回购的责任。双方在履行协议过程中，既没有出现违约行为导致协议终止的情形，华立公司也已于 2011 年 6 月 9 日取得埃尔凯公司的股权，故华立公司依据《股权转让协议》和《增资扩股协议》请求收回增资扩股投资款的理由缺乏事实和法律依据。据此，广东省高级人民法院判决驳回上诉，维持原判。本案是一宗中国国内公司通过股权转让形式对中外合资企业进行投资的案件，其典型意义在于如何判断当事人在合同中约定的股权回购条款的性质，是否属于新型的投融资方式即股权投资估值调整协议，以及该种约定能否得到支持。该判决一方面肯定了股东之间为适应现代市场经济高度融资需求有权自治约定股权投资估值调整的内容；另一方面坚持股权投资估值调整的合意必须清晰地约定于合同中的原则。针对本案《股权转让协议》没有设定经营目标也没有约定埃尔凯公司无法完成股份制改造时由 LKE 公司承担股权回购责任的情况，认定双方真实意思表示是先将埃尔凯公司改制成为股份有限公司，故股权转让协议性质为附未来事实条件的股权转让。在埃尔凯公司改制成为股份有限公司这一条件未成就前，华立公司无权请求 LKE 公司回购股权。该案判决运用文义解释方法，确定当事人的投资意思表示，并有效避免公司资本被随意抽回，维持了中外投资者合资关系的稳定性，依法保护了投资者权益，对于"一带一路"新型投资方式的有序开展起到强有力的保障作用。

关于证券的法律适用，立法上缺乏明确规定，在理论研究上，有一些零星的意见建议。如有学者认为，跨国证券主体法律冲突应适用公司属人法；交易行为法律冲突适用交易所所在地法；在多国上市的公司收购所产生的法律冲突应分别适用证券不同的注册交易地法。① 有学者认为，中华人民共和国冲突规范示范法关于证券的规定存在问题，第 83 条规定了商业证券但没有明确其定义；规定适用证券上指定应适用的法律，但股票债券通常不设准据法，另外也没有明确证券哪些问题适用证券上指定应适用的法律。第 101 条规定，交易所业务合同适用交易所在地法，对证券法律适用的其他问题如证券的发行、转让、证券持有人与转让人、第三人的关系等缺乏规定。②

以上观点有一定参考价值，但也不一定全部正确，如认为股票债券通常不设准据法的观点，就值得商榷。

（二）国际股票的法律适用

一般认为，股票代表着一定的权利，股票就是某种无形权利有形的、外在的表露载体，换言之，股票是一种无形物。同时，股票的流通交易也就预示着某种权利的转让。然而，详细观察就可知道，我国对作为无形物之一的股票的法律适用的规定还很不完善。因此，对这两个问题有进一步研究的必要。③

1. 国际股票的产生与冲突

调整股票的法律规范既有公法规范，也有私法规范。股票公法规范属于国际经济法学的研究范围，一般上称为股票的管制。④ 所以，对于股票的公法规范本书不予涉及。在当今经济全球化的背景下，尽管股票的私法规范出现了统一化现象，但是各法域的股票私法规范之间仍然存在着较大的差异，因而会出现股票私法规范的冲突问题，这些问题属于冲突规范学（或者国际商法学）的研究范围。⑤

由于各国股票法律规定内容的不同，在国际股票法律关系中适用不同国家或者地区的股票法律就会产生冲突。例如，在股票承销方面，我国香港的《证券条例》规定的证券商包括自然人和法人，日本、韩国则禁止自然人从事证券经营业务。

在股票交易方面，各国一般将证券交易场所分为证券交易所和场外交易两

---

① 孔玉飞. 跨国证券发行交易中的法律冲突与法律适用 [J]. 南京大学法律评论，2006：98.

② 李金泽，胡忠孝，王苏生. 证券法律冲突研究 [J]. 江苏社会科学，1997 (6)：47.

③ 鲁世平. 论国际股票的法律适用——兼评《民法典草案》对无形物调整的精神分裂症：国际法年刊 [M]. 长春：吉林大学出版社，2005：77 - 84.

④ 陈安. 国际经济法学 [M]. 北京：社会科学出版社，2001：333 - 346.

⑤ 赵威. 国际融资法理论与实务 [M]. 北京：中国政法大学出版社，1995：31 - 75.

部分。而我国规定，证券（股票）交易只能在依法设立的证券交易所进行。对于记名股票的转让方式，美国、法国规定，记名股票既可以通过签订契据的方式转让，也可以通过背书和移交股票的方式转让，转让时须到公司办理登记手续，在证券交易所上市的股票，其转让方式由经纪人确定。① 我国《公司法》第145条的规定规定，记名股票，由股东以背书方式或者法律、行政法规规定的其他方式转让。记名股票的转让，由公司将受让人的姓名或者名称及住所记载于股东名册。对于无记名股票的转让方式，我国《公司法》第146条规定："无记名股票的转让，由股东在依法设立的证券交易所将该股票交付给受让人后即发生转让的效力。"而英国则规定，必须附有转让证书和正式过户手续，而不采用或者很少采用仅以背书的方式转让。法国、德国、奥地利、瑞士等多数国家规定，记名股票的转让必须办理过户登记手续才对公司发生效力。②

2. 国际股票法律冲突的解决

（1）国际股票发行的法律适用。

关于这方面的规定，1992年《罗马尼亚关于调整冲突规范法律关系的第105号法》第57条规定："记名股票、可转让股票、不记名股票以及有息债券的发行适用支配发行股票的法人的组织章程的法律。"

（2）国际股票交易的法律适用。

关于这方面的规定，1972年《加蓬民法典》第45条规定："有关债务证券的交易依债务人住所地法。但如果是记名证券，适用过户注册地法；如果无过户注册地法，适用证券发行机构所在地法。如果是不记名证券或者指示证券，适用上述经营活动进行时的证券所在地法。"1979年《匈牙利国际私法》第28条第4款规定："证券涉及社员权利的，证券权利、义务的产生、转移、消灭，适用法人属人法。"

二是适用交易地法。采用这种做法的国家如下。1962年《韩国关于涉外民商事法律的法令》第31条规定："取得无记名证券的各项具体问题（前提条件）适用取得地法。"1967年《法国民法典国际私法法规（第三草案）》第2306条规定："股票转让人与持有人之间的关系以及持有人与第三人之间的关系，适用不记名证券所在地法或者适用指示证券支付地法。"1974年《阿根廷国际私法草案》第45条第2款规定："债券和向持票人付款的票据的转让，适用转让地法。"1979年《匈牙利国际私法》第27条规定："通过证券交易所、投标或者

---

① 王新欣. 企业股份制：中国规则［M］. 北京：中国国际广播出版社，2002：337.
② 毛亚敏. 公司法比较研究［M］. 北京：中国法制出版社，2001：176.

拍卖订立的合同，适用证券交易所、投标或者拍卖所在地法。"1992 年《罗马尼亚关于调整国际私法法律关系的第 105 号法》第 58 条规定，"第 57 条所称之有价证券的转让条件及效力的法律适用：（一）记名式证券，适用支配发行证券的法人的组织章程的法律；（二）可转让有价证券，适用支付地法律；（三）不记名有价证券，适用转让时证券所在地法。此种法律同样适用于证券的后继所有人之间以及与第三人之间的关系"。1996 年《列支敦士登关于国际私法的立法》第 38 条第 1 款规定："无形财产权的产生、内容、消灭，适用使用或者侵害行为实施地法。"

我国《公司法》第 145 条第 1 和 2 款规定："记名股票，由股东以背书方式或者法律、行政法规规定的其他方式转让。记名股票的转让，由公司将受让人的姓名或者名称及住所记载于股东名册。"第 146 条规定："无记名股票的转让，由股东在依法设立的证券交易所将该股票交付给受让人后即发生转让的效力。"有人建议应当将置备股东名册的职责统一交给法定的登记机构，而不区分公司的具体类别为上市公司、非上市公司。① 否则，对于不采取股票集中保管的股份公司来说，股东可能与公司不在一地而散于各地。如果异地股东转让股票必须经股东名册登记才生效力，不仅增加异地股东的股票转让成本，也不利于股票转让的交易安全。②

（3）股权的法律适用。

1967 年《法国民法典冲突规范法规（第三草案）》第 2306 条规定："股份依支配发放股份的法人的法律；除有相反规定外，股份债务依股份发放地法。"1987 年《瑞士冲突规范》第 106 条第 1 款规定："商业证券上指定有所适用的法律的，适用该指定的法律；没有指定的，有关的问题适用证券签发人的营业机构所在地法。"1995 年《意大利冲突规范制度改革法》第 54 条规定："无形财产的权利，适用其使用国法。"英国《戴西和莫里斯论冲突法》对此论述得更为详细："规则 75——物之所在地国家的法律决定与该物有关的权利、债务或者文书应被视为不动产权益还是动产权益。规则 76——物之所在地按下列方式确定：权利财产的所在地，一般情况下位于该项权利财产能被有效追索或者执行的国家。公司股票的所在地位于依公司成立地法当时的股东与公司之间能够有效处理这些股票的地方。因此，如果股票须经登记方可转让，则它的所在地位于有效转让登记地。如果股票可转让登记的地点不止一处，则该股票的所在地位于

---

① 刘俊海. 股份有限公司股东权的保护［M］. 北京：法律出版社，2004：72.
② 王保树. 中国公司法修改草案建议稿［M］. 北京：社会科学文献出版社，2004：204.

原登记所有人通常营业活动中转让股票登记处。"①

一般来说，国际股票的发行人必定是上市公司。因此各国对上市公司股票的上市都有专门而严格的规定，例如要求发行人和承销人在完成审批手续后，按照发行地国家要求的程序和方式将招股说明书和相关招股文件披露。② 我国《公司法》第 153 条第 3 款就规定："股票上市交易申请经批准后，被批准的上市公司必须公告其股票上市报告，并将其申请文件存放在指定的地点供公众查阅。"所以股权内容的确定可以适用发行人属人法。

（4）股票中介服务的法律适用。

从本质上说，股票交易也同一般的商品交易一样，是一种买卖行为，但其要进行券现交易，必须借助第三方的力量来完成。③ 1979 年《奥地利联邦冲突规范法规》第 39 条规定："交易所业务以及在市场或者集市缔结的契约依交易所或者市场所在地国家的法律。"

（5）股票质押、继承、赠予的法律适用。

对于股票质押、继承、赠予的法律适用，我们认为应当与一般无形物的法律适用一致，无须单独规定，所以在此不再赘述。

（三）我国的现有规定

《中华人民共和国涉外民事关系法律适用法》第 39 条规定，"有价证券，适用有价证券权利实现地法律或者其他与该有价证券有最密切联系的法律"。

在南洋商业银行（中国）有限公司广州分行与羊城（集团）有限公司等分配方案纠纷案（广东省广州市中级人民法院 2015 穗中法民四终字第 124 号）中，法院认为羊城（集团）有限公司在澳门设立，本案具有涉澳因素。南洋商业银行主张适用澳门法律，但根据《中华人民共和国涉外民事关系法律适用法》第 39 条规定，"有价证券，适用有价证券权利实现地法律或者其他与该有价证券有最密切联系的法律"。

该案争议的标的是羊城（集团）持有的广州银行股份价款的分配问题，该有价证券的权利是在一审法院的辖区内实现的，所以应适用中国内地的法律。

三、证券投资基金

关于证券投资基金的法律适用，国内外的规定均不多见。但证券投资基金

---

① 莫里斯. 戴西与莫里斯论冲突法［M］. 中国大百科全书出版社，1998：776 - 786；王京，等. 证券法比较研究［M］. 北京：中国人民公安大学出版社，2004：176.

② 薛宏伟. 股票运作法律实务［M］. 北京：中国城市出版社，2001：367.

③ 薛宏伟. 股票运作法律实务［M］. 北京：中国城市出版社，2001：367.

随着经济及证券业的发展在不断壮大，纠纷也日益增多，解决证券投资基金的法律冲突问题应早日提上议事日程上来。需要解决的证券投资基金法律适用问题主要涉及：证券投资基金的设立；证券投资基金投资范围；证券投资基金管理人的组织形式；基金管理人的资格条件；基金管理人的义务；等等。其他问题，可以适用商事冲突法的一般原则或一般规定。

1. 关于证券投资基金的设立，适用设立地法律。

因为在一个地方设立证券投资基金首先要符合设立地的条件和要求，否则是无法有效设立的。由于各国规定的证券投资基金设立的主体条件、其他设立条件并不一致，只能适用设立地法律来判断证券投资基金是否有效设立。

2. 关于证券投资基金投资范围适用批准设立地的法律规定，在设立地以外的行为适用设立地和行为地法律。

证券投资基金投资范围适用批准设立地的法律，在设立地开展业务是没有任何问题的，超过该批准范围是无效的。但是，如果在设立地之外开展业务，业务范围就得同时考虑符合设立地及行为地的规定了。因为不符合行为地的要求，也是无法开展有效交易的。事实上，在设立地通过远程平台或者互联网技术就可以实现跨国交易，通常在设立地就能够完成交易，这说明符合了行为地的要求。值得说明的是，这里的行为地，是指交易的实际交割地，或者该建议可以表述为："关于证券投资基金投资范围适用批准设立地的法律规定，在设立地以外的行为适用设立地和交易的实际交割地法律。"

3. 关于证券投资基金管理人的组织形式、基金管理人的资格条件、基金管理人的义务适用设立地法律。因为基金管理人的组织形式、基金管理人资格条件、基金管理人的义务这些内容均同设立条件有关联，所以以适用设立地法律是比较妥当的。

四、立法建议撮要

（一）国际条约的相关规定（统一实体法公约）

如1996年《跟单信用证项下银行间偿付统一规则》等。

（二）国际条约的相关规定（统一冲突法公约）

如1928年2月13日第六届美洲国家会议通过的《布斯塔曼特法典》。该法典第243条规定："关于为公证券无记名和证券正式报价所用场所和交易所的规定，属于国际公共秩序。"

《海牙关于中间人持有证券特定权利的法律适用公约》第4条第1款规定："适用于公约第2条第1款规定的所有问题的法律为账户协议明示选择的成员国

现行的法律，该法律支配账户协议。"

第 5 条第 1 款规定："如果根据第 4 条不能确定准据法，但中间人在书面性账户协议中明确指出要通过一个特定营业所管理账户的，那么，适用于公约第 2 条第 1 款中所列各类问题的法律即是在公约第 4 条第 1 款中所规定的营业所所在国家或多法域国家法域的现行法。"

第 5 条第 2 款规定："如果不能根据前款确定准据法，则（1）该准据法为国家或多法域国家法域的现行法，根据该国或该法域法律，在特定实施账户协议时，相关中间人得以成立；或者，如果没有账户协议时，证券账户开户时的法律。（2）如果（1）项不能适用，相关中间人是根据多法域国家的法律而不是多法域国家某一法域的法律成立，准据法为该相关中间人在该多法域国家的营业所所在法域的现行法；或者，如果相关中间人有一个以上营业所的，准据法为书面性账户协议实施时主营业所所在地的法律；或者，无账户协议的，准据法为证券账户开户时的法律。"

（三）不同国家现有的一些有代表性的法律规定

1. 2014 年 1 月 1 日起开始施行的捷克共和国《关于国际私法的法律》规定了有价证券的发行、有价证券的权利、有价证券的转让等法律适用问题。

2.《阿根廷共和国国际民商法典》第 2660 条规定："因有价证券产生的义务，适用该义务产生地法律。如果根据应当适用的法律，某一有价证券所产生的一项或多项义务无效，则该无效不影响其他义务的效力，只要该其他义务根据其产生地法律为有效。如果根据有价证券无法确定其中所包含的义务在哪里被签注产生，则适用义务履行地法律；如果仍无法确定的，则适用该票据出票地法律。"

3.《中华人民共和国涉外民事关系法律适用法》第 39 条规定："有价证券，适用有价证券权利实现地法律或者其他与该有价证券有最密切联系的法律。"

（四）现有的一些有代表性的法律建议案

1. 2000 年《中华人民共和国国际私法示范法》（中国国际私法学会制定）

该示范法第 83 条规定："商业证券，适用证券上指定应适用的法律。没有指定的，适用证券签发机构营业所所在地法。"

第 101 条（"最密切联系"）第 15 款规定："银行贷款或担保合同，分别适用贷款银行或担保银行所在地法。"第 101 条（"最密切联系"）第 17 款规定："债券的发行、出售或者转让合同，分别适用发行地法、出售地法或者转让地法。"

2.《涉外民事关系的法律适用法》专家建议稿（费宗祎、刘慧珊、章尚锦起草，2002 年 4 月）

该专家建议稿第 43 条（有价证券的权利）规定："有价证券的权利，适用有价证券上指定的法律；没有指定的，适用有价证券发行机构营业所所在地法或者权利实现地法。"

第 44 条（公司股票的权利）规定："公司股票的权利，适用公司注册登记地法。"

第 59 条（最密切联系）第 12 款规定："借款合同，适用贷款人营业所所在地法。"第 20 款规定："债券的发行、销售和转让合同，分别适用债券发行地法、债券销售地法和债券转让地法。"

3. 2002 年全国人大常委会法制工作委员会提出的《中华人民共和国民法（草案）》第九编（共 94 条）

该草案第 39 条规定："有价证券的权利，适用有价证券指定的法律；没有指定的，适用有价证券发行机构住所地法律或者权利实现地法律。"

该草案第 40 条规定："公司股票的权利，适用公司注册地法律。"

4. 2002 年 9 月《中华人民共和国民法（室内稿）涉外民事法律关系的法律适用编》

该稿第 38 条规定："有价证券的权利，适用有价证券指定的法律；没有指定，适用有价证券发行机构住所地法律或者权利实现地法律。"

第 39 条规定："公司股票的权利，适用公司注册地法律。"

第 54 条第 12 款规定："借款合同，适用贷款人营业所所在地法律。"第 20 款规定："债券的发行、销售和转让合同，分别适用债券发行地法律、债券销售地法律和债券转让地法律。"

5. 2010 年中国国际私法学会《中华人民共和国涉外民事关系法律适用法（建议稿）》

该建议稿第 49 条（有价证券物权）规定："有价证券的权利，适用有价证券指定的法律。没有指定法律的，适用有价证券发行机构登记注册地法律或者权利实现地法律。由中间人托管的有价证券的权利，适用当事人选择的法律。当事人没有选择法律的，适用相关证券中间人账户所在地法律。"

6. 笔者所拟的《中国冲突法与海事冲突法（草案）》（见笔者主编《海事国际私法新编》一书附录部分，法律出版社 2005 年）

该草案第 179 条规定："国际证券，当事人可以选择法律。如果没有选择，适用证券发行地法或者证券交易所所在地法。"

以上各种规定虽然不太全面，但已经就一些问题形成了初步统一的规定与看法，值得借鉴。

（五）笔者的立法建议

第 1 条【银行的设立】银行及商业银行的设立与权利义务，适用设立地法律。

立法依据与参考：设立与设立地联系最为密切，故规定适用设立地法律。

第 2 条【贷款与担保】银行的贷款与担保，适用贷款银行、担保银行所在地法。

立法依据与参考：2000 年《中华人民共和国国际私法示范法》第 101 条（最密切联系）第 15 款规定，"银行贷款或担保合同，分别适用贷款银行或担保银行所在地法"。

第 3 条【证券发行】证券发行依公司所在地法。

立法依据与参考：2014 年 1 月 1 日起开始施行的捷克共和国《关于国际私法的法律》第 83 条第 1 款规定，"如果法律无其他规定，有价证券上的权利，依照该证券所在地的现行法律；有价证券的转让，适用该证券在处分时所在地的法律"。1992 年《罗马尼亚关于调整国际私法法律关系的第 105 号法》第 57 条规定，"记名股票、可转让股票、不记名股票以及有息债券的发行适用支配发行股票的法人的组织章程的法律"。

2000 年《中华人民共和国国际私法示范法》第 101 条（最密切联系）第 17 款规定，"债券的发行、出售或者转让合同，分别适用发行地法、出售地法或者转让地法"。

有学者认为，跨国证券主体法律冲突应适用公司属人法；交易行为法律冲突适用交易所所在地法；在多国上市的公司收购所产生的法律冲突应分别适用证券不同的注册交易地法。[1] 也有学者认为，《中华人民共和国国际私法示范法》关于证券的规定存在问题，第 83 条规定了商业证券但没有明确其定义；规定适用证券上指定应适用的法律，但股票债券通常不设准据法，另外也没有明确证券的哪些问题适用证券上指定应适用的法律。第 101 条规定，交易所业务合同适用交易所所在地法，对证券法律适用的其他问题如证券的发行、转让、证券持有人与转让人、第三人的关系等缺乏规定。[2]

有价证券的范围比较广泛，包括票据、提单、债券、股票等以公债、金融债券、股票及股权证书、公司债、基金受益凭证、银行储蓄券等不同形式表现

---

① 孔玉飞. 跨国证券发行交易中的法律冲突与法律适用 [J]. 南京大学法律评论，2006（2）：98.

② 李金泽，胡忠孝，王苏生. 证券法律冲突研究 [J]. 江苏社会科学，1997（6）：47.

出来的客体。2006 年 7 月 5 日签订的《海牙关于中间人持有证券特定权利的法律适用公约》第 1 条第 1 款规定："'证券'是指所有股票、债券或其他金融票据或金融资产（现金除外），或所有这类证券的利息凭证。"

第 4 条【证券的取得】证券的取得适用取得地法。

立法依据与参考：系行为地法原则的参照适用。

第 5 条【证券上设立的权利】流通证券所在地的国家对该证券所代表资产的请求权进行管理。非流通证券依破产管理人被指定地的法律。在有价证券或其他权利之上设立的质权，依当事人所选择的法律，但该法律选择不得对抗第三人；如果当事人未选择准据法，则债权、有价证券的质权，依质权人习惯居住地国法，其他权利之上设立的质权，依该权利成立地法。

立法依据与参考：《涉外民事关系的法律适用法》专家建议稿（费宗祎、刘慧珊、章尚锦起草，2002 年 4 月）第 43 条规定，"有价证券的权利，适用有价证券上指定的法律；没有指定的，适用有价证券发行机构营业所所在地法或者权利实现地法"。

第 6 条【证券的管理】流通证券所在地的国家对该证券所代表的被继承人拥有的请求权进行管理。非流通证券依执行人或管理人被指定地的法律。

立法依据与参考：2000 年《中华人民共和国国际私法示范法》（中国国际私法学会制定）第 83 条规定，"商业证券，适用证券上指定应适用的法律。没有指定的，适用证券签发机构营业所所在地法"。

第 7 条【证券的权利义务】证券的权利义务，适用证券上指定的法律，没有指定的，适用证券发行机构营业所所在地法或权利实现地法。

立法依据与参考：《海牙关于中间人持有证券特定权利的法律适用公约》第 4 条第 1 款规定，"适用于公约第 2 条第 1 款规定的所有问题的法律为账户协议明示选择的成员国现行的法律，该法律支配账户协议"。

《中华人民共和国涉外民事关系法律适用法》第 39 条规定，"有价证券，适用有价证券权利实现地法律或者其他与该有价证券有最密切联系的法律"。

《涉外民事关系的法律适用法》专家建议稿（费宗祎、刘慧珊、章尚锦起草，2002 年 4 月）第 43 条（有价证券的权利）规定，"有价证券的权利，适用有价证券上指定的法律；没有指定的，适用有价证券发行机构营业所所在地法或者权利实现地法"。

2000 年《中华人民共和国国际私法示范法》第 83 条规定，"商业证券，适用证券上指定应适用的法律。没有指定的，适用证券签发机构营业所所在地法"。

以上可见,《中华人民共和国涉外民事关系法律适用法》第39条、2000年《中华人民共和国国际私法示范法》第83条的规定没有限定有价证券的范围,而《涉外民事关系的法律适用法》专家建议稿只是规定了有价证券的权利,不够全面,或者应该不限定,或者应该加上"义务"。

第7条【证券投资基金】 (一)关于证券投资基金的设立,适用设立地法律。

(二)关于证券投资基金投资范围适用批准设立地的法律规定,在设立地以外的行为适用设立地和行为地法律。

(三)关于证券投资基金管理人的组织形式、基金管理人的资格条件、基金管理人的义务适用设立地法律。

立法依据与参考:在一个地方设立证券投资基金首先要符合设立地的条件和要求,否则是无法有效设立的。由于各国规定的证券投资基金设立的主体条件、其他设立条件并不一致,只能适用设立地法律来判断证券投资基金是否有效设立。证券投资基金投资范围、证券投资基金管理人的组织形式等与设立地批准有关,但在设立地以外的行为还要考虑行为地法律的许可度。

第八章

破　产

第一节　法律冲突

一、概述

通常认为，破产是指法院根据债务人或债权人的申请，当债务人不能以其现有财产清偿到期债务时，根据法律规定公平清偿债务人财产的一种法律制度设计。

商事破产是一个非常重要的问题，"In an increasingly mobile and interconnected world, corporate insolvency (and bankruptcy, in the case of individuals) raises important issues."① 在古代，欠债必还等世俗的说法就是债权的基本原则。在原则的影响下，法律"并不珍视人身权利。以至于债权人在向债务人追索债务时，可以对债务人之财产、自由与人身强制执行；当债务人无力偿还债务，又没有亲属代其偿还债务时，债权人可以在市场上出卖债务人"②。《十二铜表法》也规定：债权人为多人时，如果债务人死亡，债权人可以平分其尸体。伴随时代的进步，"罗马人逐渐废除对债务人人身的强制执行，仅以债务人所有财产偿债"③。这为破产法的出现奠定了必要的条件。至中世纪，意大利的商业城市中就出现了最早的商人破产程序。"1542 年英国英王就颁布条例规定了破产制度。"④ 1667 年法国里昂出现《破产法》，1673 年法国国王路易十四颁布的《商

---

① Reid Mortensen, Richard Garnett, Mary Keyes. Private International law in Australia [M]. 3rd ed. LexisNexisButterworths, Australia, 2015: 533.
② 吴传颐. 比较破产法 [M]. 北京：商务印书馆，2013：393.
③ 吴传颐. 比较破产法 [M]. 北京：商务印书馆，2013：393 – 394.
④ 吴传颐. 比较破产法 [M]. 北京：商务印书馆，2013：394.

事条例》、1807 年颁布的《法国商法典》均规定了破产制度。德国的破产法采用了单独的立法形式，如 1855 年普鲁士颁布的《破产法》，1877 年《德意志帝国破产法》等。美国 1800 年到 1898 年先后四次颁布《统一破产法》。

在破产法制度的规定上，各国差异较多。如关于破产的依据方面，大陆法系规定的破产的原因比较抽象概括，英美法系的规定则列举具体。"The grounds on which a foreign company may be wound up in Australia are broadly that the company is unable to pay its debts; has been dissolved; has ceased to carry on business in Australia; has a place of business only for the purposes of winding up its affairs; or the court considers that it is just and equitable that the company be wound up. Further, an order for winding up may be granted if ASIC has stated in a report that, in its opinion, the foreign company cannot pay its debts or the interests of the public, the members, or the creditors support a winding up."① （外国公司在澳大利亚清盘的原因有公司无力偿债，结束、不再进行业务，业务的要求，法院考虑的情形等。如果外国公司无力偿债或者出于公共利益的需要，成员、债权人支持，清盘令会根据 ASIC 的报告做出。）

值得说明的是，不同国家关于破产的规定是不同的。

差异不仅仅存在于不同法系之间，相同法系的国家，破产法制度也同样存在差异。如法国与德国的破产法制度即存在差异。在德国，通常需要依照当事人的申请才可以宣告破产。而在法国，法院可以依职权宣告破产。所以当债务人无力偿还到期债务，"Creditors face significant struggles when pursuing their claims. Depending on whether the winding up is compulsory or voluntary, creditors lose their individual ability to pursue their claims."② （债权人提出诉求时也面临激励斗争，其诉求的能力受制于清盘是主动还是被动。）

关于破产法的有关理论也各有不同，"From a material point of view, it is important to scrutinize the creditors' bargain model, the authentic consent model, as well as team production theory, by concluding a rethinking of these positions with tools from catholic social thought, a school of thought that has not left footprints in corporate

---

① Reid Mortensen, Richard Garnett, Mary Keyes. Private International law in Australia [M]. 3rd ed. LexisNexisButterworths, Australia, 2015: 533 – 534.
② Paul Omar. International Insolvency Law——Reforms and Challenges [M]. Ashgate, 2013: 4.

insolvency law yet. "① 重要的理论包括债权人议价理论（CBM）；一致信任理论（ACM）；合作成果理论（TPTC）；及还没有在破产法中留下印记的社会广泛思想（CST）。

CBM 理论目的是将潜在的债权人召集在一起寻找解决争议的机会。美国的公司破产法即如此。ACM 的理论基础是双方公正，TPTC 认为股东与债权人是队伍的两个成员。CST 是一种共同体的形式，共同完成单个不可能完成的事情，以对社会有所贡献。认真研究 CST 的概念，会注意到其许多方面对公司破产法是有用的。"When dealing with CST in more detail by studying its concepts, one will notice that many aspects of CST could potentially be useful for corporate insolvency law as well. "②

二、国际法律冲突概见

作为法律制度的一项规定，国际破产的概念出现于 20 世纪 20 年代。不过，国际破产比较复杂："Not only are assets of an insolvent company often located in many jurisdictions, but insolvency laws differ substantially between countries. "③（不仅破产公司的财产位列许多不同的管辖权范围，而且国家之间的破产法存在实质性差异。）复杂的情形对法律制度及法律适用提出了更高的要求。

进入 20 世纪 70 年代后，随着世界范围内债权债务关系的扩大，含有涉外因素的破产案件出现得越来越多，破产变得越来越普遍，破产法律制度也相应越来越重要。随着各国破产法相继修订或重新制定，各国有关涉外破产的内容日趋丰富，形成了各自的涉外破产法制度。各国破产法律制度的不同之处有以下方面。

（一）关于破产保护模式方面

就破产法律制度而言，不论什么样的破产制度，其最核心、最基本的要求就是要公平对待所有债权人，公平分配债务人的财产。因此，各国破产法通常都以公平原则作为其破产法的指导原则。但在具体做法上，根据各国立法对债权人、债务人保护的倾向不同，一般分为三种不同的类型：支持债权人的利益

---

① Paul Omar. International Insolvency Law——Reforms and Challenges［M］. Ashgate, 2013：4.

② Paul Omar. International Insolvency Law——Reforms and Challenges［M］. Ashgate, 2013：20.

③ Reid Mortensen, Richard Garnett, Mary Keyes. Private International law in Australia［M］. LexisNexisButterworths, Australia, 2015：533.

类型、支持债务人利益类型和折中类型。支持债权人利益类型指：当债务人破产时，采此类型的国家，允许债权人或通过担保或通过抵销等方式，保护债权人的利益，以减少债务人破产给自己带来的损失。支持债务人利益类型指：当债务人破产时，采用此类型的国家，提倡对陷入困境的债务人进行挽救，给予其重新开始的机会，所有的债权人应为此做出一定的牺牲。① 折中类型是在支持债权人的利益类型和支持债务人利益类型之间寻求一种平衡。

（二）关于再建程序和清算程序的适用顺序方面

世界各国关于破产法的公共政策是不一致的，各国立法对债权人、债务人保护的倾向不同，在再建程序（和解、重整）和清算程序的适用顺序问题上的不同，都是其不同的破产政策导向所致，并带来具体破产制度规定上的不同。如关于撤销交易制度，美国法重在关注经济效果，英国法重在关注交易目的。因此会形成 撤销交易规定上的法律冲突。②

（三）关于债权申报方面

关于债权申报方面，美国法规定了一定的期限，要求债权人必须在规定的时间内申报债权。而英国法没有规定期限，允许债权人随时申报债权。

（四）关于债权范围方面

关于债权范围，美国法没有任何限定，只要是有效的债权，包括外国政府的税收债权等，均可以成为破产债权的范围。但英国法通常不承认外国政府的税收债权。

（五）关于浮动担保方面

关于浮动担保，英国持肯定态度，允许设定浮动担保。有的国家则不允许设定浮动担保，因为浮动担保损害了未担保债权人的利益。

（六）关于破产抵销

关于破产抵销，英国承认破产抵消，不但允许破产抵消，还赋予破产抵消强制性的效力。法国则规定禁止破产抵消。

（七）关于破产宣告的域外效力

破产宣告的域外效力，指在内国宣告的破产，对位于外国的财产或居住在外国的人具有法律效力。但关于破产宣告的域外效力，各国规定不一，存在不同的制度。一是肯定破产宣告域外效力的普及破产制度。代表国家有美国、欧洲一些国家等。二是否定破产宣告域外效力的属地破产制度。代表国家有日本、

---

① 李双元，等. 国际私法［M］. 长春：吉林大学出版社，2002：489.
② 李双元，等. 国际私法［M］. 长春：吉林大学出版社，2002：490.

瑞士等国。三是折中主义破产制度。折中主义表现不一，有的主张本国对外的破产宣告实行普及破产主义，对他国的破产宣告实行属地破产主义，还有的国家是区分动产不动产，实行不同的制度。"The dominant theory in cross-border insolvency law is 'modified universalism', which aims to identify a single, primary place for the administration and distribution of property of a debtor company which is recognised by other country's courts."① （跨国破产法的主导理论是改良的普遍主义，其目标是为管理、分配他国法院承认的债务人的财产确立一个单一、主要的地点。）

（八）有关破产的条件方面

1994 年颁布的《老挝人民民主共和国企业破产法》规定，企业债务超出偿还能力，或者债权人至少三次（每次间隔不少于 20 天）将催债单送达给债务人，但债务人签收后不能偿还，则可以向法院申请破产。1995 年颁布的《新加坡共和国破产法》规定申请破产的条件是，其债务的总额不得少于 10000 元，且债务人无力偿还或者不能完全偿付每个债权人。

1967 年颁布的《马来西亚共和国破产法》第 2 条规定了认定债务人破产的条件，如债务人作为一项诉讼或个别民事诉讼的被告，被法院判决支付款额及费用在 1000 吉林特以上，并经执行和查封财产等。

1985 年《法国司法重整与司法清算法》第 3 条规定，凡不能以其可支配的资产偿还到期债务的，开始进行司法重整程序。开始进行该程序的申请应由债务人在前款所指的停止支付之后 15 日内提出。

2006 年 8 月 27 日第十届全国人民代表大会常务委员会第二十三次会议通过的《中华人民共和国企业破产法》第 2 条规定："企业法人不能清偿到期债务，并且资产不足以清偿全部债务或者明显缺乏清偿能力的，依照本法清理债务。"

以上规定的破产条件各国均不一致。

（九）有关破产的适用范围与申请人方面

有关破产的适用范围与申请人方面，各国规定不一。

印度尼西亚在 1999 年颁布了《印度尼西亚共和国破产法》，该法规定破产的适用范围较广，包括企业、公司等组织及个人。破产申请人是债权人，但为了公共利益，检察长也可以提出破产申请。《老挝人民民主共和国企业破产法》

---

① Reid Mortensen, Richard Garnett, Mary Keyes. Private International law in Australia［M］. LexisNexisButterworths, Australia, 2015：533.

规定，破产适用于该国境内的一切企业。申请人包括债权人、债务人。

1967 年颁布的《马来西亚共和国破产法》规定的申请人包括债权人、债务人。前提是债务人拖欠债权人的债务总额达 10000 吉林特等。

《法国司法重整与司法清算法》第 2 条规定，司法重整与司法清算适用于所有商人、手工业者、农业生产者以及所有私法法人。

《中华人民共和国企业破产法》第 7 条规定："债务人有本法第二条规定的情形，可以向人民法院提出重整、和解或者破产清算申请。债务人不能清偿到期债务，债权人可以向人民法院提出对债务人进行重整或者破产清算申请。企业法人已解散但未清算完毕，资产不足以清偿债务的，依法负有清算责任的人应当向人民法院申请破产清算。"根据该规定可知，我国规定的破产申请人为债务人、债权人、依法负有清算责任的人。

（十）破产的管辖问题

1995 年颁布的《新加坡共和国破产法》规定，破产案件归高等法院管辖。法院受理后，可以任命合适的法院工作人员作为破产财产的官方代理人，官方代理人可以在破产宣告后的任何时间内召开债权人会议，或者根据法院的命令或四分之一的债权人的书面请求，在任何时间内召开债权人会议。

1999 年颁布的《印度尼西亚共和国破产法》规定，破产案件由债务人住所地的地区法院管辖。债务人离开印度尼西亚的，案件由其离开印度尼西亚前最后住所地的地区法院管辖。债务人不在印度尼西亚境内居住的，案件由债务人开展业务的办事处所在地的地区法院管辖。债务人为公司股东的，案件由该公司住所地的地区法院管辖。

《马来西亚共和国破产法》规定破产案件归高等法院管辖。但破产管理官、副破产管理官、破产管理官高级助理、破产管理官助理及其他官员由财政部部长委任。

《菲律宾共和国破产法》规定，法院、证券交易委员会（SEC）是管辖破产问题的机构。

《法国司法重整与司法清算法》第 7 条规定，债务人为商人或者手工业者时，商事法庭为管辖法庭；在其他情况下，大审法庭为管辖法庭。开始进行的程序涉及一个或若干其他人时，最先受理的法庭为有管辖权的法庭。

《中华人民共和国企业破产法》第 3 条规定："破产案件由债务人住所地人民法院管辖。"

以上各国规定均不一致。

（十一）破产宣告方面

1995 年颁布的《新加坡共和国破产法》规定，破产宣告后，破产财产的官方代理人代替破产管理人管理破产财产。破产财产的官方代理人可以"变卖破产人的财产，包括其产业的营业权、可以开具收条、可以证明、清查、主张与破产人的债务相关的收益"①。

1999 年颁布的《印度尼西亚共和国破产法》规定，破产宣告由债务人所在地的地方法院宣告，宣告后，应尽快通知清算人。

《中华人民共和国企业破产法》第 107 条规定："人民法院依照本法规定宣告债务人破产的，应当自裁定做出之日起五日内送达债务人和管理人，自裁定做出之日起十日内通知已知债权人，并予以公告。"

以上规定各有不同，如关于通知清算人方面，有的要求尽快通知，有的规定了明确的期限。

（十二）破产财产的分配方面

1999 年颁布的《印度尼西亚共和国破产法》规定，如果没有提出和解，或和解没有被同意、批准，则根据法律规定分配。除有优先权的债权外，其他债权依照同一顺序平均分配。

1993 年颁布的《越南社会主义共和国破产法》规定的分配顺序为：1. 按规定依法处理企业破产宣告所支付的费用；2. 根据已签署的劳动协议规定应支付的工资、失业补助和社会保险；3. 税款；4. 应偿还债权人名册中的债权人的债务。当企业资产不足以清偿时，每个债权人按各自债务比例清偿。

《法国司法重整与司法清算法》第 128 条规定，在开始进行司法重整（1994 年 6 月 10 日第 94 - 475 号法律）"或司法清算"的程序的情况下，由劳动合同产生的债权受下述优先权的保护：1. 劳动法典第 L. 143 - 10 条、第 L. 143 - 11 条、第 L. 742 - 6 条和第 L. 751 - 15 条规定的优先权，其理由与数额依前述条款的规定；2. 民法典第 2101 条第 4 项和第 2104 条第 2 项规定的优先权。

关于债务的清偿，《法国司法重整与司法清算法》专门有第三编"司法清算"进行了详细的规定。如第 166 条规定：资产金额，在扣除司法清算费用及开支、给予企业主或企业领导人或其家庭的补贴以及向享有优先权债权人支付的款项之后，在全体债权人之间按其已被接受的债权比例进行分配。

《中华人民共和国企业破产法》第 113 条规定："破产财产在优先清偿破产

_____

① 杨玉梅. 东南亚国家商务法律制度概论［M］. 北京：法律出版社，2012：186.

费用和公益债务后，依照下列顺序清偿：（一）破产人所欠职工工资和医疗、伤残补助、抚恤费用，所欠的应当划入职工个人账户的基本养老保险、基本医疗保险费用，以及法律、行政法规规定应当支付给职工的补偿金；（二）破产人欠缴的除前项规定以外的社会保险费用和破产人所欠税款；（三）普通破产债权。破产财产不足以清偿同一顺序的清偿要求的，按照比例分配。破产企业的董事、监事和高级管理人员的工资按照该企业职工的平均工资计算。"

最高人民法院《关于适用〈中华人民共和国企业破产法〉若干问题的规定（二）》第16条规定，"债务人对债权人进行的以下个别清偿，管理人依据企业破产法第三十二条的规定请求撤销的，人民法院不予支持：（一）债务人为维系基本生产需要而支付水费、电费等的；（二）债务人支付劳动报酬、人身损害赔偿金的；（三）使债务人财产受益的其他个别清偿。"

以上各国规定不一。

（十三）关于复权和取回权方面

关于复权和取回权方面的内容，有的国家有规定，有的国家没有规定。有规定的国家如印度尼西亚，《印度尼西亚共和国破产法》规定，破产结束后，破产人或者其继承人有权向法院提出复权请求，即恢复破产人因破产宣告而被限制的各种权利。并有权从清算人接管的财产中取回不属于破产人的财产，即享有取回权。

以上各国关于破产问题的法律规定各不一致，容易产生法律冲突，需要解决法律适用问题。

第二节　法律适用

一、概述

由于各国关于破产的法律规定内容不一，国际上亦出现了统一国际破产法的立法趋势，制定了一系列有关国际破产的国际公约，特别是地区性公约，各国在统一国际破产法方面，取得了卓有成效的作用。如1933年《北欧破产法公约》、1990年欧洲理事会通过的《关于破产的某些国际方面的欧洲公约》、1995年欧洲联盟理事会通过的《关于破产程序的公约》、1928年美洲国家冲突规范会议通过的《布斯塔曼特法典》。

涉外破产的法律适用是一个比较复杂的问题，破产或者公司破产比较复杂，因为不论是不动产还是个人财产，均可能涉及不同国家的司法管辖权，这些管辖权有不同的破产制度，包括不同的取得财产、交易无效、财产分配的规则。"Both bankruptcy and corporate insolvency present problems of considerable complexity where assets——whether real or personal property——are located in different jurisdictions, and where those jurisdictions have different insolvency regimes, including different rules as to the getting in of assets, the avoidance of transactions, set-off and in relation to the distribution of assets to creditors."① 当然，国际上的一些重要规则也对一些国际的立法形成影响，如普遍主义对澳大利亚破产法就形成了重要的影响。"The principle of modified universalism is strongly embodied in the 1997UNCITRAL Model lawon cross-border insolvency（'the model law'），which has been enacted in Australian law in s 6 of the cross-border insolvency Act 2008（Cth）."②

国际破产案件的法律适用可分为两个方面：程序问题的法律适用与实体问题的法律适用。

（一）程序问题的法律适用

属于破产法程序方面的问题主要有：破产申请与申请方式、破产债权登记方式、破产财产管理人的任命及方式、破产法官与破产管理人之间的权限分配、债权人会议的权力、债权人会议的投票方式及法定表决人数等。不管外国是否采取辅助程序，破产清算程序通常适用法院地法。"A winding-up proceeding is governed by the law of the Australian forum, even where it is ancillary to foreign proceedings."③

瑞士联邦参议员于 2015 年 10 月 14 日公布的立法修正案是对 1987 年 12 月 18 日《瑞士冲突规范典》的修订，主要涉及该法典第 11 章的跨国破产规定。据统计，瑞士法院在 2010—2014 年共受理了 50 宗左右的申请承认外国法院破产宣告的案件，由于原法典规定的条件比较严格，"实践中经常会导致外国破产宣告在瑞士很难得到承认和执行，从而不利于保护外国债权人的利益"④。因此，

---

① Martin Davies, Andrew Bell SC BA, Paul Le Gay brereton. Nygh's conflict of laws in Australia［M］. Lexis Nexis Butterworths Australia, 2014：808.

② Reid Mortensen, Richard Garnett, Mary Keyes. Private International law in Australia［M］. LexisNexisButterworths, Australia, 2015：533.

③ Reid Mortensen, Richard Garnett, Mary Keyes. Private International law in Australia［M］. Lexis Nexis Butterworths, Australia, 2015：534.

④ 杜涛. 国际私法国际前沿年度报告（2011—2016）［M］. 北京：法律出版社，2017：231.

新的修正案借鉴了《联合国破产示范法》及欧盟 2015 年修订的《跨国破产条例》① 的规定，如规定破产债务人利益中心地（COMI）所在国做出的破产宣告也可以被承认；取消了承认外国破产宣告中的互惠的条件要求等。此外，扩大了外国破产管理人在瑞士的相应权力，还规定如果没有需要保护的瑞士债权人，则可以取消在瑞士的辅助程序等。

（二）实体问题的法律适用

1. 破产要件的法律适用

破产要件是指破产程序开始必须满足的条件。关于破产程序开始必须满足的条件，各国规定并不一致。如关于破产主体条件方面，存在特定破产主义及一般破产主义之分。特定破产主义要求破产主体必须是商人，该主张为大陆法系国家所采用；一般破产主义不要求破产主体必须是商人，该主张为英美法系国家所采用。

关于破产的原因方面，存在列举式与概括式两种不同的立法形式。列举式是指通过一一列举符合破产具体行为的方式来认定破产的构成。该方式主要为英美法系采用，如 1914 年英国《破产法》第 3 条第 1 款列举了八种可构成破产的行为。概括式不是针对破产行为的规定，而是指通过对破产原因的规定的方式来认定破产的构成。该方式主要为大陆法系国家采用，如法国《商法典》规定"凡停止支付的商人，均为处于破产状态的商人"；法国《破产法》第 3 条规定"凡停止支付的商人，限在 15 日内，向管辖其主营业所所在地的商事法院书记科申请开始破产或裁判整理程序"。

各国关于破产要件的规定各不一致，对于产生的法律冲突通常采用法院地法解决。

2. 破产债权的法律适用

破产债权是指依破产程序申报并被确认的，应该从破产财团中得到清偿的相关债权。关于破产债权的法律适用，一般依破产宣告国法解决。如 1993 年《北欧破产法公约》规定，国际破产管理人有权收集处于各缔约国内的破产人的财产，并得依破产宣告国法律关于分配顺序和程序的规定进行分配。1995 年的《欧洲联盟理事会关于破产程序的公约》第 4 条规定，关于债权的等级及顺位适用破产程序地的法律。对于破产债权的法律适用也有主张适用支配债权的准据

---

① Verordnung（EG）Nr. 1346/2000 des Rates vom 29. Mai. 2000 uber Insolvenzverfahren, ersetzt durch die Verordnung（EU）2015/848 des Europaischen Parlaments und des Rates vom 20. Mai 2015 uber Insolvenzverfahren.

法的。①

3. 非破产债权的法律适用

在破产法中还有一些权利不属破产债权，其法律适用主要有以下几种。

（1）关于否认权。否认权是指权利主体享有的针对破产人在破产宣告前一定期间内实施的损害自己利益的交易行为，不予承认其效力的权利。

关于否认权的具体行使，各国规定不一。如大陆法系国家虽然都规定，否认权也被称为撤销权，是一种由破产管理人行使的权利，可以通过法院予以撤销；但在什么情况下可以对交易行为予以撤销、对实施的损害如何认定等方面，各国规定是不一致的，由此产生的法律冲突，各国一般规定适用法院地法解决。②

（2）别除权。别除权是一种优先受到清偿的权利，即破产宣告前成立的有财产担保的债权应该单独得到清偿。

关于别除权的法律适用，物之所在地法原则是一般采用的原则。即有担保债权的设立、存在及效力应由物之所在地法来确定，对于船舶或飞机等动产的担保债权，物之所在地为其登记注册地③。

（3）抵消权。抵消权是指破产债权人与破产人之间互负债务的相互抵消。值得注意的是，在各国的立法中，多数国家规定允许破产抵消，少数国家规定不允许抵消。对于破产抵消权产生冲突的法律适用，一般有两种主张：一是适用法院地法；二是适用支配主债权的法律。

4. 破产财团的法律适用

关于破产财团的法律适用，根据1995年《欧洲联盟理事会关于破产程序的公约》第4条第2款的规定，程序开始国的法律应该得到适用。涉及破产财团的物权问题，如取回权、别除权等，物权的法律适用规则一般应该得到适用。

5. 破产管理的法律适用

破产管理指涉及破产管理人的任命、债权人会议的权利、投票方式、破产财产的处理等的规定与安排。对于破产管理的法律适用，一般主张适用管理地法，即破产宣告地法或法院地法。④

6. 和解的法律适用

和解指债权人、债务人之间进行的一种解决债权债务的形式。和解可以使

---

① 李双元，等. 国际私法 [M]. 长春：吉林大学出版社，2002：500.
② 李双元，等. 国际私法 [M]. 长春：吉林大学出版社，2002：501.
③ 李双元，等. 国际私法 [M]. 长春：吉林大学出版社，2002：503.
④ 韩德培. 国际私法 [M]. 北京：高等教育出版社，北京大学出版社，2000：260.

无清偿能力的债务人，避免被宣告破产或遭破产分配。和解须经债权人同意并经法院许可。

关于和解的法律适用，由于和解既有公权的特征也有私权的特征，在法律适用方面，从私权特征来说，根据私权自治理论，当事人可以协议选择法律解决和解问题；从公权特征来讲，和解又需经法院许可才能有效，而法院通常会适用法院地法。①

在和解的效力方面，国际上对外国和解的承认，理论上有三种不同的观点：承认说、不承认说、有条件地承认说。

7. 关于个人破产问题

关于个人破产问题，有学者认为：冲突规范规则关于个人破产问题的规定构成人身、财产权利的重要内容，立法的倾向是将破产或者公司破产作为公司法的组成部分。"The private international law rules for personal bankruptcy form an important part of the law on change of status and property rights. However, because of the tendency of states to legislate for bankruptcy and corporate insolvency together, is best examined as part of the law of corporations."②

"Insolvency, by contrast, was dominated by the application of lex fori. But this ignored a problem which, in recent years, grew to alarming size. The uncoordinated consequences of coporate insolvencies with cross – border components came to be seen as simply intolerable: for a court to insist an applying its own law, and taking jurisdiction whenever there was a sufficient local justification for doing it, was not designed to promote, and did not promote, the orderly resolution of the cross – border issues raised by a huge cross – bodder insolvency."③（比较而言，破产通常要适用法院地法，最近更是如此。但也存在不和谐的问题，法院坚持适用自己的法律，尽量管辖无法促进跨国破产的有效解决。）

2015 年 6 月 26 日，新修订的《欧盟破产条例》开始生效，并于 2017 年 6 月 26 日起在除丹麦外的所有欧盟成员国施行。《欧盟破产条例》扩大了适用范围，将破产前的重整程序等均纳入其中。关于主破产程序，《欧盟破产条例》规定由破产债务人的主要利益中心地的法院管辖；附属破产程序可以在债务人营业地进行。关于主要利益中心地，对于法人，一般指其章程规定的所在地，"但

---

① 韩德培. 国际私法［M］. 北京：高等教育出版社，北京大学出版社，2000：264.
② 阿德里安·布里格斯. 冲突法［M］. 北京：中国人民大学出版社，2016：321.
③ 阿德里安·布里格斯. 冲突法［M］. 北京：中国人民大学出版社，2016：367.

是这不适用于在破产程序开始前三个月将其章程住所迁入另一成员国境内的情形。这主要是为了预防所谓的'破产旅游',也就是一些债务人恶意挑选法院地。对于自然人营业者,其利益中心地推定为其主营业地"①。此外,条例还规定了建立欧盟破产登记簿等内容。

在承认与执行方面,中国破产程序首次获得美国承认,2013 年 11 月 5 日,海宁市农村信用社向法院申请对债务人浙江尖山光电股份有限公司进行重整。由于破产财产涉及美国,根据管理人的申请,2014 年 7 月 16 日,中国向美国联邦破产法院提交了《承认外国主要程序和提供救济和帮助》的申请动议书。美国联邦破产法院首席法官 Gloria M. Burns 于 2014 年 8 月 12 日批准了申请,确认了中国破产程序符合美国法律规定的外国主要程序的条件,命令立即提供美国的相应司法救济。②

二、中国的相关规定

(一) 概述

由于中国古代的"有债必还、父债子还、人死债不烂、欠债不还为无信"等传统根深蒂固,国家法律甚至以刑事责任来督促、保障债务的履行,古代当然没有破产一说。

清末,中国"在'先订商律'政策的指导下,进行了具有创造性的商事立法活动"③。在清末的商事立法活动中,破产律的立法受到了格外的重视。1906 年颁行了《破产律》,包括的内容有呈报破产、选举董事、债主会议、清算账目、处分财产、有心倒骗、清偿展限、呈请销案、附则。

宣统元年,修订法律馆调查员松冈义正草拟了《破产法草案》,共 3 编,360 条,该《破产法草案》成为民初《破产法草案》的重要参考。1915 年"北京政府法律编查会对松冈义正的《破产法草案》加以修订,编成《破产法草案》,分为实体法、程序法、罚则法 3 编,共 337 条"④。

1934 年编订了《破产法草案》,共 333 条。1934 年公布试行了《商人债务清理条例》。1935 年 7 月 17 日公布了《破产法》,并于 1935 年 10 月 1 日施行。该《破产法》包括总则、和解、破产、罚则 4 章,共 159 条。1935 年 7 月 17 日

---

① 杜涛. 国际私法国际前沿年度报告(2011—2016)[M]. 北京:法律出版社,2017:145.

② In re Zhejiang Topoint Photovoltaic Co. Ltd. Case No. 14 – 24549 5/12/2015.

③ 季立刚. 民国商事立法研究 [M]. 上海:复旦大学出版社,2006:7.

④ 季立刚. 民国商事立法研究 [M]. 上海:复旦大学出版社,2006:88 – 89.

公布了《破产法》，"在破产制度的设计上结合中国国情，有所创新，在立法技术上表现出简明、逻辑性强的特点，达到了中国近代破产立法的最高水平，标志着我国破产立法已走向成熟"①。

中华人民共和国成立以后，2006年8月27日第十届全国人民代表大会常务委员会第二十三次会议通过了《中华人民共和国企业破产法》，主要内容有如下。

关于破产主体，第2条规定：企业法人不能清偿到期债务，并且资产不足以清偿全部债务或者明显缺乏清偿能力的，依照本法规定清理债务。第135条规定：其他法律规定企业法人以外的组织的清算，属于破产清算的，参照适用本法规定的程序。

关于管辖，第3条规定：破产案件由债务人住所地人民法院管辖。

关于域外效力，第5条规定：依照本法开始的破产程序，对债务人在中华人民共和国领域外的财产发生效力。

关于承认与执行问题，第5条第2款规定：依照本法开始的破产程序，对债务人在中华人民共和国领域外的财产发生效力。对外国法院做出的发生法律效力的破产案件的判决、裁定，涉及债务人在中华人民共和国领域内的财产，申请或者请求人民法院承认和执行的，人民法院依照中华人民共和国缔结或者参加的国际条约，或者按照互惠原则进行审查，认为不违反中华人民共和国法律的基本原则，不损害国家主权、安全和社会公共利益，不损害中华人民共和国领域内债权人的合法权益的，裁定承认和执行。

关于破产财产，第30条规定：破产申请受理时属于债务人的全部财产，以及破产申请受理后至破产程序终结前债务人取得的财产，为债务人财产。

关于和解，第95条规定：债务人可以依照本法规定，直接向人民法院申请和解；也可以在人民法院受理破产申请后、宣告债务人破产前，向人民法院申请和解。

（二）我国学者关于破产法律适用的不同观点

我国学者关于破产法律适用的观点如下。

学者一认为在跨境破产涉及物权问题上，如担保物权、取回权、不动产的权利等应尊重财产所在地法的适用。对需要登记权利的效力依登记地法；破产抵消权适用支配主债权（破产债务人享有的债权）的法律；破产撤销权适用破产程序开始地法，但如果支配该行为的法律认为该行为有效，则不得对其行使

---

① 季立刚. 民国商事立法研究［M］. 上海：复旦大学出版社，2006：168 – 169.

撤销权；破产对雇佣合同的效力（合同是否继续履行、修改等问题）适用支配雇佣合同的法律；工资薪金的请求权顺序适用法院地法；破产财产的评估与变价适用财产所在地法。①

学者二对民法草案第 9 编第 24 条的修改建议如下。（1）破产的申请、宣告适用破产程序开始地法。（2）破产债权的范围及清偿顺序，适用破产宣告国法；破产债权的有效性，适用其自身的准据法。（3）破产财产的股价、变价及识别，适用财产所在地法；破产财产的取回和别除，适用财产所在地法；破产财产的抵消和否认，适用破产宣告国法。（4）破产财产的管理与清算，适用破产宣告国法或原法律关系的准据法。②

学者三认为，我国涉外民事关系法律适用法提及的最密切联系原则作为目前我国涉外破产的法律适用依据是不适合的。因为我国目前采用的是属地主义或修正的属地主义的方法，不可能真正在涉外破产案中适用最密切联系原则。法院在审判中会通过各种方法认定最密切联系地在中国而适用法院地法，这不利于我国涉外破产立法的发展，对国内、国外债权人也是不公平的。因此，在涉外破产立法上，可将法院地法作为一般规则，在特定事项上规定例外情形，这需要在我国的单行法或者司法解释中进行补充规定。③

学者四认为，破产债权适用法院地法；破产财产的范围适用法院地法；破产的管理适用法院地法；别除权适用物之所在地法；取回权适用应取回的财产所在地国家的法律；抵消权、否认权适用法院地法。④

学者五认为，破产财产的范围适用法院地法；别除权适用物之所在地法；取回权适用应取回的财产所在地国家的法律；抵消权、否认权适用法院地法；破产的管理适用法院地法；破产财产估价与变价适用财产所在地法。⑤

学者六认为，关于破产案件的程序问题，一般应该适用法院地法，但是，"跨国破产中涉及的一些程序问题，如执行、收集和出售位于外国的财产，不宜也无必要适用法院地法。该学者建议我国破产法用列举兼概括的方式规定可能适用外国法的程序问题。这不仅会提高我国破产法的可操作性，又无损我国公

---

① 张玲. 论我国破产法律适用立法的完善 [J]. 法律适用, 2006 (8)：49.
② 周游，李志春. 论国际破产的法律适用——评我国民法典草案第九编第二十四条 [J]. 湖南财经高等专科学校学报, 2005 (4)：56.
③ 邓瑾. 论跨国破产法律适用的发展趋势 [C]. 中国冲突规范学会年会论文集（上卷）, 2013：341.
④ 余和平. 跨国破产的法律适用 [J]. 西南民族大学学报（人文社科版）, 2004 (10)：131.
⑤ 刘力. 论破产的法律适用 [J]. 法律适用, 2002 (7)：42－43.

共利益的前提下表明我国破产法的国际主义倾向"①。关于破产实体问题的法律适用,"对跨国破产中的实体问题的法律适用应采用分割制,根据所涉法律关系的不同性质和特点,综合适用法院地法、物之所在地法和其他基础法律关系的准据法"②。

(三)国外学者的观点

国外有学者认为,外国破产中的动产按照"动产随人"原则适用。"Originally the effect of a foreign bankruptcy(or insolvency)on local movables was seen as the application of the ancient maxim mobilia sequuntur personam('movables follow the person')."③ "In the case of a tortious liability there does not appear to be any authority but, following general principles, it would seem that a discharge from liability effected under the lex loci delicti should be given effect to in the forum."④ (关于侵权责任免除方面行为地法应该在法院地有影响效果。)

国外有学者认为航空公司破产要适用对航空公司有管辖权的地方的法律,而不适用租约的法律。"The applicable law in the case of the bankruptcy of an airline will be the law of the State having jurisdiction over the airline, not the governing law of the lease."⑤

关于破产法律适用的国内与国外学者的观点虽然不尽全面,但可以作为立法的参考。

三、立法建议懋建

(一)国际条约的相关规定(统一实体法公约)

1. 1977 年 12 月 15 日通过的《联合国国际贸易法委员会跨国界破产示范法》(Uncitral model law on cross – border insolvency),该法共 5 章 32 条,规定了序言、总则、外国代表和债权人对本国法院的介入、对外国程序的承认与补救、与外国法院和外国代表之间的合作,同时进行的程序等内容。

2. 欧盟 2015 年修订的《跨国破产条例》。《跨国破产条例》将重整程序纳

---

① 王佐发. 跨国破产的法律冲突与法律适用 [D]. 北京:中国政法大学,2004:45.

② 王佐发. 跨国破产的法律冲突与法律适用 [D]. 北京:中国政法大学,2004:45.

③ Martin Davies, Andrew Bell SC BA, Paul Le Gay brereton. Nygh's conflict of laws in Australia [M]. Lexis Nexis Butterworths Australia, 2014:809.

④ Martin Davies, Andrew Bell SC BA, Paul Le Gay brereton. Nygh's conflict of laws in Australia [M]. Lexis Nexis Butterworths Australia, 2014:811.

⑤ Donal Patrick Hanley. Aircraft Operating Leasing——A Legal and Practical Analysis in the Context of Public and Private International Air Law [M]. Wolters Kluwer, 2017:137.

入适用范围，规定了设立欧盟破产信息登记簿、跨国集团破产程序等内容。

（二）国际条约的相关规定（统一冲突法公约）

如 1928 年 2 月 13 日第六届美洲国家会议通过的《布斯塔曼特法典》第九编规定了破产问题，包括破产案件的统一管辖、破产的普及效力、和解及复权等内容。其第 416 条规定："确定破产人能力的宣告在各缔约国内有域外效力，但以预先遵行各国立法所要求的登记或公告手续为条件。"

（三）不同国家现有的一些有代表性的法律规定

1. 2014 年 1 月 1 日起开始施行的捷克共和国《关于国际私法的法律》第六编规定了破产程序，包括一般规定、金融机构的破产、保险破产等内容。如第 111 条第 2 款规定："假如债务人在捷克共和国有常设机构，在捷克共和国境内有经常居所或注册登记地的债务人提出申请，或者债务人的债权系在经营该常设机构时产生，则捷克法院可启动并推进破产程序。在这种情况下，破产程序的效力仅限于捷克共和国境内的资产。"

2. 2014 年 10 月 15 日第 544－14 号法律公布的《多米尼加共和国国际私法》第一编的"一般规定"等。

（三）现有的一些有代表性的法律建议案

1. 1974 年《阿根廷国际私法（草案）》的相关规定

该草案第 64 条第 1 款规定："外国之破产宣告，不构成在阿根廷进行破产程序的原因。在外国之破产不得被援引来对抗在阿根廷获得偿付的债权人，或者对阿根廷域内财产主张之权利提出争议，也不得取消对破产当事人所为之行为。"

2. 《涉外民事关系的法律适用法》专家建议稿（费宗祎、刘慧珊、章尚锦起草，2002 年 4 月）

该专家建议稿第 26 条规定"破产，适用破产人主要办事机构所在地法或者破产财产所在地法。破产财产的评估，适用财产所在地法。破产清算，适用做出破产宣告的法院地法律"。

3. 2002 年全国人大常委会法制工作委员会提出的《中华人民共和国民法（草案）》第九编（共 94 条）

该草案第 24 条规定："破产，适用破产人主要办事机构所在地法律或者破产财产所在地法律。破产财产价值的评估，适用财产所在地法律。破产清算，适用做出破产宣告的法院地法律。"

4. 2002 年 9 月《中华人民共和国民法（室内稿）涉外民事法律关系的法律适用编》

该稿第 23 条规定："破产，适用破产人主要办事机构所在地法律或者破产财产所在地法律。破产财产价值的评估，适用财产所在地法律。破产清算，适用做出破产宣告的法院地法律。"

该规定与《中华人民共和国国际私法示范法》等的规定完全一致。

5. 2010 年中国冲突规范学会《中华人民共和国涉外民事关系法律适用法（建议稿）》

该稿第 25 条规定："在中华人民共和国境内开始的破产程序及破产效力，适用中华人民共和国法律，但法律另有规定的除外。破产债权，适用该债权产生时应当适用的法律。"

6. 笔者所拟的《中国冲突法与海事冲突法（草案）》（见笔者主编《海事国际私法新编》一书附录部分，法律出版社 2005 年）

该草案对破产的规定主要内容如下。第 128 条规定："破产程序开始的要件，依法院地法。"第 129 条规定："破产财团的范围、性质及有关权利依法院地法。"第 132 条规定："破产债权适用破产宣告国法。"

以上规定虽然不太全面，但已经就破产法律适用的一些原则问题形成了初步统一的规定与看法，值得借鉴。

（四）笔者的立法建议

第 1 条【破产程序开始】破产程序开始的要件，依法院地法。

立法依据与参考：捷克共和国《关于国际私法的法律》第 111 条第 2 款规定，"假如债务人在捷克共和国有常设机构，在捷克共和国境内有经常居所或注册登记地的债务人提出申请，或者债务人的债权系在经营该常设机构时产生，则捷克法院可启动并推进破产程序。在这种情况下，破产程序的效力仅限于捷克共和国境内的资产"。

第 2 条【破产宣告】破产宣告，适用破产人主要办事机构所在地法或者破产人财产所在地法。破产人财产价值的评估，适用财产所在地法。破产清算，适用法院地法。

立法依据与参考：2002 年全国人大常委会法制工作委员会提出的《中华人民共和国民法（草案）》第 9 编第 24 条规定，"破产，适用破产人主要办事机构所在地法律或者破产财产所在地法律。破产财产价值的评估，适用财产所在地法律。破产清算，适用做出破产宣告的法院地法律"。

第 3 条【破产债权】破产债权适用破产宣告国法。

立法依据与参考：1995 年的《欧洲联盟理事会关于破产程序的公约》第 4 条规定，关于债权的等级及顺位适用破产程序地的法律。

第 4 条【破产财团】破产财团的范围、性质及有关权利依法院地法。

立法依据与参考：对于破产财团的法律冲突，一般认为依破产宣告国法即法院地法加以解决。1995 年《欧洲联盟理事会关于破产程序的公约》第 4 条第 2 款指出，程序开始国法特别决定构成破产财团一部分的财产，以及对在破产程序开始后债务人获得或接受移交的处置。

第 5 条【债权人对破产财团的物权】债权人对破产财团的物权，适用物之所在地法。取回权适用破产宣告时应取回的财产所在国的法律；别除权适用对破产财产担保的物之所在地和留置物所在地法。

立法依据与参考：1925 年海牙国际私法会议关于破产的公约就采用了这样的规定。但是，对于债务人对抗债权人的抵消权和否认权，则一般认为应适用破产宣告国法律。

第 5 条【破产管理程序问题】破产管理程序问题依管理地法。

立法依据与参考：捷克共和国《关于国际私法的法律》第 111 条第 2 款规定，"假如债务人在捷克共和国有常设机构，在捷克共和国境内有经常居所或注册登记地的债务人提出申请，或者债务人的债权系在经营该常设机构时产生，则捷克法院可启动并推进破产程序。在这种情况下，破产程序的效力仅限于捷克共和国境内的资产"。

第 6 条【破产管理实体问题】破产管理实体问题依管理地法或原法律关系的准据法。

立法依据与参考：2010 年中国国际私法学会《中华人民共和国涉外民事关系法律适用法（建议稿）》第 25 条规定，"在中华人民共和国境内开始的破产程序及破产效力，适用中华人民共和国法律，但法律另有规定的除外。破产债权，适用该债权产生时应当适用的法律"。

第 7 条【破产中的和解】破产中的和解依法院地法。

立法依据与参考：破产中的和解属于程序问题，故建议适用法院地法。

第九章

海　事

第一节　海事关系

一、海事法律关系概见

在人类历史早期，海事法的概念还没有诞生，然而今天已经众所周知了。不过这里要区分一对概念，Admiralties and an ADMIRALTY，前者明显的是国内性质，后者则具有权力与特权特征。"Today the word is well known and variously used，but I confine it here to 'Admiralties' and an 'ADMIRALTY，' the former distinctly national，and the latter conceived as holding the powers and prerogatives of all."① 从词源学上看，二者差别很大。maritime 来源于拉丁语，并且起源早于 admiralty，admiralty 来源于经古法语转化来的阿拉伯语。maritime 总被用来阐述某一特定主题的问题，而 admiralty 起初用来表述职务、职位或者职权。因此，admiralty 管辖权上的字根意思就很明显了。但也有学者认为："就实体法而言，海事法（Admiralty）和海商法（Maritime law）在美国事实上是同义词。"②

海事关系是由海商法所确认和调整的海上运输关系和船舶关系。"海上运输关系"主要指承运人、实际承运人和托运人、收货人或者旅客之间，船舶出租人和承租人之间有关船舶运输的法律关系。这些关系具体体现为各种合同关系，

---

① Graydon S. Staring. The Admiralty Law of the United States. Journal of Maritime law and commerce，2018，49（2）：307.
② G. 吉尔摩，C. L. 布莱克. 海商法［M］. 杨召南，毛俊纯，王君粹，译. 北京：中国大百科全书出版社，2000：1.

如以提单为书面表现形式的班轮运输合同、旅客运输合同、航次租船合同、定期租船合同等。

"与船舶有关的关系"指船舶所有人、船舶经营人、出租人和承租人之间、船舶抵押人之间、海上侵权行为所涉及的当事人之间以船舶作为财产形式的物权和侵权法律关系。

海事关系在一个国家中占有举足轻重的地位。2018 年 11 月 7 日在青岛召开了第五次全国涉外商事海事审判工作会议，会议全面总结了近四年来全国涉外商事海事审判经验，认为我国对外开放进入新时代，离不开高水平的涉外司法保障。例如，为自贸区提供服务保障，为长江经济带、海洋强国战略实施提供服务和保障等。

但是，由于各国海事法律规定不尽相同，围绕海上运输关系和船舶关系常常会发生许多法律冲突，这些冲突包括船舶物权的法律冲突、海上运输合同的法律冲突、船舶碰撞的法律冲突、海难救助的法律冲突、共同海损的法律冲突、海事赔偿责任限制的法律冲突等。例如，在船舶物权方面的法律冲突中，关于船舶所有权登记，各国规定不同。新加坡规定船舶要在新加坡登记，船东必须是新加坡公民（或在新加坡有永久居留权的个人），或在新加坡注册成立的公司。巴拿马对船舶登记没有任何限制。关于船舶抵押权，有的国家规定设定抵押权必须登记，否则不发生法律效力；有的国家规定设定抵押权没有登记，仍然有效，但是不能对抗第三人。关于船舶优先权，各国对优先权的标的、优先权的受偿顺序、优先权的转移、优先权的消灭等规定很不一致。

二、海事法律冲突

具体冲突以我国规定与国外规定的冲突比较：《中华人民共和国海商法》（1992 年 11 月 7 日第七届全国人民代表大会常务委员会第二十八次会议通过，1992 年 11 月 7 日中华人民共和国主席令第六十四号公布，自 1993 年 7 月 1 日起施行。）与 1994 年《瑞典海商法》相比，从两国海商法的规定来看，存在许多的不同。

（一）关于船舶的规定方面

《中华人民共和国海商法》第 3 条规定："本法所称船舶，是指海船和其他海上移动式装置，但是用于军事的、政府公务的船舶和 20 总吨以下的小型船艇除外。前款所称船舶，包括船舶属具。"

2018 年《中华人民共和国海商法（修订征求意见稿）》稍有变化，规定："本法所称船舶，是指海上或者与海相通可航水域的移动式装置。但是，用于军事的、政府公务的船舶以及 20 总吨以下的小型船艇除外。前款所称船舶，包括船舶属具。"

关于具体船舶的要求，瑞典对船舶的长宽方面规定有要求，该法第 1 章第 2 节第 2 条规定："A vessel having a length over all of at least twelve metres and a maximum breadth of at least four metres shall be designated as a ship. Other vessels shall be designated as boats."（全长至少 12 米，最大型宽至少 4 米的船被称为船舶，其他则是小型船舶。）

（二）关于船舶国籍方面

《瑞典海商法》第 1 章第 1 节第 1 条规定："A vessel shall be considered to be Swedish and entitled to fly the Swedish flag if owned to the extent of more than one half by a Swedish national or a Swedish legal entity The Government of, upon governmental authorization, the National Maritime Administration, may grant Swedish nationality and the right to fly the Swedish flag to other ships whose operation is essentially under Swedish control or whose owner has his permanent residence in Sweden."该条规定了瑞典国民或者瑞典合法团体拥有 50% 以上所有权的船舶才是瑞典船舶并有权悬挂瑞典国旗。

《中华人民共和国海商法》第 5 条规定："船舶经依法登记取得中华人民共和国国籍，有权悬挂中华人民共和国国旗航行。"2018 年《中华人民共和国海商法（修订征求意见稿）》的规定与之大体相同。

（三）关于船舶碰撞方面

关于船舶碰撞《瑞典海商法》规定了一些我国没有规定的内容，如关于过时的判断因素，偶然的碰撞等。关于这些内容《中华人民共和国海商法》、2018 年《中华人民共和国海商法（修订征求意见稿）》均无规定。如《瑞典海商法》第 8 章第 1 节规定在决定过失作为碰撞的原因时，应特别考虑是否有时间做到深思熟虑。In determining the question of fault as a cause of collision, it shall be particularly considered whether or not there was time for deliberation. 第 2 节规定了偶然的碰撞：If a collision was accidental or it cannot be established that it was caused by either side, then each side shall bear its own loss.（碰撞是偶然的或者不能归责于任何一方，则各自承担自己的损失。）

（四）关于责任限制的规定方面

《瑞典海商法》规定了一些我国没有规定的内容，如反请求等。具体这些内容在《瑞典海商法》第 9 章第 2 节中有规定。其第 4 项规定了有关船舶沉没、遇难、搁浅或者放弃船舶（包括船舶上面的任何物件）的起浮、清除、毁坏或者使之变为无害的索赔。"measures for the raising, removal, destruction or rendering harmless of a vessel which is sunk, stranded, abandoned or wrecked, including anything that is or has been on board." 第 5 项规定了关于船上货物的清除、毁坏或者使之变为无害的索赔。"measures for the remaval, destruction or rendering harmless of the cargo of the vessel." 关于反请求，该条规定：享受责任限制的人，就同一事故向请求人提出反请求的，赔偿限额仅仅适用于请求额超出反请求的部分。"If a person entitled to limitation of liability has a counterclaim against the claimant and the claim and counterclaim have arisen out of the same event, the limitation shall apply only to that part of the claim which exceeds the counterclaim."

（五）关于海难救助

《中华人民共和国海商法》第 171 条规定："本章规定适用于在海上或者与海相通的可航水域，对遇险的船舶和其他财产进行的救助。"

《瑞典海商法》规定任何涉及船舶的救助均属海难救助。《瑞典海商法》第 16 章第 1 节规定："Any person who salves or assists in salving a vessel which has foundered or is in distress, or cargo on board or anything that has pertained to such vessel or cargo, shall be entitled to salvage remuneration. Any one who has rescued or assisted in rescuing any person during the danger that gave rise to the salvage shall be entitled to a share of the remuneration." （任何救助或者协助救助沉船或遇险船舶、船载货物或任何其他从属于此船舶或货物的财产的人，均有权获得救助报酬。在导致救助产生的威胁中，营救或者协助营救任何人命的任何人员，有权获得一定份额的报酬。）

（六）其他

在其他一些方面，我国与瑞典也存在规定不一致的地方。如《瑞典海商法》还规定了比较详细的刑罚条款，该法第 20 章第 1 节第 1 条规定："如果船长未能依据第 6 章第 1 节第 1 条和第 2 条的规定，确保船舶处于适当的状态，应当对其处以罚金或 6 个月以下监禁。"第 20 章第 1 节第 2 条规定："The same sentence shall be imposed on an operator who has neglected to remedy a defect or deficiency in the vessel's seaworthiness according to chapter 1 section 9 where of he has been or ought to have been aware." （如果船舶经营人已经预见或者应当预见第 1 章第 9 节所指的船舶在适航性上的瑕疵或缺陷，而由于疏忽未予修复的，同样适用上述处罚）

关于船长擅离职守放弃船舶的处罚，第 20 章第 6 节规定："If the master leaves his post abandoning the vessel, he shall be sentenced to fines or imprisonment not exceeding one year. If the master neglects his duties under chapter 6 section 6 first paragraph or other duties as a seaman when the vessel is in danger, he shall be sentenced to fines or imprisonment not exceeding two years." （如果船长擅离职守放弃船舶，应对其处以罚金或者1年以下的监禁。当船舶处于危险之中时，如果船长没有履行其第6章第6节第1条的义务、职责，应对其处以罚金或者2年以下的监禁。）

关于记录或者航海日志方面的义务也可能导致刑罚，第20章第11节规定："Any person who fails to perform his duty under this Code of keeping a log book or draft log or who intentionally or negligently makes incorrect or misleading statements in the log book or draft shall be sentenced to fines. The same punishment shall be imposed on—1. a master or operator who wrongfully refuses another person access to a log book or a draft log or any recording of the vessel's navigation or the running of her machinery produced by technical means; and 2. an operator who neglects his duty to save such document." （任何人如果没有履行本法规定的记录、保管航海日志及其草稿记录义务的，或者由于故意或疏忽，在航海日志或水尺记录中做出错误的或误导性陈述的人员，应当被处以罚金。同样的处罚还适用于1. 非法地拒绝他人查阅航海日志、水尺记录、船舶航行的其他记录以及以技术方式做出轮机日志的船长或者船舶经营人；2. 未能履行保管此种文件义务的船舶经营人。）

第二节　统一实体法

一、概见

为了解决海事法律领域的法律冲突，海事领域产生了大量的国际公约和国际惯例。与此同时，也形成了许多海事冲突规范，这些规定为解决海事冲突打下了良好的基础。

在解决海事领域的法律适用问题方面，海事冲突法及海事统一冲突法都不是直接的解决法律冲突的方法。海事国际统一实体法条约的出现，弥补了法律适用方法上的不足。

目前制定的海事国际统一实体法条约已经涉及海事法律的各个领域，主要有：

（1）1910 年《统一船舶碰撞某些法律规定的国际公约》；

（2）1924 年《统一提单某些规定的国际公约》；

（3）1926 年《统一船舶优先权和抵押权某些法律规定的国际公约》；

（4）1957 年《海运船舶所有人责任限制的国际公约》；

（5）1967 年《统一船舶优先权和抵押权某些法律规定的国际公约》；

（6）1968 年《修订〈1924 年统一提单某些规定的国际公约〉》；

（7）1974 年《海上旅客及其行李运输雅典公约》；

（8）1976 年《海事赔偿责任限制公约》；

（9）1978 年《联合国海上货物运输公约》；

（10）1985 年《确定海事碰撞损害赔偿金的国际公约预案》；

（11）1989 年《国际救助公约》；

（12）1993 年《船舶优先权和抵押权公约》；

（13）2001 年《燃油损害民事责任国际公约》；

（14）2002 年《旅客及其行李运输的雅典公约》；

（15）2006 年《国际劳工公约》；

（16）2011 年《〈经修正的 1974 年国际海上人命安全公约〉的修正案》；

（17）2011 年《〈1973 年国际防止船舶造成污染公约 1978 年议定书〉附则修正案》等。

在海事商业行为准入方面，也有一些协议，如在"Limit fishing"领域，2017 年 11 月，《The Agreement to Prevent Unregulated High Seas Fisheries in the Central Arctic Ocean》（禁止在北冰洋公海水域非正常捕鱼协议）结束协商。"The Agreement will prevent unregulated commercial fishing in the high seas portion of the central Arctic Ocean, an area that is roughly 2. 8 million square kilometers in size, roughly the size of the Mediterranean Sea. Commercial fishing has never been known to occur in this area, nor is it likely to occur in the near future."① （协议禁止北冰洋公海水域、海中海大约 280 万平方海里商业捕鱼，这些地方商业捕鱼现在将来都绝对不允许。）

在海事保险方面，2014 年，国际海商法协会（CMI）针对 The UNIDROIT Convention on International Interests in Mobil Equipment, signed on 2001（开普敦公

---

① United states Reaches Agreement to Limit Arctic Fishing [J]. American Journal International law, 2018, 112 (2)：313.

约 CTC），建立了一个以船舶海事保险为题的法规起草小组，"Under the leader-ship of Ann Fenech…During the 42nd international conference of the CMI in New York on 4 May 2016, she described this concern by some in the sector and recalled that the inclusion in the CTC of ship was very vigorously questioned at the time by the interna-tional maritime Organisation（IMO）as well as the United Nations Conference on trade and Development（UNCTAD）."① 2016 年 5 月，the UNIDROIT 建议草案继续作为 2017—2019 年的工作项目。

二、海上侵权统一实体法

海上的侵权行为，大致可归结为三种情形。一是船舶侵权：船舶与船舶相撞，或船舶与海上设施相撞。二是船内行为：发生在船舶内部的侵权行为。三是其他行为：如海上污染。

（一）船舶侵权：关于发生船舶碰撞的赔偿问题及法律适用

对于发生船舶碰撞的赔偿问题，可以适用 1910 年《统一船舶碰撞某些法律规定的国际公约》，《1977 年统一船舶碰撞中有关民事管辖权、法律选择、判决的承认和执行方面若干规则的公约》。

（二）船内行为：关于旅客案件及法律适用

关于在海上运送中致旅客人身伤亡或行李毁损，可以适用 1961 年的《统一海上客运若干规则的国际公约》、1974 年的《海上旅客及其行李运输的雅典公约》。

（三）海上污染：关于国际油污损害的赔偿责任及法律适用

为了解决国际油污损害的法律赔偿问题，1969 年国际海事组织在布鲁塞尔订立了《国际油污损害民事责任公约》，我国于 1984 年 4 月正式加入。该公约主要是一个统一实体公约。

此外，我国还于 1990 年 1 月 9 日加入了 1969 年的《国际干预油污事故公约》和 1973 年的《干预公海非油类物质污染议定书》。

（四）发生在船舶内部的侵权行为

对发生在船舶内部的侵权行为，若双方当事人存在合同关系，则可选择法律适用，否则，适用传统的侵权法律适用原则。

---

① Juan Pablo Rodriguez – Delgado. Security Interests Over Ship: From the Current Conventions to a Possible Shipping Protocol to the Unidroit – Lege Data and Lege Ferenda［J］. Journal of Maritime law and commerce，2018，49（2）：301.

三、海事合同统一实体法

（一）调整海上货物运输合同的条约

调整海上货物运输合同的条约主要有三个：《海牙规则》《海牙—维斯比规则》和《汉堡规则》，这三个条约关系非常密切，内容交织。

1.《海牙规则》

1893 年，美国制定了《关于船舶航行、提单以及与财产运输有关的某些义务、职责和权利的法案》（An Act Relating to Navigation of Vessels, Bills of Lading, and to Certain Obligations, Duties, and Rights in Connection with Carriage of Property），也被称为《哈特法》（The Harter Act）。

1923 年，英国等国在荷兰海牙制定了《统一提单的若干法律规则的国际公约》，该公约简称《海牙规则》（Hague Rules）。1924 年 8 月，英国、美国等 14 个重要海运国家签署了该公约。公约于 1931 年 6 月 2 日正式生效。在立法内容上，《海牙规则》和《哈特法》基本一致。

2.《海牙—维斯比规则》

国际海事委员会于 1968 年通过《关于协定统一提单若干法律规定的国际公约的议定书》，简称《维斯比议定书》（The Visby Protocol）。该议定书《海牙规则》须与《海牙规则》一起使用。故这两个文件被合称为《海牙—维斯比规则》（The Hague—Visby Rules），1977 年 6 月 23 日生效。

3.《汉堡规则》

1978 年，联合国制定并通过了《联合国海上货物运输合同公约》，简称《汉堡规则》（The Hamburg Rules），1992 年 11 月 2 日生效。

《汉堡规则》对承运人的责任规定更加严格，相对来说，对货主比较有利。但是在公约的起草和通过过程中，为了争取发达国家的支持，仍然加进了不少妥协的条款，因此，《汉堡规则》虽然在很大程度上反映了发展中国家的利益和愿望，但仍然是一个妥协的产物。①

综上，《海牙规则》《海牙—维斯比规则》和《汉堡规则》是海上货物运输合同领域的最主要的公约。我国虽然没有参加其中任何一个条约，但它们对我国的立法与司法实践有着重大的影响，如下表所示。

---

① 屈广清. 海商法 [M]. 北京：中国法制出版社，2004：107 - 108.

名称	海牙规则	维斯比规则	汉堡规则	我国海商法
通过时间	1924	1968	1978	1992
生效时间	1931	1977	1992	1993
承运人义务	适航义务 管货义务 不得不合理绕航	适航义务 管货义务 不得不合理绕航	承运人对灭失，损坏以及延迟交付负赔偿责任	适航义务 管货义务 不得不合理绕航
承运人责任期间	钩到钩	钩到钩	收到交	集装箱：钩到钩 非集装箱：收到交
承运人免责	包括航行过失在内的17项	包括航行过失在内的17项	取消了航行过失免责	包括航行过失在内的12项
延迟交付责任	无	无	赔偿运费的2.5倍	赔偿相当运费
承运人责任限制	每件或每单位100英镑	每件或每单位1000金法郎，或每公斤30金法郎，以高者为准	每件或每单位835SDR或每公斤2.5SDR，以高者为准	每件或每单666.67SDR或每公斤2SDR，以高者为准
诉讼时效	1年	1年，可双方协商延长，对第三者的追偿还有3个月的宽限期	2年，可双方协商延长，对第三者的追偿还有90日的宽限期	1年，对第三者的追偿还有90日的宽限期

值得注意的是，2008年12月12日，联合国大会第35次会议审议和通过了《联合国全程或部分海上国际货物运输合同公约》，由于该公约于2009年9月在荷兰鹿特丹正式签署发布，该公约又被称为《鹿特丹规则》。该公约是继《海牙规则》《海牙—维斯比规则》和《汉堡规则》三个国际海运公约后，第四个国际海运公约。《鹿特丹规则》共18章96条，主要围绕国际海上货物运输合同主体制度设计、船货双方合同权利义务和公约适用等问题展开，是迄今为止条文内容最多、调整运输范围最广的国际海运公约。

四、海上旅客运输统一实体法

政府间海事协商组织于1974年12月2日至13日在希腊雅典召开的海上旅客及其行李运输国际法律会议上通过了《1974年海上旅客及其行李运输雅典公约》（Athens Convention Relating to the Carriage of Passengers and Their Luggages by Sea，1974），简称《1974年雅典公约》（Athens Convention）。这是代表性的公约，《1974年雅典公约》根据情况的发展变化又有多次修订，如下表所示。

名称	《1974 年雅典公约》	《1974年雅典公约的1976年议定书》	《1974年雅典公约的1990年议定书》	《2002年海上旅客及其行李运输雅典公约》
通过背景	《1961 年统一海上旅客运输某些规则的国际公约》规定的承运人对旅客人身伤亡赔偿责任限额过低	《1974 年雅典公约》通过不久以后，1976 年 11 月 19 日，原政府间海事协商组织在伦敦召开的修订《1974 年海上旅客及其行李运输雅典公约》计算单位的会议上，通过了《1974 年海上旅客及其行李运输雅典公约的 1976 年议定书》，简称《1974 年雅典公约的 1976 年议定书》	1990 年 3 月 26 日至 30 日，国际海事组织在伦敦召开的修订《1974 年海上旅客及其行李运输雅典公约》的外交大会上，于 3 月 29 日通过了《修订 1974 年海上旅客及其行李运输雅典公约的 1990 年议定书》，即《1974 年雅典公约的 1990 年议定书》	2002 年 11 月 1 日，根据国际社会发生变化的一些情况，国际海事组织在伦敦召开了修订《1974 年海上旅客及其行李运输雅典公约》的外交大会，并通过了《修订 1974 年海上旅客及其行李运输雅典公约的 2002 年议定书》，简称《1974 年雅典公约的 2002 年议定书》。经该议定书修订的《1974 年雅典公约》，称为《2002 年海上旅客及其行李运输雅典公约》
生效情况	该公约于 1987 年 4 月 28 日生效	该议定书于 1989 年 4 月 30 日生效	该议定书的生效条件为 10 个国家参加，至今尚未生效①	该议定书的生效条件为 10 个国家参加，至今尚未生效
参加国家	参加该公约的有瑞典、英国、阿根廷、巴哈马、比利时、埃及、希腊、利比里亚、波兰、西班牙等十几个国家。中华人民共和国第八届全国人民代表大会常务委员会第六次会议于 1994 年 3 月 5 日通过决定，我国加入该公约	参加该议定书的有瑞典、英国、阿根廷、巴哈马、比利时、埃及、希腊、利比里亚、波兰、西班牙等十几个国家。中华人民共和国第八届全国人民代表大会常务委员会第六次会议于 1994 年 3 月 5 日通过决定，我国加入该议定书	参加该议定书的有矣及等	参加的有比利时、挪威、西班牙、芬兰、德国等

---

① 司玉琢. 海商法 [M]. 北京：法律出版社，2003：207 - 210.

《修订 1974 年海上旅客及其行李运输雅典公约的 2002 年议定书》取代了《1974 年雅典公约的 1990 年议定书》，如下表所示。

责任基础	严格责任与过错责任并用
责任限额	设置了双重责任限额，第一层为 25 万特别提款权；第二层为 40 万特别提款权；允许参加国在国内法中规定超过此限额
强制保险	要求承运人就公约规定的旅客人身伤亡责任提供保险或者其他财务担保，保险或者其他财务担保额度为每名旅客每次事故不少于 25 万特别提款权
直接索赔	旅客人身伤亡的索赔人对保险人或者其他财务担保人的直接请求权

《中华人民共和国海商法》第五章关于"海上旅客运输合同"的规定，与《雅典公约》的规定基本一致。关于沿海旅客运输，我国要按 1993 年国务院发布的《中华人民共和国港口之间海上旅客运输赔偿责任限额规定》确定适用。我国海上旅客运输承运人赔偿责任限制的规定存在的问题主要有以下方面。

1. 关于海上旅客运输承运人的责任限额的规定缺乏科学性。沿海旅客运输承运人的责任限额只有国际海上旅客运输的 1/4 到 1/5。

2. 关于海上旅客运输承运人的责任限额的规定缺乏广泛性。《海商法》第五章规定的责任限额，只限于海上旅客运输合同适用。

3. 关于海上旅客运输承运人的责任限额的规定缺乏一致性。属于水上旅客运输的内河运输，因不是海上旅客运输，不受《海商法》的调整。没有责任限额。

4. 关于海上旅客运输承运人的责任限额的规定缺乏时代性。我国现有的立法关于海上运输承运人的赔偿限额过低。

2018 年《中华人民共和国海商法（修订征求意见稿）》在责任限额方面有所修改：提出为应对通货膨胀以及国际公约更新的影响，参照《〈1976 年海事索赔责任限制公约〉1996 年议定书》所确定的责任限额对本章的责任限额进行了适当提高。并取消了现行《中华人民共和国海商法》第 210 条第 2 款规定的双轨制。如在标准方面，《中华人民共和国海商法》第 210 条关于人身伤亡的赔偿请求规定："海事赔偿责任限制，依照下列规定计算赔偿限额。关于人身伤亡的赔偿请求，（1）总吨位 300 吨至 500 吨的船舶，赔偿限额为 333000 计算单位；（2）总吨位超过 500 吨的船舶，500 吨以下部分适用本项第 1 目的规定，500 吨以上的部分，应当增加下列数额。501 吨至 3000 吨的部分，每吨增加 500 计算单位；3001 吨至 30000 吨的部分，每吨增加 333 计算单位；30001 吨至

70000 吨的部分，每吨增加 250 计算单位；超过 70000 吨的部分，每吨增加 167 计算单位。"

《中华人民共和国海商法（修订征求意见稿）》第 12.7 条关于人身伤亡的赔偿请求规定："关于人身伤亡的赔偿请求，（1）500 总吨以下的船舶，赔偿责任限额为 800000 计算单位；（2）500 至 2000 总吨的船舶，赔偿限额为 2000000 计算单位；（3）2001 总吨以上的船舶，2000 总吨以下的部分适用本项第 1 目的规定，2001 总吨以上的部分，应当增加下列数额。2001 总吨以上至 30000 总吨以下的部分，每总吨增加 800 计算单位；30001 总吨以上至 70000 总吨以下的部分，每总吨增加 600 计算单位；70001 总吨以上的部分，每总吨增加 400 计算单位。"

以上可见，《中华人民共和国海商法（修订征求意见稿）》相比《海商法》有了明显的改进和完善。

五、海事赔偿责任限制统一实体法

由于各国对海事赔偿责任限制的制度和限额各不相同，船舶所有人的责任也因为国家不同而不同，国际海运业受到很大影响。一直以来，国际上都在尽力统一有关海事责任限制的规定。到目前为止，共制定了三个国际公约。其中，1924 年《关于统一船舶所有人责任限制若干规定的国际公约》因没有获得英、美、德、日等海运大国的接受，未达到生效条件而一直没能生效。[1] 另外两部重要的国际公约如下。

（一）1957 年《船舶所有人责任限制国际公约》

1957 年《船舶所有人责任限制国际公约》（The International Convention Relating to the Limitation of the Liability of Owners of Seagoing Ships，1957）由国际海事委员会于 1957 年 10 月 10 日在布鲁塞尔第十届海洋法外交会议上通过，于 1968 年 5 月 31 日生效，该公约是第一个生效的关于船东责任限制的国际公约，统一了船舶所有人的责任限制制度。公约采取按每一次事故确定责任限额的金额制度，计算单位为金法郎。[2] 如下表所示。

---

[1] 屈广清，等. 海事冲突法新论 [M]. 北京：人民出版社，2013：156.
[2] 屈广清，等. 海事冲突法新论 [M]. 北京：人民出版社，2013：157.

适用的船舶	海船
责任主体	船舶所有人，承租人，管理人，经营人，船长，船员及其他雇员，船舶
责任限制的条件	对不同主体规定了不同条件，船舶所有人，承租人，管理人，经营人实际过失或者参与所引起的事故，不能限制责任；其他人实际过失或者参与所引起的事故，可以限制责任
限制性债权	船载人员的人身伤亡及财产的灭失损坏等
非限制性债权	因救助报酬及共同海损分摊提出的债权，根据调整雇佣合同的法律的规定，船舶所有人不得限制责任或虽然可以限制但限额高于本公约的
责任限额及基金分配	单纯人身伤亡按照每吨 3100 金法郎设立，各个索赔人按比例分配该基金 单纯财产损害按照每吨 1000 金法郎设立，各个索赔人按比例分配该基金 混合情况（人身伤亡财产损害混合）按照每吨 2100 金法郎设立 当人身伤亡基金不足清偿人身伤亡实际损失时，不足部分与实际方式的财产损害索赔按比例分配财产损害基金
设置地点	在发生损害索赔事故的港口，发生在港口外的，以当事船第一到达港为准；旅客离船地或者卸货地港口
准据法	程序问题适用设置地法

1957 年《船舶所有人责任限制国际公约》，目前约有 50 个参加国，我国没有参加该公约。

1957 年《船舶所有人责任限制国际公约》生效以后，国际海事委员会还于 1979 年 12 月 21 日通过了 1957 年公约的议定书，提高了责任限额，并将计算单位改为特别提款权，但是该议定书还没有生效。[1]

（二）1976 年《海事赔偿责任限制公约》

1957 年《船舶所有人责任限制国际公约》生效以后，发挥了积极的作用，但是随着时代的发展，1957 年公约逐渐有些不适应海运业的发展需要了，比如 1957 年公约规定的责任主体没有包括救助人，规定的计算单位也不太科学等，这些情况使得对 1957 年公约进行修改已成为必要。在这样的背景下，联合国海事组织于 1976 年 11 月在伦敦召开的外交会议上通过了 1976 年《海事赔偿责任限制公约》，并于 1986 年 12 月 1 日起生效。[2] 如下表所示。

---

[1] 屈广清，等. 海事冲突法新论 [M]. 北京：人民出版社，2013：157.
[2] 屈广清，等. 海事冲突法新论 [M]. 北京：人民出版社，2013：158.

适用的船舶	海船	
责任主体	（1）船舶所有人、承租人、管理人、经营人、救助人、责任保险人 （2）船舶	
责任限制的条件	责任人故意或者明知可能造成但是采取漫不经心的行为或不为的，不得限制责任	
限制性债权	船载人员的人身伤亡及财产的灭失损坏等	
非限制性债权	因救助报酬及共同海损分摊提出的债权等	
责任限额及基金分配	一般按照吨位计算，500 吨以下按 500 吨计算，人身伤亡的赔偿以 333000 SDR 为基数，财产的赔偿以 167000 SDR 为基数，按照每吨 3100 金法郎设立，各个索赔人按比例分配该基金。501～3000 吨的，人身伤亡的赔偿每吨位增加 500 SDR，财产的赔偿每吨位增加 167SDR. 3001～30000 吨的，人身伤亡的赔偿每吨位增加 333SDR，财产的赔偿每吨位增加 167SDR. 30001～70000 吨的，人身伤亡的赔偿每吨位增加 250 SDR，财产的赔偿每吨位增加 125SDR. 70000 吨以上的，人身伤亡的赔偿每吨位增加 167SDR，财产的赔偿每吨位增加 83SDR 对于非船救助方在被救船上进行救助作业的救助方造成的损害，一律按 1500 总吨计算 对旅客人身伤亡的赔偿按照船舶的客定员乘以 46666 SDR，但不得超过 25000000 SDR	
设置地点	在发生损害索赔事故的港口；发生在港口外的，以当事船第一到达港为准；伤亡人员离船港或者货物卸货地港口，实施扣押的国家	
准据法	程序问题适用设置地法	

1976 年《海事赔偿责任限制公约》目前有 25 个参加国，我国未加入该公约。但是，我国《海商法》关于海事赔偿责任限制的规定基本上是参照该公约制定的。[1]

1976 年《海事赔偿责任限制公约》生效以后，为提高责任限额，1996 年 4 月，联合国海事组织又通过了 1976 年公约的《议定书》，对 1976 年《海事赔偿责任限制公约》的内容进行了修改。[2] 如下表所示：

船舶总吨位	人身伤亡的赔偿请求（SDR）	其他赔偿请求（SDR）
不超过 2000	2000000	1000000
2001～3000	2000000，每增加一吨增加 800	1000000，每增加一吨增加 400
3001～70000	2000000，每增加一吨增加 600	1000000，每增加一吨增加 300
70000 以上	2000000，每增加一吨增加 400	1000000，每增加一吨增加 200

---

① 屈广清，等. 海事冲突法新论［M］. 北京：人民出版社，2013：159.
② 屈广清，等. 海事冲突法新论［M］. 北京：人民出版社，2013：159.

六、海事统一实体法在实践中的应用

海事国际统一实体法条约在涉外海事审判中发挥了积极的作用。如"加百利"轮海难救助案①。加百利"（Archangelos Gabriel）轮属于希腊阿昌格罗斯投资公司（Archangelos Investments E. N. E）所有，Archangelos Gabriel 轮载有原油54580 吨，在从香港开往广西钦州的途中，于 2011 年 8 月 12 凌晨 5 时左右在南海琼州海峡北水道搁浅，导致船舶及船载货物均处于危险状态，甚至可能发生海洋污染事故，威胁海洋环境安全。Archangelos Investments E. N. E 公司授权其代理人香港安达欧森有限公司上海代表处紧急委托南海救助局救助并达成无论救助是否成功协助出浅，均按时间、人力付费等条款。此外，Archangelos Gabriel 还另行雇轮，通过实施过驳减载等措施，最后成功脱浅获救。南海救助局请求 Archangelos Investments E. N. E 和香港安达欧森有限公司上海代表处依约定支付拖欠的救助费用人民币 7240998.24 元。Archangelos Investments E. N. E 公司认为根据《中华人民共和国海商法》第 183 条的规定（第 183 条：救助报酬的金额，应当由获救的船舶和其他财产的各所有人，按照船舶和其他各项财产各自的获救价值占全部获救价值的比例承担。），公司仅应按获救船舶占全部获救财产的比例承担救助费用。由于无法达成协议，纠纷诉讼到一审法院广州海事法院，案件具体判决情况为，2014 年 3 月 18 日，广州海事法院做出一审判决，判决部分支持了南海救助局的诉讼请求。2015 年 6 月 16 日，广东省高级人民法院做出二审判决，判决支持 Archangelos Investments E. N. E 公司的主张。2015 年 12 月 24 日，最高人民法院以本案二审判决适用法律错误为由，裁定提审本案。2016 年 7 月 7 日，最高人民法院判决撤销二审判决，维持一审判决，Archangelos Investments E. N. E 公司应向南海救助局支付救助报酬 6592913.58 元及利息。最高人民法院在该案的法律适用部分认为：因 Archangelos Investments E. N. E 公司是希腊公司，Archangelos Gabriel 轮为希腊籍油轮，所以本案具有涉外因素。本案系海难救助合同纠纷，在法律的适用方面，各方当事人在诉讼中一致选择适用中华人民共和国法律，因此，根据《中华人民共和国涉外民事关系法律适用法》第 3 条的规定，应该适用中华人民共和国法律对本案进行审理。《中华人民共和国海商法》是特别法，应优先适用。《海商法》没有规定的，适用《中华人民共和国合同法》等相关法律的规定。另外，中华人民共和国加入了《救助公约》，《救助公约》所确立的鼓励对处于危险中的船舶和其他财产，以及对

① 最高法〔2016〕民再 61 号。

环境安全构成威胁的事件进行及时有效的救助、确保对实施救助作业的人员给予足够的鼓励的宗旨，在本案中应予遵循、倡导。最高人民法院在此对《救助公约》的适用给予了肯定。事实上，《中华人民共和国海商法》第 268 条已对国际公约的适用进行了明确规定：中华人民共和国缔结或者参加的国际条约同本法有不同规定的，适用国际条约的规定；但是，中华人民共和国声明保留的条款除外。

值得说明的是，《救助公约》和《中华人民共和国海商法》均允许当事人另行约定救助报酬。所以，在《救助公约》和《中华人民共和国海商法》规定的"无效果无报酬"救助合同之外，也可以依当事人之间的约定订立雇佣救助合同。

七、海事统一实体法的发展

在实践中，统一实体法解决法律冲突的效果更为直接，统一实体法取代冲突法的思想，得到最近的理论——"新商人法"的支持，这一思潮的代表人物即施米托夫、菲利普·卡恩等。施米托夫认为，"结论是：如果我们仅仅考虑法则区别说及其继承者所论及的法律冲突问题，我们得到的只是片面的和不完整的观念……事实上有两个领域相辅相成：一个领域产生法律冲突问题，另一个领域则通过诉诸普遍承认的法律体系如新商人法，来避免法律冲突问题"①。

在实践中，实体法主义者分为两类："一类是对他们认为按照冲突规范指定的方法适用的实体法，准据法内容并不令人满意的案件，希望构建新的实体法即补充性的实体法。另一类是认为世界贸易中已自发产生一种统一实体法——新商人法。"②

统一也造就分裂，例如，由于《汉堡规则》未获得任何主要航运国家的批准，自此以后，海上货物运输的分裂状态变得更加明显。事实上，有关国际海上货物运输的法律曾是世界上所有国际法中最统一的。③ 但为什么我们多年来会陷入不统一的局面？有人认为原因是"由于国际海事委员会和联合国国际贸易法委员会不顾世界上所有航运国家关于革新规则和谋求统一的呼声，未能更

---

① ［德］格哈德·克格尔. 冲突法的危机［M］. 萧凯，邹国勇，译. 武汉：武汉大学出版社，2008：184.
② ［德］格哈德·克格尔. 冲突法的危机［M］. 萧凯，邹国勇，译. 武汉：武汉大学出版社，2008：160.
③ 屈广清，等. 海事冲突法新论［M］. 北京：人民出版社，2013：58.

新自己制订的规则或协调这些规则"①。

值得注意的是，统一的进程使统一变得不统一，这是一个正常的矛盾运动过程。对此，我们既不能消极悲观，也不能盲目乐观。国际统一实体法的"统一"，是一个多层次的概念，有时甚至是程度很低的统一，中间出现不统一的小曲折甚至出现大的倒退都是正常情况，也许某一天我们猛回头，发现已基本上统一了。②

八、海洋命运共同体构建与中国话语权的法治进路

（一）海洋命运共同体构建的维度

人类只有一个海洋，各国共处一个地球，地球承载着共同的人类命运，人类构成命运共同体。2011 年 9 月 6 日，《中国和平发展》白皮书首次提出了命运共同体的概念。2013 年 3 月，习近平总书记在莫斯科国际关系学院发表演讲时，首次向全世界提出了"命运共同体"这一概念。此后，党的十九大报告、新修订的《中华人民共和国宪法》及《中国共产党章程》均明确提出了推动构建人类命运共同体的要求。在此基础上，2019 年 4 月 23 日，习近平同志在青岛集体会见应邀出席中国人民解放军海军成立 70 周年多国海军活动的外方代表团团长时，首次提出了"海洋命运共同体"的重要理念。

人类海洋命运共同体，即各国海洋命运的休戚与共。各国在追求本国海洋利益时应兼顾他国利益，在谋求本国海洋发展时也应该兼顾他国发展。该理念是对人类命运共同体理念的丰富发展与细化阐述，是践行人类命运共同体的关键环节和重要内容。

如何构建海洋命运共同体，习近平同志从四个维度做了深入阐述：合力维护海洋和平安宁；共同增进海洋福祉；共同保护海洋生态文明；坚持平等协商妥善解决分歧。四个维度互为支撑，关系密切。以上阐述为构建海洋命运共同体指明了方向。

合力维护海洋和平安宁是构建海洋命运共同体立业之基。和平才能生存，安宁才能发展。因此，共同维护海洋和平安宁，应对、消除海上威胁，是构建海洋命运共同体的立业基础。

共同增进海洋福祉是构建海洋命运共同体万斛之源。习近平同志指出，中

---

① ［加］William Tetley. 统一的国际海上货物运输法的瓦解——新的美国参议院海上货物运输法律建议稿［J］. 中国海商法协会通讯，(58)：15.

② 屈广清，等. 海事冲突法新论［M］. 北京：人民出版社，2013：58.

国提出共建 21 世纪海上丝绸之路倡议，就是希望促进海上互联互通和各领域务实合作，推动蓝色经济发展，推动海洋文化交融，共同增进海洋福祉。增进海洋福祉，利用海洋造福人类，不仅是海上丝绸之路发展的动力之源，也是构建海洋命运共同体发展的动力之源。

共同保护海洋生态文明是构建海洋命运共同体固枝之本。保护海洋生态环境，是构建海洋命运共同体之根本。保护开发利用好海洋资源，才能给子孙后代留下永续造福人类的"蓝色银行"，才能延续海洋命运共同体的永恒发展。

坚持平等协商妥善解决分歧是构建海洋命运共同体的万世之策。平等协商、沟通合作是妥善解决涉海分歧，构建海洋命运共同体的基本策略。唯有如此，才能保证海洋命运共同体的和谐共存、合作共赢，建设一个共同繁荣的海洋世界。

（二）海洋法治共同体与海洋命运共同体的构建

海洋法治共同体要求平等对待主权国家的法律，各国在追求本国海洋法律利益时应兼顾他国利益，在谋求本国海洋法律适用时应兼顾他国海洋法律的适用。在此基础上，把海洋国际社会的共同价值、共同理念、共同追求具体化、固定化、法制化，推动公认的国际规则、国际惯例及共同框架落地生根，遵照执行。

海洋法治共同体既是利益共享的共同体，也是共同治理的共同体。在构建海洋命运共同体的过程中，海洋法治共同体具有重要作用。

首先，海洋法治共同体的构建有利于维护海洋和平安宁。海洋法治共同体是一个正义的共同体。海洋法治共同体着眼于全人类的海洋共同价值认知与正义判断，从而可以弱化国家海洋主权的绝对性、排他性和自利性，其以普世价值原则为基础，强调海洋法治的同理和同利，易为各国所自觉接受及参与，有利于维护海洋和平安宁。

其次，海洋法治共同体的构建有利于增进海洋福祉。海洋法治共同体是一个合作的共同体。各国间合作交融，可以形成越来越多的海洋共识，达成越来越多的一致规定或者局部一致的规定，减少海洋法律冲突与障碍，有效推动海洋经济发展，增进海洋福祉。

再次，海洋法治共同体的构建有利于共同保护海洋生态文明。海洋法治共同体是一个保护的共同体。保护海洋生态文明是海洋法治合作的共同目标。海洋的开发、利用，既需要按照可持续发展的原则进行，也需要海洋法治的有效保护。

最后，海洋法治共同体的构建有利于平等协商妥善解决分歧。海洋法治共同体是一个平等的共同体，平等协商是海洋法治共同体构建的基础，有利于妥善解决海洋纷争。

但是，在全球海洋环境治理中，现有的海洋法律框架难于平衡发达国家与发展中国家在海洋责任义务之间的矛盾，一些发达国家不愿意承担更多的海洋法律义务。因此，要打破海洋经济发展与海洋环境保护之间的冲突问题，必须将共同体理念应用到解决问题上，在理念得到世界认同的基础上，及时将之上升到海洋法律制度、原则层面，建立相应的法律框架、法律制度、法律规定，从而形成海洋法治共同体的共同认同，促进海洋法治的深化发展。

（三）推动海洋文化共同进步促进海洋法治共同体的发展

历史的发展、社会的繁盛、人类的进步，都离不开文明的滋养和引领。海洋文化共同进步是海洋法治共同体发展的基础。首先，海洋文化具有传递涉海洋法治经验、维持立法历史的连续性的功能。其次，海洋文化具有教化与培育的功能。再次，海洋文化具有推动社会发展进步的功能。最后，海洋文化在解决"无法实践"或"多法实践"冲突中，具有重要的作用。无法实践即在无法或者法律空白的领域进行"法律实践"，在海洋立法尚未形成时，海洋文化可以为处理海洋问题提供思路与依据。多法实践冲突源于各国立法的不同导致的立法冲突。法律是文化的一种特殊表现形式，因此，海洋法律的冲突也就是海洋文化之间的冲突，即不同的海洋文化体系在相互交流中由于传统的差异和文化模式的排他性而引起的矛盾与抵触。解决海洋法律冲突，根本上依赖于海洋文化冲突的解决。

从原因上看，海洋文化冲突主要原因有如下方面。

一是决定海洋文化的社会客观物质生产方式发生了变化，导致海洋文化产生相应的变化及相应调整。由于各国社会客观物质生产方式发生变化的时间与程度均不一致，海洋文化也无法一致。

二是各国社会的政治、经济、文化发生变革情况不一，导致不同的海洋文化与相应社会的冲突。

三是各种外来海洋文化的冲击，造成内外文化的冲突。

四是海洋文化具有排他性。因为不同的海洋文化产生于不同的区域，具有不同的区域性的特征，对外来文化具有一定的排他性。

五是海洋文化的非适应性。如海洋法律制度文化与海洋法律观念文化存在的不适应性，就会引起海洋法律文化的冲突。

因此，必须关注海洋文化冲突的主要原因，才能为解决海洋文化冲突对症下药，进而为解决海洋法律冲突打下基础。

值得注意的是，各国客观存在的海洋文化冲突，可能会导致不同的海洋立法、海洋制度的冲突，但这种法律冲突是可以通过制定海洋冲突规范、签订实体海洋协议等途径来解决的。因此，海洋文化冲突、海洋文明差异，不应该成为世界冲突的根源，而应该成为人类进步的动力。

因为，任何一种文明都是人类文明的重要组成部分。世界上有 200 多个国家和地区，2500 多个民族，600 多种语言，共同构成了人类文明、海洋文明的图谱。"万物并育而不相害，道并行而不相悖"，文明可以和谐共存，并不必然导致冲突。关键是要平等对待世界上不同的文化与文明。习近平总书记指出，文明是平等的，人类文明因平等才有交流互鉴的前提。

在相互尊重的基础上积极借鉴其他文明的优秀成果，一种文明才能不断获得发展与进步。有的人总看不惯别人的不同，企图改造、同化之，甚至取代之。这是当今世界不同文明交往共同面临的突出问题，也是世界动荡不安的重要原因。在人类发生的无数次战争中，文化的冲突挥之不去，有时甚至成为战乱连续不绝的根源。

不同文明之间的差异，甚至存在矛盾，但这并不可怕，关键要正确认识、理性对待。只要秉持包容精神，就不存在西方人提出的所谓"文明冲突"。只有推动建设"你中有我，我中有你"的人类命运共同体，才能创造人类美好的未来。

因此，要坚持相互尊重、平等对待；坚持"美人之美、美美与共"；坚持开放包容、互学互鉴；坚持与时俱进、创新发展。只有这样，才能推动海洋文化的共同进步，促进海洋法治共同体的发展。

实现海洋法治国际化，形成世界各国共同认同、统一遵循的法律规则，是构建海洋法治共同体的终极目标。但海洋法治共同体的构建与发展，依赖于世界文化共同体的发展与进步。中国要在推动不同海洋文化共同进步上起主导作用。习近平同志指出，文明因交流而多彩，文明因互鉴而丰富。取长补短、择善而从，才能共同进步。要树立双赢、多赢、共赢的新理念，才能更好地推动不同文明、不同文化的共同发展进步。海洋文化的共同进步为海洋法律、海洋法治的共同进步提供了条件。与此同时，在共同进步中的"择善而从"，也为海洋文化、海洋法律、海洋法治的趋同化发展奠定了基础。

（四）增强中国话语权促进海洋法治共同体的发展

话语权决定主动权，中国要在海洋法治共同体构建中起主导作用，就必须改变我国在国际规则制定及国际法律制度领域的被动模式，增强国际话语权，逐渐参与乃至主导全球治理及国际规则的制定，促进海洋法治共同体的发展。

1. 引导各国参与国际海洋共治

中国要在引导各国参与国际海洋共治上起主导作用。当前国际形势呈现世界多极化、经济全球化、文化多样化和社会信息化等特点，海洋面临着气候变化、环境污染、资源短缺、海上犯罪猖獗等共性问题，各国事实上早已处在一个命运共同体中，一荣俱荣、一损俱损，各国唯有齐心协力参与海洋共治，才能解决共同的海洋难题。

2. 创新发展海洋法律原则与规则

在海洋立法上中国应积极主动、率先而为、创新发展、提高质量，不断推出能够被世界各国所接受、并最终成为实实在在海洋法律原则、规则和制度的成果。这些成果是海洋法治共同体的载体和表现形式，对海洋法治共同体的发展厥功甚伟。如中国提出的互相尊重主权和领土完整、互不侵犯、互不干涉内政、平等互利和和平共处五项原则，已经成为超越不同文化领域、社会制度和意识形态采用的基本原则，被世界上绝大多数国家接受。

在海洋实体法的构建上，既要追求本国利益与法律适用，又要考虑他国利益与法律适用。在荣辱与共的海洋共同体中，兼顾他国利益，实质上也是保护本国的利益，而且有时适用外国法可能比适用本国法更有利于保护本国利益及本国当事人。在海洋冲突法的构建上，要兼顾实质正义，实质正义是引导各国海洋法律由共存法至合作法，由合作法至统一法发展的内在诱因与价值追求，是海洋法治国际化及海洋法治共同体发展的必由之路。

3. 构建和谐包容的全球共同海洋法治

构建和谐包容的全球共同海洋法治，中国要做好以下工作。

（1）要做好原则统一。要以"可持续发展"为原则，关注人类海洋整体利益保护；以"和谐共存"为原则，引导各国合理适度地确定国家海洋利益保护的边界；以"平衡兼顾"为原则，构建合理平衡的新型海洋法治框架，充分考虑与尊重弱小国家的利益与参与话语权。

（2）要做好顶层设计。梳理现有相关规定如《联合国人类环境会议宣言》等，在此基础上，推动诸如《世界海洋环境公约》等国际性基本法律的制定。

（3）要做好与时俱进。以共同体的理念和思维，推动修订完善现有与海洋、海洋环境保护相关的公约、多边海洋经济贸易协定、区域海洋经济体协定等。

（4）要做好协商沟通。根据海洋命运共同体的发展与需要，协商制定海洋法治规则及议事沟通规则，及时解决海洋法治中的新冲突、新问题。

（5）要做好层层推进。海洋法治共同体框架、目标的形成，需要不同区域、不同传统、不同体系的联合体的层层推进。如推动海上丝绸之路沿线国家海洋法治合作,探索联合建立专门的海丝海事法院、海事仲裁院等法治合作项目,创新解决体制机制问题,就可以为构建合理的全球海洋法治共同框架探索出有效的路径,为海洋法治共同体的发展产生积极的作用,进而为推动海洋命运共同体的构建做出积极的贡献。

第三节 海事法律冲突的冲突法解决

一、各国规定

关于海事法律冲突的规定,各国的立法不尽一致。如关于海事合同方面,1999 年《俄罗斯联邦商船航运法典》第 418 条规定:"海上旅客运输合同适用旅客船票中规定的法律。"《中华人民共和国涉外民事关系法律适用法》第 41 条规定:"当事人可以协议选择合同适用的法律。当事人没有选择的,适用履行义务最能体现该合同特征的一方当事人经常居所地法律或者其他与该合同有最密切联系的法律。"

1928 年《布斯塔曼特法典》第 285 条规定:"租船契约,如不是附从契约,应受商品输出地法律的支配。"第 287 条规定:"船舶押款契约,除另有约定外,依押款地的法律。"该法典在一些国家是冲突规范的法律渊源。"The Code was ratified by fifteen countries: Brazil, Chile, Colombia, Costa Rica, Cuba, Dominican Republic, Ecuador, Guatemala, Haiti, Honduras, Nicaragua, Panama, Peru, Salvador and Venezuela."[1] 包括巴西在内的 15 个国家签署了该法典。

如果一个在外国船舶上工作的巴西海员在巴西法院对雇主提起诉讼,"Some court would decide in accodance with Article 281 Of the Bustamante Code ('The obligations of the officers and seame and the internal order of the ship are governed by the law of the flag') to Panamanian law, pavilion of the carrier."[2] 巴西的一些法院就会适用《布斯塔曼特法典》,其 281 条规定船员与雇主的关系及船舶内部规定适用船旗国法——临时船旗国巴拿马法。

---

[1] Jacob Dolinger, Carmen Tiburcio. Private International Law in Brazil [M]. Wolters Kluwer, 2017: 37.

[2] Jacob Dolinger, Carmen Tiburcio. Private International Law in Brazil [M]. Wolters Kluwer, 2017: 267.

　　不过，《布斯塔曼特法典》也并没有完全统一冲突规则，相反，其允许国家保留标准或者改变法典的标准，"The Code has many rules that refer to the 'local law' or the 'territorial law', which do not have a uniform meaning and create difficulties to the interpreter."① 法典的许多规则适用于当地法、区域法，没有统一的含义，解释说明比较困难。在巴西，常常引起争议的地方有：当《布斯塔曼特法典》与民法典冲突时如何适用；在非成员国是否可以适用《布斯塔曼特法典》。观点各有不同，"A third opinion advocates that in these cases the Code should be invoked as a doctrinal source of law, the same way non – ratified conventions in general are called upon as a source."② 第三种观点认为对没有签署的国家而言，可以作为一种渊源。

　　。巴西最高法院在承认非成员国葡萄牙法院的判决时认为，《布斯塔曼特法典》应该绝对适用于承认法典的国家，"This judgment of the Supreme Court answers both matters (i) the Bustamante Code superseded the Introduction to the Civil Code and prevails when it conflicts with it and (ii) it is to be applied universally, including to matters related to States that are not part to it."③ 巴西最高法院认为，《布斯塔曼特法典》与民法典相比具有优先性。不过，"Lately, however, the Court has changed its reasoning for applying the Bustamante conflict rule over the Introductory Law rule, basing it on the theory that the latter is a generic rule, whereas the former is a specific rule and when generic an specific rules differ, it is not really conflict, as each one governs different situations."④ 近来法院在对待《布斯塔曼特法典》冲突规则与法律规则的关系上有所变化，理由是后者是一般规则，而前者是具体规则，当两者不一致时的冲突不是真正的冲突，因为它们针对的是不同的对象。例如，实践中也有一些案例，"In one such case the party tried to reach the Supreme Court, claiming that the decision based on the domestic law of another country due to the lex loci executionis rule of Bustamante Code's Article 198 was in conflict with a Brazilian constitutional priciple, but the Court found that there had been

---

① Jacob Dolinger, Carmen Tiburcio. Private International Law in Brazil [M]. Wolters Kluwer, 2017: 38.

② Jacob Dolinger, Carmen Tiburcio. Private International Law in Brazil [M]. Wolters Kluwer, 2017: 38.

③ Jacob Dolinger, Carmen Tiburcio. Private International Law in Brazil [M]. Wolters Kluwer, 2017: 39.

④ Jacob Dolinger, Carmen Tiburcio. Private International Law in Brazil [M]. Wolters Kluwer, 2017: 40.

no express infringement of the Constitution and denied to hear the case."① 有这样一个案件，当事人认为根据《布斯塔曼特法典》第 198 条缔结地法规则确定的适用外国国内法为基础的裁定，与巴西的宪法原则相冲突，故试图上诉巴西最高法院。法院认为没有违反宪法故没有受理案件。

关于海事法律适用规则问题，国外有学者提出了一些理论观点。如有学者认为，如果加拿大法院管辖的船舶碰撞或者与其他触碰案件，不论是否属于加拿大海域的离岸工程或者建设钻井平台，案件适用的法律均是行为地法。"If a claim is made in a Canadian court in respect of a wrong done on a ship or on a marine installation or structure, such as an offshore drilling unit or production platform whether or not it is permanently attached to the sea floor in foreign or Canadian territorial waters, the claim is governed by the law of the jurisdiction in whose waters the act was committed."② 该意思强调了关于行为地法律的适用问题。

如果在公海被碰撞，一般规则是适用船旗国法，其不单是一个法律单元，而是登记效力的一部分。两艘船舶公海上的碰撞适用普通法的加拿大一般海事法。"If a claim is made in respect of a wrong done on a ship on the high seas, the general rule would suggest that the applicable law should be that of the place of the tort being the law of the flag of the ship or, where the flag does not identif a single legal unit, the law in force at the port of registry. A claim in respect of damage caused by the collision of two ships on the high seas is governed by the general maritime law as administered in Canada as part of the common law of Canada."③ 该意思强调了关于船旗国法的适用问题。

对超过一国海域的海事建筑设施的碰撞，建议适用所有人或者使用者的住所地法。"In the case of a wrong done on a marine installation or structure located beyond the territorial sea of a state, it is suggested that the lex loci delicti should be that of the residence of its owner or operator."④ 该意思强调了关于所在地法律的适用问题。

在我国，理论上学者的认识也是不一致的，如关于海事侵权统一论的观点。有人认为，"在一国内水、领海发生的侵权行为，适用侵权行为地法；同一国籍

---

① Jacob Dolinger, Carmen Tiburcio. Private International Law in Brazil [M]. Wolters Kluwer, 2017: 41.
② Janet Walker. Canadian Conflict of laws [M]. LexisNexis Canada Inc, 2018: 35 – 21.
③ Janet Walker. Canadian Conflict of laws [M]. LexisNexis Canada Inc, 2018: 35 – 21.
④ Janet Walker. Canadian Conflict of laws [M]. LexisNexis Canada Inc, 2018: 35 – 21, 22.

的船舶或者损害仅及于船舶内部的，也可适用船旗国法。侵权后当事人可协议选择法院地法或对受害人有利的法"①。该观点是将侵权行为区分为三种情况来处理法律适用问题。

有学者认为："海事侵权，适用侵权行为地法为主，辅之以法院地法、船旗国法。"② 该观点更不是严格意义上的统一论了，因为其准据法有不止一个，无法统一。有的学者提出的准据法更多，如有学者认为："海事侵权，就内水、领海、公海、专属经济区等以侵权行为地法、法院地法、船旗国法进行适用，引入意思自治。"③

二、统一规定

在涉外海事关系法律适用法统一化进程中，起初，"有关海事法的条约和国际惯例多是围绕传统的私法部分和实体法内容来制订和整理的"④。但是，在最近几十年，随着统一化程度的加深和扩展，海事法领域出现了冲突法方面的统一。制订统一的海事冲突法，既可通过制订单一的海事冲突法条约，也可在统一实体法条约中制订一些冲突规定。目前，涉及海事领域的冲突法条约数量可观，简述如下。

单一的海事冲突法条约有（1）1928 年《布斯塔曼特法典》。《布斯塔曼特法典》第 2 卷《国际商法》第 3 编关于"航海和航空商业"中，就船舶和飞机及航海和航空商业的特别契约做出规定。如船舶方面，《布斯塔曼特法典》分别就船舶的国籍、船舶所有权的转移、扣押和出卖船舶、船长的权利和义务、船舶的检查、租船契约、共同海损、船舶碰撞等所适用的准据法做出了规定。（2）1977 年《统一船舶碰撞中有关民事管辖权、法律选择、判决的承认和执行方面若干规定的国际公约》。该公约的第 4、5、6 条规定了船舶碰撞的准据法。（3）1980 年《关于合同义务法律适用公约》。该公约第 2 篇规定了法律适用的统一规则。另外，该公约还规定，只要是本公约所指定的法律，即使不是缔约国的法律，也应适用。（4）1986 年《国际货物销售合同法律适用公约》。该公约第 2 章规定了法律适用的统一规则。另外，该公约还规定，在本公约的范围内，"货物"包括船舶、船只、小船、气垫船、飞机、电力。（5）其他。如 1955 年海牙

---

① 贾占山. 海事侵权法律适用问题研究［D］. 北京：中国政法大学，2006：43.

② 齐艳敏. 海事侵权的法律适用［J］. 前沿，2004（4）：146.

③ 陈湘波. 海事侵权法律适用问题研究［D］. 贵州：贵州大学，2007，38 - 39.

④ 张明远，司玉琢. 世纪之交海商法走势探析［J］. 中国海商法年刊，1997：2.

《代理法律适用公约》等。

统一实体法条约中的一些冲突规范，如（1）1910 年《船舶碰撞公约》。公约第 7 条第 3 款规定："损害赔偿的诉讼期限可以中止或者中断的理由，由审理该案的法院所在地的法律确定。"第 12 条规定："对于非属于缔约国的利害关系人，每一缔约国可在互惠条件下适用本公约的规定；如所有利害关系人与审理案件的法院属于同一国家，则应适用国内法的规定，而不适用本公约的规定。"（2）1952 年《扣船公约》。公约第 6 条规定："在任何情况下，请求人对扣押船舶所引起的损害、或为船舶的释放或防止扣押而提供的保证金或其他担保的费用是否负责问题，应根据在其管辖区域内执行或申请扣押的缔约国法律予以确定。有关船舶扣押和为申请取得第四条所指的权利，以及扣押可能引起的各种程序问题的程序规则，应受在其境内执行或申请扣押的缔约国法律的制约。"（3）1957 年《责任限制公约》。公约第 4 条规定："在不妨碍公约第三条第二款的条件下，有关设立和分配限制基金的各种规则，以及一切程序规则，应受基金设立国法律的约束。"（4）1976 年《海事赔偿责任限制公约》。公约第 14 条规定："有关责任限制基金的设立与分配的规则，以及与之有关的一切程序规则，除本章另有规定外，应受基金设在国法律的制约。"

三、海事电子合同新领域的冲突规范

海事合同是海事领域法律适用相对认识一致的领域，当事人的意思自治原则、最密切联系原则通常是解决其法律适用的根本原则。这些法律适用原则与一般商事合同的法律适用原则并无二致。

商事电子合同在一国领域内，适用本国法律，涉外的电子合同的法律适用问题需要特别明确。无国界的线上交易使电子合同与传统合同差别明显，也带来一些困难。关于电子合同包括海事电子合同的法律适用问题，这两个原则也是适用的。"The question of which jurisdiction's laws are applied to electronic contracts in the UK is settled by the Contracts（Applicable Law）Act 1990（UK）. This act is govrned by Regulation（EC）No. 593/2008 on the law applicable to contractual obligations（Rome I）. The regulation gives parties freedom to choose the law that governs their contract…if the parties did not choose the law applicable to their contract, then their contract is governed by the law of the country with which it is most closely connected."① 英国电子合同也适用与罗马公约一致的 1990 年合同法，公约给予当事人充分的意思自治……如果当事人没有选择法律，则适用最密切联系的法律。当事人的意思自治选择的法律可以适用于整个合同，也可以适用于部分合同。

"The general rules regarding the choice of law in contracts has been covered by Article 19 of the Civil Transactions Law…By applying the above rules to electronic consumer contracts, parties choose the governing law which has been expressed, and this law is then applied. In the absence of choice of law in the agreement, then the law of the country in which all of the parties are domiciled will govern the consumer contract. However, when the parties are domiciled in different countries, then the law of the country in which the consumer contract was concluded will apply."② 关于电子合同的法律适用，民事交易法第 19 条规定了合同的法律选择……根据该规则，电子合同的法律适用首先也是考虑当事人选择的法律，在贸易选择时，适用当事人共同居所地法，没有共同居所地的，适用合同签订地法。

在合同及电子合同的法律适用中，必须考虑"不公平条款"问题。"The Unfair Terms in consumer contracts Regulations 1999 applies to agreements between a consumer and a seller or supplier."③ 该"Regulations"规定的"不公平条款"存在于消费者与商家之间，消费者之间的合同、商家之间的合同、无消费者的合同如雇佣合同，不在调整范围之列。

关于对"不公平条款"涉及的消费者保护问题，The Council directive 93、13、EEC April 1993 article 6（2）规定了法律选择问题，要求成员国采取必要的措施保证在合同与成员国有紧密联系时，当事人选择欧洲经济区以外国家的法律时，不能低于该指令的保护程度。"A consumer does not lose the protection granted by the Directive by offering a choice of the law of a country outside the European Economic Area as the law applicable to the countract, if the contract has a close connection with the territory of the Member States." 但是 "The UAE's Federal Law No. 24 of 2006 Consumer Protection does not offer a solution in cases where the electronic con-

---

① Abdullah Nawafleh. Electronic contracts and torts in the UK and the UAE private international law [J]. International Journal of Private laws, 2017, 8 (3/4): 301.

② Abdullah Nawafleh. Electronic contracts and torts in the UK and the UAE private international law [J]. International Journal of Private laws, 2017, 8 (3/4): 303.

③ Abdullah Nawafleh. Electronic contracts and torts in the UK and the UAE private international law [J]. International Journal of Private laws, 2017, 8 (3/4): 301.

sumer contract does not specify choice of law and where the parties are from different countries."① 在这种情况下，电子合同的消费者是弱者，得到的保护不够。应该借鉴适用消费者住所地法的做法。

在海事合同中如何适用意思自治原则、最密切联系原则是一个值得研究的问题。通常最密切联系原则不以个人意志为转移，但个别情况下也可以"造"连结点。但意思自治是可以利用好的一个原则。

但是，实践中的情况并非如此，有时合同起草者匆匆忙忙确信适用某一法律之后，就赶紧关注下一个条款了。纽约州及联邦法院在规则缺席时，提供了辅助的分析规则。"Such inattention exposes the issuer to unnecessary legal risk. Over the past several decades, the state and federal courts in New York have developed several interpretive default rules that they use exclusively to construe the ancillary language in this clauses—everything except for the word ' New York'."② 事实上这样的效果并不好，常常会引起法律适用上的争议。在 John F. Coyle 收集的 2016 年的 351 个公司合同中，保荐机构多是美国的公司，债券、债务涉及数亿美元，都存在同样的问题，甚至许多大公司、大项目、大律师参与的合同，也是如此。为什么法律选择条款如此落后于时代？"The issuers are major US corporations. The bonds issued pursuant to the indentures frequently give rise to hundreds of millions of dollars in indebtedness. The lawyers assisting with these transactions work at some of the lagest and most prestigious firm in the USA. How can it be the choice – of – law clauses in so many of these constracts are so woefully out of date?"③

如何解决这样的问题，有没有统一的科学的格式表述，值得思考。事实上选择 New York "法律"本身就是一个含糊的条款。是 New York 的整个"法律"，包括冲突规范条款规定，还是不包括冲突规范规定？不太明确，容易引起争议。在 John F. Coyle 收集的 2016 年 351 个公司合同中，只有 55% 明确排除了 New York 的冲突法。在适用范围方面，只有 12% 的合同选择法律条款明确适用的事项包括相关的侵权、赔偿。

如有国家明确排除适用于涉外案件，这时，就不能认为准据法是指该国的

---

① Abdullah Nawafleh. Electronic contracts and torts in the UK and the UAE private international law [J]. International Journal of Private laws, 2017, 8 (3/4): 303.
② John F. Coyle. Choice – of – law clauses in US bond indentures. Capital Markets Law Journal, 2018, 13 (2): 152.
③ John F. Coyle. Choice – of – law clauses in US bond indentures [J]. Capital Markets Law Journal, 2018, 13 (2): 153.

整个"法律"。如美国 2018 年《Draft Model Unclaimed Property Act》的规定："Section 103. Inapplicability to Foreign Property. This Act does not apply to property owned by or owed to a foreign person, or resulting from a transaction that occurred in a foreign country."。(103 条不适用于外国财产，不适用于外国人拥有的财产、拖欠的债务或交易发生在外国的行为。)

关于一般法律选择条款，有的表述是指合同适用法律，这里的法律包括程序法也包括实体法，但纽约法院的法律选择条款一般只是承认纽约实体法，除非当事人明确表示选择的是程序法。"New York courts is that a generic choice – of – law clause only selects the 'substantive' law of New York. Such a clause does not select the 'procedural law' of New York unless the parties expressly say so in their agreement."① 在 John F. Coyle 收集的 2016 年 351 个公司合同中，只有 2% 明确了 New York 对实体法、程序法的一并适用。

关于一般法律选择条款，有的表述是"governed by"，有的是"interpreted in accordane with"，有的是"construed in accordance with"，"Under the logic of the second Circuit's decision, any existing contract that uses the word 'construed' instead of the word 'governed by' does not choose the law to govern claims to the contract. It only choose the law that will be used to interpret the contract."②。可见，使用"construed"的作用范围比较窄。在 John F. Coyle 收集的 2016 年 351 个公司合同中，接近 83% 的合同用的是"governed by"，这既涵盖了合同的实体法，也涵盖了相关诉讼。17% 左右的用的是"construed in accordance with"，这样表述准据法的适用会漏掉合同中的权利义务。

在 John F. Coyle 收集的 2016 年 351 个公司合同中，还有"Indenture"与"securities"的不同适用，接近 97% 的这些的法律选择条款既适用"Indenture"也适用"securities"，3% 的法律选择条款只适用"Indenture"。

如果希望选择的法律适用于海事合同有关诉讼的所有方面，则下面是可以采用的示范条款。条款语言清晰地表述了：(1) 当事人希望选择纽约州内法，不包括其冲突法；(2) 纽约州内法适用于与合同有关的侵权及法定的诉讼；(3) 不管任何诉讼都要适用纽约程序法；(4) 纽约合同应该适用纽约的法律；

① John F. Coyle. Choice – of – law clauses in US bond indentures [J]. Capital Markets Law Journal, 2018, 13 (2): 158.
② John F. Coyle. Choice – of – law clauses in US bond indentures [J]. Capital Markets Law Journal, 2018, 13 (2): 160 – 161.

（5）准据法适用于合同及有价证券。"This clause contains language clearly stating that（i）the parties want to select the 'internal' law of New York，excluding its conflict-of-law rules，（ii）New york law shall apply to tort and statutory claims that 'relate' in some way to the contract，（iii）New York's procedural law shall apply regardless of where the suit is brought，（iv）New York contract shall be 'governed by' the laws of New York and（v）the chosen law applies to both the 'Indenture' and the 'Securities'."①

对我国规定而言，海事合同、海事电子合同适用当事人选择的法律。当事人没有选择的，适用与该合同有最密切联系的法律，一般情况下，与该合同有最密切联系的法律是履行义务最能体现该合同特征的一方当事人经常居所地法律：（1）船舶设计合同，适用受托人的主营业所所在地法；（2）船舶建造或修理合同，适用船舶建造地或修理地的法律；（3）船舶买卖合同，适用合同订立时卖方的主营业所所在地法；（4）海上旅客运输合同，适用合同订立时承运人的主营业所所在地法；（5）海上运输合同适用承运人的主营业所所在地法；（6）船舶租用合同，适用出租方的主营业所所在地法；在光船租船合同下，适用光船承租人的主营业所所在地法；（7）船舶抵押贷款合同，适用贷款方的主营业所所在地法；（8）海上拖航合同，适用承拖人的主营业所所在地法。

关于该部分的内容较多，需要分总体的理由说明及具体海事合同法律适用条款的理由说明两部分。

关于总体的理由说明如下。

海事合同是涉外海事关系法律适用领域的重要方面，海事合同种类多，相应的纠纷较多，海事合同的法律适用规定上冲突也较多。《中华人民共和国海商法》只规定了合同的法律适用问题，没有特指海事合同。《中华人民共和国涉外民事关系法律适用法》第41条规定："当事人可以协议选择合同适用的法律。当事人没有选择的，适用履行义务最能体现该合同特征的一方当事人经常居所地法律或者其他与该合同有最密切联系的法律。"该规定中的"适用履行义务最能体现该合同特征的一方当事人经常居所地法律"，属于合同的特征性履行方法，即根据合同的特殊性质确定合同法律适用的方法，适用的是与特征性之债务履行人联系密切的法律。自20世纪60年代开始，许多国家尤其是大陆法系国家采用了最密切联系原则具体化的方法，即以特征性履行方法来体现最密切

---

① John F. Coyle. Choice-of-law clauses in US bond indentures［J］. Capital Markets Law Journal，2018，13（2）：166.

联系原则，以特征性履行作为确定最密切联系的客观依据。值得注意的是，既然"适用履行义务最能体现该合同特征的一方当事人经常居所地法律"的规定已经体现了最密切联系原则，是最密切联系原则的具体化，为何该条还要规定"适用履行义务最能体现该合同特征的一方当事人经常居所地法律或者其他与该合同有最密切联系的法律"？难道在特征性履行体现的最密切联系之外，还有其他与该合同有最密切联系的法律？而且法律规定可以在这"两个"最密切联系原则之间进行选择。如果这样，那么这"两个"最密切联系原则的适用都会受到相互减损，而且在两个最密切联系原则之间进行选择适用，也与情理不符。如果说，"适用履行义务最能体现该合同特征的一方当事人经常居所地法律"的规定不是最密切联系原则，将之与"其他与该合同有最密切联系的法律"并列选择适用则更加不妥。

【立法例】1999 年《俄罗斯联邦商船航运法典》第 418 条规定："海上旅客运输合同适用旅客船票中规定的法律。"《中华人民共和国涉外民事关系法律适用法》第 41 条规定："当事人可以协议选择合同适用的法律。当事人没有选择的，适用履行义务最能体现该合同特征的一方当事人经常居所地法律或者其他与该合同有最密切联系的法律。"

建议：【船员劳动合同】除合同另有约定外，船员劳动合同，适用船旗国法、当事人住所地法中对船员保护有利的法律。

立法依据与参考：该条《中华人民共和国海商法》没有规定，应予补充。笔者的建议，体现了对弱者的实质性保护。

笔者在海事合同法律适用方面，比照采用了特征性履行的方法来确定准据法。但是，特征性履行方法不是对所有海事合同都适用的，特征性履行方法的范围不能覆盖所有合同，因为该方法降低了付款方法律的重要性，付款行为虽然不能体现合同的履行特征，但具有重要的作用，对合同有实质性的影响。另外，特征性履行不能实现法律的人文关怀。而且，特征性履行行为也不是总能得到准确认定的。因此，船员劳动合同不宜采用特征性履行的方法。

一般来说，船员工作的地点在船舶上，与船旗国有密切的联系，另外船旗国还可以监督执行船员劳动福利方面的规定，因此利用船旗国法解决船员劳动合同的相关问题是有一定道理的。但是，道理是一回事，效果又是另外一回事。在船员劳动合同中，船员是处于弱势的一方群体，适用船旗国法律不一定能够对他们提供有利的法律保护，因此，可以在相关法律中进行比较，寻找对船员劳动合同保护最有利的法律。

国外立法中关于船员的劳动合同的法律适用问题的一些规定，也值得借鉴。

如 1999 年《俄罗斯商船航运法典》第 416 条规定："1. 船员的法律地位以及船舶营运中船员间的关系适用船旗国法。2. 船舶所有人与船员间的关系，适用船旗国法，在规定船舶所有人与外国船员间关系的合同中另有约定的除外。劳动合同的当事人选择的适用于船舶所有人与船员间关系的法律，不得免除在当事人未达成法律选择协议时本应适用的，比照国家标准船员应享有的工作条件。"该规定在对船员的保护方面，有一定的考虑，即当事人选择的法律"不得免除在当事人未达成法律选择协议时本应适用的，比照国家标准船员应享有的工作条件"，这样的规定体现了对船员的保护。

我国立法对船员劳动合同的法律适用问题缺乏专门的规定，理论上学者的意见也不统一，特别是在保护弱者利益方面意见建议不同。有学者建议"外派船员雇佣合同当事人没有选择准据法时，适用船旗国法"①。也有学者建议在冲突法的立法中对船员进行利益保护："对船上发生的人身伤亡，受害人选择以原已存在的合同关系提起违约之诉时，应适用合同中约定的准据法，受害人选择提起侵权之诉时，应按上述规定分别加以确定准据法，但也可以适用合同中约定的准据法。但在任何情况下，案件所适用的准据法中对受害船员的赔偿低于该船员本国法规定时，应适用该船员本国法。"② 以上建议观点不同，有的学者不主张对船员进行专门保护，有的学者强调对船员进行专门保护。

笔者的该条建议，体现了对弱者的实质性保护，体现的是"实质正义"。同以上立法及立法建议相比，更有利于保护弱势群体。

四、我国的规定

关于涉外海事关系的法律适用，《中华人民共和国海商法》也有明确的规定。

1. 关于国际条约。《中华人民共和国海商法》第 268 条第 1 款：中华人民共和国缔结或者参加的国际条约同本法有不同规定的，适用国际条约的规定；但是，中华人民共和国声明保留的条款除外。

2. 关于国际惯例。《中华人民共和国海商法》第 268 条第 2 款：中华人民共和国法律和中华人民共和国缔结或者参加的国际条约没有规定的，可以适用国际惯例。

---

① 彭先理，瞿国忠. 外派船员雇佣合同法律适用问题研究 [J]. 江苏警官学院学报，2005（5）：85.
② 韩立新. 海事国际私法 [M]. 大连：大连海事大学出版社，2001：229.

3. 关于船旗国法。《中华人民共和国海商法》第 270 条：船舶所有权的取得、转让和消灭，适用船旗国法律。《中华人民共和国海商法》第 271 条：船舶抵押权适用船旗国法律。船舶在光船租赁以前或光船租赁期间，设立船舶抵押权的，适用原船舶登记地的法律。《中华人民共和国海商法》第 273 条第 3 款：同一国籍的船舶，不论碰撞发生在何地，碰撞船舶之间的损害赔偿适用船旗国法律。

4. 关于法院地法。《中华人民共和国海商法》第 272 条：船舶优先权，适用受理案件的法院所在地法律。《中华人民共和国海商法》第 269 条第 2 款：船舶在公海上发生碰撞的损害赔偿，适用受理案件的法院所在地法律。《海商法》第 275 条：海事赔偿责任限制，适用受理案件的法院所在地法律。

5. 关于侵权行为地法。《中华人民共和国海商法》第 269 条第 1 款：船舶碰撞的损害赔偿，适用侵权行为地法律。

6. 关于理算地法。《中华人民共和国海商法》第 274 条：共同海损理算，适用理算地法。

7. 关于意思自治与最密切联系原则。《中华人民共和国海商法》第 269 条：合同当事人可以选择适用的法律，法律另有规定的除外。当事人没有选择的，适用与合同有最密切联系的国家的法律。

值得注意的是，学界在理论上关于上述法律规定认识也不统一，如对于理算，有共同安全派和共同利益派两种观点。共同安全派认为共同海损是为了保证船货各方的共同安全，对于其牺牲和费用，以船货达到安全为限，其后发生的任何牺牲和支付的额外费用都不能列入共同海损范围。共同利益派的观点认为，共同海损的牺牲和费用是为了船货双方的共同利益而采取的，应扩展到船舶能保证安全续航时为止，保证船货各方利益不受损害；主张共同海损的牺牲和费用应予以放宽。

关于涉海商事冲突规范，我国 2010 年《中华人民共和国涉外民事关系法律适用法》没有对海事关系的法律适用做出规定。2002 年《中华人民共和国民法（草案）》第九编对海事物权、海难救助、船舶碰撞进行了规定，条文不多。《中华人民共和国冲突规范（示范法）》规定较多，具体有以下内容。

第 33 条规定：对因铁路、公路、水上和航空事故请求损害赔偿提起的诉讼，如车辆、船舶最先到达地、加害船舶被扣留地或者航空器最先降落地位于中华人民共和国境内，中华人民共和国法院享有管辖权。

第 34 条规定：对因海难救助费用提起的诉讼，如救助地、被救助船舶最先到达地、被救助船舶扣押地或者被救助货物扣押地位于中华人民共和国境内，中华人民共和国法院享有管辖权。

第 35 条规定：对因共同海损提起的诉讼，如船舶最先到达地、共同海损理算地或者航程终止地位于中华人民共和国境内，中华人民共和国法院享有管辖权。

第 36 条规定：对因商业活动纠纷导致被告的船舶在中华人民共和国领域内被扣押的，中华人民共和国法院对与该扣押直接有关的诉讼享有管辖权。第 84 条规定：船舶所有权的取得、转让和消灭，适用船旗国法。

第 85 条规定：船舶抵押权，适用船旗国法。船舶在光船租赁以前或者光船租赁期间，设立船舶抵押权的，适用原船舶登记地法。

第 86 条规定：船舶留置权，适用船舶留置地法。

第 108 条规定：除当事人另有约定外，在一国领海、内水内发生的海难救助，适用救助作业地法；在公海上发生的海难救助，适用救助船舶的船旗国法；国籍相同的船舶之间发生的海难救助，适用共同的船旗国法。

第 109 条规定：共同海损理算，适用当事人约定的理算规则。没有约定的，适用理算地法。

第 119 条规定：在一国领海、内水内发生的侵权行为，不论其影响及于船舶以外还是仅限于船舶内部，适用侵权行为地法。其影响仅限于船舶内部的，也可以适用船旗国法。在公海上发生的侵权行为，适用受理案件的法院地法；但其影响仅限于船舶内部的，适用船旗国法。同一国籍的船舶，不论碰撞发生于何地，船舶碰撞的损害赔偿的，适用船旗国法。

《中华人民共和国国际私法（示范法）》以上规定条文较多，但仍然不够全面系统。

2010 年中国国际私法学会《中华人民共和国涉外民事关系法律适用法（建议稿）》对船舶碰撞、海难救助、海损理算等进行了规定，条款并不多。在笔者所拟的《中国冲突法（草案）》中，条款较多，比较系统。《中国冲突法（草案）》第二部分即海事法律关系的适用篇，从 321 条到 352 条，共 32 条。但《中国冲突法（草案）》对海事关系法律适用的规定仍然不够全面，如对海上旅客运输、海上拖带等缺乏规定。

2018 年交通运输部提出的《中华人民共和国海商法（修订征求意见稿）》对《中华人民共和国海商法》的法律适用部分提出了以下修订建议。

1. 完善海事海商合同法律适用的规定，引入《涉外民事关系法律适用法》的特征性履行原则。

2. 确立第四章规定对装/卸货港为我国港口的国际海上货物运输合同的强制

适用原则。

3. 增加船旗变更时船舶所有权、建造中的船舶抵押权、船舶留置权以及船舶担保物权相互之间受偿顺序的法律适用规定。

4. 完善船舶碰撞法律适用规定，参考《涉外民事关系法律适用法》对侵权的法律适用规定引入意思自治原则。

5. 对公共秩序保留适用的范围进行限缩，仅要求外国法律的适用不得违背我国社会公共利益。

第四节　改革开放 40 年我国海事法律适用法的回顾与前瞻

一、立法回顾

我国是一个文明古国，航海业有辉煌的历史，积累了一些海事方面的法律，但因年代久远且疏于整理，已经难以查考。清朝末年，西方列强的坚船利炮轰开国门。清政府基于内忧外患的压力，被迫修订法律。清末修律是中国法制现代化的开端，也是我国近代海事立法的开端。1909 年制订的《大清商律》中就包括有 263 条法规的《海船法》。但该部法律还未正式颁布清政府就被推翻。1929 年，南京国民政府在清末《海船法》的基础上，制定并颁布了我国近代第一部《海商法》，并于次年颁布了配套的《海商适用法》。

中华人民共和国成立以后，由于当时美国的禁运与封锁，我国与西方国家关系发展缓慢，在当时的历史条件下，除 1959 年中苏领事条约中有一条冲突规范外，直到 1979 年，我国关于冲突规范的国内立法仍然是一片空白，海事关系法律适用法的立法更是如此。

涉外关系法律适用法特别是海事关系法律适用法在中国的发展主要是改革开放以后的事情。改革开放以后，涉外民事关系得以快速发展，颁布的一些法律中，冲突规范或海事冲突规范条款经常出现。如 1985 年的《中华人民共和国涉外经济合同法》（第 5 条）、《中华人民共和国中外合资企业实施条例》（第 15 条）、《中华人民共和国继承法》（第 36 条）、1986 年的《中华人民共和国民法通则》（第 142～150 条）、1992 年的《中华人民共和国海商法》（第 268～276 条）等都规定有冲突规范或海事冲突规范的内容。1992 年的《中华人民共和国海商法》是国内首次专章系统规定海事冲突规范内容的海商法法典。2010 年通过的《中华人民共和国涉外民事关系法律适用法》以单行法的形式出现，理论与实务界多给予了较高的评价。但该法没有规定海事冲突规范的法律适用问题。

除以上立法外，中国还颁布了大量的司法解释来规范海事冲突规范问题。例如，2001 年《最高人民法院关于海事法院受理案件范围的若干规定》、2010 年《最高人民法院关于审理海事赔偿责任限制相关纠纷案件的若干规定》、2011 年《最高人民法院关于审理船舶油污损害赔偿纠纷案件若干问题的规定》等。

在我国香港等地区，也都有海事冲突规范的相关规定。如 1999 年《澳门民法典》第 23 条规定："在船舶或航空器上之行为，一、属地法为准据法时，于港口或机场以外之船舶或航空器上所作之行为，适用注册地法；二、军用船舶及航空器，视为所属国之领土或所属地区领域之一部分。"

总体来看，我国海事冲突规范立法开展较晚，立法条文不多，许多海事领域的法律适用问题没有得到规定，且长期没有得到修改，与司法实践的快速发展不相适应。因此，国内研究机构、研究团体及研究人员就我国涉外海事关系法律适用法的立法问题，提出了一些立法草案及建议案。冲突规范草案除 2002 年《中华人民共和国民法（草案）》第九编（共 94 条）是官方（全国人大常委会法制工作委员会）提出之外，其他立法草案及建议案都是学者提出的。我国学者对冲突规范法典化是抱有空前热情的，因此提出的立法草案及建议案均是主张采用法典化的立法形式。关于学者建议案，冲突规范专家章尚锦教授经过认真收集整理后认为我国相关的立法建议案有："（1）《我国立法、司法解释中冲突规范条文摘编》，编辑人章尚锦、张秀珍，见 2004 年中国冲突规范学会年会论文集；（2）2000 年《中华人民共和国国际私法示范法》，中国国际私法学会制定，法律出版社 2000 年版；（3）《中华人民共和国民法（草案）》第九编和对该编提出修改建议的 400 篇左右的文章；（4）《国际民商事法律关系法律适用法建议稿》，中国政法大学国际私法研究所，2004 年；（5）《中国冲突法（草案）》，原大连海事大学屈广清教授起草，见中国国际私法学会 2005 年年会发言代表论文集；（6）《中华人民共和国法律适用法（草案）》，建议人朱勇（执笔人）、石巍、李云、郭晓梅，1994 年中国国际私法学会年会上发表；（7）《涉外民事关系的法律适用法》专家建议稿（费宗祎、刘慧珊、章尚锦起草），2002 年 4 月。"

2006 年以后重要的立法建议案还有 2010 年中国国际私法学会草拟的《中华人民共和国涉外民事关系法律适用建议稿》，78 条。此外，"李双元、屈广清等学者以个人名义向全国人大法工委提交了个人起草的《法律适用法草案》"。关于制定中国国际私法法典问题，章尚锦教授还提出："建议尽快成立中华人民共和国国际私法 9 人起草小组或委员会，在全国法工委领导下起草。人员组成：原《涉外民事关系的法律适用法》专家组 3 人（费宗祎、刘慧珊、章尚锦）；外交部 1 人（原《中华人民共和国法律适用法（草案）》起草人之一）；武汉大学 2 人，代表中国国际私法学会和武汉大学；《中国冲突法（草案）》起草人，原大连海事大学法学院屈广清教授；中南财经政法大学 1 人，张仲伯教授等。"

在以上立法草案及建议案中，2000 年中国国际私法学会起草的《中华人民共和国国际私法示范法》影响较大，其他草案的规定与《中华人民共和国国际私法示范法》大体一致。从《中华人民共和国国际私法示范法》的规定来看，其规定海事关系法律适用的条款较少，从内容看，与 1992 年《中华人民共和国海商法》的相关内容有许多相同的地方，但也有一些有益的规定，如对海难救助的规定等，《中华人民共和国海商法》就没有这方面的规定。在学者的一些研究著述及论文中，也有一些专门针对海事冲突规范的立法建议（如大连海事大学修改《中华人民共和国海商法》课题组建议案中关于海事法律适用的 16 条）等。但是，以上关于冲突规范立法草案及建议案虽然条文较多，但都是将海事冲突规范与其他民商事冲突规范的规定混同在一起规定的，没有专门的海事冲突法的编、章、节。海事冲突规范内容与其他民商事冲突规范内容混同规定，无法确定适用顺序，无法形成专门的海事冲突法。

二、成果回顾

海事关系法律适用法理论是在冲突规范理论基础上产生与发展的，事实上，在海事关系法律适用法领域单独形成的理论较少，很多时候，冲突规范理论对海事关系法律适用法是适用的或者部分适用的。中国的冲突规范及海事冲突规范理论研究虽因历史原因而起步较晚，但改革开放以后，发展较快，取得了一定的研究成果。

中华人民共和国成立以后，国外冲突规范思想传入中国，具体分三个阶段：1949—1965 年；1966—1977 年；1978 年至今。在 1949—1965 年阶段，中国冲突规范思想主要受苏联冲突规范学说的影响，如隆茨的冲突规范思想。在 1966—1977 年阶段，冲突规范像其他学科一样，发展停滞不前。

1978 年十一届三中全会胜利召开以后，冲突规范研究及立法开始进入快速的发展轨道。武汉大学在冲突规范发展中，起到了带头作用。如 1980 年，武汉大学成立国际法研究所，专门研究国际法包括冲突规范的理论与实践问题，并于 1985 年 7 月和 1987 年 10 月分别在贵阳和武汉主持召开了两次全国国际私法的专门研究会，正式成立了全国性的国际私法研究组织中国国际私法研究会，每年召开一次年会，研究会对冲突规范的研究起到了巨大的促进作用。值得注意的是，海事冲突规范也是中国冲突规范学会研究的重要内容之一。如中国国际私法学会在 1991 年年会上专题讨论了海事案件管辖权问题；在 1996 年年会上以海事冲突规范为主要议题进行了系统研讨；在 2005 年年会上以专题形式对海事冲突规范进行了分组讨论；在 2012 年年会上对海事冲突规范进行了专题研讨；此外 2014 年年会的议题也包括海事冲突规范的内容。

在冲突规范著作、教材中，涉及海事冲突规范的内容有如下。韩德培主编的面向 21 世纪全国高等学校法学专业核心课程教材《国际私法》①，其第 15 章就是海事的法律冲突法，有两节：海事关系的法律冲突；海事关系的法律适用。李双元主编的普通高等教育 "十一五" 国家级规划教材、面向 21 世纪课程教材《国际私法》②，其第 13 章为 "海事冲突规范的几个问题"，规定了海上侵权行为、海难救助、共同海损、海事赔偿责任限制几个方面的内容。国内海商法学者的教材中，也有规定海事冲突规范问题的，如司玉琢主编的普通高等教育 "十五" 国家级规划教材《海商法》③，其第 15 章是涉外海事关系的法律适用方面的内容与规定，这些规定与冲突规范学者的观点基本一致。

我国也有一些学校把海事冲突规范的内容从冲突规范中分出来专门开课或进行教学，如大连海事大学、上海海事大学就为本科生、研究生开设了海事冲突规范的必修课或选修课。不过迄今，我国大陆学术界有关国际海事领域法律适用问题的研究基础还比较薄弱，这方面的著作十分有限。④

在论文方面，研究冲突规范的论文较多，冲突规范专家章尚锦统计的情况是 "文章 400 篇左右"。但研究海事冲突规范的论文数量较少。

值得注意的是，赖来焜著的《海事国际私法学》⑤，该书是一部比较全面研

---

① 韩德培. 国际私法 [M]. 北京：高等教育出版社，北京大学出版社，2000.

② 李双元. 国际私法 [M]. 北京：北京大学出版社，2011.

③ 司玉琢. 海商法 [M]. 北京：法律出版社，2013.

④ 韩立新. 海事国际私法 [M]. 大连：大连海事大学出版社，2001.
　王国华. 海事国际私法研究 [M]. 北京：法律出版社，1999.
　王国华. 海事国际私法原论 [M]. 北京：北京大学出版社，2007.
　王国华. 海事国际私法——冲突法篇 [M]. 北京：北京大学出版社，2009.
　屈广清. 海事国际私法新编 [M]. 北京：法律出版社，2005.
　王国华. 海事国际私法专题研究 [M]. 沈阳：辽宁大学出版社，2012.
　王国华. 海事国际私法理论与实务研究 [M]. 沈阳：辽宁大学出版社，2004.
　侯军. 当代海事国际私法 [M]. 上海：上海科学技术出版社，1990.
　侯军. 当代海事法律适用法学 [M]. 北京：世界图书出版公司，1998.

⑤ 赖来焜. 海事国际私法学 [M]. 台北：神州图书出版有限公司，2002.

究海事冲突规范问题的著作，也是在"为海事冲突规范催生"的学术著作。其内容包括海事冲突规范之基础论；海事冲突规范之船舶国籍法原则；海事冲突规范中海商法通则之准据法；船舶所有权之准据法；船舶优先权之准据法；船舶抵押权之准据法；海事赔偿责任限制之准据法；海事契约之准据法；船舶碰撞之准据法；海难救助之准据法；共同海损之准据法。每一部分的内容包括法律冲突与法律适用两大部分。该书有以下特点。（1）作者分别就海商法中每一课题，"先就比较法观点归纳其'法律冲突'发现海事冲突规范之因，次就冲突规范观点分析其'冲突法律'解决海事冲突规范之途，最后就统一实体法观点研究相关国际公约寻找海事冲突规范之趋同化等实质内涵"。这是一种较好的解决海事冲突规范专题问题的研究方法。因为如果不研究海事冲突规范之因，就无法清楚各国海事冲突规范的分歧，无法找到解决分歧的准确方法，会使得解决海事冲突规范之途受阻。（2）在法律适用部分，该书对有些专题的介绍非常详细。如在船舶优先权准据法决定方面，介绍了原因行为准据法主义；权利发生地法主义；船籍港所在地法主义；法庭地法主义；船籍国法主义；折中主义等。（3）以海事冲突规范趋同化为目标，对相关国际公约有比较详细的论述，如对 1926 年《统一船舶优先权与抵押权之国际公约》、1967 年《统一船舶优先权与抵押权之国际公约》、1993 年《船舶优先权与抵押权公约》、1989 年《国际救助公约》等进行了比较详细的论述。

但是，该著作以现有法律规定的比较为主，并没有研究立法及立法完善问题。体系上不够完整，没有包括油污、拖航合同、船员劳动合同、船舶租用合同等内容。在叙述上以内容介绍为主，理论性探讨较少。

在相关论文的研究成果中，吴光平的《海商法与海事国际私法研究》一书大部分属于海商法的内容，只有第六章"海难救助准据法之研究"属于冲突规范的范畴（该章内容实际上是其发表在刊物上的论文）。作者将契约海难救助的准据法与自愿海难救助的准据法分开进行研究，契约海难救助的准据法可以采用合同法律适用的方法，自愿海难救助的准据法有统一论与区别论两种不同的法律适用方法，作者认为"统一论不分地域，一律以单一冲突法则适用于所有自愿救助事件，自无因习惯国际法或条约国际法对海域之划分而与其法律适用所生海域界限争论之问题，无疑较能达成法律适用的一致性、完整性，但其不区别救助发生于何水域，一律以同一标准定自愿海难救助的准据法，实忽视了自愿海难救助浓厚的地域、场所性格"。但作者同时提到，传统的区别论也是有弊端的，随着海难救助中心思想由奖励救助、请求报酬转变为海洋环境保护、海洋法秩序随着《联合国海洋法公约》经济属区制度的建立等而应做调整。作者的这些观点，特别是海洋环境保护的视角对国家的相关立法有所启发与借鉴。

　　总体来看，以上著作、论文研究的海事领域均不全面：研究上没有对海事审判判例情况进行系统的实证分析；没有考虑海事冲突正义乃至海事实体正义的实现这一价值目标；没有研究海事冲突规范的原则与具体制度；范围上没有涉及所有的海事领域；没有具体研究我国海事冲突规范立法及完善问题，没有提出系统的立法建议稿；等等。这些研究的不足的状况也影响了我国涉外商事问题（包括海商问题）冲突法的制定工作。由于研究不够，涉外商事问题（包括海商问题）又比较复杂，《中华人民共和国涉外民事关系法律适用法》就没有包括涉外商事问题（包括海商问题）。因此，这方面的研究亟待加强。

三、重点问题

（一）单独制定涉外海事关系法律适用法单行法的问题

　　由于《中华人民共和国民法通则》和《中华人民共和国涉外民事关系法律适用法》均未涉及涉外海事关系，目前解决涉外海事关系的法律冲突仍然适用《中华人民共和国海商法》。而《中华人民共和国海商法》是计划经济年代的产物，其关于涉外海事关系法律适用的规定只有 9 条，且"年久未修"，远不能适应当代海事实践发展的需求，造成一些涉外海事纠纷无法可依，"用法"不一。如在船舶物权方面，海商法只规定了船舶所有权、船舶抵押权、船舶优先权等内容，没有规定船舶留置权；在海事侵权方面，海商法只规定了船舶碰撞的法律适用，没有规定油污、海上人身伤亡等重要海事侵权的法律适用规则；在海事债权方面，海商法也没有规定海难救助如何适用法律。

　　上述方面是海事纠纷的多发领域，其法律适用规定上的空白，给法院裁判工作带来不少困惑。同样的涉外海事纠纷，法院在法律适用上往往千差万别。这不仅降低了我国海事裁判的严肃性、权威性，也不利于判决的外国承认与执行。

　　我国冲突规范学界一直希望中国冲突规范立法与国际上的发展趋势相一致，向着法典化的方向发展。但由于海事冲突规范的特殊性及我国研究海事冲突规范的现状所限，制定包括民事、海事内容在内的冲突规范典的目标还无法实现，但我国涉外海事关系法律适用法可以单独制定单行法，以最大限度地满足涉外海事关系法律适用之亟须。

（二）涉外海事关系法律适用法在我国依法治国中的作用问题

　　在长期的立法及司法实践中，在我国国内对依法治国的理论研究和实际贯彻中，往往把依法治国中的"法"理解为"国内法"，从而忽略了国际法特别是涉外海事关系法律适用法在依法治国中的作用，这是难于自圆其说的。国内法和国际法（包括涉外海事关系法律适用法）如同飞机的两翼，缺一飞机就无法正常运转，因此，二法缺一我们就不可能建成法治国家。

（三）海事冲突规范对法院地法适用的限制问题

如果各国都认为自己的法院只应该适用自己的法律，对方国家也采用同样的做法，国际海事交往就失去了法律上的便捷与保障。所以，各国在制定本国的海事法律适用法时，应该从国际社会本位的理念出发，平等对待内外国的海事法律。法院在处理海事纠纷时，应去选择一些最适合于案件公正合理解决的法律，以便在国家主权、当事人的合法权益及国际社会和谐的海事法律秩序三者间寻求合理的结合点，使之得到完美的统一，实现海事冲突法的价值取向、海事冲突法发展的趋同化。

（四）对内国强制性规范适用的适当限制与对外国强制性规范适用的适当扩大问题

在我国目前的涉外海事关系法律适用法的立法及司法实践中，对内国强制性规范的适用与对外国强制性规范的适用还处于两个极端，即对前者的适用毫无限制，对后者的适用几无可能。

（五）海事赔偿责任限制的法律适用问题

在司法实践中，各国关于海事赔偿责任限制的准据法中，侵权行为地法、船旗国法或者受理案件的法院所在地法律都是有采用的，但多是单一适用。可以引入有限的最密切联系原则，即在侵权行为地法、船旗国法或者法院地法中选择一个最密切联系的法律。

（六）当事人可以选择适用未生效的国际条约

我国立法对我国参加的生效的国际条约的采用有明确规定，对我国未参加的生效的国际条约的适用没有规定。但既然当事人可以根据意思自治原则选择适用外国法，我国当然不可能加入外国法，但不可能加入外国法并不妨碍仍然承认选择外国法的效力。与此类推，当事人当然也可以选择我国未参加的生效的国际条约。至于未生效的国际条约，可以比照国际惯例来适用。

（七）对其他船舶物权的法律适用的规定问题

船舶物权种类多样，如船舶所有权、船舶抵押权、海事优先权、船舶留置权、光船租赁权、司法处分权、定期租赁权等。随着经济的发展，新型的船舶物权会不断涌现。因此，无法也没有必要穷尽船舶物权的种类来一一规定法律适用问题。可行的办法是，规定主要的船舶物权，剩下的用其他船舶物权名称来替代，统一规定法律适用问题。

（八）海事合同的法律适用问题

海事合同是涉外海事关系法律适用领域的重点领域，海事合同纠纷多、种类多、法律适用规定上冲突也较多。《中华人民共和国海商法》只规定了合同的法律适用问题，没有特指海事合同。《中华人民共和国涉外民事关系法律适用法》第41条规定："当事人可以协议选择合同适用的法律。当事人没有选择的，适用履行义务最能体现该合同特征的一方当事人经常居所地法律或者其他与该合同有最密切联系的法律。"该规定中的"适用履行义务最能体现该合同特征的一方当事人经常居所地法律"，属于合同的特征性履行方法，即根据合同的特殊性质确定合同法律适用的方法，适用的是与特征性之债务履行人联系密切的法律。自20世纪60年代开始，许多国家尤其是大陆法系国家采用了最密切联系原则具体化的方法，即以特征性履行方法来体现最密切联系原则，以特征性履行作为确定最密切联系的客观依据。值得注意的是，既然"适用履行义务最能体现该合同特征的一方当事人经常居所地法律"的规定已经体现了最密切联系原则，是最密切联系原则的具体化，为何该条还要规定"适用履行义务最能体现该合同特征的一方当事人经常居所地法律或者其他与该合同有最密切联系的法律"？难道在特征性履行体现的最密切联系之外，还有其他与该合同有最密切联系的法律？而且法律规定可以在这"两个"最密切联系原则之间进行选择，这样的话"两个"最密切联系原则的适用都会受到相互减损。而且在两个最密切联系原则之间进行选择适用，也与情理不符。

（九）海难救助的法律适用问题

关于海难救助的分类，海商法理论上根据是否存在合同，将之分为合同救助和非合同救助。事实上分类应以当事人之间是否存在法律适用的条款为准，分为有准据法选择的救助和没有准据法选择的救助。因为合同救助中不一定在合同里有法律适用条款，非合同救助也可以达成法律选择的一致条款。

（十）涉外海事法律适用法领域对弱者的保护问题

实体正义的实现在冲突法上的体现具有特别的意义。与实体法不同，一国实体法规定的内容不能改变，适用该法律只能严格按照其法律的规定进行，严格执行了该法律就实现了该实体法体现的实体法正义。但事实上，该实体法规定的内容并不都是正义的，甚至落后的、非正义的内容也依然存在，没有得到修改。但冲突法实现实体正义的方式更灵活，其可以在比较中选择能够更好地实现其主张的实体正义的某一特别价值，最终达到真正公平公正的结果。由此可见，适用准据法的内容体现的是实体法的正义，并非实体正义，从冲突法的角度看，实现实体正义是要在相关的海事实体法中，适用那个最能体现实体正义规定的法律作为准据法。例如，涉外海事法律适用法领域对弱者的保护，适用那个最能体现保护弱者的法律作为准据法，就是实现实体正义的一种具体方式。

第五节 闽南海洋文化与海事立法现代化笺探

闽南从地理位置上界定是指我国福建省南部一带，包括泉州、漳州、厦门等地。但闽南文化的外延显然要比之更大，"闽南文化则是一个社会学、文化学上的概念，系指由社会在闽南地区的闽南人共同创造，并代代传承、发展与创新的区域性文化，是源远流长、博大精深的中华文化的一个支系，并由移民传播到马来西亚和新加坡等全球有闽南人的地方"①。如"关系渊源深厚，闽南地区地处海峡两岸交往的要冲地带……地缘近、血缘亲、文缘深、商缘广、法缘久"②。

---

① 王方玉. 论闽南文化特质对地区法治建设的影响［J］. 集美大学学报（哲学社会科学版），2011（2）：108.

② 苏振芳，王静珊. 闽南文化海洋性特征及其在海西经济的作用［J］. 福建行政学院学报，2008（1）：92.

但从内涵上界定,关于闽南文化却没有统一的定义。有人认为:"闽南文化是两晋南朝、隋唐五代中原河洛汉人南下与闽南原住民交流融合而形成,经宋元不断吸收阿拉伯等外来文化而臻于成熟,明清时期由于人多地少、海禁及战乱而大批移民潮汕、浙南和南洋,从而在中国和东南亚存在的一种文化。"① 有人认为"闽南文化是以闽南方言为外在特征的世界各地闽南人,在传承中华文化的基础上发展和形成的、具有共同的思维意识、共同的风俗习惯和共同的生活方式的区域性文化"②。有人认为,文化的范围应该更大一些,例如关于海丝文化,"究其本质,就是与海上丝绸之路有关的物质文化与精神文化的总和。当然也有学者将制度文化也纳入海丝文化的范畴。实际上,制度文化也是一种精神文化现象"③。事实上,从广义上诠释文化,具有更大的实用价值。笔者认为,人类社会历史实践所创造的物质和精神财富总和均为人类的文化,甚至制度文化、行为文化均属于文化的范畴。同理,闽南文化即闽南当地及世界各地与闽南人有关的物质文化、精神文化、制度文化及行为文化。

根据地理上的差异,人类文化可以分为不同的类型,"(1) 干燥的高地、草原和平原,对应的是游牧民族和游牧文化。(2) 巨川大江灌溉的平原流域,对应的是农耕文明。(3) 与海相连的海岸地区,这种地区的文明类型以海洋民族为代表,可以称为海洋文化"④。闽南就是与海相连的海岸地区,闽南文化其文化本质上可以称为闽南海洋文化。

一、闽南海洋文化的十大特征

(一) 闽南海洋文化的精髓是海丝文化

地理位置与文化的特质有很强的关联性,闽南自然环境是多山富海。多山富海造就了闽南人的海洋文化中的海丝文化属性。闽南地处海边,靠海吃海,经济与贸易具有鲜明的海洋特色。海丝特色,如早在唐宋时期,泉州就成了海上丝绸之路的起点,成为世界著名的港口及"市井十洲人"的对外贸易中转枢纽,成为"涨海声中万国潮"的国际大都市,宋元时期泉州港 (刺桐港) 就成

---

① 胡沧泽. 关于闽南文化研究的若干思考 [J]. 漳州师范学院学报 (哲学社会科学版), 2011 (1): 101 - 106.

② 林华东. 闽南文化:闽南族的族群精神家园 [M]. 厦门:厦门大学出版社, 2013: 2.

③ 王万盈、李央琳. 泉州海丝文化现状与对策研究 [C]. 海丝文化与泉州印象学术研讨会论文集, 2018: 39.

④ [德] 黑格尔. 历史哲学 [M]. 王造时, 译. 北京:商务印书馆, 1963, 132 - 135.

为了东方第一大港。马可·波罗称泉州港为"世界最大良港之一，商人商货聚积之多，几难信有其事"①。"漳州（月）港也弥漫着海洋文化的氛围"，② 成为货物通行旅，资财聚富商的商业重镇，也是"海舶鳞集，商贾成聚"的繁荣的外贸大港、闽南第一大都会。"明初，朝廷虽下令施行'海禁'，但月港地处偏远，令难执行，反倒成了沿海对外经济贸易的中心。"③ 由于海上经济贸易的发达，闽南海洋文化对海上丝绸之路的发展起到了重要作用，其也被打上了海丝的特定标记。"闽南文化在海上丝绸之路沿线国家和地区有着广泛而深刻的影响，是长期以来海上丝绸之路沿线各国经济文化交流与合作的一个重要推动力与催化剂。"④

（二）闽南海洋文化的精神是爱拼敢赢

海洋经济不同于内陆经济，拼搏、进取、勇敢、冒险、竞争、扩张是其特质。闽南人除了利用海洋获得渔盐之利外，还不畏风险、漂洋过海进行海外贸易。如明朝人冯璋著《通番舶议》道："泉漳风俗，唯利通番，今虽处于充军、处死之条，尚犹结党成风，造船出海，私相贸易，恬不畏忌。"⑤ 海洋经济风险巨大，需要拼搏进取、勇敢冒险，才能取得扩张竞争的胜利。这种海洋文化精神即"爱拼敢赢"的精神。改革开放之后，闽南人的这一"重商务实精神，得到了更大的发扬"⑥。

（三）闽南海洋文化的精要是华侨文化

闽南地区海外华侨迁移海外遍布各大洲，人数有一千多万，⑦ 甚至不少村落的海外华侨人数超过本地人数。这些华侨在海事领域及商圈影响较大，据统计，世界华人资产规模 1 亿美元以上的商人中，属于闽南文化圈的"人数比例

---

① 马可·波罗. 马可·波罗行纪［M］. 沙海昂，注，冯承钧，译. 北京：商务印书馆，2011：342.

② 王兰娟，陈少牧. 闽南文化在海上丝绸之路建设中的历史作用与时代价值［J］. 西安建筑科技大学学报（社会科学版），2018（3）：64.

③ 王兰娟，陈少牧. 闽南文化在海上丝绸之路建设中的历史作用与时代价值［J］. 西安建筑科技大学学报（社会科学版），2018（3）：64.

④ 王兰娟，陈少牧. 闽南文化在海上丝绸之路建设中的历史作用与时代价值［J］. 西安建筑科技大学学报（社会科学版），2018（3）：65.

⑤ 李鸿阶. 闽南文化与海外华商的新发展［J］. 福建论坛，2003（1）：58.

⑥ 王方玉. 论闽南文化特质对地区法治建设的影响［J］. 集美大学学报（哲学社会科学版），2011（2）：109.

⑦ 闽南人在福建约有 800 万人，在南洋约有 1200 万人，若加上世界各地讲闽南语的人口约 200 万人，统计全球将近有 4000 万的闽南人。转引自苏振芳，王静珊. 闽南文化海洋性特征及其在海西经济的作用［J］. 福建行政学院学报，2008（1）：94.

几乎占到三分之二"①。"许多华侨在事业有成以后又积极回乡参与、支持家乡的建设，形成了一种鲜明的、内外结合型的华侨文化。"② 闽南人在海外的成功，闽南海洋文化有很大功劳。"闽南文化的鲜明特性以及在商业领域所表现出的理财观、致富观、经商道德和创业精神，均对海外华侨华人产生深远的影响。"③ 乐善好施、济扶危困及共建、共享、共赢的发展理念，都是华侨文化的突出表现。

（四）闽南海洋文化的精义是与时俱进

闽南海洋文化是中国内陆文化、沿海文化、海外文化在闽南地区与时俱进的结果。与时俱进是闽南文化的根基，"由于海事活动技术性强、风险大、覆盖范围广、接触面宽，这使它比内陆的农耕活动更有必要也更有条件接受外来的新事物"④。由于地理位置特殊，"与时俱进已经成为当代闽南商文化的一大特点"⑤。一方面闽南地区成为各国商人云集之地，另一方面，闽南海商也云涌世界各地。这是双向的海事贸易、移民，双向的与时俱进。

（五）闽南海洋文化的精蕴是守约互助

闽南海洋文化重视经商道德，提倡以诚为本、守约为本。"这种经营理念深深地烙印在闽南人的脑海中，也为他们企业的发展奠定了基础。"⑥

海上经济贸易具有风险大的天然属性，形成了闽南人互助的精神，互相帮助才能共渡难关。如在嘉靖年间，随着闽南经济的发展繁荣，出海贸易越来越多，"随着海商人数的急剧扩展，同时也为了对付明朝官兵的追捕和其他国家海盗的袭击，他们'各结综，依一雄强者，以为船头'，逐渐形成了'或五十只，或一百只，成群分党，纷泊各港'的众多海上贸易集团"⑦。由于守约互助，闽南海洋文化及海洋经济也得到了持续发展，"自隆庆元年（1567 年）开放海禁后，闽南商人逐渐主导了中国海外贸易近四百年的历史"⑧。

---

① 李鸿阶. 闽南文化与海外华商的新发展 [J]. 福建论坛，2003（1）：57.

② 王方玉. 论闽南文化特质对地区法治建设的影响 [J]. 集美大学学报（哲学社会科学版），2011（2）：110.

③ 王兰娟，陈少牧. 闽南文化在海上丝绸之路建设中的历史作用与时代价值 [J]. 西安建筑科技大学学报（社会科学版），2018（3）：64.

④ 苏振芳，王静珊. 闽南文化海洋性特征及其在海西经济的作用 [J]. 福建行政学院学报，2008（1）：93.

⑤ 游秋梅. 闽商文化的形成与特质 [J]. 福建论坛，2011（2）：78.

⑥ 李鸿阶. 闽南文化与海外华商的新发展 [J]. 福建论坛，2003（1）：58.

⑦ 范表. 海寇议 [M] //四库全书存目丛书：子部第 31 册 [M]. 济南：齐鲁书社，1996：36.

⑧ 李鸿阶. 闽南文化与海外华商的新发展 [J]. 福建论坛，2003（1）：58.

（六）闽南海洋文化的精粹是崇尚法制

由于闽南海洋文化的与时俱进，其产生了许多现代意义上的内容，具有"崇尚自由、民主和法制的特征"①。

（七）闽南海洋文化的精核是弘扬传播

在弘扬文化传播方面，闽南海洋文化历史悠久，先秦时期的《山海经》就道"闽在海中"。三国时期，福建就成为当时的造船中心。历史上泉州商业繁荣，"云屋万家，楼雉数里"。"元朝大力经营泉州港，实行优待、奖励和自由贸易的政策，发展海外贸易。与泉州贸易的国家和地区，从南宋时50多个增加到100多个。"②"在宋、元、明、清，甚至可以认为是唐朝，闽商就通过高超的航海技术，从海路走遍世界所有主要居住点。当时'泉舶''福船'可以说是鹤立中国，领航世界。"③闽南海洋文化继承保留了传统文化的精核，"相对于其他地方，由于闽南语言的独特性、海外华侨的影响，闽南文化将更多的儒家传统保留下来"④。

在传播方面，"作为海洋文明发祥地的福建……以闽商为代表的蓝色文明是人类文明史上最开放、最勇于冒险的文明，闽商是将中华文明传播到世界各地的文化使者"⑤。

（八）闽南海洋文化的真谛是务实创新

"严酷的自然环境，移民的生存意识，孕育了闽南文化的务实精神，而崇尚工商的传统，正是闽南人的务实精神的外化……他们不仅立足传统，更是推陈出新。"⑥

（九）闽南海洋文化的宗旨是放眼未来

闽南海洋文化具有关注未来、把握先机的特点，"闽南人有着敏锐的观察力，他们善观时变、精于预测，掌握发展的先机"⑦。

---

① 陈涛. 海洋文化及其特征的识别与考辨 [J]. 社会学评论，2013 (5)：84.
② 游姝琪. 弘扬闽商文化 促进海西建设 [J]. 福建商业高等专科学校学报，2005 (1)：13.
③ 廖新平. 闽商文化与蓝色文明 [J]. 福建商业高等专科学校学报，2005 (3)：5.
④ 王方玉. 论闽南文化特质对地区法治建设的影响 [J]. 集美大学学报（哲学社会科学版），2011 (2)：110.
⑤ 廖新平. 闽商文化与蓝色文明 [J]. 福建商业高等专科学校学报，2005 (1)：5.
⑥ 苏振芳，王静珊. 闽南文化海洋性特征及其在海西经济的作用 [J]. 福建行政学院学报，2008 (1)：94.
⑦ 李鸿阶. 闽南文化与海外华商的新发展 [J]. 福建论坛，2003 (1)：58.

（十）闽南海洋文化的精华是交往交融

闽南海洋文化来源于各种文化的交往交融，"保留着极为丰富的中古代时期的中原文化气息，又积极吸收外来文化的精髓"①。闽南海洋文化及海上丝绸之路的发展，又将其文化的交融性推向了世界各地。"海上丝绸之路的兴盛，更进一步促使闽南地区与世界各地经济、政治的往来，尤其是文化的交融。"② "不同领域、不同体系的海洋文化要素和内容，经过相互吸收、融合和调和……能够整合为一个新的有机体。"③

综上所述，闽南海洋文化的特征与中华海洋文化是一脉相承的，体现了中华海洋文化的内在属性与本质特征，对我国海事立法的发展与完善起到了积极的作用。

二、闽南海洋文化对海事立法的启发

（一）海丝文化对海事立法发展与完善的贡献

海事立法是指与海事有关的立法成果与立法活动。海事是指海运事业、海上事务、海上活动等的简称。在海洋法治发展、国内外海事法律交融进程中，海丝文化对海事立法具有重要的作用。开放性、包容性的海丝文化有利于形成海事立法的公平理念及民主意识，"更注重国际贸易规则的利用，有利于国际法律观念和规则的传播，也有利于国外其他法律观念和制度的进入"④。闽南地区文化正是以海洋民族为代表的海洋文化、海丝文化，其重视国际规则，从法治建设角度讲，有利于海事法律规则的建立、引进、吸收。一是海丝文化的规则性，长期的海外贸易形成了惯例意识、规则意识，有利于海事法律的认同与执行。二是海洋文化的商事性，也有利于海事法治的发展。现代海洋法治的基础就是市场经济，市场经济必然要求海事法治的有效实施。闽南海洋文化的外向型"能够适应高度规范化的法治秩序，可以充分调动市场经济主体的积极性和开拓创新精神"⑤。

---

① 王兰娟，陈少牧. 闽南文化在海上丝绸之路建设中的历史作用与时代价值 [J]. 西安建筑科技大学学报（社会科学版），2018（3）：65.
② 王兰娟，陈少牧. 闽南文化在海上丝绸之路建设中的历史作用与时代价值 [J]. 西安建筑科技大学学报（社会科学版），2018（3）：64.
③ 陈涛. 海洋文化及其特征的识别与考辨 [J]. 社会学评论，2013（5）：87.
④ 王方玉. 论闽南文化特质对地区法治建设的影响 [J]. 集美大学学报（哲学社会科学版），2011（2）：111.
⑤ 王方玉. 论闽南文化特质对地区法治建设的影响 [J]. 集美大学学报（哲学社会科学版），2011（2）：111.

（二）爱拼敢赢对海事立法发展与完善的贡献

闽南海洋文化中的爱拼敢赢精神，对海事立法的制定、完善具有积极作用。"闽南沿海居民世代以海为生，但'走海行船三分生命'，海上遭风暴、遇礁石，船毁人亡、葬身鱼腹是常有的事，遇到海盗抢劫也不可避免。而为了生计他们又必须铤而走险，这样无形中成就了闽南人的冒险拼搏精神。"① 爱拼敢赢的精神，促进了海事法律制度的加快发展。如在船舶救助等海事制度方面，"受天气影响，尤其是台风影响，闽南地区常有避难船舶的出现。闽人也素有救护船舶的传统。在乾隆年间，确立了明确的救护政策"② 。该政策规定了对于外国避难船舶，可以用公银进行救助，并帮助修护船舶，将货物等送回本国等海商法制度。③ 这些政策的出台，与闽南海事文化爱拼敢赢的精神是有密切关联的，体现了海商法的救助思想，同时也体现了海事立法的弱者利益保护原则的精神。

（三）华侨文化对海事立法发展与完善的贡献

闽南海洋文化中的华侨文化特性，对海事立法也有积极作用。华侨海洋文化体现了各国不同的文化类型，这些文化类型对闽南海洋文化、海事法治的发展起到很好的促进作用，即可以吸收外来特别是发达国家海事立法的长处，兼收并蓄，进而促进海事法治的发展。"在法治建设中，还应充分利用华侨在海外所获得的经济运行经验、民主观念以及权利意识。"④ 这些文化理念对海事立法的吸收原则、借鉴性原则的形成与执行具有积极价值，对促进海事立法、保护海外侨民的海事权益等方面能够发挥积极的作用。我国海事立法的许多制度规定均吸收了各国各地立法的长处，如海事运输合同的规定、海事赔偿责任限制的规定、船舶优先权的规定等。我国的这些规定也与国外相关海事法律规定的法律冲突大为减少。

（四）与时俱进对海事立法发展与完善的贡献

闽南海洋文化的与时俱进特点，具有当代现实意义。"与时俱进已经成为当

---

① 苏振芳，王静珊. 闽南文化海洋性特征及其在海西经济的作用［J］. 福建行政学院学报，2008（1）：92.

② 林雨欣. 现代视野中的闽南地区传统法律文化［J］. 学术评论，2012（4、5）：134.

③ 见乾隆二年谕旨：沿海地方常有外国船只遭风飘至境内者，朕胞与为怀，内外并无歧视，外邦人民既到华，岂可令一夫之失所。嗣后如有被风漂泊之人船，着该督抚率司加意抚恤，动用存公银两，赏给衣粮，修理舟楫，并将货物查还，遣归本国，以示朕怀柔人之至意，将此永著为例，钦此，钦遵. 转引自林仁川. 明代闽南的海上贸易与地方乡绅的海洋意识［J］. 闽西职业技术学院学报，2011（3）.

④ 王方玉. 论闽南文化特质对地区法治建设的影响［J］. 集美大学学报（哲学社会科学版），2011（2）：112.

代闽南商文化的一大特点。"① 闽南海洋文化的与时俱进，为海事立法打下了与时俱进的基础，对海事立法的制定与完善具有积极的作用。在法律适应方面，也可以在比较中，选择最优的法律规则进行规定及适用，体现当代海事立法的先进性。在 2018 年中华人民共和国交通运输部组织制定的《中华人民共和国海商法（修订征求意见稿）》中，就与时俱进地补充了许多当代需要的海事立法内容，确立第四章规定对装/卸货港为我国港口的国际海上货物运输合同的强制适用原则。该意见稿完善了船舶碰撞的法律规定；引入特征性履行原则，完善了海事海商合同法律适用的规定；对公共秩序保留适用的范围进行限缩，排出的内容仅要求外国法律的适用不得违背我国社会公共利益；等等。

（五）守约互助对海事立法发展与完善的贡献

闽南海洋文化提倡的守约互助，反映了现代海事法律精神。守约有利于建立与发展现代海事合同制度，减少海事法律冲突；互助有利于建立于完善现代海事救助制度与体系，包括救助报酬的制度设计。守约互助也反映了海事立法的平等互利原则实质内涵。

（六）崇商法制对海事立法发展与完善的贡献

法治原则、民主原则、科学原则是海事立法的主要原则，闽南海洋文化崇商自由、民主、法制的特点，有利于促进海事法律立法原则的实现。

（七）弘扬传播对海事立法发展与完善的贡献

闽南海洋文化弘扬传播的特征，一方面有利于扩大中国海事立法的影响，另一方面有利于国外海事实体法、海事冲突法了解、比较、接纳中国海事立法的规则。

（八）务实创新对海事立法发展与完善的贡献

务实创新保证了闽南海洋文化的先进性，对海事立法的先进性提供了基础与保障。

（九）放眼未来对海事立法发展与完善的贡献

闽南海洋文化具有的预见性、长远性，对海事立法有直接的参考价值。海事立法应当具有预见性、超前性。超前性也是海事立法应当考虑的重要原则之一。真正做到这一点，需要有先进的，具有超前性的海洋文化做为支撑。

（十）交往交融对海事立法发展与完善的贡献

闽南海洋文化的交往交融的特点，也反映了海事法律的客观现状。闽南海洋文化是闽南人创造的，但代表了中国海洋文化的最本质特性，体现了普世价

---

① 游秋梅. 闽商文化的形成与特质［J］. 福建论坛，2011（2）：78.

值及基本的海事法治理念，具有推广价值。对海事立法而言，其也是在各种法律制度、法律原则的相互交融中，完善与发展起来的。海事立法的原则"法律协调与法律合作原则"等即是在海洋文化交往交融中形成与发展的。

三、海事立法现代化与闽南海洋文化的鼎新

现代化指"一种社会发展进程。从这一意义上认识，现代化是人类社会历史永无止境的过程"①。立法现代化即要"使法律规范呈现一个门类齐全、结构严密、层次分明、前后照应、互相连贯、和谐一致的严密体系；此外，法律规范也应力求适应现代化大生产的需求，使现代化建设进程中的重大政治、经济、文化生活领域能够得到法律的调整和指导，使其规范化、制度化、有序化，使其有法可依，有章可循，避免主观随意性和盲目性"②。

中国改革开放 40 年以来，中国海事法治建设取得了令人瞩目的成就。"新时代的全面推进依法治国，不仅需要在法治化进程中继续发挥党和政府的主要的推动、领导作用，同时又应该充分发挥社会和民间法治资源的力量，共同推进中国的法治现代化。"③ 目前，"中国法治现代化水平显著提高，法治现代化的步伐明显提速，中国正在从形成中国特色法律体系向建设现代化法治体系转变，从建设法律大国向建设社会主义法治现代化强国迈进"④。

就海事立法的现代化而言，海事立法的现代化，就是要制定出能够体现社会发展最新成就与成果，能够反映现代化特征具体要求的海事法律规范。这些规范周密、严谨、明确、科学。目前我国已经形成中国特色海事法律体系，为海事立法现代化打下了坚实的基础。海事立法现代化要求完善现代化海事法治体系，进一步提高海事发展现代化的水平，特别是不断提高海事立法现代化的水平，向社会主义海事法治现代化强国迈进。海事立法现代化的核心是海事法律体系的发展达到引领世界的强国水平，以满足海事的现代及未来发展需求。就现代化海事法律体系建设而言，"没有文化领域的现代化，就没有全面建成的现代化"⑤。"经济落后建不成现代化，文化落后同样建不成现代化。"⑥ 因此，

---

① 刘作翔. 法律文化理论 [M]. 北京：商务印书馆，1999：280.
② 刘作翔. 法律文化理论 [M]. 北京：商务印书馆，1999：282－283.
③ 黎明琳. 改革开放 40 年来中国法治现代化的经验与启示 [J]. 法制与社会，2018（10上）：1.
④ 李林. 走自己的道路 选择适合国情的模式 迈向社会主义法治现代化强国 [EB/OL]. 中国社会科学网，2016－01－24.
⑤ 颜晓峰. 社会主义现代化的文化之维 [J]. 东岳论坛，2018（10）：10.
⑥ 颜晓峰. 社会主义现代化的文化之维 [J]. 东岳论坛，2018（10）：8.

海事立法现代化依赖于海洋文化的现代化。要实现海事立法的现代化，离不开海洋文化的强力支持。

地方文化特别是像闽南海洋文化这样的地方文化，对地方法治建设具有不可或缺的作用。"把以闽南地区为中心形成的社会文化进行概括，归纳出相对独特的闽南文化特质，并分析这些文化特质对于地区法治建设所起的作用就很有价值。"① 事实上，分析闽南海洋文化特质不仅对于地区法治建设有重要作用，而且对于整个海事立法及海事法治建设都具有有重要作用。因为从某种意义上说，中华文化就是由不同的区域文化构成，闽南海洋文化是中国海洋文化的杰出代表，闽南海洋文化的现代化对促进海事立法的现代化具有积极的作用。但闽南海洋文化的现代化并不是一个轻而易举就能够达到的目标，必须做好以下工作。

（一）深刻理解闽南海洋文化现代化的实质要求

通常认为，文化现代化是指："一个国家或民族主动地以推进人文环境优化、提高人的综合素质以及完善人格为主要内容来提升国家文化软实力的文化实践活动。"② 因此，闽南海洋文化现代化就是大力提升海洋文化软实力，要体现当代的海洋价值引领、体现当代的世界海洋文化水平，能够用自己的海洋文化理论为自己及世界提供现代化的解决方案。

从发展路径上看，"文化现代化是一个历史的范畴，是指在人类社会现代化的进程中，文化这种社会形式，也经历了一个自我更新、自我完善，适应现代化、跟随现代化、引领现代化，从而实现现代化的过程"③。就闽南海洋文化而言也是如此，闽南海洋文化现代化，需要适应现代化、跟随现代化、引领现代化，从而实现现代化。

（二）适应海洋文化现代化

总体上看，闽南海洋文化具有很多符合现代化要求的特质，但也存在一些不适应时代发展要求的因素。如从闽南海洋文化爱拼敢赢的精神来看，其对海事立法法治的建设发挥了积极作用，但闽南海洋文化的冒险精神也需要完善的海事法律制度来进行有效调节与规制。如乾隆年间规定动用公银救助船舶，"虽然实现了对遇险船舶的最大救助，但无疑也加大了当地政府和人民的负担，因

---

① 王方玉. 论闽南文化特质对地区法治建设的影响 [J]. 集美大学学报（哲学社会科学版），2011（2）：109.

② 许煜华. 新时代习近平文化现代化思想探析 [J]. 学理论，2018（8）：9.

③ 颜晓峰. 社会主义现代化的文化之维 [J]. 东岳论坛，2018（10）：6.

此关于费用承担方面的做法不宜延续"①。该规定与现代海商法制度规定的被救助方需向救助方支付救助报酬的规定，与"无效果、无报酬的规定"，与"特别补偿条款""安全网条款"等的规定不一致，与现代海事立法发展理念不一致。由于海洋文化在该方面的局限，海事立法至今仍然没有及时应对，如2018年的《中华人民共和国海事法（征求意见稿）》中仍然缺乏对海难救助、油污、海上人身伤亡等法律适用的规定。

从闽南海洋文化的华侨文化来看，也存在局限，"比如过于注重宗族、血缘关系；眼光局限于家乡，忽略了全国；只重视经济、不太重视对思想观念的改进；等等"②。

从闽南海洋文化的民间信仰、宗教信仰来看，民间信仰、宗教信仰要求守信服从，有积极意义。但对海事法治发展也会产生一些阻碍作用。"由于宗教信仰毕竟具有非理性特征，与法治所需要的理性文化基础不符合，由于法治讲求权利分明、规则正确，因而会与宗教信仰的绝对服从要求产生冲突。"③

从闽南文化的注重传统和熟人经济的文化理念来看，虽然有重视情义的可取之处，但"闽南注重传统和熟人的社会文化特点就会对法治的推进产生重大阻碍。在法治建设推行中，如何贯彻规则意识、权利意识、法律意识就极为重要"④。

因此，要对不适应海洋文化现代化需求的因素进行现代化改造，"要以现代化观念对闽南民间信仰进行重新诠释，使之成为符合现代化发展要求的文化资产"⑤。

适应海洋文化现代化，对海事立法而言，要求"积极生产足够数量的具体科学的立法观念和理论，从正面影响立法，消除似是而非贻误立法的过时观念和新潮观念"⑥。

---

① 林雨欣. 现代视野中的闽南地区传统法律文化［J］. 学术评论，2012（4-5）：136.

② 王方玉. 论闽南文化特质对地区法治建设的影响［J］. 集美大学学报（哲学社会科学版），2011（2）：112.

③ 王方玉. 论闽南文化特质对地区法治建设的影响［J］. 集美大学学报（哲学社会科学版），2011（2）：112.

④ 王方玉. 论闽南文化特质对地区法治建设的影响［J］. 集美大学学报（哲学社会科学版），2011（2）：112.

⑤ 王兰娟，陈少牧. 闽南文化在海上丝绸之路建设中的历史作用与时代价值［J］. 西安建筑科技大学学报（社会科学版），2018（3）：66.

⑥ 张文显. 法理学［M］. 北京：高等教育出版社，北京大学出版社，2007：238.

（三）跟随海洋文化现代化

跟随海洋文化现代化的要求具体有如下内容。一方面，闽南海洋文化的优良传统，能够满足海洋文化现代化需求的，体现了海洋文化现代化实质精神的，要保留吸收、发扬光大。"文化现代化不能抛弃文化的根脉，而且要从历史的文化中汲取营养、学习智慧。"① 从闽南文化的特质看，有许多值得吸收、继承的优良因素。如海事法治建设要求对海事法律有敬畏、尊重与信仰，"闽南地区一直存在的信仰传统可以转化为对规则、制度和权利的信仰，而这些是法治建设所必需的"②。

另一方面，国外优秀的能够体现当代海洋文化水平的海洋文化，能够满足海洋文化现代化需求的，要保留吸收。"中华文化是中国各个民族文化交流交融的结晶，也是与世界各国文化交往交锋的产物。中国特色社会主义文化的发展，以海纳百川的胸怀，不忘本来、吸收外来，学习借鉴当代世界各国文明和文化的优秀成果。"③

闽南海洋文化的现代化必须吸收人类海洋文化中的进步因素，善于吸收人类海洋文化中的进步因素不仅不会失去自我，还会壮大自己。从历史的发展来看，也佐证了这一点。"尽管各种外来异质文化，如阿拉伯文化、东南亚文化、日本文化、西方文化都曾长时期大举进入闽南，但都未曾动摇其作为闽南社会的基础和主导作用，而将其外来异质文化涵化在闽南文化之中，使海洋性商文化不仅没有受到冲击，其内涵还得到了丰富。"④ 海事立法也应如此，要吸收国内国际海事法制立法领域中的进步因素，完善自己，"提升立法质量，生产良法，减少劣法"⑤。对海事立法也是如此，如现行《海商法》自1992年颁布实施以来，经过修订已不断完善。此外，新制定的国际公约也不断出现，如《2006年海事劳工公约》《2007年内罗毕国际船舶残骸清除公约》《2008年联合国全程或部分海上国际货物运输合同公约》等。这些国际立法成果代表了国际海商立法的最新发展趋势，并已经在不同程度上被各国肯定和接受。⑥ 吸收海事立法的先进因素，是海事立法现代化的必经步骤。

---

① 颜晓峰. 社会主义现代化的文化之维［J］. 东岳论坛，2018（10）：10.
② 王方玉. 论闽南文化特质对地区法治建设的影响［J］. 集美大学学报（哲学社会科学版），2011（2）：112.
③ 颜晓峰. 社会主义现代化的文化之维［J］. 东岳论坛，2018（10）：10.
④ 游秋梅. 闽商文化的形成与特质［J］. 福建论坛，2011（2）：77.
⑤ 张文显. 法理学［M］. 北京：高等教育出版社，北京大学出版社，2007：237.
⑥ 见《中华人民共和国海商法》修订说明.

（四）引领海洋文化现代化

引领海洋文化现代化的需求需要海洋文化创新，"建设社会主义现代化文化，不仅在于文化形式、样式、手段、媒介的创新，而且在于核心价值体系和核心价值观的构建。社会主义核心价值体系和社会主义核心价值观，是社会主义文化现代化的精髓"①。创新是发展的第一动力，"文化创新的一个基本要求，就是不断满足人民日益增长的美好精神生活需要，让全体人民在满足基本生活需要的基础上，更有获得感、幸福感、安全感，享受更有尊严、更有品位、更有价值、更有乐趣的精神生活"②。引领海洋文化现代化要求海事立法"充分考虑和维护人民的根本利益和长远利益……拒绝……地方保护主义"③。

（五）实现海洋文化现代化

实现海洋文化现代化的需求，根本上是要提高人的整体的海洋文化素质。"托起现代化社会的是现代化的人，没有人的现代化就没有社会现代化。全面建设社会主义现代化的过程，特别是建设社会主义现代化文化的过程，就是培养和塑造社会主义现代化新人的过程。"④ 只有实现了人的现代化，才可能实现海洋文化现代化。因此，要大力提升海洋文化人才的软实力，培养出能够体现当代世界海洋文化水平的海洋文化人才包括海事法律人才，为世界海洋文化及海事立法提供现代化的解决方案。

（六）传播海洋文化现代化

闽南海洋文化的广泛传播，对海事立法必将产生积极影响。

一是促进海事立法理念的贯彻实施。海事立法理念包括海事立法追求的价值目标及实现的制度保障。良法、人权、为民、和谐等通常都是海事立法的价值目标与指导思想。制度保障则是海事立法制度规定的完善问题，包括海事立法模式、立法原则、立法制度等。

海事立法应该围绕以人为本、服务司法实践、构建和谐社会、实现海洋强国梦这些重要思想，沿着海事立法规定应具有超前性与时代性、系统性与实用性、合理性与可操作性、本土性与国际性相结合这些思路，体现我国海事立法的专业与时代特色。针对《中华人民共和国海商法》等海事立法指导思想不够开放的问题，要特别注意克服属地主义的影响，克服法律制定宜粗不宜细的落

---

① 颜晓峰. 社会主义现代化的文化之维 [J]. 东岳论丛，2018（10）：10.
② 颜晓峰. 社会主义现代化的文化之维 [J]. 东岳论丛，2018（10）：10.
③ 张文显. 法理学 [M]. 北京：高等教育出版社，北京大学出版社，2007：236.
④ 颜晓峰. 社会主义现代化的文化之维 [J]. 东岳论丛，2018（10）：10.

后思想，通过法律的稳定性来维持海事立法的稳定性，使各国能够完全放心地与中国开展互利共赢的海事领域的全面交往与合作。在海事立法原则的坚持上，既要坚持主权原则，也要坚持平等互利原则、法律协调与法律合作原则、保护弱方当事人合法权益的原则、系统性原则、重视惯例原则等。在上述方面，闽南海洋文化具有很好的助翼作用。如闽南海洋文化中通过长期的海外贸易形成的惯例意识、规则意识，有利于海事立法"重视惯例原则"的认同与实施。

二是促进国际海事立法质量的提升。优秀海洋文化的现代化对促进海事立法质量是有直接作用的。如《中华人民共和国海商法（修订征求意见稿）》（涉外关系的法律适用）部分，对《中华人民共和国海商法》的相关部分进行了修订，但仍然存在不完善的地方，如只是规定了船舶碰撞没有规定海事侵权；关于海事赔偿责任限制仍然只是强调法院地法的适用；对船舶所有权规定的范围不周延；没有规定油污、海上人身伤亡、海难救助等内容。

闽南海洋文化可以对上述问题提供解决的参考方案。如闽南海洋文化强调与时俱进，规定油污、海上人身伤亡、海难救助等内容就是与时俱进，以海事侵权代替船舶碰撞的规定也是与时俱进；完善海事赔偿责任限制的规定、完善船舶所有权的规定都是与时俱进。再如闽南海洋文化交往交融的特征，对海事立法具有指导意义：海事立法应该吸收国际上立法先进性的规定，吸收最新国际公约的相关规定，进一步完善特征性履行的规定、意思自治原则的规定、保护弱者利益的规定等。

三是促进海上丝绸之路建设。闽南人把闽南文化带到了全世界，也把全世界的闽南人及有共同文化信念的人联系起来，"尚和合、求大同"，共同参与促进海上丝绸之路建设，再现海上丝绸之路起点的雄风。闽南海洋文化的广泛传播，可以促进海上丝绸之路国家的海事法治建设，促进海上丝绸之路国家尽早形成共同海事法律框架，减少海上丝绸之路国家海事立法的冲突，进而促进海上丝绸之路战略的推进与实施。

四是促进海事实体法的统一。闽南文化、闽商文化是"接受海洋文化熏陶的结果，人们把它概括为蓝色的海洋文化"①。海洋文化共同理念、共同法律意识、共同法律框架的形成，依赖于共同海洋文化的认同，闽南海洋文化的现代化及广泛传播，有利于形成越来越多的共同海事法律规则，从而促进海事实体法的统一。

五是促进海事冲突法的统一。海事实体法立法的统一自然会减少海事冲突

---

① 陈勇，刘贤伟. 闽商文化的形成与发展研究［J］. 现代商贸工业，2009（12）：92.

法的规则的需求。另外，海事冲突法统一的基础同样依赖于海洋法律文化的共同认同，从这种意义上说，闽南海洋文化的现代化及广泛传播，有利于海事冲突法的统一。

六是促进区域性海事规则的统一。亚洲特别是东南亚国家现在的文化及海洋文化，基本上来源于闽南文化及闽南海洋文化，传播海洋文化现代化在区域文化共同体、海洋文化共同体形成的基础上，将为海事立法的共同性条款及海事冲突法一致性条款的形成打下基础。

四、充分发挥闽南海洋文化在海丝沿线国家法治合作中的作用

（一）推进海上丝绸之路建设亟须法治合作保驾护航

随着中国政治经济地位的提高，中国作为倡导者或发起人的机会越来越多，就当前而言，"一带一路"建设就是一项最重要的倡导，共建"一带一路"已成为当今世界规模最大的国际合作平台。习近平总书记的"一带一路"倡议，得到了国际社会的广泛支持，目前中国已与 125 个国家和 29 个国际组织签署了 173 份"一带一路"合作文件。六廊六路多国多港的互联互通架构基本形成，一大批合作项目落地生根。

"21 世纪海上丝绸之路"，是习近平总书记访问东盟国家时，于 2013 年 10 月 3 日，在印度尼西亚国会发表题为《携手建设中国—东盟命运共同体》的重要演讲中提出的概念。海上丝绸之路建设，是"一带一路"合作的重要组成部分。由于海上丝绸之路沿线国家众多，各国存在不同的法律体系，分属不同法系，法律意识、法律规定各不相同，法律冲突非常明显，对推进海上丝绸之路建设带来了法律风险、法律障碍。

因此，解决海上丝绸之路沿线国家的法律冲突，亟须各国的法治合作，2018 年 7 月 3 日，"一带一路"法治合作国际论坛在北京发布了《共同主席声明》，明确指出良好的国际法治环境是"一带一路"建设顺利推进的必要前提。随着"一带一路"建设的深入发展，确有必要根据实际情况和各方共同需要，不断发展相关规则，逐步推动规则体系的完善，建立良好的国际法治环境。

众所周知，法治就是"法的治理"。法治合作即"法的治理"的合作。法治的基础是民主参与与权利平等，海上丝绸之路沿线国家众多，均是平等的参与主体，采取的法治合作模式必须是共建、共享、共商的模式。法治的关键是法律至上、依法办事。海上丝绸之路沿线国家法律不同，要重视市场原则、国际惯例，重视法律适用规则，以形成更多的共同法律框架，减少法律冲突，有效解决纠纷与争议。

21 世纪是海洋的世纪，也是海洋文化的世纪。海上丝绸之路沿线国家的法律冲突，其根本原因是文化的差异与冲突。因为法律的产生必定具有一定的文化基础，法律中包含的价值准则、制度规则均不是凭空创造的，而是来源于具体的文化。从本质上看，法律也是文化的一种特殊表现形式，因此，法律的冲突也就是文化的冲突。在这一过程中，先进的海洋文化是具有重大影响力的，各国立法及法治发展会向着先进海洋文化的引领方向趋同。习近平总书记指出：中华文化既是历史的、也是当代的，既是民族的、也是世界的。因此，作为中华文化重要组成部分及优秀代表的闽南海洋文化，在海丝沿线国家法治合作中具有重要作用。

（二）闽南海洋文化在海丝沿线国家法治合作中具有重要作用

闽南文化即闽南当地及世界各地与闽南人有关的物质文化、精神文化、制度文化及行为文化。根据世界文化游牧型、农耕型、海洋型的分类，闽南文化的本质是闽南海洋文化。闽南海洋文化是闽南人创造的，但体现了普世价值及相应的法治理念，在海丝沿线国家法治合作中具有重要作用。

一是有利于推广"共商、共建、共享"的法治合作原则。"共商、共建、共享"不仅是海上丝绸之路建设的原则，也是法治合作的原则。闽南海洋文化具有华侨文化的特点，乐善好施、共建、共享、共赢的发展理念，是华侨文化的突出表现。从法治合作角度讲，其有利于推广"共商、共建、共享"的法治合作原则。

二是有利于契约精神的推广运用。闽南海洋文化是诚信文化，诚信文化的特点是守约互助，从法治合作角度讲，其有利于依法办事，实现平等互利合作的现代法治精神。

三是有利于调动海丝沿线国家参与海丝建设及法治合作的积极性。闽南海洋文化在世界各地交融发展的成功经验，为增进法治合作打下了良好的基础。

四是有利于激发海外华人华侨对闽南海洋文化的自信心、凝聚力，调动其爱拼敢赢的精神动力，积极参与、支持海丝建设及法治合作。

五是有利于国际规则、国际惯例的普遍适用。闽南海洋文化具有海丝文化的特点，其重视国际规则、国际惯例，推动闽南海洋文化现代化建设有利于国际规则、国际惯例的普遍适用。

六是有利于形成《海丝沿线国家共同行动规则》或《海丝沿线国家共同行动方案》。闽南海洋文化的传播与引领，有利于逐渐形成海丝沿线国家共同理念、共同法律意识、共同法律框架，一些法律阻碍或冲突会逐渐减弱或消除。

七是有利于建立海丝区域法治合作联盟。如东南亚等深受闽南海洋文化影响的国家或地区，更容易建立海丝区域合作联盟，也更容易制定区域共同规则或共同方案。

八是有利于区域规则的统一。一些国家或者地区的文化根本上来源于闽南海洋文化，其共同的文化基础、文化认同，容易形成共同规则。

九是有利于冲突法的统一。闽南海洋文化的普世价值、法治理念，对冲突规则的价值会产生趋同性的影响与启发，有利于冲突法规则的统一。

十是有利于实体法的统一。闽南海洋文化具有商事文化的特点，助翊商事领域成功发展功不可没，得到了世界的广泛认同。因此，闽南海洋文化在商事领域就容易形成统一实体法。对于实体法的统一而言，在一些难度较大的领域，如港口管理等方面，可以通过与海丝沿线国家间订立双边协定的形式先行突破，逐渐扩展。

（三）坚定闽南海洋文化自信促进闽南海洋文化的现代化发展

习近平总书记指出，坚持文化自信是更基础、更广泛、更深厚的自信。坚定中国特色社会主义道路自信、理论自信、制度自信，说到底是要坚定文化自信。

文化的作用被习近平总书记提到了前所未有的高度，没有先进文化的积极引领，没有人民精神世界的极大丰富，没有民族精神力量的不断增强，一个国家、一个民族不可能屹立于世界民族之林。

在推进海上丝绸之路过程中，要深刻领会习近平总书记关于文化的重要论述，不断增强民族文化的精神力量，坚定闽南海洋文化自信，促进海丝沿线国家法治合作的有效提升。坚持闽南海洋文化自信，实质上就是要提升闽南海洋文化的现代化软实力，促进闽南海洋文化的现代化发展。

1. 促进闽南海洋文化的现代化发展，要有深刻认识。要切实理解提高国家文化软实力的重要性，加大对闽南海洋文化的研究、交流、推广和传播的支持力度，夯实闽南海洋文化的发展根基。

2. 促进闽南海洋文化的现代化发展，要有有效措施。关于文化的发展，习近平总书记指出：我们要坚持不忘本来、吸收外来、面向未来，在继承中转化，在学习中超越。

因此，提升闽南海洋文化现代化的软实力一要不忘本来。对于能够满足现代化需求、适应甚至是引领现代化发展的闽南海洋文化要继承保留、发扬光大。对不能适应或者不能完全适应现代化发展要求的闽南海洋文化，要仔细甄别、进行改造。二要吸收外来。对于其他国家包括海丝沿线国家能够满足现代化需求、适应甚至是引领现代化发展的海洋文化，要移植吸收。三要面向未来。根据未来现代化发展的需要，一方面要积极创新发展闽南海洋文化；另一方面要积极培养具有世界水平的海洋及海洋文化领域的专门人才，为海上丝绸之路法治合作提供现代化的解决方案，为海上丝绸之路的现代化发展提供支撑。

3. 促进闽南海洋文化的现代化发展，要有具体目标：一是提高中国在海上丝绸之路建设及法治合作中的国际话语权，使中国思想、中国主张得到鲜明的展现；二是为构建海洋命运共同体，妥善解决涉海分歧贡献中国智慧、中国方案；三是发挥大国海洋文化的积极作用，在全球治理中形成重要影响，为世界和平发展做出更大的贡献。

第六节　坚持文化自信促进海洋文化与海事立法的发展与共融

一、海洋文化是海事立法发展之基源

法律不能凭空产生，法律的产生必须具有一定的文化基础。因为法律规则的权利义务无论如何也摆脱不了社会经济结构、社会文化发展状况的制约。就社会的经济结构而言，有了船舶，才会导致与船舶有关的规则与法律的产生；有了航海，才有了航行、运输与安全方面的法律规则的产生等。就文化发展状况而言，法律中包含的价值准则、制度规则、法律适用规则，均不是凭空创造的，而是来源于具体的文化。如海事法律的制定，应与社会广泛认同的具有海洋文化内涵的商业惯例、技术标准等相趋一致。从立法的价值来看，社会主流文化中的价值判断与价值标准是制定法律制度规则必须吸收与遵守的，否则，就会因欠缺普遍认同的正当性而失去应有的效力。

21 世纪是海洋的世纪，也是海洋文化的世纪。海洋文化历史悠久，最迟在直立猿人阶段，人类就揭开了海上活动的序幕，产生了与海洋有关的物质文明及精神文明的成果，产生了海洋意识、海洋信仰、海洋民俗、海洋文学艺术、海洋价值观念、海洋制度规则等海洋文化成果。海洋文化对海事立法影响直接，如美国的海洋意识、海洋价值观念等从早期单纯注重海上贸易转变到不仅注重海上贸易，而且注重海上运输安全、港口安全、海洋环境保护等领域，形成了保护本国海上贸易、海上运输安全、港口安全、海洋环境等多层次海洋航运文化体系。与此多层次的海洋航运文化相适应，形成了多层次的美国航运立法，如《航运法》（Shipping Act）、《港口恐怖主义防范法》（Port Terrorism Prevention

Act)、《油污法》（Oil Pollution Act）等。美国海事立法的全面具体、引领世界，与其先进的海洋文化是分不开的。

在河海的开发与利用上，中华民族也有许多的成功经验，在大约6500年前，中华民族就已经在黄河一带创造了人类文明。但是，我们几千年来根深蒂固的农耕文化，自然而然形成了重陆轻海的政策，让我们只是守望着海洋却认识不了海洋，发展不了海洋及海洋文化。我们极其需要大力培植与发展全民海洋意识及海洋文化。增强海洋意识，发展海洋文化，才能实现国家的和平发展和中华民族的伟大复兴；增强海洋意识，发展海洋文化，才能完善与发展我国海事立法。

二、海洋文化的异质与冲突

（一）海洋文化的异质

马克思主义者认为文化与人的发展是紧密相关的，文化的实质即人化。海洋文化的实质即海洋人化。文化涵盖了人的智慧、能力、趣味、爱好、需求和成效诸因素。这些因素因人而异、互有差异，具有无规律性。由于地域、民族、政治、经济等与社会发展程度不一致，文化的发展是不平衡的，具有不平衡性。由于文化的无规律性、不平衡性，世界文化（包括海洋文化）形成了多元性的异质。中西方法律文化、海洋法律文化存在的各种异质体现了不同的民族性，具有政治上、地域上、情感上、应用上的需求与价值。

（二）海洋文化的冲突

海洋文化冲突是指两种或者两种以上的海洋文化相互接触所产生的竞争和对抗状态。目前，一般认为世界上主要存在四大不同的文化（包括海洋文化）体系：一是印度文化体系（包括与印度邻近的南亚一些国家和地区等）；二是阿拉伯文化体系（包括阿拉伯半岛、北非等国家和地区等）；三是希腊罗马文化体系（包括欧洲、美洲、大洋洲等国家和地区）；四是中国文化体系（包括中国、日本、朝鲜、越南、东南亚一些国家和地区等）。

不同文化之间的竞争和对抗状态，会直接影响法律规则的制定、纠纷的解决方式和国际规则的适用。如中菲两国对南海争端争议解决方式的不同选择就是一个明显的佐证。

中国与西方国家法律制度上存在的不同，是由不同意识形态、文化传统所决定的，实质上反映的是文化内核上的差异。中华民族文化的核心价值是"和谐"，以和为贵。不提倡诉讼，主张无讼、少讼的价值观。因此，在中国加入《联合国海洋法公约》时，就依据公约第298条的规定声明对于公约第298条第

1 款（a）（b）（c）项所述的涉及海洋划界、领土争端或军事活动等争端，不接受公约第十五部分第二节规定的任何国际司法或者仲裁管辖。就中菲南海仲裁案而言，中国的态度一直是"不接受、不参与"。该态度与中华民族文化的核心价值是一脉相承的，"搁置争议、共同开发"，通过协商谈判的方式解决争端，是中国的根本立场。

但是，与东南亚国家一样受中华民族传统文化影响的菲律宾为什么会与中国的选择大相径庭呢？因为菲律宾的另一些文化特征是殖民地文化，加之美国强力地在菲律宾推行美国的文化与价值观念，产生文化殖民化特征。因此，"搁置争议、共同开发"，通过协商谈判的方式解决争端等中国的根本立场，并不能为菲律宾所接受，其单方提交仲裁的行为是有其深刻的文化根源的。

三、解决海事立法冲突的文化思考

海洋文化具有传递海事立法经验、维持立法历史连续性的功能。如在海事冲突规则方面，一国对自己根深蒂固的海事法律制度，肯定是会规定适用法院地法的。因此，各国根深蒂固的冲突，就是表现在法院地法适用上的冲突。这是深层次海洋文化的冲突使然。因此，了解这些冲突背后的文化背景，是了解海事冲突规范必要的前提条件。要解决这些冲突，也得从其背后的文化背景着手，才能抓住问题的实质。

从海事法律的立法体系来看，包括海事实体法、海事程序法、海事冲突法，从应用上来看，海事实体法的适用是由海事冲突法决定的，海事程序法中许多问题，也都需要海事冲突法调整，其适用由冲突法的规定来决定，如诉讼时效问题适用的法律、程序问题适用法院地法、扣押等海事强制措施适用的法律、海事判决的承认与执行中具体问题应适用的法律等都涉及海事冲突法的具体规定，没有海事冲突法，海事实体法、海事程序法就无法运转。当然，如果没有海事实体法、海事程序法，海事冲突法也没有运转的必要。三者之间各自独立但又互为依存、互相支撑、互相促进，共同服务于海事领域的实际需要。

由于中国传统法律文化、海洋法律文化"重实体轻程序"，我国涉外海事法律体系的发展并不均衡。如我国海事实体法——1992 年 11 月 7 日第 7 届全国人民代表大会常务委员会第 28 次会议通过的《中华人民共和国海商法》有 278 条；海事程序法——1999 年 12 月 25 日第 9 届全国人民代表大会常务委员会第 13 次会议通过的《中华人民共和国海事诉讼特别程序法》有 127 条；具有程序性质的海事冲突法还没有单独的立法，仅在 1992 年《中华人民共和国海商法》中有 9 条冲突法条款规定。

与此同时，由于各国海洋文化的异质与冲突，各国海事立法冲突明显。海事立法冲突是"海事法律冲突"产生的最根本的原因，导致各国对同一海事法律关系或同一海事问题因规定不同而发生大量法律适用上的矛盾。如在"一带一路"国家中，涵盖了英美法系、大陆法系、印度法系、伊斯兰法系、非洲法系、犹太法系、中华法系等世界上几乎所有不同的法系，海洋文化、海事立法冲突复杂多样。以中国与俄罗斯为例，两国在船舶优先权的具体内容、船舶优先权的消灭、共同海损的法律适用等方面的规定差异较多。关于共同海损，《俄罗斯联邦商船航运法典》第 419 条规定，如果当事人没有就适用的法律达成协议，共同海损适用引起共同海损事件发生后航程终止港所在国的法律；《中华人民共和国海商法》第 274 条则规定适用理算地法律。从不同规定可以看出，中国对属地文化比较偏爱；而在俄罗斯海洋文化发展的特性中，学习西方文化是一个非常重要的方面，海事立法的规定也带有西方的痕迹。

各国海事法律冲突源于海洋文化冲突，海事立法冲突需要从文化基源上入手解决。

（一）促进海洋文化的共融

虽然海洋文化呈现多元化的特性，但作为人类文明宝贵财富的海洋文化，不论其多元性表现形式如何，都是在一定的或某一类型的经济基础、社会形态基础上形成的，因此，会具有共同性、统一性。海洋文化中的一些内容，如海事技术与标准，通常就存在共同一致的内涵与外延，不会有矛盾与冲突。当然对海事技术与标准，掌握与评判也是不一致的。不过，这不是真实的冲突，而是"虚假的冲突"，即由主观认识导致的问题是个体差异所致，并非海事技术与标准本身的问题。

国际海事组织及各国都在努力建立科学完善的统一标准，以求对海事技术与标准的价值进行比较评判。对海事立法而言，当事人往往也是在认识、比较中进行选择适用的，好的法律被选用的概率无疑是更多的，这有利于海洋文化与海事立法趋同化的进一步发展。在技术标准方面，艺术与体育是相对比较统一的。例如，在纯粹技术性的摄影艺术领域，摄影虽然也有许多不同的流派，如绘画主义流派、印象主义流派、写实主义流派、自然主义流派等，然其世界范围内的技术规则、评判标准一致，冲突较少。在这一点上，体育文化表现得更为直接，由于标准完全一致，体育是最公平的一个文化项目，也是发展最好的一个文化项目。

促进海洋文化的共融，就是促进海洋文化的共同性、统一性，促进知识、价值、法律、道德等海洋文化构成因素的不断趋同。人类对真理的认识与认同是不断增多的，全人类共同认同的智慧的成果是不断增多的，海事立法的趋同化及共同法律框架的逐渐增多，就是海洋文化共融及全人类共同认同的智慧成果不断增多的重要表现形式。

（二）促进海事立法与先进海洋文化的共融

1. 坚持文化自信，成为先进海洋文化的创造者

发展先进海洋文化，需要一国海洋文化的现代化，但又要包容各国传统文化。以中国为例中国传统文化中具有一些落后的因素，但如果只看到这一面，就会夸大传统文化与文化现代化的冲突，就会全盘西化、全盘抛弃中国的传统文化，这就导致文化上的虚无主义，走向形而上学。

因此，一国文化的现代化与包容其自身的传统文化是密不可分的。

实现海洋文化的现代化，不能只是对传统文化进行简单的改头换面，也不能只是对中西文化进行简单拼凑或单纯移植，而是要充分吸收古今中外一切优秀文化遗产。

只有实现海洋文化的现代化，才能实现海事法律原则制度的现代化、海事法律规则规范的现代化、海事法律组织机构的现代化、海事法律意识观念的现代化、海事法律思想体系的现代化、海事法律执行监督的现代化，才能制定出能够反映现代化特征具体要求的，周密、严谨、明确、科学、连贯、和谐，完全适应现代化政治、经济及社会大生产需求的海事法律规范，达到减少海事立法冲突的目的。

文化的现代化才能带来法律文化的现代化，"社会主义先进法律文化并非超越历史凭空产生，并非与历史上曾出现过的法律文化毫无关联，它应当是人类优秀法律文化的汇集，是人类法治文明的结晶，是对不同历史阶段、不同社会制度法律文化的扬弃，因此，它理应表征着人类文明特别是法律文明的发展"[①]。为此，应充分吸收以人为本、和谐社会、人类命运共同体等文化要素，实现法律文化的现代性、先进性。

当然，先进的海洋文化不是一蹴而就的，吸收人类优秀文化成果也不是一个自动的过程，需要我们去全面比较、吸收、创造，包括比较、吸收、创造先进的法律调整技术。"先进的法律文化当然应包含着先进的法律调整技术，其范围包括权力分配、权利安排、程序设置、纠纷解决等制度创制和法律实施的过程和领域中的技术。这些技术为社会主义法律制度自身和谐及高效发挥作用提

---

① 张文显. 法理学［M］. 北京：高等教育出版社，北京大学出版社，2007：393.

供了技术保证。"①

比较、吸收、创造人类优秀的文化是一个系统工程，"没有主流的社会主义文化环境，没有社会主义文化中其他先进因素的支持，社会主义先进法律文化是不可形成的。因此，社会主义先进法律文化的建设不能离开社会主义文化建设的大环境，要培育和发展社会主义先进法律文化，必须全面加强社会主义文化建设"②。

2. 坚持文化自信，成为先进海洋文化的传播者

中国的传统文化影响深远，如儒家的中庸之道影响了中国几千年，并对日本、韩国、朝鲜、新加坡、越南等国家产生了巨大的影响，形成了儒家文化圈。中庸是促进人际关系、社会关系和国际关系和谐稳定的认识论与方法论的基础，在海事立法中，平等对待外国海事法律及其海事法律适用规则，合理限制法院地法的绝对适用，在约定及互惠的基础上承认与执行外国的判决与裁定，均体现了中庸之道的影响。

语言是任何文化、文明的主要或重要构成因素，"如果一种普遍的文明正在出现，那就应当有出现一种普遍语言和普遍宗教的趋势。人们常常提出普遍语言的要求"③。在坚持文化自信方面，中华语言具有一定的优势，"世界人口中讲五种主要的西方语言（英语、法语、德语、葡萄牙语、西班牙语）的比例从1958年的24.1%下降到1992年的20.8%。1992年，世界人口中的15.2%讲汉语普通话，大约两倍于讲英语的人口，而且还有另外3.6%的人口讲其他形式的汉语。"④

在世界各文明的影响力方面包括人口、领土等因素，中华文明也具有优势。如下表（各文明所属的人口份额）⑤ 所示。

---

① 张文显. 法理学 [M]. 北京：高等教育出版社，北京大学出版社，2007：394.
② 张文显. 法理学 [M]. 北京：高等教育出版社，北京大学出版社，2007：394.
③ [美] 塞缪尔·亨廷顿. 文明的冲突与世界秩序的重建 [M]. 周琪，刘绯，张立平，王圆，译. 北京：新华出版社，2018：38.
④ [美] 塞缪尔·亨廷顿. 文明的冲突与世界秩序的重建 [M]. 周琪，刘绯，张立平，王圆，译. 北京：新华出版社，2018：38 - 39.
⑤ 根据联合国人口署经济和社会信息及政策分析部：《世界人口预测，1992 修订本》（纽约，联合国，1993 年）等资料。转引自 [美] 塞缪尔·亨廷顿. 文明的冲突与世界秩序的重建 [M]. 周琪，刘绯，张立平，王圆，译. 北京：新华出版社，2018：65.

年份 （总人口，亿）	中华文明 （%）	西方文明 （%）	非洲文明 （%）	印度文明 （%）	伊斯兰文明 （%）	日本文明 （%）	拉丁美洲文明 （%）	东正教文明 （%）	其他 （%）
1900（16）	19.3	44.3	0.4	0.3	4.2	3.5	3.2	8.5	16.3
1920（19）	17.3	48.1	0.7	0.3	2.4	4.1	4.6	13.9	8.6
1971（37）	22.8	14.4	5.6	15.2	13.0	2.8	8.4	10.0	5.5
1990（53）	24.3	14.7	8.2	16.3	13.4	2.3	9.2	6.5	5.1
1995（58）	24.0	13.1	9.5	16.4	15.9	2.2	9.3	6.1	3.5
2010（72）	22.3	11.5	11.7	17.1	17.9	1.8	10.3	5.4	2.0
2025（85）	21.0	10.1	14.4	16.9	19.2	1.5	9.2	4.9	2.8

不过，中国虽然有强大的文化根基和强劲的文化发展势头，但事实不容忽视，那就是中国目前还只是一个文化大国而不是一个文化强国，我们文化软实力的表现与物质硬实力的日益强大并不相称。关于如何提高文化软实力，践行文化自信，让中华文化走向世界，习近平总书记指出："提高国家文化软实力，要努力展示中华文化独特魅力"，要"把跨越时空、超越国度、富有永恒魅力、具有当代价值的文化精神弘扬起来，把继承传统优秀文化又弘扬时代精神、立足本国又面向世界的当代中国文化创新成果传播出去"。他还指出："要以理服人，以文服人，以德服人，提高对外文化交流水平，完善人文交流机制，创新人文交流方式，综合运用大众传播、群体传播、人际传播等多种方式展示中华文化魅力。"要使中国海洋文化走向世界，必须在坚持传统文化和现有文化优势的基础上，进一步提高海洋文化的软实力，形成先进的海洋文化。在传播先进海洋文化时也不能强制推进，而要以理服人、以文服人、以德服人，让别人心甘情愿地接受。

海事文化的实力包括海事文化硬实力与海事文化软实力。软实力与硬实力是 20 世纪 90 年代美国哈佛大学约瑟夫. 奈教授提出的概念，用来衡量一个国家的综合实力。硬实力是由经济、军事、科技表现出来的国家综合国力。当代文化也具有硬实力的一面，"在规模上从第三产业中脱颖而出的是文化产业，摇身一变成为 21 世纪引领全球经济持续发展的核心产业。所以，其'硬实力'分量无可匹敌"。软实力是非物质化的能力，是通过文化、意识形态表现出来的实力。具体指"一个地区或国家文化发展与积累所形成的现实作用力，包括文化凝聚力、影响力、创造力和感召力等"①。

---

① 王光利. 中西文化博弈论［M］. 杭州：浙江大学出版社，2015：47.

此外，在先进的海洋文化走向世界的同时，要妥善处理好各种关系，采取均势策略，多与较弱的一方结盟，因为"与较弱的一方结盟，能够增进一个国家在合作中的影响，因为较弱的一方需要支持"①。这些策略必将对中国乃至世界海事立法产生积极的影响，进而对海事立法的趋同化产生积极的推动作用，为减少乃至消除国际海事法律冲突奠定良好的基础。一个国家海事文化的影响力，不仅取决于文化创新的先进内容，而且取决于文化先进的传播能力。"文化的传播能力已经成为国家文化软实力的决定因素。提高文化软实力，一方面要不断扩展和丰富文化形式和内容，另一方面必须花大精力提高文化传播能力。"②

3. 坚持文化自信，成为先进海洋文化的实践者

习近平总书记在党的十九大报告中指出，"中国将继续发挥负责任大国作用，积极参与全球治理体系的改革和建设，不断贡献中国智慧和力量"。以上讲话表明中国经过改革开放以来的快速发展，在国际上逐渐确立了真正的大国地位，表明了中国积极参与全球治理的决心。

世界的和平发展依赖于良好的国际秩序，国际秩序的形成与维护则主要依靠国际规则。今后的国际治理及国际秩序的维护主要依靠非武力以及和平方式的国际规则来进行，这样才能得到国际社会的广泛接受。

中国要积极参与全球治理，就必须改变我国在国际规则制定及国际法律制度领域的被动模式，发出中国的声音，提升中国法治的全球竞争力，推进全球治理规则的合理化、民主化、法治化。这不仅关乎中国的大国形象、大国利益，而且关乎中国在国际舞台的地位与作用。

在海事领域，中国要积极参与全球治理及国际规则的制定，成为先进海洋文化的践行者。做到这点，要注意做好以下工作。

一要坚持中国海洋文化的主体性、主动权，充分展示优秀的中华文化对世界海洋文化的感召力和影响力。

二要加快海洋强国建设的进程。建设海洋强国就是要提升国家海洋综合实力，包括海洋硬实力和海洋软实力。海洋软实力即国家在海洋事务中通过非强制的方式实现和维护海洋权益的能力。海洋文化是海洋软实力的核心，加快海洋强国建设的进程，海洋文化才能得到较快的发展与提升。

① ［美］塞缪尔·亨廷顿. 文明的冲突与世界秩序的重建［M］. 周琪，刘绯，张立平，王圆，译. 北京：新华出版社，2018：207.

② 王光利. 中西文化博弈论［M］. 杭州：浙江大学出版社，2015：49.

三要积极应对西方文化思潮的各种冲击。随着经济文化多样化的深入发展，国际力量对比发生了很大的改变，以西方文化理念及价值观为主导的西方中心论已经难以为继，"文明之间的力量对比正在发生变化：西方的影响在相对下降；亚洲文明正在扩张其经济、军事和政治实力"①。但各种西方文化思潮仍然不放弃对中国文化的冲击，中国应积极应对西方文化思潮的各种冲击，以中国文化的高度智慧积极参与构建公正合理的国际新的治理模式与国际新关系。

四要正确处理中国与世界多元海洋文化的关系。2018 年 1 月 23 日，习近平总书记主持召开中央全面深化改革领导小组会议，会议通过的《关于建立"一带一路"国际商事争端解决机制和机构的意见》要求"充分考虑'一带一路'建设参与主体的多样性，纠纷类型的复杂性以及各国立法、司法、法治文化的差异性。"因此，面对海洋文化冲突，要平等对待各国文化，尊重各国文化，在解决各国法律冲突时，在适用各国冲突规范时，要充分尊重各国文化，全面考虑各国文化的影响因素。

五要吸收外来海洋文化的有益成分，完善我国海事立法。如从我国海洋的法律层面看，我国还没有颁布统领海洋事务的海洋基本法，我国一些历史性的海洋权益还没有通过法律的形式加以固定。因此，应将"海洋"入宪，提升海洋及海洋基本法的地位，以法律的形式固定我国海洋领土及其他相关权益，并进一步完善其他相关海洋法律体系。

六要加强国际合作，在合作中产生共同框架、共同标准或国际标准。如2018 年 7 月 3 日，"一带一路"法治合作国际论坛在北京发表了《共同主席声明》，强调了国际合作的重要性，鼓励"'一带一路'参与方、国际和地区组织、社会团体、学术界开展多元化的法治交流，分享良好做法和最新实践，推进法律制度、法律文化和法律教育领域的合作"。

七要增强国民整体充分的文化自信。国民整体的文化自信是先进海洋文化产生的基础和保障，对中国积极参与全球治理，发扬光大中国海洋文化，具有十分重要的作用，因此，应特别重视增强国民整体的文化自信，在全球治理中发挥积极的作用，做出更大的贡献。

---

① ［美］塞缪尔·亨廷顿. 文明的冲突与世界秩序的重建［M］. 周琪，刘绯，张立平，王圆，译. 北京：新华出版社，2018：4.

第七节 制定海事法律适用法的考量

一、现状与问题

（一）现状

我国涉外海事关系法律适用法立法的模式是专章式立法，即体现在《中华人民共和国海商法》（以下简称我国《海商法》）第 14 章中，其他法律通常不再专门规定海事关系的法律适用问题。在我国《海商法》没有规定时，可以适用《中华人民共和国民法通则》《中华人民共和国涉外民事关系法律适用法》等的规定。另外，《中华人民共和国民法（草案）》及其他一些冲突规范立法草案和立法建议案等均散见有海事法律适用法立法方面的条款。我国涉外海事关系法律适用法立法基本情况如下表所示。

立法情况	1985 年《中华人民共和国民法通则》	2000 年《中华人民共和国冲突规范示范法》	2002 年《中华人民共和国民法（草案)》	2010 年中国冲突规范学会《中华人民共和国涉外民事关系法律适用法（建议稿)》	2010 年《中华人民共和国涉外民事关系法律适用法》	1992 年《中华人民共和国海商法》
是否涉及海事法律适用法	否	是	是	是	否	是
体例	无规定	分散在该法各章节中规定	分散在该法第九编中规定	分散在该法各章节中规定	无规定	该法第 14 章专章规定
条文数量	0	12 条	5 条	5 条	0	9 条（但真正属于海事冲突法的只有 6 条）

立法情况	1985 年《中华人民共和国民法通则》	2000 年《中华人民共和国冲突规范示范法》	2002 年《中华人民共和国民法（草案）》	2010 年中国冲突规范学会《中华人民共和国涉外民事关系法律适用法（建议稿)》	2010 年《中华人民共和国涉外民事关系法律适用法》	1992 年《中华人民共和国海商法》
船舶所有权		船舶所有权的取得、转让和消灭，适用船旗国法	船舶所有权的取得、转让和消灭，适用船旗国法	船舶所有权的取得、变更、转让和消灭，适用船旗国法律	无规定	船舶所有权的取得、转让和消灭，适用船旗国法律
船舶抵押权		船舶抵押权，适用船旗国法。船舶在光船租赁以前或者光船租赁期间，设立船舶抵押权的，适用原船舶登记地法	船舶抵押权，适用船旗国法。船舶在光船租赁以前或者光船租赁期间，设立船舶抵押权的，适用原船舶登记地法	船舶抵押权，适用船旗国法律。在光船租赁以前或者光船租赁期间设立的船舶抵押权，适用原船舶登记地法律	无规定	船舶抵押权适用船旗国法律。船舶在光船租赁以前或者光船租赁期间，设立船舶抵押权的，适用原船舶登记国的法律
船舶优先权		船舶优先权，适用受理案件的法院地法	船舶优先权，适用受理案件的法院地法	船舶优先权，适用法院地法律	无规定	船舶优先权，适用受理案件的法院所在地法律
船舶碰撞的损害赔偿		在一国领海、内水内发生的侵权行为，不论其影响及于船舶以外还是仅限于船舶内部，适用侵权行为地法。其影响仅限于船舶内部的，也可以适用船旗国法。在公海上发生的侵权行为，适用受理案件的法院地法。但其影响仅限于船舶内部的，适用船旗国法。同一国籍的船舶，不论碰撞发生于何地，船舶碰撞的损害赔偿，适用船旗国法律	船舶在公海上发生碰撞的损害赔偿，适用受理案件的法院所在地法律。同一国籍的船舶，不论碰撞发生于何地，碰撞船舶之间的损害赔偿适用船旗国法律	公海上发生的船舶碰撞及其他侵权行为，适用法院地法律。同一国籍的船舶发生碰撞的，适用船旗国法律	无规定	船舶碰撞的损害赔偿，适用侵权行为地法律。船舶在公海上发生碰撞的损害赔偿，适用受理案件的法院所在地法律。同一国籍的船舶，不论碰撞发生于何地，碰撞船舶之间的损害赔偿适用船旗国法律

立法情况	1985年《中华人民共和国民法通则》	2000年《中华人民共和国冲突规范示范法》	2002年《中华人民共和国民法（草案)》	2010年中国冲突规范学会《中华人民共和国涉外民事关系法律适用法（建议稿)》	2010年《中华人民共和国涉外民事关系法律适用法》	1992年《中华人民共和国海商法》
共同海损理算		共同海损理算，适用当事人约定的理算规则。没有约定的，适用理算地法	有两条不完全一致的规定。第54条规定共同海损理算，适用当事人约定的理算规则。当事人没有约定的，适用理算地法。第84条第3款规定共同海损理算，适用理算地法律	共同海损理算，适用当事人约定的理算规则。当事人没有约定的，适用理算地法律	无规定	共同海损理算，适用理算地法律
海事赔偿责任限制			有两条不完全一致的规定。第84条第4款规定海事赔偿责任限制，适用受理案件的法院所在地法律。第94条规定赔偿责任的免除或者限制，除适用支配侵权行为的法律外，同时适用受理案件的法院所在地法律	第64条第3款规定海事赔偿责任限制，适用法院地法律。第70条规定赔偿责任的限制或免除，同时适用支配侵权行为的法律和法院地法律	无规定	海事赔偿责任限制，适用受理案件的法院所在地法律

立法情况	1985 年《中华人民共和国民法通则》	2000 年《中华人民共和国冲突规范示范法》	2002 年《中华人民共和国民法（草案)》	2010 年中国冲突规范学会《中华人民共和国涉外民事法律适用法（建议稿)》	2010 年《中华人民共和国涉外民事关系法律适用法》	1992 年《中华人民共和国海商法》
海难救助		除当事人另有约定外，在一国领海、内水内发生的海难救助，适用救助作业地法；在公海上发生的海难救助，适用救助船舶的船旗国法；国籍相同的船舶之间发生的海难救助，适用共同的船旗国法	除当事人另有约定外，在一国领海内的内水发生的海难救助，适用救助作业地法；在公海上发生的海难救助，适用救助船舶的船旗国法；国籍相同的船舶之间发生的海难救助，适用共同的船旗国法	除当事人另有约定外，在一国领海、内水发生的海难救助，适用救助作业地法律；在领海之外发生的海难救助，适用救助船舶的船旗国法律；同一国籍的船舶之间发生的海难救助，适用共同船旗国法律	无规定	无规定
船舶留置权		船舶留置权，适用船舶留置地法		船舶留置权，适用船舶留置地法律	无规定	无规定
运输合同的最密切联系地		运输合同，适用承运人营业所所在地法			无规定	无规定

续表

立法情况	1985 年《中华人民共和国民法通则》	2000 年《中华人民共和国冲突规范示范法》	2002 年《中华人民共和国民法（草案)》	2010 年中国冲突规范学会《中华人民共和国涉外民事关系法律适用法（建议稿)》	2010 年《中华人民共和国涉外民事关系法律适用法》	1992 年《中华人民共和国海商法》
管辖问题		第33条【交通事故】对因铁路、公路、水上和航空事故请求损害赔偿提起的诉讼，如车辆、船舶最先到达地、加害船舶被扣留地或者航空器最先降落地位于中华人民共和国境内，中华人民共和国法院享有管辖权。第34条【海难救助】对因海难救助费用提起的诉讼，如救助地、被救助船舶最先到达地、被救助船舶扣押地或者被救助货物扣押地位于中华人民共和国境内，中华人民共和国法院享有管辖权。第35条【共同海损】对因共同海损提起的诉讼，如船舶最先到达地、共同海损理算地或者航程终止地位于中华人民共和国境内，中华人民共和国法院享有管辖权。第36条【船舶扣押】对因商业活动纠纷导致被告的船舶在中华人民共和国领域内被扣押的，中华人民共和国法院对与该扣押直接有关的诉讼享有管辖权	无规定	无规定	无规定	没有规定。但是1999年《中华人民共和国海事特别程序法》及2002年关于适用海事特别程序法的司法解释分别就涉外海事侵权纠纷案件和海上运输合同纠纷案件的管辖问题进行了规定。如《中华人民共和国海事特别程序法》第6条规定，海事诉讼的地域管辖，依照《中华人民共和国民事诉讼法》的有关规定。下列海事诉讼的地域管辖，依照以下规定：（一）因海事侵权行为提起的诉讼，除依照《中华人民共和国民事诉讼法》第29条至第31条的规定以外，还可以由船籍港所在地海事法院管辖；（二）因海上运输合同纠纷提起的诉讼，除依照《中华人民共和国民事诉讼法》第28条的规定以外，还可以由转运港所在地海事法院管辖。第8条规定，海事纠纷的当事人都是外国人、无国籍人、外国企业或者组织，当事人书面协议选择中华人民共和国海事法院管辖的，即使与纠纷有实际联系的地点不在中华人民共和国领域内，中华人民共和国海事法院对该纠纷也具有管辖权

综上，我国海事关系法律适用法立法主要体现在《海商法》第14章"涉外关系的法律适用"中，此外，中国国际私法学会编写的《中华人民共和国国际私法示范法》及《中华人民共和国民法（草案）》等也有一些海事关系法律适用的规定。

1985年《中华人民共和国民法通则》专章规定了涉外民事关系的法律适用，共9条，但是没有涉及海事冲突法方面的规定。1992年我国《海商法》专章规定了涉外海事关系的法律适用，也是9条。由于中国冲突规范立法不尽完善，围绕《中华人民共和国民法通则》中涉外民事关系法律适用规定的修订问题，形成了许多建议文章，有的学者甚至提出了建议草案。在这些建议文章、建议草案中，一些文章、建议草案也涉及了海事冲突法方面的内容。但专门围绕我国《海商法》中涉外海事关系法律适用的修订问题的建议文章、建议草案少之又少。这说明海商法学者一般不研究海事冲突法问题，1992年我国《海商法》专章规定涉外海事关系的法律适用的9条，基本是参考了中国国际私法学会的《中华人民共和国国际私法示范法》的规定。在海商法修改与完善方面的研究文章中，也几乎没有涉及海事冲突法的。从另外一个角度来看，冲突规范学者又不研究海商法问题，也极少专门研究海商法中的海事冲突法。所以，海事法律适用法游离在冲突规范、海商法两个相关学科中，特别需要兼具冲突规范与海商法学术背景的学者去研究。

美国最高法院大法官霍姆斯先生提出了判断、了解法律的"坏人"理论："倘若你们想了解法律，而不是别的什么，你们得以一个坏人的眼光看待它，坏人仅仅关心根据这一法律知识能做出预测的具体后果，这不像一个好人……在模模糊糊的良心约束之下，要为他的行为寻求依据。"① 他认为"坏人"比法官更像立法者。立法者就是要不断堵"坏人"的漏洞，立法才愈完善。审视我国涉外海事关系法律适用法的"漏洞"，也需要这样的"坏人"。对研究立法的学者而言，就是要做这样的"坏人"。

（二）问题

1. 立法指导思想不够开放

当时的海事立法及其他立法受计划体制和属地主义的影响，产生了法律制定宜粗不宜细的指导思想，如《中华人民共和国民法通则》涉外法律适用的规定被减为9条，还有人认为应该全部删去。我国《海商法》中的法律适用的规

---

① ［美］斯蒂文. J. 伯顿. 法律的道路及其影响——小奥利弗·温得尔·霍姆斯的遗产 ［M］. 张芝梅，陈绪刚，译. 北京：北京大学出版社，2012：3.

定也只有9条。在这种立法指导思想下，冲突规范总体上无法满足大规模国家经济贸易、技术、文化、人员等交往与激烈国家竞争的需要。①

2. 海事判决书方面的问题

例如对判决裁定书的要求规格方面就缺乏相应的规定，实践中经常出现不一致的情况。在法院提供上网的判例时，通常是选择比较好的判决书提供给网上公开发布。但即便是这样，同样是法院的判决书，内容格式都仍然存在不同程度的差异。如关于判决书的判例名称案由格式及表述，有的表述为"英忠有限公司与庆达海运有限公司船舶物料和备品供应合同纠纷案"；有的表述为"原告中国人民财产保险股份有限公司深圳分公司为与被告广州市恒天利船务有限公司、被告万海航运私人有限公司多式联运合同纠纷"；有的表述为"福州天恒船务有限公司诉宁波中盟钢铁有限公司、远大物产集团有限公司海上货物运输合同和海事担保纠纷一案"；等等，不尽规范。不同的表述应该尽量一致起来，以体现判决书的严谨性。

3. 海事司法判例在法律适用问题上的表述问题

法院在海事司法判例法律适用的具体表述方面，有"本案应适用中华人民共和国法律""应适用中华人民共和国法律处理本案实体争议""本院适用中华人民共和国法律审理本案""本院将依据中华人民共和国内地的有关法律解决本案的实体争议""中华人民共和国内地法律应作为处理本案运输合同争议所适用的法律""应适用我国海商法等相关法律的规定确认双方的关系及责任""本案适用中华人民共和国法律处理实体争议""本案适用中华人民共和国法律处理""本案争议应适用中华人民共和国法律解决""本案适用《中华人民共和国海商法》和我国其他相关法律进行审理""本案纠纷依照我国相关法律进行裁判""本案应适用中华人民共和国大陆法律""双方当事人对于适用中华人民共和国法律审理本案均无异议，本院予以确认"等。这些表述存在或多或少的差异，如果"本案适用中华人民共和国法律处理实体争议"正确，"本案适用中华人民共和国法律处理"就不对，因为准据法只解决实体争议。

4. 立法模式不够先进

世界各国关于冲突规范立法，法典化的趋势越来越明显。我国学术界大都主张我国冲突规范立法最好反映冲突规范立法趋势，采用法典化的立法形式。特别是中国国际私法学会，一直热衷于中国冲突规范的立法工作，其起草的

---

① 徐伟功. 中国冲突规范制度变迁与制度设计 [C]. 中国冲突规范学会 2006 年年会论文集，138.

《中华人民共和国国际私法示范法》便采用了法典的形式。2002年的《中华人民共和国民法（草案）》只是以专编的形式来规定冲突规范问题。但2010年的《中华人民共和国涉外民事关系法律适用法》已采用单行法的形式了，这是一个突破性的进步。在这种情况下，我国涉外海事关系法律适用法的专章、甚至散见式立法模式已经太不合时宜了。

5. 海事立法不完善

如丹东市三江经贸有限公司与青岛永泰佳业经贸有限公司（"兴吉达"轮［M/VXINGJIDA］实际控制人）等公司船舶抵押权纠纷申请案，（2014）武海法拍字第00006号。关于该案的法律适用问题，法院没有做出说明。法院认为，申请人丹东市三江经贸有限公司与被申请人青岛永泰佳业经贸有限公司、锦江船务有限公司船舶抵押权纠纷一案，本院于2014年4月21日作出（2014）武海法保字第00156号民事裁定，对被申请人锦江船务有限公司所有、青岛永泰佳业经贸有限公司实际控制的柬埔寨籍现停泊于靖江港的"兴吉达"轮［M/VXINGJIDA］予以扣押，并责令其提供人民币3000万的担保。因船舶扣押期间届满，被申请人不提供担保，且靖江港无锚地，不宜继续扣押，申请人于2014年5月22日向本院申请拍卖被扣押的船舶。本院经审查认为，申请人丹东市三江经贸有限公司的船舶拍卖申请符合法律规定。在丹东市三江经贸有限公司与青岛永泰佳业经贸有限公司（"兴吉达"轮［M/VXINGJIDA］实际控制人）等公司船舶抵押权纠纷申请案中，关于该案的法律适用问题，法院没有做出说明。

由于立法的不完善和司法解释的语焉不详，司法实践中查明外国法的方法五花八门，我国相关制度亟待进一步完善。也有法院在积极探索合理的途径查明外国法，不刻意回避外国法，取得了较好的效果。如在"上诉人月光之路企业有限公司、上诉人拉维尼亚公司与被上诉人远东海产品开放型控股公司、被上诉人天津天马拆船工程有限公司船舶抵押合同纠纷案"① 中，法院认为当事人在合同中约定了适用俄罗斯联邦法律。各方当事人均未提交俄罗斯联邦法律，法院采用了黄道秀编译的《俄罗斯联邦民法典》（北京大学出版社2007年版）一书的内容，各方当事人对此表示认可。

6. 立法内容不够完整

我国海事冲突法不仅条文上数量少、范围上不周延，而且内容上不具体、适用上不灵活。如未规定船舶污染、海难救助、船舶留置权等法律适用问题，船舶碰撞、海事赔偿责任限制、共同海损理算等的法律适用规定也不尽合理、

---

① （2010）津高民四终字第109号民事判决书。

不够具体等。另外，法律适用方面对法院地法比较偏爱，国外有冲突规范学者甚至认为："《中华人民共和国海商法》的 272 条规定的船舶优先权，适用受理案件的法院地法，是非常遗憾的规定，容易导致择地诉讼。"①

《中华人民共和国民法（草案）》中对涉外海事关系法律适用方面的规定对我国涉外海事关系法律适用法的制定有一定参考作用，但它本身也存在许多不足，在体系定位、条文的顺序安排、范围的周延性和规定的合理性等方面存在诸多问题，甚至一些条文之间充满矛盾。如《民法（草案）》第 9 编第 54 条与第 84 条第 3 款，第 84 条第 4 款与第 94 条等规定便相互矛盾。如上所述，我国海事法律适用法立法规定不完善的现状及存在的其他不足对司法实践法律适用会产生较大的影响。与此同时，司法实践中的现状及存在的问题，又反过来对立法提出了新的要求，对立法的完善起推动与促进作用。

但是，在涉外海事法律适用领域，到目前为止还没有学者专门对海事审判的实际情况及判例进行抽样调查，对其法律适用问题进行专门的统计分析。而这种研究方法，在其他的一些法律学科及部门中已有开展。

在涉外民事领域，我国国内学者对这些情况有专门的年度统计分析，得出的结论是，涉外案件在我国基本上都是适用中国法律解决纠纷的。中国政法大学黄进教授等此前已经有 11 次的中国国际私法司法实践年度述评，从得出的结论看，涉外案件基本适用中国法的结果一直没变。如以 2011 年的年度统计分析为例，他们从收集的 2011 年涉外民事审判判例中，随机抽取 50 件案件进行法律适用分析，"发现适用中国法律的有 47 件，占 94%，同时适用中国法律及国际公约的 2 件，占 4%，适用域外法律的 1 件，占 2%"②。

以 2012 年的年度统计分析为例，他们对 2012 年涉外民事审判判例，采用分组随机统计的方法，从调查收集的 500 宗涉外民商事案件中选取 50 宗（具体方法为：以案由为标志，将案件分为民事、商事、海事三类，经统计得到三个类型的案件数为 220 宗、176 宗、101 宗，按每类案件占总案件的 10% 的比例随机抽取 22 宗、18 宗、10 宗案件为研究样本）。在这 50 宗案件的法律适用上，"适用中国法律的有 42 件占 84%，同时适用中国法律及国际公约的 2 件，占 4%，同时适用中国法律及域外法律的 2 件，占 4%，适用域外法律的 2 件，占 4%，

---

① ［加］威廉·泰特雷. 国际冲突法：普通法、大陆法及海事法［M］. 刘兴莉，译. 北京：法律出版社，2003：720.

② 黄进，等. 2011 年中国国际私法司法实践述评［C］//中国冲突规范学会年会论文集（上），2012：6.

适用国际公约的2件，占4%"①。

现在的情形仍然没有大的改观。以学者对2016年的中国国际私法年度司法实践统计分析为例，他们对2016年涉外民事审判判例，采用分组随机统计的方法，从调查收集的500宗涉外民商事案件中选取50宗，发现适用中国法律的有38件占76%，适用域外法律（包括我国港澳台地区法律的）3件，占6%，国际惯例1件，占2%，同时适用中国内地法律及域外法律的4件，占8%，同时适用中国法律及国际公约的3件，占6%，同时适用中国内地法律、国际公约和国际惯例的1件，占2%。②

笔者认为，以上现状与我国涉外民事关系法律适用法立法不完善有一定关系，同时也说明我国涉外民事关系法律适用法立法规定灵活性较强，在冲突规范规定或者当事人选择适用外国法的情况下，如果存在一些因素与情形，最终适用的还是中国法律。另外，在法院判例中，适用中国法的理由也值得探讨，如有的将涉外案件识别为国内案件适用中国法律；有的未说明法律适用的理由而适用中国法律；对意思自治随意干涉而适用中国法律；滥用最密切联系原则而适用中国法律；等等。"如果过多地强调法院地法的适用，甚至无节制地扩大法院地法的适用，将给我国的国家利益和司法权威带来不利。"③

7. 立法技术不够娴熟

如海事冲突法与冲突规范其他制度之间的关系缺乏衔接。涉外海事关系法律适用法缺乏对冲突规范特殊制度的吸收与借鉴等。

法律也是需要维修的，对我国涉外海事关系法律适用法的缺陷与问题的深入剖析，是为了其更好地运行，检查、检测、发现涉外海事关系法律适用法的故障，是制定与完善我国涉外海事关系法律适用法的前置程序。

8. 在结论性表述上缺乏统一规定

在结论性表述上缺乏统一规定，导致实践中的法律适用表述上存在诸多的问题。（1）主体表述方面，有"合议庭成员一致认为""本院认为""本审判员认为""法院认为""原审法院审理认为""原审法院认为"等多种表述，反映出海事司法判决文书的标准性不够。比较而言，"合议庭成员一致认为"妥当一

① 黄进，等. 2012年中国国际私法司法实践述评 [J]. 中国冲突规范学会2013年年会论文集（上），24.
② 黄进，等. 2016年中国国际私法司法实践述评 [J]. 中国国际私法与比较法年刊，2017，20，北京：法律出版社，2018：29.
③ 晏圣民. 涉外海事审判中外国法适用的困境与出路 [M]//中国海事审判年刊. 北京：人民交通出版社，2004：212-213.

些，当然，如果合议庭成员有不同意见，应该在判决文书中说明，因为总是"合议庭成员一致认为"会使人觉得可信度不够。（2）法院在外国（地区）法查明上标准掌握的问题，仍然掌握得比较严格。如江西星海航运有限公司诉永华油船公司（WINGWAHOILSHIPCO）船舶物料和备品供应合同纠纷案，(2014）闽民终字第146号。

关于该案的法律适用问题，一审法院认为："本案案由为船舶物料和备品供应合同纠纷。因永华油船公司系香港注册登记法人，且加油行为发生在香港水域，属于具有涉港因素的合同纠纷，故双方应先明确适于本案裁决的适用法律。因双方未事先约定，且在庭审中，因永华油船公司主张适用香港法律，而星海公司主张适用中华人民共和国法律，根据《最高人民法院关于适用〈中华人民共和国涉外民事关系法律适用法〉若干问题的解释（一）》第十九条规定，本案的法律适用问题，参照适用《中华人民共和国涉外民事关系法律适用法》。本案中，永华油船公司作为提供油料一方，其履行义务最能体现案涉合同特征，且加油地点即合同履行地位于香港南丫岛，香港系永华油船公司经常居所地及与案涉合同具有最密切联系之地，故根据《中华人民共和国涉外民事关系法律适用法》第四十一条规定，本案应适用香港法律作为处理纠纷的准据法。但根据《中华人民共和国涉外民事关系法律适用法》第十条第二款的规定，因永华油船公司作为主张适用香港法律的一方未予提供，原审法院亦无法查明，且在庭审中永华油船公司实际援引国内法主张权利，星海公司也据此主张抗辩，故适用中华人民共和国法律作为本案准据法。"二审院认为："被上诉人永华油船公司系香港法人，且案涉加油行为发生在香港水域，故本案属涉港合同纠纷。根据《最高人民法院关于适用〈中华人民共和国涉外民事关系法律适用法〉若干问题的解释（一）》第十九条的规定，本案应参照适用《中华人民共和国涉外民事关系法律适用法》。案涉合同履行地及被上诉人永华油船公司经常居所地在香港，故根据《中华人民共和国涉外民事关系法律适用法》第四十一条的规定，本案应适用与案涉合同有最密切联系之地即香港的法律。但因双方当事人均未提供香港法律，法院亦无法查明，故依照《中华人民共和国涉外民事关系法律适用法》第十条第二款的规定，本案适用中华人民共和国法律。"

在上述案例中，法院主张根据特征性履行、最密切履行原则应适用香港法律，但由于当事人没有提供，故适用中华人民共和国法律。

笔者认为，在法律规定上，《中华人民共和国涉外民事关系法律适用法》第10条规定："涉外民事关系适用的外国法律，由人民法院、仲裁机构或者行政机关查明。当事人选择适用外国法律的，应当提供该国法律。"在上述案例中，法院适用的法律并非当事人选择的法律，而是根据特征性履行、最密切履行原则应适用香港法律，故根据《中华人民共和国涉外民事关系法律适用法》第10条的规定，应由人民法院、仲裁机构或者行政机关查明，因此，不能要求当事人提供香港法律，法院应该说明查明香港法律的方法与途径，解释无法查明的原因。而在该案中，法院在对域外法的适用问题上，并没有这样做，就适用了中华人民共和国法律。

9. 关于判决书的写作问题

在涉外海事判决书的写作问题上，大量的判决书文字说明不太详细，字数也不太多。关于法律适用的理由说明大都比较简单，法官个人间通常没有争议，没有自己观点的表述。

以上问题的出现，原因虽然是多种多样的，但最根本的原因还是涉外海事关系法律适用法规定的内容不全面、不细致，这些问题值得认真对待。具体适用中的问题，如日暮尔琴科诉密斯姆航运公司（MAXIMASHIPPINGB）船员劳务合同纠纷案。（2014）沪海法商初字第213号。法院在法律适用问题上认为，原、被告均为境外主体，本案系涉外船员劳务合同纠纷。根据法律规定，当事人可以选择解决涉外合同纠纷的准据法，当事人没有选择的，适用与合同有最密切联系的国家的法律。因被告经依法传唤未到庭应诉，原、被告未能一致选择解决本案纠纷的准据法，故本案应适用与涉案船员劳务合同有最密切联系的国家的法律。原告受被告雇佣，担任因故滞留在中国海域内的"密斯姆"轮的船员，且原告亦是从中国上海港离船的，涉案船员劳务合同实际履行地在中国，中国系与涉案船员劳务合同有着最密切联系的国家。因此，根据最密切联系原则，本院确定以中华人民共和国法律作为审理本案纠纷的准据法。

在日暮尔琴科诉密斯姆航运公司（MAXIMASHIPPINGB）船员劳务合同纠纷案中，法院在法律适用问题上认为：原、被告均为境外主体，本案系涉外船员劳务合同纠纷。根据法律规定，当事人可以选择解决涉外合同纠纷的准据法，当事人没有选择的，适用与合同有最密切联系的国家的法律。

笔者认为，在该案中，法院没有说明依据什么法律做出的法律适用决定。在法律有关规定上，海商法、民法通则与中华人民共和国涉外民事关系法律适用法的规定是不一致的。如《中华人民共和国涉外民事关系法律适用法》第41条规定："当事人可以协议选择合同适用的法律。当事人没有选择的，适用履行义务最能体现该合同特征的一方当事人经常居住地法律或者其他与该合同有最密切联系的法律。"在这里，应该特别考虑的是履行义务最能体现该合同特征的一方当事人经常居住地法律，而法院认为：因被告经依法传唤未到庭应诉，原、被告未能一致选择解决本案纠纷的准据法，故本案应适用与涉案船员劳务合同有最密切联系的国家的法律。原告受被告雇佣，担任因故滞留在中国海域内的"密斯姆"轮的船员，且原告亦是从中国上海港离船的，涉案船员劳务合同实际履行地在中国，中国系与涉案船员劳务合同有着最密切联系的国家。因此，根据最密切联系原则，法院确定以中华人民共和国法律作为审理本案纠纷的准据法。

在该案中，法院只是适用了最密切联系原则，忽略了履行义务最能体现该合同特征的一方当事人经常居住地法律的适用。

10. 关于准据法的适用问题

（1）对适用中国法的理由表述不足。在"原告 YWN 木薯粉有限公司诉被告建和船务有限公司、TCL 经纪代理有限公司、日照昆达公司等三被告提单欺诈纠纷案"中（案号为 2011 青海法海商初字第 307 号），法院认为"原告及被告日照昆达选择适用中华人民共和国内地法律，被告建和船务及被告 TCL 公司未对本案的法律适用做出选择。根据《中华人民共和国涉外法律关系适用法》的有关规定，中华人民共和国内地法律系与本案有最密切联系的法律"，该观点值得商榷。因为部分当事人选择中国法律与中国法律是最密切联系的法律两者不能等同。

（2）适用中国法没有说明理由。在"广州某某机械设备有限公司诉某某航运有限公司船舶物料和备品供应合同纠纷案"（案号为 2011 甬海法商初字第 263 号）；"南宁奥某某技术开发有限公司诉上海亚某某物流有限公司广州分公司、上海亚某某物流有限公司海上货运代理合同纠纷案"等中（案号为 2012 广海法初字第 513 号）。适用中国法没有说明理由。如果不说明理由就适用中国法，就等于没有理由，是不合理也不合法的，因为存在适用外国法的可能性，一味地排除外国法的适用，会使得中国冲突法的规定形同虚设，特别是通过互联网对外公布裁判文书之后，会对我国司法裁判带来一定的不利影响。

（3）法院在法律适用的表述上存在一定的问题。法院在法律适用的表述上存在不同的问题。如在"韩国东部高科有限公司（DONGBU HITEK CO. LTD.）海事保函上诉案"中（案号为 2012 鄂民四终字第 00130 号），上诉法院认为："综上所述，根据英国法律，韩农会社与被上诉人扬洋公司之间的保函关系已经成立并生效，上诉人东部高科、东部韩农作为韩农会社变更、分立形成的公司，根据《韩国商法典》第 530 - 9 第（1）款的规定，应受韩农会社保函的约束，对被上诉人扬洋公司因接受保函实施无单放货行为受到的损失承担连带赔偿责任。原审判决认定事实清楚，审判程序合法，适用法律因未能查明英国法律而适用中华人民共和国法律确有不当，但没有影响到对本案实体的正确处理。驳回上诉，维持原判。"该上诉法院的表述提到适用英国法、《韩国商法典》，认为"未能查明英国法律而适用中华人民共和国法律确有不当，但没有影响到对本案实体的正确处理"。明显属于前后矛盾。法院在该案法律适用上的表述存在问题，既然承认"适用中华人民共和国法律确有法律不当"，又认为"没有影响到对本案实体的正确处理"，适用法律不当，还不影响到对本案实体的正确处理，这种判断怎么会有说服力呢？另外，法院认为"上诉人东部高科、东部韩农作为韩农会社变更、分立形成的公司，根据《韩国商法典》第 530 - 9 第（1）款的规定，应受韩农会社保函的约束"，该内容属于先决问题，应单独说明其准据法的选择与适用。

综上，我国涉外海事关系法律适用法在立法、实践中存在的一些问题，亟待完善。

二、制定条件

（一）实践的发展取得一些共同的认识

比较而言，海事领域标准认同度较高，在容易产生纠纷的领域逐渐取得认识上的一致。一些统一的格式合同样本等也对此有所裨益。以下是一些我国海事仲裁的格式协议样本。①

格式合同样本一、CMAC 救助合同（中文版）

中国海事仲裁委员会（1994）标准格式

China Maritime Arbitration Commission Standard Form (1994)

_____年_____月_____日

_____

（签署地）

（被救助船舶所有人名称）

_____

（地址：_____

电话：_____　　传真：_____

电传：_____　　邮政编码：_____

的　　号船舶船旗国：_____　　船籍港：_____

---

① 资料来源：中国海事仲裁委员会网站，2018 年 12 月 14 日访问.

_____的　　船长（或船舶所有人）_____代表

_____号船舶、船上货物、运费、燃料、物料和其他
财产的所有人（下称"被救助方"）同（救助方名称）_____

（地址：_____
电话：_____传真：_____
电传：_____
邮政编码：_____）的代表_____签订本合同。

　　第一条　救助方应以应有的谨慎救助_____号船舶及/或船
上货物、运费、燃料、物料和其他财产，并将它们送到_____
或以后商定的其他地点，如果没有上述约定或商定地点，可送往任一安全地点。

　　当获救的船舶及/或其他财产已被送到前款规定的地点时，被救助方应及时
接受救助方提出的合理的移交要求；如未及时接受，被救助方应对非属救助方
过失造成的后果负责。

　　第二条　被救助方应与救助方通力合作，包括获得准许进入合体第一条规
定的地点；免费提供救助方合理使用船上的机器、装置、设备、锚、锚链、物
料和其他属具，但救助方不应无故损坏、抛弃或牺牲上述物件或其他被救财产。

　　第三条　救助方有义务在合理需要的情况下，寻求其他救助方援助。
被救助方或船长合理要求其他救助方参与救助作业时，救助方应接受此种要求，
但要求不合理的，原救助方的救助报酬金额不受影响。

　　第四条　在救助作业过程中，救助方和被救助方、船长均有义务以应有的
谨慎防止或减少环境污染损害。

　　第五条　除本合同第九条规定外，救助方对本合同规定的救助标的进行救
助，取得效果（包括取得部分效果）的，有权获得救助报酬；未取得效果的，
无权获得救助报酬。

　　第六条　在救助作业中救助人命的救助方，对获救人员不得请求酬金，但
是有权从救助船舶或其他财产、防止或减少环境污染损害的救助方获得的救助
款项中，获得合理的份额。

　　第七条　确定救助报酬，应体现对救助作业的鼓励，并综合考虑下列各项
因素：

　　（一）船舶和其他财产的获救价值；
　　（二）救助方在防止或减少环境污染损害方面的技能和努力；

（三）救助方的救助成效；

（四）危险的性质和程度；

（五）救助方在救助船舶、其他财产和人命方面的技能和努力；

（六）救助方所用的时间、支出的费用和遭受的损失；

（七）救助方或者救助设备所冒的责任风险和其他风险；

（八）救助方提供救助服务的及时性；

（九）用于救助作业的船舶和其他设备的可用性和使用情况；

（十）救助设备的备用情况、效能和设备的价值。

第八条 由于救助方的过失致使救助作业成为必须或更加困难的，或者救助方有欺诈或其他不诚实行为的，应当取消或减少向救助方支付的救助款项。

第九条 对构成环境污染损害危险的船舶或船上货物进行的救助，救助方依照本合同第七条规定所获得的救助报酬，少于依照本条规定可以得到的特别补偿的，救助方有权依照本条规定，从船舶所有人处获得相当于救助费用的特别补偿。

救助方进行全款规定的救助，取得防止或减少环境污染损害效果的，船舶所有人依照前款规定应向救助方支付的特别补偿，可以另行增加，增加的数额可以达到救助费用的百分之三十。如果根据本合同第十五条组成的仲裁庭认为适当，并且考虑合同第七条第一款规定的各项因素，可以裁决进一步增加特别补偿，但在任何情况下，增加部分的总数额不得超过救助费用的百分之一百。

本条所称救助费用，是指救助方在救助作业中直接支付的合理费用和实际使用的救助设备、投入救助人员的合理费用。确定救助费用应当考虑本合同第七条第（八）（九）（十）项规定的各项因素。

在任何情况下，本条规定的全部特别补偿，只有超过救助方依照本合同第七条规定能够获得救助报酬时，方可支付，支付金额为特别补偿超过救助报酬的差额部分。

由于救助方的过失未能防止或减少环境污染损害的，可以全部或部分地剥夺救助方获得特别补偿的权利。

第十条 为了保全救助方应得的救助报酬，在救助作业结束后，被救助方应根据救助方的要求，在 14 个银行工作日内（法定节假日除外）提供满意的担保。

船舶所有人及其雇佣人、代理人应在获救的货物交还前，尽力使货物所有人对其应承担的救助报酬提供满意的担保。

在按本条第一款规定提供担保以前，未经救助方书面同意，不得将获救船舶和其他财产从救助作业完成后最初抵达的港口或地点移走。如果救助方有理由认为被救助方将要违反或者企图违反本款规定，有权申请采取财产保全措施。

上述担保金额应包括利息和进行仲裁可能发生的合理费用在内。

第十一条　在本合同第九条的规定可能适用的情况下，船舶所有人应根据救助方的合理要求提供满意的担保。

第十二条　如果在签订本合同之前，被救助方或船长没有明确和合理地制止，救助方对遇险的船舶及/或船上货物、运费、燃料、物料和其他财产已提供了本合同所指的全部或部分救助服务，本合同的规定应适用于这种服务。

第十三条　本合同是由船长或船舶所有人代表船舶、船上货物、运费、燃料、物料和其他财产的所有人签订的，各所有人应各自履行本合同规定的义务。

救助报酬金额应由获救船舶和其他获救财产的各所有人，按照船舶和其他财产各自的获救价值的比例承担。

第十四条　参加同一救助作业的各救助方的救助报酬及/或特别补偿，根据第七、八、九条的规定由各方协商确定。

第十五条　救助方和被救助方之间以及签订本合同的各救助方及/或各被救助方相互之间根据本合同所发生的或与本合同有关的一切争议，均应提交中国海事仲裁委员会（下称"仲裁委员会"）仲裁解决。

仲裁委员会依照该会仲裁规则规定的程序进行仲裁。依据仲裁委员会仲裁规则组成的仲裁庭，有权根据救助方的请求，在合理条件下，做出中间裁决或部分裁决，要求被救助方向救助方先行支付适当的金额。被救助方根据仲裁庭上述裁决先行支付的金额，其提供的担保金额应做相应扣减。

仲裁委员会的裁决是终局的，对所有当事人均有约束力。

第十六条　除另有明确约定外，本合同和根据本合同进行的仲裁适用中华人民共和国法律。

第十七条　本合同前言中所列名称、地址、传真号、电传号和邮政编码如有变更，应立即通知仲裁委员会和对方。否则，一切按该地址邮寄的信件、文件等及按该号码传送的传真和电传，仲裁委员会或仲裁庭认为已经合理的时间即视为已经送达。

签字：

————————　　　　　　　　　　　　　　　————————

代表救助方　　　　　　　　　　　　　　　　　　代表被救助方

格式合同样本二、英文版 Salvage Contract

China Maritime Arbitration Commission Standard Form （1994）

(dated) _____

(place of signature) _____

It is hereby agreed between _____ (name of Master or Owner) of the m. v. _____ (name of the vessel being salved) (flag: _____ port of registry: _____) owned by _____ (address: _____ tel: _____ fax: _____ telex: _____ postal code: _____) for and on behalf of the m. v. _____, her cargo, freight, bunkers, stores and any other property thereon (hereinafter called "the salved party") and the representative of the salvor (address: _____ tel: _____ fax: _____ telex: _____ postal code: _____) that:

1. The salvor shall exercise due care to salve the m. v. and/or her cargo, freight, bunkers, stores and any other property thereon and take them to or such other place as may here after be agreed, or if no such place is named or agreed, to any other place of safety.

When the vessel and/or other property salved have been brought to the place named in the preceding paragraph, the salved party shall promptly accept redelivery when reasonably requested by the salvor to do so. If the salved party failed to do so, they shall be responsible for the result to which the salvor has no fault.

2. The party salved shall co – operate fully with the salvor including obtaining permit of entry to the place as defined in Clause 1 of this Contract and allowing the salvor to make reasonable use, free of expenses, of the vessel's machinery, gear, equipment, anchor and anchor chains, stores and other appurtenances provided that the salvor shall not unnecessarily damage, abandon or sacrifice the same or any other property being salved.

3. The salvor shall owe duty to seek the assistance of other salvors where reasonably necessary.

The salvor shall accept the intervention of other salvors when reasonably requested to do so by the salved party or the master, provided however that the amount of his reward shall not be prejudiced if such a request was found unreasonable.

4. During the salvage operations, the salvor and the salved party and the master are under an obligation to exercise due care to prevent or minimize pollution damage to the environment.

5. Except as otherwise provided for in Clause 9 of this Contract, where the salvage operations rendered to the subject – matter of the Salvage Contract have had a useful result (including partial result), the salvor shall be entitled to a reward, and the salvor shall not be entitled to a reward if the salvage operations have had no useful result.

6. The salvors of human life may not damand any remuneration from those whose lives are saved. However, salvors of human life are entitled to a fair share of the payment awarded to the salvor for salving the ship or other property or for preventing or minimizing the pollution damage to the environment.

7. The reward shall be fixed with a view to encouraging salvage operations, taking into full account the following criteria:

(1) Value of the vessel and other property salved;

(2) Skill and efforts of the salvor in preventing or minimizing the pollution damage to the environment;

(3) Measure of success obtained by the salvor;

(4) Nature and extent of the danger;

(5) Skill and efforts of the salvor in salving the vessel, other property and life;

(6) Time used and expenses and losses incurred by the salvor;

(7) Risk of liability and other risks run by the salvor or their equipment;

(8) Promptness of the salvage services rendered by the salvor;

(9) Availability and use of ships or other equipment intended for the salvage operations;

(10) State of readiness and efficiency of the salvor's equipment and the value thereof. The amount of reward shall not exceed the value of the vessel and other property salved.

8. Where the salvage operations have become necessary or more difficult due to the fault of the salvor or where the salvor has committed fraud or other dishonest conduct, the salvor shall be deprived of the whole or part of the payment payable to him.

9. If the salvor, performing the salvage operations in respect of the vessel which by itself or her cargo threatened pollution damage to the environment, has failed to earn a reward under Clause 7 of this Contract at least equivalent to the special compensation assessable in accordance with this Clause, he shall be entitled to special compensation from the owner of the vessel equivalent to his expenses as herein defined.

If the salvor, performing the salvage operations prescribed in the preceding paragraph, has prevented or minimized pollution damage to the environment, the special compensation payable by the owner to the salvor under the preceding Paragraph may be increased by an amount up to a maximum of 30% of the expenses incurred for the salvage. The arbitration tribunal formed in accordance with Clause 15 of this Contract may, if it deems fair and just and taking into consideration the various factors defined in Paragraph 1 of Clause 7 of this Contract, render an award further increasing the amount of such special compensation, but in no event shall the total increase be more than 100% of the expenses incurred for the salvage.

The salvor's expenses referred to in this Clause means the salvor's out – of – pocket expenses reasonably incurred in the salvage operation and reasonable expenses for the equipment and personnel actually used in the salvage operations. In determining the salvor's expenses, the provisions of Sub – paragraphs (8), (9) and (10) of Paragraph 1 of Clause 7 of this Contract shall be taken into consideration.

Under all circumstances, the total special compensation defined in this Clause shall be paid only if such compensation is greater than the reward recoverable by the salvor under Clause 7 of this Contract, and the amount to be paid shall be the difference between the special compensation and the reward.

If the salvor has failed, due to his negligence, to prevent or minimize the pollution damage to the environment, the salvor may be totally or partly deprived of the right to the special compensation.

In order to secure the remuneration to which the salvor is entitled, the owner of the salved property shall, after the completion of the salvage operations, provide satisfactory security at the request of the salvor within 14 bank working days (except holiday and Sunday)

The owner of the vessel, their servants and agents shall, before the release of the cargo, make best endeavours to cause the owners of the cargo salved to provide satisfactory security for their proportion of their salvage reward.

Without the consent in writing of the salvor, the vessel or other property salved shall not be removed from the port or place at which they first arrived after the completion of the salvage operations, until satisfactory security prescribed in Paragraphs (1) of this Clause has been provided. If the salvor has reason to believe that the party salved is to or attempts to violate the provision of this Paragraph, the salvor is entitled to apply for measure of property security.

The aforesaid amount (s) shall include interests and reasonable fees and expenses which might be incurred for arbitration.

11. In case the provisions of Clause 9 apply, the owner of the vessel shall provide satisfactory security at the reasonable request of the salvor.

12. The provision of this Contract shall apply to the salvage services, wholly or partly, as defined in this Contract that have been rendered to the vessel and/or her cargo, freight, bunkers, stores and other property in danger without the express and reasonable prohibition on the part of the salved party or the master prior to signing this Contract.

13. The master of the vessel or its owner enters into this Contract on behalf of owners of the vessel, her cargo, freight, bunkers, stores and any other property thereon and each of the respective owners is bound to the due performance of this Contract.

The salvage reward shall be paid by the owners of the vessel and other property salved vessel and property bear to the total salved values.

14. The distribution of salvage reward and/or special compensation among the salvors taking part in the same salvage operation shall be made by agreement among such salvors on the basis of the provisions of Clause 7, 8 and 9.

15. Any dispute arising under or in connection with this Contract between the salvor and the salved party and among the salvors and/or the salved parties who are the parties to this Contract shall be referred to China Maritime Arbitration Commission (BeiJing/ShangHai) (hereinafter called the Commission) for arbitration.

The procedures of arbitration shall be governed by the Arbitration Rules of the Commission. The Arbitration tribunal formed in accordance with the Arbitration Rules of the Commission shall have power to make, upon request by the salvor and under reasonable conditions, an interlocutory or partial award ordering the party salved to pay in advance an appropriate amount of the payment to the salvor. Such payment, if paid in advance by the salved party according to the aforesaid award of the arbitration tribunal, shall be deducted accordingly from the sum provided as security.

The award rendered by the Commission shall be final and binding on all the parties.

16. Except otherwise expressly provided, the law of the People's Republic of China shall apply to this Contract and to the arbitration conducted under this Contract.

17. Any change (s) of the address, fax, telex number and postal code given in

the preamble of this Contract shall be immediately communicated to the Commission and the other party. Failing this, any letter and document mailed to such address as well as any facsimile and telex message transmitted to such number shall be deemed to have been dully served to the parties over a period of time as deemed reasonable by the Commission or the arbitration tribunal.

Signature

_____   _____

For and on behalf of the salvor For and on behalf of the salved party

格式合同样本三、CMAC 船舶碰撞仲裁协议（中文版）

中国海事仲裁委员会（1994）标准格式

China Maritime Arbitration Commission Standard Form（1994）

_____年_____月_____日

_____代表_____

号船舶（船旗国：_____船籍港：_____）（地址：_____）

电话：_____传真：_____

电传：_____邮政编码：_____）

同_____代表_____   号船舶（船旗国：

_____船籍港：_____）（地址：_____

电话：_____传真：_____

电传：_____邮政编码：_____）

（或者）_____代表_____的财产所有人）

（地址：_____）

电话：_____电传：_____传真：_____

邮政编码：_____）达成协议如下：

第一条 双方当事人同意将_____号船舶同_____

号船舶于_____年_____月_____日_____时（格林尼治时间或北京时间）在_____地方发生碰撞而产生的一切争议，包括当事人应负的责任和有关赔偿损失的金额，提交中国海事仲裁委员会裁决。

第二条 为请求赔偿的损失进行财产保全，双方同意由_____于_____年_____月_____日前向_____提交_____保全金或担保；由_____于_____年_____月_____日前向_____提交_____保全金或担保。

当事人按照本条第一款规定向对方提供担保并不视为已承认碰撞责任。

如果当事人提供了完全符合第一款规定的担保，另一方不得向法院申请扣押对方所拥有的船舶和财产。

第三条 如果双方对本协议第二条第一款没有达成协议，或者虽然双方达成协议，但一方没有收到对方提供的担保，或者担保逾期失效，本协议第二条第三款将不适用。

第四条 双方同意对方当事人对本方的碰撞损害进行检验并给予方便。

第六条 除另有明确约定外，本协议和根据本协议进行的仲裁适用中华人民共和国法律。

第七条 本协议前言中所列名称、地址、传真号、电话号或邮政编码如有变更，应立即通知中国海事仲裁委员会和对方。否则，一切按该地址邮寄的信件、文件等及按照该号码传送的传真和电传，仲裁委员会或仲裁庭认为已经超过合理的时间即视为已经送达。

格式合同样本四、英文版 Collision Arbitration Agreement

China Maritime Arbitration Commission Standard Form（1994）

（dated）_____

It is hereby agreed between _____ as accredited representative（address：_____ tel：_____ telex：_____ fax：_____ Postal code：_____）of the m. v. _____ flag：_____ port of registry：_____ and _____ as accredited representative（address：_____ tel：_____ telex：_____ fax：_____ Postal code：_____）of the m. v. _____ flag：_____ port of registry：_____ or _____ as accredited representative（address：_____ tel：_____ telex：_____ fax：_____ Postal code：_____）of the owners of the property，as follows：

1. The parties agree to refer to China Maritime Arbitration Commission（BeiJing/ShangHai）for settlement all disputes arising between the parties hereto in connection with the collision between the m. v. _____ On the day of _____ 19 _____ at _____ hours（Greenwich time or Beijing time），at _____ with regard to the said collision including the eventually liability of each party and the amount of damages to be paid.

2. In order to secure the damages claimed，the parties agree that cash deposit or guarantee shall be provided by _____（full name of vessel owners）to _____

before _____ , （full nameof vessel or property owners）19 _____ , and cash deposit or guarantee shall be provided by _____ （full name of vessel _____ to _____ property owners） （full name of vessel owners）before _____ , 19 _____ .

Provision of security by a party to the other party in conformity to the provision in Paragraph1 of this Clause shall not be taken as admission by him of collision liability.

Where a party has provided the security conformable to that required in Paragraph1 of this Clause, the other party shall not apply to the court for arrest or detention of the vessel or property owned by that party.

The provision in Paragraph 3 of Clause 2 hereof shall not apply in absence of an agreement between the parties as prescribed in Paragraph1 of Clause 2 hereof, or in the case that a party fails to receive the security from the other party, though agreement has been reached between the parties, or that such security as has been provided becomes ineffective due to expiration.

4. The parties agree that one party conduct survey to damage to the vessel or property owned by the other party and provide convenience for survey to be held by the other party.

5. The arbitration procedure shall be governed by the Rules of Arbitration of China Maritime Arbitration Commissionand the award made by the Commission shall be final and binding on the parties.

6. Except as otherwise expressly provided, the law of the People's Republic of China shall apply to this Agreement and to the arbitration conducted under this Agreement.

7. Any change of the name, address, fax and telex number and postal code given in the preamble of this Agreement shall be immediately communicated to the Commission and the other party. Failing this, any letter and document mailed to such address as well as any facsimile and telex message transmitted to such number shall be deemed to have been duly served to the parties over a period of time as deemed reasonable by the Commission or the arbitration tribunal.

Signature

_____   _____

For and on behalf of the salvor For and on behalf of the salved party

（二）立法的指导思想

21 世纪是海洋的世纪，当世界经济的重力场向海洋转移时，海洋便很快成为各国必争之地，与海洋有关的立法便显得更加迫切和必要。对涉外海事关系法律适用法的制定、修改与完善不是对传统冲突规范的离经叛道，它反映了冲突规范价值追求目标的多元化和多层次性，及国家力量大量渗入海事关系法律适用法领域的现状。涉外海事关系法律适用法的修改与完善是冲突规范立法活动的重要体现，是冲突规范价值取向的整体目标，是海洋经济发展的基础保障，是和谐社会构建的必经之路。

涉外海事关系法律适用法立法应该围绕以人为本、服务司法实践、构建和谐社会这些重要思想，从冲突规范的基本功能和价值导向为出发点，以海事冲突法为研究对象，沿着海事冲突法的立法规定应具有超前性与时代性、系统性与实用性、合理性与可操作性、本土性与国际性相结合这一思路，从中把握我国海事冲突法立法的方向，提出完善我国海事冲突法立法的建议，以实现法律追求实质公平的价值取向，体现我国海事冲突法的专业与时代特色。

（三）立法模式

我国海事关系法律适用法在立法模式、立法体例上，不宜与我国涉外民事法律适用法混同规定，也不宜纳入民法典中专章规定，否则不仅不能体现海事法律适用法的特色，而且还会带来法律适用上的复杂化。例如《中华人民共和国民法通则》规定了不动产所有权的法律适用规则是适用不动产所在地法律，我国《海商法》规定了船舶的所有权的法律适用规则是适用船旗国法。两者关于不动产适用规则是不一致的。在我国，由于把海商法视为民法的特别法，有关海事关系法律适用法的问题，首先适用海商法中的规定。在海商法中没有相应的规定时适用民法中的相关规定。海商法的规定与民法通则规定不一致，按照特别法优先一般法适用的原则，应该优先适用海商法的规定。但如果将海事关系法律适用法的规定纳入民法通则中，则体现不出优先适用，还容易造成理解上的分歧。由于海事关系法律适用法的许多规定与民事法律适用法不尽一致，二者不宜放在一起规定。

有鉴于此，2010 年全国人大常委会二次审议的《涉外民事关系法律适用法（草案）》，以及正式通过的法律适用法就没有包括海事法律适用法的内容。在讨论中，有些专家和法院的同志建议把海商法、民用航空法、票据法等三部商事法律有关法律适用的规定纳入本法中来，制订一部"统一"的涉外民事关系法律适用法。但立法部门考虑到商事领域的法律众多，除这几部法律外，还有公司法、合伙企业法、保险法、证券法、证券投资基金法等，制度内容不同，监管要求也不同，情况十分复杂，什么情况下可以适用外国法律，还是在单行法中做出规定为宜。因此，草案及正式通过的立法就没有将海商法、民用航空法、票据法有关具体规定纳入本法，但做出衔接性规定："其他法律对涉外民事关系的法律适用另有特别规定的，依照其规定"。

从我国正式通过的《法律适用法》的立法体例来看，是按照单行法来进行架构的，这是中国冲突规范立法的一大进步。立法部门"考虑到商事领域的法律众多，情况十分复杂，什么情况下可以适用外国法律，还是在单行法中做出规定为宜"，说明立法部门是支持海事关系及其他商事关系法律适用法制定单行法的。① 这就需要整合我国《海商法》及其他相关法律中关于海事关系法律适用的条款，统一在单行法中规定，"其他法律不宜再涉及海事法律适用方面的内容"②。

（四）立法原则

关于冲突规范立法原则问题，有的学者把国际私法教材中总结的冲突规范的基本原则作为冲突规范的立法原则。冲突规范的基本原则主要是：主权原则、平等互利原则、法律协调与法律合作原则、保护弱方当事人合法权益的原则。③也有学者还认为："冲突规范的立法原则有：法典化原则、吸收性原则、借鉴性原则、超前原则、国际社会利益原则。"④

此外，法理上也概括有一般的立法原则，这些立法原则对各法律部门都有普遍的指导意义，冲突规范也概莫能外。这些原则有：宪法原则、法治原则、民主原则、科学原则。⑤

冲突规范的基本原则应该贯穿在冲突规范的整个过程之中，包括冲突规范的立法过程。因此，主权原则、平等互利原则、法律协调与法律合作原则、保护弱方当事人合法权益的原则也是冲突规范的立法原则。另外，一般的立法原则也是冲突规范的立法原则。至于有学者主张的法典化原则、吸收性原则、借

---

① 当然，如果海事法律适用法依然在海商法中专章规定，也应尽量完善其体例和条款规定。关于海事法律适用法立法模式问题，我国无论是制定海事法律适用法单行法，还是在《中华人民共和国海商法》中专章规定，海事法律适用法都应该是相对独立的法律体系。

② 易国春. 完善我国冲突规范立法的若干构想 [J]. 湖北经济学院学报，2007（12）：87.

③ 李双元. 国际私法 [M]. 北京：北京大学出版社，2011：30 - 31.

④ 易国春. 完善我国冲突规范立法的若干构想 [J]. 湖北经济学院学报，2007（12）：87 - 88.

⑤ 张文显. 法理学 [M]. 北京：高等教育出版社，北京大学出版社，2007：235 - 237.

鉴性原则、超前原则、国际社会利益原则，并不是立法原则，法典化是立法模式不是原则，吸收性原则、借鉴性原则是一回事，它们都是立法方法不是原则。超前原则不如适时性原则表述科学，国际社会利益原则不如法律协调与法律合作原则表述科学。

值得注意的是，涉外海事关系法律适用法是冲突规范的一个重要分支，其立法原则与冲突规范的立法原则应当是一致的。笔者认为，在以上冲突规范立法原则之外，涉外海事关系法律适用法还应坚持系统性原则。系统性的要求是，涉外海事关系法律适用法的立法内容应该是全面的、完整的，包括海事关系法律适用的方方面面。该原则对我国当前的涉外海事关系法律适用法的立法具有很好的针对性。

关于保护弱方当事人合法权益的原则，在司法实践中也是需要格外关注的。但并非每个国家都对保护弱方当事人给予了关注，如根据 Westlaw 上公布的数据，2015 年美国冲突法判例 4756 起，其中联邦最高法院 5 起，联邦上诉法院 416 宗，州最高法院和中级法院 798 宗，联邦地区法院 3537 宗。从这些判例可以进行分析，美国法原则上更加鼓励商业交易并反对管制，并没有特别挑出一些弱方当事人进行保护。①

三、立法建议诠解

（一）国际条约的相关规定（统一实体法公约）

海事领域统一实体法公约较多，如调整海上货物运输合同的条约：《海牙规则》《海牙—维斯比规则》和《汉堡规则》等的规定。在海难救助领域，海事国际统一实体法条约有 1989 年《国际海难救助公约》（International Convention on Salvage，1989）；1938 年《统一若干海难救助与救捞规则国际公约》（International Convention for the Unification of Certain Rules Relating to Assistance and Salvage of Aircraft or by Aircraft at Sea，1938）；2001 年《保护水下文化遗产公约》（Convention on the Protection of the Underwater Cultural Heritage）；2011 年《船东互保协会特别补偿条款》（Special Compensation of P&I Club Clause，SCOPIC）等。

在海事责任限制领域，海事国际统一实体法条约有 1957 年《船舶所有人责

---

① See articles 19 and 23 of regulation（EU）No. 1215/2012 of the European Parliament and of the Council of 12 December 2012 on Jurisdiction and the Recognition and Enforcement of Judgments in Civil and commercial Matters（Recast）（hereafter "Brussels I Regulation"），L351/1 O. J.（Dec. 20，2012）.

任限制公约》（International Convention Relating to the Limitation of the Liability of Owners of Sea - going Ships，1957）；1976 年《海事赔偿责任限制公约》（Convention on the Limitation of Liability for Maritime Claims，1976）等。

（二）国际条约的相关规定（统一冲突法公约）

在海事统一冲突法公约方面，1977 年还订立了《统一船舶碰撞中有关民事管辖权、法律选择、判决的承认和执行方面若干规则的公约》，1928 年 2 月 13 日第六届美洲国家会议通过的《布斯塔曼特法典》等。如《布斯塔曼特法典》第 274 条规定："船舶的国籍由航行执照和登记证书予以证明，并以旗帜为显著的区别标志。"

（三）不同国家现有的一些有代表性的法律规定

1. 2014 年 10 月 15 日第 544 - 14 号法律公布的《多米尼加共和国冲突规范》

该法有一些明确的规定，如第 78 条规定："汽车、铁路、飞机或轮船等交通工具的物权，适用其登记的国旗国法律。"

（四）现有的一些有代表性的法律建议案

1. 1974 年《阿根廷国际私法（草案）》的相关规定

如该草案第 17 条第 1 款规定："航行中的船舶的国籍依船旗国法。此种国籍由上述国家有关当局依法签发的证书证明之。"

2. 2000 年《中华人民共和国国际私法示范法》（中国国际私法学会制定）

该示范法第 108 条（海难救助）规定："除当事人另有约定外，在一国领海、内水发生的海难救助，适用救助作业地法；在公海上发生的海难救助，适用救助船舶的船旗国法；国籍相同的船舶之间发生的海难救助，适用共同船旗国法。"

3. 《涉外民事关系的法律适用法》专家建议稿（费宗祎、刘慧珊、章尚锦起草，2002 年 4 月）

该专家建议稿第 38 条规定"船舶所有权的取得、转让和消灭，适用船旗国法"。第 39 条规定"船舶抵押权，适用船旗国法"。第 40 条规定"船舶留置权，适用船舶留置地法"。第 41 条规定"船舶优先权，适用受理案件的法院地法"。

4. 2002 年全国人大常委会法制工作委员会提出的《中华人民共和国民法（草案）》第九编（共 94 条）

该草案第 37 条规定："船舶所有权的取得、转让和消灭，适用船旗国法律。船舶抵押权，适用船旗国法律。船舶在光船租赁以前或者光船租赁期间设立的船舶抵押权，适用原船舶登记地法。船舶优先权，适用受理案件的法院地法律。"

5. 2002 年 9 月《中华人民共和国民法（室内稿）涉外民事法律关系的法律适用编》

该稿第 36 条规定："船舶所有权的取得、转让和消灭，适用船旗国法律。船舶抵押权，适用船旗国法律。船舶在光船租赁以前或者光船租赁期间，设立的船舶抵押权，适用原船舶登记国法律。船舶优先权，适用受理案件的法院地法律。"

第 23 条规定："破产，适用破产人主要办事机构所在地法律或者破产财产所在地法律。破产财产价值的评估，适用财产所在地法律。破产清算，适用做出破产宣告的法院地法律。"

该规定与 2002 年全国人大常委会法制工作委员会提出的《中华人民共和国民法（草案）》第九编等的规定完全一致。

6. 2010 年中国国际私法学会《中华人民共和国涉外民事关系法律适用法（建议稿）》

该稿第 72 条（海难救助）规定："除当事人另有约定外，在一国领海、内水发生的海难救助，适用救助作业地法律；在领海之外发生的海难救助，适用救助船舶的船旗国法律；同一国籍的船舶之间发生的海难救助，适用共同船旗国法律。"

该规定与 2000 年《中华人民共和国国际私法示范法》的相关规定完全一致。

7. 笔者所拟的《中国冲突法与海事冲突法（草案）》（见笔者主编《海事国际私法新编》一书附录部分，法律出版社 2005 年版）

该草案第 314 条规定："船舶所有权的内容、效力、取得、转让和消灭，适用船旗国法。"第 315 条规定："船舶抵押权，适用船旗国法律。船舶在光船租赁以前或者光船租赁期间，设立船舶抵押权的，适用原船舶登记地法。"

第 315 条规定："船舶优先权，适用受理案件的法院地法律。"

以上规定虽然不太全面，但已经就破产法律适用的一些原则问题形成了初步统一的规定与看法，值得借鉴。

　　(五) 我国涉外海事关系法律适用法建议草案诠解

　　1. 制定《中华人民共和国海事关系法律适用法 (建议草案)》的基础——
2014 年提出的草案

　　梁启超曾说:"最良之法律者,存最小之余地,以供法官伸缩之用者也。"①
笔者力求提出"存最小之余地"的立法建议草案,因此对立法可能出现的问题
与真空地带进行了仔细研究与思考,结合我国的本土情况及司法实践,在 2014
年拟定出《中华人民共和国海事关系法律适用法 (建议草案)》,形成修订稿,
并提供给当年的中国冲突规范年会进行研讨,起抛砖引玉之用,供立法部门、
理论研究部门参考。② 具体内容如下表所示。限于当时的认识水平与条件局限,
该建议草案也有许多不完善的地方,但为笔者拟定的《中华人民共和国涉外商
事关系法律适用法 (建议稿)》提供了很好的前期研究基础。

名称	目录	建议条文	说明	立法参考例	我国现有立法有无相似规定	有关立法建议草案有无相似规定
《中华人民共和国海事关系法律适用法 (建议草案)》	第一章　一般规定	第 1 条:【目的】为了明确涉外海事关系的法律适用,妥善解决涉外民事争议,制定本法	该条与 2010 年的我国《法律适用法》规定基本一致,但将《法律适用法》规定的"合理解决"修改为"妥善解决"。因为合法不一定合理。而"维护当事人的合法权益"是作为准据法的实体法的事情,故不在这里提及	我国《法律适用法》第 1 条规定:"为了明确涉外民事关系的法律适用,合理解决涉外民事争议,维护当事人的合法权益,制定本法。"	有	有
		第 2 条:【适用范围】涉外海事关系适用的法律,依照本法的规定确定	该条我国《海商法》没有规定,应予补充,这样适用范围才具体明确	我国《法律适用法》第 2 条第 1 款规定:"涉外民事关系适用的法律,依照本法确定。其他法律对涉外民事关系的法律适用另有特别规定的,依照其规定。"	有	有

---

① 梁启超. 论中国成文法编制之沿革得失 [M] //范忠信. 梁启超法学文集. 北京:中国
政法大学出版社,2000:181.

② 涉外海事关系法律适用法的制定,不是一蹴而就的,需要做大量的立法准备工作。实践
证明,好的立法建议案可以提高立法工作的速度与质量,但愿笔者的工作能够为我国
涉外海事关系法律适用法定立法添砖加瓦,以尽绵薄之力。

名称	目录	建议条文	说明	立法参考例	我国现有立法有无相似规定	有关立法建议草案有无相似规定
《中华人民共和国海事关系法律适用法（建议草案）》	第一章　一般规定	第3条：【公共秩序保留】依照本法的规定适用外国法律、外国强制性规定、国际惯例，或者未对中华人民共和国生效的国际条约，不得违背中华人民共和国的公共利益或中华人民共和国法律、行政法规强制性规定	该条属总体规定。此处总体规定后，后面的法律条款就不用再在其他具体领域如选择适用外国法、国际惯例、适用外国强制性规定等方面规定"不得违背中华人民共和国的公共利益或中华人民共和国法律、行政法规强制性规定"的内容了。与我国其他立法相比，增加了"外国强制性规定、未对中华人民共和国生效的国际条约"这一内容。与我国司法解释相比，没有限制在合同领域，且包括"适用外国法律、外国强制性规定、国际惯例，或者未对中华人民共和国生效的国际条约"四种情况	我国《海商法》第276条规定："依照本章规定适用外国法律或者国际惯例，不得违背中华人民共和国的社会公共利益。"我国《民法通则》第150条也基本上是这样规定的。2012年《最高人民法院关于适用〈中华人民共和国涉外民事关系法律适用法〉若干问题的解释（一）》第9条规定："当事人在合同中援引尚未对中华人民共和国生效的国际条约的，人民法院可以根据该国际条约的内容确定当事人之间的权利义务，但违反中华人民共和国社会公共利益或中华人民共和国法律、行政法规强制性规定的除外。"	有	有
		第4条：【意思自治原则】当事人可以依照法律规定选择适用的法律	该条我国《海商法》没有规定，应予补充。2010年的《中华人民共和国涉外民事关系法律适用法》开始在总则中进行这样的规定，意义重大。与《中华人民共和国涉外民事关系法律适用法》第3条要求"明示选择"不同，本建议没有这样规定。《最高人民法院关于适用〈中华人民共和国涉外民事关系法律适用法〉若干问题的解释（一）》第6条规定："中华人民共和国法律没有明确规定当事人可以选择涉外民事关系适用的法律，当事人选择适用法律的，人民法院应认定该选择无效。"因为意思自治原则本身是一冲突规范，冲突规范的方法很多，至于适用哪一冲突规范，与该法律关系的特性有关，没有规定的，即与该法律关系的特性无关，因此不能适用	《中华人民共和国涉外民事关系法律适用法》第3条规定："当事人依照法律规定可以明示选择涉外民事关系适用的法律。"	有	有

续表

名称	目录	建议条文	说明	立法参考例	我国现有立法有无相似规定	有关立法建议草案有无相似规定
《中华人民共和国海事关系法律适用法（建议草案）》	第一章　一般规定	第 5 条【国际条约】中华人民共和国缔结或者参加的国际条约同本法有不同规定的，适用国际条约的规定；但是，中华人民共和国声明保留的条款除外。中华人民共和国法律和中华人民共和国缔结或者参加的国际条约没有规定的，可以适用国际惯例	该条与我国《海商法》第 268 条规定一致	1999 年《俄罗斯联邦商船航运法典》第 427 条规定："如果俄罗斯联邦参加的国家公约与本法典的规定不同，适用国际公约的规定。"	有	有
		第 6 条【未生效的国际条约】当事人可以选择适用未生效或未对中华人民共和国生效的国际条约或国际惯例		《最高人民法院关于适用〈中华人民共和国涉外民事关系法律适用法〉若干问题的解释（一）》第 9 条规定	有	有
		第 7 条【判例】当案件的准据法为判例法国家的法律时，可以适用该国的判例	判例本身就是判例法国家法律的渊源		无	无

名称	目录	建议条文	说明	立法参考例	我国现有立法有无相似规定	有关立法建议草案有无相似规定
《中华人民共和国海事关系法律适用法（建议草案）》	第一章　一般规定	第8条：【最密切联系原则】本法或者其他法律对涉外海事关系的法律适用没有规定的，应当适用与该涉外民事关系有最密切联系的法律	该条我国《海商法》没有规定，应予补充。本规定与当事人意思自治原则是相辅相成的，在当事人没有选择法律时，应该按照最密切联系原则确定适用的法律。这样，有该兜底条款，在本法或相关法律规定不完善时，也不会遗漏某一具体海事关系的法律适用问题。2010年中华人民共和国涉外民事关系法律适用法开始在总则中进行这样的规定，没有限制适宜的领域，意义重大。因为在没有法律规定时，适用最密切联系原则确定的法律总比适用其他法律更适合	《中华人民共和国涉外民事关系法律适用法》第2条第2款规定："本法和其他法律对涉外民事关系法律适用没有规定的，适用与该涉外民事关系有最密切联系的法律"	有	有
		第9条：【反致问题】本法中所指的法律，是指可适用的国内法，不包括其冲突规范	该条我国《海商法》没有规定，应予补充	1933年《荷兰海事冲突法》第1条规定："本法条款中所指法律，系指可适用的国内法规则，不包括其冲突规范规则"	有	有
		第10条：【国内强制性规定】中华人民共和国法律对涉外海事关系有强制性规定的，如案件与中华人民共和国具有密切联系，应直接适用该强制性规定		《中华人民共和国涉外民事关系法律适用法》第4条规定："中华人民共和国法律对涉外民事关系有强制性规定的，直接适用该强制性规定。"	有	有
		第11条：【外国强制性规定】外国强制性规定与案件有最密切联系的，可以得到适用		《瑞士联邦冲突规范》第19条的规定	无	无

续表

名称	目录	建议条文	说明	立法参考例	我国现有立法有无相似规定	有关立法建议草案有无相似规定
《中华人民共和国海事关系法律适用法（建议草案）》	第一章　一般规定	第12条：【船旗国法的限定】船旗国法指有最密切联系的船旗国法律。一般情况下：1.船旗国法是指船舶的国籍登记国的法律，不包括因船舶光船租赁而取得的临时国籍所代表的船旗国法；2.在租赁期间船舶所有权发生变动的，发生变动后的船舶所有权问题，应适用新船旗国法	该条我国《海商法》没有规定，应予补充。本建议引入了"最密切联系的船旗国法"的概念。我国《海商法》第271条第2款规定："船舶在光船租赁以前或者光船租赁期间，设定船舶抵押权的，适用原船舶登记国的法律。"这里出现的"适用原船舶登记国的法律"容易引起歧义。由于船舶登记分为船舶国籍登记、船舶所有权登记、船舶抵押权登记以及船舶光船租赁登记等。这里所说的'原船舶登记'，指的是上述哪一种登记？根据本建议草案的规定，是指"船舶的国籍登记国的法律"	1999年《俄罗斯联邦商船航运法典》第415条第2款规定："如果允许船舶临时悬挂他国国旗，船舶财产应适用船旗变更前船舶实际登记国的法律。"	无	无
		第13条：【海事赔偿责任限制】海事赔偿责任限制，适用侵权行为地法、船旗国法或法院地法中与案件有最密切联系的国家的法律	该条与我国《海商法》第275条规定不一致。如本书所提及，威廉·泰特雷教授认为我国《海商法》275条规定的海事赔偿责任限制，适用受理案件的法院所在地法律，是非常遗憾的规定，容易导致择地诉讼。因此，本建议草案规定根据最密切联系原则，适用侵权行为地法、船旗国法或者受理案件的法院所在地法律。在司法实践中，各国关于海事赔偿责任限制的准据法，侵权行为地法、船旗国法或者受理案件的法院所在地都有采用，但多是单一适用。本草案根据最密切联系原则，在这三个最基本的系属公式中进行选择，可以避免单一适用带来的遗憾	1894年《英国商船航运法》第265条规定："除法律另有规定外，所有关于船舶或船员的事件，概适用船舶登记港的法律。"1999年《俄罗斯商船航运法典》第426条规定："船舶所有人的责任限制适用船旗国法。"1976年《海事赔偿责任限制公约》第10条第3款规定："涉及设立基金的程序将由受理案件的缔约国法律决定。"1957年《船舶所有人责任限制公约》第5条第5款规定："受理案件的缔约国法律将支配程序和时效的问题。"	无	有

名称	目录	建议条文	说明	立法参考例	我国现有立法有无相似规定	有关立法建议草案有无相似规定
《中华人民共和国海事关系法律适用法（建议草案）》	第一章 一般规定	第14条：【诉讼时效】诉讼时效，适用相关涉外海事关系应当适用的法律	该条我国《海商法》没有规定，应予补充	《中华人民共和国涉外民事关系法律适用法》第7条规定："诉讼时效，适用相关涉外民事关系应当适用的法律。"	有	有
		第15条：【船籍国】船舶的国籍由航海证书和船舶登记证书予以证明，并以船旗为外部的区分标志。不一致时，以船舶的国籍登记国为准	该条我国《海商法》没有规定，应予补充。船舶的国籍是海事关系的法律适用中必须确定的问题，本规定与1928年《布斯塔曼特法典》、1940年《关于国际通商航海法的蒙得维的亚公约》的规定一致。增加了"不一致时，以船舶的国籍登记国为准"的内容	1928年《布斯塔曼特法典》第274条规定："船舶的国籍由航海证书和船舶登记证书予以证明，并以船旗为外部的区分标志。"	无	无
		第16条：【船舶检验】船舶的检验与卫生检疫标准，适用检验检疫地法律	该条我国《海商法》没有规定，应予补充	1928年《布斯塔曼特法典》第280条规定："船舶的检验、引水员的雇佣和卫生检疫，适用属地法。"	无	无
		第17条：【船舶扣押】船舶扣押，适用船舶所在地法	该条我国《海商法》没有规定，应予补充	1940年《关于国际通商航海法的蒙得维的亚公约》第4条规定："通过司法程序扣押船舶和变卖船舶的权利，适用船舶所在地的法律。"	无	无
		第18条：【国家所有的货物】属于国家所有的货物，不得予以扣留、扣押或实施其他司法程序	该条我国《海商法》没有规定，应予补充	1940年《关于国际通商航海法的蒙得维的亚公约》第39条规定："属于某一国家所有的货物，装载在执行公务非用于商业目的的商船上的货物，不得予以扣留，或扣押，或实施其他司法程序。"	无	无

续表

名称	目录	建议条文	说明	立法参考例	我国现有立法有无相似规定	有关立法建议草案有无相似规定
《中华人民共和国海事关系法律适用法（建议草案）》	第一章 一般规定	第19条：【邮政运输的船舶】从事邮政运输的私有船舶，不得由其债权人在其必须履行业务的停靠港实施扣押	该条我国《海商法》没有规定，应予补充	1940年《关于国际通商航海法的蒙得维的亚公约》第42条规定："用于从事商务运输的国有船舶和从事邮政运输的私有船舶，不得由其债权人在其必须履行业务的停靠港实施扣押。"	无	无
		第20条：【不得行使豁免权】国家所有的船舶在下列情形下不得行使豁免权：（1）因船舶碰撞或其他航行事故引起的诉讼；（2）因海难救助或者救助服务，或有关共同海损引起的诉讼；（3）有关船舶的修理、供给或有关船舶其他事项的合同引起的诉讼	该条我国《海商法》没有规定，应予补充	1940年《关于国际通商航海法的蒙得维的亚公约》第36条规定：作为船舶所有人的国家……不得行使豁免权，如果案件属于以下一种情形：（1）因船舶碰撞或其他航行事故引起的诉讼；（2）因海难救助或者救助服务，或有关共同海损引起的诉讼；（3）基于有关船舶的修理、供给或者有关船舶其他事项的合同引起的诉讼	无	无

名称	目录	建议条文	说明	立法参考例	我国现有立法有无相似规定	有关立法建议草案有无相似规定
《中华人民共和国海事关系法律适用法（建议草案）》	第二章 海事物权	第21条：【船舶所有权】船舶所有权，适用船旗国法	我国《海商法》第270条规定的是船舶所有权的取得、转让和消灭，适用船旗国法。威廉·泰特雷教授认为，《海商法》270条中的船旗国既可以是原登记国，也可以是光船租赁登记国，因为只是在271条明确排除了光船租赁登记。第270条规定的不明确是令人遗憾的①。威廉·泰特雷教授的理解是完全正确的，该条也应该排除了光船租赁登记的情况，参见本法第12条的总体规定	1999年《俄罗斯联邦商船航运法典》第415条规定："所有权与其他财产权以及此种权利的产生、转让、消灭，适用船旗国法。"	有	有
		第22条：【公告形式】船舶所有权转移要求的公告形式，适用船旗国法	该条我国《海商法》没有规定，应予补充	1928年《布斯塔曼特法典》第275条规定："船舶所有权转移要求公告的形式依船旗国法。"	无	无
		第23条：【船舶抵押权】船舶抵押权，适用船旗国法律。在建船舶的抵押权适用造船国法律	该条与我国《海商法》第271条规定不一致。第271条有光船租赁的例外规定。但本建议案中的光船租赁的例外已经在第12条中解决了，因此《海商法》第271条第2款可删除。增加的内容是：在建船舶的抵押权适用造船国法律	1967年《统一船舶抵押权和优先权某些规定的国际公约》第1条规定："对海运船舶的抵押权及质权，如属下列情况，应在缔约国执行：此种抵押权及质权已根据船舶登记国的法律设定，并已登记。"1999年《俄罗斯商船航运法典》第415条第2款规定："如果船舶临时悬挂他国船旗，船舶财产权应适用船旗变更前船舶实际登记国的法律。"	有	有

① ［加］威廉·泰特雷. 国际冲突法：普通法、大陆法及海事法［M］. 刘兴莉，译. 北京：法律出版社，2003：720.

名称	目录	建议条文	说明	立法参考例	我国现有立法有无相似规定	有关立法建议草案有无相似规定
《中华人民共和国海事关系法律适用法（建议草案）》	第二章 海事物权	第24条：【优先权】船舶优先权，根据最密切联系原则，适用受理案件的法院地法或者船旗国法律	该条与我国《海商法》第272条规定不一致。我国《海商法》第272条规定船舶优先权，适用受理案件的法院地法。这容易导致择地诉讼。因此，本建议草案增加了最密切联系原则的规定	1928年《布斯塔曼特法典》第278条规定："根据船旗国法设立的船舶抵押权利、船舶优先权和担保物权，即使在法律不承认或没有此类船舶抵押权规定的那些国家内，亦具有域外效力。"1999年《俄罗斯商船航运法典》第424条规定："船舶优先权以及由船舶优先权担保的请求权的受偿顺序，适用法院地法。"	有	有
		第25条：【留置权】船舶留置权，在当事人未约定时，适用船舶留置地法	该条我国《海商法》没有规定，应予补充	对船舶留置权的法律适用，大致存在两种规定方式。一种方式是统一规定，即规定船舶所有权、其他对物权和担保权都统一适用船旗国法①。船舶留置权作为船舶担保物权的一种，自然也适用船旗国法。另一种方式是单独规定船舶留置权的准据法。例如，民主德国规定，如船舶在一国领水内，则该国法律适用于占有留置权；如在公海上，适用船旗国法。第一种规定方式，即船旗国法原则，侧重保护的是法律适用的明确性、一致性与可预见性，追求的是船舶物权法律关系的稳定。第二种规定方式，即船舶实际所在地法原则，着重保护的是船舶留置权人的利益	无	无

---

① 参见《意大利航海法典》第6条。

名称	目录	建议条文	说明	立法参考例	我国现有立法有无相似规定	有关立法建议草案有无相似规定
《中华人民共和国海事关系法律适用法（建议草案）》	第二章海事物权	第26条：【优先顺序】船舶抵押权、船舶优先权和船舶留置权相互之间的优先顺序，适用法院地法	该条我国《海商法》没有规定，应予补充	目前法院地法原则在各国的立法、司法实践中适用得较为广泛，英国、新加坡、澳大利亚、丹麦、芬兰、挪威、保加利亚以及中国的司法实践等都采用了这一原则	无	有
		第27条：【其他船舶物权】本法没有规定的其他船舶物权，适用法院地法	该条我国《海商法》没有规定，应予补充。由于船舶物权种类多样，如船舶所有权、船舶抵押权、海事优先权、船舶留置权、光船租赁权、司法处分权、定期租赁权等。随着经济的发展，新型的船舶物权会不断涌现。因此，无法也无必要穷尽船舶物权的种类来一一规定法律适用问题。可行的办法是，规定主要的，剩下用其他船舶物权来替代，统一规定法律适用问题		无	无
	第三章海事债权	第28条：【提单】各类提单的效力、内容适用提单上规定的法律。提单上没有规定的适用提单签发地法律	提单不属于海上运输合同，需要单独规定法律适用问题		无	有
		第29条：【提单首要条款】提单首要条款的效力，适用法院地法			无	无

续表

名称	目录	建议条文	说明	立法参考例	我国现有立法有无相似规定	有关立法建议草案有无相似规定
《中华人民共和国海事关系法律适用法（建议草案）》	第三章　海事债权	第30条：【海事合同】海事合同适用当事人选择的法律。当事人没有选择的，适用与合同有最密切联系的国家的法律。最密切联系，应以特征履行、保护当事一方的特殊需要以及合同与场所的明显联系等因素来确定。一般情形下：（1）船舶设计合同，适用受托人的主营业所所在地法；（2）船舶建造或修理合同，适用船舶地或修理地的法律；（3）船舶买卖合同，适用合同订立时卖方的主营业所所在地法；（4）海上旅客运输合同，适用合同订立时承运人的主营业所所在地法；（5）海上运输合同适用承运人的主营业所所在地法；（6）船舶租赁合同，适用出租方的主营业所所在地法；在光船租船合同下，适用光船承租人的主营业所所在地法；（7）船舶抵押贷款合同，适用贷款方的主营业所所在地法。如从整体情况看，合同与另一国家联系更密切的，则适用该更密切国家的法律	该条我国《海商法》没有规定，应予补充。该条中包含有法律另有规定的除外的含义，指的是强行法的规定，包括内国、外国的强行法①。因总则已有规定，此处不再规定	1999年《俄罗斯联邦商船航运法典》第418条规定："海上旅客运输合同适用旅客船票中规定的法律。"	无	有

---

①　［加］威廉·泰特雷. 国际冲突法：普通法、大陆法及海事法［M］. 刘兴莉，译. 北京：法律出版社，2003：720.

名称	目录	建议条文	说明	立法参考例	我国现有立法有无相似规定	有关立法建议草案有无相似规定
《中华人民共和国海事关系法律适用法（建议草案）》	第三章 海事债权	第31条：【权利与义务】船长、船舶所有人和船舶管理人、船员的权利与义务，适用船旗国法	该条我国《海商法》没有规定	《布斯塔曼特法典》第281条规定："船舶高级船员和船员的义务及船舶的内部秩序，适用船旗国法。"	无	无
		第32条：【船员劳务合同】除合同另有约定外，船员劳务合同，适用船旗国法、当事人住所地法中对船员保护最有利的法律	该条我国《海商法》没有规定，应予补充。笔者的建议，体现了对弱者的实质性保护	1999年《俄罗斯商船航运法典》第416条规定："1.船员的法律地位以及船舶营运中船员间的关系适用船旗国法。2.船舶所有人与船员间的关系，适用船旗国法，在规定船舶所有人与外国船员间关系的合同中另有约定的除外。劳动合同的当事人选择的适用于船舶所有人与船员间关系的法律，不得免除在当事人未达成法律选择协议时本应适用的，比照国家标准船员应享有的工作条件。"	无	无
		第33条：【海上保险合同】海上保险合同，当事人没有约定的，适用投保人、被保险人、保险人主营业所所在地法中有利于被保险人的法律	本建议与其他建议不同，体现了实质性的保护弱者的内容。与形式上保护弱者的冲突规范不一样，根据形式上保护弱者的冲突规范（又称盲眼的冲突规范）指定的准据法不一定能够保护弱者，它只是体现了形式上的关心，多在双方当事人强弱地位不太明显的领域采用这种规定的方式。而实质性的保护弱者的冲突规范（又称明眼的冲突规范），多在双方当事人强弱地位明显的领域采用，适用的是更能保护弱者的实体法		无	无

续表

名称	目录	建议条文	说明	立法参考例	我国现有立法有无相似规定	有关立法建议草案有无相似规定
《中华人民共和国海事关系法律适用法（建议草案）》	第三章　海事债权	第34条：【再保险合同】当事人没有约定的，适用保险人主营业所所在地法	该条我国《海商法》没有规定，应予补充。在无法确定再保险合同中弱者的情况下，海上再保险合同也是合同，在当事人没有约定时，适用最密切联系的法律，也符合合同法律适用的一般原则。在实践中，我国一般把保险人营业所所在地视为最密切联系地	《关于国际通商航海法的蒙得维的亚公约》第28条规定："海上保险合同适用保险公司或者其分公司或代理机构住所地国家的法律。"	无	无
		第35条：【其他海事合同】其他海事合同适用当事人选择的法律。当事人没有选择的，适用与合同有最密切联系的国家的法律	海事合同种类繁多，无法一一列举其法律适用的最密切联系地问题，只能规定主要的，剩下的用其他海事合同来代表，统一规定其准据法		无	无
		第36条：【船舶碰撞】船舶碰撞适用侵权行为地法。公海上发生的船舶碰撞，适用法院地法。同一国籍的船舶发生碰撞的，适用船旗国法	该条与我国《海商法》第273条规定不完全一致。我国《海商法》规定："船舶碰撞的损害赔偿，适用侵权行为地法律。船舶在公海上发生碰撞的损害赔偿，适用受理案件的法院所在地法律。"	1977年《统一船舶碰撞中有关民事管辖权、法律适用、判决的承认与执行方面若干规则的公约》第4条规定："除当事人另有协议外，碰撞在一国内水或领海发生时，适用该国法律；如碰撞发生在领海以外的水域，则适用受理案件法院的法律，但如有关的船舶都在同一国登记或由它出具证件，或即使没有登记或由它出具证件，但都属同一国家所有，则不管碰撞在何处发生，都适用该国法律。"	有	有

续表

名称	目录	建议条文	说明	立法参考例	我国现有立法有无相似规定	有关立法建议草案有无相似规定
《中华人民共和国海事关系法律适用法（建议草案）》	第三章　海事债权	第 37 条：【损害仅限于船舶内部】前条的损害仅限于船舶内部的，也可以适用船旗国法	我国《海商法》第 273 条第 2 款规定："同一国籍的船舶，不论碰撞发生于何地，碰撞船舶之间的损害赔偿适用船旗国法律。"事实上碰撞船舶会产生其他后果如油污等，不能仅仅适用其共同船旗国法。侵权行为地因素也很重要。与之相比，本建议草案增加了"但其影响仅限于船舶内部的，适用船旗国法"的内容，如船员在船上因船舶的所有人、管理人、光船承租人的侵权行为遭受人身伤亡的损害赔偿，适用船旗国法。这样规定更加全面一些	《保加利亚海商法典》第 14 条第 2 款规定："在公海上，如果碰撞船舶的旗帜相同，适用船旗国法。"	有	有
		第 38 条：【船舶与其他碰撞】有关船舶碰撞的规定，也适用于船舶与任何动产或不动产之间的碰撞	该条我国《海商法》没有规定，应予补充，	1940 年《关于国际通商航海法的蒙得维的亚公约》第 11 条规定："因船舶通过另一船舶或在另一船舶附近航行，即使没有发生实质的接触而造成的损害赔偿，也适用有关船舶碰撞的规定。"	无	无
		第 39 条：【油污】海上油污损害适用油污损害发生地法律。如果油污损害发生在公海，适用干预措施采取国的法律	该条我国《海商法》没有规定，应予补充。油污损害是海事侵权的特殊形态，情况比较特殊，应该单独规定法律适用比较科学。在解决海上油污的法律适用问题之前，应注意油污产生的原因对其准据法的确定可能产生的影响。海上油污的发生，可能是由于船上管理人员的疏忽，也可能是由于船舶碰撞、触礁、搁浅、沉没等意外事故。对于因船舶碰撞而引起的污染，应注意区分船舶碰撞的准据法由此引起的海上污染的准据法，两者的准据法可能相同，也可能不同	各国的实践表明，在处理发生在一国管辖水域内的油污损害赔偿问题时，主要考虑的就是侵权行为地法①	无	无

---

① 屈广清. 海事国际私法新编［M］. 北京：法律出版社，2005：123.

续表

名称	目录	建议条文	说明	立法参考例	我国现有立法有无相似规定	有关立法建议草案有无相似规定
《中华人民共和国海事关系法律适用法（建议草案）》	第三章　海事债权	第40条：【海上人身伤亡】海上人身伤亡，适用侵权行为地法、船旗国法中更有利于保护弱者的法律。在公海上发生的人身伤亡，适用船旗国法	笔者的建议有利于保护弱者		无	有
		第41条：【同一国籍的当事人】前条的双方当事人具有同一国籍或住所时，适用双方共同的本国法或住所地法及侵权行为地法中更有利于保护弱者的法律	该条我国《海商法》没有规定，应当补充。笔者的建议有利于保护弱者	对发生于领水内的侵权和发生在公海上的侵权一直被区别对待。在联邦制国家，双重起诉规则要求侵权行为根据法院地法和侵权行为地法均可起诉。法国则规定，对于在外国内水或领水发生在一艘船上的侵权行为，只要该行为没有对船舶外部产生任何影响，则适用船旗国法。另一方面，当船上的侵权行为损害了港口的安宁，要求当地机构给予干预或涉及一个或多个非船员利益时，法国法院则适用沿海国的法律	无	有
		第42条：【其他海事侵权】本法没有规定的其他海事侵权，除当事人另有协议外，适用侵权行为地法。在公海上发生的侵权行为，适用法院地法	海事侵权案件范围广泛，如果采用统一的海事侵权法律适用的模式规定，不会存在什么问题。但是为了突出主题，笔者主张分别规定碰撞、油污、人身伤亡等规定法律适用问题，这样就可能列举不了所有的海事侵权类型。因此，需要有该条兜底	最高人民法院《关于海事法院受理案件范围的若干规定》对海事侵权纠纷案件的范围做了非穷尽的列举规定："……10. 其他海事侵权纠纷案件。"	无	无

名称	目录	建议条文	说明	立法参考例	我国现有立法有无相似规定	有关立法建议草案有无相似规定
《中华人民共和国海事关系法律适用法（建议草案）》	第三章 海事债权	第43条：【损害仅限于船舶内部】前条的损害仅限于船舶内部的，也可以适用船旗国法			无	有
		第44条：【有约定的海难救助】海难救助，适用当事人约定的法律			无	有
		第45条：【没有约定的海难救助】当事人没有约定法律的海难救助，发生在公海上的，适用救助船舶的船旗国法；发生在一国领海的，适用救助作业地法；救助作业不在船舶上的适用救助人所在地法		《关于国际通商航海法的蒙得维的亚公约》第12条规定："在任一缔约国管辖水域内进行的海上救援或救助，适用该国的国内法。在领水外进行的海上救援或救助，应适用救援或救助船舶的船旗国法。"1989年《国际救助公约》第15条第2款规定："救助人与其受雇人之间报酬的分配，适用救助船舶的船旗国法；救助作业不在救助船舶上进行的，适用救助人与其受雇人之间所订合同的准据法。"	无	有

续表

名称	目录	建议条文	说明	立法参考例	我国现有立法有无相似规定	有关立法建议草案有无相似规定
《中华人民共和国海事关系法律适用法（建议草案）》	第三章　海事债权	第46条：【相同国籍的救助】前条的救助如是具有相同国籍船舶间的救助，适用其共同本国法	该条我国《海商法》没有规定，应予补充	1999年《俄罗斯商船航运法典》第423条规定："如果当事人未就发生在内海水域或领海的对船舶或其他财产的救助所适用的法律达成协议，适用救助发生地法律。如果救助船与被救助船悬挂相同国家的船旗，不论救助发生在何处，适用船旗国法。救助报酬在救助船的船舶所有人、船长、船员间的分配，适用船旗国法，如果救助不是在船上进行的，则适用救助人与其受雇人之间的合同的准据法。"	无	有
		第47条：【共同海损理算】共同海损理算，适用合同约定的理算规则；合同未约定的，根据最密切联系原则，从船旗国法、侵权行为地法或者理算地法中选择适用的法律	该条与我国《海商法》第274条的规定不一致。增加了最密切联系原则的应用	《关于国际通商航海法的蒙得维的亚公约》第17条规定："共同海损，适用共同海损理算或分摊所在港口国家现行的法律。"1999年《俄罗斯商船航运法典》第419条第1款规定："如果当事人未就适用的法律达成协议，共同海损关系适用引起共同海损的事件发生后，船舶的航程终止港所在国的法律。如果所有当事方具有相同的国籍，则适用该国法律。"	有	有

名称	目录	建议条文	说明	立法参考例	我国现有立法有无相似规定	有关立法建议草案有无相似规定
《中华人民共和国海事关系法律适用法（建议草案）》	第四章 附则	第48条：【支配事项】应适用的法律支配海事关系的所有实体问题	该条我国《海商法》没有规定，应予补充	1977年《统一船舶碰撞中有关民事管辖权、法律适用、判决的承认与执行方面若干规则的公约》第5条规定："第4条规定可适用的法律应解决下列各具体事项：（1）赔偿责任的依据；（2）免责和责任划分的依据；（3）可予以赔偿的损害范围；（4）损害赔偿的确定；（5）可以自己的权利请求损害赔偿的人；（6）本人对其代理人的行为或不行为，或雇主对其雇员的行为或不行为，或船舶，或船舶所有人或船舶经营人对引航员的行为或不行为所应负的责任；（7）赔偿的权利是否可以转让或继承的问题；（8）举证责任和推定；（9）有关时效规则。"1980年《关于合同之债法律适用的罗马公约》第10条规定："依本公约适用于合同的法律，应适用于下列各具体事项：（1）合同的解释；（2）合同的履行；（3）关于违约的后果及损害赔偿金额；（4）关于债消灭的各种方法，以及诉讼时效；（5）关于合同无效的后果。"	无	无

续表

名称	目录	建议条文	说明	立法参考例	我国现有立法有无相似规定	有关立法建议草案有无相似规定
《中华人民共和国海事关系法律适用法（建议草案）》	第四章 附则	第49条：【新法与旧法的关系】本法生效以前中华人民共和国制定的其他法律的规定与本法的规定相抵触的，应以本法的规定为准		2010年中国冲突规范学会《中华人民共和国涉外民事关系法律适用法（建议稿）》第78条规定："本法实施以前公布的法律、法规的规定与本法规定不一致的，以本法规定为准。"	无	有
		第50条：【区际适用】中华人民共和国各法域之间的海事关系参照本法适用		2010年中国冲突规范学会《中华人民共和国涉外民事关系法律适用法（建议稿）》第77条规定："涉及中华人民共和国领域内不同法域的民事关系的法律适用，参照本法。"	无	有
		第51条【不溯及既往】本法不溯及既往，但未决事项或当时法律没有规定的事项除外		2002年中国冲突规范学会《中华人民共和国冲突规范示范法》第166条规定："本法不溯及既往，但未决事项除外。"	无	有
		第52条【本法与其他法律】本法没有规定而其他法律有规定的，适用其他法律的规定			无	无
		第53条：【施行】本法自X年X月X日起施行		《中华人民共和国涉外民事关系法律适用法》第52条规定："本法自2011年4月1日起施行。"	有	有

2. 上述建议草案对海事冲突法立法的完善

值得注意的是，此乃 2014 年的建议草案，虽不尽完善，但对海事冲突法立法的完善也有一些值得关注的建议，得到了中国国际私法年会代表的肯定。但时至今日，该建议草案也应该得到与时俱进的补充完善，具体如下。

（1）关于船旗国法的限定的建议。【船旗国法的限定】船旗国法指有最密切联系的船旗国法律。一般情况下：（一）船旗国法是指船舶的国籍登记国的法律，不包括因船舶光船租赁而取得的临时国籍所代表的船旗国法；（二）在租赁期间船舶所有权发生变动的，发生变动后的船舶所有权问题，应适用新船旗国法。

立法依据与参考：该条《中华人民共和国海商法》没有规定，应予补充。本建议引入了"最密切联系的船旗国法"的概念。《中华人民共和国海商法》第 271 条第 2 款规定："船舶在光船租赁以前或者光船租赁期间，设定船舶抵押权的，适用原船舶登记国的法律。"这里出现的"适用原船舶登记国的法律"容易引起歧义。因为船舶登记分为船舶国籍登记、船舶所有权登记、船舶抵押权登记以及船舶光船租赁登记等。这里所说的"原船舶登记"，指的是上述哪一种登记？为解决此问题，笔者建议是指"船舶的国籍登记国的法律"，但不包括因船舶光船租赁而取得的临时国籍所代表的船旗国法。在租赁期间船舶所有权发生变动的，发生变动后的船舶所有权问题，应适用新船旗国法。

【立法例】1999 年《俄罗斯联邦商船航运法典》第 415 条第 2 款规定："如果允许船舶临时悬挂他国国旗，船舶财产权应适用船旗变更前船舶实际登记国的法律。"

1974 年《阿根廷国际私法（草案）》第 17 条第 3 款规定："船舶国籍的变更不得损害基于特许权和其他不动产或担保物权而产生的权利。此种权利的存续，适用船舶变更时得以证明之船旗国法。"

（2）关于船籍国的建议。【船籍国】船舶的国籍由航海证书和船舶登记证书予以证明，并以船旗为外部的区分标志。不一致时，以船舶的国籍登记国为准。

该条《中华人民共和国海商法》没有规定，应予补充。船舶的国籍是海事关系的法律适用中必须确定的问题，本规定与 1928 年《布斯塔曼特法典》、1940 年《关于国际通商航海法的蒙得维的亚公约》的规定一致。增加了"不一致时，以船舶的国籍登记国为准"的内容。

船舶是一种特殊的动产，按照传统的民法理论，对不动产可以设定抵押权，对动产只能设定质权。《中华人民共和国担保法》第 63 条规定："动产质押是指债务人或者第三人将其动产移交债权人占有，将该动产作为债权的担保。债务人不履行债务时，债权人以该动产折价或者以拍卖、变卖该动产的价款优先受偿。"但是在实践中，船舶所有人把船舶作为担保物筹措资金是为了保持船舶的正常运营，如果债权人占有船舶，正常运营就无法开展。故各国立法普遍将船舶作为特殊的动产处理。但在一些制度上，也有例外，如船舶虽然属于动产，但各国都将之比照不动产的规定，确立了船舶登记制度，通过登记对船舶所有权予以确认。

严格地讲，船籍是指船舶的国籍，船舶的所有人向有关国家船舶管理部门办理所有权登记，取得登记国国籍后才能取得船舶的国籍。船旗是船舶在航行中悬挂的所属国的国旗，船旗是船舶国籍的标志，但实践中有些国家允许外国人所有的船舶悬挂其国家的国旗，即方便旗。在这种情况下，悬挂方便旗的船舶与船旗国没有真正的联系。在海事冲突规范中，适用船旗国法是一个非常重要的系属公式，船旗国法也是经常采用的准据法。但在审查船舶与船旗国的真正联系时，船籍国是一个必须考虑的因素。本条解决的是船舶的国籍问题上船舶登记证书与船旗国不一致时的解决办法，即以船舶国籍登记国为船舶船旗国。国际公约没有规定"不一致时，以船舶的国籍登记国为准"的内容，但由于越来越多的方便旗情况的存在，应该补充这一规定。方便旗带来许多问题，最大的问题是税收方面。"The flag of convenience raises several international issues, with taxation among the most significant."① 方便旗开放登记的国家中，巴拿马、利比里亚、马超尔群岛等三国方便旗船舶登记的吨位就占世界总吨位的41.0%。其中巴拿马为334.4（百万载重吨）；利比里亚为206.4（百万载重吨）；马超尔群岛为200.1（百万载重吨）。"Panama, the largest vessel registry with 334.4 million DWT makes up 18.5% of all the total world fleet, followed by Liberia with 206.4 million DWT and Marshall Islands with 200.1 million DWT. The tonnage registered in these three countries accounts for 41.0% of world tonnage."② 许多国家都有长期提供方便旗的历史，这些国家提供低的注册费要求、低的工资要求、低的技术要求、低的环境、劳动法律保障。并非真正意义上的船舶登记。

船舶登记具有重要的意义。《中华人民共和国海商法》第9条、《中华人民

---

① Sang Man Kim, Jingho Kim. Flags of Convenience in the Context of the OECD BEPS Package [J]. Journal of Maritime law and commerce, 2018, 49 (2): 227.

② Sang Man Kim, Jingho Kim. Flags of Convenience in the Context of the OECD BEPS Package [J]. Journal of Maritime law and commerce, 2018, 49 (2): 226.

共和国船舶登记条例》第 5 条都规定，船舶所有权的取得、转让或消灭，应当向船舶登记机关登记；未经登记的不得对抗第三人。所以，船舶登记在实践中也有重要的作用：一是船舶所有权可以得到有效的保护；二是船舶买卖时法律关系更加稳定；三是有利于船舶担保制度的实施。船舶所有权登记是船舶抵押权登记的前提条件。

船舶在很多方面具有自然人的特征，如与自然人一样拥有名称、船舶年龄、船舶的国籍、船籍港等。与自然人国籍一样，船舶的国籍也非常重要，船舶的国籍的确定就成为海事冲突规范必须解决的问题。如前所述，船舶登记制度相对稳定，克服了船旗国易变的弊端，因此，笔者建议："船舶的国籍由航海证书和船舶登记证书予以证明，并以船旗为外部的区分标志。不一致时，以船舶的国籍登记国为准。"

【立法例】1928 年《布斯塔曼特法典》第 274 条规定："船舶的国籍由航海证书和船舶登记证书予以证明，并以船旗为外部的区分标志。"

1999 年《德意志联邦共和国关于非合同债权关系和物权关系的国际私法立法》第 45 条第 1 款第 2 项规定："对于水上交通工具为注册登记国，否则为船籍港或船籍所在地国。"

1966 年《葡萄牙民法典》第 24 条规定："1. 在港口或飞机场之外的船舶或航空器上完成的行为，适用船舶或航空器的登记地国家的法律。2. 军用船舶或航空器视为国家领土的一个组成部分。"

1974 年《阿根廷国际私法（草案）》第 17 条第 1 款规定："航行中的船舶的国籍依船旗国法。此种国籍由上述国家有关当局依法签发的证书证明之。"

（3）关于船舶检验的建议。【船舶检验】船舶的检验与卫生检疫标准，适用检验检疫地法律。

该条《中华人民共和国海商法》没有规定，应予补充。

船舶的检验与卫生检疫属于海事行政管理方面的行为，非纯粹的海事海商行为，所以应该适用属地法。

【立法例】1928 年《布斯塔曼特法典》第 280 条规定："船舶的检验、引水员的雇佣和卫生检疫，适用属地法。"

（4）关于船舶扣押的建议。【船舶扣押】船舶扣押，适用船舶所在地法。

【立法例】1928 年《布斯塔曼特法典》第 276 条规定："关于法院扣押和出卖船舶的权力，不论船舶有无货载，均依船舶所在地的法律。"

（5）关于船舶所有权的建议。【船舶所有权】船舶所有权，适用船旗国法。

【立法例】《中华人民共和国海商法》第 270 条规定的是船舶所有权的取得、

转让和消灭，适用船旗国法。加拿大威廉·泰特雷教授认为："《中华人民共和国海商法》270 条中的船旗国既可以是原登记国，也可以是光船租赁登记国，因为只是在 271 条明确排除了光船租赁登记。第 270 条规定的不明确是令人遗憾的。"①

（6）关于公告形式的建议。【公告形式】船舶所有权转移要求的公告形式，适用船旗国法。

【立法例】1928 年《布斯塔曼特法典》第 275 条规定："转移船舶所有权所需要公告的方式，受船旗国法律的支配。"

（7）关于船舶抵押权的建议。【船舶抵押权】船舶抵押权，适用船旗国法律。在建船舶的抵押权适用造船国法律。

【立法例】1974 年《阿根廷国际私法（草案）》第 17 条第 4 款规定："对外国船舶所设之抵押权和其他担保物权，依其自身的法律已合法地设立和登记，则为有效；如果所涉国家提供互惠，也可依上述规则在阿根廷发生效力。"

（8）关于船舶优先权的建议。【优先权】船舶优先权，根据最密切联系原则，适用法院地法或者船旗国法律。该条建议在笔者最后定稿的建议案中去掉了"根据最密切联系原则"这一规定，因为这里只涉及法院地法、船旗国法两个法律，不涉及"最"的问题。在 2018 年《中华人民共和国海商法（征求意见稿）》中，没有提出新的修改意见，与《中华人民共和国海商法》的规定一样，适用法院地法。笔者的建议《中华人民共和国海商法（征求意见稿）》中多了一个船旗国法可供选择，以避免择地诉讼问题的愈演愈烈。

该条与《中华人民共和国海商法》第 272 条规定不一致。《中华人民共和国海商法》第 272 条规定船舶优先权，适用受理案件的法院地法。这容易导致择地诉讼。因此，本建议草案增加了船旗国法的规定。

有学者认为，传统的船舶优先权是海商法所特有的一种担保物权，其是针对船舶的一种法定特权，无须通过任何诉讼、作为一登记即取得优先受偿的效力，当船舶被出售时，无论买受人是否知晓，其都随船舶的转移而转移，从这一意义上说，其是一种秘密的担保物权，而不同于一般的船舶抵押权。

船舶优先权在已出现的相关国际公约中被称为"Maritime Lien"（英文本）及"Privilége Maritime"（法文本）。我国国内学者曾将之翻译为：海上或海事留置权、船舶留置权、海上或船舶优先请求权、优先受偿权、海事优先权等。目

---

① ［加］威廉·泰特雷. 国际冲突法. 普通法、大陆法及海事法［M］. 刘兴莉，译. 北京：法律出版社，2003：720.

前已经基本一致地将其译为"船舶优先权",是为保证诉讼的执行而设立的,是一种非相互同意的权利/利益。"The basic purpose of the maritime lien, also called 'nonconsensual right/interests' in the wording of the CTC, is to provide security for a claim while permitting the ship to proceed on her way in order to earn the freight or hire necessary to pay off the claim."① 其特征主要有:是一种法律规定的非占有的抵押保证;具有秘密性,无须登记公开;在普通法国家将船舶拟人化才有了对之的诉讼;理论上其同船舶合为一体;优先于其他权利;是一种临时的权利。

关于其法律适用问题,多数观点认为船舶优先权是程序性的权利,是否具有优先权的问题应该适用专门解决程序问题的法院地法。少数观点认为船舶优先权是实体性的权利,所以应该适用法院地的冲突规则去确定准据法。"The majority view was that maritime lien are procedure in nature, with the result that the question whether a claim arising under foreign law should be secured by a maritime lien must be answered by application of the lex fori, which governs all procedural matters. The minority view was that maritime liens are substantive in nature, and so a maritime lien given by foreign law should be recognized and enforced if the forum court's choice of law rule required application of that foreign law as the lex causae."②

【立法例】1928 年《布斯塔曼特法典》第 278 条规定:"根据船旗国法设立的船舶抵押权利、船舶优先权和担保物权,即使在法律不承认或没有此类船舶抵押权规定的那些国家内,亦具有域外效力。"1999 年《俄罗斯联邦商船航运法典》第 424 条规定:"船舶优先权以及由船舶优先权担保的请求权的受偿顺序,适用法院地法。"

(9)关于船舶留置权的建议。【留置权】船舶留置权,在当事人未约定时,适用船舶留置地法。

笔者认为,目前,我国尚不存在明确的关于船舶留置权的冲突规范,如果规定船舶留置权适用留置地法也是可行的,但是法律适用问题没有必要排除当事人的意思自治,适用当事人合意选择的法律,更有利于裁判的履行。故建议采用当事人的约定与船舶留置地法原则相结合的立法规定。具体建议为:船舶留置权,在当事人未约定时,适用船舶留置地法。

---

① Juan Pablo Rodriguez – Delgado. Security Interests Over Ship: From the Current Conventions to a Possible Shipping Protocol to the Unidroit – Lege Data and Lege Ferenda [J]. Journal of Maritime law and commerce, 2018, 49 (2): 249.

② The Sam Hawk. Recognition of foreign Maritime Liens. Lloyd's Maritime and Commercial Law Quarterly [M]. Deanta Global Publishing Services Limited, 2017: 207.

（10）关于优先顺序的建议。【优先顺序】船舶抵押权、船舶优先权和船舶留置权相互之间的优先顺序，适用法院地法。该条《中华人民共和国海商法》没有规定，应予补充。

【立法例】目前法院地法原则在各国的立法、司法实践中适用得较为广泛，英国、新加坡、澳大利亚、丹麦、芬兰、挪威、保加利亚以及中国的司法实践等都采用了这一原则。

（11）关于提单的建议。【提单】各类提单的效力、内容适用提单上规定的法律。提单上没有规定的适用提单签发地法律。

【理由说明】提单不属于海上运输合同，需要单独规定法律适用问题。关于提单的法律适用问题，建议"提单的效力、内容适用提单上规定的法律。提单上没有规定的适用提单签发地法律"是采用了意思自治及行为地法律等考量因素而做出的规定。在考虑行为地法律因素上，该建议受到"场所支配行为"原则的影响。"场所支配行为"指法律行为的方式应该由行为地法来支配，只要是符合行为地法规定的行为，各国就应该承认其效力。因为很难想象国家会鼓励一个行为在违背行为地法的情况下进行。因此，"场所支配行为"原则虽然是冲突规范法则区别说时期创立的一项原则，但"至今已为各国学说和立法所承认和采纳"①。

【立法例】1993年《荷兰海事冲突法》第5条第1款规定："提单项下的货物运输，当事人（不包括签发提单或代表签发提单的人）是否享有提单项下承运人的权利义务的问题，如果享有，在什么条件下享有权利和义务的问题，以及……，应由合同约定的卸货港所在国家的法律确定。"

（12）关于提单首要条款效力的建议。【提单首要条款】提单首要条款的效力，适用法院地法。【理由说明】关于提单首要条款的认定与效力，各国规定不同。笔者建议"提单首要条款的效力，适用法院地法"只是一种方式，也许"提单签发地法律"也可以作为考虑因素，但比较二者，"适用法院地法"可能好一些。因为"提单首要条款"涉及强制性规定，法院地法对待强制性规定的态度是非常重要并值得考虑的。

【立法例】实践中基本在适用法院地法，但法律的规定暂时没有。

（13）关于船长、船舶所有人和船舶管理人、船员的权利与义务的建议。【权利与义务】船长、船舶所有人和船舶管理人、船员的权利与义务，适用船旗国法。

---

① 韩德培. 国际私法 ［M］. 北京：高等教育出版社，北京大学出版社，2002：167.

【立法例】1928 年《布斯塔曼特法典》第 279 条规定："关于船长的权利和义务、船舶所有人和船舶管理人对其行为的责任，亦依船旗国法律。"

（14）关于海事合同的建议。关于海事合同的建议，2014 年的本建议草案第 30 条规定：【海事合同】海事合同适用当事人选择的法律。当事人没有选择的，适用与合同有最密切联系的国家的法律。最密切联系，应以特征履行、保护当事一方的特殊需要以及合同与场所的明显联系等因素来确定。一般情形下：（1）船舶设计合同，适用受托人的主营业所所在地法；（2）船舶建造或修理合同，适用船舶地或修理地的法律；（3）船舶买卖合同，适用合同订立时卖方的主营业所所在地法；（4）海上旅客运输合同，适用合同订立时承运人的主营业所所在地法；（5）海上运输合同适用承运人的主营业所所在地法；（6）船舶租赁合同，适用出租方的主营业所所在地法；在光船租船合同下，适用光船承租人的主营业所所在地法；（7）船舶抵押贷款合同，适用贷款方的主营业所所在地法。如从整体情况看，合同与另一国家联系更密切的，则适用该更密切国家的法律。

而在笔者提出的《中华人民共和国涉外商事关系法律适用法（建议稿）》（征求意见第二稿）第 66 条中，则修改为下列规定："海事合同适用当事人选择的法律。当事人没有选择的，适用与该合同有最密切联系的法律，一般情况下，与该合同有最密切联系的法律是履行义务最能体现该合同特征的一方当事人经常居所地法律：（一）船舶设计合同，适用受托人的主营业所所在地法；（二）船舶建造或修理合同，适用船舶建造地或修理地的法律；（三）船舶买卖合同，适用合同订立时卖方的主营业所所在地法；（四）海上旅客运输合同，适用合同订立时承运人的主营业所所在地法；（五）海上运输合同适用承运人的主营业所所在地法；（六）船舶租用合同，适用出租方的主营业所所在地法；在光船租船合同下，适用光船承租人的主营业所所在地法；（七）船舶抵押贷款合同，适用贷款方的主营业所所在地法。（八）海上拖航合同，适用承拖人的主营业所所在地法。"

【立法例】1999 年《俄罗斯联邦商船航运法典》第 418 条规定："海上旅客运输合同适用旅客船票中规定的法律。"《中华人民共和国涉外民事关系法律适用法》第 41 条规定："当事人可以协议选择合同适用的法律。当事人没有选择的，适用履行义务最能体现该合同特征的一方当事人经常居所地法律或者其他与该合同有最密切联系的法律。"

但是，关于海事合同的法律适用问题，在笔者的《中华人民共和国涉外商事关系法律适用法（建议稿）》（最终稿）中又有了较大修改，其第 11 条【最密切联系原则】规定：本法或者其他法律对涉外商事关系的法律适用没有规定的，应当适用与该涉外商事关系有最密切联系的法律。对商事合同而言，如无法确定最密切联系的法律，则与合同有最密切联系的法律是履行义务最能体现该合同特征的一方当事人主营业所所在地法。具体而言，（1）买卖合同，适用合同订立时卖方营业所所在地法；如果合同是在买方营业所所在地谈判并订立的，或者合同明确规定卖方必须在买方营业所所在地履行交货义务的，适用买方营业所所在地法。（2）加工承揽合同，适用加工承揽人营业所所在地法。（3）成套设备供应合同，适用设备安装地法。（4）不动产买卖、租赁或抵押合同，适用不动产所在地法。（5）动产租赁合同，适用出租人营业所所在地法。（6）动产质押合同，适用质权人营业所所在地法。（7）借款合同，适用贷款人营业所所在地法。（8）货款支付与结算合同，适用支付地或结算地法。（9）保险合同，适用保险人营业所所在地法。（10）融资租赁合同，适用承租人营业所所在地法。（11）建设工程合同，适用建设工程所在地法。（12）仓储、保管合同，适用仓储、保管人营业所所在地法。（13）保证合同，适用保证人营业所所在地法。（14）委托合同，适用委托人营业所所在地法。（15）债券的发行、销售或转让合同，分别适用债券发行地法、销售地法或债券转让地法。（16）拍卖合同，适用拍卖举行地法。（17）行纪合同，适用行纪人营业所所在地法。（18）居间合同，适用局间人营业所所在地法。（19）运输合同，适用承运人营业所所在地法。（20）技术开发、咨询或服务合同，适用委托人营业所所在地法、住所地法或惯常居所地法。（21）技术转让合同，适用受让人营业所所在地法。（22）工程承包合同，适用工程所在地法。（23）雇佣合同，适用劳务实施地法。（24）消费者合同，适用消费者住所地法或惯常居所地法。（25）委托合同，适用受托人住所地法、惯常居所地法或营业所所在地法。（26）交易所业务合同，适用交易所所在地法。（27）电信服务适用服务提供者主营业所所在地法。（28）银行业务适用从事银行业务的企业主营业所所在地法。（29）海上拖航合同，适用承拖人的主营业所所在地法。（30）劳动合同、消费合同首先适用当事人双方住所地法中有利于保护弱者的法律。（31）船舶设计合同，适用受托人的主营业所所在地法。（32）船舶建造或修理合同，适用船舶建造地或修理地的法律。（33）船舶租用合同，适用出租方的主营业所所在地法；在光船租船合同下，适用光船承租人的主营业所所在地法。（34）船舶抵押贷款合同，适用贷款方的主营业所所在地法。

　　以上规定对整个商事合同的特征性履行问题进行了具体化的规定，涵盖了海事合同的各种类型。

（15）关于船员劳动合同的建议。【船员劳动合同】除合同另有约定外，船员劳动合同，适用船旗国法、当事人住所地法中对船员保护最有利的法律。（该条建议在笔者最后定稿的建议案中去掉了"最"字，因为"最"是实体结论，在法律适用之初难于真正做到。但总的原则是要体现对船员的有利保护即可，这里的有利保护的规定当然也包括了最有利的保护。另外，立法要循序渐进，对船员的保护也是如此，先规定有利的保护，在获得实践的一致认同后，再规定"最有利的保护"就水到渠成了。）

【理由说明】该条《中华人民共和国海商法》没有规定，应予补充。笔者的建议，体现了对弱者的实质性保护。

笔者在海事合同法律适用方面，比照采用了特征性履行的方法来确定准据法。但是，特征性履行方法不是对所有海事合同都适用的，特征性履行方法的范围不能覆盖所有合同，因为该方法降低了付款方法律的重要性，付款行为虽然不能体现合同的履行特征，但具有重要的作用，对合同有实质性的影响。另外，特征性履行不能实现法律的人文关怀。而且，特征性履行行为也不是总能得到准确认定的。因此，船员劳动合同不宜采用特征性履行的方法。

一般来说，船员工作的地点在船舶上，与船旗国有密切的联系，另外船旗国还可以监督执行船员劳动福利方面的规定，因此船旗国法解决船员劳动合同的相关问题是有一定道理的。但是，道理是一回事，效果又是另外一回事。在船员劳动合同中，船员是处于弱势的一方群体，适用船旗国法律不一定能够对他们提供有利的法律保护，因此，可以在相关法律中进行比较，寻找对船员劳动合同保护最有利的法律。

国外立法关于船员的劳动合同的法律适用问题的一些规定，值得借鉴。如1999年《俄罗斯商船航运法典》第416条规定："1.船员的法律地位以及船舶营运中船员间的关系适用船旗国法。2.船舶所有人与船员间的关系，适用船旗国法，在规定船舶所有人与外国船员间关系的合同中另有约定的除外。劳动合同的当事人选择的适用于船舶所有人与船员间关系的法律，不得免除在当事人未达成法律选择协议时本应适用的，比照国家标准船员应享有的工作条件。"该规定在对船员的保护方面，有一定的考虑，即当事人选择的法律"不得免除在当事人未达成法律选择协议时本应适用的，比照国家标准船员应享有的工作条件"，这样的规定体现了对船员的保护。

我国立法对船员劳动合同的法律适用问题缺乏专门的规定，理论上学者的意见也不统一，特别是在保护弱者利益方面意见建议不同。有学者建议"外派船员雇佣合同当事人没有选择准据法时，适用船旗国法"①。也有学者建议在冲突法的立法中对船员进行利益保护："对船上发生的人身伤亡，受害人选择以原已存在的合同关系提起违约之诉时，应适用合同中约定的准据法，受害人选择提起侵权之诉时，应按上述规定分别加以确定准据法，但也可以适用合同中约定的准据法。但在任何情况下，案件所适用的准据法中对受害船员的赔偿低于该船员本国法规定时，应适用该船员本国法。"② 以上建议观点不同，有的学者不主张对船员进行专门保护，有的学者强调对船员进行专门保护。

笔者关于该部分内容的立法建议条款《中华人民共和国涉外商事关系法律适用法（建议稿）》（最终稿）规定："除合同另有约定外，船员劳动合同，适用船旗国法、当事人住所地法中对船员保护有利的法律。"

笔者的建议，体现了对弱者的实质性保护，体现的是"实质正义"。同以上立法及立法建议相比，更有利于保护弱势群体。

【立法例】1999 年《俄罗斯商船航运法典》第 416 条规定："1. 船员的法律地位以及船舶营运中船员间的关系适用船旗国法。2. 船舶所有人与船员间的关系，适用船旗国法，在规定船舶所有人与外国船员间关系的合同中另有约定的除外。劳动合同的当事人选择的适用于船舶所有人与船员间关系的法律，不得免除在当事人未达成法律选择协议时本应适用的，比照国家标准船员应享有的工作条件。"

（16）关于船舶碰撞的建议。【船舶碰撞】船舶碰撞适用侵权行为地法。公海上发生的船舶碰撞，适用法院地法。同一国籍的船舶发生碰撞的，适用船旗国法。

【理由说明】该条与《中华人民共和国海商法》第 273 条规定不完全一致。《中华人民共和国海商法》第 273 条第 1 款规定："船舶碰撞的损害赔偿，适用侵权行为地法律。船舶在公海上发生碰撞的损害赔偿，适用受理案件的法院所在地法律。"该条规定的范围是船舶碰撞的损害赔偿，没有包含船舶碰撞的所有实体问题，故应进行修改。《中华人民共和国海商法》第 273 条第 2 款规定："同一国籍的船舶，不论碰撞发生于何地，碰撞船舶之间的损害赔偿适用船旗国法律。"虽然事实上碰撞船舶会产生其他后果如油污等，不能仅仅适用其共同船旗国法。因为侵权行为地因素也很重要，需要考虑，但同一国籍的船舶适用共

---

① 彭先理，瞿国忠. 外派船员雇佣合同法律适用问题研究［J］. 江苏警官学院学报，2005（5）：85.

② 韩立新. 海事国际私法［M］. 大连：大连海事大学出版社，2001：229.

同船旗国法，船舶碰撞的当事人心理上肯定更能够接受一些。

【立法例】1977年《统一船舶碰撞中有关民事管辖权、法律适用、判决的承认与执行方面若干规则的公约》第4条规定："除当事人另有协议外，碰撞在一国内水或领海发生时，适用该国法律；如碰撞发生在领海以外的水域，则适用受理案件法院地法律，但如有关的船舶都在同一国登记或由它出具证件，或即使没有登记或由它出具证件，但都属同一国家所有，则不管碰撞在何处发生，都适用该国法律。"

（17）关于船舶碰撞的内部损害的建议。【损害仅限于船舶内部】前条的损害仅限于船舶内部的，也可以适用船旗国法。【理由说明】与现有的规定相比，这是本建议草案增加的内容。如船员在船上因船舶的所有人、管理人、光船承租人的侵权行为遭受人身伤亡的损害赔偿，适用船旗国法。这样的规定包括的情况更加全面一些。

【立法例】《保加利亚海商法典》第14条第2款规定："在公海上，如果碰撞船舶的旗帜相同，适用船旗国法。"

（18）关于船舶与其他触碰的建议。【船舶与其他触碰】有关船舶碰撞的规定，也适用于船舶与任何动产或不动产之间的触碰。（上述关于船舶碰撞的建议在笔者最后定稿的建议案中去掉了"船舶碰撞"，代之于"海事侵权"。因为船舶碰撞只是海事侵权的一种，仅仅规定了船舶碰撞，其他海事侵权问题仍然无法解决；反之，规定了海事侵权，船舶碰撞问题就迎刃而解了。另外，在笔者关于海事侵权法律适用的建议中，增加了当事人的意思自治原则的适用。）

【理由说明】该条《中华人民共和国海商法》没有规定，应予补充，

【立法例】1940年《关于国际通商航海法的蒙得维的亚公约》第11条规定："因船舶通过另一船舶或在另一船舶附近航行，即使没有发生实质的接触而造成的损害赔偿，也适用有关船舶碰撞的规定。"

（19）关于油污的建议。【油污】海上油污适用油污损害发生地国法律。如果油污损害发生在公海，适用干预措施采取国的法律。（上述关于油污的建议在笔者最后定稿的建议案中规定为："海上油污适用侵权行为地法。如果油污损害发生在公海，适用干预措施采取国法。如果油污损害发生在公海，且有多个国家采取干预措施的情况下，适用法院地法。"该规定进一步完善了公海上油污不同情形的法律适用问题。）

【理由说明】该条《中华人民共和国海商法》没有规定，应予补充。油污损害是海事侵权的特殊形态，情况比较特殊，应该单独规定其法律适用问题才比较科学。在解决海上油污的法律适用问题之前，应注意油污产生的原因对其

准据法的确定可能产生的影响。海上油污的发生，可能是由于船上管理人员的疏忽，也可能是由于船舶碰撞、触礁、搁浅、沉没等意外事故。对于因船舶碰撞而引起的污染，应注意区分船舶碰撞的准据法和由此引起的海上污染的准据法，两者的准据法可能相同，也可能不同。

【立法例】各国的实践表明，在处理发生在一国管辖水域内的油污损害赔偿问题时，主要考虑的就是侵权行为地法①。

（20）关于海上人身伤亡的建议。【海上人身伤亡】海上人身伤亡，适用侵权行为地法、船旗国法中更有利于保护弱者权益的法律。在公海上发生的人身伤亡，适用船旗国法。

【理由说明】笔者的建议有利于保护弱者。

【立法例】1971 年《美国第二次冲突法重述》第 182 条规定："依据美国一洲的劳工赔偿法即可判给补偿，即使姊妹州的法律也适用时亦同。"

（21）关于同一国籍的当事人侵权的建议。【同一国籍的当事人】前条的双方当事人具有同一国籍或住所时，适用双方共同的本国法或住所地法及侵权行为地法中更有利于保护弱者的法律。

【理由说明】该条《中华人民共和国海商法》没有规定，应予补充。笔者的建议有利于保护弱者。

【立法例】对发生于领水内的侵权和发生在公海上的侵权一直被区别对待。在联邦制国家，双重起诉规则要求侵权行为根据法院地法和侵权行为地法均可起诉。法国则规定，对于在外国内水或领水发生在一艘船上的侵权行为，只要该行为没有对船舶外部产生任何影响，则适用船旗国法。另一方面，当船上的侵权行为损害了港口的安宁，需要当地机构给予干预或涉及一个或多个非船员利益时，法国法院则适用沿海国的法律。

（22）关于海难救助的建议。【海难救助】海难救助，适用当事人约定的法律。

当事人没有约定法律的海难救助，发生在公海上的，适用救助船舶的船旗国法；发生在一国领海的，适用救助作业地法；救助作业不在船舶上的适用救助人所在地法。

上述关于海难救助的建议在笔者最后定稿的建议案中规定为：海难救助，适用当事人协议选择的法律。如果当事人没有选择的，适用救助作业地法；救助作业不在船舶上的适用救助人所在地法。海难救助发生在公海上的，适用救

---

① 屈广清. 海事国际私法新编［M］. 北京：法律出版社，2005：123.

助船舶的船旗国法。但同一国籍的船舶发生的救助，不论救助发生于何地，适用共同船旗国法，当事人另有约定的除外。

【理由说明】关于该条的规定，笔者没有分合同救助和非合同救助，而以当事人之间是否存在法律适用的协议为准，分为有准据法选择的救助和没有准据法选择的救助。因为合同救助中不一定在合同里有法律适用条款，非合同救助也可以达成法律选择的一致。因此，规定海难救助（而非合同救助），当事人可以选择适用的法律。即使是非合同的当事人，也可以选择适用的法律。有约定准据法的海难救助适用其约定的法律，没有约定的，考虑最密切联系地、保护弱者等因素，进行法律选择。如针对救助人通常处于弱者地位（实施了救助但报酬未解决），笔者建议规定适用救助人相关的法律，即形式上是救助人比较熟悉的法律，体现对弱者的关心。

【立法例】《关于国际通商航海法的蒙得维的亚公约》第 12 条规定："在任一缔约国管辖水域内进行的海上救援或救助，适用该国的国内法。在领水外进行的海上救援或救助，应适用救援或救助船舶的船旗国法。"1989 年《国际救助公约》第 15 条第 2 款规定："救助人与其受雇人之间报酬的分配，适用救助船舶的船旗国法；救助作业不在救助船舶上进行的，适用救助人与其受雇人之间所订合同的准据法。"1999 年《俄罗斯商船航运法典》第 423 条规定："如果当事人未就发生在内海水域或领海的对船舶或其他财产的救助所适用的法律达成协议，适用救助发生地法律。如果救助船与被救助船悬挂相同国家的船旗，不论救助发生在何处，适用船旗国法。救助报酬在救助船的船舶所有人、船长、船员间的分配、适用船旗国法，如果救助不是在船上进行的，则适用救助人与其受雇人之间的合同的准据法。"

1962 年《韩国国际私法》第 47 条规定："就海难救助请求支付救助费时，如果救助行为在领海进行，适用救助地法；如果在公海进行，则适用救助船舶注册国法。"

（23）关于共同海损的建议。【共同海损】共同海损理算，适用当事人约定的理算规则；合同未约定的，根据最密切联系原则，从船旗国法、侵权行为地法或者理算地法中选择适用的法律。（上述关于共同海损的建议与笔者最后定稿的建议案中规定不一致，定稿的建议案操作性更为简略，其规定为：共同海损，适用当事人协议选择适用的法律。当事人没有选择的，适用理算地法。）

【理由说明】该条与《中华人民共和国海商法》第 274 条的规定不一致。增加了当事人意思自治原则的应用。《中华人民共和国海商法》第 274 条只是规定了共同海损理算的法律适用问题，范围上不完整。因为共同海损理算只是共同海损的内容之一，如果只规定共同海损理算的法律适用问题，共同海损的其他法律冲突问题仍然得不到解决。故本条规定的范围为共同海损（包括共同海损理算）。2014 年的建议草案规定在法律适用方法上，采用最密切联系原则，从船旗国法、侵权行为地法或者理算地法中选择适用的法律，比单一采用理算地法更全面一些，因为涉及的不仅仅是共同海损理算问题。但在笔者最后定稿的建议案中，没有再规定采用最密切联系原则，从船旗国法、侵权行为地法或者理算地法中选择适用的法律，而只是规定适用理算地法。考虑的理由有二：一是避免过大的灵活性，"从船旗国法、侵权行为地法或者理算地法中选择适用的法律"给法官更大的操作空间，实践中难于掌握统一的标准。二是在通常情况下，立法规定要循序渐进，不宜与原规定脱离太多。

【立法例】1928 年《关于国际私法的布斯塔曼特法典》第 288 条规定："确定海损为个别海损或为共同海损以及船舶和船货各应分担的比例额，适用船旗国的法律。"

《关于国际通商航海法的蒙得维的亚公约》第 17 条规定："共同海损，适用共同海损理算或分摊所在港口国家现行的法律。"1999 年《俄罗斯商船航运法典》第 419 条第 1 款规定："如果当事人未就适用的法律达成协议，共同海损关系适用引起共同海损的事件发生后，船舶的航程终止港所在国的法律。如果所有当事方具有相同的国籍，则适用该国法律。"

值得注意的是，关于海事管辖的内容，本草案没有规定。尽管我国冲突规范理论一般认为，海事管辖也属于涉外海事关系法律适用法或海事冲突规范的范围，但其内容不仅涉及法律适用问题，而且涉及一国的管辖制度，因此比较复杂，适宜在海事程序法中专门规定。

3. 制定《中华人民共和国海事关系法律适用法（建议草案）》的基础——2016 年提出的草案

在 2014 年提出的草案的基础上，进一步修订后提出的 2016 年草案，在一些内容上有了提高与完善，其内容如下：

（1）目录部分。

目录部分包括立法建议名称及各章的内容。笔者的正式立法建议名称为：《中华人民共和国涉外海事关系法律适用法（建议稿）》（第五稿），整个建议稿共 54 条，包括了海事关系的所有需要冲突规范进行调整的领域。由于《中华人民共和国涉外海事关系法律适用法（建议稿）》（第五稿）条文并不多，其内容设计只有章而没有设节。

（2）第一章　一般规定。

包含的内容有：立法目的、适用范围、公共秩序保留、先决问题、识别问题、法律规避、外国法的查明、意思自治原则、国际条约、未生效的国际条约、最密切联系原则、反致问题、国内强制性规定、外国强制性规定、船旗国法的限定、海事赔偿责任限制、诉讼时效、船籍国、船舶检验、船舶扣押、国家所有的货物、邮政运输的船舶、不得行使豁免权等内容。这些内容是涉外海事关系法律适用法的一般问题，在各种不同的海事关系中都会遇到。如果这些涉外海事关系法律适用法的一般问题在涉外海事关系法律适用法中没有得到规定，或者规定不完整、不详细，其无规定、或者规定不完整、不详细的地方，也可以适用我国其他法律的规定。但在条件具备的情况下，涉外海事关系法律适用法应将这些问题予以明确规定，即使对这些问题的规定可能会与其他法律的规定产生重复，但从法律体系的统一性、完整性考虑，从法律适用的便利性、针对性考虑，这样做是有百利而无一害的。况且，涉外海事关系法律适用法属于涉外法律，外国法院及仲裁机构在裁判案件时，也会了解甚至适用我国的涉外海事关系法律适用法，如果我国关于涉外海事关系法律适用法的规定分散在多部法律里面，不利于他们查找与适用，也不利于当事人了解、查明，就不利于裁判的正确做出及判决的承认与执行。另外，在涉外海事关系法律适用法中，这些一般规定所涉内容与其他法律规定的相关内容含义并不完全一致，参考适用并不准确，如船籍国不同于国籍的规定，不能参考国籍的有关规定，船舶扣押不同于一般财产扣押，不能参考一般财产扣押的规定等，所以应单独进行规定。因此，我国涉外海事关系法律适用法立法不能完全忽略这些内容。第一章的具体条文如下。

第一条【立法目的】为了明确涉外海事关系的法律适用，妥善解决涉外海事争议，制定本法。

第二条【适用范围】涉外海事关系适用的法律，依照本法的规定确定。

第三条【公共秩序保留】依照本法的规定适用外国法律（包括外国强制性规定）、国际惯例、或者未对中华人民共和国生效的国际条约，不得违背中华人民共和国的公共利益或中华人民共和国法律、行政法规强制性规定。

第四条【先决问题】先决问题适用法院地的冲突法。但如果依法院地法不能解决的，可以适用当事人选择的法律。必要时由法官根据先决问题与争讼问题准据法所属国、法院地国、对其有管辖权国家的关系来判断，适用与之有最密切联系的国家的冲突规则。

第五条【识别问题】识别问题适用法院地法。但如果依法院地法不能解决的，可以适用当事人选择的法律或者相关外国的法律。如果相关外国的法律之间规定有矛盾，则采用比较的方法，选择一种较好的规定进行适用。除当事人的国籍外，对于连结点的认定，适用法院所在地的法律。外国法的解释，应该根据该外国法本身的解释和运用标准来决定。

第六条【法律规避】当事人故意规避中华人民共和国强制性或者禁止性法律规定的，不得适用当事人企图适用的法律。当事人故意规避外国强制性或者禁止性法律规定的，该外国强制性或者禁止性法律规定符合国际惯例的，不得适用当事人企图适用的法律。

第七条【外国法的查明】中华人民共和国法院和仲裁机构审理海事案件时，或者中华人民共和国行政机关处理海事事项时，对中国加入的国际条约，或中国冲突规范指定的法律、国际惯例由法官负责查明。其他由当事人负责提供。不能查明或者经查明不存在有关法律规定的，由法官负责查明的，适用与该外国法律类似的法律或者中华人民共和国相应的法律。由当事人负责提供的，驳回起诉。

第八条【意思自治原则】当事人可以依照法律规定选择适用的法律。

第九条【国际条约】中华人民共和国缔结或者参加的国际条约同本法有不同规定的，适用国际条约的规定；但是，中华人民共和国声明保留的条款除外。中华人民共和国法律和中华人民共和国缔结或者参加的国际条约没有规定的，可以适用国际惯例。

第十条【未生效的国际条约】当事人可以选择适用国际惯例或者未生效或未对中华人民共和国生效的国际条约。

第十一条【最密切联系原则】本法或者其他法律对涉外海事关系的法律适用没有规定的，应当适用与该涉外民事关系有最密切联系的法律。

第十二条【反致问题】涉外海事关系适用的外国法律，不包括该国的法律适用法。

第十三条【国内强制性规定】中华人民共和国法律对涉外海事关系有强制性规定的，如案件与中华人民共和国具有密切联系，应直接适用该强制性规定。

第十四条【外国强制性规定】外国强制性规定与案件有最密切联系的，可以得到适用。

第十五条【船旗国法的限定】船旗国法指有最密切联系的船旗国法律。一般情况下：

（一）船旗国法是指船舶的国籍登记国的法律，不包括因船舶光船租赁而取得的临时国籍所代表的船旗国法。

（二）在租赁期间船舶所有权发生变动的，发生变动后的船舶所有权问题，应适用新船旗国法。

第十六条【海事赔偿责任限制】海事赔偿责任限制，适用侵权行为地法、船旗国法或法院地法中与案件有最密切联系的国家的法律。

第十七条【诉讼时效】诉讼时效，适用相关涉外海事关系应当适用的法律。

第十八条【船籍国】船舶的国籍由航海证书和船舶登记证书予以证明，并以船旗为外部的区分标志。不一致时，以船舶的国籍登记国为准。

第十九条【船舶检验】船舶的检验与卫生检疫标准，适用检验检疫地法律。

第二十条【船舶扣押】船舶扣押，适用船舶所在地法。

第二十一条【国家所有的货物】属于国家所有的货物，不得予以扣留、扣押或实施其他司法程序。

第二十二条【邮政运输的船舶】从事邮政运输的私有船舶，不得由其债权人在其必须履行业务的停靠港实施扣押。

第二十三条【不得行使豁免权】国家所有的船舶在下列情形下不得行使豁免权：

（一）因船舶碰撞或其他航行事故引起的诉讼；

（二）因海难救助或者救助服务，或有关共同海损引起的诉讼；

（三）有关船舶的修理、供给或有关船舶其他事项的合同引起的诉讼。

第一章一般规定的上述内容共 23 条，占整个建议稿 54 条的 42.6%。

（3）第二章 海事物权。

包含的内容有：船舶所有权、公告形式、船舶抵押权、优先权、留置权、优先顺序、其他船舶物权等。海事物权主要是船舶物权，所以该章基本上是对船舶物权法律适用的规定，但是海事物权的范围毕竟大于船舶物权，而且船舶物权的内容也是变化的发展的，因此，笔者还规定了其他船舶物权的法律适用问题，解决的是船舶物权以外的海事物权的法律适用问题，以及没有具体列举的船舶物权的法律适用问题。

第二十四条【船舶所有权】船舶所有权，适用船旗国法。

第二十五条【公告形式】船舶所有权转移要求的公告形式，适用船旗国法。

第二十六条【船舶抵押权】船舶抵押权，适用船旗国法律。在建船舶的抵押权适用造船国法律。

第二十七条【优先权】船舶优先权，适用法院地法或者船旗国法律。

第二十八条【留置权】船舶留置权，在当事人未约定时，适用船舶留置地法。

第二十九条【优先顺序】船舶抵押权、船舶优先权和船舶留置权相互之间的优先顺序，适用法院地法。

第三十条【其他船舶物权】本法没有规定的其他船舶物权，适用法院地法。

第二章海事物权的上述内容共 7 条，占整个建议稿 54 条的 13%。

（4）第三章　海事债权。

包含的内容有：提单、提单首要条款、海事合同、船长、船舶所有人和船舶管理人、船员的权利与义务、船员劳动合同、海上保险合同、再保险合同、其他海事合同、船舶碰撞、船舶碰撞的内部损害、船舶与其他触碰、油污、海上人身伤亡、其他海事侵权、其他海事侵权的内部损害、海难救助、共同海损等。海事债权特别是海事合同领域是涉外海事关系法律适用法的重点调整领域，海事纠纷多发生在该领域。

第三十一条【提单】各类提单的效力、内容适用提单上规定的法律。提单上没有规定的适用提单签发地法律。

第三十二条【提单首要条款】提单首要条款的效力，适用法院地法。

第三十三条【海事合同】海事合同适用当事人选择的法律。当事人没有选择的，适用与该合同有最密切联系的法律，一般情况下，与该合同有最密切联系的法律是履行义务最能体现该合同特征的一方当事人经常居所地法律：（一）船舶设计合同，适用受托人的主营业所所在地法；（二）船舶建造或修理合同，适用船舶建造地或修理地的法律；（三）船舶买卖合同，适用合同订立时卖方的主营业所所在地法；（四）海上旅客运输合同，适用合同订立时承运人的主营业所所在地法；（五）海上运输合同适用承运人的主营业所所在地法；（六）船舶租用合同，适用出租方的主营业所所在地法；在光船租船合同下，适用光船承租人的主营业所所在地法；（七）船舶抵押贷款合同，适用贷款方的主营业所所在地法。（八）海上拖航合同，适用承拖人的主营业所所在地法。

第三十四条【权利与义务】船长、船舶所有人和船舶管理人、船员的权利与义务，适用船旗国法。

第三十五条【船员劳动合同】除合同另有约定外，船员劳动合同，适用船旗国法、当事人住所地法中对船员保护最有利的法律。

第三十六条【海上保险合同】海上保险合同，当事人没有约定的，适用投保人、被保险人、保险人主营业所所在地法中有利于被保险人的法律。

第三十七条【再保险合同】当事人没有约定的，适用再保险人主营业所所在地法。

第三十八条【其他海事合同】其他海事合同适用当事人选择的法律。当事人没有选择的，适用与合同有最密切联系的国家的法律。

第三十九条【船舶碰撞】船舶碰撞适用侵权行为地法。同一国籍的船舶发生碰撞的，适用船旗国法。公海上发生的船舶碰撞，适用法院地法。

第四十条【船舶碰撞的内部损害】船舶碰撞的损害仅限于船舶内部的，也可以适用船旗国法。

第四十一条【船舶与其他触碰】有关船舶碰撞的规定，也适用于船舶与任何动产或不动产之间的触碰。

第四十二条【油污】海上油污适用油污损害发生地国法律或油污损害结果地国法律。如果油污损害发生在公海，适用干预措施采取国的法律。如果油污损害发生在公海，且有多个国家采取干预措施的情况下，适用法院地法。

第四十三条【海上人身伤亡】海上人身伤亡，适用侵权行为地法、船旗国法中有利于保护弱者权益的法律。在公海上发生的人身伤亡，适用船旗国法。

第四十四条【同一国籍的当事人】前条的双方当事人具有同一国籍或住所时，适用双方共同的本国法或住所地法及侵权行为地法中更有利于保护弱者的法律。

第四十五条【其他海事侵权】本法没有规定的其他海事侵权，除当事人另有协议外，适用侵权行为地法。在公海上发生的侵权行为，适用法院地法。

第四十六条【其他海事侵权的内部损害】其他海事侵权的损害仅限于船舶内部的，也可以适用船旗国法。

第四十七条【海难救助】海难救助，当事人可以选择适用的法律。

如果当事人没有选择适用的法律，海难救助发生在公海上的，适用救助船舶的船旗国法；发生在一国领海、专属经济区的，适用救助作业地法；救助作业不在船舶上的适用救助人所在地法。前面的救助如是具有相同国籍船舶间的救助，适用其共同本国法。

第四十八条【共同海损】共同海损，适用当事人约定的法律；当事人未约定的，根据最密切联系原则，从船旗国法、侵权行为地法或者理算地法中选择适用的法律。

第三章海事债权的上述内容共18条，占整个建议稿54条的33.3%。

（5）第四章　附则。

第四章附则包含的内容有：支配事项、新法与旧法的关系、区际适用、不溯及既往、本法与其他法律的关系、施行等。第四章附则的规定也是针对所有海事领域适用的，涉及海事冲突规范一般性适用要求的具体规定，包括时际冲突、区际冲突等问题。

第四十九条【支配事项】应适用的法律支配该海事关系的所有实体问题。该海事关系有特别规定的除外。

第五十条【新法与旧法的关系】本法生效以前中华人民共和国制定的其他法律、法规的规定与本法的规定不论抵触与否，应以本法的规定为准。

第五十一条【区际适用】中华人民共和国各法域之间的海事关系参照本法适用。

第五十二条【不溯及既往】本法不溯及既往，但未决事项或当时法律没有规定的事项除外。

第五十三条【本法与其他法律】本法没有规定而其他法律有规定的，适用其他法律的规定。

第五十四条【施行】本法自 X 年 X 月 X 日起施行。

4. 上述建议草案对海事冲突法立法的完善

上述 2016 年提出的建议草案对笔者最终形成的《中华人民共和国涉外商事关系法律适用法（建议稿）》（最终稿）的制定，具有很大且直接的参考价值。

一是有些规定两者完全一致。如 2016 年提出的建议草案第 15 条【船旗国法的限定】"船旗国法指有最密切联系的船旗国法律。一般情况下：（一）船旗国法是指船舶的国籍登记国的法律，不包括因船舶光船租赁而取得的临时国籍所代表的船旗国法。（二）在租赁期间船舶所有权发生变动的，发生变动后的船舶所有权问题，应适用新船旗国法。"该规定就完全被《中华人民共和国涉外商事关系法律适用法（建议稿）》（最终稿）第 66 条采用。相同的规定还存在于关于船籍国的规定、关于船舶检验的规定、关于船舶扣押的规定、关于船舶抵押权的规定、关于船舶优先权的规定、关于船舶留置权的规定、关于优先顺序的规定、关于提单的规定、关于提单首要条款的规定、关于船长等权利义务的规定、关于海上人身伤亡的规定等方面。

二是有些规定两者基本一致。如 2016 年提出的建议草案第 35 条【船员劳动合同】"除合同另有约定外，船员劳动合同，适用船旗国法、当事人住所地法中对船员保护最有利的法律。"《中华人民共和国涉外商事关系法律适用法（建议稿）》（最终稿）第 70 条规定："除合同另有约定外，船员劳动合同，适用船旗国法、当事人住所地法中对船员保护有利的法律。"两者只是相差一个字（理由前已述明）。

三是有些规定两者存在差别。如 2016 年提出的建议草案第 39 条【船舶碰撞】"船舶碰撞适用侵权行为地法。同一国籍的船舶发生碰撞的，适用船旗国法。公海上发生的船舶碰撞，适用法院地法。"《中华人民共和国涉外商事关系法律适用法（建议稿）》（最终稿）第 71 条规定的是海事侵权，范围更为周延，且规定了多少人意思自治原则的适用。类似的规定还存在于：关于油污的规定、关于共同海损的规定等方面。

第八节　《中华人民共和国海商法（修订征求意见稿）》的阙略

一、背景

1992 年通过的《中华人民共和国海商法》，关于涉外海事法律适用的规定只有 9 条，且"长年未修"，远不能适应当代海事实践发展的需求，造成一些领域无法可依，法律适用的依据无法统一的现象。我国涉外海事关系法律适用领域中一些法律空白、无法可依的情况表现为：没有规定船舶留置权的法律适用；没有规定海难救助的法律适用；没有规定油污、海上人身伤亡的法律适用；没有规定其他应该规定的内容；没有规定一些基本的海事法律适用制度；等等。为此，第十三届全国人大常委会立法规划将《中华人民共和国海商法》修订列为第二类项目（第二类项目是需要抓紧工作、条件成熟时提请审议的法律草案）①，交通部曾多次组织修订组、课题组研究修订海商法的问题，在反复修改、征求意见的基础上，形成了《中华人民共和国海商法（修订征求意见稿）》。2018 年 11 月 5 日，中华人民共和国交通运输部发出了关于《中华人民共和国海商法（修订征求意见稿）》公开征求意见的通知，通知提出：为更好地促进航运事业和经济贸易发展，推进"一带一路"和"交通强国"等国家战略的实施，我部组织起草了《中华人民共和国海商法（修订征求意见稿）》。为提高立法工作质量，做到科学立法、民主立法，现将《征求意见稿》及其说明公布，征求社会各界意见。为便于了解修订内容，《征求意见稿》采用了表格对照形式。请有关单位和个人在 2018 年 12 月 7 日前，提出意见。《中华人民共和国海商法（修订征求意见稿）》对《中华人民共和国海商法》进行了修订，健全了

---

① 根据交通运输部公布的立法计划，海商法（修订）等已经列入交通运输部 2019 年立法计划第一类项目，规定由法制司负责起草，水运司、海事局、救捞局、国际合作司等参加，形成送审稿后 2019 年报送国务院。

涉外关系的法律适用规则。① 其中有许多值得肯定的地方，如增加了所有进出中国港口的海上货物运输合同适用第四章的强制性规定；增加船旗变更时船舶所有权、建造中的船舶抵押权、船舶留置权的法律适用规定；增加船舶担保物权相互之间受偿顺序的法律适用规定；参考《涉外民事关系法律适用法》对船舶碰撞的法律适用规定引入意思自治原则；缩减公共秩序保留的适用范围，即仅要求外国法律的适用不得违背我国社会公共利益；对"密切联系原则"的具体判断标准引入"特征履行方主营业地法律"规则；等等。

但纵观《中华人民共和国海商法（修订征求意见稿）》的规定，其也存在一些不足，需要进一步充实与完善。下面，针对《中华人民共和国海商法（修订征求意见稿）》进行阐述。

二、基本内容

（一）修订征求意见稿关于《中华人民共和国海商法》第 16 章涉外关系的法律适用的修订与说明

修改要点：

1. 完善海事海商合同法律适用的规定，引入《涉外民事关系法律适用法》的特征性履行原则。

2. 确立第四章规定对装/卸货港为我国港口的国际海上货物运输合同的强制适用原则。

3. 增加船旗变更时船舶所有权、建造中的船舶抵押权、船舶留置权以及船舶担保物权相互之间受偿顺序的法律适用规定。

4. 完善船舶碰撞法律适用规定，参考《涉外民事关系法律适用法》对侵权的法律适用规定引入意思自治原则。

5. 对公共秩序保留适用的范围进行限缩，仅要求外国法律的适用不得违背我国社会公共利益

第二百六十八条　中华人民共和国缔结或者参加的国际条约同本法有不同规定的，适用国际条约的规定；但是，中华人民共和国声明保留的条款除外。 中华人民共和国法律和中华人民共和国缔结或者参加的国际条约没有规定的，可以适用国际惯例	第 16.1 条　保留原条文

---

① 《中华人民共和国海商法》修订说明．

第二百六十九条　合同当事人可以选择合同适用的法律，法律另有规定的除外。合同当事人没有选择的，适用与合同有最密切联系的国家的法律	第16.2条　合同当事人可以选择合同适用的法律，法律另有规定的除外。当事人没有选择的，适用履行义务最能体现该合同特征的一方当事人经常居所地法律或者其他与该合同有最密切联系的法律。 尽管有前款规定，约定的或者实际的装货港或者卸货港为中华人民共和国港口的国际海上货物运输合同，应适用本法第四章的规定
第二百七十条　船舶所有权的取得、转让和消灭，适用船旗国法律	第16.3条　船舶所有权的设立、转让、变更与消灭，适用船旗国法。 船旗变更的，变更前的船舶所有权，适用原船旗国法，变更后的船舶所有权，适用新船旗国法，但是光船租船引起的船旗变更除外
第二百七十一条　船舶抵押权适用船旗国法律。船舶在光船租赁以前或者光船租赁期间，设立船舶抵押权的，适用原船舶登记国的法律	第16.4条　船舶抵押权，适用船旗国法。 船舶在光船租船以前或者光船租船期间，设立船舶抵押权的，适用原船舶登记国法。 建造中的船舶抵押权，已经登记的，适用登记国法。未经登记的，适用船舶建造地法
第二百七十二条　船舶优先权，适用受理案件的法院所在地法律	第16.5条　船舶优先权，适用法院地法
	第16.6条　船舶留置权，适用被留置船舶所在地法
	第16.7条　船舶抵押权、船舶优先权和船舶留置权相互之间的受偿顺序，适用法院地法
第二百七十三条　船舶碰撞的损害赔偿，适用侵权行为地法律。 船舶在公海上发生碰撞的损害赔偿，适用受理案件的法院所在地法律。 同一国籍的船舶，不论碰撞发生于何地，碰撞船舶之间的损害赔偿适用船旗国法律	第16.8条　船舶碰撞，适用当事人协议选择适用的法律。当事人没有选择的，适用侵权行为地法。船舶碰撞发生在公海的，适用法院地法，但同一国籍的船舶发生碰撞的，不论碰撞发生于何地，适用共同船旗国法，当事人另有约定的除外
第二百七十四条　共同海损理算，适用理算地法律	第16.9条　共同海损理算，适用理算地法
第二百七十五条　海事赔偿责任限制，适用受理案件的法院所在地法律	第16.10条　海事赔偿责任限制，适用法院地法

第二百七十六条　依照本章规定适用外国法律或者国际惯例，不得违背中华人民共和国的社会公共利益	第16.11条　依照本章规定适用外国法律，不得违背中华人民共和国的社会公共利益

（二）笔者观点被《中华人民共和国海商法（修订征求意见稿）》所吸收借鉴情况

1. 笔者2004年所拟的《中国冲突法与海事冲突法（草案）》（见笔者主编的《海事国际私法新编［M］. 北京：法律出版社，2005年版》），该草案第316条规定：船舶留置权，适用船舶留置地法。

《中华人民共和国海商法（修订征求意见稿）》第16.6条："船舶留置权，适用被留置船舶所在地法。"两者完全一致。

2. 《中国冲突法与海事冲突法（草案）》第318条规定："船舶抵押权、船舶优先权和船舶留置权相互之间的优先顺序，适用受理案件的法院所在地的法律。"

《中华人民共和国海商法（修订征求意见稿）》第16.7条："船舶抵押权、船舶优先权和船舶留置权相互之间的受偿顺序，适用法院地法。"

两者完全一致。

3. 笔者当时观点的一些不足。笔者当时观点的也存在一些不足，如没有规定建造中的船舶抵押权的法律适用问题等。

（三）对《中华人民共和国海商法（修订征求意见稿）》涉外关系的法律适用部分修改要点简评

修改要点1. 完善海事海商合同法律适用的规定，引入《涉外民事关系法律适用法》的特征性履行原则。（有值得商榷的地方）

引入《涉外民事关系法律适用法》的特征性履行原则很有必要，但将之与最密切联系原则并列适用系逻辑错误。

修改要点2. 确立第四章规定对装/卸货港为我国港口的国际海上货物运输合同的强制适用原则。（没有意见）

修改要点3. 增加船旗变更时船舶所有权、建造中的船舶抵押权、船舶留置权以及船舶担保物权相互之间受偿顺序的法律适用规定。（有值得商榷的地方）

修改要点4. 完善船舶碰撞法律适用规定，参考《涉外民事关系法律适用法》对侵权的法律适用规定引入意思自治原则。（有值得商榷的地方）

修改要点5. 对公共秩序保留适用的范围进行限缩，仅要求外国法律的适用不得违背我国社会公共利益。（规定不全面。有值得商榷的地方）

关于第 16.11 条的规定的公共利益条款，各国一般也都有规定，作为法律适用的阀门。"It is a general principle of the conflict of laws that rule of foreign law which should govern as the applicable law, as the most appropriately connected rule may be disregarded if its application would be contrary to public policy. This allows the court to avoid the application of a foreign law if the substantive content of the rule or the result that would be reached by its application is objectionable to the forum."① （冲突法的一般原则即有关联的外国法应该作为准据法，除非与公共政策相矛盾。）在规定上，各国一般的规定是规则的内容或者规则适用的结果违反法院地的公共政策。公共政策或者社会公共利益的表述大同小异，但第 16.11 条的规定（依照本章规定适用外国法律，不得违背中华人民共和国的社会公共利益），既包括规则的内容也包括规则适用的结果两种情形，其实没有必要。重要的是看适用的结果是否违背社会公共利益，2010 年的《中华人民共和国涉外民事关系法律适用法》也是这样考虑的，该法第 5 条规定："外国法律的适用将损害中华人民共和国社会公共利益的，适用中华人民共和国法律。"所以规范性的规定是"外国法律的适用结果不得损害中华人民共和国社会公共利益。"

（四）关于《中华人民共和国海商法（修订征求意见稿)》修订理由说明方面的不足

《中华人民共和国海商法》修订说明中对海商法修订的必要性问题进行了说明，认为：现行海商法已滞后于国际海商立法的新发展。海商法在制定时就贯彻了"有公约的依照国际公约；没有公约的依照事实上起了国际公约作用的民间规则；没有这种规则的，参考具有广泛影响的标准合同"的基本思路，这也是海商法立法的一大特色。但是，在 20 多年的时间里，相关国际立法有了很多的新发展。如现行《海商法》自 1992 年颁布实施以来，经过修订或者新制定的国际公约主要有：《1974 年约克—安特卫普规则》（1994 年、2004 年、2016 年三次修订）；《1974 年海上旅客及其行李运输雅典公约》（2002 年修订）；《1976年海事索赔责任限制公约》（1996 年修订）；《1996 年国际海上运输有毒有害物质损害责任和赔偿公约》；《1999 年国际扣船公约》；《2000 年国际船舶安全营运和防止污染管理规则》；《2001 年国际燃油污染损害民事责任公约》；《2002 年国际船舶和港口设施保安规则》；《2006 年海事劳工公约》；《2007 年内罗毕国际船舶残骸清除公约》；《2008 年联合国全程或部分海上国际货物运输合同公约》；等等。这些国际立法成果代表了国际海商立法的最新发展趋势，并已经在不同

---

① Maebh Harding. conflict of Laws ［M］. Routledge, London and Newyork, 2014: 8.

程度上被各国肯定和接受。①

以上提到的新的法律要求，均是海商法实体法，没有涉及海事冲突法问题，可见，草案对涉外关系的法律适用的修订关注并非重点，由此也带来涉外关系的法律适用条款的修订动作不大，存在相应的不完备性。例如，《中华人民共和国海商法（修订征求意见稿）》仍然没有规定海难救助的法律适用问题，造成海事债权规定的不完备性。没有规定油污、海上人身伤亡的法律适用问题，造成海事侵权规定的不完备性等。海事侵权仍然只是规定了船舶碰撞，对其他问题的规定仍然缺乏。需要特别注意的是，以上领域是海事纠纷多发领域，我国法律对其法律适用问题没有明确规定，会给法院的法律适用带来困惑。面对这种状况，在实践中，有的法院直接适用中国法不说明依据与理由；有的法院认为在庭审中当事人同意适用中国法，所以适用中国法，但无法律依据可引；有的法院根据最密切联系原则去适用法律，没有法律依据可引；有的法院采用其他方法，如将油污、海上人身伤亡的法律适用按照船舶碰撞侵权的法律适用规则处理，但无法说明法律依据；等等。同样的海事法律关系，法律适用的方法却千差万别，造成法律适用的随意性，确实需要明确一下，至少也应该将实践中的做法肯定一下，以使裁判的依据得以明确。

三、提交给中华人民共和国交通运输部的修订建议

笔者针对《中华人民共和国海商法（修订征求意见稿）》于 2018 年 11 月 23 日提交的具体修订意见建议。

---

① 见《中华人民共和国海商法》修订说明.

（一）对《中华人民共和国海商法（修订征求意见稿)》（涉外关系的法律适用）部分的修改建议

本人提出的修改建议要点：

1. 关于《修订征求意见稿》第16.1条：该条涉及条约部分的法律适用问题，建议增加"当事人可以选择适用国际惯例或者未生效或未对中华人民共和国生效的国际条约"。

2. 关于《修订征求意见稿》第16.2条：修订征求意见稿该条误将特征性履行与最密切联系原则作为选择关系，并不妥当。应规定最密切联系原则的首先适用，因为特征性履行只是最密切联系原则的具体化方式之一，是为方便最密切联系原则的适用而采用的方法，不能取代最密切联系原则。

3. 关于《修订征求意见稿》第16.3条：船舶所有权不只包括设立、转让、变更与消灭几项内容，故应取消对所有权范围的细列。

4. 关于《修订征求意见稿》第16.6条：船舶留置权适用留置地法是值得肯定的，但留置权的基础是当事人之间的债权，没有必要排除当事人的意思自治。

5. 关于《修订征求意见稿》第16.8条：提出了两种建议方案，倾向于第二方案，即以海事侵权为范围进行规定。

6. 关于《修订征求意见稿》第16.9条：共同海损理算只是共同海损的内容之一，如果只规定共同海损理算的法律适用问题，共同海损的其他法律冲突问题仍然得不到解决。

7. 关于《修订征求意见稿》第16.10条：海事赔偿责任限制，适用法院地法，是非常遗憾的规定，容易导致择地诉讼。

8. 关于《修订征求意见稿》没有规定的内容，应予补充为妥。具体应该补充的范围包括：其他船舶物权；船员劳动合同；油污；海难救助；海上人身伤亡等的法律适用规定

《中华人民共和国海商法》原有的规定	《中华人民共和国海商法（修订征求意见稿)》的修订意见	笔者提出的修改建议
第二百六十八条　中华人民共和国缔结或者参加的国际条约同本法有不同规定的，适用国际条约的规定；但是，中华人民共和国声明保留的条款除外。中华人民共和国法律和中华人民共和国缔结或者参加的国际条约没有规定的，可以适用国际惯例	第16.1条　保留原条文	新建议第16.1条：中华人民共和国缔结或者参加的国际条约同本法有不同规定的，适用国际条约的规定；但是，中华人民共和国声明保留的条款除外。中华人民共和国法律和中华人民共和国缔结或者参加的国际条约没有规定的，可以适用国际惯例。当事人可以选择适用国际惯例或者未生效或未对中华人民共和国生效的国际条约

续表

海商法原有的规定	(修订征求意见稿) 的修订意见	本人提出的修改建议
第二百六十九条 合同当事人可以选择合同适用的法律,法律另有规定的除外。合同当事人没有选择的,适用与合同有最密切联系的国家的法律	第16.2条 合同当事人可以选择合同适用的法律,法律另有规定的除外。当事人没有选择的,适用履行义务最能体现该合同特征的一方当事人经常居所地法律或者其他与该合同有最密切联系的法律。 尽管有前款规定,约定的或者实际的装货港或者卸货港为中华人民共和国港口的国际海上货物运输合同,应适用本法第四章的规定	新建议第16.2条:海事合同当事人可以选择合同适用的法律,法律另有规定的除外。当事人没有选择的,适用与该合同有最密切联系的法律,一般情况下,与该合同有最密切联系的法律是履行义务最能体现该合同特征的一方当事人经常居所地法律。 尽管有前款规定,约定的或者实际的装货港或者卸货港为中华人民共和国港口的国际海上货物运输合同,应适用本法第四章的规定
第二百七十条 船舶所有权的取得、转让和消灭,适用船旗国法律	第16.3条 船舶所有权的设立、转让、变更与消灭,适用船旗国法。 船旗变更的,变更前的船舶所有权,适用原船旗国法,变更后的船舶所有权,适用新船旗国法,但是光船租船引起的船旗变更除外	新建议第16.3条:船舶所有权,适用船旗国法。 船旗变更的,变更前的船舶所有权,适用原船旗国法,变更后的船舶所有权,适用新船旗国法,但是光船租船引起的船旗变更除外
第二百七十一条 船舶抵押权适用船旗国法律。 船舶在光船租赁以前或者光船租赁期间,设立船舶抵押权的,适用原船舶登记国的法律	第16.4条 船舶抵押权,适用船旗国法。 船舶在光船租船以前或者光船租船期间,设立船舶抵押权的,适用原船舶登记国法。 建造中的船舶抵押权,已经登记的,适用登记国法。未经登记的,适用船舶建造地法	没有意见
第二百七十二条 船舶优先权,适用受理案件的法院所在地法律	第16.5条 船舶优先权,适用法院地法	没有意见

续表

海商法原有的规定	（修订征求意见稿）的修订意见	本人提出的修改建议
无规定	第16.6条 船舶留置权，适用被留置船舶所在地法	船舶留置权，在当事人未约定时，适用被留置船舶所地法
无规定	第16.7条 船舶抵押权、船舶优先权和船舶留置权相互之间的受偿顺序，适用法院地法	没有意见
第二百七十三条 船舶碰撞的损害赔偿，适用侵权行为地法律。 船舶在公海上发生碰撞的损害赔偿，适用受理案件的法院所在地法律。 同一国籍的船舶，不论碰撞发生于何地，碰撞船舶之间的损害赔偿适用船旗国法律	第16.8条 船舶碰撞，适用当事人协议选择适用的法律。当事人没有选择的，适用侵权行为地法。船舶碰撞发生在公海的，适用法院地法，但同一国籍的船舶发生碰撞的，不论碰撞发生于何地，适用共同船旗国法，当事人另有约定的除外	方案一（仅仅规定船舶碰撞）：船舶碰撞，适用当事人协议选择适用的法律。当事人没有选择的，适用侵权行为地法。船舶碰撞发生在公海的，适用法院地法，但同一国籍的船舶发生碰撞的，不论碰撞发生于何地，适用共同船旗国法，当事人另有约定的除外。船舶碰撞的影响仅限于船舶内部的，也可以适用船旗国法。有关船舶碰撞的规定，也适用于船舶与任何动产或不动产之间的触碰。 方案二（规定海事侵权，自然也涵盖了船舶碰撞）：海事侵权，适用当事人协议选择适用的法律。当事人没有选择的，适用侵权行为地法。侵权行为发生在公海的，适用法院地法。侵权行为的影响仅限于船舶内部的，也可以适用船旗国法。同一国籍的船舶发生侵权行为的，不论侵权发生于何地，适用共同船旗国法，当事人另有约定的除外
第二百七十四条 共同海损理算，适用理算地法律	第16.9条 共同海损理算，适用理算地法	新建议第16.9条：共同海损，适用当事人协议选择适用的法律。当事人没有选择的，适用理算地法
第二百七十五条 海事赔偿责任限制，适用受理案件的法院所在地法律	第16.10条 海事赔偿责任限制，适用法院地法	新建议第16.10条：海事赔偿责任限制，适用侵权行为地法、船旗国法和法院地法中与案件有最密切联系的国家的法律

海商法原有的规定	（修订征求意见稿）的修订意见	本人提出的修改建议
第二百七十六条　依照本章规定适用外国法律或者国际惯例，不得违背中华人民共和国的社会公共利益	第16.11条　依照本章规定适用外国法律，不得违背中华人民共和国的社会公共利益	新建议第16.11条：依照本章规定适用外国法律、国际惯例、未生效或未对中华人民共和国生效的国际条约，不得违背中华人民共和国的社会公共利益
		新建议第16.12条：本法没有规定的其他船舶物权，适用法院地法
		新建议第16.13条：除合同另有约定外，船员劳动合同，适用船旗国法、当事人住所地法中有利于保护船员权益的法律
		新建议第16.14条：海上油污适用侵权行为地法。如果油污发生在公海，适用干预措施采取国法。如果油污发生在公海，且有多个国家采取干预措施的情况下，适用法院地法
		新建议第16.15条：海难救助，适用当事人协议选择适用的法律。当事人没有选择的，适用救助作业地法；救助作业不在船舶上的适用救助人所在地法。 海难救助发生在公海的，适用救助船舶的船旗国法。 但同一国籍的船舶发生的救助，不论救助发生于何地，适用共同船旗国法，当事人另有约定的除外
		新建议第16.16条：海上人身伤亡，适用侵权行为地法、船旗国法中有利于保护弱者权益的法律。在公海上发生的人身伤亡，适用船旗国法
		其他：如果是在《中华人民共和国海商法》中专章规定涉外关系的法律适用，以上条款基本可以。如是在单行法中规定，则还要补充船舶检验、船舶扣押、提单、船长船员权利义务等的法律适用条款

（二）对《修订征求意见稿》（涉外关系的法律适用）修改的理由说明

1. 关于《修订征求意见稿》第16.1条。

一是关于当事人选择适用国际惯例的理由。根据《中华人民共和国海商法》第268条的规定，适用国际惯例要以中华人民共和国法律及缔结或者参加的国际条约没有规定为前提。其实这一前提并非必要：其一，既然是国际上的惯例，没有理由不让当事人遵循；其二，如果不允许当事人遵循，当事人完全可以将惯例直接嵌入合同之中，与选择适用国际惯例同效；其三：在内容的把控方面，由于有"不得违背中华人民共和国的社会公共利益"的安全阀，足以保证适用国际惯例的方向性。

二是关于适用未生效或未对中华人民共和国生效的国际条约的理由。我国立法对未生效或未对中华人民共和国生效的国际条约的适用没有规定。但既然当事人可以选择外国法，我国当然不可能"参加"外国法，仍然承认选择外国法的效力。那么同理，当事人也可以选择我国未参加的已经生效的国际条约。至于未生效的国际条约，可以比照国际惯例来适用，特别是一些示范法国际惯例，已经被各国广泛选择适用。

2. 关于《修订征求意见稿》第16.2条。该条规定中的"适用履行义务最能体现该合同特征的一方当事人经常居所地法律"，属于合同的特征性履行方法，适用的是与特征性之债务履行人联系密切的法律，即以特征性履行来体现最密切联系原则，以特征性履行来确定最密切联系原则。值得注意的是，既然"适用履行义务最能体现该合同特征的一方当事人经常居所地法律"是最密切联系原则的具体化，为何还要规定"适用履行义务最能体现该合同特征的一方当事人经常居所地法律或者其他与该合同有最密切联系的法律"？出现"两个"最密切联系原则，与情理不符。因此建议修改为："当事人可以协议选择合同适用的法律。当事人没有选择的，适用与该合同有最密切联系的法律，一般情况下，与该合同有最密切联系的法律是履行义务最能体现该合同特征的一方当事人经常居所地法律。"这样就解决了相关的矛盾与困惑。

3. 关于《修订征求意见稿》第16.3条。该条的规定，只包括了设立、转让、变更与消灭这些变动中的物权，对静态的物权如所有权标的范围、属具的范围等则有疏漏。因此，不用细列所有权的范围，采用"船舶所有权，适用船旗国法"的规定，范围就周延了。

4. 关于《修订征求意见稿》第16.6条。船舶留置权是一种基于合同之债而产生的债权，故建议采用当事人的约定与船舶留置地法原则相结合的规定。

5. 关于船舶碰撞，《中华人民共和国海商法》及《修订征求意见稿》都只规定了船舶碰撞的法律适用，不涉及其他海事侵权。因此，笔者的建议有两种方案，一是规定船舶碰撞；二是规定海事侵权。倾向于方案二（规定海事侵权，自然也包括了船舶碰撞）。笔者补充的内容还有：侵权行为的影响仅限于船舶内部的，如船员在船上因船舶所有人、管理人、光船承租人的侵权行为遭受人身伤亡的损害赔偿，也可以适用船旗国法。

6. 关于《修订征求意见稿》第 16.9 条。《中华人民共和国海商法》有两处规定涉及共同海损法律适用问题。第一处是《海商法》第十章第 203 条规定："共同海损理算，适用合同约定的理算规则；合同未约定的，适用本章的规定。"第二处是《海商法》第十四章第 274 条规定"共同海损理算，适用理算地法律"。

以上两条规定范围不完整（只规定了共同海损理算，对共同海损的其他问题缺乏规定）；体系不合理（第 203 条冲突规范是放在实体法里面规定的，而没有在第十四章冲突法里规定）；内容相冲突（第 203 条与第 274 条都是规定共同海损理算的法律适用问题，但规定的内容不相一致。）因此，规定为"共同海损，适用当事人协议选择适用的法律。当事人没有选择的，适用理算地法"可以消除矛盾。

7. 关于《修订征求意见稿》第 16.10 条。海事赔偿责任限制，适用法院地法，是非常遗憾的规定，容易导致择地诉讼。因此，本建议案规定根据最密切联系原则，适用侵权行为地法、船旗国法或者受理案件的法院所在地法律。

8. 建议补充规定《修订征求意见稿》没有规定的内容如下。

（1）其他船舶物权。船舶物权种类多样，如船舶所有权、船舶抵押权、海事优先权、船舶留置权、光船租赁权、司法处分权、定期租赁权等。随着经济的发展，新型的船舶物权会不断涌现。因此，对能够单独规定的船舶物权可以单独规定，剩下的只能用"其他船舶物权"来指代。

（2）船员劳动合同。船员是处于弱势的一方群体，适用船旗国法不一定能够得到有利的法律保护，因此，可以在相关法律中进行比较，寻找对船员保护最有利的法律。

（3）油污。对损害发生在公海上的，采用干预措施采取国法比适用法院地国法妥当，这一做法符合最密切联系原则。

（4）海难救助。关于该条的规定，救助人通常处于相对弱者地位（如实施了救助但报酬未解决等），所以建议适用救助人比较熟悉的法律，体现了冲突法的形式正义价值。

（5）海上人身伤亡。关于该条的规定，从有利于保护弱者的角度进行了立法设计，体现了冲突法的实体正义价值。

第十章

制定单行法的路径

第一节　立法现状与问题

一、国外立法现状

了解商事冲突规范立法现状是制定与完善商事冲突规范的前提条件，故首先要进行该问题的研究。

（一）条约

商事冲突规范条约较多，关于该部分内容，笔者已经在各章具体商事领域的研究中有系统体现，故此处不再赘述。

（二）国外立法

关于商事冲突规范的国外立法，在各章具体商事领域的研究中也有体现，下面只是针对有代表性的立法进行研究，以为我国合理吸收、参考。

1. 1962 年《韩国国际私法》

《韩国国际私法》用专章规定了商事冲突规范的内容，其第三章《有关商法事件的若干规定》共有 20 条规定了商事冲突规范，主要内容如下。

（1）规定了法律适用的顺序。第 28 条规定："对于商事的各项具体问题，如果本章无其他规定，则适用商业惯例；如果也无此类商业惯例，应适用民法。"该条规定充分显示了韩国对商业惯例的重视，因为商事惯例比民法更加符合调整商事关系。而我国则一般规定，在没有法律规定时才适用国际惯例，如《中华人民共和国民用航空法》第 184 条第 2 款规定："中华人民共和国法律和中华人民共和国缔结或者参加的国际条约没有规定的，可以适用国际惯例。"该条完全照搬了《中华人民共和国民法通则》的规定，民法可以这么规定，商事法律是否也能这么规定？值得思考，韩国的规定体现了商事惯例与民事惯例相比具有优先性的特性，比较符合实际的需要。

（2）关于商业公司的规定。《韩国国际私法》关于商业公司的规定内容太少，只有一条。其第 29 条规定："商业公司的法律行为能力适用其营业地法。"

（3）关于银行方面的规定。许多国家的冲突规范没有涉及银行的内容，《韩国国际私法》有明确规定。第 30 条规定："银行业务的各项具体问题（前提条件）及效果适用银行的本国法。"

（4）关于证券。《韩国国际私法》第 31 条规定："取得无记名证券的各项具体问题（前提条件）适用取得地法。"

（5）关于保险。《韩国国际私法》第 33 条规定："由保险合同发生的权利和义务适用保险公司营业地法。转让或抵押基于保险单的保险合同的权利，适用保险公司营业地法。"

（6）关于海事方面的规定。《韩国国际私法》规定了船舶碰撞、海难救助等的法律适用问题。如第 47 条规定："就海难救助请求支付救助费时，如果救助行为在领海进行，适用救助地法；如果在公海进行，则适用救助船舶注册国法。"

值得注意的是，《韩国国际私法》非常重视船舶注册国法的适用，其规定适用船舶注册国法的情形包括：转让船舶所有权的公告方法；船主的债权人在船舶转让时是否享有追索权；是否可以抵押船舶，在海上抵押船舶的公告方式方法；发生重大海损时，承担损失的财产如何构成；等等。

（7）关于票据方面的规定。《韩国国际私法》关于票据方面的规定比较详细，条款较多，共有 10 条，占第三章《有关商法事件的若干规定》20 条的一半。规定了汇票能力、汇票的方式、汇票的效果、汇票的遗失和失窃、支票付款、划账支票、作为发票基础的债权的取得等的法律适用问题。该法非常重视付款地法的适用，规定适用付款地法的情形包括：提示期间；支票遗失或失窃时进行的程序；支票发票人能否撤回兑付支票的委托，能否实行停止兑付支票的程序；为了对背书人或其他对支票负担义务的人保持追索权，是否需要一拒绝证书或具有同样效果的声明；持票人对于偿还准备金是否享有特别的权利，以及这种权利的性质；支票可否划账，以及注明"划账"或同样意义的字样的效果；持票人可否要求部分付款，他是否有义务接受部分付款等内容。

2. 1928 年《布斯塔曼特法典》

1928 年第六届美洲国家会议通过的《布斯塔曼特法典》第二卷国际商法，规定了商事冲突规范的内容（共 64 条）。

（1）第一篇《一般商人和商业》，分五章：第一章商人；第二章商人的资格和商业行为；第三章商业登记簿；第四章商业场所和无记名公证券及商业票据的正式报价；第五章关于商业契约的一般规定。

（2）第二篇《特别商业契约》，分七章：第一章商业公司；第二章代理商；第三章商业寄托和商业借贷；第四章陆地运输；第五章保险契约；第六章契约、汇票和类似的商业票据；第七章公证券和票据的伪造、盗窃或遗失。

（3）第三篇《航海和航空商业》，分两章：第一章船舶和飞机；第二章关于航海和航空商业的特别契约。

（4）第四篇《时效》。

以上可以看出，《布斯塔曼特法典》规定了部分商事关系的法律适用问题，涉及公司、票据、契约、船舶和飞机等商事领域，但没有涉及证券及证券投资基金、破产等商事领域的法律适用问题。

（三）国外立法草案

在国外关于冲突规范的立法草案，有 1974 年《阿根廷国际私法（草案）》等。该草案分总则、分则两部分，对涉及商事冲突规范的法律适用问题规定比较全面。《阿根廷国际私法（草案）》第一章规定的是有关民商事件的冲突规范，涉及商事规定的条款较多。例如第 11 条规定："自然人和法人商事性质的认定依其商事住所地法。商事住所是商人和商事企业主要的实际营业地。注册及其效力依要求注册的国家的法律。如果阿根廷法律对外国企业的组建类型未作规定，则注册法官应根据阿根廷关于公司的商事法律规定的最大限制原则，视具体情况办理正式手续。"

第 14 条规定："外国公司、联合公司和互保公司的分支机构或附属机构，有权依阿根廷法律对阿根廷保险公司规定的同等条件出售保险单据。此项规定以各该公司住所地法提供的互惠为条件。"

1967 年《法国民法典冲突规范法规（第三草案）》第 2306 条规定："股份依支配发放股份的法人的法律；除有相反的规定外，股票债务依股份发放地法。但是，股票转让与持有人之间的关系，及持有人与第三人之间的关系适用不记名证券所在地法律或者适用指示证券支付地法律。"该第三草案对股票的规定，在当时情况下是非常不容易的。

以上相关立法及草案，有一定参考价值，具有当时的先进性，但随着时代的发展，也存在一些的问题，值得进行研究。

二、国内立法现状

（一）《中华人民共和国票据法》等商事单行法的影响

制定法律是一项艰巨的工作，孟德斯鸠曾说，并非人人都适合做立法者，只有"那些有足够的天才的人，才可以为自己的国家或他人的国家制定法律"，但"仍需要注意制定立法的方式"①。

制定我国涉外商事关系法律适用法，除了注意制定立法的方式外，还要考虑制定立法的基础。在我国涉外商事关系法律适用法立法方面，《中华人民共和国票据法》等对商事法律冲突与法律适用问题已经有法律上的基本规定，实践中运行多年，发挥了很好的作用。涉外商事关系法律适用法的制定应在以前相关立法，特别是在《中华人民共和国票据法》等商事单行法的基础上完成，这将既是重新制定又是修改完善的一个立法过程，同时是笔者研究问题的重要起点。

具体立法内容有：关于海事关系的法律适用，1992年通过的《中华人民共和国海商法》第十四章涉外关系的法律适用有以下规定。第268条规定：中华人民共和国缔结或者参加的国际条约同本法有不同规定的，适用国际条约的规定；但是，中华人民共和国声明保留的条款除外。中华人民共和国法律和中华人民共和国缔结或者参加的国际条约没有规定的，可以适用国际惯例。第269条规定：合同当事人可以选择合同适用的法律，法律另有规定的除外。合同当事人没有选择的，适用与合同有最密切联系的国家的法律。第270条规定：船舶所有权的取得、转让和消灭，适用船旗国法律。第271条规定：船舶抵押权适用船旗国法律。船舶在光船租赁以前或者光船租赁期间，设立船舶抵押权的，适用原船舶登记国的法律。第272条规定：船舶优先权，适用受理案件的法院所在地法律。第273条规定：船舶碰撞的损害赔偿，适用侵权行为地法律。船舶在公海上发生碰撞的损害赔偿，适用受理案件的法院所在地法律。同一国籍的船舶，不论碰撞发生于何地，碰撞船舶之间的损害赔偿适用船旗国法律。第274条规定：共同海损理算，适用理算地法律。第275条规定：海事赔偿责任限制，适用受理案件的法院所在地法律。第276条规定：依照本章规定适用外国法律或者国际惯例，不得违背中华人民共和国的社会公共利益。

关于民用航空关系的法律适用，1995年通过的《中华人民共和国民用航空法》第十四章涉外关系的法律适用有如下规定。第184条规定：中华人民共和

---

① 孟德斯鸠. 论法的精神：下 [M]. 张雁深，译. 北京：商务印书馆，1982，296.

国缔结或者参加的国际条约同本法有不同规定的，适用国际条约的规定；但是，中华人民共和国声明保留的条款除外，中华人民共和国法律和中华人民共和国缔结或者参加的国际条约没有规定的，可以适用国际惯例。第185条规定：民用航空器所有权的取得、转让和消灭，适用民用航空器国籍登记国法律。第186条规定：民用航空器抵押权适用民用航空器国籍登记国法律。第187条规定：民用航空器优先权适用受理案件的法院所在地法律。第188条规定：民用航空运输合同当事人可以选择合同适用的法律，但是法律另有规定的除外；合同当事人没有选择的，适用与合同有最密切联系的国家的法律。第189条规定：民用航空器对地面第三人的损害赔偿，适用侵权行为地法律，民用航空器在公海上空对水面第三人的损害赔偿，适用受理案件的法院所在地法律。第190条规定：依照本章规定适用外国法律或者国际惯例，不得违背中华人民共和国的社会公共利益。

关于票据关系的法律适用，1995年通过的《中华人民共和国票据法》第五章涉外票据的法律适用有如下规定。第94条规定：涉外票据的法律适用，依照本章的规定确定。前款所称涉外票据，是指出票、背书、承兑、保证、付款等行为中，既有发生在中华人民共和国境内又有发生在中华人民共和国境外的票据。第95条规定：中华人民共和国缔结或者参加的国际条约同本法有不同规定的，适用国际条约的规定。但是，中华人民共和国声明保留的条款除外。本法和中华人民共和国缔结或者参加的国际条约没有规定的，可以适用国际惯例。第96条规定：票据债务人的民事行为能力，适用其本国法律。票据债务人的民事行为能力，依照其本国法律为无民事行为能力或者为限制民事行为能力而依照行为地法律为完全民事行为能力的，适用行为地法律。第97条规定：汇票、本票出票时的记载事项，适用出票地法律。支票出票时的记载事项，适用出票地法律，经当事人协议，也可以适用付款地法律。第98条规定：票据的背书、承兑、付款和保证行为，适用行为地法律。第99条规定：票据追索权的行使期限，适用出票地法律。第100条规定：票据的提示期限、有关拒绝证明的方式、出具拒绝证明的期限，适用付款地法律。第101条规定：票据丧失时，失票人请求保全票据权利的程序，适用付款地法律。关于破产关系的法律适用，2006年通过的《中华人民共和国企业破产法》第5条第2款规定：依照本法开始的破产程序，对债务人在中华人民共和国领域外的财产发生效力。对外国法院做出的发生法律效力的破产案件的判决、裁定，涉及债务人在中华人民共和国领域内的财产，申请或者请求人民法院承认和执行的，人民法院依照中华人民共和国缔结或者参加的国际条约，或者按照互惠原则进行审查，认为不违反中华人民共和国法律的基本原则，不损害国家主权、安全和社会公共利益，不损害中华人民共和国领域内债权人的合法权益的，裁定承认和执行。

以上是《中华人民共和国票据法》等商事单行法对商事冲突规范相关内容的规定，因为是各单行法的分别规定，所以其中含有重复的内容，如关于国际条约的适用等。但这些规定可以作为商事冲突规范立法的基础与参考。

（二）《中华人民共和国涉外民事关系法律适用法》的影响

《中华人民共和国涉外民事关系法律适用法》自 2011 年 4 月 1 日起开始实施以来，已经处理了大量的涉外案件，许多涉外商事案件，也在适用《中华人民共和国涉外民事关系法律适用法》。例如，海商方面，笔者通过国内有较大影响和权威的北大法宝数据库查询，输入关键词"涉外民事关系法律适用法"，结果显示有 642 个案件。通过对这 642 个案件一一筛选，得到 34 个涉外海事案件，这 34 个涉外海事案件都适用了 2011 年 4 月 1 日起开始实施的《中华人民共和国涉外民事关系法律适用法》，没有适用《中华人民共和国海商法》关于涉外海事关系法律适用的规定。

事实上，涉外海事案件适用《中华人民共和国涉外民事关系法律适用法》实属无奈之举，之所以这样，主要还是因为海事关系法律适用法立法不完善。但《中华人民共和国涉外民事关系法律适用法》的施行给涉外海事领域的法律适用带来新的问题，因为《中华人民共和国涉外民事关系法律适用法》的规定与《中华人民共和国海商法》涉外关系的法律适用的规定并不一致，如《中华人民共和国涉外民事关系法律适用法》第 41 条规定："当事人可以协议选择合同适用的法律。当事人没有选择的，适用履行义务最能体现该合同特征的一方当事人经常居所地法律或其他与该合同有最密切联系的法律。"《中华人民共和国海商法》第 269 条规定："合同当事人可以选择合同适用的法律，法律另有规定的除外。合同当事人没有选择的，适用与合同有最密切联系的国家的法律。"《中华人民共和国涉外民事关系法律适用法》第 41 条规定有"适用履行义务最能体现该合同特征的一方当事人经常居所地法律"的规定，这是采用了特征性履行的法律适用方法。而《中华人民共和国海商法》第 269 条的规定则没有采纳该方法。因此，在涉外海事合同纠纷案件中，是依据"新法优于旧法"而适用新法《中华人民共和国涉外民事关系法律适用法》第 41 条，还是依据"特别法优于一般法"原则适用《中华人民共和国海商法》第 269 条呢？理论上讲，应该依据"特别法优于一般法"原则，"首先适用特殊法，特殊法没有规定的才可以适用其他法律，而不是根据立法的新旧比较进行适用"①。但在司法实践中，我国法院适用新法的意愿非常高，涉外海事案件都在优先适用新法，使得《中华人民共和国海商法》专门针对涉外海事关系法律适用问题的立法成为摆设。

与此同时，我们也要看到，《中华人民共和国海商法》规定的海事关系法律适用原则，"随着航运实践的发展，这些规定越来越暴露出难于克服的局限性，众多学者均呼吁早日启动对《中华人民共和国海商法》的修改工作"②。中华人民共和国交通部在 2018 年 11 月已经完成了《中华人民共和国海商法（征求意见稿）》的工作，并在网上征求意见。

不可否认的是，《中华人民共和国涉外民事关系法律适用法》的施行必然为我国涉外海事关系法律适用法的制定带来影响。涉外司法实践对复杂问题及有争议条款的解决与运用也为我们检验新法、制定新法提供了很好的经验及启示。"《中华人民共和国涉外民事关系法律适用法》不仅在内容上填补了以往冲突规范的立法空白，而且在具体适用原则的规定上也有许多革新之处，其中最突出的一点就是扩大了当事人意思自治原则的适用范围，将其引入动产物权、一般侵权之债等领域。这是与当代冲突规范的发展趋势相一致的，对我国涉外海事关系的法律适用有着很好的启示与借鉴意义。"③

（三）国内外其他相关立法、立法建议条款的影响

如前所述，我国关于冲突规范立法草案、学者建议案及学者相关论文较多。立法草案主要是全国人大法工委 2002 年的《中华人民共和国民法（室内稿）·涉外民事关系的法律适用编》；2002 年《中华人民共和国民法（草案）》第九编，共 94 条；全国人大法工委 2010 年的《涉外民事关系法律适用法（草案）》，共 60 条；2010 年的《中华人民共和国涉外民事关系法律适用法（草案）》（十一届全国人大常委会第 16 次会议二次审议稿），共 54 条；等等。

关于学者建议案，国际私法专家章尚锦教授经过认真收集整理后认为我国相关的立法建议案有：2000 年《中华人民共和国国际私法示范法》（中国国际私法学会草拟，166 条）、2004 年《国际民商事法律关系法律适用法建议稿》

---

① 郭玉军. 涉外民事关系法律适用法在司法实践中的适用与反思［C］//中国冲突规范学会年会论文集（上）. 大连，2012：52.

② 王国华，张志红. 涉外民事关系法律适用法的实施对我国涉外海事关系法律适用原则的影响［C］//中国冲突规范学会年会论文集（下）. 大连，2012：803.

③ 王国华，张志红. 涉外民事关系法律适用法的实施对我国涉外海事关系法律适用原则的影响［C］//中国冲突规范学会年会论文集（下）. 大连，2012：803.

（中国政法大学冲突规范研究所草拟，77 条）、2005 年《中国冲突法草案》（屈广清草拟，514 条）、1994 年《中华人民共和国法律适用法草案》（朱勇、石巍、李云、郭晓梅草拟）、2002 年《涉外民事关系的法律适用法》（费宗祎、刘慧珊、章尚锦草拟，101 条），文章 400 篇左右。① 章尚锦教授提到的文章 400 篇左右，是指 2006 年以前的情况，如果统计截止到现在，相关文章数量会更多，但涉及商事冲突规范的仍然非常少。

在上述冲突规范的立法修改的草案、学者建议案中，少量条文是涉及商事冲突规范立法的，但这些相关立法、立法建议条款具有一定的参考价值和启发作用，在制定我国涉外商事关系法律适用法时，对这些相关立法、立法建议条款的了解是必不可少的。

1. 2000 年中国国际私法学会《中华人民共和国国际私法示范法》（第六稿）关于商事冲突规范内容

《中华人民共和国国际私法示范法》（第六稿）共有 166 条，是将民商事的法律适用一起进行规定的。如其第一条【宗旨和基本原则】规定："为了保障当事人在平等互利基础上进行国际民商事交往的合法权益，公平合理地解决国际民商事争议，促进国际民商事关系的正常发展，特制定本法。"《中华人民共和国国际私法示范法》（第六稿）规定的商事冲突规范内容如下。

（1）关于商事诉讼管辖权方面的规定。《中华人民共和国国际私法示范法》（第六稿）规定了破产、保险合同、票据等商事诉讼的管辖权。

第二十六条【破产】对因破产提起的诉讼，如破产人主要办事机构所在地或者可供破产清算的财产所在地位于中华人民共和国境内，中华人民共和国法院享有管辖权。

第二十七条【合同】对因合同关系提起的诉讼，如被告的办事机构所在地、合同签订地、合同履行地或者合同标的物所在地位于中华人民共和国境内，中华人民共和国法院享有管辖权。

第二十八条【保险合同】对因保险合同纠纷提起的诉讼，除本章另有规定外，如保险单持有人的住所地或者惯常居所地、复保险中主要保险人的住所地或者营业所所在地、责任保险中的事故发生地或者保险标的物所在地位于中华人民共和国境内，中华人民共和国法院享有管辖权。

第二十九条【票据】对因票据纠纷提起的诉讼，如票据签发地或者支付地

---

① 章尚锦. 简论国际私法立法中的六个问题［C］//中国冲突规范学会年会论文集，2006：34，37.

位于中华人民共和国境内，中华人民共和国法院享有管辖权。

第三十三条【交通事故】对因铁路、公路、水上和航空事故请求损害赔偿提起的诉讼，如车辆、船舶最先到达地、加害船舶被扣留地或者航空器最先降落地位于中华人民共和国境内，中华人民共和国法院享有管辖权。

第三十四条【海难救助】对因海难救助费用提起的诉讼，如救助地、被救助船舶最先到达地、被救助船舶扣押地或者被救助货物扣押地位于中华人民共和国境内，中华人民共和国法院享有管辖权。

第三十五条【共同海损】对因共同海损提起的诉讼，如船舶最先到达地、共同海损理算地或者航程终止地位于中华人民共和国境内，中华人民共和国法院享有管辖权。

第三十六条【船舶扣押】对因商业活动纠纷导致被告的船舶在中华人民共和国领域内被扣押的，中华人民共和国法院对与该扣押直接有关的诉讼享有管辖权。

以上属于程序问题，不是本课题研究的重点，但对法律适用的规定有一定参考。

（2）关于证券方面的规定。《中华人民共和国国际私法示范法》（第六稿）关于证券的法律适用问题只有一条规定。

第八十三条【商业证券】商业证券，适用证券上指定应适用的法律。没有指定的，适用证券签发机构营业所所在地法。

以上规定显然无法解决所有证券法律冲突问题。

（3）关于海事关系的法律适用方面。《中华人民共和国国际私法示范法》（第六稿）对海事关系的法律适用规定比较详细。

第八十四条【船舶所有权】船舶所有权的取得、转让和消灭，适用船旗国法。

第八十五条【船舶抵押权】船舶抵押权，适用船旗国法。船舶在光船租赁以前或者光船租赁期间，设立船舶抵押权的，适用原船舶登记地法。

第八十六条【船舶留置权】船舶留置权，适用船舶留置地法。

第八十七条【船舶优先权】船舶优先权，适用受理案件的法院地法。

第一百零八条【海难救助】除当事人另有约定外，在一国领海、内水内发生的海难救助，适用救助作业地法；在公海上发生的海难救助，适用救助船舶的船旗国法；国籍相同的船舶之间发生的海难救助，适用共同的船旗国法。

第一百零九条【共同海损理算】共同海损理算，适用当事人约定的理算规则。没有约定的，适用理算地法。

以上规定基本上被《中华人民共和国海商法》吸收。

（4）关于航空关系的法律适用问题。

第八十八条【飞行器和其他运输工具物权】飞行器和其他运输工具物权，适用登记地法。

（5）关于票据关系的法律适用问题。

第一百零三条【票据的出票方式】汇票、本票和支票出票时的出票方式，适用出票地法。但支票出票时的记载事项，经当事人协议，也可以适用付款地法。

第一百零四条【票据的背书、承兑、付款和保证行为】票据的背书、承兑、付款和保证行为，适用行为地法。

第一百零五条【票据追索权】票据追索权的行使期限，适用出票地法。

第一百零六条【票据的提示期限】票据的提示期限，有关拒绝证明的方式，出具拒绝证明的期限，适用付款地法。

第一百零七条【票据权利的保全】票据丧失时，失票人请求保全票据权利的程序，适用付款地法。

（6）关于破产关系的法律适用问题。

第一百四十八条【破产】破产，适用破产人主要办事机构所在地法或者破产人财产所在地法。

第一百四十九条【破产人财产价值的评估】破产人财产价值的评估，适用财产所在地法。

第一百五十条【破产清算】破产清算，适用法院地法。

2. 2002 年《中华人民共和国民法（草案)》第九编的规定（共 94 条）

（1）关于破产的规定。第 24 条规定："破产，适用破产人主要办事机构所在地法律或者破产财产所在地法律。破产财产的评估，适用破产财产所在地法律。破产清算，适用做出破产宣告的法院所在地法律。"

上述规定与示范法一致。

（2）关于海事方面的规定。第 37 条规定："船舶所有权的取得、变更、转让和消灭，适用船旗国法律。船舶抵押权，适用船旗国法律。船舶在光船租赁以前或者光船租赁期间设立的船舶抵押权，适用原船舶登记地法律。船舶优先权，适用受理案件的法院所在地法律。"

第 64 条规定："公海上发生的船舶碰撞及其他侵权行为，适用法院地法律。同一国籍的船舶发生碰撞的，适用船旗国法律。海事赔偿责任限制，适用法院地法律。"

第53条规定："除当事人另有约定外，在一国领海内的内水发生的海难救助，适用救助作业地法律；在公海上发生的海难救助，适用救助船舶的船旗国法律；国籍相同的船舶之间发生的海难救助，适用共同的船旗国法律。"

第54条规定："共同海损理算，适用当事人约定的理算规则。当事人没有约定的，适用理算地法律。"

第84条规定："船舶在公海上发生碰撞的损害赔偿，适用受理案件的法院所在地法律。同一国籍的船舶，不论碰撞发生于何地，碰撞船舶之间损害赔偿适用船旗国法律。共同海损理算，适用理算地法律。海事赔偿责任限制，适用受理案件的法院所在地法律。"

（3）关于民用航空方面。第38条规定："民用航空器所有权的取得、转让和消灭，适用民用航空器国籍登记地法律。民用航空器抵押权，适用民用航空器国籍登记地法律。民用航空器优先权，适用受理案件的法院所在地法律。"

第85条规定："民用航空器对地面第三人的损害赔偿，适用侵权行为地法律。民用航空器在公海上空对水面第三人的损害赔偿，适用受理案件的法院所在地法律。"

（4）关于证券。第39条规定："有价证券的权利，适用有价证券指定的法律；没有指定的，适用有价证券发行机构所在地法律或者权利实现地法律。"

第40条规定："公司股票的权利，适用公司注册地法律。"

（5）关于票据。第52条规定："汇票、本票出票时的记载事项，适用出票地法律。支票出票时的记载事项，适用出票地法律；经当事人协议，也可以适用付款地法律。票据的背书、承兑、付款和保证，适用行为地法律。票据追索权的行使期限，适用出票地法律。票据的提示期限、有关拒绝证明的方式、出具拒绝证明的期限，适用付款地法律。票据丧失时，失票人请求保全票据权利的程序，适用付款地法律。"

3. 2002年《涉外民事关系的法律适用法》（费宗祎、刘慧珊、章尚锦草拟，101条）

（1）关于破产的规定。第26条规定："破产，适用破产人主要办事机构所在地法或者破产财产所在地法。破产财产的评估，适用破产财产所在地法。破产清算，适用作出破产宣告的法院地法。"

（2）海事方面的规定。第38条规定："船舶所有权的取得、转让和消灭，适用船旗国法。

第39条规定："船舶抵押权，适用船旗国法。船舶在光船租赁以前或者光船租赁期间设立船舶抵押权的，适用原船舶登记地法。"

第 40 条规定："船舶留置权，适用船舶留置地法。"

第 41 条规定："船舶优先权，适用受理案件的法院地法。"

第 62 条规定："除当事人另有约定外，在一国领海内的内水发生的海难救助，适用救助作业地法；在公海上发生的海难救助，适用救助船舶的船旗国法；国籍相同的船舶之间发生的海难救助，适用共同的船旗国法。"

第 63 条规定："共同海损的理算，适用当事人约定的理算规则。当事人没有约定的，适用理算地法。"

第 70 条规定："在一国领海，内水发生的船舶碰撞等侵权行为不论损害结果发生在船舶以内还是仅限于船舶内部，其损害赔偿适用侵权结果发生地法，损害仅限于船舶内部的，也可以适用船旗国法。在公海上发生的侵权行为，适用受理案件的法院地法；但其损害仅限于船舶内部的，适用船旗国法。同一国籍的船舶，不论碰撞发生于何地，船舶碰撞的损害赔偿适用船旗国法。"

（3）关于民用航空方面。第 71 条规定："发生在飞行器内部的侵权行为，适用飞行器登记地法。飞行事故造成旅客伤亡、财物毁损的损害赔偿，适用飞行器登记地法或者事故发生地法。飞行器碰撞的损害赔偿，适用无过失一方的飞行器登记地法；双方均有过失的，适用受理案件的法院地法。"

（4）关于证券。第 43 条规定："有价证券的权利，适用有价证券指定的法律；没有指定的，适用有价证券发行机构营业所所在地地法或者权利实现地法。"

第 40 条规定："公司股票的权利，适用公司注册地法律。"

（5）关于票据。第 44 条规定："公司股票的权利，适用公司注册登记地法。"第 61 条规定："汇票、本票、支票的出票时的出票方式，适用出票地法；但支票出票时的记载事项，经当事人协议，也可以选用付款地法。票据的背书、承兑、付款和保证，适用行为地法。票据追索权的行使期限，适用出票地法。票据的提示期限、有关拒绝证明的方式和出具拒绝证明的期限，适用付款地法。票据丧失时，失票人请求保全票据权利的程序，适用付款地法。"

（6）关于商事合同，第 59 条规定了最密切联系方式的适用。保险合同，适用保险人营业所所在地法。拍卖合同，适用拍卖举行地法。

4. 全国人大法工委 2002 年的《中华人民共和国民法（室内稿）·涉外民事关系的法律适用编》

（1）关于破产的规定。第 23 条规定："破产，适用破产人主要办事机构所在地法律或者破产财产所在地法律。破产财产的评估，适用破产财产所在地法律。破产清算，适用做出破产宣告的法院所在地法律。"

（2）海事方面的规定。第 36 条规定："船舶所有权的取得、转让和消灭，适用船旗国法律。船舶抵押权，适用船旗国法律。船舶在光船租赁以前或者光船租赁期间，设立的船舶抵押权，适用原船舶登记地法律。船舶优先权，适用受理案件的法院所在地法律。"

第 61 条规定："船舶在公海上发生碰撞的损害赔偿，适用受理案件的法院所在地法律。同一国籍的船舶，不论碰撞发生于何地，碰撞船舶之间损害赔偿适用船旗国法律。共同海损理算，适用理算地法律。海事赔偿责任限制，适用受理案件的法院所在地法律。"

（3）关于民用航空方面。第 37 条规定："民用航空器所有权的取得、转让和消灭，适用民用航空器国籍登记地国法律。民用航空器抵押权，适用民用航空器国籍登记地国法律。民用航空器优先权，适用受理案件的法院所在地法律。"

第 62 条规定："民用航空器对地面第三人的损害赔偿，适用侵权行为地法律。民用航空器在公海上空对水面第三人的损害赔偿，适用受理案件的法院所在地法律。"

（4）关于证券。第 38 条规定："有价证券的权利，适用有价证券指定的法律；没有指定的，适用有价证券发行机构住所地法律或者权利实现地法律。"

第 39 条规定："公司股票的权利，适用公司注册地法律。"

（5）关于票据。第 56 条规定："汇票、本票出票时的记载事项，适用出票地法律。支票出票时的记载事项，适用出票地法律，经当事人协议，也可以适用付款地法律。票据的背书、承兑、付款和保证，适用行为地法律。票据追索权的行使期限，适用出票地法律。票据的提示期限、有关拒绝证明的方式、出具拒绝证明的期限，适用付款地法律。票据丧失时，失票人请求保全票据权利的程序，适用付款地法律。"

（6）关于商事合同，第 54 条规定了最密切联系方式的适用。保险合同，适用保险人营业所所在地法。拍卖合同，适用拍卖举行地法。

5. 2005 年《国际民商事法律关系法律适用法建议稿》（中国政法大学冲突规范研究所草拟，共 77 条）

（1）关于破产，第 21 条规定：破产程序性事项适用破产宣告的法院地法律，破产的实体性权利适用破产宣告的法院所在地法律或者财产所在地法律。

（2）关于船舶、航空器物权、侵权方面、与全国人大法工委 2002 年的《中华人民共和国民法（室内稿）·涉外民事关系的法律适用编》规定一致。

（3）关于票据。第 55 条规定："票据形式符合下列任何一种法律为有效的，即为有效：当事人本国法律；当事人住所地法律；票据行为发生地法律；票据所在地法律；票据行为发生时或争议发生时票据基础关系标的物所在地法律；适用于票据关系的法律；适用于票据基础关系的法律。"

第 56 条规定：1. 票据的实质有效性和流通性，应适用与该票据交易或与票据当事人相联系的法律中承认该票据实质有效性的法律。与票据交易和票据当事人相联系的法律包括：当事人住所地法、本国法、所在地法、营业地法、交易时票据所在地法、缔约地法、履约地法、该票据交易之基础交易的准据法、票据当事人选择的法律、票面上记载的法律以及法院地法。在法院地法认为承认某票据实质有效违反法院地公共政策时，可以否定该票据的实质有效性。2. 票据当事人的权利义务，应适用与票据关系和票据当事人有最密切联系的法律。

6. 2005 年《中国冲突法草案》（屈广清草拟，514 条）

该草案除提供给中国冲突规范学会年会研讨外，自 2005 年起，还在法学专业网站"法学会"上发布（见网站内容《xxx 关于制定中华人民共和国国际私法典的建议草案》http://www.faxuehui.com/html/News2013041542893197.asp）。屈广清主编的国际私法导论、屈氏国际私法讲义（法律出版社 2005 年版）等书也附录《中国冲突法（草案）》的具体内容。该草案借鉴了各国及国际条约、国内法律的相关规定，将先进的规定进行了吸收。该草案除管辖权条款外，涉及商事冲突规范的规定如下。

（1）关于破产关系的法律适用问题。

第 79 条【破产】破产，适用破产人住所地法或者破产财产所在地法；破产财产的评估，适用破产财产所在地法；破产清算适用法院地法。

第 128 条【破产程序开始】破产程序开始的要件，依法院地法。

第 129 条【破产财团】破产财团的范围、性质及有关权利依法院地法。

第 130 条【债权人对破产财团的物权】债权人对破产财团的物权，适用物之所在地法。取回权适用破产宣告时应取回的财产所在国家的法律；别除权适用对破产财产设定担保的物之所在地或留置所在地法。

第 131 条【债务人的抵消权和否认权】债务人对抗债权人的抵消权和否认权，适用破产宣告国法。

第 132 条【破产债权】破产债权适用破产宣告国法。

第 133 条【破产管理程序问题】破产管理程序问题依管理地法。

第 134 条【破产管理实体问题】破产管理实体问题依管理地法或原法律关系的准据法。

第 135 条【破产中的和解】破产中的和解依法院地法。

（2）关于证券关系的法律适用问题。

第104条【商业证券】商业证券，适用证券上指定应适用的法律。没有指定的，适用证券签发机构营业所所在地法。

第124条【证券的管理】流通证券所在地的国家对该证券所代表资产的请求权进行管理。非流通证券依破产管理人被指定地的法律。在有价证券或其他权利之上设立的质权，依当事人所选择的法律，但该法律选择，不得对抗第三人；如果当事人未选择准据法，则债权、有价证券的质权，依质权人习惯居住地国法，其他权利之上设立的质权，依该权利成立地法。

第316条【证券的管理】流通证券所在地的国家对该证券所代表的被继承人拥有的请求权进行管理。非流通证券依执行人或管理人被指定地的法律。

（3）关于电信服务关系的法律适用问题。

第156条【电信服务】电信服务适用服务提供者所在地法。

（4）关于保险合同关系的法律适用问题。

第158条【保险合同】适用投保人、被保险人惯常居所地法。如果存在更密切联系地法，则适用该法。

第160条【保险的权利】火灾保险、担保保险、意外保险合同的有效性及由该合同产生的权利，依当事人理解的、在保险单有效期内被保险事实主要发生地法。如果存在更密切联系地法，则适用该法。

第230条【向保险人主张权利】受害人有权向负有责任者的保险人主张权利。

（5）关于银行业务关系的法律适用问题。

第159条【银行业务】银行业务适用根据银行法从事业务的企业营业所所在地国家的法律；他们之间的银行业务适用受托银行企业营业所所在地国家的法律。

（6）关于拍卖关系的法律适用问题。

第181条【拍卖】拍卖适用拍卖举行地国法律。

（7）关于票据关系的法律适用问题。

第211条【本票、支票记载事项】本票、支票出票时的记载事项，适用当事人协商一致选择的法律。当事人没有选择的，适用出票地法律。

第212条【汇票或期票合同】凡因汇票或期票订立的合同，其形式依签订地法律。

第213条【票据的出票方式】汇票、本票和支票出票时的出票方式，适用出票地法。但支票出票时的记载事项，经当事人协议，也可以适用付款地法。

第214条【票据的背书、承兑、付款和保证行为】票据的背书、承兑、付款和保证行为，适用行为地法。

第215条【票据追索权】票据追索权的行使期限，若向出票人追索，适用出票地法。若向背书人追索，适用背书地法。

第216条【流通票据权的转让】流通票据中权益的转让在该转让当事人以外的人之间的有效性及效力，依转让时该票据所在地法。

某人是否是票据的正当持有人，依转让给该人时该票据所在地法。

第217条【票据的提示期限】票据的提示期限，适用付款地法。

第218条【票据权利的保全】票据丧失时，失票人请求保全票据权利的程序，适用付款地法。

（8）关于航空关系的法律适用问题。

第231条【航空侵权】发生在飞行器内部的侵权行为，适用飞行器登记地国法。

飞行事故致使旅客伤亡、财物毁损的损害赔偿，适用飞行器登记地法或者侵权行为地法。

飞行事故对地面造成的人员伤亡、财物毁损的损害赔偿，适用事故发生地法。

飞行器碰撞的损害赔偿，适用无过失一方的飞行器登记地法。双方均有过失的，则适用受理案件的法院地法。

（9）关于公司关系的法律适用问题。

第315条【公司股份的管理】由公司成立地管理被继承人所有的非股权凭证所代表的公司股份以及红利。

股权凭证所在地的国家对该股权凭证所代表的公司股份进行管理。

（10）关于海事关系的法律适用问题。

第320条：船舶的国籍由航海证书和船舶登记证书予以证明，并以船旗为外部的区分标志。

第321条【船舶所有权】船舶所有权的内容、效力、取得、转让和消灭，适用船旗国法。（此条规定的所有权外延并不完整）

第322条【船舶抵押权】船舶抵押权，适用船旗国法。船舶在光船租赁以前或者光船租赁期间，设立船舶抵押权的，适用原船舶登记地法。

第323条【船舶留置权】船舶留置权，适用船舶留置地法。

第324条【船舶优先权】船舶优先权，适用受理案件的法院地法。

第325条【优先顺序】船舶抵押权、船舶优先权和船舶留置权相互之间的优先顺序，适用受理案件的法院所在地的法律。

第 326 条：司法扣押船舶和强制变卖船舶的权利，不论船舶是否载货，应适用船舶所在地法律。

第 327 条【船员劳务合同】除合同另有约定外，船员劳务合同，适用船旗国法。

第 328 条【船舶货物运输合同】在不同国家履行的船舶货物运输合同，其形式、效力和合同当事人债务的性质，适用缔结地法。

第 329 条【租船合同】租船合同，适用货物装运港所在国的法律。

第 330 条【提单项下的运输合同】提单项下的运输合同，第三人（不包括签发提单或者代表签发提单的人）是否享有提单项下承运人的权利和义务的问题，谁及在什么条件下享有权利和义务的问题，不适用当事人选择的法律，而应由合同约定的卸货港所在国家的法律确定。但涉及合同约定的货物交付义务和货物的交付地点、方式和装货期限，应由装货港所在国家的法律确定。

第 331 条【卸货港的法律】无论海上货物运输合同可适用的法律是什么，卸货港所在国家的法律应适用于下列问题：（1）承运人是否有权留置货物；（2）承运人或相对于承运人有权交付货物的人是否或依据什么，应有权正当查问货物交付的条件，并且如果认为货物灭失或损坏或部分损坏，应有权正当调查引起货物灭失或损坏的原因，包括确定货物的灭失或损坏。

第 332 条【船舶抵押借款合同】船长签订船舶抵押借款合同的权限由船旗国法确定。

第 333 条【海难救助】除当事人另有约定外，在一国领海、内水内发生的海难救助，适用救助作业地法；在公海上发生的海难救助，适用救助船舶的船旗国法；国籍相同的船舶之间发生的海难救助，适用共同的船旗国法。救助作业不在船舶上的适用救助人所在地法。

第 334 条【确定海损】确定海损是单独海损还是共同海损，适用船旗国法。

第 335 条【单独海损】船舶的单独海损，适用船旗国法。船载货物的单独海损，适用租船合同或者货物运输合同可适用的法律。

第 336 条【共同海损理算】共同海损理算，适用当事人约定的理算规则和法律。没有约定的，适用理算地法。

第 337 条【海事侵权】在一国领海、内水内发生的侵权行为，不论其影响及于船舶以外还是仅限于船舶内部，适用侵权行为地法。其影响仅限于船舶内部的，也可以适用船旗国法。在公海上发生的侵权行为，适用受理案件的法院地法；但其影响仅限于船舶内部的，适用船旗国法。同一国籍的船舶，不论碰撞发生于何地，船舶碰撞的损害赔偿，适用船旗国法。

第338条【船舶与其他碰撞】有关船舶碰撞的规定，也适用于船舶与任何动产或不动产之间的碰撞。

第339条【在不同国家登记】如果有关船舶在不同国家登记，或属于不同国家所有，应适用对这些国家都实行的公约。

第340条：【行为的责任】船长的权利和义务以及船舶所有人和船舶管理人对其行为的责任，适用船旗国法。

第341条：【船舶的检验】船舶的检验、引水员的雇佣和卫生检疫，适用属地法。

第342条【船员在船上的损害】船员在船上因船舶的所有人、管理人、光船承租人的侵权行为遭受人身伤亡的损害赔偿，适用船旗国法。

第343条【海事赔偿责任限制】海事赔偿责任限制，适用受理案件的法院所在地法律。

第344条【海上保险合同】海上保险合同适用保险公司或者其分公司或代理机构住所地国家的法律。

第345条【国家所有的货物】属于国家所有的货物，装载在执行公务非用于商业目的的商船上的货物，不得予以扣留或者扣押或实施其他司法程序。

第346条【豁免权】从事商务运输的国有船舶和从事邮政运输的私有船舶，不得由其债权人在其必须履行业务的停靠港实施扣押。

第347条【不得行使豁免权】作为船舶所有人的国家，或者作为船舶配备供给人的国家，在下列情形下不得行使豁免权：（1）因船舶碰撞或其他航行事故引起的诉讼；（2）因海难救助或者救助服务，或有关共同海损引起的诉讼；（3）有关船舶的修理、供给或者有关船舶其他事项的合同引起的诉讼。

第348条【船舶抵押贷款合同】船舶抵押贷款合同，适用各贷款地国家的法律。

第349条【船旗国法的限定】本法所称船旗国法是指船舶的国籍登记国的法律，不包括因船舶光船租赁而取得的临时国籍所代表的船旗国法。

第350条【航行的成文的规则】无论适用什么法律，任何当地的有关航行的成文的规则或规定都应该得到适用。

第351条【支配事项】应适用的法律支配下列事项：①受害人的范围、责任的根据及其范围；②免除责任以及限制责任的根据；③损害的种类、份额；④赔偿的方式及其范围；⑤损害赔偿请求权可否转让、继承；⑥本人对其代理人的行为或不行为、雇主对其雇员的行为或不行为、或船舶、或船主或驾驶员对引水员的行为或不行为所承担的责任；⑦举证责任和推定；⑧时效。

以上规定虽然条文较多，但规定太细，也存在操作不便的地方。

7.2010 年的《中华人民共和国涉外民事关系法律适用法（草案）》（十一届全国人大常委会第十六次会议二次审议稿，共 54 条）

该法基本没有涉及商事冲突规范问题。2010 年正式通过的《中华人民共和国涉外民事关系法律适用法》也基本没有涉及商事冲突规范问题。

8.2010 年中国国际私法学会《中华人民共和国涉外民事关系法律适用法（建议稿）》（共 78 条）

（1）规定了破产。第 25 条规定："在中华人民共和国境内开始的破产程序及破产效力，适用中华人民共和国法律，但法律另有规定的除外。破产债权，适用该债权产生时应适用的法律。"

（2）规定了海事方面的问题。第 46 条规定："船舶所有权的取得、变更、转让和消灭，适用船旗国法律。船舶抵押权，适用船旗国法律。在光船租赁以前或者光船租赁期间设立的船舶抵押权，适用原船舶登记地法律。船舶留置权，适用船舶留置地法律。船舶优先权，适用法院地法律。"

第 64 条规定："公海上发生的船舶碰撞及其他侵权行为，适用法院地法律。同一国籍的船舶发生碰撞的，适用船旗国法律。海事赔偿责任限制，适用法院地法律。"

第 72 条："除当事人另有约定外，在一国领海、内水发生的海难救助，适用救助作业地法律；在领海之外发生的海难救助，适用救助船舶的船旗国法律；同一国籍的船舶之间发生的海难救助，适用共同船旗国法律。"

第 73 条："共同海损理算，适用当事人约定的理算规则。当事人没有约定的，适用理算地法律。"

（3）关于民用航空方面。第 47 条规定："民用航空器所有权的取得、变更、转让和消灭，适用民用航空器国籍登记地法律。民用航空器抵押权，适用民用航空器国籍登记地法律。在融资租赁以前或者融资租赁期间设立的民用航空器抵押权，适用原民用航空器国籍登记地法律。民用航空器留置权，适用民用航空器留置地法律。民用航空器优先权，适用法院地法律。"

第 65 条规定："民用航空器对第三人的侵权，适用侵权行为实施地法律。民用航空器在公海上对第三人的侵权，适用法院地法律。"

（4）关于证券。第 49 条规定："有价证券的权利，适用有价证券指定的法律。没有指定法律的，适用有价证券发行机构登记注册地法律或者权利实现地法律。由中间人托管的有价证券的权利，适用当事人选择的法律。当事人没有选择法律的，适用相关证券中间人账户所在地法律。"

（5）关于票据。第71条规定："汇票、本票出票时的记载事项，适用出票地法律。支票出票时的记载事项，适用出票地法律；经当事人协议，也可以适用付款地法律。票据的背书、承兑、付款和保证，适用行为地法律。票据追索权的行使期限，适用出票地法律。票据的提示期限、有关拒绝证明的方式、出具拒绝证明的期限，适用付款地法律。票据丧失时，失票人请求保全票据权利的程序，适用付款地法律。"

（6）关于商事合同，第54条规定了最密切联系与特征性履行方式的适用。保险合同适用保险人营业所所在地法律。债券的发行、销售和转让合同，分别适用债券发生地法律、债券销售地法律和债券转让地法律。拍卖合同，适用拍卖举行地法律。

三、立法草案之比较

（一）各规定内容完全一致的方面（内容完全一致的方面，说明意见一致，可以采纳，但也需要个别完善）

1. 船舶物权。船舶所有权的取得、变更、转让和消灭，适用船旗国法律。船舶抵押权，适用船旗国法律。船舶在光船租赁以前或者光船租赁期间设立的船舶抵押权，适用原船舶登记地法律。船舶优先权，适用受理案件的法院所在地法律。

2. 海难救助。除当事人另有约定外，在一国领海内的内水发生的海难救助，适用救助作业地法律；在公海上发生的海难救助，适用救助船舶的船旗国法律；国籍相同的船舶之间发生的海难救助，适用共同的船旗国法律。

3. 共同海损理算。共同海损理算，适用当事人约定的理算规则。当事人没有约定的，适用理算地法律。

以上三个方面是各草案、建议案的一致规定，是比较成熟的观点，值得吸纳。不过，上述规定均不完整，还需要补充一些内容。如在船舶物权方面，只是提到船舶抵押权、留置权与优先权各自的法律适用问题，没有提到船舶抵押权、留置权与优先权相互之间的优先顺序的法律适用问题。关于海难救助，没有规定救助不是在船舶上完成的如何适用法律的问题。关于共同海损，此处只是规定了理算的法律适用，对其他共同海损的法律适用问题缺乏规定。

（二）各规定内容基本一致的方面或者大部分建议案一致的地方（针对这些地方，可以将这些意见作为参考进行补充完善）

1. 关于破产的规定。大部分草案建议案规定的内容是："破产，适用破产人主要办事机构所在地法律或者破产财产所在地法律。破产财产的评估，适用破产财产所在地法律。破产清算，适用做出破产宣告的法院所在地法律。"只有2005 年《国际民商事法律关系法律适用法建议稿》（中国政法大学国际私法研究所草拟，共 77 条）规定："破产程序性事项适用破产宣告的法院地法律，破产的实体性权利适用破产宣告的法院所在地法律或者财产所在地法律。"该规定没有提到破产人主要办事机构所在地法律的适用问题，不尽合理。

2. 关于民用航空方面。多数表述为："民用航空器所有权的取得、转让和消灭，适用民用航空器国籍登记地法律。民用航空器抵押权，适用民用航空器国籍登记地法律。民用航空器优先权，适用受理案件的法院所在地法律。"（示范法没有规定航空器抵押权、留置权、优先权，在表述上，其没有采用民用航空器所有权的取得、转让和消灭，而是用"飞行器和其他运输工具物权"来表述，范围更大一些。）

3. 关于证券。多数表述为："有价证券的权利，适用有价证券指定的法律；没有指定的，适用有价证券发行机构所在地法律或者权利实现地法律。""公司股票的权利，适用公司注册地法律。"2005 年《国际民商事法律关系法律适用法建议稿》（中国政法大学国际私法研究所草拟，共 77 条）没有规定公司股票方面的内容。

4. 关于票据。多数表述为："汇票、本票出票时的记载事项，适用出票地法律。支票出票时的记载事项，适用出票地法律；经当事人协议，也可以适用付款地法律。票据的背书、承兑、付款和保证，适用行为地法律。票据追索权的行使期限，适用出票地法律。票据的提示期限、有关拒绝证明的方式、出具拒绝证明的期限，适用付款地法律。票据丧失时，失票人请求保全票据权利的程序，适用付款地法律。"但是，2005 年《国际民商事法律关系法律适用法建议稿》（中国政法大学国际私法研究所草拟，共 77 条）第 55 条规定，"票据形式符合下列任何一种法律为有效的，即为有效：当事人本国法律；当事人住所地法律；票据行为发生地法律；票据所在地法律；票据行为发生时或争议发生时票据基础关系标的物所在地法律；适用于票据关系的法律；适用于票据基础关系的法律"。

第 56 条规定，"（1）票据的实质有效性和流通性，应适用与该票据交易或与票据当事人相联系的法律中承认该票据实质有效性的法律。与票据交易和票据当事人相联系的法律包括：当事人住所地法、本国法、所在地法、营业地法、交易时票据所在地法、缔约地法、履约地法、该票据交易之基础交易的准据法、票据当事人选择的法律、票面上记载的法律以及法院地法。在法院地法认为承认某票据实质有效违反法院地公共政策时，可以否定该票据的实质有效性。(2)票据当事人的权利义务，应适用与票据关系和票据当事人有最密切联系的法律"。

5. 关于商事合同。2002 年《中华人民共和国民法（草案）》第九编（共 94 条）没有规定。多数草案、建议案表述为：保险合同适用保险人营业所所在地法律。债券的发行、销售和转让合同，分别适用债券发生地法律、债券销售地法律和债券转让地法律。拍卖合同，适用拍卖举行地法律。

以上情况表明，建议稿在上述方面取得了较大程度的认同，原则上可以吸收这些内容。

（三）各规定内容完全不一致的方面（针对这些地方在比较的基础上，择优进行补充完善）

1. 示范法规定了一些商事管辖权问题，其他草案没有规定。

2. 关于海事侵权，表述不一，有的有侵权，有的指船舶碰撞，范围不一。如 2010 年冲突规范学会《中华人民共和国涉外民事关系法律适用法（建议稿）》、2012 年《中华人民共和国国际私法示范法》、专家稿等规定的是海事侵权，民法草案、室内稿等规定的侵权仅指船舶碰撞。比较而言，海事侵权的表述比较全面。不过，在具体规定方面，也存在问题，如 2010 年国际私法学会《中华人民共和国涉外民事关系法律适用法（建议稿）》第 64 条规定："公海上发生的船舶碰撞及其他侵权行为，适用法院地法律。"

该建议稿仅仅规定了公海上的海事侵权，对公海之外的海事侵权行为的法律适用问题，缺乏规定。

3. 关于航空器侵权，表述不一。专家稿、示范法、中国政法大学国际私法研究所草拟稿规定的航空侵权分飞行器内部的侵权行为、对旅客、财物及地面人员财物的损害两种情况。2002 年《中华人民共和国（室内稿）·涉外民事关系的法律适用编》、2002 年《中华人民共和国民法（草案）》（第九编，共 94 条）、2010 年国际私法学会建议稿分民用航空器对第三人的侵权及在公海上对第三人的侵权两种情况。

比较而言，将航空侵权分为飞行器内部的侵权行为，对旅客、财物及地面人员财物的损害两种情况进行规定比较全面。2002 年《中华人民共和国（室内稿）·涉外民事关系的法律适用编》、2002 年《中华人民共和国民法（草案）》（第九编，共 94 条）、2010 年国际私法学会《中华人民共和国涉外民事关系法律适用法（建议稿）》只是规定了对地面第三人的侵权，不全面。在具体规定上也存在不足，如 2010 年国际私法学会《中华人民共和国涉外民事关系法律适用法（建议稿）》第 65 条规定："民用航空器对第三人的侵权，适用侵权行为实施地法律。民用航空器在公海上对第三人的侵权，适用法院地法律"。这里规定的"民用航空器对第三人的侵权"已经包含了在公海上对第三人的侵权，与第 2 款规定冲突。故应该表述为"民用航空器在公海之外对第三人的侵权"为妥。2002 年《中华人民共和国（室内稿）·涉外民事关系的法律适用编》、2002 年《中华人民共和国民法（草案）》（第九编，共 94 条）均规定"民用航空器在公海上空对水面第三人的损害赔偿，适用受理案件的法院所在地法律"。这里的规定漏掉了"公海之外对水面第三人的侵权"这一情况。

（四）各规定遗漏的商事关系

以上各草案、建议案对每种商事关系法律适用的规定均不全面、不系统，仅是点到为止。特别是对涉外航空关系、涉外海事关系、涉外票据关系的许多内容缺乏规定，应予补充。甚至需要兜底条款"其他……关系，适用……法"，如"其他证券关系，适用……法"，这样才比较全面。

四、立法问题

（一）立法指导思想（guiding ideology）不够开放

我国涉外商事关系法律适用法的制定，受当时影响，产生了法律制定宜粗不宜细的指导思想，商事单行法中多数没有规定冲突法条款，少数规定有冲突法条款，但条文数量都很少。无法满足当今社会经济发展的需要。

针对我国相关商事法律适用法立法指导思想不够开放的问题，要特别注意克服属地主义的影响，克服法律制定宜粗不宜细的落后思想，为了我国商事冲突规范能够满足大规模国家经济贸易、技术、文化、人员等交往与激烈国家竞争的需要，吸引外国商事经济、贸易乃至法律纠纷处置到中国进行。我国涉外商事关系法律适用法的立法应该宜细不宜粗，将所有商事法律关系关进法律制度的笼子里，通过法律的稳定性来维持涉外商事法律关系的稳定性，避免人为因素带来的不利影响，与国际社会在法制的框架下融为一体。使各国能够完全放心地与中国开展互利共赢的商事领域的全面交往与合作，全面推进"一带一路"的深入发展及人类命运共同体的建设。

（二）立法模式（the legislative mode）不够先进

在立法模式的选择上，世界各国关于冲突规范立法法典化的趋势越来越明显。2010 年全国人大常委会通过的《中华人民共和国涉外民事关系法律适用法》已采用单行法的形式了，这是一个突破性的进步。在这种情况下，我国涉外商事关系法律适用法的专章、甚至散见式立法模式已经太不合时宜了。

世界各国关于冲突规范立法法典化的趋势越来越明显的情况下，我国商事关系法律适用法在立法模式、立法体例上，不宜与我国涉外民事关系法律适用法混同规定，也不宜纳入民法典中专章规定，否则不仅不能体现商事法律适用法的特色，而且还会带来法律适用上的复杂化。

在我国，由于把商法视为民法的特别法，所以，有关商事关系法律适用法的问题，首先适用商法中的规定。在商法中没有相应的规定时适用民法中的相关规定。商法的规定与民法通则规定不一致时，按照特别法优先一般法适用的原则，应该优先适用商法的规定。但如果将商事关系法律适用法的规定纳入民法通则中，则体现不出优先适用，还容易造成理解上的分歧。由于商事关系法律适用法的许多规定与民事法律适用法不尽一致，不宜放在一起规定。

从我国正式通过的《中华人民共和国涉外民事关系法律适用法》的立法体例来看，是按照单行法来进行架构的，这是中国冲突规范立法的一大进步。立法部门"考虑到商事领域的法律众多，情况十分复杂，什么情况下可以适用外国法律，还是在单行法中做出规定为宜"。这说明立法部门是支持商事关系法律适用法制定单行法的，这是一种最为理想的模式。当然，如果在现实生活中，商事关系法律适用法没有能够如愿制定单行法，商事法律适用法依然在各商法中规定，在这种情况下，商法中专章规定的内容也应尽量完善，包括其体例和条款的规定。因此，关于商事法律适用法立法模式问题，我国无论是制定商事法律适用法单行法，还是在商法中专门规定，商事法律适用法都应该是相对独立的法律体系。

要达到上述目的，这就需要整合其他相关法律中关于商事关系法律适用的条款，补充完善应有条款，统一在单行法中规定。

（三）立法内容不够完整

我国涉外商事关系法律适用法立法存在立法内容不够完整的问题，具体表现是条文上数量少、范围上不周延、内容上不具体、方法上不科学。条文数量少方面，前已有述。范围不周延方面，如在适用的海事领域方面，未规定船舶污染、海难救助、船舶留置权等法律适用问题等。内容上不具体方面，主要是对海事领域的适用规定在操作性上存在问题，如对船舶碰撞、海事赔偿责任限制、共同海损理算等的法律适用规定也不尽合理、不够具体等。方法上不科学方面，如在法律适用方法方面表现出对法院地法的偏爱，没有吸收国际公约及理论研究中的诸多有益规定。在其他商事法律中规定冲突法条款的内容更少，许多内容没有规定。

（四）立法技术（the legislative technology）不够系统

我国涉外商事关系法律适用法的相关立法技术不够娴熟，与冲突规范其他制度之间的关系缺乏衔接。《中华人民共和国涉外民事关系法律适用法》刚刚实施，其司法解释就随即而至，司法立法现象一直扮演着重要的角色。另外，立法对条文内容的逻辑性、概括性、文化性、哲学性都有很高的百科全书式的要求，要避免"从一些极其简单的、没有什么可说的概念出发，得出某些令人难以置信的悖论"①。

（五）立法原则不够明确

在商事冲突规范的立法中，缺乏对基本原则的明确规定，这是立法不成熟的一个重要体现。在理论上关于冲突规范立法原则问题，我国学者的认识并不一致。

笔者认为，冲突规范的基本原则应该贯穿在冲突规范运用的整个过程之中，包括冲突规范立法的整个过程之中。以此为标准，主权原则、平等互利原则、法律协调与法律合作原则、保护弱方当事人合法权益的原则是冲突规范的立法原则。

值得注意的是，学者在理论上对商事冲突规范的立法原则缺乏研究。笔者认为，涉外商事关系法律适用法是冲突规范的一个重要分支，商事冲突规范立法原则与冲突规范的立法原则应当是基本一致的，但也不应该完全相同。商事冲突规范立法原则与冲突规范的立法原则应当是基本一致的，表现在"主权原则、平等互利原则、法律协调与法律合作原则、保护弱方当事人合法权益的原则"既是冲突规范的立法原则，也是商事冲突规范的立法原则。除此之外，商事冲突规范还有自己特殊的原则，即"重视惯例原则"。

重视惯例原则的要求是，应将涉外商事关系法律适用法的立法内容与惯例及国际上通行的做法相趋一致，以反映出涉外商事关系法律适用法国际性强这一特性。因此，在相关立法中，要有具体条款体现这一原则。

---

① 斯特劳给英国前总检察长戈德史密斯（Lord Goldsmith）的信，转引自［英］约翰·D.巴罗. 宇宙之书——从托勒密、爱因斯坦到多重宇宙［M］. 李剑龙，译. 北京：人民邮电出版社，2013：267.

第二节　实践现状与问题

一、判例 2012—2014

目前，国内专门针对涉外商事领域法律适用的判例实证研究还很缺乏，为了完善我国商事冲突法的立法，又必须开展这一工作。笔者通过北大法宝、中国涉外商事海事审判网对 2012—2014 年的商事冲突规范判例进行了收集①，按照网站发布的顺序，每年各选取十宗涉外商事领域法律适用的判例进行分析（在北大法宝、中国涉外商事海事审判网的选取数量大致相等），具体商事法律适用情况如下。

（一）2012 年十宗涉外商事领域法律适用判例的案件基本情况

1. 上诉人格里布瓦尔水泥有限公司与被上诉人中材装备集团有限公司、被上诉人中国工商银行股份有限公司天津分行保函欺诈纠纷案。（2012）津高民四终字第 3 号。在本案中，两审法院均认为，约定的法律无效。根据《中华人民共和国涉外民事关系法律适用法》第 44 条的规定，适用中华人民共和国法律。

2. 上诉人 QIU 某某与被上诉人某公司合同纠纷案。（2012）浙商外终字第 56 号。在本案中，原审法院审理认为：根据双方当事人的选择适用中华人民共和国法律。二审法院无法律适用理由说明。

3. 原告瑞普有限公司诉被告江苏新科数字技术股份有限公司买卖合同纠纷案。（2012）常商外初字第 29 号。在本案中，法院认为根据《中华人民共和国涉外民事关系法律适用法》第 41 条规定，当事人在庭审中明确选择中国法，所以适用之。

4. 原告光基科技股份有限公司诉被告江苏新科数字技术股份有限公司买卖合同纠纷案。（2012）常商外初字第 30 号。在本案中，法院认为根据《中华人民共和国涉外民事关系法律适用法》第 41 条规定，适用当事人选择的中国法。

5. 上诉人诺勒斯卡特里亚皮尔有限公司（KNOLES & CARTER LA PIEL, INC）与被上诉人富国皮革工业股份有限公司国际货物买卖合同纠纷案。（2012）津高民四终字第 128 号。在本案中，原审法院认为：应适用与合同最密

---

① 在北大法宝收集的情况为：司法案例. 案由分类. 民商经济. 海事海商纠纷，2014 - 05 - 21. 在中国涉外商事海事审判网收集的情况为：裁判文书，2014 - 05 - 21.

切联系国家的法律即中国法，二审法院认为，应当适用《联合国国际货物销售合同公约》的规定。原审法院适用法律错误，应予以纠正。但二审法院的结论是维持原判。

6. 卡斯托尼精密金属（天津）有限公司与被上诉人博览株式会社国际货物买卖合同纠纷案。（2012）津高民四终字第 153 号。本案法律适用情况与前案相同。

7. 上诉人张鑫与被上诉人 SDT – Holding S. A.、被上诉人图尔克（天津）自动化系统有限公司、被上诉人图尔克（天津）传感器有限公司、原审第三人 Sino – Holding S. A. 与公司有关的纠纷案。（2012）津高民四终字第 1 号在本案中。两审法院均认为，经当庭询问各方当事人，同意适用中国法律审理本案，故适用之。

8. 上诉人罗勃特（宁波）交通设备技术有限公司与被上诉人 JENOPTIK Robot GmbH 股东知情权纠纷案。（2012）浙商外终字第 4 号。在本案中，原审法院审理认为，根据《中华人民共和国涉外民事关系法律适用法》第 44 条的规定，本案应适用中国法律。二审认同。但无法律适用说明。

9. 上诉人澳大利亚和新西兰银行（中国）有限公司上海分行与被上诉人恒丰银行股份有限公司杭州分行、原审被告香港联创资源有限公司（Hong Kong United Venture Capitals Rescource Limited）、宁波市锦湖进出口有限公司、原审第三人中国银行股份有限公司浙江省分行信用证欺诈纠纷案。（2012）浙商外终字第 48 号。在本案中，两审法院均认为，按照《中华人民共和国民法通则》第 146 条的规定，本案适用中国法律。按照《最高人民法院关于审理信用证纠纷案件若干问题的规定》第 2 条的规定，相关信用证议付等问题应适用 UCP600。

10. 上诉人怡昶有限公司（PERMEX COMPANY LIMITED）、上海泰盈工贸有限公司与被上诉人奉化区鼎盛制衣有限公司、原审被告上海苏豪国际贸易有限公司承揽合同纠纷案。（2012）浙海终字第 74 号。在本案中，两审法院均认为：各方均选择适用中国法律，故适用之。

（二）2013 年十宗涉外商事领域法律适用判例的案件基本情况

1. 吴政宏诉刘兆翔其他合同纠纷案。（2013）青民二（商）初字第 S1898 号。在本案中，两审法院均认为，审理中，原、被告共同选择适用中华人民共和国法律，故适用之。

2. 惠梦君诉钱宪力股权转让合同纠纷案。（2013）锡商外初字第 55 号。在本案中，法院认为，根据《中华人民共和国涉外民事关系法律适用法》第 41 条的规定，适用最密切联系地中国的法律。

3. 高青开发有限公司（KO CHE DEVELOPMENT CO）诉常州泰富百货集团有限责任公司股权转让纠纷案。（2013）常商外初字第 20 号。在本案中，两审法院均认为，因当事人选择，故案件受中华人民共和国法律管辖并按其进行解释。

4. 澳西奴集团有限公司（AUSSINO GROUP LTD）等诉上海繁花锦国际贸易有限公司股权转让纠纷案。（2013）沪高民二（商）终字第 2 号。在本案中，两审法院均认为：适用当事人选择的中国法。

5. 张家港保税区华凯贸易有限公司诉 xx 公司企业借贷纠纷案。（2013）张商外初字第 0006 号。在本案中，法院认为根据最密切联系地法律适用原则适用中国法。

6. 丹·梅纳德诉 xx 公司劳务合同纠纷案。（2013）甬北民初字第 262 号。在本案中，法院适用中国法无理由说明。

7. 朱建华诉 xx 民间借贷纠纷案。（2013）清城法民初字第 2369 号。在本案中，法院认为根据最密切联系原则适用中国法。

8. 美国爱宝工业有限公司诉应建利等侵权纠纷案。（2013）甬余知初字第 77 号。在本案中，法院根据《中华人民共和国涉外民事关系法律适用法》第 50 条之规定，适用中国法。

9. 余 xx 诉 xx 民间借贷纠纷案。（2013）浙商外终字第 151 号。在本案中，两审法院均认为：适用当事人选择的中国法。

10. 杨德嘉诉谢相等财产损害赔偿纠纷案。（2013）佛城法民一初字第 1153 号。在本案中，法院认为应当根据《中华人民共和国涉外民事关系法律适用法》第 44 条的规定，适用侵权行为地中国法。

（三）2014 年十宗涉外商事领域法律适用判例的案件基本情况

1. 陈春裕等与陈旭企业出资人权益确认纠纷上诉案。（2014）粤高法民四终字第 13 号。在本案中，两审法院均认为，根据《中华人民共和国涉外民事关系法律适用法》第 2 条第 2 款的规定，适用与该涉外民事关系有最密切联系的法律即中国法。

2. 鲍柔安诉 xx 民间借贷案。（2014）泉民初字第 42 号。在本案中，法院认为应当按照《中华人民共和国涉外民事关系法律适用法》第 41 条的规定，适用中国法。

3. 李义诉中国平安财产保险股份有限公司中山中心支公司财产保险合同纠纷案。（2014）中一法民三初字第 12 号。在本案中，法院认为应当根据《中华人民共和国涉外民事关系法律适用法》第 41 条的规定，适用当事人选择的中国法。

4. 佛山市 xx 公司与 xx 劳动合同纠纷上诉案。(2014) 佛中法民四终字第 2、3 号。在本案中，两审法院均依照《中华人民共和国涉外民事关系法律适用法》第 43 条的规定，适用当事人选择的中国法。

5. 李明波与蒙爱玉等物权确认纠纷上诉案。(2014) 海中法民三终字第 98 号。在本案中，一审法院适用中国法无理由说明。二审法院认为应当根据《中华人民共和国涉外民事关系法律适用法》第 36 条的规定适用不动产所在地法律即中国法。

6. 蔡清后诉 xx 公司承揽合同纠纷案。(2014) 晋民初字第 771 号。在本案中，法院认为应当根据《中华人民共和国涉外民事关系法律适用法》第 41 条的规定，适用当事人选择的中国法。

7. 王银全等诉廖伟岩民间借贷纠纷案。(2014) 海民初字第 231 号。在本案中，法院认为应当依据最密切联系原则适用中国法。

8. 巴基斯坦医疗设备私营有限公司诉 xx 公司买卖合同纠纷案。(2014) 绍虞商外初字第 1 号。在本案中，法院依据最密切联系原则适用中国法。

9. 浙江华润慈客隆超市有限公司与 NBAProperties 等侵害商标权纠纷上诉案。(2014) 浙甬知终字第 5 号。在本案中，一审法院适用中国法，没有说明理由。二审法院认为：应当根据《中华人民共和国涉外民事关系法律适用法》第 50 条的规定，适用中国法。

10. 黄 xx 诉 xx 民间借贷纠纷案。(2014) 中二法民三初字第 1 号。在本案中，法院根据《中华人民共和国涉外民事关系法律适用法》第 41 条规定，依最密切联系原则适用中国法。

（四）2012—2014 年商事案件法律适用统计分析

通过对采样的案例进行各种分类研究，2012—2014 年商事案件法律适用总体统计分析情况如下表所示：

年度	类型	数量	比例	适用冲突法的方法	数量	比例	适用冲突法的依据	数量	比例
2012—2014 年	各种合同	20	66.6%	意思自治	12	40%	涉外民事关系法律适用法	21	70%
	股权转让	3	10%	最密切联系原则	9	30%	无说明	7	23.4%
	其他	7	23.4%	其他	9	30%	其他	2	6.6%

续表

年度	类型	数量	比例	适用冲突法的方法	数量	比例	适用冲突法的依据	数量	比例
2012 年	各种合同	7	70%	意思自治	6	60%	涉外民事关系法律适用法	5	50%
	保函欺诈	1	10%	侵权行为地	2	20%	无说明	3	30%
	信用证欺诈	1	10%	最密切联系原则	2	20%	关于审理信用证纠纷案件若干问题的规定	1	10%
	股东知情权	1	10%				民法通则	1	10%
2013 年	各种合同	6	60%	意思自治	4	40%	涉外民事关系法律适用法	7	70%
	股权转让	3	30%	最密切联系原则	3	30%	无说明	3	30%
	损害赔偿	1	10%	无说明	1	10%			
				侵权行为地	1	10%			
				被请求保护地	1	10%			
2014 年	各种合同	7	70%	最密切联系原则	4	40%	涉外民事关系法律适用法	9	90%
	物权	1	10%	意思自治	2	20%	无说明	1	10%
	商标	1	10%	无说明	2	20%		1	10%
	出资	1	10%	被请求保护地	1	10%		1	10%
				不动产地	1	10%		1	10%

从涉外案件的种类来看，有学者统计"我国各个法院在自《适用法》颁布以来审理的 29887 个案件中，案由前五位的分别是：合同、无因管理、不当得利纠纷 19537 件，占 65.55%；知识产权与竞争纠纷 4037 件，占 13.5%；婚姻家庭、继承纠纷 2507 件，占 8.4%；与公司证券、保险、票据等有关的民事纠纷 2097 件，占 7%；侵权责任纠纷 731 件，占 2.4%"①。

从上表主要统计的一审法院的准据法适用情况来看，表中的各种数据可以反映出存在的相关问题如下。

1. 关于《中华人民共和国涉外民事关系法律适用法》适用上存在的问题。从统计情况看，2012—2014 年的涉外商事案件，主要法律适用依据是 2011 年生效的《中华人民共和国涉外民事关系法律适用法》，其作为法律适用依据的比例

---

① 陈绎帆. 涉外民商事案件的大数据分析 ［J］. 法制与社会，2018（1）：213.

达到70%。但值得注意的是，由于《中华人民共和国涉外民事关系法律适用法》是针对涉外民事关系法律适用进行规定的，对涉外商事领域的法律适用问题并不一定切合。因此，无理由说明适用依据的比例也达到23.4%，这种情况说明这些无理由说明适用依据的案件不一定在《中华人民共和国涉外民事关系法律适用法》中能找到依据，故无法说明适用的理由。

2. 适用域外法上存在的问题

在以上采样统计的30宗涉外商事案件中，适用外国法、国际条约、国际惯例的只有2件，1件适用国际惯例和中国法，适用域外法的比例不高。在适用国际条约、国际惯例的两个判例中，一审法院都适用的中国法，只有二审法院才改为适用国际条约、国际惯例。这说明一审法院对法律适用或者对国际条约的适用还不熟悉，在上诉人诺勒斯卡特里亚皮尔有限公司（KNOLES & CARTER LA PIEL, INC）与被上诉人富国皮革工业股份有限公司国际货物买卖合同纠纷案、卡斯托尼精密金属（天津）有限公司与被上诉人博览株式会社国际货物买卖合同纠纷案等中，一审法院都置双方当事人属《联合国国际货物销售合同公约》的缔约国的事实于不顾，没有适用该公约，如此低级错误足于说明法院在国际条约上存在的认识不足。

3. 关于域外法的查明责任上存在的问题

根据上述案件统计可以看出，一些法院没有完全履行好查明外国法的责任。在上诉人张鑫与被上诉人 SDT – Holding S. A.、被上诉人图尔克（天津）自动化系统有限公司、被上诉人图尔克（天津）传感器有限公司、原审第三人 Sino – Holding S. A. 与公司有关的纠纷一案中，根据《中华人民共和国涉外民事关系法律适用法》第14条的规定，"法人及其分支机构的民事权利能力、民事行为能力、组织机构、股东权利义务等事项，适用登记地法律"。法院认为当事人没有提供登记地瑞士法律，所以改而适用中国法律。事实上，法院的法律适用方法存在瑕疵，根据《中华人民共和国涉外民事关系法律适用法》第10条的规定（该条规定涉外民事关系适用的外国法律，由人民法院、仲裁机构或者行政机关查明。当事人选择适用外国法律的，应当提供该国法律），该法不是当事人选择适用的，故其查明责任在法院而不在当事人，不能因为当事人没有提供外国法就认为外国法无法查明。

4. 对当事人意思自治认识上存在的问题

有的法院在对当事人意思自治认识上存在问题。例如《中华人民共和国涉外民事关系法律适用法》第43条对劳动合同的规定是适用劳动者工作地法律，目的是保护劳动者。但该法第41条又规定合同适用当事人选择的法律。遇到劳动合同纠纷,应该适用该法第 43 条的规定,还是该法第 41 条的规定? 在佛山市 xx 公司与 xx 劳动合同纠纷上诉案中法院适用了当事人选择的法律。

但是,2013 年施行的最高人民法院《关于适用〈中华人民共和国涉外民事关系法律适用法〉若干问题的解释（一）》第 6 条规定:"中华人民共和国法律没有明确规定当事人可以选择涉外民事关系适用的法律,当事人选择适用法律的,人民法院应认定该选择无效。"《中华人民共和国涉外民事关系法律适用法》第 43 条没有规定劳动合同当事人可以选择法律,故不能适用当事人选择的法律。

当然,从理论上讲,作为私法行为,当事人对商事领域法律选择原则上不应受到限制,因为他们可以决定自己实体权利的归属,何况冲突法呢。将来的发展方向肯定是越来越放松对意思自治的认定与限制。但对于当事人来说,在选择法律时,一定要保证将来能够提供该法律,否则,法院可能简单地认定当事人选择的法律无法查明,改为适用法院地法,当事人精心策划的选法意图就此落空。在笔者收集的案例中,就有许多这样的情况,法院不对准据法做仔细的查明,有意无意引导当事人去选择或者援用中国法,是不负责任的行为。

值得注意的是,由于绝大部分商事关系的法律适用问题在《中华人民共和国涉外民事关系法律适用法》中没有规定,所以法院查明外国法责任减轻（因为按照冲突法的规定应适用外国法时查明外国法的责任在法院,商事冲突法条款越少,等于要求法院查明外国法的条款越少）。与此同时,由于商事冲突法条款少,于是商事关系的法律适用问题多套用意思自治、最密切联系原则来解决,法律适用方法单调、千篇一律,甚至庸俗化。长此以往,冲突法会形同虚设,不能针对商事行为的特点来进行法律适用,会阻碍国际商事行为的交流与发展。

5. 在法律适用上存在的其他问题

根据我国立法法规定的法律适用原则,同类型的法律,新法优先适用。《中华人民共和国涉外民事关系法律适用法》是新法,从法律相关规定来看,该法在一定条件下应该是优先适用的。但在上述统计的判例中,仍然有判例适用了其他法律而没有适用新法。如在上诉人澳大利亚和新西兰银行（中国）有限公司上海分行与被上诉人恒丰银行股份有限公司杭州分行、原审被告香港联创资源有限公司（Hong Kong United Venture Capitals Rescource Limited）、宁波市锦湖进出口有限公司、原审第三人中国银行股份有限公司浙江省分行信用证欺诈纠纷案中,原审法院认为,应当按照《中华人民共和国民法通则》第 146 条的规定适用法律,即侵权行为的损害赔偿,适用侵权行为地法律。

事实上,《中华人民共和国涉外民事关系法律适用法》第 51 条已经明确规定："《中华人民共和国民法通则》第146条、第147条，《中华人民共和国继承法》第36条，与本法的规定不一致的，适用本法。"法院在这里引用的《中华人民共和国民法通则》第146条的规定与《中华人民共和国涉外民事关系法律适用法》的规定没有矛盾，故法院适用了《中华人民共和国民法通则》的规定，并没有违背《中华人民共和国涉外民事关系法律适用法》第51条的规定。但这不足以说明法院适用法律是没有问题的。这只能说明《中华人民共和国涉外民事关系法律适用法》第51条规定存在一定不足，或者说其规定实属没有必要。因为该条只是将《中华人民共和国民法通则》第146条、第147条单独列出，并没有说清楚新法与旧法之间的关系。但从第51条的规定来看，《中华人民共和国民法通则》第146条、第147条与《中华人民共和国涉外民事关系法律适用法》的规定不一致的，适用《中华人民共和国涉外民事关系法律适用法》的规定，这就说明《中华人民共和国涉外民事关系法律适用法》的效力高于《中华人民共和国民法通则》，既然两法规定不一致时，尚要适用新法，因此，无论如何，不能适用《中华人民共和国民法通则》的规定作为适用法律的依据。在本案中，两法规定的内容完全一致，没有必要故弄玄虚适用《中华人民共和国民法通则》的规定。

以上涉外商事法律适用中存在的许多问题，有的涉及需要立法明确，由于立法没有明确，所以问题仍然存在。在学者对2016年中国冲突规范司法实践案例调查之后发现，许多以前存在的问题，现在仍然存在。如："仍有一些法院在司法实践中不能正确适用冲突规范，或者存在审判依据和理由不够充分的情况。"①

有的法院"在适用新法还是旧法问题上出现错误"②。有些法院在海商法有特别规定的情况下，没有适用海商法的规定，而是适用的涉外民事关系法律适用法。有些法院在没有特别规定的情况下，没有优先适用《中华人民共和国涉外民事关系法律适用法》，在徐某等确认合同效力纠纷案（贵州省高级人民法院（2015）黔高民三终字第7号）中，法院认为，应适用我国《中华人民共和国民法通则》第145条及《中华人民共和国合同法》第126条的规定，合同与澳门有最密切联系，应适用澳门的法律。二审法院纠正了这一做法，认为在不同的

---

① 黄进，杨灵一，杜焕芳. 2016年中国国际私法实践述评［M］//中国国际私法与比较法年刊2017. 北京：法律出版社，2018：64.

② 黄进，杨灵一，杜焕芳. 2016年中国国际私法实践述评［M］//中国国际私法与比较法年刊2017. 北京：法律出版社，2018：64.

法律规定法律适用问题不一致的情况下，除法律有明确规定外，应优先适用《中华人民共和国涉外民事关系法律适用法》。"有些法院未正确理解强制性规定的内涵，将其与单边冲突规范、法律规避相混淆。"① 有的法院没有考虑不同合同的性质进行法律适用。一些法院没有完全履行好查明外国法的责任。"根据《司法解释（一）》第 18 条的规定，法院对外国法律的查明承担最终的责任，而实践中法院都倾向于适用比较熟悉的法院地法，并没有承担起查明外国法的责任。"②

二、判例 2015—2018

（一）2015 年的判例

1. 东京日进佳芭拉株式会社、大连日进佳芭拉工业有限公司等与东京日进佳芭拉株式会社、大连日进佳芭拉工业有限公司等合同纠纷申请再审案。中华人民共和国最高人民法院（2015）民申字第 2629 号。（没有提及法律适用条款）

2. 法国兴业银行（中国）有限公司天津分行与烟台鹏晖铜业有限公司、烟台有色金属股份有限公司管辖案。中华人民共和国最高人民法院（2015）民二终字第 187 号。

法院认为根据本院 2008 年《关于调整高级人民法院和中级人民法院管辖第一审民商事案件标准的通知》［法发（2008）10 号］关于天津市高级人民法院可管辖"诉讼标的额在 5000 万元以上且当事人一方住所地不在本辖区或者涉外、涉港澳台的第一审民商事案件"的规定，天津市高级人民法院有权作为一审法院受理本案。（没有说明受理涉外案件的依据）

3. 万威实业股份有限公司与全通集团有限公司及福建全通资源再生工业园有限公司出资纠纷案。中华人民共和国最高人民法院民事判决书（2015）民四终字第 16 号。（没有涉及法律适用条款）

4. 原告爱克斯宝斯有限公司（R. S. Exports Limited）与被告深圳市玛格里物流有限公司、商船三井（中国）有限公司、商船三井株式会社（Mitsui O. S. K. Lines，Ltd）海上货物运输合同纠纷案。（2015）广海法初字第 778 号。法院认为，本案是一宗具有涉外和涉港因素的海上货物运输合同纠纷。由于各

---

① 黄进，杨灵一，杜焕芳. 2016 年中国国际私法实践述评［M］//中国国际私法与比较法年刊 2017. 北京：法律出版社，2018，65.

② 黄进，杨灵一，杜焕芳. 2016 年中国国际私法实践述评［M］//中国国际私法与比较法年刊 2017. 北京：法律出版社，2018：53.

方当事人在庭审中均表示选择适用中华人民共和国法律，根据《中华人民共和国海商法》第二百六十九条的规定，应适用中华人民共和国内地法律处理本案实体纠纷。（缺乏管辖权的说明。另对各方当事人在庭审中均表示选择适用中华人民共和国法律一事要再做些说明为妥，如是口头还是书面，是主动还是被动等）

5. 原告东莞市建华疏浚打捞航务工程有限公司与被告香港恒荣船务有限公司、台山市和兴船务有限公司、谭鼎钊、谭鼎城、中国再保险（集团）股份有限公司海上打捞合同纠纷案。（2015）广海法初字第 56 号。（没有法律适用的说明）

6. 原告广东华光国际货运代理有限公司与被告 A．P．穆勒 - 马士基有限公司、马士基（中国）航运有限公司广州分公司、马士基（中国）航运有限公司海上货物运输合同纠纷案。（2015）广海法初字第 132 号。法院认为：本案是一宗海上货物运输合同纠纷。本案海上货物运输是从中国至南非，具有涉外因素，依照《中华人民共和国海商法》第二百六十九条关于"合同当事人可以选择合同适用的法律，法律另有规定的除外。合同当事人没有选择的，适用与合同有最密切联系的国家的法律"的规定，各方当事人可选择合同适用的法律。各方当事人在诉讼中均选择适用中华人民共和国法律处理本案纠纷，因此本案依法应适用中华人民共和国法律。（缺乏管辖权的说明。另对各方当事人在庭审中均表示选择适用中华人民共和国法律一事要再做些说明为妥，如是口头还是书面，是主动还是被动等）

7. 原告中国人民保险（香港）有限公司与被告东莞市金龙航运有限公司海上货物运输合同纠纷案。（2015）广海法初字第 413 号。

法院认为：本案是一宗因保险代位求偿而引起的海上货物运输合同纠纷，本案应以海上货物运输合同来确定本案的法律适用。本案海上货物运输自香港至深圳妈湾，具有涉港因素，依据《中华人民共和国海商法》第二百六十九条关于"合同当事人可以选择合同适用的法律，法律另有规定的除外。合同当事人没有选择的，适用与合同有最密切联系的国家的法律"的规定，原、被告在诉讼中均选择适用中华人民共和国内地法律处理本案纠纷，因此本案依法应适用中华人民共和国内地法律处理。（对各方当事人在庭审中均表示选择适用中华人民共和国法律一事要再做些说明为妥，如是口头还是书面，是主动还是被动等）

8. 威王打火机（郴州）有限公司诉被告赫伯罗特船务（中国）有限公司广州分公司、赫伯罗特股份公司、赫伯罗特船务（中国）有限公司海上货物运输合同纠纷案。(2015) 广海法初字第 884 号。

法院认为：本案是一宗海上货物运输合同纠纷。本案被告赫伯罗特股份公司为外国当事人，本案货物运输是从香港至乌克兰敖德萨港，故本案是一宗涉外海上货物运输合同纠纷。各方当事人均选择适用中华人民共和国法律解决本案合同争议，根据《中华人民共和国海商法》第二百六十九条关于"合同当事人可以选择合同适用的法律，法律另有规定的除外。合同当事人没有选择的，适用与合同有最密切联系的国家的法律"的规定，本案应适用中华人民共和国法律解决。(问题同上)

9. 原告爱克斯宝斯有限公司诉被告深圳市玛格里物流有限公司、商船三井(中国) 有限公司、商船三井株式会社海上货物运输合同纠纷案。(2015) 广海法初字第 778 号。法院认为根据《最高人民法院关于海事法院受理案件范围的若干规定》第 11 条的规定，海上货物运输合同纠纷由海事法院专门管辖。本案被告玛格里公司的住所地在本院辖区，由本院管辖符合《中华人民共和国民事诉讼法》第二十七条"因铁路、公路、水上、航空运输和联合运输合同纠纷提起的诉讼，由运输始发地、目的地或者被告住所地人民法院管辖"的规定，本院对本案具有管辖权。综上，被告三井中国公司对本案提出的管辖权异议，理由不成立，应予驳回。(本案被告玛格里公司的住所地在本院辖区，其他被告住所地在本院辖区否，没有说明)

10. 原告艾斯克拉温尼斯租船公司诉被告深圳市天佶投资担保有限公司海事担保合同纠纷案。(2015) 广海法初字第 689 号。

本院受理原告艾斯克拉温尼斯租船公司诉被告深圳市天佶投资担保有限公司海事担保合同纠纷一案后，被告在提交答辩状期间对管辖权提出异议称：原告依据被告提供的担保函提起本案诉讼，"This guarantee shall be governed by and construed under and in accordance with English law. We hereby irrevocably consent that any legal action or proceeding against us, or any of our property, with respect to this guarantee may be brought in the High Court of Justice in London and by execution and delivery of this guarantee we hereby accept in regard to any such action or proceedings, for ourselves and in respect of any of our property, generally and unconditionally, the exclusive jurisdiction of the aforesaid court." 而根据担保函第 (4) 条关于"本担保受英国法约束，并且根据英国法解释。我司在此不可撤销地同意，就本担保对我们或我们的任何财产提起的任何法律行动或诉讼均可向位于伦敦的高等法院提出，经签署并交付本担保函，我司在此一般性地且无条件地同意我们自身及我们的任何财产在任何该等行动或诉讼中服从前述法院的专属司法管辖

权"的规定，原、被告之间因担保函所产生的纠纷应由英国伦敦的高等法院管辖，本院对本案没有管辖权，请求驳回原告的起诉。经审查，本院认为：原告诉称被告作为保证人向其提供担保函，保证承租人日新（中国）贸易有限公司（以下简称日新公司）履行与原告签订租船合同义务并承担因日新公司违约所产生的赔偿责任，原告以日新公司违反租船合同约定，并未履行香港仲裁裁决裁定的赔偿义务为由，要求被告作为保证人承担保证责任，赔偿原告损失，故本案案由为海事担保合同纠纷。根据担保函第（4）条的约定，原、被告就涉案担保函引起的纠纷由英国伦敦的高等法院管辖，但因原、被告的住所地、担保函的签订地等与英国伦敦均无实际联系，被告也未提交英国伦敦与涉案纠纷具有实际联系的证据，根据最高人民法院《关于适用〈中华人民共和国民事诉讼法〉的解释》第五百三十一条第一款关于"涉外合同或者其他财产权益纠纷的当事人，可以书面协议选择被告住所地、合同履行地、合同签订地、原告住所地、标的物所在地、侵权行为地等与争议有实际联系地点的外国法院管辖"的规定，涉案担保函中关于由英国伦敦的高等法院管辖的条款不具有法律效力。根据最高人民法院《关于海事法院受理案件范围的若干规定》第31条的规定，海事担保合同纠纷案件属海事法院专门管辖的范围，被告住所地为广东省深圳市，在本院管辖区域内，根据《中华人民共和国海事诉讼特别程序法》第六条第二款第（六）项关于"因海事担保纠纷提起的诉讼，由担保物所在地、被告住所地海事法院管辖"的规定，本院对本案具有管辖权。

11. 国电海运（香港）有限公司与广东方正实业发展有限公司航次租船合同纠纷案。（2015）广海法保字第78 - 2号。

经审查，法院认为，申请人为保护其合法权益，申请诉前财产保全，符合法律规定，应予准许。依照《中华人民共和国民事诉讼法》第一百零一条、第一百零二条、第一百零八条及《最高人民法院〈关于适用中华人民共和国民事诉讼法〉的解释》第一百七十一条的规定，裁定如下：一、准许申请人国电海运（香港）有限公司的诉前财产保全申请；二、自即日起冻结被申请人广东方正实业发展有限公司的存款10万美元或等额人民币633 060元；三、申请人应当在本裁定书送达之日起三十日内起诉或申请仲裁，逾期不起诉或申请仲裁的，本院将解除财产保全。（缺乏程序法适用法院地法的理由与依据说明）

（二）2016年的判例

1. 原告华盛（香港）船务有限公司与被告广西鸿富物流有限公司海上货运代理合同纠纷案。（2016）桂72民初161号。

法院认为：本案系海上货运代理合同纠纷，属涉香港海事海商案件，依照

《中华人民共和国涉外民事关系法律适用法》第四十一条"当事人可以协议选择合同适用的法律。当事人没有选择的，适用履行义务最能体现该合同特征的一方当事人经常居所地法律或者其他与该合同有密切联系的法律"之规定，原被告未约定合同适用的法律，原告华盛公司同意选择中华人民共和国法律作为诉讼依据，被告鸿富公司同意由法院决定，本院认为，原告华盛公司诉请被告鸿富公司支付金钱义务的证据大部分形成于内地，且被告鸿富公司所在地为广西钦州市，内地法律与本案关系最为密切，故审理本案实体争议应适用《中华人民共和国合同法》等相关内地法律。（前后理由逻辑存在一些问题，讲意思自治原则，后突然适用最密切联系原则。另"故审理本案实体争议应适用《中华人民共和国合同法》等相关内地法律"的表述，应该为"故审理本案实体争议应适用我国内地实体法"）

2. 原告天津农垦龙呈嘉益国际贸易有限公司与被告阳明海运股份有限公司（Yang Ming Marine Transport Corporation）海上货物运输合同纠纷案。民事判决书（2016）粤72民初531号。法院认为，嘉益公司以其为收货人、阳明公司为承运人提起本案索赔之诉，本案所涉货物自保加利亚瓦尔纳港经希腊比雷埃夫斯港中转运输至中国深圳赤湾港，本案是一宗具有涉外、涉台因素的海上货物运输合同纠纷。根据海商法第二百六十九条关于涉外合同的当事人可以选择处理合同争议所适用的法律的规定，双方当事人均选择适用中华人民共和国内地法律处理本案实体纠纷，故本案适用中华人民共和国内地法律。（如何选择的交代不清）

3. 原告香港佳拓贸易有限公司与被告深圳市瑞德环球物流有限公司海上货运代理合同纠纷案。（2016）粤72民初312号。法院认为：本案为货运代理合同纠纷。本案货物从中国深圳通过海路被运至俄罗斯诺沃西比尔斯克，原、被告因货物在目的港被错误交付产生争议，本案具有涉外因素。根据《中华人民共和国合同法》第一百二十六条第一款的规定，涉外合同的当事人可以选择处理合同争议所适用的法律。原、被告在诉讼中选择适用中华人民共和国法律处理涉案实体争议，故本案适用中华人民共和国法律处理。（如何选择的交代不清。另"本案适用中华人民共和国法律处理"，应为"本案适用中华人民共和国内地实体法"）

4. 原告商船三井株式会社诉被告黄骅港中兴海运有限公司、唐山海港华通船务有限公司船舶碰撞损害责任纠纷案。（2016）粤72民初1440号。法院认为，原告申请撤回对两被告的起诉，是其在法律规定的范围内处分自己的民事权利和诉讼权利，符合法律规定，应予以准许。依照《中华人民共和国民事诉

讼法》第一百四十五条第一款规定，裁定如下：准许原告商船三井株式会社撤诉。（没有说明程序法适用的原则）

5. 原告 A. P. 穆勒 – 马士基有限公司（A. P. MOLLER – MAERSK A/S）与被告深圳市华运国际物流有限公司海上货物运输合同纠纷案。（2016）粤 72 民初 226 号。法院认为，本案马士基公司以其为海运承运人、华运公司为海运托运人提起本案诉讼，本案所涉货物自中国深圳盐田港起运，被运抵加拿大温哥华港，马士基公司系设立于中华人民共和国境外的企业法人，本案是 1 宗具有涉外因素的海上货物运输合同纠纷。根据《中华人民共和国海商法》第二百六十九条的规定，涉外合同的当事人可以选择处理合同争议所适用的法律。本案中，马士基公司和华运公司均选择适用中华人民共和国法律，故本案适用中华人民共和国法律处理。（选择的具体情况没有说明，适用的准据法表述为内地实体法才准确。）

6. 佛航宏达船务（香港）有限公司与深圳市华联通物流有限公司海上货物运输合同纠纷案。（2016）粤 72 民初 338 号。法院认为：本案是一宗海上货物运输合同纠纷，原告属于香港注册的企业法人，故本案具有涉港外因素。庭审中，原、被告均明确选择适用中华人民共和国内地法律，根据《中华人民共和国涉外民事关系法律适用法》第四十一条"当事人可以协议选择合同适用的法律"和《最高人民法院关于适用〈中华人民共和国涉外民事关系法律适用法〉若干问题的解释（一）》第十九条"涉及香港特别行政区、澳门特别行政区的民事关系的法律适用问题，参照适用本规定"的规定，本案实体争议应适用中华人民共和国内地法律解决。（选择的具体情况没有说明）

7. 华盛（香港）船务有限公司与深圳市华联通物流有限公司海上货物运输合同纠纷案。（2016）粤 72 民初 337 号。法院认为：本案是一宗海上货物运输合同纠纷，涉案运输是香港、深圳及华南地区各港口之间的运输，原告系在香港注册的企业法人，故本案具有涉港因素。庭审中，原、被告均明确选择适用中华人民共和国内地法律，根据《中华人民共和国涉外民事关系法律适用法》第四十一条"当事人可以协议选择合同适用的法律"和《最高人民法院关于适用〈中华人民共和国涉外民事关系法律适用法〉若干问题的解释（一）》第十九条"涉及香港特别行政区、澳门特别行政区的民事关系的法律适用问题，参照适用本规定"的规定，本案实体争议应适用中华人民共和国内地法律解决。（选择的具体情况没有说明）

各案例在名称表述上仍然不统一，开头有的有"原告"，如"原告 A. P. 穆勒 – 马士基有限公司与被告深圳市华运国际物流有限公司海上货物运输合同纠纷案",有的没有。结尾有的用"一案",有的用"纠纷"等不同。

（三）2017 年的判例

1. 物流有限公司与被告日本邮船株式会社、新集装箱五十六号（马绍尔群岛）船务有限公司海上货物运输合同纠纷案。（2017）粤 72 民初 163 号。法院认为，深圳港中旅公司以其为收货人，日本邮船为契约承运人、新集装箱五十六号公司为实际承运人提起本案海上货物运输合同违约之诉，日本邮船和新集装箱五十六号公司系在我国域外成立的企业，涉案货物自美国拟运往中国高栏港，本案法律事实具有涉外因素，系一宗涉外海上货物运输合同纠纷。根据《中华人民共和国海商法》第二百六十九条的规定，各方当事人可以选择本案合同纠纷适用的法律，各方当事人均一致选择适用我国内地法律，故本案适用我国内地法律处理。（没有说明各方选择的具体情况）

2. 原告深圳市港中旅华贸国际物流有限公司与被告法国达飞海运集团、达康提有限公司海上货物运输合同纠纷案。（2017）粤 72 民初 164 号。法院认为，深圳港中旅公司以其为收货人，以达飞海运为契约承运人、达康提公司为实际承运人提起本案海上货物运输合同违约之诉，达飞海运和达康提公司系在我国域外成立的企业，涉案货物自美国拟运往中国高栏港，在香港中转运输，在越南胡志明市被最终销毁处理，本案法律事实具有涉港、涉外因素，系一宗涉外海上货物运输合同纠纷。各方当事人选择适用我国内地法律，根据《中华人民共和国海商法》（以下简称海商法）第二百六十九条"合同当事人可以选择合同适用的法律，法律另有规定的除外。合同当事人没有选择的，适用与合同有最密切联系的国家的法律"的规定，本案适用我国内地法律处理。（没有说明各方选择的具体情况）

3. 原告佛山市金溢泰进出口贸易有限公司与被告赫伯罗特股份公司、赫伯罗特船务（中国）有限公司深圳分公司、深圳市海邦达船务有限公司海上货物运输合同纠纷案。（2017）粤 72 民初 1096 号。原告佛山市金溢泰进出口贸易有限公司与被告赫伯罗特股份公司、赫伯罗特船务（中国）有限公司深圳分公司、深圳市海邦达船务有限公司海上货物运输合同纠纷一案，本院于 2017 年 11 月 13 日立案。原告于 2018 年 4 月 8 日向本院提出撤诉申请。法院认为，当事人有权在法律规定的范围内处分自己的民事权利和诉讼权利。原告申请撤诉，是其在法律规定的范围内处分自己诉讼权利的行为，符合法律规定，应予准许。依照《中华人民共和国民事诉讼法》第一百四十五条第一款规定，裁定如下：准许原告佛山市金溢泰进出口贸易有限公司撤诉。（没有说明程序法适用的原则）

4. 执行人联邦保险公司（Federal Insurance Company）与被执行人环球物流

集装箱班轮有限公司（TGL Container Lines Limited）多式联运合同纠纷案。(2017) 粤 72 执 733 号之二。法院认为：本案是一宗涉外船员劳务合同纠纷。因本院依据原告的申请于中国广州扣押了被告所属的"布兰科 1 号"轮，根据《中华人民共和国民事诉讼法》第二百六十五条的规定，本院对本案具有管辖权。依照《中华人民共和国涉外民事关系法律适用法》第四十三条"劳动合同，适用劳动者工作地法律"的规定，本案应适用中华人民共和国法律处理。（没有说明劳动者工作地在哪的问题）

5. 原告深圳市港中旅华贸国际物流有限公司（以下简称深圳港中旅公司）与被告法国达飞海运集团（以下简称达飞海运）、被告泰友承运人一号股份有限公司（TEUCARRIER NO 1 CORP）海上货物运输合同纠纷案。(2017) 粤 72 民初 173 号。

原告：深圳市港中旅华贸国际物流有限公司，住所地中华人民共和国广东省深圳市南山区临海路海运中心主塔楼 415 - 2 房。被告：法国达飞海运集团（CMA CGM S. A.），住所地法兰西共和国马赛阿佳克码头 4 号（4, Quaid' Arenc—13002 Marseille, France）。

原告深圳港中旅公司与被告法国达飞海运集团、被告泰友承运人一号股份有限公司（TEUCARRIER NO 1 CORP）海上货物运输合同纠纷一案，法院于 2017 年 2 月 24 日受理后，依法适用普通程序，于 2017 年 5 月 10 日召集庭前会议，于 2017 年 10 月 25 日公开开庭进行了审理。诉讼过程中，深圳港中旅公司申请撤回对被告泰友承运人一号股份有限公司的起诉，本院依法裁定准许。庭审过程中，深圳港中旅公司申请中止本案审理，本院依法当庭裁定驳回深圳港中旅公司的申请。深圳港中旅公司还申请对涉案货物进行成分鉴定，因达飞海运当庭称无法提供鉴定样品，且涉案货物已全部在越南销毁处理，鉴定客观不能，本院依法当庭驳回深圳港中旅公司的鉴定申请。深圳港中旅公司委托诉讼代理人谭传俊，达飞海运委托诉讼代理人杨波参加了庭前会议和庭审，达飞海运委托诉讼代理人付文杰参加了庭审。庭审中，双方当事人均选择适用中华人民共和国内地法律处理本案实体争议。

法院认为，深圳港中旅公司以其为收货人，以达飞海运为承运人提起本案海上货物运输合同违约之诉，达飞海运系在我国域外成立的企业，涉案货物自美国拟运往中国高栏港，自香港中转，在越南被销毁处理，本案法律事实具有涉港、涉外因素，系一宗涉外海上货物运输合同纠纷。双方当事人选择适用我国内地法律，根据《中华人民共和国海商法》（以下简称海商法）第二百六十九条"合同当事人可以选择合同适用的法律，法律另有规定的除外。合同当事人没有选择的，适用与合同有最密切联系的国家的法律"的规定，本案适用我国内地法律处理。（没有说明各方选择的具体情况。另所有判例均应该一开始就点明法律适用，否则开始的工作就无法可作为依据了）

6. 原告深圳市港中旅华贸国际物流有限公司与被告法国达飞海运集团、黎牙实比有限公司海上货物运输合同纠纷案。（2017）粤72民初176号。庭审中，各方当事人均选择适用中华人民共和国内地法律处理本案实体争议。法院认为，深圳港中旅公司以其为收货人，以达飞海运为承运人、黎牙实比公司为实际承运人提起本案海上货物运输合同违约之诉，达飞海运和黎牙实比公司系在我国域外成立的企业，涉案货物自美国拟运往中国高栏港，自香港中转，在越南被销毁处理，本案法律事实具有涉港、涉外因素，系一宗涉外海上货物运输合同纠纷。各方当事人选择适用我国内地法律，根据《中华人民共和国海商法》第二百六十九条"合同当事人可以选择合同适用的法律，法律另有规定的除外。合同当事人没有选择的，适用与合同有最密切联系的国家的法律"的规定，本案适用我国内地法律处理。（没有说明各方选择的具体情况）

7. 河北英泽隆酒业有限公司、芝华士控股（知识产权）有限公司（CHIVASHOLDINGS）侵害商标权纠纷再审审查与审判监督案。（2017）最高法民申4616号。（本案根本没有提到法律适用依据）

8. 山东华立投资有限公司与新加坡LAURITZKNUDSENELECTRICCO. PTE. LTD. 股权转让合同纠纷上诉案。（该案中广东省珠海市中级人民法院一审与广东省高级人民法院二审均未提及法律适用条款）

9. 原告三井住友海上火灾保险（中国）有限公司广东分公司与被告邮船物流（香港）有限公司、宏丰船务有限公司海上货物运输合同纠纷案。（2017）粤72民初979号。法院认为，原告申请撤诉，是其在法律规定的范围内处分自己民事权利和诉讼权利，符合法律规定，应予准许。依照《中华人民共和国民事诉讼法》第一百四十五条第一款的规定，裁定如下：准许三井住友海上火灾保险（中国）有限公司广东分公司撤诉。（没有说明程序法适用的理由）

10. 原告阿布都拉·默塔麦德·盖史密与被告上海联骏国际船舶代理有限公司广州分公司、万海航运（新加坡）私人有限公司海上货物运输合同纠纷案。（2017）粤72民初376号。法院认为，本案为一宗涉外海上货物运输合同纠纷。各方当事人在庭审中一致选择适用中华人民共和国法律，根据《中华人民共和国海商法》第二百六十九条关于"合同当事人可以选择合同适用的法律，法律另有规定的除外。合同当事人没有选择的，适用与合同有最密切联系的国家的法律"的规定，本案纠纷适用中华人民共和国法律解决。（无管辖权的理由说

明，也无意思自治原则的具体情况说明）

（四）2018 年的判例

1. 原告中船黄埔文冲船舶有限公司与被告玛雅航运有限公司股东损害公司债权人利益责任纠纷案。（2018）粤 72 民初 104 号之二。法院认为，当事人有权在法律规定的范围内处分自己的民事权利和诉讼权利。原告申请撤诉，是其在法律规定的范围内处分自己诉讼权利的行为，符合法律规定，应予准许。依照《中华人民共和国民事诉讼法》第一百四十五条第一款规定，裁定如下：准许原告中船黄埔文冲船舶有限公司撤诉。（没有说明程序法适用的原则依据）

2. 远海运重工有限公司与五洲国际海运有限公司（Continental International Shipping Limited）船舶修理合同纠纷案。（2018）粤 72 执 24 号。

申请执行人广东中远海运重工有限公司与被执行人五洲国际海运有限公司，船舶修理合同纠纷一案，本院做出的（2016）粤 72 民初 702 号民事判决书已发生法律效力。被执行人拒不履行民事判决书确定的义务，申请执行人向本院申请强制执行。

在执行过程中，本院依法对被执行人五洲国际海运有限公司的财产进行了调查。经查询市场监督管理局、车辆管理所、不动产登记中心等部门及相关开户银行，被执行人目前没有可供执行的财产。申请执行人申请执行总额人民币643036.74 元，均未清偿。本院依法向被执行人发出限制消费令，并将其纳入失信被执行人名单。依照《最高人民法院关于适用〈中华人民共和国民事诉讼法〉的解释》第五百一十九条规定，裁定如下：终结本院（2018）粤 72 执 24 号案本次执行程序。（没有说明程序法适用的原则依据）

第三节　立法模式拣选

我国"涉外商事关系法律适用法"的立法，应该遵循本土化的原则，中国不可能建立与其他国家完全一样的商事冲突规范法律制度。当然，本土化并不否认借鉴国际先进经验。本土化与植入化、国际化、现代化并不矛盾，他们都是现代法律的构成元素。只是在不同的法律部门中，这些构成元素的固定比例是不同的，如在涉外法中国际化的构成元素比例会高于国内法。但是，一国具体的涉外商事关系法律，又是一国法律体系的构成部分，其不同于国际法，各国内容不同，各自还是会具有本土的特点。无论输入还是输出，都要与本土化相互准确结合。中国立法受大陆法系民法制度影响较大，但在过去的 20 余年间受英美法系影响更大，特别是在商法、经济法领域更是如此。但对这些如何适应中国的土壤、是否符合中国文化特别是影响中国 2000 多年的儒家价值体系，乏人考虑。"Has largely been influenced first by continental civil law system, but in the past 20 years or so, more by the Anglo – American system especially in the area of commercial and economic laws. But little attention has been paid to the suitability and adaptability of these foreign laws in Chinese soil, and whether they fit in with the Chinese culture, in particular Confucian values that have influenced the life of Chinese people for over 2000years."①

我国涉外商事关系法律适用法立法在指导思想、立法模式、具体条文规定等方面存在较多待完善的地方。立法上的不完善，对正确规范司法活动及商事主体的商事活动产生了不利影响，导致我国在商事国际交往中不能发挥更大的作用，因此我国涉外商事关系法律适用法立法亟待修改与完善。

2010 年我国立法部门采用单行法的形式制定了《中华人民共和国涉外民事关系法律适用法》，该法没有包括专门商事的法律适用问题，立法机关认为商事关系的法律适用法问题还是专门在单行法中规定为宜，这为制定单行法形式的涉外商事关系法律适用法提供了很好的契机。

当然，完善我国涉外商事关系法律适用法的途径不止一个，根据目前中国的客观实际情况，我国涉外商事关系法律适用法的完善路径有：通过出台司法解释，补充完善涉外商事关系法律适用法的相关内容；修订充实《中华人民共和国民用航空法》等商事实体法，完善其中的涉外关系的法律适用部分的内容；修订充实《中华人民共和国涉外民事关系法律适用法》，或者将其更名为《中华人民共和国涉外民商事关系法律适用法》（如果不更名也可，因传统的冲突规范认为民事关系也包括商事关系），补充涉外商事关系法律适用的规定，在该法中规定涉外商事关系法律适用法的内容；制定单行法《中华人民共和国涉外商事关系法律适用法》，在该法中单独规定涉外商事关系法律适用法的内容。由于立法路径不同，要求不同，各立法形式所能够包含的涉外商事关系法律适用法的条款数量，增强其内容充实度是不尽相同的。比较而言，制定单行法《中华人民共和国涉外商事关系法律适用法》应是最完善的立法方式，是最佳途径，该路径可以最大地包含涉外商事关系法律适用法的条款数量，增强其内容充实度，为此，笔者专门按此模式制定了《中华人民共和国涉外商事关系法律适用法

① Charles KN Law, SH Goo. Confucian Teaching as an Ethical Compass in Business [J]. Company and Securities Law Journal, 2018, 36 (1): 80.

（建议稿）》。该建议稿可供上述涉外商事关系法律适用法不同的完善路径所借鉴采用。

为解决涉外商事关系领域特别是商事重点领域存在的无法可依问题，根据当下实践的需要，可以根据难易程度，采取分步完善的策略，逐渐达到最佳。在我国涉外商事关系法律适用法的完善路径中，第一，按照难易程度排列，"通过出台司法解释，补充完善涉外商事关系法律适用法的相关内容"是最容易做到的一种方式；第二，修订充实《中华人民共和国民用航空法》等商事实体法，完善其中的涉外关系的法律适用部分的内容（因为修订内容可多可少，不一定要达到条文数量上的要求，因此，也比较容易做到）；第三，修订充实《中华人民共和国涉外民事关系法律适用法》，因为已经有成文的民事关系法律适用法，补充商事关系法律适用的规定，也是可以实现的。第四，制定单行法《中华人民共和国涉外商事关系法律适用法》，在该法中单独规定涉外商事关系法律适用法的内容，由于该法是专门的商事冲突规范单行法，立法从体系、结构、内容到条文数量上都提出了更高的要求。下面对这些立法的不同形式与完善路径进行具体阐释。

一、司法解释

出台司法解释，解决涉外商事关系中一些法律空白、无法可依的领域，是我国涉外商事关系法律适用法完善的路径之一。"司法判决之个别化一般规范，总是决定着一般规范自己所未决定所不能全部决定的成分。因此……法官总是一个立法者。"[1] 出台司法解释，事实上也是完善立法的一种形式。

（一）涉外商事关系无法可依的领域

如前所述，《中华人民共和国民法通则》、2010 年通过的《中华人民共和国涉外民事关系法律适用法》都没有专门规定涉外商事关系的法律适用问题，造成一些商事领域无法可依，法律适用的依据无法统一，"用法不一"。如在证券及证券投资基金、破产等商事领域，缺乏规定。其他商事领域，规定的内容也不够，没有规定其应该规定的内容。我国涉外商事关系法律适用领域中无法可依的情况还表现为：没有规定一些基本的商事法律适用制度等。

（二）出台司法解释的规定

鉴于短期内无法制定或修订涉外商事相关法律，而商事法律适用问题又比较急迫，所以，针对涉外商事法律适用领域的问题，特别是商事重点领域的法律适用的需要，由最高人民法院出台《关于涉外商事关系法律适用若干问题的

---

[1] 凯尔森. 法律与国家［M］. 雷嵩生，译. 上海：中正书局，1970：183.

司法解释》，与其他路径相比，虽然不是最佳路径，但其是一项及时有效的措施。通过出台司法解释，统一商事领域的法律适用问题，给涉外商事关系的法律适用提供明确的依据，以根本改变这些领域法院裁判无法可依，无所适从的状况，是有百利而无一害的事情。

由于司法解释不宜对现有立法做太多扩大，所以司法解释只能就最迫切的问题进行补充完善。但如果能够出台司法解释解决商事领域的法律适用急迫问题，则涉外商事领域中无法可依的状况就可以得到一定的改变了。该方法路径虽然只是第三最佳，但也是最容易做到的。

二、实体法

修订充实《中华人民共和国民用航空法》等商事重点领域的实体法，不光包括冲突法内容的完善，也会包括实体法的完善。由于涉外关系的法律适用部分只占《中华人民共和国民用航空法》等商事实体法的一小部分内容，所以可以预见，修订充实商事实体法，重点仍然是会放在该法的实体法内容部分的修订与完善。但与此同时，商事冲突法也可以得到补充完善。

笔者认为，修订法律比制定法律相对容易一些，时间周期也较短。修订充实商事实体法，这既能解决法院裁判的法律适用问题，也提高了立法位阶，有利于增强商事司法裁判的权威性。

此外，修订充实《中华人民共和国民用航空法》等商事重点领域的实体法可以规定先决等基本的商事法律适用制度，这些基本制度在《中华人民共和国涉外民事关系法律适用法》中得到了一定的体现，但不全面，应该对这些问题进行专门的规定，以具有更强的针对性。至于其他方面，笔者当然希望涉外商事关系的法律适用部分的内容越多越好，但期望涵盖更多的内容，这样的想法恐怕难于现实。根据十三届全国人大常委会立法规划，① 修订充实《中华人民共和国民用航空法》并不是一个短期能够实现的计划。十三届全国人大常委会立法规划（共116件），包括以下不同的情况：

（一）第一类项目：条件比较成熟、任期内拟提请审议的法律草案（69件）以下分别列示法律名称、提请审议机关（或牵头起草单位）。

1. 宪法修正案 已通过

2. 全国人民代表大会组织法（修改）（全国人民代表大会议事规则、全国人民代表大会常务委员会议事 委员长会议规则修改，一并考虑）

---

① 中国人大网，2018 年 10 月 8 日访问.

3. 地方各级人民代表大会和地方各级人民政府组织法（修改）　委员长会议

4. 国务院组织法（修改）　国务院

5. 监察法　已通过

6. 人民法院组织法（修改）　已提请审议

7. 人民检察院组织法（修改）　已提请审议

8. 法官法（修改）　已提请审议

9. 检察官法（修改）　已提请审议

10. 人民陪审员法　已通过

11. 英雄烈士保护法　已通过

12. 民法典各分编（民法典编纂）　已提请审议

13. 农村土地承包法（修改）　已提请审议

14. 不动产登记法　国务院

15. 专利法（修改）　国务院

16. 著作权法（修改）　国务院

17. 证券法（修改）　已提请审议

18. 电子商务法　已通过

19. 外国投资法　国务院

20. 行政处罚法（修改）　委员长会议

21. 行政复议法（修改）　国务院

22. 军民融合发展法　国务院、中央军委

23. 政务处分法　国家监委

24. 档案法（修改）　国务院

25. 兵役法（修改）　国务院、中央军委

26. 现役军官法（修改）　国务院、中央军委

27. 公务员法（修改）　国务院

28. 人民武装警察法（修改）　中央军委

29. 治安管理处罚法（修改）　国务院

30. 学前教育法　国务院

31. 文化产业促进法　国务院

32. 文物保护法（修改）　国务院

33. 药品管理法（修改）　国务院

34. 土地管理法（修改）　国务院

35. 社区矫正法　国务院

36. 土壤污染防治法　已通过

37. 基本医疗卫生与健康促进法　已提请审议

38. 固体废物污染环境防治法（修改）　国务院

39. 环境噪声污染防治法（修改）　全国人大环资委

40. 南极活动与环境保护法　全国人大环资委

41. 长江保护法　全国人大环资委

42. 出口管制法　国务院

43. 密码法　国务院

44. 个人所得税法（修改）　已通过

45. 增值税法　国务院

46. 消费税法　国务院

47. 资源税法　国务院

48. 房地产税法　全国人大常委会预算工委、财政部

49. 关税法　国务院

50. 城市维护建设税法　国务院

51. 耕地占用税法　已提请审议

52. 车辆购置税法　已提请审议

53. 契税法　国务院

54. 印花税法　国务院

55. 税收征收管理法（修改）　国务院

56. 海上交通安全法（修改）　国务院

57. 铁路法（修改）　国务院

58. 农产品质量安全法（修改）　国务院

59. 原子能法　国务院

60. 森林法（修改）　全国人大农委

61. 个人信息保护法　委员长会议

62. 数据安全法　委员长会议

63. 粮食安全保障法　国务院

64. 未成年人保护法（修改）（预防未成年人犯罪法修改，一并考虑）　全国人大社建委

65. 社会救助法　国务院

66. 安全生产法（修改）　国务院

67. 刑法修正案　委员长会议

68. 刑事诉讼法（修改）　已提请审议

69. 国际刑事司法协助法　已提请审议

以上第一类项目中，没有涉及商事冲突规范相关法律的计划。

（二）第二类项目：需要抓紧工作、条件成熟时提请审议的法律草案（47件）

以下分别列示法律名称、提请审议机关（或牵头起草单位）。

1. 海洋基本法　委员长会议

2. 城市居民委员会组织法（修改）　国务院

3. 村民委员会组织法（修改）　国务院

4. 各级人民代表大会常务委员会监督法（修改）　委员长会议

5. 监察官法　国家监委

6. 公司法（修改）　委员长会议

7. 商业银行法（修改）　国务院

8. 期货法　全国人大财经委

9. 企业破产法（修改）　全国人大财经委

10. 海商法（修改）　国务院

11. 乡村振兴促进法　全国人大农委

12. 人民防空法（修改）　国务院、中央军委

13. 人民警察法（修改）　国务院

14. 道路交通安全法（修改）　国务院

15. 律师法（修改）　国务院

16. 看守所法　国务院

17. 职业教育法（修改）　国务院

18. 教师法（修改）　国务院

19. 学位条例（修改）　国务院

20. 科学技术进步法（修改）　全国人大教科文卫委

21. 体育法（修改）　全国人大社建委

22. 执业医师法（修改）　全国人大教科文卫委

23. 城市房地产管理法（修改）　国务院

24. 环境影响评价法（修改）　国务院

25. 国土空间开发保护法　国务院

26. 气象法（修改）　国务院

27. 反垄断法（修改）　国务院

28. 中国人民银行法（修改）　国务院

29. 能源法　国务院

30. 电信法　国务院

31. 矿产资源法（修改）　国务院

32. 电力法（修改）　国务院

33. 草原法（修改）　国务院

34. 国家公园法　国务院

35. 渔业法（修改）　国务院

36. 动物防疫法（修改）　全国人大农委

37. 产品质量法（修改）　国务院

38. 计量法（修改）　国务院

39. 审计法（修改）　国务院

40. 统计法（修改）　国务院

41. 航天法　国务院、中央军委

42. 航空法（民用航空法修改，一并考虑）　国务院、中央军委

43. 退役军人保障法　国务院、中央军委

44. 老年人权益保障法（修改）　国务院

45. 法律援助法　全国人大监司委

46. 仲裁法（修改）　国务院

47. 民事强制执行法　最高人民法院

在以上第二类项目中，涉及海商法、航空法等部分商事冲突规范内容的修订。

（三）第三类项目：立法条件尚不完全具备、需要继续研究论证的立法项目

这些立法项目包括：农村集体经济组织、行业协会商会、基本劳动标准、社会信用方面的立法项目；陆地国界、防扩散、人工智能、生物安全方面的立法项目；湿地保护、资源综合利用、空间规划方面的立法项目；机构编制、行政程序、机关运行和行政事业性国有资产管理方面的立法项目；家庭教育、人口政策、华侨权益保护、信访、殡葬方面的立法项目等，以及其他需要研究论证的修改法律的项目，经研究论证，条件成熟时，可以安排审议。这里的第三类立法项目也没有看到商事冲突规范的影踪。

三、冲突法

《中华人民共和国涉外民事关系法律适用法》 （the application Law for foreign‑related civil relations of the People's Republic of China），单行法（single Law）在制定与通过的时候，没有涉及商事问题。立法机关认为商事问题比较复杂，还是在单行法中规定为宜。单独制定商事问题冲突法，对于民商冲突法分立而言有积极意义，但也存在一些值得思考的问题：一是传统的冲突规范理论认为的民事关系包括了商事关系，其法律冲突涵括民事和商事法律冲突。二是民事法律冲突和商事法律冲突有一些共同的地方，制定单行法可能会造成一定的立法内容重复。三是商事冲突问题有些是具有特殊性的问题，需要首先适用的，但并不意味着所有商事问题的冲突法规定都是应该优先适用的。所以，在《中华人民共和国涉外民事关系法律适用法》中，也规定了少量的商事问题，这些少量的商事问题并不具有优先适用性，但已经冲淡了《中华人民共和国涉外民事关系法律适用法》纯民事的单一属性。如果制定《中华人民共和国涉外商事关系法律适用法》单行法，事实上也并不能够涵括所有商事问题，名与实之间不尽完全一致。四是制定《中华人民共和国涉外商事关系法律适用法》单行法，可能还需等待，《中华人民共和国涉外民事关系法律适用法》单行法在制定与通过的时候，没有涉及商事问题，立法机关认为商事问题比较复杂，在单行法中规定为宜。商事问题比较复杂，反倒说明商事问题的冲突法立法更加重要。而更加重要的立法迟迟不见提上日程，是不科学的表现。因此，要打破传统的观念，以早日出台为第一要务，在《中华人民共和国涉外民事关系法律适用法》单行法修订时，如果商事法律冲突法的立法还没有被提上议事日程，则建议在其中及时补充商事法律冲突问题，这也不失为一种有效的途径，并且可合称为《中华人民共和国涉外民商事关系法律适用法》。修订《中华人民共和国涉外民事关系法律适用法》单行法的框架可以为四编：一编是将现有的《中华人民共和国涉外民事关系法律适用法》中的一般规定作为一编，指导涉外民事及商事法律适用。二编是涉外民事关系法律适用的有关法律关系的适用规则，《中华人民共和国涉外民事关系法律适用法》中的有关涉外民事部分的规定基本可以保留，但对规定不妥的地方可以进行适当的修改。三编是补充商事内容，作为涉外民事关系法律适用的特殊规定，该部分采用专编进行规定。四编为附则，指导涉外民事及商事法律适用。具体构架如下。

（一）第一编、第四编为《中华人民共和国涉外民商事关系法律适用法》的一般规定、附则

我国2010年通过的《中华人民共和国涉外民事关系法律适用法》在目录上规定了八章的内容，即第一章一般规定；第二章民事主体；第三章婚姻家庭；第四章继承；第五章物权；第六章债权；第七章知识产权；第八章附则。该目录结构反映了涉外民事关系法律适用法所包括的基本领域，因此，笔者予以赞成并保留。但将《中华人民共和国涉外民事关系法律适用法》第一章一般规定、第二章民事主体、第八章附则两部分分别作为《中华人民共和国涉外民商事关系法律适用法》的第一编、第四编，规定在《中华人民共和国涉外民商事关系法律适用法》中。即第一编《中华人民共和国涉外民商事关系法律适用法》的一般规定；第四编附则规定。这两部分是民事、商事共同适用的。

（二）第二编涉外民事关系法律适用的规定

该部分包括的内容是《中华人民共和国涉外民事关系法律适用法》中的第三章婚姻家庭、第四章继承、第五章物权、第六章债权、第七章知识产权，这些内容组成《中华人民共和国涉外民商事关系法律适用法》的第三编。但在《中华人民共和国涉外民商事关系法律适用法》第三编中，各章的顺序为：第一章婚姻家庭、第二章继承、第三章物权、第四章债权、第五章知识产权。

（三）第三编涉外商事关系法律适用的规定

该部分的立法内容有：第一章为公司、合伙关系的法律适用；第二章为民用航空关系的法律适用；第三章为票据关系的法律适用；第四章为保险关系的法律适用；第五章为银行、证券及证券投资基金关系的法律适用；第六章为破产关系的法律适用；第七章为海事关系的法律适用等。

与此同时，笔者对《中华人民共和国涉外民事关系法律适用法》的现有内容也逐条进行了修改补充，形成新的《中华人民共和国涉外民商事关系法律适用法》，该法的具体内容如下。

（四）《中华人民共和国涉外民商事关系法律适用法》的具体内容

第一编　一般规定

第一条　为了明确涉外民商事关系的法律适用，合理解决涉外民商事争议，维护当事人的合法权益，制定本法。

说明：此条与《中华人民共和国涉外民商事关系法律适用法》的规定一致，没有修改变化。只是将原来规定的"民事关系"改为"民商事关系"（下面的许多修改地方也是如此，不一一述及）。但如果这样规定："为了明确涉外民商事关系的法律适用，妥善解决涉外民商事争议，制定本法"可能更为简洁。

第二条　民商事关系具有下列情形之一的，人民法院可以认定为涉外民商事关系：（一）当事人一方或双方是外国公民、外国法人或者其他组织、无国籍人；（二）当事人一方或双方的经常居所地在中华人民共和国领域外；（三）标的物在中华人民共和国领域外；（四）产生、变更或者消灭民商事关系的法律事实发生在中华人民共和国领域外；（五）可以认定为涉外民商事关系的其他情形。

说明：此条与2012年最高人民法院关于适用涉外民事关系法律适用法若干问题的解释的规定完全一致。该规定比较可行，没有修改变化。只是将原司法解释规定的"民事关系"改为"民商事关系"。

第三条　涉外民商事关系适用的法律，依照本法确定。

说明：此条内容与《中华人民共和国涉外民事关系法律适用法》的规定相比，没有修改变化。删除的内容有"其他法律对涉外民商事关系法律适用另有特别规定的，依照其规定"。原来专门规定民事的，所以可以让商事规定优先适用。这里已经规定了商事问题，商事问题一般不能让其他规定优先适用。

第四条　当事人依照法律规定可以明示选择涉外民商事关系适用的法律。中华人民共和国法律没有明确规定当事人可以选择涉外民商事关系适用的法律，当事人选择适用法律的，人民法院应认定该选择无效。

说明：此条与2012年最高人民法院关于适用涉外民事关系法律适用法若干问题的解释的规定完全一致。

第五条　一方当事人以双方协议选择的法律与系争的涉外民商事关系没有实际联系为由主张选择无效的，人民法院不予支持。

说明：此条与2012年最高人民法院关于适用涉外民事关系法律适用法若干问题的解释的规定完全一致。该规定对当事人的意思自治给予了较充分的规定。

第六条　当事人在一审法庭辩论终结前协议选择或者变更选择适用的法律的，人民法院应予准许。

说明：此条与2012年最高人民法院关于适用涉外民事关系法律适用法若干问题的解释的规定完全一致。

第七条　各方当事人援引相同国家的法律且未提出法律适用异议的，人民法院可以认定当事人已经就涉外民商事关系适用的法律做出了选择。

说明：此条与2012年最高人民法院关于适用涉外民事关系法律适用法若干问题的解释的规定完全一致。

第八条　当事人可以选择适用未生效或未对中华人民共和国生效的国际条约或国际惯例。

说明：此条与 2012 年最高人民法院关于适用涉外民事关系法律适用法若干问题的解释的规定不完全一致。司法解释仅规定了未对中华人民共和国生效的国际条约这种情况，笔者增加了未生效的国际条约或国际惯例这两种情况，实践中当事人也是可以选择这些内容或者将这些内容嵌入合同中成为合同条款。

第九条　本法和其他法律对涉外民商事关系法律适用没有规定的，适用与该涉外民商事关系有最密切联系的法律。

说明：此条内容与《中华人民共和国涉外民事关系法律适用法》的规定相比，没有修改变化。

第十条　中华人民共和国缔结或者参加的国际条约同本法有不同规定的，适用国际条约的规定；但是，中华人民共和国声明保留的条款除外。中华人民共和国法律和中华人民共和国缔结或者参加的国际条约没有规定的，可以适用国际惯例。

说明：此条比 2012 年最高人民法院关于适用涉外民事关系法律适用法若干问题的解释的规定更加具体一些。

第十一条　依照本法的规定适用外国法律、国际惯例，或者未对中华人民共和国生效的国际条约，不得违背中华人民共和国的公共利益或中华人民共和国法律、行政法规强制性规定。

说明：此条规定是总括规定，以后不用在具体领域如公共秩序保留等再重复规定了。

第十二条　当案件的准据法为判例法国家的法律时，可以适用该国的判例。

说明：增加此条规定，是协调与英美法系国家法律的差异，以便达到判决一致性的目的。

第十三条　中华人民共和国法律对涉外民商事关系有强制性规定的，如案件与中华人民共和国具有密切联系，应直接适用该强制性规定。

说明：此条是补充规定了"如案件与中华人民共和国具有密切联系"这一前提，因为与中国无关的案件无适用中国强制性规定的必要。

第十四条　有下列情形之一，涉及中华人民共和国社会公共利益、当事人不能通过约定排除适用、无须通过冲突规范指引而直接适用于涉外民商事关系的法律、行政法规的规定，人民法院应当认定为涉外民商事关系法律适用法的强制性规定：（一）涉及劳动者权益保护的；（二）涉及食品或公共卫生安全的；（三）涉及环境安全的；（四）涉及外汇管制等金融安全的；（五）涉及反垄断、反倾销的；（六）应当认定为强制性规定的其他情形。

说明：此条与司法解释的规定一致。

第十五条 外国强制性规定与案件有最密切联系的，可以得到适用。但违反中华人民共和国社会公共利益或中华人民共和国法律、行政法规强制性规定的除外。

说明：该条及第十三条方面，笔者的立法建议与其他立法建议案不同的地方是：（1）在适用国内强制性规定方面，增加了"案件与中华人民共和国具有密切联系"这一条件；（2）规定了外国强制性规定的适用，适用的条件是要求外国强制性规定与案件有最密切联系。

第十六条 外国法律适用的结果将损害中华人民共和国社会公共利益的，应排除该外国法律的适用，适用法院地国家的法律。

说明：与《中华人民共和国涉外民事关系法律适用法》第5条的规定相比，该规定同样可以达到适用中华人民共和国法律的目的，但意义不同。

第十七条 当事人故意规避中华人民共和国强制性或者禁止性法律规定的，不得适用当事人企图适用的法律。当事人故意规避外国强制性或者禁止性法律规定的，该外国强制性或者禁止性法律规定符合国际惯例的，不得适用当事人企图适用的法律。

也可以这样规定：当事人故意规避本应对其适用的准据法中的强制性或者禁止性法律规定的，不得适用当事人企图适用的法律。

说明：该规定与最高人民法院关于适用涉外民事关系法律适用法若干问题的解释第11条的规定不同，强调的是"准据法中的强制性或者禁止性法律规定"，而不是"中华人民共和国法律强制性的规定"，这样内外国法律形式上是平等的。

第十八条 涉外民商事关系适用外国法律，该国不同区域实施不同法律的，适用与该涉外民商事关系有最密切联系区域的法律。

说明：此条内容与《中华人民共和国涉外民事关系法律适用法》的规定相比，没有修改变化。

第十九条 人际冲突适用各自所属的法律。

说明：该条是补充规定，弥补人际冲突规定的空白。

第二十条 诉讼时效、取得时效和消灭时效，依照实体准据法确定。

或者这样规定：诉讼时效，适用相关涉外商事关系准据法的规定。

说明：前条补充规定了取得时效和消灭时效相关内容，更加明确一些，也可以用诉讼时效统之。

第二十一条 识别问题适用法院地法。但如果依法院地法不能解决的，可以适用当事人选择的法律，如果当事人没有选择法律的，可以适用与案件有联系的相关国家的法律。如果相关国家的法律之间规定有矛盾，则采用比较的方法，选择一种较好的规定进行适用。除当事人的国籍外，对于连结点的认定，适用法院所在地的法律。外国法的解释，应该根据该外国法本身的解释和运用标准来决定。

涉外民商事关系的定性，适用法院地法律。

说明：原规定的内容为，涉外民商事关系的定性，适用法院地法律。此条内容与《中华人民共和国涉外民事关系法律适用法》的规定相比，没有修改变化。但该规定不全面，故本建议补充完善了相关内容。

第二十二条　先决问题适用法院地法。但如果依法院地法不能解决的，可以适用当事人选择的法律。如果当事人没有选择法律的，由法官根据先决问题与争讼问题准据法所属国、法院地国、对其有管辖权国家的关系来判断，适用与之有最密切联系的国家的冲突规则。

说明：原规定为，涉外民商事争议的解决须以另一涉外民商事关系的确认为前提时，人民法院应当根据该先决问题自身的性质确定其应当适用的法律。该条与司法解释的规定一致。但本建议进行了补充完善。

第二十三条　涉外民商事关系适用的外国法律，不包括该国的法律适用法。

说明：此条内容与《中华人民共和国涉外民事关系法律适用法》的规定相比，没有修改变化。

第二十四条　涉外民商事关系适用的外国法律，由人民法院、仲裁机构或者行政机关查明。当事人选择适用外国法律的，应当提供该国法律。不能查明外国法律或者该国法律没有规定的，适用法院地法律。

说明：《中华人民共和国涉外民事关系法律适用法》规定的内容是"不能查明外国法律或者该国法律没有规定的，适用中华人民共和国法律"，此处规定"适用法院地法律"是一条双边规范，比直接规定"适用中华人民共和国法律要适当一些"，但达到的目的是一样的。

第二十五条　中华人民共和国法院和仲裁机构审理民商事案件时，或者中华人民共和国行政机关处理民商事事项时，对中国加入的国际条约，或中国冲突规范指定的法律、国际惯例由法官负责查明。其他由当事人负责提供。不能查明或者经查明不存在有关法律规定的，由法官负责查明的，适用与该外国法律类似的法律或者中华人民共和国相应的法律。由当事人负责提供的，驳回起诉。

说明：原规定为，人民法院通过由当事人提供、已对中华人民共和国生效的国际条约规定的途径、中外法律专家提供等合理途径仍不能获得外国法律的，可以认定为不能查明外国法律。当事人应当提供外国法律，其在人民法院指定的合理期限内无正当理由未提供该外国法律的，可以认定为不能查明外国法律。该规定与司法解释一致。本建议条款进行了补充完善。

第二十六条　人民法院应当听取各方当事人对应当适用的外国法律的内容及其理解与适用的意见，当事人对该外国法律的内容及其理解与适用均无异议的，人民法院可以予以确认；当事人有异议的，由人民法院审查认定。

说明：该规定与司法解释一致。

第二十七条　当事人没有选择涉外仲裁协议适用的法律，也没有约定仲裁机构或者仲裁地，或者约定不明的，适用法院地法认定该仲裁协议的效力。

说明：该规定比"人民法院可以适用中华人民共和国法律认定该仲裁协议的效力的规定要适当一些"，且尽量不用"可以"等模棱两可的词。

第二十八条　案件涉及两个或者两个以上的涉外民商事关系时，人民法院应当分别确定应当适用的法律。

说明：该规定与司法解释一致。

第二十九条　外国法的解释应该根据该外国法本身的解释和运用标准来决定。

说明：该规定使解释能够符合立法原意。

第三十条　自然人的民商事权利能力，适用其经常居所地法律。

说明：该条最好改"经常居所地"为"惯常居所地"，但既然立法已经出台，不宜修改过多，故保留了原规定。

第三十一条　自然人在涉外民商事关系产生或者变更、终止时已经连续居住一年以上且作为其生活中心的地方，人民法院可以认定为涉外民商事关系法律适用法规定的自然人的经常居所地，但就医、劳务派遣、公务等情形除外。

说明：该条与司法解释的规定一致。

第三十二条　自然人的民商事行为能力，适用经常居所地法律。自然人从事民商事活动，依照经常居所地法律为无民商事行为能力，依照行为地法律为有民商事行为能力的，适用行为地法律，但涉及婚姻家庭、继承的除外。

说明：此条内容与《中华人民共和国涉外民事关系法律适用法》的规定相比，没有修改变化。

第三十三条　宣告失踪或者宣告死亡，适用自然人经常居所地法律。

说明：此条内容与《中华人民共和国涉外民事关系法律适用法》的规定相比，没有修改变化。

第三十四条　法人及其分支机构的民商事权利能力、民商事行为能力、组织机构、股东权利义务等事项，适用登记地法律。法人的主营业地与登记地不一致的，可以适用主营业地法律。法人的经常居所地，为其主营业地。

说明：此条内容与《中华人民共和国涉外民事关系法律适用法》的规定相比，没有修改变化。

第三十五条　人民法院应当将法人的设立登记地认定为涉外民商事关系法律适用法规定的法人的登记地。

说明：该条规定与司法解释的内容一致。

第三十六条　代理适用代理行为地法律，但被代理人与代理人的民事关系，适用代理关系发生地法律。当事人可以协议选择委托代理适用的法律。

说明：此条内容与《中华人民共和国涉外民事关系法律适用法》的规定相比，没有修改变化。

第三十七条　当事人可以协议选择信托适用的法律。当事人没有选择的，适用信托财产所在地法律或者信托关系发生地法律。

说明：此条内容与《中华人民共和国涉外民事关系法律适用法》的规定相比，没有修改变化。

第三十八条　当事人可以协议选择仲裁协议适用的法律。当事人没有选择的，适用仲裁机构所在地法律或者仲裁地法律。

说明：此条内容与《中华人民共和国涉外民事关系法律适用法》的规定相比，没有修改变化。

第三十九条　依照本法适用国籍国法律，自然人具有两个以上国籍的，适用有经常居所的国籍国法律；在所有国籍国均无经常居所的，适用与其有最密切联系的国籍国法律。自然人无国籍或者国籍不明的，适用其经常居所地法律。

说明：此条内容与《中华人民共和国涉外民事关系法律适用法》的规定相比，没有修改变化。

第四十条　依照本法适用经常居所地法律，自然人经常居所地不明的，适用其现在居所地法律。

说明：此条内容与《中华人民共和国涉外民事关系法律适用法》的规定相比，没有修改变化。

第二编　涉外民事关系法律适用的一般规定（略）

第三编　涉外商事关系的法律适用特别规定

涉外商事关系的法律适用特别规定中包含了涉外商事重点领域的法律适用特别规定，因该编内容后面有专门论述，故在此省略不提。

第四编　附则

第 X 条　涉外民商事关系法律适用法实施以前发生的涉外民商事关系，人民法院应当根据该涉外民商事关系发生时的有关法律规定确定应当适用的法律；当时法律没有规定的，可以参照涉外民商事关系法律适用法的规定确定。

说明：该条是补充规定。因此处没有列出第二编涉外民事关系法律适用的一般规定，第三编涉外商事关系的法律适用特别规定的具体条款，故第四编附则的条款用 X 表示。

第 X 条　本法生效以前中华人民共和国制定的其他法律有关涉外民商事关系法律适用的规定与本法的规定相互抵触的，应以本法的规定为准。

说明：该条完善了《中华人民共和国涉外民事关系法律适用法》第 51 条的规定，其只是提到其他法律个别条款与本法规定不一致的适用本法，事实上不止这些条款，应统一规定适用本法的原则问题。

第 X 条　涉外民商事关系法律适用法施行后发生的涉外民商事纠纷案件，本规定施行后尚未终审的，适用本规定；本规定施行前已经终审，当事人申请再审或者按照审判监督程序决定再审的，不适用本规定。

说明：该条是补充规定。

第 X 条　中华人民共和国各法域之间的商事关系参照本法适用。

第 X 条　本法不溯及既往，但未决事项或当时法律没有规定的事项除外。

第 X 条　本法自××年××月××日起施行。

以上是修订《中华人民共和国涉外民事关系法律适用法》的情况，如果能够实现以上建议，也可以满足解决商事关系法律适用问题的需求。

第四节　立法体例及内容献议

就单行法的形式而言，从我国商事冲突规范立法体系来看，应该包括以下内容（具体内容见附录五）。

一般规定

第一章　民用航空关系的法律适用

第二章　票据关系的法律适用

第三章　公司、合伙关系的法律适用

第四章　保险关系的法律适用

第五章　银行、证券及证券投资基金关系的法律适用

第六章　破产关系的法律适用

第七章　海事关系的法律适用

第八章　附则

在第一章"一般规定"中，可以不规定《中华人民共和国涉外民事关系法律适用法》中已经有规定的内容，这些内容如果适用于民事法律关系，那么也适用于商事法律关系。2011年4月1日起施行《中华人民共和国涉外民事关系法律适用法》第一章"一般规定"规定的内容有十条。

一、一般规定的爱定

（一）采用《中华人民共和国涉外民事关系法律适用法》的一般规定

第一条　为了明确涉外民事关系的法律适用，合理解决涉外民事争议，维护当事人的合法权益，制定本法。

第二条　涉外民事关系适用的法律，依照本法确定。其他法律对涉外民事关系法律适用另有特别规定的，依照其规定。

本法和其他法律对涉外民事关系法律适用没有规定的，适用与该涉外民事关系有最密切联系的法律。

第三条　当事人依照法律规定可以明示选择涉外民事关系适用的法律。

第四条　中华人民共和国法律对涉外民事关系有强制性规定的，直接适用该强制性规定。

第五条　外国法律的适用将损害中华人民共和国社会公共利益的，适用中华人民共和国法律。

第六条　涉外民事关系适用外国法律，该国不同区域实施不同法律的，适用与该涉外民事关系有最密切联系区域的法律。

第七条　诉讼时效，适用相关涉外民事关系应当适用的法律。

第八条　涉外民事关系的定性，适用法院地法律。

第九条　涉外民事关系适用的外国法律，不包括该国的法律适用法。

第十条　涉外民事关系适用的外国法律，由人民法院、仲裁机构或者行政机关查明。当事人选择适用外国法律的，应当提供该国法律。

不能查明外国法律或者该国法律没有规定的，适用中华人民共和国法律。

（二）规定我国商事冲突规范立法的一般规定

我国商事冲突规范立法的"一般规定"既可以不规定《中华人民共和国涉外民事关系法律适用法》的"一般规定"的相关内容，而使之全部适用于商事法律关系。也可以规定这些内容，使我国商事冲突规范立法的体系更加完整，适用更加方便。何况，还可以适当变化一些内容，使之更符合商事领域的要求。因此，我国商事冲突规范立法的"一般规定"最好单独列出，具体可以包含以下内容。

第1条【立法目的】为了明确涉外商事关系的法律适用，妥善解决涉外商事争议，制定本法。

第2条【适用范围】涉外商事关系适用的法律，依照本法的规定确定。

第3条【公共秩序保留】依照本法的规定适用外国法律（包括外国强制性规定）、国际惯例、或者未对中华人民共和国生效的国际条约，不得违背中华人民共和国的公共利益或中华人民共和国法律、行政法规强制性规定。

第4条【先决问题】先决问题适用法院地的冲突法。但如果依法院地法不能解决的，可以适用当事人选择的法律。必要时由法官根据先决问题与争讼问题准据法所属国、法院地国、对其有管辖权国家的关系来判断，适用与之有最密切联系的国家的冲突规则。

第5条【识别问题】识别问题适用法院地法。但如果依法院地法不能解决的，可以适用当事人选择的法律或者相关外国的法律。如果相关外国的法律之间规定有矛盾，则采用比较的方法，选择一种较好的规定进行适用。除当事人的国籍外，对于连结点的认定，适用法院所在地的法律。外国法的解释，应该根据该外国法本身的解释和运用标准来决定。

第6条【法律规避】当事人故意规避中华人民共和国强制性或者禁止性法律规定的，不得适用当事人企图适用的法律。当事人故意规避外国强制性或者禁止性法律规定的，该外国强制性或者禁止性法律规定符合国际惯例的，不得适用当事人企图适用的法律。

第7条【外国法的查明】中华人民共和国法院和仲裁机构审理商事案件时，或者中华人民共和国行政机关处理商事事项时，对中国加入的国际条约，或中国冲突规范指定的法律、国际惯例由法官负责查明。其他由当事人负责提供。不能查明或者经查明不存在有关法律规定的，由法官负责查明的，适用与该外国法律类似的法律或者中华人民共和国相应的法律。由当事人负责提供的，驳回起诉。

第8条【意思自治原则】当事人可以依照法律规定选择适用的法律。

第9条【国际条约】中华人民共和国缔结或者参加的国际条约同本法有不同规定的，适用国际条约的规定；但是，中华人民共和国声明保留的条款除外。中华人民共和国法律和中华人民共和国缔结或者参加的国际条约没有规定的，可以适用国际惯例。

第 10 条【未生效的国际条约】当事人可以选择适用国际惯例或者未生效或未对中华人民共和国生效的国际条约。

第 11 条【最密切联系原则】本法或者其他法律对涉外商事关系的法律适用没有规定的，应当适用与该涉外商事关系有最密切联系的法律。（后面可规定具体的按特征性履行标准确定的具体商事合同种类）

第 12 条【反致问题】涉外商事关系适用的外国法律，不包括该国的法律适用法。

第 13 条【国内强制性规定】中华人民共和国法律对涉外商事关系有强制性规定的，如案件与中华人民共和国具有密切联系，应直接适用该强制性规定。

第 14 条【外国强制性规定】外国强制性规定与案件有最密切联系的，可以得到适用。

第 15 条【赔偿责任限制】赔偿责任限制，适用侵权行为地法、国旗国法或法院地法中与案件有最密切联系的国家的法律。

第 16 条【诉讼时效】诉讼时效，适用相关涉外商事关系准据法的规定。

二、制定单行法的譬议

（一）单行法的立法模式

中华人民共和国涉外商事关系的法律适用问题，在许多内容上还处于立法空白状态，需要重新立法，需要把不能适用《中华人民共和国涉外民事法律关系适用法》的商事特别部分纳入其中，把能够适用《中华人民共和国涉外民事法律关系适用法》的一般商事问题，则加以剔除，不在商事法律适用法中做具体规定。

关于涉外商事关系的法律适用法的立法模式，建议考虑单行法的立法模式。这是一种比较先进的立法模式。从国外的相关立法情况来看，国外关于商事关系法律适用法的规定与民事关系法律适用法的规定有的是在一个法典中规定，但是是分开单独规定的，没有与民事法律适用的规定混同一起。如 1962 年《韩国国际私法》第二章是有关民事事件的若干规定，第三章是有关商法事件的若干规定（第 28 条 ~ 47 条，规定了公司、证券、票据、保险、海商等内容）。1972 年《加蓬民法典》第四章第二节第五点第 48 条规定了破产及法律清算，只有该一个条文，但也是单独规定的。1992 年《罗马尼亚关于调整国际私法法律关系的第一百零五号法》第五章第四节规定了有价证券问题，共 3 条（57 ~ 59 条），第九章规定了汇票、有价证券和支票问题（第 127 ~ 138 条），第十章规定了民间内河、海上和空中运输（第 139 ~ 144 条）。1987 年通过的《瑞士联邦国际私法》第十编规定了公司法（第 150 条～165 条），第十一编规定了破产与清偿协议（第 166 条～175 条）。1996 年《列支敦士登关于国际私法的立法》有三个条款规定了商法问题（第 42 条规定了银行业务及保险合同；第 43 条规定了交易所业务及类似合同；第 44 条规定了拍卖）。1971 年《美国第二部冲突法重述》规定了破产程序（第 367～423 条）。1974 年《阿根廷国际私法（草案）》第 46 条规定了票据问题；第 47、48、50 条规定了海事问题；第 49 条规定了保险问题。1991 年《加拿大魁北克民法典》第 3119 条规定了陆上保险合同问题。2015 年欧洲议会和理事会《关于破产程序的第 2015/848 号条例》规定了破产程序中债权人、第三人的物权抵消权等内容。

在这些国外商事冲突规范相关立法中，《韩国国际私法》相对规定的内容比较全面，但条文不多，且没有规定航空、破产等商事领域的法律冲突法问题。其他国家多是就商法的一到两个领域进行了规定，更加不系统、不完整。1971 年《美国第二部冲突法重述》规定了破产程序问题，虽然条文较多，但只是规定了破产这一个商法问题。在国际条约中，1928 年 2 月 13 日通过的《布斯塔曼特法典》第二卷是关于国际商法的规定（第 232～295 条），规定了商业、公司、商业代理、保险、陆地运输、票据、证券、航海和航空商业等内容。1979 年 5 月 8 日订于蒙得维的亚的《美洲国家间关于商业公司的冲突法公约》第 1～7 条规定了商业公司的冲突法问题。值得注意的是，关于票据问题的法律冲突与法律适用的公约较多，包括 1930 年《解决汇票期票法律冲突公约》（共 20 条）、1931 年的《解决支票法律冲突公约》（共 19 条）、1975 年的《美洲国家间关于支票法律冲突的公约》（共 8 条）、1979 年《美洲国家间关于支票的冲突法公约》（共 17 条）、1975 年《美洲国家间关于汇票、期票和发票法律冲突的公约》（共 18 条）等。这些票据国际条约的存在说明商事领域法律冲突是比较复杂的，少量的法律适用规则是解决不了问题的，需要花大的精力加以解决。目前票据领域相关法律较多，所以法律冲突问题相对解决得较好，其他领域还缺乏这样的做法。《布斯塔曼特法典》是唯一一个体系比较完整的规定有商事冲突法内容的法典，但其一直没有生效，说明其内容缺乏共识。因此，通过国际条约统一其他商事领域的冲突法问题事实上存在许多困难，或许只有先通过各国逐渐完善其国内法相关规定的方式，待达到一定程度时，才可能达成统一的冲突法公约。否则，目前在一些国家的冲突规范根本上还缺乏商事领域冲突法的规定时，制定这些领域的冲突法公约是根本不可能的。一些国家没有规定商事领域法律适用问题，原因可能多种多样：或许是认为商事与民事不宜区分适用；或许是因为商事问题过于复杂还没有研究清楚因此没有规定；或许是因为不专门规定商事问题的法律适用对其国家更为有利；等等。无论原因为何，在现今的条件下，制定统一的商事各领域相关冲突法条约存在较大的困难，各国相关立法的完善仍然是发展的主趋势。

（二）具体内容

笔者认为，我国制订单行法《中华人民共和国涉外商事关系法律适用法》应该包含下列内容。

1. 目录部分

中华人民共和国涉外商事关系法律适用法的内容应该包括以下规定：一般规定；第一章公司、合伙关系的法律适用；第二章民用航空关系的法律适用；第三章票据关系的法律适用；第四章保险关系的法律适用；第五章银行、证券及证券投资基金关系的法律适用；第六章破产关系的法律适用；第七章海事关系的法律适用；第八章附则。

2. 一般规定

一般规定涉及的内容有：立法目的、适用范围、公共秩序保留、先决问题、识别问题、法律规避、外国法的查明、意思自治、最密切联系原则、反致、强制性规定、赔偿责任限制等。

3. 第一章 公司、合伙关系的法律适用

该部分在我国冲突法的立法中属于空白地带，应重点进行规定。公司、合伙关系的法律适用至少应该考虑以下内容。

【设立与形式】公司、合伙的设立与形式，适用设立地法律。【合伙事项】合伙事项、性质依合伙契约应适用的法律。【公司的性质】公司的性质依章程所规定的法律。如无，则依董事会所在地的法律。【公司的权利能力行为能力】公司、合伙的商事权利能力、商事行为能力、组织机构、股东权利义务等事项，适用设立地法律。【公司股份的管理】由公司成立地管理被继承人所有的非股权凭证所代表的公司股份以及红利。股权凭证所在地的国家对该股权凭证所代表的公司股份进行管理。

与前面的规定相衔接，该章的具体设计可以包含以下内容。

第 17 条【设立与形式】公司、合伙的设立与形式，适用设立地法律。

第 18 条【合伙事项】合伙事项、性质依合伙契约应适用的法律。

第 19 条【公司的性质】公司的性质依章程所规定的法律。如无，则依董事会所在地的法律。

第 20 条【公司的权利能力行为能力】公司、合伙的商事权利能力、商事行为能力、组织机构、股东权利义务等事项，适用设立地法律。

第21条【公司股份的管理】由公司成立地管理被继承人所有的非股权凭证所代表的公司股份以及红利。

股权凭证所在地的国家对该股权凭证所代表的公司股份进行管理。

4. 第二章 民用航空关系的法律适用

关于民用航空关系的法律适用，建议在《中华人民共和国民用航空法》第十四章涉外关系的法律适用规定的基础上，增加对航空器国籍、航空器的处置等的规定，即航空器国籍由航行执照和登记证书证明；扣押、拍卖航空器，依航空器所在地的法律。将《中华人民共和国民用航空法》规定的"民用航空器所有权的取得、转让和消灭，适用民用航空器国籍登记国法律"改为"民用航空器所有权，适用民用航空器国籍登记国法律"因为民用航空器所有权的取得、转让和消灭并没有包含民用航空器所有权的全部内容。另外，要妥善解决"公空"上的法律适用问题。

与前面的规定相衔接，该章的具体设计可以包含以下内容。

第22条【航空器国籍】航空器国籍由航行执照和登记证书证明。

第23条【航空器的处置】扣押、拍卖航空器，依航空器所在地的法律。

第24条【航空器所有权】民用航空器所有权，适用民用航空器国籍登记国法律。

第25条【航空器抵押权】民用航空器抵押权适用民用航空器国籍登记国法律。

第26条【航空器优先权】民用航空器优先权适用受理案件的法院所在地法律。

第27条【航空侵权】发生在飞行器内部的侵权行为，适用飞行器登记地国法。

飞行事故致使旅客伤亡、财物毁损的损害赔偿，适用飞行器登记地法或者侵权行为地法。

飞行事故对地面造成的人员伤亡、财物毁损的损害赔偿，适用侵权行为地法。

飞行器碰撞的损害赔偿，适用无过失一方的飞行器登记地法。双方均有过失的，则适用受理案件的法院地法。

飞行事故在公海上空对水面当事人的损害赔偿，适用受理案件的法院地法律。

第28条【搜寻援救】除当事人另有约定外，在一国领土、领海、内水内发生的航空救助，适用救助地法；在公海上发生的航空救助，适用救助人的住所地法。

5. 第三章 票据关系的法律适用

关于票据关系的法律适用，建议在《中华人民共和国票据法》第五章的基础上，适当补充修改完善。如补充"凡因汇票或期票订立的合同，其形式依签订地法律"；"汇票、本票和支票出票时的出票方式，适用出票地法"；"流通票据中权益的转让在该转让当事人以外的人之间的有效性及效力，依转让时该票据所在地法"等规定。扩大当事人的意思自治，规定"本票、支票出票时的记载事项，适用当事人协商一致选择的法律。当事人没有选择的，适用出票地法律"。完善票据追索权的行使期限的规定，将之分两种情况："票据追索权的行使期限，若向出票人追索，适用出票地法。若向背书人追索，适用背书地法"。

与前面的规定相衔接，该章的具体设计可以包含以下内容。

第29条【本票、支票记载事项】汇票、本票、支票出票时的记载事项，适用当事人协商一致选择的法律。当事人没有选择的，适用出票地法律。

第30条【汇票或期票合同】凡因票据订立的合同，其形式依签订地法律。

第31条【票据的出票方式】汇票、本票和支票出票时的出票方式，适用出票地法。但支票出票时的记载事项，经当事人协议，也可以适用付款地法。

第32条【票据的背书、承兑、付款和保证行为】票据的背书、承兑、付款和保证行为，适用行为地法。

第33条【票据追索权】票据追索权的行使期限，若向出票人追索，适用出票地法。若向背书人追索，适用背书地法。

第34条【流通票据权的转让】流通票据中权益的转让在该转让当事人以外的人之间的有效性及效力，依转让时该票据所在地法。

某人是否是票据的正当持有人，依转让给该人时该票据所在地法。

第35条【票据的提示期限】票据的提示期限，适用付款地法。

第36条【票据权利的保全】票据丧失时，失票人请求保全票据权利的程序，适用付款地法。

6. 第四章 保险关系的法律适用

关于保险关系的法律适用，建议的立法内容如下。【保险合同】适用被保险人惯常居所地法。如果存在更密切联系地法或当事人选择的法律，则适用该法，但不得降低前款准据法所提供的保护标准。【再保险合同】再保险合同，当事人没有约定的，适用再保险人主营业所所在地法。【保险的权利】火灾保险、担保保险、意外保险合同的有效性及由该合同产生的权利，如果没有当事人选择的法律，则适用被保险事实主要发生地法。如果存在更密切联系地法，则适用该法。

与前面的规定相衔接，该章的具体设计可以包含以下内容。

第37条【保险合同】适用被保险人惯常居所地法。如果存在更密切联系地法或当事人选择的法律，则适用该法，但不得降低前款准据法所提供的保护标准。此点规定形式上有利于保护弱者。

第38条【再保险合同】再保险合同，当事人没有约定的，适用再保险人主营业所所在地法。

第39条【保险的权利】火灾保险、担保保险、意外保险合同的有效性及由该合同产生的权利，如果没有当事人选择的法律，则适用被保险事实主要发生地法。如果存在更密切联系地法，则适用该法。

7. 第五章　银行、证券及证券投资基金关系的法律适用

对该部分的具体建议如下。【银行的设立】银行及商业银行的设立与权利义务，适用设立地法律。【贷款与担保】银行的贷款与担保，适用贷款银行、担保银行所在地法。【证券发行】证券发行依公司所在地法。【证券的取得】证券的取得适用取得地法。【证券上设立的权利】流通证券所在地的国家对该证券所代表资产的请求权进行管理。非流通证券依破产管理人被指定地的法律。在有价证券或其他权利之上设立的质权，依当事人所选择的法律，但该法律选择，不得对抗第三人；如果当事人未选择准据法，则债权、有价证券的质权，依质权人习惯居住地国法，其他权利之上设立的质权，依该权利成立地法。【证券的管理】流通证券所在地的国家对该证券所代表的被继承人拥有的请求权进行管理。非流通证券依执行人或管理人被指定地的法律。【证券的权利义务】证券的权利义务，适用证券上指定的法律，没有指定的，适用证券发行机构营业所所在地法或权利实现地法。【证券投资基金】关于证券投资基金的设立，适用设立地法律。关于证券投资基金投资范围适用批准设立地的法律规定，在设立地以外的行为适用设立地和行为地法律。关于证券投资基金管理人的组织形式、基金管理人的资格条件、基金管理人的义务适用设立地法律。

与前面的规定相衔接，该章的具体设计可以包含以下内容。

第40条【银行的设立】银行及商业银行的设立与权利义务，适用设立地法律。

第41条【贷款与担保】银行的贷款与担保，适用贷款银行、担保银行所在地法。

第42条【证券发行】证券发行依公司所在地法。

第43条【证券的取得】证券的取得适用取得地法。

第44条【证券上设立的权利】流通证券所在地的国家对该证券所代表资产的请求权进行管理。非流通证券依破产管理人被指定地的法律。在有价证券或其他权利之上设立的质权，依当事人所选择的法律，但该法律选择，不得对抗第三人；如果当事人未选择准据法，则债权、有价证券的质权，依质权人习惯居住地国法，其他权利之上设立的质权，依该权利成立地法。

第45条【证券的管理】流通证券所在地的国家对该证券所代表的被继承人拥有的请求权进行管理。非流通证券依执行人或管理人被指定地的法律。

第46条【证券的权利义务】证券的权利义务，适用证券上指定的法律，没有指定的，适用证券发行机构营业所所在地法或权利实现地法。

第47条【证券投资基金】（一）关于证券投资基金的设立，适用设立地法律。

（二）关于证券投资基金投资范围适用批准设立地的法律规定，在设立地以外的行为适用设立地和行为地法律。

（三）关于证券投资基金管理人的组织形式、基金管理人的资格条件、基金管理人的义务适用设立地法律。

8. 第六章　破产关系的法律适用

对该部分的具体建议如下。【破产程序开始】破产程序开始的要件，依法院地法。【破产宣告】破产宣告，适用破产人主要办事机构所在地法或者破产人财产所在地法。破产人财产价值的评估，适用财产所在地法。破产清算，适用法院地法。【破产债权】破产债权适用破产宣告国法。【破产财团】破产财团的范围、性质及有关权利依法院地法。【债权人对破产财团的物权】债权人对破产财团的物权，适用物之所在地法。取回权适用破产宣告时应取回的财产所在国的法律；别除权适用对破产财产担保的物之所在地和留置物所在地法。【破产管理程序问题】破产管理程序问题依管理地法。【破产管理实体问题】破产管理实体问题依管理地法或原法律关系的准据法。【破产中的和解】破产中的和解依法院地法。

与前面的规定相衔接，该章的具体设计可以包含以下内容。

第48条【破产程序开始】破产程序开始的要件，依法院地法。

第49条【破产宣告】破产宣告，适用破产人主要办事机构所在地法或者破产人财产所在地法。破产人财产价值的评估，适用财产所在地法。破产清算，适用法院地法。

第50条【破产债权】破产债权适用破产宣告国法。

第51条【破产财团】破产财团的范围、性质及有关权利依法院地法。

第52条【债权人对破产财团的物权】债权人对破产财团的物权，适用物之所在地法。取回权适用破产宣告时应取回的财产所在国的法律；别除权适用对破产财产担保的物之所在地和留置物所在地法。

第53条【破产管理程序问题】破产管理程序问题依管理地法。

第54条【破产管理实体问题】破产管理实体问题依管理地法或原法律关系的准据法。

第55条【破产中的和解】破产中的和解依法院地法。

9. 第七章 海事关系的法律适用

在制定《中华人民共和国涉外商事关系法律适用法》单行法中专章规定海事关系的法律适用，规定各具体的涉外海事关系的法律适用问题，原则上对存在的海事关系都要予以规定，如船舶物权关系、船舶债权关系、船舶侵权关系、海难救助关系、共同海损关系、海事赔偿责任限制关系等，不能留有空白。对具体的海事关系，如船舶物权关系，也应包括所有物权关系，将船舶物权、船舶债权关系、船舶侵权关系等内容规定完整。克服《中华人民共和国海商法》只规定了船舶所有权、船舶抵押权、船舶优先权法律适用问题，但没有规定船舶留置权、船舶使用权法律适用问题的船舶物权半拉子工程的弊端。在海事侵权领域，克服只规定了船舶碰撞问题，没有规定油污、海上人身伤亡等海事侵权问题的海事侵权半拉子工程的弊端。在船舶债权领域，克服只规定了共同海损，但没有规定海难救助的海事债权半拉子工程的弊端。至于海事冲突规范的一些基本制度的内容及其他内容（如立法目的、适用范围、时效、附则等内容），可以由《中华人民共和国涉外商事关系法律适用法》统一规定，而不在海事关系的法律适用章中规定，以统领所有的涉外商事关系。但为了体系的完整性，也可以进行规定。同时，制度设计考虑了国际私法冲突规范实现实质正义的价值取向，如规定海上人身伤亡，适用侵权行为地法、船旗国法中有利于保护弱者权益的法律；船员劳动合同，适用船旗国法、当事人住所地法中对船员保护有利的法律等即属此类。

与前面各章的规定相衔接，该章的具体设计可以包含以下内容。

第56条【船旗国法的限定】船旗国法指有最密切联系的船旗国法律。一般情况下：（一）船旗国法是指船舶的国籍登记国的法律，不包括因船舶光船租赁而取得的临时国籍所代表的船旗国法；（二）在租赁期间船舶所有权发生变动的，发生变动后的船舶所有权问题，应适用新船旗国法。

第57条【船籍国】船舶的国籍由航海证书和船舶登记证书予以证明，并以船旗为外部的区分标志。不一致时，以船舶的国籍登记国为准。

第58条【船舶检验】船舶的检验与卫生检疫标准，适用检验检疫地法律。

第59条【船舶扣押】船舶扣押，适用船舶所在地法。

第60条【船舶所有权】船舶所有权，适用船旗国法。

第61条【公告形式】船舶所有权转移要求的公告形式，适用船旗国法。

第62条【船舶抵押权】船舶抵押权，适用船旗国法律。在建船舶的抵押权适用造船国法律。

第63条【优先权】船舶优先权，适用法院地法或者船旗国法律。

第64条【留置权】船舶留置权，在当事人未约定时，适用船舶留置地法。

第65条【优先顺序】船舶抵押权、船舶优先权和船舶留置权相互之间的优先顺序，适用法院地法。

第66条【其他船舶物权】本法没有规定的船舶物权，适用法院地法。

第67条【提单】各类提单的效力、内容适用提单上规定的法律。提单上没有规定的适用提单签发地法律。

第68条【提单首要条款】提单首要条款的效力，适用法院地法。

第69条【权利与义务】船长、船舶所有人和船舶管理人、船员的权利与义务，适用船旗国法。

第70条【船员劳动合同】除合同另有约定外，船员劳动合同，适用船旗国法、当事人住所地法中对船员保护有利的法律。

第71条【海事侵权】海事侵权，适用当事人协议选择适用的法律。当事人没有选择的，适用侵权行为地法。

侵权行为发生在公海的，适用法院地法。

侵权行为的影响仅限于船舶内部的，也可以适用船旗国法。

同一国籍的船舶发生侵权行为的，不论侵权发生于何地，适用共同船旗国法，当事人另有约定的除外。

第72条【油污】海上油污适用侵权行为地法。如果油污发生在公海，适用干预措施采取国法。如果油污发生在公海，且有多个国家采取干预措施的情况下，适用法院地法。

第73条【海上人身伤亡】海上人身伤亡，适用侵权行为地法、船旗国法中有利于保护弱者权益的法律。在公海上发生的人身伤亡，适用船旗国法。

第74条【同一国籍的当事人】前条的双方当事人具有同一国籍或住所时，适用双方共同的本国法或住所地法及侵权行为地法中更有利于保护弱者的法律。

第75条【海难救助】海难救助，适用当事人协议选择适用的法律。当事人没有选择的，适用救助作业地法；救助作业不在船舶上的适用救助人所在地法。

海难救助发生在公海的，适用救助船舶的船旗国法。

但同一国籍的船舶发生的救助，不论救助发生于何地，适用共同船旗国法，当事人另有约定的除外。

第76条【共同海损】共同海损，适用当事人协议选择适用的法律。当事人没有选择的，适用理算地法。

10. 第八章　附则

该部分主要规定本法与其他法的关系等内容，可以这样规定如下。【与其他法的关系】涉外商事关系适用的法律，依照本法确定。其他法律对涉外商事关系法律适用另有特别规定的，在本法没有规定时，依照其规定，否则适用《中华人民共和国涉外民事关系法律适用法》的规定。【区际适用】中华人民共和国各法域之间的商事关系参照本法适用。【不溯及既往】本法不溯及既往，但未决事项或当时法律没有规定的事项除外。【施行】本法自××年××月××日起施行。

与前面的规定相衔接，该章的具体设计可以包含以下内容。

第77条【与其他法的关系】涉外商事关系适用的法律，依照本法确定。其他法律对涉外商事关系法律适用另有特别规定的，在本法没有规定时，依照其规定，否则适用《中华人民共和国涉外民事关系法律适用法》的规定。

第78条【区际适用】中华人民共和国各法域之间的商事关系参照本法适用。

第79条【不溯及既往】本法不溯及既往，但未决事项或当时法律没有规定的事项除外。

第80条【施行】本法自××年××月××日起施行。

三、结语

值得注意的是，商事冲突规范是冲突规范的重要组成部分，与国家经济和社会发展密切相关，我国目前许多商事领域的冲突法，如本建议中涉及的关于公司、合伙关系、保险关系、银行、证券及证券投资基金、破产债权、船舶留置权、海难救助、油污、海上人身伤亡等关系的法律适用问题，立法上还是空白，亟待完善。

另外，课题也存在不足或欠缺：如对商事合同的最密切联系地因素如何具体量化考量，缺乏具体建议。

限于篇幅，本课题只是研究了商事重点领域的冲突规范问题，没有对商事冲突规范的管辖权问题、证据问题、承认与执行问题、商事仲裁问题等进行研究及立法设计，这是下一步值得笔者研究的问题，也是涉及商事冲突规范体系完整性的问题。不过比较而言，商事冲突规范的程序问题法律适用相对简单一些，适用法院地法的规定被当作一项无法僭越的原则，但也是有特例的，值得研究。而且，在商事冲突规范判决的承认与执行领域，也出现了判决套利（judgment arbitrage）等新问题，值得进行研究。所谓判决套利（judgment arbitrage）问题，是指"当事人为了在 A 州执行一项外国法院的判决，就先向 B 获得一项承认判决，因为 B 州承认外国判决的条件比 A 州宽松。然后，当事人再去 A 州申请执行 B 州的承认判决，而 A 州的法院必须予以执行。这样一来，当事人实际上就规避了 A 州承认外国法院判决的法律，获得了所谓的'套利'"①。如"渣打银行诉 Ahmad Hamad AI Gosaibi &Bros. Co"案②，一份巴林法院做出的金额高达 2500 万美元的判决书持有人在纽约获得了对该判决的承认。③ 在"Commissions Import Export S. A. 诉刚果共和国"案中，英国法院确认了一份法国巴黎 ICC 仲裁裁决的效力。④ 判决套利到底是承认与执行的正当程序，还是承认与执行中的一些合理或不合理的规避行为？如何选择准据法进行判断与适用，这些问题都值得下一步进行细化的研究。另外，限于时间与水平，本书存在错误是在所难免的，但笔者"希望我永远不会犯下错都错不到点上的那种错误"⑤。有时错误也是需要的，错误可以给后来者提供及时补正的契机。

值得说明的是，商事冲突规范重点领域的立法问题刻不容缓，但也不能临时抱佛脚，或头痛医头脚痛医脚。而应首先在理论上及立法基础研究上打下系统的厚基础，才能顺势而为，久久为功，取得实效。本研究成果即是抱着这样的目的而为的，如能付诸实践，对中国推进"一带一路"建设、推进涉外商事工作的开展，构建人类命运共同体、海洋命运共同体及法制共同框架，推进依法治国的进程都是有所裨益的，希望成果能够成为抛砖引玉之作，完成研究的初心，并最终为统一编撰的中国国际私法典的诞生尽己棹力。

---

① 杜涛. 国际私法国际前沿年度报告（2011—2016）［M］. 北京：法律出版社，2017：175.

② 99A. 3d936（Pa. Super. Ct. 2014）

③ See Standard Chartered Bank v. Ahmad Hamad AL Gosaibi & Bros. Co. 957N. Y. S. 2d602（N. Y. Sup. Ct. 2012）.

④ 757F. 3d321（D. C. Cir. 2014）

⑤ 斯特劳给英国前总检察长戈德史密斯（Lord Goldsmith）的信，转引自［英］约翰·D. 巴罗. 宇宙之书——从托勒密、爱因斯坦到多重宇宙［M］. 李剑龙，译. 北京：人民邮电出版社，2013：103.

附　录

附录一：《中华人民共和国涉外商事关系法律适用法（建议稿)》（征求意见第一稿）的形成过程

（一）形成情况

目前我国还没有专门针对商事冲突规范立法提出的学者建议稿，只是在冲突规范立法的建议稿中，包括一些商事冲突规范的条款。在我国其他有关部门及学者提供的冲突规范草案及立法建议案中，商事冲突规范与民事冲突规范都是混同在一起规定，商事冲突法条文少，内容不完整，没有专门的商事冲突法的编、章、节，更没有形成商事冲突法的体系。商事冲突规范内容与其他民事冲突规范内容混同规定，无法确定适用顺序，更无法形成专门的商事冲突法。

起草《中华人民共和国涉外商事关系法律适用法（建议稿)》是本专著研究的核心内容之一，也是一次立法模式的创新。笔者一直在从事冲突规范的教学与研究工作，已经形成了完善中国冲突规范（包括商事冲突规范）立法的研究成果，如 2005 年草拟的《中国冲突法草案》（笔者草拟，共 514 条，其中规定商事冲突规范的条款有 58 条）。该草案除提供给中国冲突规范学会年会研讨外，自 2005 年起，还在法学专业网站《法学会》上发布（见网站内容《xxx 关于制定中华人民共和国冲突规范典的建议草案》http：//www. faxuehui. com/html/News2013041542893197. asp）。笔者主编的国际私法导论、屈氏国际私法讲义（法律出版社 2005 年版）等书也附录有《中国冲突法（草案)》的具体内容。

通过以上方式向社会广泛征求了一些意见建议，《中国冲突法（草案)》也一直在修改完善中，笔者将《中国冲突法（草案)》中涉及商事冲突规范规定的条款 58 条构成单行法的立法建议稿形式，并根据征求的修改意见进行反复修改，于 2016 年 8 月完成了共 85 条的单行法形式的《中华人民共和国涉外商事关系法律适用法（建议稿）》（征求意见稿第一稿），继续研讨并广泛征求意见。

（二）《中华人民共和国涉外商事关系法律适用法（建议稿）》（征求意见第一稿）具体内容

目录

一般规定

第 1 条【立法目的】为了明确涉外商事关系的法律适用，妥善解决涉外商事争议，制定本法。

第 2 条【适用范围】涉外商事关系适用的法律，依照本法的规定确定。

第 3 条【公共秩序保留】依照本法的规定适用外国法律（包括外国强制性规定）、国际惯例、或者未对中华人民共和国生效的国际条约，不得违背中华人民共和国的公共利益或中华人民共和国法律、行政法规强制性规定。

第 4 条【先决问题】先决问题适用法院地的冲突法。但如果依法院地法不能解决的，可以适用当事人选择的法律。必要时由法官根据先决问题与争讼问题准据法所属国、法院地国、对其有管辖权国家的关系来判断，适用与之有最密切联系的国家的冲突规则。

第 5 条【识别问题】识别问题适用法院地法。但如果依法院地法不能解决的，可以适用当事人选择的法律或者相关外国的法律。如果相关外国的法律之间规定有矛盾，则采用比较的方法，选择一种较好的规定进行适用。除当事人的国籍外，对于连结点的认定，适用法院所在地的法律。外国法的解释，应该根据该外国法本身的解释和运用标准来决定。

第 6 条【法律规避】当事人故意规避中华人民共和国强制性或者禁止性法律规定的，不得适用当事人企图适用的法律。当事人故意规避外国强制性或者禁止性法律规定的，该外国强制性或者禁止性法律规定符合国际惯例的，不得适用当事人企图适用的法律。

第7条【外国法的查明】中华人民共和国法院和仲裁机构审理商事案件时，或者中华人民共和国行政机关处理商事事项时，对中国加入的国际条约，或中国冲突规范指定的法律、国际惯例由法官负责查明。其他由当事人负责提供。不能查明或者经查明不存在有关法律规定的，由法官负责查明的，适用与该外国法律类似的法律或者中华人民共和国相应的法律。由当事人负责提供的，驳回起诉。

第8条【意思自治原则】当事人可以依照法律规定选择适用的法律。

第9条【国际条约】中华人民共和国缔结或者参加的国际条约同本法有不同规定的，适用国际条约的规定；但是，中华人民共和国声明保留的条款除外。中华人民共和国法律和中华人民共和国缔结或者参加的国际条约没有规定的，可以适用国际惯例。

第10条【未生效的国际条约】当事人可以选择适用国际惯例或者未生效或未对中华人民共和国生效的国际条约。

第11条【最密切联系原则】本法或者其他法律对涉外商事关系的法律适用没有规定的，应当适用与该涉外商事关系有最密切联系的法律。

第12条【反致问题】涉外商事关系适用的外国法律，不包括该国的法律适用法。

第13条【国内强制性规定】中华人民共和国法律对涉外商事关系有强制性规定的，如案件与中华人民共和国具有密切联系，应直接适用该强制性规定。

第14条【外国强制性规定】外国强制性规定与案件有最密切联系的，可以得到适用。

第15条【诉讼时效】诉讼时效，适用相关涉外商事关系应当适用的法律。

第一章　民用航空关系的法律适用

第16条【航空器国籍】航空器国籍由航行执照和登记证书证明。

第17条【航空器的处置】扣押、拍卖航空器，依航空器所在地的法律。

第18条【航空器所有权】民用航空器所有权，适用民用航空器国籍登记国法律。

第19条【航空器抵押权】民用航空器抵押权适用民用航空器国籍登记国法律。

第20条【航空器优先权】民用航空器优先权适用受理案件的法院所在地

法律。

第21条【航空侵权】发生在飞行器内部的侵权行为，适用飞行器登记地国法。

飞行事故致使旅客伤亡、财物毁损的损害赔偿，适用飞行器登记地法或者侵权行为地法。

飞行事故对地面造成的人员伤亡、财物毁损的损害赔偿，适用事故发生地法。

飞行器碰撞的损害赔偿，适用无过失一方的飞行器登记地法。双方均有过失的，则适用受理案件的法院地法。

说明：以上条款《中华人民共和国民用航空法》有规定，本建议补充了航空器国籍由航行执照和登记证书证明等内容。

第二章　票据关系的法律适用

第22条【本票、支票记载事项】本票、支票出票时的记载事项，适用当事人协商一致选择的法律。当事人没有选择的，适用出票地法律。

第23条【汇票或期票合同】凡因汇票或期票订立的合同，其形式依签订地法律。

第24条【票据的出票方式】汇票、本票和支票出票时的出票方式，适用出票地法。但支票出票时的记载事项，经当事人协议，也可以适用付款地法。

第25条【票据的背书、承兑、付款和保证行为】票据的背书、承兑、付款和保证行为，适用行为地法。

第26条【票据追索权】票据追索权的行使期限，若向出票人追索，适用出票地法。若向背书人追索，适用背书地法。

第27条【流通票据权的转让】流通票据中权益的转让在该转让当事人以外的人之间的有效性及效力，依转让时该票据所在地法。

某人是否是票据的正当持有人，依转让给该人时该票据所在地法。

第28条【票据的提示期限】票据的提示期限，适用付款地法。

第29条【票据权利的保全】票据丧失时，失票人请求保全票据权利的程序，适用付款地法。

第三章　公司、合伙关系的法律适用

第30条【合伙事项】合伙事项、性质依合伙契约应适用的法律。

第31条【公司的性质】公司的性质依章程所规定的法律。如无，则依董事

会所在地的法律。

第 32 条【公司股份的管理】由公司成立地管理被继承人所有的非股权凭证所代表的公司股份以及红利。

股权凭证所在地的国家对该股权凭证所代表的公司股份进行管理。

第 33 条【电信服务】电信服务适用服务提供者所在地法。

第 34 条【银行业务】银行业务适用根据银行法从事业务的企业营业所所在地国家的法律;他们之间的银行业务适用受托银行企业营业所所在地国家的法律。

第 35 条【拍卖】拍卖适用拍卖举行地国法律。

第四章 保险关系的法律适用

第 36 条【保险合同】适用投保人、被保险人惯常居所地法。如果存在更密切联系地法,则适用该法。

第 37 条【向保险人主张权利】受害人有权向负有责任者的保险人主张权利。

第 38 条【保险的权利】火灾保险、担保保险、意外保险合同的有效性及由该合同产生的权利,依当事人理解的、在保险单有效期内被保险事实主要发生地法。如果存在更密切联系地法,则适用该法。

说明:以上内容《中华人民共和国票据法》有一定规定,本建议补充了电信服务、拍卖、银行业务、保险的权利、合伙事项、公司股份的管理等方面的法律适用问题。

第五章 证券及证券投资基金关系的法律适用

第 39 条【证券发行】证券发行依公司所在地法。

说明:该条我国立法没有规定,应予补充。

第 40 条【证券的取得】证券的取得适用取得地法。

说明:该条我国立法没有规定,应予补充。

第 41 条【证券的管理】流通证券所在地的国家对该证券所代表资产的请求权进行管理。非流通证券依破产管理人被指定地的法律。在有价证券或其他权利之上设立的质权,依当事人所选择的法律,但该法律选择,不得对抗第三人;如果当事人未选择准据法,则债权、有价证券的质权,依质权人习惯居住地国法,其他权利之上设立的质权,依该权利成立地法。

说明:该条我国立法没有规定,应予补充。

第 42 条【证券的管理】流通证券所在地的国家对该证券所代表的被继承人拥有的请求权进行管理。非流通证券依执行人或管理人被指定地的法律。

说明：该条我国立法没有规定，应予补充。

第六章　破产关系的法律适用

第 43 条【破产程序开始】破产程序开始的要件，依法院地法。

说明：该条我国立法没有规定，应予补充。

第 44 条【破产财团】破产财团的范围、性质及有关权利依法院地法。

说明：该条我国立法没有规定，应予补充。

第 45 条【债权人对破产财团的物权】债权人对破产财团的物权，适用物之所在地法。取回权适用破产宣告时应取回的财产所在国家的法律；别除权适用对破产财产设定担保的物之所在地或留置所在地法。

说明：该条我国立法没有规定，应予补充。

第 46 条【债务人的抵消权和否认权】债务人对抗债权人的抵消权和否认权，适用破产宣告国法。

说明：该条我国立法没有规定，应予补充。

第 47 条【破产债权】破产债权适用破产宣告国法。

说明：该条我国立法没有规定，应予补充。

第 48 条【破产管理程序问题】破产管理程序问题依管理地法。

说明：该条我国立法没有规定，应予补充。

第 49 条【破产管理实体问题】破产管理实体问题依管理地法或原法律关系的准据法。

说明：该条我国立法没有规定，应予补充。

第 50 条【破产中的和解】破产中的和解依法院地法。

说明：该条我国立法没有规定，应予补充。

第七章　海事关系的法律适用

第 51 条【船旗国法的限定】船旗国法指有最密切联系的船旗国法律。一般情况下：（一）船旗国法是指船舶的国籍登记国的法律，不包括因船舶光船租赁而取得的临时国籍所代表的船旗国法；（二）在租赁期间船舶所有权发生变动的，发生变动后的船舶所有权问题，应适用新船旗国法。

第 52 条【船籍国】船舶的国籍由航海证书和船舶登记证书予以证明，并以船旗为外部的区分标志。不一致时，以船舶的国籍登记国为准。

第 53 条【船舶所有权】船舶所有权的内容、效力、取得、转让和消灭,适用船旗国法。

说明:《中华人民共和国海商法》第 270 条只规定了船舶所有权的取得、转让和消灭的内容,没有规定船舶所有权的内容、效力,应予补充。

第 54 条【船舶抵押权】船舶抵押权,适用船旗国法。船舶在光船租赁以前或者光船租赁期间,设立船舶抵押权的,适用原船舶登记地法。

说明:该条与我国海商法的规定一致。

第 55 条【船舶留置权】船舶留置权,适用船舶留置地法。

说明:该条我国立法没有规定,应予补充。

第 56 条【船舶优先权】船舶优先权,适用受理案件的法院地法。

说明:该条与我国海商法的规定一致。

第 57 条【优先顺序】船舶抵押权、船舶优先权和船舶留置权相互之间的优先顺序,适用受理案件的法院所在地的法律。

说明:该条我国立法没有规定,应予补充。

第 58 条:司法扣押船舶和强制变卖船舶的权利,不论船舶是否载货,应适用船舶所在地法律。

说明:该条我国立法没有规定,应予补充。

第 59 条【船员劳务合同】除合同另有约定外,船员劳务合同,适用船旗国法。

说明:该条我国立法没有规定,应予补充。

第 60 条【船舶货物运输合同】在不同国家履行的船舶货物运输合同,其形式、效力和合同当事人债务的性质,适用缔结地法。

说明:该条我国立法没有规定,应予补充。

第 61 条【租船合同】租船合同,适用货物装运港所在国的法律。

说明:该条我国立法没有规定,应予补充。

第 62 条【提单项下的运输合同】提单项下的运输合同,第三人(不包括签发提单或者代表签发提单的人)是否享有提单项下承运人的权利和义务的问题,谁及在什么条件下享有权利和义务的问题,不适用当事人选择的法律,而应由合同约定的卸货港所在国家的法律确定。

但涉及合同约定的货物交付义务和货物的交付地点、方式和装货期限,应由装货港所在国家的法律确定。

说明:该条我国立法没有规定,应予补充。

第 63 条【卸货港的法律】无论海上货物运输合同可适用的法律是什么,卸货港所在国家的法律应适用于下列问题：（1）承运人是否有权留置货物；（2）承运人或相对于承运人有权交付货物的人是否或依据什么，应有权正当查问货物交付的条件，并且如果认为货物灭失或损坏或部分损坏，应有权正当调查引起货物灭失或损坏的原因，包括确定货物的灭失或损坏。

说明：该条我国立法没有规定，应予补充。

第 64 条【船舶抵押借款合同】船长签订船舶抵押借款合同的权限由船旗国法确定。

说明：该条我国立法没有规定，应予补充。

第 65 条【海难救助】除当事人另有约定外，在一国领海、内水内发生的海难救助，适用救助作业地法；在公海上发生的海难救助，适用救助船舶的船旗国法；国籍相同的船舶之间发生的海难救助，适用共同的船旗国法。救助作业不在船舶上的适用救助人所在地法。

说明：该条我国立法没有规定，应予补充。

第 66 条【确定海损】确定海损是单独海损还是共同海损，适用船旗国法。

说明：该条我国立法没有规定，应予补充。

第 67 条【单独海损】船舶的单独海损，适用船旗国法。船载货物的单独海损，适用租船合同或者货物运输合同可适用的法律。

说明：该条我国立法没有规定，应予补充。

第 68 条【共同海损理算】共同海损理算，适用当事人约定的理算规则和法律。没有约定的，适用理算地法。

说明：该条在我国立法的基础上，增加了适用当事人约定的理算规则和法律这一规定。

第 69 条【海事侵权】在一国领海、内水内发生的侵权行为，不论其影响及于船舶以外还是仅限于船舶内部，适用侵权行为地法。其影响仅限于船舶内部的，也可以适用船旗国法。

在公海上发生的侵权行为，适用受理案件的法院地法。但其影响仅限于船舶内部的，适用船旗国法。

同一国籍的船舶，不论碰撞发生于何地，船舶碰撞的损害赔偿，适用船旗国法。

说明：我国海商法只规定了船舶碰撞损害赔偿的法律适用问题，本建议的海事侵权范围更全面。

第 70 条【船舶与其他碰撞】有关船舶碰撞的规定，也适用于船舶与任何动产或不动产之间的碰撞。

说明：该条我国立法没有规定，应予补充。

第71条【在不同国家登记】如果有关船舶在不同国家登记，或属于不同国家所有，应适用对这些国家都实行的公约。

说明：该条我国立法没有规定，应予补充。

第72条：【行为的责任】船长的权利和义务以及船舶所有人和船舶管理人对其行为的责任，适用船旗国法。

说明：该条我国立法没有规定，应予补充。

第73条【船舶检验】船舶的检验与卫生检疫标准，适用检验检疫地法律。

说明：该条我国立法没有规定，应予补充。

第74条【船员在船上的损害】船员在船上因船舶的所有人、管理人、光船承租人的侵权行为遭受人身伤亡的损害赔偿，适用船旗国法。

说明：该条我国立法没有规定，应予补充。

第75条【海事赔偿责任限制】海事赔偿责任限制，适用侵权行为地法、船旗国法或法院地法中与案件有最密切联系的国家的法律。

第76条【海上保险合同】海上保险合同适用保险公司或者其分公司或代理机构住所地国家的法律。

说明：该条我国立法没有规定，应予补充。

第77条【国家所有的货物】属于国家所有的货物，装载在执行公务非用于商业目的的商船上的货物，不得予以扣留或者扣押或实施其他司法程序。

说明：该条我国立法没有规定，应予补充。

第78条【豁免权】从事商务运输的国有船舶和从事邮政运输的私有船舶，不得由其债权人在其必须履行业务的停靠港实施扣押。

说明：该条我国立法没有规定，应予补充。

第79条【不得行使豁免权】作为船舶所有人的国家，或者作为船舶配备供给人的国家，在下列情形下不得行使豁免权：（1）因船舶碰撞或其他航行事故引起的诉讼；（2）因海难救助或者救助服务，或有关共同海损引起的诉讼；（3）有关船舶的修理、供给或者有关船舶其他事项的合同引起的诉讼。

说明：该条我国立法没有规定，应予补充。

第80条【船舶抵押贷款合同】船舶抵押贷款合同，适用各贷款地国家的法律。

说明：该条我国立法没有规定，应予补充。

第81条【船旗国法的限定】本法所称船旗国法是指船舶的国籍登记国的法律，不包括因船舶光船租赁而取得的临时国籍所代表的船旗国法。

说明：该条我国立法没有规定，应予补充。

第82条【航行的成文的规则】无论适用什么法律，任何当地的有关航行的成文的规则或规定都应该得到适用。

第83条【支配事项】应适用的法律支配下列事项：（1）受害人的范围、责任的根据及其范围；（2）免除责任以及限制责任的根据；（3）损害的种类、份额；（4）赔偿的方式及其范围；（5）损害赔偿请求权可否转让、继承；（6）本人对其代理人的行为或不行为、雇主对其雇员的行为或不行为，或船舶，或船主或驾驶员对引水员的行为或不行为所承担的责任；（7）举证责任和推定；（8）时效。

说明：该条我国立法没有规定，应予补充。

第八章　附则

第84条【与其他法的关系】涉外商事关系适用的法律，依照本法确定。其他法律对涉外商事关系法律适用另有特别规定的，在本法没有规定时，依照其规定，否则适用《中华人民共和国涉外民事关系法律适用法》的规定。

说明：该条我国立法没有规定，应予补充。

第85条【施行】本法自×× 年×× 月×× 日起施行。

（三）课题组发放征求意见的问卷调查表的设计及内容

对《中华人民共和国涉外商事关系法律适用法（建议稿）》的问卷调查表

时间	
地点	
姓名	
单位	
职务	
我国商事冲突规范立法存在的不足有哪些	
对《中华人民共和国涉外商事关系法律适用法（建议稿）》的修改意见与建议	
其他	

附录二：《中华人民共和国涉外商事关系法律适用法（建议稿）》（征求意见稿第二稿）的形成过程

（一）具体内容

《中华人民共和国涉外商事关系法律适用法（建议稿）》（征求意见稿第一稿）形成以后，项目组继续以此为基础进行讨论，并参考收回的问卷调查表的填写情况进行修改，于 2016 年 11 月形成征求意见稿第二稿，以提供给福建省法学会国际法研究会 2016 年年会征求意见（年会于 2016 年 11 月 5 日至 6 日在福州召开，主题是"一带一路法治保障"，由中国贸易仲裁委员会、海峡仲裁中心、福州大学、福建省贸促会、福建省律师协会等主办。参加会议的国际法专家、海事部门、船务公司代表等共 600 多人），经过研讨并提出了意见建议。主要修改的内容包括：取消了豁免权、关于支配事项的规定、航行的成文法规则等内容。因为豁免权各国规定不一，难于操作；支配事项没有包括所有内容；航行的成文法规则所指宽泛，故没有规定这些内容。提供给国际法研究会讨论的《中华人民共和国涉外商事关系法律适用法（建议稿）》内容如下：

目录

一般规定

第一章　民用航空关系的法律适用

第二章　票据关系的法律适用

第三章　公司、合伙关系的法律适用

第四章　保险关系的法律适用

第五章　证券及证券投资基金关系的法律适用

第六章　破产关系的法律适用

第七章　海事关系的法律适用

第八章　附则

一般规定

第 1 条【立法目的】为了明确涉外商事关系的法律适用，妥善解决涉外商事争议，制定本法。

第 2 条【适用范围】涉外商事关系适用的法律，依照本法的规定确定。

第 3 条【公共秩序保留】依照本法的规定适用外国法律（包括外国强制性

规定)、国际惯例、或者未对中华人民共和国生效的国际条约,不得违背中华人民共和国的公共利益或中华人民共和国法律、行政法规强制性规定。

第4条【先决问题】先决问题适用法院地法。但如果依法院地法不能解决的,可以适用当事人选择的法律。如果当事人没有选择法律的,由法官根据先决问题与争讼问题准据法所属国、法院地国、对其有管辖权国家的关系来判断,适用与之有最密切联系的国家的冲突规则。

第5条【识别问题】识别问题适用法院地法。但如果依法院地法不能解决的,可以适用当事人选择的法律,如果当事人没有选择法律的,可以适用与案件有联系的相关国家的法律。如果相关国家的法律之间规定有矛盾,则采用比较的方法,选择一种较好的规定进行适用。除当事人的国籍外,对于连结点的认定,适用法院所在地的法律。外国法的解释,应该根据该外国法本身的解释和运用标准来决定。

第6条【法律规避】当事人故意规避中华人民共和国强制性或者禁止性法律规定的,不得适用当事人企图适用的法律。当事人故意规避外国强制性或者禁止性法律规定的,该外国强制性或者禁止性法律规定符合国际惯例的,不得适用当事人企图适用的法律。

第7条【外国法的查明】中华人民共和国法院和仲裁机构审理商事案件时,或者中华人民共和国行政机关处理商事事项时,对中国加入的国际条约,或中国冲突规范指定的法律、国际惯例由法官负责查明。其他由当事人负责提供。不能查明或者经查明不存在有关法律规定的,由法官负责查明的,适用与该外国法律类似的法律或者中华人民共和国相应的法律。由当事人负责提供的,驳回起诉。

第8条【意思自治原则】当事人可以依照法律规定选择适用的法律。

第9条【国际条约】中华人民共和国缔结或者参加的国际条约同本法有不同规定的,适用国际条约的规定;但是,中华人民共和国声明保留的条款除外。中华人民共和国法律和中华人民共和国缔结或者参加的国际条约没有规定的,可以适用国际惯例。

第10条【未生效的国际条约】当事人可以选择适用国际惯例或者未生效或未对中华人民共和国生效的国际条约。

第11条【最密切联系原则】本法或者其他法律对涉外商事关系的法律适用没有规定的,应当适用与该涉外商事关系有最密切联系的法律。

第12条【反致问题】涉外商事关系适用的外国法律,不包括该国的法律适用法。

第 13 条【国内强制性规定】中华人民共和国法律对涉外商事关系有强制性规定的，如案件与中华人民共和国具有密切联系，应直接适用该强制性规定。

第 14 条【外国强制性规定】外国强制性规定与案件有最密切联系的，可以得到适用。

第 15 条【诉讼时效】诉讼时效，适用相关涉外商事关系准据法的规定。

第一章　民用航空关系的法律适用

第 16 条【航空器国籍】航空器国籍由航行执照和登记证书证明。

第 17 条【航空器的处置】扣押、拍卖航空器，依航空器所在地的法律。

第 18 条【航空器所有权】民用航空器所有权，适用民用航空器国籍登记国法律。

第 19 条【航空器抵押权】民用航空器抵押权适用民用航空器国籍登记国法律。

第 20 条【航空器优先权】民用航空器优先权适用受理案件的法院所在地法律。

第 21 条【航空侵权】发生在飞行器内部的侵权行为，适用飞行器登记地国法。

飞行事故致使旅客伤亡、财物毁损的损害赔偿，适用飞行器登记地法或者侵权行为地法。

飞行事故对地面造成的人员伤亡、财物毁损的损害赔偿，适用事故发生地法。

飞行器碰撞的损害赔偿，适用无过失一方的飞行器登记地法。双方均有过失的，则适用受理案件的法院地法。

第二章　票据关系的法律适用

第 22 条【本票、支票记载事项】本票、支票出票时的记载事项，适用当事人协商一致选择的法律。当事人没有选择的，适用出票地法律。

第 23 条【汇票或期票合同】凡因汇票或期票订立的合同，其形式依签订地法律。

第 24 条【票据的出票方式】汇票、本票和支票出票时的出票方式，适用出票地法。但支票出票时的记载事项，经当事人协议，也可以适用付款地法。

第 25 条【票据的背书、承兑、付款和保证行为】票据的背书、承兑、付款和保证行为，适用行为地法。

第 26 条【票据追索权】票据追索权的行使期限，若向出票人追索，适用出票地法。若向背书人追索，适用背书地法。

第 27 条【流通票据权的转让】流通票据中权益的转让在该转让当事人以外的人之间的有效性及效力，依转让时该票据所在地法。

某人是否是票据的正当持有人，依转让给该人时该票据所在地法。

第 28 条【票据的提示期限】票据的提示期限，适用付款地法。

第 29 条【票据权利的保全】票据丧失时，失票人请求保全票据权利的程序，适用付款地法。

第三章 公司、合伙关系的法律适用

第 30 条【合伙事项】合伙事项、性质依合伙契约应适用的法律。

第 31 条【公司的性质】公司的性质依章程所规定的法律。如无，则依董事会所在地的法律。

第 32 条【公司股份的管理】由公司成立地管理被继承人所有的非股权凭证所代表的公司股份以及红利。

股权凭证所在地的国家对该股权凭证所代表的公司股份进行管理。

第 33 条【电信服务】电信服务适用服务提供者所在地法。

第 34 条【银行业务】银行业务适用根据银行法从事业务的企业营业所所在地国家的法律；他们之间的银行业务适用受托银行企业营业所所在地国家的法律。

第 35 条【拍卖】拍卖适用拍卖举行地国法律。

第四章 保险关系的法律适用

第 36 条【保险合同】适用投保人、被保险人惯常居所地法。如果存在更密切联系地法，则适用该法。

第 37 条【向保险人主张权利】受害人有权向负有责任者的保险人主张权利。

第 38 条【保险的权利】火灾保险、担保保险、意外保险合同的有效性及由该合同产生的权利，依当事人理解的、在保险单有效期内被保险事实主要发生地法。如果存在更密切联系地法，则适用该法。

第五章 证券及证券投资基金关系的法律适用

第 39 条【证券发行】证券发行依公司所在地法。

第 40 条【证券的取得】证券的取得适用取得地法。

第 41 条【证券的管理】流通证券所在地的国家对该证券所代表资产的请求权进行管理。非流通证券依破产管理人被指定地的法律。在有价证券或其他权利之上设立的质权，依当事人所选择的法律，但该法律选择，不得对抗第三人；如果当事人未选择准据法，则债权、有价证券的质权，依质权人习惯居住地国法，其他权利之上设立的质权，依该权利成立地法。

第 42 条【证券的管理】流通证券所在地的国家对该证券所代表的被继承人拥有的请求权进行管理。非流通证券依执行人或管理人被指定地的法律。

第六章 破产关系的法律适用

第 43 条【破产程序开始】破产程序开始的要件，依法院地法。

第 44 条【破产财团】破产财团的范围、性质及有关权利依法院地法。

第 45 条【债权人对破产财团的物权】债权人对破产财团的物权，适用物之所在地法。取回权适用破产宣告时应取回的财产所在国家的法律；别除权适用对破产财产设定担保的物之所在地或留置所在地法。

第 46 条【债务人的抵消权和否认权】债务人对抗债权人的抵消权和否认权，适用破产宣告国法。

第 47 条【破产债权】破产债权适用破产宣告国法。

第 48 条【破产管理程序问题】破产管理程序问题依管理地法。

第 49 条【破产管理实体问题】破产管理实体问题依管理地法或原法律关系的准据法。

第 50 条【破产中的和解】破产中的和解依法院地法。

第七章 海事关系的法律适用

第 51 条【船旗国法的限定】船旗国法指有最密切联系的船旗国法律。一般情况下：（一）船旗国法是指船舶的国籍登记国的法律，不包括因船舶光船租赁而取得的临时国籍所代表的船旗国法；（二）在租赁期间船舶所有权发生变动的，发生变动后的船舶所有权问题，应适用新船旗国法。

第 52 条【海事赔偿责任限制】海事赔偿责任限制，适用侵权行为地法、船旗国法或法院地法中与案件有最密切联系的国家的法律。

第 53 条【船籍国】船舶的国籍由航海证书和船舶登记证书予以证明，并以船旗为外部的区分标志。不一致时，以船舶的国籍登记国为准。

第 54 条【船舶检验】船舶的检验与卫生检疫标准，适用检验检疫地法律。

第55条【船舶扣押】船舶扣押，适用船舶所在地法。

第56条【不得行使豁免权】国家所有的船舶在下列情形下不得行使豁免权（一）因船舶碰撞或其他航行事故引起的诉讼；（二）因海难救助或者救助服务，或有关共同海损引起的诉讼；（三）有关船舶的修理、供给或有关船舶其他事项的合同引起的诉讼。

第57条【船舶所有权】船舶所有权，适用船旗国法。

第58条【公告形式】船舶所有权转移要求的公告形式，适用船旗国法。

第59条【船舶抵押权】船舶抵押权，适用船旗国法律。在建船舶的抵押权适用造船国法律。

第60条【优先权】船舶优先权，适用法院地法或者船旗国法律。

第61条【留置权】船舶留置权，在当事人未约定时，适用船舶留置地法。

第62条【优先顺序】船舶抵押权、船舶优先权和船舶留置权相互之间的优先顺序，适用法院地法。

第63条【其他船舶物权】本法没有规定的其他船舶物权，适用法院地法。

第64条【提单】各类提单的效力、内容适用提单上规定的法律。提单上没有规定的适用提单签发地法律。

第65条【提单首要条款】提单首要条款的效力，适用法院地法。

第66条【海事合同】海事合同适用当事人选择的法律。当事人没有选择的，适用与该合同有最密切联系的法律，一般情况下，与该合同有最密切联系的法律是履行义务最能体现该合同特征的一方当事人经常居所地法律：（1）船舶设计合同，适用受托人的主营业所所在地法；（2）船舶建造或修理合同，适用船舶建造地或修理地的法律；（3）船舶买卖合同，适用合同订立时卖方的主营业所所在地法；（4）海上旅客运输合同，适用合同订立时承运人的主营业所所在地法；（5）海上运输合同适用承运人的主营业所所在地法；（6）船舶租用合同，适用出租方的主营业所所在地法；在光船租船合同下，适用光船承租人的主营业所所在地法；（7）船舶抵押贷款合同，适用贷款方的主营业所所在地法。（8）海上拖航合同，适用承拖人的主营业所所在地法。

第67条【权利与义务】船长、船舶所有人和船舶管理人、船员的权利与义务，适用船旗国法。

第68条【船员劳动合同】除合同另有约定外，船员劳动合同，适用船旗国法、当事人住所地法中对船员保护有利的法律。

第69条【海上保险合同】海上保险合同，当事人没有约定的，适用投保人、被保险人、保险人主营业所所在地法中有利于被保险人的法律。

第70条【再保险合同】当事人没有约定的，适用再保险人主营业所所在地法。

第71条【其他海事合同】其他海事合同适用当事人选择的法律。当事人没有选择的，适用与合同有最密切联系的国家的法律。

第72条【船舶碰撞】船舶碰撞适用侵权行为地法。同一国籍的船舶发生碰撞的，适用船旗国法。公海上发生的船舶碰撞，适用法院地法。

第73条【船舶碰撞的内部损害】船舶碰撞的损害仅限于船舶内部的，也可以适用船旗国法。

第74条【船舶与其他触碰】有关船舶碰撞的规定，也适用于船舶与任何动产或不动产之间的触碰。

第75条【油污】海上油污适用油污损害发生地国法律或油污损害结果地国法律。如果油污损害发生在公海，适用干预措施采取国的法律。如果油污损害发生在公海，且有多个国家采取干预措施的情况下，适用法院地法。

第76条【海上人身伤亡】海上人身伤亡，适用侵权行为地法、船旗国法中有利于保护弱者权益的法律。在公海上发生的人身伤亡，适用船旗国法。

第77条【同一国籍的当事人】前条的双方当事人具有同一国籍或住所时，适用双方共同的本国法或住所地法及侵权行为地法中更有利于保护弱者的法律。

第78条【其他海事侵权】本法没有规定的其他海事侵权，除当事人另有协议外，适用侵权行为地法。在公海上发生的侵权行为，适用法院地法。

第79条【其他海事侵权的内部损害】其他海事侵权的损害仅限于船舶内部的，也可以适用船旗国法。

第80条【海难救助】海难救助，当事人可以选择适用的法律。

如果当事人没有选择适用的法律，海难救助发生在公海上的，适用救助船舶的船旗国法；发生在一国领海、专属经济区的，适用救助作业地法；救助作业不在船舶上的适用救助人所在地法。前面的救助如是具有相同国籍船舶间的救助，适用其共同本国法。

第81条【共同海损】共同海损，适用当事人约定的法律；当事人未约定的，根据最密切联系原则，从船旗国法、侵权行为地法或者理算地法中选择适用的法律。

第八章　附则

第82条【与其他法的关系】涉外商事关系适用的法律，依照本法确定。其他法律对涉外商事关系法律适用另有特别规定的，在本法没有规定时，依照其规定，否则适用《中华人民共和国涉外民事关系法律适用法》的规定。

第83条【施行】本法自××年××月××日起施行。

（二）国际法学会发放的《中华人民共和国涉外商事关系法律适用法（建议稿）》问卷调查表：

征求意见表

时间	
地点	
职业	
我国商事冲突规范立法存在的问题有哪些	
是否赞成制定《中华人民共和国涉外商事关系法律适用法》	
对《中华人民共和国涉外商事关系法律适用法（建议稿）》的意见建议	
其他	

附录三：《中华人民共和国涉外商事关系法律适用法（建议稿）》（征求意见稿第三稿）的形成过程

（一）修改情况

根据对征求意见稿第二稿的征求的意见，进行了修改。修改后提供给 2016 年第八届全国部门法哲学研讨会作为会议论文进行研讨，该会的议题之一即关于涉外重点领域部门立法研究。第八届全国部门法哲学研讨会由国家司法文明协同创新中心、吉林大学理论法学研究中心等主办，于 2016 年 11 月 26 日在福州举行，大会推举笔者在大会上就我国商事冲突规范的立法问题做了主旨报告，得到主持人司法文明协同创新中心副主任、秘书长柳经纬教授、评议人清华大学法学院院长申卫星教授的高度肯定。并认为本研究是通过实证的方法进行的，特别值得提倡，提出的具体的立法建议草案，具有重要的价值。

此外，笔者关于商事冲突规范立法的相关论文还提供给 2016 年中国冲突规范研究会年会（湖南长沙召开）、2016 年海峡两岸冲突规范学术研讨会（福建省厦门召开）、东华大学举办的海峡两岸冲突规范研讨会（2017 年 12 月 9 日—12 日召开）等重要会议进行研讨。根据这些研讨的意见增加补充了区际适用问题即参考适用条款的规定，补充了第 72 条：【区际适用】中华人民共和国各法域之间的商事关系参照本法适用。

主要修改地方如下。第 11 条【最密切联系原则】本法或者其他法律对涉外商事关系的法律适用没有规定的，应当适用与该涉外商事关系有最密切联系的法律。对商事合同而言，如无法确定最密切联系的法律，则与合同有最密切联系的法律是履行义务最能体现该合同特征的一方当事人主营业所所在地法：（1）电信服务适用服务提供者主营业所所在地法；（2）银行业务适用从事银行业务的企业主营业所所在地法；（3）拍卖适用拍卖举行地法；（4）运输合同，适用合同订立时承运人的主营业所所在地法；（5）海上拖航合同，适用承拖人的主营业所所在地法。

该条在最密切联系原则的规定中增加了特征性履行的商事合同规定，其他条文中有关合同的规定均录入此条，但保险合同仍然放在保险关系的法律适用一章中。

（二）具体内容

目录

一般规定

一般规定

第1条【立法目的】为了明确涉外商事关系的法律适用，妥善解决涉外商事争议，制定本法。

第2条【适用范围】涉外商事关系适用的法律，依照本法的规定确定。

第3条【公共秩序保留】依照本法的规定适用外国法律（包括外国强制性规定）、国际惯例、或者未对中华人民共和国生效的国际条约，不得违背中华人民共和国的公共利益或中华人民共和国法律、行政法规强制性规定。

第4条【先决问题】先决问题适用法院地法。但如果依法院地法不能解决的，可以适用当事人选择的法律。如果当事人没有选择法律的，由法官根据先决问题与争讼问题准据法所属国、法院地国、对其有管辖权国家的关系来判断，适用与之有最密切联系的国家的冲突规则。

第5条【识别问题】识别问题适用法院地法。但如果依法院地法不能解决的，可以适用当事人选择的法律，如果当事人没有选择法律的，可以适用与案件有联系的相关国家的法律。如果相关国家的法律之间规定有矛盾，则采用比较的方法，选择一种较好的规定进行适用。除当事人的国籍外，对于连结点的认定，适用法院所在地的法律。外国法的解释，应该根据该外国法本身的解释和运用标准来决定。

第6条【法律规避】当事人故意规避中华人民共和国强制性或者禁止性法律规定的，不得适用当事人企图适用的法律。当事人故意规避外国强制性或者禁止性法律规定的，该外国强制性或者禁止性法律规定符合国际惯例的，不得适用当事人企图适用的法律。

第7条【外国法的查明】中华人民共和国法院和仲裁机构审理商事案件时，或者中华人民共和国行政机关处理商事事项时，对中国加入的国际条约，或中国冲突规范指定的法律、国际惯例由法官负责查明。其他由当事人负责提供。不能查明或者经查明不存在有关法律规定的，由法官负责查明的，适用与该外国法律类似的法律或者中华人民共和国相应的法律。由当事人负责提供的，驳回起诉。

第8条【意思自治原则】当事人可以依照法律规定选择适用的法律。

第9条【国际条约】中华人民共和国缔结或者参加的国际条约同本法有不同规定的，适用国际条约的规定；但是，中华人民共和国声明保留的条款除外。中华人民共和国法律和中华人民共和国缔结或者参加的国际条约没有规定的，可以适用国际惯例。

第10条【未生效的国际条约】当事人可以选择适用国际惯例或者未生效或未对中华人民共和国生效的国际条约。

第11条【最密切联系原则】本法或者其他法律对涉外商事关系的法律适用没有规定的，应当适用与该涉外商事关系有最密切联系的法律。对商事合同而言，如无法确定最密切联系的法律，则与合同有最密切联系的法律是履行义务最能体现该合同特征的一方当事人主营业所所在地法：（1）电信服务适用服务提供者主营业所所在地法；（2）银行业务适用从事银行业务的企业主营业所所在地法；（3）拍卖适用拍卖举行地法；（4）运输合同，适用合同订立时承运人的主营业所所在地法；（5）海上拖航合同，适用承拖人的主营业所所在地法。

第12条【反致问题】涉外商事关系适用的外国法律，不包括该国的法律适用法。

第13条【国内强制性规定】中华人民共和国法律对涉外商事关系有强制性规定的，如案件与中华人民共和国具有密切联系，应直接适用该强制性规定。

第14条【外国强制性规定】外国强制性规定与案件有最密切联系的，可以得到适用。

第15条【诉讼时效】诉讼时效，适用相关涉外商事关系准据法的规定。

第一章　民用航空关系的法律适用

第16条【航空器国籍】航空器国籍由航行执照和登记证书证明。

第17条【航空器的处置】扣押、拍卖航空器，依航空器所在地的法律。

第18条【航空器所有权】民用航空器所有权，适用民用航空器国籍登记国法律。

第 19 条【航空器抵押权】民用航空器抵押权适用民用航空器国籍登记国法律。

第 20 条【航空器优先权】民用航空器优先权适用受理案件的法院所在地法律。

第 21 条【航空侵权】发生在飞行器内部的侵权行为，适用飞行器登记地国法。

飞行事故致使旅客伤亡、财物毁损的损害赔偿，适用飞行器登记地法或者侵权行为地法。

飞行事故对地面造成的人员伤亡、财物毁损的损害赔偿，适用事故发生地法。

飞行器碰撞的损害赔偿，适用无过失一方的飞行器登记地法。双方均有过失的，则适用受理案件的法院地法。

第二章 票据关系的法律适用

第 22 条【本票、支票记载事项】本票、支票出票时的记载事项，适用当事人协商一致选择的法律。当事人没有选择的，适用出票地法律。

第 23 条【汇票或期票合同】凡因汇票或期票订立的合同，其形式依签订地法律。

第 24 条【票据的出票方式】汇票、本票和支票出票时的出票方式，适用出票地法。但支票出票时的记载事项，经当事人协议，也可以适用付款地法。

第 25 条【票据的背书、承兑、付款和保证行为】票据的背书、承兑、付款和保证行为，适用行为地法。

第 26 条【票据追索权】票据追索权的行使期限，若向出票人追索，适用出票地法。若向背书人追索，适用背书地法。

第 27 条【流通票据权的转让】流通票据中权益的转让在该转让当事人以外的人之间的有效性及效力，依转让时该票据所在地法。

某人是否是票据的正当持有人，依转让给该人时该票据所在地法。

第 28 条【票据的提示期限】票据的提示期限，适用付款地法。

第 29 条【票据权利的保全】票据丧失时，失票人请求保全票据权利的程序，适用付款地法。

第三章 公司、合伙关系的法律适用

第 30 条【合伙事项】合伙事项、性质依合伙契约应适用的法律。

第31条【公司的性质】公司的性质依章程所规定的法律。如无，则依董事会所在地的法律。

第32条【公司股份的管理】由公司成立地管理被继承人所有的非股权凭证所代表的公司股份以及红利。股权凭证所在地的国家对该股权凭证所代表的公司股份进行管理。

第四章　保险关系的法律适用

第33条【保险合同】适用投保人、被保险人惯常居所地法。如果存在更密切联系地法，则适用该法。再保险合同，当事人没有约定的，适用再保险人主营业所所在地法。

第34条【向保险人主张权利】受害人有权向负有责任者的保险人主张权利。

第35条【保险的权利】火灾保险、担保保险、意外保险合同的有效性及由该合同产生的权利，依当事人理解的、在保险单有效期内被保险事实主要发生地法。如果存在更密切联系地法，则适用该法。

第五章　证券及证券投资基金关系的法律适用

第36条【证券发行】证券发行依公司所在地法。

第37条【证券的取得】证券的取得适用取得地法。

第38条【证券的管理】流通证券所在地的国家对该证券所代表资产的请求权进行管理。非流通证券依破产管理人被指定地的法律。在有价证券或其他权利之上设立的质权，依当事人所选择的法律，但该法律选择，不得对抗第三人；如果当事人未选择准据法，则债权、有价证券的质权，依质权人习惯居住地国法，其他权利之上设立的质权，依该权利成立地法。

第39条【证券的管理】流通证券所在地的国家对该证券所代表的被继承人拥有的请求权进行管理。非流通证券依执行人或管理人被指定地的法律。

第六章　破产关系的法律适用

第40条【破产程序开始】破产程序开始的要件，依法院地法。

第41条【破产财团】破产财团的范围、性质及有关权利依法院地法。

第42条【债权人对破产财团的物权】债权人对破产财团的物权，适用物之所在地法。取回权适用破产宣告时应取回的财产所在国家的法律；别除权适用对破产财产设定担保的物之所在地或留置所在地法。

第43条【债务人的抵消权和否认权】债务人对抗债权人的抵消权和否认权，适用破产宣告国法。

第44条【破产债权】破产债权适用破产宣告国法。

第45条【破产管理程序问题】破产管理程序问题依管理地法。

第46条【破产管理实体问题】破产管理实体问题依管理地法或原法律关系的准据法。

第47条【破产中的和解】破产中的和解依法院地法。

第七章 海事关系的法律适用

第48条【船旗国法的限定】船旗国法指有最密切联系的船旗国法律。一般情况下：（一）船旗国法是指船舶的国籍登记国的法律，不包括因船舶光船租赁而取得的临时国籍所代表的船旗国法；（二）在租赁期间船舶所有权发生变动的，发生变动后的船舶所有权问题，应适用新船旗国法。

第49条【海事赔偿责任限制】海事赔偿责任限制，适用侵权行为地法、船旗国法或法院地法中与案件有最密切联系的国家的法律。

第50条【船籍国】船舶的国籍由航海证书和船舶登记证书予以证明，并以船旗为外部的区分标志。不一致时，以船舶的国籍登记国为准。

第51条【船舶检验】船舶的检验与卫生检疫标准，适用检验检疫地法律。

第52条【船舶扣押】船舶扣押，适用船舶所在地法。

第53条【船舶所有权】船舶所有权，适用船旗国法。

第54条【公告形式】船舶所有权转移要求的公告形式，适用船旗国法。

第55条【船舶抵押权】船舶抵押权，适用船旗国法律。在建船舶的抵押权适用造船国法律。

第56条【优先权】船舶优先权，适用法院地法或者船旗国法律。

第57条【留置权】船舶留置权，在当事人未约定时，适用船舶留置地法。

第58条【优先顺序】船舶抵押权、船舶优先权和船舶留置权相互之间的优先顺序，适用法院地法。

第59条【提单】各类提单的效力、内容适用提单上规定的法律。提单上没有规定的适用提单签发地法律。

第60条【提单首要条款】提单首要条款的效力，适用法院地法。

第61条【权利与义务】船长、船舶所有人和船舶管理人、船员的权利与义务，适用船旗国法。

第62条【船员劳动合同】除合同另有约定外，船员劳动合同，适用船旗国法、当事人住所地法中对船员保护有利的法律。

第 63 条【船舶碰撞】船舶碰撞适用侵权行为地法。同一国籍的船舶发生碰撞的，适用船旗国法。公海上发生的船舶碰撞，适用法院地法。

第 64 条【船舶碰撞的内部损害】船舶碰撞的损害仅限于船舶内部的，也可以适用船旗国法。

第 65 条【船舶与其他触碰】有关船舶碰撞的规定，也适用于船舶与任何动产或不动产之间的触碰。

第 66 条【油污】海上油污适用油污损害发生地国法律或油污损害结果地国法律。如果油污损害发生在公海，适用干预措施采取国的法律。如果油污损害发生在公海，且有多个国家采取干预措施的情况下，适用法院地法。

第 67 条【海上人身伤亡】海上人身伤亡，适用侵权行为地法、船旗国法中有利于保护弱者权益的法律。在公海上发生的人身伤亡，适用船旗国法。

第 68 条【同一国籍的当事人】前条的双方当事人具有同一国籍或住所时，适用双方共同的本国法或住所地法及侵权行为地法中更有利于保护弱者的法律。

第 69 条【海难救助】海难救助，当事人可以选择适用的法律。

如果当事人没有选择适用的法律，海难救助发生在公海上的，适用救助船舶的船旗国法；发生在一国领海、专属经济区的，适用救助作业地法；救助作业不在船舶上的适用救助人所在地法。前面的救助如是具有相同国籍船舶间的救助，适用其共同本国法。

第 70 条【共同海损】共同海损，适用当事人约定的法律；当事人未约定的，根据最密切联系原则，从船旗国法、侵权行为地法或者理算地法中选择适用的法律。

第八章　附则

第 71 条【与其他法的关系】涉外商事关系适用的法律，依照本法确定。其他法律对涉外商事关系法律适用另有特别规定的，在本法没有规定时，依照其规定，否则适用《中华人民共和国涉外民事关系法律适用法》的规定。

第 72 条【区际适用】中华人民共和国各法域之间的商事关系参照本法适用。

第 73 条【施行】本法自××年××月××日起施行。

附录四：《中华人民共和国涉外商事关系法律适用法（建议稿)》（征求意见稿第四稿）的形成过程

（一）修订情况

征求意见稿第四稿是在以前诸多次全面征求意见，特别是在第三稿征求意见的基础上，反复修改完善后，一方面笔者专门赴北京、大连、武汉、西安等地征求专家意见，特别是根据专家特长针对性地征求建议稿中相关条款意见，另一方面提交给2018年海峡两岸冲突规范学术研讨会（2018年11月9日—13日湖南师范大学主办），提交给2018年海法与自贸港区建设法律问题高端研讨会（2018年12月14日—16日在福州召开）等进行研讨，征求意见，得到的意见是普遍认同，认为反反复复的修正及各种范围高层次高级别学术专门会议的征求意见，使得征求意见稿日臻完善。但有专家建议，个别商事领域的法律适用条款还可以增多一些（如证券投资基金等）。这些领域国内外规定及研究很少，补充起来难度很大，但如能够尽量补充一些，则具有巨大的理论意义及实际应用价值。针对这些意见建议，在此次的修正稿中，主要对这些空白领域的规定条款增加了一些，主要修改增加的地方有：增加了金融法律适用的规定、证券投资基金法律适用的规定；补充了证券、保险、破产等领域法律适用的冲突法条款规定；补充了不溯及既往的规定，即第74条【不溯及既往】本法不溯及既往，但未决事项或当时法律没有规定的事项除外。

（二）具体内容

目录

一般规定

第一章　民用航空关系的法律适用

第二章　票据关系的法律适用

第三章　公司、合伙关系的法律适用

第四章　保险关系的法律适用

第五章　银行、证券及证券投资基金关系的法律适用

第六章　破产关系的法律适用

第七章　海事关系的法律适用

第八章　附则

一般规定

第1条【立法目的】为了明确涉外商事关系的法律适用，妥善解决涉外商事争议，制定本法。

第2条【适用范围】涉外商事关系适用的法律，依照本法的规定确定。

第3条【公共秩序保留】依照本法的规定适用外国法律（包括外国强制性规定）、国际惯例、或者未对中华人民共和国生效的国际条约，不得违背中华人民共和国的公共利益或中华人民共和国法律、行政法规强制性规定。

第4条【先决问题】先决问题适用法院地法。但如果依法院地法不能解决的，可以适用当事人选择的法律。如果当事人没有选择法律的，由法官根据先决问题与争讼问题准据法所属国、法院地国、对其有管辖权国家的关系来判断，适用与之有最密切联系的国家的冲突规则。

第5条【识别问题】识别问题适用法院地法。但如果依法院地法不能解决的，可以适用当事人选择的法律，如果当事人没有选择法律的，可以适用与案件有联系的相关国家的法律。如果相关国家的法律之间规定有矛盾，则采用比较的方法，选择一种较好的规定进行适用。除当事人的国籍外，对于连结点的认定，适用法院所在地的法律。外国法的解释，应该根据该外国法本身的解释和运用标准来决定。

第6条【法律规避】当事人故意规避中华人民共和国强制性或者禁止性法律规定的，不得适用当事人企图适用的法律。当事人故意规避外国强制性或者禁止性法律规定的，该外国强制性或者禁止性法律规定符合国际惯例的，不得适用当事人企图适用的法律。

第7条【外国法的查明】中华人民共和国法院和仲裁机构审理商事案件时，或者中华人民共和国行政机关处理商事事项时，对中国加入的国际条约，或中国冲突规范指定的法律、国际惯例由法官负责查明。其他由当事人负责提供。不能查明或者经查明不存在有关法律规定的，由法官负责查明的，适用与该外国法律类似的法律或者中华人民共和国相应的法律。由当事人负责提供的，驳回起诉。

第8条【意思自治原则】当事人可以依照法律规定选择适用的法律。

第9条【国际条约】中华人民共和国缔结或者参加的国际条约同本法有不同规定的，适用国际条约的规定；但是，中华人民共和国声明保留的条款除外。中华人民共和国法律和中华人民共和国缔结或者参加的国际条约没有规定的，可以适用国际惯例。

第10条【未生效的国际条约】当事人可以选择适用国际惯例或者未生效或未对中华人民共和国生效的国际条约。

第11条【最密切联系原则】本法或者其他法律对涉外商事关系的法律适用没有规定的，应当适用与该涉外商事关系有最密切联系的法律。对商事合同而言，如无法确定最密切联系的法律，则与合同有最密切联系的法律是履行义务最能体现该合同特征的一方当事人主营业所所在地法：（1）电信服务适用服务提供者主营业所所在地法；（2）银行业务适用从事银行业务的企业主营业所所在地法；（3）拍卖适用拍卖举行地法；（4）运输合同，适用合同订立时承运人的主营业所所在地法；（5）海上拖航合同，适用承拖人的主营业所所在地法。

第12条【反致问题】涉外商事关系适用的外国法律，不包括该国的法律适用法。

第13条【国内强制性规定】中华人民共和国法律对涉外商事关系有强制性规定的，如案件与中华人民共和国具有密切联系，应直接适用该强制性规定。

第14条【外国强制性规定】外国强制性规定与案件有最密切联系的，可以得到适用。

第15条【诉讼时效】诉讼时效，适用相关涉外商事关系应准据法的规定。

第一章　民用航空关系的法律适用

第16条【航空器国籍】航空器国籍由航行执照和登记证书证明。

第17条【航空器的处置】扣押、拍卖航空器，依航空器所在地的法律。

第18条【航空器所有权】民用航空器所有权，适用民用航空器国籍登记国法律。

第19条【航空器抵押权】民用航空器抵押权适用民用航空器国籍登记国法律。

第20条【航空器优先权】民用航空器优先权适用受理案件的法院所在地法律。

第21条【航空侵权】发生在飞行器内部的侵权行为，适用飞行器登记地国法。

飞行事故致使旅客伤亡、财物毁损的损害赔偿，适用飞行器登记地法或者侵权行为地法。

飞行事故对地面造成的人员伤亡、财物毁损的损害赔偿，适用事故发生地法。

飞行器碰撞的损害赔偿，适用无过失一方的飞行器登记地法。双方均有过失的，则适用受理案件的法院地法。

飞行事故在公海上空对水面当事人的损害赔偿，适用受理案件的法院地法律。

第二章　票据关系的法律适用

第 22 条【本票、支票记载事项】本票、支票出票时的记载事项，适用当事人协商一致选择的法律。当事人没有选择的，适用出票地法律。

第 23 条【汇票或期票合同】凡因汇票或期票订立的合同，其形式依签订地法律。

第 24 条【票据的出票方式】汇票、本票和支票出票时的出票方式，适用出票地法。但支票出票时的记载事项，经当事人协议，也可以适用付款地法。

第 25 条【票据的背书、承兑、付款和保证行为】票据的背书、承兑、付款和保证行为，适用行为地法。

第 26 条【票据追索权】票据追索权的行使期限，若向出票人追索，适用出票地法。若向背书人追索，适用背书地法。

第 27 条【流通票据权的转让】流通票据中权益的转让在该转让当事人以外的人之间的有效性及效力，依转让时该票据所在地法。

某人是否是票据的正当持有人，依转让给该人时该票据所在地法。

第 28 条【票据的提示期限】票据的提示期限，适用付款地法。

第 29 条【票据权利的保全】票据丧失时，失票人请求保全票据权利的程序，适用付款地法。

第三章　公司、合伙关系的法律适用

第 30 条【合伙事项】合伙事项、性质依合伙契约应适用的法律。

第 31 条【公司的性质】公司的性质依章程所规定的法律。如无，则依董事会所在地的法律。

第 32 条【公司股份的管理】由公司成立地管理被继承人所有的非股权凭证所代表的公司股份以及红利。

股权凭证所在地的国家对该股权凭证所代表的公司股份进行管理。

第四章　保险关系的法律适用

第 33 条【保险合同】适用投保人、被保险人惯常居所地法。如果存在更密切联系地法，则适用该法。再保险合同，当事人没有约定的，适用再保险人主营业所所在地法。

第 34 条【向保险人主张权利】受害人有权向负有责任者的保险人主张权利。

第 35 条【保险的权利】火灾保险、担保保险、意外保险合同的有效性及由该合同产生的权利，依当事人理解的、在保险单有效期内被保险事实主要发生地法。如果存在更密切联系地法，则适用该法。

第五章　银行证券及证券投资基金关系的法律适用

第 36 条【证券发行】证券发行依公司所在地法。

第 37 条【证券的取得】证券的取得适用取得地法。

第 38 条【证券的管理】流通证券所在地的国家对该证券所代表资产的请求权进行管理。非流通证券依破产管理人被指定地的法律。在有价证券或其他权利之上设立的质权，依当事人所选择的法律，但该法律选择，不得对抗第三人；如果当事人未选择准据法，则债权、有价证券的质权，依质权人习惯居住地国法，其他权利之上设立的质权，依该权利成立地法。

第 39 条【证券的管理】流通证券所在地的国家对该证券所代表的被继承人拥有的请求权进行管理。非流通证券依执行人或管理人被指定地的法律。

第六章　破产关系的法律适用

第 40 条【破产程序开始】破产程序开始的要件，依法院地法。

第 41 条【破产财团】破产财团的范围、性质及有关权利依法院地法。

第 42 条【债权人对破产财团的物权】债权人对破产财团的物权，适用物之所在地法。取回权适用破产宣告时应取回的财产所在国家的法律；别除权适用对破产财产设定担保的物之所在地或留置所在地法。

第 43 条【债务人的抵消权和否认权】债务人对抗债权人的抵消权和否认权，适用破产宣告国法。

第 44 条【破产债权】破产债权适用破产宣告国法。

第 45 条【破产管理程序问题】破产管理程序问题依管理地法。

第 46 条【破产管理实体问题】破产管理实体问题依管理地法或原法律关系的准据法。

第 47 条【破产中的和解】破产中的和解依法院地法。

第七章　海事关系的法律适用

第48条【船旗国法的限定】船旗国法指有最密切联系的船旗国法律。一般情况下：（一）船旗国法是指船舶的国籍登记国的法律，不包括因船舶光船租赁而取得的临时国籍所代表的船旗国法；（二）在租赁期间船舶所有权发生变动的，发生变动后的船舶所有权问题，应适用新船旗国法。

第49条【海事赔偿责任限制】海事赔偿责任限制，适用侵权行为地法、船旗国法或法院地法中与案件有最密切联系的国家的法律。

第50条【船籍国】船舶的国籍由航海证书和船舶登记证书予以证明，并以船旗为外部的区分标志。不一致时，以船舶的国籍登记国为准。

第51条【船舶检验】船舶的检验与卫生检疫标准，适用检验检疫地法律。

第52条【船舶扣押】船舶扣押，适用船舶所在地法。

第53条【船舶所有权】船舶所有权，适用船旗国法。

第54条【公告形式】船舶所有权转移要求的公告形式，适用船旗国法。

第55条【船舶抵押权】船舶抵押权，适用船旗国法律。在建船舶的抵押权适用造船国法律。

第56条【优先权】船舶优先权，适用法院地法或者船旗国法律。

第57条【留置权】船舶留置权，在当事人未约定时，适用船舶留置地法。

第58条【优先顺序】船舶抵押权、船舶优先权和船舶留置权相互之间的优先顺序，适用法院地法。

第59条【提单】各类提单的效力、内容适用提单上规定的法律。提单上没有规定的适用提单签发地法律。

第60条【提单首要条款】提单首要条款的效力，适用法院地法。

第61条【权利与义务】船长、船舶所有人和船舶管理人、船员的权利与义务，适用船旗国法。

第62条【船员劳动合同】除合同另有约定外，船员劳动合同，适用船旗国法、当事人住所地法中对船员保护有利的法律。

第63条【船舶碰撞】船舶碰撞适用侵权行为地法。同一国籍的船舶发生碰撞的，适用船旗国法。

公海上发生的船舶碰撞，适用法院地法。

第64条【船舶碰撞的内部损害】船舶碰撞的损害仅限于船舶内部的，也可以适用船旗国法。

第65条【船舶与其他触碰】有关船舶碰撞的规定，也适用于船舶与任何动产或不动产之间的触碰。

第 66 条 【油污】海上油污适用油污损害发生地国法律或油污损害结果地国法律。如果油污损害发生在公海，适用干预措施采取国的法律。如果油污损害发生在公海，且有多个国家采取干预措施的情况下，适用法院地法。

第 67 条 【海上人身伤亡】海上人身伤亡，适用侵权行为地法、船旗国法中有利于保护弱者权益的法律。在公海上发生的人身伤亡，适用船旗国法。

第 68 条 【同一国籍的当事人】前条的双方当事人具有同一国籍或住所时，适用双方共同的本国法或住所地法及侵权行为地法中更有利于保护弱者的法律。

第 69 条 【海难救助】海难救助，当事人可以选择适用的法律。

如果当事人没有选择适用的法律，海难救助发生在公海上的，适用救助船舶的船旗国法；发生在一国领海、专属经济区的，适用救助作业地法；救助作业不在船舶上的适用救助人所在地法。前面的救助如是具有相同国籍船舶间的救助，适用其共同本国法。

第 70 条 【共同海损】共同海损，适用当事人约定的法律；当事人未约定的，根据最密切联系原则，从船旗国法、侵权行为地法或者理算地法中选择适用的法律。

第八章 附则

第 71 条 【与其他法的关系】涉外商事关系适用的法律，依照本法确定。其他法律对涉外商事关系法律适用另有特别规定的，在本法没有规定时，依照其规定，否则适用《中华人民共和国涉外民事关系法律适用法》的规定。

第 72 条 【区际适用】中华人民共和国各法域之间的商事关系参照本法适用。

第 73 条 【不溯及既往】本法不溯及既往，但未决事项或当时法律没有规定的事项除外。

第 74 条 【施行】本法自××年××月××日起施行。

附录五、《中华人民共和国涉外商事关系法律适用法（建议稿）》（最终稿）

在以上各种修订稿的基础上，再次征求专家意见，并根据笔者提交给交通部的《中华人民共和国海商法（征求意见稿）》的修改完善意见进行修订。对照《中华人民共和国涉外商事关系法律适用法（建议稿）》（征求意见稿第四稿），《中华人民共和国涉外商事关系法律适用法（建议稿）》（最终稿）在一些部分进行了补充完善。

1. 关于最密切联系原则，《征求意见稿第四稿》第 11 条【最密切联系原则】规定了特征性履行的 5 种情形，《最终稿》进行了补充，规定了 34 种情形，基本上将外延范围规定周全了。

2. 在排列顺序上，《最终稿》将公司、合伙关系的法律适用排在第一章（《征求意见稿第四稿》将之排在第三章）。排在第一章的理由：公司、合伙关系是商事各具体法律关系的主体部分，应首先规定才对。

3. 在第一章公司、合伙关系的法律适用部分，补充的内容有公司设立的规定：公司、合伙的设立与形式，适用设立地法律。

4. 在第二章民用航空关系的法律适用部分，补充的内容有关于搜寻援救的规定：除当事人另有约定外，在一国领土、领海、内水内发生的航空救助，适用救助地法；在公海上发生的航空救助，适用救助人的住所地法。

5. 在第四章保险关系的法律适用部分，去掉了《征求意见稿第四稿》第 34 条的规定，该条规定受害人有权向负有责任者的保险人主张权利。该规定不应该属于冲突法规定的内容。

6. 在第五章银行、证券及证券投资基金关系的法律适用部分，补充了银行的设立、贷款与担保、证券上设立的权利、证券的权利义务、证券投资基金等的冲突法条款规定。

7. 在第六章破产关系的法律适用部分，补充了破产宣告的法律适用的规定。

8. 在第七章海事关系的法律适用部分，将船舶碰撞修改为海事侵权，补充规定了其他船舶物权的法律适用。在共同海损方面，规定适用当事人协议选择适用的法律。当事人没有选择的，适用理算地法。（《征求意见稿第四稿》规定适用"从船旗国法、侵权行为地法或者理算地法中选择适用的法律"。事实上，理算地法与共同海损更为密切，可直接规定理算地法的适用）如果规定"从船

779

旗国法、侵权行为地法或者理算地法法中选择适用的法律"，规定太过灵活，法律适用的确定性会受到减损。

在以上修改的基础上，最后形成的《中华人民共和国涉外商事关系法律适用法（建议稿）》（最终稿）如下。

目录

一般规定

第一章　公司、合伙关系的法律适用

第二章　民用航空关系的法律适用

第三章　票据关系的法律适用

第四章　保险关系的法律适用

第五章　银行、证券及证券投资基金关系的法律适用

第六章　破产关系的法律适用

第七章　海事关系的法律适用

第八章　附则

一般规定

第1条【立法目的】为了规定涉外商事关系的法律适用，制定本法。

第2条【适用范围】涉外商事关系适用的法律，依照本法的规定确定。

第3条【公共秩序保留】依照本法的规定适用外国法律（包括外国强制性规定）、国际惯例、或者未对中华人民共和国生效的国际条约，不得违背中华人民共和国的公共利益或中华人民共和国法律、行政法规强制性规定。

第4条【先决问题】先决问题适用法院地法。

第5条【识别问题】识别问题适用法院地法。

第6条【法律规避】当事人故意规避强制性或者禁止性法律规定的无效。

第7条【外国法的查明】一国加入的国际条约，或冲突规范指定的法律、国际惯例由法官负责查明。其他由当事人负责提供。不能查明或者经查明不存在有关法律规定的，由法官负责查明的，适用与该外国法律类似的法律。由当事人负责提供的，驳回起诉。

第8条【意思自治原则】当事人可以依照法律规定选择适用的法律。

第9条【国际条约】缔结或者参加的国际条约同国内法有不同规定的，适用国际条约的规定；但是，声明保留的条款除外。国际条约没有规定的，可以适用国际惯例。

第10条【未生效的国际条约】当事人可以选择适用国际惯例或者未生效或

未对中华人民共和国生效的国际条约。

第11条【最密切联系原则】本法或者其他法律对涉外商事关系的法律适用没有规定的，应当适用与该涉外商事关系有最密切联系的法律。对商事合同而言，如无法确定最密切联系的法律，则与合同有最密切联系的法律是履行义务最能体现该合同特征的一方当事人主营业所所在地法。（1）买卖合同，适用合同订立时卖方营业所所在地法；如果合同是在买方营业所所在地谈判并订立的，或者合同明确规定卖方必须在买方营业所所在地履行交货义务的，适用买方营业所所在地法。（2）加工承揽合同，适用加工承揽人营业所所在地法。（3）成套设备供应合同，适用设备安装地法。（4）不动产买卖、租赁或抵押合同，适用不动产所在地法。（5）动产租赁合同，适用出租人营业所所在地法。（6）动产质押合同，适用质权人营业所所在地法。（7）借款合同，适用贷款人营业所所在地法。（8）货款支付与结算合同，适用支付地或结算地法。（9）保险合同，适用保险人营业所所在地法。（10）融资租赁合同，适用承租人营业所所在地法。（11）建设工程合同，适用建设工程所在地法。（12）仓储、保管合同，适用仓储、保管人营业所所在地法。（13）保证合同，适用保证人营业所所在地法。（14）委托合同，适用委托人营业所所在地法。（15）债券的发行、销售或转让合同，分别适用债券发行地法、销售地法或债券转让地法。（16）拍卖合同，适用拍卖举行地法。（17）行纪合同，适用行纪人营业所所在地法。（18）居间合同，适用局间人营业所所在地法。（19）运输合同，适用承运人营业所所在地法。（20）技术开发、咨询或服务合同，适用委托人营业所所在地法、住所地法或惯常居所地法。（21）技术转让合同，适用受让人营业所所在地法。（22）工程承包合同，适用工程所在地法。（23）雇佣合同，适用劳务实施地法。（24）消费者合同，适用消费者住所地法或惯常居所地法。（25）委托合同，适用受托人住所地法、惯常居所地法或营业所所在地法。（26）交易所业务合同，适用交易所所在地法。（27）电信服务适用服务提供者主营业所所在地法。（28）银行业务适用从事银行业务的企业主营业所所在地法。（29）海上拖航合同，适用承拖人的主营业所所在地法。（30）劳动合同、消费合同首先适用当事人双方住所地法中有利于保护弱者的法律。（31）船舶设计合同，适用受托人的主营业所所在地法。（32）船舶建造或修理合同，适用船舶建造地或修理地的法律。（33）船舶租用合同，适用出租方的主营业所所在地法；在光船租船合同下，适用光船承租人的主营业所所在地法；（34）船舶抵押贷款合同，适用贷款方的主营业所所在地法。

第12条【反致问题】涉外商事关系适用的外国法律，不承认反致。

第13条【国内强制性规定】中华人民共和国法律对涉外商事关系有强制性规定的，如案件与中华人民共和国具有密切联系，应直接适用该强制性规定。

第14条【外国强制性规定】外国强制性规定与案件有最密切联系的，可以得到适用。

第15条【赔偿责任限制】赔偿责任限制，适用侵权行为地法、国旗国法或法院地法中与案件有最密切联系的国家的法律。

第16条【诉讼时效】诉讼时效，适用准据法。

第一章　公司、合伙关系的法律适用

第17条【设立与形式】公司、合伙的设立与形式，适用设立地法律。

第18条【合伙事项】合伙事项依合伙契约应适用的法律。

第19条【公司的性质】公司的性质依章程所规定的法律。如无，则依董事会所在地的法律。

第20条【公司的权利能力行为能力】公司、合伙的商事权利能力、商事行为能力、组织机构、股东权利义务等事项，适用设立地法律。

第21条【公司股份管理】公司股份管理，依公司成立地法。

股权凭证所在地的国家对该股权凭证所代表的公司股份进行管理。

第二章　民用航空关系的法律适用

第22条【航空器国籍】航空器国籍由航行执照和登记证书证明。

第23条【航空器的处置】航空器的处置、扣押，依航空器所在地的法律。

第24条【航空器所有权】航空器所有权，适用民用航空器国籍登记国法律。

第25条【航空器抵押权】航空器抵押权适用民用航空器国籍登记国法律。

第26条【航空器优先权】航空器优先权适用受理案件的法院所在地法律。

第27条【航空侵权】飞行器内部的侵权，适用飞行器登记地国法。

飞行事故致使旅客伤亡、财物毁损的损害赔偿，适用飞行器登记地法或者侵权行为地法。

飞行事故对地面造成的人员伤亡、财物毁损的损害赔偿，适用侵权行为地法。

飞行器碰撞的损害赔偿，适用无过失一方的飞行器登记地法。双方均有过失的，则适用受理案件的法院地法。

飞行事故在公海上空对水面当事人的损害赔偿，适用受理案件的法院地法律。

第 28 条【搜寻援救】除当事人另有约定外，在一国领土、领海、内水内发生的航空救助，适用救助地法；在公海上发生的航空救助，适用救助人的住所地法。

第三章　票据关系的法律适用

第 29 条【本票、支票记载事项】汇票、本票、支票出票记载事项，适用当事人协商一致选择的法律。当事人没有选择的，适用出票地法律。

第 30 条【汇票或期票合同】凡因票据订立的合同，依签订地法律。

第 31 条【票据的出票方式】票据的出票方式，适用出票地法。但支票出票时的记载事项，经当事人协议，也可以适用付款地法。

第 32 条【票据的背书、承兑、付款和保证】票据的背书、承兑、付款和保证，适用行为地法。

第 33 条【票据追索权】票据追索权，若向出票人追索，适用出票地法。若向背书人追索，适用背书地法。

第 34 条【流通票据权的转让】流通票据中权益的转让，依转让时该票据所在地法。

某人是否是票据的正当持有人，依转让给该人时该票据所在地法。

第 35 条【票据的提示期限】票据的提示期限，适用付款地法。

第 36 条【票据权利的保全】票据保全，适用付款地法。

第四章　保险关系的法律适用

第 37 条【保险合同】依被保险人惯常居所地法。如果存在更密切联系地法或当事人选择的法律，则适用该法，但不得降低前款准据法所提供的保护标准。

第 38 条【再保险合同】再保险合同，当事人没有约定的，适用再保险人主营业所所在地法。

第 39 条【保险的权利】保险权利，如果没有当事人选择的法律，则适用被保险事实主要发生地法。如果存在更密切联系地法，则适用该法。

第五章　银行证券及证券投资基金关系的法律适用

第 40 条【银行的设立】银行及商业银行的设立与权利义务，适用设立地法律。

第 41 条【贷款与担保】银行的贷款与担保，适用贷款银行、担保银行所在地法。

第 42 条【证券发行】证券发行依发行地法。

第 43 条【证券取得】证券取得适用取得地法。

第 44 条【证券上设立的权利】流通证券所在地的国家对该证券所代表资产的请求权进行管理。非流通证券依破产管理人被指定地的法律。在有价证券或其他权利之上设立的质权，依当事人所选择的法律，但该法律选择，不得对抗第三人；如果当事人未选择准据法，则债权、有价证券的质权，依质权人习惯居住地国法，其他权利之上设立的质权，依该权利成立地法。

第 45 条【证券管理】流通证券的被继承人拥有的请求权，依证券所在地法。非流通证券依执行人或管理人被指定地的法律。

第 46 条【证券的权利义务】证券的权利义务，适用证券上指定的法律，没有指定的，适用证券发行机构营业所所在地法或权利实现地法。

第 47 条【证券投资基金】（一）关于证券投资基金的设立，适用设立地法律。

（二）关于证券投资基金投资范围适用批准设立地的法律规定，在设立地以外的行为适用设立地和行为地法律。

（三）关于证券投资基金管理人的组织形式、基金管理人的资格条件、基金管理人的义务适用设立地法律。

第六章　破产关系的法律适用

第 48 条【破产程序开始】破产程序的要件，依法院地法。

第 49 条【破产宣告】破产宣告，适用破产人主要办事机构所在地法或者破产人财产所在地法。破产人财产价值的评估，适用财产所在地法。破产清算，适用法院地法。

第 50 条【破产债权】破产债权适用破产宣告国法或法院地法。

第 51 条【破产财团】破产财团依法院地法。

第 52 条【债权人对破产财团的物权】债权人对破产财团的物权，适用物之所在地法。取回权适用破产宣告时应取回的财产所在国的法律；别除权适用物之所在地和留置物所在地法。

第 53 条【破产管理程序问题】破产管理程序问题依法院地法。

第 54 条【破产管理实体问题】破产管理实体问题依管理地法。

第 55 条【破产和解】破产和解依法院地法。

第七章　海事关系的法律适用

第56条【船旗国法的限定】船旗国法指有最密切联系的船旗国法律。一般情况下：（一）船旗国法是指船舶的国籍登记国的法律，不包括因船舶光船租赁而取得的临时国籍所代表的船旗国法；（二）在租赁期间船舶所有权发生变动的，发生变动后的船舶所有权问题，应适用新船旗国法。

第57条【船籍国】船舶的国籍由航海证书予以证明。

第58条【船舶检验】船舶的检验与卫生检疫，适用检验检疫地法律。

第59条【船舶扣押】船舶扣押，适用船舶所在地法。

第60条【船舶所有权】船舶所有权，适用船旗国法。

第61条【公告形式】船舶所有权转移的公告形式，适用船旗国法。

第62条【船舶抵押权】船舶抵押权，适用船旗国法律。在建船舶的抵押权适用造船国法律。

第63条【优先权】船舶优先权，当事人没有约定的，适用法院地法或者船旗国法律。

第64条【留置权】船舶留置权，当事人没有约定的，适用船舶留置地法。

第65条【优先顺序】船舶抵押权、船舶优先权和船舶留置权相互之间的优先顺序，适用法院地法。

第66条【其他船舶物权】本法没有规定的船舶物权，适用法院地法。

第67条【提单】各类提单的效力、内容适用提单上规定的法律。提单上没有规定的适用提单签发地法律。

第68条【提单首要条款】提单首要条款的效力，适用法院地法。

第69条【权利与义务】船舶当事人的权利与义务，适用船旗国法。

第70条【船员劳动合同】除合同另有约定外，船员劳动合同，适用船旗国法、当事人住所地法中对船员保护有利的法律。

第71条【海事侵权】海事侵权，适用当事人协议选择适用的法律。当事人没有选择的，适用侵权行为地法。

侵权行为发生在公海的，适用法院地法。

侵权行为的影响仅限于船舶内部的，也可以适用船旗国法。

同一国籍的船舶发生侵权行为的，适用共同船旗国法，当事人另有约定的除外。

第72条【油污】海上油污适用侵权行为地法。如果油污发生在公海，适用干预措施采取国法，或法院地法。

第73条【海上人身伤亡】海上人身伤亡，适用侵权行为地法、船旗国法中有利于保护弱者权益的法律。在公海上发生的人身伤亡，适用船旗国法。

第74条【同一国籍的当事人】双方当事人具有同一国籍或住所时，适用双方共同的本国法或住所地法及侵权行为地法中更有利于保护弱者的法律。

第75条【海难救助】海难救助，适用当事人协议选择适用的法律。当事人没有选择的，适用救助作业地法；救助作业不在船舶上的适用救助人所在地法。

海难救助发生在公海的，适用救助船舶的船旗国法。

但同一国籍的船舶发生的救助，适用共同船旗国法，当事人另有约定的除外。

第76条【共同海损】共同海损，适用当事人协议选择适用的法律。当事人没有选择的，适用理算地法。

第八章　附则

第77条【与其他法的关系】涉外商事关系适用的法律，依照本法确定。其他法律法规对涉外商事关系法律适用有规定的，在本法没有规定时，依照其规定，否则适用《中华人民共和国涉外民事关系法律适用法》的规定。

第78条【区际适用】各国各法域之间的商事关系参照本法适用。

第79条【不溯及既往】本法不溯及既往，但未决事项或当时法律法规没有规定的事项除外。

第80条【施行】本法自××年××月××日起施行。

主要参考文献

一、中文著作（译著）

[1]［意］密拉格利亚. 比较法律哲学［M］. 朱敏章，徐百齐，吴泽炎，吴鹏非，译. 北京：中国政法大学出版社，2005.

[2]［法］笛卡尔. 谈谈方法［M］. 王太庆，译. 北京：商务印书馆，2000.

[3]［英］边沁. 道德与立法原理导论［M］. 时殷弘，译. 北京：商务印书馆，2000.

[4]［日］山田三良. 国际私法［M］. 李倬，译. 北京：中国政法大学出版社，2003.

[5]［苏联］隆茨，等. 国际私法［M］. 吴云琪，刘楠来，陈绥，译. 北京：法律出版社，1986.

[6]［苏联］M. M. 波古斯拉夫斯基. 国际私法［M］. 王明毅，孙国智，文英麟，等译. 北京：法律出版社，1987.

[7]李双元. 国际私法［M］. 北京：北京大学出版社，2011.

[8]［日］北胁敏一. 国际私法——国际关系法Ⅱ［M］. 姚梅镇，译. 北京：法律出版社，1989.

[9]［法］亨利·巴迪福尔，保罗·拉加德. 国际私法总论［M］. 陈洪武，陈林洪，张凝，王安，译. 北京：中国对外翻译出版公司，1989.

[10]韩德培. 国际私法［M］. 北京：高等教育出版社，北京大学出版社，2002.

[11]王瑞. 商法总论［M］. 北京：法律出版社，2010.

[12]董安生，等. 中国商法总论［M］. 长春：吉林人民出版社，1994.

[13]李锡鹤. 民法原理论稿［M］. 北京：法律出版社，2012.

[14]［英］J. H. C. 莫里斯. 戴西和莫里斯论冲突法［M］. 李双元，胡振杰，杨国华，等译. 北京：中国大百科全书出版社，1998.

[15]［加］威廉·泰特雷. 国际冲突法：普通法、大陆法及海事法［M］. 刘兴莉，译. 北京：法律出版社，2003.

[16]［德］马丁·沃尔夫. 国际私法［M］. 2版. 李浩培，汤宗舜，译. 北京：北京大学出版社，2009.

[17] 陈顾远. 国际私法商事篇［M］. 上海：民智书局，1934.

[18] 卢峻. 国际私法之理论与实际［M］. 北京：中国政法大学出版社，1998.

[19] 刘甲一. 国际私法［M］. 台北：三明书局，2001.

[20] 王巨新，王欣. 明清澳门涉外法律研究［M］. 北京：社会科学文献出版社，2010.

[21] 张望平. 国际航空旅客运输争议解决的冲突规范问题研究［D］. 长春：吉林大学，2015.

[22] 李双元，欧福永. 国际私法［M］. 北京：北京大学出版社，2015.

[23]［美］安·塞德曼，等. 立法学：理论与实践［M］. 刘国福，等译. 北京：中国经济出版社，2008.

[24] 吕氏春秋·慎大览·贵因.

[25] 张仲伯. 国际私法［M］. 北京：中国政法大学出版社，1995.

[26]［美］塞缪尔·亨廷顿. 文明的冲突与世界秩序的重建［M］. 周琪，刘绯，张立平，王圆，译. 北京：新华出版社，2018.

[27] 周和平. 文化强国战略［M］. 北京：学习出版社，海口：海南出版社，2013.

[28] 肖前. 马克思主义哲学原理［M］. 北京：中国人民大学出版社，2014.

[29] 张岳，熊花，常棣. 文化学概论［M］. 北京：知识产权出版社，2018.

[30] 王光利. 中西文化博弈论［M］. 杭州：浙江大学出版社，2015.

[31] 刘作翔. 从文化概念到法律文化概念［M］//马治选. 法律文化法律价值与当代中国法治. 北京：法律出版社，2017.

[32]［法］维克多·埃尔. 文化概念［M］. 康新文，等译. 上海：上海人民出版社，1998.

[33] 梁治平. 法辩：中国法的过去、现在与未来［M］. 贵阳：贵州人民出版社，1992.

[34] 司马云杰. 文化社会学［M］. 济南：山东人民出版社，1987.

[35] 张文显. 法理学 [M]. 北京：高等教育出版社，北京大学出版社，2007.

[36] 崔京生. 海洋志 [M]. 北京：中国青年出版社，2012.

[37] 张凤江. 文化哲学概论 [M]. 天津：天津人民出版社，2016.

[38] 王钟翰. 中国民族史 [M]. 北京：中国社会科学出版社，1994.

[39] 李中元. 文化是什么 [M]. 北京：商务印书馆，2017.

[40] 李桂林. 论全球共同法 [M] //马治选. 法律文化法律价值与当代中国法治. 北京：法律出版社，2017.

[41] 李力，严海良. 全球化与法制现代化 [M]. 北京：法律出版社，2016.

[42] [美] E. 博登海默. 法理学——法哲学及其方法 [M]. 邓正来，译. 北京：华夏出版社，1987.

[43] 江苏省南通市司法局，上海对外经贸大学. "一带一路"国家法律服务和法律风险指引手册 [M]. 北京：知识产权出版社，2016.

[44] 马克思，恩格斯. 马克思恩格斯选集 [M]. 北京：人民出版社，1995.

[45] [美] 劳伦斯·格罗斯伯格. 文化研究的未来 [M]. 庄鹏涛，王林生，刘林德，译. 北京：中国人民大学出版社，2017.

[46] 梁慧星. 民法总论 [M]. 北京：法律出版社，2001.

[47] 贺富永. 航空法学 [M]. 北京：国防工业出版社，2008.

[48] [英] 彼得·马丁，等. 肖克罗斯和博蒙特航空法 [M]. 徐克继，摘译. 北京：法律出版社，1987.

[49] 赵维田. 国际航空法 [M]. 北京：社会科学出版社，2000.

[50] 刘伟民. 航空法教程 [M]. 北京：中国法制出版社，2001.

[51] [荷] I. H. Ph. 迪德里克斯 - 范思赫，帕波罗·汶迪斯·德·莱昂. 国际航空法 [M]. 黄韬，等译. 上海：上海交通大学出版社，2014.

[52] 杨慧，郝秀辉. 航空法学原理与实例 [M]. 北京：法律出版社，2011.

[53] 季立刚. 民国商事立法研究 [M]. 上海：复旦大学出版社，2006.

[54] 吕国民，戴霞，郑远民. 国际私法（冲突法与实体法）[M]. 北京：中信出版社，2002.

[55] 吴申元. 中国近代经济史 [M]. 上海：上海人民出版社，2003.

[56] 中国保险学会. 中国保险史 [M]. 北京：中国金融出版社，1998.

[57] 温世杨. 保险法 [M]. 北京：法律出版社，2003.

[58] 杨玉梅. 东南亚国家商务法律制度概论 [M]. 北京：法律出版社，2012.

[59] 陆爱琴. 国际保险 [M]. 上海：华东理工大学出版社，1998.

[60] 吴建端. 航空法学 [M]. 北京：中国民航出版社，2005.

[61] 郝秀辉，刘海安，杨万柳. 航空保险法 [M]. 北京：法律出版社，2012.

[62] [美] G. 吉尔摩，C. L. 布莱克. 海商法 [M]. 杨召南，毛俊纯，王君粹，译. 北京：中国大百科全书出版社，2000.

[63] 张湘兰. 海上保险法 [M]. 北京：中国政法大学出版社，1997.

[64] 傅廷中. 海商法论 [M]. 北京：法律出版社，2012.

[65] 崔吉子，黄平. 韩国保险法 [M]. 北京：北京大学出版社，2013.

[66] [美] 西蒙·C. 西蒙尼德斯. 冲突法在美国法院年度综述 (2011—2015 年) [M]. 杜涛，译. 北京：法律出版社，2018.

[67] 韩立新. 海事国际私法 [M]. 大连：大连海事大学出版社，2001.

[68] 韩立新，王秀芬. 各国 (地区) 海商法汇编 [M]. 大连：大连海事大学出版社，2003.

[69] 王红曼. 中国近代金融法制史研究 [M]. 上海：上海人民出版社，2013.

[70] 刘玫. 金融法概论 [M]. 北京：高等教育出版社，2008.

[71] 强力. 金融法 [M]. 北京：法律出版社，2012.

[72] [美] 赫伯特·B. 梅奥. 金融学基础 [M]. 李铁峰，钱炜青，译. 北京：清华大学出版社，2013.

[73] 朱崇实. 金融法教程 [M]. 北京：法律出版社，2011.

[74] 王志华. 中国近代证券法 [M]. 北京：北京大学出版社，2005.

[75] 范健，王建文. 证券法 [M]. 北京：法律出版社，2007.

[76] 陈洁. 证券欺诈侵权损害赔偿研究 [M]. 北京：北京大学出版社，2002.

[77] 郭锋，等. 证券投资基金法导论 [M]. 北京：法律出版社，2008.

[78] 何孝星. 中国证券投资基金发展论 [M]. 北京：清华大学出版社，2003.

[79] 孔敏，孙佩兰，胡海峰. 投资基金实用知识 [M]. 北京：北京气象出版社，1994.

[80] 许占涛. 投资基金论 [M]. 北京：经济科学出版社，1998.

[81] 刘作翔. 法律文化理论 [M]. 北京：商务印书馆，1999.

[82] 吴传颐. 比较破产法 [M]. 北京：商务印书馆，2013.

[83] 杜涛. 国际私法国际前沿年度报告 (2011—2016) [M]. 北京：法律出版社，2017.

[84] 司玉琢. 海商法 [M]. 北京：法律出版社，2003.

[85] 汤维建. 破产程序与破产立法研究 [M]. 北京：人民法院出版社，2001.

[86] 石静遐. 跨国破产法律问题研究 [M]. 武汉：武汉大学出版社，1999.

[87] 郑远民. 破产法律制度比较研究 [M]. 长沙：湖南大学出版社，2002.

[88] 潘琪. 美国破产法 [M]. 北京：法律出版社，1999.

[89] [德] 格哈德·克格尔. 冲突法的危机 [M]. 萧凯，邹国勇，译. 武汉：武汉大学出版社，2008.

[90] [美] 斯蒂文·J. 伯顿. 法律的道路及其影响——小奥利弗·温得尔·霍姆斯的遗产 [M]. 张芝梅，陈绪刚，译. 北京：北京大学出版社，2012.

二、中文论文

[1] 段利. 中美贸易摩擦分析及对策研究 [J]. 中国商论，2018 (28).

[2] 范思立. 妥善应对中美贸易摩擦加剧 [N]. 中国经济报，2018 - 09 - 20.

[3] 廖凡. 全球治理背景下人类命运共同体的阐释与构建 [J]. 中国法学，2018 (5).

[4] 黄卫东. 人类命运共同体的国际法基础 [J]. 辽宁经济，2018 (9).

[5] 周安平. 人类命运共同体概念探讨 [J]. 国际法学，2018 (11).

[6] 刘风景. 法律互鉴是构建人类命运共同体之良方 [J]. 法学论坛，2018 (4).

[7] 曾令良. 构建中国特色社会主义国际法学 [N]. 光明日报，2016 - 06 - 29.

[8] 戴轶. 论人类命运共同体的构建：以联合国改革为视角 [J]. 国际法学，2018 (11).

[9] 黄进，杨灵一，杜焕芳. 2016 年中国国际私法实践述评 [M] //中国国际私法与比较法年刊 2017. 北京：法律出版社，2018.

[10] 张超汉. 试论国际航空私法领域弱者利益的保护 [J]. 湖南财经高等专科学校学报，2009 (3).

[11] 肖永平. 论英美法系国家判例法的查明和适用 [J]. 中国法学，2006 (5).

[12] 章尚锦. 简论国际私法立法中的六个问题 [C] //中国国际私法学会年会论文集. 沈阳，2006.

[13] 齐湘泉. 论《涉外民事关系法律适用法》的立法特点 [J]. 西北大学学报，2011 (2).

[14] 王钢. 论文化差异在国际商事调解中的表现及影响 [J]. 西北大学学报 (哲学社会科学版)，2009 (4).

[15] 崔旺来，常倩. 商事制度创新：兼论西部地区商文化的经济效应 [J]. 商场现代化，2005 (2).

[16] 严昌洪. 商业武汉与民俗武汉的联姻——近代武汉商事习惯与民俗传统 [J]. 武汉文史资料，1997 (4).

[17] [美] Susan Finder，郭宝平. 美国的法律文化特点 [J]. 中外法学，1989 (1).

[18] 赵占臣. 当代中国法律文化内在冲突初探 [J]. 学术交流，2010 (10).

[19] 刘学灵. 法律文化的概念、结构和研究观念 [J]. 河北法学，1997 (3).

[20] 常万学. 约旦的建筑承包商法 [J]. 国际经济合作，1988 (5).

[21] 金明. 法理学视野下的法律冲突与冲突规范 [J]. 政法论丛，2007 (4).

[22] 李婕妤. 透析冲突规范上的法律冲突 [J]. 湖北警官学院学报，2013 (2).

[23] 李冠群，唐春莉. 论冲突规范中法律冲突的性质 [J]. 辽宁师范大学学报 (社会科学版)，2006 (4).

[24] 刘红. 法律冲突的概念辨析 [J]. 湖北社会科学，2009 (1).

[25] 季立刚. 我国近代关于民商立法模式的三次争论 [J]. 法学，2006 (6).

[26] 黄榕森. 民商合一与民商分立——对我国商事立法模式的再思考

[J]. 广西师范大学学报（哲学社会科学版），1999（2）.

[27] 李云波. 法人民事能力一元论 [J]. 扬州大学学报（社会科学版），2010（5）.

[28] 黄辉. 论法人行为能力与权利能力的非重合性 [J]. 云南法学，1997（3）.

[29] 李昊. 对《民法通则》中民事能力制度的反思 [J]. 南京大学法律评论，2010（1）.

[30] 杜新丽. 从住所、国籍到经常居所地——我国属人法变革研究 [J]. 政法论坛，2011（3）.

[31] 何其生. 我国属人法重构视阈下的经常居所问题研究 [J]. 法商研究，2013（3）.

[32] 刘力. 当代自然人属人法的发展成果在中国的适用 [J]. 河南政法管理干部学院学报，2004（3）.

[33] 黄栋梁. 我国 2010 年《涉外民事关系法律适用法》中的属人法问题 [J]. 时代法学，2011（4）.

[34] 张庆元，陈思. 从冲突规范连结点看国籍冲突解决原则的"软化" [J]. 理论月刊，2009（6）.

[35] 贺连博. 两大法系属人法分歧及我国属人法立法完善 [J]. 烟台大学学报（哲学社会科学版），2008（2）.

[36] 周斌，曹文. 属人法制度发展趋势研究——兼评民法典草案第九编的属人法制度 [J]. 长沙铁道学院学报（社会科学版），2005（3）.

[37] 杜焕芳，王吉文，崔小艳. 中国区际属人法问题刍议 [J]. 广西政法管理干部学院学报，2002（2）.

[38] 宣增益，李大朋. 属人法考 [J]. 河南社会科学，2013（2）.

[39] 姜茹娇. 从国际属人法的发展谈我国有关冲突规范完善 [J]. 铜陵学院学报，2005（2）.

[40] 解兴权，胡心婷. 欧美国家反恐保险计划 [J]. 民航管理，2006（4）.

[41] 马志强.《最高人民法院关于审理涉外民事或商事合同纠纷案件法律适用问题的规定》之评析 [J]. 河北法学，2009（4）.

[42] 夏雨. 涉外旅游合同法律适用规则探析 [J]. 旅游学刊，2013（5）.

[43] 焦燕. 涉外合同法律适用争点问题探析 [J]. 江苏行政学院学报，2011（4）.

[44] 于志宏. 试论我国内地、港、澳三地合同的法律冲突及其解决 [J]. 政法学刊, 2003 (4).

[45] 林燕平. 民用航空侵权的法律适用及《蒙特利尔公约》对中国的影响 [J]. 华东政法学院学报, 2006 (6).

[46] 张辉, 张超汉. 从"包头空难"看国际航空私法中的"深口袋被告" [J]. 郑州航空工业管理学院学报 (社会科学版), 2010 (3).

[47] 李健男. 涉外票据法律适用的一般问题及我国的涉外票据法律制度 [J]. 法学, 2000 (4).

[48] 陈柳裕. 我国票据冲突规范研究 [J]. 浙江学刊, 2001 (1).

[49] 徐葛飞. 涉外票据的法律适用问题 [J]. 研究生法学, 1996 (4).

[50] 宋航, 肖永平. 论涉外票据的法律适用 [J]. 现代法学, 1996 (6).

[51] 傅金筑. 中国民航的飞机保险 [J]. 民航经济与技术, 1996 (7).

[52] 尚清, 高广飞. 论欧盟海上保险合同的法律适用 [J]. 河北学刊, 2008 (5).

[53] 丁伟. 论国际海商海事法律适用的特点 [J]. 法学, 1997 (2).

[54] 吕晓莉. 海上保险合同的法律适用问题 [J]. 世界海运, 1999 (1).

[55] 刘俊海. 投资基金立法中的若干争议问题研究 [J]. 杭州师范学院学报, 2002 (2).

[56] 徐冬根. 论"直接适用的法"与冲突规范的关系 [J]. 中国法学, 2006 (4).

[57] 李勇坚, 孙盼盼. 互联网金融困境源于文化理念冲突 [J]. 银行家, 2014 (7).

[58] 最高人民法院课题组. 我国互联网金融发展情况、立法规制与司法应对 [J]. 金融服务法评论, 2015, 7.

[59] 孔玉飞. 跨国证券发行交易中的法律冲突与法律适用 [J]. 南京大学法律评论, 2006.

[60] 李金泽, 胡忠孝, 王苏生. 证券法律冲突研究 [J]. 江苏社会科学, 1997 (6).

[61 张玲. 论我国破产法律适用立法的完善 [J]. 法律适用, 2006 (8).

[62] 周游, 李志春. 论国际破产的法律适用——评我国民法典草案第九编第二十四条 [J]. 湖南财经高等专科学校学报, 2005 (4).

[63] 余和平. 跨国破产的法律适用 [J]. 西南民族大学学报 (人文社科版), 2004 (10).

［64］刘力. 论破产的法律适用［J］. 法律适用，2002（7）.

［65］汤维建. 论国际破产［J］. 比较法研究，1995（2）.

［66］石静遐. 我国破产程序域外效力的实例分析［J］. 政法论坛，2002（1）.

［67］张玲. 跨国破产国际合作趋势研究［J］. 政法论坛，2003（4）.

［68］彭先理，瞿国忠. 外派船员雇佣合同法律适用问题研究［J］. 江苏警官学院学报，2005（5）.

［69］易国春. 完善我国冲突规范立法的若干构想［J］. 湖北经济学院学报，2007（12）.

［70］陈绎帆. 涉外民商事案件的大数据分析［J］. 法制与社会，2018（1）.

三、外文著作

［1］Janet Walker. Conflict of Laws［M］. LexisNexis Canada Inc. 2016.

［2］Horacia A. Grigera Naon, Paul E. Mason. International commercial Arbitration Practice：21st Century Perspectives［M］. LexisNexis New York. 2017.

［3］Adrian Briggs. The Conflict of Laws［M］. 3th ed. 中国人民大学出版社，2016.

［4］Elizabeth B. Crawford, Janeen M. Carruthers. International Private Law：A Scots Perspective［M］. Fourth Edition. Thomson Reuters. 2015.

［5］Giudtta Cordero – Moss. International Commercial Contracts［M］. Cambridge University Press. 2014.

［6］Atul M. Setalvad. Setalvad's Conflict of Laws［M］. 3rd ed. LexisNexis. 2014.

［7］Peter North, Fawcett and Carruthers. Cheshire, North and Fawcett Private International Law, 14th ed［M］. Oxford University Press, 2008.

［8］Michael Milde. International Air Law And ICAO［M］. 3rd ed. eleven international publishing. 2016.

［9］Reid Mortensen. Richard Garnett. Mary Keyes. Private International law in Australia［M］. 3rd ed. LexisNexisButterworths, Australia, 2015.

［10］Maebh Harding. Conflict of Laws［M］. 5th ed. Routledge, London and Newyork. 2014.

［11］Martin Davies, Andrew Bell, Paul Le Gay Byereton. Nygh's Conflict of Laws in Australia［M］. LexisNexis Butterworths Australia 2014.

［12］A. J. Mauritz, Liability of Operations and Owners of Aircraft for Damage

Inflicted to Persons and Property on the Surface [M]. Leiden, Shaker Publishing, 2003.

[13] Donal Patrick Hanley. Aircraft Operating Leasing—A Legal and Practical Analysis in the Context of Public and Private International Air Law [M]. 2nd ed. Wolters Kluwer. 2017.

[14] I. F. Fletcher. Insolvency in Private International Law [M]. Clarendon Press Oxford 1999.

[15] Paul Stephen Dempsey. Aviation Liability Law (2nd ed.) [M]. LexisNexis Canada, 2013.

[16] R. D. Margo. Aviation Insurance: the Law and practice of Aviation Insuranc inluding Hovercraft and Spacecraft Insurance (3rd ed) [M]. London. Butterworth. 2000.

[17] I. H. Ph. Diederiks – Verschoor. An Introduction to Air Law, 8th edition [M]. Kluwer Law International. 2006.

[18] Peter Stone. The Conflict of Law [M]. Londen, 1995.

[19] Paul Omar. International Insolvency Law—Reforms and Challenges [M]. Ashgate. 2013.

[20] Thomas wilhelmsson, Elina Paunio, Annika Pohjolainen. Private law and the Many Cultures of Europe [M]. Kluwer Law International. 2007.

[21] Elsabe Schoeman, Christa Roodt, Marlene Wethmar – Lemmer. Private International Law in South Africa [M]. Wolters Kluwer. 2014.

[22] Juan Jose Obando Peralta. Private International Law in Costa Rica [M]. Wolters Kluwer. 2013.

[23] Michael Bogndan. Private international Law in Sweden [M]. Wolters Kluwer. 2015.

[24] Diego P. Fernandez Arroyo, Miguel Checa Martinez, Pilar Maestre Casas. Private International Law in Spain [M]. Wolters Kluwer. 2016.

[25] Jun Yokoyama. Private International Law in Japan [M]. Wolters Kluwer. 2017.

[26] Adriana Dreyzin de Klor. Private International Law in Argentina [M]. Wolters Kluwer. 2016.

[27] Olga Vorobieva. Private International Law in Russia [M]. Wolters Kluwer. 2015.

[28] Guloren Tekinalp, Ergin Nomer, Ayse Odman Boztosun. Private Interna-

tional Law in Turkey ［M］. Wolters Kluwer. 2012.

　　［29］Jacob Dolinger, Carmen Tiburcio. Private International Law in Brazil ［M］. Wolters Kluwer. 2017.

　　［30］Dan Jerker B. Svantesson. Private International Law and the Internet ［M］. Wolters Kluwer. 2016.

四、外文刊物

　　［1］Iowa Law Review, 2017, 102 (5).

　　［2］Netherlands International Law Review, 2018, 65 (1).

　　［3］Modern LawReview, 2018, 81 (4).

　　［4］The Geoger Washington Law Review, 2018, 86 (3).

　　［5］Construction Law Journal, 2018, 34 (5).

　　［6］The Journal of Law &Economics, 2017, 60 (4).

　　［7］The International Journal of Marine and CoastalLaw, 2018, 33 (2).

　　［8］Hongkong Law Journal, 2018, 48 (1).

　　［9］The Banking Law Journal, 2018, 135 (6).

　　［10］New York University Law Review, 2018, 93 (3).

　　［11］Law and Philosophy, 2018, 37 (4).

　　［12］Journal of Law and Society, 2018, 45 (3).

　　［13］Journal of International Arbitration, 2018, 35 (3).

　　［14］Law & Society Review, 2018, 52 (1).

　　［15］Boston University Law Review, 2018, 98 (3).

　　［16］Hastings Law Journal, 2016, 67 (5).

　　［17］Asian Journal of WTO & Iinternational Health Law and Policy, 2017, 12 (1).

　　［18］American Journal of Sociology, 2015, 120 (4).

　　［19］ICSID Review, 2018, 33 (1).

　　［20］Northwestern University Law Review, 2018, 112 (6).

　　［21］Georgetown Journal of International Law, 2017, 48 (4).

　　［22］International Legal Materials, 2018, 57 (2).

　　［23］The Journal of E – Commerce, Technology and Communications, 2018, 24 (6).

　　［24］International Company and Commercial Law Review, 2018, 29 (9).

　　［25］Minnesota Law Review, 2018, 102 (3).

[26] Journal of International Economic Law, 2018, 21 (2).

[27] Michigan Law Review, 2018, 116 (8).

[28] Business Law International, 2018, 19 (2).

[29] The Harvard Environmental Law Review, 2018, 42 (2).

[30] Netherlands Yearbook of International Law 2016, 2017, 47.

五、相关立法草案、建议案

（一）国外

[1] 1974 年《阿根廷国际私法（草案）》

[2] 1959 年《法国民法典国际私法法规（第二草案）》

[3] 1967 年《法国民法典国际私法法规（第三草案）》

[4] 1997 年《南非海上保险法建议（草案）》

[5] 1999 年《美国海上货物运输法（草案）》

[6] 1978 年《联合国国际法委员会关于最惠国条款的规定（草案）》

（二）国内

[1] 2000 年《中华人民共和国国际私法示范法》（中国冲突规范学会草拟）

[2] 2002 年《中华人民共和国民法（草案）》（全国人大法工委）

[3] 2002 年《中华人民共和国民法（室内稿）·涉外民事关系的法律适用编》（全国人大法工委）

[4] 2010 年《涉外民事关系法律适用法（草案）》（全国人大法工委）

[5] 2010 年《中华人民共和国涉外民事关系法律适用法（草案二次审议稿）》（全国人大法工委）

[6] 2002 年《涉外民事关系的法律适用法》（费宗祎、刘慧珊、章尚锦草拟）

[7] 2010 年《中华人民共和国涉外民事关系法律适用法（建议稿）》（中国冲突规范学会草拟）

[8] 1994 年《中华人民共和国法律适用法草案》（朱勇、石巍、李云、郭晓梅草拟）

[9] 2003 年《中华人民共和国海商法修改建议稿条文、参考立法例、说明》（大连海事大学修改海商法课题组）

[10] 2004 年《国际民商事法律关系法律适用法（建议稿）》（中国政法大学冲突规范研究所草拟）

[11] 2004 年《中国海事国际私法建议稿》（毕道俊、汪金兰草拟）。

[12] 2018 年《中华人民共和国海商法（修订征求意见稿）》（中华人民共和国交通运输部组织起草）